A
アイダホ州
95
93
Winnemucca
Wells
Elko
80
80
80
1
カリフォルニア州エメリービル／サンフランシスコへ
50
93
Spanish Fo
ユタ州
Ely
ネバダ州
50
6
70
15
89
93
折込地図裏面
グランドサークル
ザイオン国立公園
Zion National Park
P.289
95
ブライス
Bryce Ca
P.290
St.George
89
カリフォルニア州ロスアンゼルスへ
Pag
Las Vegas
93
グランドキャニオン・ウエスト
Grand Canyon West
P.287
Grand Canyon N
P.288
Grand Canyo
Grand Canyon National
P.284
15
2
95
Southwest Chief
40
Needles
Kingman
40
89
180
Williams
Williams Junctio
Flagstaff
40
カリフォルニア州
ロスアンゼルスへ
セドナ
Sedona
P.310
93
95
17
10
Blythe
60
サンセットリミテッド号
Sunset Limited
60
10
95
フェニックス
Phoenix
P.296

4 モニュメントバレー
Monument Valley

折込表面 MAP B2
グランドサークル MAP H3
参照▶P.276

モニュメントバレーまでの所要時間

Arches	約3時間
Mesa Verde	3～4時間
South Rim	約4時間
Las Vegas	7～8時間

歴史 荒野にそびえる赤い岩山が印象的なモニュメントバレー。先住民ナバホの土地であるこの景観が「アメリカの原風景」とたたえられるようになったのは、実は1939年以後のこと。モニュメントバレーを一気に全米に知らしめたものは、西部劇映画をおいてほかにない。

モニュメントバレーが映画の舞台として繰り返し登場するようになったのは、グールディングという名のひとりの白人のおかげだ。バレーに居を構え、ナバホ族からも受け入れられていた彼は、困窮していた先住民の暮らしを救うべく、わざわざハリウッドまで出かけて行って巨匠ジョン・フォード監督に直談判。『駅馬車』のロケーションを誘致し、先住民のエキストラ出演と観光収入を手に入れることに成功した。

6 レインボーブリッジ国定公園
Rainbow Bridge National Monument

折込表面 MAP B2(Lake Powell)
グランドサークル MAP H2
参照▶P.283

ペイジまでの所要時間

Monument Valley	約2.5時間
South Rim	約3時間
North Rim	約3時間
Zion	約2時間

ツアー 世界屈指のナチュラルブリッジを訪れるには、レイクパウエルの南端から出るボートツアーに参加しなければならない。ツアーは片道2時間30分ほどかかるが、途中、湖岸まで岩山が迫った独特の景観が楽しめる。

レイクパウエルの岩はココア色と白のコントラストが鮮やかだが、実は白い部分は水に浸かっていた頃に岩が変色したもの。つまり色の境目が満水線だ。近年、水位の低い状態が続いており、2019年4月には満水時より40mも湖面が下がった。気候変動によるロッキー山脈地方の少雨が原因だ。

水位が高い頃にはレインボーブリッジの目の前に桟橋があったが、今は手前でボートを下りてから30分ほど歩く。ツアー時間も水位によって変動する。

堀り情報 12

地球の歩き方 B14● 2020～2021年版

ダラス ヒューストン デンバー

グランドサークル フェニックス サンタフェ

Dallas Houston Denver & Grand Circle Phoenix Santa Fe

地球の歩き方 編集室

American West CONTENTS

基本情報

33 テキサス州

出発前に必ずお読みください！ **旅のトラブルと安全対策…371**

159 コロラド州

265 グランドサークル

Column

歩き方の使い方

本書で用いられる記号・略号

▶州の基本情報を紹介するページ

▶都市名の下に該当都市の基本情報を記載してあります

State of Texas
テキサス州
人口、面積ともに全米第2位の規模。スペインを筆頭に6つの国に支配されてきた歴史があり、1836年テキサス共和国として独立。1845年にアメリカ合衆国に合併された。南北戦争後から綿花や牧畜を主産業としてきたが、20世紀初頭の油田発見からエネルギー産業を基盤に急成長を遂げる。
テキサス州の基礎知識
【基本情報】
▶人口 約2870万人
▶面積 約67万6600㎢
▶州都 オースチンAustin
▶州の愛称 ひとつ星の州
Lone Star State
【アクセス】
▶直行便で約12時間〜14時間
【安全情報】
▶在ヒューストン日本国総領事館
Consulate-General of Japan in Houston
MAP P.100-A2
909 Fannin St., Suite 3000, Houston, TX 77010
(713)652-2977（緊急の場合は24時間対応）
www.houston.us.emb-japan.go.jp
▶注意したいこと
・ハリケーンとトルネード→P.345
・メキシコ国境地帯

ビジネスだけじゃない！ アートやスポーツも熱い!!
ダラス
MAP▶P.39-EF3
Dallas
人口▶約134万5000人
面積▶約882㎢
標高▶約145m
TAX▶セールスタックス 8.25%
ホテルタックス 15〜15.26%
時間帯▶中部標準時(CST)

▶側注の情報

MAP 地図位置

住 住所（所在地）

☎電話番号（一部を除き市内通話は最初の3ケタは不要）

FREE アメリカ国内は料金着信者払いの無料電話で、「1-800」「1-888」「1-877」「1-866」「1-855」「1-844」「1-833」で始まる番号。日本からは有料

URL ウェブサイト・アドレスで、"http://""https://"は省略

営 開館時間、営業時間

休 定休（休館）日

料 料金

交 行き方、アクセス

行き方

都市へのアクセス方法

飛行機 最寄りの空港

バス 都市間を走る長距離バスなど

鉄道 都市間を走る鉄道

レンタカー 車で

観光案内所

都市の観光案内所

ビジターセンター

国立公園などの案内所

エリア区分

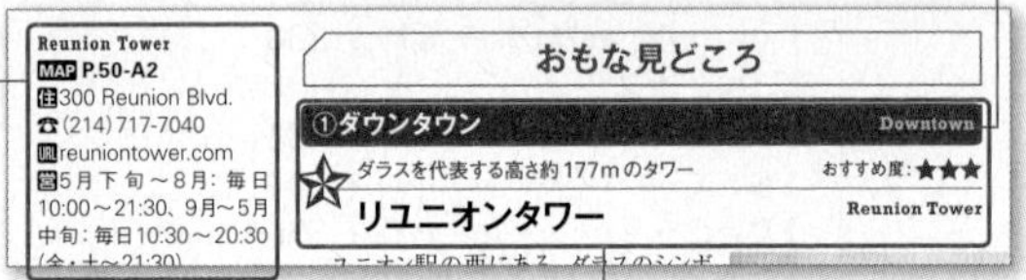

Reunion Tower
MAP P.50-A2
300 Reunion Blvd.
(214)717-7040
reuniontower.com
営5月下旬〜8月：毎日10:00〜21:30、9月〜5月中旬：毎日10:30〜20:30
おもな見どころ
①ダウンタウン
Downtown
ダラスを代表する高さ約177mのタワー
おすすめ度：★★★
リユニオンタワー
Reunion Tower

見どころ名とおすすめ度を3段階で表します

ショッピング

レストラン

ホテル

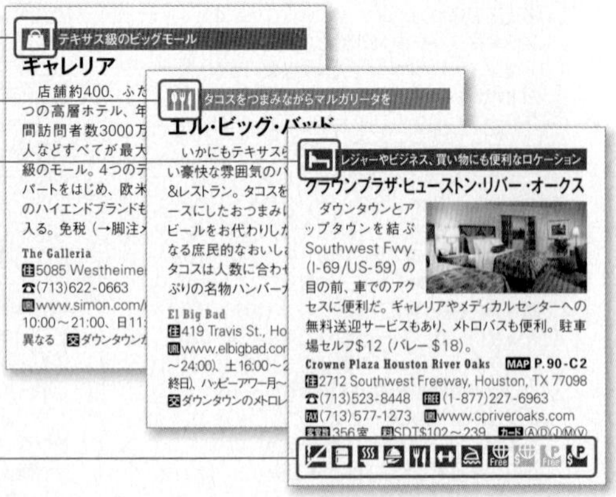

テキサス級のビッグモール
ギャレリア
The Galleria
タコスをつまみながらマルガリータを
エル・ビッグ・バッド
El Big Bad
レジャーやビジネス、買い物にも便利なロケーション
クラウンプラザ・ヒューストン・リバー・オークス
ダウンタウンとアップタウンを結ぶSouthwest Fwy.(I-69/US-59)の目の前、車でのアクセスに便利だ。ギャレリアやメディカルセンターへの無料送迎サービスもあり、メトロバスも便利。駐車場セルフ$12（バレー$18）。
Crowne Plaza Houston River Oaks
MAP P.90-C2
2712 Southwest Freeway, Houston, TX 77098
(713)523-8448
(1-877)227-6963
(713)577-1273
www.cpriveroaks.com

ホテル施設やサービス

※全室完備の場合のみで表示

- 全室禁煙
- 冷蔵庫
- バスタブ
- ルームサービス
- レストラン
- フィットネスまたはプール
- ランドリー（衣類クリーニング）サービス
- Wi-Fi無料
- Wi-Fi有料
- 駐車無料
- 駐車有料

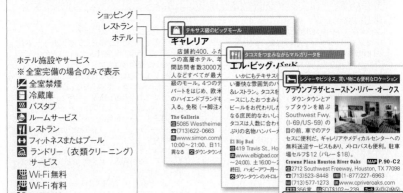

★各ページの側注や脚注には

MEMO ちょっとした豆知識

投稿 読者投稿

を掲載しています

地 図

- 観光案内所
- Ⓢ ショップ
- Ⓡ レストラン
- Ⓗ ホテル
- Ⓝ ナイトスポット
- 空港
- アムトラック駅
- グレイハウンド・バスターミナル(バスディーポ)
- バスストップ
- インターステートハイウエイ
- US ハイウエイ
- ステートハイウエイ
- 郵便局

道路標識の略語

Ave. =Avenue
Blvd. =Boulevard
Cir. =Circle
Dr. =Drive
E. =East
Epwy. =Expressway
Fwy. =Freeway
Hwy. =Highway
Ln. =Lane
N. =North
Pkwy. =Parkway
Rd. =Road
S. =South
St. =Street
W. =West

クレジットカード

ⒶAmerican Express(アメリカン・エキスプレス)
ⒹDiners Club(ダイナースクラブ)
ⒿJCB(ジェーシービー)
ⓂMasterCard(マスターカード)
ⓋVISA(ビザ)

使用可能なクレジットカードを示してあります。ただし、クレジットカード会社と該当の店などとの契約が解消されていることもあります

■掲載情報のご利用に当たって

編集室では、できるだけ最新で正確な情報を掲載するように努めていますが、現地の規則や手続きなどがしばしば変更されたり、またその解釈に見解の相違が生じることもあります。このような理由に基づく場合、または弊社に重大な過失がない場合は、本書を利用して生じた損失や不都合などについて、弊社は責任を負いかねますのでご了承ください。また、本書をお使いいただく際は、掲載されている情報やアドバイスがご自身の状況や立場に適しているか、すべてご自身の責任でご判断のうえでご利用ください。

■現地取材および調査時期

本書は、2019年8月の取材データをもとに作られており、住所、電話番号、営業時間、料金といった情報は基本的に2019年9～11月に追跡調査したものです。具体的な情報ほど時間の経過とともに現地の状況が変化し、実際に旅行される時点では、本書に掲載されている情報と異なっている場合があります。したがって、本書のデータはひとつの目安としてお考えいただき、現地では観光案内所などでできるだけ新しい情報を入手してご旅行ください。

■発行後の情報の更新と訂正について

本書に掲載している情報で、発行後に変更された掲載情報や訂正箇所は、『地球の歩き方』ホームページ「更新・訂正情報」で可能なかぎり案内しています(ホテル、レストラン料金の変更などは除く)。

URL **www.arukikata.co.jp/travel-support/**

本書の最新情報は以下をご確認ください。

URL **www.arukikata.co.jp/web/directory/item/100922**

■ホテルの料金表示

アメリカのホテルの料金は、一般的に「ひと部屋いくら」で表示されています。本書でもこれにならい、ホテルの料金はひと部屋当たりの料金を表しています。原則としてひとりで泊まってもふたりで泊まっても同じ料金となります。料金には、ホテルタックス(税金)は含まれていません。実際に支払う際はタックスが加算された金額となります。「S」はシングル(シングルベッドひとつ)、「D」はダブル(ダブルベッドひとつ)、「T」はツイン(ベッドふたつ)、「SU」はスイート(リビング+ベッドルーム)をそれぞれ利用した場合の料金です。リゾート料金やアメニティ料金などが加算されるホテルもあります。また格安の宿泊施設では、バス、トイレが共同となっている場合がありますので、必ず確認してください。

■投稿記事について

投稿記事は、多少主観的になっても、投稿者の印象、評価などを尊重し、原文にできるだけ忠実に掲載してあります。ホテル、レストランなどを選ぶ際にはこの点にご注意ください。

投稿記事には、投稿マークを付け、(東京都　山田太郎　'20)として、寄稿者の旅行年度を表しています。ただしホテルなどの料金を追跡調査で新しいデータに変更している場合は、寄稿者データのあとに調査年度を入れ['20]としています。

ジェネラルインフォメーション

アメリカ合衆国の基本情報

▶旅の英会話
→P.373

国　旗
Stars and Stripes　13本のストライプは1776年建国当時の州の数、50の星は現在の州の数を表す。

正式国名
アメリカ合衆国 United States of America
アメリカという名前は、イタリアの探検家でアメリカ大陸を確認したアメリゴ・ベスプッチのファーストネームから取ったもの。

国　歌
Star Spangled Banner

面　積
約914万7593km^2。日本の約25倍（日本は約37万8000km^2）

人　口
約3億2717万人

首　都
ワシントン特別行政区
Washington, District of Columbia
全米50のどの州にも属さない連邦政府直轄の行政地区。人口は約70万人。

元　首
ドナルド・J・トランプ大統領
Donald J. Trump

政　体
大統領制　連邦制（50州）

人種構成
白人60.4%、ヒスパニック系18.3%、アフリカ系13.4%、アジア系5.9%、アメリカ先住民1.3%など。

宗　教
キリスト教が主流。宗派はバプテスト、カトリックなどあり、都市によって分布に偏りがある。少数だがユダヤ教、イスラム教なども。

言　語
主として英語だが、法律上の定めはない。スペイン語も広域にわたって使われている。

通貨と為替レート

▶旅の予算とお金
→P.347
▶外貨の両替
→P.348
▶クレジットカードなど
→P.349

通貨単位はドル（$）とセント（¢）。$1＝108.60円（2019年12月8日現在）。紙幣は1、5、10、20、50、100ドル。なお、50、100ドル札は、小さな店では扱わないこともあるので注意。硬貨は1、5、10、25、50、100セント（＝$1）の6種類だが、50セント、1ドル硬貨はあまり流通していない。

$1

$5

$10

$20

$50

$100

25¢
（クオーター）

10¢
（ダイム）

5¢
（ニッケル）

1¢
（ペニー）

電話のかけ方

▶電話→P.368

日本からの電話のかけ方　例：ダラス（214）123-4567へかける場合

国際電話会社の番号
001（KDDI）※1
0033（NTTコミュニケーションズ）※1
0061（ソフトバンク）※1
005345（au携帯）※2
009130（NTTドコモ携帯）※3
0046（ソフトバンク携帯）※4

＋ 国際電話識別番号 **010** ＋ アメリカの国番号 **1** ＋ 市外局番（エリアコード） **214** ＋ 相手先の電話番号 **123-4567**

※1「マイライン」「マイラインプラス」の国際区分に登録している場合は不要。
詳細は URL www.myline.org
※2 auは、005345をダイヤルしなくてもかけられる。
※3 NTTドコモは009130をダイヤルしなくてもかけられる。
※4 ソフトバンクは0046をダイヤルしなくてもかけられる。

参考：携帯3キャリアともに、「0」を長押しして「+」を表示させると、国番号からのダイヤルでかけられる。

祝祭日（連邦政府の祝日）

州によって祝日となる日（※印）に注意。なお、店舗などで「年中無休」をうたっているところでも、元日、サンクスギビングデイ、クリスマスの3日間はほとんど休み。また、メモリアルデイからレイバーデイにかけての夏休み期間中は、営業時間などのスケジュールを変更するところが多い。

1月	1/1		元日　New Year's Day
	第3月曜		マーチン・ルーサー・キング・ジュニア牧師誕生日 Martin Luther King, Jr.'s Birthday
2月	第3月曜		大統領の日 Presidents' Day
3月	3/17	※	セント・パトリック・デイ St. Patrick's Day
4月	第3月曜	※	愛国者の日 Patriots' Day
5月	最終月曜		メモリアルデイ（戦没者追悼の日）Memorial Day
7月	7/4		独立記念日 Independence Day
9月	第1月曜		レイバーデイ（労働者の日）Labor Day
10月	第2月曜	※	コロンブス記念日 Columbus Day
11月	11/11		ベテランズデイ（退役軍人の日）Veterans Day
	第4木曜		サンクスギビングデイ Thanksgiving Day
12月	12/25		クリスマス Christmas Day

▶テキサス州
→ P.34
▶コロラド州
→ P.160
▶アリゾナ州
→ P.292
▶ニューメキシコ州
→ P.292

ビジネスアワー

以下は一般的な営業時間の目安。業種、立地条件などによって異なる。スーパーは24時間、または22:00くらいの閉店が多い。都市部のオフィス街のドラッグストアなら19:00頃の閉店も珍しくない。

銀　行　月～金 9:00 ～ 17:00

デパートやショップ
月～土 10:00 ～ 19:00、日 12:00 ～ 18:00

レストラン
朝からオープンしているのはカフェやコーヒーショップなど。朝食 7:00 ～ 10:00、昼食 11:30 ～ 14:30、ディナー 17:30 ～ 22:00。バーは深夜まで営業。

電気&映像方式

電圧とプラグ
電圧は120ボルト。3つ穴プラグ。100ボルト、2つ穴プラグの日本製品も使えるが、電圧数がわずかではあるが違うので注意が必要。特にドライヤーや各種充電器などを長時間使用すると過熱する場合もあるので、時間を区切って使うなどの配慮が必要だ。

映像方式
テレビ・ビデオは日本とアメリカともにNTSC方式、ブルーレイ・リージョンコードは日本とアメリカともに「A」なので、両国のソフトはお互いに再生可能。ただし、DVDリージョンコードはアメリカ「1」に対して日本「2」のため、両方のコードを含むソフトおよび「ALL CODE」の表示のあるソフト以外はお互いに再生できない。

アメリカから日本へかける場合　例：(03) 1234-5678※1

国際電話識別番号		日本の国番号		市外局番（頭の0は取る）		相手先の電話番号
011	+	81	+	3 ※2	+	1234-5678

※1 公衆電話から日本へかける場合は上記のとおり。ホテルの部屋からは、外線につながる番号を「011」の前に付ける。
※2 携帯電話などへかける場合も、「090」「080」「070」などの最初の0を除く。

▶アメリカ国内通話
同じ市外局番（エリアコード）へかける場合、エリアコードは不要。異なるエリアコードへかける場合は、最初に1をダイヤルし、市外局番からダイヤルする。

▶公衆電話のかけ方
①受話器を持ち上げる
②都市により異なるが最低通話料50¢を入れ、相手先の電話番号を押す（プリペイドカードの場合はアクセス番号を入力し、ガイダンスに従って操作する）
③「初めの通話は○分○ドルです」とアナウンスで流れるので、案内された額以上の金額を投入すれば電話がつながる

チップ

▶チップとマナー
→P.366

　レストラン、タクシー、ホテルの宿泊(ベルボーイやベッドメイキング）など、サービスを受けたときにチップを渡すのが慣習となっている。額は、特別なことを頼んだ場合や満足度によっても異なるが、以下の相場を参考に。

レストラン

　合計金額の15～20%。サービス料が含まれている場合は、小銭程度をテーブルやトレイに残して席を立つ。

タクシー

　運賃の15%が目安だが、最低でも$1。

ホテル宿泊

　ベルボーイは荷物の大きさや個数によって1個につき$2～3。荷物が多いときはやや多めに。

　ベッドメイキングは枕元などに$1～2。

飲料水

　水道の水をそのまま飲むこともできるが、ミネラルウオーターを購入するのが一般的。スーパーやコンビニ、ドラッグストアなどで販売している。

気　候

▶テキサス州→P.34
ダラス→P.43
ヒューストン→P.93
サンアントニオ→P.122
オースチン→P.138
エルパソ→P.150
▶コロラド州→P.160
デンバー→P.167
コロラド州西部→P.198
▶アリゾナ州→P.292、295
▶ニューメキシコ州→P.292、321

アメリカ西部の気候は、地域によって多様な変化がある→旅のシーズン P.345

ダラス、デンバー、フェニックス、東京の気温と降水量

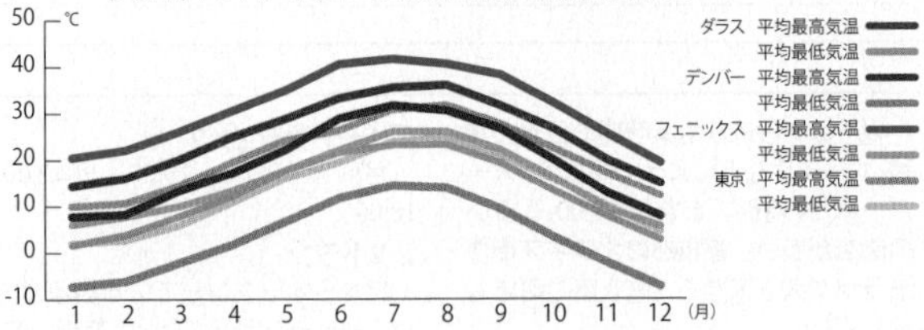

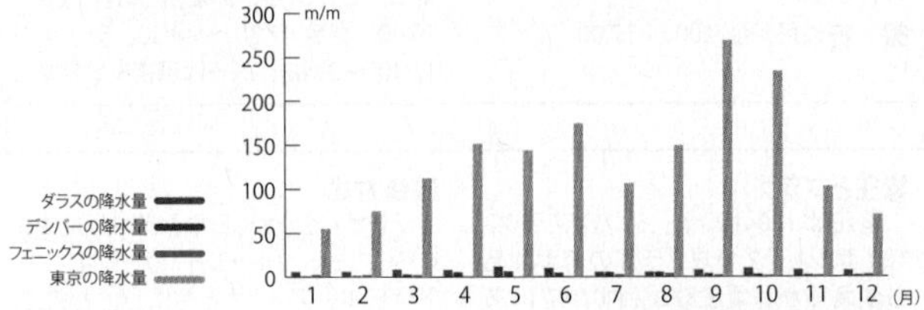

日本からのフライト

▶航空券の手配
→P.353

　直行便の場合、成田からダラスやヒューストンまで約12時間、デンバーまで約10時間30分。直行便がないフェニックスへは、ロスアンゼルスやサンディエゴ乗り換えで約16時間、サンアントニオへはヒューストン経由で15時間。

時差とサマータイム

　アメリカ本土内には4つの時間帯がある。太平洋標準時Pacific Standard Time(ロスアンゼルスなど)は日本時間マイナス17時間、山岳部標準時Mountain Standard Time（デンバーなど）はマイナス16時間、中部標準時Central Standard Time(ダラスなど）はマイナス15時間、東部標準時Eastern Standard Time(ニューヨークなど）はマイナス14時間。夏はデイライト・セービング・タイム（夏時間）を採用し、1時間時計の針を進める州がほとんど。その場合、日本との時差は1時間短くなる。ただし、アリゾナ州、ハワイ州では夏時間は採用されていないので注意。

　夏時間を取り入れる期間は、3月第2日曜から、11月第1日曜まで。移動日に当たる場合、タイムスケジュールに十分注意を。

郵便

日本への航空便は封書、はがきともに$1.15。規定の封筒や箱に入れるだけの荷物を定額で郵送できるタイプもある。

町によって営業時間は多少異なる。一般的な局は平日の9:00～17:00くらい。

▶郵便→P.367

出入国

ビザ

90日以内の観光、商用が目的ならば基本的にビザは不要。ただし、頻繁にアメリカ入出国を繰り返していたり、アメリカでの滞在が長い人は入国を拒否されることもある。なお、ビザ免除者はESTAによる電子渡航認証の取得が義務づけられている（陸路入国を除く）。

パスポート

パスポートの残存有効期間は、入国日から90日以上あることが望ましい。

▶パスポートの取得
→P.350
▶ビザ（査証）の取得
→P.351
▶ESTA（エスタ）の取得
→P.352
▶出入国の手続き→P.357

税金

TAX

物を購入するときにかかるセールスタックスSales Taxとホテルに宿泊するときにかかるホテルタックスHotel Taxなどがある。また、レストランで食事をした場合はセールスタックスと同額の税金、またそれに上乗せした税金がかかる。率(%)は州や市によって異なる。なお、テキサス州では海外からの観光客に対して税金の払い戻し制度(→P.57)がある。

安全とトラブル

日本人の遭いやすい犯罪は、置き引き、ひったくりなど。犯行は複数人で及ぶことが多く、ひとりが気を引いているすきに、グループのひとりが財布を抜いたり、かばんを奪ったりする。日本語で親しげに話しかけ、言葉巧みにお金をだまし取るケースも多い。日本から一歩でも出たら、「ここは日本ではない」という意識を常にもつことが大切。

警察・救急車・消防署

☎911

▶旅のトラブルと安全対策
→P.371

年齢制限

州によって異なるが、飲酒可能な年齢はほぼ21歳から。場所によっては、お酒を買うときにも身分証明書の提示を求められる。ライブハウスなどお酒の提供がある所も身分証明書が必要。

アメリカでは若年層の交通事故がとても多く、大手レンタカー会社では一部の例外を除き25歳以上にしか貸し出さない。21歳以上25歳未満の場合は割増料金が必要なことが多い。

度量衡

距離や長さ、面積、容量、速度、重さ、温度など、ほとんどの単位が日本の度量衡とは異なる。

時差表

日本時間	0	1	2	3	4	5	6	7	8	9	10	11	12	13	14	15	16	17	18	19	20	21	22	23
東部標準時 (EST)	10	11	12	13	14	15	16	17	18	19	20	21	22	23	0	1	2	3	4	5	6	7	8	9
中部標準時 (CST)	9	10	11	12	13	14	15	16	17	18	19	20	21	22	23	0	1	2	3	4	5	6	7	8
山岳部標準時 (MST)	8	9	10	11	12	13	14	15	16	17	18	19	20	21	22	23	0	1	2	3	4	5	6	7
太平洋標準時 (PST)	7	8	9	10	11	12	13	14	15	16	17	18	19	20	21	22	23	0	1	2	3	4	5	6

※3月第2日曜から11月第1日曜まではデイライト・セービング・タイム(夏時間)を実施している。夏時間とは時計の針を1時間進める政策。なお、赤い部分は日本時間の前日を示している。

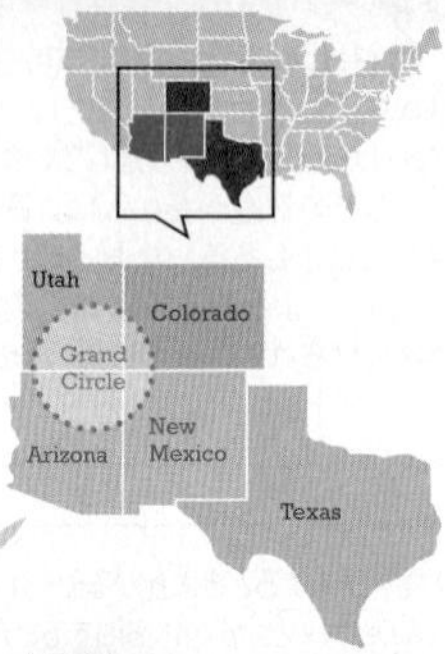

本書で紹介の西部の魅力的な町たち

テキサス、コロラド、ニューメキシコ、アリゾナ、ユタ。アメリカ西部といわれる州の町は、それぞれが個性豊か。本書に掲載されているおもな町を紹介しよう。

テキサス州

ダラス > P.43

ケネディ大統領暗殺の地は現在コンベンションシティ。リユニオンタワーがシンボルだ ©Visit Dallas

フォートワース > P.74

ストックヤードには今も「大西部」が息づいている

サンアントニオ > P.122

世界遺産もある観光都市。リバーウオークは毎夜にぎわう ©San Antonio CVB

オースチン > P.138

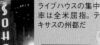

ライブハウスの集中率は全米屈指。テキサスの州都だ

ヒューストン > P.93

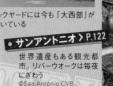

ダイナミックなアメリカ第4の都市。写真手前はMLBアストロズの本拠地 ©Visit Houston

ほかにも アーリントン→P. 66、エルパソ→P. 150、ガルベストン→P. 117、グレープバイン→P. 64、バンデラ→P. 146、ビッグベンド国立公園→P. 154、プレイノ→P. 68、マーファ→P. 152を紹介しています

コロラド州

コロラドスプリングス > P.199

ガーデン・オブ・ゴッドのバランス岩。コロラドスプリングスは見どころが多い

ベイル > P.222

世界中のスキーヤーが憧れるスキーリゾート
©Vail Resorts

デンバー > P.167

デンバーはクラフトビールの町。できるだけ味わっていきたい
©Colorado Tourism

ほかにも アスペンとスノーマス→P.226、グランドジャンクション→P.240、クレステッドビュート→P.247、グレンウッドスプリングス→P.233、デュランゴ→P.254、テルユライド→P.250、フォートコリンズ→P.209、ボウルダー→P.189、メサベルデ国立公園→P.258、ロッキーマウンテン国立公園→P.215を紹介しています

グランドサークル

モニュメントバレー > P.276

西部劇でおなじみのモニュメントバレー。眺めのいいホテルもある

グランドキャニオン > P.284

地球の歴史を体感するならここ。日の出、日の入りをお見逃しなく

ほかにも アーチーズ国立公園→P.286、キャニオンランズ国立公園→P.272、ザイオン国立公園→P.289、ブライスキャニオン国立公園→P.290、レイクパウエル周辺→P.280を紹介しています

アリゾナとニューメキシコ州

セドナ > P.310

スピリチュアルスポットとして人気のセドナ。霊感がなくても気持ちいい所
©Visit Sedona

サンタフェ > P.324

日干しれんがの建物が独特の雰囲気を作り出している

フェニックス > P.296

ソノラ砂漠に開けた町がフェニックス。成長著しい所だ

ほかにも アルバカーキ→P.322、カールスバッド洞穴群国立公園→P.338、ツーソン→P.307、ホワイトサンズ国定公園→P.340、ラスクルーセス→P.334を紹介しています

©Vail Resorts

スポット別

このアクティビティは
ここがおすすめ！

アクティビティガイド in 西部

アメリカ西部は大自然の宝庫。母なる地球のフトコロに飛び込んでのアクティビティは、いつまでも心に残る体験になるはず。スキー、乗馬、トレッキング、自転車、フィッシング、ゴルフ……環境もバツグンに整っているので、初心者でも、外国からの旅行者でも簡単にトライできる。アメリカに来たからは、体を動かさずには帰れないっ！

スキーならここっ！

世界的に有名なスキーリゾートを有するコロラド州。最大の売りは「極上のシャンパンスノー」。世界屈指の雪質を目指してコロラドには年間1100万人ものスキー客が訪れる。なかでもアスペン、ベイルには想像の域を超えたスキー場がいくつもあり、レンタル用品、ゴンドラ、リフト、レストハウスなどの環境も整う。リピーターが多いのにも納得がいくだろう。

1 アスペン Aspen

› P.228

1 高低差1000m近くあるアスペンマウンテンでは、豪快なスキーが体験できる　2 ロッキーの山並みに加えアスペンの町を鳥瞰しながら、思いっきり滑ろう　3 アスペンのゴンドラ乗り場。待つことがほとんどないのがうれしい

こんな楽しみ方ができる

急斜面の多さから、腕自慢のスキーヤーがアスペンには集まる。れんが造りのアスペンの町を見下ろしながらの滑降は爽快そのもの！

アスペンはここが違う

銀鉱山として繁栄したアスペンには4つのゲレンデがあり、そのうちのひとつがアスペンマウンテン。初心者コースがないのが特徴で、アルペンスキーやスノーボードの国際的な大会も行われる。特に冬季Xゲームでは日本人選手が毎年のように活躍する。

2 スノーマス Snowmass

› P.230

1 日中スキーを満喫したあとは、かわいらしいビレッジを散策したい
2 スノーマスはゲレンデと宿が近く、スキー三昧したい人におすすめ

スノーマスはここが違う

スキー場と宿泊施設がとても近いことから、スキーイン、スキーアウトが容易にできる。できる宿の割合はなんと95%。初級、中級、上級者とさまざまなコースがあり、北米最長のハーフパイプもある。

こんな楽しみ方ができる

スノーチューブやスノーバイクのレンタルも簡単で、チューブは子供たちに大人気。麓のスノーマスビレッジにはショップやレストラン、博物館があり、アフタースキーも充実。

カウボーイ体験ならここっ!

テキサス州を中心としたアメリカの西部ならではの観光が、ファームステイだ。デュードランチDude Ranchと呼ばれる観光牧場に泊まりながら、カウボーイ体験をする。そのメッカが、風光明媚な丘陵地が続くテキサス州南部のヒルカントリーで、特にバンデラ(→P.146)は「カウボーイキャピタル」と呼ばれる。シーズンは家族連れでにぎわう。

観光牧場ってどんなところ?

牧場に滞在しながら、乗馬やローピングのハウツーを教えてもらうなど、まさにカウボーイの生活が体験できる所。宿泊施設も牧場らしく、外観はとても質素な平屋。中に入ると西部劇をイメージさせるインテリアとなっている。玄関ポーチのハンギングチェアに揺られながら、牧場の空気を満喫しよう。

1動物と触れ合うことができ、餌やりをできるデュードランチもある　2デュードランチの定番アクティビティが乗馬。どこの牧場の馬もよく調教されている

いちばん人気のデュードランチ

メイアン・デュードランチ
Mayan Dude Ranch ＞P.148

バンデラを代表するデュードランチで、4代続く老舗。家族経営でフレンドリー、言葉がうまくなくても安心して滞在することができる。1日2回の乗馬、投げ縄教室や化石掘りなど、日替わりでカウボーイを体験できるようなスケジュールが組まれており、1週間滞在しても飽きさせない工夫がある。牧場の中にキャビンが点在し、夜は満天の星空、朝は野生の動物たちに出合える。

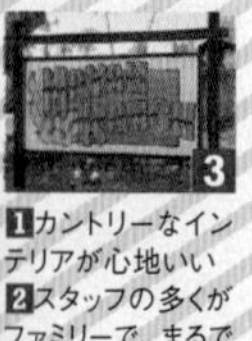

1カントリーなインテリアが心地いい　2スタッフの多くがファミリーで、まるで家族になったように過ごせる　3サンアントニオから約1時間の人気牧場

どんなカウボーイ体験ができるの?

❶ 乗馬

カウボーイになるには馬を乗りこなすことから。鞍にまたがりトレイルをゆっくり静かに歩いていく。視界を見渡すように姿勢を真っすぐ、手綱をしっかり握り、馬に体を委ねよう。

1しばらく乗っているとコツを覚えて、まるで以前から乗っているよう!
2乗り方もていねいに教えてくれるので心配ない
3馬は周囲のペースに合わせて進んでくれる。どの馬も性格は穏やかだ

❷ 牛追いのレッスン

カウボーイのいちばんの仕事は牛追いだ。ロープで牛の捕まえ方も教えてくれる。メイアンランチはローピングだけでなく、ムチの使い方も伝授。うまく使えないと本当に痛い。

1本物のムチを使っての練習。なかなかできない体験だ
2カウボーイは縄で牛を捕獲する。つわものはロデオ大会に出場するほど

❸ カウボーイ料理に舌鼓

牧場の定番の食事は、やはりバーベキュー。ホクホクになるまで肉をいぶし、特製ソースをつけていただく。卵料理、ベーコン、ソーセージ、ジャガイモ、サラダ、コーンブレッドなどのサイドメニューも豊富だ。

1テキサスバーベキューは食事のマスト。切り分けてくれる
2観光牧場ではライブ演奏やキャンプなどもあって、雰囲気を盛り上げてくれる
3朝昼晩と料理は少しずつ異なり、飽きさせない工夫がされている

トレッキングならここっ!

アメリカの国立公園は、人々に楽しんでもらうための整備と自然保護とのバランスが絶妙。いずれの公園にも長短さまざまなトレッキングコース=トレイルが敷かれ、初心者でも安心して歩くことができる。世界屈指のダイナミックな風景に自分の足跡を残そう！

1 グランドキャニオン国立公園 サウスリム Grand Canyon NP-South Rim

＞P.284

1 サウス・カイバブ・トレイルは日陰が少なく真夏の日中は酷暑となるので、熱中症対策は万全に　**2** トレイルはよく整備されているが、凹凸があるのでトレッキングシューズを履こう
3 時間と体力がない人には、大峡谷に沿って崖っぷちを歩く平坦なリムトレイルがおすすめ

おすすめのトレッキングコース

パノラマのすばらしさならサウス・カイバブ・トレイル。勾配がきついので少々体力を必要とするが、周囲360度＋頭上＋足元に広がる岩壁が地球の歴史を感じさせてくれる。

ここを見逃すな!

急なジグザグ道を1時間強下ると、簡易トイレがあるシーダーリッジに着く。ここからのパノラマはトレイル随一！

DATA

距離：片道約2.4km
標高差：348m
所要：往復2.5～4時間
シーズン：春・秋
そのほか：ビレッジからトレイルの出発点までは無料シャトルで

2 ロッキーマウンテン国立公園 Rocky Mountain NP

＞P.215

1 4000m近いロッキーの山々が姿を映すビアシュタットレイク
2 夏でも涼しい林の中を緩やかな坂が続く。危険な箇所もなく、快適なトレイルだ

おすすめのトレッキングコース

公園東側にあるベアレイクは数多くのトレイルの出発点になっているが、ビアシュタットレイクへのルートはほとんど下り坂なので、体力に自信のない人や家族連れも楽しめる。

ここを見逃すな!

ビアシュタットレイクから見上げると、山並みの間にベアレイクからは見ることができなかったティンダル氷河が顔をのぞかせている

DATA

距離：片道約6km
標高差：215m
所要：下り約2時間
シーズン：6～9月
そのほか：ベアレイクの駐車場は非常に混雑するので、早朝訪れるか、または無料シャトルで

3 ザイオン国立公園 Zion NP

> P.289

1小学生でも歩けるコースだが、高所恐怖症の人は避けたほうが無難　2山頂に立つと、世界最大級といわれる一枚岩グレート・ホワイト・スローンが眼前に迫る　3トレイル後半、転落の危険がある箇所にはチェーンが付けられている。一歩一歩慎重に進もう。岩がぬれていたり凍っていたりするときには決して登らないこと

おすすめのトレッキングコース

「天使が舞い降りる所」と名付けられたエンジェルスランディングは峡谷の中央にせり出した岩峰。途中からの景観もすばらしいので、公園でも人気ナンバーワンのトレイルだ。

ここを見逃すな!

バージン河畔の緑、岩壁の赤、そして崖の上部に現れている白い地層。グランドサークルならではの色のコントラストを楽しもう

DATA

距離：往復約8.7km　標高差：453m
所要：往復4 ～ 5時間
シーズン：春・秋
そのほか：春～秋は峡谷全体がマイカー乗り入れ禁止になる。6 ～ 15分間隔で走っている無料シャトルを利用しよう

トレッキングを楽しむためのアドバイス

事前に

日本から着いた翌日に無理をするのはやめよう。特に気温が高くなる夏のグランドサークルや、標高の高いロッキー地方のトレイルは、現地の気候や時差に体が慣れてから歩きたい。

服装と装備

気温の変化に対応できるよう重ね着がおすすめ。日本に比べて乾燥していて日差しが強烈なので、帽子、サングラス、日焼け止めも必携。

マナー

整備されたトレイルを歩き、草原などに足を踏み入れるのはやめよう。花をつまないのはもちろん、枯れ葉も小石も持ち帰ってはいけない。シカやリスなどの野生動物を見かけるチャンスも多いが、食べ物を与えると罰金を科せられる場合もある。感染症などの危険もあるので、安全な距離を保って観察したい。

当日は

早朝スタートが基本。自然保護のため、トレイルの途中にトイレはほとんどないので、出発前に済ませておこう。飲料水と食料（サンドイッチ、トレイルミックス、シリアルバーなど）も忘れずに。

トレイル出発点などにある標識や掲示板を注意深く読もう

短いトレイルでも水は1リットル以上用意したい。公園のロゴ入り水筒を現地で買うこともできる

バイキングならここっ!

アスペンからマルーンベルズへ

> P.226, 238

1 マルーンベルズへの道路は夏の日中、交通規制が行われるが、自転車はいつでも無料で通行できる　**2** ロハスな町アスペンはサイクリストにとって居心地のよい町だ

マウンテンバイクやサイクリングはアスペン周辺で最も人気のあるアクティビティ。町なかにも郊外の森にも無数のルートが自転車に開放されている。なかでもマルーンベルズへの道路は日中マイカーが走っていないのが大きな魅力。隣町のスノーマスには広大なバイクパークもあり、子供も上級者も思いおもいにペダルを踏んでいる。

DATA

距離：マルーンベルスまで片道約13km
所要：片道40 ～ 50分
シーズン：6 ～ 10月
借りられるところ：アスペンのほか、マルーンベルズ入口にあるアスペンハイランドでもOK

フィッシングならここっ!

ロッキーマウンテン国立公園のスプラグレイク

> P.215

コロラド州にフィッシングスポットは数あれど、アメリカでの釣りが初めてならスプラグレイクをおすすめ。カワマス6匹＋ほかのトラウト2匹まで許可されている。そのほかの湖ではキャッチ&リリースの場合もあるなど細かい規則が決められているので、用具を借りた際に詳しく教えてもらうといい。

DATA

場所と行き方：エステスパークからUS-36を走ってベアレイクへ向かう途中。約30分
シーズン：早春～晩秋
借りられるところ：エステスパーク市内のスポーツ用品店、釣り具店など
ライセンス：1日$16.75、5日$31.75、16歳未満無料。上記の店で購入できる

1 スプラグレイクは比較的標高が低いため、早春から釣果が期待できる　**2** 駐車場が目の前にあり、無料シャトルも走っているなどアクセスのよさもうれしい

ゴルフならここっ！

世界のゴルフコースの約半数がアメリカにあることをご存じだろうか。アメリカでゴルフはとてもポピュラーなスポーツ。晴天が続きゴルフに最適な気候をもつのがアメリカ西部だ。特にアリゾナは避寒地であることから、ほかのエリアが厳寒のときでもゴルフができるとあって、ゴルファーがこぞって訪れる。設備や施設も整い、料金も良心的。気軽にラウンドに出てみよう。

1 コロラド州デンバー周辺

コロラド州デンバーは晴天日が年間300日以上といわれ、デンバー周辺でゴルフをすると、自分がうまくなったかと錯覚するほどボールがよく飛ぶ。標高が高く、気圧が低いためだ。気持ちよくドライバーでかっ飛ばしたいならここ。

アローヘッド・ゴルフコース
Arrowhead Golf Course

赤い岩の隆起が地球の歴史を感じさせる、ダイナミックな景観に囲まれたコース。アメリカのパブリックコースでトップ75に入る。よく整備されたグリーンでのプレイは思い出になること間違いなし。

MAP P.197-F2
住10850 Sundown Trail, Littleton, CO 80125
☎(303)973-9614
URL www.arrowheadcolorado.com 料グリーンフィー $40～80
交デンバーから車でUS-85→W. Titan Rd.→N. Rampart Range Rd.を走り約40分

整ったグリーンと赤い奇岩のコントラストを見ながらプレイを

アメリカの一流ゴルフコースのよさが体感できる

ブロードモア・ゴルフクラブ
The Broadmoore Golf Club ＞P.207

高級リゾート所有のコロラドを代表するコース。USウーマンズ・オープンやPGAの大会の会場としてもしばしば使われ、歴代大統領もプレイしてきた。デンバーからのアクセスもよし。

MAP P.201-B2 外　URL www.broadmoor.com/activities/golf　料グリーンフィー $75～290

2 アリゾナ州フェニックス周辺

アメリカで1年中ゴルフができる州No.1に挙げられるのがアリゾナだ。特にフェニックス周辺は冬でも暖かく、ゴルフ場の数も300を超え、ゴルフ愛好家にとっては天国のような所。

1 避寒地アリゾナは、寒い時期が繁忙期。湿度が低いので快適にプレイできる　2 フェニックス周辺はゴルフ場が多いので、どのコースにするかは泊まっているホテルのコンシェルジュに相談するのがベスト

ボウルダーズ・ゴルフクラブ
Boulders Golf Club

数々のゴルフメディアで賞賛されてきた総合リゾートのコース。弁慶サボテンと奇岩のあるソノラ砂漠ならではのプレイが人気。ふたつのチャンピオンシップコースがあり、ゴルフのあとはスパでリフレッシュしたい。

評価のとても高いゴルフコース。変化に富んだ景色が魅力

MAP P.294-D1 外　住34631 N. Tom Darlington Dr., Scottsdale, AZ 85262　☎(480) 488-9009　URL www.theboulders.com/play/world-class-golf　料グリーンフィー $59～230　交フェニックスから車でI-17→Carefree Hwy.を東→N. Scottsdale Rd.を北に向かえばすぐ。フェニックスから約40分

トルーン・ノース・ゴルフクラブ
Troon North Golf Club

フェニックスの北東、スコッツデールにあるゴルフコース。アリゾナ一帯に広がるソノラ砂漠の中にあるゴルフコースは変化に富み、荒野にサボテンが林立しているダイナミックな景観。サービスも一流。

MAP P.294-D1外
住10320 E. Dynamite Blvd., Scottsdale, AZ 85262
☎(480) 585-7700
URL www.troonnorthgolf.com
料グリーンフィー $99～300
交フェニックスから車でI-17→US-101を東→N. Pima Rd.を北→E. Dynamite Blvdを右折してすぐ。フェニックスから約50分

アメリカ西部 イベントカレンダー

この季節に、この町で楽しみたいイベントはこれっ!

©Visit Houston

アメリカ人もお祭り好き、イベント好き。エンターテインメントの国らしく、どの町も人々を楽しませようとさまざまなイベントが1年をとおして行われている。アメリカ西部に行くことが決まったら、イベントカレンダーのチェックから始めよう。

情報収集のヒント

イベントやお祭りの情報収集は、観光局のウェブサイトが便利(→P. 344)。どの観光局のサイトもフロントページに「Events」の項目があるから、ここをクリック。

1月下旬

エックスゲーム in アスペン ➡P.226
X Games Aspen

©Colorado Tourism

スノーボードのスーパーパイプやビッグエア、フリースタイル、スノーバイククロスなどが競われる国際な人気大会。世界中のトップアスリートが集う。

URL www.aspensnowmass.com

1~2月

セドナマラソン in セドナ ➡P.310
Sedona Marathon

©Visit Sedona

赤い岩山に囲まれ、澄み切った空気のなかでのマラソンは何にも代えがたい体験。ハーフ、10km、5kmのコースがあり、心肺機能を高めたい人に特におすすめ。

URL sedonamarathon.com

2月下旬~3月上旬

ヒューストン・ライブストックショー・アンド・ロデオin ヒューストン ➡P.93
Houston Livestock Show and Rodeo

©Visit Houston

アメリカでロデオはアマチュアもいればプロもいる、れっきとしたスポーツ。競技は牛や馬の跳ねる性質を利用して、一定の時間を乗りこなすラフストックと速さを競う。このほかビッグネームのコンサートや家畜の品評会、ウエスタンアイテムの販売、遊園地やBBQの名店が集結するフードコートもあり、お楽しみ満載だ。

URL www.rodeohouston.com

2月下旬~3月

MLBの春季キャンプ in フェニックス ➡P.303
Cactus League (サボテンリーグ)

MLBの春季キャンプが行われるのはフロリダ州とアリゾナ州の2ヵ所だけ。名物のサボテンになぞらえ、アリゾナの春季キャンプは「カクタスリーグ」と呼ばれている。MLBフリークが大挙して押しかける。

URL www.cactusleague.com

4月中旬

ヒューストン・アート・カー・パレード in ヒューストン ➡P.93

Houston Art Car Parade

アメリカのデコトラ・パレードがこれ。ヒューストンのダウンタウンに奇想天外な姿の車が練り歩き（?）、見るだけでも楽しい。開催に合わせてイベントもめじろ押し。

URL www.thehoustonartcarparade.com

©Visit Houston

6～8月

ブラボー！ベイル in ベイル ➡P.222

Bravo! Vail Music Festival

©Colorado Tourism

スキーリゾートとして知られるベイルだが、夏はアウトドアアクティビティが盛んで、多くの観光客でにぎわう。6～8月の間に国内外の有名オーケストラやアンサンブルを招いたり、子供向けのコンサートも行われる。

URL www.bravovail.org

9～10月

テキサス・ステート・フェア in ダラス ➡P.55

Texas State Fair

©Visit Dallas

アメリカ最大といわれる州の祭りが、毎年9月から10月の3週間にかけて行われるテキサス・ステート・フェア。場所はダラスのフェアパーク。中央に立つ巨大な像は「ビッグテキサス」と呼ばれ、像を中心に遊園地やミニ動物園、ゲーム、名物料理のフードコートが現れ、パレード、花火も打ち上がる。

URL bigtex.com

10月上旬

グレート・アメリカン・ビール・フェスティバル in デンバー ➡P.167

Great American Beer Festival

©Colorado Tourism

ビールの生産量全米No.1といわれるデンバーで開催される、オクトーバーフェスト&コンテストだ。味自慢のブリュワリーが約800参加し、全米のベストビール・トップ10が決定される。9月下旬から10月上旬にかけてはデンバー・ビール・ウイークとなる。

URL www.greatamericanbeerfestival.com

10月上旬～中旬

バルーンフェスタ in アルバカーキ ➡P.322

Balloon Fiesta

©Ron Behrman

世界いちの規模を誇るバルーンフェスタは、ニューメキシコ州アルバカーキで10月上旬～中旬の9日間にわたって開催される。会期中は約600もの熱気球が空に舞い上がる。形も大きさバラエティに富み、まさに壮感。85万人以上が訪れる。

URL www.balloonfiesta.com

ホリデイシーズン

アメリカでは11月下旬から翌1月上旬を指す

各地のイルミネーション

Holiday Season

年末年始、アメリカはどの町もイルミネーションで幻想的に彩られ、1年の締めくくりとしてこれを見物にやってくる大勢の市民でにぎわう。この時期、町の動物園では「Zoo Light」と称し、動物園もイルミネーションで飾られ、夜行性動物が一般公開される。

©Matt Inden/Miles

デンバー（→P. 167）は州政府ビルがカラフルにライトアップ。とてもお役所には見えない

ガルベストン（→P. 117）ムーディガーデンズのイルミネーションはテキサス南東部では有名。氷の滑り台やチューブスライドもお目見えする

URL www.moodygardens.com/holiday_season/

©Visit Houston

©Visit Dallas

ダラス・ダウンタウン（→P. 43）のメインストリート・ガーデンは高層ビルの明かりとあいまってロマンティック

URL www.dallasparks.org/ 384 / Main-Street-Garden

この町へ行ったら、この料理を食べろ!

アメリカ西部名物グルメ

旅先でその土地のおいしいものを食べたいっ、と思う人は多いはず。西部でポピュラーな料理はテックスメックスとバーベキューのふたつ。テックスメックスは文字どおりメキシコ料理にテキサスの要素をかけ合わせたもの。バーベキューは本来ならば捨てるような肉の硬い部分を長時間かけて燻し、柔らかくしたもの。西部でしか味わえない料理をぜひ味わってみて!!

デンバーに行ったら ▶P.167

デンバーに来たらビールはマスト©Evan Semon

クラフトビールを飲もう!

コロラド州には400を超えるブリュワリーがあり（2018年末現在)、銘柄の総数は数え切れないほど。デンバーだけでも70あり、作りたてのビールを市内のレストランやバーで気軽に味わうことができる。デンバーで愛されているビールは……。

デンバー・ビール・カンパニー
Denver Beer Co.

生まれも育ちもデンバーのチャーリーと物理学者であるパトリックが、労働を美徳とするコロラドっ子のために作ったビール。環境問題を考えながら作る姿勢が共感を呼んでいる。

迷ったらテイスティングメニューを
©Evan Semon

ハイランド地区にタップルームがある
©Visit Denver

ブルームーン・ブリュワリー
Blue Moon Brewery →P.185

数々の賞を獲得し、全米にとどまらず全世界に販路を拡大している急成長のビール。日本でも見かけるが、本場はひと味違う。できたてのブルームーンを生まれ故郷のデンバーで!

ブルームーンにはオレンジを添えるのが基本 ©Visit Denver

ブルームーンのバー &レストランは造りもおしゃれ ©Evan Semon

ウィンクープ・ブリューイング・カンパニー
Wynkoop Brewing Co. →P.184

1988年創業の老舗は、オバマ前大統領も訪れるほどの名店だ。料理も豊富に揃っているので、アメリカ料理とビールのペアリングを味わってほしい。

デンバーの乾いた空気によく合うウィンクープ
©Evan Semon

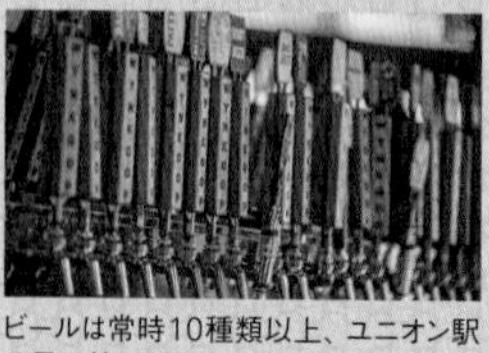
ビールは常時10種類以上、ユニオン駅の目の前にある ©Evan Semon

 ▶P.43

ペカンロッジのバーベキュー

若者で夜までにぎわうディープエラム地区にあり、週末以外はランチのみの営業。燻した香りが芯までしみわたり、ブリスケットもプルドポークもホクホク。

一番人気はブリスケット。肉のうま味がぎゅっと濃縮©Visit Dallas

メニューは店の黒板に。これを見て奥のカウンターで好きなものを注文、料理ができると番号か名前で呼ばれる

いつ行っても並ぶが、席数が多いのですぐに座れる。セルフサービスで、席は自由
©Dallas CVB

アウトドア席もあり、週末の夜はライブ演奏もある

Pecan Lodge
MAP P.51-C1
住2702 Main St., Dallas
☎(214) 748-8900
URL pecanlodge.com
営毎日11:00～15:00（金・土～22:00　カード ⒶⓂⓋ

メソマヤのテックスメックス

テックスメックスが味わえる、最もダラスっぽい店。上品な味付けで、サービスのサルサチップスが止まらない。

ペロー自然科学博物館の1ブロック東にある

平日のランチは近所のビジネスパーソンでごったがえす

Meso Maya
MAP P.50-A1　住1611 McKinney Ave., Dallas
☎(214) 484-6500　URL www.mesomaya.com
営毎日11:00～22:00（金・土～23:00）
カード ⒶⓂⓋ

ステーキのサイドはメキシカンで一石二鳥のお得感。$21

ヒューストンに行ったら ▶P.93

テキサスといえばステーキ。本当においしいステーキならここ。接待にもいいオーソドックスな店で、分厚いフィレは8、10、12オンスの3種類（$54.95/$56.95/$58.95）、脂分がほどよく柔らかいリブアイも16、18オンスの2種類（$51.95/$59.95）ある。サイドの野菜も美味。

パッパスブロスのステーキ

焼く前の肉を見せてくれるのは、品質のよさの証明

ここぞというときに行きたい店だ

ナイフを入れるとジューシーな肉汁があふれ出る

Pappas Bros. Steakhouse
MAP P.100-A2 住1200 McKinney St., Houston ☎(713) 658-1995 URL pappasbros.com 営毎日17:00～22:00（金・土～23:00） カード ⒶⓂⓋ

サンアントニオに行ったら ▶P.122

野菜たっぷりのタコス。サイドの豆の煮込みとライスも箸が進む

観光客で夜までにぎわうリバーウオークにあり、ボリューム満点、値段も手頃でコスパも高い。素材の味が生きた味で、サービスもよい。

アセナのテックスメックス ▶P.134

ワカモレのディップはやみつきに

地元の人にも人気のテックスメックス

オースチンに行ったら ▶P.138

フランクリン・バーベキュー ▶P.144

オバマ前大統領が公務中に立ち寄った行列のできる店。とにかくブリスケットがうまい！　その日の販売量が決まっており、4時間並んで食べられないことも。

ひとりずつ注文を受けてから切り分ける。見ているだけでもよだれが……

必ず行列ができていて、最後の人は「私が最後列です」の看板を持つ

ブリスケットが看板メニュー。肉のうま味が濃縮されたよう

サンタフェに行ったら ▶P.324

タマーレはチキンかポークが選べて、チーズがトッピング$9.95

ブルー・コーン・カフェのメキシカン

サンタフェの老舗レストランで、味も上品。特性チリソース付きのブルー・コーン・タコス$9.95はタコスの香りもよく、量もほどよい。先住民のレシピで作られる揚げタコス$9.50は素朴な味わい。

外観もアドービ風で雰囲気もよい

Blue Corn Cafe
MAP P.326-A2 住133 W. Water St., Santa Fe ☎(505) 984-1800 URL bluecorncafe.com 営毎日11:00〜22:00 カード Ⓐ Ⓜ Ⓥ

トマシタズのメキシカン ▶P.333

サンタフェで屈指の人気。メキシコ料理がおもだがテックスメックスに分類される料理もある。注文の際に唐辛子の種類を聞かれるが、赤はマイルド、青は激辛。

小さい店なので早めに行くのがコツ

ボリューミーなテックスメックス。予算は $30〜

サンフランシスコ・ストリート・バー＆グリルのサンドイッチ

ローストビーフのサンドイッチは、今にもビーフがはみ出しそう。$10

メキシカンは苦手という人にもいい店で、人気は分厚いサンドイッチ。テキサス料理を思わせるプルドポークやホームメイドのスープも好評。予算は$15〜。

さわやかな内装で気軽に入れる

San Francisco Street Bar & Grill
MAP P.326-B1
住50 E. San Francisco St., Santa Fe
☎(505) 982-2044 営毎日11:00〜21:00（金・土〜22:00） カード Ⓐ Ⓜ Ⓥ

アメリカ西部の世界遺産

歴史の短いアメリカに世界遺産はないと思われがち。実は違う。アメリカが世界に誇る大自然の数多くがUNESCOの世界遺産に登録されているのだ。加えて、アメリカ先住民やキリスト教伝道の遺跡などが文化遺産として登録されている。アメリカ西部にあるおもな世界遺産を紹介しよう。

文化遺産

1 サンアントニオ伝道施設群

San Antonio Missions →P.131

1 ミッションコンセプションは1755年に造られ、アメリカで復元されていないものとしては最も古い
2 アラモ砦として有名だが、ここはキリスト教の伝道所。正確にはMission San Antonio de Valero
3 1720年建立。現在も毎週日曜にはミサが行われ、誰でも参加できる

選定理由

18世紀、フランシスコ会（カトリックの修道会）の宣教師が布教のため建築した5つの施設。教会をはじめとして農地、住居、穀倉、水道などが整備され、それらがサンアントニオ川に沿いの約37kmに点在する。2015年登録。

ここを見逃すな！

建築に施された装飾の精巧さ、幾何学的なデザイン、内部に描かれたフレスコ画などに注目を。ほとんどが当時のままの状態で残されている。

2 タオスプエブロ

Taos Pueblo →P.331

1 日干しれんがの多世代住宅は、家族が増えるたびにユニットが増えていく
2 プエブロインディアンのなかにはキリスト教に改宗した人も多く、敷地内には教会もある

選定理由 西暦1000年頃から造られ、現在も人が住み続けている、北米最大かつ最古のインディアンマンション。家族が増えるごとに部屋が増築されていくのが特徴。

ここを見逃すな！ マンションには今も100人の人々が住み続けている。土塀の内側には電気が引かれることもなく、水道も整備されていない。一部がみやげ物屋になっているので見学することができる。夏は涼しく、冬は暖かい、アメリカ南西部の気候に対応した住居だ。

4 グランドキャニオン国立公園

1 サウスリムで最も人気のある展望台、マーザーポイント。大きなビジターセンターが近くにある
2 グランドキャニオンを訪れたら、ロッジにチェックインする際に日の出&日没時刻を聞いておこう

Grand Canyon NP → P.284

選定理由 長さ約446km、深さ1500 ~ 1800mの巨大な峡谷。コロラド川が500 ~ 600万年をかけて削った大地には、2.6 ~ 18億年前の地層が露出している。地質学的な貴重さはもちろん、景観のダイナミックさからいっても世界で最も驚異的な場所だ。

ここを見逃すな！ 展望台のチョイスよりも重要なのは見学時刻。日の出30分前～ 2時間後くらいと、日没2時間前～ 30分後くらいが見学のハイライト。無数の尾根が造り出す影が走り、峡谷の色が刻々と変化していくさまは、まさに「地球の宝」だ！

5 カールスバッド洞穴群国立公園

1 予約なしで見学できるビッグルームも見どころ満載。開園時間が短いので朝から訪れたい
2 キングパレスのツアーは人気がある。必ず事前にウェブサイトから予約しておこう

Carlsbad Caverns NP → P.338

選定理由 全長238kmのレチュギアケイブをはじめとして、120以上の洞穴が縦横に延びている。その規模もさることながら、鍾乳石の数と多様さ、美しさにおいて世界屈指といわれる。

ここを見逃すな！ レンジャー引率ツアーに参加して見学するキングパレスは、その名のとおり絢爛豪華な宮殿の大広間のよう。無数のシャンデリアやドレープ状の鍾乳石にうっとり!

3 メサベルデ国立公園

Mesa Verde NP → P.258

選定理由 北米最大の先住民遺跡群。アメリカ大陸にヨーロッパ人が足を踏み入れる前の西暦13世紀頃、緑の台地に暮らしていた人々が、足元に切れ落ちた断崖のくぼみに居を移した。断崖での暮らしは1世紀ほどで終わりを迎え、あとに残された不思議な集合住宅は600を数える。

1 約150の部屋があるクリフパレス。展望台から全景が見えるが、内部の見学はツアーのみ　2 スプルース・ツリー・ハウスの前にある博物館では、出土した生活用品やジオラマで当時の人々の暮らしを知ることができる

ここを見逃すな！ 特に人気がある3ヵ所の住居跡はレンジャー引率ツアーで見学する。現地でしか予約できないので、朝いちばんに訪れてチケットを購入しよう。

テキサス＆コロラドで

買いたいみやげリスト

「買いたい」「買わなければ」と旅の楽しみでもあり、頭を悩ませるものがおみやげ。本書で紹介するメインの2州ではこんなものがポピュラーだ。

スターバックスのご当地マグカップ

各$12.95

スターバックスでは、州や都市（大都市に限る）ごとのマグカップが好評。その州や都市の特徴がデザインされ、イキだ。

ヒューストン

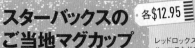

レッドロックスやクラフトビール、マスなどのイラストが。デンバー市内ならコロラド州のマグカップも販売されている

デンバー

表　市庁舎や蹄鉄、カウボーイハットなどが

裏　スペースセンターのロケットのイラストも

ヒューストン NASAグッズ

→P.106

ヒューストン最大の見どころがスペースセンター。みやげにいい物がいろいろ。

$19.99

シンプルなデザインのキャップ

$6.99

アメリカみやげの定番がマグネット。テキサス州の形だ

各$6.99

宇宙食のアイスクリーム。乾燥しているが確かにアイスの味

$14.99

鍋つかみの表と裏。本物の宇宙服のよう

アポロが人類初の月面着陸を記念したTシャツ。Tシャツの種類は豊富

$21.99

ダラス シックスフロア

→P.51

$4.95

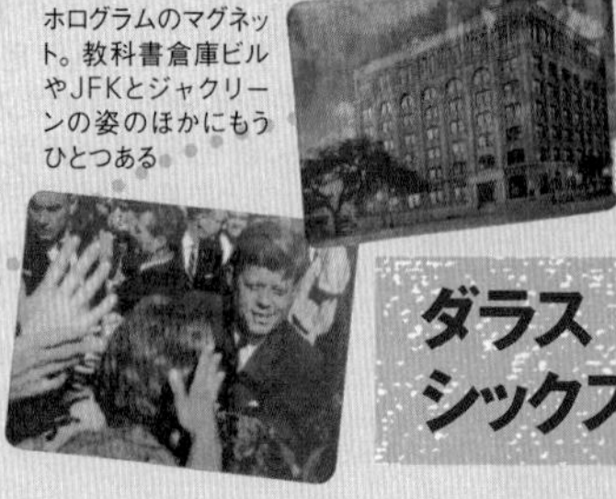

ホログラムのマグネット。教科書倉庫ビルやJFKとジャクリーンの姿のほかにもうひとつある

プロスポーツ

アメリカの野球、バスケ、アメフトなどのスポーツグッズも定番の人気みやげ。

アストロズ

$28

2019年の優勝決定戦、外弁慶シリーズで惜敗したアストロズの Tシャツ

$12

ロケッツ

Dick's Sporting Goodsなどのスポーツ用品店では驚くほどの価格になる。要チェック

レンジャーズ

$8

テキサスらしいイラストのフェイスタオル

$12.99

キューヴェはオースチンのコーヒー。クオリティの高さが評判

$14.99

オーククリフ・コーヒー・ロースターズはダラス生まれ。生産者から豆を調達。新鮮さが自慢

コーヒー

ホール・フーズ・マーケット

その土地の物が充実しているのがホール・フーズ。「Local」の茶色のタグが目印だ。

ソープガールはダラスの石鹸。ヤギのミルクが定番だが、どれも人工的な香りでないのでさわやか

1ポンド$1.69

石鹸

コロラド州はほかのどの州よりいちばんかわいいデザイン。表には人気のキャンプ地が、裏にはスキー場が描かれている

$6.99

抗酸化作用があるといわれるアルガンオイル。低刺激であらゆる年齢層に

ご当地エコバッグ

各99¢

トレーダージョーズ

日本人に一番人気のあるアメリカのスーパー。定番のエコバッグはテキサス、コロラド州ともあり、まとめ買いにもいい。

コスメ

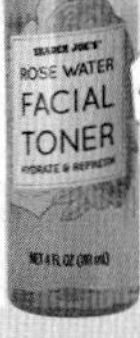

$3.99

フェイシャルトナーを顔にシュッ！ リフレッシュに最適。肌もなめらかに

テキサス州はウエスタンブーツとアルマジロ、チリなどがデザイン。両面同じ柄

State of Texas

テキサス州

オースチンの6番通り。ライブハウスのメッカだ

State of Texas

テキサス州

人口、面積ともに全米第2位の規模。スペインを筆頭に6つの国に支配されてきた歴史があり、1836年テキサス共和国として独立。1845年にアメリカ合衆国に合併された。南北戦争後から綿花や牧畜を主産業としてきたが、20世紀初頭の油田発見からエネルギー産業を基盤に急成長を遂げる。

テキサス州の基礎知識

【基本情報】

▶**人口** 約2870万人
▶**面積** 約67万6600km²
▶**州都** オースチンAustin
▶**州の愛称** ひとつ星の州
Lone Star State

【アクセス】

▶**直行便で約12時間～14時間**
・成田～ダラス／フォートワース→P. 43
・成田～ヒューストン→P. 93

【ショッピング】

▶**売上税払い戻し制度**→P. 57

【安全情報】

▶**在ヒューストン日本国総領事館**
Consulate-General of Japan in Houston
MAP P.100-A2
住 909 Fannin St., Suite 3000, Houston, TX 77010
☎ (713)652-2977（緊急の場合は24時間対応）
URL www.houston.us.emb-japan.go.jp

▶**注意したいこと**
・ハリケーンとトルネード→P. 345
・メキシコ国境地帯

テキサス州はメキシコ国境に接しているため、州南部の幹線道路などに検問所（ボーダーパトロール）が設けられている。アメリカに滞在できる証明の提示を求められるので、パスポートやグリーンカードなどの身分証明書を必ず携行すること

月	1	2	3	4	5	6

祝日

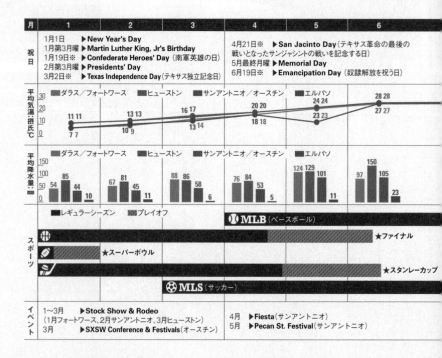

1月1日 ▶**New Year's Day**
1月第3月曜 ▶**Martin Luther King, Jr's Birthday**
1月19日※ ▶**Confederate Heroes' Day**（南軍英雄の日）
2月第3月曜 ▶**Presidents' Day**
3月2日※ ▶**Texas Independence Day**（テキサス独立記念日）
4月21日※ ▶**San Jacinto Day**（テキサス革命の最後の戦いとなったサンジャシントの戦いを記念する日）
5月最終月曜 ▶**Memorial Day**
6月19日※ ▶**Emancipation Day**（奴隷解放を祝う日）

平均気温：摂氏℃

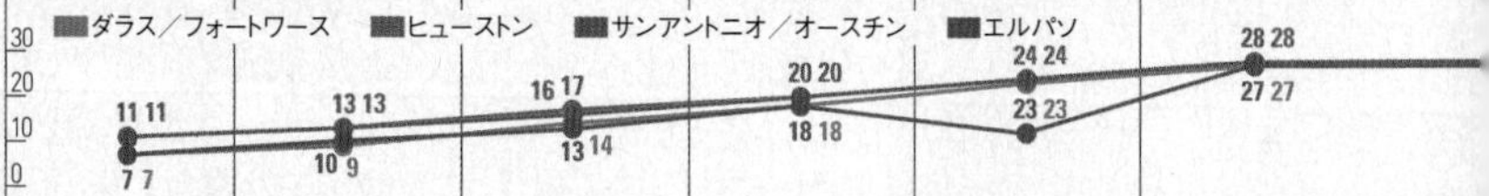

平均降水量：mm

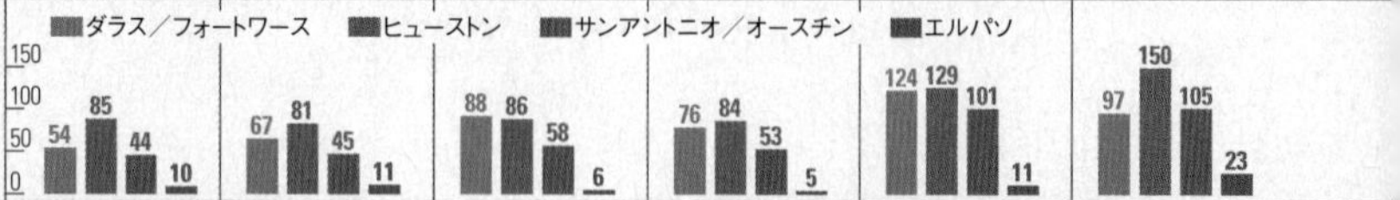

スポーツ

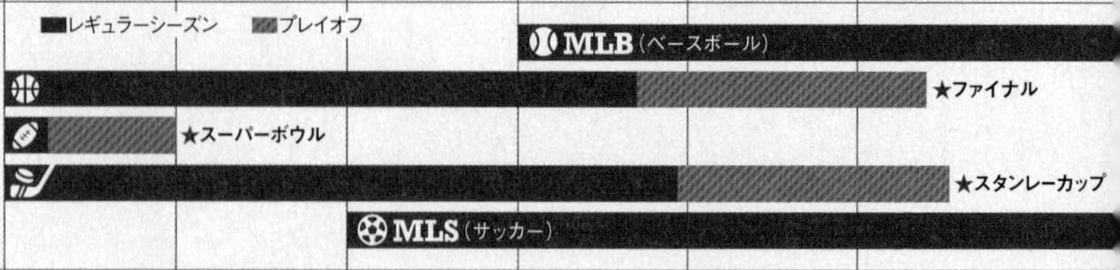

イベント

1～3月 ▶**Stock Show & Rodeo**
（1月フォートワース、2月サンアントニオ、3月ヒューストン）
3月 ▶**SXSW Conference & Festivals**（オースチン）
4月 ▶**Fiesta**（サンアントニオ）
5月 ▶**Pecan St. Festival**（サンアントニオ）

MEMO **テキサス州の最新情報をチェック！** 旅行計画の目安になる都市ガイド、旅のアイデア、動画など、テキサス州の旬の情報が満載。テキサス州観光局Texas Tourism URL www.traveltexas.com

テキサス州のおもな都市

▼折込地図表面参照／ BCD2～4

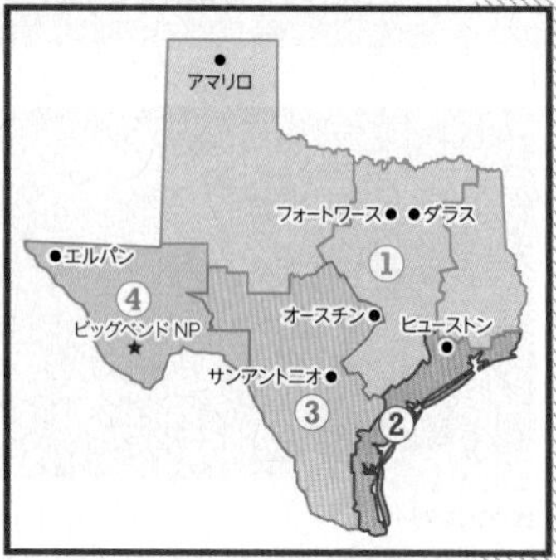

① Dallas & Fort Worth ダラスとフォートワース ▶P.42

ダラスは古くから交通の要所として多種多様な人が行き交う、経済・文化の中心地。航空機産業で発展したフォートワースとともに、北テキサスの都市圏としてダラス／フォートワースと総称される。

② Houston ヒューストン ▶P.92

テキサス州南東部に位置する湾岸都市。NASAのジョンソン宇宙センターのおひざ元で、世界最大規模の医療センター、テキサス・メディカルセンターを有する最先端技術の町としてその名をとどろかす。

③ San Antonio & Austin サンアントニオとオースチン ▶P.121

テキサス独立のきっかけとなるアラモの戦いの舞台、サンアントニオ。1839年にテキサス共和国の首都がオースチンにおかれ、以降、州都として君臨し続けている。教育・文化の都で、リベラルな気風。

④ El Paso & Big Bend National Park エルパソとビッグベンド国立公園 ▶P.149

西テキサス最大の都市エルパソは、アメリカ陸軍の防空基地フォートブリスを有する重要な軍事拠点。エルパソの南、メキシコとの国境地帯に手つかずの自然が残る秘境ビッグベンド国立公園がある。

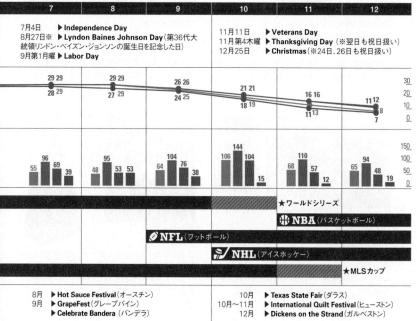

※テキサス州の祝日（必ずしも休みにはならない）

7	8	9	10	11	12

7月4日 ▶Independence Day
8月27日※ ▶Lyndon Baines Johnson Day（第36代大統領リンドン・ベイズン・ジョンソンの誕生日を記念した日）
9月第1月曜 ▶Labor Day

11月11日 ▶Veterans Day
11月第4木曜 ▶Thanksgiving Day（※翌日も祝日扱い）
12月25日 ▶Christmas（※24日、26日も祝日扱い）

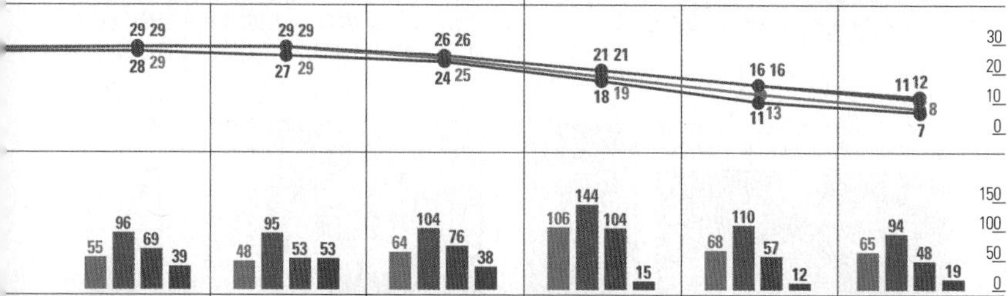

8月 ▶Hot Sauce Festival（オースチン）
9月 ▶GrapeFest（グレープバイン）
▶Celebrate Bandera（バンデラ）

10月 ▶Texas State Fair（ダラス）
10月～11月 ▶International Quilt Festival（ヒューストン）
12月 ▶Dickens on the Strand（ガルベストン）

Local Specialty

名物

Beef Steak
ビーフステーキ

テキサスときいて「肉」を想像する人も多いはず。ステーキは肉の部位選びと焼き加減が重要。がっちり系はポーターハウスやリブアイ、Tボーンがおすすめ。あっさり系ならフィレ・ミニョン、サーロインとNYストリップは脂身のバランスが中間。

Texas Barbecue
テキサスバーベキュー

テキサスでバーベキューは日本のアウトドアのそれとはまったく違うもの。牛や豚の硬い部分（肩など)をスパイスをすり込んで低温でゆっくりと軟らかく、ホクホクになるまで薪でいぶす。白パン、煮豆やコールスローなどの副菜もたっぷり。

Tex-Mex
テックスメックス

伝統的なメキシコ料理をアメリカ風にアレンジ。特に牛肉、チーズを多用し、スパイスや食材の種類、配合もメキシコ料理と異なる。タコス、ファフィータ、エンチラーダなど。

Cowboy Hat
カウボーイハット

カウボーイの国テキサスでは、モールに行けば必ずといっていいほどカウボーイハットの店がある。山の部分が高く、広いツバの左右はキュッと上がっている。日本では「テンガロンハット」の呼称が定着しているが、テンガロンハットはカウボーイハットのひとつ。

テキサスのハンバーガーといえばこれ。普通のハンバーガーより大きいのが特徴

オレンジ色のストライプが目印

Whataburger
ワタバーガー

1950年創業のハンバーガーチェーンで、800店以上を展開。バンズとパテはやや薄いが肉のうま味とたっぷり野菜のコンビネーションがいい。レギュラーは大きめ、ジュニアサイズは女性向け。朝食メニューのなかにもハンバーガーがある。

URL locations.whataburger.com

見るだけでも楽しいテキサスのスーパー

スーパーっぽくないエコバッグがおしゃれ

H-E-B
エイチ・イー・ビー

ローカルスーパー。ガスステーション併設の大型店からグルメ系のセントラルマーケット、ヒスパニック向けの食品を扱うミ・ティエンダなどテキサスを中心に展開。

URL heb.com

1

2

3

1 アマゾンに買収されたが、品揃えは変わらず　2 食料品や石鹸などの地元のものを探すにはベストな場所　3 総菜やサラダも量り売り。イートインコーナーで食べるのが人気だ

Whole Foods Market

ホール・フーズ・マーケット

オースチンに本部をおくグルメスーパーマーケット。自然食品やオーガニックに特化した商品を扱う。どの店舗も地元の生産品を数多く扱っており、「Local」の札が目印。

URL www.wholefoodsmarket.com

1

2

3

1 バッキーズは幹線通り沿いにあり、ドライブをすればすぐに見つかる
2 バッキーズはビーバーの像が目印　3 オリジナル商品も多い。人気はジャーキー

Buc-ee's

バッキーズ

赤いキャップのビーバーが目印のコンビニ。ハイウエイに点在しており、サービスエリアのような役割を果たしている。屋内外の清掃が徹底しておりトイレがきれい。

URL www.buc-ees.com

テキサスを舞台にした映画

『アラモ The Alamo』

1960年　監督・主演：ジョン・ウェイン

テキサス独立を目指し、トラヴィス指揮官率いる189人のアラモ砦での壮絶な戦いを描く。

『LBJ ケネディの意志を継いだ男』

2017年　監督：ロブ・ライナー
主演：ウディ・ハレルソン

LBJとはリンドン・ベインズ・ジョンソン、第36代大統領ジョンソンのこと。南部テキサス出身のジョンソンの東部ボストン出身のケネディに対する憧れと嫉妬、ケネディ暗殺後公民権運動などの政策を引き継ぎ敢行した苦悩などが描かれる。

『ジャイアンツ Giant』

1956年　監督：ジョージ・スティーブンス
主演：ロック・ハドソン　アカデミー賞

テキサスの牧場で油田を掘り当てて大成功する牧場主とその妻、子供たち、牧場のカウボーイらの半生を描く長大なストーリー。

『ダラスの熱い日 Executive Action』

1973年　監督：デビッド・ミラー
主演：バート・ランカスター

ジョン・F・ケネディ暗殺を画策する元CIA高官や財界の大物たち。オズワルドを単独犯に仕立てていく。

『パリ、テキサス Paris, Texas』

1984年　監督：ヴィム・ヴェンダース
主演：ハリー・ディーン・スタントン

ロードムービーの代表作のひとつ。舞台のテキサス州パリはダラスから北東に車で2時間走った人口2万5000ほどの小さな町。映画は西ドイツとフランスの合作で、テキサス州パリでは撮影されていない。

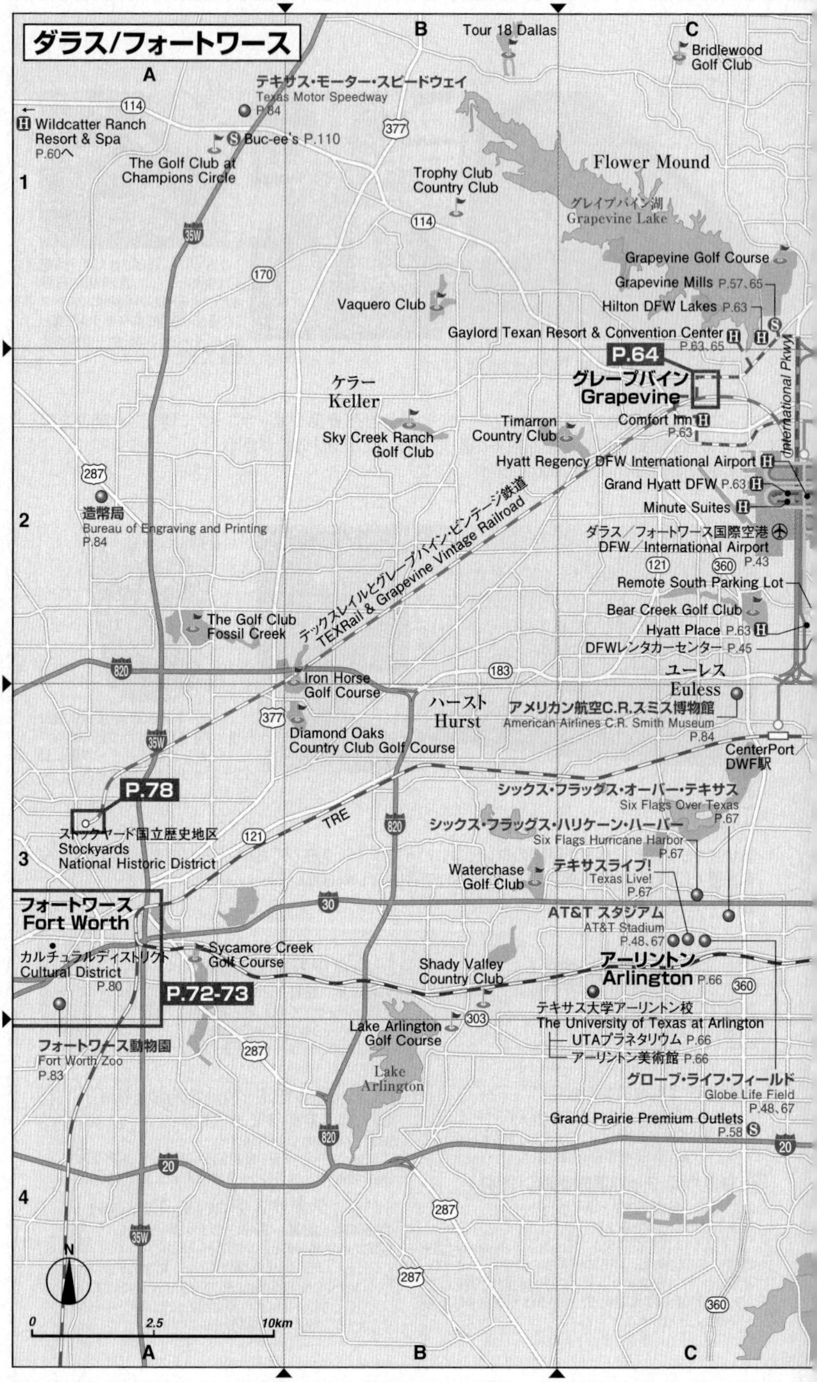
ダラス/フォートワース
Tour 18 Dallas
Bridlewood Golf Club
テキサス・モーター・スピードウェイ
Texas Motor Speedway P.84
Wildcatter Ranch Resort & Spa P.60へ
Buc-ee's P.110
The Golf Club at Champions Circle
Flower Mound
Trophy Club Country Club
グレイプバイン湖
Grapevine Lake
Grapevine Golf Course
Grapevine Mills P.57、65
Vaquero Club
Hilton DFW Lakes P.63
Gaylord Texan Resort & Convention Center P.63、65
P.64
グレープバイン
Grapevine
International Pkwy.
ケラー
Keller
Sky Creek Ranch Golf Club
Timarron Country Club
Comfort Inn P.63
Hyatt Regency DFW International Airport
Grand Hyatt DFW P.63
Minute Suites
造幣局
Bureau of Engraving and Printing P.84
テックスレイルとグレープバイン・ビンテージ鉄道
TEXRail & Grapevine Vintage Railroad
ダラス/フォートワース国際空港
DFW/International Airport P.43
Remote South Parking Lot
The Golf Club Fossil Creek
Bear Creek Golf Club
Hyatt Place P.63
DFWレンタカーセンター P.45
ユーレス
Euless
Iron Horse Golf Course
ハースト
Hurst
アメリカン航空C.R.スミス博物館
American Airlines C.R. Smith Museum P.84
Diamond Oaks Country Club Golf Course
CenterPort DWF駅
P.78
シックス・フラッグス・オーバー・テキサス
Six Flags Over Texas P.67
TRE
シックス・フラッグス・ハリケーン・ハーバー
Six Flags Hurricane Harbor P.67
ストックヤード国立歴史地区
Stockyards National Historic District
Waterchase Golf Club
テキサスライブ!
Texas Live! P.67
フォートワース
Fort Worth
AT&T スタジアム
AT&T Stadium P.48、67
カルチュラルディストリクト
Cultural District P.80
Sycamore Creek Golf Course
Shady Valley Country Club
アーリントン
Arlington P.66
P.72-73
テキサス大学アーリントン校
The University of Texas at Arlington
UTAプラネタリウム P.66
アーリントン美術館 P.66
Lake Arlington Golf Course
フォートワース動物園
Fort Worth Zoo P.83
Lake Arlington
グローブ・ライフ・フィールド
Globe Life Field P.48、67
Grand Prairie Premium Outlets P.58
N
0 2.5 10km

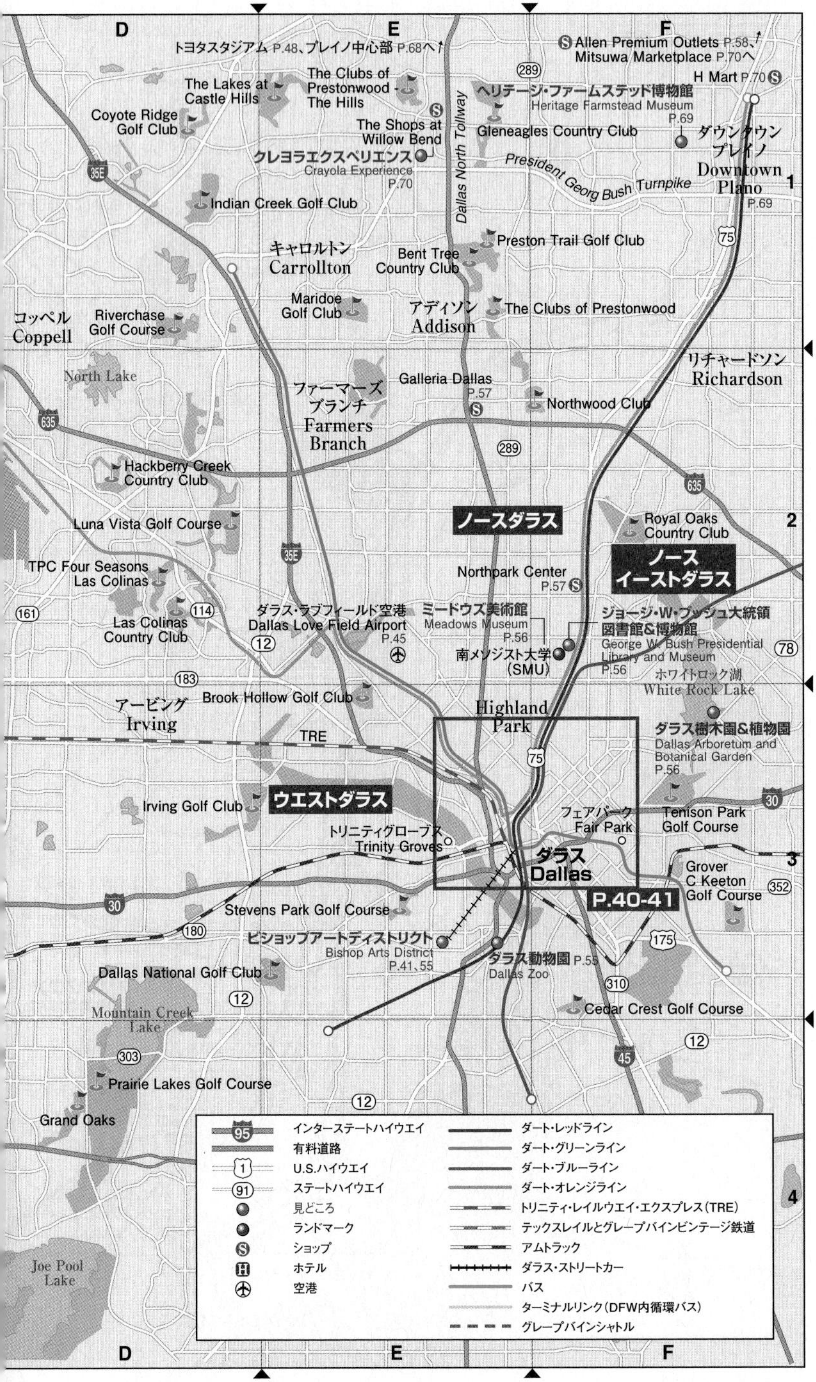
D
E
F
トヨタスタジアム P.48、プレイノ中心部 P.68へ
Allen Premium Outlets P.58、
Mitsuwa Marketplace P.70へ
H Mart P.70
The Lakes at Castle Hills
The Clubs of Prestonwood - The Hills
Coyote Ridge Golf Club
The Shops at Willow Bend
ヘリテージ・ファームステッド博物館
Heritage Farmstead Museum
P.69
Gleneagles Country Club
ダウンタウンプレイノ
Downtown Plano
P.69
クレヨラエクスペリエンス
Crayola Experience
P.70
President Georg Bush Turnpike
Dallas North Tollway
Indian Creek Golf Club
Preston Trail Golf Club
キャロルトン
Carrollton
Bent Tree Country Club
Maridoe Golf Club
アディソン
Addison
The Clubs of Prestonwood
コッペル
Coppell
Riverchase Golf Course
リチャードソン
Richardson
North Lake
Galleria Dallas
P.57
ファーマーズブランチ
Farmers Branch
Northwood Club
Hackberry Creek Country Club
Luna Vista Golf Course
ノースダラス
Royal Oaks Country Club
ノースイーストダラス
TPC Four Seasons Las Colinas
Northpark Center
P.57
Las Colinas Country Club
ダラス・ラブフィールド空港
Dallas Love Field Airport
P.45
ミードウズ美術館
Meadows Museum
P.56
ジョージ・W・ブッシュ大統領図書館&博物館
George W. Bush Presidential Library and Museum
P.56
南メソジスト大学
(SMU)
ホワイトロック湖
White Rock Lake
アービング
Irving
Brook Hollow Golf Club
Highland Park
ダラス樹木園&植物園
Dallas Arboretum and Botanical Garden
P.56
TRE
Irving Golf Club
ウエストダラス
フェアパーク
Fair Park
Tenison Park Golf Course
トリニティグローブス
Trinity Groves
ダラス
Dallas
Grover C Keeton Golf Course
P.40-41
Stevens Park Golf Course
ビショップアートディストリクト
Bishop Arts District
P.41、55
ダラス動物園 P.55
Dallas Zoo
Dallas National Golf Club
Mountain Creek Lake
Cedar Crest Golf Course
Prairie Lakes Golf Course
Grand Oaks
Joe Pool Lake
1
2
3
4
35E
635
75
289
161
114
12
183
78
30
352
180
175
310
303
45
インターステートハイウエイ
有料道路
U.S.ハイウエイ
ステートハイウエイ
見どころ
ランドマーク
ショップ
ホテル
空港
ダート・レッドライン
ダート・グリーンライン
ダート・ブルーライン
ダート・オレンジライン
トリニティ・レイルウエイ・エクスプレス(TRE)
テックスレイルとグレープバインビンテージ鉄道
アムトラック
ダラス・ストリートカー
バス
ターミナルリンク(DFW内循環バス)
グレープバインシャトル

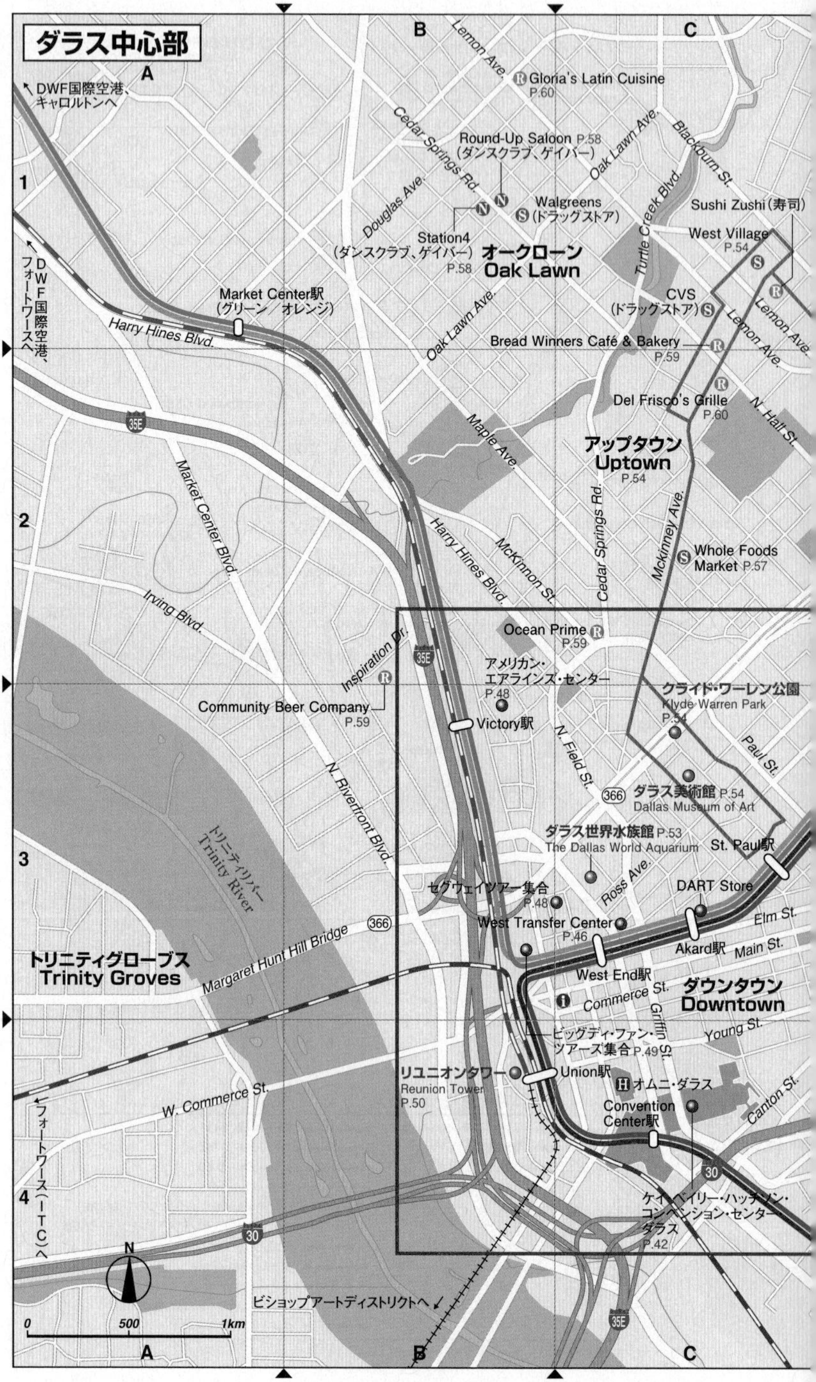
ダラス中心部
A
B
C
1
2
3
4
DWF国際空港、キャロルトンへ
DWF国際空港、フォートワースへ
フォートワース（ITC）へ
Lemon Ave.
Gloria's Latin Cuisine P.60
Cedar Springs Rd.
Round-Up Saloon P.58 (ダンスクラブ、ゲイバー)
Oak Lawn Ave.
Blackburn St.
Douglas Ave.
Walgreens (ドラッグストア)
Turtle Creek Blvd.
Sushi Zushi (寿司)
Station4 (ダンスクラブ、ゲイバー) P.58
オークローン Oak Lawn
West Village P.54
CVS (ドラッグストア)
Market Center駅 (グリーン／オレンジ)
Harry Hines Blvd.
Oak Lawn Ave.
Bread Winners Café & Bakery P.59
Lemon Ave.
Del Frisco's Grille P.60
N. Hall St.
35E
Maple Ave.
Market Center Blvd.
アップタウン Uptown P.54
Cedar Springs Rd.
Mckinney Ave.
Harry Hines Blvd.
McKinnon St.
Whole Foods Market P.57
Irving Blvd.
Ocean Prime P.59
Inspiration Dr.
アメリカン・エアラインズ・センター P.48
Community Beer Company P.59
Victory駅
クライド・ワーレン公園 Klyde Warren Park P.54
N. Field St.
Paul St.
N. Riverfront Blvd.
366
ダラス美術館 P.54 Dallas Museum of Art
ダラス世界水族館 P.53 The Dallas World Aquarium
St. Paul駅
トリニティリバー Trinity River
Ross Ave.
DART Store
セグウェイツアー集合 P.48
West Transfer Center P.46
Elm St.
Akard駅
Main St.
トリニティグローブス Trinity Groves
Margaret Hunt Hill Bridge
West End駅
Commerce St.
ダウンタウン Downtown
Griffin St.
ビッグディ・ファン・ツアーズ集合 P.49
Young St.
リユニオンタワー Reunion Tower P.50
Union駅
オムニ・ダラス
W. Commerce St.
Convention Center駅
Canton St.
30
ケイ・ベイリー・ハッチソン・コンベンション・センター・ダラス P.42
N
ビショップアートディストリクトへ
0 500 1km

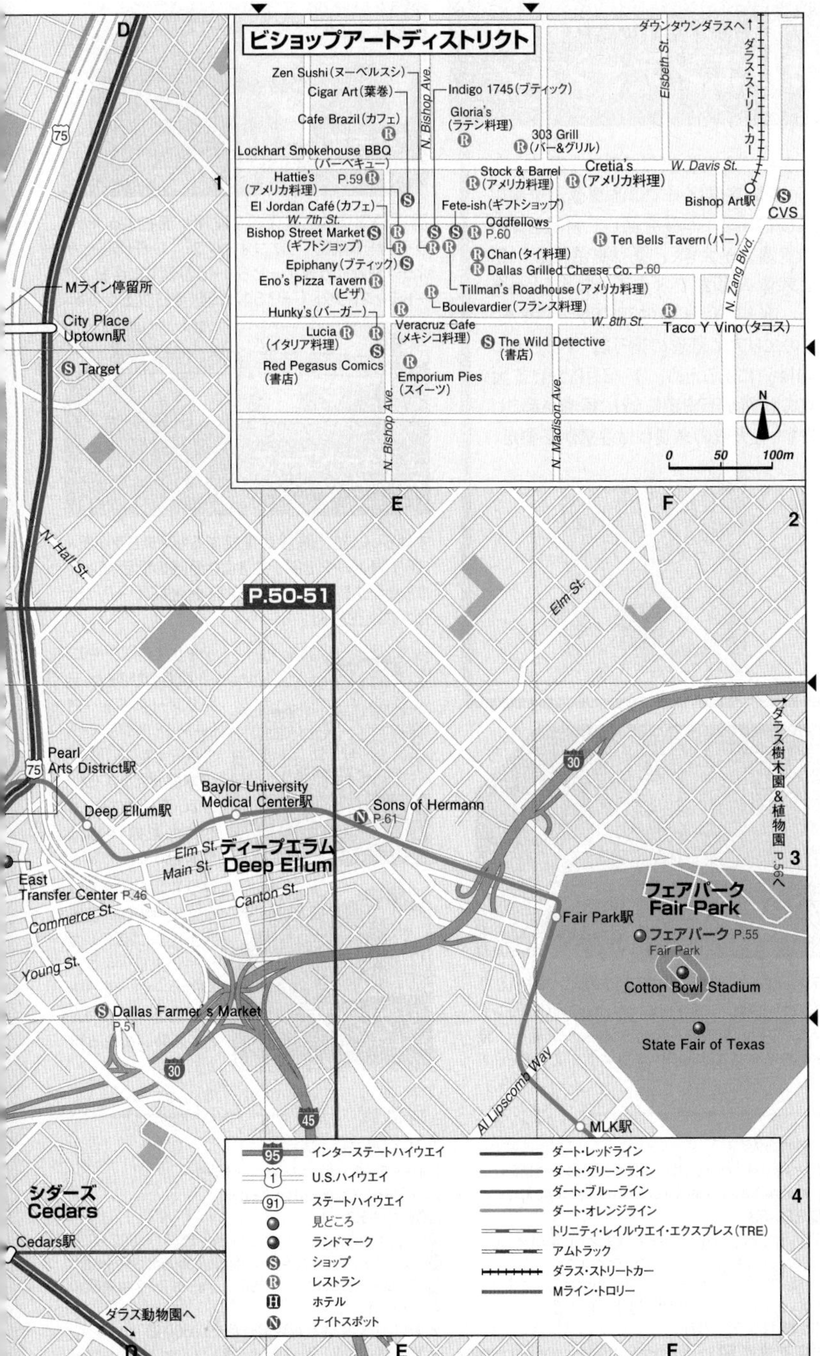
ビショップアートディストリクト
Zen Sushi（ヌーベルスシ）
Cigar Art（葉巻）
Cafe Brazil（カフェ）
Lockhart Smokehouse BBQ（バーベキュー）
Hattie's（アメリカ料理） P.59
El Jordan Café（カフェ）
W. 7th St.
Bishop Street Market（ギフトショップ）
Epiphany（ブティック）
Eno's Pizza Tavern（ピザ）
Hunky's（バーガー）
Lucia（イタリア料理）
Red Pegasus Comics（書店）
N. Bishop Ave.
Indigo 1745（ブティック）
Gloria's（ラテン料理）
303 Grill（バー&グリル）
Stock & Barrel（アメリカ料理）
Cretia's（アメリカ料理）
Fete-ish（ギフトショップ）
Oddfellows P.60
Chan（タイ料理）
Dallas Grilled Cheese Co. P.60
Tillman's Roadhouse（アメリカ料理）
Boulevardier（フランス料理）
Veracruz Cafe（メキシコ料理）
The Wild Detective（書店）
Emporium Pies（スイーツ）
N. Madison Ave.
Elsbeth St.
W. Davis St.
ダウンタウンダラスへ
ダラス・ストリートカー
Bishop Art駅
CVS
Ten Bells Tavern（バー）
N. Zang Blvd.
W. 8th St.
Taco Y Vino（タコス）
N
0 50 100m
Mライン停留所
City Place/Uptown駅
Target
N. Hall St.
P.50-51
Elm St.
Pearl/Arts District駅
Deep Ellum駅
Baylor University Medical Center駅
Sons of Hermann P.61
Elm St.
Main St.
ディープエラム
Deep Ellum
Canton St.
East Transfer Center P.46
Commerce St.
Young St.
Dallas Farmer's Market P.51
ダラス樹木園&植物園 P.56へ
フェアパーク
Fair Park
Fair Park駅
フェアパーク P.55
Fair Park
Cotton Bowl Stadium
State Fair of Texas
Al Lipscomb Way
MLK駅
シダーズ
Cedars
Cedars駅
ダラス動物園へ
インターステートハイウエイ
U.S.ハイウエイ
ステートハイウエイ
見どころ
ランドマーク
ショップ
レストラン
ホテル
ナイトスポット
ダート・レッドライン
ダート・グリーンライン
ダート・ブルーライン
ダート・オレンジライン
トリニティ・レイルウエイ・エクスプレス（TRE）
アムトラック
ダラス・ストリートカー
Mライン・トロリー

ダラス／フォートワース地域の
オリエンテーション

テキサス州北部のダラス一帯は、ケッペンの気候区分では温暖湿潤気候に属している。年間を通じて朝晩と日中の気温差が大きく、夏は高温低湿、冬は寒波の影響で氷点下となることもある。春と秋は比較的穏やかだ。また、このエリアは竜巻の通り道 “Tornado Alley”にあるため、3～6月にかけて大気の状態が不安定になり、竜巻が起こりやすい。天気の急変には注意が必要だ。

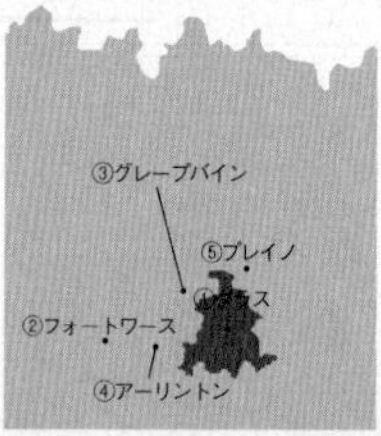

▶P.43

①ダラス
Dallas

歴史的建造物と近代的な建物が混在するスカイラインが印象的。リユニオンタワー（→P. 50）とケネディゆかりの地（→P. 51～52）巡りに半日、アートディストリクト（→P. 54）に軽く半日以上かかる。

▶P.74

②フォートワース
Fort Worth

©Fort Worth CVB

すばらしい文化施設が集結するカルチュラルディストリクト（→P. 80）、古きよき西部の雰囲気がたまらないストックヤード国立歴史地区（→P. 78）はマストビジット！

▶P.64

③グレープバイン
Grapevine

ダラス／フォートワース国際空港の北、車で10分弱のロケーション。チャーミングな町並みのダウンタウンとアウトレットモールを結ぶシャトルが運行。乗り継ぎの待ち時間を利用して立ち寄る人も多い。

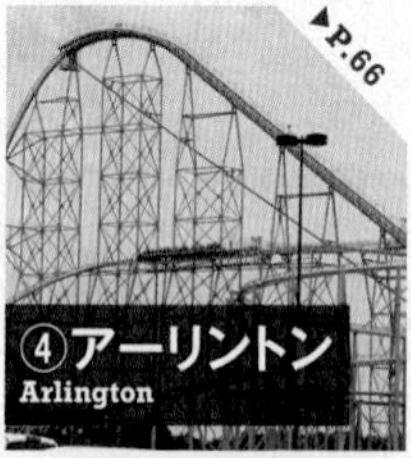

▶P.66

④アーリントン
Arlington

テキサス大学アーリントン校のおひざもと。テキサス・レンジャーズ（→P. 48）やダラス・カウボーイズ（→P. 48）の本拠地となるスタジアム、テーマパークなどの大型娯楽施設が集結する。

▶P.68

⑤プレイノ
Plano

ダラス北のアーバンタウン。中心が高級ショッピング街のレガシー。J.C.ペニー（デパート）、北米トヨタの本社があり、とても勢いのある町だ。

コンベンション情報

ダウンタウンダラス

ケイ・ベイリー・ハッチソン・コンベンション・センター
Kay Bailey Hutchison Convention Center Dallas

MAP P.50-B2

住 650 S. Griffin St., Dallas　☎(214) 939-2700
URL www.dallasconventioncenter.com
交 ダートレイルのブルー、レッドライン Convention Center駅下車

▶ダウンタウンのホテル客室総数 約4000室
▶繁忙期：6、9、10月
▶出席者情報 URL www.dallasconventioncenter.com/attendees/attendees

ダウンタウンフォートワース

フォートワース・コンベンション・センター
Fort Worth Convention Center

MAP P.73-E2

住 1201 Houston St., Fort Worth　☎(817) 392-6338
URL www.fortworth.com/meetings/convention-center
交 モーリー・ザ・トロリーが停車。フォートワース中央駅の2ブロック西

▶ダウンタウンのホテル客室総数 約2600室
▶繁忙期：1、2、7、10、11月
▶出席者情報 URL www.fortworth.com/meetings/convention-center/amenities-and-specifications

ビジネスだけじゃない！　アートやスポーツも熱い!!

ダラス

MAP▶P.39-EF3

人口▶約134万5000人
面積▶約882㎢
標高▶約145m
TAX▶セールスタックス　8.25%
ホテルタックス　15～15.26%
時間帯▶中部標準時（CST）

リユニオンタワーから見るダウンタウンダラスの夜景

ダラスは、テキサス州北部に位置する人口約135万人の大都市で、今も昔もアメリカの商業や経済の中心として機能している。

1872年に建設された鉄道の恩恵を受けてビジネスが発展し、1909年にはテキサス州最初の高層ビルがダウンタウンに建築された。ダラスを象徴するスカイラインは、経済の歴史年表そのものといえる。現在近郊の地域を含めたダラス大都市圏には、エクソンモービルや電話会社のAT ＆ T、日本の自動車メーカーの北米トヨタなどが本社を構える。

ダラスの知名度を一躍高めたのが、遊説でこの地を訪れていたジョン・F・ケネディ大統領の暗殺事件だ。現在も多くの弔問客が訪れ、献花が絶えることはない。

Dallas/Fort Worth International Airport
MAP P.38-CD2
住2400 Aviation Dr., DFW Airport
☎(972)973-3112
URL www.dfwairport.com

入国の流れ▶P.358

入国審査
▼
荷物受け取り
▼
税関検査
▼
出　口

アクセス

飛行機

ダラス／フォートワース国際空港

Dallas/Fort Worth International Airport (DFW)

ダウンタウンダラスから約30㎞北西にあり、車で約30分。ロスアンゼルスやニューヨークなどの主要都市からのフライトのほか、アメリカン航空と日本航空が成田から毎日直行便を運航している。国際線の発着はすべてターミナルD。旅客ターミナルはA～Eの5つで、**スカイリンクSkylink**という無料のモノレールで結ばれている。また、セキュリティチェック前のターミナル移動は、ターミナル外を循環する**ターミナルリンクTerminal Link**というオレンジ色の無料バスを利用しよう。

なお、旅行者や乗り継ぎ客向けに、グレープバインのダウンタウンやアウトレット（→P.64）へのシャトルバスが運行している。Dターミナルの Lower Level、Grand Hyatt 前から発着。

DFW空港からダラスの中心部へはダートレイルが便利

MEMO **DFWからフォートワース行きの列車**　2019年1月よりDFW空港とフォートワースのダウンタウンを結ぶテックスレイルTEXRailが開業し、フォートワース中心部までの移動が便利に。所要約50分。途中グレープバインのダウンタウンにも停車。詳しくは→P.74

● 空港から／空港へのアクセス

種類／名称／連絡先		行き先／運行／料金	乗車場所／所要時間／備考
空港シャトル	**スーパーシャトル** SuperShuttle FREE (1-800) 258-3826 URL www.supershuttle.com	**行き先**▶市内や周辺どこでも **運行**▶24時間随時 **料金**▶ダウンタウンまで片道$26	**空港発**▶事前にウェブサイトか電話で予約をしたい。ウェブで予約をすると到着後の案内がスマートフォンに表示され、自動的にシャトルに乗ることができる **空港行き**▶事前にウェブなどで予約をしてから乗車。予約は前日までにすること **所要時間**▶ダウンタウンまで約40分
ライトレイル	**ダートレイル** DART Rail ☎ (214) 979-1111 URL www.dart.org	**行き先**▶ダウンタウンの各駅 **運行**▶空港発は月～金4:18～翌1:12、土・日4:06～翌1:30の20～30分間隔。空港行きはWest End駅発毎日3:00～翌0:11(土・日～23:41)の15～30分間隔 **料金**▶$2～2.50	**空港発**▶ターミナルAのLower Levelを出て、右に進むと駅のサインが見えてくる **空港行き**▶ダウンタウンのWest End駅などから乗車 **所要時間**▶ダウンタウンまで約50分
タクシー	**イエローキャブ** Yellow Cab ☎ (214) 426-6262 URL www.dallasyellowcab.com	**行き先**▶市内や周辺どこでも **運行**▶24時間随時 **料金**▶ダウンタウンまで約$45	**空港発**▶A、B、C、EターミナルのUpper Level、DターミナルのLower Levelを出た所の"Taxi"のサインから乗車 **空港行き**▶事前に電話予約、または主要ホテルから乗車 **所要時間**▶ダウンタウンまで30～45分

※ **UberやLyftの配車サービスの乗車場所**　"Ride App"の標識に従いターミナルUpper Levelの外へ出て車を呼ぶと、スマートフォンの画面にターミナル番号を選択するよう指示される。ターミナルを選ぶと乗り場の番号が自動的に表示されるのでそこで待つ。ほかの大空港で見られるような、人が多過ぎて自分の呼んだ車がどれか見つけにくいといったことから解放される。

● 空港から車を借りる

レンタカーセンターは空港の南側にある。アラモ、エイビス、バジェット、ダラー、ハーツなど12社の営業所が入居している。各ターミナルのLower Levelから、レンタカーセンター行きのシャトルバスで約10分。

空港からレンタカーセンターへは各ターミナル1階を循環するこのバスで

ターミナル間の移動はこのターミナルリンクのバスで。セキュリティ後はスカイリンクで

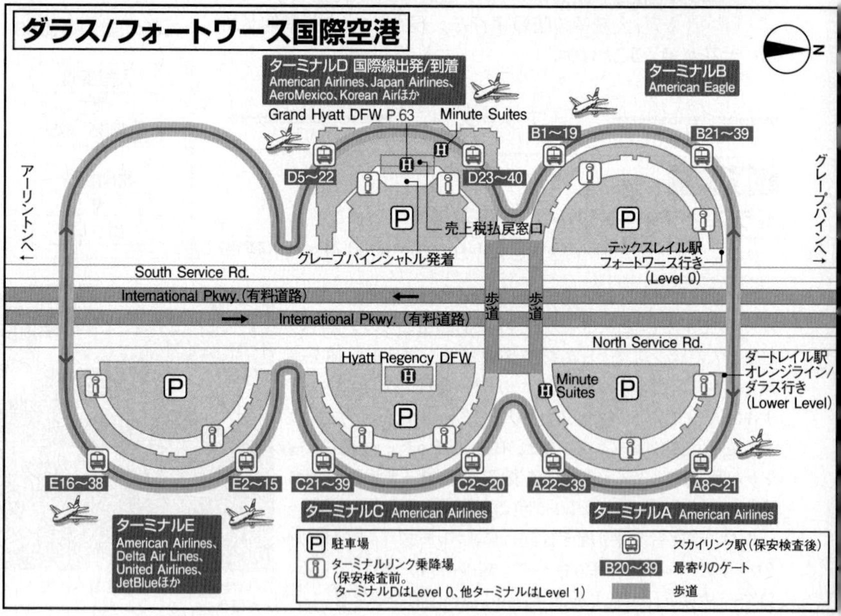

ダラス・ラブフィールド空港

Dallas Love Field Airport(DAL)

ダウンタウンダラスから約11km北西にあり、車で約15分。国内線専用の空港で、サウスウエスト航空の拠点。デルタ航空のフライトもある。

市内へは空港シャトル、タクシー、市バスとライトレイル（ダート→P.46）でアクセスできる。また、レンタカー会社の営業所へはシャトルバスが運行している。

● 市内への交通

空港からダートバス#524で約10分、ダートレイルInwood Love Field駅下車。ここからダウンタウンダラスのWest End駅までグリーンラインが運行、所要約10分。

●レンタカーセンター
MAP P.38-C2
住DFW Airport, 2424 E. 38th St., Irving
営24時間

Dallas Love Field Airport
MAP P.39-E2
住8008 Herb Kelleher Way, Dallas
☎(214)670-5683
URL www.dallas-lovefield.com

ターミナルはひとつで、1万1000台収容の駐車場も完備している　©Dallas CVB

長距離バス

グレイハウンド

ダウンタウンの中心にある

Greyhound

バスディーポはダウンタウンのLamar St.とCommerce St.の角にある。ヒューストン（所要約4時間30分）やオースチン（所要約4時間）、オクラホマシティ（所要約5時間）などからの便がある。

Greyhound Bus Depot
MAP P.50-A2
住205 S. Lamar St.
☎(214)849-6831
営24時間

鉄道

アムトラック

Amtrak

ユニオン駅Union Stationはダウンタウンの西側のHouston St.沿いにあり、シカゴとサンアントニオを結ぶテキサスイーグル号が毎日1往復する。

また、ユニオン駅にはダートレイル（→P.46）とトリニティ・レイルウエイ・エクスプレス（→P.48）が乗り入れており、ダラス近郊の町やフォートワースへ行く際に利用することが多い。

Union Station
MAP P.50-A2
住400 S. Houston St.
FREE (1-800)872-7245
営毎日9:00～17:30

アムトラックはユニオン駅に乗り入れている

COLUMN

格安高速バスのメガバス

メガバスMegabusは、アメリカの交通サービス会社のコーチUSAが運営する長距離高速バス。格安運賃がうりで、おもに東海岸や中西部、フロリダに路線網を広げ、テキサス州内はダラス、ヒューストン、オースチン、サンアントニオの都市間を運行。バスターミナルやバスディーポなどの拠点をもたず、カーブサイド（舗道の縁石）のバス停で乗降するスタイル。夜間の利用は避けよう。

Megabus
URL us.megabus.com
料ダラス発着：ヒューストン$5～47（所要約4時間）、オースチン$5～28（所要約3時間50分）、サンアントニオ$5～28（所要約5時間20分）。ヒューストン発着：オースチン$5～20（所要約2時間30分）、サンアントニオ$4～14（所要約3時間）。サンアントニオ発着：オースチン$5～14（所要約2時間）
※料金は2019年9月現在のもので、時期により変動する。所要時間は最速の時間

MEMO ダウンタウンの人気撮影スポット　Giant Eyeball　MAP P.50-B2 住1607 Main St. 営24時間　Chapel and Thanks-Giving Square MAP P.50-B1 住1627 Pacific Ave. URL www.thanksgiving.org 営庭園：毎日5:00～23:00、チャペル：毎日11:00～15:00 料無料

ダラスの市内交通

ダラスの公共交通機関はダウンタウンを起点に、郊外のベッドタウンやふたつの空港を結ぶ広範囲の路線網をもっている。特にライトレイルは全米最長で、4路線すべての距離を合わせると約150kmに及ぶ。

ダート

ダラス・エリア・ラピッド・トランジット

DART (Dallas Area Rapid Transit)

ダウンタウンと郊外を結ぶライトレイルの**ダートレイルDART Rail**と路線バスの**ダートバスDART Bus**、路面電車の**ダラス・ストリートカー Dallas Streetcar**を運行する。また、ダラスとフォートワースを結ぶ近郊列車**トリニティ・レイルウエイ・エクスプレス**（以下TRE）を、フォートワース交通局と共同運営している。

運賃の範囲はローカルLocal、リージョナルRegionalに区分されている。ローカルで乗車できるのはダラスエリアのみで、ダートレイルとダートバス、TREのCenterPort/DFW駅を境に東方向のDallas Union駅間が対象。リージョナルは、ダートレイルとダートバス、TREの全路線、フォートワース交通局の路線バス（→P.76）が含まれる。

料金は2時間有効の乗車券Single Ride、日中限定のMidday Pass、1日券のDay Pass、7日券の7 Day Passなど。

●ダートレイル　DART Rail

レッドとブルー、グリーン、オレンジの4路線ある。ダウンタウンでは4路線が同じルートを走るので、行き先の表示を確認してから乗り込もう。検札はほとんどないが、ホームにある券売機（→P.47）であらかじめ乗車券を購入すること。

ダートレイルは乗車前に必ず乗車券を購入すること

●ダートバス　DART Bus

ダウンタウンのバス発着所は、ウエスト・トランスファー・センターとイースト・トランスファー・センターの2ヵ所。行先によって発着所が異なるので、事前にウェブサイトで確認するか、DART Storeで路線図や時刻表を入手しよう。乗車券は券売機で買うか、またはバスの運転手に現金（つり銭は出せない）で支払う。

ダラス広域に130以上の路線を網羅するバス

DART
☎(214) 979-1111
URL www.dart.org
料 バスと列車（ダートレイル）では乗車料金、乗車券の発券方法が異なる。以下をよく読んで乗車しよう
●バスのローカル$2.50。現金のみで乗車のたびに支払う。乗車券の発券はない
●AM午前、PM午後の乗車券はそれぞれ$3で、バス、列車、TRE（→P.48）のCentrePort駅まで乗車可。ただし、自動券売機で乗車券を購入する必要がある。AMは始発から12:00、PMは12:00から終電まで有効で、時間内は乗り放題
●ミッドデイ券$2は、バス、列車、TREのCentrePort駅まで乗車可。ただし、自動券売機で乗車券を購入する必要がある。毎日9:30～14:30の間が乗り放題
●1日券$6は、バス、列車、TREのCentrePort駅まで乗車可。ただし、自動券売機で乗車券を購入する必要がある。その日のうちなら乗り放題
※現金でなくバスに乗る際は、自動券売機で購入したそれぞれの乗車券をドライバーに提示する

● DART Store
MAP P.50-B1
住 1401 Pacific Ave.（ダートレイルAkard駅）
営 月～金7:30～17:30

● DART Rail
運行／毎日3:30～翌1:00（路線により異なる）

● DART Bus
運行／毎日4:30頃～翌0:30頃の7～30分間隔（時間帯や路線により異なる）

●ダウンタウンのバス発着所
West Transfer Centre
MAP P.40-C3
East Transfer Centre
MAP P.41-D3

●ダラス・ストリートカー Dallas Streetcar

ユニオン駅の南とダラス近郊の歴史地区、ビショップアートディストリクト（→P.55）を結ぶ無料のストリートカー。20分おきに運行している。

ビショップアートディストリクトへはストリートカーで

● Dallas Streetcar
運行／ユニオン駅発毎日5:30〜23:30
ビショップアートディストリクト発5:48〜23:48
ユニオン駅
MAP P.50-A2
料無料（2019年秋現在）

トロリー

Mライン・トロリー M-Line Trolley

中心部とアップタウンを結ぶMライン・トロリー

ダウンタウンとアップタウン（→P.54）を循環する無料のトロリー。ダートレイルSt. Paul駅からHarwood St.を北へ1ブロック歩くと、Federal St.に停留所がある。1周約50分。

トロリーはビンテージ車両を修復したもの。停留所は"M-Line Trolley"と書かれた円形の茶色の看板で、300〜400mおきに設置されている。降車は、鐘を鳴らすヒモを引っ張って合図すればいい。

M-Line Trolley
☎(214)855-0006
URL www.mata.org
運行／月〜金7:00〜22:16（金〜翌0:16）、土・日10:05〜22:08（土〜翌0:13）の15〜20分間隔
料無料だがドライバーにチップを

アンティークなトロリーを運転する運転士さん。町案内が上手だったらチップを

DART 乗車券の買い方（例:大人運賃の場合）

1 運賃のタイプを選ぶ

券売機1に最初に表示されているのはAdult, Senior, Child（5-14 Years）かなど。成人なら「Adult」の1番のボタンを押す。ボタンはパネルの外にある。機械によって初期画面が乗車券やパスの種類（Local, Regional）となっているものもある

2 チケットの種類を選ぶ

次に表示される「Local AM $3.00」または「Day Pass」「Midday」のなかから希望のボタンを押す。間違ってしまったら「Back」で戻るか、中止したいときは下の「Cancel」のボタンを押す

3 料金を支払う

次の画面で運賃が表示される。券売機2には、コインと紙幣の投入口（1¢硬貨不可。紙幣は$1、5、10、20が使用できる）、クレジットカード（ⒶⓂⓋ）の挿入口がある。現金、またはクレジットカードで決済でき、クレジットカードは暗証番号（PIN）を入力する必要があることも

4 チケット受け取り

券売機3の受取口からチケット、おつり（コインのみ）、クレジットカードの利用明細書を取り出す

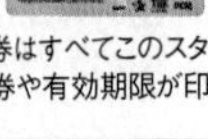

乗車券はすべてこのスタイル。裏に1日券や有効期限が印刷される

券売機の1〜3の番号に従って購入するだけなので操作は簡単。乗車券は購入時点から有効で、開始時刻と終了時刻が印字される

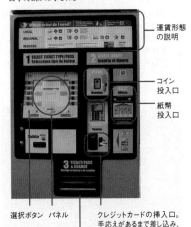

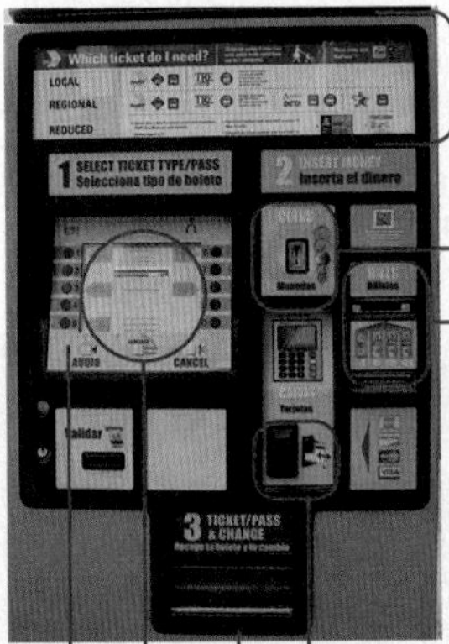

TRE
☎ (817) 215-8600
URL trinityrailwayexpress.org
運行／月〜土の1日11〜22便
料 CentrePort/DFW Airprt駅を境に、西Westは初乗り$2.50、1日券$5。東はダートの運賃となる(→P.46側注参照)。ダラス〜フォートワース間はRegionalとなり、Regional 1日券の$12となる。Regionalの1日券であれば、ダラス、フォートワースの両都市の公共交通機関が乗り放題だ

鉄道

トリニティ・レイルウエイ・エクスプレス

TRE(Trinity Railway Express)

ダラス〜フォートワース間を約1時間で結ぶコミューターレイル（通勤電車）で、ダラスではユニオン駅から出発する。車内は広いので、大きな荷物を持っていても安心だ。

ダラスとフォートワースの中間にあるCentrePort/DFW駅を境に、運賃が変わる。東方向のダラスエリアがEast、西方向のフォートワースエリアがWest。東と西にまたがる場合はリージョナルRegionalとなる。東（ダラス）と西（フォートワース）で運賃体系が異なるのは、ダラス市とフォートワース市の公共交通機関の運営が異なるため。

フォートワースへ通じるトリニティ・レイルウエイ・エクスプレス

Sports

ダラスのプロスポーツ

各スポーツチームはフォートワースやアーリントンを含む都市圏のチームとしてなじんでいる。MLBとNFLはアーリントンに本拠地がある。

Texas Rangers

MLB テキサス・レンジャーズ（アメリカンリーグ西地区）

1961年創設。2010年のリーグ初優勝を皮切りに、2年連続ワールドシリーズに出場するも敗退。2020年より新球場でプレイする。
本拠地——グローブ・ライフ・フィールド→P.67
MAP P.38-C3
☎ (972) 726-4377（チケット）
URL www.mlb.com/rangers

Dallas Cowboys

NFL ダラス・カウボーイズ（NFC東地区）

1960年創設。8度のスーパーボウル出場、5度の優勝を誇る。迷走期が続いたが2014、2016、2018年はプレイオフへ進出。
本拠地——AT&T スタジアム→P.67
MAP P.38-C3
☎ (817) 892-5000（チケット）
URL www.dallascowboys.com

Dallas Mavericks

NBA ダラス・マーベリックス（西・南西地区）

1980年創設。現地ではマブスMAVSと呼ばれている。2010-11に初のNBAファイナル制覇を果たすも2016年以降低迷。
本拠地——アメリカン・エアラインズ・センター
MAP P.50-A1 住 2500 Victory Ave., Dallas
☎ (214) 747-6287（チケット）
URL www.mavs.com

Dallas Stars

NHL ダラス・スターズ（西・中地区）

1967年にミネソタ・ノーススターズとして創設。1993年に本拠地をダラスに移した。1999年にスタンレーカップ初優勝。以降2001、2003、2006、2016年は地区優勝するなど安定した実力と人気がある。
本拠地——アメリカン・エアラインズ・センター
MAP P.50-A1 住 NBAマーベリックスと同じ
☎ (214) 467-8277（チケット）
URL www.nhl.com/stars

ダラス・カウボーイズの本拠地はアーリントンにある
©Visit Dallas

FC Dallas

MLS FCダラス（西地区）

1996年の創設時のチーム名はダラス・バーン。2015年、2016年は西カンファレンスの優勝に輝くが、以降成績が下がり気味。
本拠地——トヨタスタジアム
MAP P.39-E1外 住 9200 World Cup Way, Frisco ☎ (214) 705-6700
URL www.fcdallas.com 交 車の場合Dallas North Tollwayを30分ほど北上、約45㎞

MEMO **ダラス・セグウェイツアー** 90分のセグウェイツアー。開始前にセグウェイの操作のレクチャーがある。コースはウエストエンド歴史地区を回るDealey Plaza Then and Nowと、ビクトリー地区を回るKaty Trail Nature Guide。参加条件は14歳以上（14〜17歳は法的な保護者の同伴が必要）、体重46〜118kgの範囲、底の↗

ツアー

ビッグディ・ファン・ツアーズ

Big D Fun Tours LLC

ダウンタウンのおもな見どころを回る、乗り降り自由のホップ・オン・ホップ・オフ・トロリーを運行。1周1時間30分。そのほかにトロリーでJ.F.K.ゆかりの地を巡る1時間のJFKツアー、市内のランドマークを巡る1時間20分のダラスツアーも催行している。

Big D Fun Tours LLC
☎(214)400-9020
URL www.bigdfuntours.com
出発：ウエストエンド歴史地区（MAP P.40-C3 住Elm & Houston St., Dallas）
休 サンクスギビング、12/24、12/25
●ホップ・オン・ホップ・オフ・トロリー
運行／毎日10:45、12:15、13:45、15:15発
料$29、10歳以下$17
●JFKツアー
運行／毎日10:30、12:00、13:30、15:00発
料$20、10歳以下$10
●ダラスツアー
運行／毎日10:45、12:15、13:45、15:15発
料$24、10歳以下$12

ダラスの歩き方

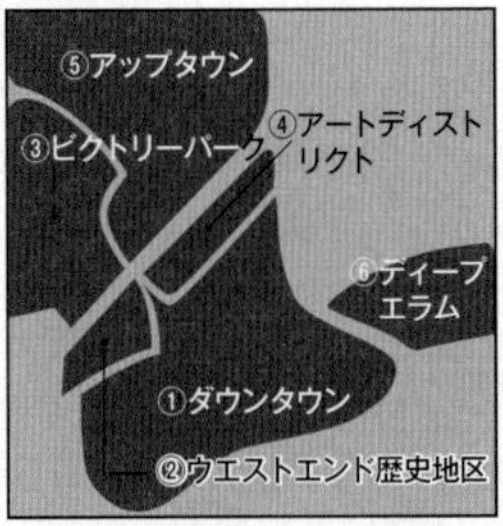

ダラスはライトレイルや路線バス、トロリーなどの交通機関が充実しており、細部へのアクセスが容易。

ダウンタウンの観光エリアは大きく分けて4つ。ユニオン駅周辺の**ウエストエンド歴史地区**、町を東西に走るダートレイルを境にした北と南のエリア、そして東端の**ディープエラム地区**だ。北のエリアの代表的なスポットは、美術館や博物館、劇場が集まる**アートディストリクト**、ハイエンドな店が点在する**アップタウン**、大きなスポーツ競技センターがある**ビクトリーパーク**。南のエリアはオフィス街で、市庁舎やコンベンションセンターがあり、レトロな建物、彫刻庭園やユニークなオブジェが点在する隠れた建築美スポットでもある。郊外にもローカルが愛するファンスポットが多く、**ビショップアートディストリクト**はその代表。夜間はレストランやナイトスポットが集まるアップタウン、ディープエラム、ビショップアートディストリクトへ。ダウンタウンは基本的にオフィス街なので、夕方あたりから閑散としてくる。注意したい。

観光案内所

Tourist Information Center
MAP **P.50-A2**
住100 S. Houston St.
☎(214)749-7730
URL www.visitdallas.com
営毎日9:00～17:00
休 サンクスギビング、12/25
オールド・レッド・コートハウスOld Red Courthouseと呼ばれる昔の裁判所だった建物の1階

● ダラス観光1日モデルコース

ダウンタウンには美術館や博物館が多いから、これらに興味をもつ人は的を絞って見学したい。

定番コース	
9:30頃	ディーリープラザとJ.F.K.メモリアル（→P.52） J.F.K.最期の地を見ておこう
⬇徒歩3分	
10:00	シックススフロア博物館（→P.51） 日本語の音声ガイドを聞きながらじっくり回りたい
⬇徒歩5分	
12:00	ウエストエンド歴史地区でランチ
⬇徒歩3分	
13:15	ダラス世界水族館（→P.53）
⬇徒歩10分	
14:45	ダラス美術館（→P.54） 入場無料とは思えないコレクション。時間があればナッシャー彫刻センターやアジア美術館へ
⬇徒歩とダートレイル・グリーンライン	
17:30	ディープエラム 盛り上がるのは20:00過ぎだが、町がにぎわい始める頃。夕食はここで
⬇ダートレイル・グリーンラインと徒歩	
19:30	リユニオンタワー タワーからサンセットと夜景、スカイラインを楽しもう

アカデミックコース	
8:30	ダウンタウンからジョージ・W・ブッシュ大統領図書館・博物館へ
⬇ダートレイル・レッドラインなどで約25分	
9:00	ジョージ・W・ブッシュ大統領図書館・博物館（→P.56）
⬇徒歩10分	
10:45	ミードウズ美術館（→P.56）。ランチは大学のキャンパスを散策しながら
⬇ダートレイル・レッドラインなどで約25分	
13:00	ダラス美術館とナッシャー彫刻センター（→P.54）
⬇徒歩	
15:30	ペロー自然科学博物館（→P.53）
⬇徒歩とMライントロリー	
17:45	アップタウン散策と夕食（→P.54）

メアリー・カサットの作品もあるダラス美術館

↘平らな靴を着用すること。☎(972)821-9054 URL www.dallassegwaytours.com 出発：ウエストエンド歴史地区（MAP P.48-BC3 住1800 N. Market St., Dallas）営毎日10:00、13:30、15:30発（20分前集合）料$69（チップ別途）。税金、手数料、ヘルメット、オーディオイヤホン、ツアーの写真、降雨時のポンチョが含まれている。

おもな見どころ

①ダウンタウン　Downtown

Reunion Tower
MAP P.50-A2
住300 Reunion Blvd.
☎(214)717-7040
URL reuniontower.com
営5月下旬～8月：毎日10:00～21:30、9月～5月中旬：毎日10:30～20:30（金・土～21:30）
料$17、シニア(65歳以上)$14、4～12歳$8
交ユニオン駅構内の地下コンコースがハイアット・リージェンシー・ダラスとつながっており、タワーにも連絡している

ダラスを代表する高さ約177mのタワー　おすすめ度：★★★

リユニオンタワー　Reunion Tower

ユニオン駅の西にある、ダラスのシンボル的存在のタワー。GeO-Deck（ジオデッキ）と名づけられた展望台からは、ダラス一帯を360度見渡すことができる。展望台のエリアにカジュアルなカフェ、タワーの頂上にはウルフギャング・パックのモダンアジアン・ダイニングFive Sixtyがあり、眺望とおいしい料理を味わうことができる。

特徴のある球状のタワーがリユニオンタワー。ダラスの象徴だ

投稿　便利なファーマーズマーケット　ファーマーズマーケット（→P.51コラム）では、おしゃれなTシャツやキャップ、色鮮やかな壁掛けや小物、地元産のクッキー、ヘルシーな野菜ジュースなどのほかに、フードコートもあってセンスのいいショッピングモールのよう。名物のBBQの店もある。もちろんマーケットというくらいだから、向かいの ↗

ケネディ大統領はここから狙撃された……かも　おすすめ度：★★★

シックススフロア博物館 The Sixth Floor Museum

ケネディ大統領暗殺について知ることができる博物館。1963年11月22日、ケネディ大統領の命を奪った銃弾は、この建物の6階から発砲されたと考えられている。当時、教科書倉庫として使用されていた建物に狙撃手が忍び込んだのだ。

館内は、1960年の大統領選挙からベトナム戦争、公民権運動、アポロ計画、キューバ危機などについてのパネルや写真が展示されている。そこを過ぎると、博物館いちばんの目玉である狙撃現場があり、事件当日の雰囲気を感じることができる。

J.F.K.はこの6階から狙撃されたといわれる

The Sixth Floor Museum
MAP P.50-A2
住 411 Elm St., Dallas
☎ (214) 747-6660
URL www.jfk.org
営 毎日10:00～18:00（月12:00～）
休 サンクスギビング、12/25
料 オーディオガイド付き$18、シニア（65歳以上）$16、6～18歳$14
交 ダートレイルWest End駅から徒歩5分。Elm St.とHouston St.の角

● **日本語のオーディオツアー**
日本語ガイドは当時の日米事情なども詳しく解説している。

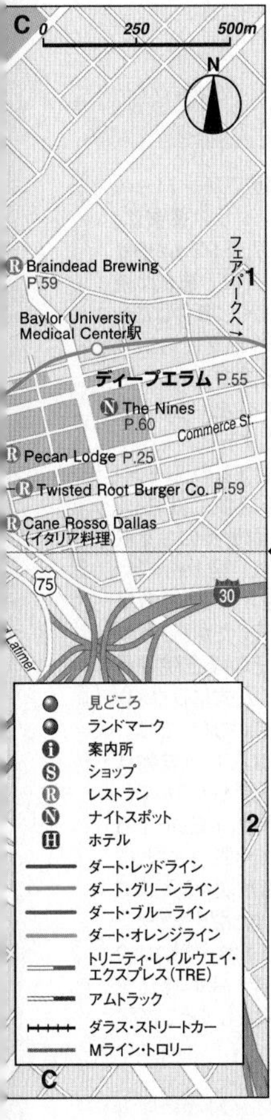

COLUMN

ダウンタウンダラスの隠れた見どころ

ユニオン駅の東側はコンベンションセンターや市庁舎など、ビジネスや地域住民のための施設が多いエリアだが、意外にも写真映えするスポットが多く点在している。コンベンションのあいた時間を使って回ってみよう。

● **Pegasus Lands**

1934年にダウンタウンのRenaissance Revival Magnolia Building（現マグノリアホテル）の頂上に建てられた赤いペガサスの像。60年以上にわたり、町の上空に君臨したダラスのアイコンは、1999年に老朽化のため撤去されてしまう。像は長らく倉庫に放置されていたが、20万ドルをかけて修復され、2016年に再びダラスの象徴として地上にその姿を現した。
MAP P.50-A2　オムニ・ダラス（→P.61）前

● **Pioneer Plaza**

ダラスに入植者をもたらしたトレイルを記念し、1995年に造られた広場。3人のカウボーイが、40頭のロングホーンを引き連れて丘陵地帯を移動する"キャトルドライブ"を見事に再現している。ブロンズ像はテキサス州のアーティストRobert Summersが手がけた。MAP P.50-B2 住 Griffin St.とYoung St.の角

● **Dallas City Hall**

©Dallas CVB

ダラス市庁舎は、パリのルーブル美術館のピラミッドを設計した建築家I.M.Peiの設計。1978年オープンの超近代的な逆ピラミッドの建物。MAP P.50-B2 住 1500 Marilla St.

● **Dallas Farmer's Market**

1941年の創設以来、安全で確かな食品を提供し続ける市民の台所。敷地内にはファーマーズマーケットのThe SHEDとショップやダイニングが入店するThe Marketがある。MAP P.50-BC2 住 920 S. Harwood St. ☎ (214) 664-9110 URL dallasfarmersmarket.org
営 The SHED：月・火・金10:00～15:00、土9:00～17:00、日10:00～17:00。The Market：毎日11:00～19:00（金～20:00）

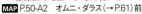

↘ Shedでは地元の農家や酪農家、パン屋が生鮮食料品を販売していて、これらを買うのもいい。みやげ物も揃う、ダウンタウンのショッピングスポットだ。（K.K. 埼玉県 '19夏）

Dealey Plaza
MAP P.50-A2
住Elm、Commerce、Houston Sts.に囲まれたエリア
交ダートレイルWest End駅から徒歩4分

John F. Kennedy Memorial
MAP P.50-A2
住646 Main St.
交ダートレイルWest End駅から徒歩5分

ケネディ大統領のためのメモリアル　おすすめ度:★★★

ディーリープラザと J.F.K.メモリアル
Dealey Plaza & John F. Kennedy Memorial

シックススフロア博物館の南側、Elm、Main、Commerce Sts.の3車線が合流するデルタ地帯は、**ディーリープラザ**と呼ばれている。1963年ケネディ大統領を乗せたオープンカーは、本来ならばMain St.を通る予定だったがコースを変え、Elm St.を通ったため射殺されてしまったという、いわくつきの地点だ。暗殺から30年後に国の史跡として指定され、碑が埋め込まれている。Elm St.北側のわずかに高い丘が**グラシノールGrassy Knoll**。実はここから狙撃されたといわれるエリアで、現在メモリアルがある。また、ディーリープラザから観光案内所の入ったオールドレッドの建物を挟んだ1ブロック東へは、**J.F.K.メモリアル**がある。1970年に完成したメモリアルは、屋根がなく白いコンクリートで空間を囲んだ記念碑だ。

とても興味深い姿のメモリアル。ぐるっと回ったあとは中に入ってみよう。不思議な空間だ

COLUMN

ジョン・F・ケネディ大統領暗殺

1963年11月21日、第35代アメリカ合衆国大統領ジョン・F・ケネディは、翌年の次期大統領選挙に向けてテキサスへの遊説に出発した。サンアントニオ、ヒューストン、フォートワースを経てダラスに到着したのが22日の昼前。もともとこの町は保守的な土地柄で、共和党の地盤であった。非WASP(ケネディはアイルランド系のカトリック教徒)でリベラル派の民主党員であるケネディに対しては、強い反発が予想された。大統領側近の何人かはこの遊説には反対だったという。しかも当日の地元紙の朝刊には、ケネディの政策に反対する一面広告が出た。それでも彼はダラス市内をパレードする。それも屋根を取り払ったリムジンに乗って。隣にはジャクリーン夫人、前席にはジョン・コナリー・テキサス州知事夫妻。熱狂的な市民の歓迎を受け、車列はダウンタウンの西端まで来た。Main St.からHouston St.に右折。州知事夫妻は振り向いて大統領に「ダラスがあなたを愛していないなんて言わせませんよ」と言ったという。車列はさらにスピードを落としてElm St.へ入るヘアピンカーブを左折。目撃者たちが銃声を聞いたのはこのときだ。大統領が夫人のほうに倒れ込む。現場は大混乱に陥った。逃げまどう人々と走り回る警官。大統領のリムジンはスピードを上げてパークランド病院へと走り去った。

13:00、ケネディの死亡が発表された。13:50、別の警官殺しの容疑でリー・ハーベイ・オズワルドが逮捕される。ダラス警察は、教科書倉庫6階に残されていたライフルからオズワルドの指紋が検出されたとして、彼を大統領暗殺の犯人と発表した。しかし、事件はこれで終わらない。2日後の24日11:21、オズワルドは郡刑務所に移送される途中、ダラス警察本部の地下通路でジャック・ルビーという男に至近距離から撃たれて死亡する。

ケネディの死後、テキサス生まれのリンドン・B・ジョンソン副大統領が大統領に就任し、暗殺調査の委員会を設置。委員長の名を取ってウォレン委員会と呼ばれた。翌1964年、ウォレン委員会は暗殺事件をオズワルドの単独犯行と断定する結論を発表したが、これが疑問だらけのレポートだった。その後上院委員会などの調査が行われたが、公式にはウォレン委員会の結論はくつがえっていない。とはいえ委員会とは違った結論を出している書物は枚挙にいとまがない。CIAやFBIがからんでいるという説、マフィアによるという説、KGBによるという説、軍産複合体によるという説。いずれにしても、多くの目撃者や関係者が次々と死んでしまったこともあって、真相はいまだ闇のなかだ。

実はウォレン委員会のレポートの一部はいまだに発表されておらず、2039年、その全文が公開されるといわれている。果たしてそこに記されているのは……。

投稿 **シックススフロアの日本語解説**　日本語解説はおすすめ。一つひとつのパネル展示を見ながら進んでいくが、基本的に時系列を追っていてだんだんドキドキした。教科書倉庫とグラシノールの精巧な模型を見ていると、まるで現場にいたような気分になった。まる2時間かかった。(K.K. 埼玉県　'19夏)

②ウエストエンド歴史地区 West End Historical District

レストランやライブハウス、バーなどが20軒以上集まるダウンタウンの繁華街。1870年代後半に、倉庫として使用されていた赤れんがの建物が今も残る。特ににぎわっているのはダートレイルWest End駅の北側でRecord St.とLamar St.に囲まれたエリア。

West End Historical District
MAP P.50-A1～2
URL www.dallaswestend.org
交 ダートレイルWest End駅下車すぐ

絶滅危惧種の動物を多く収容し、保護に努める水族館　おすすめ度：★★★

ダラス世界水族館 Dallas World Aquarium

トンネルだけでなく熱帯雨林も再現されている

ウエストエンド地区の倉庫を改装して1992年に開館。その後、2度の増床によりふたつの展示コーナーが加わった。1997年にオープンしたThe Orinocoは、ベネズエラとコロンビアを横断するオリノコ川に焦点を当て、アマゾン熱帯雨林の生態系を解説しているエリアだ。2004年にできたMundo Mayaのコーナーでは、40万ガロンのトンネル水槽にサメやエイが回遊している。また、飼育スタッフによるトークイベントが毎日開催されているほか、土曜にはワニの餌づけショーも行われている。

Dallas World Aquarium
MAP P.50-A1
住 1801 N. Griffin St., Dallas
☎ (214) 720-2224
URL dwazoo.com
営 毎日9:00～17:00
休 サンクスギビング、12/25
料 $20.95、65歳以上$16.95、2～12歳$14.95
交 ダートレイルWest End駅から徒歩6分

③ビクトリーパーク Victory Park

ウエストエンド歴史地区の北にある約5万8000㎡（東京ドーム約1.2個分に相当）の新興エリア。オフィスや住居を中心にブティックホテルのダブリュー・ホテル、プロスポーツのダラス・マーベリックスとダラス・スターズの本拠地であるアメリカン・エアラインズ・センターがある。

アメリカン・エアラインズ・センター
©Visit Dallas

Victory Park
MAP P.50-A1
URL victorypark.com
● **American Airlines Center**
住 2500 Victory Ave., Dallas
☎ (214) 665-4299
URL www.americanairlinescenter.com

環境に配慮して建築された建物も見もの　おすすめ度：★★★

ペロー自然科学博物館 Perot Museum of Nature & Science

テキサス生まれの大富豪で2度の大統領選に出馬したロス・ペロー氏と、その一族の寄付金により2012年に創設。ダラス自然史博物館がベースで、恐竜などの全身骨格標本、宝石や天然鉱物のコレクション、宇宙研究の歴史、誕生から未来への地球の歴史、シェールガスや風力、石油に代表されるエネルギー、野鳥の生態、テキサスの技術革新、人類など11のコーナーから構成されている。1994年のロスアンゼルス地震を体験できるマシン、ロボットを動かせる体験型の展示が中心で、年齢問わず楽しめる。ナショナルジオグラフィックが手がけるIMAX映画（別料金）、ミュージアムショップやカフェも併設。屋外には水遊びができる庭もあるので1日中過ごせる。

Perot Museum of Nature & Science
MAP P.50-A1
住 2201 N. Field St., Dallas
☎ (214) 428-5555
URL www.perotmuseum.org
営 毎日10:00～17:00（日11:00～）、夏期毎日9:00～、日10:00～
休 サンクスギビング、12/25など
料 $20、シニア$18、2～17歳$13
交 ダートレイルWest End駅からN.Lamar St.を北上、徒歩12分

ワンフロアにたくさんの骨格標本がレイアウトされている

④アートディストリクト Dallas Arts District

ダウンタウンの北東の一帯は、美術館や博物館、バレエやオペラ、オーケストラなどのパフォーミングアートの劇場（→脚注メモ）が集結する芸術の発信地。散在していた文化施設を集約する都市計画のもと、1984年にエドワード・ララビー・バーンズが設計したダラス美術館が誕生。以降、I.M.ペイやレンゾ・ピアノに代表される有名建築家のモダンな建物が次々と誕生し、アートイベントも活発に行われる。

ウォーホルからモネまで大作がめじろ押し！　おすすめ度：★★★

ダラス美術館 Dallas Museum of Art

1903年創設。収蔵する作品は2万4000点以上、アメリカ現代美術を中心に、古代アメリカ、アフリカ、南アジアの芸術、ヨーロッパ絵画、彫刻、装飾美術など多岐にわたる。1階は現代美術と彫刻の庭、2階は古代地中海、イスラム美術とモネやクールベ、ゴッホなどのヨーロッパ絵画、3階にアフリカ、アジア、太平洋諸島の芸術、4階には古代南北アメリカ大陸とホッパーやオキーフに代表されるアメリカ近代美術の作品が展示されている。トークショーや夜のコンサートを開催するなどイベントも多い。

無料とは思えない美術館

アーティストは何をイメージして彫像を作ったか　おすすめ度：★★★

ナッシャー彫刻センター Nasher Sculpture Center

20世紀の絵画、版画、写真などを含め、300点を超える彫刻を屋内外に展示。レンゾ・ピアノ設計の建物と造園家ピーター・ウォーカーが手がけた彫刻庭園の融合が見事だ。マティスやピカソ、ジャコメッティなどに加え、デ・クーニングの彫像は珍しい。

ナッシャー美術館の中庭は異空間。ぜひ入ってみて

また、Flora St.を挟んだ向かいには、中国、日本、インド、韓国などのアジア芸術に特化した**クロウ・コレクション・アジア美術館 Crow Collection of Asian Art**がある。

⑤アップタウン Uptown

ダラス・アートディストリクトに隣接する**クライド・ワーレン公園 Klyde Warren Park**の北側がアップタウン。オフィスや住宅が多く、地域住民のライフスタイルに合わせたレストランやナイトスポットが点在している。町の中心の**マッキニーアベニュー McKinney Ave.**沿いに店が立ち並び、Mライン・トロリー（→P.47）が足となって循環している。複合施設の**ウエストビレッジ West Village**もこのトロリーで簡単にアクセスできる。ハイエンドだが若者文化のポップさも感じられるエリアだ。

ウエストビレッジ
©Dallas CVB

Dallas Museum of Art
MAP P.50-B1
住 1717 N. Harwood St.
☎ (214) 922-1200
URL www.dma.org
営 火〜日11:00〜17:00（木〜21:00、毎月第3金曜は23:00まで営業）　休 月、サンクスギビング、12/25、1/1
料 無料（特別展、毎月第3金曜と第2木曜の17:00以降は有料）
交 ダートレイルSt. Paul駅と接続するMラインに乗車

Nasher Sculpture Center
MAP P.50-B1
住 2001 Flora St.
☎ (214) 242-5100
URL www.nashersculpturecenter.org
営 火〜日11:00〜17:00
休 月、おもな祝日
料 $10、65歳以上$7、12歳未満無料、DART乗車券提示で$8

● **Crow Collection of Asian Art**
MAP P.50-B1
住 2010 Flora St., Dallas
☎ (214) 979-6440
URL crowcollection.org
営 火〜日10:00〜17:00
休 月、おもな祝日　料 無料

Uptown
MAP P.40-C1〜2
URL www.uptowndallas.net
交 ダートレイルSt. Paul駅と接続するMラインに乗車

● **Klyde Warren Park**
MAP P.50-B1
住 2012 Woodall Rodgers Freeway
URL www.klydewarrenpark.org
営 毎日6:00〜23:00

まさに都会のオアシス的な公園
©Dallas CVB

● **West Village**
MAP P.40-C1
住 3699 McKinney Ave.
☎ (214) 219-1144
URL westvillagedallas.com
営 毎日7:00〜24:00（店舗によって異なる）

MEMO **AT & T Performing Arts Center**　AT & T舞台芸術センターは5つの劇場と公園で構成されている。おもな劇場は次のとおり。●Margot and Bill Winspear Opera House：伝統的なオペラ劇場の馬蹄型ホールをモダンにアレンジ。ダラスオペラとテキサスバレエの本拠地。2200人収容　●Wyly Theatre：さまざまな構成に対応す

⑥ディープエラム Deep Ellum

1873年に設立された商業地区で、アフリカ系やヨーロッパ系移民によって繁栄した。1920年代にジャズやブルースのミュージシャンが集まりだし、ライブミュージックの聖地として評判を呼んだが、第2次世界大戦後衰退。1980年代からミュージックシーンが復活、19世紀後半から20世紀前半にかけて建設された赤れんが倉庫や工場跡地を改装し、レストランやライブハウスなどの商業施設として再利用されている。ダラスで夜は一番のにぎわいを見せる。

ファンキーなショップやレストランが連なり、夜はにぎやかなディープエラム

Deep Ellum
MAP P.51-C1
URL deepellumtexas.com
交 ダートレイルのグリーンラインDeep Ellum駅下車

フェアパーク Fair Park

アメリカ最大といわれる"テキサス州のステートフェアState Fair of Texas"（州の博覧会。2020年は9/25～10/18）が開催される277エーカー（約1km²）の広大な公園。敷地内には博物館や水族館、野外シアターなどがある。

ダラスっ子がとても楽しみにしているお祭りの会場だ ©Visit Dallas

Fair Park
MAP P.41-F3～4
住 1121 1st Ave., Dallas
URL fairpark.org
交 ダートレイルのグリーンラインFair Park駅下車

ダラス郊外 Outskirts

テキサス州で最大の広さを誇る動物園　おすすめ度：★★★

ダラス動物園 Dallas Zoo

106エーカー（東京ドーム約9個分相当）の敷地には絶滅危惧種を含め、400種類、2000匹の動物が飼育されている。園内で人気のゾウやキリン、ゴリラのほか、サル、チンパンジー、ライオン、ペンギン、白頭ワシ、ペリカンなどの鳥類、爬虫類など小動物まで、すべての動物を間近で見ることができる。特にチータは週7回スリムな姿を解説付きで披露する。Simmons Hippo Outpostの12万ガロンの水槽には、カバやオカピが飼育され、ほのぼのとしてくる。キリンの餌づけ体験Giraffe Feeding（$5）やガイドと一緒に園内を回るツアーBackstage Safari（$125）も催行している。

Dallas Zoo
MAP P.39-E3
住 650 S. R.L. Thornton Freeway, Dallas
☎ (469) 554-7500
URL www.dallaszoo.com
営 毎日9:00～17:00（10～2月は～16:00）
休 12/25
料 3～12月：$17、65歳以上$14、3～11歳$14、2歳以下無料
1・2月：3歳以上$8
交 ダートレイルのレッドラインDallas Zoo駅下車。ダウンタウンから所要25分

動物たちが近くて、飽きさせない

アートな町並みは散策するだけでも楽しい　おすすめ度：★★★

ビショップアートディストリクト Bishop Arts District

ダウンタウンの南西に位置するダラス近郊でいちばんヒップなエリア。小さな倉庫街のレイアウトを生かし、壁画アートなどで雰囲気を明るく変え、おしゃれな商業エリアとして生まれ変わった。個人経営の90以上のショップ、レストラン、バー、カフェ、ギャラリーなどが集結し、夜遅くまで営業。若者でにぎわっている。

Bishop Arts District
MAP P.39-E3/P.41 右上
URL www.bishopartsdistrict.com
交 ダラス・ストリートカー（→P.47）の終点。ダウンタウンから所要12分

町自体がアートしているエリアで、いい店が多い

る可動式の舞台　●Studio Theatre：小劇場　●Strauss Square：広い芝生席の屋外ステージ施設　●AT & T Performing Arts Center MAP P. 50-B 1 住 2403 Flora St., #500 URL www.attpac.org ☎ (214) 880-0202（ボックスオフィス）URL www.attpac.org 交 ダラス美術館から徒歩6分

ブッシュ・ジュニアの記念図書館　　おすすめ度：★★★

ジョージ・W・ブッシュ大統領図書館・博物館 George W. Bush Presidential Library and Museum

テキサス州で育ち、テキサス州知事、第43代アメリカ大統領を歴任したジョージ・W・ブッシュ（ジュニア）。彼をたたえ設立された博物館がダウンタウンの北東、Southern Methodist University（SMU）の敷地内にある。任期中の功績や生い立ち、彼の大好きな野球グッズなど、幅広い展示内容は興味深いものばかり。なかでも大統領の任期中に発生した9.11テロの残骸は圧巻だ。大統領執務室のオーバル・ルームは、人気の撮影スポットとなっている。

ホワイトハウスの大統領執務室が再現されている ©Visit Dallas

南メソジスト大学（SMU）付属のミュージアム　　おすすめ度：★★★

ミードウズ美術館 Meadows Museum

スペイン美術に関しては、スペイン国外で最大級のコレクションをもつ博物館のひとつ。特に10～21世紀の絵画が充実している。サルバドール・ダリの『L'homme poisson』やピカソの『Still Life in a Landscape』、ディエゴ・ベラスケスの『フェリペ4世の肖像Portrait of King Philip IV』などが美術館を代表する作品だ。そのほか、ヘンリー・ムーア『Three Piece Reclining Figure, No. 1』やオーギュスト・ロダンの『Modern Muse』などの彫刻、エル・グレコの『Saint Francis Kneeling in Meditation』も人気がある。

毎年100万以上の人が訪れる　　おすすめ度：★★★

ダラス樹木園＆植物園 Dallas Arboretum & Botanical Garden

66エーカー（0.26㎢）の敷地に22の庭園が点在する植物園。1年を通して色鮮やかな花が咲きほこり、シーズンごとに趣向を凝らしたイベントを開催している。特に人気なのが2月下旬から4月上旬まで開催されているDallas Blooms。テキサス州南部で最大規模のフラワーフェスティバルで、100種類以上の水仙やパンジーなどが花開く。特に50万株のチューリップは圧巻。9月中旬から11月下旬まで行われているArt of the Pumpkinは、9万個以上のかぼちゃが置かれ、園内がオレンジ色に染まるイベントだ。また、ホワイトロック湖のほとりは芝生が敷き詰められた広場になっていて、週末はピクニックを楽しむ家族連れでにぎわっている。

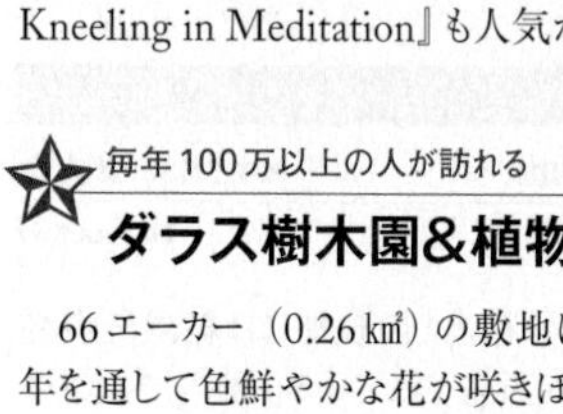

色とりどりの花で癒やされる ©Visit Dallas

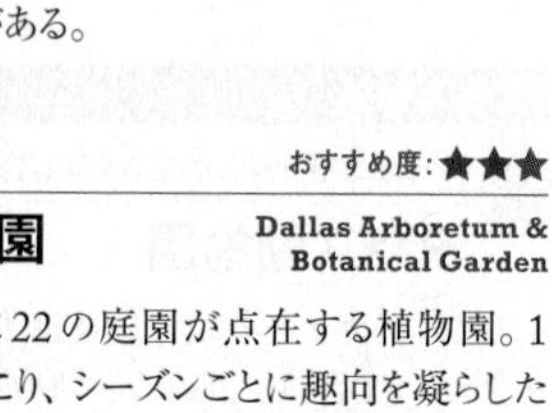

ホワイトロック湖の周辺にはトレイルがある ©Visit Dallas

George W. Bush Library and Museum
MAP P.39-F2
住2943 SMU Blvd.
☎(214)346-1650
URL www.georgewbushlibrary.smu.edu
営毎日9:00～17:00（日12:00～） 休おもな祝日
料$21、シニア$18、13～17歳$19、5～12歳$15
交ダートレイルMockingbird駅からダートバス#768（日曜運休）、#743のシャトルを利用する。または、駅から西へ進みハイウエイを渡るとSMUの敷地が見えてくる。徒歩15分

館内展示のひとつに小泉元首相からの贈り物も紹介されている ©Visit Dallas

Meadows Museum
MAP P.39-F2
住5900 Bishop Blvd.
☎(214)768-2516
URL meadowsmuseumdallas.org
営火～日10:00～17:00（木～21:00、日13:00～）
休月、おもな祝日
料$12、65歳以上$10、学生$4、12歳未満無料、木曜17:00以降無料
交ジョージ・W・ブッシュ大統領図書館・博物館を参照。ダートバス#768でBishop Blvd. & Binkley Ave. 下車、徒歩3分。ブッシュ図書館から徒歩10分

Dallas Arboretum & Botanical Garden
MAP P.39-F3
住8525 Garland Rd.
☎(214)515-6615
URL www.dallasarboretum.org
営毎日9:00～17:00
休サンクスギビング、12/25、1/1
料$15、65歳以上$12、2～12歳$10（イベント別料金）
交ダウンタウンの観光案内所（→P.49）前のバス停から、ダートバス#60でGarland Rd.& Lakeland Dr.下車、徒歩3分。所要40分

MEMO ダラスのトレーダージョーズ　●Lower Greenville MAP P.50-C1外 住2001 Greenville Ave. ☎(469)334-0614 営毎日8:00～21:00 交San Jacinto & St. Paulから#24のバスで　●Knox 住4525 Cole Ave. ☎(214)599-2155 営毎日8:00～21:00 交East Transfer Centerから#84のバスで

ショップ

カウボーイスタイルはここで

ワイルド・ビルズ・ウエスタンストア

テキサスといえば「カウボーイ」。ウエスタンブーツやカウボーイハット、シャツなど、カウボーイのグッズが揃う店。レディスも充実し、ターコイズのアクセサリーもおしゃれ。

老舗のショップだ

Wild Bill's Western Store MAP P.50-A1
住311 N. Market St., Dallas
☎(214)954-1050 URL wildbillswestern.com
営月～土10:00～21:00(月・火～19:00)、日12:00～18:00 カード AMV
交ダートレイルのWest End駅から徒歩2分

ヨーロッパ＆アメリカの人気ブランドが勢揃い

ノースパークセンター

4軒のデパートを軸にハイエンドなブランドや専門店が約230軒集う。TaxFree Shopping(→下記コラム)の免税カウンターがある。

品のいいモールだ
©Visit Dallas

Northpark Center MAP P.39-F2
住8687 N. Central Expwy., Dallas
☎(214)363-7441 URL northparkcenter.com
営月～土10:00～21:00、日12:00～18:00 休サンクスギビング、12/25など(店舗により異なる) カード店舗により異なる 交ダートレイルのレッド、オレンジライン北行きで約20分、Park Lane駅下車。駅の下から20分おきに出るシャトルバス#702で約5分。ダウンタウンから車でUS-75 WESTを進み、Exit 5Bで下りる。約15分

スケートに興じながらショッピングを

ギャレリアダラス

店舗数約155、アップタウンにあるダラスを代表するモール。名物はアイススケートリンクで、暑いダラスの夏でもスケートが楽しめると人気。子供用の遊び場もあって家族連れが多い。免税カウンターあり(下記コラム)。

開放的な造りのモール

Galleria Dallas MAP P.39-E2
住13350 Dallas Pkwy., Dallas
☎(972)702-7100 URL galleriadallas.com 営月～土10:00～21:00、日12:00～18:00 休12/25
カード店舗により異なる 交ダウンタウンから車でUS-75 WESTを進み、Exit 22AでI-635 WESTへ。約20分

DFW空港に最も近いアウトレット

グレープバインミルズ

DFW空港から車で約10分と、空港で空き時間があれば寄りたい所。コーチ、マイケルコース、アンダーアーマー、ビクトリアズシークレットなどが入店。向かいにはアウトドアのバス・プロショップがある。

少なくとも半日は取りたい

Grapevine Mills MAP P.38-C1
住3000 Grapevine Mills Pkwy., Grapevine
☎(972)724-4900 URL www.grapevinemills.com
営月～土10:00～21:00、日11:00～19:00 カード店舗により異なる 交グレープバイン・ビジターシャトルがDFW空港ターミナルDのGrand Hyattバレーパーキング付近とターミナルCのHyatt Regency正面入口に停車する

COLUMN

売上税の払い戻し制度

TaxFree Shopping

テキサス州は、売上税(日本の消費税)の払い戻し制度を実施している。対象はパスポートと、ESTA、商品を購入後30日以内に帰国を証明する航空券などを所有の外国人旅行者。同一店舗で購入した合計額にかかる消費税が$12以上の場合のみ適用。加盟店は、州内に6000以上。購入した品物とレシートを払い戻しセンターへ持っていけば、支払った税金分(手数料を差し引く)を返してくれるという仕組み。返金はその場で、または後日マネーオーダーを送ってくれる。

場所
- ダラス/フォートワース国際空港ターミナルDのゲート30そばの払い戻しセンター(営月～金6:00～21:00、土・日6:00～20:00)
- Northpark Center(→上記)にあるVersaceやGucciのそば(営月～土10:00～21:00、日12:00～18:00)

URL www.taxfreetexas.com
必要書類/パスポート、米国を出発する飛行機の航空券(Eチケット)、レシートの原本と購入物、入国スタンプ(もしくはESTAのコピー、I-94)

MEMO ダラスのホール・フーズ・マーケット ●Uptown MAP P.40-C2 住2510 McKinney Ave. ☎(469)518-5814 営毎日7:00～22:00 交Mライン・トロリーで、McKinney Ave.& Routh St.下車。イートインコーナーもある

ショップ＆レストラン

日本人好みのブランドが多い

グランドプレーリー・プレミアムアウトレット

免税カウンター(→P.57)あり

ケイトスペード、ブルックス・ブラザーズ、トゥミ、トミー・ヒルフィガーなど、アウトレットのテナント数は約90軒。ダラスとフォートワースの中間、アーリントンの南に位置する。

Grand Prairie Premium Outlets MAP P.38-C4
住2950 W. I-20, Grand Prairie ☎(972)602-8383
URL www.premiumoutlets.com/outlet/grand-prairie
営月～土10:00～21:00、日11:00～18:00、祝日は変動的なので要確認 カード店舗により異なる
交ダウンタウンからI-35 EAST→I-20 WESTを進み、Exit 454で下りる。約25分

ウェブサイトの"Deal"は要チェック

アレン・プレミアムアウトレット

免税カウンター(→P.57)あり

ダラスの北、車で約30分のロケーション。約100店舗が集うアウトレットで、ポロ・ラルフ・ローレン、ケイトスペード、コーチ、マイケルコースなどがあり、週ごとの割引のある店も。

Allen Premium Outlets MAP P.39-F1外
住820 W. Stacy Rd., Allen ☎(972)678-7000
URL www.premiumoutlets.com/outlet/allen
営月～土10:00～21:00、日11:00～19:00、祝日は変動的なので要確認 カード店舗により異なる
交ダウンタウンからUS-75 NORTHを進み、Exit 37で下りる。約35分

テキサスのローカルフードなら

ソニー・ブライアンズ

コスパがいい

ダートレイルの線路沿いにあり、"ダラスでバーベキューを食べるならここ"といわれる有名店。コンボプレート$12.99～はビーフやポークなどを3種類味わうことができる。

Sonny Bryan's MAP P.50-A2
住302 N. Market St., Dallas ☎(214)744-1610
URL www.sonnybryans.com
営毎日11:00～21:00
カードⒶⓂⓋ
交ダートレイルWest End駅から徒歩1分

おしゃれして出かけたい

Y.O.ランチ・ステーキハウス

本格的なステーキを味わおう

地元紙でおいしいと称賛を浴びているステーキハウス。ワインの品揃えが豊富で、ビジネス客が多い。牧場から直接仕入れる肉は、分厚くジューシーだ。予算は$45～。

Y.O.Ranch Steakhouse MAP P.50-A1
住702 Ross Ave., Dallas ☎(214)744-3287
URL www.yoranchsteakhouse.com
営毎日11:00～22:00(金・土～23:00、日～21:00)
カードⒶⓂⓋ 交ダートレイルWest End駅から徒歩2分

がっちり食べたい南部料理

エレンズ

朝食はエッグベネディクト、イングリッシュマフィンの代わりにグリッツを用いたグリッツベネディクト各$15がおすすめ。テキサス産のナマズのソテー(またはフライ)もあっさりしている。

南部風エッグベネディクトをぜひ食べて

Ellen's MAP P.50-A1
住1790 N. Record St., Dallas
☎(469)206-3339 URL www.gritsrule.com
営月～土7:00～21:00、日8:00～15:00 カードⒶⓂⓋ 交ダートレイルWest End駅から徒歩3分

ジャンボサイズのチキンウイング

ウイングバケット

1ピース$2.50から販売

独自のスパイスでしっかり下味をつけて揚げたチキンウイング。バッファロー風味など、数種類のソースから選んでディップしていただくスタイル。ポークリブもあり、どちらもビールによく合う。

Wing Bucket MAP P.50-B2
住1200 Main St., Dallas ☎(214)760-9491
URL www.wingbucket.com 営毎日11:00～22:00(金・土～24:00) カードⒶⓂⓋ 交ダートレイルAkard Station駅から徒歩3分

MEMO アップタウンの人気クラブ Round-Up Saloon MAP P.40-B1 住3912 Cedar Springs Rd. ☎(214)522-9611 URL www.roundupsaloon.com 営月～金15:00～翌2:00、土・日12:00～翌2:00 Station4 MAP P.40-B1 住3911 Ceder Springs Rd. URL Station4dallas.com 営木～日21:00～翌2:00(金～日～翌4:00)

レストラン

旬のタップルーム
コミニュティ・ビア・カンパニー
ビクトリーパークの北にあるビール醸造所のタップルーム。ショッピングセンターの倉庫を改装した店内は、バーカウンターのほかにピクニックテーブルが配置されていて、自由にビールを味わうことができる。料金はチケット制で3杯$15（ウェブサイトではチケットを$10で販売）。さまざま種類のIPAを扱っている。おつまみはフードトラックにて調達可。

Community Beer Company MAP P.40-B2
住1530 Inspiration Dr., Dallas ☎(214)751-7921
URL communitybeer.com 営水～土17:00～21:00（金・土～22:00）、日12:00～18:00。オープンハウス&ツアー土14:00～17:00（選べる3ドリンク付き$15、金曜夕方までにウェブサイトでチケット購入$10） カード ⒶⓂⓋ
交TRE、ダートレイルVictory駅下車徒歩14分

ディープエラムのブリュワリーダイニング
ブレインデッド・ブリューイング

ハンバーガーがうまいと評判

自社醸造と国内外のビールを30種以上扱っている。ランチがお手頃。N.A.P.バーガー（$9）など。ダブルフライドチキン$15、COMAバーガー$14、マッシュルーム&キノア$12、T.A.B.L.E.サンドイッチ$11は終日味わえる。

Braindead Brewing MAP P.51-C1
住2625 Main St., Dallas ☎(214)749-0600
URL braindeadbrewing.com 営毎日11:00～24:00（金・土～翌2:00） カード ⒶⓂⓋ
交ダートレイルDeep Ellum駅下車徒歩6分

ボリューミーなハンバーガー
ツイステッド・ルート・バーガーカンパニー
ヒップな雰囲気のダイニング。新鮮で高品質の肉を使用したビーフとバッファローのパティがメイン。日替わりでエルク、ラム、ウサギ、ラクダ、カモ、ビーバー、カンガルーなどのエキゾチックなパティが1種類加わる。トッピングやソースなど、風変わりな組み合わせが特徴。ビーフパティにフライドオニオン、ハラペーニョを挟んだウエスタン$9.50、ベーコンとデンマーク産ブルーチーズをたっぷりサンドしたケビンベーコン$8.50など。

Twisted Root Burger Co. MAP P.50-C1
住2615 Commerce St., Dallas ☎(214)741-7668
URL twistedrootburgerco.com
営毎日11:00～22:00 カード ⒶⓂⓋ
交ダートレイルDeep Ellum駅下車徒歩6分

肉好き集まれ！
オーシャンプライム
ダラスのネイバーフッド雑誌のDマガジンで「トップ20ステーキハウス」、「ベストデザート」に選ばれる名店。シーフードを中心に、ステーキ、デザートなどモダンなアレンジで人気がある。平日の16:00～18:00限定のシアターメニューは、シーフードのサイドメニューが選べる約226gのフィレステーキ、前菜が付いて$55とたいへんお得。

Ocean Prime MAP P.50-A1
住2101 Cedar Springs Rd., Dallas
☎(214)965-0440 URL www.ocean-prime.com
営月～金11:00～22:00（金～23:00）、土・日16:00～23:00（日～21:00） カード ⒶⓂⓋ 予約 予約をすすめる
交MラインMckinney Ave. & Pearl St.下車、徒歩5分

クールな若者が集う町のバーベキュー
ロックハートスモークハウスBBQ

スモークが効いて奥深い味わい

ビショップアートディストリクトの人気BBQ。メニューはシンプルにビーフブリスケット$9.99、ビーフショルダークロッド$9.99、ポークチョップ$7.99など。奥のカウンターで注文前にショーケースのサイド（コールスローなど$2.50）を取って一緒に精算する。特製ソースはコクがある。

Lockhart Smokehouse BBQ MAP P.41-右上
住400 W. Davis St., Dallas ☎(214)944-5521
URL www.lockhartsmokehouse.com 営毎日11:00～21:00頃 カード ⒶⓂⓋ 交ダラス・ストリートカーで終点のビショップアートディストリクト下車。プレイノ、アーリントンにも支店あり

朝食からがっちり食べたい
ブレッド・ウィナーズ・カフェ&ベーカリー

アメリカらしい朝食を

毎日100種類以上のペストリーやパン、ケーキなどのデザートを焼いているベーカリーのカフェ。朝食は卵料理$13～、パンケーキやワッフル$5～、フレンチトースト$9などの定番メニューが人気。

Bread Winners Café & Bakery MAP P.40-C1
住3301 McKinney Ave., Dallas ☎(214)754-4940 URL breadwinnerscafe.com 営毎日7:00～16:00（日8:00～）、火～日17:00～21:00（金・土～22:00） 休月曜のディナー カード ⒶⓂⓋ 交MラインMckinney Ave. & Hole St.下車、徒歩1分

MEMO ダラスの食事エリア　コンベンションなど仕事でダラスを訪れる人も多いはず。夜のダラスダウンタウンは閑散としてて、レストランも分散している。お目当てのレストランがなければウエストエンド歴史地区か、Mライン・トロリーのマッキニーアベニュー沿いやさらに北のウエストビレッジあたりに行くのがいい。

レストラン＆ホテル

ハッピーアワーにおすすめ

デル・フリスコ・グリル

ステーキハウスだが、前菜やおつまみ向きの一品料理が充実している、ハッピーアワースポット。ステーキの代表はフィレミニョン（約226g）$38、プライム・リブアイ（約453g）$45、プライムNYストリップ（約453g）$47。スイート&スパイシーチリが絶妙のチーズステーキ・エッグロール$13も外せない。屋内ダイニングは予約をすすめるが、パティオは先着順。

Del Frisco's Grille MAP P.40-C2
住3232 McKinney Ave., Dallas
☎(972)807-6152 URLdelfriscosgrille.com
営月～土11:00～23:00、日10:00～21:00。ハッピーアワーは月～金16:00～18:30
カードⒶⓂⓋ 交MラインMcKinney Ave. & Hall St.下車

テックスメックスならここ！

グロリア・ラテン・クイジーン

オークローンで姉が経営していたサルバドールレストランを引き継ぎ、テックスメックスで成長。ダラスで25年以上、現在テキサス州内に20店舗を展開している。ファフィータ、エンチラーダに代表されるテックスメックス、タマレス、セビーチェなどのラテン系メニュー、テックスメックスとサルバドリアンを融合した新しい料理が味わえる。予算は$11～30。

Gloria's Latin Cuisine MAP P.40-B1
住4140 Lemmon Ave., Dallas
☎(214)521-7576
URL gloriascuisine.com 営毎日11:00～22:00（金・土～23:00）、ハッピーアワー日～木の終日（1品$5～8メニューあり。ボトルワイン半額） カードⒶⓂⓋ 交ダラス美術館から車で10分

チーズ好きにはたまらない

ダラス・グリルド・チーズカンパニー

店名のとおり、チーズ料理のオンパレード

4種のチーズをふんだんに使ったマックインチーズ$7.99、自家製プレッツェエルをまぶしたモッツレラチーズのフライ$6.99、ホットサンドはチーズのみのシンプルなもの$2.99から、ミート、野菜、フルーツをトッピングしたものまでさまざま。

Dallas Grilled Cheese Co. MAP P.41-右上
住310 W .7th St., Dallas ☎(214)944-5515
URLwww.dallasgrilledcheese.co
営毎日11:00～22:00 カードⒶⓂⓋ 交ダラス・ストリートカーで終点のビショップアートディストリクト下車

仲間とわいわい食べたい

オッドフェローズ

パティオ席が人気

ブリスケットに卵料理とポテト、オニオンが付くブリスケットハッシュ$15、チキンウイングにブルーチーズソースをかけたバッファローマック$15、ケールアーティチョークディップ$10、フライドグリーントマトのBLT$12など、ブランチメニューが充実している。

Oddfellows MAP P.41-右上
住316 W. 7th St., Dallas ☎(214)944-5958
URLwww.oddfellowsdallas.com 営毎日7:00～22:00（日～15:00） カードⒶⓂⓋ 交ダラス・ストリートカーで終点のビショップアートディストリクト下車

ダラス郊外のラグジュアリーなゲストランチ（観光牧場）

ワイルドキャターランチ・リゾート&スパ

ダラス・フォートワース地域の東に位置するグラハムGrahamにあるゲストランチ。ホテル棟やキャビン棟は豪華な造りで設備が整っている。アクティビティも豊富で、乗馬、アーチェリー、スキート射撃、ハイキング、ロングホーンの餌づけ、プール、スパも楽しめる。屋外での食事は最高で、屋内のレストランやバーも申し分ない。周囲は明かりがないため夜の星空観測もバッチリ。裏庭のロッキングチェアに揺られながら、テキサスの休日をのんびり過ごしたい。

絶品レストランでディナーを

西部らしい家具が並ぶ客室

Wildcatter Ranch Resort & Spa
MAP 折込表C3/P.38-A1外 住6062 Hwy. 16 S., Graham, TX 76450 ☎(940)549-3500
URLwww.wildcatterranch.com 客室数41室
料SDT$159～184、SU$199～239 カードⒶⓂⓋ
交ダラス/フォートワース国際空港から約170km、車で約2時間

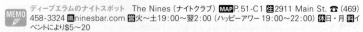

MEMO ディープエラムのナイトスポット The Nines（ナイトクラブ） MAPP.51-C1 住2911 Main St. ☎(469)458-3324 URLninesbar.com 営火～土19:00～翌2:00（ハッピーアワー19:00～22:00） 休日・月 料イベントにより$5～20

ホテル

夜のくつろぎタイムが楽しい

カンブリア・ダラス・ダウンタウン

ダートレイルSt. Paul駅から2ブロック、周囲はオフィスビルが多いが、観光にも便利な場所だ。ホテルは23階建ての歴史的な建物で、客室も広くておしゃれ、上層階からは眺めもいい。1階にはレストランとソファの数が多いバーがあり、夕方になると生演奏が始まってとてもいい雰囲気になる。グラスを傾けながら歓談したり、まったりするのには最適だ。駐車場バレー$31。

1930年代のオフィスビルを改築したエレガントなホテル

客室は比較的シンプルだが過ごしやすい

Cambria Dallas Downtown MAP P.50-B1
住 1907 Elm St., Dallas, TX 75201
☎ (214)220-2900 FAX (214)220-2901
URL www.cambriadallas.com 客室数 177室
料 SDT$101～319、SU$161～539
カード ⒶⓂⓋ

ダラスで最上級の滞在を

リッツカールトン・ダラス

ダウンタウンとアップタウンの中間にあり、目の前を無料トロリーが走るなどアクセスもいい。人気のホール・フーズも徒歩圏内だ。広々としたエレガントな客室、大理石のバスルーム、気配りの行き届いたスタッフなど、一度は体験したい最上級が揃っている。全米でも数少ない5スターのホテルのひとつ。3マイルまでの無料シャトルあり。駐車場$39。

The Ritz-Carlton Dallas MAP P.50-A1
住 2121 McKinney Ave., Dallas, TX 75201
☎ (214) 922-0200 FAX (214) 922-4707 URL www.ritzcarlton.com/en/hotels/dallas 客室数 218室
料 SDT$419～1039、SU$469～6000
カード ⒶⒹⒿⓂⓋ 日本予約 無料 0120-853-201

コンベンションセンターに隣接した

オムニ・ダラス

大きな窓で明るい光が

広々として落ち着いた感じのラグジュアリーホテル。建物はガラスで覆われたモダンな設計で、ホテル前にある巨大なペガサスのオブジェと、背景に浮かぶリユニオンタワーは絶景の撮影スポットだ。駐車場セルフ$22（バレー$34）。Wi-Fi$9.95。

Omni Dallas MAP P.50-A2
住 555 S. Lamar St., Dallas, TX 75202 ☎ (214) 744-6664, (214)979-4500 FAX (214)979-4595
URL www.omnihotels.com/hotels/dallas 客室数 1001室 料 SDT$194～714、SU$749～ カード ⒶⓂⓋ

ポップな色使いとデザインが楽しい

アロフト・ダラス・ダウンタウン

ブティックホテルながらポップな色使いのインテリアと、少しリーズナブルな料金から近年注目を浴びている。客層も比較的若く、ロビーにはビリヤード台もあり、おしゃれなバーカウンターもあって、ダラスっ子も集まる注目スポットになっている。簡単な食事やスイーツ、果物を扱う24時間営業のイートインもあって、不便はない。駐車場$16。

Aloft Dallas Downtown MAP P.50-B2
住 1033 Young St., Dallas, TX 75202
☎ (214) 761-0000 FREE (1-877) 462-5638
FAX (214) 761-0001 URL www.aloftdallasdowntown.com 客室数 193 室 料 SDT$171 ～ 334、SU$211～ カード ⒶⒹⒿⓂⓋ

ダウンタウンの真ん中

マグノリア・ダラス・ダウンタウン

JFKが狙撃された場所やコンベンションセンターも徒歩圏内、観光にもビジネスにもおすすめの立地だ。3マイルまではシャトルサービスもあるので、アップタウンへも簡単に行ける。スタイリッシュで広い客室の雰囲気もよく、まるでアパートに暮らしているような気分になる。20：00から配られるホームメイドクッキーも美味。駐車場$32。

Magnolia Dallas Downtown MAP P.50-B2
住 1401 Commerce St., Dallas, TX 75201
☎ (214) 915-6500 FREE (1-888) 915-1110
URL magnoliahotels.com/dallas-downtown
客室数 325室 料 SDT$149～384、SU$179～414
カード ⒶⒹⓂⓋ

↘ Sons of Hermann（ライブミュージック）MAP P. 41-E3 住 3414 Elm St. ☎ (214) 747-4422 URL www.sonsofhermannhall.com 営 水～土17:00～24:00 料 イベントにより異なる（水Sing & Swing20:00～24:00 $8.00）

ホテル

ダラスを代表するタワーのすぐそば

ハイアット・リージェンシー・ダラス

Big Dにふさわしい大型ホテルで、ダラスのランドマークであるリユニオンタワーに隣接する。落ち着いた内装と広い机のある客室、ヨガルームもあるジム、テキサス産の食材を用いたレストラン、アルコールの種類の豊富なバー、フェデックスのビジネスセンターなど、ビジネス客の求めるものが揃っている。ビジネス地区へのシャトルも運行。

Hyatt Regency Dallas MAP P.50-A2
住300 Reunion Blvd., Dallas, TX 75207
☎(214) 651-1234 FAX(214) 742-8126
URL dallas.regency.hyatt.com 客室数1120室
料SDT$149～284 カードⒶⒿⓂⓋ

38階建て巨大ホテル

シェラトン・ダラス

ダートレイルPearl駅の目の前にある。ミーティングルームやビジネスセンター、フィットネスセンターなどビジネス客にとって必要なものはすべて揃っている。Wi-Fi$14.95。

ぐっすり休めそうな客室

Sheraton Dallas MAP P.50-B1
住400 N. Olive St., Dallas, TX 75201
☎(214) 922-8000 FREE (1-888) 627-8191
FAX(214) 303-4291 URL www.sheratondallashotel.com
客室数1841室 料SDT$189～389 カードⒶⒹⒿⓂⓋ

ダウンタウンでは比較的安い

ラキンタイン＆スイート・ダラス・ダウンタウン

ユニオン駅の斜め前にあり、シックススフロアまで3ブロックのロケーション。国道沿いのモーテルとして有名なチェーンだが、ここは都会的なモダンさが売り。外観やロビーはもとより、客室はモーテルというよりブティックホテルのよう。速さ自慢のWi-Fiだけでなく、市内通話も無料で、朝食が付くのはダウンタウンでは貴重。駐車場バレー $27。

La Quinta Inn & Suites Dallas Downtown MAP P.50-A2
住302 S. Houston St., Dallas, TX 75202
☎(214) 761-9090 FREE (1-800) 753-3757
URL laquintadallasdowntown.com 客室数127室
料SDT$119～299 カードⒶⒹⒿⓂⓋ

ダートレイル West End駅から徒歩3分

スプリングヒル・スイート・ダラス・ダウンタウン／ウエストエンド

ウエストエンド歴史地区の一画にある。観光だけでなく、ビジネスにも最適な場所だ。全室スイートタイプで、冷蔵庫や電子レンジが備わっている。朝食無料。駐車場$30。

シックな雰囲気

Spring Hill Suites Dallas Downtown/West End MAP P.50-A1
住1907 N. Lamar St., Dallas Texas 75202
☎(214) 999-0500 FAX(214) 999-0501
URL www.marriott.com 客室数148室 料SU$129～259 カードⒶⒹⒿⓂⓋ 日本予約 無料0120-142-536

歴史を感じさせる落ち着いたホテル

ホテル・インディゴ・ダラス・ダウンタウン

1925年に完成した由緒ある建物。にぎやかなMain St.とHarwood St.の角にある。重厚感があり上品な外観と落ち着いた内部が歴史を物語る。駐車場バレー $30。

ダウンタウンの比較的中心にある

Hotel Indigo Dallas Downtown MAP P.50-B1
住1933 Main St., Dallas, TX 75201
☎(214) 741-7700 URL www.ihg.com
客室数170室 料SDT$128～269、SU$138～284
カードⒶⒹⒿⓂⓋ 日本予約 無料0120-677-651

立地が最高

クラウンプラザ・ダラス・ダウンタウン

ダートレイルWest End駅まで歩いて3分のホテル。ビジネスセンターやフィットネスセンターもあるのでビジネス客に好評。駐車場$18～30。

カジュアルなタイプのホテル

Crowne Plaza Dallas Downtown MAP P.50-A2
住1015 Elm St., Dallas, TX 752022
☎(214)742-5678 FAX(214)379-3577 URL www.ihg.com 客室数291室 料SDT$89～223
カードⒶⒹⒿⓂⓋ 日本予約 無料0120-677-651

ホテル

ホテル散策でリラックス

ゲイロード・テキサン・リゾート＆コンベンションセンター

植物園やアラモ砦のレプリカを覆うアトリウムが名物のホテルで、コンベンションセンターを兼ね備えていることから大型イベントも行われる。レストラン、スパ、売店、フィットネスセンターなど設備も充実し、すべてがここで足りてしまう。

Gaylord Texan Resort & Convention Center MAP P.38-C1
住1501 Gaylord Trail, Grapevine, TX 76051
☎(817) 778-1000 FAX(817) 722-2184
URL www.marriott.com 客室数1814室 料SDT$229～364＋リゾート料金$20 カード ⒶⒹⒿⓂⓋ 日本予約 無料0120-142-536

リーズナブルなグレープバインのホテル

コンフォートイン

住所はグレープバインだが、ホテルから3マイル以内とダラス／フォートワース国際空港まで無料のシャトルサービス（7:00～23:00）があるので、空港ホテルとしても利用できる。レストランやショップが軒を連ねる歴史地区へも近く、ここを起点にワイナリー巡りも楽しい。客室はシンプルだが、清潔で使いやすく、Wi-Fiと朝食が無料。

Comfort Inn MAP P.38-C2
住301 Capitol St., Grapevine, TX 76051
☎(817) 329-9300 FAX(817) 329-0892
URL www.choicehotels.com 客室数100室
料SDT$117～162 カード ⒶⒹⒿⓂⓋ

DFWのターミナルDにあるホテル

グランドハイアットDFW

DFW内にある高級ホテル

巨大空港のほぼ中央、ターミナルDにある。荷物を置いたら空港散策へ。レストランを利用するもよし、ウインドーショッピングも楽しい。もちろん客室からは飛行機見物を。駐車場セルフ無料（バレー$24）。

Grand Hyatt DFW MAP P.38-C2
住2337 S. International Pkwy., DFW Airport, TX 75261
☎(972) 973-1234 FAX(972) 973-1299
URL dfw.grand.hyatt.com 客室数298室
料SDT$119～309 カード ⒶⒹⒿⓂⓋ
日本予約 無料0800-222-0608 ☎(03) 4590-0568

無料空港シャトルを運行

ハイアットプレイスDFW

パブリックPCも無料で使える

DFW空港のほかに3マイルまで無料シャトルを運行。簡素ではあるが、広い机や冷蔵庫もあって使い勝手はいい。メンバーはWi-Fiと朝食が付き、売店もあるので便利。

Hyatt Place DFW MAP P.38-C2
住2350 Global Dr., DFW Airport, TX 75261
☎(972)574-1234 FAX(972)574-1212
URL dfw.place.hyatt.com 客室数137室
料SDT$109～199 カード ⒶⒹⒿⓂⓋ
日本予約 無料0800-222-0608 ☎(03)4590-0568

空港に近くてショッピング三昧もできる

ヒルトンDFWレイクス

ホテルは、コーチ、アンダーアーマー、ビクトリアズシークレットなど日本人好みのブランドが入る州内最大規模のアウトレット（グレープバインミルズ→P.57）に隣接して、心おきなく買い物が楽しめる。DFW空港へは24時間無料のシャトルを運行させていて便利。客室は広くて清潔、静かでついつい長居したくなる心地よさだ。駐車場$15。

客室はとても広く、ゆったり静かに過ごせるのがいい

グレープバインミルズの隣にあり、目の前はバス・プロショップと買い物に便利

Hilton DFW Lakes MAP P.38-C1
住1800 Hwy. 26E, Grapevine, TX 76051
☎(817)481-8444 FAX(817)481-3160
URL www3.hilton.com 客室数393室
料SDT$133～281 カード ⒶⓂⓋ

テキサスワインの名産地

グレープバイン

MAP ▶ P.38-C2

グレープバインのダウンタウンではワインの試飲を楽しみたい

人口▶約5万4000人
面積▶82.7㎢
標高▶196m
TAX▶セールスタックス 8.25%
ホテルタックス 13%
時間帯▶中部標準時(CST)

行き方

フォートワース・ダウンタウンの中央駅とDFW空港を結ぶテックスレイルTEXRailの列車が途中グレープバインに停車する。フォートワースから約45分、DFWから約10分の距離で、毎日30〜60分間隔で運行している。駅は町の中心にある

ダラス / フォートワース国際空港の北に位置する町がグレープバインだ。その名のとおり、ここはワイン用のぶどうが取れる所で、テキサスワインの産地となっている。家族経営のワイナリーとかわいらしいダウンタウンから、観光地としての人気も上昇中、DFW空港での待ち時間が長いときに行くのもおすすめだ。

グレープバインの歩き方

グレープバインのダウンタウンはこぢんまりとして、とてもかわいらしい。観光ポイントはこのダウンタウン散策と郊外にあるテーマパーク的ホテル、ゲイロード・テキサン、そしてアウトレットのグレープバインミルズの3ヵ所。これらとDFW空港をグレープバイン・ビジター・シャトルGrapevine Visitors Shuttle(下記脚注)が結んでいるので、車がなくても大丈夫。まずはダウンタウンで特産ワインの試飲を楽しんだあと、郊外のポイントを回るといい。フォートワースのストックヤードとの間を走るグレープバイン・ビンテージ鉄道(→P.80)のクラシックな観光列車に乗るのもおすすめ。

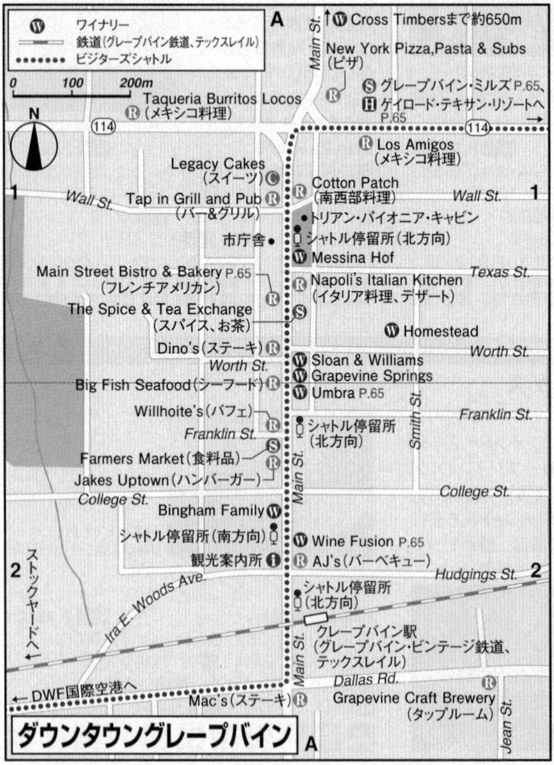

鉄道駅向かいの観光案内所。定時になると時計塔に強盗が現れる!!

市内交通 **Grapevine Visitors Shuttle** URL www.grapevinetexasusa.com/shuttle **運行**/3路線あり、すべての路線はダウンタウン内にある3〜4のバス停に停まる。路線によって運行時間は異なり、空港とアウトレットへ行く路線は月〜土9:55〜22:45、日10:55〜18:45 。DFW空港ではターミナルDのグランドハイアットに停車する。料1日パス$5(現金のみ)

おもな見どころ

歴史的な町並みがかわいらしい　おすすめ度:★★★

ダウンタウングレープバイン　Downtown Grapevine

ダウンタウンの中心は、テックスレイルと観光列車（→P.80）の鉄道駅。駅のある**メインストリートMain St.**にはれんが造りの歴史的な町並みが続く。ここには地元オリジナルのカフェやレストラン、ショップが並び、そぞろ歩きが楽しい。

通り沿いにワイナリーが10軒ほどあるので、ぜひ試飲を楽しみたい。観光案内所の時計塔には列車強盗（人形）が現れるのでお見逃しなく。

テキサスの名所が再現された名物ホテル　おすすめ度:★★★

ゲイロード・テキサン・リゾート　Gaylord Texas Resort

温室の奥にはアラモ砦がある

ダウンタウンから車で約10分の北東にある巨大リゾートホテル。広大なアトリウムは南国の植物で覆いつくされ、そこにアラモ砦、ヒルカントリー、サンアントニオのリバーウオークの3つのテキサス名所が再現されている。ここを散策するだけでテキサス観光ができるというわけ。宿泊客以外も多くの人が訪れ、ショッピングや食事にもいい。

テキサスサイズのビッグアウトレット　おすすめ度:★★★

グレープバインミルズ　Grapevine Mills

人気のアメリカブランドを中心に店舗数約180、1周するだけでも15分はゆうにかかる屋内アウトレットモール。レゴのミニテーマパークである**レゴランド・ディスカバリー・センター**、ボウリングも楽しめるゲームセンターの**ラウンドワン**、**レインフォメストカフェ**のレストランなどもあり、週末は家族連れで混雑する。

サックスフィフスのアウトレットもあるモール

鉄道

TEXRail
MAP P.64-A2
URL ridetrinitymetro.org
運行／毎日4:40～翌1:40
料$2.50、1日パス$5

観光案内所

Grapevine Visitor Information Center
MAP P.64-A2
住636 S. Main St., Grapevine
☎ (817) 410-3185
URL www.grapevinetexasusa.com 営月～金8:00～17:00、土10:00～17:00、日12:00～17:00

Gaylord Texan Resort
(→P.63)
MAP P.38-C1
住1501 Gaylord Trail, Grapevine
URL gaylordtexan.com
交シャトルでダウンタウンから約10分

Grapevine Mills
MAP P.38-C1
住3000 Grapevine Mills Pkwy, Grapevine
URL www.simon.com/mall/grapevine-mills
交シャトルでダウンタウンから約15分、DFWから約20分
※売上税払い戻しのカウンターがある（→P.57）

ショップ P.57
ホテル P.63

COLUMN

グレープバインのワイナリー巡り

カフェのような雰囲気のワイナリーもある

メインストリート沿いに約10軒のワイナリーがあるが醸造所ではなく、ワインに合ったおつまみや軽食も出る試飲室といった雰囲気。ぜひワインのハシゴを楽しんでみたい。

● **Wine Fusion Winery**
MAP P.64-A2 住603 S. Main St.
URL www.winefusionwinery.com
営日～木13:00～21:00（日～19:00）、金12:00～24:00、土11:00～24:00
ワインをブレンドして自分好みのワインを作ることができる。店内はスタイリッシュなカフェのよう。試飲$9～12。

● **Umbra Winery**
MAP P.64-A2 住415 S. Main St.
URL umbrawinery.com
営毎日12:00～21:00（水～土～23:00）
クラシックな酒蔵のような試飲室。テキサス州だけでなくワシントン州などの品評会で数々の賞を受賞。すっきりとした渋みと芳醇な香りの赤は肉料理によく合う。試飲$10～20。

投稿　おすすめカフェ＆レストラン　ダウンタウンのMain St. Bistro & Bakeryは昼前には続々と市民がやってくる町の人気レストラン。隣接するカフェではコーヒーとおいしいケーキも味わえる。MAP P.64-A1 住316 S. Main St. URL themainbakery.com 営毎日6:30～21:00（月～16:00、金・土～22:30）

DFWエリアのエンタメタウン

アーリントン

テキサスライブ！は熱狂的なスポーツファンの集まる巨大スポーツバー

MAP▶P.38-C3

人口▶約39万8000人
面積▶約248㎢
標高▶約184m
TAX▶セールスタックス 8.25%
ホテルタックス 17%+$1.90
時間帯▶中部標準時（CST）

行き方

ダラス、フォートワース、DFW空港、いずれからも公共交通機関は運行されていない。最寄りの鉄道駅はトリニティ・レイル・エクスプレス（TRE）のCentrePort/DFW Airport駅だが、駅からのバスもない。したがって、車のない人はタクシーかUberでのアクセスとなる。車ならダラス、フォートワースともI-30で約20分、Exit 30で下車。

ℹ 観光案内所

Arlington Convention & Visitors Bureau
住1905 E. Randol Mill Rd.
FREE(1-800) 433-5374
URL www.arlington.org
※一般向けの観光案内所はない。上記建物の入口で町の観光小冊子が置いてあるだけ

アーリントントロリー
☎(817) 504-9744
URL arlingtontrolley.com
料無料だがトロリーと契約しているホテルでないと乗車できない。宿泊客はトロリーのチケットをフロントでもらうこと。また、トロリーは4路線あるが循環しているわけではない。各ホテルでトロリーの時間を確認すること

アーリントン美術館
住201 W. Main St., Arlington
URL arlingtonmuseum.org
料$10 MAP P.38-C3

テキサス大学プラネタリウム
住700 Planetarium Pl., Arlington
URL www.uta.edu/planetarium/
料$7 MAP P.38-C3

ダラスから西へ 33km、フォートワースから東へ 26km、ふたつの都市の間に位置するのがアーリントンだ。ここにはフットボールや野球のスタジアムがあり、スポーツ観戦とイベントのメッカとして知られている。テキサスの熱いファンと一緒に観戦するプロスポーツは、最もアメリカらしい体験ができると評判もいい。もうひとつ有名なのが絶叫マシンでおなじみのシックスフラッグスのテーマパーク。旅行者の目的はこのふたつに限られるが、ダウンタウンにはテキサス大学アーリントン校もあるなど、アカデミックな一面をもつ。

アーリントンの歩き方

アーリントンは歩く町ではない。各観光ポイントへ行って半日から1日かけてじっくり遊ぶのがアーリントン流の観光方法。公共交通機関は発達していないが、市内のほとんどのホテルからシックスフラッグスとスタジアムへはトロリーが走っていて不便はない。スポーツ観戦に集中したいのなら、スタジアム周辺に宿を取るのがおすすめだ。テキサスライブ！はフットボールのAT&Tスタジアムと2020年完成予定のグローブ・ライフ・フィールドの中間にある巨大スポーツバーで、現在最も注目のスポット。なお、ダラスとフォートワースの中間といってもDFW空港からは約25km離れている。

アーリントンのダウンタウンには**テキサス大学University of Texas Arlington**があり**プラネタリウムPlanetarium**や**アーリントン美術館Arlington Museum of Art**が緑豊かな大学のキャンパスにある。特に美術館はキース・ヘリングやテキサスの伝統アートを取り上げるなどとても意欲的で、興味深い企画展が季節ごとに行われている。アカデミックな観光をしたいのなら、これらを訪れてみるといいだろう。

ダウンタウンにあるアーリントン美術館。注目度の高いスポットだ

テキサス大学のプラネタリウム。ショーの時間をチェックして行こう

おもな見どころ

暑いテキサスを絶叫で吹き飛ばせ！　おすすめ度：★★★

シックス・フラッグス・オーバー・テキサス　Six Flags Over Texas

10代、20代の若者を中心に絶大な人気を誇る絶叫マシンのテーマパーク。スピン、大回転、スピード、落差、揺さぶり、水かぶりなどあらゆる種類の絶叫ライドが揃い、その数40を超える!!　とても1日では乗り切れない数だ。幸いそのうちの12は小さな子供も楽しめるライドなので、家族連れも安心して楽しめる。園内ではウエスタンのコメディやマスコットたちのショーも行われているので、ライドに疲れた人にも大丈夫。

I-30の高速道路を挟んだ向かいには同系列のウオーターパーク、シックス・フラッグス・ハリケーン・ハーバー Six Flags Hurricane Harborがある。直角かと思われるような急勾配のスライダー、目の回りそうなチューブ、流れるプールや波の出るプールなどもあって、こちらも1日楽しめる。

帰る頃には絶叫しすぎてのどが痛くなるかも

球場にいても、いなくても盛り上がろう！　おすすめ度：★★★

テキサスライブ！とグローブ・ライフ・フィールド、AT&Tスタジアム　Texas Live!, Global Life Field and AT&T Stadium

アーリントンには、MLBテキサス・レンジャーズのグローブ・ライフ・フィールド（2020年3月完成予定）とNFLのダラス・カウボーイズのAT&Tスタジアムのふたつの球団の本拠地があり、その間に2018年春テキサスライブ！がオープンした。テキサスライブ！はスケールの大きなスポーツバーで、2階分の吹き抜けホール中央に巨大スクリーンがあり、それらを囲むようにカウチや座席、そして居酒屋やビールハウス、BBQのレストランなど約10軒が並ぶ。隣接してロウズ系Loews系のおしゃれなホテルも誕生し、スポーツファンに人気のスポットとなった。特にイベント開催時はハンパないにぎわいとなり、ここはどこかと思うほど。会場はカレッジフットボールやポール・マッカートニーなどのビッグネームのコンサートにもしばしば使われるから、スポーツだけでなくエンタメも要チェックだ。また、ふたつの球場ではツアーも行われているので、最新鋭の施設を見学しておきたい。

上／テキサスライブ！前に立つレンジャーズ優勝の瞬間の像　右／テキサスライブ！から見えるダラス・カウボーイズのAT&Tスタジアム

Six Flags Over Texas
MAP P.38-C3
住2201 Road to Six Flags
☎(817) 640-8900
URL www.sixflags.com
料$82.99
開夏期の毎日10:30開園、日により18:00～22:00まで。それ以外のシーズンは基本的に週末のみの開業で、開園時間は時期によって大きく異なるためウェブサイトで確認を

● Six Flags Hurricane Harbor
MAP P.38-C3
住1800 E. Lamar Blvd.
☎(817) 640-8900
URL www.sixflags.com/hurricaneharbortexas
料$41.99
開6～8月の毎日は基本的に10:00～19:00。5、9月は週末のみ、10～12月のホリデイシーズンの週末または夕方以降の開業で、開園時間は時期によって大きく異なるためウェブサイトで確認を

Texas Live!
MAP P.38-C3
住1650 E. Randol Mill Rd., Arlington
☎(817) 852-6688
URL texas-live.com
営日～水11:00～23:00、木～24:00、金・土～翌2:00（イベントの有無によっても変わる）

Globe Life Field
MAP P.38-C3
住734 Stadium Dr., Arlington
URL texasrangers.com/globelifefield
※ツアーについては2020年春の発表見込み

AT&T Stadium
MAP P.38-C3
住1 AT&T Way, Arlington
☎(817) 892-8687
URL attstadium.com/tours
料VIPツアー、セルフガイドツアー、教育ツアー、アートツアーなどがある。VIPツアー $32、子供・シニア$27
営夏期の毎日10:00～16:30、冬期の毎日8:00～16:30の30分おき（季節によって変更あり）

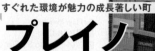

すぐれた環境が魅力の成長著しい町

プレイノ

MAP ▶ P.39-EF1

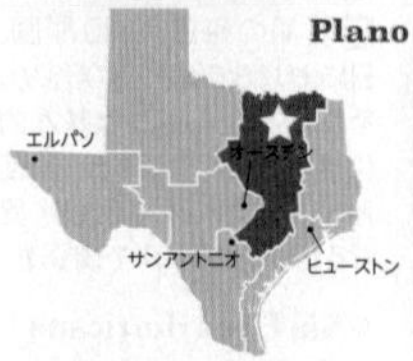

プレイノは昔ながらのダウンタウンと新興地域のレガシーウエストなど、多くの顔をもつ

人口▶約28万8000人
面積▶約185㎢
標高▶約205m
TAX▶セールスタックス　8.25%
ホテルタックス 13%
時間帯▶中部標準時(CST)

行き方

DFW空港→P.43
空港からはレンタカーかタクシー、または配車サービスのみが足

●DART Bus #208
基本的に通勤用のバス
運行／平日のみ朝10本、夕方14本の運行で、レガシーウエストまで行かない路線もある

●DART Rail Red & Orange Line
運行／レッド、オレンジとも5:00～翌1:00の1時間に2～4本の運行
運賃→P.46側注

観光案内所

Visit Plano
MAP **P.69-B2**
住7600 Windrose Ave., #G110, Plano
FREE (1-800) 817-5266
URL www.visitplano.com
営月～金8:00～17:00
交レガシーウエスト(→P.70)の中央にある

観光案内所はレガシーウエストにある

Northwest Plano Park & Ride
住6830 Communications Pkwy., Plano
自動券売機あり

ダラス中心部から北へ約30km、プレイノはここ40年で急速な発展を遂げた町だ。全米のほぼ中央という交通の弁のよさ、教育水準の高さ、治安の面などから多くの企業が着目し、J.C. ペニー（デパート）、フリトレー（スナック菓子）など知名度の高い企業が本社をおいてきた。2017年には北米トヨタの本社がロスアンゼルス郊外から移転。NTTデータサービスの本社もある。

エレガントな雰囲気のショッピングエリアを歩き、歓談する人々の表情を見れば、プレイノの魅力が実感できるだろう。

アクセス

ダラスの中心部、DFW空港からも約30kmの距離。車があれば移動は容易だ。車がない場合、ダラス中心部からレガシーウエストへはDARTバス#208で約1時間、プレイノのダウンタウンであればダートレイル・レッドかオレンジラインで約55分の距離。DFWからの公共交通機関はなく、タクシーで約30分、$55ほど。

プレイノの歩き方

プレイノは意外に広い。ポイントが点在しているので、できれば車で回りたい。路線バスや鉄道も走っているが、どうしても時間がかかる。

観光するうえでのポイントは2ヵ所。ダラスからの列車が走るダウンタウンと、トヨタやJ.C.ペニーが本社をおき、レストランやショップが集まるレガシーウエストを中心としたエリアだ。レガシーウエストのエリアは歩いて回ることができ、ここからダウンタウンへは路線バスのダートを利用するといい。なお、レガシーウエストの南にはダートバスの10路線ほどが発着するNorthwest Plano Park & Rideのトランスファーセンターがあり、ダラス行きのバスはここで乗車できる。

ダウンタウンには鉄道博物館があり、昔のストリートカーが見学できる

おもな見どころ

昔のテキサスを散策　　おすすめ度：★★★

ダウンタウンプレイノ

Downtown Plano

1852年、15th St.に1軒の店が開業した。その後2度の大火に見舞われながらも1960年代まではダウンタウンがプレイノの中心だった。20世紀初めの町並みがわずかに残る15番通りを歩いてみよう。

ダート駅前の**インターアーバン鉄道博物館 Interurban Railway Museum**は、鉄道に加えて町の歴史も伝える小さな博物館。赤い車両のRail Car 360は1911年に造成、1948年まで走っていた列車。ツアーで中を見学でき、館内では1830年代からの町の変遷が紹介されている。

車で10分ほど西の**ヘリテージ・ファームステッド博物館 Heritage Farmstead Museum**は1800年代末から1900年初めの農場と建物が保存されている。1890年代のビクトリア様式の邸宅、水車、学校、鍛冶屋のほかにニワトリ、ヤギ、ブタなどの家畜も見学しよう。

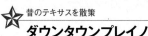

Downtown Plano
MAP P.39-F1

● Interurban Railway Museum
住 901 E. 15th St., Plano
URL interurbanrailwaymuseum.org 営 火～金10:00～15:00(木～17:00)、土13:00～17:00 料 無料
交 ダートレイル・レッド、オレンジライン Downtown Plano駅下車、駅に隣接する公園内

● Heritage Farmstead Museum
MAP P.39-F1
住 1900 W. 15th St., Plano
URL www.heritagefarmstead.org 営 火～日10:00～16:30 料 $3 交 ダートレイル Parker Rd. 駅から#350のバスで15th & Pitman下車

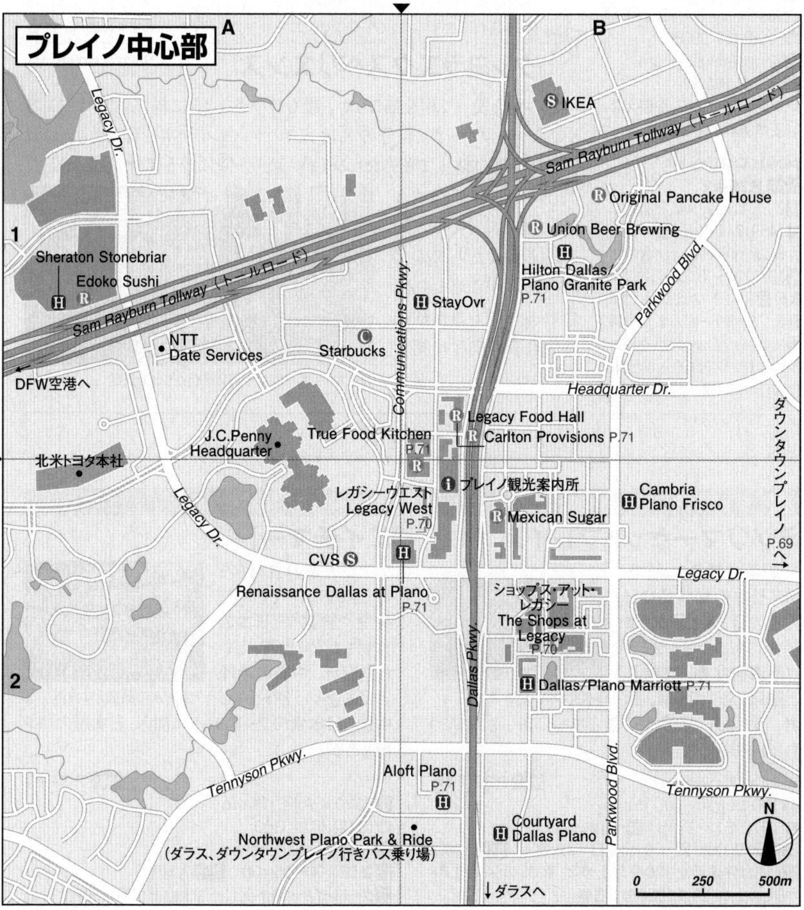

おしゃれなショップやレストランがあるショップス・アット・レガシー

洗練されたレストラン＆ショッピングエリア　おすすめ度：★★★

レガシーウエストとショップス・アット・レガシー

Legacy West & The Shops at Legacy

プレイノのモールはスタイリッシュでエレガント。ショッピングモールというよりレストランが多く、店の上がアパートという今、流行のスタイルになっている。噴水や植え込みの花や緑が美しく、歩くだけでも癒やされる。

プレイノの北西にあり、Dallas Pkwy.を挟んで西側がレガシーウエスト、東側がショップス・アット・レガシーとなっている。60軒以上のレストランがあるが、食事に迷ったらウエストのフードホールがおすすめ。名物のBBQからロブスターサンド、南部名物のフライドチキン、スイーツなどが気軽に食べられる。夜までにぎわう市民の憩いの場だ。

プレイノで今最も人が集まる所がレガシーウエストだ

Legacy West
MAP P.69-B2
住5905 Legacy Dr., Plano
☎(469) 609-1500
URL legacywest.com
営店により異なる

The Shops at Legacy
MAP P.69-B2
住Northeast corner of Dallas Pkwy. & Legacy Dr.
☎(469)467-9995
URL shopsatlegacy.com
営店により異なる
※クレジットカードしか使えない店が多いので注意

家族連れにおすすめ、クレヨンのミニテーマパーク　おすすめ度：★★★

クレヨラエクスペリエンス

Crayola Experience

どの色を使って何を描こうか、誰もが小さなときに親しんだクレヨンの小さなテーマパーク。自分の名前入りのクレヨンラベルを作ったり、お気に入りの色の粘土で好きなものを作ったり、壁に思う存分落書きをしたり、カラフルなジャングルジムもあって小さなパークには子供たちのかわいい歓声がこだまする。合わせてクレヨラ社の歴史も子供向けに紹介している。

カラフルなクレヨンの世界に子供たちは大満足

Crayola Experience
MAP P.39-E1
住6121 W. Park Blvd., Plano
☎(469)642-2901 URL www.crayolaexperience.com/plano
営毎日10:00～18:00(日によって異なる) 料$34.99、ファミリー3人まで$83、ファミリー4人まで$104
交Northwest Plano Park & Rideから#347のバスで約20分、Park & Plano Pkwy.下車、徒歩6分

ショップ

在米日本人にとってありがたいスーパー

ミツワマーケットプレイス

野菜や刺身などを含めて日本の食料品や日用品がほとんど揃う。贈答品にもいいヨックモックや源吉兆庵、文房具と書籍の紀伊國屋、豚丼、ラーメン、定食屋の並ぶフードコートもあってうれしい限り。

日本食のフードコートも

Mitsuwa Marketplace　MAP P.39-F1外
住100 Legacy Dr., Plano
☎(972)517-17151 URL mitsuwa.com/tp
営毎日10:00～21:00(金～日～22:00) カード AMV
交バスは停留所から20分以上歩く。車でレガシーウエストからLegacy Dr.を約25分、右側

韓国系の巨大スーパー

エイチマート

アジア系の食材ならお任せのスーパーで、納豆や野菜など日本の食材もかなり豊富、しかも割安だ。中華の冷凍食品も多い。ベトナム、中国、日本食のフードコートに加え、日本風のパン屋もある。

アジア系の品揃えは抜群

H Mart　MAP P.39-F1
住3320 K Ave., Plano
☎(972)881-0300
URL www.hmart.com
営毎日8:00～22:00 カード AMV
交ダートレイル・レッドラインParker Rd.駅から徒歩11分

レストラン&ホテル

こってり感が美味で、肉が選べるBBQ

カールトンプロビジョンズ

BBQの種類が選べる

テキサス名物のブリスケット、ポークベリー、ターキー、ソーセージの中から2種類$14、3種類$17を選べて、サイドもコールスロー、ポテトサラダ、揚げオクラなどから好きなものを頼める。

Carlton Provisions MAP P.69-B1
住Legacy Hall, 7800 Windrose Ave., Plano
☎(972)881-0300 URLwww.legacyfoodhall.com/vendor/carlton-provisions/
営毎日11:00～22:00（木～土～23:00）
カードⒶⓂⓋ 交レガシーウエスト北側の中庭を出た先

体の中から健康に

トゥルー・フード・キッチン

健康に気遣うならここへ

天井が高く、緑の多いさわやかな空間で旬の野菜を主とした、体に優しい料理が味わえる。季節ごとに変わるメニューは量もほどよく、ポキ丼や麺類などもあり、デザートも充実。ビーガン料理もある。

True Food Kitchen MAP P.69-B2
住Legacy West, 7601 Windrose Ave., Plano
☎(214)291-9591 URLwww.truefoodkitchen.com 営月～金11:00～21:00（金～22:00）、土・日10:00～22:00（日～21:00） カードⒶⓂⓋ
交レガシーウエストのほぼ中央

おしゃれなレストランに囲まれた

ヒルトン・ダラス/プレイノ・グラナイトパーク

日本人ビジネスマンに好評

人工池を囲むようにブリュワリー、イタリアン、メキシコ料理店などが並び、食事には困らない。部屋によって夜景も楽しめる。客室は清潔で使いやすく、ロビーのソファも多い。Wi-Fi$8.99、駐車場セルフ$17。

Hilton Dallas/Plano Granite Park MAP P.69-B1
住5805 Granite Pkwy., Plano, TX 75024 ☎(469)353-5000
FAX(469)353-5001 URLwww3.hilton.com 客室数299室
料SDT$129～340、SU$159～371 カードⒶⒹⓂⓋ
交レガシーウエストの北東、徒歩15分、車で約5分

周辺の散策が楽しい、リラックスホテル

ダラス/プレイノ・マリオット・アット・レガシー・タウンセンター

モールの中にある

モールの中にあり、レストランやショップ、公園や池もあって環境がいい。設備、サービスともに洗練されており、客室には広い机や快適な寝具などが備わってビジネスマンにも好評。Wi-Fi$14.95、駐車場セルフ$17。

Dallas/Plano Marriott at Legacy Town Center MAP P.69-B2
住7121 Bishop Rd., Plano, TX 75024 ☎(972)473-6444 FAX(972)473-6440 URLwww.marriott.com
客室数417室 料SDT$142～489、SU$199～619
カードⒶⒹⒿⓂⓋ 交ショップス・アット・レガシーの南端

レガシーウエストにある高級ホテル

ルネッサンス・ダラス・アット・プレイノ・レガシーウエスト

レガシーウエストを満喫

レガシーウエストの南にあるスタイリッシュなホテル。客室は外観とは対照的にあたたかいインテリアで、リラックスに最適。近くにCVSのドラッグストアがあり、頼めば新聞も部屋に届けてくれる。Wi-Fi$14.95、駐車場セルフ$17。

Renaissance Dallas at Plano Legacy West MAP P.69-AB2
住6007 Legacy Dr., Plano, TX 75024 ☎(469)925-1800 FAX(469)925-1801 URLwww.marriott.com 客室数304室 料SDT$179～479、SU$399～679 カードⒶⒹⒿⓂⓋ 交レガシーウエストの南端

5マイル以内のシャトルサービスが便利な

アロフト・プレイノ

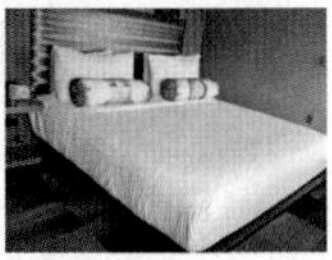
このあたりではコスパよし

21:00まで5マイル以内のシャトルサービスがあり、車のない人には貴重。客室はモダンでシンプル、コインランドリーもある。朝食のみのレストランもあり、ダラス行きのバス乗り場がすぐ裏。

Aloft Plano MAP P.69-B2
住6853 N. Dallas Pkwy., Plano, TX 75024
☎(214)474-2520 FAX(214)474-2820
URLwww.marriott.com 客室数136室
料SDT$84～209 カードⒶⒹⒿⓂⓋ
交レガシーウエストの1.6km南

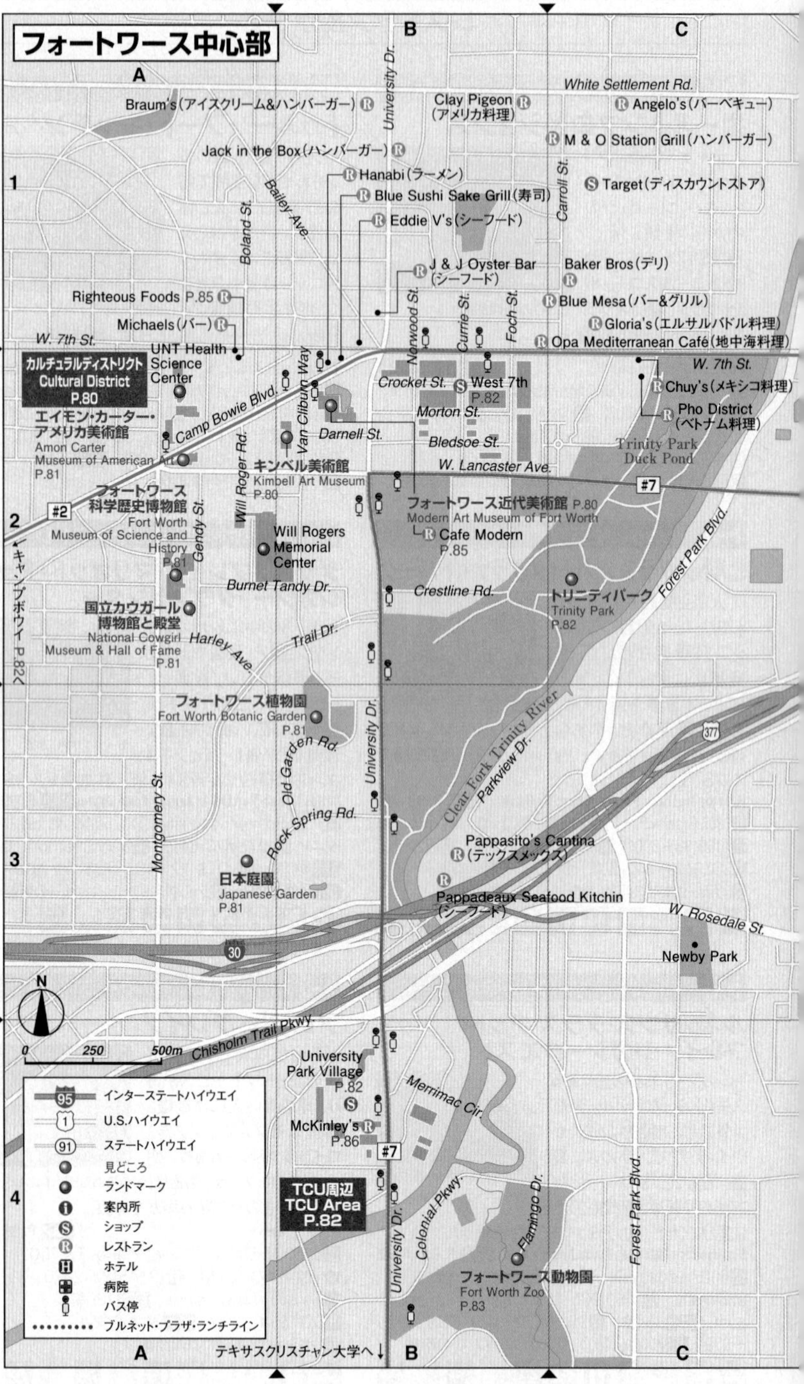

フォートワース中心部
A
B
C
1
2
3
4
White Settlement Rd.
University Dr.
Braum's（アイスクリーム&ハンバーガー）
Clay Pigeon（アメリカ料理）
Angelo's（バーベキュー）
M & O Station Grill（ハンバーガー）
Jack in the Box（ハンバーガー）
Hanabi（ラーメン）
Blue Sushi Sake Grill（寿司）
Target（ディスカウントストア）
Carroll St.
Bailey Ave.
Boland St.
Eddie V's（シーフード）
J & J Oyster Bar（シーフード）
Baker Bros（デリ）
Righteous Foods P.85
Blue Mesa（バー&グリル）
Norwood St.
Currie St.
Foch St.
Michaels（バー）
Gloria's（エルサルバドル料理）
W. 7th St.
UNT Health Science Center
Opa Mediterranean Café（地中海料理）
カルチュラルディストリクト Cultural District P.80
Van Cliburn Way
Crocket St.
West 7th P.82
W. 7th St.
Chuy's（メキシコ料理）
Camp Bowie Blvd.
Morton St.
Pho District（ベトナム料理）
エイモン・カーター・アメリカ美術館 Amon Carter Museum of American Art P.81
Darnell St.
Will Roger Rd.
Bledsoe St.
Trinity Park Duck Pond
キンベル美術館 Kimbell Art Museum P.80
W. Lancaster Ave.
#7
フォートワース科学歴史博物館 Fort Worth Museum of Science and History P.81
Gendy St.
#2
フォートワース近代美術館 P.80 Modern Art Museum of Fort Worth
Cafe Modern P.85
Will Rogers Memorial Center
Forest Park Blvd.
←キャンプボウイ P.82へ
Burnet Tandy Dr.
Crestline Rd.
トリニティパーク Trinity Park P.82
国立カウガール博物館と殿堂 National Cowgirl Museum & Hall of Fame P.81
Harley Ave.
Trail Dr.
フォートワース植物園 Fort Worth Botanic Garden P.81
Old Garden Rd.
University Dr.
Clear Fork Trinity River
Parkview Dr.
377
Montgomery St.
Rock Spring Rd.
Pappasito's Cantina（テックスメックス）
日本庭園 Japanese Garden P.81
Pappadeaux Seafood Kitchin（シーフード）
W. Rosedale St.
30
Newby Park
N
0 250 500m
Chisholm Trail Pkwy.
University Park Village P.82
Merrimac Cir.
McKinley's P.86
#7
TCU周辺 TCU Area P.82
Colonial Pkwy.
Flamingo Dr.
Forest Park Blvd.
University Dr.
フォートワース動物園 Fort Worth Zoo P.83
95 インターステートハイウエイ
1 U.S.ハイウエイ
91 ステートハイウエイ
見どころ
ランドマーク
案内所
ショップ
レストラン
ホテル
病院
バス停
ブルネット・プラザ・ランチライン
テキサスクリスチャン大学へ↓

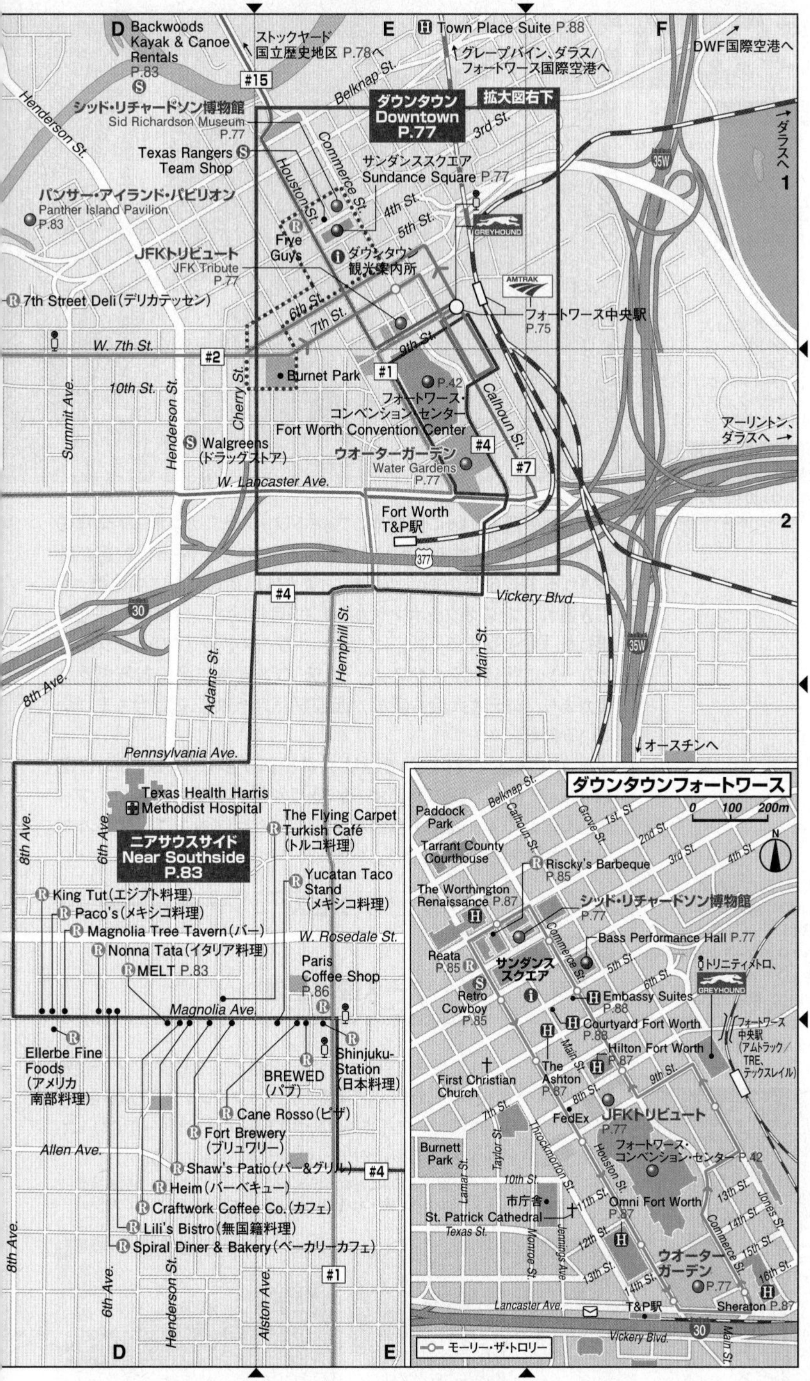
Backwoods Kayak & Canoe Rentals P.83
ストックヤード国立歴史地区 P.78へ
Town Place Suite P.88
グレープバイン、ダラス/フォートワース国際空港へ
DWF国際空港へ
Henderson St.
Belknap St.
シッド・リチャードソン博物館
Sid Richardson Museum P.77
ダウンタウン Downtown P.77
拡大図右下
3rd St.
ダラスへ
Texas Rangers Team Shop
Commerce St.
Houston St.
サンダンススクエア Sundance Square P.77
パンサー・アイランド・パビリオン Panther Island Pavilion P.83
4th St.
5th St.
GREYHOUND
Five Guys
ダウンタウン観光案内所
JFKトリビュート JFK Tribute P.77
AMTRAK
7th Street Deli（デリカテッセン）
6th St.
7th St.
フォートワース中央駅 P.75
W. 7th St.
9th St.
Burnet Park
P.42
10th St.
Summit Ave.
Henderson St.
Cherry St.
フォートワース・コンベンション・センター Fort Worth Convention Center
Calhoun St.
アーリントン、ダラスへ
Walgreens（ドラッグストア）
ウオーターガーデン Water Gardens P.77
W. Lancaster Ave.
Fort Worth T&P駅
Vickery Blvd.
Hemphill St.
Main St.
Adams St.
8th Ave.
Pennsylvania Ave.
オースチンへ
Texas Health Harris Methodist Hospital
The Flying Carpet Turkish Café（トルコ料理）
ニアサウスサイド Near Southside P.83
8th Ave.
6th Ave.
Yucatan Taco Stand（メキシコ料理）
King Tut（エジプト料理）
Paco's（メキシコ料理）
Magnolia Tree Tavern（バー）
W. Rosedale St.
Nonna Tata（イタリア料理）
Paris Coffee Shop P.86
MELT P.83
Magnolia Ave.
Ellerbe Fine Foods（アメリカ南部料理）
BREWED（パブ）
Shinjuku-Station（日本料理）
Cane Rosso（ピザ）
Fort Brewery（ブリュワリー）
Allen Ave.
Shaw's Patio（バー&グリル）
Heim（バーベキュー）
Craftwork Coffee Co.（カフェ）
Lili's Bistro（無国籍料理）
Spiral Diner & Bakery（ベーカリーカフェ）
8th Ave.
6th Ave.
Henderson St.
Alston Ave.
ダウンタウンフォートワース
Paddock Park
Belknap St.
Calhoun St.
Grove St.
1st St.
2nd St.
3rd St.
4th St.
0 100 200m
Tarrant County Courthouse
Riscky's Barbeque P.85
The Worthington Renaissance P.87
シッド・リチャードソン博物館 P.77
Commerce St.
Bass Performance Hall P.77
Reata P.85
サンダンススクエア
5th St.
6th St.
トリニティメトロ、
Retro Cowboy P.85
Embassy Suites P.88
Courtyard Fort Worth P.88
フォートワース中央駅（アムトラック/TRE、テックスレイル）
Main St.
Hilton Fort Worth P.87
The Ashton P.87
9th St.
First Christian Church
8th St.
FedEx
JFKトリビュート P.77
7th St.
Burnett Park
Taylor St.
Throckmorton St.
Houston St.
フォートワース・コンベンション・センター P.42
Lamar St.
10th St.
13th St.
Jones St.
市庁舎
11th St.
Omni Fort Worth P.87
14th St.
St. Patrick Cathedral
Texas St.
Monroe St.
Jennings Ave.
12th St.
15th St.
ウオーターガーデン P.77
13th St.
14th St.
16th St.
Lancaster Ave.
T&P駅
Sheraton P.87
Vickery Blvd.
Main St.
モーリー・ザ・トロリー

オイルビジネスの中心地

フォートワース

MAP ▶ P.38-A3

Fort Worth

人口 ▶ 89万5008人
面積 ▶ 880㎢
標高 ▶ 198m
TAX ▶ セールスタックス　8.25%
　　　ホテルタックス　15%
時間帯 ▶ 中部標準時（MST）

ダウンタウンのサンダンススクエアは繁華街。夜遅くまでにぎわう

ダラスの西50㎞に位置するフォートワースは、カウボーイ発祥の地で畜牛、牧場業で栄えた歴史がある。ストックヤードに鉄道が敷設される1876年以前、カウボーイたちは出荷のために牛の群れを引き連れ、北のオクラホマやカンザスを目指した。当時の様子を再現した「キャトルドライブ」は、フォートワース必見のアトラクション。サルーンに行けばテキサスツー・ステップを見事に踊る老若男女の姿があり、ロデオ大会も盛ん。西部開拓時代の伝統は今も息づいているのだ。

一方で著名な建築家が設計した美術館が多く、すばらしい作品を所蔵している。質の高いオーケストラや舞台芸術も有名で、アーティスティックな一面ももち合わせる。アメリカでもユニークなレトロモダンな町を堪能してみよう。

アクセス

飛行機

ダラス／フォートワース国際空港

Dallas/Fort Worth International Airport (DFW)

フォートワースの北東約45㎞、車で30分ほど。ダウンタウンと空港を結ぶ公共交通機関が2019年に開業した**テックスレイル TEXRail**の列車だ。新しい車両でトイレもあり、途中グレープバイン（→P.64）にも停車する。ほかの交通手段は空港シャトルかタクシーになる。

Dallas/Fort Worth International Airport
→P.43

DFW内のターミナル間移動
セキュリティ前はオレンジ色LINKSの看板のバス停からTerminal Linkのバス、セキュリティ通過後はLevel 3を走るSkylinkで。

左／ターミナルを出るとその位置が表示された案内板がある。フォートワース行きの列車はターミナルBから出発　中／Bターミナルへはオレンジ色のシャトルで　右／Bターミナルにフォートワース行きのテックスレイルの駅がある

● 空港から／空港へのアクセス

	種類／名称／連絡先	行き先／運行／料金	乗車場所／所要時間／備考
空港シャトル	スーパーシャトル SuperShuttle FREE (1-800) 258-3826 URL www.supershuttle.com	行き先▶市内や周辺どこでも 運行▶24時間随時 料金▶ダウンタウンまで片道$30、ストックヤードまで片道$31	空港発▶事前にウェブなどから予約を。ターミナルAとEのLevel 1を出た所に係員はいるが、それ以外のターミナルにはいない。予約をすれば到着後、スマートフォンに乗り方が表示されるのでそれに従うとシャトルに乗ることができる 空港行き▶事前にウェブなどで予約をしてから乗車。予約は前日までにすること 所要時間▶ダウンタウンまで約30分、ストックヤードまで約40分
鉄道	テックスレイル TEXRail ☎ (817) 215-8600 URL ridetrinitymetro.org/texrail	行き先▶ダウンタウンのFort Worth T&P駅、中央駅（→下記参照） 運行▶DFW発：毎日4:40～翌2:10。T&P駅発：毎日早朝3:43～翌1:43。30～60分間隔の運行 料金▶$2.50	空港発▶ターミナルB Level 0を出て北側に駅がある 空港行き▶ダウンタウンの中央駅（→下記参照）や南のT&P駅から乗車 所要時間▶50～55分
タクシー	イエローキャブ Yellow Cab ☎ (817) 426-6262 URL www.dallasyellowcab.com	行き先▶市内や周辺どこでも 運行▶24時間随時 料金▶ダウンタウンまで約$48、ストックヤードまで約$55	空港発▶A、B、C、EターミナルのUpper Level、DターミナルのLower Levelを出た所の"Taxi"のサインから乗車 空港行き▶事前に電話予約、または主要ホテルから乗車 所要時間▶ダウンタウンまで30～45分、ストックヤードまで40～50分

※ レンタカーについては ▶P.44

ダラス・ラブフィールド空港

Dallas Love Field Airport(DAL)

ダウンタウンフォートワースから約55㎞北東にあり、車で約40分。フォートワースへアクセスする公共の交通機関はない。レンタカー、空港シャトル、タクシーを利用しよう。

Dallas Love Field Airport
MAP P.39-E2
住 8008 Herb Kelleher Way, Dallas
☎ (214) 670-5683
URL www.dallas-lovefield.com

長距離バス＆鉄道

フォートワース中央駅

Fort Worth Central Station

フォートワース公共交通の起点がここ。グレイハウンド、アムトラック、路線バスのトリニティメトロ・バス、ダラス／フォートワース国際空港を結ぶテックスレイル、ダラス中心部などを結ぶトリニティ・レイルウエイ・エクスプレス（TRE）が発着する。ダウンタウン南東部にあり、タクシー乗り場や、レンタカー会社もあるので便利。商業施設が集まるサンダンススクエアまで徒歩圏内だ。

すべての交通機関が集結するフォートワース中央駅

グレイハウンドは、ダラス（所要約40分）やオースチン（所要約5時間）、ヒューストン（所要約6時間）などからの便がある。アムトラックはシカゴとサンアントニオ方面を結ぶテキサスイーグル号、フォートワースとオクラホマシティを結ぶハートランドフライヤー号が毎日発着する。

Fort Worth Central Station
MAP P.73-E1
住 1001 Jones St.,Fort Worth

● **Greyhound**
☎ (817) 429-3089
開 毎日9:30～19:00、23:30～翌7:00

● **Amtrak**
FREE (1-800) 872-7245
開 毎日8:00～18:00

アムトラックとTRE兼用のプラットホーム

フォートワース交通局

トリニティメトロ　Trinity Metro

フォートワースの公共交通機関は、ダウンタウンのフォートワース中央駅 Fort Worth Central Station（→P.75）を起点に、DFW空港を結ぶテックスレイル、フォートワース近郊の町を結ぶ路線バスのトリニティメトロ・バスとダウンタウンを循環する2路線のトロリーを運行している。乗車券、路線図は中央駅内のカスタマーケア・キオスクで入手できる。

また、ダウンタウンダラスを結ぶ通勤電車のTRE（Trinity Railway Express）をダートと共同運営しており、ダラスへのアクセスも簡単。所要約55分だ。

●トリニティメトロ・バス　Trinity Metro Bus

市内を中心に約50の路線をもつ。中央駅発着で、カルチュラルディストリクトやストックヤード国立歴史地区など、おもなスポットも網羅しているので観光に便利だ。乗車券は自動券売機、またはバス車内で直接支払うことも可能（現金のみ、おつりは出ない）。

フォートワース中央駅は列車のほかにバスも発着する

●モーリー・ザ・トロリーとブルネットプラザ・ランチライン　Molly the Trolley & Burnett Plaza Lunch Line

モーリー・ザ・トロリーはダウンタウンを循環するトロリー型のバス。中央駅発着で、サンダンススクエアやダウンタウンのおもなホテルの前に停留所がある。ブルネットプラザ・ランチラインは、サンダンススクエアから西側のオフィス街をランチタイムのみ循環する。

鉄道

トリニティ・レイルウエイ・エクスプレス　TRE(Trinity Railway Express)

運賃はゾーン制で、フォートワースとダラスの境にあるCentrePort駅の西方向（West）と東方向（East）とに区分される。詳細はダラスの交通機関（→P.48）を参照。

●テックスレイル　TEXRail

フォートワースのダウンタウンとDFW空港を結ぶ列車。DFWではターミナルB、ダウンタウンではT&P駅、中央駅に停車する。グレープバインへのアクセスにもおすすめ。

Trinity Metro
☎(817)215-8600
URL ridetrinitymetro.org
運賃形態／鉄道やバスの種類、バスによって運賃が異なるので注意を。それぞれの項を参照

●バスとダラスへの運賃について
トリニティ・レイルウエイ・エクスプレスはCentrePort駅まで片道$2.50、ダラスまで$12（Regionalの1日券の購入が必要で、Regional 1日券で往復できる）。ローカルLocalの1日券1-Dayは$5でトリニティメトロのバス、エクスプレスバス、テックスレイル、トリニティ・レイルウエイ・エクスプレスのCentrePort駅まで利用できる。リージョナルRegionalの1日券1-Dayは$12で前述のローカルに加え、ダラスへのTREとダラス市内のバスやダートレイルに利用できる。

●カスタマーケア・キオスク
住 中央駅1001 Jones St., Fort Worth　営 月～土6:00～17:00(土8:00～)　休 日

● Trinity Metro Bus
料 $2、エクスプレスバス（路線番号に"X"の付くもの）$2.50

● Molly the Trolley
運行／毎日10:00～22:00、10～15分間隔　料 $2

夜遅くまで運行しているのでたいへん便利

● Burnett Plaza Lunch Line
運行／月～金11:00～14:00、15分間隔　料 無料

TRE
URL trinityrailwayexpress.org
運行／月～土の1日20～30本
料 CentrePort駅まで $2.50 ダラスまでは$12

● TEXRail
URL ridetrinitymetro.org/texrail/
運行／ DFW発：毎日4:40～翌2:10、T&P駅発：毎日早朝3:43～翌1:43。30～60分間隔の運行
料 $2.50。乗車前に乗車券を購入すること

MEMO フォートワースのプロスポーツ　フォートワースには5大スポーツのチームはなく、市民はダラスまで応援に行く（→P.48）。

フォートワースの歩き方

フォートワースの観光エリアは大きくダウンタウン、ストックヤード国立歴史地区、そしてカルチュラルディストリクト周辺の3つのエリアに分かれている。こぢんまりとしたダウンタウンは、碁盤の目状につくられているのでとても歩きやすい。ストックヤード国立歴史地区やカルチュラルディストリクトには、見どころや商業施設が集中しているので、1日ゆっくり観光したい。

ダウンタウンと周辺の地区を隔てるように流れるクリア・フォーク・トリニティ川は、カヌーやパドルボートのメッカ。夏はウオーターアクティビティのレンタルショップがオープンするので、地元住民に混じって川を満喫するのもいい。車があれば、アメリカに2ヵ所しかないフォートワースの造幣局やNASCARのサーキットにも足を延ばしてみよう。

i 観光案内所

Main Street Visitor Center

MAP **P.73-E1**
住 508 Main St., Fort Worth
☎ (817) 698-3300
営 月～土 10:00～18:00 (金・土～19:00)
休 日

● 観光情報

URL www.fortworth.com

観光案内所を運営するフォートワース観光局では、ウェブサイトでお得なホテルや市内の観光ツアーの情報を案内している。オンラインでもホテル予約ができる。お出かけ前に要チェック！

● フォートワース観光1日モデルコース

定番コース　※開館曜日に注意

8:00	ダウンタウンのウオーターガーデン（→下記）
⬇徒歩	
8:30	JFKトリビュート（→下記）
⬇徒歩	
9:00	シッド・リチャードソン博物館（→下記）
⬇トリニティ・メトロバス#2、Camp Bowie & Van Cliburn下車	
11:30	キンベル美術館（→P.80） ランチは美術館の名レストランで
⬇徒歩	
13:45	エイモン・カーター・アメリカ美術館（→P.81）
⬇トリニティ・メトロバス#2と#15を乗り継いで	
16:00	カウタンコロシアム（→P.78） できれば週末のロデオ大会を見学
⬇徒歩	
17:30	ストックヤードステーション（→P.79）
⬇徒歩	
19:00	ビリー・ボブズ・テキサス（→P.79） 食事をしてもよし、踊ってもよし

おもな見どころ

ダウンタウン　Downtown

Main St.を中心とした1st～5th Sts.のエリアは、**サンダンススクエア Sundance Square**と呼ばれるダウンタウンいちの繁華街。レストランやショップが集まりにぎやかだ。こぢんまりとしているがネイティブアメリカンや西部開拓、ウエスタンアートをテーマにした**シッド・リチャードソン博物館 Sid Richardson Museum**もある。

また、ダウンタウン南のヒルトン・フォートワースの前に、**JFKトリビュートJFK Tribute**と呼ばれるスポットがある。ジョン・F・ケネディ大統領がダラスで暗殺される前日に訪れていたのがフォートワースで、当時の遊説の様子を花崗岩に加工したものを屋外に展示している。広場にはケネディ大統領が力強く立つ姿の彫刻が置かれており、人気の撮影スポットになっている。ここからさらに南に進むと、水のせせらぎの心地よいリズムが聞こえてくる。**ウオーターガーデン Water Gardens**はユニークなデザインの水の庭園で、池や滝、噴水が斬新な姿で配置されている。

ダウンタウン南のウオーターガーデン。迫力あり
© Fort Worth CVB

Downtown

● Sundance Square
MAP **P.73-E1**
URL sundancesquare.com

● Sid Richardson Museum
MAP **P.73-右下**
住 309 Main St.,Fort Worth
☎ (817) 332-6554
URL www.sidrichardsonmuseum.org
営 毎日9:00～17:00（金・土～20:00、日12:00～）
休 おもな祝日
料 無料

● JFK Tribute
MAP **P.73-右下**

● Water Gardens
MAP **P.73-右下**

古きよきテキサスの面影を残すサンダンススクエア

ストックヤード国立歴史地区 Stockyards National Historic District

Stockyards National Historic District
MAP P.38-A3
URL www.fortworthstockyards.org
交 トリニティメトロバス#15に乗りMain St. & Exchange Ave.で下車。約15分。毎日15～30分おきの運行。#12のバスでも行ける。毎日30分～1時間間隔の運行

● **The Fort Worth the Herd**
開 毎日11:30と16:00（悪天候時を除く）
URL www.fortworth.com/the-herd
※パレードはExchange Ave.をストックヤードステーションからコロシアムのあたりまで進む

かつてはアメリカ最大級の家畜取引が行われていた場所。現在は昔の西部の面影を残す、フォートワースいちの見どころとして観光客でにぎわう。Main St.とExchange Ave.の交差点を中心とした数ブロックに、レストランやウエスタンファッションの店、みやげ物屋が集まっていて、歩くだけでもテキサスの空気感が伝わってくる。

ストックヤードでぜひ見てほしいのが、カウボーイの時代を伝える**牛のパレードThe Fort Worth the Herd**。毎日2回、Exchange Ave.をカウボーイに先導されて、牛がゆっくりパレードする。

牛のパレードは毎日2回行われる
©Fort Worth CVB

i 観光案内所
Stockyards Visitor Center
MAP P.78-B
住 La Plaza Bldg., 2501 Rodeo Plaza Fort Worth
☎ (817) 624-4741
営 毎日10:00～17:00（日11:00～）

ナマで見るロデオは大迫力　おすすめ度：★★★

カウタウンコロシアム Cowtown Coliseum

世界で最初に屋内のロデオ大会が開催された競技場。現在も毎週金・土曜の20:00からロデオ大会の**ストックヤード・チャンピオンシップ・ロデオStockyards Championship Rodeo**が行われている。ロデオは約2時間のイベントで、ブルライディングやタイダウンローピング、バレルレーシングなどさまざまな競技がめじろ押しだ。週末は日中にもウエスタンショーが行われ、割安となっている。幕あいにはマジックや歌のショーなどもあり飽きることがない。また、**テキサス・ロデオ・カウボーイの殿堂Texas Rodeo Cowboy Hall of Fame**も併設している。

迫力満点のロデオ競技 ©Fort Worth CVB

フォートワースの必見がロデオ。奥の建物が会場だ

Cowtown Coliseum
MAP P.78-B
住 121 E. Exchange Ave., Fort Worth
☎ (817) 625-1025
FREE (1-888) 269-8696
URL stockyardsrodeo.com
料 $22～42（イベントにより異なる）
※ダウンタウンに宿泊しているなら、ロデオ終了後コロシアム前からタクシーを利用すること

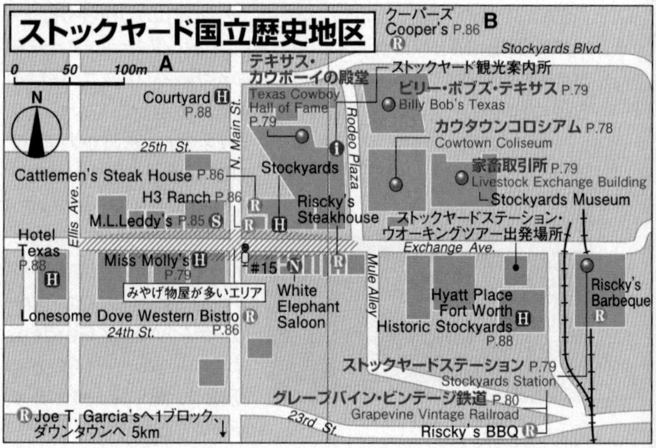

MEMO ウオーキングツアー　コロシアムや家畜取引所、ストックヤードステーションなどを見学。申し込みは、観光案内所で ☎ (817) 625-9715　ツアー／月～土10:00、12:00（土12:30）、14:00、16:00、日12:30、14:00 料 $8、シニア$7、子供$5、カウボーイツアーはそれぞれ$2追加

家畜のオークション会場であった　おすすめ度：★★★

家畜取引所 Livestock Exchange Building

1902年に完成したアドービ（日干しれんが）の建物は、家畜売買のオークション会場として使用されていた。現在はテレビモニターでのオークションに変わってしまったが、この建物からその映像が今もなお発信されている。この取引所は、1920年代から1950年代まで世界最大規模の売買を取り扱ったため「西部のウォールストリート」と呼ばれていた。また、併設する**ストックヤード博物館Stockyards Museum**には、家畜売買やストックヤードの歴史に関する展示があるので立ち寄るといい。

Livestock Exchange Building
MAP P.78-B
住131 E. Exchange Ave., Fort Worth

● **Stockyards Museum**
☎(817) 625-5082
URL www.stockyardsmuseum.org
営毎日10:00～17:00（日は6～8月のみ12:00～）
料$2、12歳以下無料

ロデオ大会や西部の文化について知ることができる　おすすめ度：★★★

テキサス・カウボーイの殿堂 Texas Cowboy Hall of Fame

馬やラバの家畜小屋だった建物が、カウボーイに関する博物館として2001年オープンした。歴代のロデオ大会で優勝したカウボーイが着ていたユニホームやサドルが展示され、彼らが活躍した大会の映像も流れている。また、1890～1920年頃に使用された荷馬車が60台以上展示されていて、その数に圧倒されるだろう。

Texas Cowboy Hall of Fame
MAP P.78-A
住2515 Rodeo Pl., Fort Worth
☎(817) 626-7131
URL www.texascowboyhalloffame.org
営月～木10:00～17:00、金・土～19:00、日11:00～17:00
休サンクスギビング、12/25、1/1（平日も閉館している場合があるので、ウェブサイトで確認を）
料$6、シニア・学生$5、5～12歳$3、家族パッケージ（大人2人、5～12歳4人まで）$18

昔の取引所は現在ショッピングセンター＆鉄道駅　おすすめ度：★★★

ストックヤードステーション Stockyards Station

1900年代初頭は、南西部最大の豚と羊の取引市場だった場所。この市場で1億6000万頭以上の家畜が売買された。現在は、観光鉄道のグレープバイン鉄道駅（→P.80）やギャラリー、みやげ物屋、レストランなどが約20軒入る。れんがの床とフェンスは当時からのもの。ショップやレストランが並ぶなか、グレープバイン鉄道が入線してくるのには驚くだろう。

散策がてらに立ち寄りたい

Stockyards Station
MAP P.78-B
住130 E. Exchange Ave., Fort Worth
☎(817) 625-9715
URL www.stockyardsstation.com
営ショップ：月～土10:00～18:00（金・土～19:00）、日12:00～18:00
レストラン：月～土10:00～19:00（金・土～20:00）、日12:00～18:00（店により異なる）

最も大西部らしいナイトクラブ　おすすめ度：★★★

ビリー・ボブズ・テキサス Billy Bob's Texas

平日は人もまばらだが、週末やイベント時は非常に混み合う

かつての家畜取引所の一部を改造した、収容人員6000人というテキサスサイズのホンキートンク（ナイトクラブ）。内部はいくつかのバーが軒を並べるほか、ダンスフロアやビリヤード台もある。また、カントリー歌手のコンサートや一流エンターテイナーのカントリー&ウエスタンショーなども行われ、テキサススタイルの楽しみがめじろ押しだ。コアタイムは夜が更けてから。ナイトクラブというと身構えてしまう人もいるが、ダンスフロアのほかに食事のできるフードコートもあるので、気楽にのぞいてみてはいかが?

Billy Bob's Texas
MAP P.78-B
住2520 Rodeo Pl., Fort Worth
☎(817) 624-7117
URL billybobstexas.com
営クラブ毎日11:00～22:00（水～23:00、木～土～翌2:00、日12:00～）※レストランはクラブの1時間前に終了。金・土の17:00～18:00はクローズ
料$4～100（曜日や時間、イベントにより異なる）

MEMO ストックヤードにある、B&Bスタイルのホテル　昔は売春宿だったという、変わった歴史をもつ。超常現象が起こるというウワサも！現在はB&Bとして、居心地のよい宿とのこと。8室。Miss Molly's Hotel 住109 W. Exchange Ave. ☎(817) 626-1522 URL www.missmollyshotel.com 料$100～175 MAP P.78-A

Grapevine Vintage Railroad
MAP P.78-B
住140 E. Exchange Ave., Fort Worth（ストックヤードステーション）
☎(817)410-8135
URL www.gvrr.com
運行／3月中旬～11月中旬の土・日、5月末～6月下旬は金もあり。所要約1時間30分
●**Cotton Belt Route**
料往復：ツーリングクラス$18、ファーストクラス$26
※グレープバイン駅は、町の中心にある鉄道駅 MAP P. 64 -A 2（住705 S. Main St., Grapevine）に到着

グレープバイン・ビンテージ鉄道でノスタルジックな鉄道の旅を

Cultural District
MAP P.38-A3
交トリニティメトロ・バス#2、7で約17分

Modern Art Museum of Fort Worth
MAP P.72-B2
住3200 Darnell St.
☎(817)738-9215
URL www.themodern.org
営火～日10:00～17:00(金～20:00、5、8月を除く月の火～19:00)
休月、おもな祝日
料$16、シニア$12、学生$10。日曜は半額、金曜は無料

Kimbell Art Museum
MAP P.72-B2
住3333 Camp Bowie Blvd.
☎(817)332-8451
URL www.kimbellart.org
営火～木・土10:00～17:00、金12:00～20:00、日12:00～17:00
休月、7/4、サンクスギビング、12/25、1/1
料無料。特別展は別途有料

● **The Buffet**
営火～木・土11:30～16:00、金12:00～19:30、日12:00～16:00
休美術館に準ずる

蒸気機関車に乗って鉄道の旅　　おすすめ度：★★★

グレープバイン・ビンテージ鉄道 Grapevine Vintage Railroad

ストックヤードステーションから、1896年製造の蒸気機関車、もしくは、1953年製造のディーゼル機関車がグレープバイン（→P.64）へ向かう。テキサスの田園風景が楽しめる約1時間30分の鉄道の旅だ。1日1便の運行で、ストックヤード16:15発、グレープバイン17:45着。グレープバイン13:15発、ストックヤード14:45着。その日のうちに折り返す便はないので、1泊グレープバインで過ごすのがおすすめだ。

カルチュラルディストリクト Cultural District

博物館や美術館が集まるカルチュラルディストリクトはダウンタウンから西に約4kmの距離。エリア内はすべて歩いて回れる距離にあり、入場無料の美術館もある。

展示品はもちろん、建物も必見　　おすすめ度：★★★

フォートワース近代美術館 Modern Art Museum of Fort Worth

地元で人気のレストランもある近代美術館

1892年にフォートワース図書館&アートギャラリーとしてオープンしたテキサス州で最初の美術館。現在の建物は、2002年に建築家の安藤忠雄によって改装された。彼が日本以外で設計した建物としては初めての大規模な建物だ。ピカソ、ウォーホル、フランシス・ベーコン、リキテンスタインなど、世界中から集められた第2次世界大戦後の作品約2600点を収蔵する。

小さいが充実した作品が多い　　おすすめ度：★★★

キンベル美術館 Kimbell Art Museum

レンブラントやセザンヌ、モネ、マチスなど有名な画家の作品を約350点収蔵するこぢんまりとした美術館。著名な建築家ルイス・I・カーン設計の建物もすばらしく、アメリカ建築の最高峰ともいわれている。また併設するレストランのThe Buffetは美術鑑賞のひと休みに最適だ。

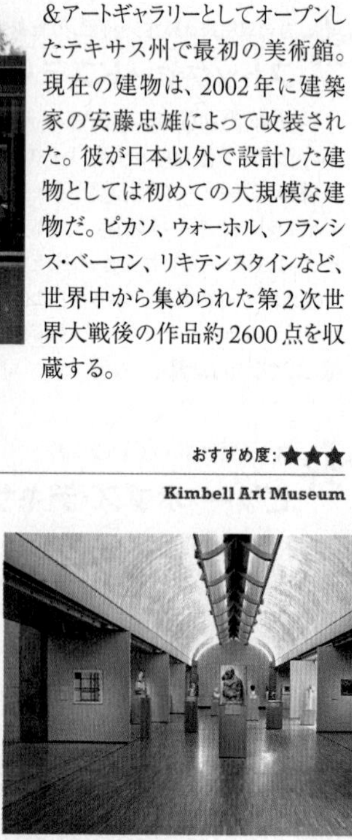
静寂のなかに美しさがある館内
©Fort Worth CVB

アメリカンアートのみを集めた　おすすめ度：★★★

エイモン・カーター・アメリカ美術館 Amon Carter Museum of American Art

見応えあるアメリカンアートの作品が揃っている　©Fort Worth CVB

ホーマーやオキーフを中心に19～20世紀のアメリカ絵画や彫刻に焦点を当てた美術館。アメリカモダニズム建築の巨匠、フィリップ・ジョンソンが設計した建物はシンプルだがエレガントで、完成は1961年。特に、ネイティブアメリカンや大西部を描いたフレデリック・レミントンとチャールズ・ラッセルの作品は6400点以上を収蔵し、アメリカでも有数の収蔵数を誇る。

カウガールに焦点を当てた博物館　おすすめ度：★★★

国立カウガール博物館と殿堂 National Cowgirl Museum & Hall of Fame

アメリカ西部の発展に貢献したカウガールたちのスピリッツを今に伝える博物館。実際に使用していた馬具やファッションアイテム、写真や文献など4000点以上を収蔵。1975年設立の殿堂には、200人以上の牧場主やカウガール、作家、芸術家、教育者など多岐にわたる人物が殿堂入りを果たしている。ギャラリーのほかにインタラクティブな展示が充実するなどカウガール体験ができる。

誇り高いカウガールたちの展示を見よう

体験しながら学べる博物館　おすすめ度：★★★

フォートワース科学歴史博物館 Fort Worth Museum of Science & History

人間と地球の歴史がテーマの博物館。恐竜の化石や人体の不思議などのテーマがわかりやすく解説されている。プラネタリウム、IMAXシアター（別料金）も併設している。

1930年代初頭に開園したテキサス州最古の植物園　おすすめ度：★★★

フォートワース植物園 Fort Worth Botanic Garden

東京ドーム9つ分の広さの敷地には23の庭園があり、約2500種類の植物が見られる。なかでも、**日本庭園Japanese Garden**と**ローズガーデンRose Garden**は必見の見どころ。1973年に完成した日本庭園には、桜やもみじ、モクレンなどが植えられているほか、1200匹以上のコイが泳ぐ池Koi Fish Pondや枯山水もある。フォートワースの姉妹都市である新潟県長岡市から贈られたお神輿も見逃せない。また、開園当初に作られたローズガーデンには、4000トンもの砂岩が敷き詰められ、数百種類のバラが毎年ところ狭しと花開く。

Amon Carter Museum of American Art
MAP P.72-A2
住3501 Camp Bowie Blvd.
☎(817)738-1933
URL www.cartermuseum.org
営火～日10:00～17:00(木～20:00、日12:00～)
休月、おもな祝日
料無料。特別展は別途有料

National Cowgirl Museum & Hall of Fame
MAP P.72-A2
住1720 Gendy St.
☎(817)336-4475
URL www.cowgirl.net
営火～日10:00～17:00(日12:00～)
休月、サンクスギビング、12/24、12/25、1/1
料$12、シニア$9、4～12歳$6

Fort Worth Museum of Science & History
MAP P.72-A2
住1600 Gendy St.
☎(817)255-9300
URL www.fwmuseum.org
営毎日10:00～17:00(日12:00～)
休サンクスギビング、12/24、12/25
料博物館のみ$16、2～18歳$13。IMAXシアターは別途有料

巨大な恐竜の骨格標本がお出迎え

Fort Worth Botanic Garden
MAP P.72-B3
住3220 Botanic Garden Blvd.
☎(817)392-5510
URL www.fwbg.org
営庭園：毎日8:00～18:00
日本庭園：3～10月8:00～18:00、10～4月9:00～17:00
料$12、シニア$10、6～15歳$6(日本庭園やRainforest Conservatoryの入場含む)

フォートワース市民のオアシス　おすすめ度：★★★

トリニティパーク
Trinity Park

フォートワース植物園の東側、トリニティ川のほとりに広がる252エーカー（東京ドーム21個分相当）の広大なコミュニティパークで、1892年に造成された。園内にはウオーキングやサイクリングに適したトレイルがあり、ピクニックパビリオンやプレイグラウンド、ミニチュアの機関車が走るコーナー、鴨の生息地になっている池などが点在している。

毎年5月初旬に開催される**メイフェスト Mayfest**の会場にもなっており、ライブミュージックや移動遊園地などのエンターテインメント、フードベンダー、ハンドクラフト商品などを販売するギフトコーナーなどが開かれ、多くの市民でにぎわう。

トリニティトレイル
©Fort Worth CVB

フォートワースっ子に愛される店やレストランが並ぶ　おすすめ度：★★★

ウエストセブンス＆キャンプボウイ
West 7th & Camp Bowie

カルチュラルディストリクト周辺には食事や買い物に便利なスポットがあり、おしゃれでトレンディな雰囲気が地元住民に支持されている。

ウエストセブンスは、カルチュラルディストリクトの西にある5ブロックほどのエリアで、こだわりのあるレストランやローカルの専門店が軒を連ねる。キャンプボウイは、カルチュラルディストリクトの東にある第2次世界大戦の軍事訓練キャンプがあった一帯で、地元住民に愛される古くからの店が多く点在している。どちらも散策するのにぴったりな場所なので、美術館や博物館を堪能したあとに立ち寄ってみよう。

TCU周辺
TCU Area

カルチュラルディストリクトの南側、テキサス・クリスチャン大学（TCU）がある学生街。I-30とUniversity Dr.が交わる一帯に、学生に人気のレストランやショップが集結する**ユニバーシティ・パーク・ビレッジ University Park Village**がある。また、野生生物のユニークな展示方法で知られるフォートワース動物園も、このエリアの人気アトラクションだ。

TCUキャンパス内にあるサッカースタジアムAmon G. Carter Stadium
©TCU Athletics Media

テキサスっ子の素顔に出会えるエリアだ

Trinity Park
MAP P.72-BC2～3
住 2401 University Dr.
URL fortworthtexas.gov/parks　営 毎日5:00～23:30
交 中央駅からトリニティメトロ・バスの#7で約10分、University & Rock Springs下車、徒歩約5分

● **Mayfest**
URL www.mayfest.org

West 7th
MAP P.72-B1～2
ダウンタウンとカルチュラルディストリクトを結ぶW. 7th St.の西端の一帯。
交 中央駅からトリニティメトロ・バス#2で7th & Foch-Currie下車。所要約10分。カルチュラルディストリクトのフォートワース現代美術館から徒歩約10分

バス#2はダウンタウンからキャンプボウイを結ぶ便利な路線

Camp Bowie
MAP P.72-A2外
カルチュラルディストリクトの北、東西に走るCamp Bowie Blvd.沿いの約15㎞にわたる範囲に店が点在する。I-30を境にCamp Bowie Blvd.の東側にレストランが多い。
交 トリニティメトロ・バスの#2がCamp Bowie Blvd.を走る

● **Village at Camp Bowie** MAP P.72-A2外
住 6333 Camp Bowie Blvd.
☎ (214) 373-7500
URL thevillageatcampbowie.com　営 店舗により異なる
交 トリニティメトロ・バスの#2でCamp Bowie & Westridge下車、徒歩約3分。所要約40分

TCU Area
● **University Park Village**
MAP P.72-B4
住 1612 S. University Dr.
☎ (817) 332-5700
URL www.universityparkvillage.com
営 毎日10:00～20:00（日12:00～18:00）
交 中央駅からトリニティメトロ・バス#7がモール前まで運行

上野動物園2倍の広さをもつ　おすすめ度：★★★

フォートワース動物園 Fort Worth Zoo

わずかライオン1頭、クマ2頭、ワニ1匹、コヨーテ1匹、クジャク1羽、うさぎ数羽だけで1909年にオープンした動物園。現在は64エーカー（約0.26㎢）の敷地に540種、7000匹以上の動物が生息している。人気があるのはBelleとBowieを含めて3世代いるゾウと、2015年に生まれた動物園初となるゴリラの子供のGusだ。また、ウオータースライダーのある水遊び場Safari Splash（料 $5）は子供たちに人気。園内には、ミニ鉄道Yellow Rose Express Train（料 $3）が走るほか、回転木馬Country Carousel（料 $3）やレーザー射撃シミュレーターWild West Shooting Gallery（料 $1）、ハリケーン&トルネード・シミュレーターHurricane & Tornado Simulators（料 $2）などもある。

家族連れはぜひ訪れたい動物園。ゴリラも多い

水辺でゆったりするカバ。見ているだけであたたかい気持ちになる

Fort Worth Zoo
MAP P.72-BC4
住 1989 Colonial Pkwy.
☎ (817) 759-7555
URL www.fortworthzoo.org
営 7月初旬～10月初旬10:00～17:00。そのほかの期間は短縮営業
料 $16、65歳以上$12、3～12歳$12、2歳以下無料（水は半額）
交 中央駅からトリニティメトロ・バス#7でUniversity Dr. & Colonial Pkwy.下車、徒歩15分

そのほかのエリア Other Area

水辺の屋外エンターテインメント施設　おすすめ度：★★★

パンサー・アイランド・パビリオン Panther Island Pavilion

テキサス州唯一のウオーターフロントステージ

ダウンタウンの西、トリニティ川に面した場所にあるエンターテインメント施設。コンサート、フェスティバルなどのイベント会場で、夏期は川沿いにある人工の砂浜や川の中でコンサートを楽しむことができる。カヌー、カヤック、パドルボードなどを貸し出すレンタルショップを併設しているので、気軽にチャレンジできる。

Panther Island Pavilion
MAP P.73-D1
住 395 Purcey St.
URL pantherislandpavilion.com
☎ (817) 698-0700
交 中央駅からトリニティメトロ・バス#2で7th St. & Summit Ave.下車、徒歩7分。所要12分。または#46でHenderson & Peach Sts.下車、徒歩4分。所要12分

●レンタルショップ
Backwoods Kayak & Canoe Rentals
MAP P.73-D1
住 480 N. Taylor St.
☎ (817) 470-2613
URL www.backwoodspaddlesports.com
営 毎日10:00～19:00。冬期は休業するのでウェブサイトで確認を
料 スタンダップパドルボード、カヤック、カヌー各種1時間平日$12、金～日と祝日$18

復興した町が人気のエリアに　おすすめ度：★★★

ニアサウスサイド Near Southside

ダウンタウンの南に位置する1400エーカー（約5.6㎢）の住宅街。20世紀初頭に繁栄したコミニュティで、フォートワースの経済の中核を担っていた。しかし、第2次世界大戦後の経済的衰退が町の荒廃を招き、商業と住居の拠点がほかの地域に移っていくと、戦後約50年間は荒れたままであった。しかし、近年進められた再開発計画で大きな医療センターが誕生し、ビジネスの活気が戻ってきた。話題のローカルレストランやブリュワリーなどが続々オープンし、観光スポットとしても注目されている。

ニアサウスサイドには人気のブリュワリーもある © Fort Worth CVB

Near Southside
MAP P.73-D3～4
ニアサウスサイドは、ダウンタウンの南のI-30を越えた所にある一帯。レストランはMagnolia Ave.に多く点在している。
交 中央駅からトリニティメトロ・バス#1でHemphill St.とMagnolia Ave.下車。所要13分

MEMO メルト・アイスクリーム　月替わりのレギュラーメニューは6種類のフレーバーで、土曜に特別なフレーバーが登場。有機ハーブや季節のフルーツを使い、よりおいしい天然のアイスクリームをつくることに努めている。MELT MAP P.73-D4 住 1201 W. Magnolia Ave. ☎ (817) 886-8365 営 火～日12:00～22:00（金、土～23:00）休 月

大人がわくわくする商用航空博物館　おすすめ度：★★★

アメリカン航空C.R. スミス博物館

American Airlines C.R. Smith Museum

フォートワースに本社をおく、アメリカン航空の敷地にある博物館。館内には、1936年に商用旅客機として登場したダグラスDC-3の機体をはじめ、歴史的な資料が多数展示されている。ちなみに博物館内に展示されているDC-3は、1940年製のFlagship Knoxville。役目を終えた航空機を退職したアメリカン航空の職員で構成されるThe Grey Eaglesが購入し、彼らによって修復されたものだ。

シアターで航空機の魅力を探り、空力、メンテナンスなど商用航空に関するコーナーでは、アメリカン航空の歴史について学ぶことができる。また、年間を通して子供向けの特別展示を開催している。

American Airlines C.R. Smith Museum
MAP P.38-C3
住4601 Hwy.360 at FAA Rd., Fort Worth
☎(817) 967-1560
URL www.crsmithmuseum.org
営火～土9:00～17:00
休日・月
料$ 9、65歳以上、2～17歳$6、1歳以下無料
交車でダウンタウンフォートワースからTX-121 NORTH→TX-183 EASTで約25分。駐車場無料

通貨の歴史を学び、印刷の現場を間近に見る　おすすめ度：★★★

アメリカ造幣局（印刷局）

Bureau of Engraving & Printing

米ドル紙幣を印刷する製版印刷局の西部通貨施設で印刷局は全米でもワシントンDCとフォートワースの2ヵ所にしかない。

見学にあたっては、施設に入る前にセキュリティスクリーニングを受け、ビジターセンターでセルフガイド用の音声ガイド（英語・スペイン語のみ）、または日本語に訳された書面式のガイドをピックアップしよう。広い作業場を上から眺めるレイアウトになっていて、ガラス越しに製造プロセスを追っていく。

通貨に使用される用紙は、綿75%、リネン25%で構成。原版番号に「FW」のアルファベットがあればフォートワースの工場で生産されたものだ
©Fort Worth CVB

施設内には通貨の歴史、芸術的な通貨を生み出す職人たちに焦点をあてた展示室があり、偽造紙幣と戦う政府の苦悩と努力をうかがい知ることができる。また、ドル紙幣にちなんだアイテムを扱うギフトショップも併設されているので、おみやげ探しに立ち寄ってみよう。

Bureau of Engraving and Printing
MAP P.38-A2
住9000 Blue Mound Rd., Fort Worth
☎(817) 231-4000
FREE (1-866) 865-1194
URL www.moneyfactory.gov
営火～金8:30～17:30(セルフガイドツアー8:30～16:30)
休土～月、連邦政府の祝日、12/25～1/1の週
料無料
交車でダウンタウンフォートワースからI-35W NORTH→US-287 NORTHで約20分
※携帯電話、電子機器、バックパック、カメラ、銃器、ナイフ、爆発物、食品、飲み物の持ち込みは禁止

全米最高峰の自動車レースを開催　おすすめ度：★★★

テキサス・モーター・スピードウェイ

Texas Motor Speedway

フォートワースダウンタウンの北約35kmにあるサーキット。1周2.4kmのオーバルコースをもち、最大18万人を収容する。アメリカで最も人気のある自動車レースのインディカーシリーズIndyCar Seriesや市販車のイメージを反映した車が時速320kmを出して繰り広げるナスカーNASCA (National Association for Stock Car Auto Racing, Inc.) シリーズなど、全米で注目を集めている4輪モータースポーツレースが行われている。レース開催日以外には、レーシングコースやピットロード、ビクトリーレーンなどを巡るツアーやドライビングスクールも開催している。

轟音が轟くサーキット場 ©Jared C. Tilton; Xfinity Spring Race 2015

Texas Motor Speedway
MAP P.38-A1
住3545 Lone Star Cir., Fort Worth
☎(817) 215-8500
URL www.texasmotorspeedway.com
営チケットオフィス：毎日9:00～17:00(土10:00～、日12:00～)
料チケット料金はレースにより$25～600。シーズンチケット$199～1299
交車でダウンタウンフォートワースからI-35W NORTHで約30分

ショップ＆レストラン

テキサスにちなんだギフトがたくさん!

レトロカウボーイ

テーマはウエスタン。デザインはレトロ感を出した仕上がりで、全般的におしゃれな雰囲気だ。Tシャツやキッズアパレル、アクセサリー小物や雑貨のほか、ピーカンナッツやスパイシーなソースなどテキサス州の名産品もあつかっている。

テキサスならではのパッケージ

Retro Cowboy MAP P.73-右下
住406 Houston St., Fort Worth
☎(817)338-1194 URL sundancesquare.com/retro-cowboy 営月～土10:00～20:00（金・土～22:00）、日12:00～18:00 カードⒶⓂⓋ
交ダウンタウンの中心部。モーリー・ザ・トロリーなどで

ウエスタンアイテムはここ!

エム・エル・レディース

ウエスタンブーツやハットなどを取り扱う老舗。1922年創業以来、手作りのブーツを求めて訪れる人も多い。ベルト、バックルなどのアクセサリーも豊富。

トータルコーデできるショップ

M.L. Leddy's MAP P.78-A
住2455 N. Main St., Fort Worth
☎(817)624-3149 URL www.leddys.com
営月～土9:00～18:00 休日 カードⒶⓂⓋ
交ストックヤード国立歴史地区→P.78参照

ダウンタウンでステーキを食べるなら

リアタ

伝統的なテキサス料理のレストランで、ステーキを中心にシーフードやカクテルに合う前菜が多く、味や盛りつけも繊細。女性ならテンダーロイン（$39.95）、ふたり以上ならリブアイ（$48.95）のようなボリュームあるステーキがおすすめ。予算は$30～50。

カジュアルなダイニング

Reata MAP P.73-右下
住310 Houston St., Sundance Square, Fort Worth
☎(817)336-1009 URL www.reata.net
営ランチ11:00～14:30、ディナー17:00～22:00
カードⒶⓂⓋ 予約夜は予約をすすめる
交ダウンタウンの中心部。モーリー・ザ・トロリーなどで

フォートワース No.1のリブ

リスキーズバーベキュー

創業90年の歴史をもつ自家製バーベキューソースが自慢。ブリスケット、ポークリブなどから3品選べるスモーカーコンボ（$18.99）は大人気だ。ストックヤードに支店あり。

アメリカらしい内装

Riscky's Barbeque MAP P.73-右下
住300 Main St., Fort Worth ☎(817)877-3306
URL risckys.com
営毎日11:00～22:00（金・土～23:00、日・月～21:00）
カードⒶⓂⓋ
交ダウンタウンの中心部。モーリー・ザ・トロリーなどで

中庭の池を見ながら優雅なひととき

カフェモダン

現代美術館内にあるカフェ。季節感のある地元の食材を使い、女性エグゼクティブシェフの繊細な料理が生み出される。金曜はディナーの営業があり、毎月第1金曜は芸術と夕食をセットしたイベントを提案している。ランチ$15～20、ディナー$20～40とお手頃だ。

メインもデザートも好評

Cafe Modern MAP P.72-B2
住3200 Darnell St., Fort Worth ☎(817)840-2157
URL www.themodern.org/cafe 営ランチ火～金11:00～14:30、ブランチ土・日10:00～15:00、ディナー金17:00～20:30 休月 カードⒶⓂⓋ
予約ディナー、イベント時は要予約 交フォートワース近代美術館→P.80参照

体にいいものをおいしく食べよう

ライチャス・フード

契約農家から仕入れた新鮮な野菜をベストの調理法でアレンジ。健康野菜のユッカのフライは、シャキシャキとした歯ざわりで甘みがある。サンドイッチなどのプレートはサイドのサラダも山盛りだ。有機卵や有機飼育の肉を使用したメニューもある。

ヘルシーなテキサス料理

Righteous Food MAP P.72-A2
住3405 W. 7th St., Fort Worth
☎(817)850-9996 URL www.eatrighteously.com
営月～土7:00～21:00（土9:00～）、日9:00～14:00 カードⒶⓂⓋ
交フォートワース近代美術館から徒歩10分

レストラン

古きよきスタイルのステーキハウス

キャットルマンズ・ステーキハウス

ワイルドな雰囲気の店構え

ランチはサンドイッチや日替わりメニューが$11前後、サーロインステーキ(約230g) $14.95が目安。ディナーはNYストリップ(約283g) $31.50、Tボーンステーキ(約450g) $39.95などがおすすめ。

Cattlemen's Steak House MAP P.78-A

住 2458 N. Main St., Fort Worth
☎ (817) 624 - 3945 URL cattlemenssteakhouse.com
営 毎日11:00～22:30（金・土～23:00、日12:00～21:00） カード ⒶⓂⓋ
交 ストックヤード国立歴史地区→P.78参照

ヒッコリーウッドで香りよくグリル

H3ランチ

絶妙な焼き加減

ストックヤードホテルに隣接したステーキハウス。ジューシーなポークチョップ$32.95、しっかりとした味わいのスモーキーサーロインステーキ$29.95など。隣のバー Booger Red's Saloonも人気だ。

H3 Ranch MAP P.78-A

住 105 E. Exchange Ave., Fort Worth
☎ (817) 624-1246 URL www.h3ranch.com
営 月～金11:00～22:00(金～23:00)、土9:00～23:00、日9:00～22:00 カード ⒶⓂⓋ
交 ストックヤード国立歴史地区→P.78参照

モダンウエスタン料理を味わう

ロンサム・ダブ・ウエスタン・ビストロ

新感覚のメニューが多い

牛肉はもちろん、野生のイノシシのリブBBQ、ロッキーマウンテン・エルクやウサギのステーキなどのジビエメニューも多い。繊細な味つけが評判。ランチは$30、ディナーは$60前後。

Lonesome Dove Western Bistro MAP P.78-A

住 2406 N. Main St., Fort Worth
☎ (817) 740-8810 URL lonesomedovebitro.com
営 ランチ金・土11:30～14:30、ディナー月～土17:00～22:00（金・土～23:00） 休 日 カード ⒶⓂⓋ
交 ストックヤード国立歴史地区→P.78参照

オールドスタイルのBBQハウス

クーパース

一度は食べたいBBQ

入口でオーダーするスタイル。量り売り（1ポンド=453g）なので、量がわからない場合は「スライスで2枚、ソーセージ1本」などと注文しよう。メスキートウッドでじっくりいぶされたブリスケット$17.49、ポークリブ$13.49、ソーセージ$11.99。

Cooper's MAP P.78-B

住 301 Stockyards Blvd., Fort Worth
☎ (817) 626-6464
URL coopersbbqfortworth.com
営 毎日11:00～20:30（金・土～21:30） カード ⒶⓂⓋ 交 ストックヤード国立歴史地区→P.78参照

体が喜ぶ質の高い食事を提供する

マッキンレイズ

バランスのいいプレートが人気

サンドイッチ、ラップ、サラダのメニューが豊富。防腐剤なしの健康に配慮した食材を選び、調理法にもこだわっている。スープ類も美味。クッキーやケーキなどのスイーツも評判がいい。朝食スペシャル$6.59、ランチコンボ$9.90～。

McKinley's MAP P.72-B4

住 1616 S. University Dr., Fort Worth
☎ (817) 332-3242 URL www.mckinleysbakery.com
営 月～土8:00～18:30、日11:00～17:00
カード ⒶⓂⓋ 交 ユニバーシティ・パーク・ビレッジ→P.82側注参照

家族経営のアメリカンダイナー

パリス・コーヒーショップ

大きなタコシェルもうまい！

卵料理にコンビーフハッシュ、ベーコン、スモークソーセージ、ワッフルにパンケーキなど、アメリカの定番の朝食&ランチが味わえる。地元住民が愛してやまない自家製のココナッツメレンゲパイが有名。予算は$10以下。

Paris Coffee Shop MAP P.73-E3

住 704 W. Magnolia Ave., Fort Worth
☎ (817) 335-2041
URL pariscoffeeshop.net
営 月～土6:00～14:30（土～11:00） 休 日
交 ニアサウスサイド→P.83参照

ホテル

ウオーターガーデンに面したモダンなたたずまいのホテル

オムニ・フォートワース

コンベンションセンターに隣接し、TREとテックスレイルの始発駅Fort Worth T&P駅まで徒歩で5分ほど。モーリー・ザ・トロリーも目の前に停車する。客室の調度品は品がよく、とても居心地がいい空間を生み出している。マッサージ、フェイシャルなどフルサービスのスパも完備。ホテルから5マイル圏内はシャトルサービスあり。Wi-Fi$9.95、駐車場バレー $30〜。

温水プールでリラックス

清潔でロケーションもいいオムニ。快適な滞在が楽しめる

Omni Fort Worth MAP P.73-右下
住1300 Houston St., Fort Worth, TX 76102
☎(817)535-6664 FAX(817)882-8140
URL www.omnihotels.com/hotels/fort-worth
客室数614室 料SDT$169〜394、SU$399〜1000 カードⒶⒹⒿⓂⓋ

ケネディ大統領ゆかりのホテル

ヒルトン・フォートワース

ジョン・F・ケネディ大統領が暗殺される前日に宿泊していた旧Hotel Texas。ホテル内のレストランも充実、ダウンタウンでありながら静かで快適な滞在ができる。駐車場バレー $30。

快適な客室

Hilton Fort Worth MAP P.73-右下
住815 Main St., Fort Worth, Texas, 76102
☎(817)870-2100 FAX(817)882-1300
URL www3.hilton.com 客室数294室
料SDT$139〜334 カードⒶⒹⓂⓋ

快眠寝具が自慢の

シェラトン・フォートワース・ダウンタウン・ホテル

ダウンタウン南のウオーターガーデンの向かいにあり、目の前を無料トロリーも走る。客室は広く、モダンだがどこかレトロで落ち着いた雰囲気。心地よいマットレス、羽毛のふとんと枕などを採用し、疲れを癒やす最高の寝心地を追求する。スタッフのにこやかなテキサス流のおもてなしもうれしい。パブリックエリアはWi-Fi無料。

Sheraton Fort Worth Downtown Hotel MAP P.73-右下
住1701 Commerce St., Fort Worth, TX 76102
☎(817)335-7000 FREE(1-888)627-8556
URL www.sheratonfortworth.com 客室数429室
料SDT$229〜 カードⒶⒹⓂⓋ

客室の広い窓からフォートワースを体感

ワージントン・ルネッサンス・フォートワース・ホテル

にぎやかなサンダンススクエアの向かいにあるスタイリッシュなホテル。斜めにカットされたような姿の建物が目印だ。客室は現代美術のギャラリーのようで、いつもとは違った滞在が楽しめる。ホテルはレストランに囲まれ、ストックヤードへのアクセスもいい。Wi-Fi$14.95、駐車場バレー $30。

The Worthington Renaissance Fort Worth Hotel MAP P.73-右下
住200 Main St., Fort Worth, TX 76102
☎(817)870-1000 FAX(817)338-9176
URL www.marriott.com 客室数504室
料SDT$209〜542、SU$346〜691
カードⒶⒹⓂⓋ 日本予約 無料0120-142-536

歴史とあたたかさが感じられる

アシュトンホテル

ダウンタウンの中心にあるエレガントなブティックホテル。歴史的な建物をホテルに改装、客室は近代的なデザインだが、一部の部屋には昔ながらのバスタブがあるのも珍しい。クッキーとミネラルウオーター、週末の夕方にはワインのサービス(17:00〜19:00)もある。また、無料で靴磨きも行ってくれる。毎週土曜のアフタヌーンティーは地元の人にも人気($48)。駐車場バレー $30。

The Ashton Hotel MAP P.73-右下
住610 Main St., Fort Worth, TX 76102
☎(817)332-0100
URL www.theashtonhotel.com 客室数39室
料SDT$169〜309、SU$229〜500 カードⒶⒹⓂⓋ

ホテル

夕方はカクテルとオードブルのサービスあり

エンバシースイート・フォートワース・ダウンタウン

広い客室とボリュームたっぷりの朝食と夕方の1杯で知られるチェーン。フォートワースはダウンタウンの中心、サンダンススクエアから1ブロックの所にある。

居住性の高いホテル

Embassy Suites Fort Worth Downtown MAP P.73-右下
住600 Commerce St., Fort Worth, TX 76102
☎(817) 332-6900 FAX(817) 877-5440
URL embassysuites3.hilton.com 客室数156室
料SU$159～330 カード ⒶⒹⓂⓋ

ダウンタウンの中心にある

コートヤード・フォートワース・ダウンタウン / ブラックストーン

サンダンススクエアまで徒歩3分。プールやフィットネスセンター、コインランドリーあり。1階にはCorner Bakery Cafeというお手軽カフェも入る。

モダンな客室

Courtyard Fort Worth Downtown/Blackstone MAP P.73-右下
住601 Main St., Fort Worth, TX 76102
☎(817) 885-8700 FAX(817) 885-8303
URL www.marriott.com 客室数203室
料SDT$144～314 カード ⒶⒹⒿⓂⓋ
日本予約 無料 0120-142-536

自炊も可能、住民気分が味わえる

タウンプレイス・スイート・フォートワース・ダウンタウン

設備の整ったキッチン付きの長期滞在向けのホテル。高速を越えたダウンタウンの北東にあり、中心部から離れている分、9:00～17:00の間は5マイルまでのシャトルサービスを運行している。客室はリビングと寝室が分かれたスタイル。温水プールでリラックスすれば住民気分だ。朝食付き。

Towne Place Suites Fort Worth Downtown MAP P.73-E1
住805 E. Belknap St., Fort Worth, TX 76102
☎(817) 332-6300 FAX(817) 332-6301
URL www.marriott.com 客室数140室
料SU$124～186 カード ⒶⒹⒿⓂⓋ
日本予約 無料 0120-142-536

ストックヤードの激安ホテル

ホテルテキサス

ストックヤードの西端にあり、歴史もある。料金から見てもわかるように設備もあまりなく（エアコンくらい）、清潔度も○とはいえない。それなりの覚悟を。

歴史のあるぶん、設備は古い

Hotel Texas MAP P.78-A
住2415 Ellis Ave., Fort Worth, TX 76164
☎(817) 624-2224 客室数20室
料SDT$89～119 カード ⒶⓂⓋ

ビリー・ボブズ・テキサスも徒歩圏内

コートヤード・フォートワース・ヒストリック・ストックヤード

ロビーや客室の内装が近代的なカウボーイ調になっているのがクールで、泊まらずとも一見の価値がある。客室の家具もすっきりとした印象だ。電子レンジ、冷蔵庫、コーヒーメーカー付き。カウンターサービスのレストランもリラックスした雰囲気。コインランドリーがあるのも貴重。

Courtyard Fort Worth Historic Stockyards MAP P.78-A
住2537 N. Main St., Fort Worth, TX 76164
☎(817) 624-1112 FAX(817) 624-1113
URL www.marriott.com 客室数124室
料SDT$139～241、SU$179～261
カード ⒶⒹⒿⓂⓋ 日本予約 無料 0120-142-536

ストックヤードのど真ん中にある

ハイアットプレイス・フォートワース・ストックヤード

客室、サービス、ロケーションともに良好。メンバーになれば朝食は無料。ホテルから5マイル圏内はシャトルサービスを実施。レストランはないが軽食を提供するバーがある。

観光地だが静かな環境

Hyatt Place Fort Worth Historic Stockyards MAP P.78-B
住132 E. Exchange Ave., Fort Worth, TX 76164
☎(817) 626-6000 FAX(817) 626-6018
URL stockyards.place.hyatt.com 客室数102室
料SDT$129～319、SU$299～ カード ⒶⒹⒿⓂⓋ

ヒューストン広域地図／ガルベストン

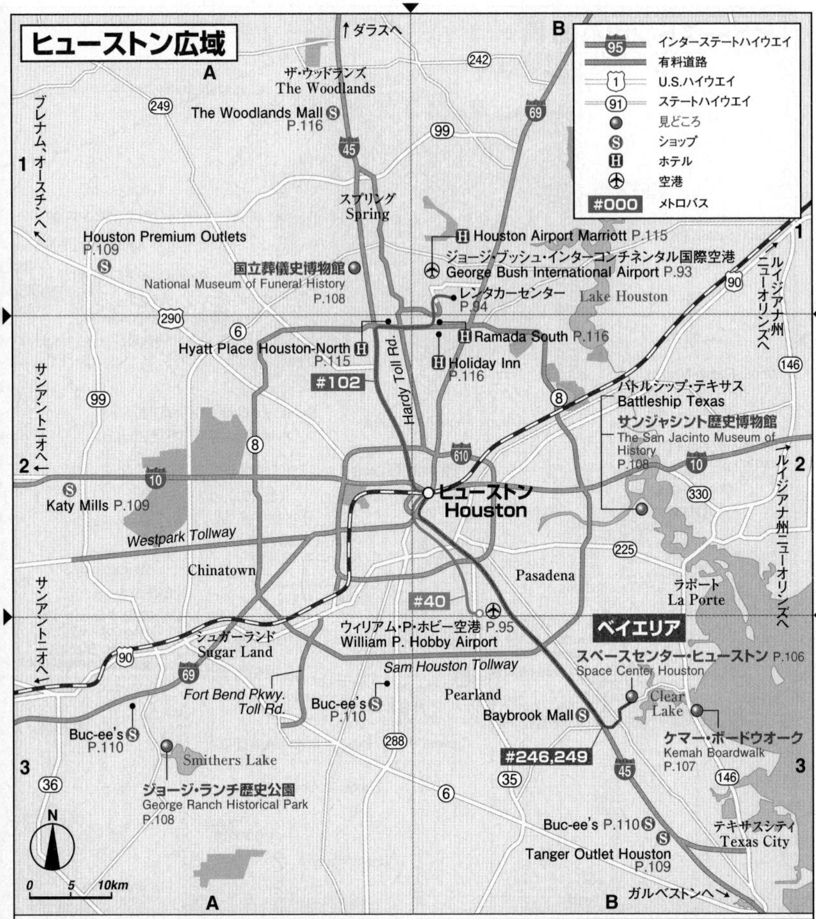

ヒューストン広域
インターステートハイウエイ
有料道路
U.S.ハイウエイ
ステートハイウエイ
見どころ
ショップ
ホテル
空港
#000 メトロバス
↑ダラスへ
ザ・ウッドランズ
The Woodlands
The Woodlands Mall
P.116
ブレナム、オースチンへ
スプリング
Spring
Houston Premium Outlets
P.109
国立葬儀史博物館
National Museum of Funeral History
P.108
Houston Airport Marriott P.115
ジョージ・ブッシュ・インターコンチネンタル国際空港
George Bush International Airport P.93
レンタカーセンター
P.94
Lake Houston
ルイジアナ州ニューオリンズへ
Hyatt Place Houston-North
P.115
Ramada South P.116
Holiday Inn
P.116
#102
Hardy Toll Rd.
サンアントニオへ
バトルシップ・テキサス
Battleship Texas
サンジャシント歴史博物館
The San Jacinto Museum of History
P.108
Katy Mills P.109
ヒューストン
Houston
Westpark Tollway
Chinatown
Pasadena
ラポート
La Porte
#40
ウィリアム・P・ホビー空港 P.95
William P. Hobby Airport
ベイエリア
シュガーランド
Sugar Land
Sam Houston Tollway
スペースセンター・ヒューストン P.106
Space Center Houston
Fort Bend Pkwy. Toll Rd.
Buc-ee's
P.110
Pearland
Clear Lake
Baybrook Mall
ケマー・ボードウオーク
Kemah Boardwalk
P.107
Buc-ee's
P.110
Smithers Lake
#246,249
ジョージ・ランチ歴史公園
George Ranch Historical Park
P.108
Buc-ee's P.110
テキサスシティ
Texas City
Tanger Outlet Houston
P.109
ガルベストンへ
0 5 10km

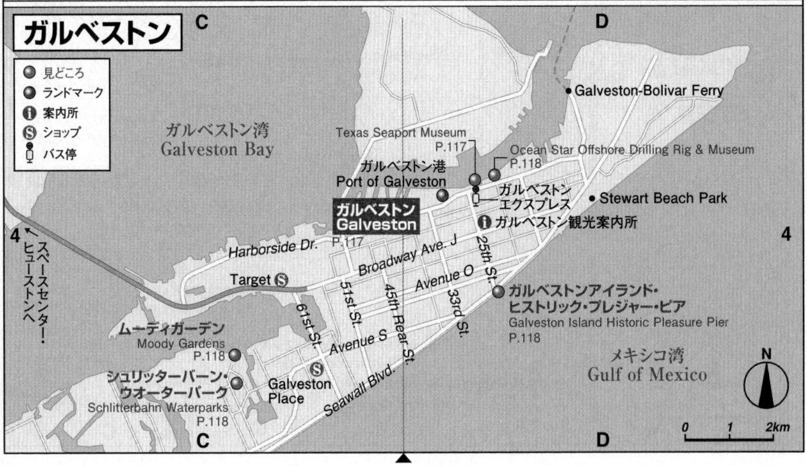

ガルベストン
見どころ
ランドマーク
案内所
ショップ
バス停
Galveston-Bolivar Ferry
ガルベストン湾
Galveston Bay
Texas Seaport Museum
P.117
Ocean Star Offshore Drilling Rig & Museum
P.118
ガルベストン港
Port of Galveston
ガルベストンエクスプレス
Stewart Beach Park
ガルベストン
Galveston
ガルベストン観光案内所
スペースセンター・ヒューストンへ
Harborside Dr.
P.117
Broadway Ave. J
25th St.
Target
Avenue O
51st St.
45th Rear St.
33rd St.
61st St.
ガルベストンアイランド・ヒストリック・プレジャー・ピア
Galveston Island Historic Pleasure Pier
P.118
ムーディガーデン
Moody Gardens
P.118
Avenue S
シュリッターバーン・ウオーターパーク
Schlitterbahn Waterparks
P.118
Galveston Place
Seawall Blvd.
メキシコ湾
Gulf of Mexico
0 1 2km

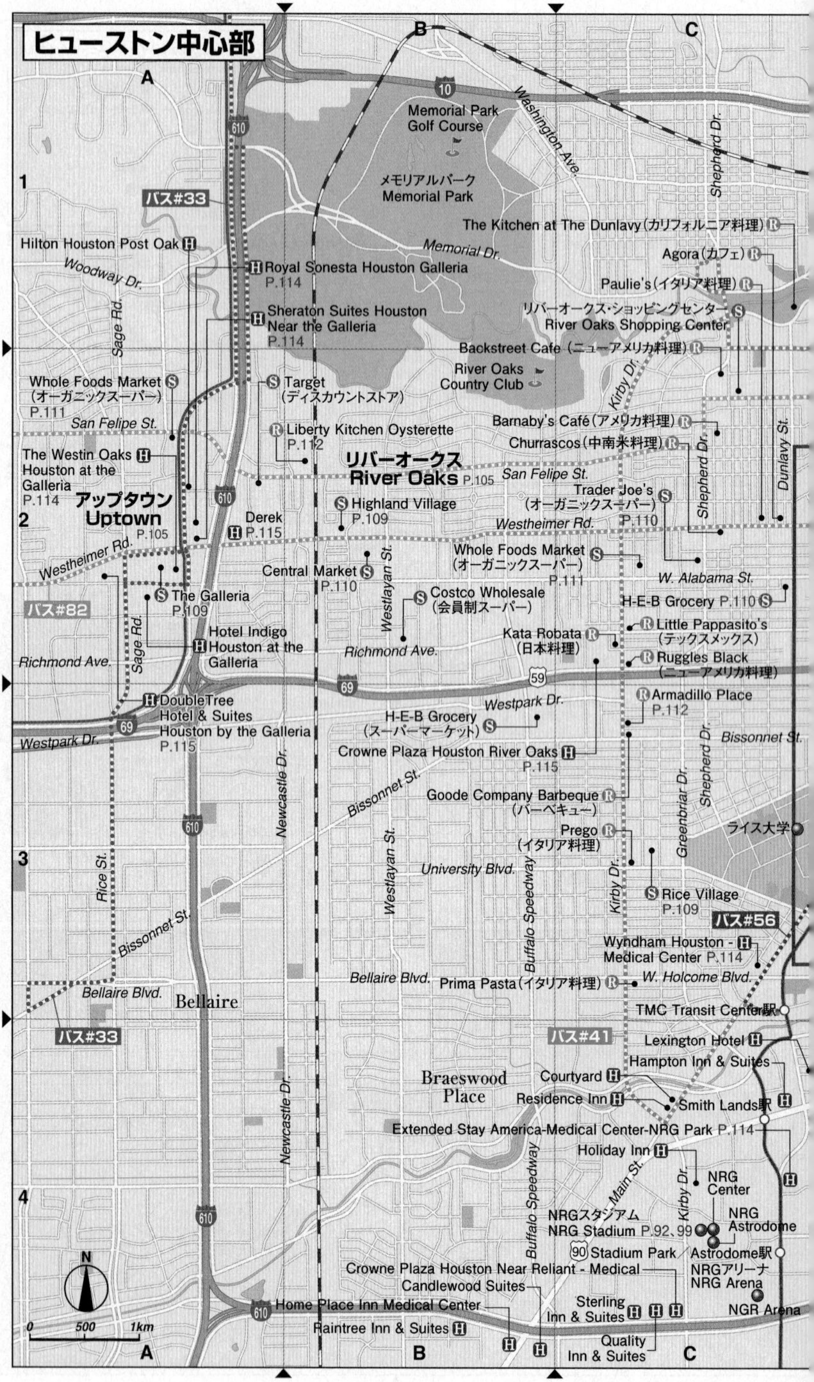
ヒューストン中心部
A
B
C
1
2
3
4
10
610
69
59
90
Memorial Park
Golf Course
メモリアルパーク
Memorial Park
Washington Ave.
Shepherd Dr.
Memorial Dr.
バス#33
Hilton Houston Post Oak
Woodway Dr.
Royal Sonesta Houston Galleria
P.114
Sheraton Suites Houston
Near the Galleria
P.114
Sage Rd.
The Kitchen at The Dunlavy（カリフォルニア料理）
Agora（カフェ）
Paulie's（イタリア料理）
リバーオークス・ショッピングセンター
River Oaks Shopping Center
Backstreet Cafe（ニューアメリカ料理）
River Oaks
Country Club
Kirby Dr.
Whole Foods Market
（オーガニックスーパー）
P.111
Target
（ディスカウントストア）
San Felipe St.
Liberty Kitchen Oysterette
P.112
Barnaby's Café（アメリカ料理）
Churrascos（中南米料理）
Shepherd Dr.
Dunlavy St.
The Westin Oaks
Houston at the
Galleria
P.114
アップタウン
Uptown
P.105
リバーオークス
River Oaks
P.105
San Felipe St.
Trader Joe's
（オーガニックスーパー）
P.110
Highland Village
P.109
Derek
P.115
Westheimer Rd.
Westheimer Rd.
Whole Foods Market
（オーガニックスーパー）
P.111
Central Market
P.110
Westlayan St.
W. Alabama St.
The Galleria
P.109
バス#82
Costco Wholesale
（会員制スーパー）
H-E-B Grocery P.110
Hotel Indigo
Houston at the
Galleria
Kata Robata
（日本料理）
Little Pappasito's
（テックスメックス）
Richmond Ave.
Richmond Ave.
Ruggles Black
（ニューアメリカ料理）
DoubleTree
Hotel & Suites
Houston by the Galleria
P.115
Westpark Dr.
Armadillo Place
P.112
H-E-B Grocery
（スーパーマーケット）
Westpark Dr.
Bissonnet St.
Crowne Plaza Houston River Oaks
P.115
Newcastle Dr.
Bissonnet St.
Goode Company Barbeque
（バーベキュー）
Greenbriar Dr.
Shepherd Dr.
ライス大学
Prego
（イタリア料理）
University Blvd.
Rice St.
Westlayan St.
Buffalo Speedway
Kirby Dr.
Rice Village
P.109
バス#56
Bissonnet St.
Wyndham Houston -
Medical Center P.114
Bellaire Blvd.
Prima Pasta（イタリア料理）
W. Holcome Blvd.
Bellaire Blvd.
Bellaire
TMC Transit Center駅
バス#33
バス#41
Lexington Hotel
Hampton Inn & Suites
Braeswood
Place
Courtyard
Residence Inn
Smith Lands駅
Extended Stay America-Medical Center-NRG Park P.114
Holiday Inn
Newcastle Dr.
Main St.
Kirby Dr.
NRG
Center
NRGスタジアム
NRG Stadium P.92、99
NRG
Astrodome
Buffalo Speedway
Stadium Park
Astrodome駅
N
Crowne Plaza Houston Near Reliant - Medical
NRGアリーナ
NRG Arena
Candlewood Suites
Sterling
Inn & Suites
NGR Arena
Home Place Inn Medical Center
0
500
1km
Raintree Inn & Suites
Quality
Inn & Suites
A
B
C

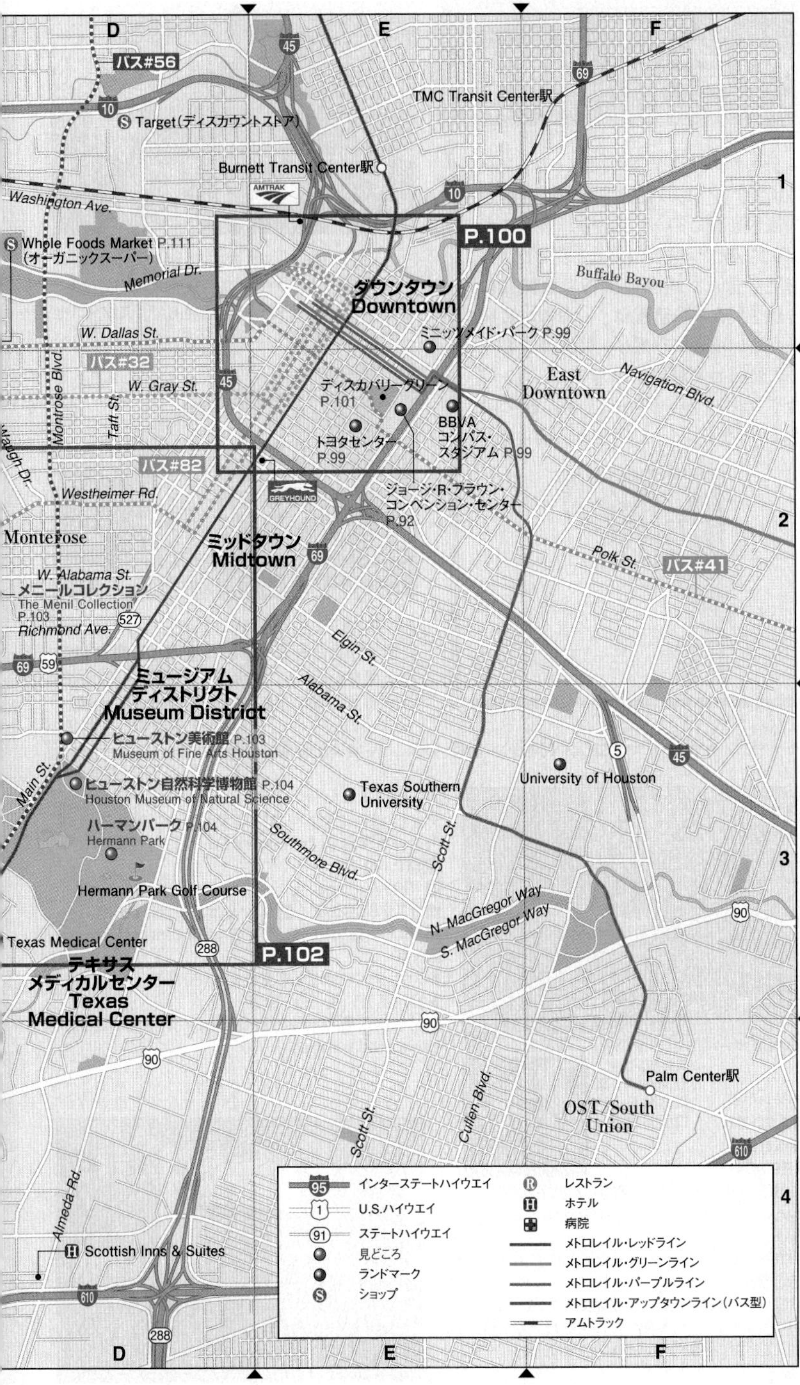
D
E
F
バス#56
Target（ディスカウントストア）
TMC Transit Center駅
Burnett Transit Center駅
AMTRAK
Washington Ave.
Whole Foods Market P.111
（オーガニックスーパー）
Memorial Dr.
P.100
Buffalo Bayou
ダウンタウン
Downtown
W. Dallas St.
ミニッツメイド・パーク P.99
バス#32
W. Gray St.
ディスカバリーグリーン
P.101
East
Downtown
Navigation Blvd.
BBVA
コンパス・
スタジアム P.99
Montrose Blvd.
Taft St.
トヨタセンター
P.99
バス#82
GREYHOUND
Westheimer Rd.
ジョージ・R・ブラウン・
コンベンション・センター
P.92
Monterose
ミッドタウン
Midtown
Polk St.
バス#41
W. Alabama St.
メニールコレクション
The Menil Collection
P.103
Richmond Ave.
Elgin St.
Alabama St.
ミュージアム
ディストリクト
Museum District
ヒューストン美術館 P.103
Museum of Fine Arts Houston
Main St.
ヒューストン自然科学博物館 P.104
Houston Museum of Natural Science
Texas Southern
University
University of Houston
ハーマンパーク P.104
Hermann Park
Southmore Blvd.
Scott St.
Hermann Park Golf Course
N. MacGregor Way
S. MacGregor Way
Texas Medical Center
P.102
テキサス
メディカルセンター
Texas
Medical Center
Palm Center駅
OST/South
Union
Scott St.
Cullen Blvd.
Almeda Rd.
Scottish Inns & Suites
1
2
3
4
インターステートハイウエイ
U.S.ハイウエイ
ステートハイウエイ
見どころ
ランドマーク
ショップ
レストラン
ホテル
病院
メトロレイル・レッドライン
メトロレイル・グリーンライン
メトロレイル・パープルライン
メトロレイル・アップタウンライン（バス型）
アムトラック

ヒューストン地域の
オリエンテーション

テキサス州南東部のヒューストン一帯は、ケッペンの気候区分では温暖湿潤気候に属している。しかし、メキシコからの熱波と、メキシコ湾から吹き寄せる湿気を含んだ潮風の影響で亜熱帯に分類される。季節感は、おおむね長い夏と短い冬という感じ。気温が上がると季節問わず屋内は冷房でガンガンに冷やされる。ジャケットは必携。6～11月はハリケーンシーズンのため要注意。

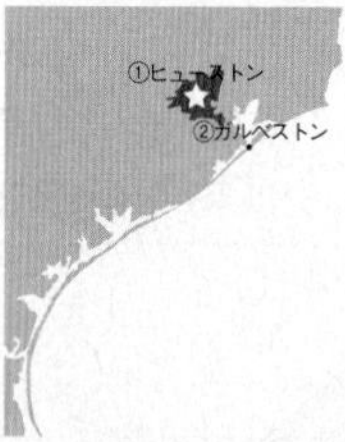

とにかく広い都市。プロスポーツは1年中（→P. 99）ダウンタウンにいるだけで満喫できる。郊外への観光は1日かけるつもりで。スペースセンター・ヒューストン（→P. 106）はマストビジット！

テキサス随一のリゾート地でクルージングのメッカ。交易で栄えた歴史を物語る立派な屋敷や建造物が点在している。若者でにぎわうビーチと油田掘削装置が見える海岸線が何ともミスマッチだ。

コンベンション&イベント会場情報

コンベンションセンター2階にあるコーヒーロボット（右）

ダウンタウンヒューストン
ジョージ・R・ブラウン・コンベンション・センター
George R. Brown Convention Center
MAP **P.100-B2**
住1001 Avenida De Las Americas, Houston
☎(713) 853-8000　URL www.grbhouston.com
交メトロリンクのグリーン、パープル Convention District 駅下車
▶ダウンタウンのホテル客室総数 約8000室
▶繁忙期：7、9、10、12月
出席者情報 URL www.grbhouston.com/attendees/attendee-amenities

ヒューストン市内
NRGスタジアム
NRG Stadium
MAP **P.90-C4**
住2 NRG Park, Houston　☎(832) 667-2000
URL www.nrgpark.com/nrg-park-facilities/nrg-stadium
交メトロレイルのレッドライン Stadium Park ／ Astrodome 駅下車、徒歩10分
▶NRGパーク内にある屋内外格納式スタジアム。NFLヒューストン・テキサンズの本拠地で、世界最大級のロデオイベント「ヒューストン・ライブストック・ショー&ロデオ」（→P.22）の会場

全米屈指のダイナミック・ダイバーシティ

ヒューストン

MAP ▶ P.89

人口▶232万5000人
面積▶1553㎢
標高▶最高25m、最低0m
TAX▶セールスタックス　8.25%
　　ホテルタックス　17%
時間帯▶中部標準時（CST）

ヒューストンにはNASAの施設があることから宇宙開発の町としても知られている

全米第4の都市、ヒューストン。人口232万、平均年齢が34歳と実に若い都市で、2020年代にはシカゴを抜いて全米第3位の規模になるという。ここでは少なくとも145の言語が話され、世界約90ヵ国からの人が集う、まさにダイバーシティ。白人でさえこの都市ではマイノリティだ。

多彩な一面をもつヒューストンは、全米第2位の海港を有し、湾岸は貨物コンテナや石油化学プラントの集積地。運河はダウンタウンを流れるバイユーとも通じ、アレンランディングと呼ばれる河岸に最初の港がおかれた。

宇宙開発をはじめ世界トップレベルの先端技術を集積するヒューストンは、イノベーション精神にあふれている。それはビジネスに限らず、大学やロースクール、医療など多数の教育機関を抱え、未来を支える人材を育んでいる。成長著しい若い都市の活気をぜひ体感してみたい。

アクセス

飛行機

ジョージ・ブッシュ・インターコンチネンタル空港

George Bush Intercontinental Airport(IAH)

ダウンタウンの北約33㎞にある大空港。全米主要都市からのフライトのほか、成田からユナイテッド航空と全日空が毎日直行便を運航している。ターミナルはA～Eまで5つあり、成田からの国際線は全日空がターミナルD、ユナイテッドはターミナルEに到着するが、入国審査はふたつのターミナルの間にあるInternational Arrivalで行う。ヒューストンから成田へは、全日空はD、ユナイテッドはEでチェックイン手続きをする。ターミナル間の移動は、保安検査後は上階の**スカイウエイSkyway**、保安検査前は地下の**サブウエイSubway**で移動する。どちらも無料。

また、ガルベストン港（→P.118）からクルーズを利用する人向けに有料のシャトルバスが運行している。会社により出発場所が異なるので確認を。

George Bush Intercontinental Airport
MAP P.89-B1
住 2800 N. Terminal Rd., Houston
☎ (281)230-3100
URL www.fly2houston.com/iah

入国の流れ ▶ P.358

入国審査
▼
荷物受け取り
▼
税関検査
▼
出　口

ヒューストンの国際空港はユナイテッド航空のハブ。日本からの直行便が就航する

MEMO **IAH配車サービスの乗り場**　ターミナルA南側ドアA-115、ターミナルB南側ドアB-103、ターミナルC南側ドアC-106、ターミナルE（D）西側ドアE-102を出たターミナルの外。

● 空港から／空港へのアクセス

種類／名称／連絡先		行き先／運行／料金	乗車場所／所要時間／備考
空港シャトル	**スーパーシャトル** SuperShuttle FREE (1-800) 258-3826 URL www.supershuttle.com	**行き先**▶ダウンタウンやアップタウン地区 **運行**▶飛行機の到着に合わせて随時 **料金**▶ダウンタウンまで片道$23、アップタウン地区まで片道$34	**空港発**▶事前に予約を。到着後はターミナルA、B、C、Eのカウンターでそこで予約を告げる。シャトルが到着するとドア番号と車番号を教えてくれる **空港行き**▶事前にウェブなどで予約をしてから乗車 **所要時間**▶ダウンタウンまで約45分
路線バス	**メトロバス #102** Metro Bus #102 ☎(713) 635-4000 URL www.ridemetro.org	**行き先**▶ダウンタウン **運行**▶空港発は月～金5:04～翌0:49、土・日5:18～翌0:48、空港行きは毎日5:00～24:00頃。15～30分間隔 **料金**▶$1.25	**空港発**▶ターミナルCの1階の南側を出た所から乗車 **空港行き**▶ダウンタウンのTravis St.沿いなどから乗車 **所要時間**▶ダウンタウンまで約60分
タクシー	**イエローキャブ** Yellow Cab ☎(713) 236-1111	**行き先**▶市内や周辺どこでも **運行**▶24時間随時 **料金**▶ダウンタウンまで$56、アップタウン地区まで$64（20:00～翌6:00は＋$1。空港からは$2.75の加算）	**空港発**▶ターミナルを出た所から乗車 **空港行き**▶事前に電話予約、または主要ホテルから乗車 **所要時間**▶ダウンタウン、アップタウン地区とも30～40分

●レンタカーセンター
MAP P.89-B1
住17330 Palmetto Pines, Houston
営24時間

● 空港から車を借りる

レンタカーセンターは空港の南側にある。アラモ、エイビス、バジェット、ダラー、ハーツなど11社の営業所が入居している。Dターミナルを除く、Baggage Claim/Arrivals Levelの外から、レンタカーセンター行きのシャトルバスで約5分、5～10分間隔の運行。

空港の5つのターミナルを結ぶスカイウエイ（モノレール）

空港からは路線バスも走っている

レンタカーセンターへはこのシャトルで

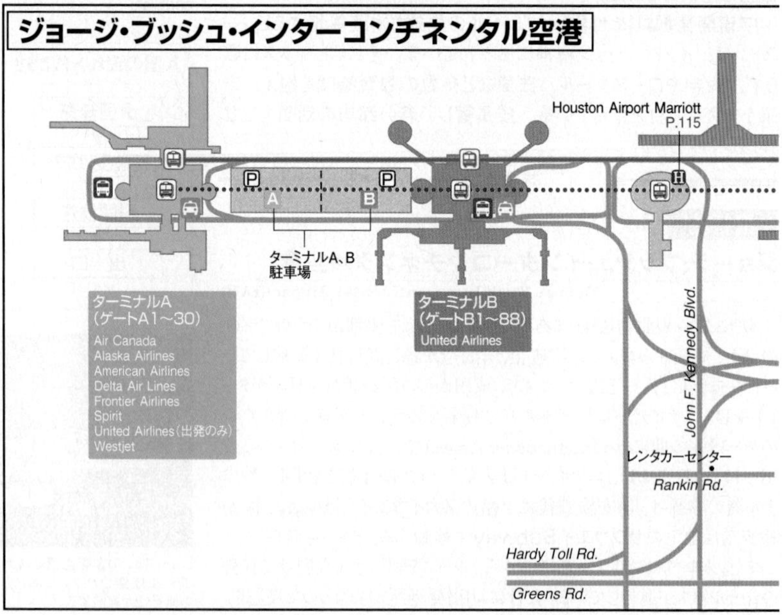

MEMO **ヒューストンでの乗り継ぎ**　日本からヒューストンへ直行便で到着し、ほかのアメリカ国内の空港へ乗り継ぐ場合、入国審査、荷物のピックアップ、税関後、Connecting Flightの案内に従ってカウンターへ向かう。カウンター横にあるBaggage Drop-offで荷物を再度預けたら（ヒューストン市内へ向かう人はExitへ）、上の↗

ウィリアム・P.ホビー空港

William P. Hobby Airport (HOU)

ダウンタウンの約16km南東にあり、車で約20分。サウスウエスト航空の拠点で、アメリカン航空、デルタ航空、ジェットブルーのフライトがある。レンタカーは空港にカウンターがあり、Arrivals Levelの外Zone 1から、各営業所行きのシャトルバスが運行している。

国内線専用の空港でターミナルはひとつ
©Houston Airport

William P. Hobby Airport
MAP P.89-B2
住 7800 Airport Blvd., Houston
☎ (713) 640-3000
URL www.fly2houston.com/hou

●**HOU配車サービスの乗り場**
バゲージクレームを出た、Zone 5から乗車

● 空港から／空港へのアクセス

	種類／名称／連絡先	行き先／運行／料金	乗車場所／所要時間／備考
空港シャトル	**スーパーシャトル** SuperShuttle FREE (1-800) 258-3826 URL www.supershuttle.com	**行き先**▶ダウンタウンやアップタウン地区 **運行**▶飛行機の運航に合わせて随時 **料金**▶ダウンタウンまで片道$19、アップタウン地区まで片道$25	**空港発**▶バゲージクレームエリアにカウンターがあり、ターミナル外のカーブサイドZone1から乗車 **空港行き**▶事前にウェブなどで予約をしてから乗車 **所要時間**▶ダウンタウンまで約30分
路線バス	**メトロバス #40** Metro Bus #40 ☎ (713) 635-4000 URL www.ridemetro.org	**行き先**▶ダウンタウン **運行**▶空港発は月〜金4:03〜翌0:05、土・日5:04〜翌0:05、空港行きは月〜金5:12〜翌0:48、土・日6:10〜翌1:11の30分間隔 **料金**▶$1.25	**空港発**▶ターミナル外のカーブサイドZone 3のバス乗り場から#40の北行きに乗車 **空港行き**▶ダウンタウンのMain & McKinney Sts.の角にあるバス停から乗車 **所要時間**▶ダウンタウンまで約50分
タクシー	**イエローキャブ** Yellow Cab ☎ (713) 236-1111	**行き先**▶市内や周辺どこでも **運行**▶24時間随時 **料金**▶ダウンタウンまで$28、アップタウン地区まで$58（20:00〜翌6:00は＋$1、空港からは$1.25の加算）	**空港発**▶ターミナル外のカーブサイドZone 2から乗車 **空港行き**▶事前に電話予約、または主要ホテルから乗車 **所要時間**▶ダウンタウンまで約20分

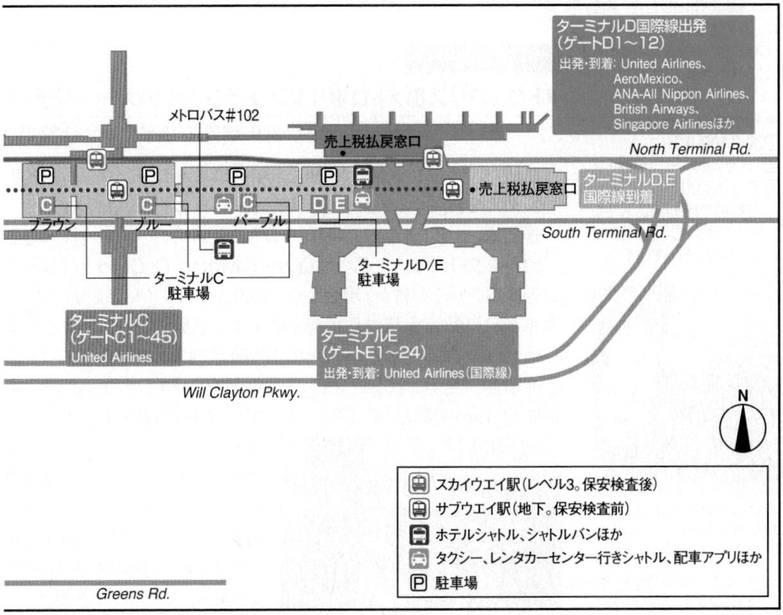

↘ 階へ進みセキュリティチェックを受ける。通過後はモニターで自分のフライトのゲートを確認し、ゲートに向かおう。ターミナル間の移動はSkywayで。

長距離バス

グレイハウンド

Greyhound

バスステーションはダウンタウンの南西、ハイウエイI-45を越えてすぐの所、メトロレイルの駅が近い。ダラスから7便（所要約4時間10分）、オースチンから3便（所要約3時間）、サンアントニオから5便（所要約3時間15分）やニューオリンズから4便（所要約7時間20分）などの便がある。周囲は雰囲気が悪いので夜間は注意を。

鉄道

アムトラック

Amtrak

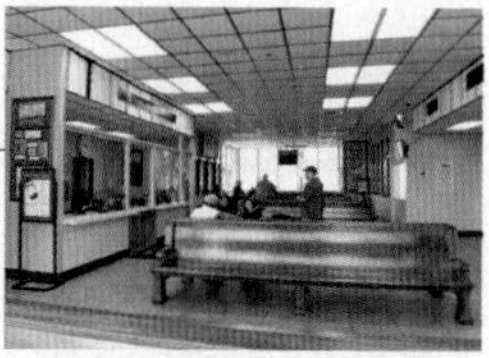

ロスアンゼルスとニューオリンズを結ぶサンセットリミテッド号が、週3便（西行きは月・水・土、東行きは火・金・日）停車する。各都市からの所要時間はロスアンゼルス約33～37時間、ニューオリンズ約9時間、サンアントニオ約5時間、エルパソ約19時間。なお、サンセットリミテッド号はヒューストン駅からガルベストン（→P.117）へ連絡バスを運行している。

ヒューストンの市内交通

ダウンタウンを起点にバスやライトレイルの公共交通機関が発達し、多くの見どころをカバーしている。現在はタクシーに加えウーバーなどの配車サービスも一般化し、アクセスに困ることはほぼない。

メトロ

メトロ（ハリス郡メトロポリタン・トランジット・オーソリティ）

METRO(Metropolitan Transit Authority of Harris County)

路線バスの**メトロバス**Metro Bus、ライトレイルの**メトロレイル** MetroRail、ダウンタウンを循環する**グリーンリンク** Greenlinkのバスを運行する。

運賃は、ライトレイルとバスのローカルは$1.25で、バスはゾーンに応じて$2～4.50となる。支払いはQカード Metro Q Cardと呼ばれる交通系ICカードのほか、現金も可。ただし、ライトレイルは現金の場合、乗車前に自動券売機で乗車券を購入する必要がある。乗車券があればライトレイル、バスのローカルも3時間以内は乗り換え無料（バスは乗車券が発券されない）。Qカードの場合、バス、ライトレイルとも乗車時Q Tapの機械に必ずタッチすること（下車時は不要）。バスはQカードでなく現金で乗車する場合は乗るたびに払い、おつりは出ない。ライトレイルとバスのローカル路線に限り**1日パス** Day Passが使えるが、売り場がメトロストアなど限られているので不便。

メトロストアではQカードやパスを買えるほか、時刻表も揃う

Greyhound Houston Bus Station
MAP P.100-A2
住 2121 Main St.,Houston
☎ (713) 759-6565
営 24時間
交 レッドライン Downtown Transit Center駅で下車し、Main St.を南西に2ブロック

● **格安高速バスメガバス**→P.45
バス停は MAP P.100-A2
住 815 Pierce St., Houston

Amtrak Station
MAP P.100-A1
住 902 Washington Ave., Houston
FREE (1-800) 872-7245
営 毎日10:00～19:30
交 ダウンタウンのディスカバリーグリーン MAP P.100-B2からタクシーで10分

METRO
☎ (713) 635-4000
URL www.ridemetro.org
料 メトロバス$1.25～4.50（路線により異なる）、メトロレイル$1.25。1日パス$3（1日パスはライトレイル、バスのローカル路線に限られ、スペースセンター・ヒューストンなどの郊外の路線には適用されない）

● **Metro RideStore**
MAP P.100-A2
住 1900 Main St., Houston
営 月～金8:00～17:00
路線図や時刻表は入手しておくと便利。Qカードや1日パスの販売を行っている。

メトロストアはこのビルの1階にあり、目の前がバスターミナルになっている

MEMO **ダウンタウンを歩くコツ** 1ブロックの移動は徒歩で約2～3分が目安。ただ、暑い日は表に出ていることが厳しく感じる。そんなときはトンネルTunnelと呼ばれる地下街を利用するといい。全長約9.6kmの地下通路にはファストフードやカフェ、雑貨店などが並び、ベンチや公衆トイレもある。地上からアクセスできるのはWells ↗

●メトロバス　Metro Bus

ヒューストンからスペースセンターまでを含むハリス郡に80以上の路線がある。料金はゾーン制で、ダウンタウンからアップタウンやハーマンパークまでのローカルは$1.25、スペースセンターへは路線により$2～4.50。

市内をくまなく走るメトロバス

● Metro Bus
運行／早朝から深夜まで。日曜運休の路線あり

●メトロレイル　MetroRail

Main St.を南北に走るレッドラインに加え、ダウンタウンから東に延びるグリーンラインと南東に延びるパープルラインの3路線がある。レッドラインは観光の中心地であるハーマンパークへのアクセスに便利。

メトロレイルは3路線ある

● MetroRail
運行／3路線とも月～金4:00前後～23:30頃(金曜はレッド～翌1:30、グリーン～翌3:00、パープル～翌2:00くらい)土・日レッド8:40～23:00(土～翌3:00頃)、グリーン9:45～翌1:30(土～翌3:00頃)、パープル9:40～翌0:20(土～翌2:00頃)

●グリーンリンク　Greenlink

ダウンタウン内を循環する無料バスで、燃料に圧縮天然ガスを使用。ルートはグリーンとオレンジの2路線。路線図はP.100「ダウンタウンヒューストン」参照。

広いダウンタウンの移動はこの無料バスが便利

● Greenlink
運行／グリーンルート：月～金6:30～18:30の7～10分間隔。オレンジルート：月～土6:30～24:00(土9:00～)、日9:00～18:00の10分間隔

MetroRail 乗車券の買い方

1 チケットの種類を選ぶ

ライトレイルの駅に設置された自動券売機は数種類あり、この券売機は乗車券(1回購入すれば3時間以内は乗り換え可能。券をなくさないこと)のほかにQカードも購入できる

2 支払い方法を選択

ボタンを押すと現金は「Cash」、クレジットカードは「Credit」と表示される。希望する支払い方法を選択。パネル外のボタンを押す

3 料金を支払う

右側にコインと紙幣の投入口、クレジットカードの挿入口がある。現金、またはクレジットカードで決済

4 チケット受け取り

下の券売機受取口からチケット、おつり、クレジットカードの利用明細書を取り出す

1日パスはメトロストアで購入できる

Qカードで乗車する場合は、必ず乗車前にここをタッチする。ホームには係員がいて、下車時に乗車券やカードの確認を行う場合がある

パネルに乗車券の種類が表示されているので、料金を入れる前に希望の種類の番号を押す。乗車券はSingle Rideは4、Qカードは9のパネルの外側の選択ボタンを押す

コイン投入口　紙幣投入口

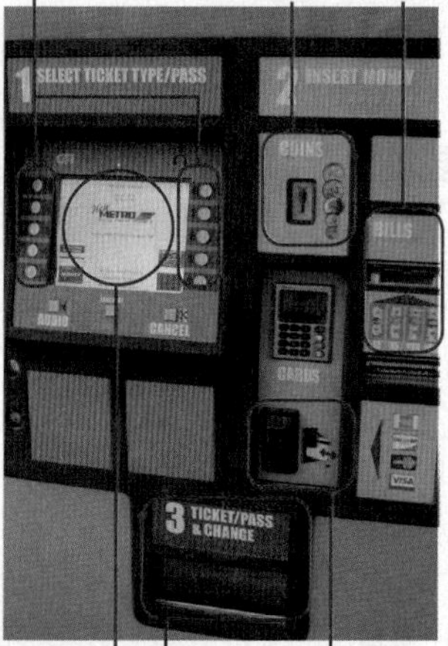

パネル。ここに乗車券の種類が表示

受取口

クレジットカードの挿入口。手応えがあるまで差し込み、すぐ引き抜く

↘ Fargo Plaza MAP P.100-A1。詳細はURL www.downtownhouston.org/district/downtown-tunnels/で確認を。トンネルの開場時間は月～金6:00～18:30。

Six in the City
URL www.houstontx.gov/downtowncab
※メーターが異なる金額を反映している場合でも、ダウンタウンの指定区域内は$6の運賃が適用され、夜間でも追加料金は発生しない。支払い方法は現金、タクシー会社によってはクレジットカードも可。

●おもなタクシー会社
→脚注のメモを参照

●観光ツアー
Houston City Tours LLC
住1302 Dallas St. bet. Caroline & Austin Sts.
☎(832)388-8434
URL texascitytours.com
●ホップオン・ホップオフ・シティツアー
運行／毎日10:00、11:30、13:00発
料$29.95、2～11歳$19.95、2歳未満$5
●NASAスペースセンター
運行／毎日9:45発（季節や曜日により午後出発のツアーあり）
料$84.95、2～11歳$74.95、2歳未満$5
●ガルベストンアイランド
運行／毎日10:00発
料$98.95、2～11歳$93.95
●ショッピングツアー
運行／毎日10:00発
料$79.95、2～11歳$59.95、2歳未満無料

i 観光案内所
Houston Welcome Center
MAP P.100-B2
住1001 Avenida de las America, Houston, TX 77010
FREE (1-800)468-7866
URL www.visithoustontexas.com
営火～金8:00～17:00、土・日10:00～ 休月
コンベンションセンターの1階、カフェとブティックが同居している。自由に使えるパソコンがあり、パンフレットなどの資料も豊富。

観光案内所はコンベンションセンターの1階にある

タクシー

シックス・イン・ザ・シティ

Six in the City

ヒューストン市では、ダウンタウンのセントラルビジネス地区Central Business District内に限り、$6でタクシーを利用できるプログラムを実施している。1台につき$6（チップは任意）で、利用者がひとりでも複数でも$6均一だ。対象エリアはI-45、I-10、およびUS-59（MAP P.91-DE1～2）。乗車方法は約30ヵ所のCITYの文字とタクシーの車がデザインの看板の下でひろう。

ツアー

ヒューストン・シティツアーズ

Houston City Tours LLC

ヒューストンの「はとバス」的会社。次のツアーを催行している。

●ホップオン・ホップオフ・シティツアー　ダウンタウンとミュージアムディストリクトをダブルデッカーのバスで回る。約1時間15分。

●NASAスペースセンター　スペースセンター（→P.106）への1日ツアー。入場料込み。

●ガルベストンアイランド　ガルベストン（→P.117）の市内観光とドルフィンウオッチングのボートツアー。約7時間。

●ヒューストン＆タンガーアウトレット　市内観光プラス、郊外のタンガーアウトレット（→P.109）へのショッピングツアー。約6時間。

ヒューストンの歩き方

ヒューストンはとにかく広い。ひとつのエリア内を回ることはもちろん、地域間の移動にも時間がかかる。1日で複数のエリアを回ることは得策ではないが、隣接するエリアとの組み合わせ、目的と時間帯を利用した組み合わせで効率よく観光できる。

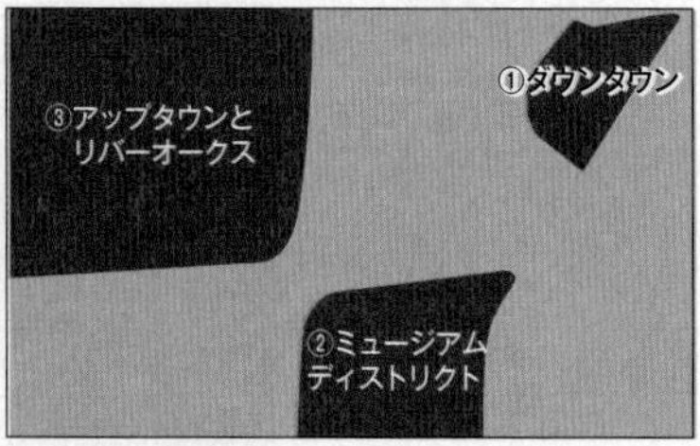

まず、おもな観光エリアは大きく分けて4つ。ビジネス街でスポーツや芸術関連の施設があるダウンタウン（→P.100）、美術館や博物館が集まるハーマンパークとミュージアムディストリクト（→P.103）、巨大なショッピングモールやホテルが集結するアップタウン（→P.105）、そしてスペースセンターやガルベストンなどの郊外（→P.106）のスポットだ。

郊外へは、交通渋滞の少ない平日の朝いちばんに出かけるのがいい。ショッピングなら夕食を兼ねてアップタウンのギャレリア（→P.109）へ。ダウンタウン、ハーマンパーク、ミュージアムディストリクトは、イベントがなければ夜間の人通りが極端に少なくなる。各施設の営業時間を目安にして訪問するようにしよう。

MEMO シックス・イン・ザ・シティで使えるおもなタクシー会社 City Cab ☎(713)649-2000 Fiesta Cab Company ☎(713)225-2666 Liberty Cab Company ☎(281)444-4444 Lone Star Cab Company ☎(713)444-4444 Red Sea Cab ☎(281)437-5971 Square Deal Cab ↗

● ヒューストン観光 1 日モデルコース

広大なヒューストンはポイントを絞って観光するのがコツ。いちばん人気はスペースセンター・ヒューストンだ。

定番コース

8:40頃	ダウンタウンからスペースセンターへ
⬇ **メトロバス#249**	
10:00	スペースセンター・ヒューストン (→ P.106) トラムツアーに参加後、シアターで宇宙開発史の映画を鑑賞、ギャラリーなどを見学。昼食はセンターのカフェで
15:15頃	バスでダウンタウンへ
⬇ **メトロバス#249、Travis & Texasで下車**	
17:00	ダウンタウン水族館 (→ P.101) 夕食は館内のレストラン、またはダウンタウンのレストラン

スペースセンターのサターンVロケット

国際宇宙ステーションについても解説する

アカデミックコース ※開館日に注意

8:30	ダウンタウン
⬇ **メトロレイル・レッドラインHermann Park/Rice U駅下車**	
9:00	ヒューストン動物園 (→ P.104)
⬇ **徒歩**	
11:30	日本庭園 (→ P.104)
⬇ **徒歩**	
12:15	ヒューストン自然科学博物館 (→ P.104)。ランチはカフェで
⬇ **徒歩**	
14:30	ヒューストン美術館とカレン彫刻庭園 (→ P.103)
⬇ **メトロバス#56と徒歩**	
17:30	メニールコレクション (→ P.103)
⬇ **徒歩とメトロバス#82**	
19:30	ギャレリア (→ P.109)

Sports ヒューストンのスポーツ

ヒューストンにはアイスホッケーを除くすべてのチームがあり、そのうち大リーグ、NBA、MSL はダウンタウンにあり、観戦しやすい。

Houston Astros

MLB ヒューストン・アストロズ (アメリカンリーグ西地区)

今、大リーグで最も脂の乗ったチームがアストロズ。誕生は1965年、当初はコルト'45と名乗っていたが、宇宙開発の町でありAstronaut (宇宙飛行士) にちなんで現在のアストロズに改名した。2017年に念願のワールドチャンピオンに輝き、2019年もワールドシリーズに進み、ワシントンと死闘を演じた。球場は開閉式で、レトロなミニ機関車が走る。

本拠地——ミニッツメイド・パークMinute Maid Park

MAP P.100-B1～2 ダウンタウン・コンベンションセンターの北隣り URL www.mlb.com/astros

Houston Rockets

NBA ヒューストン・ロケッツ (西・南西地区)

2003年のシーズン以降は毎年のようにプレイオフに進出する人気強豪チーム。NBAファイナル優勝2回。2018、2019年と2回続けてプレイオフでウォリアーズに惜敗し、2020年こそ雪辱を果たすと意気込む。

本拠地——トヨタセンター Toyota Center

MAP P.100-B2 ダウンタウン・コンベンションセンターの南隣り URL www.nba.com/rockets

©Visit Houston

Houston Texans

NFL ヒューストン・テキサンズ (AFC南地区)

2002年に誕生した新しいチーム。プレイオフに進出するもののAFCカンファレンス優勝はない。しかし、ここ5年はAFC地区優勝に3回輝き、初のスーパーボウル出場に期待がかかる。

本拠地——NRGスタジアム NRG Stadium

MAP P.90-C4 メトロレイル・レッドラインStadium Park/Astrodome駅下車、徒歩10分

URL www.houstontexans.com

©Visit Houston

Houston Dynamo

MLS ヒューストン・ダイナモ (西地区)

前身はカリフォルニア州サンノゼにあったアースクエイク。2006年の移転と同時に改名、2年連続のMLSカップ優勝の偉業を遂げた。2018年にはUSカップ優勝。ラテン系の熱いファンがスタジアムを埋め尽くす。

本拠地——BBVAスタジアム BBVA Stadium

MAP P.100-B2 メトロレイル・グリーン&パープルラインEaDo/Stadium駅下車、目の前

URL www.houstondynamo.com

↘ Company ☎ (832)444-4444 United Cab Company ☎ (713)699-0000 Yellow Cab Company ☎ (713)236-1111。市内を走るタクシーは少なく、市民はUberを利用している。

JPモルガンビルの前に鎮座するミロのオブジェ

Downtown
MAP **P.91-DE1～2**

● **JP Morgan Chase Tower**
MAP **P.100-A1**
住600 Travis St.

● **Market Square Park**
MAP **P.100-B1**

● **Allen's Landing Park**
MAP **P.100-B1**

おもな見どころ

①ダウンタウン　Downtown

ダウンタウンは高層ビルが建ち並ぶビジネスの中心地。毎年のように新しい摩天楼が増えるなかで、有名なビルがMilam & Capitol Sts.の角に建つ、75階建ての**JPモルガン・チェイス・タワー JP Morgan Chase Tower**だ。ビルの前に立つ**ミロのオブジェ**が目印になっている。

タワー北には**マーケットスクエア公園 Market Square Park**があり、周辺には1850年代から1920年代の建築物が残る。公園の南側Preston St.の東側駐車場の壁画が、ヒューストンNo.1のインスタスポット"Houston"も忘れずに。さらに北端の**Allen's Landing Park**は1836年にニューヨーク出身のアレン兄弟が上陸したヒューストン発祥の地だ。

ヒューストンのスカイラインは日々変わりつつある

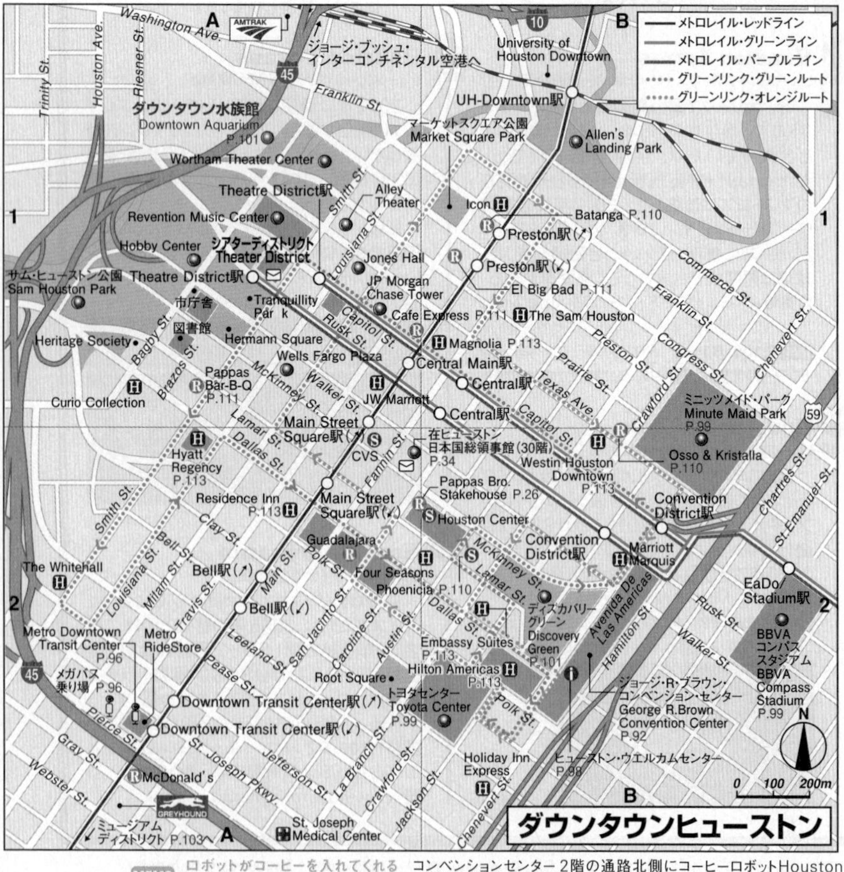

MEMO ロボットがコーヒーを入れてくれる　コンベンションセンター2階の通路北側にコーヒーロボットHouston Coffee Robotがあり、目の前でコーヒーを入れてくれる。コーヒーは好きな種類、ミルクの量などを調節することができ$2.39～5.29。

ダウンタウンの西側は市庁舎を中心に、復元された19世紀の建物が点在する**サム・ヒューストン公園 Sam Houston Park**や、ミュージカルやオペラなどが行われる**シアターディストリクト Theater District**がある。さらに北東に行くと家族連れに人気の**ダウンタウン水族館 Downtown Aquarium**（→下記）が現れる。

ダウンタウンの北西にあるサム・ヒューストン公園

ダウンタウン南東は、芝生で覆われた**ディスカバリーグリーン Discovery Green**と呼ばれる公園を中心に、1階に観光案内所が入ったコンベンションセンター、**ミニッツメイド・パーク Minute Maid Park**や**トヨタセンター Toyota Center**、**BBVAコンパススタジアム BBVA Compass Stadium**などのスポーツ会場が点在している。

MLBヒューストン・アストロズの本拠地ミニッツメイド・パーク

サメやアカハタが泳ぐ20万ガロンの水槽が見もの　おすすめ度：★★★

ダウンタウン水族館 Downtown Aquarium

小さい水族館だが、館内はテキサスの沼地、17世紀スペインの帆船、熱帯雨林、船底、沈没した寺院のように凝った展示室から構成され、珊瑚礁の熱帯魚をはじめとして、デンキウナギ、タツノオトシゴ、ピラニア、サメ、アカハタ、タコ、カエルなど300種を超える海と川の生物に出合える。子供たちの人気はエイのタッチプール。彼らの手をすり抜けて泳ぐエイがなんとも愉快だ。また、ここではマハラジャの寺院を模した展示室にホワイトタイガーもいる。かなり狭そうだが、もうすぐ屋外の展示エリアが完成するとのこと。館はこれらの魚類を見ながら食事が楽しめるレストランを併設している。

敷地内には、観覧車や回転木馬、ジェットコースターなどのアトラクションが楽しめる遊園地（入場無料、アトラクションは別途有料）もあり、週末は家族連れでにぎわっている。

レトロな遊園地もある
©Visit Houston/Julie Soefer

水族館のタッチプールでエイに触れる

● **Sam Houston Park**
MAP **P.100-A1**

Theater District
● **Houston Ballet**
URL www.houstonballet.org
劇場／Wortham Theater Centerなど
MAP **P.100-A1**
住 550 Prairie St., Houston
☎ チケット(713) 227-2787
営 シーズンは9月上旬～翌6月中旬

● **Houston Grand Opera**
URL www.houstongrandopera.org
劇場／Wortham Theater Center(同上)
☎ チケット(713) 228-6737
営 シーズンは10月下旬～5月中旬

● **Houston Symphony**
URL houstonsymphony.org
劇場／Jones Hall
MAP **P.100-A1**
住 615 Louisiana St., Houston
☎ (713) 224-7575
営 シーズンは9月中旬～翌5月

● **Discovery Green**
MAP **P.100-B2**
URL www.discoverygreen.com

● **Minute Maid Park**
MAP **P.100-B1～2**
住 501 Crawford St., Houston
※アストロズ→P.99

● **Toyota Center**
MAP **P.100-B2**
住 1510 Polk St., Houston
※ロケッツ→P.99

● **BBVA Compass Stadium**
MAP **P.100-B2**
住 2200 Texas St., Houston
※ダイナモ→P.99

Downtown Aquarium
MAP **P.100-A1**
住 410 Bagby St., Houston
☎ (713) 223-3474
URL www.aquariumrestaurants.com
営 毎日10:00～22:30(金・土～22:00)
料 $13.99、65歳以上$11.99、106cm以下$10.99、2歳未満無料

MEMO **ヒューストン観光はシティパスCityPassがお得**　スペースセンター・ヒューストン、ダウンタウン水族館、ヒューストン自然科学博物館、ヒューストン動物園かヒューストン美術館、ケマー・ボードウォークかヒューストン子供博物館の料金が含まれてわずか$62と47％もお得。URL www.citypass.com/Houston

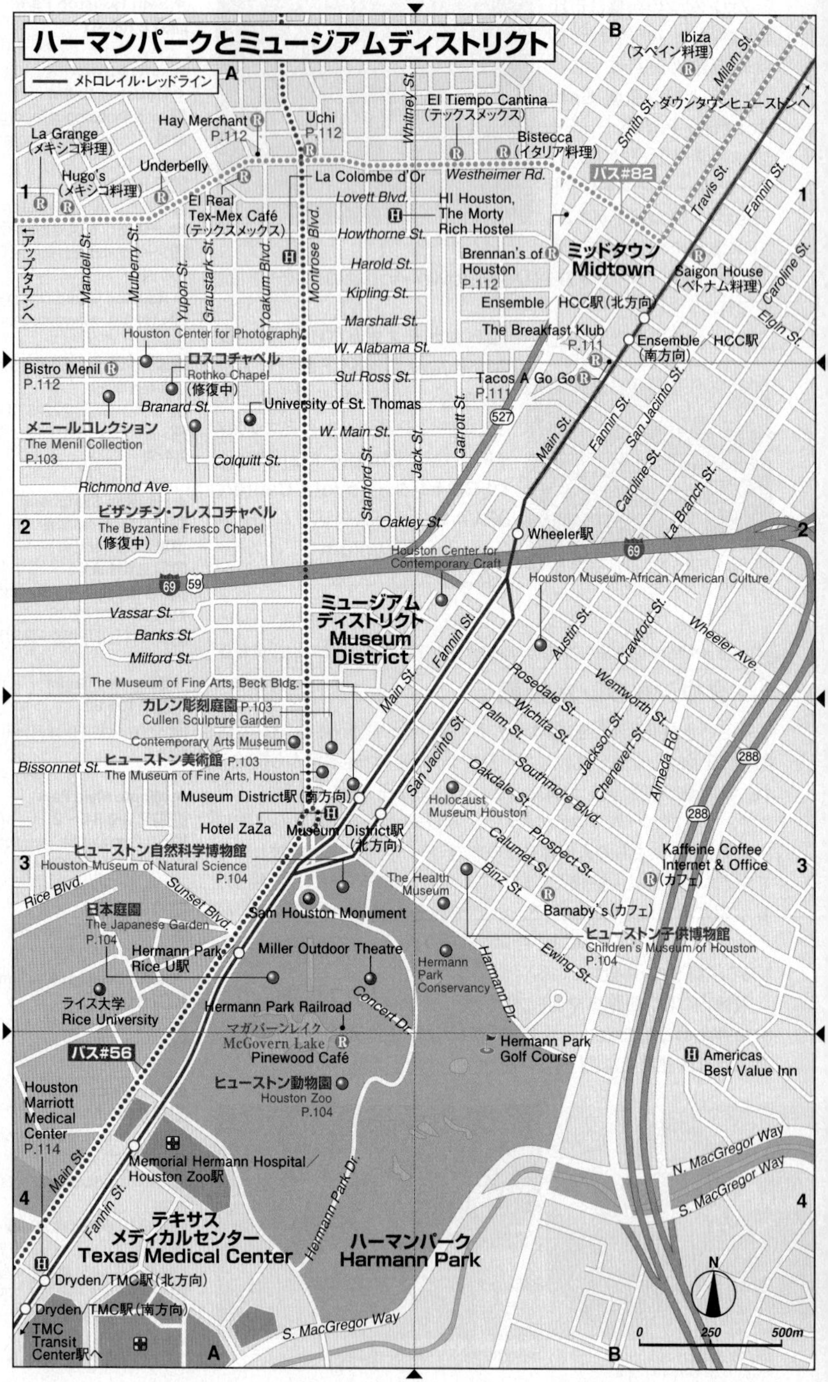
ハーマンパークとミュージアムディストリクト
メトロレイル・レッドライン
La Grange（メキシコ料理）
Hay Merchant P.112
Uchi P.112
El Tiempo Cantina（テックスメックス）
Bistecca（イタリア料理）
Ibiza（スペイン料理）
ダウンタウンヒューストンへ
Hugo's（メキシコ料理）
Underbelly
El Real Tex-Mex Café（テックスメックス）
La Colombe d'Or
HI Houston, The Morty Rich Hostel
Westheimer Rd.
Lovett Blvd.
Howthorne St.
Harold St.
Kipling St.
Marshall St.
W. Alabama St.
Sul Ross St.
W. Main St.
Colquitt St.
Oakley St.
バス#82
アップタウンへ
Brennan's of Houston P.112
ミッドタウン Midtown
Saigon House（ベトナム料理）
Ensemble／HCC駅（北方向）
Ensemble／HCC駅（南方向）
The Breakfast Klub P.111
Tacos A Go Go P.111
Houston Center for Photography
ロスコチャペル Rothko Chapel（修復中）
Bistro Menil P.112
Branard St.
University of St. Thomas
メニールコレクション The Menil Collection P.103
Richmond Ave.
ビザンチン・フレスコチャペル The Byzantine Fresco Chapel（修復中）
Wheeler駅
Houston Center for Contemporary Craft
Houston Museum-African American Culture
ミュージアムディストリクト Museum District
Vassar St.
Banks St.
Milford St.
The Museum of Fine Arts, Beck Bldg.
カレン彫刻庭園 P.103 Cullen Sculpture Garden
Contemporary Arts Museum
Bissonnet St.
ヒューストン美術館 P.103 The Museum of Fine Arts, Houston
Museum District駅（南方向）
Hotel ZaZa
Museum District駅（北方向）
Holocaust Museum Houston
ヒューストン自然科学博物館 Houston Museum of Natural Science P.104
Kaffeine Coffee Internet & Office（カフェ）
The Health Museum
Barnaby's（カフェ）
Sam Houston Monument
ヒューストン子供博物館 Children's Museum of Houston P.104
日本庭園 The Japanese Garden P.104
Hermann Park Rice U駅
Miller Outdoor Theatre
Hermann Park Conservancy
ライス大学 Rice University
Hermann Park Railroad
マガバーンレイク McGovern Lake
Pinewood Café
Hermann Park Golf Course
Americas Best Value Inn
バス#56
ヒューストン動物園 Houston Zoo P.104
Houston Marriott Medical Center P.114
Memorial Hermann Hospital／Houston Zoo駅
N. MacGregor Way
S. MacGregor Way
テキサスメディカルセンター Texas Medical Center
ハーマンパーク Harmann Park
Dryden/TMC駅（北方向）
Dryden/TMC駅（南方向）
TMC Transit Center駅へ
0 250 500m

MEMO サム・ヒューストンって誰？　ハーマンパークの入口に堂々と立つ騎馬の人物は「サム・ヒューストン」。メキシコ領からの独立を目指し戦ったテキサス独立戦争の勇者で、後にテキサス州の州知事も務めた。ちなみに戦争前はテネシー州知事も務めている。

②ミュージアムディストリクト Museum District

ダウンタウンの南西、メトロレイルで10分ほどの所にある一帯はミュージアムディストリクトと呼ばれ、美術館や博物館が点在している。19の文化施設のうち、10の施設が入場無料という太っ腹ぶり。また、同エリアのハーマンパーク内にも文化施設やレクリエーション施設があり、多くの人が訪れる観光スポットだ。

Museum District
MAP P.102
URL houmuse.org
交 メトロレイルのレッドライン Museum District駅下車

テキサス州で最古の美術館　おすすめ度：★★★

ヒューストン美術館 The Museum of Fine Arts, Houston

本館と別館で6万5000点の美術品を収蔵する、アメリカでも有数の美術館。エジプト美術から始まってルネッサンス期の宗教画と彫像、初期のアメリカ美術、20世紀初期の印象派と後期印象派の絵画、現代美術、イスラム美術などとても幅広いコレクションが自慢。また、東アジアのコーナーも充実し、縄文土器や鎌倉時代に活躍した運慶作の阿弥陀像なども陳列され、中国・朝鮮美術も充実している。

隣接するイサム・ノグチ設計の**カレン彫刻庭園 Cullen Sculpture Garden**（営 毎日9:00～22:00、料 無料）は、マチスやアレクサンダー・カルダーのほか、テキサス州のアーティストによる彫像が並ぶ。

美術館の北にある彫刻庭園にもぜひ寄ろう

The Museum of Fine Arts, Houston
MAP P.102-A3
住 1001 Bissonnet St.,Houston
☎ (713)639-7300
URL www.mfah.org
営 火 ～ 日10:00～19:00（火・水～17:00、木～21:00、日12:15～）
休 月、サンクスギビング、12/25
料 $17、シニア$14、13～18歳$10。木曜は無料
交 メトロレイルのレッドライン Museum District駅下車、徒歩5分

古代ローマやギリシャの美術も見応えがある

個人のコレクションを収容するモダンな美術館　おすすめ度：★★★

メニールコレクション The Menil Collection

住宅街にあるメニールコレクション。入場無料だ

創設者のドミニクとジョンはフランス生まれ。第2次世界大戦下にニューヨークへ渡り、後にドミニクの親族が経営する会社のあるヒューストンに移住した。ふたりはアートコレクター、芸術をサポートする後援者として知られており、ヒューストンの文化的発展に貢献した人物でもある。

周囲の景観に溶け込んだ美術館の設計はレンゾ・ピアノが手がけたもので、1987年にオープン。ウォーホルやオルデンバーグなどの現代美術からアフリカ美術、アメリカ先住民や植民地時代の美術、紀元前12世紀のシリアのテラコッタまで、絵画や彫刻彫像など約1万7000点を収蔵する。幅広い収蔵品は大部分が季節ごとの企画展で公開されるが、一部は常設展として楽しめる。

また、敷地内には、**ビザンチン・フレスコチャペル The Byzantine Fresco Chapel**（フレスコ画の所有者であるキプロス教会との合意で2011年創設されたが、作品の返還により展示されていない）があり、一般公開（無料、寄付制）されている（2019年秋現在改装中）。

The Menil Collection
MAP P.102-A2
住 1533 Sul Ross St.,Houston
☎ (713)525-9400
URL www.menil.org
営 水～日11:00～19:00
休 月・火、おもな祝日
料 無料
交 ダウンタウンのMilam St.を走るメトロバス#82で約15分。Westheimer Rd. & California St.で下車し、Mulberry St.を南へ6ブロック、徒歩10分

●Byzantine Fresco Chapel
改装中
MAP P.102-A2
住 4011 Yupon St., Houston
交 メニールコレクションから徒歩5分

投稿 西洋美術史を学んでいるようなヒューストン美術館　見応えがとてもあった。地下でふたつのビルを結ぶThe Wilson Tunnelは時間によって光が変わり、別世界にいるよう。日本生まれのKenji Nakahashiの写真や水彩画も独自の世界観が見て取れておもしろかった。（東京都　R.N. '19夏）

いるだけでもワクワク、子供の好奇心をかきたてる　おすすめ度：★★★

ヒューストン子供博物館 Children's Museum of Houston

子供向けではなく大人の世界が小さくなっただけ

大人の世界がそのまま小さくなった体験型展示が中心で、全米No.1の呼び声も高い子供博物館。フィットネスのようなジャングルジムや、白衣を身につけて実験に臨む研究室での体験は本格的。また、ビジネスの仕組みを体感する子供だけの街Kidtropolis USAの緻密な構成にたいへん驚かされる。未来を担う子供たちの情操教育に重要な役割を果たしている博物館だ。

Children's Museum of Houston
MAP P.102-B3
住 1500 Binz St., Houston
☎ (713) 522-1138
URL www.cmhouston.org
営 火～日10:00～18:00（木～20:00、日12:00～）
休 月、おもな祝日
料 1歳以上$12（大人は子供同伴の場合のみ入館可）
交 メトロレイルのレッドライン Museum District駅下車、徒歩5分

創立105周年を迎えた市民の憩いの場　おすすめ度：★★★

ハーマンパーク Hermann Park

サム・ヒューストン像 ©Houston Texans

年間約600万人の訪問者数を誇る緑豊かな市民公園で、広さは445エーカー（約1.8㎢）。公園の入口はMain St.とMontrose Blvd.の交差点にあり、ヒューストンを創設したサム・ヒューストンの像がランドマークになっている。博物館、動物園、植物園、野外劇場、ゴルフコースのほか、湖やトレイルが整備され、ミニ鉄道も走る。カフェもあるので、手ぶらでも1日有意義に過ごせる。

Hermann Park
MAP P.91-D3
営 毎日6:00～23:00
URL www.hermannpark.org
交 メトロレイルのレッドライン Hermann Park/Rice University駅を降りた所がハーマンパークだ

●ヒューストン自然科学博物館 Houston Museum of Natural Science

恐竜に加えてエジプト美術の展示も充実している

ヒューストン周辺の自然界を紹介する博物館。恐竜、テキサス州の生態系、古代エジプト、化石と地球史、ヒューストンらしい宇宙など、展示はバラエティに富んでいる。特に宝石&鉱石の展示は、総数450を越え、まさに圧巻。

●Houston Museum of Natural Science
MAP P.102-A3
住 5555 Hermann Park Dr., Houston
☎ (713) 639-4629
URL www.hmns.org
営 毎日9:00～17:00。展示内容によって開館時間が異なるのでウェブサイトで確認すること
料 $25、シニア・3～11歳$16（木曜の14:00～17:00は入場無料）

●ヒューストン動物園 Houston Zoo

動物たちの動きがわかるように工夫されている

こぢんまりとした動物園だが6000匹以上の動物を飼育しており、いつも家族連れでにぎわっている。**アフリカンフォレストAfrican Forest**が人気で、エリア全体がまるでアフリカのジャングルのよう。餌やりなども頻繁に行われているので入口でもらうマップをチェックしよう。

●Houston Zoo
MAP P.102-A4
住 6200 Hermann Park Dr., Houston
☎ (713) 533-6500
URL www.houstonzoo.org
営 夏期／毎日9:00～19:00、夏期以外は毎日9:00～18:00
休 おもな祝日
料 $19.95、シニア$14.95、2～11歳$15.95。9～5月の毎月第1火曜は無料

●日本庭園 The Japanese Garden

サム・ヒューストンの彫像の南西に、著名な造園設計家、ケン・ナカジマ氏が設計した日本庭園がある。春はサクラやツツジ、秋は紅葉が美しく、静かに散策を楽しむ市民の姿が印象的。

●The Japanese Garden
MAP P.102-A3
住 6000 Fannin St., Houston
営 毎日9:00～17:00（3～10月は～18:00）
料 無料

投稿 **無料とは思えない充実度**　メニールコレクション（→P.103）は、敷地内に点在するマイケル・ハイザーやマーク・ディ・スベロの彫像のほか、マグリット、ミロ、ジャン・アルプ、ピカソなど著名なアーティストの作品、不可↗

③アップタウンとリバーオークス Uptown & River Oaks

ダウンタウンの西のアップタウンはもうひとつの拠点

アップタウンは、ダウンタウンから西へ約12kmの所にある巨大ショッピング&ビジネスエリアで、核となっているのが400以上の店が入る**ギャレリア Galleria**。真夏でもアイススケートが楽しめる。周囲には人気のレストランやスーパーマーケット、チェーンホテルも多く、このあたりに宿を取るのもいい。2020年には隣接するPost Oak Blvd.にバス型のライトレイルも開業する。

リバーオークスはアップタウンの東に隣接したエリアで、ダウンタウンとアップタウンとを結ぶ**ウエストヘイマーロード Westheimer Rd.**沿いにある。ショップやレストランなどが集結しており、夜遅い時間までにぎわっている。リバーオークスからウエストヘイマーロードを東に進むと、南北に走る**モントローズブルバード Montrose Blvd.**にたどり着く。この通りはミュージアムディストリクトへ続く道路で、流行のレストランや古着、アンティークショップなどが軒を連ねる。

リバーオークス・プラザ
©Visit Houston

Uptown
MAP P.90-A2
River Oaks
MAP P.90-B2

● **Galleria** (→P.109)
交 ダウンタウンのMilam St.からメトロバス#82で約35分、Westheimer Rd. & Post Oak Blvd.で下車

モントローズブルバード ©Visit Houston

COLUMN
ヒューストンの走り方

ヒューストン大都市圏は環状道路ネットワークが整備され、郊外から都心部への交通を分散誘導し、周辺都市へのアクセスも良好に機能している。しかし、高速道路(フリーウエイ)と有料道路(トールロード)が混在し、各高速道路は路線番号と道路名が複数併用されている場合がある。地図を検索したり、GPS(カーナビ)を使用した運転でも困惑することがしばしばある。

まず、気をつけたいのは有料道路。通行料はEZタグEZ Tagで管理され、日本のETCと同様に電子決済するシステム。しかも有人の料金所がないため、現金払いはできない。レンタカーの場合は有料のオプションになるので、あらかじめ申し込んでおくように。仮にオプションに申し込まず、有料道路を通行した場合、通行料に事務手続きなどの諸経費を加算した額が後日請求される。

次に交通渋滞。郊外からダウンタウンへの渋滞は早朝6:00〜9:00、ダウンタウンから郊外への帰宅ラッシュは夕方の16:00から始まる。また、道路工事による渋滞もあるので、時間に余裕をもって行動しよう。

最後に道路の名称。高速道路はI-10(インターステート10号線)、US-59(USハイウエイ59号線)、TX-288(州道288号線)とナンバリングされ、区間ごとに●●Freeway、●●Tollwayなどと道路名がついている。

あせらずにゆっくり運転しよう

●ヒューストン周辺のおもな道路の名称
Beltway 8:Sam Houston Tollway
I-10 West:Katy Freeway, West Freeway
I-10 East:East Freeway
I-45 North:North Freeway
I-45 South:Gulf Freeway
I-610:The Loopほか
US-59 North:Eastex Freeway
US-59 South:Southwest Freewayほか
TX- 225:La Porte Freeway

NASA宇宙開発の心臓部　おすすめ度：★★★

スペースセンター・ヒューストン Space Center Houston

ダウンタウンの南東約40kmに位置するNASA（アメリカ航空宇宙局）のジョンソン宇宙センターは、アポロ計画、スペースシャトル計画など、NASAの主要なプロジェクトの中心を担ってきた、まさに心臓部。

その一角が**スペースセンター・ヒューストンSpace Center Houston**として、観光客向けにオープンしている。見学には通常4〜6時間要するが、夏休みなどの観光シーズンは丸1日かかるので、朝一番で訪れることをすすめる。

月面に最後に着陸したアポロ17号の司令船も展示

時間がなくても必ず参加しておきたいのは、**ナサ・トラムツアー**と、**デスティニーシアター&スターシップギャラリー**だ。

アメリカ初の宇宙飛行に成功したマーキュリー・レッドストーン

●ナサ・トラムツアー NASA Tram Tour

スペースセンターのマストがこれ。人類初の月面着陸に成功した11号をはじめとするアポロ計画などの管制を担った**ミッション管制センター Mission Control Center**、スペースシャトルや国際宇宙ステーションで活躍する宇宙飛行士が訓練を行う**宇宙船模型訓練施設Space Vehicle Mockup Facility**、アポロ計画やスカイラブ計画で使われた110mを超えるサターンV型ロケットが展示されている**ロケットパークRocket Park**の3ヵ所をトラムに乗って見学する。途中スペースシャトルの事故で亡くなった宇宙飛行士の慰霊の木の碑の前を通る。所要約1時間30分。最後のツアーが15:00発なので早めに済ませたい。

●デスティニーシアター&スターシップギャラリー Destiny Theater & Starship Gallery

月の石に触れることができるのが、このコーナー。初めにシアターでアメリカの宇宙計画史のハイライトを集めたドキュメンタリー（15分）を鑑賞。そのあとのスターシップギャラリーには、アポロの回収カプセルやジェミニ、マーキュリー、スカイラブ、スペースシャトルなど実際に使用された宇宙船や宇宙計画史の写真パネルが展示されている。

●リビング・イン・スペース Living in Space

宇宙飛行士が無重力のISS（国際宇宙ステーション）の中で、寝る、食べる、トイレに行くなどの日常生活をどのように行っているかを紹介するライブショー。地球の1日が宇宙空間ではわずか2時間と考えられ、

Space Center Houston
MAP P.89-B3
住1601 NASA Pkwy., Houston
☎(281) 244-2100
URL www.spacecenter.org
営毎日10:00〜17:00（週末は延長）
休おもな祝日
料$29.95、65歳以上$27.95、4〜11歳$24.95
※シティパス所持者はチケット売場に寄る必要はなく、直接入場口へ行きシティパスを渡せばよい。
交メトロバス249($2)、#246($4.50)で約1時間10分。ダウンタウンではMilam St.とDallas St.の交差点などにバス停があり、終点がスペースセンター。ダウンタウンを7:50頃〜16:20頃の1時間おきに出発し、帰りの最終バスは17:30頃にスペースセンターを出発する。スペースセンターに行かないバスもあるので注意を。

なお、スペースセンターへ行くメトロバスは平日のみの運行なので、週末はタクシー（料約$70）を利用することになる

車の場合、I-45を南に進みExit-24で下りる。NASA Rd. 1を進むと左側に看板が見えてくる。約42km、所要30分。ヒューストンからツアー（→P.98）も催行している。

向井千秋さんが参加したミッションの記念写真

MEMO **ジョンソン宇宙センターのジョンソンって誰？** Johnson Space Centerの前身である有人宇宙センターManned Spacecraft Centerの創設は1961年。宇宙開発でソ連に後れを取っていたアメリカであったが、1962年ケネディ大統領が1960年代までに人を月に送ると宣言、宇宙開発を大きく後押しした。そのケネディ↗

カルシウムが失われやすく、筋肉が加速度的に衰える。宇宙空間での運動がいかに重要か、宇宙では非常に貴重な水をいかにリサイクルするかなどを、映像を交えて解説する。所要時間は20分。

●宇宙飛行士ギャラリー　Astronaut Gallery

ジェミニ、アポロ、スペースシャトルなど、アメリカ宇宙開発史を彩ってきた各ミッションのロゴや宇宙服、宇宙飛行士たちの写真が展示されている。もちろん日本人宇宙飛行士の姿も見られる。

●インディペンデンスプラザ　Independence Plaza

宇宙を周回したスペースシャトルは、初期の頃、カリフォルニア州エドワーズ空軍基地に帰還していた。そのスペースシャトルをカリフォルニアから発射基地のあるフロリダまで運んだ輸送機が、ここにあるボーイング社のNASA905だ。上にはシャトル「インディペンデンス」の実物大の模型があり、操縦室など内部の様子が見学できる。また、輸送機の内部はスペースシャトルの飛行距離や耐熱性などを紹介したギャラリーになっている。

スペースシャトルは模型だが、輸送機は本物

●国際宇宙ステーション(ISS)ギャラリー　International Space Station Gallery

アメリカ、カナダ、ヨーロッパ、日本、ロシアなど15ヵ国が協力して開発・運用する宇宙施設。日本の実験棟である「きぼう」はその一部で、近年は日本の「こうのとり」が生活物資や実験機材を輸送するなど重要な役割を果たしている。地球から約400km離れたステーションでどんな研究がされているか、また宇宙飛行士はどんな日常生活を送っているかが解説されている。ちなみにISSは90分で地球を1周、1日で16周している。

これが月の石。触るのを忘れずに

●もうひとつのシャトル輸送機

スペースセンター・ヒューストンに展示されているシャトル輸送機の後続機は、日本航空で使われたボーイング747。東京―大阪間の短距離を頻繁に運航していた耐久性と整備のすばらしさが買われ、シャトルの輸送機になった。

●国際宇宙ステーションに長期滞在した日本人宇宙飛行士

- 若田光一さん(2回)
- 野口聡一さん
- 古川聡さん
- 星出彰彦さん
- 油井亀美也さん
- 大西卓哉さん
- 金井宣茂さん

ヒューストンから南東30㎞にあるテーマーパーク　おすすめ度:★★★

ケマー・ボードウオーク　Kemah Boardwalk

ガルベストン湾沿いにあるアミューズメントパーク。60エーカー（0.24㎢）の敷地には、15を超えるアトラクションのほか、カフェやショップ、ホテルなどが集まる。子供に人気の回転木馬やコーヒーカップ、観覧車などから、スリル系ライドのフリーフォールやローラーコースター、回転ブランコまでわくわくする乗り物が勢揃いだ。そのほか、壁一面を占める巨大水槽が話題のAquarium Restaurantや映画『フォレスト・ガンプ　一期一会』をテーマにしたBubba Gump Shrimp Co.などのレストランもある。

湾岸を散策するだけで楽しい気分に!
©Visit Houston

Kemah Boardwalk
MAP P.89-B3
住 215 Kipp Ave., Kemah
FREE (1-877) 285-3624
URL www.kemahboardwalk.com
営 アミューズメントパーク／月～金12:00～20:00（金～23:00）土・日10:30～23:00（日～22:00）、レストランは店舗による
料 ボードウオークは入場無料。アトラクションは別途有料で、オールデイライドパスは48インチ（約122㎝）以上$24.99、48インチ未満$18.99
交 ヒューストンからはスペースセンター（→P.106）まで同様。スペースセンターからNASA Rd. 1を東へ進み、TX-146を右折して南下する。スペースセンターから約11㎞、所要15分

↘の副大統領がテキサス生まれのリンドン・ジョンソン。暗殺後、大統領に就任してからもケネディ同様に宇宙開発に尽力したことから、1973年センターは「ジョンソン宇宙センター」と命名された。スペースシャトル計画時、NASAではシャトルの発射から数秒まではケネディ宇宙センター、飛び立ってから帰還するまではヒューストンが管制していた。

1824年から4世代続いた本物の牧場を一般公開　おすすめ度:★★★

ジョージ・ランチ歴史公園
George Ranch Historical Park

ヒューストンの南東にある歴史的な大牧場で、テキサスがまだメキシコの一部だった1824年に創業した。100年以上前の農場生活を通じて、テキサスの歴史をたどる「生きた博物館」で、当時の服装をした学芸員が詳しく解説してくれる。敷地は2万エーカー（80㎢）と広大で、学芸員のガイドに従ってトラックに乗って各ポイントを移動していく。週末やホリデイにはイベントがあり、オールドスタイルのカウボーイの食事が振る舞われたり、サンタがきたりと大変ににぎやか。子供から大人まで人気の観光スポットだ。なお、周辺は本物のワニが出現するので気をつけて歩こう。

クリスマスはカウボーイとサンタのツーショットが見られる
©Visit Houston

George Ranch Historical Park
MAP P.89-A3
住 10215 FM 762, Richmond
☎ (281)343-0218
URL www.georgeranch.org
営 火～土9:00～17:00
休 日・月、サンクスギビング、12/24、12/25、1/1
※レイバーデイとメモリアルデイの月は開いている。
料 $15、65歳以上$12、4～12歳$10、3歳以下無料
交 I-69を南へ、Sugar Land方面へ進む。約36kmでGeorge Ranch Historical Parkの看板が見えたら下り、案内に沿って行く。約48km、所要40分
※ツアーの時間が決まっていて、見学には最低でも2時間は必要。

テキサス独立戦争でテキサスがメキシコを破った地　おすすめ度:★★★

サンジャシント歴史博物館
The San Jacinto Museum of History

サンジャシント州立史跡公園The San Jacinto Battleground State Historic Site内にある。サンジャシントの戦いでテキサスがメキシコに勝利したことを祝って、高さ170mのタワー、**サンジャシントモニュメントSan Jacinto Monument**が1939年に建てられた。そのモニュメントの1階にあるのが歴史博物館。館内にはテキサス州の歴史がわかる展示や写真、工芸品などが飾ってある。なかでも必見のコーナーは、テキサス独立戦争を扱った「A Destined Conflict: The U.S.-Mexican War」。テキサス人にとってこのモニュメントが、なぜアラモの砦と同じくらい重要な史跡となっているかが、この解説をとおして理解できる。なお、モニュメントの最上階は展望台になっている。

記念塔の最上階にある展望台からバトルシップ・テキサスの雄姿が見られる

570フィート（約173m）の記念塔

The San Jacinto Museum of History
MAP P.89-B2
住 1 Monument Cir., La Porte
☎ (281)479-2421
URL www.sanjacinto-museum.org
営 毎日9:00～18:00
休 サンクスギビング、12/24、12/25
料 モニュメントと博物館は無料。モニュメントの最上階にある展望台へは$6、65歳以上$5.50、11歳以下$4.50
交 ヒューストンからI-45 SOUTH→TX-225 EASTでIndependence Pkwy.まで行く。途中でVista Rd.を入り、そのまま正面約37km、所要30分

全米でも最大規模のコレクション　おすすめ度:★★★

国立葬儀史博物館
National Museum of Funeral History

世界中の葬儀に焦点を当てた博物館。館内は15の常設展示コーナーと期間限定の特別展に分かれ、棺桶や葬儀用の馬車が展示されている。なかでも目を引くのが、かつて日本でよく見られたトヨタ・クラウンの霊柩車。ひつぎ室は龍の絵が描かれ、金細工が施されている。アメリカ人に人気は、**大統領の葬儀Presidential Funerals**のコーナー。初代アメリカ大統領のジョージ・ワシントンや第35代大統領のジョン・F・ケネディ、第40代大統領のロナルド・レーガンの国葬についての写真や模型、実際に使われた霊柩車などが並べられている。

National Museum of Funeral History
MAP P.89-A1
住 415 Barren Springs Dr., Houston
☎ (281)876-3063
URL www.nmfh.org
営 月～土10:00～16:00(土～17:00)、日12:00～17:00
料 $10、55歳以上$9、6～11歳$7、5歳以下無料
交 ジョージ・ブッシュ・インターコンチネンタル空港の西側にある。空港から車で約20分。車でダウンタウンからI-45を北へ進み、Exit 64で下りる。約30km、所要20分

MEMO **戦艦テキサス Battleship Texas State Historic Site**　第1次世界大戦時の1914年に就航し第2次世界大戦後の1948年に退役するまで約35年近くにわたり米国海軍で活躍した戦艦。硫黄島や沖縄でも支援についた戦歴をもつ。大規模な改修工事が2019年8月から始まった。工事終了は未定。URL tpwd.texas.gov/state-parks/battleship-texas

ショップ

テキサス級のビッグモール

ギャレリア

日本人に人気のショップが揃うギャレリア

店舗約400、ふたつの高層ホテル、年間訪問者数3000万人などすべてが最大級のモール。4つのデパートをはじめ、欧米のハイエンドブランドも入る。免税（→脚注メモ）カウンターあり。

The Galleria MAP P.90-A2
住5085 Westheimer Rd., Houston
☎(713)622-0663
URL www.simon.com/mall/the-galleria 営月～土10:00～21:00、日11:00～19:00 カード店舗により異なる 交ダウンタウンからメトロバス#82で約35分

ライス大学の学生街にある

ライスビレッジ

1938年創業の歴史のあるショッピングモール。一部は西部劇の映画に登場する長屋のような雰囲気がおもしろい。ビクトリアズシークレット、MACコスメティック、バナナリパブリックなど約40軒があり、シェイクシャックなど人気のファストフードも入っている。

Rice Village MAP P.90-C3
住2400 University Blvd., Houston
☎(713)302-8918
URL www.ricevillagedistrict.com
営月～木10:00～20:00、金～19:00、土9:00～17:00、日13:00～17:00（店舗により異なる）
カード店舗により異なる 交ダウンタウンからメトロバス#41で約30分、ハーマンパークからメトロバス#84ですぐ

ヒューストンっ子の人気が高い

ハイランドビレッジ

アップタウンの屋外モール

アップルストアをはじめ、キールズ、メイドウェルのチェーンのほかに、地元のショップもある個性的なモール。60年以上の歴史をもち、背の高いパームツリーで南国ムード満点。

Highland Village MAP P.90-B2
住4055 Westheimer Rd., Houston
☎(713)850-3100
URL www.shophighlandvillage.com
営月～土10:00～21:00、日12:00～18:00
カード店舗により異なる 交ダウンタウンからメトロバス#82で約30分

約145店、毎日25～65%オフ

ヒューストン・プレミアムアウトレット

高級ブランドが揃っている

トリーバーチ、バーバリー、コーチなど日本人好みのブランドの多さが際立つアウトレット。免税（→脚注メモ）カウンターあり。食事はフードコートで済ませよう。公共の交通機関はないので、車かタクシーで。

Houston Premium Outlets MAP P.89-A1
住29300 Hempstead Rd., Cypress
☎(281)304-5820
URL www.premiumoutlets.com/outlet/houston
営月～土10:00～21:00、日11:00～19:00
カード店舗により異なる 交ダウンタウンから車でUS-290 WESTを進む。約40分

アメリカブランドのアウトレットなら

タンガーアウトレット・ヒューストン

全米に展開中のタンガーアウトレットは、ヒューストンからI-45を南へ車で約35分、ガルベストンに近い所に位置する。月～土曜は朝9：00から営業しているから、レンタカー利用者で時間を有効に使いたい人に一考の価値がある。アンダーアーマー、ケイトスペードなど、アメリカのカジュアルブランドを中心に約80店舗が集う。

Tanger Outlet Houston MAP P.89-B3
住5885 Gulf Fwy., Texas City
☎(281)534-4200
URL www.tangeroutlet.com/houston
営月～土9:00～21:00、日10:00～19:00
休12/25 カード店舗により異なる 交ダウンタウンから車でI-45 SOUTHを進み、Exit17で下りる。約35分

祝日のスーパーセールはさらにお得！

ケイティ・ミルズ

免税（→脚注メモ）カウンターもある

20代に人気のH&Mをはじめ、ニーマンマーカス、ケイトスペード、マイケルコース、ビクトリアズシークレットなどテナント数は約175、カジュアルから高級デパートまでバラエティに富む。

Katy Mills MAP P.89-A2
住5000 Katy Mills Circle, Katy
☎(281)644-5000 URL www.simon.com/mall/katy-mills 営月～土10:00～21:00、日11:00～18:00 カード店舗により異なる 交ダウンタウンから車でI-10 EASTを進み、Exit741で下りる。約35分。オースチン行きのメガバス（→P.45）の一部がモールに寄る

MEMO 売上税払い戻し制度 加盟のアウトレットモールなら、店内に免税手続きカウンターを設けている。詳細は→P.57で確認を。

高級食材を扱うおしゃれなスーパー

フェニキア・スペシャリティ・フーズ

世界50ヵ国以上からよい製品を選んで販売する。焼きたてパンにワインやビール、お菓子、ちょっとした家庭用品を扱っている。店内にはデリがあり、ランチタイムは周辺の会社員でたいへん混み合う。おみやげ探しにも◎

活気ある店内
© Visit Houston / Doris Ting

Phoenicia Specialty Foods MAP P.100-B2
住1001 Austin St., Houston
☎(832) 360-2222 URL www.phoeniciafoods.com
営月～金7:00～21:00、土9:00～20:00、日9:00～19:00 カード ⒶⓂⓋ 交ダウンタウンのメトロレイルMain Street Square駅下車、徒歩7分

テキサス州を中心に展開するスーパーマーケット

H-E-Bグローサリー

流通やプライベート製品が優れているテキサス発祥のスーパー。日本のスーパーのようにサンプルを置いたり、実演の試食コーナーがある。テキサスという場所柄、スーパーだけでなくガススタンドを併設した店舗もある。

地域密着型のスーパーだ

H-E-B Grocery MAP P.90-C2
住1701 W. Alabama St., Houston ☎(713) 529-2475 URL www.heb.com 営毎日6:00～24:00 カード ⒶⓂⓋ 交ダウンタウンからメトロバス#82でWestheimer Rd. & Dunlavy St.下車、徒歩7分

エコバッグはおみやげに最適

セントラルマーケット

H-E-Bの高級路線で、オーガニック食品や高品質の製品を扱っている。ワインやビール、そのおつまみにぴったりなチーズなど種類も豊富。グルメなイートインのコーナーがあり、ちょっとした食事にも便利。おみやげ探しにも使える。

アップタウンにあるスーパー

Central Market MAP P.90-B2
住3815 Westheimer Rd., Houston
☎(713) 386-1700 URL centralmarket.com
営毎日8:00～22:00 カード ⒶⓂⓋ
交ダウンタウンからメトロバス#82でWestheimer Rd. & Weslayan St.下車、徒歩1分

道の駅のようなコンビニ

バッキーズ

ハイウエイ沿いに店舗があり、24時間営業。飲み物やサンドイッチ、温かいデリを扱っている。場所によっては日用品も販売していて、ホームセンターのよう。おみやげにいい物も揃う。

ビーバーが目印

Buc-ee's
☎(979) 238-6390（全店共通） URL buc-ees.com
カード ⒶⓂⓋ（セルフ給油はインターナショナル・クレジットカード不可）
MAP P.89-A3 住1243 Crabb River Rd., Richmond
MAP P.89-A3 住11151 Shadow Creek Pkwy., Pearland
MAP P.89-B3 住6201 Gulf Fwy., Texas City
交ダウンタウンから車で30～50分圏内

ピザと一緒に豊富なワインを

オッソ＆クリスタラ

斬新なインテリアの店内はいつもワイワイにぎやか。理由は手頃な値段の料理と人気のピザ（$11～14）。サクサク感と具材の新鮮さが光るピザは週替わりで、シェアにちょうどいい。ここでは種類の豊富なワインをお忘れなく。

©Visit Houston /Julie Soefer

Osso & Kristalla MAP P.100-B1～2
住1515 Texas Ave., Houston
☎(713) 221-6666 URL www.ossoandkristalla.com
営月～金7:00～22:00（金～23:00）、土・日10:00～23:00（日～21:00） カード ⒶⓂⓋ
交メトロリンクConvention District駅下車、徒歩4分

パティオ席が大人気

バタンガ

生演奏とタパスが楽しめる人気店。タパスは$5～13と手頃で、スペイン、ブラジル、キューバ、チリ、ペルーなどラテンアメリカの味が30種類以上楽しめる。地元テキサスを中心にビールも20種類以上あり、木～日曜は生演奏が入る。

©Visit Houston /Julie Soefer

Batanga MAP P.100-B1
住908 Congress Ave., Houston
☎(713) 224-9500 URL batangahouston.com
営火～日11:00～22:00（金・土～翌2:00） 休月
カード ⒶⒹⓂⓋ
交ダウンタウンのメトロレイルPreston駅下車、徒歩1分

MEMO ヒューストン中心部のトレーダージョーズ ●モントローズ（旧Alabama Theater）住2922 S. Shepherd Dr. MAP P.90-C2 営毎日8:00～21:00（日12:00～）

レストラン

タコスをつまみながらマルガリータを

エル・ビッグ・バッド

©Visit Houston

いかにもテキサスらしい豪快な雰囲気のバー&レストラン。タコスをベースにしたおつまみは、ビールをお代わりしたくなる庶民的なおいしさ。タコスは人数に合わせてオーダー可。ペッパーたっぷりの名物ハンバーガー（$12）をお忘れなく。

El Big Bad MAP P.100-B1
住419 Travis St., Houston ☎(713) 229-8181
URL www.elbigbad.com 営月〜金11:00〜22:00（金〜24:00）、土16:00〜24:00、日11:00〜18:00（ブランチ終日）、ハッピーアワー月〜金16:00〜19:00 カード ⒶⓂⓋ
交ダウンタウンのメトロレイルPreston駅下車、徒歩3分

人気のバーベキューレストラン

パッパスバーベキュー

コスパもいい！

ヒューストンを中心にチェーン展開するバーベキューレストラン。ダウンタウンにある店舗は昼時になるとビジネスマンで大混雑する。$13前後でアメリカ人も満腹になるボリュームのバーベキューを堪能することができる。

Pappas Bar-B-Q MAP P.100-A1
住1100 Smith St., Houston ☎(713) 759-0018
URL www.pappasbbq.com 営月〜金6:30〜10:00、10:30〜19:00 休土・日、おもな祝日
カード ⒶⓂⓋ 交ダウンタウンのメトロレイルMain Street Square駅下車、徒歩6〜8分

テキサスで展開するカフェチェーン

カフェエクスプレス

さくっと気軽に食事ができる

メニューはサンドイッチ、サラダ、パスタなどがあり、どれも野菜をたっぷり使ったものでボリューム満点だ。セルフサービスで予算は$10〜。店舗により週末はブランチ、デザートもあり、紅茶も好評。

Cafe Express MAP P.100-A1
住650 Main St., Houston
☎(713) 237-9222 URL www.cafe-express.com
営月〜金7:00〜15:00 休土・日
カード ⒶⓂⓋ 交ダウンタウンのメトロレイルCentral Main駅下車、徒歩2分

シンプルだからワカモレにこだわる

タコス・ア・ゴーゴー

©Visit Houston / Spenser Harrison

タコスは$2.59〜と破格。これをベースにチョリソーやハラペーニョ、ジャガイモなど好みのトッピング（25¢〜）をカスタマイズする。トルティーヤ、ブリトー、エンチラーダのプレート（$7.99〜）のほかに、グリルしたビーフやチキンを挟んだテキサスタコスも人気。

Tacos A Go Go MAP P.102-B1〜2
住3704 Main St., Houston, TX 77002
☎(713) 807-8226 URL tacosagogo.com
営 月〜金7:00〜22:00（金〜翌2:00）、土8:00〜翌2:00、日8:00〜21:00 カード ⒶⓂⓋ 交ミッドタウンのメトロラインEnsemble/HCC駅下車、徒歩1分

ヒューストン No.1の朝食店

ブレックファストクラブ

人気メニューのチキン&ワッフル（左）。サイドはグリッツも選べる（右）

開店前から行列のできる町の名物レストラン。ウリは南部スタイルの朝食、ランチ、そしてコーヒーバー。コーヒーは常時8種類ほどを揃え、飲み放題。朝食でいちばん人気はWings & Waffle（$14.99）。カリカリのワッフルにカリカリのフライドチキンが6ピース付き。これが意外や意外、メープルシロップの甘みとよくマッチする。ソーセージやポークチョップもシンプルな味わいで、こちらも卵料理とよく合う。南部料理らしいのはサイドにグリッツ（トウモロコシのおかゆ）が選べること。キャットフィッシュ（ナマズ）とグリッツに卵料理が付いたプレート（$14.99）も人気。

コーヒーのフレーバーは好きなものを選べる

店内は地元アーティストの絵画などが飾られ、とてもモダン。週末は深夜も営業し、ライブ演奏も楽しめる。

The Breakfast Klub MAP P.102-B1〜2
住3711 Travis St., Houston
☎(713) 528-8561 URL thebreakfastklub.com
営 月〜金7:00〜14:00、土・日8:00〜14:00、深夜営業金・土22:00〜翌3:00 カード ⒶⓂⓋ 交ミッドタウンのメトロレイルEnsemble/HCC駅下車、徒歩2〜4分

MEMO ヒューストン中心部のホール・フーズ・マーケット ●カービー 住2955 Kirby Dr. MAP P.90-C2 営毎日7:00〜22:00 ●ダウンタウン西 住701 Waugh Dr. MAP P.91-D1 営毎日7:00〜22:00 ●アップタウン 住1700 Post Oak Blvd. MAP P.90-A2 営毎日7:00〜22:00

レストラン

全米のビール80種類以上を扱う

ヘイ・マーチャント

©Visit Houston /Julie Soefer

最高の状態でビールを味わってもらうため温度管理、ガス圧の調整などに細心の注意が払われている。おつまみには自家製プレッツェルや醤油味のチキンウイングがおすすめで、日替わりランチもある。

Hay Merchant MAP P.102-A1
住1100 Westheimer Rd., Houston
☎(713) 528-9805 URL www.haymerchant.com
営毎日11:00～24:00(木～土～翌2:00)、ハッピーアワー毎日11:00～12:00と15:00～18:30 カードⒶⓂⓋ 交ダウンタウンからメトロバス#82でWestheimer Rd. & Waugh Dr.下車、徒歩1分

新鮮な魚が創作料理で登場

うち

©Visit Houston /Julie Soefer

シェフは東京で10年間修業をし、ジェームズ・ビアード賞を2011年に受賞。地元の野菜と毎日日本市場から空輸される素材で、定番の寿司プラス、こだわりの日本食に出合える。

Uchi MAP P.102-A1
住904 Westheimer Rd., Houston
☎(713) 522-4808 URL uchihouston.com
営毎日17:00～22:00(金・土～23:00)、ハッピーアワー毎日17:00～18:30 カードⒶⓂⓋ 交ダウンタウンからメトロバス#82でWestheimer Rd. & Montrose Blvd.下車、徒歩1分

デザートは名物のバナナフォスターを

ブレナンズ・オブ・ヒューストン

パティオでおいしい食事

スパイシーながらもソースがベースのクレオール料理が満喫できる。老舗ニューオリンズのコマンダーズパレスの流れをくむ有名店で、サービス、雰囲気ともいいので記念日の食事をする人も多い。

Brennan's of Houston MAP P.102-B1
住3300 Smith St., Houston ☎(713)522-9711
URL www.brennanshouston.com
営ランチ月～金11:00～14:00、ブランチ：土・日11:00～14:00 (日10:00～)、ディナー毎日17:45～22:00
カードⒶⓂⓋ 交ミッドタウンのメトロレイルEnsemble/HCC駅下車、徒歩7分

芸術鑑賞のあとに立ち寄りたい

ビストロメニール

外観もアートな感じ

味は本格派、雰囲気はカジュアルで親しみやすい。昼からワインでランチを楽しむ人が多く、アフタヌーンティーも楽しめる。グルテンフリーやビーガンのメニューも多く、デザートは14種類と充実。コースは$45～。

Bistro Menil MAP P.102-A2
住1513 W Alabama St., Houston
☎(713)904-3537 URL bistromenil.com
営水～日10:00～21:00 (金・土～22:00)
休月・火 カードⒶⓂⓋ 予約コースは要予約
交メニールコレクションの前→P.103参照

独創的なテキサス料理を味わおう

アルマジロパレス

広いパティオもある
©Goode Co. Armadillo Palace

テックスメックスやシーフード、ステーキなど、メニューの展開が幅広い。シーフードガンボ ($8)、メキシコ湾のオイスターロックフェラー (6個$18)、メスキート炭でグリルしたポークリブチョップ($26)もおすすめ。

Armadillo Palace MAP P.90-C3
住5015 Kirby Dr., Houston
☎(713)526-9700 URL www.thearmadillopalace.com
営火～金11:00～23:00 (水～24:00、木・金～翌2:00)、土12:00～翌2:00 休日・月 カードⒶⓂⓋ
交ダウンタウン、メディカルセンターからメトロバス#41で、Kirby Dr. & South Blvd.またはNorth Blvd.下車

メキシコ湾の新鮮な魚介類を

リバティ・キッチン・オイスタレッテ

©visit Houston

ガンボ、スモークサーモンとカキのチャウダーがおすすめ。レトロな雰囲気のなか、マグロやサーモンなどを使ったポキ丼や南部料理のプルドポークなど、さまざまな料理が楽しめる。ハッピーアワーなら料理がひと口サイズとなる。

Liberty Kitchen Oysterette MAP P.90-B2
住4224 San Felipe St., Houston
☎(713)622-1010
URL www.libertykitchenoysterette.com
営月～金11:00～22:00 (金～23:00)、土・日10:00～23:00 (日～21:00) カードⒶⓂⓋ 交ダウンタウンから車で15～30分、アップタウンから車で5～15分

ホテル

大リーグ観戦に最適のホテル

ウェスティン・ヒューストン・ダウンタウン

MLBアストロズの本拠地、ミニットメイドパークの斜め向かい。コンベンションセンターやトヨタセンターも徒歩圏内で、立地は抜群。フルサービスのスパあり。

近年改装され、モダンな雰囲気だ

Westin Houston Downtown MAP P.100-B2

住1520 Texas Ave., Houston, TX 77002 ☎(713) 228-1520 FREE(1-800) 937-8461 FAX(713) 228-1555 URLwww.westinhoustondowntown.com
客室数200室 料SDT$184～434
カードⒶⒹⒿⓂⓋ 日本予約 無料0120-003-535

高層ビルが林立するダウンタウンの中心

ハイアット・リージェンシー・ヒューストン

29階までの吹き抜けのロビーは、開放的でありながら落ち着いた印象。毎日2本のミネラルウオーターとダウンタウンへのシャトルは無料。駐車場はセルフ$20（バレー$40）。

ヒューストン最大のホテル
©Visit Houston

Hyatt Regency Houston MAP P.100-A2

住1200 Louisiana St., Houston, TX 77002
☎(713) 654-1234 FAX(713) 375-4628
URLhouston.hyatt.com 客室数955室
料SDT$219～419、SU$519～ カードⒶⒹⒿⓂⓋ

ビジネスディストリクトへは徒歩圏内

エンバシースイート・ヒューストン・ダウンタウン

コンベンションセンターやトヨタセンターのすぐそばという立地のよさに加え、ダウンタウンを網羅するシャトルのサービスもある。ホテルの自慢は無料の朝食。駐車場$38。

ディスカバリーグリーンに面するホテル

Embassy Suites Houston Downtown MAP P.100-B2

住1515 Dallas St., Houston, TX 77010
☎(713) 739-9100 FAX(713) 739-9101
URLembassysuites3.hilton.com 客室数262室
料SU$164～445 カードⒶⒹⒿⓂⓋ

トヨタセンター、コンベンションセンターへ1ブロック

ヒルトン・アメリカズ・ヒューストン

ディスカバリーグリーンに面し、コンベンションセンターとはSkywalkでつながっている。ヒューストン初の環境に優しいホテル（Green Seal認定）で、アレルギーに配慮した客室もある。駐車場セルフ$27。

トヨタセンターもすぐのヒルトン

Hilton Americas-Houston MAP P.100-B2

住1600 Lamar St., Houston, TX 77010
☎(713) 739-8000 FAX(713) 739-8007
URLwww3.hilton.com 客室数1207室
料SDT$127～744 カードⒶⒹⒿⓂⓋ

無料の朝食＆ミニキッチン付き

レジデンスイン・ヒューストン・ダウンタウン／コンベンションセンター

長期滞在向けのレジデンスインは、大改装を終え、ぐっとモダンな装いとなった。ミニキッチンには電子レンジや食器もある。目の前をメトロレイルが走り、1ブロック先はショッピングモールもあって便利。無料の朝食付き、ロビーには宿泊客用のPCとプリンターも用意。駐車場$32。

Residence Inn Houston Downtown/Convention Center MAP P.100-A2

住904 Dallas St., Houston, TX 77002
☎(832) 366-1000 FREE(1-800) 228-9290
FAX(832) 366-1001 URLwww.marriott.com
客室数171室 料スタジオ$196～329 カードⒶⓂⓋ
日本予約 無料0120-925-659 ☎(03) 5423-6062

旅行専門誌で高評価を受けた

マグノリアヒューストン

歴史的な外観はそのままに、内部はヒューストンいちのブティックホテルに大変身。マグノリアのよさはブティックホテルながら、モダン過ぎず内装にあたたかみを残した点。バーにはビリヤード台やライブラリーもあって、大人の憩いの場となっている。屋上のプールは眺めもよく、特に夜景は必見。シャトルサービスあり。駐車場バレー$36。

Magnolia Houston MAP P.100-B1

住1100 Texas Ave., Houston, TX 77002
☎(713) 221-0011 FAX(713) 221-0022
URLmagnoliahotels.com/houston
客室数314室 料SDT$159～374 カードⒶⒹⒿⓂⓋ

MEMO **ホテルのシャトルを利用しよう** 広大なヒューストンでは、多くのホテルで2～3マイル以内へのシャトルサービスを行っている。レストランやショッピングモールの送迎にも利用できて、おおいに利用したい。

ホテル

目の前を市電が通り、ハーマンパークのそば

ヒューストン・マリオット・メディカルセンター

場所柄、医療関係者の利用が多いが、ハーマンパークに近く、ダウンタウンへもメトロレイルで15分と観光にも便利。改装を終えたばかりで、客室はミニキッチン付き。アレルギー客用に空気清浄機付きの部屋もある。時差ボケ解消にはフィットネスセンターとプールの活用を。2マイルまでのシャトルサービスあり。駐車場セルフ$13（バレー$28）。

Houston Marriott Medical Center MAP P.102-A4
住6580 Fannin St., Houston, TX 77030
☎(713) 796-0080 FAX(713) 770-8100
URL www.marriott.com 客室数395室
料SDT$194～329、SU$269～569 カードⒶⒹⒿⓂⓋ
日本予約 無料0120-142-536 ☎(03)6832-2020

シャトルとWi-Fiの無料がうれしい

ウィンダム・ヒューストン・メディカルセンター・ホテル＆スイート

テキサス子供病院の斜め前にあり、設備の整ったキッチン付きの部屋があるなど、長期滞在者に好評。すっきりとした内装の客室で、広い机はビジネスに最適。ハーマンパークに近いことから、自然科学博物館などの入場料と朝食が含まれたパッケージ料金あり。2マイルまでのシャトルは無料。駐車場セルフ$15（バレー$22）。

Wyndham Houston - Medical Center Hotel and Suites MAP P.90-C3
住6800 S. Main St., Houston, TX 77030
☎(713) 528-7744 FREE(1-800) 407-9832
URL wyndhamhoustonmedcenter.com
客室数287室 料SDT$99～189 カードⒶⒹⓂⓋ

リーズナブルな料金の長期滞在向け

エクステンデッドステイ・アメリカ・ヒューストン・メディカルセンターNRG Park

全室フルサービスのキッチン付きで、Wi-Fi、朝食は無料。ペットの滞在もOKで、コインランドリーがあるなど、長期滞在者に愛用されている。週末はリネンの取り換えサービスがないので注意を。レストランなどへ行くときは無料シャトルを利用しよう。

Extended Stay America - Houston – Medical Center NRG Park MAP P.90-C4
住1303 La Concha Ln., Houston, TX 77054
☎(713) 794-0800 FAX(713) 790-9743
URL extendedstayamerica.com
客室数84室 料SDT$85～135 カードⒶⒹⒿⓂⓋ

ショッピング三昧が楽しい

シェラトン・スイート・ヒューストン・ニア・ザ・ギャレリア

アップタウンの中心にある

ギャレリアの目の前にあり、夜遅くまでショッピングが楽しめる。人気のホールフーズも徒歩圏内。3マイルまでのシャトルサービスあり。駐車場セルフ$25（バレー$34）。

Sheraton Suites Houston Near the Galleria MAP P.90-A2
住2400 W. Loop South, Houston, TX 77027
☎(713) 586-2444 FREE(1-888) 627-8581
FAX(713) 586-2445 URL www.marriott.co.jp
客室数283室 料SDT$75～459 カードⒶⒹⒿⓂⓋ
日本予約 無料0120-003535 ☎(03) 5423-6062

ギャレリアのショッピングモールの中にある

ウェスティン・オークス・ヒューストン・アット・ザ・ギャレリア

ギャレリアの中のホテル

買い物をし過ぎてもすぐに荷物を置きに行くことができるという、買い物好きにはうってつけのロケーション。エレガントなロビーと静かな客室は、モールのにぎやかさとは対照的でおもしろい。駐車場$39。

The Westin Oaks Houston at the Galleria MAP P.90-A2
住5011 Westheimer Rd., Houston, TX 77056
☎(713) 960-8100 FREE(1-888) 627-8457
URL www.marriott.co.jp 客室数406室
料SDT$169～339 カードⒶⒹⒿⓂⓋ

旅行のクチコミサイトで高評価

ロイヤルソネスタ・ヒューストン・ギャレリア

ソネスタも便利な所にある

スタイリッシュなデザインのホテルは、トリップアドバイザー2014年優秀賞を受賞。ニーマンマーカスのアウトレットが隣にあり、Wi-Fiは無料。3マイルまでのシャトルサービス、駐車場セルフ$24（バレー$34）。

Royal Sonesta Houston Galleria MAP P.90-A2
住2222 W. Loop South, Houston, TX 77027
☎(713)627-7600 FAX(713)961-3327
URL sonesta.com 客室数485室 料SDT$116～349 カードⒶⒹⒿⓂⓋ

ホテル

アップタウン中心部のスタイリッシュホテル

ホテルデレク

人気のギャレリアまで徒歩13分、ダウンタウンとアップタウンを結ぶ#82のバス停が目の前という、便利なロケーション。向かいには24時間営業のドラッグストア（CVS）もあり、周囲の治安もいい。ブティックホテルを思わせるような内装だが、客室はとても使いやすい。広いバスルームはバスタブとシャワーが分かれたスタイルで、バスローブはテキサス風。ソファもゆったり、1日を終えてリラックスするには最適だ。スターバックスもあり、軽い朝食も取れる。3マイル以内のシャトルサービスあり。駐車場セルフ$25。

ギャレリアも徒歩圏内で、目の前にバスも停まるホテルデレク

4つ星獲得のおしゃれなホテル

Hotel Derek MAP P.90-A2
住2525 W. Loop S., Houston, TX 77027
☎(713)961-3000 FREE(1-866)292-4100
URL www.hotelderek.com 客室数312室
料SDT$109～229、SU$189～409
カード ⒶⒹⓂⓋ

レジャーやビジネス、買い物にも便利なロケーション

クラウンプラザ・ヒューストン・リバーオークス

ダウンタウンとアップタウンを結ぶSouthwest Fwy.（I-69/US-59）の目の前、車でのアクセスに便利だ。ギャレリアやメディカルセンターへの無料送迎サービスもあり、メトロバスも便利。駐車場セルフ$12（バレー$18）。

Crowne Plaza Houston River Oaks MAP P.90-C2
住2712 Southwest Freeway, Houston, TX 77098
☎(713)523-8448 FREE(1-877)227-6963
FAX(713)577-1273 URL www.cpriveroaks.com
客室数356室 料SDT$102～239 カード ⒶⒹⒿⓂⓋ

ビジネスにもショッピングにもいい

ダブルツリー・ホテル＆スイート・ヒューストン・バイ・ザ・ギャレリア

電子レンジが付いている部屋があるほか、コインランドリーがあるので便利だ。チェックイン時のクッキーサービスがうれしい。3マイルまで無料のシャトルサービスあり。駐車場セルフ$25（バレー$32）。

落ちついた雰囲気

DoubleTree Hotel & Suites Houston by the Galleria MAP P.90-A2
住5353 Westheimer Rd., Houston, TX 77056
☎(713)961-9000 FAX(713)877-8835
URL www.hilton.com/en/doubletree/ 客室数476室
料SDT$104～274 カード ⒶⒹⒿⓂⓋ

空港内にあって便利な

ヒューストン・エアポート・マリオット・アット・ジョージ・ブッシュ・インターナショナル

空港ターミナルのBとCの間にある。各ターミナルへは無料のトラムですぐ（頼めばシャトルも出す）。部屋によっては飛行機の離発着を見ることができ、夜はロマンティック。スタッフのサービスも評判がよい。駐車場セルフ$15（バレー$29）。

Houston Airport Marriott at George Bush International MAP P.89-B1
住18700 John F. Kennedy Blvd., Houston, TX 77032
☎(281)443-2310 FAX(281)443-5294
URL www.marriott.com 客室数573室
料SDT$179～399 カード ⒶⒹⒿⓂⓋ
日本予約 無料0120-142-536 ☎(03)6832-2020

リーズナブルでビジネスマンに人気の

ハイアットプレイス・ヒューストン／ブッシュエアポート・ノース

空港へは無料のシャトル（6:00～23:00）で約15分、ダウンタウンにも102番のバスで約30分と意外にアクセスもいい。冷蔵庫、iPad/iPhoneのドックテーション、無料Wi-Fiなど使い勝手のよさがビジネスマンに人気というのも納得がいく。健康に気遣う日替わりのブレックファストボウル（会員無料）は1日の活力になること間違いなし。

Hyatt Place Houston/Bush Airport-North MAP P.89-A2
住300 Ronan Park Pl., Houston, TX 77060
☎(281)820-6060 FAX(281)820-6464
URL houstonairport.place.hyatt.com 客室数128室
料SDT$79～159 カード ⒶⒹⒿⓂⓋ

ホテル

リーズナブルな空港ホテル
ホリデイイン・ヒューストン・インターコンチネンタルエアポート

マットレスや枕にシモンズを採用するなど、快適な寝具が自慢。ホテルから空港までのシャトルサービスもあり、大人同伴の18歳以下は無料だ。水はけが悪いなどの苦情もあったようだが、料金を考えれば仕方ないかも。コインランドリーもある。駐車場$5。

Holiday Inn Houston Intercontinental Airport MAP P.89-B2
住 15222 John F. Kennedy Blvd., Houston, TX 77032
☎ (281) 449-2311 FREE (1-800) 864-8165
FAX (281) 449-6726 URL www.hihoustonairport.com
客室数 414室 料 SDT$77～130 カード ⒶⒹⒿⓂⓋ
日本予約 無料 0120-677-651

4つの無料がうれしい
ラマダ・ヒューストン・インターコンチネンタルエアポート・サウス

客室はシンプルだが、空港へのシャトル、駐車場、Wi-Fi、朝食の4つが無料。客室は広く、電子レンジと冷蔵庫、コーヒーメーカーが備わり、ホテルにはコインランドリーとバーもある。スタッフもフレンドリーと旅行のクチコミサイトでの評価もよく、お得感もある。なお、ラマダにはイーストもあるので気をつけて。

Ramada Houston Intercontinental Airport South MAP P.89-B2
住 15350 John F. Kennedy Blvd., Houston, TX 77032
☎ (281) 406-3524 FAX (281) 606-3296
URL www.wyndhamhotels.com 客室数 90室
料 SDT$70～123 カード ⒶⒹⒿⓂⓋ

COLUMN

ザ・ウッドランズ

The Woodlands

ザ・ウッドランズはヒューストンの北にあるコミュニティタウンで、1974年に石油業界の事業家ジョージ・P・ミッチェルによって開発された。ヒューストン郊外の都市開発として始まり、住宅のほかにカンファレンスセンター、ホテル、事務所ビル、ショッピングモール、学校、娯楽施設などで町を形成し、そこで暮らす人々の生活の質を高めることが狙いだった。紆余曲折はあったものの、シェブロンやフィリップスなどの大手企業の誘致に成功し、大型の商業地を含む高級住宅地として成長を続ける。

マーケットストリートと呼ばれるエリアには、70もの専門店が軒を連ねる

●おもな施設

ザ・ウッドランズモール
The Woodlands Mall MAP P.89-A1
住 1201 Lake Woodlands Dr., The Woodlands
☎ (281) 363-3363
URL www.thewoodlandsmall.com
営 月～土10:00～21:00、日12:00～18:00

約180店の専門店とレストランが集結する大型ショッピングモール

景観と歩きやすさを重視して設計された町並みは、散策するだけでも楽しい気分になる。専門店が集まるMarket StreetとショッピングモールのThe Woodlands Mallは、約2.2kmの水路でつながっており、移動にはウオーターウエイ・クルーズを利用できる。また、ウオーターウエイ・トロリーが敷地内のポイントを循環して運行している。このほか、約20軒のホテルとゴルフコースがあり、観光の拠点としても魅力的だ。

ウオーターウエイ・クルーズ

アクセスはヒューストンから車で約40分、ジョージ・ブッシュ・インターコンチネンタル国際空港から約30分。I-45 NORTHを進み、Exit 77で下りるとザ・ウッドランズモールだ。

ホテル
Hotels

敷地内にはベストウエスタン・プラス、エンバシースイート、ヒルトン、ハイアット、マリオットなど約20軒が点在しており、合計で約2200室を有している。

ブティックホテルのHyatt Centric The Woodlands

エキゾチックなリゾートタウン

ガルベストン

MAP ▶ P.89-CD4

人口 ▶ 5万500人
面積 ▶ 106.8㎢
標高 ▶ 2m
TAX ▶ セールスタックス　8.25%
　　　ホテルタックス　15%
時間帯 ▶ 中部標準時（CST）

メキシコ湾沿いのガルベストンはヒューストンからのドライブにいい町

ガルベストンはメキシコ湾沿いに東西に細長く続く島で、東端のダウンタウンに古くからの港がある。1825年から始まった交易で繁栄した町には、ビクトリア様式の建物が数多く残されており、歴史的建造物が建ち並ぶ景観も見どころのひとつ。1年を通じて温暖な気候で、風光明媚な海岸線と手つかずの自然に引かれてやってくる人も多い。エキゾチックな雰囲気のテキサスのリゾートで、のんびりとした時間を過ごしてみよう。

ガルベストンの歩き方

ガルベストンはヒューストンから南東へ約80km、車ならI-45を約1時間の距離だ。日中にスペースセンターを見学し、夜はガルベストンで過ごすというパターンもいい。木〜月曜であればIAHかホビー空港から**ガルベストンエクスプレス Galveston Express**の空港シャトルでアクセスすることもできる。しかし、空港が午後発なのでガルベストンで1泊する必要がある。

ガルベストンで散策を楽しむならダウンタウン、リゾートの雰囲気を味わうならメキシコ湾側のビーチ、家族連れならテーマパークがおすすめ。ダウンタウンはカリブ海クルーズの拠点でもあり、クルーズ客船の旅が身近にあるのも魅力だ。また、ガルベストン島の西端のエリアは州立公園が点在しており、自然を楽しむのにはもってこい。時間が許されるのであれば、西の地域へのドライブをおすすめする。参考までに、ガルベストンは日本の新潟市と姉妹都市提携している。

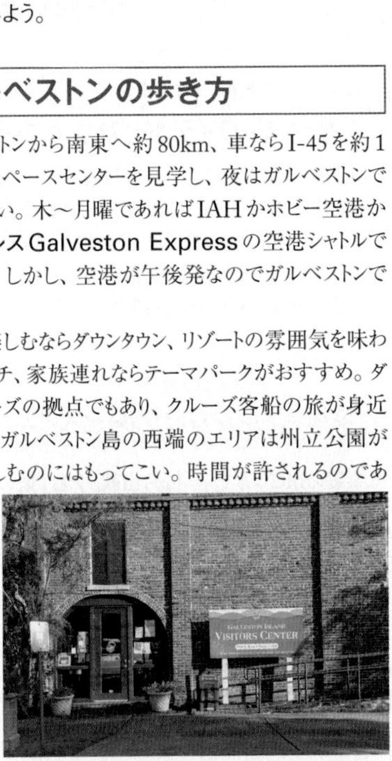

観光案内所で最新の情報を入手しよう

行き方

飛行機

George Bush Intercontinental Airport→P.93

レンタカー

ヒューストンのダウンタウンからI-45 SOUTHを進む。所要約1時間。スペースセンター（→P.106）からは約50km、所要35分。

ガルベストンエクスプレス

URL galvestonexpress.com
運行／木〜月の1日2便
料 $30
出発はヒューストン・インターコンチネンタル国際空港（→P.93）とホビー空港（→P.95）の2ヵ所

ℹ 観光案内所

Galveston Island Visitors Center
MAP **P.89-D4**
住 2328 Broadway, Galveston
住 (409) 797-5144
URL www.galveston.com
営 毎日9:00〜17:00（時期により変更あり）

MEMO **ダウンタウンの博物館**　ガルベストン歴史財団が運営するTexas Seaport Museumは、1877年製造のElissa号を修復して海洋博物館としてオープン。海洋商業と移民の歴史を紹介。MAP P.89-D4 住 2100 Harborside Dr., Galveston ☎ (409) 763-1877 営 毎日10:00〜17:00 料 19歳以上$12。

Moody Gardens
MAP P.89-C4
住One Hope Blvd.
☎(409) 744-4673
URL www.moodygardens.com
営夏期毎日10:00～20:00（変則的なのでウェブで確認を）
料1日券$69.95、2日券$89.95、水族館$32.95、子供$26.95、植物園$25.95、子供$19.95

Schlitterbahn Waterparks
MAP P.89-C4
住2026 Lockheed St.
☎(409) 770-9283
URL www.schlitterbahn.com
営7～8月上旬毎日10:00～20:00。8月中旬は一部のエリアのみ営業で17:00～19:00または18:00閉鎖、9～10月は週末のみの営業で10:00～17:00。冬期は室内プールのみの営業で10:00～17:00。変則的なのでウェブで確認を
料1日券12～54歳$52.99、3～11歳と55歳以上$40.99。2日券12～54歳$80.99、3～11歳と55歳以上$60.99

Galveston Island Historic Pleasure Pier
MAP P.89-D4
住2501 Seawall Blvd.
☎(409) 766-4950
URL www.pleasurepier.com
営夏期の毎日11:00～23:00（土～24:00）。冬期は週末のみ。日によって異なるのでウェブで確認を
料1日券／$26.99（身長約121cm以上）、$19.99（身長約121cm未満）

おもな見どころ

水族館や植物園、コンベンションセンターもある　おすすめ度：★★★

ムーディガーデン　Moody Gardens

幻想的なライトアップ
©Moody Gardens

ホテルMoody Gardens Hotelを中心に、水族館Aquarium Pyramidや植物園Rainforest Pyramid、博物館Discovery Museumなどが集まる複合リゾート。ペンギンやアシカ、サメなどが暮らしている水族館には、1500万ガロンのトンネル水槽がある。水族館隣にあるのが植物園で、約2000種類の動・植物の住まいだ。そのほか、ジップラインやウオータースライダー、ゴルフ場などのアウトドア施設も豊富に揃っている。

東京ドーム2.2個分の広さをもつ　おすすめ度：★★★

シュリッターバーン・ウオーターパーク　Schlitterbahn Waterparks

26エーカーの敷地に、30を超えるウオーターライドがあるウオーターパーク。ウオーターコースターやウオータースライダー、キッズプール、波のプールなどが4つのエリアに点在し、流れるプールで各エリアがつながっている。マストはウオーターコースターのMASSIV。24mの高さから滑り降りる世界一高いウオーターコースターとして、ギネス世界記録に登録されている。

ダイナミックなウオーターパーク
©Galveston Island Convention & Visitors Bureau

メキシコ湾を望む海岸に建つ　おすすめ度：★★★

ガルベストンアイランド・ヒストリック・プレジャー・ピア　Galveston Island Historic Pleasure Pier

遊園地やレストラン、みやげ物屋が集まり、地元の家族連れでにぎわう桟橋。2008年のハリケーン・アイク襲来後、6000万ドルかけて修復され、2012年にオープンした。時速約84kmの速さで急降下するローラーコースターIron Shark Rollercoasterから回転木馬Carouselまで子供に人気のアトラクションが15以上ある。

COLUMN

ガルベストンからのクルージング

アメリカではポピュラーな余暇の過ごし方であるクルーズの旅。ガルベストンはカリブ海クルーズの玄関口で、西カリブ（グランドケイマン島、コズメルほか）、東カリブ（キーウエスト、ナッソーなど）を巡る4泊5日～7泊8日のクルージングが主流。例えば、ロイヤルカリビアン・インターナショナルのビジョン・オブ・ザ・シーで行く「西カリブ海クルーズ4泊5日」は、内側客室で$397～1156（2019年9～12月出航、2名1室のひとり当たり）とお手頃。クルージングが身近なガルベストンで大海原を満喫してみよう。

●おもなクルーズ会社
Carnival Cruise Lines URL www.carnival.com
Disney Cruise Line URL disneycruise.disney.go.com
Princess Cruises URL www.princesscruises.jp（日本語）
Royal Caribbean International
URL www.royalcaribbean.jp（日本語）

MEMO テキサスならではの博物館　役目を終えた海洋掘削装置が博物館に。石油とガスに関するインタラクティブな展示を行う。Ocean Star Offshore Drilling Rig & Museum MAP P.89-D4 住Pier19, Galveston URL www.oceanstaroec.com 営夏期毎日10:00～18:00（冬期毎日～17:00）料$10

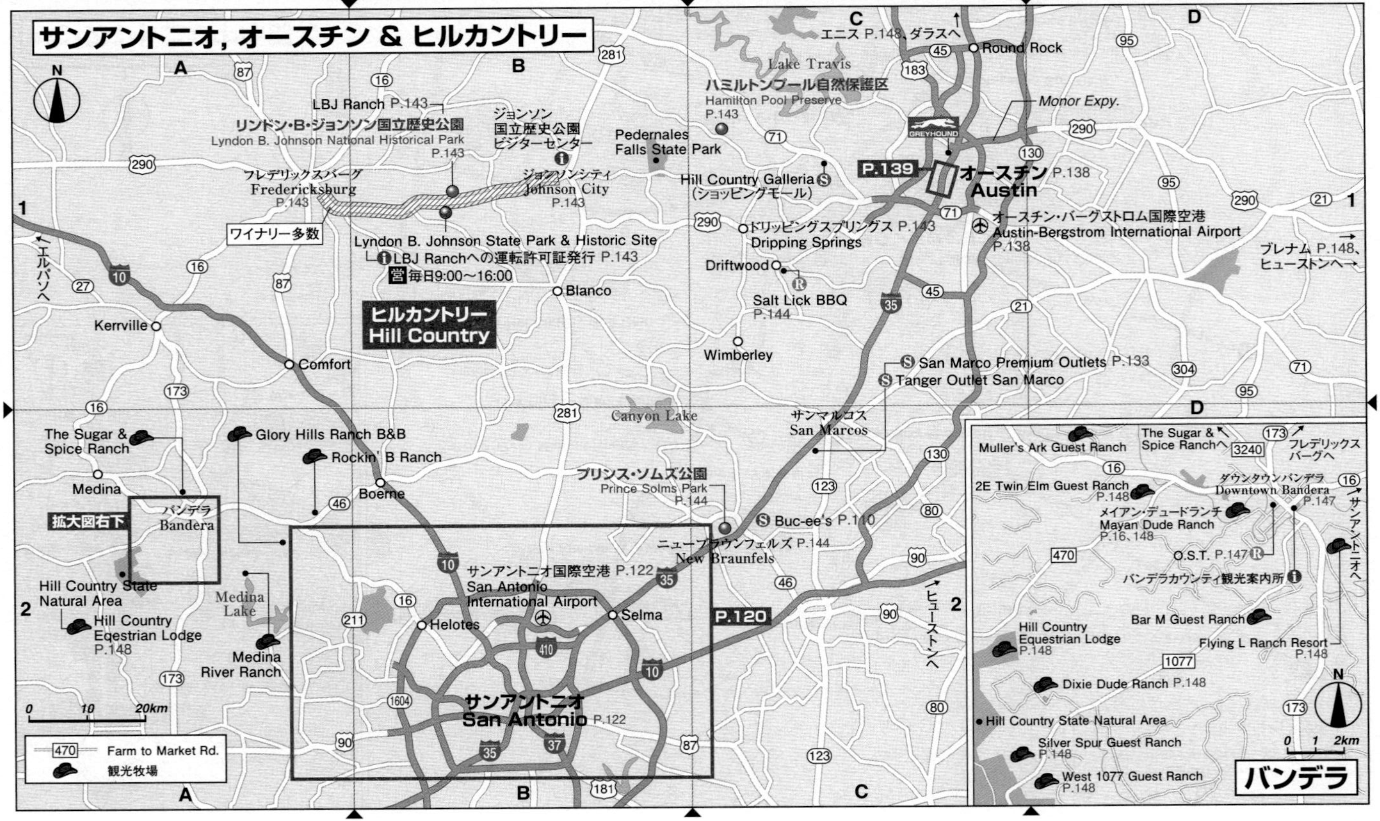
サンアントニオ，オースチン & ヒルカントリー
LBJ Ranch P.143
リンドン・B・ジョンソン国立歴史公園
Lyndon B. Johnson National Historical Park
P.143
ジョンソン
国立歴史公園
ビジターセンター
フレデリックスバーグ
Fredericksburg
P.143
ジョンソンシティ
Johnson City
P.143
ワイナリー多数
Lyndon B. Johnson State Park & Historic Site
LBJ Ranchへの運転許可証発行 P.143
営 毎日9:00～16:00
Blanco
ヒルカントリー
Hill Country
エルパソへ
Kerrville
Comfort
Pedernales
Falls State Park
Lake Travis
ハミルトンプール自然保護区
Hamilton Pool Preserve
P.143
Hill Country Galleria
(ショッピングモール)
ドリッピングスプリングス P.143
Dripping Springs
Driftwood
Salt Lick BBQ
P.144
Wimberley
エニス P.148、ダラスへ
Round Rock
Monor Expy.
GREYHOUND
P.139
オースチン P.138
Austin
オースチン・バーグストロム国際空港
Austin-Bergstrom International Airport
P.138
ブレナム P.148、
ヒューストンへ
San Marco Premium Outlets P.133
Tanger Outlet San Marco
サンマルコス
San Marcos
Canyon Lake
プリンス・ソムズ公園
Prince Solms Park
P.144
Buc-ee's P.110
ニューブラウンフェルズ P.144
New Braunfels
ヒューストンへ
The Sugar &
Spice Ranch
Medina
拡大図右下
バンデラ
Bandera
Glory Hills Ranch B&B
Rockin' B Ranch
Boerne
Hill Country State
Natural Area
Hill Country
Eqestrian Lodge
P.148
Medina
Lake
Medina
River Ranch
サンアントニオ国際空港 P.122
San Antonio
International Airport
Helotes
Selma
P.120
サンアントニオ
San Antonio P.122
0 10 20km
470 Farm to Market Rd.
観光牧場
A
B
C
D
1
2
Muller's Ark Guest Ranch
The Sugar &
Spice Ranchへ
フレデリックス
バーグへ
2E Twin Elm Guest Ranch
P.148
ダウンタウンバンデラ
Downtown Bandera
P.147
メイアン・デュードランチ
Mayan Dude Ranch
P.16、148
O.S.T. P.147
バンデラカウンティ観光案内所
サンアントニオへ
Hill Country
Equestrian Lodge
P.148
Bar M Guest Ranch
Flying L Ranch Resort
P.148
Dixie Dude Ranch P.148
Hill Country State Natural Area
Silver Spur Guest Ranch
P.148
West 1077 Guest Ranch
P.148
0 1 2km
バンデラ

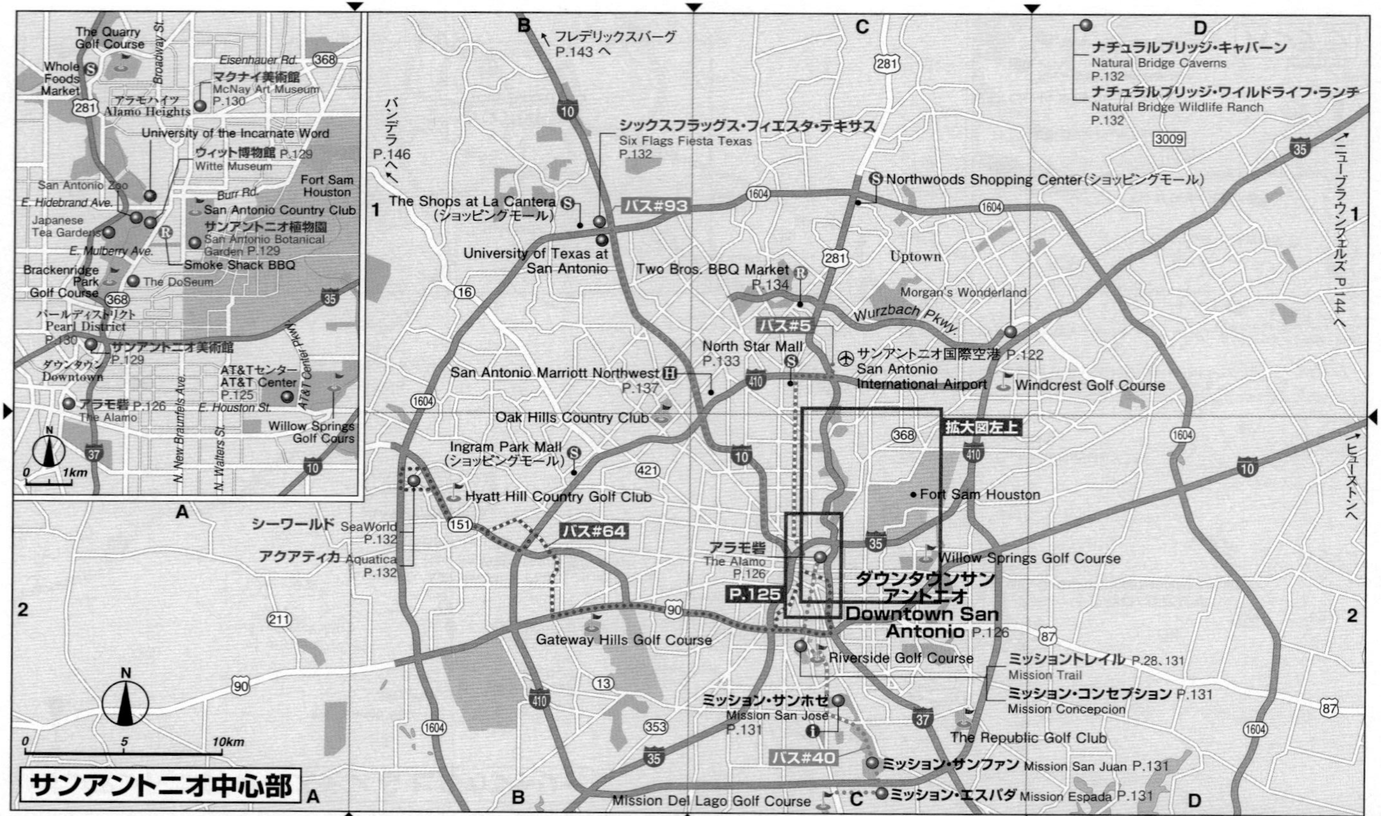
サンアントニオ中心部
フレデリックスバーグ P.143 へ
バンデラ P.146 へ
ニューブラウンフェルズ P.144 へ
ヒューストンへ
ナチュラルブリッジ・キャバーン Natural Bridge Caverns P.132
ナチュラルブリッジ・ワイルドライフ・ランチ Natural Bridge Wildlife Ranch P.132
シックスフラッグス・フィエスタ・テキサス Six Flags Fiesta Texas P.132
Northwoods Shopping Center（ショッピングモール）
The Shops at La Cantera（ショッピングモール）
University of Texas at San Antonio
Uptown
Two Bros. BBQ Market P.134
Morgan's Wonderland
Wurzbach Pkwy.
バス#93
バス#5
バス#64
バス#40
North Star Mall P.133
サンアントニオ国際空港 P.122 San Antonio International Airport
Windcrest Golf Course
San Antonio Marriott Northwest P.137
Oak Hills Country Club
Ingram Park Mall（ショッピングモール）
Hyatt Hill Country Golf Club
拡大図左上
Fort Sam Houston
シーワールド SeaWorld P.132
アクアティカ Aquatica P.132
アラモ砦 The Alamo P.126
P.125
Willow Springs Golf Course
ダウンタウンサンアントニオ Downtown San Antonio P.126
Gateway Hills Golf Course
Riverside Golf Course
ミッショントレイル P.28、131 Mission Trail
ミッション・コンセプション P.131 Mission Concepcion
ミッション・サンホセ Mission San Jose P.131
The Republic Golf Club
ミッション・サンファン Mission San Juan P.131
ミッション・エスパダ Mission Espada P.131
Mission Del Lago Golf Course
The Quarry Golf Course
Whole Foods Market
Broadway St.
Eisenhauer Rd.
マクナイ美術館 McNay Art Museum P.130
アラモハイツ Alamo Heights
University of the Incarnate Word
ウィット博物館 P.129 Witte Museum
San Antonio Zoo
Burr Rd.
Fort Sam Houston
E. Hidebrand Ave.
San Antonio Country Club
Japanese Tea Gardens
サンアントニオ植物園 San Antonio Botanical Garden P.129
E. Mulberry Ave.
Smoke Shack BBQ
Brackenridge Park Golf Course
The DoSeum
パールディストリクト Pearl District P.130
サンアントニオ美術館 P.129
ダウンタウン Downtown
AT&Tセンター AT&T Center P.125
AT&T Center Pkwy.
アラモ砦 P.126 The Alamo
E. Houston St.
N. New Braunfels Ave.
N. Walters St.
Willow Springs Golf Cours
1km
10km

サンアントニオ／オースチン地域の
オリエンテーション

テキサス州の内陸部に位置するサンアントニオの夏（7、8月）はとても暑く40℃近くまで気温が上昇することも。オースチンの夏はサンアントニオと比べて湿度があり、気温は35℃前後。どちらのエリアも5、6、10月に雨が多く、冬は温暖で降雪はほぼない。ワイルドフラワーや樹木が自生するヒルカントリーの自然環境は、春と秋の雨がもたらす産物といえる。

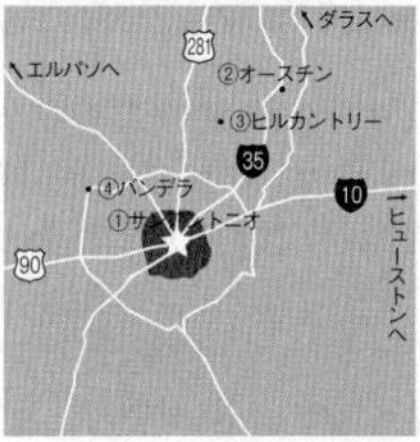

▶P.122

①サンアントニオ
San Antonio

町全体が歩きやすい造り。交通機関が発達しているので、1日あればダウンタウンのおもな見どころは回れる。世界遺産のミッション、テーマパークなどは郊外にあるので各所で1日は必要。

▶P.138

②オースチン
Austin

テキサスの州都。地元住民でにぎわうローカル感を堪能したい。テキサス大学オースチン校のキャンパス、レディ・バード湖周辺、ライブハウスが軒を連ねる6番通りなど、まったりと過ごしたい。

▶P.143

③ヒルカントリーの町
Hill Country

サンアントニオ、オースチンを含む州内陸部の丘陵地帯をヒルカントリーと呼ぶ。石灰岩地なので地下水が発達し、洞窟が多いのが特徴。春はワイルドフラワーのブルーボネット（→P. 148）が美しい。

▶P.146

④バンデラ
Bandera

デュードランチと呼ばれる観光牧場が多いエリア。野生のシカや七面鳥と遭遇したり、乗馬、チャックワゴンでの食事など、都会では味わえないカウボーイの生活を体験してみよう。

コンベンション情報

ダウンタウンサンアントニオ

ヘンリー・B・ゴンザレス・コンベンション・センター
Henry B. González Convention Center
MAP P.125-B2
住 900 E. Market St., San Antonio
☎ (210) 207-8500　URL www.sahbgcc.com
交 アラモ砦から徒歩12分、車で5分
▶ダウンタウンのホテル客室総数1万4000以上
▶繁忙期：5、6、9〜12月
▶出席者情報 URL www.sahbgcc.com/Our-Services/For/Attendees

ダウンタウンオースチン

オースチン・コンベンション・センター
Austin Convention Center
MAP P.139-B3
住 500 E. Cesar Chavez St., Austin
☎ (512) 404-4000
URL www.austinconventioncenter.com
交 ダウンタウンの南、周辺のホテルから徒歩圏内。I-35からも近い
▶ダウンタウンのホテル客室総数1万1000以上
▶繁忙期：3、5、6、9〜11月

テキサンズの心のよりどころ

サンアントニオ

MAP▶P.119-AB2

人口▶153万2200人
面積▶1193㎢
TAX▶セールスタックス　8.25%
　　ホテルタックス　16.75%
時間帯▶中部標準時（CST）

サンアントニオは世界遺産に登録されたアラモ砦が有名

1836年に起こった“アラモの戦い”の舞台として有名なサンアントニオ。当時メキシコの一部だったテキサスは独立を勝ち取るために、189人の男たちがアラモ砦で命を賭けて壮絶な戦いを繰り広げた。

町の中心を流れるサンアントニオ川は、川沿いの遊歩道が町の名所になっている。夜になるとネオンがキラキラと反射し、きらびやかな雰囲気を醸し出している。多くの観光客が川沿いのレストランに列をなし、名物のリバーボートがひっきりなしに往来している。2015年にはアラモの戦いの舞台であるアラモ砦と、サンアントニオの南にある4つのミッション（伝道所）が世界遺産に登録されるなど、全米有数の観光地であるサンアントニオの注目度がさらに高まっている。

アクセス

San Antonio International Airport
MAP P.120-C1
住9800 Airport Blvd., San Antonio
☎(210) 207-3433
URL www.sanantonio.gov/sat

飛行機

サンアントニオ国際空港

San Antonio International Airport (SAT)

ダウンタウンの北16㎞、車で20分の距離に位置する。年間を通して1000万人以上が利用し、毎日90便以上が到着している中規模クラスの空港だ。ターミナルはAとBのふたつ。デルタ、アメリカン、ユナイテッド航空など大手航空会社のほか、サウスウエスト航空やアラスカ航空、フロンティア航空が乗り入れている。日本からの直行便はないが、ダラスやロスアンゼルスからの便が多いうえ、アトランタやシカゴ、デンバー、ヒューストン、フェニックスなどからも毎日数便出ている。

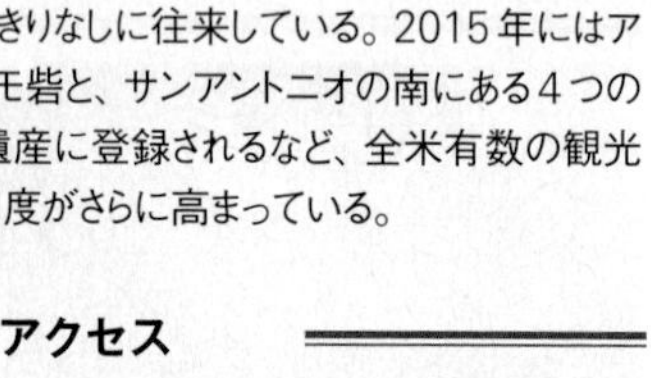

サンアントニオ空港には大手航空会社が乗り入れている

MEMO **サンアントニオの宿泊状況**　6～9月の夏期がハイシーズンで、宿泊料金はかなり高い。半面、10～3月はローシーズンで比較的安い。

● 空港から／空港へのアクセス

	種類／名称／連絡先	行き先／運行／料金	乗車場所／所要時間／備考
空港シャトル	**スーパーシャトル** SuperShuttle FREE (1-800) 258-3826 URL www.supershuttle.com	**行き先▶**市内や周辺どこでも **運行▶**24時間随時 **料金▶**ダウンタウンまで片道$23	**空港発▶**両ターミナルのバゲージクレームを出た所（毎日9:00～翌1:00） **空港行き▶**前日までにウェブなどで予約をしてから乗車 **所要時間▶**ダウンタウンまで約20分
路線バス	**VIAバス#5** VIA Bus #5 ☎(210) 362-2020 URL www.viainfo.net	**行き先▶**ダウンタウン **運行▶**空港発は月～金5:29～21:44、土6:02～21:52、日6:49～21:48の20～60分間隔。空港行きはダウンタウンのNavarro St. & Villita St.を月～金5:05～21:35、土6:00～22:10、日6:00～21:45の20～60分間隔 **料金▶**$1.30	**空港発▶**バゲージクレームを出て、ターミナルBの西の端にある中州のバス停から乗車 **空港行き▶**ダウンタウンのNavarro St. & Villita St.などから **所要時間▶**約40分
タクシー	**イエローキャブ** Yellow Cab ☎(210) 222-2222 URL yellowcabsa.com	**行き先▶**市内や周辺どこでも **運行▶**24時間随時 **料金▶**ダウンタウンまで約$37～52	**空港発▶**各ターミナルのバゲージクレームを出た所から乗車 **空港行き▶**事前に電話予約、または主要ホテルから乗車 **所要時間▶**ダウンタウンまで約25分

● 空港から車を借りる

レンタカーセンターRental Car Facilitiesは空港の敷地内にあり、ターミナルBを出たTerminal Dr.の向かいにある。バゲージクレームからはエレベーターに乗り、スカイブリッジを渡る。大手はもちろん、中小のレンタカー会社が入居している。営業時間は会社によって異なるので注意。

※レンタカーについては
→P.363

長距離バス

グレイハウンド

Greyhound

バスディーポはダウンタウンの北、St. Mary's St.とPecan St.の角にある。ダウンタウン中心部まで徒歩12分ほど。ヒューストンから毎日8便（所要約3時間30分）、オースチンから毎日12便（所要約1時間30分）、ダラスから毎日12便（所要約5時間）が乗り入れている。

グレイハウンドのバスディーポはダウンタウンにある

Greyhound Bus Depot
MAP **P.125-B1**
住 500 N. St. Marys St., San Antonio
☎(210) 270-5868
URL www.greyhound.com
営 24時間

鉄道

アムトラック

Amtrak

アムトラックの鉄道駅はダウンタウンの東

サンアントニオ駅はダウンタウン東のインターステートを越えた所にある。ダウンタウン中心部まではCommerce St.を東に1km行く。徒歩約12分。シカゴとサンアントニオを結ぶテキサスイーグル号が1日1便、ニューオリンズとロスアンゼルスを結ぶサンセットリミテッド号が週3便、停車する。

Amtrak
MAP **P.125-B2**
住 350 Hoefgen St., San Antonio
FREE (1-800) 872-7245
URL www.amtrak.com
営 毎日21:00～翌7:00

サンアントニオの市内交通

VIAバス

VIA Bus

ダウンタウンを中心に市内を走る市バスVIA。なかでも、観光地を回るVIVAが便利。アラモ砦やコンベンションセンター、ヒストリック・マーケットスクエアなどを回るVIVA #301、アラモ砦とパールディストリクトを結ぶVIVA#11、アラモプラザからミッションコンセプション、ミッションサンノゼ、ミッションサンファンに行くVIVA#40は旅行者にも使い勝手がいいラインだ。

白い車体にVIAと書かれているので見つけやすいVIAバス

ゴーリオ・リバーシャトル（ウオータータクシー）

Go Rio River Shuttle

サンアントニオ川を北はパールディストリクトから南はリバーセンターまでを結んで航行するボート。毎日10:00～21:00のほぼ1時間ごとに出発し、計13ヵ所に停泊、片道約45分。なお、北行きと南行きでは停泊所が異なるので注意。同社はナレーション付きサンアントニオ川のリバークルーズも催行している（→下記）。

ツアー

ゴーリオ・クルーズ

Go Rio Narrated Cruises

一度は乗りたいボート

町の中心を流れるサンアントニオ川をクルーズする、サンアントニオ観光No.1の人気アトラクション。ショップス・アット・リバーセンターやコンベンションセンターなどを巡り、リバーウオーク沿いを歩く人や色鮮やかに装飾された建物を眺めることができる。1周35分で、毎日9:00～22:00の15～60分間隔。

シティ・サイトシーイング・サンアントニオ

City Sightseeing San Antonio

市内のおもな見どころを巡る、乗り降り自由のホップオン・ホップオフ・ツアー。サンアントニオ観光案内所を出発して、パールディストリクト、サンアントニオ美術館、トービン・センター・フォー・パフォーミング・アーツ、スペイン総督邸、ヒストリック・マーケットスクエア、キングウィリアム歴史地区、タワー・オブ・ジ・アメリカスなどに停車する。1周約1時間。

2階建てバスなので眺めもいい

VIA Bus

☎(210) 362-2020

URL www.viainfo.net

料 $1.30、エクスプレス$2.60、トランスファー15¢。1日券$2.75

営 ルートにより異なるが、毎日5:00～23:00頃。VIVA#301は毎日7:00～23:00（土・日9:00～）、VIVA#11は毎日9:00～20:00、VIVA#40は毎日8:30～17:30

● **VIA Downtown Information Center**

MAP P.125-A2

住 211 W. Commerce St., San Antonio

☎(210) 475-9008

営 月～金8:00～13:00、14:30～17:00、土9:00～14:00　休 日

Go Rio River Shuttle

☎(210) 227-4746

URL www.goriocruises.com

料 1日券$19.50、3日券$28.50

チケット売場

● **Historia**

住 706 River Walk, Market St. Bridge & Alamo St.

● **Rivercenter**

住 849 River Walk, Commerce & Bowie St.

● **Aztec Theater**

住 731 River Walk, Crockett & St. Mary's St.

●ツアー

Go Rio Narrated Cruise

料 $13.50、1～5歳$7.50、65歳以上$10.50

※電話番号、ウェブサイト、チケット売場は上記のGo Rio River Shuttle参照

City Sightseeing San Antonio

住 216 E. Crockett St., San Antonio

☎(210) 224-8687

URL www.citysightseeingsanantonio.com

料 1日券$35、子供（5～11歳）$30

運行／毎日8:40～17:30、約20分間隔

サンアントニオ観光案内所やウェブサイト、車内でチケットを購入できる

MEMO **サンアントニオの1日観光モデルコース**　サンアントニオの中心部は歩ける距離。世界遺産のミッショントレイルはバスを利用しよう―8:30（中心部からVIAバス#42で約30分）→9:00ミッション・サンノゼ→（VIAバス#42で逆方向に約10分）→10:30ミッションコンセプション→（VIAバス#42で中心部へ約20分）→12:00ヒストリック・マーケット

Sports サンアントニオのスポーツ

観光都市であるサンアントニオには、強豪のバスケットボールチームがある。ホームアリーナは中心部から少し外れた所。

San Antonio Spurs

NBA サンアントニオ・スパーズ（西・南地区）

1967年創設、NBA5回のファイナル制覇を誇る人気の強豪チーム。スパー Spurとは馬に乗る際ブーツのかかとに付ける拍車のこと（これで馬に合図を送る）。ここ数年は納得のいかないシーズンが続く。

本拠地――AT&Tセンター **MAP P.120拡大図**
住 1 AT&T Center Pkwy., San Antonio
☎ (210)444-5000
URL www.nba.com/spurs
交 ダウンタウンの 3rd St.を走るVIA#24のバスで約15分。左側に見えてくる

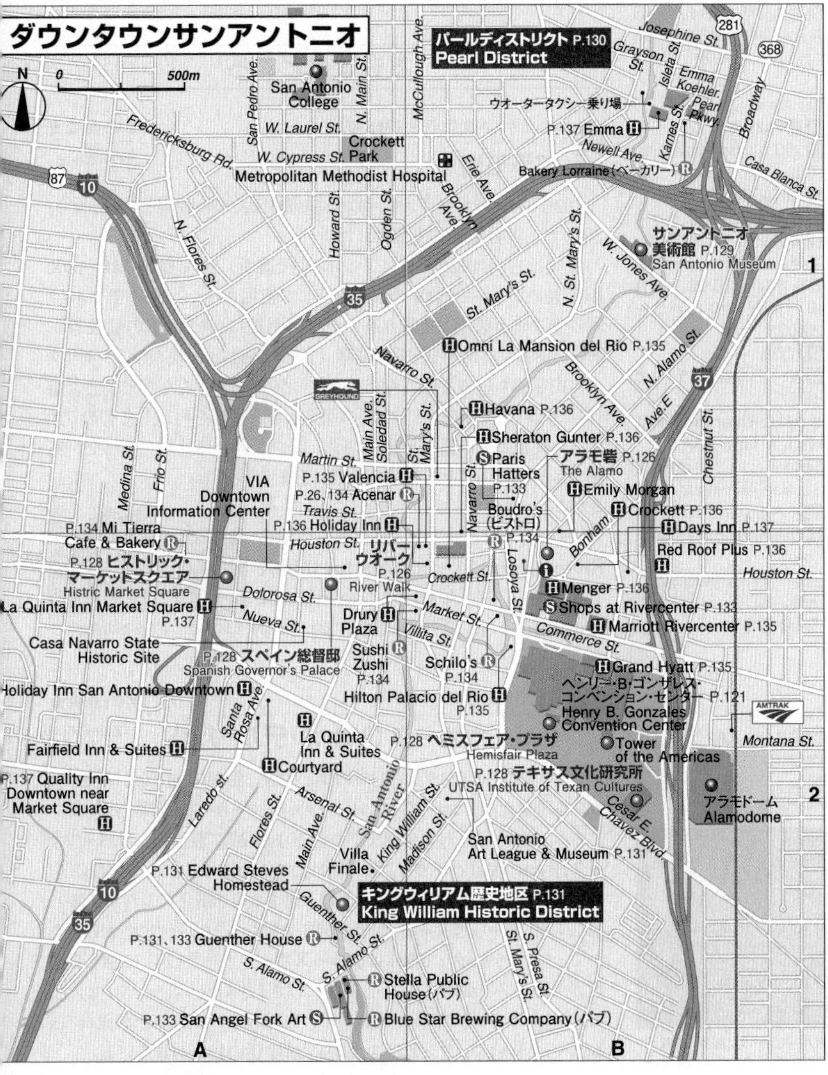

スクエアでみやげ物を物色しながらランチ→14:00スペイン総督邸→15:00アラモ砦→16:30ヘミスフェア・プラザのタワー・オブ・ジ・アメリカス→18:00リバーウオーク散策と夕食

サンアントニオの歩き方

ダウンタウンの中心部は徒歩で移動できる。少し離れた見どころへはVIAバスが便利だ。サンアントニオでいちばんの観光スポットであるアラモ砦の前に観光案内所があり、市内地図や観光ポイントのパンフレットを入手できる。夜でも、リバーウオークを中心としたエリアはとてもにぎわっているが、日が暮れたらダウンタウンよりハイウエイの外側へは行かないようにしたい。時間がない人はホップオン・ホップオフのバスツアーに参加するといい。もちろんリバーウオークは忘れずに。

アラモの砦の目の前にある観光案内所

おもな見どころ

アメリカ人の愛国心が永遠に宿る　おすすめ度：★★★

アラモ砦　The Alamo

1836年、テキサスがメキシコから独立するための戦場となった所で、2015年、世界遺産に登録された。

歴史は古く、1720年代にミッション（伝道所）として建造され、1800年代初めからメキシコ軍の駐屯地として使用された。1835年アメリカ軍が砦である駐屯地を取り返すが、3ヵ月後にメキシコ軍の猛反撃にあい、189人の死者を出して陥落（アラモの戦い）。現在は、テキサスの自由を勝ち取るためにメキシコと戦ったアメリカ兵をたたえる記念館（アラモ砦）となっている。中央の聖堂には、当時を再現した砦のジオラマや英雄たちの遺品が展示され、戦いがいかに壮絶であったか実感できるだろう。アラモの戦いを深く理解するために、事前にショップス・アット・リバーセンターにある**アイマックスシアター AMC Rivercenter 11 with Alamo IMAX**で上演されている『Alamo : The Price of Freedom』（約50分）を鑑賞するといい。

サンアントニオで必訪の見どころ

小川沿いで散策　おすすめ度：★★★

リバーウオーク（パセオ・デル・リオ）　River Walk (Paseo del Rio)

まるで運河のようにダウンタウンの中心部を、曲がりくねりながら流れるサンアントニオ川。ショップス・アット・リバーセンターから観光案内所、サンアントニオ美術館、ミッションズまでの約20kmを結ぶ遊歩道は**リバーウオーク River Walk**、スペイン語ではパセオ・デル・リオ Paseo del Rio（川の散歩道）と呼ばれている。車が通る地上から1階下のレベルにあり、都会の喧騒から逃れることができる憩いの場。昼より夜のほうがにぎやかで、ロマンティック。できれば**クルーズボート**（→P.124）に乗って川面から町並みを眺めてみよう。川岸にはさまざまなレストランやショップ、ホテルなどがぎっしりと軒を連ね、ジャズの演奏やマリアッチが流れてくるといった具合に、サンアントニオならではの魅力にあふれている。

---

i 観光案内所

Visitor Information Center

MAP P.125-B2
住 317 Alamo Plaza, San Antonio
☎ (210) 244-2000
FREE (1-800) 447-3372
URL www.visitsanantonio.com
営 毎日9:00～17:00
休 サンクスギビング、12/25、1/1
交 ダウンタウンの中心、N. Alamo St. とW. Crockett St.の角。アラモプラザAlamo Plazaを挟んだアラモ砦The Alamoの向かい側

The Alamo

MAP P.125-B2
住 300 Alamo Plaza, San Antonio
☎ (210) 225-1391
URL www.thealamo.org
営 毎日9:00～17:30（春・夏期と11月末～12月末の月～木は～19:00、11月末～12月末の金～日～20:00）
休 12/25
料 無料（日本語オーディオガイド$7）

● **AMC Rivercenter 11 with Alamo IMAX**
住 849 E. Commerce St., San Antoino
FREE (1-888) 262-4386
URL www.amctheatres.com
料 $12.44、子供$9.52
上映／毎日10:00～17:00の1時間間隔

River Walk

MAP P.125-AB2
☎ (210) 227-4262
URL www.thesanantonioriverwalk.com

リバーウオークは昼間より夜がロマンティック

MEMO **アラモの戦いが舞台となった映画**　日本人の「忠臣蔵」に匹敵するアメリカ人にとっての「アラモ」。アラモが舞台になった映画には次のものがある。『アラモ』1960年作、監督・主演ジョン・ウェイン。『アラモ』2004年、監督ジョン・リー・ハンコック、主演ジェイソン・パトリック、デニス・クエイド。

COLUMN

テキサス独立を目指して命を賭けた189人の魂が宿る

アラモ砦の歴史

　サンアントニオ観光最大の拠点、アラモ。何が多くの人々を魅了するのだろうか。それはやはり、映画にまでなった"アラモの戦い"があったからだ。テキサスを愛し、メキシコからの独立を求めて戦った英雄たちのドラマだろう。サンアントニオはアラモなくしては語れないのだ。

伝道教会として

　1718年、サンペドロ教会区に、スペイン神父によって伝道教会San Antonio de Valeroが建てられた。その後、サンアントニオ川東岸に移されたが、1724年ハリケーンに襲われ、現在の地に再建された。1727年には、伝道師たちの居住空間として、今はミュージアムとして現存する2階建て石造りのLong Barrackが建てられている。1744年、教会も石造りに建て直す工事が始まるが、あえなく崩れ落ち、再び着工されたのは2年後のことだった。今でもアラモの聖堂の扉には1746年の日付が刻まれているのが見られる。

　しかし、たび重なる伝染病のため人口が減り、伝道活動の終わりとともに1793年、工事の完成を見る間もなく伝道教会としての役割を終えた。

メキシコ独立とテキサス誕生への動き

　その後教会は、スペイン軍の駐屯地として使われていたが、1821年メキシコがスペインから独立。そしてこの頃テキサスでは、アメリカからの移住者も増え、メキシコの独裁政治に対し、テキサスの自治権を求める気運が高まっていった。この不穏な動きを一掃するため、独裁者アントニオ・ロペス・デ・サンタ・アンナはコス将軍をサンアントニオへ派兵。しかしテキサスの義勇軍は、1835年12月、メキシコ軍を破り、その砦アラモを奪い、そこを拠点とした。

運命の13日間

　戦果を聞き、怒り狂ったサンタ・アンナは、自ら大軍を率いて2月23日、サンアントニオ川の対岸に現れた。対してアラモ砦を守るのは、英雄ジム・ボウイをはじめ、指揮官ウィリアム・トラヴィス、デイビッド・クロケットなど愛国心にあふれ、自由を求める勇者たち。この日から13日間の激しい攻防が始まった。トラヴィス軍は善戦はするものの、あまりにも兵の数が違い過ぎた。多勢に無勢の状況下でトラヴィスは2月24日、援軍を求める手紙を書く。しかし、援軍は待てども待てども来る気配がない。それを待つ間にも勝敗が見えてきた。とうとう、3月3日、トラヴィスは全員を広場に集め、自分の前に刀で線を引いて言った。「もはや援軍は来ないだろう。望みはなくなった。私と死ぬまで一緒に戦う者だけ線を越えろ」。これは、生か死か、最後の選択だった。しかし、たったひとりを除いて188人の愛国者が躊躇することなく、トラヴィスとともに死を選んだ。病のため歩くこともままならないジム・ボウイでさえも。

　そして3月6日、運命の朝が来た。サンタ・アンナの「ひとりとして残すな」のかけ声とともに4000人のメキシコ軍がアラモに攻め入ってきた。テキサス軍の全滅で、ついに長く激しい13日間が幕を閉じたのだった。生き残ったのは女・子供ばかり、兵士ではない者たちだった。

テキサスの独立と合衆国への併合

　勝利したものの、予想以上のダメージを受けたメキシコ軍は、アラモ砦陥落の46日後、4月21日、"Remember the Alamo（アラモを忘れるな）！"のかけ声も勇ましいサム・ヒューストン将軍率いるテキサス軍に壊滅させられ、ついにテキサスは独立する。

　そして独立の日々を経て、1845年12月29日、テキサスは合衆国に併合された。

アラモの戦いは何度も映画化されてきた

大きなメキシカンマーケット　おすすめ度：★★★

ヒストリック・マーケットスクエア Historic Market Square(Mercado)

ダウンタウンの西、大きく1ブロックを占める、テキサスでは最大規模といわれているメキシカンマーケット。名物レストランやみやげ物屋が軒を連ねるほか、メルカドMercadoの建物内には民芸品やアクセサリー、ドレス、帽子などのカラフルなメキシコの衣料や装飾品を売るショップ、メキシコ料理のファストフード店が30店以上も入っていて、ぶらぶらするだけでも楽しい。San Saba St.を挟んだ向かい側にも、民芸品やファストフードなどの店が入っている**ファーマーズマーケット・プラザFarmars Market Plaza**がある。

メキシコ民芸品やおみやげが並ぶマーケット

Historic Market Square(Mercado)
MAP P.125-A2
住514 W. Commerce St., San Antonio
☎(210)207-8600
URL www.marketsquaresa.com
営毎日10:00～18:00（店舗により異なる）

元テキサス州政府があった　おすすめ度：★★★

スペイン総督邸 Spanish Governor's Palace

シティホールの西側、ミリタリー広場Military Plazaにスペイン総督邸がある。1716年、この建物はアラモの司令官の住居として使われるはずだった。しかし、1722年にサンアントニオがスペイン領テキサス州の州都に指定され、テキサス州政府がおかれることになった。邸内には当時のスペイン貴族風のインテリアが施されているほか、生活用品などが展示されている。テキサス州に現存する唯一の18世紀スパニッシュ・コロニアル様式のタウンハウスとして、1970年に歴史建造物として指定された。

スペイン植民地時代の生活様式が再現されている

Spanish Governor's Palace
MAP P.125-A2
住105 Plaza De Armas, San Antonio
☎(210)224-0601
URL www.nps.gov/nr/travel/american_latino_heritage/spanish_governors_palace.html
営火～日9:00～17:00（日10:00～）
休月、12/25、1/1
料$5、シニア・子供（7～13歳）$3、7歳未満無料

万国博の会場になった　おすすめ度：★★★

ヘミスフェア・プラザ Hemisfair Plaza

1968年に開催されたサンアントニオ国際博覧会の会場となった場所で、緑の多い広い公園。園内には展望台Flags Over Texas: Observation Deckから町の鳥瞰図が楽しめる**タワー・オブ・ジ・アメリカスTower of the Americas**やテキサス文化研究所、コンベンションセンターがある。

ヘミスフェア・プラザ。中央の塔が、タワー・オブ・ジ・アメリカス

Hemisfair Plaza
MAP P.125-B2
住434 S. Alamo St., San Antonio
URL hemisfair.org
営毎日7:00～24:00
●**Tower of the Americas**
住739 E. César E. Chávez Blvd., San Antonio
☎(210)223-3101
URL www.toweroftheamericas.com
営毎日10:00～22:00（金・土～23:00）
料$14、シニア$12、4～12歳$11
※展望階の下には高級レストラン Chart House Restaurant
営毎日11:00～22:00（金・土～23:00）。料金は高いが人気がある

テキサスの成り立ちを知る　おすすめ度：★★★

テキサス文化研究所 UTSA Institute of Texan Cultures

現在のテキサスの文化は、さまざまな国から、それぞれの文化を持ち込んだ移民たちによって造られた。先住民をはじめ、スペイン、レバノン、ギリシャ、ドイツ、ポーランド、中国からの移民たちの生活を国別に写真パネルなどで解説したり、町の歴史や現在のテキサスっ子を紹介している。

UTSA Institute of Texan Cultures
MAP P.125-B2
住801 E. Cesar E. Chavez Blvd., San Antonio
☎(210)458-2300
URL www.texancultures.com
営毎日9:00～17:00（日12:00～）
休おもな祝日
料$10、シニア（65歳以上）・子供（6～17歳）$8

市民に愛されるオアシスでのんびり過ごそう　おすすめ度：★★★

サンアントニオ植物園　San Antonio Botanical Garden

ダウンタウンの北の丘陵地にある38エーカー（約13万㎡）の植物園。1976年に起工式が行われ、1980年に一般公開された。季節に応じた花が咲き乱れるメインの庭園を中心に、地形に合わせたネイチャートレイルが敷かれ、南テキサス特有の植物が配置されている。モダンな形状の建物は温室で、熱帯に自生するラン、乾燥地帯や高山に自生するサボテンや多肉植物など、生育環境が異なる植物で構成されている。多様なスタイルの庭園があるなか、非常に感心させられるのが日本庭園だ。サンアントニオ市と姉妹都市である熊本市が整備したもので、水前寺公園や桂離宮の庭園がモチーフになっている（2019年秋現在工事のため閉園）。野鳥が集まることでも有名で、鳥のさえずりが心地よい。旅行の口コミサイトで、州内No.1の植物園にも選ばれた。

San Antonio Botanical Garden
MAP P.120/拡大図
住 555 Funston Pl., San Antonio
☎ (210) 536-1400
URL www.sabot.org
営 毎日9:00～17:00
休 サンクスギビング、12/25、1/1
料 大人$12、3～13歳$9
交 ダウンタウンからViVA Culture #11Bが植物園前まで運行

花と緑に調和するように彫刻が配置されている
©Visit San Antonio

インタラクティブな展示が充実した　おすすめ度：★★★

ウィット博物館　Witte Museum

サンアントニオ市の文化施設が集まるブラッケンリッジパーク Brackenridge Parkの東側にある自然歴史博物館。1926年にサンアントニオのビジネスマン、アルフレッドW.ウィッテの遺産の一部を資金に設立された。

まず、エントランスをくぐると高い天井を飛ぶ翼竜、ケツァルコアトルスが目に飛び込んでくる。そして、古代の海を表現した中央ホールのティラノサウルス・レックス、アクロカントサウルス、モササウルスの巨大レプリカに出迎えられて展示室へと導かれる。特別展示と常設展示で約10のコーナーがあり、特にテキサス州の歴史をつづるゾーンはジオラマを使った展示で、小さな子供にも理解できるような工夫がされている。

2階からホールを見下ろしてもこの迫力だ©Visit San Antonio

Witte Museum
MAP P.120/拡大図
住 3801 Broadway St., San Antonio
☎ (210) 357-1900
URL www.wittemuseum.org
営 毎日10:00～17:00（火～20:00、日12:00～）
休 イースター10月第3月曜日、サンクスギビング、12/25
料 大人$14、4～11歳$10、毎週火曜15:00～20:00は入場無料
交 ダウンタウンからViVA Culture #11A、#11Bが博物館前まで運行

Brackenridge Park
URL brackenridgepark.org
サンアントニオ動物園、日本庭園のほかガーデンシアターやゴルフコースなどもある

もとはビール工場だった　おすすめ度：★★★

サンアントニオ美術館　San Antonio Museum of Art

ローンスター・ブリュワリーの工場を改装して1981年にオープンした美術館。エジプト、東アジア、ヨーロッパ、アメリカなど世界各地のあらゆる年代の美術作品を常設しているなか、特に、先コロンブス期やスペイン植民地時代の民芸品に力を入れている。館内は天井が高く、ガラス張りの渡り廊下もあって、建物自体が美術品のようだ。ゆったりとした雰囲気のなか美術鑑賞が楽しめる。興味を引くのは、サンアントニオのアーティストに焦点を当てたコーナー。ラテンアメリカの作品も多く、現代アメリカ美術も見応えがある。

ビール醸造所が美術館に変身

San Antonio Museum of Art
MAP P.125-B1
住 200 W. Jones Ave., San Antonio
☎ (210) 978-8100
URL samuseum.org
営 火～日10:00～17:00（火・金～21:00）
休 月、おもな祝日
料 $20、シニア(65歳以上) $17、学生$12、12歳以下無料
火曜16:00以降と日曜12:00までは無料

McNay Art Museum
MAP P.120/拡大図
住6000 N. New Braunfels Ave., San Antonio
☎(210)824-5368
URL www.mcnayart.org
営水～土10:00～18:00(木～21:00、土～17:00)、日12:00～17:00
休月・火、7/4、サンクスギビング、12/25、1/1
料$20、シニア(65歳以上)・学生$15、子供(19歳以下)無料

エレガントな気分にさせてくれる美術館　おすすめ度：★★★

マクナイ美術館

McNay Art Museum

サンアントニオの資産家マリオン・クーグラー・マクナイ夫人のプライベートコレクションが集められた美術館。1950年に彼女が亡くなったあと700以上の作品と住んでいた家が寄付され、1954年に美術館として一般公開された。2008年にはフランス人建築家ジャン＝ポール・ヴィギエにより別館Jane & Arthur Stieren Center for Exhibitionsが建てられ、彫刻を展示するギャラリーや庭園、レクチャーホールなどが増設された。

23エーカーある敷地には、色とりどりの花が咲くパティオ（中庭）を囲むように白壁の美しいスペイン風の建物がどっしりと建ち、その中にフランス印象派やアメリカの現代絵画、ニューメキシカン・アートなど、貴重なコレクション約2万2000点が所蔵されている。特に人気の作品には、ポール・ゴーギャンの『Sister of Charity』、アメデオ・モディリアーニの『Girl with Blue Eyes』、ピエール・ルノワールの『The Serenade』、ジョージア・オキーフの『Leaf Motif, No. 2』、アンリ・マリー・レイモン・ド・トゥルーズ＝ロートレックの『Aristide Bruant aux Ambassadeurs』などがあり、日本人にもなじみのある作品も見られて興味深い。ダウンタウンの雑踏を逃れてひと息つくには最適の美術館だ。

スペイン・コロニアル様式の建物は、かつてマクナイ夫人の邸宅であった

Pearl District
MAP P.125-B1
住I-35の北側のエリア
URL www.atpearl.com

Farmers Market
URL atpearl.com/farmers-market
営土 9:00～13:00、日10:00～14:00

おしゃれなレストランやショップが集まる　おすすめ度：★★★

パールディストリクト

Pearl District

サンアントニオダウンタウンの北2㎞にある、近年注目を集めているエリア。2001年に閉鎖されたパールブリュワリーやリバーウオーク沿いの16ブロックを占める敷地が整備され、平日は仕事終わりの会社員が、週末には家族連れが集まるスポットとしてにぎわっている。全米で有名な料理学校The Culinary Institute of Americaや併設するレストランのSavor、セレクトショップ、ホテルのHotel Emma（→P.137）が続々オープンしている。また、土日には、地元の農家が集まって新鮮な野菜や果物、チーズ、オリーブオイルなどを販売する**ファーマーズマーケットFarmers Market**も開かれる。

川沿いの風景

旧工場も改装され、レストランなどが開業している

パールディストリクトにはおしゃれなレストランが多い

ドイツの面影を残し、豪邸が集まる　おすすめ度：★★★

キングウィリアム歴史地区 King William Historic District

ダウンタウンの南に最初のドイツからの人たちが住んだエリアがある。緑濃い街路に1860～1890年代に完成したビクトリア調の建物が建つ、瀟洒な住宅街だ。King William St.沿いに多いがなかでも、**エドワード・スティーブズ・ホームステッド Edward Steves Homestead**や**サンアントニオ・アート・リーグと美術館 San Antonio Art League & Museum**、**グンサーハウス Guenther House**は現在一般公開されている。

南部の豪邸が連なるキングウィリアム歴史地区

1876年に建てられたエドワード・スティーブズ・ホームステッドは、3階建てのビクトリア・フレンチ様式の建物。キッチン、使用人の部屋、馬車置き場などが備え付けられていた。600以上の作品が所蔵されているサンアントニオ・アート・リーグと美術館は、1896年に完成した建物に入る美術館。レストラン（→P.133）として営業しているグンサーハウスは、Pioneer Flour Millsという製粉会社の創業者の邸宅だった。1860年完成の建物には、ギフトショップや博物館も併設する。

King William Historic District
MAP P.125-AB2
URL www.nps.gov/nr/travel/tx/tx36.htm

●Edward Steves Homestead
MAP P.125-A2
住 509 King William St.
☎ (210) 223-9800
URL www.saconservation.org
営 火～日10:00～15:30
休 月　料 $10、シニア(65歳以下)・学生$8

●San Antonio Art League & Museum
MAP P.125-B2
住 130 King William St.
☎ (210) 223-1140
URL www.saalm.org
営 火～土10:00～15:00
休 日・月　料 無料

●Guenther House
MAP P.125-A2
住 205 E. Guenther at King William
☎ (210) 227-1061
URL www.guentherhouse.com
営 レストラン＆博物館：毎日7:00～15:00　料 無料

2015年の世界遺産に登録された　おすすめ度：★★★

ミッショントレイル Mission Trail

ダウンタウンの南、ミッションロードMission Rd.沿いには、4つの姉妹ミッション（伝道所）が点在する。当時の姿をとどめているものとしては、アメリカ最古の教会がある**ミッションコンセプション Mission Concepción**。色彩豊かだった教会の面影を一部見ることができる。"Queen of the Missions"と呼ばれる、最も大きい**ミッション・サンノゼ Mission San José**には、国立公園のビジターセンターがある。ここは1720年から約100年にわたって伝道所として使われ、多いときは約350もの人々が住んでいた。敷地内には墓地もある。

美しいRose Windowで知られる、小さいがかわいい教会をもつ**ミッション・サンファン・カピストラノ Mission San Juan Capistrano**。そして、自然の中に遺跡のように建っている**ミッション・サンフランシスコ・デ・ラ・エスパダ Mission San Francisco de la Espada**。こうした伝道教会は、どれもスペインの植民地時代の生活を物語るすばらしい建造物だ。

世界遺産のミッションへは路線バスでも行けるので、ぜひ寄りたい

Mission Trail
URL www.nps.gov/saan

ⓘビジターセンター
MAP P.120-C2
住 701 San Jose Dr., San Antonio
☎ (210) 932-1001
URL www.nps.gov/saan
営 毎日9:00～17:00
休 サンクスギビング、12/25、1/1　料 無料

●Mission Concepción
MAP P.120-C2
住 807 Mission Rd.
営 毎日9:00～17:00

●Mission San José
MAP P.120-C2
住 6701 San Jose Dr.
営 毎日9:00～17:00

●Mission San Juan
MAP P.120-C2
住 9101 Graf Rd.
営 毎日10:00～17:00

●Mission Espada
MAP P.120-C2
住 10040 Espada Rd.
営 毎日10:00～17:00

SeaWorld San Antonio
MAP P.120-B2
住10500 Sea World Dr., San Antonio
☎(210) 520-4732
URL seaworld.com/san-antonio
営5月中旬～8月下旬毎日10:00～(閉園18:00～22:00)、そのほかの期間は基本的に週末のみ。アクアティカは夏期のみ営業
休不定期
料1日券3歳以上$74.99、アクアティカとセット$84.99
※駐車料金$21.25
交VIAバス#64でWiseman Blvd.のバス停下車、徒歩約15分。所要1時間。ダウンタウンから車で30～40分

Six Flags Fiesta Texas
MAP P.120-B1
住17000IH-10 West, San Antonio
☎(210) 697-5050
URL www.sixflags.com/fiestatexas
営4月末～8月下旬毎日10:30～(閉園18:00～22:00)、そのほかの期間は変則営業。ウオーターパークは4月末～8月下旬毎日12:00～19:00、以降9月上旬まで週末のみ営業
休不定期
料1日券$84.99、身長48フィート(約146㎝)以下の子供$69.99、2歳以下無料(ウオーターパーク入場料含む)
※駐車料金$27
交VIAバス#94が入口まで運行。所要40分。ダウンタウンから車で25～35分

家族で楽しめるマリンパーク　おすすめ度:★★★

シーワールド・サンアントニオ SeaWorld San Antonio

海洋生物の特性や生態に焦点をあてた展示と体験型プログラムを中心に、ライドアトラクションやショーを展開するテーマパーク。エンターテインメントだけでなく、自然界で負傷した動物たちをレスキューし、野生復帰に必要なケアを行うなど、自然保護活動にも積極的に取り組んでいる。

園内はショーやスリルライドをメインとしたシーワールド、「イルカと泳ぐ」など海の生物との触れ合いプログラムを行うディスカバリーポイント、南洋の楽園をイメージした砂浜のビーチと波のプール、水中トンネルがあるスライダーなど、奇想天外なアイデアがいっぱいのウオーターパークアクアティカの3つのエリアで構成されている。

イルカと触れ合える施設もある

絶叫系ライド揃いの遊園地といえば　おすすめ度:★★★

シックスフラッグス・フィエスタ・テキサス Six Flags Fiesta Texas

人気ライドは優先入場パス、フラッシュパスを購入すると便利©Visit San Antonio

約20のスリルライドを中心に、多彩なライブ・エンターテインメントショーを展開している。夏はウオーターパークがオープンし、夜空の花火イベントを開催。2019年には、車座のような巨大リングがぐるぐると回転しながら17階建ての高さまで左右に大きく振られる「ジョーカー・カーニバル・オブ・カオス」、海賊の隠れ家をシューティングしながら得点を稼ぐ「パイレーツ・オブ・ディープシー」が登場した。

テキサス最大の洞窟は見応えあり!　おすすめ度:★★★

ナチュラルブリッジ・キャバーン Natural Bridge Caverns

1960年に3人の大学生によって発見された鍾乳洞で現在も活発に成長している。地下の川によって形成された洞窟内は平均で21℃、相対湿度は99%と温かく湿っている。現在、ふたつのレギュラーツアーがあり、どちらも深さ180フィート(約54m)のトレイルを歩いていく。天井から垂れるつららやドレープ状の大きな鍾乳石は芸術品のような美しさ。地底の別世界を探検してみよう。

また、同エリアにある**ナチュラルブリッジ・ワイルドライフ・ランチNatural Bridge Wildlife Ranch**は、約450エーカー(東京ドーム約39個分)の野生エリアを自家用車で回るユニークなサファリパーク。ロングホーンやシカ、シマウマ、ダチョウ、ラクダなど約40種の野生動物や絶滅の恐れがある種の動物を自然に近い環境で飼育している。

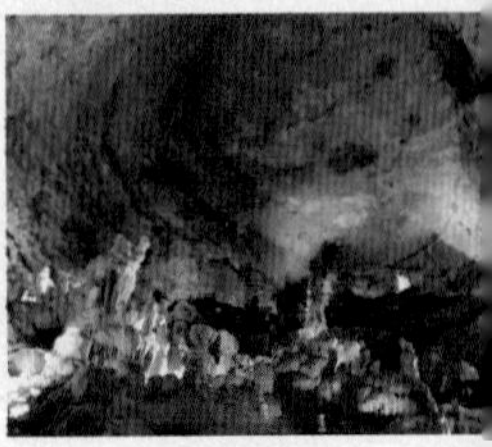
フォーメーションが数多くある

・Natural Bridge Caverns
・Natural Bridge Wildlife Ranch
→詳細は脚注メモを参照

餌を求めてどんどん近づいてくる。勇気がある人は窓を開けてじかに餌やりをしてみよう

MEMO ナチュラルブリッジ・キャバーンとワイルドライフ・ランチ　Natural Bridge Caverns　MAP P.120-D1　住26495 Natural Bridge Caverns Rd., San Antonio　URL naturalbridgecaverns.com　営毎日8:45～19:30(ツアー最終18:00)　休イースター、サンクスギビング、12/25、1/1　料鍾乳洞ツアー$17.75～24.75、子供$11.50～16(日によって異なる)。

ショップ＆レストラン

サンアントニオの名物帽子店

パリスハッターズ

ストローハットは$80前後で購入できる

B. B. KingやZZ Top、Bob Dylan、Shaquille O'Nealなど、数えきれないほどのアーティストや文化人が帽子をオーダーする老舗帽子店。狭い店内にびっしりと積まれたハットは壮観！

Paris Hatters MAP P.125-B1
住119 Broadway St., San Antonio
☎(210) 223-3453 URL www.parishatters.com
営月〜土10:00〜18:30、日12:00〜17:00
カード Ⓐ Ⓜ Ⓥ

アートの学位をもつオーナーがセレクト

サン・エンジェル・フォーク・アート

宝箱のような店内

メキシコ、ラテンアメリカのアーティストの作品を中心にコレクション。価格帯は広いが、エキゾチックな装飾の小物やアクセサリー、Tシャツ類はお財布に優しい価格。

San Angel Folk Art MAP P.125-A2
住110 Blue Star, San Antonio
☎(210) 226-6688
URL www.sanangelfolkart.com
営毎日11:00〜18:00（閉店時間は不定期）
カード Ⓐ Ⓜ Ⓥ 交 VIAバスで10分

IMAXシアターもある

ショップス・アット・リバーセンター

リバーウオークのついでに寄りたい

リバーウオーク沿いに立つモール。デパートやショップ、レストランが80軒以上集まっている。サンアントニオ・マリオット・リバーセンター（→P. 135）と連結している。

Shops at Rivercenter MAP P.125-B2
住849 E. Commerce St., San Antonio
☎(210) 225-0000
URL www.shoprivercenter.com
営月〜土10:00〜21:00、日12:00〜18:00
カード 店舗により異なる

Macy'sやSaks Fifth Avenueなどデパートが充実

ノース・スター・モール

Armani Exchange や Coach、Kate Spade、Michael Kors、Tumiなど約160のショップが入るモール。2階にはSubwayやWendy'sなどのファストフードが集まるフードコートもある。VIAバスの#3や4でもアクセス可能（所要約40分）。

North Star Mall MAP P.120-C1
住7400 San Pedro Ave., San Antonio
☎(210) 340-6627
URL www.northstarmall.com
営月〜土10:00〜21:00、日12:00〜18:00
カード 店舗により異なる
交 ダウンタウンからSan Pedro Ave.を北に10km。車で約20分

サンアントニオとオースチンの間にある

サンマルコス・プレミアム・アウトレット

Gucci や Prada、Salvatore Ferragamo、Tory Burch、Tumiなどの高級ブランドから日本人にも人気のBrooks Brothers、Burberry、J. Crew、Polo Ralph Laurenまで140以上のショップのアウトレットが集まる。広い敷地なので、車で移動したほうが効率的だ。

San Marcos Premium Outlets MAP P.119-C2
住3939 S. Interstate 35, San Marcos
☎(512) 396-2200
URL www.premiumoutlets.com/outlet/san-marcos
営毎日10:00〜21:00（日〜19:00）
カード 店舗により異なる
交 ダウンタウンからI-35を北東に72km。車で約55分

開店と同時にテーブルが埋まるほどの人気店

グンサーハウス

1860年代に完成したアール・ヌーボー様式の建物に入る話題のレストラン。観光客だけでなく地元の人もビスケットとソーセージ、フルーツが載ったブレックファストプラター（$12.95）を食べに訪れる。

いちばん人気のBreakfast Platter

Guenther House MAP P.125-A2
住205 E. Guenther St., San Antonio
☎(210) 227-1061
URL www.guentherhouse.com
営毎日7:00〜15:00 カード Ⓐ Ⓜ Ⓥ

交 I-35 NORTHのExit 175で下り、FM3009 NORTHを進む。ダウンタウンから車で30〜45分。 Natural Bridge Wildlife Ranch MAP P.120-D1 URL www.wildliferanchtexas.com 営毎日9:00〜閉園16:00〜18:00 休サンクスギビング、12/24、12/25 料$24.50（平日$22）、3歳以上$15.50（平日$13.50）（餌付き）

レストラン

24時間営業の名物メキシカン

ミ・ティエラカフェ&ベーカリー

創業は1941年と歴史があるうえ、値段も夕食で$12前後とお手頃なことから、食事どきはたいへんな混雑ぶり。夜は生演奏もある。併設するベーカリーも整理券を引いて待つというほどの人気。

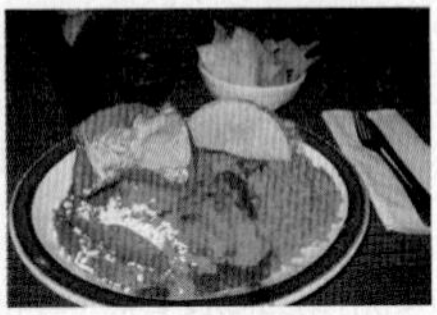

看板メニューのPoblano Dinner ($16.50)

Mi Tierra Cafe & Bakery MAP P.125-A2

住218 Produce Row, San Antonio
☎(210)225-1262 URL www.mitierracafe.com
営24時間 カード ⒶⓂⓋ 予約 予約をすすめる

少量で多種類をオーダーしてみよう

トゥブロス・バーベキュー・マーケット

じっくり燻したバーベキューはどれもジューシー。いち押しは受賞歴のあるブリスケット。セットメニューもあるが量り売りも可。パティオでの食事がおすすめ。予算は$20前後。

このボリュームで$20以下

Two Bros BBQ Market MAP P.120-C1

住12656 West Ave., San Antonio
☎(210)496-0222 URL twobrosbbqmarket.com
営月～土10:30～20:30、日11:00～19:00
カード ⒶⓂⓋ 予約 不要
交ダウンタウンからUS-281を北上、車で15分

洗練されたテキサス料理

ブードロス

リバーウオーク沿いにありながら、観光客より地元客が多い。理由は繊細な南西部料理が食べられること。量は少なめ。ポークチョップ($28)は少しピリ辛で、エビのエンチラーダ($24)はチリ風味で美味。

洗練されたメキシコ料理が楽しめる

Boudro's MAP P.125-B2

住421 E. Commerce, San Antonio
☎(210)224-8484 URL www.boudros.com
営毎日11:00～23:00 (金・土～24:00)
カード ⒶⓂⓋ 予約 予約をすすめる

リバーウオークのモダンなテックスメックス

アセナ

味はもちろん素材や盛りつけにこだわりがある。予算はディナーでも$30以下。ハッピーアワーはドリンク$2～5、1品料理$5、火曜はミニタコスを$2で提供する。

看板メニューのエンチラーダ ($12.95～)

Acenar MAP P.125-B2

住146 E. Houston St., San Antonio
☎(210)222-2362 URL acenar.com
営毎日11:00～22:00(金・土～23:00)。ハッピーアワー毎日15:00～18:00(火～19:00)
カード ⒶⓂⓋ
予約 予約をすすめる 交アラモ砦から徒歩10分

100年の歴史をもつ老舗レストラン

シャイロズ

1917年から続く老舗ドイツレストラン。E. Commerce St.沿いにあり、朝から行列ができていることもしばしば。ボリューム満点のランチはほとんどが$10以下とお財布に優しい。

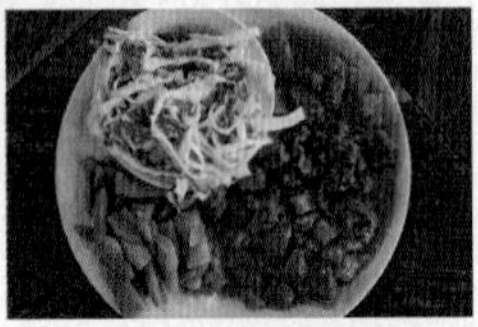

市民に長い間愛されてきたデリ

Schilo's MAP P.125-B2

住424 E. Commerce St., San Antonio
☎(210)223-6692 URL www.schilos.com
営毎日7:30～14:30(金・土～22:00) カード ⒶⓂⓋ

日本人シェフではないけれど

スシズシ

中心部にあって便利な寿司レストラン。アメリカ人好みの巻物メニュー($6～16)が揃うが、味もなかなかよし、お米が食べたいときにおすすめ。枝豆やししとう、揚げ出し豆腐などのおつまみもある。

お米が恋しくなったら

Suhi Zushi MAP P.125-B2

住203 S. St. Mary's St., San Antonio
☎(210)472-2900
URL www.sushizushi.com/san-antonio/
営月～金11:00～22:00 (金～23:00)、土・日11:30～23:00 (日～22:00) カード ⒶⓂⓋ

ホテル

ビジネス客に好評

グランドハイアット・サンアントニオ

サンアントニオ・コンベンションセンターと同じ敷地に建つ高級ホテル。設備の整ったビジネスセンターやフィットネスセンターがあり便利だ。

客室内もWi-Fi無料がありがたい

Grand Hyatt San Antonio MAP P.125-B2
住600 E. Market St., San Antonio, TX 78205
☎(210) 224-1234 FAX(210) 271-8019
URL sanantonio.grand.hyatt.com 客室数1003室
料SDT$189～349、SU$264～949
カード ⒶⒹⒿⓂⓋ

数々の受賞歴があるラグジュアリーホテル

オムニ・ラ・マンション・デル・リオ

エキゾチックでリゾート感満載。一部の客室はリバーウオークに面している。フォーブス4つ星スパが有名。Wi-Fi$9.95、駐車はバレーのみで1泊$45.50 (Tax込み)、Wi-Fi$9.95。

タウン側も比較的静か

Omni La Mansion del Rio MAP P.125-B2
住112 College St., San Antonio, TX 78205
☎(210) 518-1000 FREE(1-800) 843-6664
FAX(210)226-0389 URL www.omnihotels.com/hotels/san-antonio-la-mansion-del-rio 客室数338室 料SDT$159～594、SU $762～2199 カード ⒶⒹⒿⓂⓋ

ダウンタウンの中心にある

ホテル・バレンシア・リバーウオーク

アラモ砦やヒストリック・マーケット・スクエアまで徒歩8分ほどと立地がいいブティックホテル。スペインコロニアル風のインテリアは若者を中心に人気がある。結婚式も行われる中庭にはさんさんと太陽光が降り注ぎ、気持ちがいい。レストランのDorrego's Restaurant & Naranja Barの評判もいい。駐車場$38。

オープンエアの中庭でひと休憩しよう

落ち着いた雰囲気の客室

Hotel Valencia Riverwalk MAP P.125-B2
住150 E. Houston St., San Antonio, TX 78205
☎(210)227-9700 FREE(1-855)-596-3387
FAX(210) 227-9701 URL www.hotelvalencia-riverwalk.com 客室数213室 料SDT$163～368、SU$313～608 カード ⒶⒹⓂⓋ

ショッピングモールに併設している

サンアントニオ・マリオット・リバーセンター

Shops at Rivercenter (→P.133)とつながっている高級ホテル。アラモ砦やコンベンションセンターへは徒歩4分ほど。ロビーエリアはWi-Fi無料だが客室は$14.95。

ソファやテーブルが数多く置かれているロビーエリア

San Antonio Marriott Rivercenter MAP P.125-B2
住101 Bowie St., San Antonio, TX 78205
☎(210) 223-1000 FREE(1-800) 648-4462
FAX(210) 223-6239 URL www.marriott.com
客室数1001室 料SDT$159～484、SU1159～
カード ⒶⒹⒿⓂⓋ

コンベンションセンターの目の前

ヒルトン・パラシオ・デル・リオ

リバーウオーク沿いに立ち、遊歩道側にも入口がある高級ホテル。レストランやビジネスセンター、フィットネスセンターがあり、観光だけでなくビジネスの宿泊でも不自由しない。

サンアントニオを一望できるバルコニー付き

Hilton Palacio Del Rio MAP P.125-B2
住200 S. Alamo St., San Antonio, TX 78205
☎(210) 222-1400 FAX(210) 270-0761
URL www.hilton.com 客室数483室 料SDT$159～424 カード ⒶⒹⒿⓂⓋ

ホテル

リバーウオークやグレイハウンドバス停まで2ブロック

シェラトン・ガンター・ホテル

目抜き通りのSt. Mary St.沿いに建つホテル。1900年代初頭に完成した建物に入り、豪奢な雰囲気が漂う。地元の人に人気のピアノバーやレストランもある。

2階にあるテラスが目印

Sheraton Gunter Hotel MAP P.125-B1

住 205 E. Houston St., San Antonio, TX 78205
☎ (210) 227-3241 FREE (1-888) 627-9001
FAX (210) 227-3299 URL www.sheratongunter.com
客室数 322室 料 SDT$109～254 カード ⒶⒹⓂⓋ

リバーウオークに面している

ホリデイイン・サンアントニオ・リバーウオーク

室内、ロビーともにモダンな内装が好評。屋外プール、レストランやビジネスセンター、ランドリー設備あり。駐車場$27（バレー$32）。

リバーウオークから直接ホテルに入れる

Holiday Inn San Antonio Riverwalk MAP P.125-B2

住 217 N. St. Mary's St., San Antonio, TX 78205
☎ (210) 224-2500 FAX (210) 223-1302
URL www.hiriverwalk.com 客室数 313室
料 SDT$101～229 カード ⒶⒹⒿⓂⓋ

アラモ砦が目の前

メンガーホテル

Shops at Rivercenterの一角にある格調高いホテル。1859年に完成した建物ではあるが、幾度かの増改築が施されているので、アメニティなども充実。

近年リノベーションを終えた客室

Menger Hotel MAP P.125-B2

住 204 Alamo Plaza, San Antonio, TX 78205
☎ (210) 223-4361 FREE (1-800) 345-9285
FAX (210) 228-0022 URL www.mengerhotel.com
客室数 316室 料 SDT$135～245、SU$225～599
カード ⒶⒹⒿⓂⓋ

アラモ砦裏にある

クロケットホテル

1909年に完成した建物に入るブティックホテル。ラウンジバーや屋外プールがあり不自由しない。無料の朝食付き。駐車場$28。

落ち着いた色使いの客室

The Crockett Hotel MAP P.125-B2

住 320 Bonham, San Antonio, TX 78205
☎ (210) 225-6500 FREE (1-800) 292-1050
FAX (210) 225-6251 URL www.crocketthotel.com
客室数 138室 料 SDT$99～292、SU$180～378
カード ⒶⒹⒿⓂⓋ

歴史的建築物に登録されている

ホテルハバナ

2010年にオープンしたおしゃれなホテル。築100年以上の歴史ある建物に入るが、アメニティなど必要最低限のものは揃っていて不自由しない。ダウンタウンまで徒歩10分ほど。

おしゃれな若者に人気

Hotel Havana MAP P.125-B1

住 1015 Navarro St., San Antonio, TX 78205
☎ (210) 222-2008 FAX (210) 222-2717
URL havanasanantonio.com 客室数 27室
料 D$145～260、SU$175～465 カード ⒶⓂⓋ

ダウンタウン中心部まで徒歩10分

レッドルーフ・プラス・サンアントニオ・ダウンタウン・リバーウオーク

アラモの砦からHouston St.を東に行ったインターステートを越えた所にある。近くにスーパーマーケットやレストラン、ナイトラウンジなどがあり、便利だ。

レッドルーフ・インの上級ブランド

Red Roof Plus San Antonio Downtown- Riverwalk MAP P.125-B2

住 1011 E. Houston St., San Antonio, TX 78205
☎ (210) 229-9973 FAX (210) 229-9975
URL www.redroofinnsanantonio.com
客室数 213室 料 SDT$75～175 カード ⒶⓂⓋ

ホテル

レストランやみやげ物屋が徒歩圏内にある

ラキンタイン&スイート・サンアントニオ・マーケットスクエア

VIAバスのレッドラインが停まるヒストリック・マーケットスクエアの南にあるホテル。すべての客室にコーヒーメーカーやドライヤーがある。アラモ砦まで徒歩20分ほど。無料の朝食付き。

客室に囲まれて屋外プールがある

La Quinta Inn & Suites San Antonio Market Square MAP P.125-A2
住 900 Dolorosa St., San Antonio, TX 78207
☎ (210) 271-0001 FAX (210) 228-0663
URL www.wyndhamhotels.com/laquinta
客室数 130室 料 SDT$79～164 カード ⒶⒹⒿⓂⓋ

Shops at Rivercenterまで1ブロック

デイズイン・サンアントニオ・アラモ／リバーウオーク

インターステート沿いにあり、レンタカー利用者に便利。アラモ砦まで歩いて5分ほどなので、車をホテルに置いて観光できるのがいい。朝食付き。

客室の目の前に駐車場がある

Days Inn San Antonio Alamo/Riverwalk MAP P.125-B2
住 902 E. Houston St., San Antonio, TX 78205
☎ (210) 227-6233 FAX (210) 228-0901
URL www.wyndhamhotels.com/days-inn
客室数 82室 料 SDT$68～158、SU$78～
カード ⒶⒹⒿⓂⓋ

中心部からちょっと離れるぶん、リーズナブル

クオリティイン・ダウンタウン・ニア・マーケットスクエア

I-10の高速の出口に近く、安く泊まりたいレンタカー旅行者には便利なホテル。周囲は少し閑散とするが、警察や学校、裁判所などがある。アラモ砦まで歩くと20分の距離。全室コーヒーメーカーがあり、改装して間もないので快適だ。無料の朝食が付き、暑い季節にはプールで泳ぐこともできる。駐車場とWi-Fiは無料。コインランドリーもある。

Quality Inn Downtown Near Market Square MAP P.125-A2
住 1025 S. Frio St., San Antonio, TX 78207
☎ (210) 229-9275 FAX (210) 855-5317
URL www.choicehotels.com 客室数 85室
料 SDT$54～154 カード ⒶⒹⒿⓂⓋ

高級ブティックホテル

ホテルエマ

1883～1916年までサンアントニオ・ブリューイング・カンパニーの入っていた建物が、全面改装を終え2015年ホテルとしてオープンした。おしゃれな雰囲気は30～40歳代に人気がある。

サンアントニオの歴史を感じさせる外観

Hotel Emma MAP P.125-B1
住 136 E. Grayson St., San Antonio, TX 78215
☎ (210) 448-8300 FREE (1-877) 801-6134
FAX (210) 448-8301 URL www.thehotelemma.com
客室数 146室 料 SDT$345～905、SU$645～1795
カード ⒶⓂⓋ

ダウンタウンまで車で10分、ビジネスユーザーに人気がある

サンアントニオ・マリオット・ノースウエスト

客室はキングサイズ1台、またはダブルベッドが2台ある仕様。リビングスペースもあり、広々としている。クラブラウンジレベルなら、午後のスナックや朝食などが提供されるラウンジにアクセスできる。Wi-Fi$10.95～14.95。空港の送迎無料（要予約）。

居住性の高い客室

バスタブはないがアメニティは揃っている

San Antonio Marriott Northwest MAP P.120-C1
住 3233 N.W. Loop 410, San Antonio, TX 78213
☎ (210) 377-3900 FREE (1-800) 706-9963
FAX (210) 377-0120 URL www.marriott.com/hotels/travel/satnw-san-antonio-marriott-northwest
客室数 297室 料 SDT$124～184 カード ⒶⒹⒿⓂⓋ

ライブミュージックの聖地

オースチン

MAP ▶ P.119-D1

人口 ▶ 96万4300人
面積 ▶ 772㎢
標高 ▶ 200m
TAX ▶ セールスタックス　8.25%
　　　ホテルタックス　15%
時間帯 ▶ 中部標準時（CST）

南側から見るダウンタウンのスカイライン

テキサス州の州都オースチンは、全米最大規模のテキサス大学の本部オースチン校がおかれる学園都市。個性豊かな学生が集い、自由でオープンな校風が独創的な人材を輩出している。伝説のロックシンガー、ジャニス・ジョプリンはオースチン校の卒業生だ。また、オースチンには、200を超えるライブハウスが集中し、地元アーティストが毎夜、熱演を繰り広げる。また、近年のオースチンは毎年3月に開催される「サウス・バイ・サウスウエスト（SXSW）」のイベントで世界の耳目を集めている。音楽祭としてスタートしたイベントは年を追うごとに映画祭、教育やIT産業の要素も加わり、訪問客が7万人を超える一大イベントに成長した。

市民の平均年齢は33.4歳（日本は約48歳）。アメリカの活気を体感するには最適な町のひとつであることは間違いない。

アクセス

Austin-Bergstrom International Airport
MAP P.119-C1
住 3600 Presidential Blvd., Austin
☎ (512) 530-2242
URL www.austintexas.gov/airport

● **SuperShuttle（空港シャトル）**
FREE (1-800) 258-3826
URL www.supershuttle.com
料 ダウンタウンまで$19

● **Yellow Cab（タクシー）**
☎ (512) 452-9999
URL yellowcabaustin.com
料 ダウンタウンまで最低運賃$13が目安

飛行機

オースチン - バーグストロム国際空港

Austin-Bergstrom International Airport(AUS)

空の玄関口はダウンタウンの南東約13kmの所に位置する、年間1500万人以上が利用する比較的大きな空港だ。日本からの直行便はないが、毎日アメリカン航空がロスアンゼルスから3便、シカゴから4便、ダラス／フォートワースから10便、ユナイテッド航空がデンバーから3便、ヒューストンから6便、デルタ航空がアトランタから8便を運航させている。路線バスのキャピタルメトロ#20で約30分。

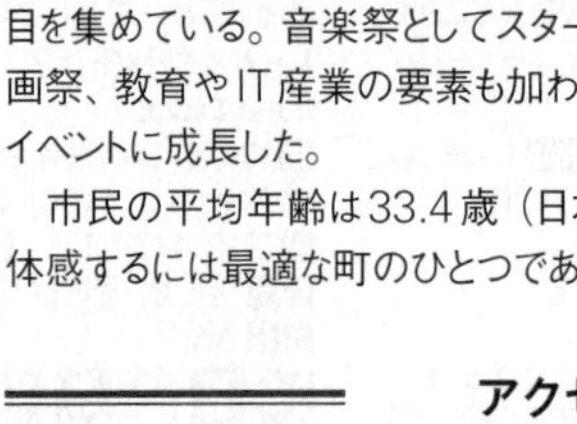

音楽の町らしい空港のディスプレイ

MEMO **オースチンの市内交通**　オースチン市街地をカバーするバス網。通勤電車も運行しているが、観光での使用頻度は少ない。 Capital Metro ☎ (512) 474-1200 URL www.capmetro.org 営 毎日5:00～24:00、路線により異なるが1時間に2～5本 料 $1.25、1日券$2.50

長距離バス

グレイハウンド

Greyhound

グレイハウンドのバスターミナルはダウンタウンの北西約9kmの所にあり、毎日サンアントニオから6便、約1時間30分、ダラスから8便、約3時間30分、ヒューストンから3便、約3時間が走っている。

鉄道

アムトラック

Amtrak

アムトラックのオースチン駅はダウンタウンの西2kmにあり、シカゴとロスアンゼルスを結ぶテキサスイーグル号が1日1往復する。

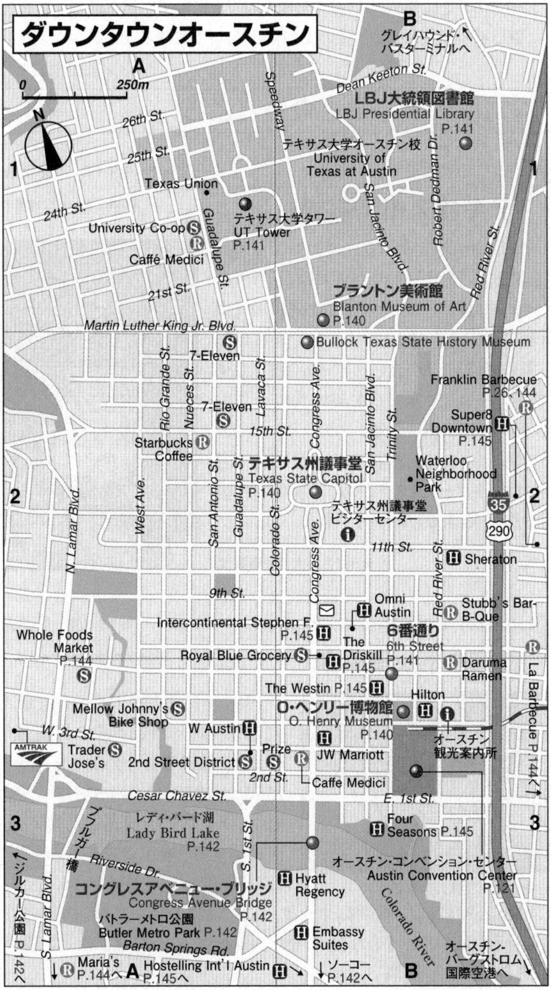

Greyhound
MAP P.119-C1
住916 E. Koenig Ln., Austin
☎(515) 458-4463
営24時間
交キャピタルメトロ#7で約40分

Amtrak
MAP P.139-A3 住250 N. Lamar Blvd., Austin
FREE (1-800) 872-7245
営毎日8:00～19:30
交キャピタルメトロ#4で約10分

ツアー
観光局のウェブサイトから予約ができる。現地観光案内所での予約も可能。
※料金はすべてオンライン予約の場合。観光案内所集合で催行日、時間は季節により異なるため要確認。
URL www.austintexas.org/visit/book-a-tour

● **Austin Duck Adventures**
水陸両用車で町と湖から観光する1時間30分。10:00、12:00、14:00発
☎(512) 477-5274
料$28.95、3～12歳$18.95

● **Austin + Hill Country 90minutes**
ダウンタウンとテキサス大学などを専用車で案内する。10:00、12:30、14:30発
料$25、12歳以下$17

● **Double Decker Austin**
ルート運行する2階建てバスで市内観光。乗り降り自由。1周90分。10:00～。
料1周のみ乗車券$25、1日券$35

● **Salt Lick & Winery Tour**
ヒルカントリーを代表とするBBQ、ソルトリック・バーベキュー（→P.144）へのツアー。敷地内のワイナリー見学あり。食事代は含まれていない。10:30発
料$50

MEMO ダウンタウンを歩く目安　●テキサス大学（Texas Union）～州議事堂（Visitor Center）→約1.9km/約25分　●州議事堂～コングレスアベニュー・ブリッジ→約1.3km/約20分　●コングレスアベニュー・ブリッジ～ソーコー→1.4～2km/20～30分

Capital Metro
☎(512)474-1200
URL capmetro.org
料$1.25、1日券$2.50
運行／毎日5:00～24:00。路線により1時間に2～6本の運行

i 観光案内所
Austin Visitor Center
MAP P.139-B3
住602 E. Fourth St., Austin
☎(512)474-5171
FREE (1-866)462-8784
URL www.austintexas.org
営毎日9:00～17:00(日10:00～)

Texas State Capitol
MAP P.139-B2
住1100 Congress Ave.
☎(512)463-4630
URL www.tspb.state.gov
営月～金7:00～22:00、土・日9:00～20:00[ビジターセンター毎日9:00～17:00(日12:00～)]
料無料
ツアー／月～金8:30～16:30、土9:30～15:30、日12:00～15:30の20～30分おき。所要約45分
交コングレスアベニューの西、Lavaca St.を走るキャピタルメトロ#6、7、20で11th St.& San Jacinto Blvd. 下車。ビジターセンターまで徒歩2分

Blanton Museum of Art
MAP P.139-B1
住200 E. Martin Luther King Jr. Blvd.
☎(512)471-5482
URL blantonmuseum.org
営火～日10:00～17:00(土11:00～、日13:00～)
※第3木曜は～21:00
休月、おもな祝日
料$12、65歳以上$10、学生と13～21歳$5、12歳以下無料
※木は無料
交Lavaca St.を走るキャピタルメトロ#1、801、803で17th St.下車、北へ徒歩6～7分

オースチンの市内交通

キャピタルメトロ

Capital Metro

オースチン市をカバーするバスと路面列車のメトロレイルを運行している。観光で列車を利用する機会は少なく、もっぱらバスになる。

オースチンの歩き方

ダウンタウンを南北に走るコングレスアベニューCongress Ave.が町の起点。北にはテキサス大学、その少し南には州議事堂、南にコウモリで知られるコングレスアベニュー・ブリッジ、さらに南はソーコーの繁華街が位置する。夜最もにぎやかになるのが6番通りだ。

オースチンでは郊外の自然やヒルカントリーにもぜひ足を延ばしてほしい。車は必須だが、きっと思い出に残るドライブになるはずだ。

おもな見どころ

まさにビッグなテキサスサイズ　おすすめ度:★★★

テキサス州議事堂

Texas State Capitol

全米の州議事堂のなかでいちばんの高さを誇る。円形ホールの壁面には、テキサスがメキシコ共和国だった頃の大統領の肖像画と、アメリカ合衆国に加入してからの州知事の肖像画がかけられている。頭上にある円形ドームは4階まで吹き抜けになっており、天井にはテキサスのシンボル「ローンスター」が輝く。また、議事堂を正面に見て右側にはビジターセンターがあり、議事堂の模型や歴史年表などが展示されている。

全米でも最大の州議事堂だ

大学の付属美術館とは思えない規模のコレクション　おすすめ度:★★★

ブラントン美術館

Blanton Museum of Art

ゆったりとした空間の美術館

1963年に創設された、テキサス大学オースチン校付属の美術館。収蔵作品は1万8000点を超え、1350～1850年代のヨーロッパ絵画やラテンアメリカ美術、現代アートが充実する。展示は3～6ヵ月ごとに内容が変わる特別展がメインだが、レンブラントやピカソ、草間彌生など、日本人にもなじみのある作家の作品も所蔵しているのがうれしい。また、毎週木・土・日曜には、学芸員による館内ツアーも催行している。

MEMO **O・ヘンリー博物館**　日本でもおなじみの短編小説家O・ヘンリーゆかりの品が展示されている。　O. Henry Museum MAP P.139-B3 住409 E. 5th St. ☎(512)974-1398 URL www.austintexas.gov/department/o-henry-museum　営水～日12:00～17:00 休月・火、おもな祝日 料無料

ジョンソン大統領がテーマの博物館　　おすすめ度：★★★

LBJ大統領図書館　LBJ Presidential Library

第36代アメリカ大統領のリンドン・B・ジョンソンLyndon B. Johnsonは、1908年テキサス州オースチン郊外のストーンウオールに生まれた。大学卒業後、高校で教職についていたが、すぐに政界入りする。1963年11月、ダラスでジョン・F・ケネディ大統領が暗殺されると、副大統領のリンドン・ジョンソンが大統領に自動的に昇格した。大統領在任中、人種や宗教、出身国による差別を禁止する公民権法を成立させたが、ベトナム戦争が泥沼化したことで、彼の評価は下がり、次の大統領選に出馬することはなかった。館内には当時の大統領執務室が再現されているほか、大統領専用リムジンも展示されている。

LBJ Presidential Library
MAP P.139-B1
住 2313 Red River St.
☎ (512) 721-0200
URL www.lbjlibrary.org
営 毎日9:00～17:00
休 サンクスギビング、12/25、1/1
料 $10、62歳以上$7、学生と13～18歳$3、12歳以下は無料
交 Lavaca St.を走るキャピタルメトロ#10、20でDean Keeton/Robert Dedman下車、南へ徒歩5分

毎晩どこかでライブが楽しめる　　おすすめ度：★★★

6番通り　6th Street

6th St.のCongress Ave.から東側I-35までの間は、ライブハウスやバー、レストランが建ち並び、夜がふけるにつれて人が集まってくる。「世界のライブミュージックの首都」と呼ばれる理由が理解できるだろう。

また、6番通りをさらに東へ行き、I-35を越えた所に**イーストオースチンEast Austin**という再開発されたエリアがある。近年若者が集まり始め、オースチンで最もヒップな場所として成長を続けている。背の高い建物がなく、個性的なショップやレストラン、バーなどが軒を連ねる開放的な雰囲気は、ダウンタウンの喧騒に疲れた人におすすめだ。

6th Street
MAP P.139-B3
住 E. 6th St.(bet. Congress Ave. & I-35)

6番通りにはライブハウス、英語ではミュージックベニューが集中する／6番通り周辺にはライブ客を目当てにフードトラックも現れる

COLUMN

オースチンを一望できる町のアイコン　UT Tower

テキサス大学オースチン校のメインキャンパスには高さ約93.5mの時計台があり、塔の展望台から360度の大パノラマを堪能することができる。タワーは夜間ライトアップされ、通常は白、学問やスポーツで活躍する出来事があるとオレンジに照らされる。

タワーは学生ガイドによるツアーで回る。日時はウェブサイトで確認を。予約はキャンパス内のテキサス・ホスピタリティ・センター、または電話で。

●テキサス大学タワーツアー
Texas Union Hospitality Center
MAP P.139-A1 住 2247 Guadalupe St.
☎ (512) 475-6636 URL universityunions.utexas.edu/texas-union/scene/tower-tours
料 $6 交 コングレスアベニューの西、Lavaca St.を走るキャピタルメトロ#481で2231 Guadalupe/West Mall下車

MEMO サウス・バイ・サウスウエストSXSW　1987年3月に地域イベントの音楽祭として開催されたのが始まり。その規模は毎年拡大し続け、出演アーティストほか、エンターテインメントに携わる多くの関係者が集まる。イベント前後はホテルが高騰し、予約も困難なので要注意。2020年は3月13～22日開催予定。詳細はURL www.sxsw.com

Congress Avenue Bridge
MAP P.139-B3
住N. Congress Ave. & Lady Bird Lake
交キャピタルメトロ#1が停車する

SoCo(South Congress)
MAP P.139-B3外
住S. Congress Ave.(bet. Gibson & Johanna Sts.)
交キャピタルメトロ#1や3で約10分

Lady Bird Lake
交ジルカーパークやバトラー・メトロ・パークへは、ダウンタウンの西の歩行者用であるプフルガーブリッジPfluger Bridge(住901 W. Cesar Chavez St.)を渡る。徒歩約20分

●Zilker Park
MAP P.139-A3外
住2100 Barton Springs Rd., Austin
URL zilkerpark.org
営毎日5:00～22:00

●Barton Springs Pool
住2201 Barton Springs Rd., Austin
☎(512)974-6300
営5～9月の木曜を除く毎日5:00～22:00
料8:00～21:00のみ有料、18歳以上$9(非居住者)

●Butler Metro Park
MAP P.139-A3
住1000 Barton Springs Rd., Austin
URL austinparks.org/butler-park
営毎日5:00～22:00

中心部からとても近い所にある公園

昼はお散歩、夕方にはコウモリ見学　　おすすめ度:★★★

コングレスアベニュー・ブリッジ　Congress Avenue Bridge

バットフライトを見るために、年間約10万人がこの橋を訪れる

　レディ・バード湖の上を通るコングレスアベニュー・ブリッジにはメキシカンフリーテイルと呼ばれるコウモリの巣があり、その数は150万匹を超えるといわれている。3月下旬～10月の夕暮れ時にはコウモリが餌を求めていっせいに飛び立ち、その光景を見学する人で橋の周辺はにぎわう。

メキシコ雑貨やおしゃれな飲食店が集まる　　おすすめ度:★★★

ソーコー　SoCo(South Congress)

ソーコーには個性的な店が並び、ホッピングも楽しい

　コングレスアベニュー・ブリッジから南に約1.5km。Gibson St.の少し手前からJohanna St.までの7ブロックからなるエリアはソーコーと呼ばれ、おしゃれなレストランや古着屋、メキシコ雑貨などの店舗が軒を連ねる。毎週第1木曜日は、どこの店舗も22:00まで営業しており、夜でも安心してショッピングや食事を楽しむことができる。週末になると地元アーティストによる青空マーケットも開催されて、個性的なみやげ探しにもいい。

オースチン市民のレクリエーションエリア　　おすすめ度:★★★

レディ・バード湖　Lady Bird Lake

　レディ・バード湖はコロラド川の貯水池で、1970年代に町づくりに貢献したレディ・バード・ジョンソンLady Bird Jhonsonにちなんで名づけられた。レディ・バードは第36代アメリカ合衆国大統領リンドン・ジョンソンの妻で、生涯にわたって環境保護活動の支援に尽力した人物だ。湖の水質改善、および湖岸の緑化が推進され、**ジルカーパークZilker Park**や**バトラー・メトロ・パークButler Metro Park**などの公園が誕生した。湖での遊泳は禁止されているが、釣り、ボートやカヌーなどのアクティビティが楽しめるほか、ダウンタウンのランドスケープを眺めることができる。また、ジルカーパークにある**バートンスプリングス・プールBarton Springs Pool**は、人気のローカルスポット。20～21℃の湧水プールで、夏期には多くの人々が清涼感を求めて訪れている。

ボートやレガッタに興じる市民の姿が見られる

MEMO **テキサス州のドイツ系移民**　アラモの戦いをはじめとするテキサス独立戦争の末、1836年にテキサス共和国が誕生した。この新国家では、メキシコに対し政治的優位に立つために、アメリカ人やヨーロッパ人に公有地を提供した。19世紀中頃のドイツは政治的な争いで不安定な状態にあったため、テキサス共和国の提案はと↗

ヒルカントリーの町 Texas Hill Country

オースチンの西、サンアントニオの北から北西に広がる丘陵地帯は、豊かな自然と独特の文化を感じることができる町が点在している。ここでは、オースチンから日帰りできる見どころをピックアップ。レンタカーで変化に富んだドライブを楽しんでみよう。

●ドリッピングスプリングス Dripping Springs

車があれば寄ってみたいハミルトンプールと洞窟

ドリッピングスプリングスは、人口約4670人余りの小さな町。石灰岩が分布するヒルカントリー特有の土壌は、地域の重要な帯水層を形成している。その特性を表す**ハミルトンプール自然保護区Hamilton Pool Preserve**には、天然のスイミングホールと洞窟があり、町の一大観光スポットになっている。

駐車場からハミルトンクリークまで続く急峻な岩石のトレイルを下ると、緑に覆われた渓谷にたどり着く。木漏れ日の差し込んだトレイルはスイミングホールまで続いており、小川のせせらぎや野鳥のさえずりなど、自然の息吹を満喫できる。

●ジョンソンシティ Johnson City

ケネディ暗殺にともない、副大統領から大統領に昇格した、第36代アメリカ合衆国大統領リンドン・B・ジョンソンの故郷。復元された生家、余生を送ったLBJ牧場、ジョンソン大統領と妻のレディ・バードが眠る一家の墓地など、大統領ゆかりの広大な土地は国立公園局に寄付された。国立歴史公園は2ヵ所に分かれていて、ジョンソンシティには展示室を併設した国立公園局のビジターセンター、ここから西にあるStonewallという町の近くにLBJ牧場がある。見学はセルフガイド、またはレンジャーによるガイドツアーで回ることができる。

テキサス・ホワイトハウスとして知られているLBJ牧場の邸宅
©NPS / Cynthia Dorminey

●フレデリックスバーグ Fredericksburg

フレデリックスバーグは1846年、テキサス州のドイツ移民保護協会のもとでドイツの移民によって設立された。メインストリートMain Streetを中心に、西のElk St.から東のAcorn St.までの一帯は国の歴史地区に指定されており、建築美あふれるたたずまいだ。

古い家屋を利用した約150の店が軒を連ね、のんびりと散策が楽しめる

また、農産物の栽培も盛んで、ピーチやワインの産地としても有名。特にヒルカントリーのテキサスワインは品質もよく、州内で消費されるためなかなか州外には出回らないとか。US-290沿いにワイナリーが点在しているので、おみやげ探しに出かけてみるのもいい。

Hamilton Pool Preserve
MAP P.119-C1
住 24300 Hamilton Pool Rd., Dripping Springs
☎ (512) 264-2740
URL parks.traviscountytx.gov/find-a-park/hamilton-pool
営 毎日9:00～13:00、14:00～18:00の2部制
料 3～10月と11～12月の週末と祝日はウェブ、または電話での予約が必要。車1台(最大8名まで)につき$26(予約手数料$10、クレジットカード決済手数料$1、入場料$15)。そのほかの時期は$15
交 オースチンから車で所要約45分

Lyndon B. Johnson(LBJ) National Historical Park
MAP P.119-B1

ビジターセンター
MAP P.119-B1 住 100 Ladybird Ln., Johnson City
☎ (830) 868-7128
営 毎日9:00～17:00
URL nps.gov/lyjo
休 サンクスギビング、12/25、1/1
交 オースチンから車で1時間
● **LBJ Ranch(牧場)**
MAP P.119-B1
営 毎日8:00～17:00
休 サンクスギビング、12/25、1/1
料 無料。テキサス・ホワイトハウスのガイドツアーのみ18歳以上$3
LBJ牧場の入場は、LBJ州立公園のビジターセンターで無料の運転許可証を取得すること

Fredericksburg
MAP P.119-A1
交 オースチンから車で約1時間。サンアントニオからツアー(→P.124)あり

観光案内所
住 302 E. Austin St., Fredericksburg
URL www.visitfredericksburgtx.com
● **ワイナリー情報**
URL www.wineroad290.com

↘ても魅力的だった。そこでドイツ人貴族で組織されたMainzer Adelsvereinという移民協会を設立し、多くのドイツ人がテキサスに移民した。最初の一団は1844年12月にテキサス州インディアナに到着し、サンアントニオに向かった。その後、現在のニューブラウンフェルズにたどり着いた。

New Braunfels
MAP P.119-C2
交オースチンから車で約50分、サンアントニオから約40分

Prince Solms Park
公園の入場や川遊びは無料（土・日・祝日のみ$2徴収）。チューブシューターと呼ばれるスライダーは有料
住100 Liebscher Dr., New Braunfels
URL nbtexas.org/1438/City-Tube-Chute
営5月上旬～9月上旬は毎日10:00～19:00(月12:00～)、それ以外の時期は要確認
料$5、チューブレンタル$7

●ニューブラウンフェルズ　New Braunfels

ドイツの移民が初めてテキサス州に入植した地のひとつで、移民団率いるソルムス＝ブラウンフェルズ家のカール王子が1845年に築いた町。フレデリックスバーグほどのにぎわいは見られないが、町には伝統的なドイツ建築の建物が残され、ブリュワリーではドイツ料理が味わえる。また、グアダループ川やコマール川でのチュービングが有名。コマール川沿いの**市民公園Prince Solms Park**のチューブシューターは夏の風物詩だ。公園の周辺に巨大浮き輪のレンタルショップがあるので、チャレンジしてみよう。

ドイツ系の移民で栄えた町

チューブのアクティビティが人気

レストラン

開店3時間前に行列ができているBBQ店

フランクリン・バーベキュー

フランクリンいち押しのバーベキューはブリスケット。信じられないほど軟らかでジューシーだ。量り売りで1ポンド（約453.6g）ブリスケット$25、リブ、プルドポーク$22、ターキー $19。

いつ行っても大盛況

Franklin Barbecue　MAP P.139-B2
住900 E. 11th St., Austin　☎(512)653-1187
URL franklinbbq.com
営火～日11:00～完売したら閉店（日によって14:00か15:00）　休月　カードⒶⓂⓋ　予約不可

ヒルカントリースタイルのBBQ

ソルトリック・バーベキュー

大きなスモークハウスとワイナリーがある。ブリスケットとポークリブのプレート$17.95をはじめ、ひとりでもグループでも思い切り食べられるコンボメニューがたくさん！　オースチン空港に店舗あり。

町一番のBBQと評判

Salt Lick BBQ　MAP P.119-C1
住18300 Farm to Market Rd. 1826, Driftwood
☎(512)858-4959　URL saltlickbbq.com　営毎日11:00～22:00　休サンクスギビング、12/25　カード現金のみ　予約10人以上は要予約、土曜の18:00～20:00は予約不可　交オースチンから車で約30分。観光案内所からツアー（→P.139）あり

塩辛い肉と甘いソースのハーモニー

ラ・バーベキュー

ホルモン剤を一切使用していない牛肉を調達。ポストオークで14～16時間かけてスモークした絶品BBQが味わえる。ブリスケット$22.95、プルドポーク$20.95など。

豪快にかぶりつきたい

La Barbecue　MAP P.139-B3外
住2027 E. Cesar Chavez, Austin
☎(512)605-9696　URL www.labarbecue.com
営水～日11:00～18:00（完売したら閉店）　休月・火
カードⒶⓂⓋ　交コングレスアベニュー・ブリッジから東に徒歩約30分。E. 1st St.を走るキャピタルメトロ#17でもアクセス可

地元で愛されるメキシカン

マリアズ・タコ・エクスプレス

朝食タコス（$2.69～）は種類が豊富で、朝から行列ができるほどの人気ぶり。毎月第1火曜（19:00～21:00）はビンゴイベントを開催。ライブミュージックも無料で聴け、日曜のゴスペルは見逃せない。

エキセントリックな店構え

Maria's Taco Express　MAP P.139-A3外
住2529 S. Lamar Blvd., Austin
☎(512)444-0261　URL tacoxpress.com
営月～金6:00～15:00、土・日8:00～16:00（完売したら閉店）　カードⒶⓂⓋ　交キャピタルメトロ#3、803で約20分。Bluebonnet Station下車

MEMO **ホール・フーズ・マーケット**　全米に展開するオーガニック系スーパーマーケットは、オースチンが発祥の地。店内にイートインのコーナーが多数あり、ビールの醸造所も併設している。　MAP P.139-A3 住525 N. Lamar Blvd., Austin ☎(521)542-2200 URL www.wholefoodsmarket.com 営毎日7:00～22:00

ホテル

ホテルライフも満喫したい

フォーシーズンズ・ホテル・オースチン

開放感ある客室 ©Riddle, Don

真のホテルライフを体感したい人におすすめ。ビジネス街南のコロラド川沿いに建ち、シティビューとリバービューのどちらの眺めも美しい。3マイル圏内は無料送迎あり。

Four Seasons Hotel Austin MAP P.139-B3
住 98 San Jacinto Blvd., Austin, TX 78701
☎ (512) 478-4500 FAX (512) 478-3117
URL www.fourseasons.com/austin/ 客室数 294室
料 SDT$472～1200、SU$723～ カード ⒶⓂⓋ

ダウンタウンの中心、州議事堂も近い

インターコンチネンタル・ステファン・F・オースチン

1924年創業の町を代表するホテルは、オースチンの基幹道路に面している。エレガントさを受け継ぎながらもモダンさをあわせもち、客室によっても印象が違う。しかし、共通するのは「リラックス」。客室の設備はないものがないほど充実し、朝は新聞のサービスもある。疲れたときは、屋内プールの横のジャクージで体をほぐしたい。

InterContinental Stephen F. Austin MAP P.139-B2
住 701 Congress Ave., Austin, TX 78701
☎ (512) 457-8800 FAX (512) 457-8896
URL austin.intercontinental.com 客室数 190室
料 SDT$159～549、SU$279～599 カード ⒶⒹⒿⓂⓋ

屋上のプールは都会ならではの開放感

ウェスティン・オースチン・ダウンタウン

コンベンションセンターから1.5ブロック、スタッフの笑顔に迎えられてホテルに入ると、ポップながらも重厚なインテリアがロビーの異空間を作っている。客室は逆に華美なものを削ぎ落とし落ち着いた雰囲気で、自然と心も休まる。屋上のプールからの夜景は必見。ホテルの周りにはバーやパブが多いので、仕事のあとの一杯にちょうどいい。

The Westin Austin Downtown MAP P.139-B3
住 310 E. 5th St., Austin, TX 78701
☎ (512) 391-2333 FAX (512) 320-0333
URL www.westinaustindowntown.com
客室数 366室 料 SDT$239～524 カード ⒶⒹⓂⓋ

1886年創業の歴史あるホテル

ドリスキルホテル

6番通り沿いにあり、ナイトライフを楽しむのに絶好のロケーション。スタンダードの客室は20～23m²と小さめだが、チャーミングなインテリアで居心地がいい。1886カフェ＆ベーカリー、Driskill Grillなど評判のいいレストランもある。音楽の町を象徴するように、ほぼ毎日ホテル内のバーDriskill Barでライブミュージックを開催。駐車場$45。

The Driskill Hotel MAP P.139-B3
住 604 Brazos St., Austin, TX 78701
☎ (512) 439-1234 FAX (512) 391-7057
URL thedriskill.hyatt.com 客室数 189室 料 SDT$199～496、SU$399～819 カード ⒶⒹⒿⓂⓋ

州議事堂から歩いて13分

スーパー8オースチン・ダウンタウン

I-35の高速からすぐの所あり、駐車場も無料でレンタカー旅行者にはいい。州議事堂まで歩けるなかなかのロケーション。客室はシンプルだが清潔にしてあり、無料の朝食が付くのもありがたい。ダウンタウンではかなり安い料金で、ホテルが見つからないときにも便利。プールとコインランドリーもある。古いせいかたばこ臭い部屋もあるので部屋の確認を。

Super 8 Austin Downtown MAP P.139-B2
住 1201 North I-35, Austin, TX 78702
☎ (512) 472-8331 FREE (1-800) 454-3213
URL www.wyndhamhotels.com/super-8
客室数 60室 料 SDT$79～160 カード ⒶⒹⓂⓋ

湖のほとりに建つユースホステル

ホステリング・インターナショナル・オースチン

ユースだが清潔で快適

玄関と客室の入退出はカードキーで管理されていて安全。大きなリビング、共同キッチンも清潔。朝食付きで、夕方は曜日別にイベントがある。レンタカー旅行者には便利。

Hostelling International Austin MAP P.139-B3外
住 2200 S. Lakeshore Blvd., Austin, TX 78741
☎ (512) 444-2294
URL hiusa.org 客室数 42ベッド、個室2室 料 ドミトリー$25～49、個室$60～70 カード ⒶⓂⓋ 交 キャピタルメトロ#7、20でRiverside & Summit St.下車。S.Lakeshore Blvd.を湖沿いに約15分歩く

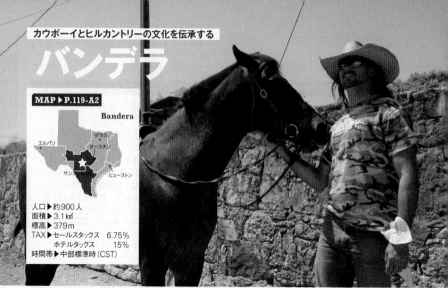

カウボーイとヒルカントリーの文化を伝承する

バンデラ

MAP ▶ P.119-A2

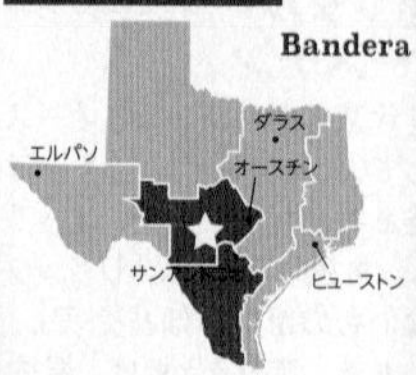

人口 ▶ 約900人
面積 ▶ 3.1㎢
標高 ▶ 379m
TAX ▶ セールスタックス　6.75%
ホテルタックス　15%
時間帯 ▶ 中部標準時（CST）

バンデラの観光方法が観光牧場での滞在。乗馬も楽しめる

バンデラは人口が1000人にも満たない小さな町。石灰質の大地を潤すように流れるメディナ川の源流があり、川岸はヒノキやスギの群生地になっている。“Cowboy Capital of the World”と称される本物のカウボーイタウンだ。観光のハイライトはデュードランチ（観光牧場）。余暇を過ごす場所として1920年に牧場を開放したことから始まった。乗馬、チャックワゴンでの食事、サルーンで仲間と語り合う時間……都会では味わえないカウボーイの生活を体験してみよう。

行き方

飛行機

San Antonio International Airport （→P.122）

レンタカー

サンアントニオ国際空港、ダウンタウンの西側を走るI-10 WEST→TX-46 WEST→TX-16 NORTHと進む。

オースチンからダイレクトに行く場合は、I-35 SOUTH→TX-1604 Loop WEST→TX-16 NORTHと進む。渋滞なしで約2時間10分

観光案内所

Bandera County CVB

MAP P.119-右下
住 126 State Hwy. 16 S., Bandera
☎ (830) 796-3045
URL www.banderacowboycapital.com
営 月～金 9:00～17:00、土 10:00～15:00
休 日

観光案内所では近隣の町の情報も入手できる

アクセス

サンアントニオ（→P.122）から北西へ約86㎞、オースチン（→P.138）から南西へ約191㎞の距離。どちらの都市からも、長距離バスや鉄道などの交通機関は通っていないので、レンタカー頼みになる。サンアントニオから約1時間の距離なので、気軽なドライブが楽しめる。

オースチンからは巨大アウトレットがあるサンマルコス（→P.133）、ニューブラウンフェルズ（→P.144）、ナチュラルブリッジ・キャバーン（→P.132）の順に立ち寄るプラン、またはジョンソンシティ（→P.143）、フレデリックスバーク（→P.143）と回り、バンデラに宿泊するプランもいい。

バンデラの歩き方

バンデラのダウンタウンは、サンアントニオから北西に走るTX-16とカービル Kerville へ続くTX-173とが交差する所にある。ダウンタウンはこぢんまりとしていて歩きやすいが、デュードランチは広範囲に点在しており、カーナビ（GPS）でも探しにくい場合がある。また、週末や夏、アメリカのホリデイシーズンはイベントが盛りだくさん。観光案内所にはスタッフが駐在しているので、事前に情報収集することをおすすめする。

おもな見どころ

西部劇に登場するような町並みに感動！　おすすめ度：★★★

ダウンタウンバンデラ
Downtown Bandera

観光用の幌馬車が町を闊歩する

ダウンタウンは、メインストリートMain Streetの数ブロックの区画にショップやレストランが集中している。毎週土曜日は観光案内所（→P.146側注）の裏庭でガンファイトショーを開催。小規模ではあるが、大人から子供まで楽しめるコミカルな演出がいい。気の荒い輩が多く、ちょっとしたことで撃ち合いが始まり、発砲音をとどろかせながらの立ち回りに歓声が上がる。

夜は生演奏のステージが楽しめるレストランやサルーン、ホンキー・トンク（カントリーミュージックを演奏するバー）に繰り出そう！　ウエスタンな雰囲気にどっぷり浸りながら、お気に入りの一杯でのどを潤し、バンデラの長い夜をゆったり堪能しよう。

誰もがカウボーイとカウガールになれる　おすすめ度：★★★

デュードランチ
Dude Ranch

ランチRanchとは大牧場の意味で、デュードランチはゲストを受け入れる「観光牧場」のこと。大自然の中で馬に乗り、野外料理に舌鼓を打ち、夜は満天の星を仰ぐ……そんなカウボーイの雰囲気が味わえるところだ。

総合受付カウンターがあるメインロッジ内にダイニングやラウンジ、サルーン、遊技場などがあり、1日ごとに変わるスケジュールに基づいて食事やアクティビティが行われる。宿泊施設は平屋造りのキャビンやコテージで、広々とした間取りだ。家族経営のファミリアな牧場から、ゴルフコースを備えたリゾートタイプまで形態はさまざまだが、どの牧場もテキサス流のあたたかい歓迎がうれしい。

観光牧場での定番メニューはBBQ

ゲストが共有するコモンスペース

むちの使い方も教えてくれる

●ガンファイトショー
Bandera Cattle Company Gunfighters
URL www.banderacattlecompany.com
営 毎週土曜の12:00、14:00
料 無料（寄付制）

ダウンタウンではガンファイトをお見逃しなく

●オールドウエストの雰囲気がたまらないダウンタウンのレストラン
O.S.T. Restaurant
メキシコ料理と伝統的なアメリカ料理の店。エンチラーダ（$7.95～）、カウボーイブレックファスト（$9.25）、チャックワゴンブレックファスト（$14.75）、チキンフライドステーキ（$10.95）など。
MAP P.119-右下
住 311 Main St., Bandera
☎ (830) 796-3836
営 月～土6:00～20:00（水～14:00、金・土～21:00）、日7:00～20:00

カントリー音楽などのライブでも盛り上げてくれる

Dude Ranch
・バンデラのおもなデュードランチ→P.148

● おもなデュードランチ一覧

デュードランチ／連絡先 場所は MAP P.119-右下を参照	料金：シングル＝1名、ダブル＝2名利用の1名当たりの料金、または客室料の場合あり	備考（全牧場ペット不可。税金は食事、宿泊に対して異なる税率がかかる。チップ別途）
Dixie Dude Ranch 住 833 Dixie Dude Ranch Rd. (off of RR1077), Bandera, TX 78003 ☎ (830) 796-7771 FREE (1-800) 375-9255 URL www.dixieduderanch.com	大人シングル$175、大人ダブル$155、2歳未満無料、2～5歳$60、6～12歳$80、13～16歳$110	毎年12月の10日間ほど予約不可。最低2泊から（連休は3泊）。日曜以外は3食付き、1日2回の乗馬含む。プレイグラウンド、プールあり。フィッシング（用具あり）、化石掘り、キャンプファイアー、マッサージセラピストによる施術が受けられる。
Flying L Ranch Resort 住 675 Flying Dr., Bandera, TX 78003 ☎ (830) 796-7745 URL flyingl.com	ヴィラやキャビン：$105～429 スイートやロッジ：1泊$168～2000	左記料金は客室料のみ。朝・夕食付き、ゴルフや夏期パッケージあり。乗馬は6歳以上から、参加人数により1時間1名$45～。ゴルフ場、プールあり。航空隊を引退した大佐がポーランド移民の牧場主から牧場を購入。かつて飛行場や飛行学校があったセレブ牧場として知られており、建築家フランク・ロイド・ライトが設計したヴィラが有名。
Hill Country Equestrian Lodge 住 1580 Hay Hollar Rd., Bandera, TX 78003 ☎ (830) 796-7950 URL www.hillcountryequestlodge.com	プライベートキャビンダブル：$270（大人1～2名と5～18歳2名まで）、1名追加大人$95、18歳以下$52、4歳以下は無料 スイート：シングル$145。ダブル$200（大人1～2名と5～18歳1名まで）、1名追加18歳以下$52	最低2泊から、春休みとサンクスビギングの週は最低3泊から受付。食事は朝食のみ、各客室にストックしてある。オプションの食事は月～土、24時間前までに要予約。昼食$20（12歳以下$10）、夕食$45（12歳以下$20）、ダイニングに無料のビールやワインあり。乗馬（トレイルライディング）1時間$40。プール、スパ施設あり。
The Mayan Dude Ranch ※特集ページ→P.16 住 350 Mayan Ranch Rd., Bandera, TX 78003 ☎ (830) 796-3312 URL www.mayanranch.com	コテージ（1～3ベッドルーム）、またはロッジ：大人シングル$170、大人ダブル$170、13～17歳（大人同伴の場合）$100、12歳以下$80	最低2泊から。3食（日曜はブランチと夕食）付き、1日2回の乗馬含む。ただし6歳以下は保険の関係上、乗馬不可。夏期の乗馬は日曜休み。プレイグラウンド、テニスコート、プールあり。日替わりのアクティビティは川遊び、化石掘り、夜のエンターテインメントなど盛りだくさん。夏期の日・月曜は歓迎イベントあり。
The Silver Spur Guest Ranch 住 9266 Bandera Creek Rd., Bandera, TX 78003 ☎ (830) 796-3037 URL silverspur-ranch.com	基本パッケージ大人$150、6～14歳$95、3～5歳$50、2歳以下無料。 客室料のみ$125～225（2～12名利用）。3食追加手配6歳以上$44.95、3～5歳$29.95。乗馬1時間6歳以上$49.95	基本パッケージは3食付き。キャンプファイアーとスモア（焼きマシュマロ）、スナック、1日2時間の乗馬を含む。化石採掘ができるサイト、プレイグラウンド、プールあり。日帰り利用も可能で、アクティビティや食事も楽しめる。
2E Twin Elm Guest Ranch 住 810 FM 470, Bandera, TX 78003 ☎ (830) 796-3628 FREE (1-888) 567-3049 URL www.twinelmranch.com	客室料のみ（大人2名利用）：ルーム$120、キャビン$145、5歳以下無料 RVパーク（2名以上から）：1日$40、1週間$245	アクティビティや食事は別料金。乗馬1時間$40、ポニー乗馬1時間$10、チュービング$20、朝食$10、昼食$10、夕食$15。プールあり。夏期は数回ロデオを開催予定。詳しくはウェブサイトで確認を。
West 1077 Guest Ranch 住 9061 Bandera Creek Rd., Bandera, TX 78003 ☎ (830) 796-5675 URL www.west1077.com	キャビン：大人シングル$140、大人ダブル（2名利用）$180（同室に1名追加$60）、6～16歳$60、3～5歳$35、3歳未満無料 コテージ：大人シングル泊$200、大人ダブル（2名利用）$240（同室に1名追加$80）、6～16歳$70、3～5歳$40、3歳未満無料	キャビン2泊、コテージ3泊から。食事は朝食のみ、食料の持ち込み、調理可。マウンテンバイク貸し出し無料。隣接するヒルカントリー・ステート・ナチュラル・エリアへの入場無料。ハイキングトレイル、バイクトレイル、プールあり。Juniper Hill Stablesでの乗馬を割引料金（1時間$35）で利用できる。

COLUMN

テキサス州の州花ブルーボネット

テキサンが心躍らせる風景

ブルーボネットはテキサス州固有の種で、やせた土地でもたくましく育つワイルドフラワーだ。秋に発芽して穏やかな冬にゆっくりと育ち、春になると急速に成長して花を咲かせる。種を落とした夏に役目を終える1年草だが、毎年必ず牧草地や公園、ハイウエイの側道で美しく咲き乱れる風景を見ることができる。青色の花穂が風に揺れる姿は本当に可憐で、運転中でも穏やかな気持ちになれる。

花見のスポットはヒルカントリーが中心地。また、ダラス郊外のエニスEnnis、ヒューストン郊外のブレナムBrenhamが「ブルーボネットの首都」として有名。3～5月が開花時期とされているが、秋から冬にかけての気候によって左右される。花の情報は下記のウェブサイトで確認できる。

テキサス州ワイルドフラワー情報　URL www.wildflowerhaven.com
エニス市　MAP 折込表D3　URL www.visitennis.org/bluebonnet.htm
ブレナム市　MAP 折込表D3～4　URL www.visitbrenhamtexas.com/brenhambluebonnet

エルパソ/ビッグベンド国立公園地域の
オリエンテーション

エルパソとビッグベンド国立公園は、メキシコとの国境に隣接した地域で、ケッペンの気候区分の砂漠気候に属する。エルパソは1年のうち300日以上は晴天といわれ、天候に恵まれた町である。夏場は暑く、モンスーンの影響で突然の雷雨に見舞われることも。ビッグベンドは標高によって気候が異なる。なお、本書で紹介のテキサスの都市とは時間帯が異なり、1時間の時差がある。

▶P.150

①エルパソ
El Paso

フォートブリスという防空基地がある軍事の町。西と東を結ぶ交通の要所という場所柄、移動途中に立ち寄る観光客が多い。また、ニューメキシコ州北部への観光拠点としてポピュラーだ。

▶P.154

②ビッグベンド国立公園
Big Bend National Park

アメリカ本土でいちばん大きい国立公園。テキサス州内からもアクセスしにくい場所にあるため、訪問者の少ない国立公園でもある。人が立ち入っていない場所が多く、多種類の植物と動物が存在する秘境だ。

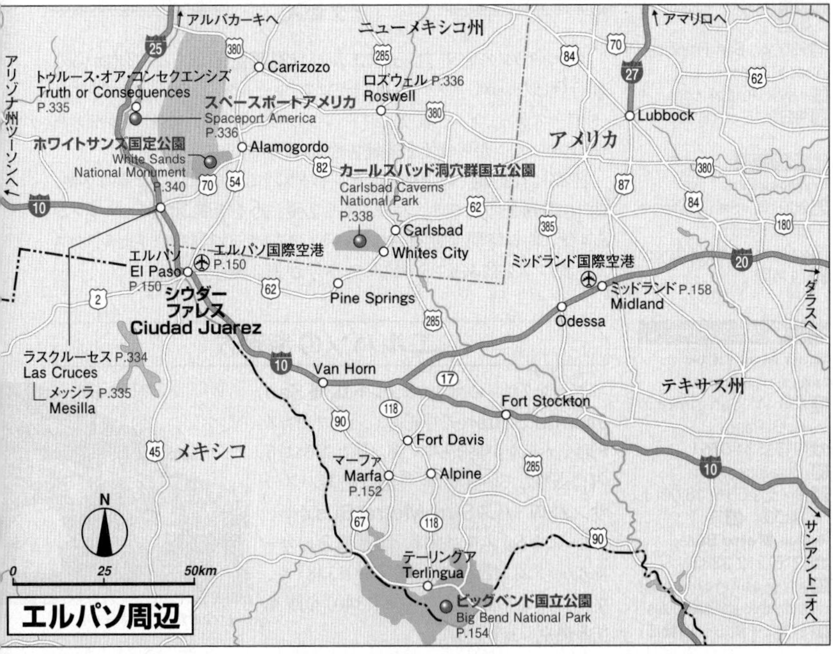

エルパソ周辺

MEMO フォートブリス　1840年代にできた辺境の小さな砦が、現在アメリカ最大級の規模を誇る防空基地になっている。駐屯地にはオフィス、訓練所、軍事博物館、ショッピングセンターがあり、身分証（パスポート）があれば一般でも立ち入ることができる。 URL home.army.mil/bliss

メキシコ国境の町

エルパソ

MAP▶折込表B3/P.149

人口▶約68万2700人
面積▶約661㎢
標高▶約1139m
TAX▶セールスタックス　8.25%
　　　ホテルタックス　17.50%
時間帯▶山岳部標準時（MST）

エルパソには歴史的な伝道所（ミッション）が多く、ぜひ見ておきたい

テキサス州の最西端に位置するエルパソは、アメリカにいながらメキシコを感じられる町。リオグランデ川を挟んで、メキシコ合衆国シウダーフアレスと接する。国境のゲートからダウンタウンに真っすぐ延びるエルパソ通りは、メキシコ人相手の安価な店が軒を連ね、1日中買い物客でにぎわうエリアだ。

アクセス

ダウンタウンの北東11kmに**エルパソ国際空港**がある。日本からの直行便はないが、アメリカン航空がロスアンゼルス、シカゴ、ダラス／フォートワースから、デルタ航空がアトランタから、ユナイテッド航空がデンバー、ヒューストンからの便を運航させている。

陸路は長距離バスと鉄道。グレイハウンドはサンアントニオから2便、約10時間15分、アルバカーキから2便、約4時間30分、ツーソンから4便、約6時間が運行されている。アムトラックはロスアンゼルスとニューオリンズを結ぶサンセットリミテッド号が週3便往復する。

エルパソの歩き方

ダウンタウンの**サンハシント広場San Jacinto Square**を中心に、ショップやレストラン、ホテルが集まっている。見どころは市内に点在しているので、移動は路線バスの**サンメトロ・バスSun Metro Bus**かレンタカーになる。エルパソは、世界遺産のカールスバッド洞穴群国立公園（→P.338）や、ホワイトサンズ国定公園（→P.340）を観光する拠点にもなる町だ。

メキシコの雰囲気がするエルパソストリート

飛行機

El Paso International Airport
住6701 Convair Rd., El Paso
URL www.elpasointernationalairport.com

鉄道

Amtrak
住700 W. San Francisco Ave., El Paso
URL www.amtrak.com
営毎日9:15～16:30

長距離バス

Greyhound Bus
住200 W. San Antonio Ave., El Paso
URL www.greyhound.com
営24時間

観光案内所

Union Depot Visitor Information Center
住400 W. San Antonio Ave., El Paso
☎(915)534-0661
URL visitelpaso.com
営月～土9:00～16:00(土～14:00)　休日

●Sun Metro Bus
☎(915)212-3333
URL www.sunmetro.net/routes/routes-and-schedules
料$1.50、子供(6～18歳)$1

MEMO **エルパソの宿泊状況**　1年のなかでは夏期と冬期が比較的混み合うが、ダウンタウンや空港周辺にホテルが5～10軒ほど集まっているので、問題ないだろう。

おもな見どころ

かつての西テキサスの商人の家　おすすめ度：★★★

マゴフィンホーム　Magoffin Home State Historic Site

メキシコから渡ってきた開拓者で、政治家や商人として成功したジョセフ・マゴフィンJoseph Magoffinが建てた家。1875年頃から110年以上にわたって彼の家族が住み続けた。建築様式は、テキサス州西部からニューメキシコ州を中心としたネイティブアメリカンの家屋に使われたもの。1865～1880年頃にアメリカ南西部で流行したアドービ（日干しれんが）とギリシャ復古調の装飾が見られるのが特徴だ。内部の見学はガイドによるツアー（所要約60分）のみで、代々使われてきた家具などにも注目したい。

調度品から当時の生活を知ることができる

Magoffin Home State Historic Site
住1120 Magoffin Ave., El Paso
☎(915) 533-5147
URL www.thc.texas.gov/historic-sites/magoffin-home-state-historic-site
営火～日9:00～17:00（日12:00～）
休月、サンクスビギビング、12/24、12/25、12/31、1/1
料$7、子供（6～18歳）$4
※チケットは向かいのビジターセンターで販売

キリスト教が広まっていった9マイルの道　おすすめ度：★★★

ミッショントレイル　Mission Trail

約14kmのトレイル沿いに3つのミッション（伝道所）が点在する。約400年前に始まったスペイン人のキリスト教布教の歴史と、テキサス開拓、アメリカ先住民の生活の変化など、アメリカ史の側面に触れることができる。3つのミッションは、ダウンタウンに近いほうからイスレタミッションYsleta Mission（1680年創設）、ソコーロミッションSocorro Mission（1682年創設）、サン・エリザリオ・プレシデオ教会San Elizario Presidio Chapel（1789年創設、現在の建物は1877年に建て直された）。アドービの影響が見られる木造の教会内では、イエス・キリストや聖母、聖者たちの像からその歴史を感じとることができるだろう。

Mission Trail
URL visitelpasomissiontrail.com
●**Ysleta Mission**
住131 S. Zaragoza Rd., El Paso
☎(915) 859-9848
営月～土7:00～16:00（時期により異なる）
休日・祝
●**Socorro Mission**
住328 S. Nevarez Rd., Socorro
☎(915) 859-7718
営月～金10:00～16:00、土・日9:00～18:00（日～13:00。時期により異なる）
●**San Elizario Presidio Chapel**
住1556 San Elizario Rd., San Elizario
☎(915) 851-2333
営月～金7:00～9:30、土・日はミサのため閉場

レストラン＆ホテル

エルパソ周辺でいちばん人気があるメキシコ料理

ロス・バンディドス・デ・カルロス＆ミッキーズ

地元に住むヒスパニック系アメリカ人も太鼓判を押すレストラン。定番のタコス（$8.35～）やエンチラーダ（$8.85～）、コンビネーション（$8.85～）などは、日本人の口に合うおいしさ。

コンビネーションがお得

Los Bandidos de Carlos & Mickey's
住1310 Magruder St., El Paso
☎(915)778-3323　URL www.carlosandmickeys.com　営毎日11:00～22:00　カードⒶⓂⓋ
交ダウンタウンからI-10を東に8.5km。車で約15分

リーズナブルに、かつ快適に滞在したいなら

ホリデイイン・エクスプレス・エルパソ・セントラル

ダウンタウン中心部にあるので、見どころやレストランへも徒歩で行ける。ビジネスセンターや屋外プール、フィットネスセンター、コインランドリーもあり、ビジネスの利用でも問題ない。

ここではお手頃価格の宿だ

Holiday Inn Express El Paso-Central
住409 E. Missouri Ave., El Paso, TX 79901
☎(915)544-3333　URL www.ihg.com
料SDT$99～199　客室数112室　カードⒶⒹⒿⓂⓋ

MEMO ギネスにも載った世界最大のブーツがあるカスタム・ウエスタンブーツの専門店　芸術的なブーツは$850～7725と値ははるが、すべて手作りなので全米から多くのファンが訪れる。Rocketbuster Boots 住115 S. Anthony St., El Paso ☎(915)541-1300 URL www.rocketbuster.com 営月～金8:00～16:00 休土・日 カードⒶⓂⓋ

Marfa マーファ

砂漠のど真ん中にあるアートな町

人口わずか2000人余りの田舎町、マーファ。ミニマルアートを代表するドナルド・ジャッドが1970年代に住み始め、以後多くのアーティストが移ってきた。2012年R&B歌手のビヨンセが立ち寄ったことから注目を集め、近年ハリウッドセレブがこぞって訪れるおしゃれスポットとして話題になっている。ダウンタウンにはセレクトショップやカフェ、レストランが軒を連ね、そぞろ歩きが楽しめる。

1 Judd Foundation ジャッド・ファウンデーション

飾りを極力省き、シンプルな形や色の作品で有名なドナルド・ジャッドDonald Judd。ツアーでは彼の自宅やアートスタジオをガイドと一緒に訪れ、1950～1960年代に造られた家具や所有していた書物などを鑑賞する。

事前に予約してツアーに参加しよう。ダウンタウンには事務所もある

住104 S. Highland Ave., Marfa
☎(432)729-4406 URL juddfoundation.org/visit/marfa 営 スタジオツアー：木～日14:00発、所要1時間45分。ラ・マンサーナ・デ・チナティ／ブロック・ツアー：月～水11:00、木～日11:00、16:30発、所要1時間45分 料それぞれ$25

2 Prada Marfa プラダ・マーファ

ベルリン在住のアーティスト、エルムグリーン&ドラグセットが2005年、高級ブランドPradaの路面店を模して造ったアート作品。建物内にはハンドバッグやパンプスなどが整然と並べられている。

店というよりは完全にアートしているプラダ

住US-90, Valentine 交マーファダウンタウンからUS-90を西に約60km。約60分。エルパソ空港からアクセスする場合は途中停車がおすすめ

Marfa MAP折込表C3/P.149
交エルパソ国際空港からI-10を東へ約180km、Exit 140Aを出てUS-90を東へ約120km。San Antonio St. (US-90) とHighland Ave. (US-67) の交差点がダウンタウンの中心部。所要3時間40分
時間帯 中部標準時 (CST)

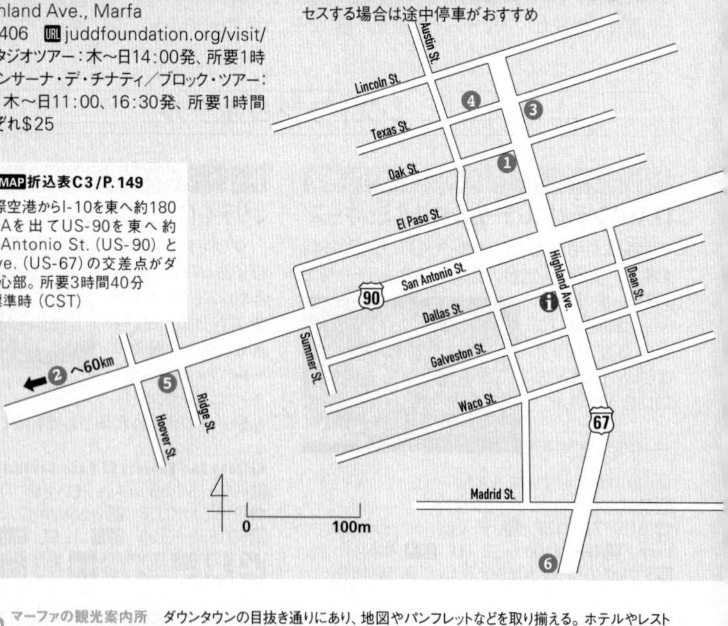

MEMO マーファの観光案内所　ダウンタウンの目抜き通りにあり、地図やパンフレットなどを取り揃える。ホテルやレストランなどのおすすめ情報をスタッフが親身になって教えてくれるので、マーファに着いたらまず立ち寄ろう。Marfa Visitor Center 住 302 S. Highland Ave., Marfa ☎(432) 729 - 4772 ↗

3 Communitie
コミュニティ

アパレルブランドOrganic by John Patrickのデザイナー、パトリックが2015年にオープンしたセレクトショップ。ファッションにもサステナブル（持続可能な状態）という概念をもちこみ、市民や企業が一体となって、生活習慣を見直していこうと提唱する。取り扱う商品の素材にこだわり、オーガニックコットンやリネンで造られた衣服や雑貨を販売する。

数々のファッション雑誌に取り上げられている一店

住122 N. Highland Ave., Marfa
☎(432)729-2055 URL www.communitie.net
営毎日10:00〜18:00
カード ⒶⓂⓋ

4 Hotel Paisano Gift Shops
ホテル・パイサーノ・ギフトショップ

ダウンタウンの歴史的ホテルに入るギフトショップ。マーファ在住のアーティストが造った工芸品やトートバッグ、石鹸、ポストカードなどが並ぶ。1956年に公開された映画『ジャイアンツGiant』の撮影でマーファを訪れていたジェームズ・ディーンも宿泊した由緒あるホテルだ。

おみやげによさそうなマーファのネーム入りのグッズが豊富だ

住207 N. Highland Ave., Marfa
☎(432)729-4134
URL hotelpaisano.com/gallery-store
営毎日8:00〜20:00（日〜18:00） カード ⒶⒹⒿⓂⓋ

5 Food Shark
フードシャーク

お昼どきは長蛇の列ができるので開店時間に合わせて訪れよう

日中のみオープンする人気のフードトラック。ファラフェル・サンドイッチ（$8）やハマスとピタのコンビネーションプレート（$9）などの中東料理が食べられる。

住909 W. San Antonio St., Marfa
☎(432)207-2090 URL www.foodsharkmarfa.com 営木〜土12:00〜15:00 休日〜水
カード ⒶⓂⓋ

6 El Cosmico
エル・コスミコ

ヒッピーやボヘミアンカルチャーに影響を受けて2009年にオープンした宿泊施設。今話題のグランピング（グラマラスなキャンピング）が楽しめるところだ。21エーカーの広大な敷地には、アメリカ先住民の住居ティピやテント、トレーラーが並び、キャンプ生活が楽しめる。

野外キッチンもありBBQもできる

住802 S. Highland Ave., Marfa, TX 79843
☎(432)729-1950 URL elcosmico.com
料トレーラー＄104〜250、テント$60〜100、ティピ$80〜175、ⓈⒹ〜1050、エアストリーム16室、テント30室、ティピ5室、個室2 カード ⒶⓂⓋ

ビッグベンド国立公園

Big Bend National Park

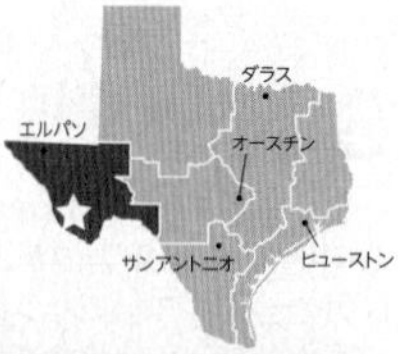

テキサス州　**MAP▶折込表C4/P.149**

テキサス州南部にある国立公園。1600kmにわたってリオグランデ川が流れ、メキシコと国境を挟んでいる。80万1163エーカー(3242km²)ある園内では、リオグランデ川、チソス山脈、チワワ砂漠とさまざまな景色を眺めることができる。ハイキングやバードウオッチング、乗馬などアクティビティも豊富だ。

大西部とひと味違った大自然が広がる

DATA

時間帯 中部標準時(CST)
☎ (432) 477-2251
URL www.nps.gov/bibe
営24時間
料$30(7日間有効)、$55(1年間有効)

アクセス

ビッグベンド国立公園のゲートシティは、ミッドランドかエルパソ。距離的にはミッドランドからのほうが近いが、空港の規模はエルパソのほうが大きく、レンタカーの台数も多い。どちらの空港へも日本からの直行便はないので、ダラスやヒューストンでの乗り換えとなる。

ミッドランドからは、I-20を西に55km行き、FM-1053を95km、US-385を65km南に進む。所要3時間30分。エルパソからはI-10を東に190km行き、US-90を210km南東に進む。マラソンの町でUS-385に入り、70km南下する。約4時間40分。

ビッグベンド国立公園の歩き方

US-385から来ると園内に入るゲートに料金所と**ビジターセンターPersimon Gap Visitor Center**があるので、ここで最新の情報を入手しよう。ヘッドクオーターは、US-385とTX-118が交わるT字路にある**パンサージャンクション・ビジターセンター Panther Junction Visitor Center**。レンジャースタッフも常駐し、資料がいちばん豊富だ。ロッジやレストラン、ギフトショップが集まるのは、**チソスベイジンChisos Basin**(2019年12月より約4ヵ月の改装工事)。なお、園内にはパンサージャンクションとリオグランデビレッジの2ヵ所のみにガソリンスタンドがある。

飛行機

Midland International Airport
住9506 Laforce Blvd., Midland
☎(432) 560-2200
URL www.flymaf.com

El Paso International Airport →P. 150

i ビジターセンター

Panther Junction Visitor Center
住310, Alsate Dr., Big Bend National Park
☎(432) 477-2251
営毎日8:30～17:00

Persimmon Gap Visitor Center
営〈11～4月〉毎日10:00～16:00

Chisos Basin Visitor Center
営毎日8:30～16:00

Rio Grande Village Visitor Center
営〈11～4月〉毎日9:00～16:30

MEMO **訪れるのにいいシーズン**　過ごしやすいのは3～4月と10月で、10～25℃と寒くもなく暑くもない気温が続く。5～9月の日中は30℃を超すことが多いので、帽子やサングラスなどの日よけグッズを携帯したい。反対に11～2月の日没後は急に寒くなり5℃以下になるので、防寒着を忘れずに。

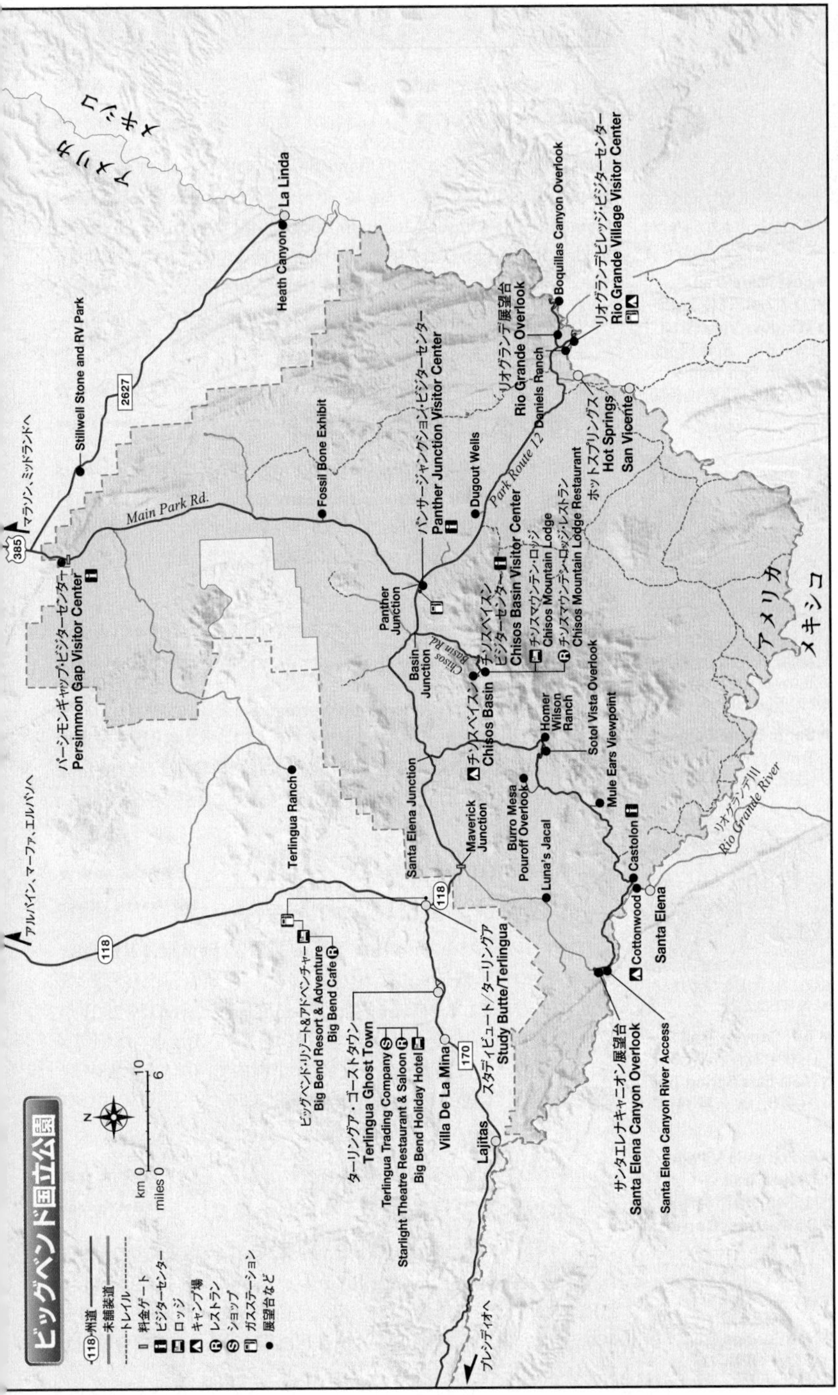

 ビッグベンド国立公園周辺にあるゴーストタウン　1920年代は全米の40%の水銀を採掘しにぎわっていたが、1940年にゴーストタウンと化した。現在は、さびれてはいるもののホテルやみやげもの屋、レストランがある。Terlingua 交 パンサージャンクションからGano Springs、TX-118、FM-170を西に約50㎞、所要50分。

おもな見どころ

園内でいちばん人気のスポット　おすすめ度：★★★

チソスベイスン　Chisos Basin

パンサージャンクションからGano Springsを西へ5㎞行き、Chisos Basin Rd.を10㎞登っていく。ビジターセンターChisos Basin Visitor CenterやロッジChisos Mountain Lodge、レストランChisos Mountain Lodge Restaurantなどが集まっている中心的なエリアだ。ここからは、7つのハイキングトレイルが出ているほか、ビッグベンド国立公園の象徴的存在、カーサグランデCasa Grandeという岩山が眺められる。

標高2230mにあるカーサグランデとチソスマウンテン・ロッジ

- **Lost Mine Trail**
（往復7.7㎞、所要3時間）
- **Window View Trail**
（往復0.5㎞、所要15分）
- **South Rim Trail**
（往復23㎞、所要10時間）

アメリカとメキシコの国境になっている川沿いに立つ　おすすめ度：★★★

サンタエレナキャニオン　Santa Elena Canyon

パンサージャンクションからGano Springsを西に20㎞進み、Ross Maxwell Scenic Dr.、Santa Elena Canyon Rd.を49㎞南に行く。リオグランデ川を囲んで、そびえ立つのがサンタエレナキャニオン。駐車場からトレイルを少し歩くとリオグランデ川にアクセスでき、カヤックもできる。

約450mの岩壁に挟まれてリオグランデ川が流れる

- **Santa Elena Canyon Trail**
（往復2.7㎞、所要1時間）

チソスベイスンとサンタエレナキャニオンを結ぶ景観道路　おすすめ度：★★★

ロス・マックスウェル・シーニックドライブ　Ross Maxwell Scenic Dr.

パンサージャンクションからGano Springs Rdを西に20㎞行った所がロス・マックスウェル・シーニックドライブの入口。チソス山脈を左奥に見ながら乾燥した砂漠地帯を走る。道中には、見晴らし台Overlookもいくつかあり、春には花の咲いたサボテンを見ることができる。

看板に書いてあることを読んでから散策を始めよう

- **Tuff Canyon Trail**
（往復1.2㎞、所要30分）
- **Mule Ears Spring Trail**
（往復6.1㎞、所要3時間）

園内最南東部にあるエリア　おすすめ度：★★★

リオグランデビレッジ　Rio Grande Village

パンサージャンクションからPark Route 12を32㎞南東に進む。キャンプ場やグローサリーショップ、ガソリンスタンド、展望台、ビジターセンターがある。なかでもボキラスキャニオンBoquillas Canyonは、2001年以前リオグランデ川を渡ってメキシコへ行くことができた地点。ただし、メキシコからの不法入国者が多数目撃され、園内でいちばん治安がよくないスポットとして知られているので、注意するように。

- **Rio Grande Village Nature Trail**
（1.2㎞、所要1時間）
- **Boquillas Canyon Trail**
（2.3㎞、所要1時間）

リオグランデ川沿いにある温泉プール　おすすめ度：★★★

ホットスプリングス　Hot Springs

パンサージャンクションからPark Route 12を27㎞南東に進むと、右側に未舗装路のHot Springs Rd.が見えてくるので右折。2.5㎞行くとホットスプリングス駐車場にたどり着く。Hot Springs Historic Trailを400m行った所にあるのが温泉プールHot Springsで、水着を着用していれば入浴できる。

- **Hot Springs Trail**
（1.2㎞、所要30分）

MEMO　**園内での注意事項**　園内は最高時速45マイル（72㎞）以下と決められている。野生動物が道路を横切ることもあるので、細心の注意を。ボーダーパトロール（国境警備隊）によるパスポートチェックがあるので、パスポートは常に携帯しておくこと。乾燥地帯なので、ひとり最低1ガロン（3.78ℓ）の水を確保しておきたい。12～2↗

ショップ&レストラン&ホテル

おみやげ探しにいい

ターリングア・トレーディング・カンパニー

チソスベイジン・ビジターセンターから50㎞西に行った町にあるギフトショップ。国立公園のポストカードや地図のほか、メキシコ風のジュエリーやカウボーイハットなどがある。

味わいのある雰囲気を醸し出している

Terlingua Trading Company MAP P.155
住100 Ivey St., Terlingua ☎(432)371-2234
URL terlinguatradingco.homestead.com
営毎日10:00～21:00（時期により異なる）
カード ⒶⓂⓋ

美しい景色が眺められる

チソスマウンテン・ロッジ・レストラン

朝から晩まで開いている園内で唯一のレストラン。朝食は一般的なものでトーストやパンケーキ、サラダなどを味わえる。昼はサンドイッチやハンバーガー、夜はステーキもあり。

スープが付いたサンドイッチのセットがお得

Chisos Mountains Lodge Restaurant MAP P.155
住1 Basin Rural Station, Big Bend National Park
☎(432)477-2291
URL www.chisosmountainslodge.com/dining-and-shopping 営毎日7:00～10:00、11:00～16:00、17:00～20:00（時期により異なる） カード ⒶⓂⓋ

おつまみからボリューム満点のステーキまで

スターライト・シアター・レストラン&サルーン

地元の人に人気のレストラン。看板メニューのフェイマス・ディエゴ・バーガー$24.95やフィレミニオンステーキ$26.95などボリュームたっぷりなものが多い。

ほぼ毎日ライブ演奏が行われる

Starlight Theatre Restaurant & Saloon MAP P.155
住631 Ivey Rd., Terlingua ☎(432)371-3400
URL www.thestarlighttheatre.com
営毎日17:00～24:00（土～翌1:00） カード ⒶⓂⓋ

国立公園内にある唯一の宿泊施設

チソスマウンテン・ロッジ

チソスベイジン・ビジターセンターの隣にある。客室は、モーテルやロッジ、コテージのタイプがあり、宿泊人数や用途によって選ぶといい。レストランやギフトショップも併設する。

客室からも絶景が望める

Chisos Mountains Lodge MAP P.155
住1 Basin Rural Station, Big Bend National Park, TX 79834
☎(432)477-2291 FREE (1-877)386-4383
URL www.chisosmountainslodge.com
客室数72室 料ロッジ$165～、個室$164～、コテージ$184～
カード ⒶⒹⒿⓂⓋ

公園外でチソスベイスンまでいちばん近い宿泊施設

ビッグベンド・リゾート&アドベンチャー

ビッグベンド国立公園の西の玄関口、ターリングアにあるホテル。チソスベイジン・ビジターセンターまで車で約50分。シングルルームのほか、キッチン付きの部屋やロッジ、RVパークもある。レストランやガソリンスタンド、ギフトショップも併設しているので便利だ。国立公園のツアーや乗馬体験教室も催行している。

キャンプもできる宿泊施設

Big Bend Resort & Adventures MAP P.155
住53623 TX-118, Terlingua, TX 79852
☎(432)371-2218 FREE (1-877)386-4383
URL www.bigbendresort.com 客室数86室、131サイトRVパーク 料SDT $109～425、RVパーク$34～44、テント$20 カード ⒶⒹⒿⓂⓋ

シンプルにまとめられた客室

↘月には積雪に見舞われることがある。基本的に携帯電話、インターネットへのアクセスはないと思っておくように。ガソリンスタンドは園内に2ヵ所のみ。

石油の町、ミッドランド

MAP P.149

テキサス州西部にあるミッドランドは、1920年代パーミアン盆地で大油田が発見され、以降オイル産出の町として全米に知られてきた。2016年11月にミッドランド盆地で全米史上最大規模の油田が発見されると再び注目を浴びることとなった。また、第43代アメリカ合衆国大統領ジョージ・W・ブッシュの妻であるローラ・ブッシュが生まれた町でもある。

ダラスやヒューストン、デンバーなどから約20便が到着するミッドランド国際空港

Midland International Airport
住9506 Laforce Blvd., Midland
☎(432) 560-2200　URL www.flymaf.com

Visit Midland
住303 W. Wall St., Suite 200, Midland, TX 79701
FREE (1-800)624-6435　URL www.visitmidland.com

ダウンタウン中心部は高層ビルが建ち並ぶオフィス街だが、周辺には**第43代アメリカ合衆国大統領ジョージ・W・ブッシュの子供時代の家The George W. Bush Childhood Home**や**石油博物館The Petroleum Museum**などの見どころも点在する。

ジョージ・W・ブッシュ（息子）の子供時代の家は、ブッシュ一家が1951～1959年まで過ごしていた邸宅で、現在博物館として一般公開されている。ジョージが幼少時代加入していたリトルリーグの写真や当時使われていた家具などが展示されている。

石油・ガスがおもな産業であるミッドランドを象徴している石油博物館では、2億3000年前から現在までのパーミアン盆地の歴史や石油開発・生産の仕組みを解説している。石油のギャラリーのほかに、世界中から集められた鉱石が90以上並べられているコーナーもある。

ジョージ・W・ブッシュの子供時代の家は住宅街にあるので、静かに観光しよう。パパブッシュはニューイングランドの生まれ

The Petroleum Museum
住1500 Interstate 20 W., Midland
☎(432) 683-4403　URL petroleummuseum.org
営毎日10:00～17:00(日14:00～)　料$12、子供$8

The George W. Bush Childhood Home
住1412 W. Ohio Ave., Midland
☎(432) 685-1112
URL www.bushchildhoodhome.org
URL nps.gov/nr/travel/presidents/george_bush_home.html
営火～日10:00～17:00(日14:00～)
休月、イースター、サンクスギビング、12/25、1/1
料$5、学生$2、5歳以下無料（ガイド付き）

I-20、TX-250に囲まれたエリアには、AeropostaleやCoach、Victoria's Secretなど約90のショップが集まるショッピングモールMidland Park Mallや西部エリアで一番人気のチェーン系メキシコ料理レストランのAbuelo's Mexican Restaurantなどがある。

週末は家族連れでにぎわうアブエロス・メキシカン・レストラン。軽くておいしいサルサチップス

Abuelo's Mexican Restaurant
住2908 W. Loop 250 N., Midland
☎(432) 685-3335　URL www.abuelos.com
営毎日11:00～22:00(金・土～23:00)
カード Ⓐ Ⓜ Ⓥ

Midland Park Mall
住4511 N. Midkiff Dr., Midland
☎(432) 694-1663
URL www.simon.com/mall/midland-park-mall
営月～土10:00～21:00、日12:00～18:00

デパートやファストファッションブランドが集まるミッドランド・パーク・モール

State of Colorado

コロラド州

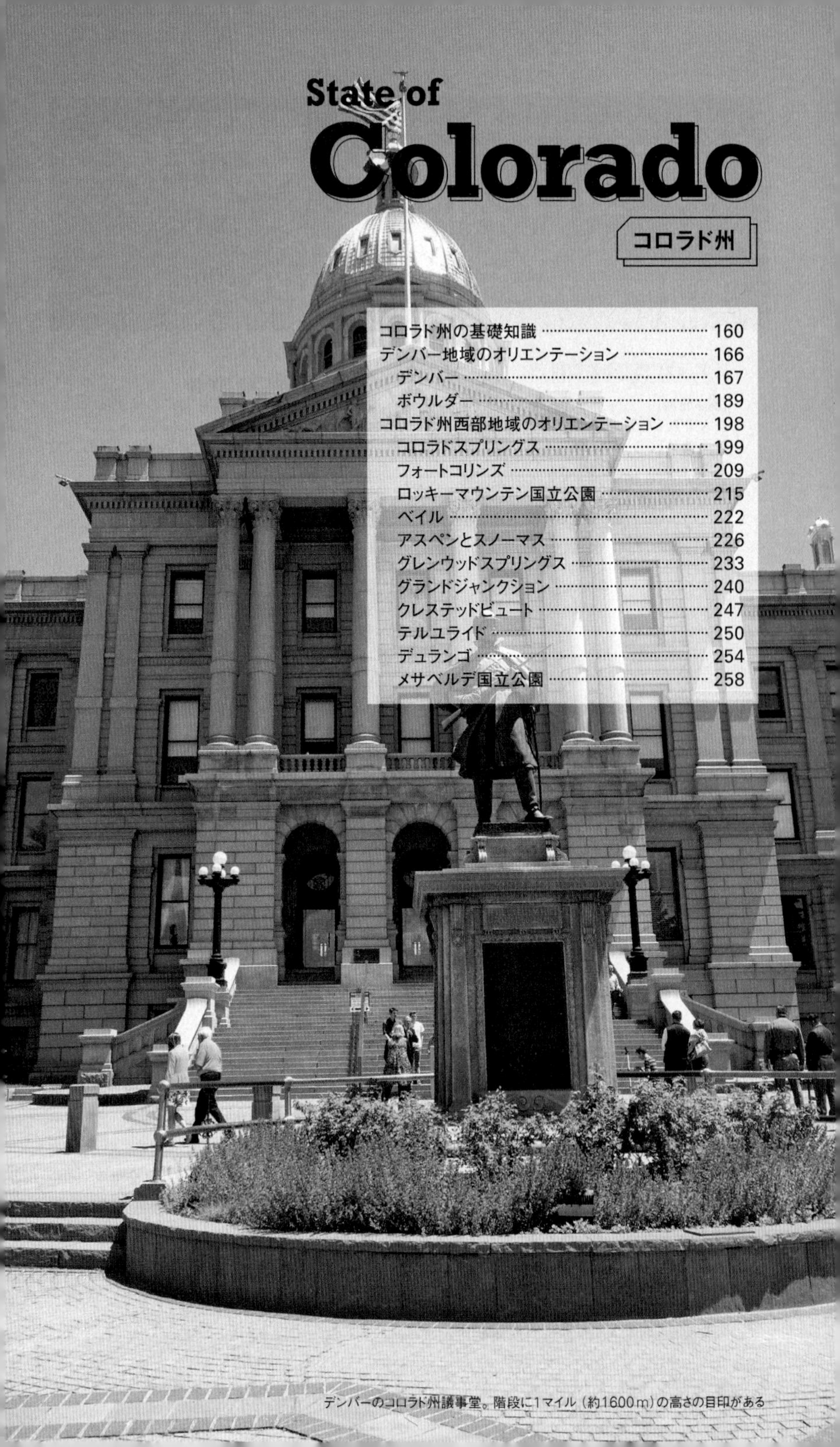

デンバーのコロラド州議事堂。階段に1マイル（約1600m）の高さの目印がある

State of Colorado

コロラド州

ヨーロッパ人入植以前の時代、古代プエブロ人やユート族をはじめとする先住民が住んでいた。1850年代後半に金、銀などの鉱脈が発見され、採掘ラッシュを迎える。アメリカ建国から100年目の1876年にアメリカ合衆国に加入。農業・畜産業を基盤にハイテク、研究開発の分野で飛躍する。

コロラド州の基礎知識

【基本情報】

▶**人口** 約570万人
▶**面積** 約26万8400㎢
▶**州都** デンバー Denver
▶**州の愛称** センテニアル（100年目の）州 Centennial State

【アクセス】

▶**直行便で往路約10時間30分／復路約12時間**
・成田～デンバー→P.167

【安全情報】

▶**在デンバー日本国総領事館**
Consulate-General of Japan in Denver
MAP **P.173-A1**
住 1225 17th St., Suite 3000, Denver, CO 80202
☎ (303)534-1151
URL www.denver.us.emb-japan.go.jp

▶**注意したいこと**
・高山病→P.161の脚注メモを参照
・森林・原野火災
夏は特に乾燥しているため山火事が発生しやすい。現地の消防署などから発信される情報のほか、米国森林局のサイトなどで最新情報を確認しよう。
URL fsapps.nwcg.gov/afm
・トルネード→P.345

月	1	2	3	4	5	6

祝日

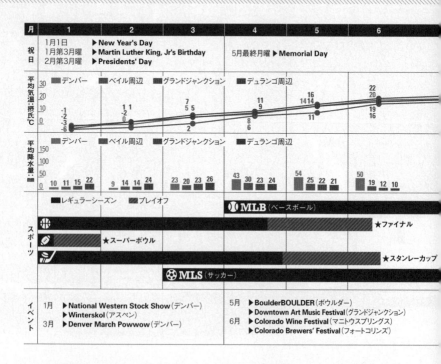

1月1日 ▶**New Year's Day**
1月第3月曜 ▶**Martin Luther King, Jr's Birthday**
2月第3月曜 ▶**Presidents' Day**
5月最終月曜 ▶**Memorial Day**

平均気温：摂氏℃

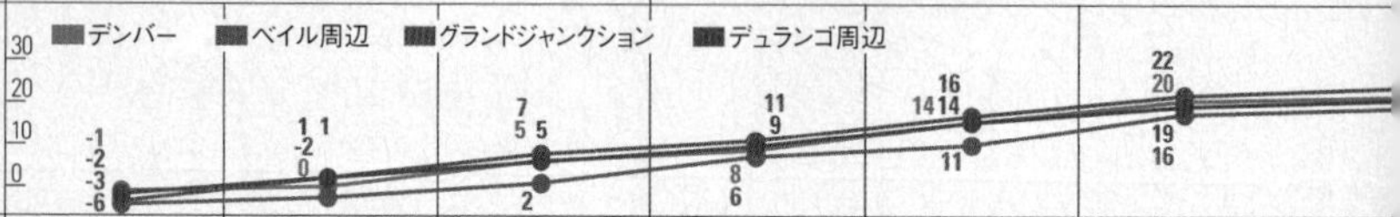

平均降水量：mm

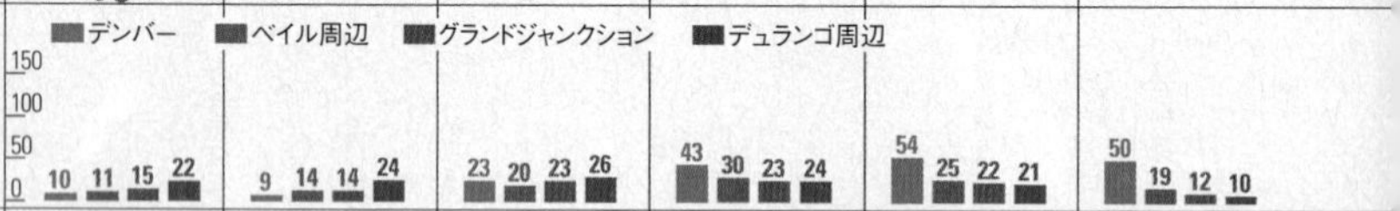

スポーツ

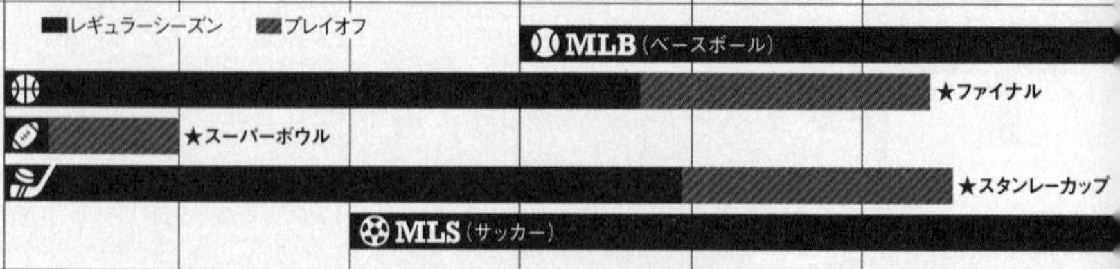

イベント

1月 ▶**National Western Stock Show**（デンバー）
▶**Winterskol**（アスペン）
3月 ▶**Denver March Powwow**（デンバー）
5月 ▶**BoulderBOULDER**（ボウルダー）
▶**Downtown Art Music Festival**（グランドジャンクション）
6月 ▶**Colorado Wine Festival**（マニトウスプリングス）
▶**Colorado Brewers' Festival**（フォートコリンズ）

MEMO **コロラド州の最新情報をチェック！** イベント、地図、観光案内など、コロラド州の旅情報が満載。コロラド州政府観光局Colorado Tourism Office URL www.colorado.com

コロラド州のおもな都市

▼折込地図表面参照／ BC1～2

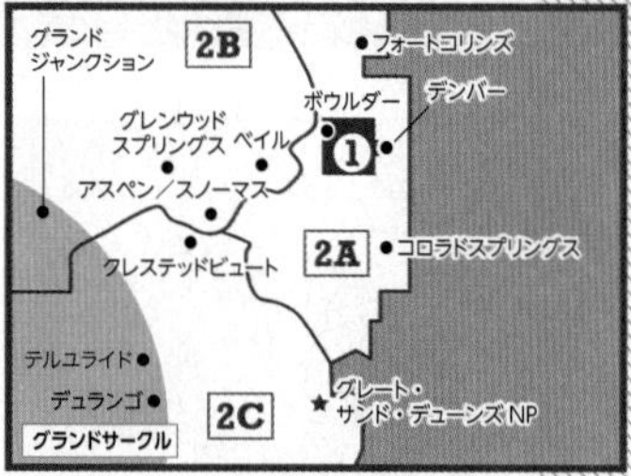

① Denver & Boulder デンバーとボウルダー ▶P.166

デンバーは経済・金融の中心地。近年はバイオ、ハイテク関連のベンチャー企業も多く「シリコンマウンテン」の別名も。北部のボウルダーは高地トレーニングのメッカでコロラド大学の本拠地。

② Western Colorado コロラド州西部 ▶P.198

A フロントレンジの都市

フロントレンジとは、ロッキー山脈東麓の南北に広がる一帯。南のコロラドスプリングスは軍事、ハイテク、観光を主軸とし、北のフォートコリンズはコロラド州立大学の拠点で文化的な雰囲気。

B コロラドロッキーと西部の都市

高山地帯のベイル、アスペン、スノーマスは1950 ～ 60年代にスキーリゾートとして開発された。グレンウッドスプリングスは100年以上の歴史をもつ温泉リゾート。ユタ州境に隣接するグランドジャンクションは、コロラドのワインカントリーと呼ばれ、恐竜が生息していた場所としても有名。

C コロラド南西部と南部の都市

南西部クレステッドビュート、テルユライド、デュランゴは鉱業で栄えた歴史ある町。南部の高原盆地サンルイスバレー、グレート・サンド・デューンズ国立公園ほか、先住民族の神聖な場所が多い。

7	8	9	10	11	12

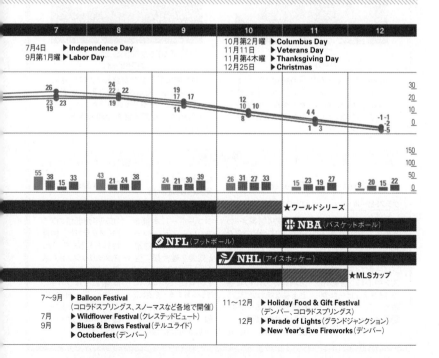

7月4日 ▶ Independence Day
9月第1月曜 ▶ Labor Day
10月第2月曜 ▶ Columbus Day
11月11日 ▶ Veterans Day
11月第4木曜 ▶ Thanksgiving Day
12月25日 ▶ Christmas

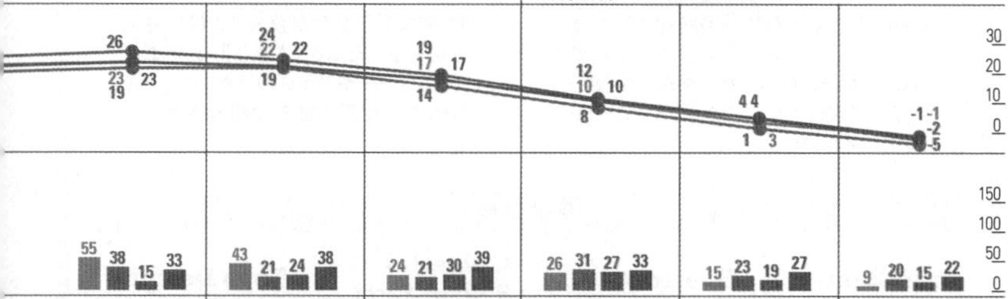

7～9月 ▶ Balloon Festival（コロラドスプリングス、スノーマスなど各地で開催）
7月 ▶ Wildflower Festival（クレステッドビュート）
9月 ▶ Blues & Brews Festival（テルユライド）
▶ Octoberfest（デンバー）

11～12月 ▶ Holiday Food & Gift Festival（デンバー、コロラドスプリングス）
12月 ▶ Parade of Lights（グランドジャンクション）
▶ New Year's Eve Fireworks（デンバー）

MEMO **高山病**　首都デンバーの標高は1600m。富士山の5合目が2230mなので、非常に標高が高い。このような地域では、体内に取り込める酸素量が減少するため、眠気や頭痛、吐き気、めまいなどの症状が出やすい。到着直後の登山は控え、徐々に体を慣らしていこう。水分をしっかりと補給するように。

Local Specialty 名物

Colorado Lamb
コロラドラム

羊の飼養はアメリカでは非常に小規模。全米のセレブリティシェフが注目するコロラドの子羊は、風味と質感に定評があり軟らかで臭みがない。贅沢なTボーンのローストは絶品！

Hamburger
ハンバーガー

コロラド産の新鮮な牛肉を使用した弾力のあるジューシーなパテと、季節の野菜でいただくグルメバーガーは一度食べたらやみつき。脂味の少ないバッファローバーガーもヘルシーで人気。

Trout
トラウト（マス）

山間に点在する川や湖の産物がトラウト（マス）。ロッキーの冷たい雪解け水に育まれた天然マスは、肉厚で臭みがなくあっさり上品な味わい。コロラドワインと一緒にいただきたい一品。

Colorado's Peach
コロラドピーチ

果物や野菜の生産が盛んで、特に夏に旬を迎えるモモはさまざまな形で食卓に上る。デザートやサラダのほか、ステーキとの相性も抜群で意外な組み合わせだけどおいしい。

そのほか

Craft Beer
クラフトビール

ローカル文化を愛する職人たちがロッキー山脈の新鮮な湧き水で造る最高傑作。デンバーやフォートコリンズを中心に、各都市でさまざまなビールが味わえる。
URL coloradobeer.org

Enstrom
エンストロム

4世代続く製菓メーカーで、コロラドのみならずアメリカではお取り寄せする人も多い。看板商品のアーモンドトフィはカリカリの食感と上品な味わいで◎。
MAP P. 165 -E 4、P.241-B2で販売
URL www.enstrom.com

Celestial Seasonings
セレスティアルシーズニング

ボウルダーに本部をおくハーブティーメーカー。ハーブの効果と効能を最大限に生かした効能別のレシピを開発し、ていねいにブレンドする。全米のスーパーで取り扱う。
URL www.celestialseasonings.com

Topo Designs
トポデザイン

コロラド州発信のアウトドアブランド。機能性はもちろんのこと、スタイリッシュさも人気の鍵。デンバーの旗艦店をはじめボウルダー、フォートコリンズに専門店がある。
URL topodesigns.com

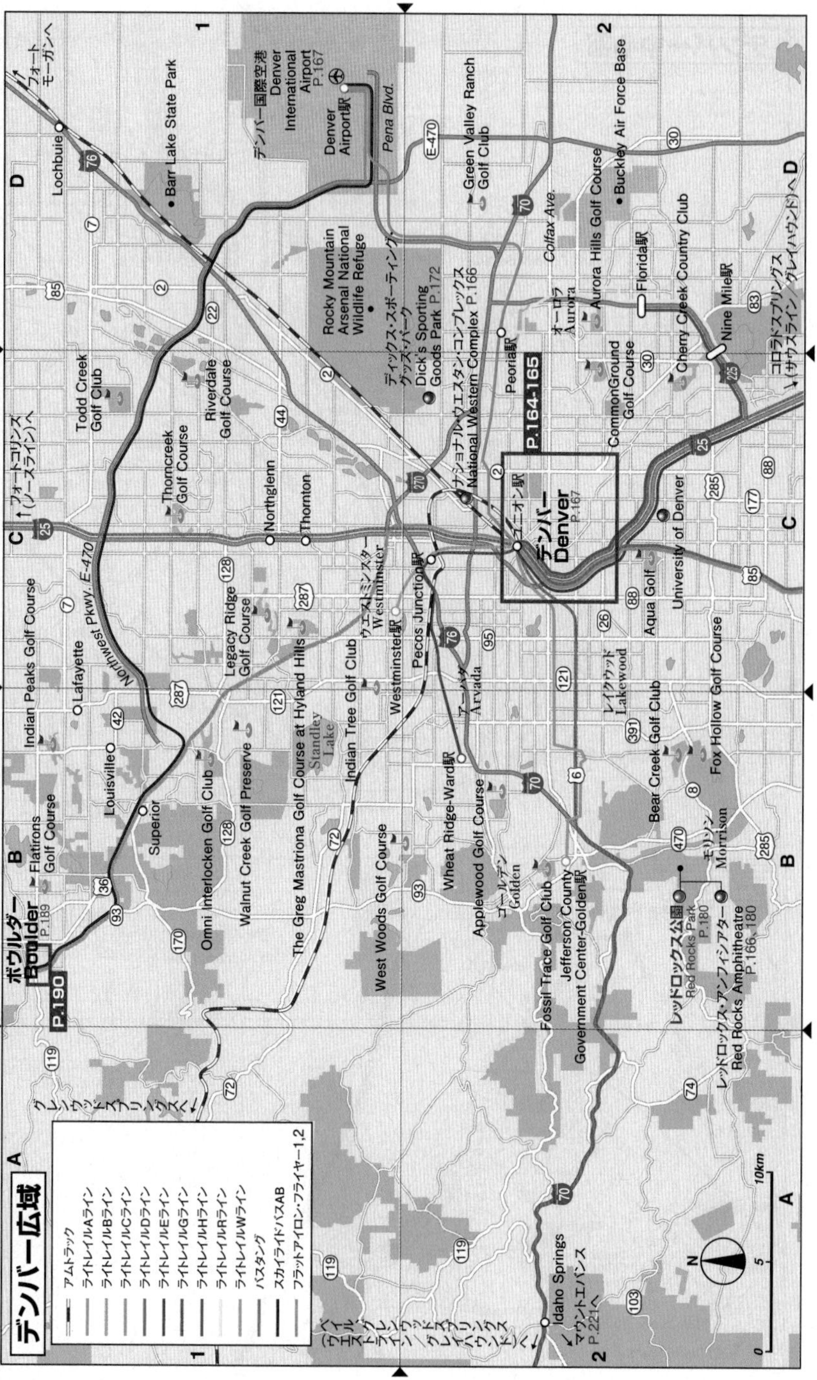
デンバー広域
アムトラック
ライトレイルAライン
ライトレイルBライン
ライトレイルCライン
ライトレイルDライン
ライトレイルEライン
ライトレイルGライン
ライトレイルHライン
ライトレイルRライン
ライトレイルWライン
バスタング
スカイライドバスAB
フラットアイロン・フライヤー1,2
デンバー国際空港 Denver International Airport P.167
Denver Airport駅
Pena Blvd.
Barr Lake State Park
Lochbuie
フォートモーガンへ
Rocky Mountain Arsenal National Wildlife Refuge
ディックス・スポーティング・グッズ・パーク Dick's Sporting Goods Park P.172
ナショナル・ウエスタン・コンプレックス National Western Complex P.166
Green Valley Ranch Golf Club
Peoria駅
P.164-165
Colfax Ave.
オーロラ Aurora
Aurora Hills Golf Course
Buckley Air Force Base
Florida駅
Cherry Creek Country Club
Nine Mile駅
CommonGround Golf Course
コロラドスプリングス（サウスライン／グレイハウンド）へ
Todd Creek Golf Club
Riverdale Golf Course
Thorncreek Golf Course
Northglenn
Thornton
フォートコリンズ（ノースライン）へ
ユニオン駅
デンバー Denver P.167
University of Denver
Aqua Golf
ウエストミンスター Westminster
Westminster駅
Pecos Junction駅
Legacy Ridge Golf Course
Indian Peaks Golf Course
Lafayette
Northwest Pkwy.
E-470
Louisville
Superior
Flatirons Golf Course
ボウルダー Boulder P.189
P.190
Omni Interlocken Golf Club
Walnut Creek Golf Preserve
The Greg Mastriona Golf Course at Hyland Hills
Standley Lake
Indian Tree Golf Club
アーバダ Arvada
レイクウッド Lakewood
Bear Creek Golf Club
Fox Hollow Golf Course
Wheat Ridge-Ward駅
Applewood Golf Course
West Woods Golf Course
ゴールデン Golden
Fossil Trace Golf Club
Jefferson County Government Center-Golden駅
レッドロックス公園 Red Rocks Park P.180
モリソン Morrison
レッドロックス・アンフィシアター Red Rocks Amphitheatre P.166、180
グレンウッドスプリングスへ
ベイル、グレンウッドスプリングス（ウエストライン／グレイハウンド）へ
Idaho Springs
マウントエバンス P.221へ
10km

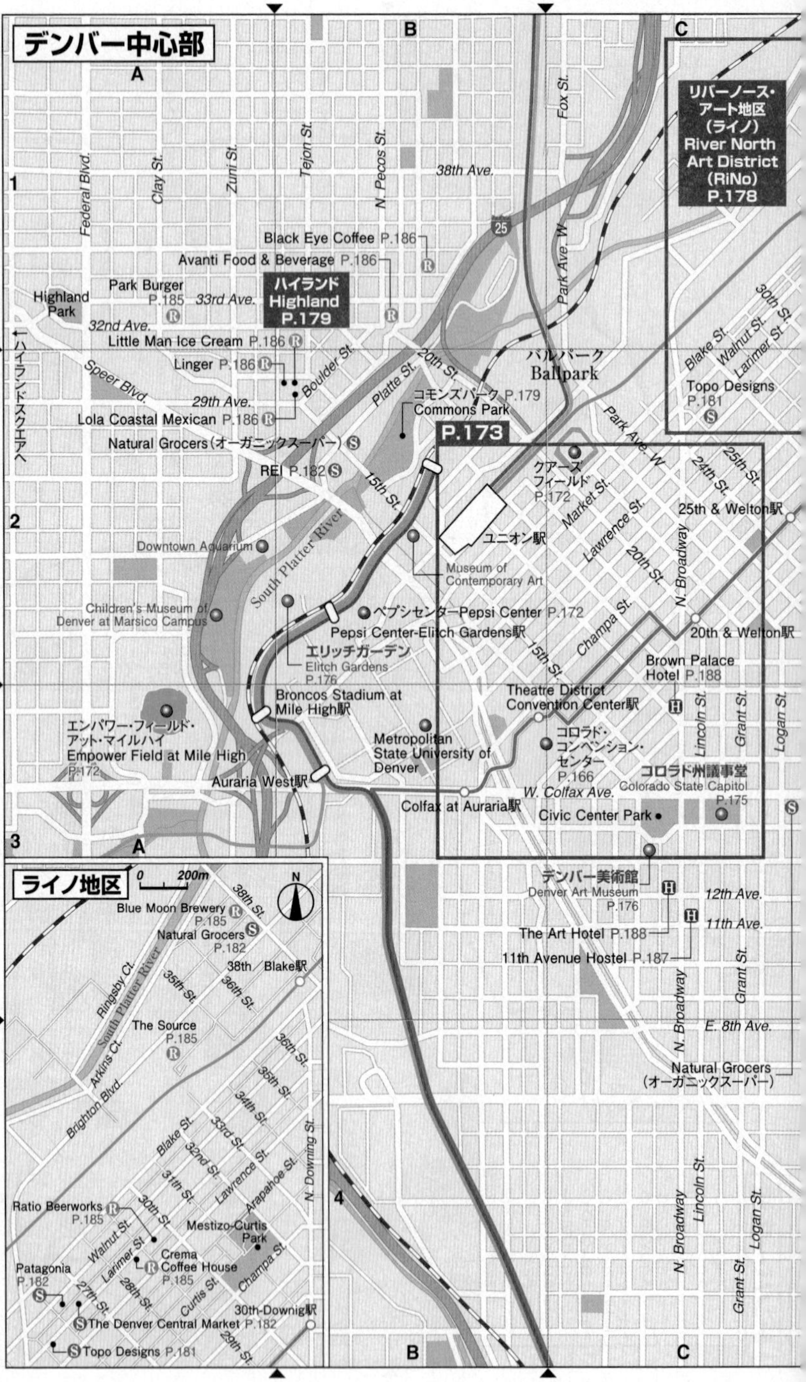
デンバー中心部
A
B
C
1
2
3
4
Federal Blvd.
Clay St.
Zuni St.
Tejon St.
N. Pecos St.
38th Ave.
Fox St.
Park Ave. W.
25
リバーノース・
アート地区
(ライノ)
River North
Art District
(RiNo)
P.178
Black Eye Coffee P.186
Avanti Food & Beverage P.186
Park Burger P.185
Highland Park
33rd Ave.
ハイランド
Highland
P.179
32nd Ave.
Little Man Ice Cream P.186
Linger P.186
←ハイランドスクエアへ
Speer Blvd.
Boulder St.
20th St.
Platte St.
29th Ave.
Lola Coastal Mexican P.186
コモンズパーク P.179
Commons Park
ボールパーク
Ballpark
Natural Grocers(オーガニックスーパー)
REI P.182
P.173
15th St.
クアーズ・フィールド P.172
Market St.
Park Ave. W.
24th St.
25th St.
Blake St.
Walnut St.
Larimer St.
30th St.
Topo Designs P.181
25th & Welton駅
Lawrence St.
20th St.
N. Broadway
South Platter River
Downtown Aquarium
ユニオン駅
Museum of Contemporary Art
Children's Museum of Denver at Marsico Campus
ペプシセンターPepsi Center P.172
Pepsi Center-Elitch Gardens駅
Champa St.
20th & Welton駅
エリッチガーデン
Elitch Gardens
P.176
15th St.
Brown Palace Hotel P.188
Broncos Stadium at Mile High駅
Theatre District Convention Center駅
Lincoln St.
Grant St.
Logan St.
エンパワー・フィールド・アット・マイルハイ
Empower Field at Mile High
P.172
Metropolitan State University of Denver
コロラド・コンベンション・センター
P.166
コロラド州議事堂
Colorado State Capitol
P.175
Auraria West駅
W. Colfax Ave.
Colfax at Auraria駅
Civic Center Park
デンバー美術館
Denver Art Museum
P.176
12th Ave.
11th Ave.
The Art Hotel P.188
11th Avenue Hostel P.187
E. 8th Ave.
Natural Grocers
(オーガニックスーパー)
ライノ地区
0 200m
N
38th St.
Blue Moon Brewery P.185
Natural Grocers P.182
38th/Blake駅
35th St.
36th St.
Ringsby Ct.
South Platter River
The Source P.185
Arkins Ct.
36th St.
35th St.
34th St.
33rd St.
Brighton Blvd.
Blake St.
32nd St.
Lawrence St.
Arapahoe St.
N. Downing St.
31st St.
Ratio Beerworks P.185
30th St.
Walnut St.
Mestizo-Curtis Park
Larimer St.
Crema Coffee House P.185
Patagonia P.182
28th St.
Curtis St.
Champa St.
27th St.
30th-Downig駅
The Denver Central Market P.182
29th St.
Topo Designs P.181

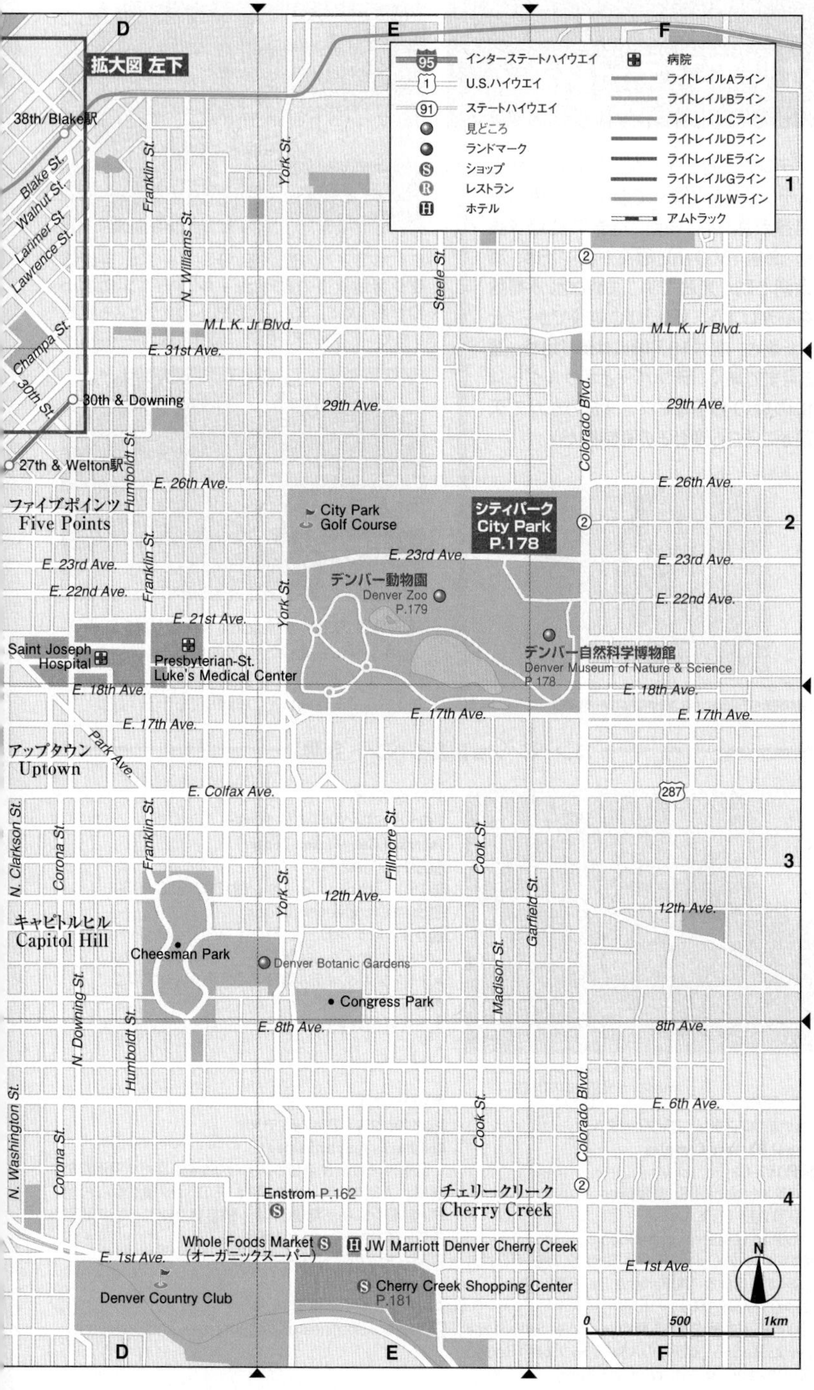
D
E
F
拡大図 左下
インターステートハイウエイ
U.S.ハイウエイ
ステートハイウエイ
見どころ
ランドマーク
ショップ
レストラン
ホテル
病院
ライトレイルAライン
ライトレイルBライン
ライトレイルCライン
ライトレイルDライン
ライトレイルEライン
ライトレイルGライン
ライトレイルWライン
アムトラック
38th/Blake駅
Blake St.
Walnut St.
Larimer St.
Lawrence St.
Champa St.
30th St.
Franklin St.
N. Williams St.
York St.
Steele St.
M.L.K. Jr Blvd.
E. 31st Ave.
30th & Downing
29th Ave.
Colorado Blvd.
27th & Welton駅
Humboldt St.
E. 26th Ave.
ファイブポインツ
Five Points
City Park
Golf Course
シティパーク
City Park
P.178
E. 23rd Ave.
E. 22nd Ave.
デンバー動物園
Denver Zoo
P.179
E. 21st Ave.
Saint Joseph
Hospital
Presbyterian-St.
Luke's Medical Center
デンバー自然科学博物館
Denver Museum of Nature & Science
P.178
E. 18th Ave.
E. 17th Ave.
アップタウン
Uptown
Park Ave.
E. Colfax Ave.
287
N. Clarkson St.
Corona St.
Fillmore St.
Cook St.
Garfield St.
12th Ave.
キャピトルヒル
Capitol Hill
Cheesman Park
Denver Botanic Gardens
Congress Park
Madison St.
N. Downing St.
E. 8th Ave.
8th Ave.
E. 6th Ave.
N. Washington St.
Enstrom P.162
チェリークリーク
Cherry Creek
Whole Foods Market
(オーガニックスーパー)
JW Marriott Denver Cherry Creek
E. 1st Ave.
Denver Country Club
Cherry Creek Shopping Center
P.181
N
0
500
1km
1
2
3
4

デンバー地域の
オリエンテーション

デンバーは、ケッペンの気候区分のステップ気候に属しており、昼と夜の気温差が激しい。また、空気の乾燥が強く、海抜1600mと標高が高いため、高山病を防ぐ意味でもこまめな水分補給を心がけよう。夏は30℃前後でからっとした暑さ。雪は10月頃には降り始め、翌5月まで続く。デンバーとボウルダーは山の麓の都市なので、1日のなかで天候がころころ変わるのも特徴だ。

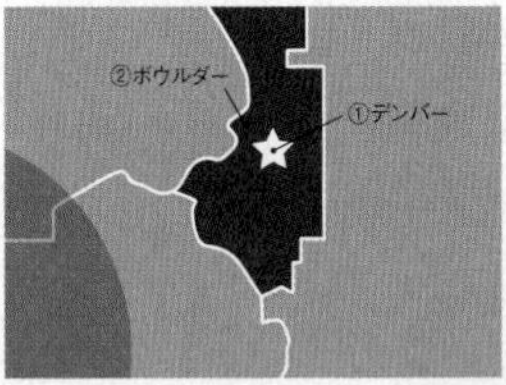

©Visit Denver

ライフスタイルの質が高いデンバーでは、芸術鑑賞や産地直送の食材とビール、ハイエンドな買い物が楽しめる。また、大自然へのアクセスも容易なため、アウトドアを目的に訪れる観光客も多い。

健康意識の高い学園都市。サイクリングロードやジョギングにも適したトレイルも多く、学生たちに混じって雰囲気を堪能するのが楽しい。デンバーからバスで1時間ほど。日帰りでも十分可能。

コンベンション&イベント会場

デンバーのコンベンション・センター。青いクマが見ているのは何?

ダウンタウンデンバー
コロラド・コンベンション・センター
Colorado Convention Center
MAP P.173-A2～3
住700 14th St., Denver　☎(303) 228-8000
URL denverconvention.com
交ライトレイルD、F、Hラインで Theatre District/Convention Center駅下車
▶ダウンタウンのホテル客室総数1万1000室以上
▶繁忙期：6～9月
▶出席者情報 URL denverconvention.com/events

デンバー市内
ナショナルウエスタン・コンプレックス
National Western Complex
MAP P.163-C2
住4655 Humboldt St., Denver
☎(303) 297-1166
URL nationalwesterncomplex.com
交ダウンタウンのCurtis St. & 19th St.からRTDバス#48で44th St. & McFarland Dr.下車、徒歩3分。ダウンタウンから車で10～15分

100年以上の歴史があるNational Western Stock Show & Rodeo、ロデオのスターがトップを競うRodeo All Starのほか、見本市などが開催される。

デンバー近郊
レッドロックス・アンフィシアター
Red Rocks Amphitheatre

自然の一枚岩が音響システムの役割を果たす円形野外劇場。人気アーティストのコンサートのほか、夏の間はさまざまな音楽イベントが開催される。観客席からデンバーの町並みが一望できるのもポイントが高い。
※所在地などの詳細は→P.180

コンサートとイベント情報
URL redrocksonline.com/concerts-events/calendar

マイル・ハイ・シティ

デンバー

MAP ▶ P.163-C2

人口▶約71万6500人
面積▶約396㎢
標高▶約1600m
TAX▶セールスタックス　7.65%
　　　ホテルタックス　14.85%
時間帯▶山岳部標準時(MST)

デンバーのユニオン駅。鉄道やバスの拠点となっているだけでなくショップやレストラン、ホテルが入るなど注目度の高いスポットになっている

海抜1マイル（約1600m）にあることから“マイル・ハイ・シティ The Mile High City”と呼ばれるコロラド州の州都、デンバー。1年のうち約300日は晴天で、湿度も低く、快適だ。成田からは毎日直行便が運航、観光に適した条件が揃っている。

高地であり気圧が低い理由から、ゴルフなどの球技では飛距離が平地よりも10%ほど伸びるといわれている。MLBの球場クアーズフィールドは「全米いち打球がよく飛ぶ球場」と評判だ。さらにデンバーは“ビールのナパバレー”との異名をもつ。ビールの年間生産量は国内屈指で、地ビール工場の数も多く、ロッキー山脈の雪解け水を利用して作られたビールは、どれも個性的で味わい深いものばかり。さらに近郊にはボウルダーやコロラドスプリングスなど、デンバーに勝るとも劣らない魅力的な町も点在している。

Denver International Airport(DEN)
MAP P.163-D1
住 8500 Pena Blvd., Denver
☎(303) 342-2000
FREE (1-800) 247-2336
URL www.flydenver.com

アクセス

入国の流れ ▶ P.358

入国審査
▼
荷物受け取り
▼
税関検査
▼
出　口

飛行機

デンバー国際空港

Denver International Airport (DEN)

ダウンタウンの北東40㎞に位置し、ロスアンゼルスやソルトレイク・シティなど、全米各地から乗り入れている。A～C3つのゲートがあり、各ゲートは無人電車が結ぶ。2019年11月現在、成田国際空港からユナイテッド航空が毎日直行便を運航中だ。また、空港内にある壁画、空港内外に設置されている青い馬のオブジェなどは、その異様さから多くの憶測が飛び交っている。訪問前に調べておくと、空港をいっそう楽しめるだろう。

ロッキーの山並みをイメージしたというデンバー国際空港

● 空港から／空港へのアクセス

種類／名称／連絡先	行き先／運行／料金	乗車場所／所要時間／備考
ライトレイル **RTD コミューターレイル A ライン** RTD Commuter Rail A Line ☎(303) 299-6000 URL www.rtd-denver.com	**行き先▶**デンバーのユニオン駅 **運行▶**空港発は毎日4:12～翌1:27（金・土～翌1:57)、空港行きは毎日3:15～翌0:30（金・土～翌1:00）の15～30分間隔 **料金▶**$10.50	**空港発▶**空港の南、ターミナル外に駅があり、ウェスティンホテルの下に位置している **空港行き▶**ユニオン駅などから乗車 **所要時間▶**ユニオン駅まで約40分
タクシー **イエローキャブ** Yellow Cab ☎ (303) 777-7777 URL www.denveryellowcab.com	**行き先▶**市内や周辺どこでも **運行▶**24時間随時 **料金▶**ダウンタウンまで約$70	**空港発▶**5階ドア507（東側)、ドア506（西側）を出た所にあるIsland 1から乗車 **空港行き▶**事前に電話予約、または主要ホテルから乗車 **所要時間▶**ダウンタウンまで約30分

※配車サービス（Uber、Lyft）乗り場は5階。西側はドア506-510、東側はドア507-511を出た所のIsland 5から

空港からダウンタウンへはライトレイルが走っていて便利

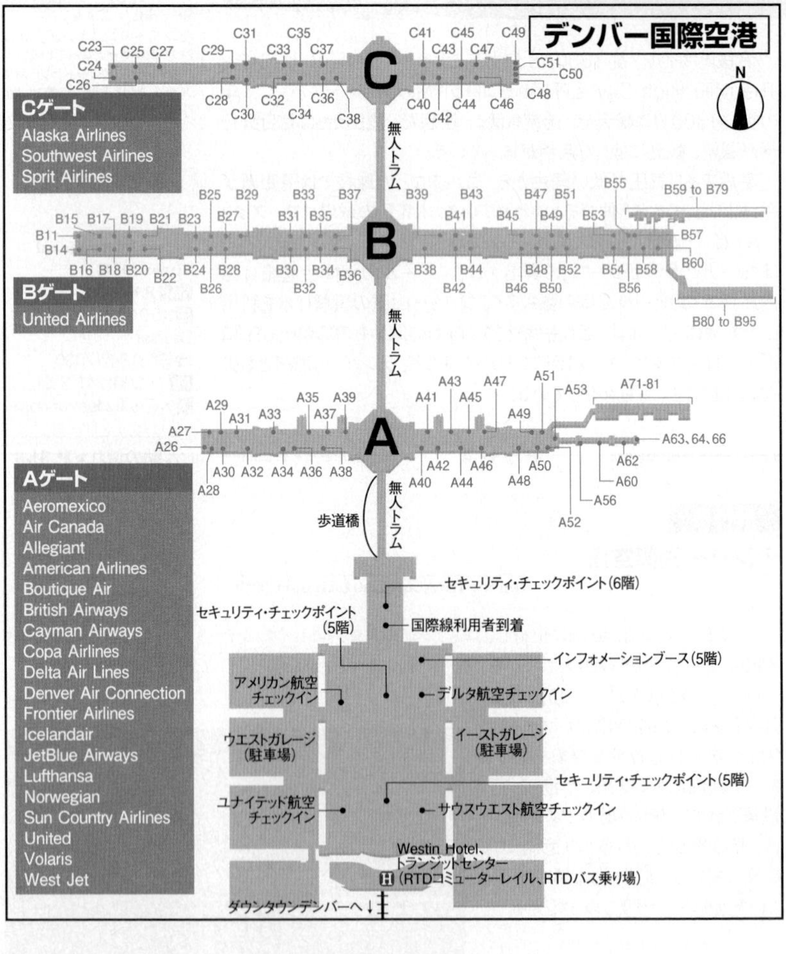

● 空港から車を借りる

主要レンタカー会社のカウンターはターミナルの5階にある。レンタカーの貸し出し場所までは同階のドア505～513（東側）、504～512（西側）を出た所にあるIsland 4から、各社の無料シャトルバスが運行している。

レンタカーの営業所は空港内を回るレンタカー会社のシャトルで

長距離バス

グレイハウンド

Greyhound

乗り場はダウンタウンにあるデンバー・バスセンター。ダウンタウンの19th St.とArapahoe St.の角にあり、バスタング（下記）などほかのバス会社との共同バスターミナルだ。ダラス（所要約17時間）や、エルパソ（所要約14時間）、ソルトレイク・シティ（所要約10時間）などから乗り入れている。また、グレイハウンドはユニオン駅からも乗降可能だが、ユニオン駅の場合ウェブサイトから事前に購入する必要がある。

Denver Bus Center
MAP P.173-B1
住 1055 19th St., Denver
☎ (303) 293-6555
営 毎日5:00～13:45、16:30～翌0:30

グレイハウンドとバスタングが入ったデンバー・バスセンター

鉄道

アムトラック・ユニオン駅

Amtrak

ユニオン駅は鉄道黄金期の名残を残していて美しい

ユニオン駅を発着するアムトラック。カリフォルニアゼファー号が1日1往復、エメリビル（サンフランシスコ）やソルトレイク・シティ、リノ、シカゴから乗り入れている。ユニオン駅は設備が充実しており、話題のレストランやホテルも併設。ロビースペースのベンチでゆっくり待とう。

Union Station
MAP P.173-A1
住 1701 Wynkoop St., Denver
FREE (1-800) 872-7245
営 毎日5:30～23:00（チケット窓口は毎日5:30～13:15、15:00～22:15）

COLUMN

郊外への移動はバスタング！

古きよきアメリカの町並みが残るフォートコリンズ（→P. 209）、コロラド第2の都市コロラドスプリングス（→P. 199）、温泉が有名なグレンウッドスプリングス（→P. 233）、ウインタースポーツの聖地ベイル（→P. 222）など、近郊には魅力的な都市が点在している。デンバーとこれらの見どころを結ぶ中距離バス、バスタングは、ローカルも重宝する移動手段だ。すべてのバスはユニオン駅、デンバー・バスセンターを発着する。

Bustang URL www.ridebustang.com

料 フォートコリンズまで$10、コロラドスプリングスまで$12、グレンウッドスプリングスまで$28、ベイルまで$17

運行／ノースライン（フォートコリンズ方面）：月～金7:35～18:15の間に6～7本、ウエストライン（グレンウッドスプリングス、ベイル方面）：毎日7:00と17:40（グランドジャンクションまで）、15:10（ベイルまで）、サウスライン（コロラドスプリングス方面）：月～金7:50～18:30の間に7本

※チケットは乗車時にも購入することができるが、その場合は現金（$20以上の紙幣）のみの支払いとなる。

デンバーの市内交通

デンバーの公共交通機関は、アメリカの都市のなかでも屈指の充実ぶりを誇る。ダウンタウンの無料シャトルバスは有名だが、近年はライトレイルの新路線建設が盛んに行われており、ここ数年で新路線の開通、既存路線の延伸が相次いでいる。

RTD
☎ (303) 299-6000
URL www.rtd-denver.com
料 Local $3 (MyRideの場合 $2.80)、Regional $5.25 (MyRideの場合 $5.05)、Airport $10.50 (MyRideの場合 $10.30) と距離によって3つの料金形態がある（バス、ライトレイル共通）。1日券はLocal $6、Regional $10.50。トランスファー（乗り換え）は無料だが、乗車時に運転手からトランスファーチケットをもらうこと。同ルートでは使用不可。また、1日券などのパスはライトレイルの駅にある券売機や観光案内所で購入することができる

● RTD Bus
運行／毎日5:00～23:00の10～60分間隔（路線により異なる。土・日は減便になる路線あり）

● Light Rail
運行／毎日5:00～翌1:00の15～30分間隔（路線により異なる。土・日は減便になる路線あり）

Civic Center Station
MAP P.173-B3

RTD
リージョナル・トランスポーテーション・ディストリクト
Regional Transportation District

デンバー市内を縦横無尽に走るRTDバス、空港や郊外までルートが延びるライトレイル、ダウンタウンの16th St.を走る観光の味方フリー・モールライドを運行する。日本のSuicaやIcocaにあたるICカード、**マイライドMyRide**が導入され、利便性が高まった。カードはユニオン駅のコンコース窓口やシビックセンター駅、デンバー国際空港などで販売されており、新規カードを発行の際、$5以上のチャージが必須（カード代は無料）。現金で払うより1回20¢安くなるので、何度も乗る人は一考の価値あり。なお、カードのチャージは上記の駅など場所が限られているので注意したい。1日券をMyRideにチャージすることはできない。

ユニオン駅の地下にあるコンコースから、多くのバスが発着する

●RTDバス
RTD Bus

約125の路線があり、市内をくまなく網羅している市バス。ダウンタウンではユニオン駅と**シビックセンター駅Civic Center Station**がハブであり、各ルートマップやパス類も販売している。また、デンバー国際空港から郊外へ向かう**スカイライドSkyRide**、ユニオン駅からボウルダーへの急行バス、**フラットアイロンフライヤー Flatiron Flyer**、イベント時に限り運行する**スポーツライドSportsRides**など、特別運行のバスも多数ある。

青と白の車体。乗車前に電光掲示板で行き先の確認を

空港へのアクセス以外にライトレイルを使う機会は少ない

●ライトレイル
Light Rail

ほとんどの路線がユニオン駅か16th St. & Stout St.を拠点に、郊外へ向けて路線を延ばしている。A、B、C、D、E、F、G、H、L、R、Wの11路線がある。旅行者はデンバー国際空港とユニオン駅を結ぶAライン、ユニオン駅とスポーツ会場を結ぶC、D、Wラインを利用する機会が多い。それ以外の路線を使うことは少ない。料金はゾーン制。

MEMO **未来のBライン**　ライトレイルのBラインは延伸工事を行っており、2019年11月現在はユニオン駅とデンバーの北西にあるウエストミンスター市を結んでいるだけだが、将来はボウルダー、さらにはロングモント市までを結ぶ路線になる予定だ。

●フリー・モールライド　Free MallRide

16番ストリートモールを往復する無料シャトルバス。交差点ごとに停車し、交差する通りがそのまま停留所名になっているので利用しやすい。乗り降り自由の電気バスが数分おきに走る。また、平日のラッシュアワーのみの運行ではあるが、フリー・メトロライドFree MetroRideというユニオン駅とシビックセンターを直接結ぶ無料シャトルバスもある。おもに18th St.と19th St.を走っている。

デンバーの名物でもある16番ストリートモールを走る無料バス

●Free MallRide
料無料
運行／毎日4:59～翌1:19（土5:28～、日6:08～）の数分間隔で運行。フリー・メトロライドは月～金5:54～9:18、14:46～18:28の5～10分間隔

Light Rail　乗車券の買い方

1 用途を選ぶ

3つの種類が表示されるが、旅行者は「1Purchase Ticket」を選択

2のQuick Ticketはデンバー市内（$3）、3のQuick Ticketは空港まで（$10.50）のチケット

2 料金形態を選ぶ

一般料金か割引料金（学生や65歳以上）かを選択。ここでは「Full Fare」を選択

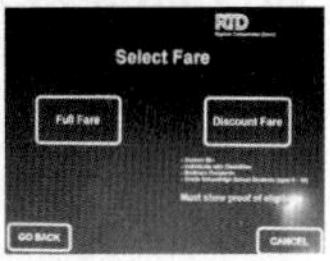

5歳以下は無料

3 チケットの種類を選ぶ

片道のチケットか1日券かを選択。行き先によってRegionalやAirportを選択。デンバー市内は基本的にLocalでOK

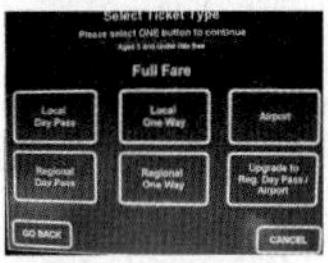

旅行者がRegionalゾーンへ行くことは少ない

4 支払い方法を選ぶ

現金の場合はそのまま券売機にコイン、紙幣を投入。クレジット、デビットカードの場合は、支払い方法を選択したあと、画面横にある読み取り機にカードを挿入する

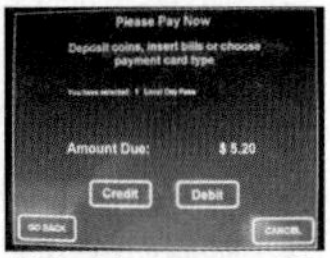

料金が合っているか確認すること

5 チケット受け取り

チケットとおつりを券売機の下部から受け取り、乗車

一般的な自動券売機

タッチパネル。操作はこの画面をタッチしながら進んでいく

コインの投入口。1¢以外の硬貨はすべて使用可能だ

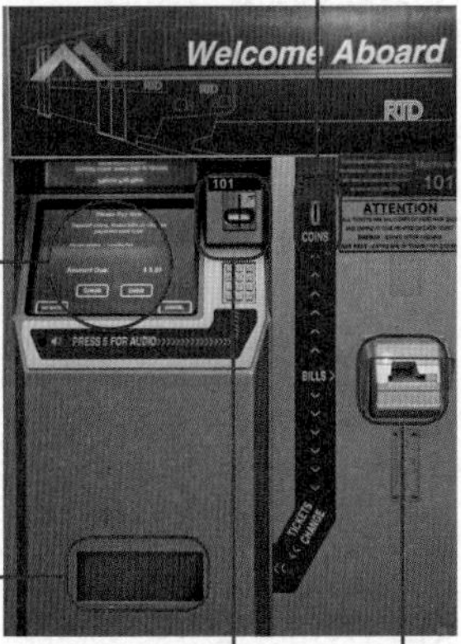

チケットやおつりはここから出てくる

クレジットカードの挿入口。手応えがあるまで差し込み、すぐ引き抜く

紙幣はここから。$20札までの紙幣は使用可

券売機の近くに設置されているバリデーター。券売機以外で1日券などのパス類を購入した場合、この機械にチケットを挿入し、チケットを有効にしてから乗車すること

MEMO 券売機も新しく？　ICカードのMyRide（→P.170）が導入されたため、上記の券売機の仕様も変わる可能性があるので注意。

Gray Line of Denver
☎(303) 289-2841
URL www.grayline.com/denver
出発／ユニオン駅(→P.169)出発が多いが必ず確認を

ツアー

グレイライン・オブ・デンバー

Gray Line of Denver

郊外のツアーを含め季節により3～6つのツアーを催行している。車がなければアクセスするのが難しい場所も網羅している。

ツアー名	料金	運行	所要時間	内容など
Denver Mountain Parks	$55	毎日8:30発	4時間	レッドロックス・アンフィシアターやベア・クリーク・キャニオン、伝説のガンマン、バッファロー・ビルの博物館などを回る。
Denver Highlights	$40	毎日14:00発	3時間	デンバー美術館や美しい公園、コロラド州議事堂、造幣局、16番ストリートモール、歴史地区など、デンバーのおもな見どころはひと通り見ることができる。時間がない人向け。

M.E.M. Travel
☎(303) 295-1300
URL www.memtravel.us
出発／ホテルへの送迎あり

M.E.M.トラベル

M.E.M. Travel

英語が不慣れな人にはうれしい日本語のツアー会社。半日や1日ツアーのほか、要望に応じてプライベートツアーも催行している。

Sports デンバーのスポーツ

大都市デンバーには5大スポーツのすべてのチームがあり、本拠地の4つがダウンタウンに位置する。スポーツ観戦が気軽に楽しめるというわけ。

Colorado Rockies

MLB コロラド・ロッキーズ（ナショナルリーグ西地区）

1993年創設。山岳部標準時の地区に初めて誕生した球団で、同年の観客動員数約448万人は、いまだに破られていない大記録。
本拠地――クアーズフィールド
MAP **P.173-A1** 住2001 Blake St. (at 20th)
☎(303) 762-5437（チケット）
URL www.mlb.com/rockies

Denver Nuggets

NBA デンバー・ナゲッツ（西・北西地区）

1967年創設。10年連続プレイオフ出場が途絶えた2013-14から負け越しが続く。
本拠地――ペプシセンター
MAP **P.164-B2** 住1000 Chopper Circle
☎(303) 405 - 1100 URL www.nba.com/nuggets 交ライトレイルC、E、WラインでPepsi Center／Elitch Gardens駅下車

Colorado Avalanche

NHL コロラド・アバランチ（西・中地区）

1972年創設。1995-96と2000-01にスタンレーカップを制覇。2010年から低迷したが、ここ数年強豪の仲間入りに。
本拠地――ペプシセンター
☎(303) 405-1100
URL www.coloradoavalanche.com
交ナゲッツ参照

Denver Broncos

NFL デンバー・ブロンコス（AFC西地区）

1960年創設。2015年に17年ぶり3度目のスーパーボウルを制した。2016年クオーターバックのマニング引退後、戦力がダウン。2017-18以降プレイオフ進出を逃しているが、地元では絶大な人気を誇る。
本拠地――エンパワー・フィールド・アット・マイルハイ
MAP **P.164-A3** 住1701 Bryant St.
☎(720) 258-3333（チケット）
URL www.denverbroncos.com
交ライトレイルC、E、WラインでSports Authority Field at Mile High駅下車

Colorado Rapids

MLS コロラド・ラピッズ（西地区）

リーグ創設時の1995年からのメンバー。2010年にはMLS日本人選手第1号の木村光佑が優勝に貢献した。元アメリカ代表のゴールキーパー、ハワードを中心に戦っている。
本拠地――ディックス・スポーティング・グッズ・パーク
MAP **P.163-C2**
住6000 Victory Way, Commerce City
☎(303) 825-4625
URL www.coloradorapids.com
交バスは乗り継ぎが多いため、タクシーをすすめる。ダウンタウンから約$30

ツアー名	料金	運行	所要時間	内容など
半日観光ツアー（クアーズ醸造工場）	$85	毎日 13:00発	4時間	レッドロックス・アンフィシアターやクアーズビール醸造工場での試飲、コロラド州議事堂、ユニオン駅などを回る。12:30発はクアーズビール醸造工場には行かず、クアーズフィールドへ行くツアー（$95）。
1日観光ツアー	$145	毎日9:00発	8時間	ロッキーマウンテン国立公園でランチを取り、その後ボウルダーを観光する1日ツアー。運がよければ野生動物を間近で見ることができる。

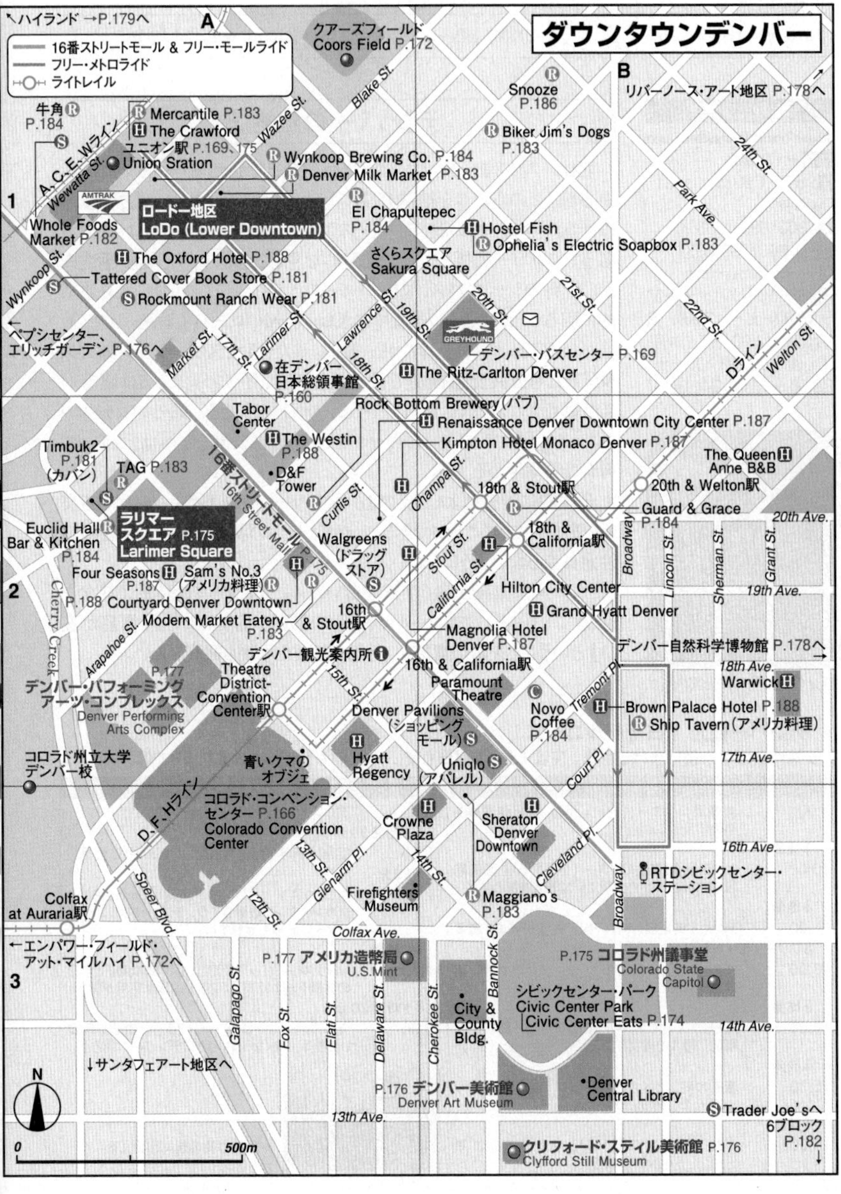

Japan Guide Service Colorado, Inc.
☎(720)900-3170
Email:masajgs@gmail.com

ジャパン・ガイド・サービス・コロラド

Japan Guide Service Colorado, Inc.

ロッキーマウンテン国立公園やデンバー市内と郊外の観光名所を巡るツアーのほか、カスタマイズもOK。ホテルへの送迎あり。日本語で対応。

ツアー名	料金	運行	所要時間	内容など
クアーズフィールドと16番街モール	$89	月〜金11:45発	4時間	ダウンタウンのクアーズフィールドと人気の16番街モールを見学。2名から催行
ジョージタウン1日観光	$225	6〜9月の月・金9:00発	5時間	ジョージタウンループ鉄道（→P.205）に乗車。2名から催行

観光案内所
Denver Tourist Information Center
MAP P.173-A2
住1575 California St., Denver
☎(303)892-1505
FREE(1-800)233-6837
URL www.denver.org
営〈5〜10月〉月〜土9:00〜18:00（土〜17:00）、日10:00〜14:00、〈11〜4月〉月〜金9:00〜17:00、土・日9:00〜14:00（日10:00〜）

観光のスタートは観光案内所から

デンバーの歩き方

北はユニオン駅、南はコロラド州議事堂までがデンバーダウンタウンの中心部。このふたつを結ぶ16番ストリートモールを中心に、通りが碁盤の目のように走っている。ラリマースクエア、ロードー地区、コロラド州議事堂、デンバー美術館など、**代表的な見どころはすべて徒歩圏内**だが、無料のシャトルバス、フリー・モールライドを乗りこなせば、より効率的に回ることができる。若者でにぎわう近郊のローハイ地区、ライノ地区へはRTDバスで行くのが一般的。また、**5大スポーツチームのスタジアムも公共交通機関で行くことができ**、イベントによっては臨時バスが運行されるので、RTDのウェブサイトで確認を。郊外のレッドロックス・アンフィシアターやロッキーマウンテン国立公園などへは、ツアーで行くことをすすめる。

全体的に治安はよく、夜の16番ストリートモールも多くの人が行き交い、安心して歩くことができる。しかし、ほかの都市と同様、**最低限の注意は怠らないように**したい。

デンバーは標高が高く空気が薄いため、人によっては体調に異変をきたすこともある。アルコールは普段より酔いが回りやすい。**「標高が高い」ということを常に意識し**、水分補給をしながら観光したい。

● デンバー観光1日モデルコース

デンバーの中心部は歩ける距離。夜はスポーツ観戦も楽しみたい。もう1日あれば車を借りて郊外へ。

定番コース		コロラドスプリングスへのドライブ	
9:00	造幣局のツアー（→P.177）。当日整理券を早めに入手しよう	9:00	ダウンタウンデンバーを出発
⬇徒歩		⬇1時間30分	
10:00	コロラド州議事堂のツアー（→P.175）。西側階段の"Mile High"の所で記念撮影を忘れずに	10:30	空軍士官学校（→P.202）。チャペルは必見
⬇徒歩		⬇30分	
11:00	デンバー美術館（→P.176）。先住民美術を鑑賞	12:00	マニトウスプリングス（→P.203）。かわいらしいダウンタウンを散策してランチを。ミネラルウオーターの試飲も忘れずに
⬇フリー・モールライド		⬇1時間	
13:00	ユニオン駅（→P.175）。ランチはユニオン駅の気に入った店で	14:30	パイクスピーク（→P.203）。必ず車の調子と自分の体調をみながらドライブを。山頂は空気が薄い
⬇徒歩		⬇1時間20分	
14:00	MLBクアーズフィールドのツアー（→P.172）。事前に時間を確認すること	16:30	ガーデン・オブ・ゴッド（→P.202）。奇岩を鑑賞した後は、暗くならないうちにデンバーへ戻ろう
⬇徒歩			
15:30	若者の町、ライノ地区（→P.178）散策。ブリュワリーで1杯もいい		
⬇徒歩			
18:00	ダウンタウンに戻り、ラリマースクエア（→P.175）などで夕食を		

神秘的な姿の岩に出合える
ガーデン・オブ・ゴッド

MEMO **シビックセンター・パークで食事** 4月下旬〜10月上旬に行われるシビックセンター・イーツ。ダウンタウンの南にあるシビックセンター・パークにフードトラックが一堂に会する夏期限定のイベントだ。ランチタイムはかなり混雑するが、おいしい料理を手頃な値段で食べられる。 Civic Center Eats MAP P.173-B3 住101 ↗

おもな見どころ

ダウンタウン Down town

乗り放題のシャトルがありがたい　おすすめ度：★★★

16番ストリートモール 16th Street Mall

四季を美しく映し出す並木と、中国系のアメリカ人建築家、I.M.ペイが設計したことでも有名なストリート。デンバーの観光はここからだ。

ランドマークである時計台D&Fタワーや多くのカフェ、レストランがこの通りに面し、フリー・モールライド（→P.171）がひっきりなしに往来している。一般車両は立ち入ることができない。深夜まで人通りが絶えず、チェスに興じる地元民やストリートパフォーマーでにぎわっている。

16th Street Mall
MAP P.173-A1～B3
URL 16thstreetmalldenver.com

通りにはピアノも置かれていて、誰でも弾くことができる

商業施設という顔ももつ　おすすめ度：★★★

ユニオン駅 Union Station

1881年に誕生し、100年以上の歴史を誇るユニオン駅。各交通機関が集まることはもちろん、行列のできるレストランや老舗書店、ホテル、休憩エリアを備えるエンターテインメントスポットでもある。また、併設されている**クロウフォードホテルCrawford Hotel**ではユニオン駅のツアーを催行しており、その歴史を今に伝えている。

Union Station
MAP P.173-A1
住 1701 Wynkoop St., Denver
☎(303) 592-6712
URL unionstationindenver.com
営 駅自体は24時間。テナントは店舗により異なる

Crawford Hotel（ツアー）
☎(303) 628-5528
URL www.thecrawfordhotel.com/tours/
営 木～月13:00、16:00
料 $20

ゴールドラッシュを思い起こさせる黄金のドーム　おすすめ度：★★★

コロラド州議事堂 Colorado State Capitol

ダウンタウン観光の目印でもあり、金色のドームがひときわ目立つ州議事堂。内部は重厚な装飾が施され、1階から3階までの吹き抜けの壁には歴代州知事の肖像画が飾られている。Colfax Ave.に面した北側入口から無料ツアーが催行され、ドームにも上ることができる。また、西側の階段にはマイル・ハイ（海抜1600m）を示す標識が刻まれている。

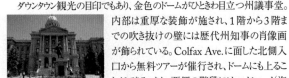

州議事堂の見学は無料。ぜひ見ておきたい

Colorado State Capitol
MAP P.173-B3
住 Room 029, State Capitol（ツアーデスク）, Denver
☎(303) 866-2604（ツアーデスク）
URL www.colorado.gov/capitol
ツアー／月～金10:00～15:00。所要約45分
交 フリー・モールライドのシビックセンター駅から南東へ1ブロック

粋なレストランとショップが集まる　おすすめ度：★★★

ラリマースクエア Larimer Square

ラリマーストリートの歴史はコロラド州のゴールドラッシュだった1858年まで遡る。鉱夫であったグリーン・ラッセルとその一団が、当時この地に拠点をおいたことが始まりとされる。以降デンバーのメインストリートとなり、禁酒法時代の1916年頃にはもぐりの酒場が大繁盛した。

第2次世界大戦後、デンバーも急成長を遂げ、時代にそぐわないことから取り壊しの危機に遭うが、地元の女性活動家ダナ・クロフォードが声をあげた。ラリマーストリートを1965年、見事よみがえらせたのだ。今ではすっかりデンバーの顔となった通りは、約100mの間にショップ、レストラン、カフェなどが50軒以上並び、連日連夜にぎわっている。Larimer St.沿い、14th St.と15th St.の間にある。

Larimer Square
MAP P.173-A2
住 1430 Larimer St., Denver
☎(303) 534-2367
URL www.larimersquare.com

ラリマースクエアは昼だけでなく夜も足を運びたい

↘ 14th Ave., Denver ☎(303) 861-4633 URL www.civiccenterconservancy.org 営 4月下旬～10月上旬の火～木11:00～14:00

家族連れで楽しめるテーマ&ウオーターパーク　おすすめ度：★★★

エリッチガーデン Elitch Gardens

ユニオン駅からひと駅の場所にあるテーマパーク。大人も恐怖におののくスリル満点のライドや、小さな子供でも楽しめる子供用のライド、家族みんなで楽しむことができるウオーターライドなど、アトラクションが盛りだくさんだ。緩やかに流れる人工の川を、浮き輪に乗って下るライドや、長大なウオータースライダー、人工ビーチなどは、夏の暑い日には大混雑する。ウオーターアトラクションに乗る際は必ず水着を着用しなければいけないので、忘れないこと。

海のないコロラドにある人工ビーチ

Elitch Gardens
MAP P.164-B2
住 2000 Elitch Circle., Denver
☎ (303) 595-4386
URL www.elitchgardens.com
営 毎日10:30～21:00（金・土～22:00）※営業は時期により異なる。また、4・5月や8月下旬から10月下旬などは休館日もあるので、要確認
休 11～3月
料 $59.99（ウェブサイトから購入の場合$39.99）、2歳以下無料
交 ライトレイルC、E、Wライン Pepsi Center/Elitch Gardens駅下車

斬新なデザインの外観　おすすめ度：★★★

デンバー美術館 Denver Art Museum

美術館として、アメリカ国内で初めてネイティブアメリカン・アートのコレクションを収蔵したことでも知られるデンバー美術館。現在ネイティブアメリカン・アートのコレクション数は2万点近くにのぼり、宝石、陶器、織物、バスケットなどの小物、トーテムポール、ティピ（ネイティブアメリカンの移動式住居）など、ほかの美術館ではお目にかかれない品々を数多く展示している。現代美術、アフリカ、ヨーロッパ、アジアの絵画、テキスタイルアート、ファッション、彫刻などのコレクションも充実しており、収蔵数は7万点以上。中西部屈指の収蔵数を誇る。

美術館はノースビルディングとフレデリック・C.ハミルトン・ビルディングに分かれているが、**ノースビルディングは2021年まで改装工事中**。ひときわ目を引く個性的なデザインの建物はジオ・ポンティとダニエル・リベスキンドによるもの。

建物自体もアート作品のひとつ。デンバー美術館

Denver Art Museum
MAP P.173-B3
住 100 W. 14th Ave. Pkwy., Denver
☎ (720) 865-5000
URL www.denverartmuseum.org
営 毎日10:00～17:00（金～20:00）
休 おもな祝日
料 $13、シニア・学生$10、18歳以下無料
交 フリー・モールライドのシビックセンター駅から南へ徒歩約5分

世界各国にファンがいる稀代の画家の美術館　おすすめ度：★★★

クリフォード・スティル美術館 Clyfford Still Museum

クリフォード・スティル（1904～1980）は日本での知名度は低いが、20世紀で最も重要な抽象画家のひとりに挙げられることが多い。感情のおもむくまま、ときに力強く、ときに繊細に、キャンバスにペンキをなぞっていく作風は、世界中に多くのファンがいる。美術館にはスティルが生涯で描いた95%、約3125作品を収蔵しており、2011年に開館した。

Clyfford Still Museum
MAP P.173-B3
住 1250 Bannock St., Denver
☎ (720) 354-4880
URL clyffordstillmuseum.org
営 火～日10:00～17:00（金～20:00）
休 月、おもな祝日
料 $10、65歳以上$8、17歳以下無料
交 デンバー美術館を参照

見れば見るほど味わい深くなるスティルの作品

静かで無機質な空間に、血なまぐさく、おどろおどろしい"生"を感じられる作品が並ぶ。スティルの作品を目の前にすると、彼がそのときどのような心境で絵を描いていたかを感じることができるはずだ。

ドル硬貨の製造所　　おすすめ度：★★★

アメリカ造幣局 U.S. Mint

本局はワシントンDCにおかれ、2019年11月現在、硬貨製造の支局はデンバーのほかペンシルバニア州フィラデルフィア、カリフォルニア州サンフランシスコ、ニューヨーク州ウエストポイント、ケンタッキー州フォートノックスの4ヵ所にある。そのうち製造工程をツアーで見て回ることができるのはフィラデルフィアとここ、デンバーのみだ。そのため人気が非常に高く、**すぐ定員になってしまうことが多い**。

チケットは前売りやウェブサイトでの購入はできず、当日7:00から窓口で配布される。ここで何時のツアーで回りたいかを伝え、チケットをもらおう（1人につき5枚まで）。早いもの順で、観光シーズンの4～8月はチケットがすぐになくなってしまう。どうしてもツアーに参加したいなら7:00には到着しておきたい。そのとき写真付きIDの提示を求められるので、パスポートを忘れずに。窓口はCherokee St.沿いにある。また、7歳以上の年齢制限がある。

なお、ギフトショップはツアーに参加しなくても入場可能だ。

ドル硬貨を扱っている場所のため、**荷物の持ち込みやルールは厳しい**。ロッカーはないので、訪れる前にウェブサイトで確認すること。

U.S. Mint
MAP **P.173-A3**
住320 W. Colfax Ave., Denver
FREE (1-800) 872-6468
URL www.usmint.gov
営ツアー：月～木8:00～15:30（所要45分。ツアー時間の30分前にはツアー入口に到着するように）、ギフトショップ：月～木8:00～16:30
料無料

アメリカのコインが造られる工程が見学できる

巨大なアート複合施設　　おすすめ度：★★★

デンバー・パフォーミングアーツ・コンプレックス Denver Performing Arts Complex

ブロードウエイで上演されているミュージカルやオペラ、バレエ、ジャズコンサートなどを上演する劇場や、大人の社交場として使われるサロン、彫刻庭園などが一堂に会する複合施設。メインで使用されるホールは2679人収容の**ボエッチャー・コンサートホール Boettcher Concert Hall**、2843人収容の**テンプル・ホイン・ブエル・シアター Temple Hoyne Buell Theatre**、2225人収容の**エリー・カーキン・オペラハウス Ellie Caulkins Opera House**の3つ。コンベンションセンターの1ブロック北に位置する。

ショーは見ずとも**バックステージツアー Backstage Tour**にはぜひ参加してほしい。月・土の10:00から行われる90分のツアーでは、演目で使われる特殊メイクや衣装、大道具の制作現場を見ることができたり、誰もいないホールで舞台に上がることもできる。舞台裏にある歴代の演目ポスターや出演者のサインは必見。

Denver Performing Arts Complex
MAP **P.173-A2**
住1400 Curtis St., Denver
☎ (720) 865-4200
URL www.artscomplex.com
営イベント、会場により異なる
● **Denver Center for the Performing Arts**
住1101 13th St., Denver
☎ (303) 893-4000
URL www.denvercenter.org
料バックステージ・ツアー$12。ショーの料金は演目により異なる

夜は芸術鑑賞、昼はツアーに参加したい

リバーノース・アート地区（ライノ） River North Art District(RiNo)

River North Art District(RiNo)
MAP P.164-左下
URL rinoartdistrict.org
交 Broadwayの東、特にLarimer St.沿いがにぎやか。ダウンタウンから徒歩15分

1900年代、ダウンタウンの北東は製造業が栄え、デンバー経済の中心にあった。しかし1980年代、工場が続々と撤退していき、地区は衰退。周辺の地価が下がり始めると、アーティストたちがアトリエやギャラリーを構えるようになっていく。そして2005年、アーティストと町をつなぐ創造的なエリアを作りたいという住民たちの思いから、町をあげての復興が決定。今ではアートが町を覆い、若者の活気にあふれ、感度の高い人たちが多く集まるエリアとなった。デンバーを代表するレストランやブリュワリー、ギャラリー、ショップなどがここに集結している。現在も続々と新規出店が相次ぎ、いたるところで工事が行われている。近い将来、アメリカを代表するヒップスターになる勢いだ。

ダウンタウンの東を南北に走るBroadwayを境に始まり、東はDowning St.のあたりまで。主要なショップやレストランはLarimer St.沿いに集まり、ブルームーン・ブリュワリー（→P.185）やザ・ソース（→P.185）もこのエリアにある。

ギャラリーが多く、自由な発想の作品を見ることができる

ユニークな壁画が並ぶ、デンバーの"今"を象徴するエリア

シティパーク City Park

緑豊かな市民公園にある　おすすめ度：★★★

デンバー自然科学博物館 Denver Museum of Nature & Science

Denver Museum of Nature & Science
MAP P.165-F2
住 2001 Colorado Blvd., Denver
☎ (303)370-6000
URL www.dmns.org
営 毎日9:00～17:00
休 12/25
料 $19.95、シニア$16.95、3～18歳$14.95。アイマックスは$7、シニア・3～18歳$6。コンビネーションチケットあり
交 RTDバス#20、30、40でColorado Blvd. & Montview Blvd.下車

ダウンタウンから東へ約6km、シティパーク内のColorado Blvd.沿いにある。

名前のとおり自然と科学の博物館だが、展示内容は多岐にわたる。コロラド周辺に生息する野生動物やアラスカ、アルゼンチンなどの海洋生物など約90種に及ぶはく製やジオラマ、周辺で発掘された恐竜の骨格標本、北アメリカのネイティブアメリカン文化、エジプトのミイラ、ディスカバリーゾーンでは子供向けのインタラクティブな展示など、大人も子供も楽しめる複合エンターテインメント施設だ。さらに、プラネタリウムとアイマックスシアターも併設され、大迫力の映像体験ができるのも魅力。4階のスカイテラスから見るデンバーの町並みとロッキー山脈の景色は格別なので、見逃さないこと。

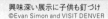

興味深い展示に子供も釘づけ
©Evan Simon and VISIT DENVER

市内でも1、2を争う人気の見どころ　おすすめ度:★★★

デンバー動物園　Denver Zoo

デンバー自然科学博物館（→P.178）から徒歩15分の場所にある動物園。デンバー市内にあるアトラクションのなかでも屈指の人気を誇り、年間の来園者数はおよそ200万人。自然に近い状態で飼育・展示されており、迫力ある動物の姿を見学することができる。

80エーカーの広大な敷地の園内には約615種、約4000もの動物が飼育されており、なかでも1918年から続くクマの展示エリアBear Mountainは人気が高く、目線の高さでクマと対面することができる。特に、北アメリカに生息するグリズリーは迫力満点だ。また、10エーカーの敷地に100万ガロンのプールを設けた北アメリカ最大の展示エリアToyota Elephant Passageでは、ゾウやサイ、バクなどの水浴びや泳ぎなどの光景を見ることができる。2019年初頭には絶滅危惧種のアムールトラの「ユリ」がニューヨークのブロンクス動物園から婿入りし、ニキータとの間で繁殖が期待されている。

アジアゾウがお出迎え©Rich Grant

Denver Zoo
MAP P.165-E2
住2300 Steele St., Denver
☎(720) 337-1400
URL denverzoo.org
営毎日9:00～17:00（入場は16:00まで。冬期は短縮あり）
料$20、65歳以上$17、3～11歳$14
交RTDバス#32でZoo Entrance下車

ハイランド　Highlands

ダウンタウンの北西に広がるエリア、ハイランド。ビクトリア調の建物が多く、青々とした庭や公園が点在し、ローカルのショップやレストラン、ギャラリーが軒を連ねている。ダウンタウンより車の交通量が少なく、心なしか空気も澄み、夏は特に散策が気持ちいい。

ハイランドのなかでも**ハイランドスクエアHighlands Square**、**ローアーハイランドLower Highlands**、**テニスン通りTennyson Street**とおもに3つのエリアが人気だ。W. 32nd Ave.とLowell Blvd.が交差する所にあるハイランドスクエアは、ブティック、書店、レストランやバーが軒を連ね、テニスン通りはライブハウスや地元アーティストの作品が並ぶギャラリーが多い。

最もダウンタウンから近いローアーハイランドはローハイと親しまれ、ハイランドのなかでも特に成長著しく、新陳代謝の激しい場所だ。新旧入り乱れた建物が並び、革新的なレストランやバーが点在している。ユニオン駅の西側を走る15th St.を徒歩で北上し、サウスプラット川を渡った所にある。

また、サウスプラット川を渡る手前にある**コモンズパークCommons Park**は市民の憩いの場だ。サイクリングやジョギング用のトレイルが整備され、夏になると多くの市民がサウスプラット川で水浴びや川下りを楽しんでいる。観光の合間に、ロッキー山脈の雪解け水で、疲れた足を冷やすのもいいだろう。

昔の町並みを生かしたまま、人気の繁華街になっている

Highlands
MAP P.164-AB1～2
交ハイランドスクエアへはRTDバス#32でW. 32nd Ave. & Meade St.下車。テニスン通りへはRTDバス#44でW. 44th Ave. & Tennyson St.下車。ローハイへはユニオン駅から徒歩で。約10分
●Commons Park
MAP P.164-B2
住2101 15th St., Denver
URL www.denvergov.org/parks

いい音を反響させてくれるシップロック

全米でその名を知られる屋外劇場　おすすめ度：★★★

レッドロックス・アンフィシアター Red Rocks Amphitheatre

たぶん母なる大地は「コンサート会場として使ってくれ！」と願い、この会場を造形したのではないだろうか。そう思えるほど、ここには完璧な音響システムが備わっている。自然にできたものなのに、だ。

レッドロックス・アンフィシアターはダウンタウンの西、標高約2000mの場所に位置するレッドロックス公園内にある。劇場は中央にステージと客席（9525人収容）、両脇にそれぞれ、巨大な1枚岩がある構造で、いうまでもなくこの岩が、劇場の肝だ。船の形に似ていることから名づけられた「シップロック」と、反対側の「クリエーションロック」。ふたつの巨大岩は、長い年月をかけ海底からゆっくり隆起したもので、1億6000万年前のジュラ紀の地層から、ウミヘビや海洋爬虫類など、海底にあったことを証明する化石も発掘されている。

開場したのは1941年。過去にはビートルズ（最初の海外公演はここで行われた）やジミ・ヘンドリックス、U2などのレジェンドたちも演奏を行っており、2015年には国の歴史登録財に認定、2016年には75周年を迎えた。夏の間は連日イベントが開催され、現在もビッグネームがたびたび演奏している。演奏がない日は、ヨガのワークショップが開催されたり、市民がトレーニング場として使用している。

敷地内には**コロラド音楽の殿堂Colorado Music Hall of Fame**が併設。過去にアンフィシアターで演奏したアーティストの写真や20世紀を代表するミュージシャンたちの貴重な品々が展示されているので、あわせて見学してみるといい。

ビートルズが公演をしたときの展示も興味深い

Red Rocks Amphitheatre
MAP **P.163-B2**
住 18300 W. Alameda Pkwy., Morrison
☎ (720) 865-2494
URL redrocksonline.com
営 日の出1時間前〜日没の1時間後。コロラド音楽の殿堂博物館は毎日9:00〜18:00（時期により異なる）
料 レッドロックス公園、アンフィシアター、コロラド音楽の殿堂は無料で入場できる
交 車でI-25、US-6、I-70と進みExit 259で下りたら、交差点を左折。2kmほど進むと右手に看板が見えてくる。タクシーの場合約$50、30分。イベント開催時はRTDの臨時バスが運行されることもある。要確認

COLUMN

天気がいいデンバーだからこそ……

デンバーは年間300日が晴天だといわれている。観光しているとわかるが、どのレストランにも屋外にテーブルと椅子が設けられ、特に夏は、多くの人が屋外で食事を楽しんでいる。そんなレストランはダウンタウンだけで40軒以上もあるという。夏に訪れた際は、ローカルに混じって外で食事を楽しもう！

天気がいい町だけに自転車で観光するのもいい

ショップ

カウボーイシャツの代表的ブランド

ロックマウント・ランチウエア

スナップボタンを開発した祖父の時代から3代続くカウボーイシャツのトップランカー。ロックシンガーや有名俳優が愛用する“言わずと知れた”ウエスタンファッションの名門ブランドだ。

ウィリー・ネルソンも愛用

Rockmount Ranch Wear MAP P.173-A1
住1626 Wazee St., Denver ☎(303)629-7777
URL www.rockmount.com
営月～土8:00～18:00(土10:00～)、日11:00～16:00 カード ⒶⒹⒿⓂⓋ

デンバーに来たならここで読書を

タタードカバー・ブックストア

1971年に創業したデンバーの老舗書店。ほかの書店と違うのはカフェが併設され、快適なソファが備わっていること。ゆっくりした午後のひとときを過ごせる。ユニオン駅内にも支店あり。

アメリカでも少なくなった書店。新しい発見があるかも

Tattered Cover Book Store MAP P.173-A1
住1628 16th St., Denver ☎(303)436-1070
URL www.tatteredcover.com
営月～土7:00～21:00(土9:00～)、日10:00～18:00
カード ⒶⓂⓋ

自分だけのメッセンジャーバッグ

ティンバック2

サンフランシスコ生まれの、機能的でクオリティの高さで知られるメッセンジャーバッグの専門店。遊び心もある色使いやデザインでアウトドアにも普段使いにもいい。時間があれば自分だけのバッグを注文することもできる。

おしゃれながらも機能性が高い

Timbuk2 MAP P.173-A2
住1411 Larimer St., #101, Denver ☎(720)259-3261 URL www.timbuk2.com/pages/denver
営月～土11:00～19:00、日12:00～17:00
カード ⒶⓂⓋ

カラフルな配色が目印

トポデザイン

2007年にデンバーで始まったアウトドアメーカー。コーデュラ生地のデイパックや機能性抜群のジャケットなどの品質もさることながら、カラフルなデザインはおもちゃのようでかわいらしい。

心躍るようなデザインがいい

Topo Designs MAP P.164-C2、P.164-左下
住2500 Larimer St., Denver ☎(303)954-8420
URL topodesigns.com
営月～土10:00～19:00(金・土～20:00)、日11:00～18:00 カード ⒶⓂⓋ

買い物を満喫するならここ

チェリークリーク・ショッピングセンター

デンバーいちのショッピングモール。州議事堂前、Broadwayを走るRTDバス#83Lでアクセスできる。所要約15分。ノードストローム、ニーマンマーカス、メイシーズの3つのデパートと、150以上の専門店が入る。

中心部に近くて便利なモール

ワンストップで生活雑貨から洋服まで買い揃えることができる

Cherry Creek Shopping Center MAP P.165-E4
住3000 E. 1st Ave., Denver ☎(303)388-3900
URL www.shopcherrycreek.com
営毎日10:00～21:00(日11:00～18:00。季節により異なる) カード 店舗により異なる

ショップ

自然保護への取り組みで日本にもファンの多い

パタゴニア

2020年2月、中心部からライノ地区に引っ越し、売り場面積も倍近くに。品揃えも増えて、アウトドアはもちろん飽きのこないデザインは毎日の生活にもいい。バックパックやアクセサリー類も充実。物によっては日本より安い。

ライノ地区に移転する

Patagonia MAP P.164-左下

住2600 Walnut St., Denver ☎未定 URLwww.patagonia.com 営月〜土10:00〜19:00、日11:00〜17:00（新店舗の情報） カードⒶⓂⓋ

流行中の注目フードホール

デンバー・セントラル・マーケット

2016年9月にライノにオープン。1920年代のビルを改装した雰囲気抜群のフードホールだ。店内には11のテナントがあり、野菜や肉などの市場、パン屋、チョコレート店、レストラン、カフェなどが入店している。

オープン以来、多くの人が訪れる人気スポット
©Denver Central Market

The Denver Central Market MAP P.164-左下

住2669 Larimer St., Denver URLdenvercentralmarket.com 営毎日8:00〜21:00（金・土〜22:00）、Izzio Bakery毎日8:00〜（土・日7:00〜）、Curio Bar月〜木〜22:00、金・土〜24:00、日〜23:00 カード店舗により異なる

ロッキー山脈にアタックするならここに立ち寄って

アール・イー・アイ

ワシントン州に本部をおく、アウトドア用品チェーン。古い車両倉庫跡に作られたデンバー店は土地柄、スキー、スノーボード、登山、サイクリング用品が充実。自転車の試乗コースもある。

店内にはクライミング用の岩もある

広々とした店内で商品数も豊富だ

REI MAP P.164-B2

住1416 Platte St., Denver ☎(303)756-3100 URLwww.rei.com

営毎日9:00〜21:00（日〜19:00）
カードⒶⒹⒿⓂⓋ

デンバーの中心部にあって便利

ホール・フーズ・マーケット

地元デンバー産のコーヒーやチョコレート、地球に優しいトイレタリー用品などが揃う。サラダやスープ、ピザなどの総菜類も充実し、そのままイートインで食べるのもいい。デンバーはユニオン駅の裏にあり、至極便利。

総菜を買ってイートインできる

Whole Foods Market MAP P.173-A1

住1701 Wewatta St., Denver ☎(720)572-8800 URLwww.wholefoodsmarket.com 営毎日7:00〜22:00 カードⒶⓂⓋ

新鮮でオーガニックなものを探すなら

ナチュラルグローサーズ

コロラドを中心に全国約100店舗で展開するオーガニックスーパー。ここでヘルシーなスナックや飲み物を買って、ライノを散策するのもよし。オリジナル商品も評判がいい。

みやげ探しにもおすすめのスーパー

Natural Grocers MAP P.164-左下

住3757 N.Brighton Blvd., Denver
☎(303)458-5300 URLwww.naturalgrocers.com
営月〜土8:30〜21:05、日8:30〜20:05
カードⒶⓂⓋ

MEMO **デンバーのトレーダージョーズ** デンバーでは中心部を少し離れた所にある。コロラド州のエコバッグがおみやげに人気。住661 Logan St., Denver ☎(303)318-7112 URLwww.traderjoes.com 営毎日9:00〜21:00 カードⒶⓂⓋ 交ユニオン駅から#0のバスで約15分、Broadway & Speerで下車し徒歩8分

レストラン

ラリマースクエアの名物レストラン

タグ

見た目にも美しい料理の数々

地元の名シェフ、トロイ・ガードが料理を手がけるレストラン。ジャンルにこだわらない創作料理の数々を手頃な価格で食べられる。トルティーヤと寿司を合わせたタコスシは$17。

TAG MAP P.173-A2
住1441 Larimer St., Denver ☎(303)996-9985
URL www.tag-restaurant.com
営月〜金11:30〜22:00(金〜23:00)、土・日17:00〜23:00(日〜21:00) カード ⒶⓂⓋ 予約すすめる

ユニオン駅にある開放的なレストラン

マーカンタイル

朝食もボリューム満点

レストランであり、デリであり、マーケットでもある。広々したスペースに、オープンキッチン、パンが並ぶショーケース、イートインエリアがあり、朝食からディナーまで、グルメをうならせる料理を提供している。

Mercantile MAP P.173-A1
住1701 Wynkoop St., Denver ☎(720)460-3733
URL mercantiledenver.com
営毎日7:00〜22:00(金・土〜23:00) カード ⒶⓂⓋ

片手でワイルドに食らう

バイカー・ジムズ・ドッグス

スタッフは"いかにもバイク乗り"な若者たち

デンバーのベスト・ホットドッグはここ。テレビにも出演するジム・ピッテンジャー、別名バイカー・ジム。2005年にホットドッグの屋台を始め人気を呼び、2011年に同店をオープン。ボリューム満点のホットドッグは$7.50。

Biker Jim's Dogs MAP P.173-B1
住2148 Larimer St., Denver ☎(720)746-9355
URL www.bikerjimsdogs.com
営毎日11:00〜22:00(金・土〜翌3:00)
カード ⒶⓂⓋ

ムードとディナーと音楽

オフェリアズ・エレクトリック・ソープボックス

野菜を多用し実に健康的

外観は古めかしいが、中に入ると大きな空間が広がっており、暗めの照明がテーブルを照らす。料理はどれも絶品で、素材の多くがオーガニックのものを使用。ほぼ毎日生演奏も行われている。

Ophelia's Electric Soapbox MAP P.173-B1
住1215 20th St., Denver ☎(303)993-8023
URL www.opheliasdenver.com
営毎日17:00〜24:00(金・土〜翌1:00)、ハッピーアワー月〜金16:00〜18:00、ブランチ土・日10:00〜14:30(金11:00〜14:00) カード ⒶⓂⓋ

朝から営業するローカル・フードコート

デンバー・ミルク・マーケット

さまざまな店が入った人気のフードコート

元乳製品工場を再活用したおしゃれなフードコート。サラダ、ワインバー、ピザ、パスタ、ポキ丼、サンドイッチ、スイーツなど16店が集まり、どれもクオリティが高いながらもリーズナブルなのが特徴。カフェやブティックもある。

Denver Milk Market MAP P.173-A1
住1800 Wazee St., Denver ☎(303)792-8242
URL www.denvermilkmarket.com 営毎日7:00〜23:00(金・土〜翌1:00。店によって多少異なる) カード 多くの店がⒶⓂⓋ

今、流行のコロラド産「ロカボ」ならここ

モダン・マーケット・イータリー

健康志向のデンバーっ子でにぎわう店

新鮮な食材、手作りのドレッシング、生地などにこだわったヘルシー系ファストフード。ピザやサンドイッチ、サラダ、総菜などもあり「軽めにヘルシーに食べたいとき」にいい。メインのサラダは量も多く、肉や魚などのたんぱく質をプラスできる。

Modern Market Eatery MAP P.173-A2
住900 16th St., Denver FREE (1-866)584-3944
URL modernmarket.com 営毎日8:00〜21:00
カード ⒶⓂⓋ

MEMO おすすめイタリア料理　チェーン店だが、高級感がある。パスタ以外のメニューも豊富で、ティラミスは美味。●マジアーノス Maggiano's Little Italy MAP P.173-B3 住500 16th St. ☎(303)260-7707 URL www.maggianos.com 営毎日11:00〜22:00(金・土〜23:00、日〜21:00) カード ⒶⓂⓋ

レストラン

肉の気分ならここで決まり

ガード&グレース

有名グルメ雑誌にも掲載されるほど、ここのステーキは絶品だ。アメリカで最高級の格付けとされるプライム(日本でいうA5ランクのようなもの)のステーキは、ほどよい弾力と脂でずっと食べていられる。ディナーの予算は$40~。

今夜は肉とワインで乾杯

Guard & Grace MAP P.173-B2
住1801 California St., Denver ☎(303)293-8500
URL guardandgrace.com
営月~土11:00~22:00(金・土~23:00)、日16:00~21:00 カード ⒶⓂⓋ 予約すすめる

ラリマースクエアの外れにある

ユークリッド・ホール・バー&キッチン

デンバーの地ビールとニューアメリカン料理を堪能できるカジュアルレストラン。ステーキなどの上にフライドポテト、さらにその上にチーズがかかったアメリカらしい料理Poutines$12~15をお試しあれ。

周辺は静かでゆっくり食事を楽しめる

Euclid Hall Bar & Kitchen MAP P.173-A2
住1317 14th St., Denver ☎(303)595-4255
URL euclidhall.com
営毎日11:30~翌2:00(キッチン日~木~24:00、金・土~翌1:00) カード ⒶⓂⓋ

デンバーを代表する人気ブリュワリー

ウインクープ・ブリューイング・カンパニー

30年近くの歴史がある、デンバーの老舗ブリュワリー。ユニオン駅の目の前に位置する。かつてはオバマ前大統領も訪れ、そのビールに舌鼓を打ったという。ビールラバーはぜひ足を運びたい。

おつまみ的なハンバーガーもある

Wynkoop Brewing Co. MAP P.173-A1
住1634 18th St., Denver ☎(303)297-2700
URL www.wynkoop.com 営毎日11:00~24:00(金・土~翌2:00) カード ⒶⓂⓋ

懐かしい日本の焼肉

牛角

日本の牛角がダウンタウンにあり、日本の味が恋しくなったとき、仲間でワイワイ食べたいときにいい。ハラミ、カルビなど一般的なメニューのほかにコース$60/70もあり、おつまみ、野菜、ご飯も含まれていて安心。

恋しくなる日本の味

Gyu-Kaku MAP P.173-A1
住1998 18th St., Denver ☎(720)726-4068
URL www.gyu-kaku.com/denver 営毎日11:00~22:15(金・土~23:15) カード ⒶⓂⓋ

今夜の耳のお供は

エル・チャプルテペック

1933年から続くデンバーで最も古いジャズ&ブルースのナイトクラブ。ライブはほぼ毎日行われており、食事を取りながら上質な音楽に耳を傾けよう。クアーズフィールドから2ブロック。

白とエンジ色の外観

El Chapultepec MAP P.173-A1
住1962 Market St., Denver ☎(303)295-9126
URL www.thepeclodo.com
営毎日11:00~翌2:00(キッチン~翌1:00)、ライブは月20:30~24:00、火~土21:00~翌1:00
カード 現金のみ

ダウンタウンの休憩スポット

ノボコーヒー

観光に疲れたとき、ひと休みにちょうどいいカフェ。人気はCold Brew Iced Coffeeで、タルトも好評。市内にはほか4店舗構えるが、ライノに巨大な焙煎工場があり、連絡をすれば見学もできる。詳細はウェブサイトで。

ダウンタウンでコーヒーを楽しむならここ

Novo Coffee MAP P.173-B2
住1600 Glenarm Pl., Denver ☎(303)999-0077
URL novocoffee.com
営月~金6:30~19:00、土・日7:30~17:30
カード ⒶⓂⓋ

レストラン

ワーキングスペースが広がる最先端ミニモール

ザ・ソース

ブリュワリーも入っている

1880年代に建てられた工場を、外観や内装は当時の面影を残しつつリノベーション。ブリュワリーやフードコート、そしてホテルが入る小さなモールとして生まれ変わった。中央に広がる開放的なスペースには椅子、テーブルが置かれ、ノマドワーカーたちの仕事場となっている。

The Source MAP P.164-左下
住3350 Brighton Blvd., Denver ☎(720)443-1135
URL thesourcehotel.com 営毎日6:00〜24:00(金・土〜翌2:00。店により異なる) 交ライトレイルAラインの38th & Blake駅から徒歩15分

コロラド名物バッファローバーガーのある

パークバーガー

ヘルシーなバッファローバーガーはいかが

数々の賞に輝いた町のグルメバーガー。ビーフ、ラム、シーフード、ベジタブルなど15種類以上の手作りバーガーのなかで、試してみたいのがバッファローバーガー$9.75。独特のうま味があり、意外に食べやすく、脂分が少ないのでヘルシー。

Park Burger MAP P.164-A1
住2643 W. 32nd Ave., Denver ☎(303)862-8461 URL www.parkburger.com 営毎日11:00〜21:00(金・土〜23:00) カード Ⓐ Ⓜ Ⓥ

"クイッ"と一杯のエスプレッソ

クレマ・コーヒー・ハウス

マンウオッチングも楽しいコーヒーショップ

西海岸やミネソタ州などの人気コーヒーショップの豆も扱う、エスプレッソ推しのカフェ。オリジナルのキャップやTシャツなどもデザインがかっこいい。軽食も取れる。

Crema Coffee House MAP P.164-左下
住2862 Larimer St., Denver ☎(720)284-9648
URL www.cremacoffeehouse.net
営毎日7:00〜17:00
カード Ⓐ Ⓜ Ⓥ

デンバーのブリュワリー10傑に入る

レイシオ・ビアワークス

休日は昼間から多くの人が訪れる

DIYマインドを感じるビールはどれものど越しがよく、デンバーのブリュワリーのなかでも屈指の人気を誇る。店内は天井が高く、屋外の席も充実。店前にはフードトラックが日替わりで停まっている。

Ratio Beerworks MAP P.164-左下
住2920 Larimer St., Denver ☎(303)997-8288
URL ratiobeerworks.com
営毎日12:00〜23:00(金・土〜24:00)
カード Ⓐ Ⓜ Ⓥ

クラフトビール界のトップランカーの味を

ブルームーン・ブリュワリー

日本でも知名度が上昇中のブルームーンが2016年7月、待望のブリュワリーをライノにオープンした。常時20種類以上のビールを揃えており、ビール党たちをうならせている。名物の「ベルジャン・ホワイト」はデンバーに来たならぜひ飲んで帰りたい。

レストランの内装もおしゃれなブルームーン
©VISIT DENVER

日本でもおなじみのブルームーンはデンバー生まれ

Blue Moon Brewery MAP P.164-左下
住3750 Chestnut Pl., Denver ☎(303)728-2337
URL www.bluemoonbrewingcompany.com
営毎日11:00〜21:00(金・土〜22:00)
カード Ⓐ Ⓜ Ⓥ

レストラン

アーバンスタイルのフードコート

アバンティ・フード&ビバレッジ

地上2階の建物にアメリカ料理やタイ料理、寿司屋、バーなどのテナント8軒が入ったフードコート。2階には屋外の席もある。ユニオン駅からRTDバス#19で約3分。

アジア料理も充実

Avanti Food & Beverage MAP P.164-B1
住3200 Pecos St., Denver
☎(720)269-4778
URL avantifandb.com
営毎日11:00～22:00(日～水～21:00。バーは深夜まで営業、レストランにより異なる) カード ⒶⓂⓋ

牛乳瓶の建物が目印

リトルマン・アイスクリーム

夏は長蛇の列ができる人気のアイスクリーム店。濃厚な味は虜になる人が続出している。特筆すべきはフレーバーの多さ。なんと、常時70種ほど用意されているのだ。「ひと口だけ……」という人のためにリトルディップ($1.75)というサイズもあり。

デンバーっ子が太鼓判を押すアイスクリーム

Little Man Ice Cream MAP P.164-B2
住2620 16th St., Denver ☎(303)455-3811
URL www.littlemanicecream.com
営毎日10:00～翌1:00
カード ⒶⓂⓋ

ルーフトップで写真を撮って、SNSにアップ!

リンガー

デンバーで最も勢いのあるレストランのひとつ。アジアからアフリカまで、各国料理を提供しており、広い店内は満席になることもしばしば。週末のルーフトップはローカルたちで盛り上がっている。

料理はどれを食べても外れなし

Linger MAP P.164-B2
住2030 W. 30th Ave., Denver
☎(303)993-3120 URL www.lingerdenver.com
営ランチ:火～金11:30～14:30、土・日10:00～、ディナー:毎日17:00～22:00(金・土～23:00)
カード ⒶⓂⓋ 予約 すすめる

デンバーの朝はここからスタート

スヌース

イングリッシュマフィンに半熟卵をのせた典型的なアメリカの朝食「エッグベネディクト」はハム、アボカド、ポーク、ステーキなどがあり、パンケーキもサツマイモ、パイナップルなど、種類も豊富。どの料理も1日の活力になる。

朝食が人気で、市内に数店舗ある

Snooze MAP P.173-B1
住2262 Larimer St., Denver ☎(303)297-0700
URL snoozeeatery.com 営毎日6:30～14:30
カード ⒶⓂⓋ

メキシコのビーチの雰囲気が漂う

ローラ・コースタル・メキシカン

デンバーの有名シェフたちから技を学んだシャリフ・クルーズが腕を振るうメキシカンレストラン。味はすべて折り紙つきだ。メキシコらしく、テキーラの種類も豊富に揃っている。

絶品のメキシカンとテキーラを味わおう

Lola Coastal Mexican MAP P.164-B2
住1575 Boulder St., Denver
☎(720)570-8686 URL www.loladenver.com
営ランチ:月～金11:00～15:00、ディナー:毎日17:00～22:00(金・土～23:00、日～21:00)、ブランチ:土・日10:00～15:00 カード ⒶⓂⓋ

モダンかつクラシックなコーヒーハウス

ブラック・アイ・コーヒー

ローハイの外れにひっそりたたずむ隠れ家カフェ。早い時間から営業しているので、朝食を取るのにもおすすめしたい。オリジナルのマグカップやタンブラーも要チェック。

こぢんまりしたおしゃれカフェ

Black Eye Coffee MAP P.164-B1
住3408 Navajo St., Denver ☎(720)287-0596
URL www.drinkblackeye.com
営月～金6:30～18:00、土・日7:00～18:00
カード ⒶⓂⓋ

ホテル

デンバー美術館まで徒歩5分
イレブンス・アベニュー・ホステル

ダウンタウンの南側、11th Ave.とBroadwayの交差点に位置するホステル。コインランドリーや電子レンジもあり。現金での支払いには$20のデポジット（保証金）が必要。Wi-Fi無料。

ドミトリーだけでなく個室もある

11th Avenue Hostel MAP P.164-C3
住1112 Broadway, Denver, CO 80203
☎(303) 894-0529
URL www.11thavenuehostel.com
客室数152ベッド 料ドミトリー $29.99〜、個室$54.99〜 カード ⒶⒹⒿⓂⓋ

ダウンタウンのスタイリッシュなホテル
フォーシーズンズ・デンバー

2010年に開業。高級レジデンスが入る高層ビルの16階までがホテル部分。16番ストリートモールやパフォーミング・アーツ・コンプレックス、コンベンションセンターまで徒歩3分。Wi-Fi無料。3マイルまで車サービスあり。

ホテルの建物はひときわ目立つ

Four Seasons Denver MAP P.173-A2
住1111 14th St., Denver, CO 80202
☎(303) 389-3000
URL www.fourseasons.com/denver
客室数239室 料SDT$312〜1240、SU$592〜1万1098 カード ⒶⒹⒿⓂⓋ

大西部の香り漂う
キンプトン・ホテル・モナコ・デンバー

館内は、まるで1800年代後半、西部開拓時代のような雰囲気に包まれている。17th St.沿いにあり、周辺は夜遅くまでにぎやかだ。Wi-Fi$12.99、駐車場$46。

クラシックな外観だが、客室はモダン

Kimpton Hotel Monaco Denver MAP P.173-A2
住1717 Champa St., Denver, CO 80202
☎(303) 296-1717 FREE (1-800) 990-1303
FAX (303) 296-1818 URL www.monaco-denver.com
客室数189室 料SDT$174〜404、SU$224〜874
カード ⒶⒹⒿⓂⓋ

モダンでラグジュアリーなシティ派ホテル
ルネッサンス・デンバー・ダウンタウン・シティセンター

デンバーの中心に位置し、モダンな客室はビジネスマンから好評を博している。必要最低限のアメニティが揃い、館内に入っているレストランはローカルからの人気が高い。駐車場$46。

重厚なロビーが客を迎える

Renaissance Denver Downtown City Center MAP P.173-A2
住918 17th St., Denver, CO 80202
☎(303) 867-8100 FAX (303) 867-8101 URL www.rendendowntown.com 客室数230室 料SDT$139〜494、SU$289〜729 カード ⒶⒹⒿⓂⓋ

アメニティが充実した人気のホテル
マグノリア・ホテル・デンバー

ライトレイルのD、F、Wライン16th St./ Stout駅の目の前にあり、徒歩1分の場所には食料品が豊富に揃うドラッグストアが。フリー・モールライドが走る16th St.もすぐそばで、立地は抜群。Wi-Fi$9.95。駐車場$38。

ホテルの入口。スタッフも親切だ

デンバーの中心にあり快適な滞在ができる

Magnolia Hotel Denver MAP P.173-A2
住818 17th St., Denver, CO 80202
☎(303)607-9000 FAX (303)607-0101
URL magnoliahotels.com 客室数297室
料SDT$119〜424、SU$169〜754
カード ⒶⒹⒿⓂⓋ

ホテル

リーズナブルにダウンタウンに滞在

コートヤード・デンバー・ダウンタウン

スポーツ会場に近い、リッチな寝具を配備したビジネスホテル。客室もゆったりしており、快適な滞在を約束してくれる。フィットネスセンターも完備。駐車場$44。

16番ストリートに面したホテル

Courtyard Denver Downtown MAP P.173-A2
住 934 16th St., Denver, CO 80202
☎ (303) 571-1114 FREE (1-800) 321-2211
FAX (303) 571-1141 URL www.marriott.com
客室数 177室 料 SDT$119～534、SU$149～624
カード ⒶⓂⓋ

ロードーに位置する正統派ホテル

ウェスティン・デンバー・ダウンタウン

ユニオン駅に近く、何をするにも便利なホテル。親切なコンシェルジュやアウトドアの温水プール、フィットネスセンター完備。高層階からの絶景も必見。Wi-Fi無料、駐車場$46。

正統派ホテルはサービスが充実している

The Westin Denver Downtown MAP P.173-A2
住 1672 Lawrence St., Denver, CO 80202
☎ (303) 572-9100 FREE (1-888) 627-8435
FAX (303) 572-7288 URL www.westindenverdowntown.com 客室数 430室 料 SDT$129～474、SU$529～834 カード ⒶⒹⓂⓋ

名前のとおり、アートなホテル

アートホテル

ダウンタウンの南の外れ、デンバー美術館の近くにある2016年に誕生したヒップなホテル。クチコミの評価が高く、メディアにも頻繁に取り上げられる。どこを切り取っても絵になるホテルだ。駐車場$40。

週末は地元の若者も集まる

外観もホテルとは思えない斬新な造り

The Art Hotel MAP P.164-C3
住 1201 Broadway, Denver, CO 80203
☎ (303) 572-8000 FAX (303) 534-6400
URL www.thearthotel.com 客室数 175室
料 SDT$209～389、SU$279～579 カード ⒶⓂⓋ
交 RTDバス#0でBroadway & W.13th Ave.下車

創業120年以上の格式あるホテル

ブラウン・パレス・ホテル

1892年の開業以来、デンバーの顔として多くのVIPを迎え、1997年のG8サミットではクリントン大統領の執務室としても使われた。アトリウムは全米で最も古いものだ。Wi-Fi$14.95、駐車場$50。

デンバーで最もゴージャスで高貴なロビー

Brown Palace Hotel MAP P.173-B2
住 321 17th St., Denver, CO 80202
☎ (303) 297-3111 URL www.brownpalace.com
客室数 241室 料 SDT$169～434、SU$269～534
カード ⒶⒹⒿⓂⓋ

歴史を感じさせる重厚感

オックスフォード・ホテル

1891年に創業。ブラウン・パレス・ホテルと並び、デンバーを代表するホテルだ。客室も歴史を感じさせる調度品でまとめられ、古きよきアメリカにタイムスリップしたよう。駐車場$45。

ユニオン駅に近いホテル

The Oxford Hotel MAP P.173-A1
住 1600 17th St., Denver, CO 80202
☎ (303) 628-5400 FREE (1-833) 600-7830
URL www.theoxfordhotel.com
客室数 80室 料 SDT$170～640、SU$260～680＋アメニティ料金$30 カード ⒶⓂⓋ

高地トレーニングのメッカ

ボウルダー

MAP ▶ P.163-B1

Boulder

人口▶約10万8500人
面積▶約64㎢
標高▶約1610m
TAX▶セールスタックス　8.845%
ホテルタックス　12.485%
時間帯▶山岳部標準時（MST）

ボウルダーは自然に囲まれた町。ハイキングを楽しめる所がいくつもある

デンバーから北西に45㎞。ロッキーの山並みが印象的なボウルダーは、コロラド大学のある学園都市だ。高地トレーニングのメッカとしても知られ、オリンピックのメダリストである有森裕子選手や高橋尚子選手らもこの地で高地トレーニングに励んでいた。マラソンに限らず、オリンピアンの水泳選手や陸上選手たちも、心肺機能を高めるために訪れている場所である。

ロハス（LOHAS。Lifestyles of Health and Sustainability＝健康的で持続可能なライフスタイル）という言葉の発祥はここ、ボウルダーだ。市民はロハスを体現する人たちが多く、休日は自然のなかでジョギングやサイクリング、ヨガなどに興じる市民をいたるところで目にするだろう。

アクセス

Denver International Airport → P. 167

ゲートシティはデンバー。**デンバー国際空港**（→P.167）からボウルダーまではRTD（→P.170）の**スカイライドバス#AB SkyRide Bus#AB**と、空港シャトルバンの**グリーンライドGreenride**が運行している。スカイライドバスのほうが運賃は安く一般的だが、人数が多ければグリーンライドも運賃が安くなりお得だ。デンバー市内からは、**ユニオン駅**（→P.169）を発着するRTD運行のバス、**フラットアイロンフライヤー号#1、2 Flatiron Flyer#1、2**（時刻表などでは"FF"と表記される。#2は急行バス）でアクセスすることができる。スカイライドバスとフラットアイロンフライヤー号はともに**ダウンタウン・ボウルダー・ステーション**（→P.190）を発着する。

デンバー国際空港からはグリーンライドのシャトルがボウルダーまで行く

● 空港、デンバー市内から／空港、デンバー市内へのアクセス

種類／名称／連絡先		行き先／運行／料金	乗車場所／所要時間／備考
路線バス	**スカイライドバス #AB** SkyRide Bus #AB ☎(303) 299-6000 URL www.rtd-denver.com	**行き先▶**ダウンタウン・ボウルダー・ステーション **運行▶**空港発は月～金4:25～翌0:55、土・日5:20～23:20の30分～1時間間隔。空港行きはダウンタウン・ボウルダー・ステーション発月～金3:12～23:47、土3:04～21:27、日3:10～21:30の30分～1時間30分間隔 **料金▶**$10.50	**空港発▶**空港の南、ターミナル外に駅があり、RTDのライトレイル駅に隣接している **空港行き▶**ダウンタウン・ボウルダー・ステーションから乗車 **所要時間▶**約1時間20分 ※ルートは#AB1と#AB2。#AB2はボウルダーまでは行くが、ダウンタウン・ボウルダー・ステーションには停車しない
空港シャトル	**グリーンライド** Greenride ☎(303) 997-0238 URL www.greenrideboulder.com	**行き先▶**市内や周辺どこでも **運行▶**空港発は毎日4:35～翌0:35。空港行きはボウルダー発毎日3:25～23:25の1～2時間間隔。 **料金▶**$32～42（ふたりで乗車する場合はあわせて$42～52。3人目からはひとりにつき＋$5）	**空港発▶**バゲージクレームのドア#513、515を出た所にあるIsland 5から乗車 **空港行き▶**事前にウェブサイトなどで予約をしてから乗車 **所要時間▶**約1時間
路線バス	**フラットアイロン・フライヤー号 #1、2** Flatiron Flyer#1、2 ☎(303) 299-6000 URL www.rtd-denver.com	**行き先▶**ダウンタウン・ボウルダー・ステーション **運行▶**ユニオン駅発は月～金4:00～翌1:25、土深夜1:59～翌2:14、日4:09～翌1:03の15分～2時間間隔（#2は土・日運休） **料金▶**$5.25	**ユニオン駅発▶**ユニオン駅地下にあるコンコースから乗車 **ユニオン駅行き▶**ダウンタウン・ボウルダー・ステーションから乗車 **所要時間▶**約50分

※ レンタカーについては →**P.169**

ボウルダーの市内交通

RTD Bus（→P. 170）
MAP P.190-B
Downtown Boulder Station
住 1800 14th St., Boulder
☎(303) 299-6000
運行／ホップ毎日7:00～22:00、祝日8:00～22:00。そのほか、路線により異なる

RTD

RTD バス

RTD Bus

デンバーと同様、RTDバスが市内を走り、ほとんどの路線が**ダウンタウン・ボウルダー・ステーション Downtown Boulder Station**を発着。ここでパス類や路線図も手に入る。観光でいちばん重宝する循環バスの**ホップ Hop**は、Pearl St. Mall、コロラド大学などを通る。

MEMO **ファーマーズマーケットへ行こう** 4～11月の間にボウルダーを訪れるなら、ぜひファーマーズマーケットを訪れてほしい。近郊から運ばれてくる野菜や肉類はどれも新鮮で色鮮やか。市民の生活もかいま見ることができる。また、レストランも出店しており、ここで食事をテイクアウトして、ボウルダー・クリーク沿いでランチをするのもいい。↗

ボウルダーの歩き方

高地トレーニングのメッカであるボウルダーだが、町にはこれといった選手養成のための施設はない。アスリートたちは大自然のなか、各自でトレーニングを積んでいるのである。山あり、草原あり、小川あり……。変化に富んだ自然のなかに、多くのトレイルやサイクリング道が整備され、アスリートも一般人も関係なく、**気軽にトレッキングやジョギングをすることができる。**ここまで自然と都市がうまく溶け合っている町は、全米を見渡してもごくわずか。**年間晴天日が300日以上に**及ぶのも、多くの人をこの地に呼ぶ一因となっているようだ。

観光は小さなダウンタウンから始めるといい。**町の中心はパールストリート・モールPearl Street Mall。**夜までにぎやかで、週末はストリートパフォーマーが通りのあちこちで曲芸や演奏を披露している。また、**自然派志向の住民が多い**ため、町にはファストフードやファストファッションのチェーン店が皆無。これもボウルダーの町の特徴である。

ボウルダー観光の醍醐味は何といっても**自然と触れ合うこと。**自然の景観を損ねることなく張り巡らされたトレイルは、少し歩くだけでも自然の呼吸が伝わってくる。緑や花の香り、土の力強い感触、小川のせせらぎ、湿度を感じさせないさわやかな風。アスリートたちがこの町を愛する理由が、きっとわかるはずだ。

i 観光案内所

Boulder Convention & Visitors Bureau
住2440 Pearl St., Boulder
☎(303) 442-2911
URL www.bouldercoloradousa.com
営月～金8:30～17:00(季節により異なる)
休 土・日

Downtown Boulder Visitor Information Booth
MAP P.190-A
住13th St. と Pearl St. の角
☎(303) 417-1365
営毎日11:00 ～ 17:00(夏期は延長あり)

●タクシー
Yellow Cab
☎(303) 699-8747

パールストリート・モールにある観光案内ブース

おもな見どころ

ダウンタウン　Downtown

町の中心にあるかわいらしい通り　おすすめ度：★★★

パールストリート・モール　Pearl Street Mall

ボウルダーの東西を走るPearl St.の、15th St.と11th St.の間がパールストリート・モールと呼ばれている。赤れんがを敷き詰めた遊歩道で、まるで公園のようだ。どこへ行くにもここが拠点となり、滞在中は何度も訪れることになるだろう。

一般車両の乗り入れを禁止しており、通りの両側にはアウトドアやヨガウエアのショップ、オーガニックレストランやオープンエアのカフェなど、健康志向の町らしい物件が集中している。大道芸人やアーティストも多く、実に自由で開放的な雰囲気に包まれている。自転車ショップも多くあるので、ここで自転車をレンタルし、市内を散策してもいいだろう。

Pearl Street Mall
MAP P.190-AB
住Pearl St. bet. 11th & 15th Sts.

ボウルダーの中心がパールストリート・モール。大道芸人も集まる

Boulder Creek Path
MAP P.190-A

University of Colorado at Boulder
MAP P.190-B外
URL www.colorado.edu

University Memorial Center
住 1669 Euclid Ave., Boulder
☎(303) 492-6161
URL www.colorado.edu/umc
営 毎日7:00～24:00（金・土～翌1:00、日11:00～。秋・冬期の営業時間。その他の期間はウェブサイトで確認を）
料 無料
交 RTDバス#204や225でBroadway & Euclid Ave.で下車。ダウンタウンから徒歩約30分

Heritage Center
住 1202 University Ave., Boulder
☎(303) 492-6329
URL www.colorado.edu/alumni/heritagecenter
営 月～土10:00～16:00
料 無料
交 RTDバス#204や225でBroadway & University Ave.下車。ダウンタウンから徒歩約15分

ダウンタウンでアウトドア体験　　おすすめ度：★★★

ボウルダー・クリーク・パス
Boulder Creek Path

パールストリートの南を流れる小川ボウルダー・クリークの両側は市民の憩いの場所だ。生い茂る木立の間をくぐるように、サイクリング、ジョギング、ウオーキングコースが続き、ヘルメット姿の老若男女が色や形も異なる自転車に乗ってサイクリングを楽しんでいる。夏は小川で水浴びやチュービング、釣りにいそしむローカルたちの姿を目にすることだろう。

また、ボウルダーには、自然に親しめる小川沿いのトレイルが多くある。観光案内所にマップがあるので、それを片手に歩いてみるのもいい。

町の中心を流れる小川。チュービングでひと休み

航空宇宙分野の名門校　　おすすめ度：★★★

コロラド大学ボウルダー校
University of Colorado at Boulder

ボウルダーのダウンタウンに広大な敷地を有するコロラド大学ボウルダー校。CU-Boulderと表記されることが多い。1876年創立、140年以上の歴史をもち、学生数は大学院を含めると約3万5000人。留学生も多い。

学科や専攻は多岐にわたるが、航空宇宙工学の分野は全米で名が知られている。巣立った宇宙飛行士の数は20名。1986年のスペースシャトルの事故で亡くなった日系人のエリソン・オニヅカもこの大学の出身で、日本人宇宙飛行士の土井隆雄も籍をおいていた。ノーベル賞受賞者は12人輩出している。

キャンパスの中心は**メモリアルセンター University Memorial Center**。大学の案内所、本屋、衣類や文具を扱う生協、食堂が入っており、学生以外も利用できる。平日のランチどき、学生たちに混じってランチを取れば、大学の雰囲気を存分に味わうことができるだろう。

また、キャンパス内で最初に建てられた**オールドメイン Old Main**の3階にある**ヘリテージセンター Heritage Center**では、大学出身の宇宙飛行士や大学の歴史、輝かしい大学スポーツの功績について知ることができる。

ボウルダーはコロラド大学があることでも知られる
©CU Athletics

郊外 Outskirts

ハリケーン、竜巻、気温など全米の気象を調査する機関　おすすめ度：★★★

国立大気リサーチセンター（エンカー） National Center for Atmospheric Research(NCAR)

ボウルダーは政府、大企業の関連研究施設が多いことでも有名で、そのなかのひとつ、国立大気リサーチセンターは、全米の大学と共同で大気圏内の気象全般の研究を行っている。ここには竜巻、霧、ハリケーンなど、さまざまな天候に関する記録があり、一部がわかりやすいよう展示されている。世界の台風の動きを見せてくれたり、地球温暖化に関する展示など、身近な問題も取り上げている。インタラクティブな展示が多く、子供も大人も楽しめるはずだ。また、施設の周りはトレイルになっていて、オリンピック選手も走ることがあるという。

ルーブル美術館のピラミッドと同じ建築家、I.M.ペイが手がけた建物

National Center for Atmospheric Research(NCAR)
MAP P.190-B外
住1850 Table Mesa Dr., Boulder
☎(303) 497-1174
URL ncar.ucar.edu
URL scied.ucar.edu/visit
営月～金8:00～17:00、土・日9:00～16:00
料無料
交車でUS-93を4kmほど南下し、Table Mesa Dr.を右折。そこから4kmほど進んだ山の上にある

全米で愛飲されているフレーバーティーの本拠地　おすすめ度：★★★

セレッシャルシーズニング社 Celestial Seasonings

全米どこのスーパーでも販売され、日本へも輸出しているフレーバーティーの会社が、ボウルダーの郊外にある。世界から集められたシーズニングをまとめた部屋、強烈なミントの貯蔵庫、箱詰めなどお茶の製造工程の一部を無料ツアーで見学させてくれる。ツアー中には試飲もできるので、できたてのハーブティーを味わってみよう。パッケージにもなっている特徴的な絵が飾られたギャラリーのようなカフェと、充実したギフトショップも併設されている。

ツアーに参加しなくてもTea Shopやカフェだけの利用も可能

Celestial Seasonings
MAP P.190-A外
住4600 Sleepytime Dr., Boulder
☎(303) 581-1266
URL www.celestialseasonings.com
営ツアーは月～土10:00～16:00、日11:00～15:00の1時間ごとに出発。所要約30分
料無料
交ボウルダーのダウンタウンからRTDバスの#205で北へ向かい、Jay Rd. & Spine Rd.の角で下車。Spine Rd.を北に10分歩くと左側に見えてくる。約45分。平日の通勤時間帯は入口近くまで行く路線もある（Spine Rd. & White Rock Cir.下車）

COLUMN

ロッククライミングの聖地ボウルダー

2020年の東京オリンピックでスポーツクライミングが追加種目となり、ますます注目を集めるロッククライミング。実はボウルダー、クライミング界のトップ選手が訪れるクライミングの聖地なのだ。

ボウルダーダウンタウンの南、フラットアイロンFlatirons（ダウンタウンから東へ約18km。RTD#225のバスで）には、クライミングに適した断崖が多く、トレイルの入口にある駐車場へ行けばヘルメットやハーネス、ロープ、大量のカラビナを装備したクライマーたちと遭遇する。

ほかにもボウルダーキャニオンBoulder Canyon（ダウンタウンから西へ約4km）、エルドラド州立公園Eldorado Canyon State Park（ダウンタウンから南に約15km）などでもロッククライミングにトライできる。

これから断崖絶壁にアタックする親子

ボウルダー市のクライミング情報
URL bouldercolorado.gov/osmp/rock-climbing
クライミングガイドのウェブサイト
URL boulderclimbingguides.com

ショップ＆レストラン

地元作家のクラフトが揃う

ボウルダー・アーツ&クラフト・ギャラリー

パールストリート・モール内にある

全米で最も早く作られたアーティストの共同組合のひとつ。1971年設立。ボウルダーやコロラド州出身の作家たちの絵画、彫刻、陶芸、クラフト、ジュエリー作品を展示、販売する。

Boulder Arts & Crafts Gallery MAP P.190-B
住1421 Pearl St., Boulder ☎(303) 443-3683
FREE(1-866) 656-2667
URL boulderartsandcrafts.com
営月・火10:00～19:00、水～土～20:00、日11:00～18:00(季節により変更あり) カードⒶⓂⓋ

ボウルダーの良質雑貨店

アルパイン・モダン・ショップ+コーヒーバー

2013年にMcGowan夫妻がオープンした同店は、まるでアーティスティックな山小屋のようだ。店内には世界各国からセレクトされた生活雑貨がいっぱい。置いておくだけで絵になり、あたたかみのある商品にあふれている。併設されているコーヒーバーは2015年にオープンし、アウトドアとデザイン好きたちが集まる場となっている。

Alpine Modern Shop + Coffee Bar MAP P.190-A
住1048 Pearl St., Boulder
☎(720)460-1806
URL www.alpinemodern.com
営毎日8:00～17:00 カードⒶⓂⓋ

ボウルダーのブティックといえばココ

セダー&ハイド・マーカンタイル

レディス、メンズともに、国内外から本当にいいものだけをセレクトしている高感度ブティック。Save Khaki や Still By Hand、Vetra、Jesse Kamm、Winter Sessionなど、好きな人にはたまらないツボをつく商品展開で、ファンも多い。ホームグッズやアクセサリー類も充実している。ここを訪れればお気に入りの一品がきっと見つかるはず。Made in USAの品物も多数。

Cedar & Hyde Mercantile MAP P.190-A
住2015 10th St., Boulder ☎(720)287-3900
URL cedarandhyde.com
営月～土10:00～18:00、日11:00～17:00
カードⒶⒹⒿⓂⓋ

ワンストップで何でも揃う

トゥエンティ・ナインス・ストリート

ダウンタウンの東に位置するショッピングモール。Nordstrom RackやMacy'sなどのデパートからApple、The North Face、M.A.C Cosmeticsなどの専門店、Five GuysやCalifornia Pizza Kitchenなどレストランも多数入店している。歩いて行ける距離にはTargetや Whole Foods Marketもあり。ここへ来れば何でも揃う。

Twenty Ninth Street MAP P.190-B外
住1710 29th St., Boulder ☎(303)444-0722
URL www.twentyninthstreet.com
営月～土10:00～21:00、日11:00～18:00
カード店舗により異なる
交RTDバス#HOPで29th St. & Walnut St.下車

ボウルダーのアイコン的カフェ

ボウルダー・ドゥシャンベ・ティーハウス

タジキスタン料理が味わえる

姉妹都市ドゥシャンベの古い茶屋をボウルダーへ移築。美しい装飾に囲まれ、ゆっくりカフェタイムを過ごす空間として大人気。タジキスタンの家庭料理plov（ピラフのようなもの）は$16。

The Boulder Dushanbe Teahouse MAP P.190-B
住1770 13th St., Boulder ☎(303) 442-4993
URL boulderteahouse.com
営毎日8:00～21:00(月～金10:30～11:00の間は閉店) カードⒶⓂⓋ

午後のひとときはここで過ごす

アルパイン・モダン・カフェ

ちょっとひと息つきたいときにどうぞ

朝食とランチがメインで、グルテンフリーやベジタリアン向けのメニューも揃っている。アボカドやスモークサーモンのタルティーヌ（$10以下）やエスプレッソ（$3）も人気が高い。

Alpine Modern Café MAP P.190-A外
住904 College Ave., Boulder ☎(303)954-0129
URL www.alpinemodern.com
営毎日7:00～16:00
カードⒶⓂⓋ
交RTDバス#HOPでCollege Ave. & 9th St.下車

レストラン＆ホテル

免疫力を高めるヘルシーな料理

キッチン

周辺の契約農家から仕入れた新鮮な野菜を中心とした体に優しい料理で人気。チキンやポークの肉類も自然に近い形で飼育したものや、免疫のためにグルタミンやオリゴ糖なども用いている。シェア用のメニューがあるのもうれしい。

カジュアルながらヘルシーな料理がいただける

The Kitchen MAP P.190-A
住1039 Pearl St., Boulder ☎(303)544-5973
URL www.thekitchenbistros.com
営月～金11:00～22:00(月～21:00)、土・日10:00～22:00(日～21:00) カード ⒶⓂⓋ

ブリュワリーとレストランの中間

ブルー・ハンドビルト・エールズ&イーツ

ブリュワリーだが料理も絶品。ビールを使用したピザ（$17）なども提供されており、リーズナブルな価格で、意欲的な皿の数々を楽しむことができる。ビールは自然に炭酸を含有させた製法がウリで、日によって異なるが、10種類近くのビールを提供している。そのほか、アップルやラズベリーなど、フルーツを使った飲みやすい炭酸酒サイダーCiderの種類も豊富だ。

BRU Handbuilt Ales & Eats MAP P.190-B外
住5290 Arapahoe Rd., Boulder
☎(720)638-5193 URL brubouldercom
営毎日11:30～22:00(日～21:00) カード ⒶⓂⓋ
交RTDバス#JUMPでArapahoe Ave. & Eisenhower Dr.下車

ダウンタウンのランドマーク

ホテル・ボウルダーラド

1909年に建てられた、ボウルダーでいちばん有名なホテル。ビクトリア調の建物で、エレガントさをたたえるロビーは雰囲気もいい。部屋によってはロッキーの山々を眺めることができ、とても落ち着ける。

重厚なたたずまい

Hotel Boulderado MAP P.190-A
住2115 13th St., Boulder, CO 80302
☎(303)442-4344 FAX(303)442-4378
URL www.boulderado.com
客室数160室 料SDT$169～339、SU$289～459
カード ⒶⓂⓋ

ボウルダー・クリーク・パスに近い

セントジュリアン・ホテル&スパ

ボウルダーを象徴するフラットアイロンの眺めが部屋から楽しめる。会議や観光のどちらの目的にも使いやすい設備が整っている。1階のレストランJill'sは有機野菜を使ったメニューが好評だ。

清潔な客室

St Julien Hotel & Spa MAP P.190-A
住900 Walnut St., Boulder, CO 80302
☎(720)406-9696 FREE(1-877)303-0900
URL stjulien.com 客室数201室 料SDT$289～552、SU$359～949 カード ⒶⓂⓋ

中庭が美しいホテル

ミレニアム・ハーベスト・ハウス・ボウルダー

コロラド大学ボウルダー校から近く、The Village Shopping Center（URL www.villageboulder.com）というショッピングモールに隣接している。観光もショッピングも食事も、何をするにも困らない立地にある。

Millennium Harvest House Boulder MAP P.190-B外
住1345 28th St., Boulder, CO 80302
☎(303)443-3850 FAX(303)443-1480
URL www.millenniumhotels.com
客室数269室 料SDT$85～164、SU$211～469
カード ⒶⒹⒿⓂⓋ 交RTDバス#JUMPでArapahoe Ave. & 28th St.下車

ボウルダーのなかでは経済的なホテル

ボウルダー・ユニバーシティ・イン

簡素な造りだが、立地を考えると納得の値段。パールストリート・モールまで徒歩圏内。ホテル内のアメニティは節約旅行者に優しく、ヨーグルトやフルーツ、ベーグル、コーヒーなどのコンチネンタルブレックファストは無料で、コインランドリーもある。ゲスト用のコンピューターは24時間利用可能だ。屋外にはプールが設置されている（夏期のみオープン）。

Boulder University Inn MAP P.190-B
住1632 Broadway, Boulder, CO 80302
☎(303)417-1700 FAX(303)442-8100
URL www.boulderuniversityinn.com 客室数40室
料SDT $114～249 カード ⒶⒹⓂⓋ

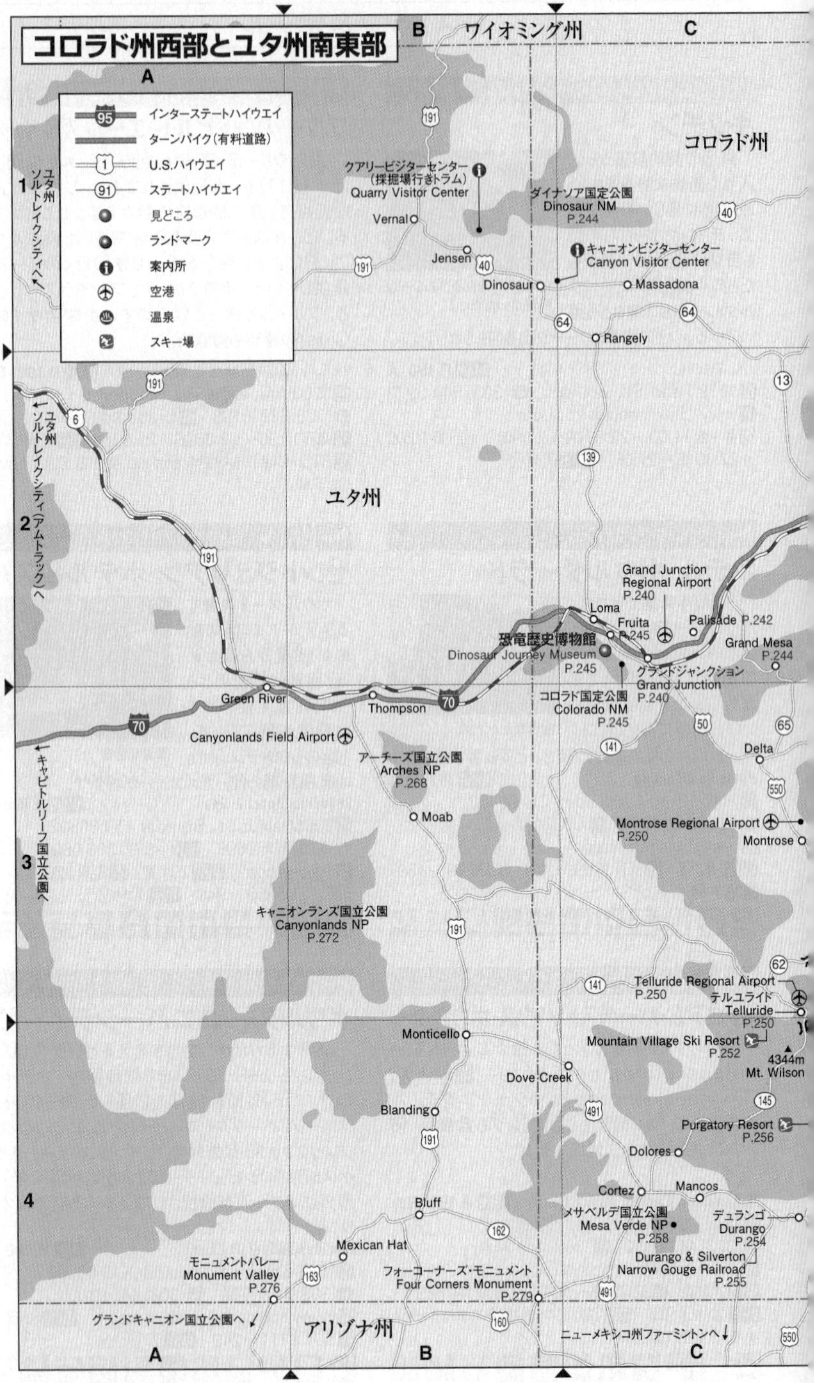

コロラド州西部とユタ州南東部
インターステートハイウエイ
ターンパイク（有料道路）
U.S.ハイウエイ
ステートハイウエイ
見どころ
ランドマーク
案内所
空港
温泉
スキー場
ワイオミング州
コロラド州
ユタ州
アリゾナ州
クアリービジターセンター（採掘場行きトラム）
Quarry Visitor Center
ダイナソア国定公園
Dinosaur NM
P.244
キャニオンビジターセンター
Canyon Visitor Center
Vernal
Jensen
Dinosaur
Massadona
Rangely
ユタ州ソルトレイクシティへ
ユタ州ソルトレイクシティ（アムトラック）へ
キャピトルリーフ国立公園へ
Grand Junction Regional Airport
P.240
Loma
Fruita
P.245
Palisade P.242
Grand Mesa
P.244
恐竜歴史博物館
Dinosaur Journey Museum
P.245
グランドジャンクション
Grand Junction
P.240
コロラド国定公園
Colorado NM
P.245
Green River
Thompson
Canyonlands Field Airport
アーチーズ国立公園
Arches NP
P.268
Moab
Delta
Montrose Regional Airport
P.250
Montrose
キャニオンランズ国立公園
Canyonlands NP
P.272
Telluride Regional Airport
P.250
テルユライド
Telluride
P.250
Mountain Village Ski Resort
P.252
4344m
Mt. Wilson
Monticello
Dove Creek
Blanding
Purgatory Resort
P.256
Dolores
Cortez
Mancos
Bluff
メサベルデ国立公園
Mesa Verde NP
P.258
デュランゴ
Durango
P.254
Durango & Silverton Narrow Gouge Railroad
P.255
Mexican Hat
モニュメントバレー
Monument Valley
P.276
フォーコーナーズ・モニュメント
Four Corners Monument
P.279
グランドキャニオン国立公園へ
ニューメキシコ州ファーミントンへ

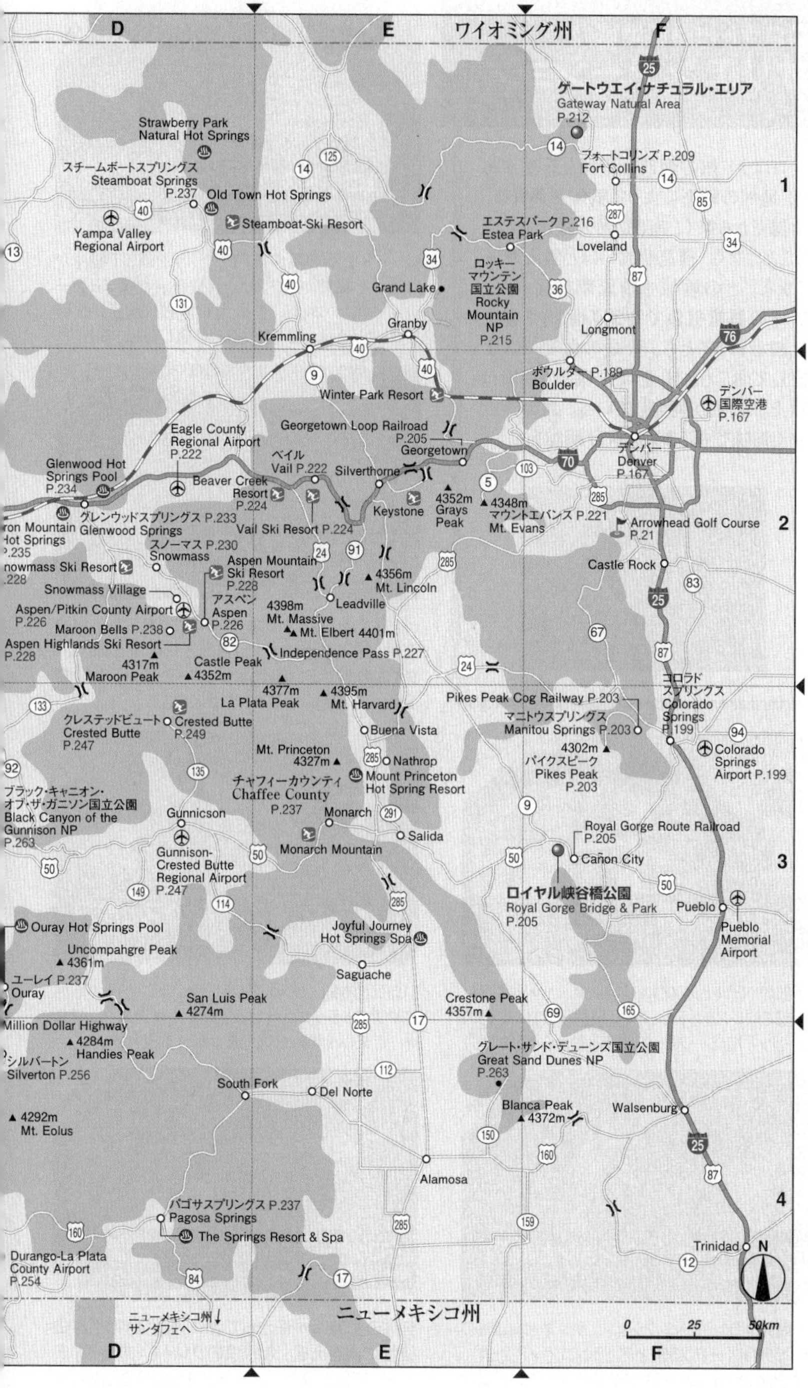
ワイオミング州
ゲートウエイ・ナチュラル・エリア
Gateway Natural Area
P.212
フォートコリンズ P.209
Fort Collins
Strawberry Park
Natural Hot Springs
スチームボートスプリングス
Steamboat Springs
P.237
Old Town Hot Springs
Steamboat-Ski Resort
Yampa Valley
Regional Airport
エステスパーク P.216
Estea Park
Loveland
ロッキー
マウンテン
国立公園
Rocky
Mountain
NP
P.215
Grand Lake
Granby
Longmont
Kremmling
ボウルダー P.189
Boulder
Winter Park Resort
デンバー
国際空港
P.167
Georgetown Loop Railroad
P.205
Georgetown
Eagle County
Regional Airport
P.222
ベイル
Vail P.222
Silverthorne
デンバー
Denver
P.167
Glenwood Hot
Springs Pool
P.234
Beaver Creek
Resort
P.224
Keystone
4352m
Grays
Peak
4348m
マウントエバンス P.221
Mt. Evans
Arrowhead Golf Course
P.21
グレンウッドスプリングス P.233
Glenwood Springs
Vail Ski Resort P.224
ron Mountain
Hot Springs
P.235
スノーマス P.230
Snowmass
nowmass Ski Resort
.228
Aspen Mountain
Ski Resort
P.228
4356m
Mt. Lincoln
Castle Rock
Snowmass Village
アスペン
Aspen
P.226
Aspen/Pitkin County Airport
P.226
Leadville
4398m
Mt. Massive
Maroon Bells P.238
Mt. Elbert 4401m
Aspen Highlands Ski Resort
P.228
4317m
Maroon Peak
Castle Peak
4352m
Independence Pass P.227
4377m
La Plata Peak
4395m
Mt. Harvard
コロラド
スプリングス
Colorado
Springs
P.199
Pikes Peak Cog Railway P.203
マニトウスプリングス
Manitou Springs P.203
クレステッドビュート
Crested Butte
P.247
Crested Butte
P.249
Buena Vista
Mt. Princeton
4327m
Nathrop
4302m
パイクスピーク
Pikes Peak
P.203
Colorado
Springs
Airport P.199
チャフィーカウンティ
Chaffee County
P.237
Mount Princeton
Hot Spring Resort
ブラック・キャニオン・
オブ・ザ・ガニソン国立公園
Black Canyon of the
Gunnison NP
P.263
Gunnicson
Monarch
Salida
Royal Gorge Route Railroad
P.205
Gunnison-
Crested Butte
Regional Airport
P.247
Monarch Mountain
Cañon City
ロイヤル峡谷橋公園
Royal Gorge Bridge & Park
P.205
Pueblo
Pueblo
Memorial
Airport
Ouray Hot Springs Pool
Joyful Journey
Hot Springs Spa
Uncompahgre Peak
4361m
ユーレイ P.237
Ouray
Saguache
San Luis Peak
4274m
Crestone Peak
4357m
Million Dollar Highway
4284m
Handies Peak
シルバートン
Silverton P.256
グレート・サンド・デューンズ国立公園
Great Sand Dunes NP
P.263
South Fork
Del Norte
Blanca Peak
4372m
Walsenburg
4292m
Mt. Eolus
Alamosa
パゴサスプリングス P.237
Pagosa Springs
The Springs Resort & Spa
Trinidad
Durango-La Plata
County Airport
P.254
ニューメキシコ州
ニューメキシコ州↓
サンタフェへ
0
25
50km
N
D
E
F
1
2
3
4

コロラド州西部地域の
オリエンテーション

コロラド州の西部は平原と丘陵があり、地域の地形によって気候が異なる。北部だから寒く、南部だから暖かいということはなく、標高が高いほど気温が低くなる。どの地域も晴天率は高いが、近年の異常気象で突然の雷雨や雹に見舞われることも。天候の急変には注意しておこう。州全域が標高1000m以上で大気が乾燥している。高山病を防ぐ意味でもこまめな水分補給を。

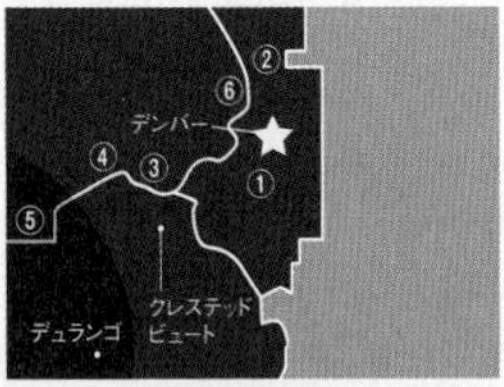

▶P.199

①コロラドスプリングス
Colorado Springs

ロッキー山脈の麓の都市で、1年を通じて穏やかな気候。高峰パイクスピークや奇岩が集まるガーデン・オブ・ゴッド、空軍士官学校、洞窟、峡谷と盛りだくさん。最低でも3日は欲しいところ。

▶P.209

②フォートコリンズ
Fort Collins

ビールをはじめとする物づくりにこだわった人物や企業が集まる土地柄で、自然と共存するライフスタイルの豊かさを感じる。ロッキーマウンテン国立公園へも1時間ほどでアクセスできる。

▶P.222～

③ベイルと周辺
Vail

北西部のベイルとアスペン・スノーマス（→P.226）、南西部のクレステッドビュート（→P.247）は高地のスキーリゾート。シーズンは11月中旬から4月中旬。

▶P.233～

④グレンウッドスプリングスと周辺
Glenwood Springs

コロラド州随一の温泉リゾート。デンバーからバスやアムトラックで行ける。ベイルやアスペンでスキーを楽しんだあとの保養で訪れる人も多い。

▶P.240～

⑤グランドジャンクションと周辺
Grand Junction

西の州境グランドジャンクション、サンファン山脈のテルユライド（→P.250）とデュランゴ（→P.254）、世界遺産のメサベルデ国立公園（→P.258）など。

▶P.215～

⑥ロッキーマウンテン国立公園と周辺
Rocky Mountain NP

©Matt Inden/Miles

自然の生態系が保たれており、野生動物や高山植物に出合える。大砂漠のグレート・サンド・デューンズ国立公園（→P.263）もお見逃しなく!

奇観や絶景を満喫

コロラドスプリングス

MAP ▶ P.197-F3

Colorado Springs

人口▶47万2700人
面積▶約504㎢
標高▶1839m
TAX▶セールスタックス　8.25%
　ホテルタックス　10.25%
時間帯▶山岳部標準時(MST)

© Osamu Hoshino

アメリカ第2の国歌といわれる『アメリカ・ザ・ビューティフル』はパイクスピークの山を見て読まれた

　デンバーからI-25を南に約70分、コロラドスプリングスは観光要素にあふれた町だ。「神々の庭」と呼ばれる奇観、エリート士官が集う学府、アプト式鉄道、全米屈指のリゾートホテルに加え、オリンピックのトレーニングの施設もある。デンバーから日帰りも可能だが、できれば数泊してそれぞれの魅力を満喫したい。ポイントが離れているので車での移動がおすすめ。

アクセス

　ゲートシティは2ヵ所。空路はデンバー国際空港とコロラドスプリングスの地方空港で、両空港からコロラドスプリングスへは空港シャトルなどでアクセス可能だ。デンバーの中心部からはグレイハウンドなどの長距離バスも運行されている。車がなければグレイラインなどの観光バスに乗ってしまうのも手。もちろん、レンタカーの利便性が高いのはいうまでもない。

デンバー国際空港から

● 空港シャトルで　デンバー国際空港とコロラドスプリングス空港を結ぶ定期シャトル**グルームトランスポーテーションGroome Transportation**で行く。毎日5:00～24:00の1時間おきに運行されている。空港での乗り場はバゲージクレームの東ドア505を出た所にあるIsland 5。所要約2時間25分。

● 車で　レンタカー会社の営業所は空港周辺の一画に集中しておかれている。空港の南のPeña Blvd. → I-225 SOUTH → I-25 SOUTHで約140km、約1時間40分。

コロラドスプリングスはアウトドア好きが集まる町でもある

行き方

飛行機

Denver International Airport →P.167

Colorado Springs Airport (COS)　ダラスからアメリカン、デンバーとヒューストンからユナイテッド、フェニックスからフロンティア航空などが運航。空港内に主要レンタカー会社あり。市内へは空港シャトル、タクシーが運行。
住 7770 Milton E. Prody Pkwy., Colorado Springs
☎ (719) 550-1900
URL www.flycos.com

Groome Transportation
☎ (719) 687-3456
URL groometransportation.com/colorado-springs
料 デンバー国際空港から片道$50、13歳以下$25、65歳以上$45

Taxi
　コロラドスプリングス空港からダウンタウンまではタクシーのみが足。ダウンタウンまでは約25分、$30～40
● **Pikes Peak Cab**
☎ (719) 888-9000
● **zTrip**
☎ (719) 766-4567

デンバーバスセンター
住1055 19th St., Denver
開毎日5:00〜13:45、16:30〜翌0:30
● **Greyhound Bus**
URL www.greyhound.com
料片道$12〜29
● **Bustang**
URL ridebustang.com
料片道$12

コロラドスプリングスのバスディーポ
● **Greyhound Bus**
MAP P.201-左下
住120 S. Weber St., Colorado Springs
営月〜金6:00〜22:00、土・日・祝8:00〜21:00
● **Bustang**
MAP P.201-左下
住127 E. Kiowa St., Colorado Springs（バス停のみ）

グレイライン
URL www.grayline.com
料$140（ランチ込み）。人数が揃わないと催行されない

KTSトラベルネットワーク
☎(720) 489-9327
FAX (720) 482-9926
URL usa-japan.com
料コロラドスプリングス$165、ロッキーマウンテン$140。ほかにもデンバー市内観光、マウントエバンス&デンバー市内観光などあり

i 観光案内所
Colorado Springs Convention and Visitors Bureau
MAP P.201-B2
住515 S. Cascade Ave., Colorado Springs
☎(719) 635-7506
FREE (1-800) 888-4748
URL www.visitcos.com
営月〜金8:30〜17:00、夏期は毎日8:30〜17:00
休おもな祝日
交ダウンタウンのCimarron St.とCascade Ave.の角

Mountain Metro
URL coloradosprings.gov/mountain-metro/page/route-information
料$1.75

ダウンタウンデンバーから

長距離バス

● グレイハウンドGreyhound Bus　デンバーのバスセンターからグレイハウンドバスが1日4往復している。約1時間30分。

●バスタング Bustang　人気の中距離バス会社（→ P.169）。デンバーのユニオン駅、バスセンターから平日7本、土・日・祝は2本運行。約2時間。

レンタカー

デンバーからはI-25 Southを進む。Exit 141で下りれば、コロラドスプリングスの中心部。デンバーからは約110㎞、約1時間10分。

デンバー発のツアー

●グレイライン　デンバー発コロラドスプリングスへの日帰りツアー。"Pikes Peak and Air Force Academy"　空軍士官学校、ガーデン・オブ・ゴッド、パイクスピークを回り約10時間。夏期の月・水・土発。

● KTS トラベルネットワーク（日本語）　デンバー発コロラドスプリングスへの日本語での観光ツアーを催行している。ドライブでパイクスピークを往復、ガーデン・オブ・ゴッド、空軍士官学校を回る1日ツアー。4月下旬から11月初旬の催行。同じくデンバーからロッキーマウンテン国立公園とエステスパークへの1日ツアーも好評。最少催行人数2名だが、相談に応じる。

コロラドスプリングスの歩き方

コロラドスプリングスのダウンタウンは十分歩ける距離。見どころはU.S.オリンピックセンターくらいで、人気の見どころはそれぞれがダウンタウンから車で15〜30分ぐらいの所に点在している。やはり車が威力を発揮する。

町歩きを楽しみたいのなら、パイクスピークの麓、**マニトウスプリングスManitou Springs**と**オールド・コロラドシティOld Colorado City**がいい。マニトウスプリングスにはメトロの路線バスでアクセスできるが、奇観で知られるガーデン・オブ・ゴッド、チャペルで有名な空軍士官学校、登山鉄道のコグ鉄道などは車がないと厳しい。車がない人はツアーに参加しよう。

コロラドスプリングスの市内交通

マウンテンメトロ（路線バス）

Mountain Metro

ダウンタウンを中心に約30の路線をもつが、観光に使えるのは3番のマニトウスプリクングスへのルートくらい。

おもな見どころ

歴史的建造物とアートがある町並み　　おすすめ度：★★★

ダウンタウンコロラドスプリングス Downtown Colorado Springs

ダウンタウンはI-25の東側に位置するビジネス街。高層ビルは少なく、低層の建物を主体に**パイオニア博物館Pioneer Museum**や**マックアリスター・ハウスThe McAllister House**（→脚注メモ参照）などの歴史的な建物が点在している。デンバーからのバスが発着するバスターミナルや観光案内所があり、アカシアパークAcacia Parkの周辺の2～3ブロックにレストランが集中している。

ダウンタウンにある観光案内所

Pioneer Museum

コロラドスプリングスとパイクスピーク地域の歴史と文化を研究する機関が運営している。

MAP P.201-左下
住 215 S.Tejon St., Colorado Springs
☎ (719) 385-5990
URL www.cspm.org/visit
営 火～土10:00～17:00
休 日・月、おもな祝日
料 無料

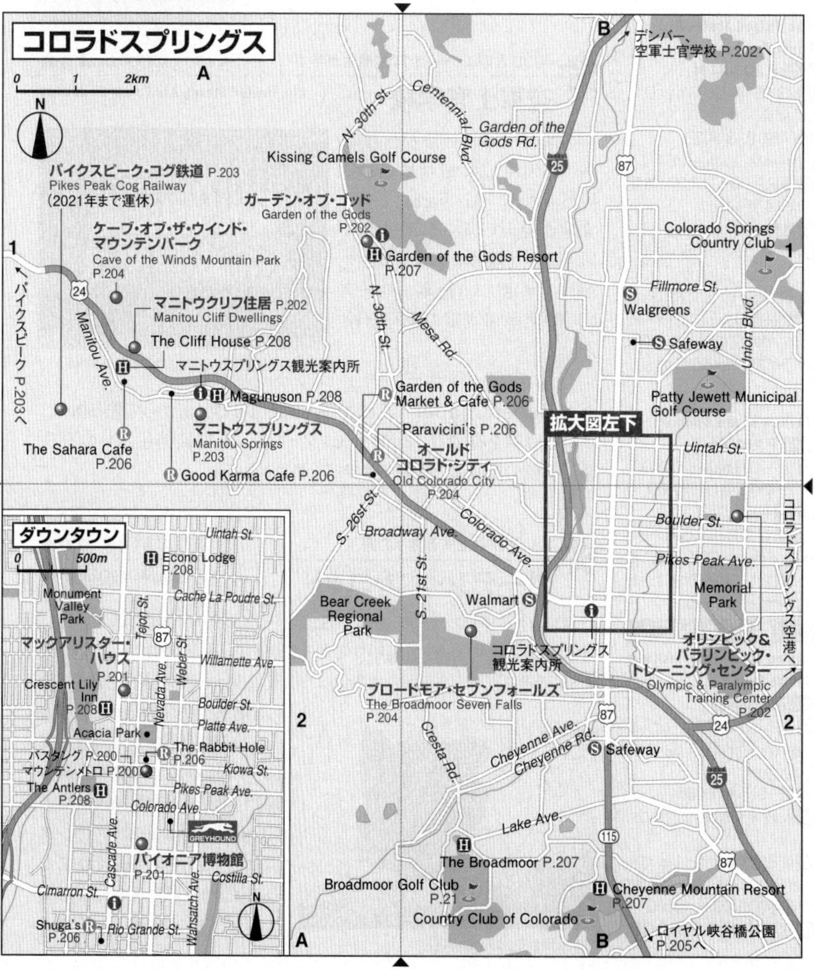

MEMO **The McAllister House**　コロラドスプリングスの設立に関わったヘンリー・マックアリスター氏の邸宅を復元した博物館。MAP P.201-左下 住423 N. Cascade Ave., Colorado Springs URL mcallisterhouse.org 営夏期火～土10:00～16:00（冬期木～土）休夏期日・月、冬期日～水、1月 料大人$5、6～12歳$3

Olympic & Paralympic Training Center
MAP P.201-B2
住1 Olympic Plaza, Colorado Springs
☎(719)866-4618
URL www.teamusa.org/About-the-USOC/Olympic-Training-Centers
料無料
ツアー／月〜土9:00〜16:00（6〜8月中旬は〜16:30)、日11:00〜16:00の1時間間隔（6〜8月中旬は日曜を除き30分間隔）。おもな祝日は休み

高地ならではのオリンピック選手強化施設　おすすめ度:★★★

オリンピック&パラリンピック・トレーニング・センター Olympic & Paralympic Training Center

将来のメダリストと遭遇できるかもしれない
©VisitCOS.com

オリンピックやパラリンピックに出場するアメリカ代表選手を強化・育成するスポーツ施設。プール、ボクシング、自転車、体操、レスリング、フィギュアスケートなどの充実した施設はさすがアメリカ。見学ツアーでは**オリンピックの殿堂U. S. Olympic Hall of Fame**や各種施設を詳しく説明する。2020年初頭にはセンターの南西に**オリンピック博物館U.S. Olympic Museum**（URL usopm.org）が完成予定。

The United States Air Force Academy
MAP P.201-B1外
住2346 Academy Dr., USAFA
☎(719)333-2025
URL www.usafa.af.mil
営毎日9:00〜17:00（時期により変更あり）
料無料
交I-25のExit 156Aで下りて、North Gateから入る（Exit 150のSouth Gateは関係者のみ）。ビジターセンターで地図をもらって、校内をドライブして回ろう

4000人のエリート士官候補生が学ぶ　おすすめ度:★★★

空軍士官学校 The United States Air Force Academy

ダウンタウンからデンバー方面へ15マイル（24km）ほど走ると、I-25沿いに"Air Force"という文字が見えてくる。ここがウエストポイント（陸軍、ニューヨーク州）、アナポリス（海軍、メリーランド州）と並ぶ空軍の士官学校だ。

空軍士官学校で学ぶ学生のためのチャペル
©VisitCOS.com

見逃せないのが**カデットチャペルCadet Chapel**。17の尖塔をもち、まるで宇宙からの贈り物のよう。1200席を有する。ビジターセンターでは、士官候補生たちの寮生活、学校の歴史などがビデオで紹介されている。

Garden of the Gods
MAP P.201-A1
営5〜10月5:00〜23:00、11〜4月5:00〜21:00
料無料
交ダウンタウンからColorado Ave.を西へ。30th St.に出たら右折して進んでいくと、ビジターセンターがある

観光案内所
Garden of the Gods Visitor & Nature Center
MAP P.201-A1
住1805 N. 30th St.(at Gateway Rd.), Colorado Springs
☎(719)634-6666
URL www.gardenofgods.com
営メモリアルデイ〜レイバーデイ8:00〜19:00、それ以外の時期9:00〜17:00
休サンクスギビング、12/25、1/1

赤い岩が林立する神々の庭　おすすめ度:★★★

ガーデン・オブ・ゴッド Garden of the Gods

コロラドスプリングスの北西10km、パイクスピークへの入口近くに、珍しい姿の赤い砂岩が集中するエリアがある。あるものは巨大な壁のようにそそり立ち、あるものは針のように天に向かって突き出し、また今にも崩れ落ちてきそうな岩など……。神秘的な光景はまさに神々の庭の名にふさわしい奇観だ。大きい岩は100m以上にも達する。なかでもバランス岩は巨大な砂岩がごくわずかの支点の上に立ち、今にも倒れてきそうだ。

今にも倒れそうなバランス岩

MEMO **Manitou Cliff Dwellings**　断崖に住居を築いたアナサジ族の文化を伝える博物館。住居跡を忠実に再現したコーナーを屋外に設け、誰でも自由に入ることができる。 MAP P.201-A1 住10 Cliff Rd., Manitou Springs ☎(719)685-5242 URL www.cliffdwellingsmuseum.com 営3〜11月毎日 ↗

パイクスピーク地域 Pikes Peak Region

天然鉱泉が湧き続ける小さなリゾートタウン　おすすめ度：★★★

マニトウスプリングス Manitou Springs

町歩きにちょうどいい大きさのマニトウスプリングス

パイクスピークの麓の町で、もとは古代先住民のシャイアン族、ユート族、アラパホ族が定住する神聖な場所だった。この地のミネラルウオーターには地中の天然ガスが含まれていて、その泡が噴出する様子に、先住民の神話に登場する偉大な霊"マニトウ"が息をしたと考えられていた。

目抜き通りの**マニトウアベニュー Manitou Ave.**に小規模のホテルやレストラン、ギャラリーが軒を連ね、採水場が設けられている。無料シャトルバスが運行（#36は5～9月のみ）するので便利。

頂上からはロッキーの山々が一望できる　おすすめ度：★★★

パイクスピーク Pikes Peak

コグ鉄道は2021年まで修復中
©VisitCOS.com

アメリカ第2の国歌といわれる"America the Beautiful"は、大学教授のキャサリン・L・ベイツがパイクスピークからの壮大な景観に感激して読んだ詩である。パイクスピークはコロラドスプリングスの西側にそびえる標高4300mの山で、国定保護林にも指定され、コロラドの豊かな自然が残されている。

頂上へは、車でパイクスピーク・ハイウエイPikes Peak Highwayを使うか、マニトウスプリングスから登山電車**パイクスピーク・コグ鉄道Pikes Peak Cog Railway（休業中）**で登ることができる。コグ鉄道のコグとは「歯軌条」のことで、レールの中央に敷かれた歯車と列車の歯車をかみ合わせながら登っていく方式。日本語ではアプト式といったほうがわかりやすいだろう。

標高によって変わりゆく景色は、非常に見応えがある。深い緑の麓が、2000mを超えるとポプラの木が目に入る。3000mを超えると樹木はほとんどなくなり、ゴツゴツした迫力ある山肌が見えてくるだけだ。頂上はツンドラ地帯のようで、夏でも氷点下となる。往復で約97kmの道のり。山頂からは大陸分水嶺や雄大なロッキーの山々やデンバーの町まで見渡せる。真夏でもかなり寒いので、厚手の上着を忘れずに。酸素量は地上の60%のため、酸欠で気分が悪くなってしまう人もいる。頂上の売店ではドーナツを販売しており、これが名物となっている。

山頂では名物のドーナツをどうぞ ©VisitCOS.com

i 観光案内所

Manitou Springs Visitor Center
MAP P.201-A1
住 354 Manitou Ave., Manitou Springs
☎ (719) 685-5089
URL www.manitousprings.org
営 月～金8:30～17:00、土・日9:00～16:00
交 US-24沿い。ダウンタウンからマウンテンメトロ#3で約25分、車で約6分

Pikes Peak
MAP P.201-A1外/P.197-F3
☎ (719) 385-7325
URL www.pikespeak.us.com
営 メモリアルデイ～レイバーデイの毎日7:30～18:00、レイバーデイ～9月の毎日～17:00、10月～メモリアルデイの毎日9:00～15:00まで。天候によって閉鎖されることもある
料 5～11月$15、12～4月$10
交 ダウンタウンのCimarron St.を西へ向かうとUS-24となる。そのまま"Pikes Peak"の標識に沿って行く

Pikes Peak Cog Railway
※2021年までメンテナンスのため休業。以下のデータは2017年のもの
MAP P.201-A1
住 515 Ruxton Ave., Manitou Springs（マニトウスプリングス駅）
☎ (719) 685-5401
URL www.cograilway.com
営 3～10月は1日3～6往復。それ以外は1日1往復
交 ダウンタウンのCimarron St.を西へ6km。マニトウスプリングスの最初の出口で下りて、Manitou Ave.を西へ2.5km、Ruxton Ave.を0.5kmほど行った所にコグ鉄道の駅がある

車の場合の注意
道路は勾配がきつく、しかも途中からはガードレールもない。帰りに途中でブレーキチェックもある。

↘9:00～17:00（5～8月～18:00、11月～16:00）、12～2月毎日10:00～16:00 休 サンクスギビング、12/25 料 12歳以上$10、3歳以下無料 交 US-24沿い。ダウンタウンコロラドスプリングスから車で約11分、マニトウスプリングスから車で約5分

風光明媚な峡谷の洞窟を探検　　おすすめ度：★★★

ケーブ・オブ・ザ・ウインド・マウンテンパーク Cave of the Winds Mountain Park

マニトウスプリングスの北にあるウィリアムズキャニオンは、石灰岩の岩壁を擁している美しい峡谷で、1881年に発見された洞窟があることで有名だ。地質を調べたところ、パイクスピーク地域は暖かく浅い海に覆われていて、貝類の生息にとっても好適だったことが判明している。洞窟内はいくつかのツアーで回ることができ、何千年もの時をかけて造られた鍾乳石や石筍を間近に見ることができる。

また、洞窟がある敷地内にはジップラインなど、峡谷を生かしたアトラクションがあり、若者やファミリー層に人気の観光スポットになっている。

先住民の住居跡を再現している

Cave of the Winds Mountain Park
MAP P.201-A1
住 100 Cave of the Winds Rd., Manitou Springs
☎ (719) 685-5444
URL caveofthewinds.com
営 5月下旬～9月9:00～21:00、10～5月中旬10:00～17:00
料 ディスカバリーツアー：13歳以上$22、12歳以下$16。ツアーは20～30分間隔、所要45分
交 US-24沿い。ダウンタウンコロラドスプリングスから車で約15分、マニトウスプリングスから車で約7分

ローカルに愛される国立歴史地区　　おすすめ度：★★★

オールド・コロラドシティ Old Colorado City

歴史的な町並みを見ておきたい

コロラドスプリングスの西に位置するチャーミングな町で、コロラド州最初の首都がおかれた場所である。1982年に国の歴史地区に指定され、建物群の保存修理が進められて現在の町並みへと修復された。

Old Colorado City
MAP P.201-AB1
URL shopoldcoloradocity.com
交 US-24沿い。ダウンタウンコロラドスプリングスからマウンテンメトロ#3で約10分、車で約7分、マニトウスプリングスからも#3で約20分、車で約7分

高さ約55mの滝は癒やしの効果あり　　おすすめ度：★★★

ブロードモア・セブンフォールズ The Broadmoor Seven Falls

セブンフォールズは1880年代にオープンした観光名所で、7段に分かれた花崗岩の峡谷の壁を沿うように流れ落ちる滝だ。2013年9月の大雨でダメージを受け、滝のあるサウス・シャイアンキャニオン公園South Cheyenne Canyon Parkは閉鎖されたが、ブロードモアホテル（→P.207）を所有する会社が買収して再建した。

遊歩道からの眺めもすばらしい

公園には駐車場がないため、ブロードモアホテルから無料のシャトルバスが運行している。公園入口から滝までのアプローチは、巨大な岩壁を縫うように遊歩道が作られていて、壮大な景色が堪能できる。滝は岩壁の底から頂上を結ぶ224段の階段を利用して眺めたり、185段の位置の見晴らし台（エレベーターが運行）からの眺望を楽しむこともできる。

The Broadmoor Seven Falls
MAP P.201-B2
住 6 Lake Ave., Colorado Springs
FREE (1-855) 923-7272
URL www.broadmoor.com/broadmoor-adventures/seven-falls
営 毎日9:00～20:00
料 13歳以上$15.50、2～12歳$9.50、2歳未満無料
交 ホテル滞在者はWest Buildingから無料のシャトルが出ている。滞在者以外は→下記脚注参照

MEMO **ブロードモア・セブンフォールズへの行き方**　セブンフォールズ周辺には駐車場がない。ブロードモアホテル滞在者以外はNorris Penrose Event Center（住 1045 Lower Gold Camp Rd., Colorado Springs）へ行き、そこから無料シャトルに乗る。事前に電話で確認を。FREE (1-866) 837-9482

世界有数の高さのつり橋とロープウエイ、鉄道が名物　おすすめ度：★★★

ロイヤル峡谷橋公園　Royal Gorge Bridge & Park

峡谷の谷底を走る鉄道。絶景が楽しめる

コロラドスプリングスの南西約60マイル（96㎞）、キャノンシティCanon Cityの郊外にあるロイヤル峡谷には、世界有数の高さを誇るつり橋**ロイヤル峡谷橋Royal Gorge Bridge**がある。深い谷間を流れるアーカンソー川Arkansas Riverから橋までの高さは300m以上。このつり橋を自動車（時速10マイル）か徒歩で渡り、ゆらゆら揺れるスリルを体験してみよう。ただし、横幅の広い車は渡ることができないので注意。

ここには峡谷にかかるゴンドラやジップラインもあり、家族で楽しめる。また、ラフティングなどのアクティビティも盛ん。もうひとつおすすめしたいのが橋の下をアーカンソー川に沿って走る**ロイヤル峡谷鉄道Royal Gorge Route Railroad**だ。キャノンシティから出発し、V字型に切り立った峡谷の底を、往復約40㎞を2時間かけて走行する。乗客の歓声が上がるのはつり橋の下。鉄道はディナートレインも人気で、コロラド州産の新鮮で厳選された食材の料理は一流レストランに負けないほどのおいしさと評判。

ゴンドラからも谷の深さが実感できる

Royal Gorge Bridge & Park
MAP **P.201-B2外/P.197-F3**
住 4218 Country Rd. 3A, Canon City
FREE (1-888) 333-5597
URL royalgorgebridge.com
営 毎日8:00～17:00までだが、アトラクションは10:00～19:00（季節によって短縮）
料 遊園アトラクションを含む入場:$28、6～12歳$23（橋のみの見学は別料金あり）
交 コロラドスプリングスからCO-115を南へ34マイル（55㎞）走り、US-50へ移って西へ25マイル（40㎞）。所要1時間10分

COLUMN

コロラドは観光鉄道のメッカだ

金や銀などの鉱物資源が豊富で、その運搬方法として活用された鉄道は、現在観光鉄道に姿を変え、マニアにとどまらず多くの人を引きつける存在となっている。昔ながらのスタイルで力強く走る鉄道は、日本人から見ても貴重なものばかり。歯車を噛み合わせて高山を登っていくパイクスピーク・コグ鉄道（→P. 203）、V字に深く切り込んだ底の川沿いを走るロイヤル峡谷鉄道（→上記）、アメリカ国内で最も長く運行を続けるデュランゴ-シルバートン狭軌鉄道（→P. 255）など。コロラドに来たからには一度は観光鉄道に乗ってノスタルジックな雰囲気を味わってみたい。ほかにもおすすめの鉄道は次のもの。

ループ状に登っていくジョージタウン・ループ鉄道
©Osamu Hoshino

●ジョージタウン・ループ鉄道　**Georgetown Loop Railroad**

デンバーから西へI-70を約1時間15分の所に位置するジョージタウンは、かつて銀の採掘で栄えた町。銀を運ぶため山の急勾配を輪Loopを描くように走る鉄道は、約3㎞の間に200m近い高低差を力強く登っていく。途中30mの高さの高架橋を走るときは、鉄道はスピードを落としゆっくりと走る。一部蒸気機関車。

MAP **P.197-E2**　住 646 Loop Dr., Georgetown (Devil's Gate Depot)
FREE (1-888)456-6777
URL www.georgetownlooprr.com
営 4月下旬～9月の運行で1日3～4本の運行
料 $27.50～38.50（鉱山のツアー付きもある）

地元のビールもイケる

ラビットホール

店内は西部風でもあり、コンテンポラリーでもあり、少し不思議な空間。どちらかといえばバーなのだが、料理もおいしいと評判。$10前後のおつまみが多いが、メインのラビットミートローフ$17も人気。月〜金16:00〜18:00のハッピーアワーならリーズナブルに飲んで食べることができる。カクテル$8〜12、コロラドビール$5.25など。

The Rabbit Hole MAP P.201-左下
住101 N. Tejon St., Colorado Springs
☎(719) 203-5072
URL www.rabbitholedinner.com
営毎日16:00〜翌1:30
休おもな祝日
カード ⒶⓂⓋ

地元の若者に人気

シュガズ・レストラン＆バー

軽食のあるカフェ兼ラウンジで、ひとりでも気軽に入ることができる。ソーセージとバゲットといったおつまみから8種類のサンドイッチ（$10）、ビール（$3〜6）、カクテル（$10）、お茶の種類も多い。サンドイッチはスープと頼めば（+$4）、日本人にはちょうどいいサイズ。折り鶴が宙を舞うインテリアが印象的。

Shuga's Restaurant & Bar MAP P.201-左下
住702 S. Cascade Ave., Colorado Springs
☎(719) 328-1412
URL shugas.com
営毎日11:00〜24:00
休サンクスギビング、12/25、1/1
カード ⓂⓋ

陽気で、地元っ子の人気も高い

パラビシニズ・イタリアン・ビストロ

イタリア生まれのシェフが腕を振るう地元で人気のイタリア料理。パスタは17種類以上（$15.25〜25.25）でシーフード類が特に充実。チキンやミートボールなどのトッピングも可能だ。タラ、チキン、仔牛肉などの料理（$20.25〜28.75）も人気。ランチならどの料理も$10以下とかなりお得。暖かい季節はパティオ席で。

Paravicini's Italian Bistro MAP P.201-A1
住2802 W. Colorado Ave., Colorado Springs
☎(719) 471-8200
URL www.paravicinis.com
営日〜木11:00〜21:00、金・土11:00〜22:00
休サンクスギビング、12/25など
カード ⒶⓂⓋ

種類の多いアメリカンブレックファスト

ガーデン・オブ・ザ・ゴッド・マーケット＆カフェ

サウスウエスト風のエッグベネディクト、バナナフォスター風フレンチトースト、グルテンフリーのパンケーキ、グリーンサラダなど朝食メニューは彩りも鮮やかで、朝からパワーがみなぎりそう。サンドイッチや野菜ジュースなどもあるが、昼からはコロラド産和牛のハンバーガーもあって、地産地消の食材にこだわっている。

Garden of the Gods Market & Cafe MAP P.201-A1
住410 S. 26th St., Colorado Springs
☎(719) 471-2799
URL godsmarketandcafe.com
営カフェ毎日7:00〜15:00、マーケット毎日7:00〜18:00
カード ⒶⓂⓋ

地中海料理もいただけるカフェ

サハラカフェ

ちょっとエキゾチックな雰囲気のするカフェで、ギロピタ（地中海料理のサンドイッチ$6.95〜）やケバブはさまざまな種類があり、パンにつけるフムスも美味。サラダ、フムス、ピタのセットのビーフプレートは値段も手頃で、ジャストサイズ。最後はアメリカでも珍しいトルココーヒーでしめたい。マニトウスプリングスのほぼ中心にある。

The Sahara Cafe MAP P.201-A1
住954 Manitou Ave., Manitou Springs
☎(719) 685-2303
URL thesaharacafe.com
営毎日10:00〜21:00
休サンクスギビング、12/25、1/1
カード ⒶⓂⓋ

$15以下でおいしく食事を

グッドカーマ・カフェ

気さくな感じのカフェで、朝食のオムレツ$10〜11はポテトとパンが付いてボリューム満点。朝食のブリトー $11も人気だ。ランチのサンドイッチはすべて$12と、サイドメニューや飲み物を付けても$15ほど。フレッシュなレモンと地元のハチミツを使ったレモネードがひと味違うおいしさ。マニトウスプリングスの繁華街にある。

Good Karma Cafe MAP P.201-A1
住110 Canon Ave. #A, Manitou Springs
☎(719) 685-2325
URL www.goodkarmamanitou.com
営水〜月7:00〜15:00 休火 カード ⒶⓂⓋ

ホテル

世界のVIPに愛される高級リゾート

ブロードモア

アメリカでは誰もが知る高級リゾートのひとつ。1918年創業で、全米で5スター、5ダイヤモンドが最も長く継続しているホテルでもある。優美で堅固なルネッサンス調の建物、ロッキー山脈やシャイアンレイクのすばらしい景色が堪能できるバラエティに富んだ客室やレストランがあり、ゴルフなどアクティビティの施設も至極充実。

山と湖、そして大空とのコントラストがすばらしい

いつの時代も憧れのホテル
©Osamu Hoshino

The Broadmoor MAP P.201-B2
住1 Lake Ave., Colorado Springs, CO 80906
☎(719)634-7711 FREE(1-855)634-7711
FAX(719)577-5700 URL www.broadmoor.com
客室数784室 料SDT$240〜440、SU$570〜835＋リゾート料金$32 カードⒶⓂⓋ

結婚式の場としても人気が高い

シャイアン・マウンテン・リゾート

コロラドスプリングスのダウンタウンから車で8分もかからない所にある総合リゾート。地産地消を実践するレストラン、スパ、ゴルフコース、屋内外17面のテニスコート、インドア＆アウトドアのプール（ビーチあり!）、アースカラーとかわいらしいモチーフが印象的な客室など、リフレッシュには最適な環境が整っている。Wi-Fi、駐車場はリゾート料金に含む（$24）。

レストランからの眺めもごちそうのひとつ

アースカラーで華美過ぎない客室

Cheyenne Mountain Resort MAP P.201-B2
住3225 Broadmoor Valley Rd., Colorado Springs, CO 80906 ☎(719)538-4000
FREE(1-800)588-0250 FAX(719)457-4880
URL www.cheyennemountain.com 客室数316室
料SDT$129〜369、SU$669〜789 カードⒶⒹⓂⓋ

神々の庭の入口にある

ガーデン・オブ・ザ・ゴッド・リゾート

アクティビティやリラクセーションだけでなく「健康であることWellness」も追求する珍しい高級リゾート。医療も兼ねたチームが、一人ひとりがより健康であることを目指して、スパやエクササイズなどその人に合ったケアをすすめる。立地のよさから客室だけでなく、プール、レストランからの景色も感動もの。Wi-Fi、駐車場はリゾート料金に含む（$35）。

周囲の景色に溶け込んだ高級リゾート

健康であることを意識したケアも行ってくれる

Garden of the Gods Resort MAP P.201-A1
住3320 Mesa Rd., Colorado Springs, CO 80904
☎(719)632-5541
URL www.gardenofthegodsclub.com 客室数74室
料SDT$200〜872、SU$359〜1410 カードⒶⓂⓋ

ホテル

ダウンタウンの中心にある便利な

アントラーズ・コロラドスプリングス

1883年創業のコロラドスプリングス最古のホテル。徒歩圏内にはたくさんのレストランやパイオニア博物館などがあり、観光ポイントへの移動にも便利。ビジネスセンター、インドアのプールもあって、レジャー、ビジネスのどちらにもよい。客室の半数からはロッキー山脈の山並みが楽しめる。

The Antlers Colorado Springs

MAP P.201-左下
住4 S. Cascade Ave., Colorado Springs, CO 80903
☎(719) 955-5600 FAX(719) 389-0259
URL antlers.com 客室数273室 料SDT$129～204、SU$179～559 カードⒶⓂⓋ

ダウンタウンでお手頃価格

エコノロッジ・ダウンタウン

コロラドスプリングスはリゾート地だけに、ホテルの料金はどうしても高め。ダウンタウンの中心部にあって貴重な1軒がここ。客室はいたってシンプルで新しくはないが、朝食付きで、Wi-Fiも無料。夏ならプールも利用できる。料金が安いぶん、サービスなどは期待しないように。

Econo Lodge Downtown MAP P.201-左下
住714 N. Nevada Ave., Colorado Springs, CO 80903
☎(719) 636-3385 FAX(719) 447-1378
URL choicehotels.com
客室数37室 料SDT$65～ カードⒶⒹⒿⓂⓋ

マニトウスプリングスの入口にある

マグヌソンホテル、マニトウスプリングス

コロラドスプリングスのダウンタウンから#3のメトロバスで行くことができる。町の中心からはやや外れるが、ホテルの前にはサブウェイやイタリア料理店もある。朝食、駐車場、ランドリー、市内通話は無料。インドアのプールとジャクージでリラックスもできる。コスパの高いホテルだ。

Magnuson Hotel, Manitou Springs MAP P.201-A1
住311 Manitou Ave., Manitou Springs, CO 80829
☎(719) 685-5991 URL www.magnusonhotels.com/hotel/magnuson-hotel-manitou-springs/
客室数38室 料SDT$80～145、SU$95～145
カードⒶⒹⒿⓂⓋ

町の中心にあるお城のようなホテル

クリフハウス・アット・パイクピークス

1873年の建物を改装したエレガントなホテル。マニトウスプリングスの繁華街にあり、コグ鉄道の駅にも近い。これまでも多くの著名人が滞在してきた。外観はまるで城のよう。部屋は広く、居心地のよさは抜群。旅行誌2006年世界トップ100のホテルの80位に輝き、旅行の口コミサイトの評価も高い。

The Cliff House at Pike Peaks MAP P.201-A1
住306 Canon Ave., Manitou Springs, CO 80829
☎(719) 785-1000 FREE(1-888) 212-7000
FAX(719) 785-3913 URL www.thecliffhouse.com
客室数54室 料SDT$110~200、SU$150～500
カードⒶⒹⒿⓂⓋ

1898年に建てられたビクトリア調の邸宅

クレセントリリー・イン

ダウンタウンの北、静かな住宅地の一画にある。1階のコモンスペースにダイニングとゲスト共有の冷蔵庫があり、朝は手作りの温かい食事が振る舞われる。トイレ、浴室は各室にあり、シャワーまたはバスタブが備わっている。

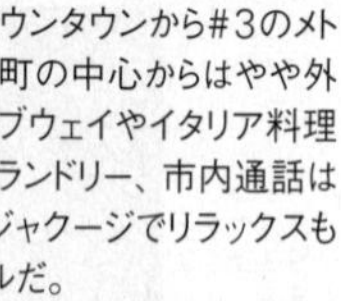

オーナーのセンスのよさを感じる客室

ファミリアなB&B

Crescent Lily Inn MAP P.201-左下
住6 Boulder Crescent St., Colorado Springs, CO 80903-3318
☎(719) 442-2331 FREE(1-800) 869-2721
URL www.crescentlilyinn.com
客室数5室 料SD$110～150 カードⒶⓂⓋ

クラフト文化の中心地

フォートコリンズ

MAP ▶ P.197-F1

Fort Collins

人口▶16万7800人
面積▶147.77㎢
標高▶1525m
TAX▶セールスタックス　7.55%
　　　ホテルタックス　10.55%
時間帯▶山岳部標準時(MST)

フォートコリンズのダウンタウンでにぎわう所がオールドタウン

フロントレンジ北部にあるコロラド州立大学の本拠地。利便性や治安のよさに加え、自然環境が豊かでとても住みやすい町だ。全米一のビール生産量を誇るコロラドでも、最高のクラフトビールを作りあげるブリュワリーが多いことで有名。職人気質にあふれる地域性から、近年はコロラドメイドにこだわった物づくりをする起業家が多く集まる。

また、フォートコリンズは観光の面でも外せない町だ。コロラド州周遊観光のゲートウエイにふさわしいロケーションで、デンバーやデンバー国際空港から車で約1時間、ロッキーマウンテン国立公園へも1時間ほどでアクセスできる。標高差のある環境に体を慣らす意味でも、1〜2日はゆっくり落ち着いて過ごしたい。

アクセス

フォートコリンズはデンバーやコロラドスプリングスとの組み合わせで訪問するのがおすすめ。**定期バスのバスタング**が運行（平日のみ）しているので、車に頼らなくても観光ができる。周遊する予定なら空港で車を借りるのがベストだ。

フォートコリンズの歩き方

フォートコリンズの繁華街である**オールドタウンOld Town**はコンパクトで歩きやすく、旬のレストランや話題性の高いショップも徒歩圏内にある。観光スポットのひとつであるブリュワリーは、オールドタウンの東のエリアに点在しているので自転車があると便利。ツアー（→P.212）に参加するか、ホテルによっては自転車の貸し出しサービスがあるので、ぜひ利用してみよう。また、水辺や緑にあふれる場所が身近にあり、自然に親しむ環境が整っている。早朝の散策、夏場ならウオーターアクティビティに興じるのも楽しい。

飛行機

Denver International Airport→P.167
交空港から車でE-470 NORTH→I-25 NORTHを進む。Exit 269BでCO-14 WESTに下り、目抜き通りのCollege Ave.まで進む。約113km。空港シャトルも走っている。

●**Groome Transportation（空港シャトル）**
☎(970)226-5533
URL groometransportation.com/fort-collins
料片道大人ひとり$35〜49（乗車人数により異なる）

バス

Bustang→P.169
MAP P.210-A1
住250 N. Mason St., Fort Collins（ダウンタウントランジットセンター）
FREE (1-800) 900-3011
URL www.ridebustang.com
料片道$10（乗車券はインターネットで購入可。バスで直接支払う場合は現金で$20以下の紙幣のみ）

レンタカー

デンバーからI-25 NORTHを進み、Exit 269BでCO-14 WESTに下りる。約103km。

MEMO **フォートコリンズ市内の交通**　Transfort運営のバスが市民や学生の足として利用されている。ダウンタウンやコロラド州立大学にトランジットセンターがあり、観光に使える路線はボウルダー（→P.189）へ運行するFLEXくらい。1日5便、片道約1時間30分。URL ridetransfort.com 料1回の乗車につき$1.25

i 観光案内所
Fort Collins CVB
MAP P.210-B1
住1 Old Town Square, #107, Fort Collins
☎(970)232-3840
URL www.visitftcollins.com
営月～金9:00～17:00(金～19:00)、土・日11:00～17:00

おもな見どころ

アールデコ様式の建築物がランドマーク　おすすめ度:★★★

オールドタウン　Old Town

フォートコリンズのオールドタウンは100年以上の歴史があり、28の歴史的建造物を中心に2004年に復元された。ディズニーランドのメインストリートUSAの町並みは、このオールドタウンのオリジナルがモデルといわれている。当時の古い建物を利用してブティックやショップが多数入居しており、どの店もローカルクラフトをうたっている。特にレストランやカフェ、パブなど80店舗以上の飲食店がひしめき合うグルメエリアで、週末やホリデイシーズンは夜遅くまでにぎやかだ。

レストランやショップが連なっていて自然と足が向く所

夜も中心部はにぎわい、治安もいい

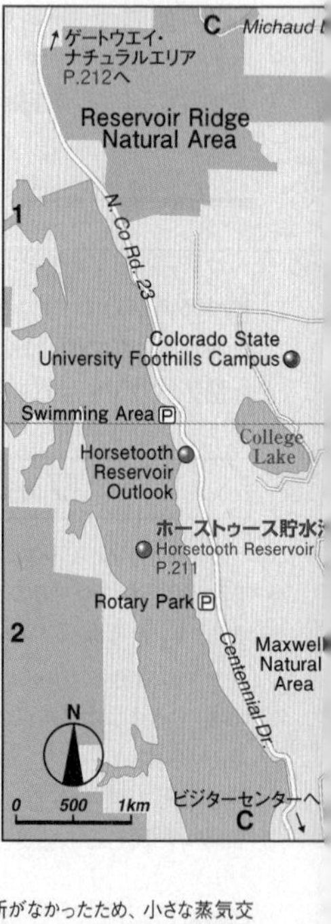

MEMO **よみがえった路面電車**　路面電車の開通は1907年。初運行時は町に発電所がなかったため、小さな蒸気交換機と古いコーチを使ってサービスを開始した。自動車が普及し、不採算が続くなかでコロラド州最後の路面電車は1951年に廃線となる。時を経て、1977年に路面電車の修復が提案され、市民ボランティアの働きで復元↗

地域で育む緑の空間　おすすめ度：★★★

ガーデンズ・オン・スプリング・クリーク The Gardens on Spring Creek

2004年に開園した植物園で、年間来場者数約6万5000人を誇る文化施設。子供たちが安全に探検できる**子供庭園Children's Garden**、野菜やハーブ、フルーツなどの食用となる植物を育てるGarden of Eatin'、地元の岩石とコロラド原産の植物を組み合わせて造られたRock Gardenなど、さまざまなテーマの庭園が集結している。クリスマスシーズンのライトアップもお見逃しなく。

The Gardens on Spring Creek
MAP P.211-D2
住2145 Centre Ave., Fort Collins
☎(970) 416-2486
URL www.fcgov.com/gardens
営月～金10:00～16:00
休土・日
料寄付制。$5、子供$2が目安
交フォートコリンズ中心部から車で約5分

巨人によって守られていた伝説の谷　おすすめ度：★★★

ホーストゥース貯水池 Horsetooth Reservoir

フォートコリンズの西側、標高1655mの丘陵地に位置する貯水池。全長約10kmの貯水池の周りにスイミングエリアやキャンプ場、マリーナが点在する一大レクリエーションエリアで、西側にそびえるHorsetooth Mountainはボルダリングスポットとして人気がある。

貯水池というよりは湖のよう。アウトドアアクティビティも盛ん

Horsetooth Reservoir
MAP P.210-C2

ビジターセンター
MAP P.210-C2外
住4200 W. County Rd. 38 E, Fort Collins
☎(970) 498-5610
URL www.co.larimer.org/naturalresources/horsetooth-reservoir
営毎日9:00～16:00
休11～2月の土・日曜
料車1台につき$9
交フォートコリンズ中心部から車で約20分

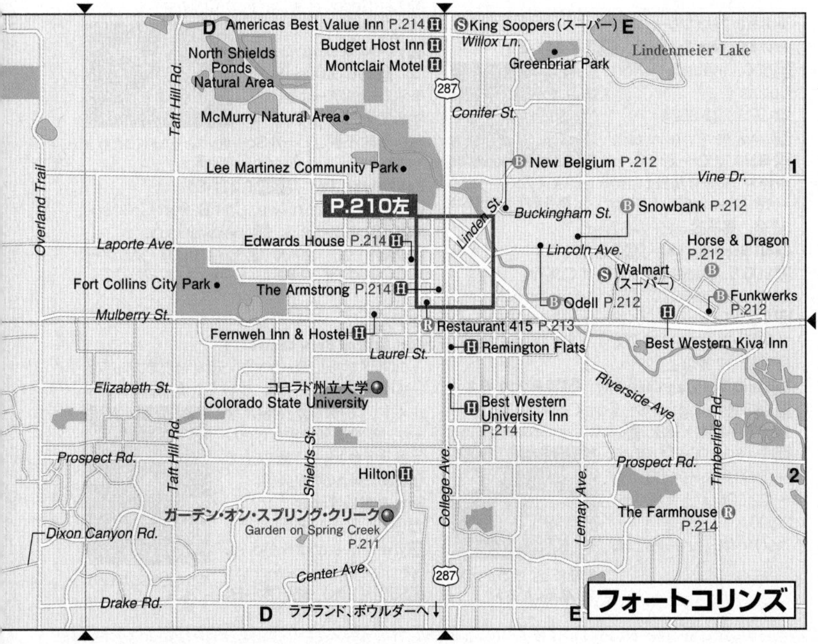

↘を開始。約2.4kmの線路に5年、車両の修復に7年費やした。現在、レトロな路面列車は夏期の週末と祝日限定で運行。シティパークからMountain Ave.& Howes St.を30分かけて走行する。URL www.fortcollinstrolley.org
料1回の乗車につき大人$2、子供$1、3歳以下無料

Gateway Natural Area
MAP P.210-C1外/P.197-F1
☎(970)407-1106
URL www.fcgov.com/naturalareas/finder/gateway
営 毎日　日の出〜日没
料 車1台につき$7
交 フォートコリンズ中心部からUS-287 NORTH→CO-14 WESTを進む。車で約25分

日常からエスケープできる自然地帯　おすすめ度：★★★

ゲートウエイ・ナチュラル・エリア　Gateway Natural Area

フォートコリンズの北西約25kmの所にある自然地帯で、誰でも気軽にアスセスできることから地域住民の憩いの場となっている。ピクニックエリアや初心者向けのハイキングトレイルがあり、プードルキャニオンPoudre Canyonのすばらしい景色が堪能できる。ロッキー山脈からの雪解け水が水源になっているキャッシュ・ラ・プードル川Cache La Poudre Riverでは釣りを楽しむ人の姿も見られる。

水のせせらぎを聞きながらハイキングをし

COLUMN

ブリュワリー巡り

フォートコリンズはロッキー山脈の麓にあり、町なかを流れるキャッシュ・ラ・プードル川は潤沢な雪解け水を運んでくれる。ビールを造るのに最高のロケーションであることから、独自のスタイルをもつブリュワリーが市内に20以上ある。ビールの醸造過程を見ることができる工場ツアーやタップルームを併設しているブリュワリーもあるので、見て飲んで味わってみよう。

●おもなブリュワリー

New Belgium Brewery　MAP P.211-E1
住 500 Linden St., Fort Collins
☎(970)221-0524
URL www.newbelgium.com
営 毎日11:00〜20:00
※無料ツアーは毎日11:30〜16:30の1時間ごと、約90分、要予約。ビール$2〜6

世界展開のブリュワリーで、数多くの受賞歴あり

Odell Brewing Co.　MAP P.211-E1
住 800 E. Lincoln Ave., Fort Collins
☎(970) 498-9070　URL www.odellbrewing.com
営 毎日11:00〜18:00(水〜土〜20:00)
※無料ツアーは毎日12:00、13:00、14:00、15:00(45分、12歳以上)

Equinox Brewing Company　MAP P.210-B2
住 133 Remington St., Fort Collins
☎(970)484-1368　URL www.equinoxbrewing.com
営 日〜金12:00〜20:00(日〜19:00、木〜21:00、金〜22:00)、土11:00〜22:00
※ツアーなし。ビール$2.50〜7

季節ごとに味わいが異なる繊細さがある

Snowbank Brewing　MAP P.211-E1
住 225 N. Lemay Ave., # 1, Fort Collins
☎(970) 999-5658
URL www.snowbank.beer/
営 月〜木14:00〜20:00、金〜日12:00〜21:00(日〜20:00)　カード ⒶⓂⓋ
※ツアーなし。ビール$5.50〜

まさに産地直送の味

Horse & Dragon Brewing Company　MAP P.211-E1
住 124 Racquette Dr., Fort Collins
☎(970) 631-8038
URL www.horseanddragonbrewing.com　営 毎日12:00〜18:00
※決まったツアーはなく、見学希望を伝えればOK。無料、予約不要。ビール$5〜13

ホップとモルトにこだわっている

Funkwerks, Inc.　MAP P.211-E1
住 1900 E Lincoln Ave. Unit B, Fort Collins
☎(970) 482-3865　URL funkwerks.com
営 毎日11:00〜20:00(金土〜21:00)　※ツアー$10、土13:00(要予約)。ビール$3.50〜8

●ブリュワリーツアー

Fort Collins Brew Cruise

コロラドでポピュラーなマウンテンバイクでブリュワリー巡りを楽しむユニークなツアーを主催。バイク、ヘルメット、ローカルガイド料が含まれ、各醸造所で飲むビールは各自で負担。21歳以上で自転車に乗れるのが条件。

Beer & Bike Tours
☎(970) 201-1085
URL www.beerandbiketours.com /fort-collins-brew-cruise
料 $50(月〜水)、$65(木〜日)

楽しく安全にガイドしてくれる

ショップ＆レストラン

クッキングツール、ローカルフードが豊富

カップボード

コロラドの名産ゲット！

ユニークでセンスのいい台所用品が揃っている。イースターやハロウィンなど、季節ごとのイベントに合わせた商品展開は見るだけで心がはずむ。コーヒー豆やサルサ、ジャムなどのローカル製品も扱っており、おみやげ探しもOK。

The Cupboard MAP P.210-A2
住152 S. College Ave., Fort Collins
☎(970)493-8585 URL thecupboard.net
営月～土9:30～20:00、日11:00～17:00
休イースター、サンクスギビング、12/25 カード ⒶⓂⓋ

新鮮なスパイスの香りがたまらない

オールドタウン・スパイス・ショップ

種類により1オンス$2から販売

厳選されたスパイスは店内で挽いているのでとても新鮮。人気の商品はスパイスとハーブをブレンドした調味料。1オンス（約28g）から販売してくれるのでいろいろ試してみたい。ホップや大麦麦芽をブレンドしたコーヒーなど、ほかでは入手できないものもある。

Old Town Spice Shop MAP P.210-A2
住130A S. College Ave., Fort Collins
☎(970)493-7206 URL oldtownspiceshop.com
営月～土10:00～19:00（土～20:00）、日12:00～17:00 カード ⒶⓂⓋ

おしゃれでかわいいアウトドアブランド

トポデザイン

小技の効いたアイテムが揃う

タウンユースができるファッショナブルなアイテムが多く、男女問わず人気があるコロラドブランド。生地がしっかりしたオリジナルロゴTシャツは$36とお手頃。本格的なマウンテンパックは$200前後、Yパックなら$80前後で販売。

Topo Designs MAP P.210-A2
住130B S. College Ave., Fort Collins
☎(970)568-8628 URL topodesigns.com
営毎日10:00～19:00（金・土～20:00、日～17:00） カード ⒶⓂⓋ

深みのあるグルメチョコ

ニュアンスチョコレート

人工香料や防腐剤は不使用

高品質のカカオ豆を探すことから始まり、絶妙な焙煎と粉砕の加減で味と香りを調えたカカオマスが作り出される。主力商品はトリュフ、ミルクチョコレートバー、フレーバーチョコレートバー。併設のカフェではオリジナルのチョコレートドリンクが味わえる。

Nuance Chocolate MAP P.210-B1
住214 Pine St., Fort Collins
☎(970) 484-2330 URL www.nuancechocolate.com 営月～金11:00～19:00（金～20:00）、土10:00～20:00、日12:00～16:00 カード ⒶⓂⓋ

季節のパイに舌鼓

ジンジャー・アンド・ベーカー

秋に人気のパンプキンパイ$6

1階はイートインのあるベーカリーと食事もできるカフェ、2階は高級レストランから構成。試してみたいのがショーケースに並ぶパイで、定番のほかにストロベリー、スイートポテトのように季節ごとのパイがおすすめ。ひと休みにも最適で持ち帰りもOK。

Ginger and Baker MAP P.210-B1
住359 Linden St., Fort Collins ☎(970)223-7437 URL gingerandbaker.com 営毎日7:00～21:00（金・土～22:00）、カフェは8:00～
カード ⒶⓂⓋ 予約 不要

野菜たっぷりめのヘルシーなアメリカ料理

レストラン・フォーフィフティーン

地元の旬な食材を取り入れている

平日のランチはホットサンドイッチ$13～15、ランチとディナーで提供されるプレートは品数によって$4.50～12。メインの肉料理や魚料理はグルテンフリーで、オーガニック豆腐のソテーなどもある。カクテルがおいしいと評判だ。

Restaurant 415 MAP P.210-A2
住415 S. Mason St., Fort Collins
☎(970)407-0415 URL www.thefourfifteen.com
営火～木11:00～16:00、17:00～21:00、金～日11:00～22:00（日～21:00）
休月 カード ⒶⓂⓋ 予約 不要

MEMO **Big Al's Burgers and Dogs** パテやソーセージはローカルで飼育されたホルモン剤なしの肉を使用。レストランもリサイクル木材や古い照明器具を使うなど味わい深い雰囲気だ。バーガー$4.59。
MAP P.210-A1 住140 W. Mountain Ave., Fort Collins URL bigalsburgersanddogs.com

レストラン＆ホテル

ローカル食材の特徴を生かしたアメリカ料理

エンポリウムキッチン

キノコや魚など地元の食材にこだわりつつ、チーズやサラミなどのおつまみ、ベジタリアンのリゾットやポークチョップまで幅広いメニューを揃える。夕食は日替わりメニューもあり、ビールの種類も豊富。ホテルの中にあり朝から営業、ドリップコーヒーが自慢。

食事だけでなくコーヒーブレイクにもいい

Emporium Kitchen MAP P.210-B1

住 The Elizabeth内。378 Walnut St., Fort Collins
☎(970)493-0024 URL emporiumftcollins.com
営 朝食:月～金7:00～11:00、ランチ:月～金11:00～14:00、ディナー:日～木17:00～21:00、金・土～22:00、ブランチ:土・日8:00～14:00 カード ⒶⓂⓋ 予約 夜は予約をすすめる

素朴な雰囲気のカジュアルダイニング

ファームハウス

130年以上前の農場を改装したレストランで、裏庭には鶏舎もある。ファーマーハウスバーガー＄16は、ジューシーなパテとアボカドの組み合わせがたまらない。ズッキーニパスタ＄20やポークチョップ＄28も味わい深い。

味もボリュームも満点！

The Farmhouse MAP P.211-E2

住 1957 Jessup Dr., Fort Collins
☎(970)631-8041 URL www.farmhousefc.com
営 ランチ火～金11:00～14:00、ディナー火～日17:00～21:00、ブランチ8:00～14:00 休 月 カード ⒶⓂⓋ 予約 不要

エレガントなB&B

エドワーズハウス

1904年に建てられたビクトリア様式の邸宅内をモダンに改装。客室は最大2名までで、10歳以上から利用できる。寝心地を重視したカスタムベッド、広い浴室にはシャワーまたはバスタブが備わっている。コモンスペースに冷蔵庫やゲスト用のPCあり。とても静かな環境で、都会にいることを忘れてしまいそう。朝食もお楽しみのひとつ。

The Edwards House MAP P.211-D1

住 402 W. Mountain Ave., Fort Collins, CO 80521
☎(970)493-9191 URL edwardshouse.com
客室数 6室 料 SD$190～275 カード ⒶⓂⓋ

シンプルだけど必要なものは揃っている

ベストウエスタン・ユニバーシティ・イン

コロラド州立大学の向かいにあるホテル。客室は暖色系でまとめられており、清潔でリラックスできる雰囲気。朝食付き。コインランドリーの施設もあり、長期滞在にも便利だ。外の光を取り込む設計の屋内プールでのんびり過ごすのもいい。自転車は1日＄15でレンタルできる。

Best Western University Inn MAP P.211-E2

住 914 S. College Ave., Fort Collins, CO 80524
☎(970)484-2984 FREE (1-800)780-7234
FAX (970)484-1987 URL www.bestwestern.com
客室数 79室 料 SDT$104～235、SU $124～
カード ⒶⓂⓋ

オールドタウンの中心にあるレトロモダンなブティックホテル

アームストロングホテル

オールドタウンの歴史とともに歩んできたランドマーク的な存在。広々とした客室、肌触りのいいリネンを使用したベッド、大きなデスクはビジネスユーザーにもうれしい。冷蔵庫とバスタブの設置は客室により異なる。宿泊者はThe Old Town Athletic Clubと自転車が無料で利用できる。ホテル内のAce Gillett's Loungeではジャズとおいしいお酒が楽しめる。

TVを見ながら泡いっぱいのバスタブに浸かるのもいい

寝心地のいいベッド

The Armstrong Hotel MAP P.210-A2

住 259 S. College Ave., Fort Collins, CO 80524
☎(970)484-3883 FREE (1-866)384-3883
FAX (970)224-5653 URL thearmstronghotel.com
客室数 45室 料 SDT$119～446、SU $169～505
カード ⒶⓂⓋ

MEMO **お手頃なモーテル** 古びた感は否めないが予算を抑えたい人向け。朝食付き、Wi-Fi無料。 Americas Best Value Inn MAP P.211-D1 住 1809 N. College Ave. Fort Collins, CO 80524 ☎(970)484-2764 URL www.redlion.com/americas-best-value-inn 客室数 190室 料 SDT$59～72 カード ⒶⓂⓋ

ロッキーマウンテン国立公園

Rocky Mountain National Park

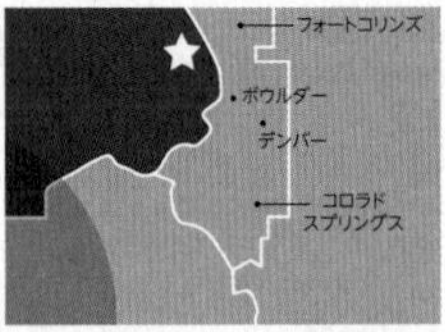

コロラド州 MAP ▶ 折込表B1/P.197-EF1

アメリカ大陸の背骨といわれるロッキー山脈に広がる公園。標高3713mまで車で上がることができ、緑深い樹林帯や湿原から、高山植物が咲くツンドラ地帯、氷河が輝く4000m級の峰々まで、変化に富んだ風景を車に乗ったまま楽しむことができる。大陸分水嶺を越えてコロラド川の源流を見に行こう。

DATA

時間帯 山岳部標準時（MST）
☎（970）586-1206　URL nps.gov/romo
営 24時間365日オープン
（トレイルリッジ・ロードは夏期のみ通行可）
料 車1台$35、バイク$30、そのほか1人$20

エリア紹介

公園はデンバーの北西約90km、車で2時間ほどの所にある。敷地のほとんどがロッキー山脈にあり、ほぼ中央に大陸分水嶺が走っている。園内には標高1万フィート（約3048m）を超える峰が118座もあり、最高峰は標高4346m。文字どおりの山岳公園だ。

園内には東側の一部のエリアにシャトルバス（→ P.217）が走っているものの、観光のハイライトである**トレイルリッジ・ロードTrail Ridge Road**に上がる公共の交通機関はないため、デンバーから車または日帰りのツアーバス（→ P.216）で訪れるのが一般的。

トレイルリッジ・ロードはロッキー山脈を越えて東西に走る山岳道路で、東側のゲートのすぐ外側に**エステスパークEstes Park**、西側に**グランドレイクGrand Lake**というふたつのゲートシティがある。

急げばデンバーから日帰りもできるが、ゲートシティのどちらかに1泊し、短いトレイルを楽しみながら2日かけて回るのがおすすめ。

行き方

レンタカー

デンバーからI-25 NORTHを走りExit 217AでUS-36 WESTへ。ボウルダーの町を通ってそのままUS-36を進めばエステスパークに到着する。デンバーから2時間弱。

一方、公園の西側のグランドレイクへ直接行く場合は、デンバーからI-70を西へ走ってExit 232でUS-40 WESTへ。GranbyでUS-34へ右折する。2時間15分ほどかかる。

アクセス

レンタカー

デンバーからエステスパークまでは1時間30分〜2時間弱。I-25を北上してCO-66経由で行く方法もあるが、US-36を経由して途中ボウルダーBoulder（→ P.189）に立ち寄るといい。

MEMO **入園料について**　上記の入園料は連続7日間有効だが、このほかに1日のみ有効のパスがある。車&バイク1台$25、そのほか1人$15。またロッキーマウンテン国立公園だけに1年間何度でも入園できるパスは車1台$70。

ツアー

グレイライン・オブ・デンバー→P.172

→P.172

Gray Line of Denver

デンバー発着で公園を西から東へ横断する。デンバーからI-70を西へ走ってロッキー山脈の西側へ回り込み、グランドレイク湖畔のレストランで昼食を取ってからトレイルリッジ・ロードを走る。ダウンタウンのホテルから送迎あり。

コロラドサイトシアー

Colorado Sightseer

こちらもデンバー発着だが、公園を東から西へ走る。エステスパークでショッピングを楽しんで、ベアレイク、トレイルリッジ・ロード、ミルナーパスを通ってグランドレイクへ抜ける（日によって訪れる場所が一部変更になる）。ダウンタウンのホテルから送迎あり。なお、冬期もモレーンパークとホースシューパークを訪れるツアーを催行している。

ロッキーマウンテン国立公園の歩き方

公園ゲートはエステスパーク近くのUS-36沿いにあるBeaver Meadowsと、同じくエステスパーク近くのUS-34沿いにあるFall River、公園西側のGrand Lakeの3ヵ所で、それぞれにビジターセンターがある。

最も人気の見どころは公園を東西に貫く**トレイルリッジ・ロード Trail Ridge Road**。4000m級の山々の景観を堪能できるが、積雪によって開通時期が変わるので気をつけたい。3000m以上の高所まで上がることになるので真夏でも長袖の上着を忘れずに。変わりやすい山の天気に備えてレインジャケットかポンチョがあるといい。

公園の東側にある**ベアレイク Bear Lake**や周辺にある湖も見逃せない。人気のトレイル（ハイキングコース）の多くが、これらの湖が出発点になっている。

ツアー

Gray Line of Denver
FREE (1-800)472-9546
URL grayline.com/things-to-do/united-states/denver
運行／5月下旬～10月中旬の火・木・金・日。所要約10時間
料 $125（入園料、ランチ込み）

Colorado Sightseer
☎(303)423-8200
URL www.coloradosightseer.com
運行／5月下旬～10月中旬の毎日。所要約10時間
料 $125（入園料、ランチ込み）

ⓘビジターセンター

Estes Park
町の東側、US-34とUS-36の合流点にある。
住 500 Big Thompson Ave.
営 月～土 9:00～17:00、日 10:00～16:00。夏期は月～土8:00～20:00、日～18:00

Beaver Meadows（US-36沿い）
営 8:00～16:30、夏期～18:00
休 サンクスギビング、12/25

Fall River（US-34沿い）
営 5月下旬～10月上旬の毎日9:00～17:00、11月下旬～12月中旬の土・日&12月下旬～1月初旬9:00～16:00
休 1月上旬～5月中旬、10月中旬～11月中旬、11月下旬～12月中旬の平日、サンクスギビング、12/25

Kawuneeche（グランドレイク）
営 8:00～16:30、夏期～18:00の毎日
休 サンクスギビング、12/25

COLUMN

エステスパーク

Estes Park

ロッキーマウンテン国立公園の東のゲートシティとしてにぎわうリゾート。ボウルダーを小さくしたようなチャーミングな避暑地で、メインストリートであるElkhorn Avenue(US-34)と、これに平行する川沿いの遊歩道Riverwalkに小粋なレストランとギフトショップ、アウトドアスポーツの店などが並んでいる。2017年には町の創設100周年を記念して、ダウンタウンの12ヵ所に小さなナキウサギPika（→P.219コラム）のブロンズ像が作られた。

数あるホテルのなかで特筆すべきは、ダウンタウンの北に建つスタンレーホテルThe Stanley Hotel。1903年完成のコロニアル様式の建物で、国の史跡にも登録されている。ホラー映画の名作『シャイニング』の原作の舞台&TVドラマ版ロケ地となったことでも知られ、ゴーストツアーも行われている。
URL stanleyhotel.com　料 $279～699

MEMO **気候とシーズン**　公園は年中オープンしているが、トレイルリッジ・ロードが開通するのは5月下旬～10月上旬のみ（積雪による）。花の季節は6月下旬～8月上旬と短く、高山植物の開花はさらに遅い。公園敷地の3分の1が永久凍土のツンドラ地帯にあるので、真夏でも長袖のジャケットが欠かせない。

園内の交通機関

エステスパークとベアレイクを結んで夏期のみ無料のシャトルバスが走っている。ベアレイクの駐車場は朝から満車になってしまうし、トレイルを片道だけ歩くときにも便利なので、ぜひ利用したい。

●ハイカーエクスプレスルート　Hiker Express Route

エステスパークのビジターセンターと、園内の大きな駐車場Park & Rideを結んで走っている。

●ベアレイクルート　Bear Lake Route

Park & Ride、ビアシュタットレイクのトレイルヘッド、グレイシャーゴージのトレイルヘッド、ベアレイクに停車する。

●モレーンパークルート　Moraine Park Route

Park & Ride、スプラグレイク、キャンプ場ほかに停車する。

シャトルバス

● Hiker Express Route
運行／5月下旬～9月中旬の毎日と、9月下旬～10月上旬の土・日。7:30～20:00の1時間ごと(10:00～18:00は30分ごと)

● Bear Lake Route
運行／5月下旬～10月中旬の毎日。7:00～19:30の10～15分ごと

● Moraine Park Route
運行／5月下旬～10月中旬の毎日。7:00～19:30の30分ごと

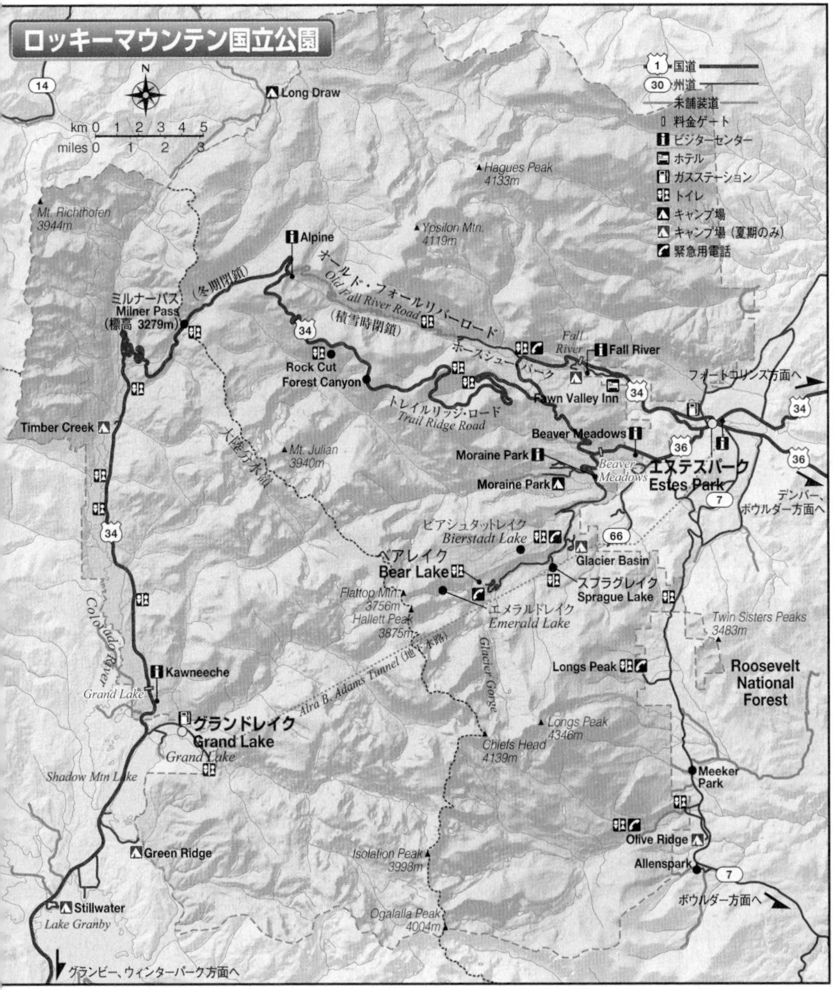

おもな見どころ

夏の日中は大勢の観光客でにぎわう

Bear Lake
エステスパークの町の中心、Elkhorn Ave.にあるUS-34&US-36の交差点を南下し、右車線をキープしたままUS-36を進む。10分ほどでBeaver Meadowsの入園ゲートをくぐったらすぐにBear Lakeの標識に従って左折。さらに20分ほど走った突き当たり。

周辺のトレイルを歩いてみたい　おすすめ度:★★★

ベアレイク　Bear Lake

標高2887mにある小さな氷河湖で、公園の東側で最も人気のポイント。ここを出発点として周囲の山や湖を訪れるトレイルが数多くあり、夏は早朝から駐車場が満車になってしまう。ぜひ無料シャトルバス(→P.217)を利用しよう。

もちろんベアレイクそのものも魅力的なので、湖畔のトレイルを40分ほどかけて1周してくるといい。

Sprague Lake
Bear Lakeの手前で標識に従って左折する。

山の朝を静かに楽しめる　おすすめ度:★★★

スプラグレイク　Sprague Lake

ベアレイクの手前にあり、ベアレイクへ向かう道路から南へ少々入った所にある。標高は2655mとベアレイクより低いが、Hallett Peak（標高3875m）やFlattop Mountain（標高3757m）、その間にある小さなティンダル氷河Tyndall Glacierを湖面に映すのびやかな景色が魅力。フィッシングポイントとしても知られ、釣り糸を垂れる人の姿が1日中見られるだろう。氷河が輝く午前中、特に山の静寂を満喫できる早朝に訪れるのがおすすめだ。

シャトルバスのBear Lake Routeは停車しないので、Moraine Park Routeを利用しよう。

約30分で湖畔を1周することができる

Emerald Lake
ベアレイクの駐車場から往復5.8㎞、標高差184m、所要2～3時間。

時間がなければ途中の湖まで往復するだけでも十分に楽しむことができる

2時間あれば体験できるプチ登山　おすすめ度:★★★

エメラルドレイク　Emerald Lake

ロッキーマウンテン国立公園には総延長約500㎞に及ぶトレイル（ハイキングコース&登山ルート）が整備されているが、なかでも人気ナンバーワンなのがここ。標高差184mなので子供連れでも楽しめて、本格的な登山の雰囲気もちょっぴり味わうことができる。

ベアレイクの駐車場から湖の手前を左に入り、林の中を登って行くと800mほどでニンフレイクNymph Lake、さらに1㎞でドリームレイクDream Lake、さらに1.1㎞でエメラルドレイクに到着する。進むに従って山がどんどん迫ってくるのが圧巻。気軽に歩けるとはいえ、高山なので真夏でも上着や雨具をお忘れなく。

MEMO **入園前にガソリンをチェック**　公園内にガスステーション（ガソリンスタンド）はまったくない。トレイルリッジ・ロードは急坂急カーブの連続で思いのほかガソリンを消費する。入園ゲートをくぐる前に必ず満タンにしておこう。

大パノラマが広がる気持ちのよい湖　おすすめ度:★★★

ビアシュタットトレイク

Bierstadt Lake

ベアレイクからトレイルを歩いて訪れる山上の湖。Hallett Peakを中心とした大陸分水嶺の山々をワイドに見晴らすことができる。ロッキー山脈など西部の自然を描いたハドソンリバー派の画家アルバート・ビアスタットの絵画にも登場する風景だ。

おすすめの行き方は、まずベアレイク湖畔のトレイルを右へ歩き、5分ほどで分岐点を右へ。少々登るとFlattop Mountainへの登山道との分岐点があるのでこれを右へ。あとは林の中の緩やかな下りが続く。

湖で存分に景色を楽しんだあとは、そのままPark & Rideまで歩いて降りてもいいし、天気が崩れそうなら湖畔を南西に回り込んでトレイルを下ればシャトルバスのバスストップに出る。

ベアレイクを起点にすれば、登るのが嫌いな人でも大丈夫だ

Bierstadt Lake
ベアレイクから片道6km、標高差215m、所要下り約2時間。

COLUMN

園内で見られる野生動物

豊かな自然が残るロッキーマウンテン国立公園には数多くの野生動物が生息していて、車でおもなポイントを回るだけでも動物に出会う機会がある。

最もよく目にするのはマーモットMarmotだ。リスの仲間だが体長50～70cmもあり、ずんぐりとした体でトレイルリッジ・ロード沿いの岩場をのそのそと走り回っている。同じ岩場で小鳥のような鋭く短い声が聞こえたら、きっと近くにナキウサギPikaがいるはず。警戒心が強いので人の動きや声で隠れてしまうが、静かに待っていればきっと、真ん丸な耳をしたネズミくらいの大きさのウサギが顔を出してくれるだろう。

こうした高山地帯の岩場には、カールした巨大な角をもつビッグホーンシープBighorn Sheepも暮らしている。夏にはアルパイン・ビジターセンターの近くにいることも多い。

森林や草原ではエルクElkやコヨーテCoyote、シマリスChipmunkなど、湿原地帯では手のひら状の角をもつムースMoose（ヘラジカ）もよく見かける。

なお園内にはアメリカクロクマBlack Bearも生息しているが数は少なく、観光客に目撃されることはめったにない。

こうした野生動物が自然の姿を見せてくれるのは、国立公園局が「野生のものは野生のままに」というポリシーを徹底しているおかげ。どんなに近くに寄ってきても決してなでたり食べ物を与えたりしてはいけない。コロラドダニ熱やペストなどの感染症の危険もあるし、攻撃してくることもあるので、一定の距離を保って観察しよう。

マーモットは比較的警戒心が弱く、人が近くにいても活発に動き回っていることが多い

大型野生動物を観察するならココ　おすすめ度：★★★

ホースシューパーク　Horseshoe Park

正面奥に見える山も4000mを超えている

エステスパークからUS-34沿いに川を遡って園内へ入ると、やがて開けた草原地帯に出る。左手には小さなふたつの池Sheep Lakesがあり、ここに数多くの野鳥や大型動物が集まってくる。駐車場から双眼鏡でのぞけばビッグホーンシープの群れが見つかるかもしれない。秋ならば、メスたちを引き連れたオスのエルクの遠吠えが、あたりに響き渡っていることだろう。

トレイルリッジ・ロードのハイライト　おすすめ度：★★★

アルパイン・ビジターセンター　Alpine Visitor Center

全長約40マイル（約64km）に及ぶトレイルリッジ・ロードのほぼ中間にあり、標高は3595m。富士山の9合目とほぼ同じ高所だ。あたりの地勢と生物について学べるビジターセンターと、その隣にレストラン&ギフトショップがある。

7月でも雪が降ることもある

足元には大きなカール（圏谷。氷河に削られたボウル状の谷）が広がっている。たいてい雪渓が残っていて、周囲にはマーモットやエルクなどの動物も多い。振り返れば4000m級の山々のシルエットが延々と連なり、"ロッキー山脈のど真ん中"を実感できる。

太平洋と大西洋の分かれ道　おすすめ度：★★★

ミルナーパス　Milner Pass

標高3279mにある峠。トレイルリッジ・ロードの最高地点（標高3713m）というわけではないが、大陸分水嶺と交わる地点に大きな看板が立てられているため、格好のフォトスポットになっている。

この峠から東へ流れた水はミズーリ川、ミシシッピ川に合流し、やがては大西洋（メキシコ湾）へと下る。一方、西へ流れればコロラド川となってレイクパウエルやグランドキャニオンを通り、いつの日か太平洋（メキシコのカリフォルニア湾）へと下ることになる。

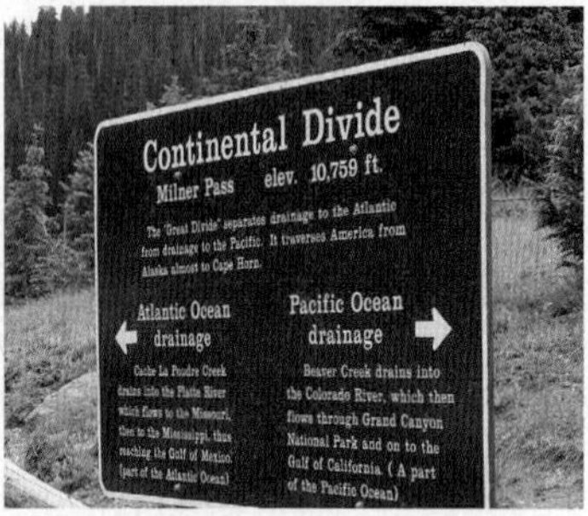

園内で大陸分水嶺と車道が交わる唯一の地点だ

Horseshoe Park
エステスパークのElkhorn Ave.をそのまま進めば、Fall Riverでゲートをくぐって園内へ入る。所要約20分。

Alpine Visitor Center
営メモリアルデイ～コロンブス記念日の毎日9:00～17:00

●トレイルリッジ・ロードの道路状況
☎(970) 586-1222
トレイルリッジ・ロードはエステスパークからUS-34、US-36いずれでも入ることができる。ホースシューパークからアルパイン・ビジターセンターまで所要1時間弱。
開通期間は積雪によって変動するが、おおむね5月下旬～10月中旬。
高山なので天気の急変、落雷、濃霧、凍結、さらに高山病にも要注意。到着後しばらくは静かにして体を慣らしたほうがよい。また、下り坂ではシフトダウンを忘れずに。

Milner Pass
アルパイン・ビジターセンターから所要約10分。グランドレイクからは40分ほど。

MEMO　**園内の施設**　トレイルリッジ・ロードのAlpine Visitor Centerの隣にレストラン、コーヒーショップ、ギフトショップがある。営毎日10:00～16:30（ギフトショップ～17:00）。園内で食事や買い物ができるのはここだけ。トイレはトレイルリッジ・ロードの展望台各所やベアレイク、スプラグレイクなどにある。

ホテル

キャンプ場に泊まる

ロッキーマウンテン国立公園の中にはロッジや山小屋はまったくなく、園内で滞在するにはキャンプをするしかない。

園内にあるキャンプ場は5ヵ所。1ヵ所はホースシューパークの近く、2ヵ所はベアレイクの手前、1ヵ所はトレイルリッジ・ロードの西側、1ヵ所は公園南東部にある。このうち3ヵ所が特に人気が高く、6ヵ月前からウェブサイトなどで予約することができる。

●キャンプ場の予約
☎(606) 515-6777
FREE (1-877) 444-6777
URL recreation.gov
料 1泊$26

ゲートシティに泊まる

公園の東にあるエステスパークには約50軒、西にあるグランドレイクには15軒のリゾートホテルやロッジがある。いずれも夏期は混雑するので早めに予約を入れよう。

名称	住所／連絡先	料金	備考
Fawn Valley Inn	住 2760 Fall River Rd., Estes Park, CO 80517 ☎(970) 586-2388 FREE (1-800) 525-2961 URL rockymtnresorts.com/estes-park-cabins-and-lodging/fawn-valley-inn	夏期 $129～189 冬期 $89～179	カード ⒶⓂⓋ エステスパークの町からUS-34を進むとFall Riverゲートのすぐ手前にある。室内は山小屋風のインテリアでまとめられていて、ジャクージ付きの部屋が多い。Wi-Fi無料。全館禁煙。49室。ピークシーズンは2泊以上のみ。
Alpine Trail Ridge Inn	住 927 Moraine Ave., Estes Park, CO 80517 ☎(970) 586-4585 URL alpinetrailridgeinn.com	夏期 $179～279 冬期 $64～169	カード ⒶⓂⓋ US-36のBeaver Meadowsゲートの手前にあるモーテル。室内に冷蔵庫と電子レンジあり。レストランあり。ガスステーションとスーパーが斜め前にあって便利。Wi-Fi無料。全館禁煙。
Quality Inn	住 1450 Big Thompson Ave., Estes Park, CO 80517 ☎(970) 586-2358 FREE (1-877) 424-6423 日本無料 (0053) 161-6337 URL choicehotels.com	夏期 $211～370 冬期 $113～235	カード ⒶⒹⒿⓂⓋ エステスパークの中心からUS-34を東へ約2㎞。モーテルが建ち並ぶエリアにある。室内に冷蔵庫と電子レンジあり。朝食込み。コインランドリーあり。Wi-Fi無料。全館禁煙。
Americas Best Value Inn Bighorn Lodge	住 613 Grand Ave., Grand Lake, CO 80447 ☎(970) 627-8101 FREE (1-800) 733-5466 URL redlion.com	夏期 $120～180 冬期 $80～130	カード ⒶⓂⓋ グランドレイクのメインストリートの西寄り。室内に冷蔵庫と電子レンジあり。共同のジャクージあり。Wi-Fi無料。
Western Riviera Lakeside Lodging	住 419 Garfield St., Grand Lake, CO 80447 ☎(970) 627-3580 URL westernriv.com	夏期 $189～249 冬期 $99～170	カード ⓂⓋ 町の中心のグランドレイク湖畔にある。モーテルのほかキャビン形式の部屋も多い。室内に冷蔵庫と電子レンジあり。Wi-Fi無料。夏期は2泊以上（メモリアルデイなどは3泊以上）のみ。

COLUMN

マウントエバンス

Mt. Evans

ロッキーマウンテン国立公園の南にそびえる標高4348mの秀峰で、頂上直下まで延びるドライブルートが知られている。その標高はなんと4307m！　車で上がることができるアメリカ最高地点だ。6～9月しか通れないこともあって夏の週末は非常に混雑する。おすすめは残雪&新緑の6月と黄葉の9月だ。

デンバーから行くならI-70を西へ走りExit 240でCO-103へ。Echo Lakeを過ぎたらCO-5のゲート（1台$15。アメリカ・ザ・ビューティフル・パス有効）を入る。所要約2時間。

富士山頂より高い所まで短時間で上がることになるので**高山病に注意**。CO-5の途中にある湖などで休憩しながらゆっくりと行こう。

なおコロラドサイトシアー（→P.216）がデンバーから日帰りバスツアーを催行している。

運行／5月下旬～9月上旬8:15発、所要約8時間
料 $100。4歳以下無料

極上のシャンパンスノー

ベイル

MAP ▶ P.197-E2

Vail

デンバー

人口▶約5400人
面積▶約11.7㎢
標高▶約2450m
TAX▶セールスタックス　8.4%
ホテルタックス　9.8%
時間帯▶山岳部標準時(MST)

ベイルはスキー場のリフト乗り場が中心にあって、観光もしやすい

世界中のスキーヤーが憧れるスキー基地がベイルだ。「世界一」、「シャンパンスノー」と表現される雪質はいうまでもなく、徹底的に研究し尽くされたコース設計とその多様さ、ロッキー山脈を一望できる景観のよさなど、究極のスキーライフが満喫できる。ベイルのコースは上級者向けと思われがちだが、実は家族連れにもたいへん人気が高く、ビギナーや子供向け(2歳から!)のスキースクールも充実している。また、ベイルの魅力はスキーだけにとどまらない。有名ブランドが集まるビレッジ、セレブシェフやファミリーウエルカムのレストランなど、アフタースキーの多様性に驚かされるはず。夏はアウトドアアクティビティに興じる人々でにぎわうなど、1年をとおして楽しめる所でもある。

スキー好きならぜひ訪れてみたいはず

アクセス

デンバーから西へ約100マイル(約160㎞)。ベイルへはデンバーからグレイハウンドバスやデンバー国際空港からの空港シャトル、アムトラックの連絡バス(アムトラックの連絡バスはアムトラックの鉄道乗客のみ利用可)も運行されている。

飛行機

デンバー国際空港からはEpic Mountain Expressの空港シャトルが運行されている。バゲージクレームのある5階の北側トイレの近くにカウンターがあり、乗り場はドア504を出た所。

イーグル郡リージョナル空港Eagle County Regional Airport(EGE)からも上記と同じEpic社のシャトルが運行されている。

鉄道

シカゴやソルトレイク・シティなどからのカリフォルニアゼファー号の乗客のみ、アムトラックの連絡バスでデンバーからベイルへ行くことができる。連絡バスは毎日運行、デンバーのユニオン駅12:15発、ベイル14:35

Eagle County Regional Airport
住219 Eldon Wilson Rd., Gypsum
URL www.eaglecounty.us/airport/

●Epic Mountain Express
☎(970) 754-7433
URL www.epicmountainexpress.com
料デンバーから$64、イーグル郡リージョナル空港から$39

●デンバー・アムトラック鉄道駅
住Union Station, 1701 Wynkoop St.
ユニオン駅から連絡バスが出ている

着。復路はベイル15:55発、デンバーのユニオン駅18:10着。

長距離バス

デンバーのバスセンター（→P.169）からベイルへは毎日グレイハウンドのバスが運行されている。1日2～5本。所要約2時間20分。ベイルのバス停は路線バスの発着所であるVail Transportation Centerだが、チケット売場はない。事前にウェブなどでチケットを購入しよう。

レンタカー

デンバーからはI-70を西へ約95マイル（1時間50分）、Exit 176で下りVail Rd.を南へ進めばすぐにベイルのダウンタウンだ。

ベイルの歩き方

ベイルはスキーリゾートを元祖として発展した町。最大の魅力が、スキーが容易にできる利便性にある。スキーイン、スキーアウトができる宿泊施設がコンドミニアムから高級ホテルまでバラエティに富んでいる。ベイルは家族連れにも人気が高く、子供向けのスキースクールも充実している。

ベイルはスキーだけの町ではない。スキー以外も盛りだくさんなのだ。アクティビティや町歩き、ショッピング、地産地消を実践する味自慢のレストランなど、すべてが洗練されていて、思いおもいの休暇を過ごすことができる。実際、スキー以外の目的でベイルを訪れる人も多い。

リゾートタウンは、Golden Peak、Vail Village、Lionsheadの3つのエリアに分かれており、町並みも美しく、そぞろ歩きが楽しい。ベイル一帯を**Town of Vail Busesという無料のバス**が走っていて、ショッピングゾーンの一般車の乗り入れは禁止されている。

夏は後述のふたつの町歩きのほかに、さまざまなアクティビティも楽しめる。特にファミリーに人気で、ロッキーの山並みを眺められるゴンドラライド、総計2マイル（約3.2km）にも達するジップライン、ふたり乗りで迫力満点のマウンテンコースター、大自然を満喫できるマウンテンバイクやガイドの案内で回るハイキング、ラフティング、熱気球、パラグライダーなど、想像以上にお楽しみはたくさん。秋のオクトーバーフェストも有名。

ベイルの町をくまなく無料バスが走っていて、とても便利

ベイルビレッジはかわいらしい小さな町

Greyhound
URL www.greyhound.com
料 片道$16～35

● **Vail Transportation Center**
住 241 S. Frontage Rd. E.（バス停のみ）

観光案内所

Vail Village Welcome Center
住 241 S. Frontage Rd.（4階）
☎ (972) 477-3522
URL www.vailgov.com/welcome-centers
営 毎日9:00～20:00（日～木～19:00。季節によって変動あり）
US-6に近い所にあり、ライオンズヘッド（住 395 E. Lionshead Circle）にもウエルカムセンターがある

● **ベイル無料バス**
Town of Vail Buses
URL www.vailgov.com/bus-schedules
レッド、グリーン、パープル、ブルー、イエロー、ブラックの6路線あり、観光案内所に隣接するVail Transportation Centerを発着してベイルビレッジを回りながらゲレンデの麓まで行く

● **熱気球**
Camelot Balloons
☎ (970) 328-2290
URL www.camelotballoons.com
料 $295

● **ラフティング、カヤック、乗馬、釣りなど**
Sage Outdoor Adventure
☎ (970) 476-3700
URL sageoutdooradventures.com

● **パラグライダー**
Vail Valley Paragliding
☎ (970) 845-7321
URL www.vailvalleyparagliding.com
料 $205～275

投稿 ちょっとした情報　町全体が古いヨーロッパ調にまとめられている。ゴンドラで山頂へ行くとMt Holy Crossが見える（残雪が十字架のように残っている山）。（神奈川県　T.N.）['19]

おもな見どころ

想像の域を超えた天空のスキー場　おすすめ度:★★★

ベイルのスキーリゾート

Ski Resorts in Vail

ベイルは単独の山を利用したスキー場としては北米最大といわれる。大きくフロントサイド、バックボウル、ブルースカイベイスンと3つのエリアに分かれる。フロントサイドだけでもふたつのリゾートタウンにまたがり、とても1日では滑りきれない広さだ。ベイルが上級者に好まれているのが、9つのバックボウル。どこまでも続くスロープを飽くことなく滑る、ベイルならではの雄大な体験だ（中級者以上におすすめ）。心配ならツアーに参加しよう。ゴンドラやリフトに乗る前に、麓に用意されているGrooming Reportのチェックを忘れずに。これにはマップもあり、その日に圧雪されたコースなどがひとめでわかるようになっている。

スノーボードの施設も整い、世界中からスキーヤーやスノーボーダーが訪れる

隣の**ビーバークリークBeaver Creek Resort**は年々増加するベイルへのスキーヤーの客室不足を解消するために造られたリゾートで、ベイルから車で15分ほど。ゴンドラや高速リフトのほかに、スキーイン・スキーアウトを実感できる宿泊施設が連なり、スキースクールもゲレンデの目の前にある。ベイルよりもすいていて、ゆったり滑れると好評。夏にはスキー場が緑で覆われ、ゴルフ、マウンテンバイク、テニスなどが楽しめる。

Vail Resorts
住Vail, CO 81658
☎(970) 476-5601
FREE(1-888) 500-5155
URL www.vail.com
※コロラド、ユタなどのスキーリゾートの共通券（Epicパス）が4日間から1シーズンまでいろいろな種類がある（$456〜939）。最高額のパスはヨーロッパ30ヵ所のスキーリゾートも含まれる

⚠スキースクールでは、レッスン料金の20％のチップを

●**ベイル・ゴンドラライド**
営6月上旬〜9月上旬の毎日と9月上旬〜9月末の週末9:30〜16:00
●**ライオンズヘッド・ゴンドラライド**
営6月上旬〜9月上旬の毎日と9月上旬〜9月末の週末9:30〜17:00
料1日パス$42、65歳以上$36、5〜12歳$27

Beaver Creek Resort
住26 Avondale Ln., Avon, CO 81620
☎(970) 754-4636
URL www.beavercreek.com

気分もエレガントに、ベイルの町歩き　おすすめ度:★★★

ベイルビレッジとライオンズヘッド

Vail Village and Lionshead

ベイルにはゴールデンピーク、ベイルビレッジ、ライオンズヘッドビレッジの3つのリゾートタウンがあるが、スキーをしなくてもベイルビレッジとライオンズヘッドビレッジをぜひ歩いてみたい。スイスのリゾートをお手本にした町並みは、車の乗り入れが禁止され、子供連れも安心して歩ける。Patagoniaや North Faceなど日本でも人気のアウトドアブランドや、おしゃれなカフェ、雰囲気のいいレストランなどが軒を連ね、ブラブラ歩きにはもってこい。特に夜は町全体がライトアップされ、一見の価値がある。

ベイルらしい見どころが、ベイルビレッジのバス発着所のTransportation Centerに隣接する**コロラド・スノースポーツ博物館Colorado Snowsports Museum**。昔のスキー板やスノーボード、ここで訓練した第2次世界大戦中のスキー連隊、オリンピックで活躍した選手などを紹介している。スキーグッズのショップでおみやげを探すのもいい。夏期は休業。

旅行誌にも選ばれたスキーの町だ

Colorado Snowsports Museum
住231 S. Frontage Rd. E.
☎(970) 476-1876
URL www.skimuseum.net
営毎日10:00〜18:00
料$5寄付のすすめあり

MEMO **ゴンドラはWi-Fi付き**　スキー場へは麓からゴンドラで。なんとWi-Fiも付いているので、着くまでもインターネットやメールが楽しめるというわけ。

レストラン＆ホテル

新鮮な食材と洗練された味つけ

レオノーラ

コロッケもある庶民的な店

高級リゾート「セバスチアン」の中にあるビストロ。フランスとスペインの影響を受けた料理で、地元の新鮮かつ、オーガニックの素材が生きる。タパス（小皿料理）もあるので、仲間とワイワイいただきたい。

Leonora
住16 Vail Rd., Vail　☎(970)331-0015
URLwww.thesebastianvail.com/experience/leonora　営毎日17:30～21:00（金・土は11:30～14:00も営業）　カードⒶⓂⓋ

朝食にクレープはいかが

リトルダイナー

朝は静かなベイルで、唯一活気づいているのがここ。エッグベネディクトやオムレツなどのアメリカンブレックファストが定番だが、おすすめがクレープ。軽いものから具だくさんやスイーツ系までメニューも豊富。ランチはバーガー類が充実して、シンシナティ式のチリも人気。搾りたてのオレンジジュースも美味。予算は$13～20。

The Little Diner
住616 W. Lionshead Cir., Vail
☎(970)476-4279
URLthelittlediner.com
営毎日7:00～14:00（春秋に休むことがある）
カードⒶⓂⓋ

山に囲まれて、心地よい時を過ごせる

ベイル・マリオット・マウンテン・リゾート

山に囲まれたリゾートだ

ライオンズヘッドにある高級リゾート。都市部のマリッオットホテルとはかけ離れた穏やかな空気がいい。夜はロビー横のバーに寄ろう。落ち着いた雰囲気は心が静まり、ソファにくつろぎながら会話が楽しめる。客室からは周囲の山並みを見渡すことができ、ついつい長居したくなる心地よさ。

気分がゆったり落ち着く内装で、リゾート気分を盛り上げる

Vail Marriott Mountain Resort
住715 W. Lionshead Cir., Vail, CO 81657　☎(970)476-4444　FREE(1-800)648-0720
FAX(970)476-1647　URLwww.marriott.com
客室数344室　料SDT$159～1319、SU$299～7000＋リゾート料金$50　カードⒶⒹⒿⓂⓋ

一度は泊まってみたい山のリゾート

ゾンネナルプホテル

山小屋風の客室もいい

赤やピンクなどの花の咲くプランターが美しいドイツのババリアンスタイルのリゾート。オーナーが集めた装飾品も見応えがある。客室もあたたかみがあり、すてき。

Sonnenalp Hotel
住20 Vail Rd., Vail, CO 81657　☎(970)476-5656
FREE(1-866)284-4411　FAX(970)476-1639
URLsonnenalp.com　客室数127室　料冬期SDT$549～1070、SU$569～1580、冬期以外SDT$219～259、SU$226～649＋リゾート料金$40　カードⒶⒹⓂⓋ

リーズナブルな料金なら

エバーグリーンロッジ

ライオンズヘッドとベイルビレッジの真ん中にあり便利なロケーション。宿のスポーツバーは地元の人も集まる人気スポットで、試合のある日はぜひのぞいてみて。客室は山側と、谷側が見える2種類あり、最高4人まで泊まれる。高級ホテルが多いベイルにあって貴重。

Evergreen Lodge
住250 S. Frontage Rd. W., Vail, CO 81657
☎(970)476-7810　FREE(1-800)284-8245
FAX(970)476-4504　URLwww.evergreenvail.com
客室数127室、コンドミニアム5室　料冬期SDT$269～659、冬期以外SDT$119～274＋リゾート料金$25
カードⒶⓂⓋ

MEMO　ピザとカジュアルなイタリア料理　窯で焼くサクサクのピザが人気。定番はサラミ、ソーセージ、マッシュルーム、ピーマン、玉ねぎの載ったポパイバッション。Vendetta's 住291 Bridge St., Vail ☎(970)476-5070 URLvendettasvail.com 営毎日11:00～翌2:00（不定休の休みあり）

世界のスキーヤーの憧れ

アスペンとスノーマス

MAP▶P.197-D2

Aspen & Snowmass

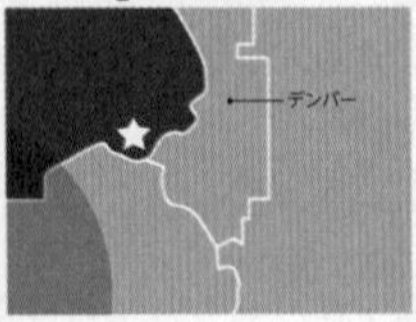

人口▶約7400人
面積▶約10㎢
標高▶約2400m
TAX▶セールスタックス　9.3%
　　ホテルタックス　11.3%
時間帯▶山岳部標準時（MST）

山並みを楽しみながらスキーができる醍醐味を満喫したい

スキーリゾートをバスが結び、町は車いらず

アスペンは冬の到来とともに、世界中からのスキーヤーでおおいににぎわう。19世紀末、純度の高い銀採掘で繁栄していた町がスキーリゾートとして一目おかれるようになったのは、第2次世界大戦後に全米初のスキー世界大会を開催したことがきっかけ。同時に世界規模の文化的なイベントを開催するなどして、現在のハイソサエティな町を造ってきた。

アスペンは冬だけではない。夏には音楽祭が開かれ、アクティビティも盛ん。トレッキング、ラフティング、乗馬などを楽しみに全米から多くの人が訪れる。四季を通じてコロラドロッキーの雄大な自然に親しめるのも大きな魅力なのだ。

アクセス

アスペンはデンバーから飛行機で1時間弱、車で約3時間45分の距離で、デンバー国際空港からは空港シャトル（Epic Mountain Express。約5時間15分）も運行されている。鉄道はアスペンへは運行されていないので、グレンウッドスプリングスまで鉄道で行き、そこから路線バスに乗り換えてアスペンへ向かう。

飛行機

アスペンへは、ユナイテッド航空がデンバーから1日3～7便を運航している。オンシーズンは同航空がサンフランシスコ、ヒューストンなどから、デルタ航空がロスアンゼルス、ソルトレイク・シティ、アトランタから、アメリカン航空がダラス／フォートワース、シカゴからも運航させている。

アスペン・ピトキン郡空港Aspen/Pitkin County Airport（ASE）は、アスペン中心部から約6km、スノーマスSnowmassから約10kmの所にあり、アスペンの中心部にあるRubey Park Transit CenterへはRFTAバスBRT線（スノーマスは30分間隔、料金はアスペン－スノーマス間は無料）が出ている。所要約15分。

Aspen/Pitkin County Airport
住233 E. Airport Rd., Aspen
MAP P.197-D2
☎(970) 920-5384
URL www.aspenairport.com

●**Epic Mountain Express**
URL www.epicmountainexpress.com

●**RFTAバスBRT線**
☎(970) 925-8484
URL www.rfta.com
時月～金5:33～翌0:04、土・日5:34～翌0:04の10～60分間隔　料無料
　空港ターミナルを出たら、正面のCO-82まで歩く（徒歩2分）と道路沿いにバスストップがある。アスペンへは空港側のバス停から乗る。

MEMO ダウンタウンの便利な駐車場　住The Rio Grande Parking Plaza, 427 Rio Grande Place (N. Mill St.から1ブロックほど)。歩道に駐車する場合は、自販機で領収書を受け取り、車の中に外から見えるように入れておく。1時間まで$1.50、1～2時間$3、2～3時間$4.50、最高24時間まで$10。

Snowmass、Aspen Mountain、Aspen Highlands、Buttermilkの各スキー場までスキーヤーシャトルも出ている。

鉄道と路線バス

鉄道でアクセスする場合は、デンバーからグレンウッドスプリングスまで行き、グレンウッドスプリングスからRFTAのバスに乗り換えてアスペンにアクセスする。グレンウッドスプリングス駅の2ブロック南Grand Ave. & 9th St.のバス停から、RFTAのBRT線に乗り、約1時間20分の距離。運行間隔がまちまちなので注意。

レンタカー

デンバーからはI-70を155マイル（約250km）西へ走り、グレンウッドスプリングスからCO-82に入る。所要約2時間30分。ここから南へ42マイル（約67km）、所要約1時間でアスペンに到着。計約3時間30分。グランドジャンクションからはグレンウッドスプリングスを目指す。I-70を80マイル（約128km）東へ走り、アスペンまで計約2時間30分。

アスペンの歩き方

アスペンは、町歩きも楽しい。ダウンタウンは整然としたかわいらしい造りになっている。町の中心はHyman & Cooper Aves.の角で、Mill St.に沿ってNorth Face、Louis Vuittonなどのブランドや、レストラン、ギャラリーが集まり、リゾート気分を盛り上げてくれる。アスペンの町は小さいので、夏期ならマウンテンバイクをレンタルして回るのもいい。なお、冬期になると宿は最低7泊と決めているところもある。

観光案内所はダウンタウンの北側のAspen Chamber Resort Associationと、ウィーラー・オペラ・ハウスWheeler Opera House内にある。

スノーマスは**スノーマスビレッジ**Snowmass Village（→P.230）がリゾートの中心。レストランやショップが集結するビレッジモールVillage MallにRFTAバス、スキーヤーシャトルの発着所がある。

アスペンの市内交通

●RFTAバス　Roaring Fork Transportation Authority Bus

アスペン、スノーマス、グレンウッドスプリングスなど町をつなぐ路線バス。アスペンからグレンウッドスプリングスまで所要1時間20分、スノーマスへは所要約30分（10～60分間隔の運行）。6月中旬～10月初旬はアスペンからマルーンベルズへのバスも運行される。

バスやシャトルバスのほとんどは、ダウンタウンにあるルビーパーク・トランジットセンターRubey Park Transit Centerに集まる。冬期（11～4月）のスキーシーズンには、ここからスキーヤーシャトルが途中でスキーヤーをピックアップしながら、無料で各ゲレンデまで運行されている。センターの場所はCooper Ave.の北側にある時計が目印の建物。

ダウンタウンから空港へ行くバスは、行き先がいくつかあるので、必ず確認を。「ABC/Airport」で下車。空港敷地内へは入らないので注意。

●4 Mountain Connector（スキーヤーシャトル）
時 シーズンの毎日6:15～翌2:15の7～30分間隔
料 無料

●タクシー
High Mountain Taxi
☎(970) 925-8294
URL www.hmtaxi.com
料 $18～20（所要約10分）

●アムトラック
Glenwood Springs駅
住 413 7th St., Glenwood Springs
FREE (1-800) 872-7245
営 毎日9:00～17:00

●グレンウッドスプリングスからのRFTAバス（BRT線）
☎(970) 925-8484
URL www.rfta.com
料 アスペン、スノーマスとも$7

ℹ 観光案内所
Aspen Chamber Resort Association
MAP P.228-B1外
住 590 N. Mill St.
☎(970) 925-1940
URL www.aspenchamber.org
営 月～金8:30～17:00

●Wheeler Opera House
MAP P.228-B1
住 320 E. Hyman Ave.
☎(970) 920-7148
URL www.wheeleroperahouse.com
営 夏期は月～土9:00～17:00。夏期以外は毎日11:00～18:00

●RFTAバス
住 Rubey Park Transit Center, 450 E. Durant Ave. & Mill St.
☎(970) 925-8484
URL www.rfta.com
運行／6:15～翌2:15（路線によって異なる）
料 路線によって異なる。アスペンとスノーマス間は無料

MEMO **風光明媚な峠**　アスペンを貫く州道82号線の東約30kmの所にあるインディペンデンスパスIndependence Passは観光スポットのひとつ。標高約3686mのカーブが続く2車線の山道で、5月下旬から11月上旬のみ通行が可能。時折落石などの事故があるので、最新情報を確認してから出かけよう。2019-2020は閉鎖。URL www.cotrip.org

おもな見どころ

アスペン　Aspen

世界のスキーヤーが集まる　おすすめ度：★★★

アスペンの４大スキーリゾート　Ski Resorts in Aspen

世界屈指のスキーリゾートとして知られるアスペン。アメリカのセレブはもとより、ヨーロッパの名スキーヤーもこぞって訪れる聖地だ。アスペン一帯には、４つの大きなスキーリゾートがある。

●アスペンマウンテン　Aspen Mountain

毎年スキーの世界大会が行われる所として有名。初心者コースがなく、腕自慢のスキーヤーばかりが集う。ゴンドラ（夏期も運行）で頂上に上がると、その大パノラマに圧倒される。高低差996m、リフト8基、滑走路76、最長滑走路4.83㎞。

●スノーマス　Snowmass

アスペンの中心部から近く、初級、中級、上級者用のコースがあるが、なかでも中級者用のコースが多い。スキー場近くにショップなどが並び、雰囲気もいい。北米で最長のハーフパイプがある。高低差1343m、リフト20基、滑走路96、最長滑走路8.5㎞。

●アスペンハイランド　Aspen Highland

上級者用のコースが多く、初心者用は少ない。中級クラスも多く、比較的すいている。高低差1108m、リフト5基、滑走路144、最長滑走路5.63㎞。

●バターミルク　Buttermilk

小さな子供連れに人気で、初級者向け。比較的こぢんまりとしていて、スキースクールがある。高低差619m、リフト8基、滑走路44、最長滑走路4.83㎞。

最長のハーフパイプがある
©Matt Inden/ Miles

混雑することがほとんどなく、スノーボードもスイスイ

4つのスキー場の連絡先
☎(970) 923-1227
FREE (1-800) 525-6200
URL www.aspensnowmass.com
交 4つのスキーリゾート間の移動は、前述の4 Mountain Connector（スキーヤーシャトル）で。無料

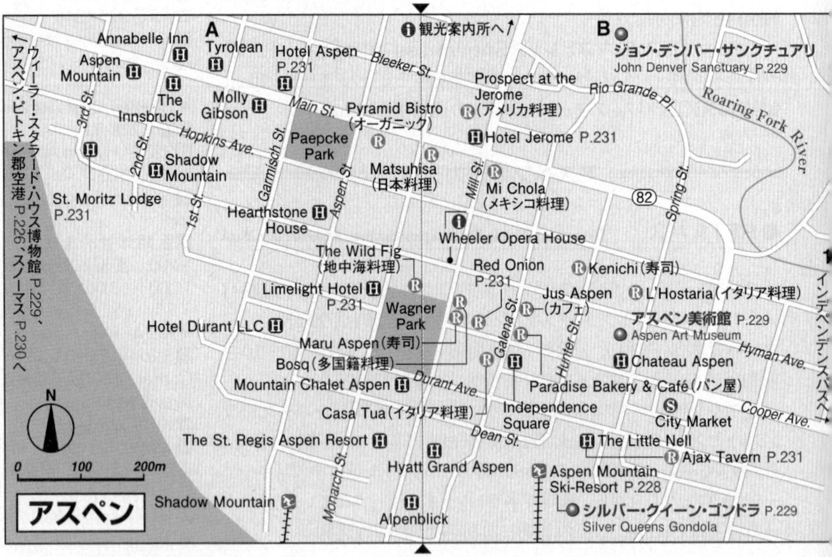

MEMO **XゲームズX Gamesがアスペン・スノーマスで開催**　離れ業やスピードでアメリカでは知らない人はいないほど人気が高く、近年日本のテレビでも中継されるようになった。Xゲームズの冬季大会は、2020年もアスペン・スノーマスで開催される。日本人選手も活躍、ぜひ注目を。

頂上からの眺めは最高　おすすめ度：★★★

シルバー・クイーン・ゴンドラ　Silver Queen Gondola

アスペンマウンテンに架かるこのゴンドラは、唯一夏も動いているゴンドラ。麓から標高約3600mの頂上まで18分で一気に上る。全長約4km。頂上からのアスペンの町やロッキーの山々の360度の展望は最高。展望台のほかに、山頂レストランもある。夏はパラグライダーなどのアクティビティを楽しむ人の姿も見られる。

アスペンの鳥瞰図を
©Denise Chambers/ Miles

Silver Queens Gondola
MAP P.228-B1
URL www.aspensnowmass.com
営 夏期のゴンドラ：6月中旬～9月初旬の毎日、5月下旬、6月上旬、9月中旬～10月初旬の週末の運行、10:00～16:00
料 $27。マルーンベルズのRFTAバスツアーとのコンビネーションチケットは$37。トランジットセンターで販売

『カントリーロード』でおなじみの有名歌手の碑　おすすめ度：★★★

ジョン・デンバー・サンクチュアリ　John Denver Sanctuary

歌詞が石に刻まれている
©Osamu Hoshino

アスペン・ダウンタウンの北側、ローリングフォーク川のあたりは州立公園になっているが、ここに日本でも知られるカントリー歌手ジョン・デンバーの聖域（サンクチュアリ）がある。緑とせせらぎが穏やかな庭園には、デンバーが手がけた『ロッキー・マウンテン・ハイ』、『太陽を背にうけて』などの詩が刻まれた石碑がいくつもあり、熱心に見入る人の姿が見受けられる。

John Denver Sanctuary
MAP P.228-B1
住 470 Rio Grande Pl. & Mill St.
☎ (970) 920-5120（対応は月～金7:30～16:30）
URL www.aspenrecreation.com/john-denver-sanctuary
営 毎日6:00～21:00
料 無料

スキーリゾートとして発展した過程を知ろう　おすすめ度：★★★

ウィーラー・スタラード・ハウス博物館　Wheeler/Stallard House Museum

銀鉱の町としてアスペンを築いたJerome B. Wheelerが、1888年に妻のために建てたクイーンアン調の邸宅。ウィーラーはもともとメイシーズの株を45%所有していたニューヨークのビジネスマン。れんが造りの建物は3階建てで、町のランドマークとなっている。内部はアスペンの歴史を綴る博物館になっていて、居間や台所、寝室、子供部屋などに年代物の家具や用具、おもちゃなどが展示されている。ちなみにウィーラー家がこの家に住むことはなかった。

Wheeler Stallard House Museum
MAP P.228-A1外
住 620 W. Bleeker St.
☎ (970) 925-3721
URL aspenhistory.org/tours-sites/wheeler-stallard-museum/
営 火～土11:00～17:00
休 日・月
料 $10、シニア$8、18歳以下無料

日本の建築家の設計　おすすめ度：★★★

アスペン美術館　Aspen Art Museum

阪神淡路大震災時の被災した教会や、東日本大震災時の避難所を紙管と布で間仕切りを作るなど、建築界のノーベル賞と呼ばれる「プリツカー賞」を2014年に受賞した日本人建築家、坂茂（ばん・しげる）の設計。木版を格子状に交差させた外観は斬新ながら周囲の山並みに溶け込んでいる。自然光が差し込む館内では、村上隆をはじめとする現代アーティストの期間ごとの最新現代美術を鑑賞できる。

Aspen Art Museum
MAP P.228-B1
住 637 E. Hyman Ave.
☎ (970) 925-8050
URL www.aspenartmuseum.org
営 火～日10:00～18:00
休 月
料 無料

MEMO **見逃したくない絶景**　アスペンとスノーマスの中間に位置するマルーンベルズMaroon Bells (→P. 238) はコロラドの絶景スポット。切り立つマルーンベルズの山並みが、目の前に広がるマルーンレイクの水面に映り、アスペンツリーの葉がきらめいて見える。入山は夏期限定。お見逃しなく!!

スノーマス Snowmass

アスペンの西約13km、車で約20分の所に位置しているスノーマス。**バーントマウンテンBurnt Mountain**の麓にある**スノーマスビレッジSnowmass Village**にはホテルをはじめ、ショップやレストラン、自転車やスキー道具のレンタル店などが軒を連ね、とてもかわいらしいエリアになっている。スキーシーズンが終わると、ハイキングトレイルやバイクパークがお目見えし、夏のアクティビティを楽しむ人々でおおいににぎわう。頂上の**エルクキャンプElk Camp**へはゴンドラとリフトチェアが運行しており、中腹の見晴らしのいい場所に人気のレストランがある。天候が安定している日なら熱気球ライド（下記脚注）、フィッシングも盛んなのでチャレンジしてみるのもいい。

Snowmass
MAP P.197-D2

観光案内所
Snowmass Visitor Center
住スノーマス・タウンパーク内
☎(970) 922-2233
営毎日8:30～14:30

●スノーマスの情報 Snowmass Tourism
URL www.gosnowmass.com

夏のアウトドアコンサートが大好評　おすすめ度：★★★

エルクキャンプ・ゴンドラ＆チェアリフト Elk Camp Gondola & Chairlift

頂上の標高は3452m、中腹は2989m。ビレッジ～中腹間はゴンドラで約9分、中腹～頂上間はリフトで7分ほど。冬はスキー、夏はハイキングやバイキングに興じるゲストを乗せてフル稼働する。夏はミュージックコンサートを中心にさまざまなイベントが行われるのも魅力だ。

アウトドアコンサートは夏の風物詩
©Jeremy Swanson Photography

●エルクキャンプ Elk Camp Gondola & Chairlift
営ゴンドラ：6月中旬～9月初旬毎日と9月上旬～10月初旬の週末9:00～16:00（チェアリフトは9:30～15:00）
料$27

● Bike Park
営ゴンドラと同じ
料1日券4歳以上$45

1年を通してさまざまなアクティビティが楽しめる　おすすめ度：★★★

スノーマスのアクティビティ Activities in Snowmass

ロッキー山脈の雄大な自然に囲まれたスノーマスはアクティビティの宝庫でもある。

暖かい季節には、ロッキーの稜線を見ながら森林浴でリフレッシュできるハイキングがポピュラー。**スパイラルポイントSpiral Point via Rim Trail South**へのトレイルは途中ワイルドフラワーも多く、標高差188m、距離4.3kmと初心者にも歩きやすい。トレイルヘッドは町の北西にある。

冬なら犬ぞりが気軽にトライできる。評判がいいのは**クラボニック犬ぞりKrabloonik Dog Sled Ride**。8～10匹のアラスカンハスキーに引かれて約45分のライドは、スキーとは違った爽快感がある。

スキーのコースもいろいろあるので、腕前に合わせて選びたい

●アスペン＆スノーマスのハイキング
URL www.aspensnowmass.com のウェブサイトからHikingで検索
※天候には要注意。空が暗くなったら途中で引き返そう

● Krabloonik Dog Sled Ride
住4250 Divide Rd., Snowmass Village
URL krabloonik.com
料$345～
交Snowmass Villageからタクシーで約5分

MEMO **熱気球ライド** 熱気球は夏秋限定で、風がない穏やかな日の早朝に出発し、高度300～760mの上空を飛行する。運がよければ上空から野生動物を発見できるかもしれない。Unicorn Balloon Company ☎(970) 963-6148 URL www.aboveitallballoon.com/Unicorn.html 料シェアライドで大人$295、6～14歳$225

アスペンのレストラン＆ホテル

地産地消の料理は味も抜群

アジャックスタバーン

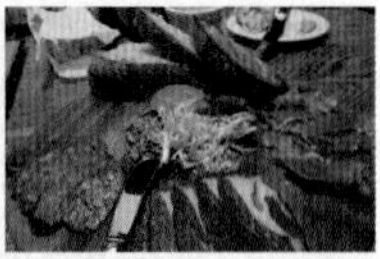
ハムも地産地消
©Osamu Hoshino

ゴンドラ乗り場のすぐ近くで、いつもにぎやか。地元で取れた野菜や地元の牧場で仕入れて加工したサラミやソーセージなどを用い、どの料理もフレッシュで盛りつけも美しい。名物はフライドポテト。トリュフオイルをかけてから塩を振っている。お試しあれ。

Ajax Tavern MAP P.228-B1
住685 E. Durant Ave., Aspen
☎(970)920-6334 URL www.thelittlenell.com/dining/ajax-tavern 営毎日11:30～22:00（季節によって変更あり） カード ⒶⓂⓋ

名物はアンガスビーフのチーズバーガー

レッドオニオン

キノコのハンバーガー
©Osamu Hoshino

創業1892年とアスペン最古のレストラン&バーで、店の雰囲気もおもしろい。銀の採掘で栄えていた頃は、町の社交場だったという。名物のチーズバーガーには、アンガスビーフを使いバンズはドイツのカイザーロール。マスなど地元産の魚や野菜を用いるなどフレッシュさも売り。アルコール類も豊富。

Red Onion MAP P.228-B1
住420 E. Cooper Ave., Aspen
☎(970)925-9955 URL www.redonionaspen.com 営毎日11:00～翌2:00 カード ⒶⓂⓋ

ダウンタウンの上質なホテル

ライムライトホテル

アスペンのダウンタウンのとても便利な場所にあり、清潔で人気の高いホテル。広いロビーエリアはゆったりくつろぐのに最適で、部屋によっては冷蔵庫、電子レンジ、バスローブ、加湿器があるなど設備もいい。朝食が無料。空港までシャトルもあって、車がなくても使い勝手がいい。真のスキーリゾートを満喫したい人におすすめ。駐車場$18。

Limelite Hotel MAP P.228-A1
住335 S. Monarch St., Aspen, CO 81611
☎(970)925-3025 FREE (1-800)433-0832
URL www.limelighthotels.com 客室数126室
料$179～1957＋リゾート料金8%
カード ⒶⓂⓋ

町を代表する歴史的なホテル

ホテルジェローム

一度は泊まってみたい有名な宿

創業1889年。れんが造りの重厚な建物は町のランドマークのひとつ。内観やインテリアは歴史と現代がハーモニーを奏で、一見の価値あり。

Hotel Jerome MAP P.228-B1
住330 E. Main St., Aspen, CO 81611
☎(970)429-5028 FREE (1-855)331-7213
FAX (970)920-2050 URL aubergeresorts.com/hoteljerome/ 客室数102室 料$375～3425＋リゾート料金$35 カード ⒶⓂⓋ

大人数ならコンドミニアムに

サンモリッツ・ロッジ&コンドミニアムズ

ダウンタウン西の静かな一角で、住民気分が味わえる。客室の種類が豊富で、バス共同の部屋からふたつのバスルームのあるコンドミニアムまでさまざま。朝食が付き、冬期はワインとポップコーン、夏はレモネードとクッキーのサービスがある。

St. Moritz Lodge & Condominiums MAP P.228-A1
住334 W. Hyman Ave., Aspen, CO 81611
☎(970)925-3220 FREE (1-800)817-2069
FAX (970)920-4032 URL www.stmoritzlodge.com
客室数23室、コンドミニアム4室、26ベッド（ホステルはバス共同） 料夏期:SDT$129～175、コンドミニアム$210～305、ドミトリー $55～108、冬期:SDT$320～398、コンドミニアム$355～425、ドミトリー $80～225 カード ⒶⓂⓋ

スタイリッシュな客室と山小屋風のロビー

ホテルアスペン

スキー場にも徒歩圏内のダウンタウンに位置するホテルで、エレガントな滞在が楽しめる。全室電子レンジと冷蔵庫付き、部屋によってはジャクージもあり、ホテルは窓の多い造りになっていて、コロラドの山々がきれいに見える。朝食付き、冬期はワインとチーズのサービスあり。テレビや電話、コーヒー&紅茶セットなど必要な物は揃っている。

Hotel Aspen MAP P.228-A1
住110 W. Main St., Aspen, CO 81611
☎(970)925-3441 FREE (1-800)527-7369
URL www.hotelaspen.com
客室数70室 料$159～669 カード ⒶⓂⓋ

MEMO **ホテル予約は観光局のウェブもチェック** 観光局ではさまざまなパッケージも用意している。アスペンのホテル予約 FREE (1-888)649-5982 URL www.stayaspensnowmass.com

スノーマスのレストラン＆ホテル

新鮮なローカル素材で作る料理が自慢

エルクキャンプ・レストラン

エルクキャンプの中腹にあり、ダイニングのほかにフルバーを備えている。ハーブやスパイスが香るアツアツのロティサリー、サラダバー、パニーニなど、地元のオーガニックアイテムを用いた創作料理を提供する。

Elk Camp Restaurant
☎(970)923-0450
URL www.aspensnowmass.com/our-mountains/snowmass/dining/elk-camp
営 毎日9：00～16：00、ランチは11:00～15:30、バーは15：45まで。夏期の火曜はディナー 17：30～21：00
カード Ⓐ Ⓜ Ⓥ　予約 不要
交 スノーマスビレッジのエルクキャンプ・ゴンドラの終点

美しい景色もごちそう
©Jeremy Swanson

ゲレンデに直結、静かな環境のモダンなリゾート

ウェスティン・スノーマス・リゾート

ビレッジモールに隣接している好ロケーション。ロビーの大きな窓から雄大な山並みが見える。スタンダードの客室にはクイーンベッド2台、またはキングベッド1台が備わり、快適な睡眠へと導くヘブンリーベッドを採用。アスペン・ピトキン郡空港間の無料送迎あり(6：00～23：00)。駐車場は夏期セルフ無料、Valet$20、冬期セルフ$15、Valet$30。

開放感のあるロビー

スタンダードの客室

The Westin Snowmass Resort
住 100 Elbert Ln., Snowmass Village, CO 81615
☎(970)923-8200　FAX (970)923-8205
URL www.westinsnowmass.com　客室数 254室
料 夏期SDT$119～162、冬期SDT$604～1149＋リゾート料金1泊夏期$15、冬期$25　カード Ⓐ Ⓓ Ⓜ Ⓥ
日本予約　無料 0120-142-890

COLUMN

アスペン・ミュージックフェスティバル

70年近い歴史をもつアスペンを代表するイベント。世界中から一流のミュージシャンなどが集まり、7月上旬～8月下旬にかけての7週間で300近いパフォーマンスが行われる。うれしいことに3分の1は無料。

内容は2000席を埋めるほど人気のサンデイ・オーケストラ・コンサートから、オペラ、ジャズ、ポップスにいたるまで実に多彩。この期間中、音楽の聴こえない日はない。また、公開リハーサルやレクチャーなど各種イベントもめじろ押し。子供や若者向けに教室も開催しており、これらに参加もできる。

会場は町の中心からやや北西にあるオープンエアのベネディクト・ミュージックテント、オペラハウス、ハリス・コンサート・ホールなど。まさに音楽を愛する人々のためのフェスティバルだ。

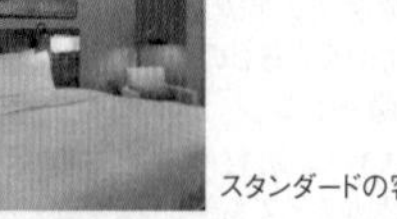
夏、ぜひ楽しみたい音楽祭だ
©Alex Irvin

URL www.aspenmusicfestival.com

全館禁煙　ミニバー／冷蔵庫　バスタブ　ルームサービス　レストラン　フィットネス／プール　有料クリーニング　Wi-Fi無料　Wi-Fi有料(24時間)　駐車場無料　駐車場有料

天然温泉に癒やされる

グレンウッドスプリングス

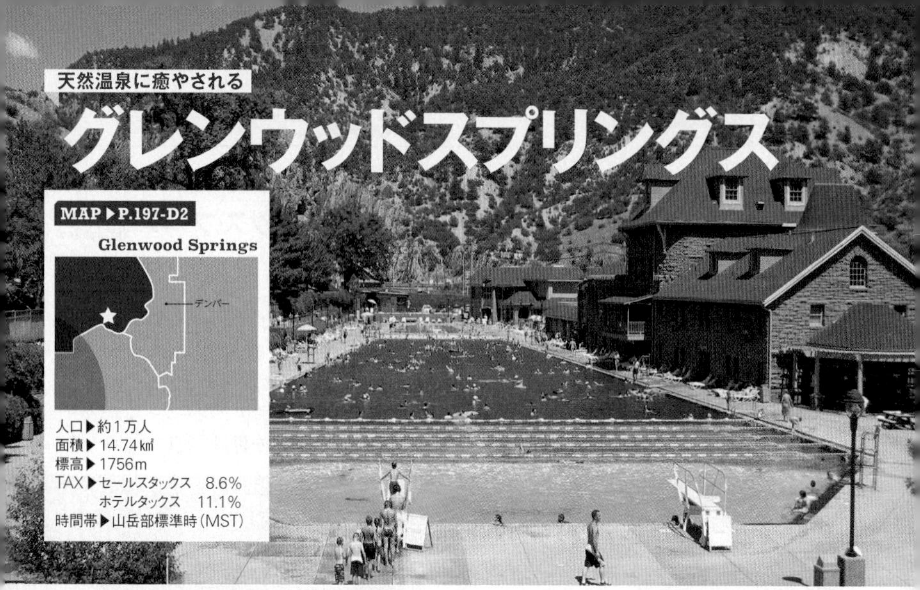

MAP ▶ P.197-D2

Glenwood Springs

人口▶約1万人
面積▶14.74㎢
標高▶1756m
TAX▶セールスタックス　8.6%
　　ホテルタックス　11.1%
時間帯▶山岳部標準時（MST）

グレンウッド・ホットスプリングス・プール、世界最大の温泉プールだ

ロッキー山脈がもたらす宝のひとつが豊富なミネラルを含む温泉。コロラドには温泉リゾートが点在しており、その代表がグレンウッドスプリングスGlenwood Springsだ。山間の小さな町ながら、鉄道の停車場として古くから開けていた。第26代大統領セオドア・ルーズベルト御用達の保養地であったこととしても知られている。

車ならデンバーから日帰りもでき、慌ただしいがグレイハウンドでも日帰りは可能。ベイルやアスペン、ユタ州に近いグランドジャンクションと組み合わせて回るのもおすすめ。

アクセス

町はデンバーの西約252㎞の所にある。アクセスはレンタカーのほかにデンバーから**鉄道**、**長距離バス**が運行されていて、交通の便はいい。

市内にはダウンタウンDowntownとウエストグレンウッドWest Glenwoodのショッピングセンターを結ぶ市バス**Ride Glenwood Springs（RGS）**が走っており、アトラクションの近くに停留所がある。また、RGSはアスペンなどの近隣エリアへ運行するRFTA（→P.227）、グレイハウンドやバスタングの停留所、アムトラック駅とも接続しているのでたいへん便利だ。

グレンウッドスプリングスの歩き方

ダウンタウンはこぢんまりとしており、アムトラック駅や観光案内所、世界最大の温泉プールは徒歩圏内だ。I-70沿いにスパやテーマパーク、ショッピングセンターが点在し、車や市バスで簡単にアクセスできる。また、コロラド川でのラフティングが盛ん。夏ならウオーターアクティビティにチャレンジするのもいい。

レンタカー

デンバーからI-70 WESTを走りExit 116でCO-82 EASTを進む。約2時間30分

鉄道

アムトラックのカリフォルニアゼファー号が1日1便。デンバーから6時間弱。
住 413 7th St., Glenwood Springs
FREE (1-800) 872-7245
営 毎日9:00～17:00

バス

グレイハウンドがデンバー～グランドジャンクション間を運行。1日2便。デンバーから約3時間30分。バス停はウエストグレンウッドモール前。
住 51171 Hwy. 6, Glenwood Springs

バスタングがデンバー～ベイル～グレンウッドスプリングスを結ぶ。1日2便。デンバーから約4時間。バス停はWest Glenwood Park & Ride(Wulfson Rd. 沿いのGlenwood Meadows & Midland Ave.間)
FREE (1-800)900-3011
URL www.ridebustang.com
料 片道$28

Ride Glenwood Springs
URL www.gwsco.gov/187/Ride-Glenwood-Springs
営 毎日6:53～19:53の30分ごと　料 1日$1

MEMO　グランドアベニュー・ブリッジ　ダウンタウンの目抜き通りであるグランドアベニュー Grand Ave.に2017年秋に橋が完成した。ダウンタウンからプールやモーテル街にも行きやすくなった。詳細は URL www.visitglenwood.com/bridge

ℹ 観光案内所

Glenwood Springs Chamber Resort Association

● **Glenwood Springs Visitor Center**

MAP **P.234-B2**

住 802 Grand Ave., Glenwood Springs

☎ (970) 945-6589

URL visitglenwood.com

営 月～金 8:00～17:00、土 10:00～16:00（夏期の日10:00～16:00）

Glenwood Hot Springs Pool

MAP **P.234-B2**

住 415 E. 6th St., Glenwood Springs

☎ (970) 947-2955

URL www.hotspringspool.com

営 5月下旬～9月上旬毎日7:30～22:00（そのほかの期間は9:00～）

料 $19.75～29、3～12歳 $13.50～17.75（時間帯や季節により異なる）

※水着着用

おもな見どころ

ロッキー山脈を眺めながら秘湯に浮かぶ幸せ　おすすめ度：★★★

グレンウッド・ホットスプリングス・プール　Glenwood Hot Springs Pool

グレンウッド・ホットスプリングス・リゾートGlenwood Hot Springs Resortが運営する世界最大の温泉プール。1888年の創業以来、潤沢に湧出する源泉は毎分9200ℓ。温泉には硫酸カルシウム、塩化ナトリウム、硫酸カリウムなど15のミネラルが含まれ、硫黄の臭いもする。ろ過した温泉は32～34℃に調整され、屋外にある大小ふたつのプールに用いられる。プールは1年中オープンしており、ウオータースライダー、幼児用プール、ジャクージ、スナックコーナーを併設。夏にはカバナもオープンする。プールとはいえ、温泉の効能で体がだるくなったりする場合もあるので、水分補給を忘れずに。

プールは夜まで営業しているので、黄昏どきの景観も楽しめる

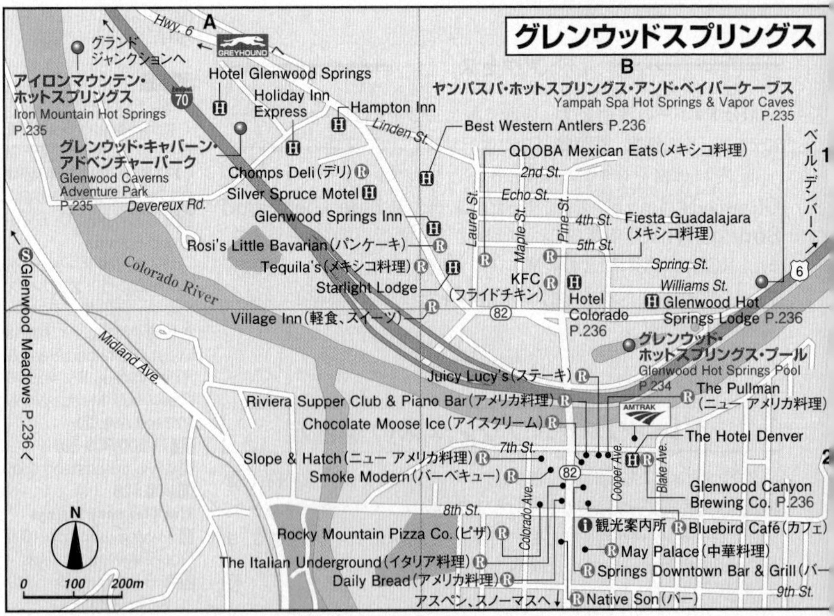

MEMO **テディベアの発祥地**　自然保護活動に熱心だった第26代大統領セオドア・ルーズベルト。アメリカの国立公園の礎は、ルーズベルト大統領の政策で築かれた。政務中の休暇も狩りに出かけるなど大自然で過ごすことが多く、1905年の休暇はコロラドでのハンティングを楽しんだ。ある日、成果がなく落胆してホテルに戻ってきた ↗

洞窟の中の天然サウナ　おすすめ度：★★★

ヤンパスパ・ホットスプリングス・アンド・ベイパーケーブス Yampah Spa Hot Springs & Vapor Caves

ホットスプリングス・プールの東側に、先住民のユート族によって発見された天然の蒸気洞窟がある。現代のサウナのような役目で、傷や痛みの鎮痛、体の静養のため利用され続けてきた。1880年代の開拓でスパリゾートの原型がつくられ、ホットスプリングス・プールとともに温泉保養地として栄えてきた。

洞窟スチームバスは平均43～44℃
© Glenwood Springs Chamber Resort Association

現在、洞窟スチームバスのほかに、フルサービスのスパサロンを併設している。洞窟内は3つの小さなスペースに分かれていて、温度も少しずつ異なる。じっくり汗を流したあとのマッサージは最高。サウナは予約不要だが、スパは事前の予約をおすすめする。

Yampah Spa Hot Springs & Vapor Caves
MAP P.234-B1
住709 E. 6th St., Glenwood Springs
☎(970) 945-0667
URL www.yampahspa.com
営毎日9:00～21:00
休 サンクスギビング、12/25
料洞窟スチームバス$15
●スパメニュー
Avedaフェイシャル$35～140、Yampahフェイシャル$65～130、マッサージ$72～170、スパトリートメント$83～105
※水着着用

コロラド川沿いの風光明媚なスパ　おすすめ度：★★★

アイロンマウンテン・ホットスプリングス Iron Mountain Hot Springs

泉質は鉄、硫酸塩、塩化物、ナトリウムおよびカルシウムを含んでいる

1896年にアイロンマウンテンの麓にヘルススパとして開業。2014年の全面改装でスタイリッシュなスパに生まれ変わった。大小16のミネラルプールと淡水ジェットバスはすべて屋外にあり、37～42℃に調節されている。受付のあるロッジにロッカーやシャワー、カフェ、ギフトショップ、ファミリー個室（有料）があり、1日中ゆっくり過ごせる。

Iron Mountain Hot Springs
MAP P.234-A1
住281 Centennial St., Glenwood Springs
☎(970) 945-4766
URL www.ironmountainhotsprings.com
営毎日9:00～22:00（祝日は変更あり）
料5月下旬～9月上旬$25～28（$20～25）、3～12歳$17～19（$14～17）、3歳以下無料（カッコ内はオフシーズン）
※水着着用

アイロンマウンテンの頂に造られたテーマパーク　おすすめ度：★★★

グレンウッド・キャバーン・アドベンチャーパーク Glenwood Caverns Adventure Park

標高2164mの山の頂にあるアルパイン（高山）遊園地。もともとは、1800年代後半に発見された洞窟を1917年まで一般公開していた場所。1999年に洞窟ツアーを再開し、山頂へのアクセスにゴンドラを導入した。2005年にアメリカ初のアルパインコースターを建設して以降、鉱山をテーマにしたアトラクションを増設。崖っぷちに建つジャイアント・キャニオン・スイングなどのスリルライド、4Dモーションシアターなどのアトラクションを揃え、子供から大人まで楽しめる。日本のバラエティ番組でも紹介されたユニークなテーマパークだ。

谷底に向かって突っ込んでいくスピード感！

Glenwood Caverns Adventure Park
MAP P.234-A1
住51000 Two Rivers Plaza Rd., Glenwood Springs
☎(970) 945-4228
URL www. glenwoodcaverns.com
営5月下旬～9月上旬の毎日9:00～21:00（曜日によって変動あり）、上期以外の毎日10:00～21:00（曜日によって変動あり）
料入場料$19、3～12歳$14、入場と洞窟ツアー$32、3～12歳$27、1日券（入場、洞窟ツアー、アトラクション）$58、3～12歳$53

↘大統領に、ホテルのメイドさんたちが手作りのクマのぬいぐるみで励ましたエピソードが残っている。その滞在先がホテルコロラド（→P.236）。持ち帰ったぬいぐるみに大統領の娘が、父の愛称の「テディ」と名づけたことから「テディベア」が誕生したという。めがねをかけた限定テディベアは、ホテルコロラドのショップで販売中。

ショップ＆レストラン＆ホテル

ダウンタウンの東にあるオープンエアのモール

グレンウッドメドウズ

総合ディスカウントストアのTarget（店内にドラッグストアのCVSあり）、オーガニック製品や食品を扱うNaturel Grocersほか、評判のローカルレストラン（Zheng Asian Bistro、Russo's Pizza & Wings）、ホテル（Residence Inn、Courtyard Marriott）が集結している。

Glenwood Meadows MAP P.234-A1外
住110 W. Meadows Dr., Glenwood Springs（ターゲットの住所）
URL www.visitglenwood.com/things-to-do/shopping/glenwood-meadows
営 休 カード 店舗により異なる 交 ダウンタウンから車で約6分。市バスRGSが停車する

地ビールのダイニング

グレンウッドキャニオン・ブリューイングカンパニー

地元で20年以上、季節に応じたビールを醸造し、ビールに合う食事を提供する。アンガスビーフのジューシーなハンバーガー$12、フィッシュ＆チップス$14、チキンエンチラーダ$15など、ランチからディナーまで楽しめる。

樽熟成用のバレルルームを所有している

Glenwood Canyon Brewing Co. MAP P.234-B2
住402 7th St., Glenwood Springs
☎(970)945-1276 URL www.glenwoodcanyon.com
営毎日11:00～22:00、ハッピーアワーは毎日16:00～18:00 カード ⒶⓂⓋ
交アムトラック駅の目の前、ホテルデンバーに隣接

1893年創業。ルーズベルト大統領ゆかりの老舗ホテル

ホテルコロラド

19世紀イタリア風のデザインでクラシカルな雰囲気が漂う。滞在した著名人の名がつけられたスイートルームをはじめ、スタンダードの客室も気品がある。寝心地のよい大きなベッドが魅力。アムトラック駅まで無料送迎あり。

ホテルコロラド限定のテディベア

26代大統領ゆかりの宿だ

Hotel Colorado MAP P.234-B1
住526 Pine St., Glenwood Springs, CO 81601
☎(970)945-6511 FAX (970)945-7030 URL www.hotelcolorado.com 客室数 130室 料SDT$129～332、SU $159～569 カード ⒶⒹⓂⓋ

世界最大の温泉プールがあるホテル

グレンウッド・ホットスプリングス・ロッジ

静かな環境で客室も広め。コーヒーメーカーや室内金庫あり。滞在中は温泉プールの入場、ボリュームも味も満点の朝食が無料。フルサービスのスパも評判がいい。

温泉プール三昧するならここ

Glenwood Hot Springs Lodge MAP P.234-B1
住415 E. 6th St., Glenwood Springs, CO 81601
☎(970) 945-6571
FREE (1-800) 537-7946 URL www.hotspringspool.com
客室数107室 料SDT $179～399、SU $339～658
カード ⒶⓂⓋ

ファミリーに最適な広さ

ベストウエスタン・アントラーズ

モーターロッジ風のホテル。客室は広めでスイートなら最大6名まで滞在可能。コンチネンタルブレックファスト付き、アムトラック駅まで送迎無料。コインランドリーあり。屋外のプール（季節限定）にはホットタブがあり、プレイグラウンドやピクニックエリアも完備。

Best Western Antlers MAP P.234-B1
住171 W. 6th St., Glenwood Springs, CO 81601
☎(970)945-8535 FAX (970) 384-5190
FREE (1-800) 780-7234
URL www.glenwoodspringsantlers.com/ 客室数 99
料SDT $119～259、SU $149～269 カード ⒶⒹⒿⓂⓋ

MEMO ダウンタウンのレストラン　グランドアベニュー・ブリッジ（→P.233脚注メモ参照）のたもと、Grand Ave.を中心に7th～9th St.の間にレストランやカフェが集中している。

風情あふれる コロラド州の温泉地

コロラドには何百もの温泉スポットがあるといわれている。泉質のよさもさることながら、山岳地特有の美しい風景とキリッと澄んだ空気の下で湯に浸る気持ちよさは別格だ。ここでは代表的な温泉地とおすすめのスパリゾートを紹介する。※要水着着用

スチームボートスプリングス
Steamboat Springs

コロラド北西部にある町で、スキーやフライフィッシングなどのアクティビティが盛ん。夏のロデオや熱気球のイベントも地域の目玉だ。町の中心にあるアトラクション系プールの**オールドタウンホットスプリングス**、町から車で約15分のヤンパ峡谷にある**ストロベリーパーク・ホットスプリングス**は、野性味あふれる素朴な温泉リゾートとして人気がある。

MAP P.197-D1
観光情報 URL www.steamboatchamber.com
Old Town Hot Springs
URL www.oldtownhotsprings.org
Strawberry Park Natural Hot Springs
URL strawberryhotsprings.com
交 ベイルから車で北へ約2時間

ユーレイ
Ouray

コロラド南西部のサンファン山脈に囲まれた急峻な谷間に位置し、「アメリカのスイス」と呼ばれている。町名はユート族の部族長"ユーレイ"から名づけられた。泉質はナトリウム、マンガン、鉄、硫酸塩が多く、硫黄は含まれていない。温泉があるホテルは4軒、公共の温泉プールが1軒ある。天然蒸気洞窟とデイスパがある**ヴィースバーデン・ホットスプリングス・スパ&ロッジング**、360度に開けた山々のパノラマが楽しめる屋外ホットタブが人気の**ボックスキャニオン・ロッジ&ホットスプリングス**、温泉施設を24時間開放している**ツインピークス・ロッジ&ホットスプリングス**がその代表だ。

MAP P.197-D3
観光情報 URL www.ouraycolorado.com
Wiesbaden Hot Springs Spa and Lodgings
URL www.wiesbadenhotsprings.com
Box Canyon Lodge & Hot Springs
URL www.boxcanyonouray.com
Twin Peaks Lodge & Hot Springs
URL www.twinpeakslodging.com
交 デュランゴから車で北へ約1時間45分

パゴサスプリングス
Pagosa Springs

コロラド南西部のサンファン山脈の麓にある町。"パゴサ"とはヒーリングウオーターという意味で、古くは先住民のユート族が湯治療法に用いていた温泉といわれている。**スプリングス・リゾート&スパ**には、28～46℃の温度別に管理された大小24の温泉プールがあり、日中は宿泊客だけでなく一般でも利用できるようになっている。同敷地内にマザースプリングと呼ばれる源泉があり、世界一深い地熱帯から自噴する温泉を見ることができる。

MAP P.197-D4
観光情報 URL www.visitpagosasprings.com
The Springs Resort & Spa
URL www.pagosahotsprings.com
交 デュランゴから車で東へ約1時間20分

パゴサスプリングス © Osamu Hoshino

チャフィーカウンティ（郡）
Chaffee County

ロッキー山脈の心臓部と呼ばれ、4200m級の山々に囲まれた地域。ブエナビスタBuena Vistaの**コットンウッドホットスプリングス・イン&スパ**では、天然石プールとドライサウナが、**メリーフィールド・ホームステッド・キャビン**では山小屋風の宿で温泉が堪能できる。ネスロップNathropの**マウントプリンストン・ホットスプリングス・リゾート**はラグジュアリーな隠れ家的リゾート。ここではぜひ、チョーククリークの野湯を体験してみよう。小規模で静かに滞在できる**アンテロホットスプリングス・キャビン**もおすすめ。また、アメリカ有数のラフティングスポット、サライダSalidaにある北米最大の**室内温泉プール**も呼び物のひとつだ。

MAP P.197-E3
観光情報 URL www.colorfulcolorado.com
Cottonwood Hot Springs Inn & Spa
URL cottonwood-hot-springs.com/colorado
Merrifield Homestead Cabin
URL www.coloradohotspringsresort.com
Mount Princeton Hot Springs Resort
URL mtprinceton.com
Antero Hot Springs Cabins
URL anterohotsprings.com
Salida Hot Springs Aquatic Center
URL salidarec.com/public-pool
交 コロラドスプリングスから車で西へ約2時間30分

マルーンベルズを歩こう

山々に囲まれたアスペンで、
夏に人気のアクティビティといえばハイキング。
特にアスペンの南西約19㎞にあるマルーンベルズMaroon Bellsの山麓にあるトレイル（ハイキングコース）は、
景色のすばらしさと、初心者でも歩ける手軽さで大人気。
車がなくても楽しめるというのも、
エコフレンドリーなアスペンらしい。

マルーンレイク
Maroon Lake

シャトルに約30分揺られて到着した所に小さなビジターセンターがあり、数分歩けば標高2895mのマルーンレイク湖畔に出る。氷河に削られ、土砂崩れによって堰き止められてできた湖で、マルーンベルズの姿を湖面に投影するさまは、まるで一幅の絵のよう。地元の人が「アメリカで最もたくさんの写真を撮られている山なのよ！」と自慢する風景は、まさにマルーンレイクからのものだ。

マルーンベルズは標高4315m。ふたつのピークをもつ双耳峰で、栗色をした岩の色から名づけられた。湖から見上げた端正な顔立ちは、ロッキー山脈に数ある秀峰のなかでもとびきりの美形だ。特に、マルーンベルズの顔に新雪が斜めのストライプを描く初秋、風のない早朝のマルーンレイクの水鏡は絶品。真っ黄色に色づいたアスペンの林はもちろん、湖畔の灌木が織りなす赤や黄の絨毯と針葉樹の緑とのコントラストも鮮やかだ。

後述するハイキングを楽しむ時間がない人でも、ぜひ湖畔のトレイルを散策してみよう。湖のなかにビーバーが木の枝を重ねて造ったビーバーダムも見えるし、運がよければ巨大な手のひら状の角をもつムースが水草を食んでいるかもしれない。

行き方 マルーンベルズへの道路は積雪期には閉鎖される。夏は大勢の人でにぎわうが、環境保護のために6月上旬～10月上旬の8:00～17:00は一般車進入禁止になっている。アスペンハイランドAspen Highlandsから出ているシャトルを利用しよう。ダウンタウンからアスペンハイランドへは市バスRFTA（無料。20分ごと）が出ている。車ならダウンタウンから西へ走り、CO-82のロータリーからMaroon Creek Rd.を西へ5分ほど走る。駐車場は8時間$15。MAP P.197-D2

マルーンベルスへのシャトルのチケットは、駐車場の正面にあるスポーツショップFour Mountain Sportsで購入する。1人$8、復路無料。運行は30分ごとで、最終シャトルはマルーンベルスを17:00発。

なお、朝8:00前、または17:00以後なら車で入ることもできる。この場合、マルーンベルズの入場料1台$10が必要。

おすすめトレイル

頭上にマルーンベルズがそびえるクレーターレイク

クレーターレイク・トレイル
Crater Lake Trail

マルーンベルス周辺には数多くのトレイルがあるが、最も人気があるのがクレーターレイクまでの片道2.9kmのトレイル。3時間くらいで往復してこられるし、緩やかな坂が続く気持ちのよいトレイルなので、ハイキング初心者や子供連れにもおすすめできる。

トレイルはマルーンレイクの南端からさらに奥へ延びている。左右にはアスペンの林が続き、風のある日にはハート型をした葉がカサカサと音を立てて谷に響いているだろう。アスペンの和名ヤマナラシはこの音から名づけられたのだ。木の間越しに見え隠れしているのはマルーンベルズとピラミッドピークPyramid Peak（標高4275m）。ところどころに現れる岩場では、マーモット、リス、ナキウサギなどが草や花を求めて走り回る姿も見えるかもしれない。

標高3078mのクレーターレイクからはマルーンベルズがいちだんと大きく見える。湖畔でひと休みしたら、天気が崩れないうちに早めに戻ろう。

トレイルで出会ったミュールジカ

バックスキンパス・トレイル
Buckskin Pass Trail

クレーターレイクのトレイルでは物足りない人に、さらに本格的なコースを紹介しておこう。片道7.4km、標高差890mの健脚向けトレイルだ。

クレーターレイクに到着するすぐ手前から右へ入り、標高3810mの峠を目指して歩く。最初の急坂を過ぎると谷筋の沢沿いを進むようになるが、やがて森林限界を超え、スノーマス方面へのトレイルと分かれてから再び急登となる。登るに従って形を変えるマルーンベルズはもちろん、周辺の山々の眺望が360度に広がって壮観だ。

このトレイルは標高4000m近くまで登るので真夏でも気温は低く、年によっては7月でも大きな雪渓がある。天候の急変にも対応できる服装と、たっぷりの飲料水、高カロリー食などを用意しよう。

さらに時間と体力に余裕がある人は、峠の向こう側、はるか足元にあるスノーマスレイクSnowmass Lakeまで行くといい。4000m級の山々と絶壁に囲まれた山上の別天地だ。ただし湖は峠から片道4.8kmあり、トレイル全体で往復約25kmの長丁場になるので、自分の経験、体力、体調、天候などを考慮して冷静に判断しよう。

上級者だけが目にできるスノーマスレイクの絶景

峡谷と台地のコントラストが絶景を生む

グランドジャンクション

MAP▶P.196-C2

人口▶約6万3300人
面積▶約100㎢
標高▶1397m
TAX▶セールスタックス　8.02%
　　ホテルタックス　14.02%
時間帯▶山岳部標準時（MST）

車でわずか30分の所にあるコロラド国定公園

グランドジャンクションは、ロッキー山脈から南西のグランドキャニオンに流れるコロラド川と、南から流入するガニソン川の合流点にある。大部分が砂漠で構成されるコロラド高原 Colorado Plateau に位置し、年間晴天率は300日を超える。町の郊外では、現在も恐竜の化石が発見されるなど、時空を超えたロマンを感じるエリアだ。

コロラドの都市から車でこの町を目指すと、山岳地帯から平地へと変化するダイナミックな風景が楽しめる。大自然のほかに、アートやワイナリーなど見どころは盛りだくさん。グランドサークル（→P.265）の東側のゲートシティとしても便利な町である。

アクセス

コロラド州の西部、デンバーから西に約390㎞の所にある。ダウンタウンの北に地方空港があり、デンバー、ダラス、フェニックス、ラスベガス、ソルトレイクシティからのフライトがあるほか、鉄道や長距離バスも停車する。

グランドジャンクションの歩き方

見どころはレストランなどの商業施設が集まる**ダウンタウン Downtown** を起点にして、東に果樹園やワイナリーがある**パリセイド Palisade**、西に国定公園や恐竜博物館がある**フルータ Fruita** の3つのエリアに分散している。ダウンタウンは100を超える屋外アートが点在し、町歩きが楽しいエリア。郊外のパリセイドやフルータは、ダウンタウンから車で20分圏内の所にあり、道も複雑ではないので2日あれば十分に観光できる。市バスの Grand Valley Transit（URL gvt.mesacounty.us 料 $1.50。支払いは現金のみ）も運行しているが、2～3回の乗り継ぎで1～2時間かかるため移動手段としては不向きだ。

飛行機
Grand Junction Regional Airport
MAP P.196-C2
住 2828 Walker Field Dr., Grand Junction
URL www.gjairport.com
交 ダウンタウンまで約7.7㎞、車で10分ほど。市バス#1が空港ホテルの集中するHorizon Dr.を経てダウンタウンまで運行。所要約35分

鉄道
アムトラックのカリフォルニアゼファー号が停車する。1日1便。デンバーから約8時間
MAP P.241-A2
住 339 S.1st St., Grand Junction
営 毎日8:00～17:15

バス
グレイハウンドがデンバー～グランドジャンクション間を運行。1日3便。約5時間10分
MAP P.241-B2
住 230 S. 5th St., Grand Junction
営 毎日12:00～18:30、翌1:00～6:30

レンタカー
デンバーからI-70 WESTを走りExit 37でI-70BL WESTを進む。約4時間30分

MEMO
朝食やブランチにおすすめの人気カフェ　朝食はボリューム満点のパンケーキやシナモンロールが好評。エッグベネディクト、サンドイッチ、豆腐のスクランブルなどヘルシーメニューも充実。Dream Cafe MAP P.241-A2 URL www.dreamcafegj.com 営 毎日7:00～14:00

おもな見どころ

歩行者に優しい町並みを散策しよう　おすすめ度：★★★

ダウンタウングランドジャンクション Downtown Grand Junction

グランドジャンクションはアーティストが集まる都市として知られており、ダウンタウンのメインストリートには100以上の彫刻が点在している。これらは**アート・オン・ザ・コーナー Art on the Corner**と呼ばれる屋外の彫刻展で、1984年から続いている町のアイコンだ。パブリックアートではあるが、一部の作品は一般販売されており、ギャラリーのような役割を果たしている。また、オリジナリティあふれるショップやレストランが軒を連ね、ゆっくり過ごせる居心地のよさがある。年間を通じてアートイベントが盛んで、夏期はファーマーズマーケットFairway Farmers Marketも開催される。

© Osamu Hoshino

グランドジャンクションのダウンタウンにはさまざまなオブジェが点在し、屋外ギャラリーのよう。ベンチも多いのでひと休みにもいい

観光案内所

Grand Junction Visitor Center
MAP P.241-B1外
住 740 Horizon Dr., Grand Junction
☎(970) 256-4060
URL www.visitgrandjunction.com
営 月〜金8:30〜17:30、土・日10:00〜16:00
休 サンクスギビング、12/25、1/1

● **Art on the Corner**
MAP P.241-AB1〜2

グランドジャンクションの情報

● **Downtown Grand Junction**
URL downtowngj.org

● **Fairway Farmers market**
営 6月下旬〜9月中旬の毎週木曜17:30〜20:30

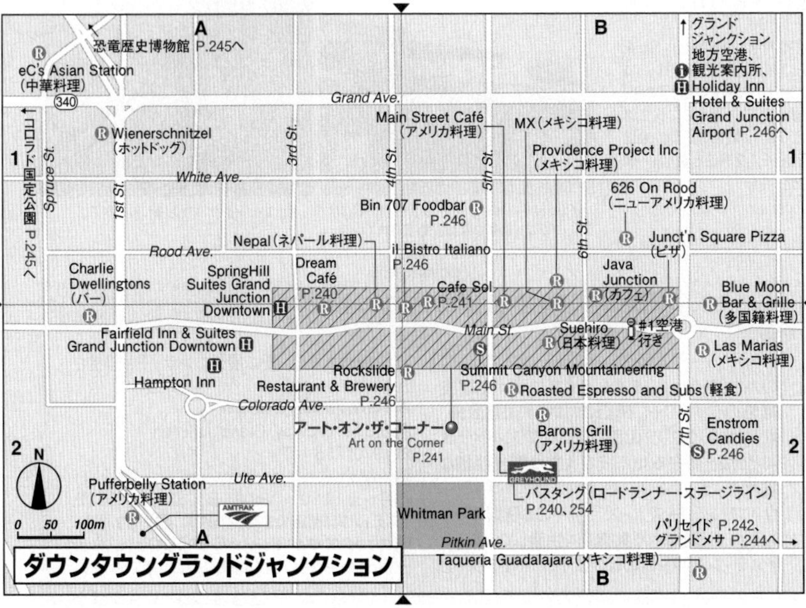

MEMO **散策の合間に立ち寄りたいカフェ**　コーヒーはグランドジャンクションで人気のColorado Legacy Coffee ($2.50〜5)を提供。フルーツスムージー ($6.50)、パニーニ ($12〜13)やサラダ ($9〜14)などの軽食もある。Cafe Sol MAP P.241-B1〜2 URL www.cafesolgj.com 営 毎日8:00〜15:30

パリセイド　Palisade

Palisade
MAP P.196-C2

i 観光案内所
Palisade Chamber of Commerce
住305 Main St., Unit 102, Palisade
☎(970) 464-7458
URL palisadecoc.com
営月～金9:00～17:00
休土・日、サンクスギビング、12/23～1/2（2019年度）
交グランドジャンクションからI-70 EASTのExit 42で下り、Elberta Ave. を直進。左折でW. 1st St.へ、G 4/10 Rd. を右折で入ると案内所があるMain St.だ。ダウンタウングランドジャンクションから車で約20分

グランドジャンクションはコロラドの農業の中心地といわれ、パリセイドで生産されるフルーツが有名。収穫の最盛期は6月から10月で、農園の直売所や各所で行われるファーマーズマーケットで旬の新鮮なフルーツがお目見えする。さくらんぼは6月中旬から7月中旬、ももは7月下旬から9月中旬、ぶどうは9月、りんごは7月中旬から10月下旬といった感じ。

また、特筆すべきは上質のワインを生み出すコロラド随一のワインカントリーであること。気軽に入れるワイナリーが点在し、ダウンタウンのレストランでもパリセイドのワインを味わうことができる。そのほか、ユニークなアトラクションとして注目されているのがアルパカ農場。アルパカの生育から糸の紡績、加工製品までを管理しており、体験型施設として一般公開している。

農業の現場を身近に感じ、生産者の顔が見える商品や製品を手にする幸せを感じてみよう。

グランドバレーの肥沃な大地と寒暖差のある乾燥した空気はぶどう栽培に最適

●ハイカントリー・オーチャード&ヴィンヤード　High Country Orchards & Vineyards

High Country Orchards & Vineyards
住3548 E. 1/2 Rd., Palisade
☎(970) 464-1150
URL www.highcountryorchards.com
営6/1～8/31毎日10:00～17:00
交案内所があるMain St.を南に進み左折でG Rd.、コロラド川を越えて右折で38 Rd.に入る。道なりにF 1/4 Rd.→37 1/4 Rd.→F Rd.→36 Rd.→E 1/2 Rd.と進む。車で約10分

高品質のさくらんぼやもも、ワイン用のぶどうを栽培しており、ワイン醸造も手がけている。果樹園のカントリーストアでは、新鮮な農作物、ワインやジャムなどの自家製の製品を販売している。

ハイカントリー・オーチャード&ヴィンヤードにはショップがあり新鮮な果物が販売されている

珍しいピーチサルサを味わってみて

COLUMN

コロラド国定公園の入口にあるワイナリー

トゥリバー・ワイナリー &シャトーは、フランスのカントリーシャトーをイメージしてつくられた家族経営のワイナリー。南西にコロラド国定公園、北にはブッククリフ山脈、東にはグランドメサがぶどう畑を見守るようにそびえ立つ風光明媚な場所だ。シャルドネ、メルロー、カベルネ・ソーヴィニヨン、リースリング、シラーの6種類のワインとポートと呼ばれる果実酒を生産している。テイスティングルームのほかにイベントセンターと宿泊施設があり、夏は屋外コンサートも開催される。

Two Rivers Winery & Chateau
住2087 Broadway, Grand Junction
☎(970) 255-1471
URL www.tworiverswinery.com
営月～土10:30～18:00、日12:00～17:00（テイスティングは閉店の30分前まで）　休おもな祝日
交ダウンタウングランドジャンクションからGrand Ave.→Broadway（CO-340）を西に進む。車で約12分

●タロンワイン／セントキャサリンセラー Talon Wines/St. Kathryn Cellars

ワインのほかにりんご、さくらんぼ、なし、ももなど果物を原料としたフルーツワインが有名。テイスティングルームに隣接したギフトコーナーには、パリセイドの特産品のほか地元アーティストの作品も販売している。

フルーツワインはおみやげにもいい

Talon Wines/St. Kathryn Cellars
住785 Elberta Ave., Palisade
☎(970) 464-1300
URL www.talonwinebrands.com
営毎日10:00～17:00(夏期の金・土～18:00)
休サンクスギビング、12/25、1/1などおもな祝日
交I-70 EASTのExit 42で下りてすぐの所、Elberta Ave. 沿い

●プラムクリークワイナリー Plum Creek Winery

州内で栽培されたぶどうからプレミアムワインを製造するパイオニア。石造りの建物内にテイスティングカウンターと暖炉を囲むヨーロッパ風のリビング、メサの美しい風景が楽しめるパティオがあり、おいしいワインとゆったり過ごせる空間が広がっている。

Plum Creek Winery
住3708 G Rd., Palisade
☎(970) 464-7586
URL www.plumcreekwinery.com
営毎日10:00～17:00
休サンクスギビング、12/25、1/1
交I-70 EASTのExit 42で下り、Elberta Ave.を直進。右折でUS Hwy.6に入ると右側にある

●サンクレスト・オーチャード・アルパカ SunCrest Orchard Alpacas

果樹園のオーナーが趣味で飼い始めた8匹のアルパカをきっかけに、糸を作るためのアルパカを50頭以上生育する農場に拡大。3ポンド(約1.3kg)の原毛が糸になるまで費やす時間は60時間。原毛を洗浄したあとに24時間空気乾燥し、細かな毛と粗い毛を分離して糸を紡ぐ。帽子や靴下などの製品を販売するほか、果樹園をアルパカと歩くツアーも催行している。

愛らしいアルパカの姿に思わず笑顔がこぼれる

アルパカの糸で作ったオリジナルグッズがたくさん！

SunCrest Orchard Alpacas
住3608 E. 1/4 Rd., Palisade
☎(970) 464-4862
URL www.suncrestorchardalpacas.net
営毎日9:00～17:00
料アルパカトレック$10(1時間)
交F 1/4 Rd. までHigh Country Orchards & Vineyardsと同様。F Rd.から36 Rd.と進み、左折でE 1/2 Rd.に入る。車で約10分

●グランドリバー・ヴィンヤード Grande River Vineyards

州最大のぶどう栽培面積を誇るワイナリー。複数のぶどう品種をブレンドしてワインを造る伝統的なボルドースタイルで、数々の受賞歴を誇るワインを生み出す。ギフトショップを併設したテイスティングルームがあり、夏期の週末は芝生で楽しむコンサートが開かれる。

夕日に染まる広大なぶどう畑
©Grand Junction CVB

Grande River Vineyards
住787 Elberta Ave., Palisade
☎(970) 464-5867
URL www.grandeRivervineyards.com
営毎日9:00～17:00
休サンクスギビング、12/25、1/1
交I-70 EASTのExit 42で下りてすぐの所、Elberta Ave. 沿い

Grand Mesa
MAP P.196-C2
交グランドジャンクションからI-70 EASTのExit 49で下り、CO-65 NORTHに入る。ここからグランドメサの中心地、シダーエッジCedaredgeにあるグランドメサ・ロッジまで約53km。ダウンタウングランドジャンクションから1時間20分。

CO-65はグランドメサ・シーニック・バイウエイと呼ばれる景勝道だ

● **Grand Mesa Lodge**
住25861 CO-65, Cedaredge, CO 81413
☎(970)856-3250
URL www.grandmesalodge.com

バラエティ豊かな風景を堪能しよう　おすすめ度:★★★

グランドメサ

Grand Mesa

パリセイドの南東にそびえる世界最大の平坦な山で、硬い玄武岩で覆われている。メサの下層部の標高は約1828mで、いちばん高い地点のクレーターピークの頂が標高約3454m。台地には飲料や灌漑用水のために造られた貯水池を含む約300の湖がメサの上部に点在している。釣りや湖周辺のハイキングが楽しめるほか、野生動物が生息する原生林や地層むき出しの岩肌が続く山道など、ダイナミックなドライブルートも見どころだ。

夏のハイキングはとても気持ちがいい ©Osamu Hoshino

COLUMN

ダイナソア国定公園

Dinosaur National Monument

恐竜の化石がびっしりと詰まった幅24mの岩壁を丸ごと採掘場として保存、公開している。観光客の目の前に露出した化石の数は、なんと1500。体長20mを超えるブロントサウルス（アパトサウルス）、背中にヒレのような骨が並んだステゴサウルスなど、恐竜マニアでなくてもワクワクする場所だ。

公園の敷地はコロラド州とユタ州にまたがっているが、採掘場Quarryがあるのはユタ州側。ビジターセンターでトラムに乗り換えて、400m離れた採掘場を訪れる。

グランドジャンクションからの行き方は、I-70を西へ10分ほど走り、Exit 15で下りてCO-139を右折。1時間15分ほど走ってCO-64に突き当たったら左折。30分ほど走りDinosaurの町でUS-40を左折。約30分でUT-149へ右折して約10分。所要約2時間40分。ソルトレイク・シティからは4時間弱。

MAP 折込表B1/P.196-BC1
☎(435)781-7700
URL nps.gov/dino
営夏期8:00～18:00、冬期9:00～17:00。トラム：夏期8:00～17:00の15分ごと、冬期9:30、10:30、11:30、13:00、14:00、15:00、16:00
休サンクスギビング、12/25、1/1
料車1台$25、バイク$20、そのほか1人$15

一部の化石のみだが、直接手を触れることができるのもうれしい

MEMO **ナショナルモニュメントNational Monumentとは**　自然景観や科学的、歴史的価値が国立公園に準ずる地域。システムは国立公園とほぼ同じで、観光客にとって両者の違いはない。本書では国定公園と訳しているが、都道府県が管理する日本の国定公園とは異なり、土地管理局が管理している国定公園もある。

フルータ Fruita

コロラド高原の地質時代を物語る地層断面が見もの　おすすめ度：★★★

コロラド国定公園 Colorado National Monument

コロラド国定公園は隆起活動と浸食・堆積を繰り返しながら生まれた地形で、巨大なメサ（テーブル状の台地）と峡谷が織りなすダイナミックな景観が楽しめる。園内で見られる地層は中生代と呼ばれる約1億4000万年前から2億年前のもので、地質は砂岩をはじめ石灰岩、泥岩、頁岩など。生息する野生動物はミュールジカ、コヨーテ、マウンテンライオンなどのほ乳類のほか、猛禽類、爬虫類も多く見られる。まれにデザート・ビッグホーン・シープも出現するので、幸運な目撃者になれるかもしれない。

公園内はリムロックドライブRim Rock Driveという23マイル（約37km）の道路が敷かれており、各所のポイントで特徴ある景観を味わうことができる。この景観道路は、1906年にこの地を訪れたジョン・オットーJohn Ottoが、自然環境保護を目的としたトレイルの構築を提唱したことから建設された。当初、オットーは峡谷にひとりで住み、ピックとシャベルだけでトレイルを切り開こうとしていた。世間から世捨て人扱いされるが、彼の熱意が人を動かし、トレイル建設に多数の寄付が集まることとなる。20年以上の歳月をかけて国定公園の礎を築いた、ひとりの男のロマンを感じながら回ってみよう。

西部らしい奇岩が大迫力のコロラド国定公園
© Osamu Hoshino

Colorado National Monument
MAP P.196-C2
URL nps.gov/colm
料 車1台$20、ハイカーと自転車$10
営 24時間（道路状況が悪い場合は閉鎖）
交 グランドジャンクションからGrand Ave. → Broadway (CO-340) を西に進み、左折してRimrock Rd.に入る。以後料金所まで直進する。約22km、所要30分

ビジターセンター
Saddlehorn Visitor Center
住 1750 Rim Rock Dr., Fruita
☎ (970) 858-3617
営 夏期の毎日8:00〜18:00、冬期の毎日9:00〜16:30
休 サンクスギビング、12/25、1/1

大平原が広がる風景も楽しめる

1億年の時を超える古生物の世界をのぞいてみよう　おすすめ度：★★★

恐竜歴史博物館 Dinosaur Journey Museum

コロラド州西部は多くの恐竜が生息していた地域で、博物館があるフルータは現在も多数の恐竜の化石が出土する。博物館の規模は小さいが、本物の恐竜の化石や骨格標本、実物大の模型やほえながら動くロボット恐竜など、さまざまなスタイルの展示で恐竜の世界へと誘う。出土された化石を展示用に整える作業場もガラス越しに見ることができ、採掘場を再現したコーナーは小さな子供に大人気だ。また、恐竜の化石発掘プログラム（→脚注メモ参照）も興味深い。

恐竜の化石が発掘されたことから誕生した博物館

Dinosaur Journey Museum
MAP P.196-C2
住 550 Jurassic Ct., Fruita
☎ (970) 858-7282
URL museumofwesternco.com/dinosaur-journey
料 $9、子供$5
営 5〜9月の毎日9:00〜17:00、10〜4月の月〜土10:00〜16:00、日12:00〜16:00
休 サンクスギビング、12/25
交 グランドジャンクションからI-70 WESTのExit 19で下り、CO-340 EASTを進み、右折してJurassic Ct.に入る。ダウンタウングランドジャンクションから約20km、車で約20分

MEMO **恐竜の化石発掘プログラム**　毎年5月下旬〜8月初旬に開催される企画で、恐竜歴史博物館（→上記）内や採掘現場などで実施される。1〜3日間のコースがあり、1日コースで$140（2019年度）。恐竜歴史博物館から発掘現場までの送迎、ガイド料、発掘道具レンタル料が含まれている。詳細はURL museumofwesternco.com

ショップ＆レストラン＆ホテル

キャラメルの香ばしさがやみつきになる

エンストロム・キャンディーズ

スコッチキャンディとアーモンドダイスをブレンド。これを上品なチョコレートでコーティングしたアーモンドトフィーが看板商品。おみやげに最適だ。店内の工場で製造されるアイスクリームも人気。

コロラドを代表する名産品だ

Enstrom Candies MAP P.241-B2
住701 Golorado Ave, Grand Junction
☎(970)683-6580
URL www.enstrom.com
営月～土7:00～20:00（土8:00～）、日10:00～16:00 カードⒶⓂⓋ

クオリティの高いアウトドア用品

サミット・キャニオン・マウンテニアリング

登山、ロッククライミング、トレッキング、キャンプ、カヌー、ウインタースポーツに出かける予定の人は、ぜひここへ足を運びたい。衣類はもちろん、靴、地図やアウトドアのガイドブック、ギアはどれもえりすぐり。アークテリクス、オスプレー、MSR、パタゴニア、ノースフェイスなどのブランドが並び、買わずとも参考になる。夏期ならカヌーやパドルボードのレンタルも行っている。

Summit Canyon Moutaineering MAP P.241-B2
住461 Main St.
☎(970)243-2847
URL summitcanyon.com
営月～土9:00～19:00、日10:00～17:00
カードⒶⓂⓋ

舌と目で楽しむコロラド料理

ビン707フードバー

コロラド州内で生産される野菜や肉を、独創的なレシピで提案するカジュアルダイニング。テーブルに運ばれてくる料理はどれも華やかで味も確か。ひとりでも食事しやすい雰囲気。

デンバーの農場で生育したポークを使用

Bin 707 Foodbar MAP P.241-B1
住225 N. 5th St.,#105, Grand Junction
☎(970)243-4543 URL www.bin707.com
営毎日11:30～21:00（金・土～22:00） 休おもな祝日 カードⒶⓂⓋ 予約不要

コロラドワインで食事を楽しむなら

イルビストロ・イタリアーノ

オーナーは北イタリア出身。本格的なピザ釜があり、パスタ、パルミジャーノ・レッジャーノも手作りだ。ワインリストはイタリアとコロラド産のみ。予算は$30前後。

オーナーの哲学を感じるパスタ

il Bistro Italiano MAP P.241-B2
住400 Main St., Grand Junction ☎(970)243-8622
URL www.ilbistroitaliano.com 営火～土17:00～20:30頃 休日・月 カードⒶⓂⓋ 予約予約をすすめる

空港から車で5分、インターステートも近く移動に便利

ホリデイイン・ホテル＆スイート・グランドジャンクション・エアポート

落ち着いたデザインの客室

空港や高速道路が近いが、騒音はなく快適。清潔感のある広い客室はお値段以上でコスパがいい。スイートには冷蔵庫と電子レンジ、キッチネットが付いている。空港、ダウンタウングランドジャンクションへは無料の送迎サービスあり。

商業施設が集まる一帯にある

Holiday Inn Hotel & Suites Grand Junction -Airport MAP P.241-B1外
住2751 Crossroads Blvd., Grand Junction, CO 81506
☎(970)424-5888 FAX(970)424-5300
URL www.ihg.com/holidayinn/hotels 客室数119室
料SDT$104～359、SU$119～379 カードⒶⒹⒿⓂⓋ

MEMO **グランドジャンクション発祥のマイクロブリュワリー** 屋内外にある雰囲気のいいダイニングでクラフトビールと地元の食材を使った料理を味わおう。 Rockslide Restaurant & Brewery MAP P.241-B2 URL www.rockslidebrewpub.com 営毎日11:00～22:00、バー日～水～24:00、木～土翌2:00

アウトドア・アクティビティ天国

クレステッドビュート

MAP ▶ P.197-D3

Crested Butte

人口▶約1700人
面積▶2.2㎢
標高▶2715m
TAX▶セールスタックス　9.4%
　　ホテルタックス　18.40%
時間帯▶山岳部標準時(MST)

夏の季節は高山植物を見ながらハイキングが楽しめる
© Osamu Hoshino

コロラド州南西部に位置するクレステッドビュートは、マウンテンバイクの聖地と呼ばれ、夏山を彩るワイルドフラワーが美しいことで知られている。スキーをはじめバイキング、ハイキング、湖や河川でのフィッシング、ラフティングなどのアウトドア全般が体験できるとあって、愛好者にはたまらない場所だ。

アクセス

クレステッドビュートはコロラドスプリングスの西約320kmの所にある小さな町。地方空港が**ガニソン Gunnison**にあり、デンバー、ヒューストンからフライトがあるほか、長距離バスのグレイハウンドとバスタングがデンバーのバスセンター、アムトラック駅からガニソンまで運行している。ガニソンからクレステッドビュートへはマウンテンエクスプレスバス（→脚注メモ参照）が走っている。周辺道路の環境は良好だが山間部特有の峠、夏期は工事が頻繁に行われるので時間に余裕をもってドライブしたい。

町内はマウンテンエクスプレスバスが1年を通じて運行しており、繁華街やマウンテンリゾート間の移動はスムーズに行える。それでもレンタカーで移動したほうが利便性は高い。

クレステッドビュートの歩き方

クレステッドビュートの南、US-50沿いにあるガニソンが郡最大の町で、空港や大学、商業施設はこのガニソンに集結している。クレステッドビュートとはCO-135で結ばれており、車で片道40分ほどの距離。

クレステッドビュートの繁華街は**エルクアベニュー Elk Avenue**と呼ばれる一帯で、ローカルレストランやギャラリーが軒を連ねるおしゃれなエリアだ。**マウントクレステッドビュートの麓にリゾートがあり**、冬はスキー、夏はハイキングなど季節に応じたアクティビティが楽しめる。

飛行機

Gunnison-Crested Butte Regional Airport
MAP P.197-D3
住711 Rio Grande Ave., Gunnison
URL www.gunnisoncounty.org/Airport

● **Alpine Express**
空港シャトル
☎(970) 641-5074
URL alpine.letride.co
料$38.50、12歳未満$27.50

バス

ガニソンへはデンバーからグレイハウンドとバスタング(→P.169)がそれぞれ毎日1便を運行している。両社ともガニソンでのバス停はエコノロッジ。バス停のみでチケットの販売はないので注意。片道料金は両社とも$40。所要約5時間
住Econo Lodge Gunnison, 411 E. Tomichi Ave., Gunnison

レンタカー

コロラドスプリングスからUS-50 WESTをGunnisonのMain St.まで進む。または、US-24 WEST → US-50 WESTの道順でも可。約221km、3時間弱。ここからクレステッドビュートのElk Ave.までCO-135 NORTHを進む

MEMO **ガニソンとクレステッドビュートの交通機関**　Gunnison Valley RTAはガニソン〜クレステッドビュートを結ぶ市バス。スキー板などの大きな荷物は持ち込めないので要注意。クレステッドビュート内はMountain Expressが循環している。どちらも運賃無料。詳細は URL www.gunnisonvalleyrta.com URL www.mtnexp.org

おもな見どころ

素朴な魅力とローカルヒストリーに浸る　おすすめ度：★★★

エルクアベニューとクレステッドビュート山歴史博物館 Elk Avenue & Crested Butte Mountain Heritage Museum

クレステッドビュートは先住民ユート族の本拠地だった場所で、1880～90年代にかけて本格的な石炭採掘が始まった。1952年に大きな炭坑が閉鎖になり、町は石炭時代の終わりを迎える。エルクアベニューには、その石炭の町の遺産である古い建築物が多く残されており、博物館やギャラリー、レストランに改修され現在まで利用されている。

石炭産業への依存が長く続いたことで町の再建に時間を要したが、1962～63年の冬にコロラド州初のゴンドラをもつスキー場が開業し、現在のスキーリゾートに成長した。今日までの町の栄枯盛衰を興味深く紹介する歴史博物館は、エルクアベニュー沿いの"Tony's Conoco"にある。

炭鉱の歴史がわかる博物館では自転車の変遷もわかる

エルクアベニューにはすてきなギャラリーもあるので、のぞいてみよう

i 観光案内所

Crested Butte Visitor Center
MAP P.248-B
住601 Elk Ave., Crested Butte
☎(970) 349-6438
URL gunnisoncrestedbutte.com
営6～9月毎日9:00～17:00(7、8月8:00～19:00)
休春と秋に休業期間あり

Elk Avenue
MAP P.248-AB1
CO-135とElk Ave.が交差する一帯

Crested Butte Mountain Heritage Museum
MAP P.248-B1
住331 Elk Ave., Crested Butte
☎(970) 349-1880
URL crestedbuttemuseum.com
営毎日10:00～20:00
料12歳以上$5

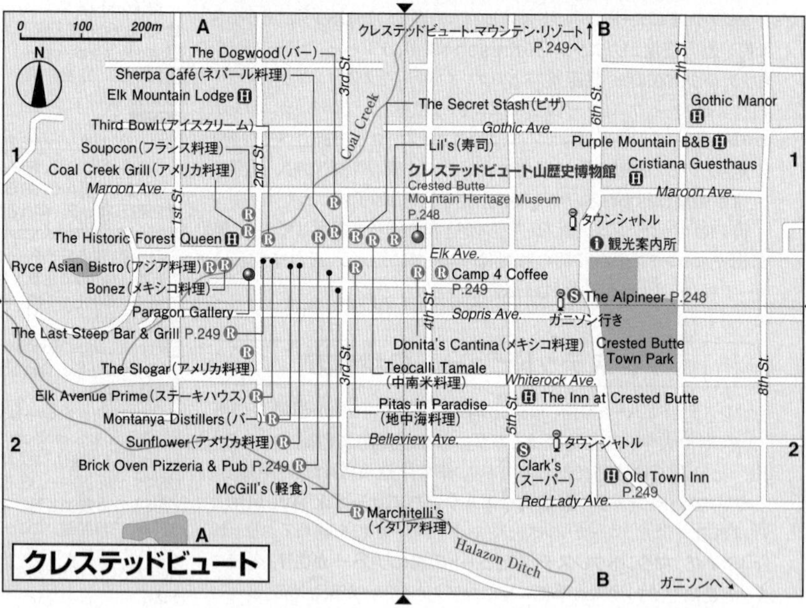

MEMO レンタルバイクのショップ　マウンテンバイクのレンタルのほか、バイク用品やウエアを豊富に取り揃えている。The Alpineer MAP P. 248-B 1 住419 6th St., Crested Butte ☎(970) 349-5210 URL alpineer.com 営毎日9:00～18:00

山と自然の美しさを誇る"リアルマウンテンタウン"　おすすめ度：★★★

クレステッドビュート・マウンテン・リゾート Crested Butte Mountain Resort

クレステッドビュートのマウンテンリゾートは、あるがままの自然と地域住民が共存するために開発を意図的に制限している。プロスキー、クロスカントリーやマウンテンバイクの競技会、夏のワイルドフラワー・フェスティバルなど町ぐるみで行われるイベントが多く、その素朴でファミリアな雰囲気が多くのリピーターを生み出している。

夏山の美しさは別格
©TrentBona

初～中級者向けのコースが121ある
©Tom_Stillo

Crested Butte Mountain Resort
宿泊施設を含め、スキー、バイクパークなどのレクリエーション施設を運営する。スキーエリアはベースの標高2856m、山頂3707m、リフト数15。
MAP P.248-B1外
住 12 Snowmass Rd., Crested Butte
FREE (1-877) 547-5143
URL www.skicb.com
営 リフト：夏期6月上旬～10月初旬。冬期11月下旬～4月上旬　交 エルクアベニューからCO-135 SOUTHで約4.5km。車で約7分。Gunnison Valley RTA、Mountain Expressが運行

レストラン＆ホテル

ボリューミーで国際色豊かなメニュー

ラストスティープ・バー＆グリル

ベーシックなハンバーガーからフィリーサンドやポーボーイなどサンドイッチ$12～14、フィッシュタコ$12、テリヤキ味の豆腐と季節の野菜をソテーしたトウフボウル$12も好評。

木のぬくもりを感じる店構え

The Last Steep Bar & Grill　MAP P.248-A1
住 208 Elk Ave., Crested Butte
☎ (970) 349-7007　URL thelaststeep.com
営 毎日11:00～23:00（季節により異なる）
カード ⒶⓂⓋ　予約 不要

仲間とシェアしながら食べたい

ブリックオーブン・ピッザリア＆パブ

国内外から厳選したクラフトビール約30種$5～、ビールとの相性抜群のピザは30種類以上のトッピングを選べて小$9.99～、大$15.99～など。どれも地元の食材を盛り込んだ料理ばかり。

夏は屋外での食事がGood!

Brick Oven Pizzeria & Pub　MAP P.248-A1
住 223 Elk Ave., Crested Butte
☎ (970) 349-5044　URL brickovencb.com
営 毎日11:00～22:00　カード ⒶⓂⓋ　予約 不要

家族経営のあたたかな宿

オールドタウンイン

ペストリーやマフィン、ベーグルにハム、新鮮なフルーツなど盛りだくさんの朝食がうれしい。入れたてのコーヒーや紅茶、自家製クッキーが用意されているロビーはゲストの憩いの場だ。夏期は屋外のホットタブでのんびり過ごすのもいい。ゲスト用PC、コインランドリーがあり長期滞在もOK。スキーエリアまで無料のシャトルサービスあり。

エルクアベニューへは徒歩5分

こぢんまりとしたインで手入れが行き届いている

Old Town Inn　MAP P.248-B2
住 708 6th St., Crested Butte, CO 81224
FREE (1-888) 349-6184　URL oldtowninn.net

客室数 33室　料 SDT$99～159
カード ⒶⓂⓋ

MEMO 町のベストコーヒー　こだわりのコーヒー豆を自家焙煎し、コーヒーマイスターが入れる最高の1杯が味わえる。ホームメイドのペストリーも評判よし。Camp 4 Coffee MAP P.248-B1 住 402 1/2 Elk Ave., Crested Butte ☎ (970) 349-5258 URL www.camp4coffee.com 営 毎日6:30～17:30

フレンドリーで気取らない雰囲気のスキーリゾート

テルユライド

MAP▶P.196-C3

Telluride

人口▶約2500人
面積▶1.8㎢
標高▶2667m
TAX▶セールスタックス　8.65%
ホテルタックス　12.65%
時間帯▶山岳部標準時(MST)

冬はスキーリゾート、夏はハイキングがポピュラーなテルユライド

サンファン山脈の峡谷にたたずむ小さな町テルユライド。町の東のサベージ盆地に北米で最も豊かな鉱山のひとつ、トムボーイ Tomboy がオープンしたのが 1880 年のこと。1898 年には金脈が発見され、ゴールドシティとして知られるようになった。町の南側は険しい鉱山とは対照的な緑深い森林が広がり、サンミゲル川の急流の響きが聞こえてくる。テルユライドの自然は限りなく静寂でとても平和的だ。

アクセス

コロラド州の南西部、グランドサークルの東部に位置している。町から車で12分の所に**地方空港のTelluride Regional Airport**があり、デンバーからのフライトがある。もしくはテルユライドの北にある**モントローズ Montrose**にも空港があり、デンバー、ダラス、ヒューストン、フェニックスなどからのフライトがある。車で約1時間30分。

また、1日1便だが、ロードランナー・ステージライン社のバスがグランドジャンクションとデュランゴ間を運行していて、テルユライドにも停車する。

テルユライドの歩き方

テルユライドは国の文化遺産として保護されている**コロラドアベニュー Colorado Avenue**一帯の町並みと、**マウンテンビレッジ Mountain Village**と呼ばれるスキーリゾートがアクティビティの拠点。両者はゴンドラ（約13分）で結ばれており、誰でも無料でアクセスできる。歴史的な町並みを散策し、ジープツアーで4000m超級の山を駆け巡るワイルドな体験。スキーシーズン以外は、春から秋にかけてのフライフィッシング、夏のラフティングも魅力的だ。

飛行機

Telluride Regional Airport
MAP P.196-C3
住 1500 Last Dollar Rd., Telluride
URL telluridеairport.com

Montrose Regional Airport
MAP P.196-C3
住 2100 Airport Rd., Montrose
URL www.montrosecounty.net/194/Montrose-Regional-Airport

●**Mountain Limo（シャトルバン）**
FREE (1-888) 546-6894
URL www.mountainlimos.com
料 テルユライド空港からダウンタウンまで乗り合いでひとり$55～、モントローズ空港からは乗り合いでひとり$55～

バス

Road Runner Stage Lines
☎(970) 563-4545、(970) 553-0389
URL roadrunnerstagelines.com
料 グランドジャンクション、デュランゴから片道$43（ドライバーやウェブサイトで購入可）

レンタカー

→脚注メモを参照

MEMO **レンタカーでのアクセス**　グランドジャンクションからUS-50 EAST→US-550 SOUTH→CO-62 WEST→CO-145 SOUTHでコロラドアベニューまで約200km。約3時間。デュランゴからUS-160 WEST→CO-184 WEST→CO-145 NORTH→CO-145 SOUTHでコロラドアベニューまで約176km。約2時間強。

おもな見どころ

ワイルドウエストの歴史をたどる　おすすめ度：★★★

コロラドアベニューと旧トンボーイ鉱山　Colorado Avenue & Old Tomboy Mine

テルユライドの繁華街はコロラドアベニューを中心に幅8ブロック、長さ12ブロックほどの区域。映画『明日に向って撃て！』の題材、ブッチ・キャシディ率いるワイルドバンチが強盗に押し入った銀行の建物ほか、ビクトリア様式の家屋が多く、古きよき時代の雰囲気を残している。町を囲むサンファン山脈の標高2600～3350mの所に旧トンボーイ鉱山のゴーストタウンがあり、観光スポットのひとつになっている。ここへはパワフルなジープツアーで行くのがおすすめ。ガードレールのない悪路走行はスリリングで、点在する風化した廃墟を見て回りながら、山々の美しい景色を楽しむことができる。

コロラドアベニューはノスタルジックな雰囲気の店が並ぶ

昔のままのトンボーイ鉱山

観光案内所

Telluride Visitors Center
MAP P.251-A1
住 236 W. Colorado Ave., Telluride
FREE (1-888) 605-2578
URL www.visittelluride.com
営 毎日10:00～19:00

4-WD Tourとフライフィッシングガイド
●Telluride Outside
MAP P.251-B1
住 121 W. Colorado Ave., Telluride
☎ (970) 728-3895
URL www.tellurideoutside.com
料 ジープツアー：半日$100～、12歳以下$90～
※フライフィッシング→P.252コラム参照

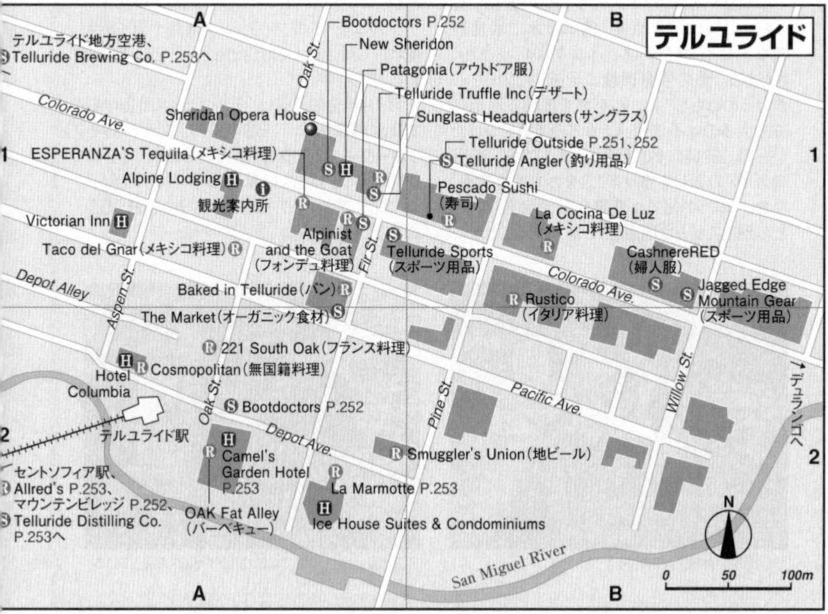

MEMO **文化的イベントも盛ん**　夏はアウトドアで楽しむミュージックフェスティバル、長年にわたって築き上げてきた映画祭は世界中のアーティストと聴衆を魅了し続けている。地域活動としてのアートウオークは毎月第1木曜の17:00～20:00に開催。イベントの詳細はURL www.visittelluride.com/play/festivals-events

テルユライドのゴンドラ駅

ゴンドラ

テルユライドのOak St.沿いに駅がある。メンテナンスを除き毎日6:30～24:00運行。天候により運休の場合は、テルユライド～マウンテンビレッジ間を代行バスが走る。

●Chondola

冬期のみ運行のゴンドラは「コンドラ」と呼ばれている。こちらは有料($98～)でリフト券が必要。

ハイキングトレイルガイド

URL telluridehikingguide.com/hikes

ヤマナラシやトウヒの森が広がるスキーリゾート　おすすめ度：★★★

マウンテンビレッジ

Mountain Village

テルユライドのスキーリゾートは、標高2895mのマウンテンビレッジと呼ばれるエリアで、麓のテルユライド駅、中腹のセントソフィア駅St. Sophia駅を経て無料のゴンドラで結ばれている。テルユライドからセントソフィアまでの昇降距離は約533m、セントソフィアからマウンテンビレッジまでは約293mで、トータル13分でアクセスできる。ゴンドラからの眺めもさることながら、自然の地形を生かした約8.5㎢のゲレンデと美しいヨーロッパ風の町並みが魅力だ。

夏はハイキングやサイクリングのトレイルで自然探索、冬のゲレンデではスキーやスノーボードをはじめ、クロスカントリーやスノーシューイング、ファットバイク（雪上を走れる自転車）など、雪に親しむ楽しいアクティビティがたくさんある。

90以上のハイキングトレイルがある ©Visit Telluride

ロードバイクの約5倍の極太タイヤが特徴のファットバイク ©Visit Telluride

アイススケートリンクもオープン ©Visit Telluride

COLUMN

フィッシングを楽しむヒント

コロラド州はフライフィッシングの聖地。ロッキー山脈の渓流や湖、雪解け水で水量豊富な川など、絶好のフィッシングポイントがたくさんある。魚の生息環境に配慮した釣りを心がけるのはもちろん、私有地を横切る河川に立ち入るのは不法侵入となるので気をつけたいもの。純粋に釣りを楽しみたいなら、地元のガイドの助けを借りることをおすすめする。なお、コロラド州では漁業免許が必要で、ほとんどのスポーツ用品店で購入することができる。

テルユライドのフィッシング情報やガイド手配は、Telluride Outside（→P.251側注）まで。

ガイド料金の目安は、テルユライド周辺半日でひとり$325～、1日$450～。プライベートウオーターへのアクセスも可能（ガイド料金に$100～150別途加算）。フライロッドとリール、防水ズボンとブーツのレンタルは1日$50
※2019年夏料金

思い出深い体験をしてみよう

Bootdoctorsの店では釣りのライセンスを扱っている

MEMO　**アウトドア用品のレンタル**　テルユライドに2店舗、マウンテンビレッジに1店舗ある。ガイド付きのアドベンチャーツアーも催行している。Bootdoctors MAP P.251-A2 住 213 W. Colorado Ave. / 236 S. Oak St.（テルユライド）/ 650 Mountain Village Blvd.（マウンテンビレッジ） URL bootdoctors.com

ショップ ＆ レストラン ＆ ホテル

醸造所の新鮮な一杯で乾杯！

テルユライド・ブリューイング・カンパニー

ロコでにぎわうテイスティングルーム

雪解け水と高級なモルト、ホップ、酵母から作られたクラフトビールは、地元のプライド。流通はコロラド州内のみ。ポップなイラストの缶ビールやTシャツなどのグッズも販売。

Telluride Brewing Company MAP P. 251-A1外
住 156 Def Society Dr., Telluride ☎ (970) 728-5094 URL www.telluridebrewingco.com
営 毎日11:00～20:00
カード ⒶⓂⓋ 交 コロラドアベニュー（CO-145）を西に進み、Society Dr.を右折。車で約10分

スピリットの蒸留所でテイスティング

テルユライド・ディスティリング・カンパニー

香り高いウイスキーだ

ウォツカやウイスキー、ペパーミントシュナップスなどのリキュールの蒸留所。小さなテイスティングルームで自社製品を販売するほか、最高のカクテル（$5～8）が味わえる。

Telluride Distilling Company MAP P. 251-A2外
住 567 Mountain Village Blvd., # 106 B Telluride
☎ (970) 728-2910 URL www.telluridedistilling.com 営 5月下旬～10月下旬の毎日11:00～23:00、上期以外の毎日12:00～22:00（季節によって変動あり）
カード ⒶⓂⓋ 交 コロラドアベニュー（CO-145）を西に進み、Society Dr.を右折。車で約10分

素朴なビストロ料理を召し上がれ

ラ・マーモット

心地よいダイニング
©Visit Telluride

コロラド産の食材にこだわり、その季節の食べ頃をいろいろなメニューで表現する。野菜、肉、魚介、デザートにいたるまで期待以上の味わい。ソースの使い方が絶妙だ。予算は$30～50。

La Marmotte MAP P. 251-A2
住 150 W. San Juan Ave., Telluride
☎ (970) 728-6232 URL lamarmotte.com
営 毎日17:00～22:00（季節によって変動あり）
休 春・秋に休業あり カード ⒶⓂⓋ 予約 要予約

雰囲気のいいバーがある創作アメリカ料理の店

アレッド

ダイニングルームからの眺めも最高 ©Visit Telluride

地産食材を使った料理。サラダや和牛のタルタルなどの前菜（$17～24）、がっちり食べたいときはビーフ、ポーク、ラム、エルクなどのステーキ（$39～63）がおすすめ。

Allred's MAP P. 251-A2外
住 565 Mountain Village Blvd., Telluride ☎ (970) 728-7474 URL brojure.com/tellurideskiresort/allred-s-restaurant 営 毎日15:00～22:00（バー15:00～、レストラン17:30～） 休 4月～5月下旬、10月中旬～サンクスギビング カード ⒶⓂⓋ 交 テルユライド駅からゴンドラでセントソフィア駅下車すぐ

ゴンドラ駅に隣接、サンミゲル川沿いにあるラグジュアリーなホテル

キャメルガーデン

コンドミニアムのリビング

客室はスタンダード35㎡、デラックスで54㎡の広さ。どの部屋にも大きなバスタブが付いている。グループなら1～4ベッドルームのコンドミニアムがおすすめ。屋外にジャクージがあり、雄大な山々の景色を見ながらゆっくりくつろげる。コンチネンタルだが種類豊富な朝食、コーヒーや紅茶のサービスはラウンジで。フルサービスのスパもある。

コンドミニアムタイプの寝室

Camel's Garden MAP P. 251-A2
住 250 W. San Juan Ave., Telluride, CO 81435
☎ (970) 728-9300 URL camelsgarden.com

客室数 30室（コンドミニアム6室） 料 SDT$185～525、SU$395～625 カード ⒶⒹⒿⓂⓋ

MEMO マウンテンビレッジのホテル Fairmont Heritage Place 住 567 Mountain Village Blvd. URL www.fairmont.com/klammer-lodge-telluride 料 2ベッドルーム$499～、3ベッドルーム$599～ Madeline Hotel 住 568 Mountain Village Blvd. URL aubergeresorts.com/madeline 料 SDT$229～、SU$459～

オールドウエストの遺産、蒸気機関車が走る町

デュランゴ

MAP ▶ P.196-C4

人口▶1万8900人
面積▶25.69km²
標高▶1988m
TAX▶セールスタックス　8.40%
　　　ホテルタックス　10.40%
時間帯▶山岳部標準時(MST)

デュランゴ観光のマストが狭軌鉄道ライドだ

飛行機

Durango-La Plata County Airport

デュランゴ、シルバートン、テルユライド、パゴサスプリングス(→P.237)へのシャトルやタクシー運行あり。

MAP P.197-D4
住 1000 Airport Rd., Durango
URL www.durangogov.org/202/Airport
交 空港から車でCO-172 NORTH→US-160 WESTでメインアベニューまで約25km、約20分

Four Corners Regional Airpoet URL www.fmtn.org/172/Airport

バス

Bustang (Road Runner Stage Lines)

住 250 W. 8th St., Durango
☎(970) 563-4545(平日)、(970) 553-0389(週末)
URL ridebustang.com
料 グランドジャンクションから片道$43(ウェブサイトで購入可)

レンタカー

グランドジャンクションからUS-50 EAST→US-550 SOUTH→CO-62 WEST→CO-145 SOUTHでメインアベニューまで約270km。約3時間30分

4つの州にまたがるフォーコーナーズの都市デュランゴは、鉱山時代の名残の鉄道が観光の目玉だ。町中に響き渡る蒸気機関車の汽笛の音は、西部開拓時代の繁栄と哀愁を誘う。特に夏の駅舎は、全米はもとより世界各地からの観光客でおおいににぎわう。世界遺産のメサベルデ国立公園にも近く、先住民の文化や歴史に触れてみるのもいい。

アクセス

コロラド、ユタ、アリゾナ、ニューメキシコの州境周辺はフォーコーナーズと呼ばれる一帯で、交通手段は車がメインになる。デュランゴの南東、車で約30分の所に**地方空港のDurango-La Plata County Airport**があり、デンバー、ダラス、フェニックスからのフライトがある。また、長距離バスのグレイハウンドとバスタングがグランドジャンクションからそれぞれ毎日1便走っている。

ニューメキシコ州のファーミントンFarmingtonにも地方空港のFour Corners Regional Airport(チャーター機)があるほか、アルバカーキやサンタフェから車でアクセス(所要4時間強)してもいい。

デュランゴの歩き方

夏から秋にかけての観光は、**デュランゴ&シルバートン狭軌鉄道Durango & Silverton Narrow-Gauge Railroad**をおいてほかにない。駅舎から北に延びるメインアベニューMain Avenueにホテルやレストラン、みやげ物を扱うショップが多く集まり、この通りを中心にトロリーやバス(→脚注メモ参照)が運行している。隣町のシルバートンも駅舎を中心に町が栄え、デュランゴに戻るまでの時間は散策など町歩きするのにちょうどいい。雪の多い地域なので冬はスキーなどのアクティビティも盛ん。また、高くて険しいサンファンの山々に囲まれているので、山道は道幅が狭くカーブの峠越えが多いが、美しい景色のドライブが楽しめる。

MEMO **デュランゴ市内の交通**　Durango Transitがバスとトロリーを運行。観光にはMain Avenue Trolleyが便利。発着はトランジットセンター　MAP P.255-A1　住 200 W.8th St., Durango　URL DurangoTransit.com　営 毎日7:00～20:40の20分おき　料 $1

おもな見どころ

大峡谷とアニマス川を横切る観光列車　おすすめ度：★★★

デュランゴ&シルバートン狭軌鉄道 Durango & Silverton Narrow-Gauge Railroad

1881～82年にかけて、石炭や鉱物を運搬するため建設されたデンバー&リオ・グランデ鉄道の路線を使い、本物の蒸気機関車を走らせて人気を呼んでいる。

スリル満点の山肌を沿うように走る

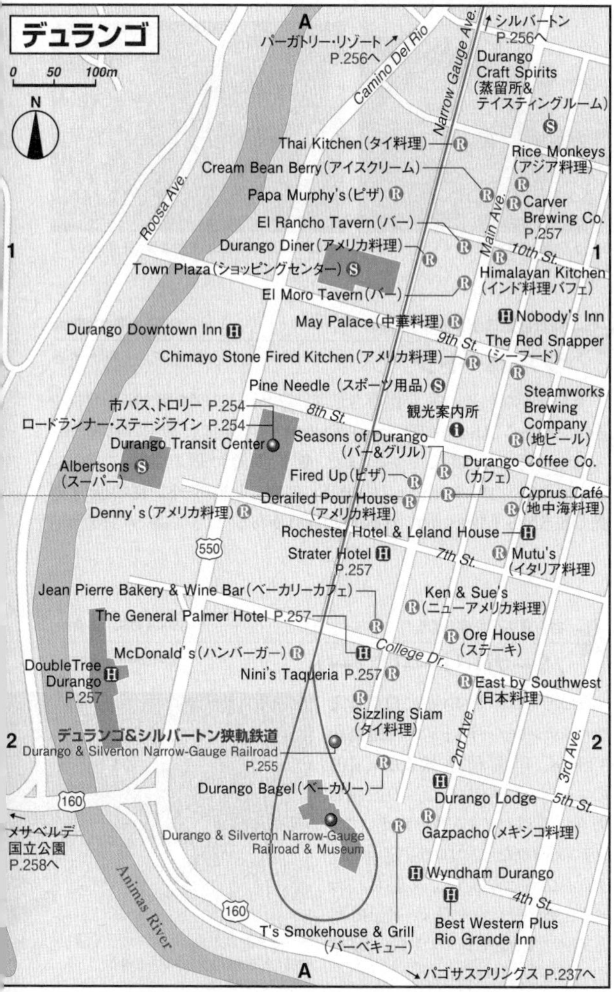

ℹ 観光案内所

Downtown Welcome Center

MAP P.255-A1
住 802 Main Ave., Durango
FREE (1-800) 525-8855
URL www.durango.org
営 毎日9:00～18:00（5月中旬～9月下旬～19:00）

Durango & Silverton Narrow-Gauge Railroad

チケットは往復列車か、片道だけバスを利用して時間を節約することもできる。このバスルートもなかなか美しく、シルバートンの町を山から見ることができる。所要約3時間30分。要予約。

また、11月下旬から翌5月初旬までは、デュランゴとカスケードキャニオンを往復するルートを走る、カスケードキャニオン列車Cascade Canyon Trainが運行されているので、冬場には、美しく雪に覆われたコロラドの山々の間を抜けていくこともできる。

MAP P.255-A2
住 479 Main Ave., Durango
☎ (970) 247-2733
FREE (1-877) 872-4607
URL www.durangotrain.com
料 スタンダード往復$94、4～11歳$60、スタンダード以上の等級$124～224。片道バス利用の場合$20の追加料金が必要。
※冬期運行のカスケードキャニオン列車は$69、4～11歳$42

運行期間と出発時刻
2019年8月現在

- 5月上旬～中旬、10月中旬～下旬
デュランゴ発 8:45 ／シルバートン発 14:30
- 5月中旬～6月中旬、8月中旬～10月中旬
デュランゴ発 8:00、8:45 ／シルバートン発 13:45、14:30
- 6月中旬～8月上旬
デュランゴ発 8:00、8:45、9:30／シルバートン発 13:45、14:30、15:00

※カスケードキャニオン列車は、デュランゴ発 9:45 ／シルバートン発 12:45

MEMO **夏期の注意**　狭軌鉄道は夏がピークシーズンで乗車券は何日も先まで予約売り切れとなる。ウェブサイトから簡単に手続きできるので、計画が決まったら早めに手配しよう。また、山岳地帯のため急激な気候の変化に対応できる重ね着スタイルがベスト。念のための雨具もあるといい。

デュランゴ～シルバートン間の約72㎞をアニマス川沿いにひた走るルートで、最速でも時速30㎞に満たない速度で進むため、片道だけでおよそ3時間30分かかる。蒸気機関車は、1923年製のALCO-K28クラスが3両（473、476、478）、1925年製のBALDWIN-K36クラスが4両（480、481、482、486）あり、石炭と水を積んだときの重量はK28が約115トン、K36約130トン。汽笛を鳴らして、白い煙を吐きながら力強く進む姿がたまらなくいい。

列車は一般座席のコーチCoachと、吹き抜けのトロッコ車両から編成されている。トロッコ車両は屋根だけで壁や窓のないもの。眺めのよさは抜群で、断崖のスリリングな景色を堪能したい人や、きれいな写真を撮りたい人はトロッコ車両がおすすめ。ただし、雨などの悪天候の場合はずぶぬれになるのでご注意を。コーチは室内の車両で、ゆっくり座って窓からの景色を楽しむことができる。

デュランゴ駅は雰囲気もいい

博物館も近くにあり、歴史的な車両も展示されている

狭軌鉄道の駅がある小さな町　　おすすめ度：★★★

シルバートン

Silverton

昔のままの木造の家が保存されているチャーミングな町並み。目抜き通りは**グリーンストリートGreene Street**。道幅も広く、みやげ物屋やレストランがずらりと並んでいる。また、狭軌鉄道の駅の数ブロック先、Cement St. 沿いの9th St. と10th St. の間に**シルバートン貨物駅博物館D&SNG Museum in Silverton**があるので立ち寄ってみよう。

冬も夏も山を楽しもう！　　おすすめ度：★★★

パーガトリー・リゾート

Purgatory Resort

デュランゴの北40㎞に位置するマウンテンリゾート。トップの標高約3300m、年間積雪量6.6m、101のコース、13のリフトなどの設備は万全。夏はハイキングや乗馬、マウンテンバイクなど、コロラド定番のアクティビティはもちろん、アルペンスライドやサマーチューブといった山を滑るアトラクションやジップライン（夏期のみ）が設置される。

究極のドライパウダースノーを滑る
©Purgatory Resort

車掌さんもフレンドリー。写真にも気軽に応じてくれる

列車は普通車両のコーチだけでなくオープンエアの車両もある

Silverton
MAP P.197-D4

観光情報
URL www.silvertonchamber.org

●D&SNG Museum in Silverton
料 入場料は狭軌鉄道の料金に含まれている

ノスタルジックなシルバートンの町

Purgatory Resort
MAP P.196-C4
住 1 Skier Pl., Durango
☎ (970) 247-9000
FREE (1-800) 525-0892
URL www.purgatoryresort.com
営 夏期5月下旬～10月上旬（5月下旬～8月中旬は毎日、そのほかは週末のみ）、スキー場のオープンは11月下旬
料 夏期トータルアドベンチャーチケット$79～（2019年8月現在）、冬期リフト券大人1日$99（2019～2020シーズン）
交 デュランゴから車でUS-550 NORTHを進む。約40分

レストラン＆ホテル

手軽に食べられるメキシカン

ニニーズタケリア

毎日手作りのブリトー$7.95～、タコス$9.25～が味わえる。小麦粉のトルティーヤでチーズを包み、クリームチーズなどをトッピングしたケサディーヤ$7.95～もおすすめ。

テイクアウトもOK

Nini's Taqueria MAP P.255-A2
住552 Main Ave., Durango ☎(970)259-4221
URL ninistaqueria.com 営毎日11:30～20:00
カード ⒶⓂⓋ 予約不要

ブリュワリーのレストラン

カーバー・ブリューイング・カンパニー

ビールは伝統的なラガーやさわやかなベルギースタイルのほか、季節に応じたクラフトビールが味わえる。料理はアメリカンだが、メキシカン風な南西部料理も多い。予算は$20～30が目安。

地元の人に愛されて33年

Carver Brewing Co. MAP P.255-A1
住1022 Main Ave., Durango ☎(970)259-2545 URL carverbrewing.com 営毎日7:00～21:00(金・土～22:00) カード ⒶⓂⓋ 予約不要

アニマス川のせせらぎが心地よい

ダブルツリー・ホテル・デュランゴ

デュランゴで最大の規模を誇り、鉄道駅も徒歩圏内。モダンでスタイリッシュな客室、窓から見えるアニマス川の風景に癒やされる。到着時にクッキーサービスがあり、デュランゴ空港間の送迎があり(片道$10、往復$15)、ホテルから3マイルの範囲でのシャトルサービスは無料で利用できる。コインランドリーの施設もあって、とても便利だ。

DoubleTree Hotel Durango MAP P.255-A2
住501 Camino Del Rio, Durango, CO 81301
☎(970)259-6580 FREE(1-800)222-8733
FAX(970)259-4398 URL www.hilton.com/en/doubletree/ 客室数159室 料SDT$128～307、SU$259～525 カード ⒶⒹⒿⓂⓋ

時代をさかのぼったような雰囲気

ストラターホテル

1887年創業。ウエスタン・エンターテインメントを行うダイニングも有名で、役者がホテル前に登場することもしばしば。各部屋異なった造りで、ビクトリア調の家具や調度品で装飾されている。

メインアベニューの中心にある

Strater Hotel MAP P.255-A2
住699 Main Ave., Durango, CO 81301
☎(970)247-4431 FREE(1-800)247-4431
URL strater.com 客室数93室 料SDT$99～274＋アメニティ料金$12 カード ⒶⓂⓋ

ビクトリア様式のクラシカルなホテル

ジェネラルパーマー・ホテル

フォーブス・トラベルガイドのホテル格付けで、43年連続4ダイヤモンドを獲得。ホスピタリティに優れた従業員の対応もいい。1898年に創業し、手動式のエレベーターが稼働中だ。客室はビクトリア調の内装で、家具やアンティークなども多い。温かい朝食が付いているのもうれしい。線路側にテラスが設けられているので、蒸気機関車が入線する様子を上から見ることができる。

蒸気機関車も見ることができるホテルだ

ロマンティックな客室

General Palmer Hotel MAP P.255-A2
住567 Main Ave., Durango, CO 81301
☎(970)247-4747 URL generalpalmerhotel.com
FREE(1-800)523-3358 客室数39室 料SDT$130～289、SU$186～379 カード ⒶⓂⓋ

メサベルデ国立公園

Mesa Verde National Park

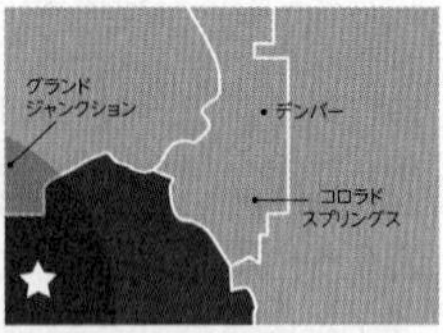

コロラド州　MAP ▶ 折込裏G4/P.196-C4

北米最大の規模を誇る古代先住民の遺跡群。スペイン語で「緑のテーブル」を意味するメサベルデには、今から700 ～ 1400年も前に人々が暮らしていた住居が5000近くあり、なかでも600を数える断崖住居は保存状態もよく見応えたっぷり。アメリカ初のユネスコ世界文化遺産をお見逃しなく。

DATA

時間帯 山岳部標準時（MST）
☎ (970) 529-4465　URL nps.gov/meve
営 24時間365日オープン（メサトップは8:00 ～日没のみ。一部エリアは夏期のみオープン）
料 車1台$25、バイク$20、そのほかは1人$12

行き方

デュランゴからUS-160を西へ約40分。標識に従って国道を下り（出口は右）、すぐに左折。国道をまたいだらすぐ左にビジターセンターがある。

ここからロッジやレストランがあるファービュー Far Viewまで山道を上って約40分かかる。さらにファービューからスプルース・ツリー・ハウスまで15分、クリフパレスまで25分、ウェザリルメサまで45分ほどかかる。

エリア紹介

メサベルデ観光の拠点はデュランゴ（→ P.254）にすると便利。公共の交通機関はないので車またはツアーバスを利用する。

デュランゴ滞在中に日帰りで訪れることも可能だが、公園の敷地はとても広く、レンジャーツアー（→ P.259 側注）に参加しないと見学できない遺跡もあるので時間がかかる。朝のうちに公園に到着していないと日帰りは厳しいだろう。

もう1日あれば最も奥にあるウェザリルメサの遺跡まで見学できて理想的だし、レンジャーツアーのチケットも希望の時間が入手しやすい。園内のロッジも好評なので、ぜひ2日間をかけよう。

なお、メサベルデはコロラド州の南西の端にあり、グランドサークル（→ P.265）に含まれる。グランドジャンクションから約4時間、アルバカーキからも約4時間の距離だ。これらの町を起点として1 ～ 2週間の周遊ドライブに組み込んで訪れるのもおすすめ。

アクセス

レンタカー

デュランゴから車で西へ約40分。交通量の少ない一本道なので走りやすい。行く手の左に平らな頂上が特徴的なポイント・ルックアウト Point Lookoutが見えてきたら到着だ。

MEMO **冬期の入園料**　メサベルデの入園料には冬期割引がある。11 ～ 4月は車1台$15、バイク$10、そのほかは1人$7。ただし冬期は閉鎖されている施設が多く、見学できる遺跡も一部に限られる。

ツアー

マイルド・トゥ・ワイルド・ツアー

Mild to Wild Tours

ラフティングなどのアウトドアツアーを催行しているデュランゴの会社から、夏の間だけメサベルデを訪れるツアーバスが出ている。デュランゴのダウンタウンの北外れにあるオフィスから出発し、園内各所の遺跡を巡る。日によってはクリフパレス内部まで入れるが、展望台からの見学のみになることもある。要予約。

なお、デュランゴ＆シルバートン狭軌鉄道（→P.255）とのセット料金もあり、鉄道のウェブサイトから申し込むこともできる。

デュランゴ・リバートリッパー

Durango Rivertrippers

同じくデュランゴのラフティングツアー会社から出ているバスツアー。こちらはダウンタウンのど真ん中から発着するので車がない人に便利だ。クリフパレスまたはバルコニーハウスのレンジャーツアーにも参加できる。デュランゴ＆シルバートン狭軌鉄道とのセット料金あり。

メサベルデ国立公園の歩き方

メサベルデの入園ゲートはUS-160近くの1ヵ所のみ。

公園に到着したら、まずは入園ゲートの手前にあるビジターセンターを訪れよう。ここで古代先住民の文明について予習をするとともに、レンジャーツアーのチケットを購入する。園内に数ある遺跡のうち、特に人気がある**クリフパレスCliff Palace**、**バルコニーハウスBalcony House**、**ロングハウスLong House**の3つの断崖住居cliff dwellingsは入場者を制限しており、パークレンジャーが引率するガイドツアーに参加しなければ内部を見学できないのだ。

見どころはいずれも緑のテーブル（台地）の上にあり、そこからさらに指のように細長く延びたメサトップ（台地の上）の道路に沿って見学する。入園ゲートから各遺跡の展望台まで1～2時間かかり、メサトップの道路の一部は一方通行になっていて週末などは渋滞する。特にレンジャーツアーに参加するときには余裕をもって移動したい。

公園ゲートから山道を登って台地の上へ上がると**ファービューFar View**に出る。ロッジとレストランがあるだけの小さなビレッジだが、その名のとおりはるか地平線までの広大なパノラマが広がっている。

遺跡の見学ルートは、手前にある**チェイパンメサChapin Mesa**と奥にある**ウェザリルメサWetherill Mesa**（積雪期閉鎖）のふたつ。ファービューで直進すればチェイパンメサ、右折すればウェザリルメサ。

断崖住居は、本当に断崖絶壁の途中にある。内部を見学するには駐車場から**急なトレイルや階段を下りるしかなく、ハシゴを使うこともある**ので、それなりの服装で訪れよう。一部の遺跡は対岸のメサトップに設けられた展望台から遠望することができる。

ツアー

Mild to Wild Tours
住 50 Animas View Dr., Durango
☎(970) 247-4789
FREE (1-800) 567-6745
URL mild2wildrafting.com
運行／5月上旬～9月上旬の毎日と、以後10月下旬までの月～土。所要約8時間
料$145、子供$109。参加5人以下の場合は1人$225（入園料、ランチ込み）

Durango Rivertrippers
住724 Main Ave., Durango
☎(970) 259-0289
URL durangorivertrippers.com
運行／年中。所要約8時間
料3名以上1人$149、11歳以下$109。2名だけのプライベートツアーは1人$219（入園料、ランチ込み）

ビジターセンター
営8:30～16:30、夏期（メモリアルデイ～レイバーデイ）7:30～19:00の毎日

●レンジャーツアーについて
料それぞれ1人$5。アメリカ・ザ・ビューティフル・パス（→P.266側注）は使えない。
- 購入は2日前から。ウェブサイトや電話は不可。
- ビジターセンターでの購入は7:30～19:00の毎日（2019年）。夏期以外の時間は直前に確認を。
- 夏期はクリフパレスとバルコニーハウスは同日に見学できない。
- 冬期はツアーはなく、内部見学はできない。春や秋に訪れる場合はツアー催行期間に注意しよう。
- レンジャーツアーのチケットはチェイパンメサ考古学博物館（4月中旬～10月中旬9:00～16:00のみ）でも購入可能。
- 年齢制限は特にないが、急な階段やハシゴを上ることができるかなど各自で判断して参加しよう。
- 遺跡内では水を除いて飲食禁止。もちろん禁煙。

Spruce Tree House
ファービューから直進して約15分。ビジターセンターからは1時間弱かかる。2019年秋現在内部は立ち入り禁止になっているが、展望台は年中オープンしている。

●**Chapin Mesa Archeological Museum**
営夏期8:00～18:30、春・秋期～17:00、冬期9:00～16:30の毎日
料無料

おもな見どころ

規模が大きく保存状態もよい断崖住居　おすすめ度:★★★

スプルース・ツリー・ハウス　Spruce Tree House

チェイパンメサの中心にある遺跡。大きさはメサベルデで3番目だが、保存状態が最もよいといわれている断崖住居で、114の居室と、キバと呼ばれる円形の祭祀場が8ヵ所ある。13世紀の中頃、ここに60～80人ほどが暮らしていたと考えられている。

以前は遺跡内部を自由に見学できたが、2015年に遺跡の真上に張り出した崖っぷちが崩落し、現在も長さ80mを超える割れ目の拡大が続いていて危険なので、遺跡内部は立入禁止になっている。展望台から断崖全体の様子や遺跡内部も見えるが、双眼鏡があるとさらにいい。

スプルース・ツリー・ハウスの前には**チェイパンメサ考古学博物館 Chapin Mesa Archeological Museum**とカフェテリア（セルフサービスのレストラン）があり、冬期でもオープンしている。考古学博物館にはメサベルデの遺跡から発見された食器、籠、幾何学模様のデザインを配した壺などが多数展示されており、古代先住民の暮らしや文化を知ることができる。人々の暮らしを再現したジオラマも興味深いし、25分間のオリエンテーションフィルムもメサベルデの理解に役に立つので、ぜひお見逃しなく。

COLUMN

緑のテーブルと断崖の暮らし

メサベルデに古代先住民Ancestral Puebloが暮らしていたのは西暦550～600年頃から1300年頃までと考えられている。

そのうちの約600年間はメサトップの平坦地で豆やトウモロコシなどを作って農耕生活をしていたようだ。やがて石を積み上げた本格的な住居が作られるようになり、11世紀初めには3階建ての住居や、儀式などを行う円形のキバKivaも登場している。この頃、人口は数千人規模に達していた。

西暦1190年頃、彼らは断崖の途中に家を造り始めた。おそらくほかの部族の攻撃から身を守るためと考えられている。内部へ入ってみるとわかるが、断崖住居はなかなか快適だ。頭上に張り出した岩が強い日差しを遮るので真夏でも涼しく、砂岩のブロックを泥で固めて積み上げた室内は雨、雪、風を避けるのにも好都合だったはずだ。壁や天井が黒っぽくなっているのは、冬に火を起こして暖を取っていたせいだという。

食料はメサトップの畑で取れた野菜や穀物が中心。さらにシカなどの狩猟や家畜の飼育も行われていた。

当時の平均寿命は34歳、平均身長は男性が163cm、女性152cmだったという。

しかし、メサベルデの断崖住居での生活は1世紀もたたずに終焉を迎える。西暦1270年頃からメサベルデを去るグループが現れ、現在のニューメキシコ州など南方へ移住して行った。1300年頃にはすべての住民が去り、メサベルデは廃墟となった。その理由は不明だが、動物の乱獲や干ばつなどで食糧難に陥ったのではないかといわれる。

メサベルデが白人に発見されたのは、先住民が去ってからなんと600年もたった1888年のことだった。

ステップハウスではキバや調理場の内部までじっくりと観察できる

MEMO　**気候とシーズン**　メサベルデは標高が2000m以上あり、冬は雪に覆われることが多い。公園は年中オープンしているが、やはり冬は見学できる場所が限られてしまう。春と秋は過ごしやすくておすすめだが、急な雪による閉鎖に注意。ツアーの催行時期は毎年のように変わるので事前に確認しておきたい。一方、夏は日差しが強↗

メサベルデを代表する断崖遺跡　おすすめ度：★★★

クリフパレス Cliff Palace

園内最大の断崖遺跡で、ポスターなど公園を代表する写真でもよく目にする。217もの居室をもつ遺跡の規模はもちろん、緑のテーブルの眺望もすばらしい。レンジャーツアーに参加しないと内部へ入れないが、チケットが入手できなかった場合でもすぐ近くの展望台から遺跡全体を見下ろすことができる。西向きなので午後がおすすめ。またスクエア・タワー・ハウス（後記）の先にも遺跡を遠望できる展望台がある。

見学ツアーは全体で約400mと短いが、ハシゴが5ヵ所あるので高所恐怖症の人や子供連れの場合は、事前に公園ウェブサイトでハシゴなどの写真を見てから参加を判断したほうがいい。

なお、毎日数多くの人が訪れるクリフパレスでは、遺跡の一部が擦り減ったり壁が剥がれたりといった崩壊が進んでいる。頻繁に修復が行われているが、近いうちに見学ツアーが縮小される可能性もある。

断崖での暮らしについてレンジャーが解説してくれる

Cliff Palace
スプルース・ツリー・ハウスを過ぎた所でCliff Palace Roopへ左折して約10分。ビジターセンターからは60〜70分ほどかかる。
内部の見学はレンジャーツアー（→P.259側注）のみ。1人$5。所要1時間。4月中旬〜10月中旬の毎日。10:00〜16:00（夏期9:00〜18:00）の30分ごと。
冬期はレンジャーツアーは行われないが、展望台から見ることはできる。

高さ10mのハシゴがスリリング　おすすめ度：★★★

バルコニーハウス Balcony House

クリフパレスからさらに奥へ10分ほど走った所にある断崖住居で、レンジャーツアーで見学する。高さ約10mの木のハシゴがほとんど垂直に架かっているほか、幅45㎝＆長さ4mほどの狭いトンネルを這って進む箇所があり、メサベルデで最も探検気分を味わえる遺跡だ。

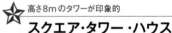

この箱をくぐれない人は参加不可

Balcony House
クリフパレスから約5分だが、混雑時は渋滞することもある。内部の見学はレンジャーツアー（→P.259側注）で。1人$5、所要1時間。5月中旬〜9月下旬の毎日。10:00〜17:00の1時間ごと（夏期は9:00〜17:00の30分ごと）。高所＆閉所恐怖症の人は要検討。大きなバッグやサンダルは不可。汚れてもいい服装で行こう。
冬期はレンジャーツアーは行われず、見学はできない。

高さ8mのタワーが印象的　おすすめ度：★★★

スクエア・タワー・ハウス Square Tower House

ファービューから直進してMesa Top Loop Road（8:00〜日没のみ通行可）という1周約10㎞の一方通行路を入った所にある。西向きの断崖にあり、午前中は遺跡内部が暗くてよく見えない。午後がおすすめ。特に夕日に照らされてオレンジ色に輝く頃がすばらしい。内部見学はできないが、展望台から見下ろすと北米の古代先住民遺跡で最も高い8mのタワーがよく見える。

Square Tower House
ファービューからMesa Top Loop Roadへ直進して約10分。

石積みの技術に驚かされる　おすすめ度：★★★

サンテンプル Sun Temple

メサトップに建つ遺跡で、3つの円形祭祀場と数多くの小部屋、迷路のような廊下があり、これらを城壁で囲んだような不思議な形をしている。建築途中で放棄されたのではないかと考えられている。

メサベルデに数ある遺跡のなかでも異色の存在

Sun Temple
スクエア・タワー・ハウスから先へ進んで約10分。

↘いので帽子、サングラス、日焼け止め、飲料水を忘れずに。特に週末はかなり混雑するので覚悟を。夏のメサベルデは非常に乾燥しており、これまでにもたびたび山火事が起きている。ひどい場合は公園全体が閉鎖されることもあるので、訪れる前にウェブサイトでチェックするといいだろう。

Step House

ファービューからWetherill Mesa Roadへ右折して約45分。開通時期は積雪によって変動するが、おおむね5月上旬～10月下旬の毎日。通行は8:00～18:00、夏期～19:00。

ステップハウスの見学は5月中旬～10月中旬の毎日。9:15～16:00のみ。駐車場からのトレイルは往復1.6km。急坂と迂回路の2ルートあり。見学時間も含めて1時間程度かかる。

Long House

内部の見学はレンジャーツアー（→P.259側注）で。1人$5、所要2時間。5月中旬～10月中旬に1日3回程度（夏期は9:00～16:00の1時間ごと）。積雪によっては中止される。集合はWetherill Mesa Road突き当たりの駐車場隣にあるキオスク。

内部を自由に見学できる断崖住居　おすすめ度：★★★

ステップハウス Step House

真夏でも観光客が少ないウェザリルメサにある断崖住居。ファービューで右折してWetherill Mesa Roadを45分ほど走る（積雪期閉鎖）。ビジターセンターからは1時間30分ほど見ておこう。

道路の終点からトレイルを歩いて下り、各自で自由に見学する。パークレンジャーがいるので何でも質問してみよう。調理場からは穀物も見つかっている。現在は使われていないが、遺跡の端に刻まれた長いステップ（階段）も見ることができる。東向きなので午前中がいい。

園内第2の規模を誇る　おすすめ度：★★★

ロングハウス Long House

ウェザリルメサの奥にあり、見学はレンジャーツアーのみ。ツアーは駐車場前のキオスクから出発する。レンジャーと一緒に急な階段を含む片道1.8kmのトレイルを歩いて断崖を下りる。

ロングハウスは150の部屋、21のキバをもつ大きな遺跡で、150人ほどが暮らしていたと考えられている。高さ約5mのハシゴが2ヵ所ある。

ビジターセンターから遠いが、わざわざ訪れる価値のある遺跡だ

見学後は遺跡の近くで解散。そのまま駐車場へ戻ってもいいし、時間があればさらに奥にある遺跡を見学しながら1周8kmのLong House Loop（車両進入禁止の舗装路。自転車可）を散策するのもいい。

なお、見学ツアーのチケットが取れなかった場合は、キオスクから舗装路を2.4km歩き、さらにトレイルを5分ほど歩いた所にある展望台からロングハウスを遠望することができる。

ホテル

●**Far View Lodge**

FREE (1-800) 449-2288

URL visitmesaverde.com

料 $129～201

営業は4月中旬～10月中旬のみ。冷蔵庫あり。TVなし。

●**Morefield Campground**

料 1台$33

営業は4月中旬～10月下旬のみ。シャワー、コインランドリー、カフェテリア、ストア、ガスステーションあり。

園内に泊まる

メサベルデ国立公園の中心、ファービューにファービュー・ロッジFar View Lodgeがある。斜面に沿っていくつもの客室棟があり、すべての部屋から地平線までの大パノラマを望むことができて壮観。併設のレストランも味のよさで定評がある。夏の予約は早めに。

キャンプ場に泊まる

入園ゲートとファービューの中間に大きなキャンプ場がある。267サイトあり、真夏でもいっぱいになることはめったにない。

ゲートシティに泊まる

メサベルデの周辺にはホテルはほとんどないので、デュランゴのホテルを利用するのが便利。詳しくは→P.257。

MEMO 園内の設備　ファービュー、チェイパンメサ考古学博物館前、キャンプ場にカフェテリアあり。落ち着いて食事を取るならファービュー・ロッジのレストランがいい。ガスステーションはキャンプ場にある。

ブラック・キャニオン・オブ・ザ・ガニソン国立公園
Black Canyon of the Gunnison National Park

峡谷の狭さと黒さが衝撃的な国立公園。ガニソン川がおよそ200万年をかけて削った谷に先カンブリア紀など非常に古い地層が露出している。グランドキャニオンの谷底でも見られる黒い地層だ。そのうえガニソン川は急流なので谷は狭く深く浸食され、1日中ほとんど日陰という場所も多く、さらに黒々として見える。

サウスリム（峡谷の南側の断崖の縁）に沿って展望台が10ヵ所あるので、黒い峡谷をじっくりと見て回ろう。冬期は2m以上の積雪があり、1ヵ所の展望台を除いて閉鎖される。峡谷内へ下りるトレイルは危険をともなうのでエキスパート向け。ロッククライミングも難度が高く、ラフティングは危険過ぎるため禁止になっている。

なお、対岸のノースリムにも展望台があるが、道路は未舗装で積雪期は閉鎖される。

メサベルデからはデュランゴ、シルバートンを経由してUS-550を北上。MontroseでUS-50を東へ入る。3〜4時間。

グランドジャンクションからはUS-50を南下して2時間弱。

MAP 折込表B2/P.197-D3
☎(970) 641-2337　URL nps.gov/blca
料 車1台$20、バイク$15、そのほかは1人$10

知る人ぞ知る コロラド奥地の 国立公園

知名度は低いけれど、その風景を目にしたら驚くに違いない絶景ポイントはまだまだある。ここで紹介するふたつの国立公園はいずれもかなり辺ぴな場所にあるが、メサベルデからグランドジャンクションへ戻る際に足を延ばしてもいいし、デンバーから3〜4日かけてぐるりと1周するドライブも楽しい。

グレート・サンド・デューンズ国立公園
Great Sand Dunes National Park

高さ229mの砂丘を中心とした公園だが、最大の魅力は広葉樹林から高山帯までの、まったく異なる環境をいっぺんに見られることにある。砂丘の足元にはアスペン（ハコヤナギ）などの林が広がり、秋には黄葉が見事。草原にはバッファローやエルクなどの野生動物が、湿原には水鳥が群れをなしている。そして、うねうねと続く砂丘の向こうには雪を被った4000m級の山がそびえている。砂丘には自由に登れるので、バラエティに富んだ景観をじっくりと眺めたい。

公園は年中オープンしており、四季それぞれの楽しみがある。特に砂丘の手前に雪解け水が流れる初夏は、水遊びをする子供たちでにぎわう。

デンバーからの行き方は、I-25を南へ走り、Exit 50でUS-160 WESTへ。1時間ほど走ったらCO-150を右折する。4時間程度。

ブラック・キャニオンからはUS-50、CO-114、CO-17経由で約4時間。

MAP 折込表B2/P.197-EF4
☎(719) 378-6395　URL www.nps.gov/grsa
料 車1台$25、バイク$20、そのほかは1人$15

© Osamu Hoshino

Grand Circle

グランドサークル

キャニオンランズ・アイランド・イン・ザ・スカイのグリーンリバー展望台

奇跡の絶景を巡る
グランドサークルの旅

グランドキャニオンに代表されるダイナミックな自然公園が集中し、全米屈指の人気観光スポットとなっているグランドサークルGrand Circle。世界中の人々を魅了する理由を探して、4つの州を突っ走ろう。

デンバーから西にそびえるロッキー山脈を越えると、その向こうに標高1500～3000mのコロラド高原Colorado Plateauが現れる。風が吹き抜ける荒野を大きな枯草が転がり、西部劇映画そのままの風景が広がる。そのなかで、コロラド、ユタ、アリゾナ、ニューメキシコの4州にまたがる半径約230kmに国立公園、国定公園など30を超える景勝地が集中している。このエリアをグランドサークルと呼ぶ。いずれも「浸食や風化によって生まれた奇岩」という点は同じだが、地層や岩の性質が多種多様で、それぞれの景観はまったく異なる。世界で最も美しい大峡谷、赤い荒野に鎮座する巨大な岩山、パステルカラーに彩られた尖塔群など、圧倒的なスケールで次から次へと迫ってくる大自然の驚異を堪能したい。

ドライブに便利な地図

巻頭の折込地図をご利用ください。

入園料と年間パス

ほとんどの公園にはゲートがあり、車1台$20～35の入園料を支払う。連続7日間有効。多くの公園を回る人は**アメリカ・ザ・ビューティフル・パス America the Beautiful Pass**という年間パスを検討するといい。$80で全米2000ヵ所以上の国立公園などに有効（州立公園には使えない）。パス1枚で車の同乗者全員が入園できる。購入は入園ゲートで。

グランドサークルの走り方

グランドサークルにはぜひ訪れてほしい公園が集中しているが、「集中」といってもそこはアメリカ西部。公園と公園の間は車で数時間も離れているし、公園の入口から展望台まで30分以上かかることもある。この大きさを頭に入れてスケジュールを考えたい。

公共交通機関やツアーバスで訪れることができるのは、グランドキャニオン国立公園のサウスリム（フェニックスorラスベガスから）など一部に限られる。レンタカーで回るのが便利だ。

ラスベガスかソルトレイク・シティを起点にするのが一般的だが、左ハンドルに慣れていない人はコロラド州グランドジャンクションで借りるといい。交通量が少なく、地元の人ものんびりとしていて走りやすい。

いずれの公園も町から遠く離れた奥地にあり、途中のガスステーション（ガソリンスタンド）は非常に数が少ない。早め早めの給油が大切。

MEMO NPって何？ National Park、つまり国立公園の略。

Model Course

1日目：コロラド州グランドジャンクション発 約2時間▶キャニオンランズ　モアブ泊
2日目：アーチーズ　モアブ泊
3日目：約3時間▶メサベルデ　メサベルデ泊
4日目：約1.5時間▶フォーコーナーズ・モニュメント 約2時間▶モニュメントバレー　モニュメントバレー泊
5日目：約2.5時間▶アンテロープキャニオン　ペイジ泊

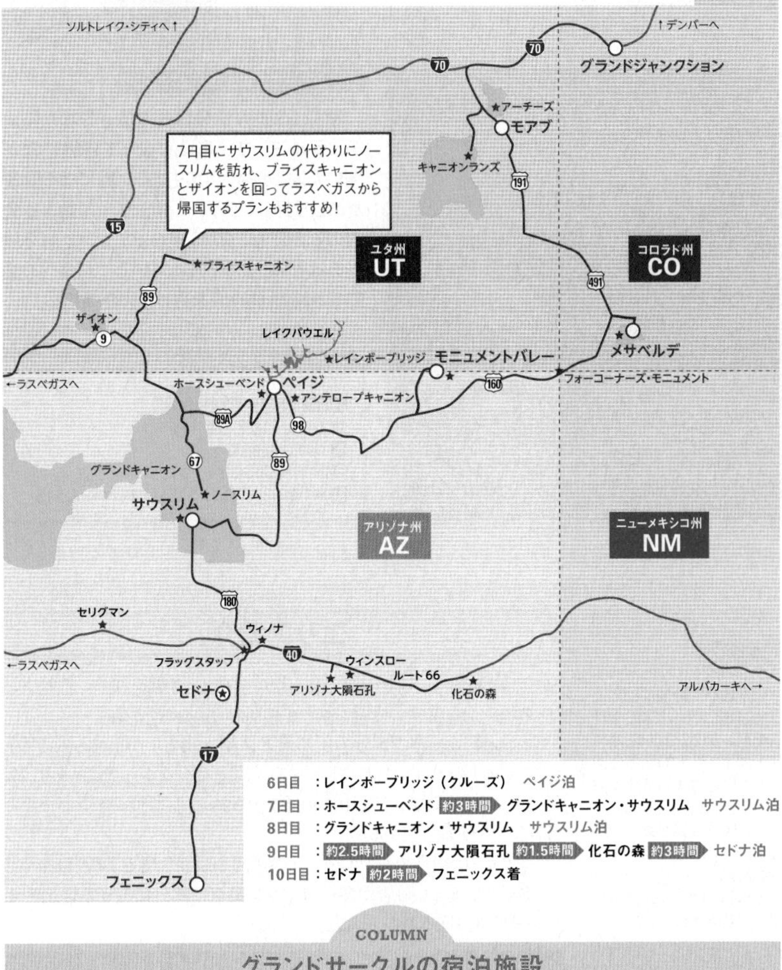

6日目　：レインボーブリッジ（クルーズ）　ペイジ泊
7日目　：ホースシューベンド 約3時間▶グランドキャニオン・サウスリム　サウスリム泊
8日目　：グランドキャニオン・サウスリム　サウスリム泊
9日目　：約2.5時間▶アリゾナ大隕石孔 約1.5時間▶化石の森 約3時間▶セドナ泊
10日目：セドナ 約2時間▶フェニックス着

COLUMN

グランドサークルの宿泊施設

グランドサークルの各公園には、園内または近くの町にロッジやモーテルがある。いずれも春～秋の長期間にわたって混雑しているので、早めにウェブサイトで予約しておこう。

園内のロッジは展望台まで近くて便利だし、大自然に抱かれた雰囲気が味わえるので大人気。

ただし建物は古いことが多く、客室の設備は簡素で、TVや電話がないこともある。

グランドキャニオンのEl Tover Hotelはグランドサークルで最も高級な宿だ

アーチーズ国立公園

Arches National Park

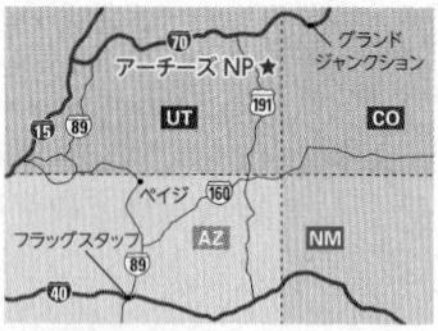

ユタ州　**MAP▶折込表B1/裏F3**

東京23区の半分ほどの広さのなかにナチュラルアーチ（風化によって自然に穴が開いた岩）が約2000もあり、絵になる風景がめじろ押し。グランドサークルに数ある公園のなかでも、グランドキャニオンと肩を並べるほどの人気を誇っている。なるべく混雑する時期や時間を避けるのが賢明。

DATA

時間帯 山岳部標準時（MST）
☎ (435) 719-2299
URL nps.gov/arch
営 24時間365日オープン
料 車1台$30、バイク$25、そのほか1人$15

行き方

レンタカー

グランドジャンクションからはI-70を西へ1時間ほど走り、Exit 182で下りてUS-191を南へ。約20分走ると右にキャニオンランズ国立公園（→P.272）の入口があり、さらに6分ほど走ると左にアーチーズ国立公園がある。さらに南下すれば約5分でモアブの町だ。

ソルトレイク・シティからは約4時間かかる。

エリア紹介

アーチーズはユタ州の東の端にあり、コロラド州境に近い。グランドジャンクションから車で2時間かからずに訪れることができる。

公園入口から車で5分の所に**モアブMoab**という町があり、アウトドアスポーツのメッカとしてにぎわっている。小さいながら空港もあり、**ユナイテッドエクスプレスUnited Express**の小型機がデンバーから毎日2～3便飛んでいる。

レンタカーは空港でもダウンタウンでも借りることができる。4WDやオフロード車を揃えている店が多く、モアブを拠点に郊外に広がる岩山やオフロードを走り回るのが人気だ。

パークアベニューにはフィンと呼ばれる板状の岩が連なっている

MEMO **気候とシーズン**　夏の強烈な日差しと午後の雷雨、冬の厳しい寒さと雪、そして昼夜の寒暖差……驚異的な景観を造り出したこの気候は、観光客にとっても厳しいものだ。なるべく無理のない日程を組み、4～10月には帽子、サングラス、日焼け止めを忘れずに。また、空気が乾いているので常に飲料水を多めに持ち歩こう。アー↗

アーチーズ国立公園の歩き方

アーチーズの面積は約310㎢で、アメリカの国立公園のなかでは小さいほうだ。ざっと見るだけなら半日で足りるが、北米最大の大きさを誇るランドスケープアーチや、美しさで群を抜くデリケートアーチなどはトレイル（ハイキングコース）を歩かなければ見られないので、見学には丸一日を予定しておきたい。

入園ゲートはUS-191沿いの1ヵ所だけで、ここから園内のおもな見どころをつないで長さ21マイルの道路が通っている。左右のあちこちにある展望台からアーチ型やタワー型の巨岩、奇岩を眺めよう。

なお、それぞれの展望台には大きな駐車場があるものの、日中はどこも満車状態でスペースを探すだけでも大変。できるだけ平日に訪れて、日の出とともに観光を始めるのがおすすめだ。

ビジターセンター

営 7:30〜17:00の毎日

入園ゲートを入ってすぐ右にある。展示とギフトショップが充実しているが、レストランはない。

なお、園内では一切食事ができないので事前に用意しておくといい。

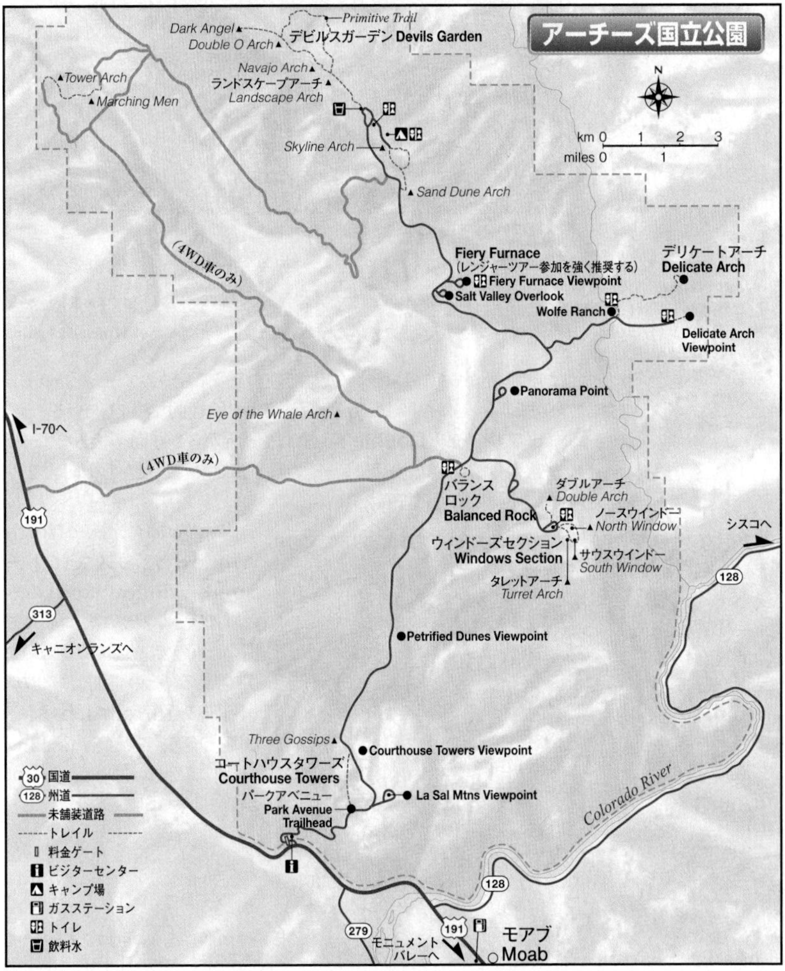

↘チーズのピークシーズンは夏。気温40℃を超える日もあるほど暑く、混雑もひどいので、できれば時期をずらすといい。冬には雪が積もることもあるが、赤茶色の岩の色が雪に映えるので多くのカメラマンが集まる。

おもな見どころ

Landscape Arch
園内を貫く道路の最も奥にあるデビルスガーデンDevils Gardenという駐車場に車を置き、トレイルを歩いて見に行く。片道約1.6km、所要約30分。起伏の少ない楽なトレイルだが、砂地なのでサンダルなどでは歩きにくい。しっかりとしたスニーカーを履こう。

崩れる前に見ておきたい北米最大のアーチ　おすすめ度：★★★

ランドスケープアーチ　Landscape Arch

穴の幅が88.4mもある巨大なナチュラルアーチ。近年まで世界最大のアーチとして知られていたが、中国にあるアーチの正確な測量が行われた結果、3つのアーチにトップ3を奪われ、現在は世界第4位だ。

ランドスケープアーチの魅力は、その大きさともうひとつ、今にも崩れそうな危うさにある。最も細い箇所は太さ2mもなく、奇跡的なバランスでその姿を保っている。崩落は少しずつ進んでいて、ある朝突然消えていてもおかしくない。ぜひ今のうちに目に焼きつけておこう。

この姿をいつまで見ることができるのだろう

Windows Section
駐車場はループ状になっており、西へ約10分歩くとダブルアーチ（ほぼ平坦）、東へ約10分歩くとノースウインドー＆サウスウインドー＆タレットアーチ（緩やかな階段あり）がある。

3つの大きなアーチをいっぺんに見られる　おすすめ度：★★★

ウインドーズセクション　Windows Section

駐車場から10分ほど歩くだけで趣の異なる3つのアーチを訪れることができる。しかも、3つとも迫力たっぷりで個性的な姿をしている。

ダブルアーチDouble Archは1ヵ所から2方向へ大きなアーチが架かっているもの。ぜひアーチの真下まで入って、どっしりとした2本の太い腕を見上げてみよう。

ノースウインドー。穴の中まで入ると大きさを実感できる

ノースウインドーNorth Windowと**サウスウインドーSouth Window**は板状の薄い岩に大きな穴がふたつ並んで開いたもので、まるでめがねのように見える。その正面にある**タレットアーチTurret Arch**は小さなアーチの端に城の小塔turretのようなタワーが付いているのが珍しい。

MEMO　**宿泊施設**　アーチーズの園内にはキャンプ場があるだけで、ロッジはない。モアブの町に約40軒のモーテルがあり、夏にはどこも満室になってしまうことが多い。料金は1泊$120～250程度。冬はたいていすいていて料金も夏の半額程度で泊まれるが、オフシーズンは閉鎖してしまうモーテルもある。

ユタ州のシンボル的な存在

おすすめ度：★★★

デリケートアーチ

Delicate Arch

園内はもとより、世界に数あるナチュラルアーチのなかでも美しさにおいてナンバーワンとたたえられる。

断崖の淵に立つアーチは高さ約14mと小型ながら、優美なフォルムは気品すら漂わせる。特に夕日に照らされた姿は絶景！ かなたにそびえるラサール山脈に雪がある季節には、アーチのオレンジ色がいっそう際立つ。

トレイルを登らなければ見られない絶景だが、汗を流してたどり着いた先には大きな感動が待っているはずだ。

断崖と雪山を借景にそびえ立つ

Delicate Arch

駐車場に車を置いて1時間ほどトレイルを登る。距離は片道2.4㎞、標高差146m。途中、大きな岩の急斜面を登る箇所や、片側が断崖になった狭い箇所があるので、しっかりとした靴が必要。夕暮れどきが特に人気があるが、帰りは暗くなるので懐中電灯を忘れずに。

アーチーズで最も有名なタワー

おすすめ度：★★★

バランスロック

Balanced Rock

その名のとおりギリギリのバランスで大きな頭部を支えているタワーで、細い首が印象的。見る角度によって顔が大きく変わるので、トレイルを一周してさまざまな表情を楽しもう。

頭の部分だけで高さ約17mある

薄さにびっくり！ 赤茶色の摩天楼

おすすめ度：★★★

パークアベニュー

Park Avenue

アーチーズ国立公園のナチュラルアーチは、砂岩の地層に裂け目が入り、薄い板状になった岩に穴が開いたもの。その穴が開く前のフィンと呼ばれる状態がよく見えるのがここだ。展望台から見下ろした谷はさながらニューヨークのマンハッタンにあるパークアベニュー。その両側にずらりとそびえる巨大な板チョコのような摩天楼は、よく見ると風化によってあちこちが割れたり剥がれ落ちたりしている。何千年か後には、ここに新たなタワーやアーチが完成しているのかもしれない。

Balanced Rock

車椅子でも訪れることができる。岩の周囲にトレイルがあり、1周すると約20分。

Park Avenue

写真を撮るなら展望台からがいいが、トレイルを歩いて谷に下りると「摩天楼」の大きさがより実感できるだろう。往復3.2㎞、約2時間。標高差98m。

COLUMN

コロラド川に沿ったドライブルート

グランドジャンクションからアーチーズ国立公園を訪れる際、もしも時間に余裕があったらコロラド川沿いを走ってみてはどうだろう。I-70のExit 214で下りてUT-128をたどれば、やがて道路はコロラド川の河岸を走るようになる。ユタ州らしい赤い岩壁やタワーを眺めながら、モアブまで2〜3時間のドライブだ。

ただし道幅が狭く交通量も少ないので、大雨のあとなどは避けたほうが無難。

沿道にはフィッシャータワーズ Fisher Towersなどの奇岩が多い

キャニオンランズ国立公園

Canyonlands National Park

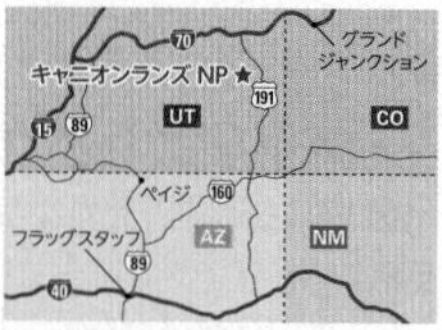

ユタ州 MAP ▶ 折込表 B2/ 裏 G3

アーチーズ国立公園のすぐ近くにありながら、まったく異なる景観が魅力。ふたつの川の極端なまでの蛇行、地層のラインが峡谷に描き出す緻密な絵画、ずらりと並んだ巨大な針の山。それらが地平線まで続く壮大なパノラマを造り出している。西部の大自然の奥深さを感じさせてくれる国立公園だ。

DATA

時間帯 山岳部標準時(MST)
☎ (435) 719-2313
URL nps.gov/cany
営 24時間365日オープン
料 車1台$30、バイク$25、そのほか1人$15

行き方

レンタカー

グランドジャンクションからアイランド・イン・ザ・スカイへの行き方は→P.268のアーチーズNPへの行き方を参照。US-191からグランド・ビュー・ポイントまでは約1時間かかる。

一方、モアブからニードルスへはUS-191を南へ40～50分走り、UT-211へ右折してさらに50分ほど。

ビジターセンター

営 アイランド・イン・ザ・スカイは夏期8:00～18:00の毎日、冬期は金～火9:00～16:00。12/25休業。

ニードルスは5～11月9:00～16:00の毎日、冬期休業。

エリア紹介

キャニオンランズはアーチーズ国立公園（→P.268）のすぐ近くにあり、アーチーズと同じく**モアブ Moab** の町が拠点となる。

公園の敷地はアーチーズの4倍以上と広く、その中央でふたつの川が合流している。ロッキーマウンテン国立公園（→P.215）を源流とする**コロラド川 Colorado River** と、ワイオミング州からダイナソア国定公園（→P.244）を通って流れてきた**グリーン川 Green River** だ。川を渡る橋は園内には1本もなく、川によって3つに分断されたエリアにそれぞれ園外からアプローチすることになる。

キャニオンランズ国立公園の歩き方

最も人気があるのはモアブの町に近い**アイランド・イン・ザ・スカイ Island in the Sky**。公園敷地の北半分を占めるエリアで、台地の上から見下ろすパノラマが見事だ。

ニードルス Needles はその名のとおり針のような尖塔群の奇観が眺められる。針の岩の間をぬって走るオフロードドライブが人気。公園の南東からアプローチするので、モアブから南下してモニュメントバレーまたはメサベルデへ移動する途中で立ち寄るのがおすすめ。

西側のエリア、**メイズ Maze** は気軽に訪れるのは難しい奥地にある。

MEMO 気候とシーズン　気候、シーズンともにアーチーズとほぼ同じと考えていい。詳しくは→P. 268脚注。

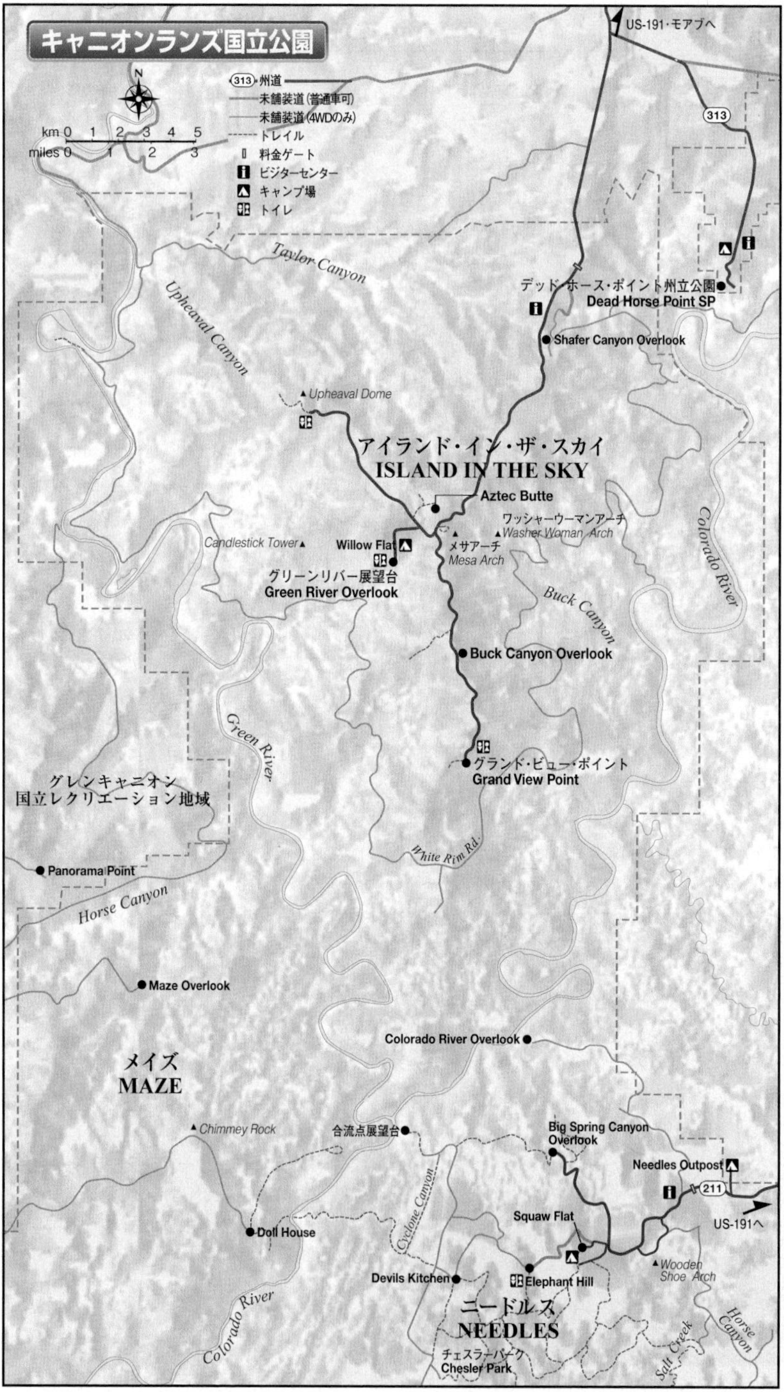
キャニオンランズ国立公園
313 州道
未舗装道（普通車可）
未舗装道（4WDのみ）
トレイル
料金ゲート
ビジターセンター
キャンプ場
トイレ
km 0 1 2 3 4 5
miles 0 1 2 3
US-191・モアブへ
313
Taylor Canyon
Upheaval Canyon
デッド・ホース・ポイント州立公園
Dead Horse Point SP
Shafer Canyon Overlook
Upheaval Dome
アイランド・イン・ザ・スカイ
ISLAND IN THE SKY
Aztec Butte
ワッシャーウーマンアーチ
Washer Woman Arch
Candlestick Tower
Willow Flat
メサアーチ
Mesa Arch
グリーンリバー展望台
Green River Overlook
Buck Canyon
Colorado River
Buck Canyon Overlook
Green River
グランド・ビュー・ポイント
Grand View Point
グレンキャニオン
国立レクリエーション地域
White Rim Rd.
Panorama Point
Horse Canyon
Maze Overlook
Colorado River Overlook
メイズ
MAZE
Chimney Rock
合流点展望台
Big Spring Canyon Overlook
Needles Outpost
211
US-191へ
Cyclone Canyon
Squaw Flat
Doll House
Devils Kitchen
Elephant Hill
Wooden Shoe Arch
ニードルス
NEEDLES
Colorado River
Salt Creek
Horse Canyon
チェスラーパーク
Chesler Park

Grand View Point
アイランド・イン・ザ・スカイの最も奥にあり、US-191からここまで約1時間。展望台からのトレイルは往復約3km、所要約1時間。起伏は少ないが、日陰がまったくないので飲料水を忘れずに。

Green River Overlook
アイランド・イン・ザ・スカイのほぼ中央にあり、メインのパークロードから標識に従って右折した所にある。日没時は混雑するので早めに行こう。

Mesa Arch
アイランド・イン・ザ・スカイのほぼ中央。駐車場からアーチまでは平坦なトレイルを歩いて8分ほどかかる。

おもな見どころ

園内随一の大パノラマが壮観　おすすめ度：★★★

グランド・ビュー・ポイント
Grand View Point

アイランド・イン・ザ・スカイの最も奥にある展望台で、ユタの大地に広がる巨大な彫刻を存分に味わうことができる。朝夕に訪れると峡谷の陰影が際立っていっそう美しい。時間が許せば、展望台からさらにトレイルを歩いて「天空の島」の突端まで往復してくるといい。

写真中央をコロラド川が流れているが、峡谷が深いため展望台からは見えない

夕暮れどきに訪れてみたい　おすすめ度：★★★

グリーンリバー展望台
Green River Overlook

西側の眺望がすばらしいので夕日の名所になっている。オリーブ色をしたグリーン川と、この川に削られた峡谷の造形美がたっぷりと堪能できる。はるか地平線に日が沈む直前になると、それまで目につかなかった荒野の微妙な起伏が浮かび上がるので、ぜひお見逃しなく。

展望台とグリーン川の間にはホワイトリムと呼ばれる地層が露出している

アーチの中から日が昇る　おすすめ度：★★★

メサアーチ
Mesa Arch

この光景を見るためにぜひ早起きしよう

上記グリーンリバー展望台の手前にあり、こちらは東を向いているので朝いちばんに訪れたい。メサアーチは水の浸食によって断崖の一部に穴が開いたもので、アーチ自体は大きくないが、穴の向こうに広がる峡谷がすばらしい。コロラド川とその支流によって生み出された岩峰のなかには、まるで女性が洗濯をしているようなワッシャーウーマンアーチWasher Woman Archも見えている。

メサアーチが最も混雑するのは早朝だ。日の出直前、アーチの内側がパステルオレンジに染まり、やがて太陽の最初の光がアーチを射抜くと、アーチはシルエットになる。この光景を写真に収めるために夜明け前から三脚がずらりと並ぶ。

MEMO **宿泊施設**　アーチーズ同様、園内にロッジはない。キャンプ場は園内に2ヵ所、デッド・ホース・ポイント州立公園内に1ヵ所ある。モアブの宿については→P.270脚注。

コロラド川を足元に見下ろす展望台　おすすめ度：★★★

デッド・ホース・ポイント州立公園 Dead Horse Point State Park

180度のカーブを描くコロラド川を間近に見ることができる。この流れがこれからさらにユタ&アリゾナの赤い大地を削り、やがてグランドキャニオンを形作っていくのだ。このエリアはなぜか国立公園ではなく、ユタ州が管理している。早朝か夕方がおすすめ。

ホースシューベンド（→P. 282）と見比べてみるとおもしろい

Dead Horse Point State Park

US-191からアイランド・イン・ザ・スカイへ向かう途中、UT-313へ左折する。モアブからは約45分。毎日6:00～22:00のみオープンで、夜間はゲートが閉鎖される。

料 車1台$20、バイク$10、そのほか1人$4。アメリカ・ザ・ビューティフル・パス不可

何百もの針の束が圧巻　おすすめ度：★★★

ニードルス Needles

アイランド・イン・ザ・スカイではなく、公園南側の離れたエリアにある。モアブから片道2時間近くかかるが、ほかでは見られない珍しい風景が広がる。

岩山に入った亀裂が浸食されてできた尖塔はグランドサークルの各所にあるが、ニードルスの特徴はその密集度。岩と岩の間をぬって進むトレイルは人ひとりがやっと通れるほどの狭い空間もあり、迷路のようなので道迷いに要注意だ。岩山を走るオフロードドライブも盛んだが、自然保護のため走路は指定されており、凹凸が激しくかなりの技術を必要とするのでそのつもりで。

なお、ニードルスへ向かう途中、US-191からUT-211へ入って15分ほどの所に、先住民が描いた岩絵の遺跡**ニュースペーパーロック Newspaper Rock**があるのでお見逃しなく。

Needles

モアブからUS-191を南へ40～50分走り、UT-211へ右折してさらに50分ほど。

尖塔群のなかを歩くトレイルはチェスラーパーク Chesler Park（1周約18km、所要約7時間）などいろいろあるが、いずれも上級者向きでルートも複雑なので、事前にビジターセンターで詳しい地図をもらっておこう。

なお、コロラド川とグリーン川の合流点は、ニードルスの舗装道路の終点からトレイルを5時間以上歩かなければ見えない。

COLUMN

アウトドアスポーツを楽しもう

キャニオンランズ国立公園のゲートシティであるモアブは、全米屈指のアウトドアスポーツの町として知られている。特に人気なのがコロラド川の急流をゴムボートで下るラフティングと、モアブ郊外の岩山やキャニオンランズの奥地を走るオフロードドライブで、気軽に参加できるツアーがモアブからたくさん出ている。

また、信じられないほどの急斜面や細い尾根を猛スピードで駆け抜けるマウンテンバイク、針のような岩峰を命綱なしで登るフリークライミング、岩のタワーとタワーの間を綱渡りするスラックライン、狭い峡谷へ飛び下りるベースジャンプなどのエクストリームスポーツも盛んに行われている。

興味がある人はモアブの中心、US-191とCenter St.の角にある案内所Moab Information Centerで情報を集めるといい。

☎(435) 259-8825
URL discovermoab.com
営 毎日8:00～19:00(日9:00～18:00)
休 サンクスギビング、12/25

モアブからはマウンテンバイクのツアーが出ている。レンタルショップもたくさんある

モニュメントバレー
Monument Valley

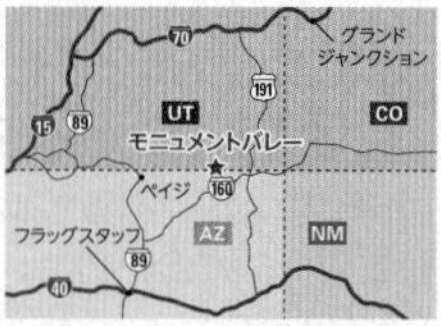

アリゾナ州&ユタ州　MAP ▶ 折込表B2/裏H3

アメリカ西部を代表する風景といっても過言ではないが、ここは国立公園でもなければ国有地でもない。公園の正式名称はMonument Valley Navajo Tribal Park。ナバホ族の土地だ。西部劇映画でおなじみのビュートを見上げて感動したら、その周囲で暮らす人々にも目を向けてみたい。

DATA
時間帯 山岳部標準時(MST)※夏時間採用
☎(435)727-5870　URL navajonationparks.org
営 4～9月6:00～20:00、10～3月8:00～17:00の毎日　料 車1台4人まで$20、以後1人$6。6歳以下無料

行き方

レンタカー

アーチーズからUS-191を南下し、Bluffの町を過ぎた所でUS-163へ入る(直進する)。モアブから約3時間のドライブ。

グランドキャニオンのサウスリムからは、デザートビューでゲートを出たらそのまま東へ40分ほど走り、突き当たりのロータリーをぐるりと回ってUS-89 NORTHへ。さらにUS-160 EAST、US-163 NORTHとたどる。デザートビューから約3時間。

なお、夏時間中はグランドキャニオンよりもモニュメントバレーのほうが1時間進んでいるので注意。

エリア紹介

モニュメントバレーはアーチーズとグランドキャニオンのほぼ中間にあり、グランドサークルを周遊するドライブプランに組み入れやすい位置。アーチーズ、グランドキャニオン、レイクパウエル、メサベルデのいずれからも3～4時間のドライブだ。

公園はユタ州とアリゾナ州にまたがっていて、おもな見どころのほとんどはアリゾナ州内にあるが、ナバホ族居留地内は夏時間を採用しているので常に「ユタ州の時刻と同じ」と意識しておきたい。

3つのビュートが並ぶ風景はビジターセンターの前から眺めることができる

MEMO **気候とシーズン**　年間を通して混雑しているが、やはり世界中から観光客が集まる夏期がピークシーズン。日陰がほとんどないので非常に暑いが、夜は急激に冷え込む。また乾燥しているのでバレードライブでは砂ぼこりがひどい。コンタクトレンズを外す、カメラはジッパー付きポリ袋に入れるなどの対策をするといい。まれに豪雨に ↗

モニュメントバレーの歩き方

到着したら、まずはビジターセンターの前からバレーをじっくりと眺めよう。モニュメントバレーを代表する3つのビュート（左からウエストミトン・ビュートWest Mitten Butte、イーストミトン・ビュートEast Mitten Butte、メリックビュートMerrick Butte）が眼前にそびえる絶景だ。足元に見える谷には**バレードライブValley Drive**があるが、荒れた未舗装路なので普通車で入るのはすすめない。4WDにオープンカートを連結したツアーがたくさん出ているのでこれに参加しよう。予約がなくても大丈夫だ。90分コース（$60～80）から1日コース（$120～210）までいろいろある。おもな見どころをざっと回るだけなら2時間で十分だが、半日以上のコースだとナバホ族の住居や遺跡を訪れることもできる。さらにビジターセンター隣のホテルに泊まって朝日を楽しめれば最高だ。

ⓘ ビジターセンター

営 4～9月6:00～20:00、10～3月8:00～17:00の毎日
休 サンクスギビング、12/25、1/1

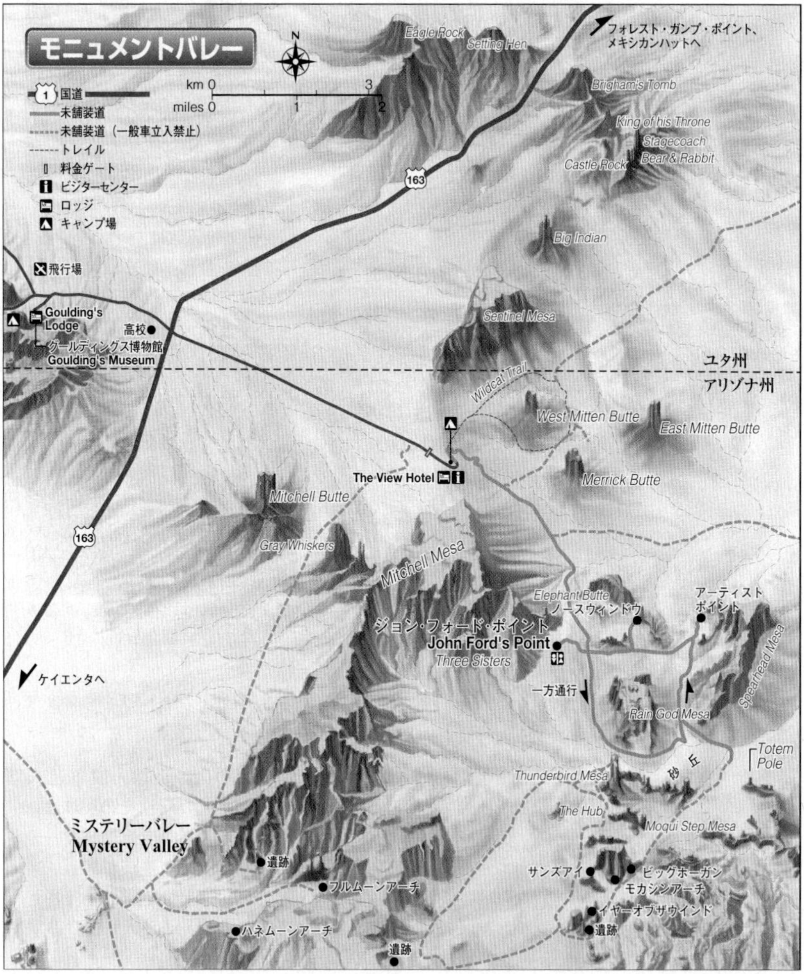

↘ 見舞われることがあり、雷と鉄砲水が怖い。雲行きがあやしくなったら急いでビジターセンターへ戻ろう。標高が1700mほどあり、冬には雪に覆われることもある。バレードライブは雪で閉鎖されることがあるが、国道はたいてい通行できるので、白い大地と赤いビュートのコントラストを求めてわざわざ訪れる人も多い。

おもな見どころ

John Ford's Point
ビジターセンターからバレードライブへ下りて約30分。乾いていれば普通車でも走れなくはないが、かなり荒れていて凹凸があるので、ツアーに参加したほうが無難。

西部劇映画の巨匠が愛したアングル　おすすめ度：★★★

ジョン・フォード・ポイント
John Ford's Point

モニュメントバレーの景色を一躍有名にしたのは、1939年の映画『駅馬車』。アメリカ映画史に残る傑作と絶賛されるこの映画で初めてモニュメントバレーがロケ地として使用され、荒野に立つビュートは観客に強烈な印象を与えた。以後、『荒野の決闘』『黄色いリボン』『イージーライダー』『バック・トゥ・ザ・フューチャー Part 3』などなど数えきれないほどの映画のロケが行われている。

監督ジョン・フォードは『駅馬車』以後も繰り返しこの地で撮影を行っているが、なかでも**エレファントビュートElephant Butte**の目の前に舞台がせり出したような岩の突端が監督お気に入りのポイントだったそうだ。後ろを振り向けば3人の修道女が並んで歩いているような岩峰、**スリーシスターズThree Sisters**が、観光客とナバホの人々を静かに見下ろしている。

修道服をまとい、右を向いて歩く3人のシスターのようなタワー

Totem Pole
ジョン・フォード・ポイントからさらに奥の一方通行を進んで約45分。一般車で入れる最も奥にあるが、砂が多くスタックしやすいので、ツアー参加を強くすすめる。

手前に広がる砂丘の風紋も美しい　おすすめ度：★★★

トーテムポール
Totem Pole

上記のスリーシスターズよりさらにスレンダーな人々が約10人、行進しているような岩峰。先頭のトーテムポールの高さは100m以上。その後ろに続く岩はナバホの聖なる祭祀の踊りに見立ててYei Bi Cheiと名づけられている。これらは、かつてエレファントビュートのような岩山だったものが風化、崩壊が進んだ残骸ともいえる姿だ。

ここまで行かないツアーもあるので、申し込みの際に確認するといい

Mystery Valley
ビジターセンター前から出ている1日ツアーで訪れることができる。$100〜140程度。半日ツアーの場合はミステリーバレーにも行くかどうか確認を。

より深くモニュメントバレーを知ることができる　おすすめ度：★★★

ミステリーバレー
Mystery Valley

動物がキスをしているように見えなくもないハネムーンアーチ

公園の南半分は一般車進入禁止のエリアだが、その奥にはいくつもの魅力的なナチュラルアーチや古代先住民の遺跡があり、ツアーで訪れることができる。半日以上の滞在時間がある人にぜひおすすめ。

MEMO **宿泊施設**　モニュメントバレーにはホテルが2軒ある。1軒はビジターセンター隣のThe View Hotelで、ほとんどの部屋からビュートが目の前に見える。年間を通して非常に混雑しているので予約は早めに。URL monumentvalleyview.com 料 ホテル$239〜380、キャビン$99〜249。もう1軒はグールディングス↗

映画や TV でおなじみのもうひとつの風景　おすすめ度：★★★

フォレスト・ガンプ・ポイント

Forrest Gump Point

公園の外にあり、モニュメントバレーのビュートに向かって真っすぐに延びる国道が印象的。映画『フォレスト・ガンプ　一期一会』のなかで、各地を走り続けていた主人公が突然足を止め、「家へ帰る」と言うシーンが撮影された。TVコマーシャルやポスターなどでもよく使われる有名なポイントだ。

車が猛スピードで通るので、写真撮影の際には十分に注意を

Forrest Gump Point

公園からUS-163まで戻って北上し、15分ほど走った所。上り坂の途中、カーブの手前にある小さな駐車スペースが目印。特に展望台も標識もないが、インディアンクラフトの屋台が出ていることがある。

西部劇ファンなら見逃せない　おすすめ度：★★★

グールディングス博物館

Goulding's Museum

20世紀初頭、モニュメントバレーの風景に魅せられたグールディングス夫妻が交易所（商店）と宿屋を経営していた場所。グールディングスはモニュメントバレーをジョン・フォード監督に紹介し、西部劇撮影の誘致を成功させた人物でもあり、ロケ中は俳優陣やスタッフがここに滞在していたという。建物は現在、西部劇ゆかりの品を展示した博物館になっており、ジョン・フォードや主演ジョン・ウェインゆかりのお宝が所狭しと並べられている。

撮影の様子を伝える写真やディレクターズチェア、ポスターなどが並ぶ

Goulding's Museum

公園を出てUS-163を横切り、5分ほど走ったGouldings Lodgeのなかにある。

営 夏期8:00～20:00、冬期12:00～の毎日。昼休みあり

料 $2、3～11歳$1

COLUMN

フォーコーナーズ・モニュメント

Four Corners Monument

全米で唯一、4つの州が交わる地点。モニュメントが造られており、両手両足をコロラド、ユタ、アリゾナ、ニューメキシコ各州にそれぞれ置いての記念撮影が大人気。ナバホ族居留地にあり、モニュメントの周囲には手作りのクラフトやインディアンジュエリーの店が並んでいる。

場所はモニュメントバレーとメサベルデの間で、モニュメントバレーから約2時間、メサベルデから1時間ほど。

営 8:00～16:45、夏期延長　休 サンクスギビング、12/25、1/1　料 車1台$20。6歳以下無料

↘ 博物館隣のGouldings Lodgeで、こちらからもバレーが遠望できる。The Viewに比べると予約は取りやすいようだ。URL gouldings.com 料 $139～319。またバレードライブの入口に眺望抜群のキャンプ場があり、こちらも大人気。料 $19.95～39.95

レイクパウエル周辺
Around Lake Powell

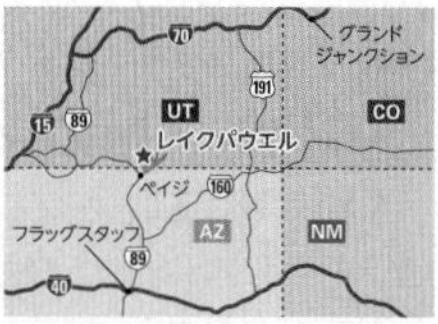

アリゾナ州&ユタ州　MAP ▶ 折込表 B2/ 裏 HG2

グランドサークルの中央に横たわるレイクパウエルは、かつてグランドキャニオンによく似た峡谷だった。1966年に完成したグレンキャニオン・ダムによって生まれた人造湖で、長さは約300km、複雑に入り組んだ湖岸線は3200kmにもなる。周辺には魅力的な見どころが多いので、ぜひ足を延ばしてほしい。

DATA(グレンキャニオンのもの)
時間帯 山岳部標準時(MST) ※夏時間不採用
☎(928)608-6200
URL nps.gov/glca
営 24時間365日オープン
料 車1台$30、バイク$25、そのほか1人$15

行き方

飛行機

● **Contour Airlines**
URL contourairlines.com
FREE (1-888)332-6686

レンタカー

モニュメントバレーからはUS-163を南下し、突き当たりでUS-160を右折。30分ほど走ったら「Page」の標識に従ってAZ-98へ入る。約2時間30分。

ビジターセンター

営 8:00～17:00、夏期～18:00、冬期～16:00の毎日

ダムの西側にあり、ダム見学ツアーもここから出発する。

エリア紹介

レイクパウエル一帯は**グレンキャニオン国立レクリエーション地域 Glen Canyon National Recreation Area**として国立公園局に管理されている。湖のほとんどはユタ州にあるが、観光の拠点となる**ペイジ Page**の町やマリーナ、おもな見どころの多くが湖の南端のアリゾナ州に集まっている。ツアーやクルーズはアリゾナ時間（MST。夏時間不採用）で行われ、夏時間を採用しているモニュメントバレーより夏期は1時間遅れているので気をつけよう。

グランドサークルのドライブの途中で立ち寄るのが一般的だが、小さな飛行場もあり、ラスベガス（毎日1～2便）とフェニックス（毎日2便）などから**コンター航空 Contour Airlines**が飛んでいる。

レイクパウエルの歩き方

おもな見どころはペイジの町の郊外に多く、これらは1日あれば見て回ることができるだろう。レインボーブリッジだけは遠く離れており、クルーズツアーで半日かけて訪れることになる。このクルーズは、冬期は週1、2便しか運航されていない。必ず事前にスケジュールを確認し、予約を入れておこう。

MEMO **気候とシーズン**　巨大な湖のおかげでグランドサークルのなかでは比較的気候が穏やか。ピークシーズンは夏休み期間中で、湖上アクティビティを楽しむ家族連れでおおいににぎわう。逆にこの季節を外せば静かに観光できるだろう。冬は閑散としている。

COLUMN

時間帯に気をつけて！

グランドサークルの旅で気をつけなければいけないのが時間帯。エリア全体が山岳部標準時 MSTにあるのだが、問題は夏時間だ。

夏時間とは3月第2日曜から11月第1日曜まで時計の針を1時間進める政策だが、アリゾナ州はこれを採用していない。このため、夏時間中はアリゾナ州にあるペイジやグランドキャニオンは、ユタ州より1時間遅れてラスベガスやサンフランシスコ（太平洋標準時PST）と同時刻となる。

ところが、ナバホ族居留地では州にかかわらず夏時間を採用しているため、居留地内にあるモニュメントバレーは、アリゾナ州にありながら、夏時間中だけユタ州と同時刻となるわけだ。

さらに、ナバホ族居留地の内側に存在しているホピ族居留地では夏時間を採用していないため、常にアリゾナ州と同時刻だ。

このようにややこしいため、グランドサークルの旅ではレンタカーの時計は信用しないほうがいい。レストランやホテルに着いたら現地時刻を確かめる習慣をつけよう。ただし夏時間の切り替え前後は、ホテルのロビーや店などの時計も直されていない可能性があるので要注意。時刻を間違えると、せっかくの朝日を見逃したりツアーに乗り遅れたりするので、面倒でも慎重に確認したい。腕時計やスマホが電波を正しく受信しているかどうかも確かめよう。

おもな見どころ

コロラド川を堰き止めてレイクパウエルを誕生させた　おすすめ度：★★★

グレンキャニオン・ダム
Glen Canyon Dam

高さ216mの巨大なアーチ型ダム（日本最大の黒部ダムは高さ186m）で、最大出力は132万キロワット（日本最大の奥只見ダムは56万キロワット）。長年にわたる激しい議論の末に、美しい峡谷の数々を水没させるという選択をして1966年に完成した。現在でもシエラクラブなどの自然保護団体はダム撤去を訴えている。

ダムはペイジの町の郊外にあり、目の前を通る国道の橋から眺めることができる。またビジターセンターから出ている45分間の見学ツアーに参加すれば、ダムの真下から見上げることができて大迫力だ。

ダムの底へ下りるツアーに参加しよう

Glen Canyon Dam

ペイジの町からUS-89を西へ走って3分。橋の上では停車できないので、渡ってすぐ右にあるビジターセンターの駐車場を利用する。見学ツアーは毎日4～7回行われている。

料$5、62歳以上$4、7～16歳$2.50

ウオーターアクティビティはここから　おすすめ度：★★★

ワーウィープマリーナ
Wahweap Marina

ロッジのロビーを抜けた所からの景色がすばらしい

レイクパウエル南端にあるマリーナで、クルーズツアーはすべてここから出発する。グレンキャニオン・ダムからは湖がほとんど見えないため、船に乗らない人も、ロッジに泊まらない人も、ぜひマリーナまで来てほしい。まるでチョコレートケーキのようなグレンキャニオン独特の岩肌や、無数のハウスボート（水上キャンピングカー）が停泊するマリーナは見逃せない。夜明けと日暮れのレイクパウエルも幻想的。

Wahweap Marina

ダムのすぐ西側から右へ入り、入園ゲートを通って約10分。クルーズツアーはLake Powell Resortから出発する。

なお、入園料を払いたくない人は、US-89沿いから湖を遠望できる展望台Wahweap Overlookへ行くといい。

赤い大地がドーンと迫ってくる！　おすすめ度：★★★

ホースシューベンド
Horseshoe Bend

コロラド川はダムから約10km下流の地点で180度蛇行する。馬蹄形に浸食された断崖を真正面から眺めることができるのがココだ。川からの高さは約300m。今にも崩れ落ちそうな足元に気をつけながら、垂直の崖の淵から恐る恐るのぞき込めば、ラフティングボートが見えるだろう。東から眺めることになるので午前中に訪れるといい。

全景を1枚の写真に収めるには広角レンズが必要だ

Horseshoe Bend

ペイジからUS-89を5分ほど南下すると右にある。駐車場から日陰のない砂地を15分ほど歩く。展望台は手すりが一部に設けられているだけなので、転落にはくれぐれも注意を。

料 車1台$10、バイク$5

MEMO　**宿泊施設**　ワーウィープマリーナにLake Powell Resortがあり、湖側の部屋からは眺望がすばらしいのでおすすめ。URL lakepowell.com 料$108～309　このほかペイジの町に12軒のモーテルがある。いずれも夏期は予約なしで泊まるのは難しい。

幻想の世界でえもいわれぬ色と造形美に陶酔する　おすすめ度：★★★

アンテロープキャニオン
Antelope Canyon

鉄砲水によって作り出された小さな小さな峡谷。幅は人ひとりぶんほどしかなく、長さも数分で通り抜けられるほどミニサイズ、高さも10～20mほど。そんな狭い空間に世界中から人々が集まってきて驚嘆の声を上げている。岩の軟らかさゆえに生み出された優美ならせん状の曲線と、砂丘の風紋にも似た水流の跡。幅の狭さゆえに太陽の光が奥まで届かず、壁に反射して幻想的な色となる。

アンテロープキャニオンは実は2ヵ所ある。州道の南にある**アッパー・アンテロープキャニオンUpper Antelope Canyon**は起伏がなく気軽に訪れることができる。春～秋の正午前後、日光が谷底まで届く箇所があり、光のビームを見ることができる。

一方、州道の北にある**ロウアー・アンテロープキャニオンLower Antelope Canyon**は距離が長く、階段があるため大きな荷物を持って入場することはできない。

いずれも上流で雨が降ると急に鉄砲水が流れ込んで危険なので、閉鎖されることがある。

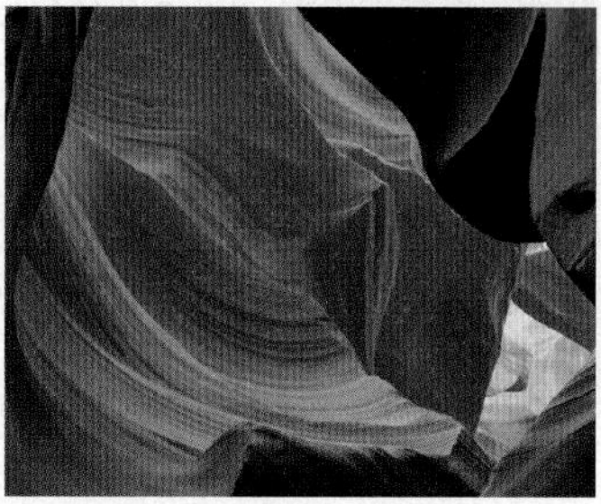
壁の色は日差しの強さと角度によって変わる

Upper Antelope Canyon
ペイジの町からAZ-98を東へ約5分、大きな煙突が立つ発電所の手前、右にある。駐車場で受付を済ませたら、ジープに乗り換えて見に行く。
営 夏期8:00～17:00、冬期9:00～15:00の毎日
料 1人$60～75、8～12歳$20～65

Lower Antelope Canyon
発電所手前の交差点を左折し、800m走った左にある。
営 夏期8:00～17:00、冬期9:00～16:00の毎日
料 1時間ツアー$40～50.40、8～12歳$20～28.40

入江の奥にたたずむ石になってしまった虹　おすすめ度：★★★

レインボーブリッジ国定公園
Rainbow Bridge National Monument

かつてはこんな大きな穴を開けるほど水があった

ワーウィープマリーナからクルーズツアーで約2時間30分。船が狭い入江に入り、曲がりくねった水路をしばらく進むと小さな船着き場に到着する。ここからさらにくねくねとした平坦なトレイルを15分ほど歩くと、やがて何度目かのカーブを曲がった途端、行く手に大きな石の虹が現れる。

レインボーブリッジはコロラド川の支流に削られたものだが、現在その流れはほとんど干上がっていて、こんな巨大な穴を穿ったとはとても信じられない。

ブリッジの奥にはナバホ族先住民の聖なる山である**ナバホマウンテンNavajo Mountain**（標高3154m）がそびえている。レインボーブリッジもまたナバホの大切な聖地なので、ブリッジの真下まで行くことは禁じられている。

Rainbow Bridge National Monument
ワーウィープマリーナのLake Powell Lodgeから出航するクルーズツアーで訪れる。要予約。ツアーは所要約6時間だが、湖の水位によって多少変動する。到着してからブリッジまで往復2kmほど歩く。
URL lakepowell.com
運航／4～10月7:30、5～10月は12:30もあり
冬期の運航は週末が中心で、48時間前までに15人以上の予約がないと欠航になる。
料 $126.23、3～12歳$79.48（グレンキャニオン入園料別途要。レインボーブリッジは入園無料）

グランドキャニオン国立公園 サウスリム

Grand Canyon National Park - South Rim

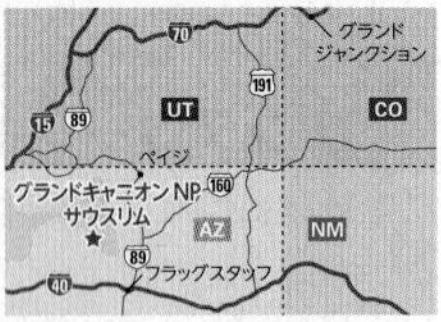

アリゾナ州　MAP▶折込表A2/裏H1～2

いわずと知れた世界でも指折りの絶景ポイント。「地球上で最もダイナミックな風景」「世界の自然七不思議のひとつ」「人生観が変わる」といった称賛の言葉が本当かどうか、ぜひその目で確かめてみてほしい。楽しみ方のポイントをいくつかおさえておけば、感動はより大きなものとなるだろう。

DATA

時間帯 山岳部標準時（MST）※夏時間不採用
☎（928）638-7888　URL nps.gov/grca
営 24時間365日オープン
料 車1台$35、バイク$30、そのほか1人$20（ノースリムにも有効）

行き方

飛行機

● **Scenic Airlines**（日本事務所）
日本 無料 0120-288-747
URL scenic.co.jp
日本で予約できる。ラスベガス市内のホテルから送迎あり。要予約。

バス

● **Groom Transportation**
☎（928）350-8466
URL groomtransportation.com
1日3往復。要予約。

列車

● **Grand Canyon Railway**
FREE（1-800）843-8724
URL thetrain.com
夏期は月に1回程度、蒸気機関車で運行する。要予約。

レンタカー

レイクパウエルのペイジからUS-89を南へ走りCameronのロータリーでAZ-64へ右折。約3時間。

モニュメントバレーからは所要約4時間、フェニックスから約4時間、ラスベガスから約5時間。

ツアー

上記シーニック航空のほか、各社が催行している。

エリア紹介

グランドキャニオンはアリゾナ州の北端にあり、コロラド川に沿って東西に横たわっている。峡谷の深さ1500～1800m、長さは東京―琵琶湖間の距離に相当する446kmもあり、ほとんどは人間を寄せつけない原生地域。峡谷内にはトレイルが数本あるが、広大な峡谷内部に車道は1本もない。

ビレッジや展望台は公園の東端、峡谷が最も深い所に作られている。川を挟んで約16km隔たった両側の崖の上にあり、南を**サウスリム South Rim**、北を**ノースリム North Rim**（→P.288）と呼ぶ。サウスリムのほうが交通機関も設備も充実していて訪問者数も圧倒的に多い。アメリカを代表する景勝地だけあってアクセスは飛行機、列車、バス、車の4通りから選べる。ラスベガスからは日帰りツアーもある。

手軽なのはラスベガスから**シーニック航空Scenic Airlines**の小型機で訪れる方法（1日2往復。飛行場からビレッジまではタクシーで約15分）。またフェニックス空港（→P.296）からレンタカー（約4時間）かバス（約6時間。乗り換えあり）で訪れることもできる。

ノスタルジックな観光列車も楽しい。ルート66の町**ウィリアムズ Williams**から20世紀初頭の列車を再現した**グランドキャニオン鉄道 Grand Canyon Railway**が、サウスリムのビレッジまで1往復している（クリスマス運休）。アトラクションもあって旅情満点だ。

MEMO 気候とシーズン　サウスリムのビレッジは標高2100m。冬～春には雪が積もることもあるが、車道はすぐに除雪されるのでたいてい普通タイヤで走れる。夏は30℃前後になり、午後は雷雨が多い。日が沈むと急に冷え込むので上着を携帯しよう。峡谷内部はビレッジよりはるかに気温が高く、夏は谷底で40℃を超える猛暑となる。↗

サウスリムの歩き方

ビレッジに着いたら、まずは崖の突端に設けられた展望台のいずれかを訪れよう。世界中からの観光客と一緒に180度以上の大パノラマを満喫したあと、崖に沿って整備された平坦なトレイルを散策してみたい。展望台の喧騒が嘘のように静かで、峡谷や森の音を聞くことができる。

歩き疲れたら隣の展望台からバスに乗ればいい。ビレッジ内にはロッジ、ビジターセンター、キャンプ場、展望台などを結んで**無料シャトル**が走っていてとても便利だ。

サウスリムにはおもなものだけで13の展望台がある。ビレッジから西にある展望台は**ウエストリム West Rim**、東の展望台は**イーストリム East Rim**と呼び、ビレッジから車で5～30分ほどの距離にある。

グランドキャニオンを存分に楽しむには「時間」と「角度」が重要。ゴールデンタイムは日の出1時間前～2時間後と日没2時間前～1時間後。オレンジ色に輝く峡谷と無数の尾根が造り出す陰影を見なければ、グランドキャニオンを見たことにはならないといっても過言ではない。

もうひとつのポイントは見る角度を変えること。ひとつの展望台だけでなく、東西に離れた展望台へ移動してコロラド川を眺めたり（ビレッジ付近の展望台からは川はわずかしか見えない）、峡谷内のトレイルへ下りて巨大な谷を頭上に見上げたり、遊覧飛行に参加して鳥の目で俯瞰したりすれば、大自然の圧倒的なまでのパワーを実感できるだろう。そのためにもぜひ、ビレッジで1泊以上滞在することをすすめる。

ⓘビジターセンター

営夏期8:00～18:00、冬期9:00～17:00の毎日。ビレッジの東側にあり、マーザーポイントまで歩いて6分ほど。またビレッジ内の各ロッジでも天候などの基本情報は入手できる。

●無料シャトル（ビレッジルート）

営日の出約1時間前～22:00（6～8月は～23:00、12～2月は～20:30）。朝晩は30分ごと、日中は15分ごと

峡谷内のトレイル

ビレッジから歩き出すBright Angel Trailが最も人気。コロラド川を足元に望むPlateau Point（往復約20km、標高差939m、所要7～12時間）までは厳しいが、体力に合わせて1時間だけでも歩いてみるといい。帰りは急な登りになるので予定時間の3分の1になったら引き返そう。峡谷内は下るほど気温が上がり、夏の日中は40℃を超える。帽子、サングラス、多めの飲料水は必携。

↘トレイルを歩くときには熱中症対策を忘れずに。

おもな見どころ

Mather Point
ビレッジ中心部から無料シャトルで約30分。ビジターセンターで降り、トレイルを歩いて6分ほど。

最も有名な日の出ポイント　おすすめ度：★★★

マーザーポイント
Mather Point

ビジターセンター前の大きな駐車場から歩いて6分の位置にあり、多くの観光客が初めて目にするグランドキャニオンはここからの風景になる。北東向きなので日の出と朝焼けの展望台としても人気が高く、夜明け前から世界中の観光客が無料シャトルに乗って集まってくる。やがてノースリムの向こうから太陽が昇ると多くの人が展望台をあとにするが、つられて帰らないよう気をつけて！　クライマックスはここからなのだ。日が昇るにつれて峡谷内部に日が差し込み、谷の深さ、大きさが浮かび上がってくる。谷底まで光が届く頃、ようやく「地球上で最もダイナミックな風景」が完成する。

環境保護のため、手すりは最低限しか取り付けられていない。写真撮影中の転落事故には十分に気をつけよう。子供からも目を離さないで！

Yavapai Point
ビレッジ中心部から無料シャトルでビジターセンターまで行き、カイバブ・リムルートのヤバパイ行きに乗り換える。展望台にある小さな博物館は営夏期8:00～20:00、春・秋～19:00、冬期～18:00の毎日

各ロッジから歩いて行くこともできる　おすすめ度：★★★

ヤバパイポイント
Yavapai Point

マーザーポイントよりも広い範囲を見晴らすことができ、日の出も夕暮れもおすすめの展望台。目を凝らして足元に切れ落ちた支谷をたどれば、キラリと光るコロラド川を見つけることができるだろう。ビレッジ中心部から近いこともあってマーザーポイントと並んで観光客の数が多く、駐車場はいつも混雑している。無料シャトルで訪れる場合はビジターセンターで乗り換えが必要。

ビレッジからリム沿いを歩いて行くのも楽しい。トレイル沿いには峡谷を形作っている岩石のモニュメントが並んでいる。18億年分の地層の順に1m＝100万年として並んでいるので、峡谷と見比べながら歩いてみよう。El Tover Hotelから展望台まで約1時間の道のりだ。

展望台にあるミニ博物館にはレンジャーが常駐し、情報提供を行っている

MEMO　宿泊施設　サウスリムのビレッジには6軒のロッジ&ホテルがある。真冬を除いて混雑しており、早めの予約が必要だ。4軒はリム沿いに建っているが、残念ながら峡谷が見える部屋は数が少なく、ビレッジ自体が支谷の奥まった位置にあるためそれほど雄大な景色は期待できない。最も高級なのはEl Tover Hotelで 料$228～↗

無料シャトルが連れて行ってくれる　おすすめ度：★★★

ウエストリム　West Rim

ビレッジから西へ進むと6つの展望台があり、リム沿いに舗装路と平坦なトレイルが整備されている。一般車が入れるのは12～2月だけで、3～11月には無料シャトル（12～2月運休）を利用しなければならない。

特におすすめはサウスリムのなかで最も北にあって雄大な景観が望める**ホピポイント Hopi Point**と、日没ポイントとして人気の高い**モハーベポイント Mohave Point**。さらに西にある**ピマポイント Pima Point**からはコロラド川が白く渦巻く急流も遠望できる。ウエストリムの突き当たりは**ハーミッツレスト Hermits Rest**。19世紀に建てられた小屋があり、中は売店になっている。

West Rim
無料シャトルのハーミッツルートが運行している。乗り場はビレッジのBright Angel Lodgeのそば。終点のハーミッツレストまで乗り続けると片道40分。復路はピマポイント、モハーベポイント、パウエルポイントにしか停車しない。
営 日の出約1時間前～日没約30分後。朝晩は30分ごと、日中は15分ごと

コロラド川の雄大な流れを見に行こう　おすすめ度：★★★

イーストリム　East Rim

ビレッジから東には5つの展望台があり、ビレッジ付近とは眺望がかなり異なる。リム沿いの道路は州道で、そのまま東へ抜けてモニュメントバレーやレイクパウエルへ行くことができる。最もビレッジ寄りにある**ヤキポイント Yaki Point**だけはビジターセンターから無料シャトルが走っているが、そのほかの展望台は車か有料のツアーバスで訪れることになる。前日までに予約しておこう。

イーストリムで特に人気がある展望台は、最も東にある**デザートビュー Desert View**。大きくカーブを描くコロラド川と、大峡谷の谷底の様子がよく見える。先住民の遺跡をイメージしたタワーがあり、中は展望台とギフトショップになっている。

コロラド川はデザートビュー付近で南向きから西向きへと流れの方向を変える

East Rim
ヤキポイントへはビジターセンターから無料シャトルのカイバブ・リムルートに乗って約25分。
営 日の出約1時間前～日没30分後。早朝は30分ごと、そのほかは15分ごと
デザートビューはビレッジから約30分。バスツアー（所要4時間）は各ロッジのツアーデスクで申し込むことができる。
料 $68、16歳以下無料

COLUMN

グランドキャニオン・ウエスト　Grand Canyon West

谷に張り出した馬蹄形のガラスの橋スカイウオークSky Walkで知られるグランドキャニオン・ウエストは、グランドキャニオン国立公園の西の端、先住民ワラパイ族居留地にある。サウスリムの展望台から西へ数百キロも離れていて、ラスベガスから日帰りツアーで訪れるのが一般的。峡谷はサウスリムのビレッジ付近に比べるとはるかに浅く規模が小さいが、先住民文化に触れたり、コロラド川のラフティングをちょっとだけ体験したりといった楽しみ方ができる。ツアーの予約はシーニック航空（→P.284）などで。

スリリングなスカイウオーク。ガラスの床から谷底までは200mある

↘631。そのほかのロッジは$76～311。予約はYavapai Lodgeのみ FREE (1-877) 404-4611 URL visitgrandcanyon.com、そのほかの5軒は FREE (1-877) 297-2757 URL grandcanyonlodges.comへ。

グランドキャニオン国立公園 ノースリム

Grand Canyon National Park - North Rim

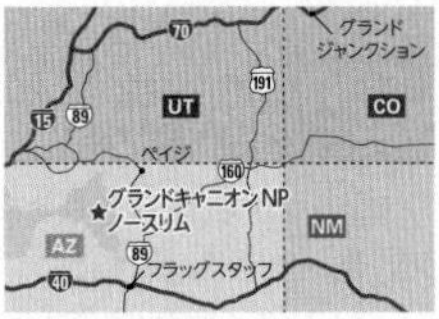

アリゾナ州　MAP ▶ 折込表 A2／裏H2

北から見る大峡谷の姿は、サウスリムから眺めていた巨大な岩山がより近くに迫るのが特徴。標高は2500m以上あり、崖の上に広がる広葉樹の森では秋に黄葉が楽しめる。アクセスは車のみで、冬期は閉鎖されてしまうが、サウスリムよりもずっと観光客が少なく、真夏でも静かなのがうれしい。

DATA

時間帯 山岳部標準時(MST)※夏時間不採用
☎(928) 638-7888　URL nps.gov/grca
営 5月中旬～10月中旬のみ24時間オープン。冬期閉鎖　料 車1台$35、バイク$30、そのほか1人$20(サウスリムにも有効)

エリア紹介

ノースリムへのアクセスは車のみ。近くに大きな町も空港もなく、かなり辺ぴな場所だ。サウスリムのビレッジから峡谷を隔てた対岸、肉眼でもかろうじて見えるほどの場所にあるのだが、車で行くにははるか園外へ出て4～5時間も遠回りしなくてならない。レイクパウエルやザイオンと組み合わせたドライブがおすすめだ。冬は積雪が多く、ノースリム全体が閉鎖される。春と秋も雪に注意を。

ノースリムの歩き方

ノースリムのビレッジにはロッジとキャンプ場がある。すぐそばの展望台**ブライトエンジェル・ポイントBright Angel Point**から眺める**ゾロアスター寺院Zoroaster Temple**という名の岩峰が印象的だ。

ビレッジから離れた展望台も見逃せない。南へ大きく張り出した展望台**ケープロイヤルCape Royal**は、眼前に延びる垂直のヤセ尾根が大迫力。対岸に建つデザートビューのタワーも小さく見えている。一方、**ポイントインペリアルPoint Imperial**はグランドキャニオンで最も北にある展望台で、標高も2683mと最も高い。東のレイクパウエル方面を向いているため、ほかの展望台とはかなり雰囲気が異なる。これらの展望台を半日かけて見てこよう。

行き方

レンタカー

レイクパウエルからUS-89を南下し、30分ほど走ってUS-89Aへ右折。約20分でコロラド川を渡り、約45分でAZ-67を左折して、さらに約1時間でビレッジに到着。ペイジから3時間弱。

ザイオンからは約3時間、ラスベガスからは5～6時間かかる。

● **Bright Angel Point**
ロッジから歩いて約10分。日の出、夕暮れいずれもおすすめ。

● **Cape Royal**
ビレッジから車で約45分。駐車場から展望台まで10分ほど歩く。

● **Point Imperial**
ビレッジから車で約20分。

MEMO **宿泊施設**　ビレッジの断崖沿いにGrand Canyon Lodgeがある。レストランから大峡谷が眺められるが、ほとんどの客室は林の中に建つ簡素な山小屋風コテージで、眺望はない。シーズンを通して混雑しているので予約は早めに。FREE (1-877) 386-4383 URL grandcanyonforever.com 料 $148～262

ザイオン国立公園

Zion National Park

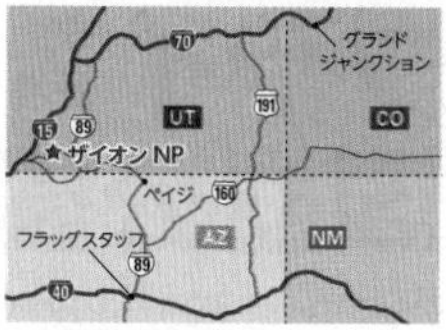

ユタ州　MAP ▶ 折込表 A2／裏 G1

ラスベガスから比較的近く、全米第4位の入園者数を誇る人気の公園。中心となる観光ルートは谷底に延び、天高くそびえる巨岩を両側に見上げながら進む。渓流沿いには緑があふれ、シカや野鳥が草原に遊び、あちこちから水音が聞こえる。グランドサークルでは異色の、みずみずしさを満喫しよう。

DATA
時間帯 山岳部標準時(MST)
☎ (435) 772-3256
URL nps.gov/zion
営 24時間365日オープン
料 車1台$35、バイク$30、そのほか1人$20

エリア紹介

ザイオンはユタ州南西部にあり、アリゾナ州やネバダ州に近い。レイクパウエルとラスベガスの中間くらいの位置だ。ブライスキャニオン(→ P.290)がそばにあるので、ふたつの公園を一緒に訪れる人が多い。アクセスは車のみだが、ラスベガスから日帰りバスツアーが各社から出ている。夏休みと11月の黄葉シーズンは特に混雑する。

ザイオン国立公園の歩き方

おもな見どころは公園の中央にある**ザイオンキャニオン Zion Canyon**に集まっている。バージン川沿いに草原が広がり、頭上にはカラフルな巨岩がずらりと並ぶ。**無料シャトル**で奥へ進むと、カーブを曲がるたびに**ウエストテンプル West Temple**、**司教の宮殿 Court of Patriarchs**、**エンジェルスランディング Angels Landing**、そして高さ732mの一枚岩**グレート・ホワイト・スローン Great White Throne**などが右に左に現れる。雨が降るとあちこちに滝が出現して怖いほどの迫力だ。

ザイオンキャニオンは奥へ行くほど狭くなっており、やがて河岸すらもなくなる。その先、バージン川の中をジャブジャブと進む**ナローズ The Narrows**は夏ならではのお楽しみ。その狭さ&深さを体感するために30分でもいいから歩いてみたい。

行き方

レンタカー

ノースリムからUS-89Aを西へ走り、Mt. CarmelでUT-9へ左折。約3時間。レイクパウエルから約2時間、ラスベガスから約2時間30分。

● **無料シャトル**

3月中旬～11月下旬、ザイオンキャニオンは一般車進入禁止になり、ビジターセンターから出ているシャトルバスで訪れる。7:00～18:45(夏期延長)。7～10分ごと。

● **The Narrows**

無料シャトルの終点からトレイルを30分ほど歩き、そこから川へ入る。適期は5～10月で、冬は水が冷たくて歩けない。水深はたいてい膝以下だが、腰までぬれることもある。また雨が降ると急に水位が上がり、逃げ場がないので過去に何人もの犠牲者が出ている。雲行きが怪しくなったら即刻引き返そう。2時間ほど進むと支流との合流点があり、その先は許可証が必要。

MEMO **宿泊施設**　ザイオンキャニオンの中心にZion Lodgeがある。人気があり、特に夏期は混雑している。FREE (1-888) 297-2757 URL zionlodge.com 料 $170～227　また公園の南ゲートのすぐ外側にある小さなリゾートタウン、スプリングデールSpringdaleにもロッジやB&Bが18軒ある。

ブライスキャニオン国立公園

Bryce Canyon National Park

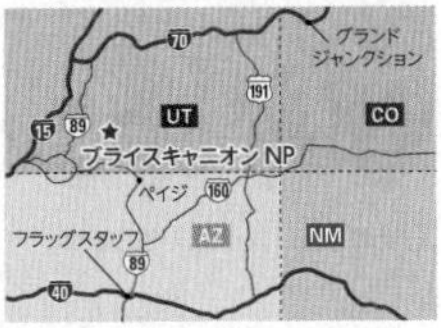

ユタ州　MAP ▶ 折込表A2/裏G1

パステルカラーの断崖というだけでも魅力的なのに、そこに何千という尖塔が連なっている。まさに石の森だ。崖の上の展望台から見下ろせばフードゥー Hoodooと呼ばれる尖塔がさまざまな表情をした人に見えてくるだろう。ぜひ1、2時間を割いて谷へ下り、ファンタジーの世界に浸ってみよう。

DATA

時間帯 山岳部標準時(MST)
☎ (435) 834-5322
URL nps.gov/brca
営 24時間365日オープン
料 車1台$35、バイク$30、そのほか1人$20

行き方

レンタカー

ザイオンからは、園内を横切るUT-9を東へ走り、Mt. CarmelでUS-89を左折。さらにUT-12へ右折する。約1時間30分。

グランドジャンクションから直接行くなら、I-70のExit 23からUS-89を南下してUT-12へ左折。5〜6時間。ソルトレイク・シティからは4〜5時間。

エリア紹介

ザイオンから車で北東へ1時間30分ほどの所にある。ザイオンはもちろん、ノースリムやレイクパウエルと組み合わせて訪れる人が多い。またブライスキャニオンからさらに北上してアーチーズへ向かうUT-12、UT-24も雄大な景色が広がるドライブルートとして人気。

園内は標高2000〜2770mとグランドサークルのなかでノースリムに次いで高く、冬は深さ30〜60cmの雪に覆われる。雪化粧をしたフードゥーは格別の美しさだ。5月、10月でも雪への備えを忘れずに。9〜10月には崖の上の森で黄葉が楽しめる。

●**無料シャトル**

4月中旬〜10月下旬8:00〜18:00(夏期延長)、15分ごとに運行。UT-12から公園へ曲がった所から発着している。ビジターセンターやおもな展望台に停車する。ザイオンと違って利用は義務ではないが、各展望台では駐車スペースを探すのが大変だし、展望台をつなぐトレイルを片道だけ歩くときにも便利なので、ぜひ利用したい。

ブライスキャニオン国立公園の歩き方

馬蹄形になった断崖の上には4ヵ所に展望台があり、順番に見ていけば角度を変えて眺めることができる。北から**サンライズポイント Sunrise Point**、**サンセットポイント Sunset Point**、**インスピレーションポイント Inspiration Point**、**ブライスポイント Bryce Point**で、ブライスポイントが最も人気がある。夏期はこのエリアを**無料シャトル**が往復している。

ざっと見るだけなら2時間、谷へ下りるトレイルを歩いても半日程度で見学できるが、フードゥーは光の加減で色が変わり、特に早朝が美しいので、ぜひ1泊することをおすすめしたい。

MEMO　**宿泊施設**　サンセットポイントの近くにBryce Canyon Lodgeがある。冬期休業。 FREE (1-877) 386-4383 URL brycecanyonforever.com 料 $176〜271　また公園ゲートのすぐ外側にある4軒のモーテルも便利だ。夏期$170〜350、冬期$80〜200。

State of Arizona & State of New Mexico

アリゾナ州&ニューメキシコ州

サンタフェの旧総督邸前に毎日並ぶターコイズの露店

State of **Arizona & New Mexico**

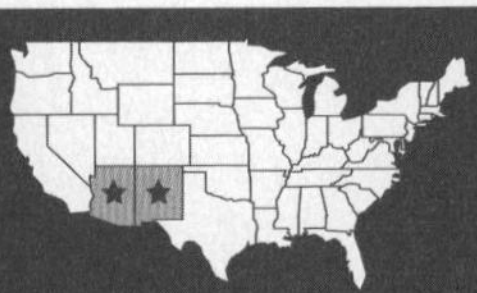

アリゾナ州とニューメキシコ州

両州は1912年にアメリカ合衆国の州に昇格。ヨーロッパ人入植以前から先住民族が住み、アリゾナはアメリカ最大のナバホネイション（ナバホ族居留地）、ニューメキシコには古代プエブロ人の子孫が独自の政府をもって生活する。ハイテク、研究開発、エネルギー資源、観光が重要産業。

アリゾナ州の基礎知識

【基本情報】

▶**人口** 約717万人　▶**面積** 約29万4200㎢

▶**州都** フェニックスPhoenix

▶**州の愛称** グランドキャニオン州 Grand Canyon State

【アクセス】

▶**直行便はない。**ロスアンゼルスやサンフランシスコ経由で、フェニックスまで約13～14時間。

【安全情報】

▶**在ロスアンゼルス日本国総領事館**

Consulate-General of Japan in Los Angeles

住 350 S. Grand Ave., Suite 1700, Los Angeles, CA 90071

☎ (213)617-6700（緊急の場合は24時間対応）

URL www.la.us.emb-japan.go.jp

ニューメキシコ州の基礎知識

【基本情報】

▶**人口** 約210万人　▶**面積** 約31万4100㎢

▶**州都** サンタフェ Santa Fe

▶**州の愛称** 魅惑の地 Land of Enchantment

【アクセス】

▶**直行便はない。**ロスアンゼルス、デンバー、ダラス経由で、アルバカーキまで約16～19時間。

【安全情報】

▶**在デンバー日本国総領事館**→P.160

※両州はメキシコと接しているため、幹線道路に検問所（ボーダーパトロール）が設けられている。パスポートやグリーンカードなどの身分証明書を常時携行すること

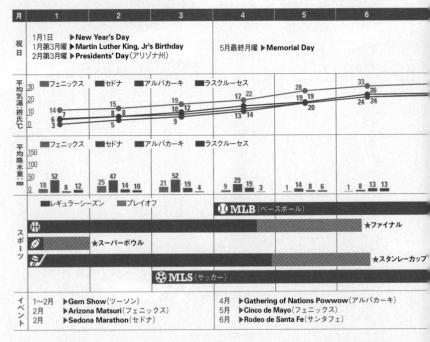

月	1	2	3	4	5	6
祝日	1月1日 ▶**New Year's Day** 1月第3月曜 ▶**Martin Luther King, Jr's Birthday** 2月第3月曜 ▶**Presidents' Day**（アリゾナ州）			5月最終月曜 ▶**Memorial Day**		
平均気温：摂氏℃（フェニックス、セドナ、アルバカーキ、ラスクルーセス）	14, 7, 6, 3	15, 8, 8, 5	19, 10, 12, 9	17, 22, 13, 14	28, 19, 19, 20	33, 26, 24, 24
平均降水量：mm（フェニックス、セドナ、アルバカーキ、ラスクルーセス）	18, 52, 8, 12	25, 47, 14, 10	21, 52, 19, 4	9, 29, 19, 3	1, 14, 8, 6	1, 8, 13, 13

スポーツ（■レギュラーシーズン　■プレイオフ）

- **MLB**（ベースボール）
- ★ファイナル
- ★スーパーボウル
- ★スタンレーカップ
- **MLS**（サッカー）

イベント	
1～2月 ▶**Gem Show**（ツーソン）	4月 ▶**Gathering of Nations Powwow**（アルバカーキ）
2月 ▶**Arizona Matsuri**（フェニックス）	5月 ▶**Cinco de Mayo**（フェニックス）
2月 ▶**Sedona Marathon**（セドナ）	6月 ▶**Rodeo de Santa Fe**（サンタフェ）

MEMO **アリゾナ州の最新情報をチェック！** 都市案内、地図、アドベンチャーガイド、先住民族の歴史、サボテンリーグ春季キャンプ情報など、アリゾナ州の旅行情報が満載。アリゾナ州政府観光局Arizona Office of Tourism URL www.visitarizona.com

▼折込地図表面参照／ABC2～3

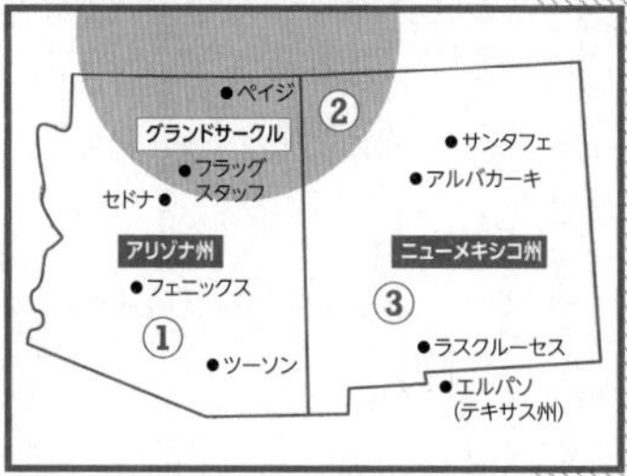

アリゾナ州のおもな都市

① Phoenix, Tucson & Sedona
フェニックス、ツーソン、セドナ ▶P.295

フェニックスは州中央部に位置するアリゾナ州最大の都市。軍事、航空産業を基盤に発展。近年は「シリコンデザート」と呼ばれ、南部のツーソンとともにハイテク産業で急成長中。中北部のセドナはアメリカ随一のヒーリングスポットとして知られている。

② Grand Circle
グランドサークル ▶P.265 折込地図裏面

アリゾナ州北部のユタ州境にあるレイクパウエルを中心に、半径230kmの範囲をグランドサークルと呼ぶ。グランドキャニオンなどの大自然が集中する地域。

ニューメキシコ州のおもな都市

③ Albuquerque, Santa Fe & Las Cruces
アルバカーキ、サンタフェ、ラスクルーセス ▶P.321

州北部のアルバカーキは旧道ルート66が通る古くからの商業都市。州都サンタフェは歴史と文化が香る町並みが人気の全米屈指の観光都市だ。州南部のラスクルーセスはニューメキシコ州立大学の本拠地で、ミサイル実験場・研究所、商用宇宙船開発のヴァージン・ギャラクティックが事業拠点にしている。

7	8	9	10	11	12

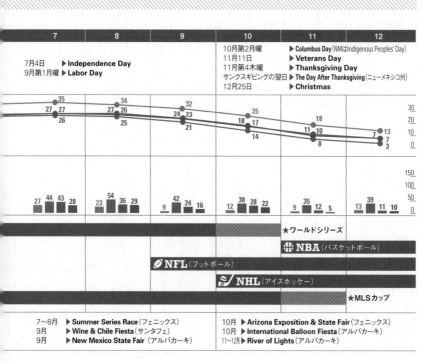

7月4日 ▶Independence Day
9月第1月曜 ▶Labor Day

10月第2月曜 ▶Columbus Day(NMはIndigenous Peoples' Day)
11月11日 ▶Veterans Day
11月第4木曜 ▶Thanksgiving Day
サンクスギビングの翌日 ▶The Day After Thanksgiving(ニューメキシコ州)
12月25日 ▶Christmas

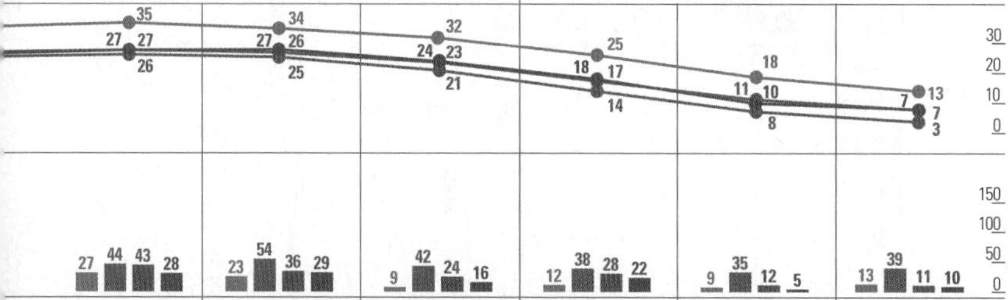

★ワールドシリーズ
NBA(バスケットボール)
NFL(フットボール)
NHL(アイスホッケー)
★MLSカップ

7～8月 ▶Summer Series Race(フェニックス)
9月 ▶Wine & Chile Fiesta(サンタフェ)
9月 ▶New Mexico State Fair(アルバカーキ)

10月 ▶Arizona Exposition & State Fair(フェニックス)
10月 ▶International Balloon Fiesta(アルバカーキ)
11～12月▶River of Lights(アルバカーキ)

MEMO ニューメキシコ州の最新情報をチェック! 都市案内、地図、先住民族の文化と歴史、アート、文化、イベントなど多岐にわたる旅行情報が満載。ニューメキシコ州観光局New Mexico Tourism Department
URL www.newmexico.org

フェニックス広域

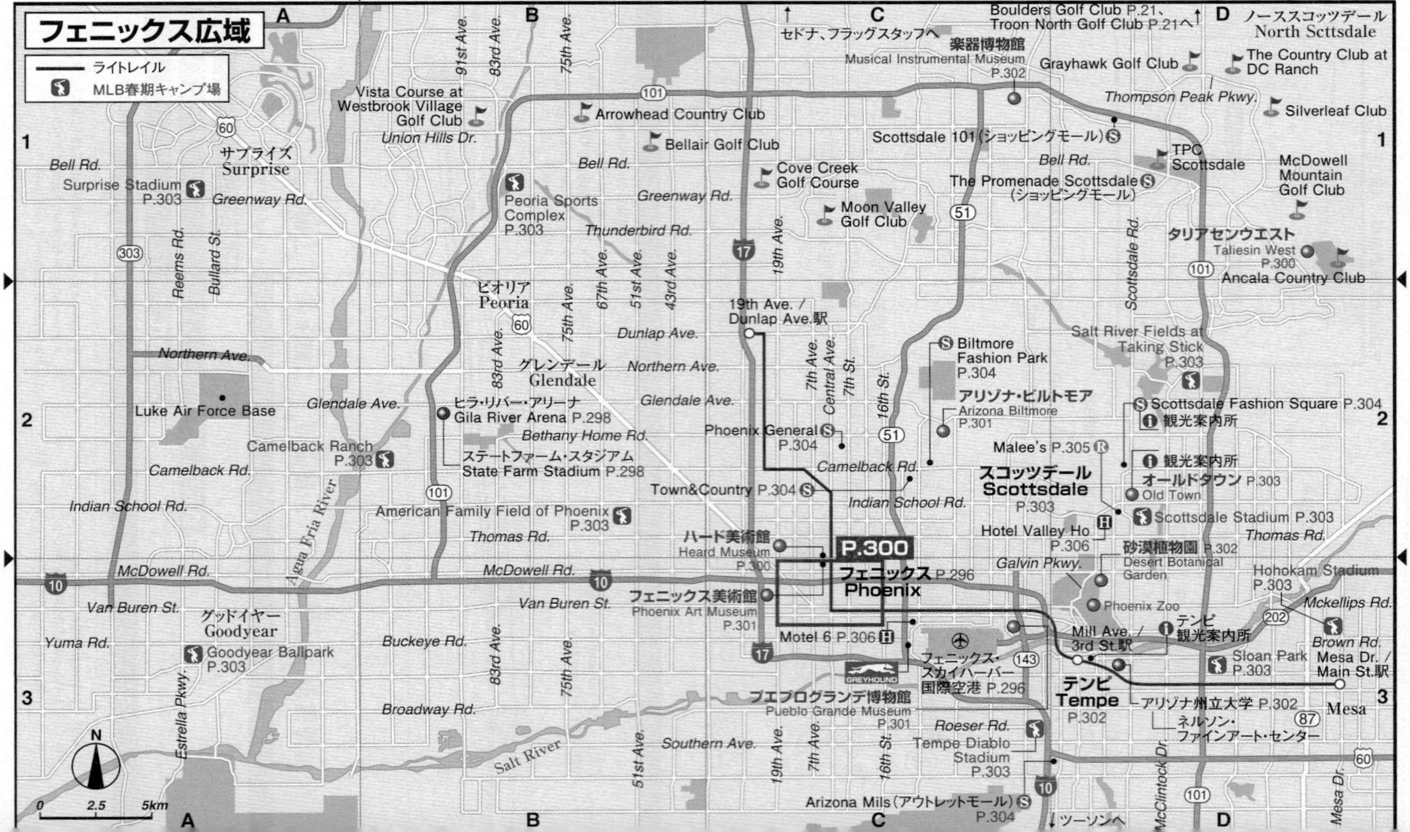
ライトレイル
MLB春期キャンプ場
ノーススコッツデール North Scttsdale
Boulders Golf Club P.21、Troon North Golf Club P.21へ
セドナ、フラッグスタッフへ
楽器博物館 Musical Instrumental Museum P.302
Grayhawk Golf Club
The Country Club at DC Ranch
Thompson Peak Pkwy.
Silverleaf Club
Vista Course at Westbrook Village Golf Club
Arrowhead Country Club
Bellair Golf Club
Union Hills Dr.
Scottsdale 101(ショッピングモール)
TPC Scottsdale
McDowell Mountain Golf Club
Bell Rd.
サプライズ Surprise
Surprise Stadium P.303
Greenway Rd.
Peoria Sports Complex P.303
Cove Creek Golf Course
The Promenade Scottsdale(ショッピングモール)
Moon Valley Golf Club
Thunderbird Rd.
タリアセンウエスト Taliesin West P.300
Ancala Country Club
Reems Rd.
Bullard St.
91st Ave.
83rd Ave.
75th Ave.
67th Ave.
51st Ave.
43rd Ave.
19th Ave.
ピオリア Peoria
19th Ave. / Dunlap Ave.駅
Dunlap Ave.
Scottsdale Rd.
Salt River Fields at Taking Stick P.303
Biltmore Fashion Park P.304
Northern Ave.
グレンデール Glendale
7th Ave.
Central Ave.
7th St.
16th St.
アリゾナ・ビルトモア Arizona Biltmore P.301
Luke Air Force Base
Glendale Ave.
ヒラ・リバー・アリーナ Gila River Arena P.298
Scottsdale Fashion Square P.304
観光案内所
Bethany Home Rd.
Phoenix General P.304
Camelback Ranch P.303
Malee's P.305
ステートファーム・スタジアム State Farm Stadium P.298
Camelback Rd.
オールドタウン P.303 Old Town
スコッツデール Scottsdale P.303
Town&Country P.304
Indian School Rd.
Agua Fria River
American Family Field of Phoenix P.303
Scottsdale Stadium P.303
Hotel Valley Ho P.306
Thomas Rd.
ハード美術館 Heard Museum P.300
P.300
砂漠植物園 P.302 Desert Botanical Garden
McDowell Rd.
フェニックス Phoenix P.296
Galvin Pkwy.
Hohokam Stadium P.303
Van Buren St.
フェニックス美術館 Phoenix Art Museum P.301
Phoenix Zoo
Mckellips Rd.
グッドイヤー Goodyear
テンピ観光案内所
Yuma Rd.
Motel 6 P.306
Mill Ave. / 3rd St.駅
Brown Rd.
Goodyear Ballpark P.303
Buckeye Rd.
フェニックス・スカイハーバー国際空港 P.296
Sloan Park P.303
Mesa Dr. / Main St.駅
GREYHOUND
テンピ Tempe P.302
Estrella Pkwy.
Broadway Rd.
プエブログランデ博物館 Pueblo Grande Museum P.301
アリゾナ州立大学 P.302
Mesa
Roeser Rd.
ネルソン・ファインアート・センター
Salt River
Southern Ave.
Tempe Diablo Stadium P.303
McClintock Dr.
Mesa Dr.
Arizona Mils(アウトレットモール) P.304
ツーソンへ
N
0
2.5
5km

アリゾナ州の オリエンテーション

アリゾナ州は州中央部のフェニックスを起点に、南部のツーソン、北部にはセドナやグランドキャニオン国立公園に代表される大自然の宝庫、グランドサークルがある。フェニックス以南はケッペンの気候区分の砂漠気候に属しており、雨が少なく昼と夜の気温差が激しい。夏は40℃を超える酷暑。北部は標高が高く乾燥している。冬は降雪もあるが、除雪車のおかげで運転に支障はない。

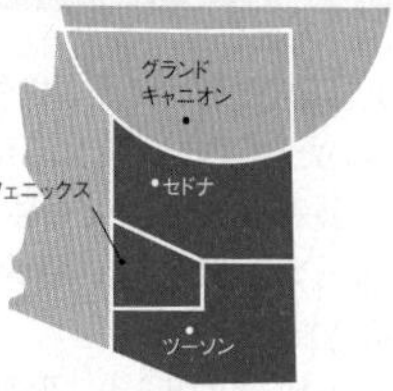

▶P.296～

アリゾナ南部
Southern Arizona

フェニックスやツーソンは避寒地で、冬から春にかけて多くの観光客が訪れる。スコッツデール周辺に著名なゴルフリゾートが点在し、スパやプールなどの娯楽が満載。サワロサボテンの風景も期待どおり。

▶P.310～

アリゾナ北部
Northern Arizona

フェニックスからセドナまでは車で約2時間、グランドキャニオンへは5時間ほど。夏は南部より過ごしやすい。アウトドアアクティビティが盛ん。大自然に身をおくことで心身ともに癒やされる。

コンベンション情報

ダウンタウンフェニックス
フェニックス・コンベンション・センター＆ベニュー
Phoenix Convention Center & Venue
MAP **P.300-B2**
住 100 N. 3rd St., Phoenix ☎(602) 262-6225
FREE (1-800) 282-4842
URL www.phoenixconventioncenter.com

交 メトロレイル3rd St. & Washington下車
▶フェニックスと周辺エリアのホテル客室総数約6万6000室
▶繁忙期：12～3月
▶出席者情報：www.phoenixconventioncenter.com/FAQ

COLUMN

フェニックスステイ　ワンポイントアドバイス

アメリカで避寒地と呼ばれる所がフロリダとアリゾナのふたつの州。大リーグの春季キャンプが行われるのもこのふたつの州だけで、これを目指して全米より多くのファンが訪れる。2月の寒い時期でも摂氏20～24℃、オープン戦が始まる頃の日中は25℃を超えることもざらだ。

ホテルの料金もほかのアメリカの州とは大きく異なり、12～3月まではぐんと上がり、逆に6～8月の猛暑の時期は繁忙期の半額以下となる。猛暑の夏は40℃を超える日も少なくなく、日中町を歩く人は極端に少ない。また、実際に歩いていると暑さでぼーっとしてくるから、帽子や日焼けどめ、水などを持参し、熱中症予防に努めよう。

コンベンションも繁忙期が多いから、脱ぎ着できる服装で訪れたい。しかし、コンベンション・センターは冷房が効き過ぎていることが多いので、肌着や女性ならタイツなどで対応しよう。

太陽に愛された地

フェニックス

MAP ▶ P.294-C2~3

Phoenix

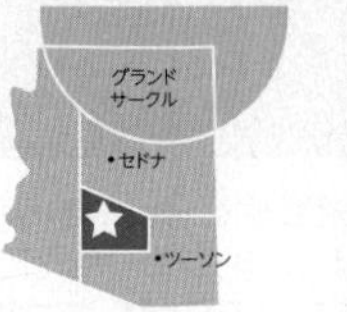

人口▶約166万300人
面積▶約1338.2㎢
標高▶約340m
TAX▶セールスタックス　8.6%
　　ホテルタックス　12.57%
時間帯▶山岳部標準時(MST)
　　※夏時間不採用

フェニックスは都会だが、町を少し出ればこのような景色が続く

乾いた空気と刺さるような日差し、広大な砂漠とそこに生い茂るサボテン。フェニックスはそんな思い描いた砂漠の風景が広がっている。近年は人口の増加が著しく、その成長率はアメリカでも屈指。現在、全米で6番目に人口が多い都市となっているが、近い将来フィラデルフィアを抜き、全米第5位になると見込まれている。

アメリカ4大プロスポーツが揃う都市としても知られ、平野佳寿投手が活躍したMLBダイヤモンドバックス、日本人初のNBAプレイヤー田臥勇太選手が所属していたサンズ、NFL最古のチームであるカージナルスに、1996年にカナダから移転したNHLのアリゾナ・コヨーテズが本拠地を構える。

エンターテインメント、アトラクションが充実する南西部のビッグシティ。冬のアメリカ旅行はフェニックスで決まりだ。

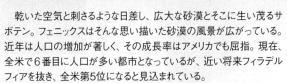

アクセス

Phoenix Sky Harbor International Airport (PHX)
MAP P.294-C3
住 3400 E. Sky Harbor Blvd., Phoenix
☎(602) 273-3300
URL skyharbor.com

飛行機

フェニックス・スカイ・ハーバー国際空港

Phoenix Sky Harbor International Airport (PHX)

ダウンタウンの東、約8kmの場所にある国際空港。ターミナルは2、3、4の3つ。日本からの直行便はないが、サウスウエスト航空のハブ空港で、サンフランシスコやロスアンゼルスなど全米を結んでいるほか、大手航空会社の路線も多い。1日に1200機以上が離発着し、セドナ(→P.310)への玄関口でもある。メトロレイル44th St. / Washington駅までは無料のトラム、スカイトレインでアクセス可能。

レンタカーセンターは空港の外にあり、シャトルで向かう

MEMO　ダウンタウンの住所の読み方　東西はCentral Ave.を中心にして左右にそれぞれ1、2、3、と数字が大きくなる。Central Ave.より東はストリート(Street)、西はアベニュー(Avenue)となるので、同じ数字でも東西を間違えないようにしよう。

● 空港から／空港へのアクセス

種類／名称／連絡先		行き先／運行／料金	乗車場所／所要時間／備考
空港シャトル	**スーパーシャトル** SuperShuttle ☎(602) 244-9000 FREE (1-800) 258-3826 URL www.supershuttle.com	**行き先▶**市内や周辺どこでも **運行▶**24時間随時 **料金▶**ダウンタウンまで片道$14～、テンピまで片道$14～、スコッツデールまで片道$19～	**空港発▶**ターミナル4ドア8近くにカウンターがありそこで申し込めるが、できればウェブから予約したい。到着するとスマートフォンに乗り場などが表示される。乗り場はターミナルを出て"Van Service"のサインから **空港行き▶**事前にウェブなどで予約をしてから乗車 **所要時間▶**ダウンタウン、テンピまで25～40分。スコッツデールまで35～50分
トラム＋メトロレイル	**スカイトレイン＋メトロレイル** PHX Sky Train + Metro Rail ☎(602) 253-5000 URL www.valleymetro.org	**行き先▶**ダウンタウン、テンピ **運行▶**スカイトレイン：24時間。3～5分間隔。メトロレイル：月～金3:31～23:36（金～翌2:36）、土3:54～翌2:34、日3:56～23:42の10～20分間隔（ダウンタウン行き） **料金▶**$2（スカイトレイン無料＋メトロレイル$2）	**空港発▶**ターミナル3、4から無料のスカイトレインでメトロレイル44th St./Washington駅へ。そこからメトロレイルでダウンタウンへ **空港行き▶**ダウンタウンのメトロレイル各駅から44th St./Washington駅へ。そこからスカイトレインに乗り、ターミナル4、または3へ **所要時間▶**ダウンタウンまで約40分
タクシー	**AAA／イエローキャブ** AAA / Yellow Cab ☎(480) 888-8888	**行き先▶**市内や周辺どこでも **運行▶**24時間随時 **料金▶**ダウンタウン、テンピまで$20～35、スコッツデールまで$30～40	**空港発▶**各ターミナルを出てすぐのカーブサイドから乗車 **空港行き▶**事前に電話予約、または主要ホテルから乗車 **所要時間▶**ダウンタウン、テンピまで15～25分。スコッツデールまで30～40分

● 空港から車を借りる

アラモ、エイビス、バジェット、ダラー、ハーツなど、主要レンタカー会社の営業所は空港から約2㎞、南西のレンタカーセンターに集まっている。各ターミナルのバゲージクレーム階を出た所にあるバス停からレンタカーセンター行きのシャトルバス（5～10分間隔）に乗り、5分ほどで到着する。

●レンタカーセンター
住1805 E. Sky Harbor Cir., Phoenix
※2019年11月現在、センターへ行く途中の道路が工事中。時間には余裕をもちたい

長距離バス

グレイハウンド

Greyhound

フェニックス国際空港のすぐ西側、24th St.とBuckeye Rd.との角にあり、ロスアンゼルスやラスベガスからの便がある。

バスディーポからダウンタウンへは、メトロバス#70に乗り24th St. & Jefferson St.で下車。目の前にあるメトロレイル24th St./Washington駅からダウンタウンに向かおう。もしくはタクシー（所要約15分、料約$16）で。メトロバスのバス停はグレイハウンド駅の斜め向かいにある。

空港近くにあるグレイハウンドの駅。空港周辺にあるため浮浪者は少ない

Greyhound Bus Depot
MAP P.294-C3
住2115 E. Buckeye Rd., Phoenix
☎(602) 389-4200
URL www.greyhound.com
営24時間

フェニックスの市内交通

バレーメトロ

Valley Metro

約80路線のバスとメトロレイルを運行し、スコッツデールやテンピ、メサなど近郊の町までをカバーする公共交通機関。ダウンタウンにある**セントラルステーションCentral Station**が案内所兼トランジットセンターとなっており、路線図もここで入手可能だ。バス、メトロレイル共通で使える1日券はメトロレイル各駅の自動券売機や、販売店（Circle K、7-Eleven、Safeway、Walgreensなど）で買える。

Valley Metro
☎(602) 253-5000
URL www.valleymetro.org
料バス、ライトレイル共通$2、1日券$4、Express1日券$6.50

●メトロバス　Metro Bus

東西南北に路線を張り巡らせるメトロバス。郊外にある砂漠植物園や楽器博物館、スコッツデールまではメトロバスで行こう。郊外も合わせて14のトランジットセンターがあり、ダウンタウンではセントラルステーションがトランジットセンター。約25路線が発着する。

メトロバスの車体は紫色が目印

●Central Station
MAP P.300-B2
住300 N. Central Ave., Phoenix
オフィスの営業
営月～金 9:00～17:00
休土・日、おもな祝日
※すべての路線を網羅したトランジットブックが手に入る

● Metro Bus
運行／毎日6:00～23:00の30分間隔（路線により異なる。日曜は運休する路線もあるので注意）

●メトロレイル　Metro Rail

フェニックス北西からダウンタウンを通り、空港周辺とテンピ方面を結ぶ。ハード美術館やテンピへ行くときに便利だ。各駅に自動券売機があり、乗車券やパス類が購入できる。

利用頻度の高いメトロレイル

● Metro Rail
運行／駅によって異なるが月～金5:00～23:45（金～翌2:33）、土・日5:30～翌4:00（日～翌1:20）の12～20分間隔

●ダッシュ　DASH (Downtown Area Shuttle)

セントラルステーションとアリゾナ州議事堂博物館を循環する無料バス。東西はおもにWashington St.とJefferson St.を走る。

緑と青の車体のダッシュ。乗車料金は無料

● DASH
運行／月～金6:35～18:11の12分間隔
料無料

Sports フェニックスのスポーツ

フェニックスには5大スポーツのうち、サッカーを除いた4つが揃う。ふたつの会場はダウンタウンにあり、残りは車で25分くらいの所にある。

MLB Arizona Diamondbacks
アリゾナ・ダイヤモンドバックス（ナショナルリーグ西地区）

球団創設は1998年。わずか4年後の2001年にワールドシリーズを制した。愛称はDバックス。
本拠地―チェイスフィールド　Chase Field
MAP P.300-B2　住401 E. Jefferson St.
☎(602) 514 - 8400　URL www.mlb.com/dbacks　交ライトレイル3rd St.／Jefferson St.駅から徒歩3分

NBA Phoenix Suns
フェニックス・サンズ（西・太平洋地区）

1968年創設。ファイナル進出は1976年と1933年で、2度とも優勝は逃している。2010-2011からプレイオフ進出もままならず、3年連続最下位。
本拠地―トーキング・スティック・リゾート・アリーナ　Talking Stick Resort Arena
MAP P.300-B2　住201 E. Jefferson St.
☎(602)379-7867　URL www.nba.com/suns
交ライトレイル3rd St.／Jefferson St.駅の目の前

NFL Arizona Cardinals
アリゾナ・カージナルス（NFC西地区）

1898年に創設。1960～1980年までセントルイス、1988年以降からグレンデールをホームにするNFL最古のチームだ。2008年にスーパーボウル出場。
本拠地―ステートファーム・スタジアム　State Farm Stadium
MAP P.294-B2　住1 Cardinals Dr., Glendale
☎(602)379-0101　URL www.azcardinals.com
交セントラルステーションからバス#0で北上。Glendale Ave.で#70に乗り継ぎ、95th St.で下車、徒歩15分

NHL Arizona Coyotes
アリゾナ・コヨーテズ（西・太平洋地区）

1979年創設。2014-2015シーズンより、アリゾナ・コヨーテズに改名、2018年より復活のきざしが。
本拠地―ヒラ・リバー・アリーナ　Gila River Arena
MAP P.294-B2　住9400 W. Maryland Ave., Glendale　☎(623) 772 - 3200　URL coyotes.nhl.com　交NFLカージナルズのスタジアムと隣接

ツアー

ヴォーンズ・サウスウエスト・ツアーズ

Vaughan's Southwest Tours

フェニックス市内やセドナ、グランドキャニオン、モニュメントバレー、近郊の町ツームストンなどへのツアーも豊富。滞在ホテルへのピックアップあり。

●ツアー
Vaughan's Southwest Tours
☎ (602) 971-1381
FREE (1-800) 513-1381
URL www.southwesttours.com
出発／フェニックスやスコッツデールの主要ホテル

ツアー名	料金	運行	所要時間	内容など
City of Phoenix & Scottsdale	$70	日・月11:30〜12:30発、火〜土7:45〜8:45発	約5時間	フェニックスのおもな見どころだけでなく、スコッツデールのオールドタウン、テンピなども回る
Sedona	$130	毎日6:45〜7:45発	約11時間	地球の磁力の源といわれるボルテックスがいくつもあり、癒やしの地として人気のセドナへの１日ツアー
Grand Canyon	$165	毎日6:30〜7:45発	約14時間	キャメロン・トレーディング・ポストやグランドキャニオン、ナバホ居留地などを見学する

フェニックスの歩き方

歩き方の前に覚えておきたいのが観光するシーズン。フェニックスの夏は気温が40℃を超えるから、日中の町歩きはなるべく避けたい。もし町歩きをするなら、常に水分補給をし、**UV対策も怠らないように。ベストシーズンは暑さがやわらぐ12〜4月。**日中の気温は23℃前後で過ごしやすい。ただし朝晩は冷え込み、10℃くらいまで気温が下がるので、出かける際も薄手のフリースやジャケットなどは忘れないこと。

フェニックスは観光ポイントが郊外にも点在しているので、移動はレンタカーが効率的だ。しかし、車がなくても、ダウンタウンを拠点にバレーメトロのバスやメトロレイルを乗りこなせば、多少時間はかかるが問題ない。**フェニックスのダウンタウンはビジネス街のため、レストランやショップは少ない。夜や休日は閑散としている。**そのため、滞在は近郊のスコッツデール（→P.303）やテンピ（→P.302）をすすめる。

フェニックスのアンバサダー。困ったら彼らに聞こう

i 観光案内所
Phoenix Visitor Information Center
MAP P.300-B2
住 125 N. 2nd St., Phoenix
☎ (602) 254-6500
URL www.visitphoenix.com
営 月〜金8:00〜17:00
休 土・日、おもな祝日

Downtown Phoenix Ambassadors Information Center
MAP P.300-B2
住 1 E. Washington St., Phoenix
☎ (602) 495-1500
URL dtphx.org
営 月〜金8:00〜18:00
休 土・日

● フェニックス観光１日モデルコース

フェニックスでは1日をダウンタウンと周辺、もう1日で郊外を回るのがいい。

定番コース

9:00 アリゾナ州議事堂博物館（→P.301）
⬇ダッシュとメトロレイル
11:00 ハード美術館（→P.300）
先住民のアートに触れたあと、ランチは美術館のカフェで南西部料理を
⬇徒歩
13:30 フェニックス美術館
⬇メトロレイル （→P.301）
15:30 プエブログランデ博物館
⬇メトロレイル （→P.301）
17:30 ダウンタウン散策

ダウンタウンでぜひ寄りたいアリゾナ州議事堂

近郊の町コース

8:30 砂漠植物園（→P.302）
暑くならないうちに見学したい
⬇メトロバス#17と#72を乗り継いで約35分
10:30 スコッツデール（→P.303）
無料のトロリーに乗ってオールドタウンとエリア最大のモール、ファッション・スクエアへ。ランチはスコッツデールで
⬇メトロバス#72
14:30 テンピ（→P.302）
アリゾナ大学や学生街としてのダウンタウンを散策しよう

避寒地として人気のスコッツデール。豪華な別荘を眺めるのもおもしろい

投稿 暖かいと思い油断したら……　12月にフェニックスを訪れた。上着はホテルへおきTシャツで観光をしていたが、夜になると急激に寒くなり、Tシャツでは到底耐えられなかった。暖かいと思っても上着は必携！
（東京都　きむ）['19]

おもな見どころ

ダウンタウン Downtown

ネイティブアメリカンの展示は全米屈指　おすすめ度：★★★

ハード美術館 Heard Museum

アメリカ先住民のアートや歴史を紹介する美術館は各地にあるが、ハード美術館は全米で5本の指に入るほど質、量ともに充実。地元アリゾナ、ニューメキシコ州といった、南西部のアメリカ先住民を中心としたコレクションの合計は4万点を超える。

館内は北米をエリア別に分け、部族ごとに何を営み、どんな住居に住んでいるかを、その環境を再現したジオラマとともに解説している。特にホピ、サンカルロス、ピマ、ズニ族など、地元のプエブロについてはより詳細に展示され、見応え十分。また、電気も水も引かず数百年前からの生活を現在も踏襲するワルピWalpiの村など、知られざる先住民についても取り上げており、館の意欲的な姿勢が感じられる。そのほかにもマリア・マルチネスの黒い陶器、アメリカ先住民の現代美術なども展示され、バラエティに富んだ構成だ。ここではミュージアムショップにもぜひ立ち寄ってほしい。販売されている工芸品はほとんどがハンドメイドで、制作者の名前が刻まれている。決して安くはないが、記念に購入するのもいい。

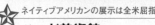

Heard Museum
MAP P.294-C2
住2301 N. Central Ave., Phoenix
☎(602) 252-8840
URL www.heard.org
営毎日9:30～17:00（日11:00～）
休おもな祝日
料$18、シニア$15、学生・6～17歳$7.50
交メトロレイルEncanto Blvd./Central Ave.駅から南に1ブロック
ツアー／毎日12:00、14:00、15:00

プエブロはターコイズを神聖なものとして身につけた

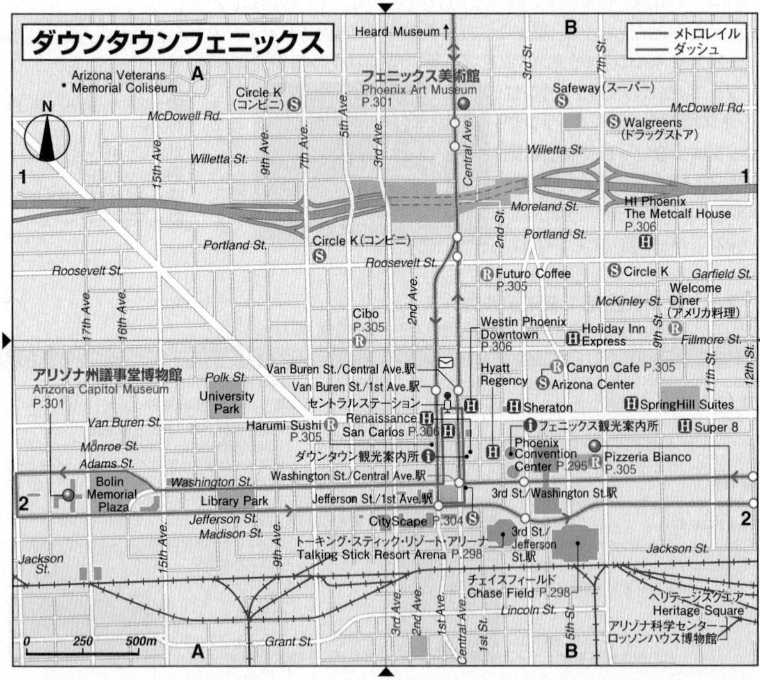

MEMO **ライト建築Part1**　建築家フランク・ロイド・ライトが最期の地として選んだスコッツデール。制作室と学校を兼ねた邸宅タリアセンウエストが公開されている。　Taliesin West MAP P.294-D1 住12345 N. Taliesin Dr., Scottsdale ☎(480)860-2700 URL www.franklloydwright.org 営毎日8:30～18:30（金～21:30。季節により異なる）

南西部のアーティストにも焦点をあてた　おすすめ度：★★★

フェニックス美術館　Phoenix Art Museum

1万9000点以上のコレクションを収蔵する、アメリカ南西部で最も大きな美術館。ハード美術館の3ブロック南に位置する。

アメリカ先住民やグランドキャニオン、西部開拓者たちの生活をテーマにした絵画、オキーフやロックウェルなどの現代美術、ルネッサンス期のイタリア美術、モネやロダンなど14～20世紀ヨーロッパの絵画、スペイン植民地時代や建国初期の肖像画や風景画など幅広い展示が魅力だ。また、シャネルやバレンシアガ、イブ・サン・ローランなど、現代ファッションの礎を築いたデザイナーたちの名品も展示されている。

年代別のファッションの展示

Phoenix Art Museum
MAP P.300-B1
住1625 N. Central Ave., Phoenix
☎(602)257-1880
URL www.phxart.org
営火～日10:00～17:00（水～21:00、日12:00～、第1金曜～22:00）
休月、おもな祝日
料$18～23、シニア$15～20、学生$13～18、6～17歳$9～14、5歳以下無料
※入場料には特別展示が含まれ、展示内容によって料金が異なる
交メトロレイルMcDowell Rd./Central Ave.駅から北へ1ブロック
ツアー／水～土11:30、13:30、日12:30、14:30（水のみ19:00もあり）

勝利の翼と銅製のドームが目印　おすすめ度：★★★

アリゾナ州議事堂博物館　Arizona Capitol Museum

アリゾナがまだ準州だった1899～1901年に建てられた州議事堂。1912年に正式な州として承認されてから現在まで州議事堂として機能しており、一部がアリゾナ州史の博物館として公開されている。

シンボルでもある銅で覆われたドームは1970年代後半、地元アリゾナ州の銅鉱山会社が寄付をしたもの。頂上に立っている彫像は“ウイング・ビクトリー（勝利の翼）”で、右側のトーチは“自由”を意味し、左側の月桂樹の王冠は“勝利”を意味している。館内は、準州時代や初代州知事の執務室の復元、州最高裁判長や歴代の知事の肖像画、アリゾナの野生動物や先住民、鉱業に代表される産業のパネルなどが展示されている。復元された上院と下院の議会室、最高裁判所も歴史を感じさせる造りだ。

Arizona Capitol Museum
MAP P.300-A2
住1700 W. Washington St., Phoenix
☎(602)926-3620
URL www.azlibrary.gov/azcm
営月～金9:00～16:00、9～5月の土10:00～14:00
休日、4～8月の土、おもな祝日
料無料
交ダウンタウンからダッシュ、またはメトロバス#3で。徒歩なら約30分
ツアー／月～金9:30、10:15、11:00、12:00、12:45、13:30（金以外。要予約）
※日によってスケジュールが異なるので要確認
※日本語の解説文あり

歴史的に貴重な品々を多数展示　おすすめ度：★★★

プエブログランデ博物館　Pueblo Grande Museum

紀元前から存在し、先進的な技術と文化をもっていたアメリカ先住民、ホホカム族。彼らの生活に焦点をあてた博物館がダウンタウンの東、メトロレイル44th St./Washington駅のそばにある。

ホホカム族の歴史の変遷や、フェニックス周辺で出土した歴史的な品々、当時のコミュニティのミニチュアなどを展示する博物館と、屋外ではアドービの住居、球技大会に使用されていた広場などを展示。当時の原始的な生活環境が忠実に再現されている。

日干しれんがの建物が展示物として見学できる

Pueblo Grande Museum
MAP P.294-C3
住4619 E. Washington St., Phoenix
☎(602)495-0901
URL www.phoenix.gov/parks/arts-culture-history/pueblo-grande
営毎日9:00～16:45（日13:00～）
休5～9月の日・月、おもな祝日
料$6、シニア$5、子供（6～17歳）$3
交メトロレイル44th St./Washington駅から徒歩1分

MEMO ライト建築Part2　フランク・ロイド・ライトがアルバート・チェイス・マッカーサーと共同制作したホテル、アリゾナ・ビルトモア。ヤシの木をモチーフにした幾何学模様が特徴的だ。　Arizona Biltmore MAP P.294-C2 住2400 E. Missouri Ave., Phoenix ☎(602)955-6600 URL www.arizonabiltmore.com

右も左もサボテンだらけ　おすすめ度：★★★

砂漠植物園 Desert Botanical Garden

最もフェニックスらしく、フェニックス一番人気の観光スポットが砂漠植物園だ。地元のソノラン砂漠から中南米や中央アフリカまで、世界各地の砂漠に生息する動植物をトレイルに沿って見ることができる。サボテンの種類と数の多さは見事で、こんなにサボテンに囲まれる体験はなかなか味わえない。アリゾナ名物のサワロサボテンは最大で10m以上に生長することもあり、その大きさに圧倒されるはず。サボテンの花が美しいのは5～6月にかけて。植物園の中では、トカゲや野ウサギ、キツツキやハチドリに遭遇することもしばしば。

サボテンの種類に多さに驚くはず

世界各国の楽器が揃う　おすすめ度：★★★

楽器博物館 Musical Instrument Museum

200以上の国と地域から集められた楽器約1万3600点を収蔵する博物館。アフリカやアジア、北米など10の地域に分けられたブースに、各国を代表する楽器が展示されている。ブースの前には、楽器の展示とともにモニターが設置されており、展示されている楽器を演奏している映像が流れ、音声は入場時に受け取るヘッドホンから流れてくる。ブースから離れると音が止み、近づくと音が流れる仕組み。音楽好きなら1日いても飽きないはずだ。また、ジョン・レノンやジョニー・キャッシュ、マルーン5、テイラー・スウィフトなど、著名アーティストが使用していた楽器も展示されている。1階にあるギフトショップでは民族楽器の販売も行っており、実際に演奏することも可能だ。

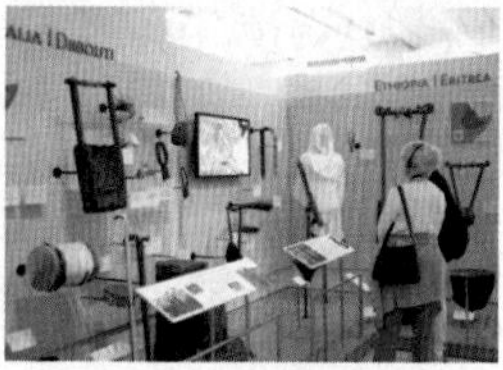

ヘッドホンを装着し館内を回ろう

アリゾナ州立大学の町　おすすめ度：★★★

テンピ Tempe

フェニックスの東約20kmにあるテンピは、**アリゾナ州立大学 Arizona State University (ASU)** を中心とする学生の町だ。ASUの広大なキャンパスの周りには、Mill Ave.を中心にショップやレストラン、カフェ、バーが軒を連ね、夜遅くまでにぎわっている。

ASUのキャンパスで足を運んでほしいのが**ネルソン・ファインアート・センター Nelson Fine Arts Center**。ホッパーやホーマーなど、入場無料とは思えないくらい充実した現代美術に出合うことができる。

Desert Botanical Garden
MAP P.294-D3
住 1201 N. Galvin Pkwy., Phoenix
☎ (480) 941-1225
URL dbg.org
営 毎日8:00～20:00（5～9月7:00～）
休 おもな祝日
料 $24.95、3～17歳$12.95、3歳未満無料。第2火曜は無料
交 メトロレイルPriest Dr./Washington駅からメトロバス#56北行きに乗り、Desert Botanical Gardenで下車。ダウンタウンから所要約1時間

Musical Instrument Museum
MAP P.294-C1
住 4725 E. Mayo Blvd., Phoenix
☎ (480) 478-6000
URL mim.org
営 毎日9:00～17:00
休 おもな祝日
料 $20、13～19歳$15、4～12歳$10
交 メトロレイル44th St./Washington駅からメトロバス#44北行きで約50分

Tempe
MAP P.294-CD3
交 メトロレイルで東へ約30分のMill Ave./3rd St.駅などで下車。Mill Ave.がメイン通り

i 観光案内所
Tempe Tourism Office
MAP P.294-D3
住 222 S. Mill Ave., #120, Tempe
☎ (480) 894-8158
URL www.tempetourism.com
営 月～金8:30～17:00
休 土・日、おもな祝日

●Nelson Fine Arts Center
MAP P.294-D3
住 51 E. 10th St., Tempe（アリゾナ州立大学内）
☎ (480) 965-2787
URL asuartmuseum.asu.edu
営 火～土11:00～17:00（学期中は木～20:00まで）
休 日・月、大学の休み

MEMO **テンピ内の移動は**　テンピでは、無料のシャトルバス「フラッシュ Flash」と「オービットOrbit」が走っている。運行時間はルートにより異なるが、およそ月～金6:00～22:00（Orbitは土・日8:00～19:00も運行）。
URL www.valleymetro.org

ゴルフで人気。冬の高級リゾート地　おすすめ度：★★★

スコッツデール　Scottsdale

フェニックスから北東へ約20kmのスコッツデールは、高級保養地として人気が高い。ゴルフコースやプールをもつ大型リゾートホテルが点在し、冬から春にかけては、寒い地域から暖かさを求めてやってくる"Snowbird"と呼ばれる人々がぐんと増える。スコッツデール・ファッション・スクエア（→P.304）を中心ににぎわい、周辺の治安もいいため家族連れやカップルなどが、日が落ちたあとものんびりと観光している。

スコッツデールはフェニックス近郊のショッピングタウンでもある

オールドタウン Old Town

（Scottsdale Rd.、Indian School Rd.、Brown Ave.、2nd St.に囲まれたエリア）は西部の古い町を再現したような家並みが連なり、みやげ物屋やレストランなどが建ち並ぶ。そのほか5th Ave.はブティック、Main St.はギャラリーが多く、そぞろ歩きもいい。無料のトロリーも走っていて移動もラク。朝から夜まで楽しみたいなら、フェニックスよりスコッツデールでの滞在をすすめる。

Scottsdale
MAP P.294-CD2
交 メトロレイルVeterans Way/College Ave.駅からメトロバス#72でIndian School Rd.下車。約40分

i 観光案内所
Tourist Information Center
住 スコッツデール・ファッション・スクエア（→P.304）内
☎(480)421-1004
URL www.experiencescottsdale.com
営 月～土9:00～18:00、日10:00～17:00

Scottsdale Trolley
スコッツデールを走る無料のバスで、路線は4つ。利用価値が高いのは、スコッツデール・ファッション・スクエアとオールドタウンを結ぶルート。
URL www.scottsdaleaz.gov/trolley
料 無料
運行／毎日11:00～21:00の15～20分間隔（路線により異なる）

COLUMN

メジャーリーグの春季キャンプへ行こう！

MLBの春季キャンプは、アリゾナ州とフロリダ州で毎年2～3月に行われている。カクタス（サボテン）リーグ（URL www.cactusleague.com）と呼ばれるアリゾナ春季キャンプは、フェニックスを中心に15球団がキャンプをはる。練習なら無料で見学でき、オープン戦の料金も安い。サインをもらえる確率も高いので、お気に入りの選手が出てきたら大声で叫んでアピールして、サインをもらおう。

●ダイヤモンドバックス＆ロッキーズ
Salt River Fields at Talking Stick
MAP P.294-D2　交 メトロバス#81
住 7555 N. Pima Rd., Scottsdale

●アスレチックス
Hohokam Stadium
MAP P.294-D3　交 メトロバス#BUZZ
住 1235 N. Center St., Mesa

●パドレス＆マリナーズ
Peoria Sports Complex
MAP P.294-B1　交 メトロバス#573+POGO
住 16101 N. 83rd Ave., Peoria

●ジャイアンツ
Scottsdale Stadium
MAP P.294-D2　交 メトロバス#72
住 7408 E. Osborn Rd., Scottsdale

●カブス
Sloan Park
MAP P.294-D3　交 メトロバス#30、96
住 2330 W. Rio Salado Pkwy., Mesa

●ホワイトソックス＆ドジャース
Camelback Ranch
MAP P.294-B2　交 メトロバス#50
住 10710 W. Camelback Rd., Phoenix

●ブリュワーズ
American Family Fields of Phoenix
MAP P.294-B2　交 メトロバス#41
住 3805 N. 53rd Ave., Phoenix

●エンゼルス
Tempe Diablo Stadium
MAP P.294-C3　交 メトロバス#48
住 2200 W. Alameda Dr., Tempe
※球場へはメトロバスで行けるが、最寄りのバス停から5～20分歩くこともある

MEMO **MLB春季キャンプそのほかのチーム**　下記4チームのキャンプ地は公共の交通機関では行けないので注意。ロイヤルズとレンジャーズはSurprise Stadium（MAP P.294-A1 住 15850 N. Bullard Ave., Surprise）。インディアンズとレッズはGoodyear Ballpark（MAP P.294-A3 住 1933 S. Ballpark Way, Goodyear）。

ショップ

アトラクションもあって家族で楽しめる

アリゾナミルズ

フェニックスのダウンタウンから南東へ約20km、テンピからは約7kmに位置し、意外に近い。Victoria's Secret、Tommy Hilfiger、Adidas、Old Navy、Disneyのアウトレットなど約180店舗が入居している。ほかにもレゴのミニテーマパークや水族館、IMAX劇場などもあり、家族連れでにぎわっている。

Arizona Mills MAP P.294-C3
住5000 S. Arizona Mills Cir., Tempe ☎(480) 491-9700 URL www.simon.com/mall/arizona-mills 営月～土10:00～21:00、日11:00～18:00 カード店舗による 交セントラルステーションからライトレールで38th St./Washington下車、#32のバスに乗り約30分Priest Dr. & Baseline Rd.下車徒歩6分

遠くても行く価値あり

フェニックスジェネラル

フェニックス随一の高感度セレクトショップ。レディス、メンズともにハイセンスな商品を展開している。

個性的なみやげ探しにもいい

Phoenix General MAP P.294-C2
住5538 N. 7th St., Phoenix
☎(602)237-6922 URL phxgeneral.com
営月～土10:00～18:00（金・土～20:00）、日11:00～18:00
カードⒶⒹⒿⓂⓋ 交メトロバス#7でVan Buren St. & Central Ave.下車。徒歩5分

ダウンタウンの食事とショッピングはここで

シティスケープ

2ブロックにまたがり、レストランやショップ、薬局などが集まるショッピングモール。ファイブガイズやチポットレなどのチェーン系レストランが入店しているのもうれしい。

暖かい冬、屋外にはスケートリンクが設置される

CityScape MAP P.300-B2
住1 E. Washington St., Phoenix
☎(602)772-3900 URL www.reddevelopment.com/cityscape/ 営毎日11:00～21:00（店舗により異なる） カード店舗により異なる

オーガニックな買い物はここで

タウン&カントリー

Whole Foods Market や Trader Joe's、Nordstrom Rackなどが集まったショッピングセンター。Biltmore Fashion Park（→下記）とあわせて訪れたい。

コンテナストアやアウトレットストアも入店する

Town & Country MAP P.294-C2
住2021 E. Camelback Rd., Phoenix
☎(602)710-2122 URL www.townandcountryshops.com 営毎日10:00～21:00（店舗により異なる）
カード店舗により異なる 交メトロレイル7th Ave./Camelback Rd.駅からメトロバス#50で

シックなモールでトレンドキャッチ

ビルトモア・ファッション・パーク

Macy's、Saks Fifth Avenueなどのデパート、J.Crew、M・A・C、Ralph Laurenなどの専門店が入店している人気のモール。Town & Country（→上記）から徒歩16分の場所にある。

広い駐車場があるので車で訪れても安心

Biltmore Fashion Park MAP P.294-C2
住2502 E. Camelback Rd., Phoenix
☎(602)955-8400 URL www.shopbiltmore.com
営月～土10:00～20:00、日12:00～18:00
カード店舗により異なる

高級感漂うショッピングモール

スコッツデール・ファッション・スクエア

フェニックス近郊では最大級のショッピングモールがスコッツデールにある。約200店が入り、日本人好みのブランドも多い。春季キャンプ時は大リーガーがいることも。

富裕層の多いスコッツデールのモール。ラグジュアリーな雰囲気

Scottsdale Fashion Square MAP P.294-D2
住7014 E. Camelback Rd., Scottsdale
☎(480)941-2140 URL www.fashionsquare.com
営月～土10:00～21:00、日11:00～18:00
カード店舗により異なる 交メトロレイルCentral Ave./Camelback Rd.駅から、メトロバス#50で

レストラン

ダウンタウンのNo.1和食

ハルミスシ

ランチは予算$8〜15

ダウンタウンの中心に位置する、人気の和食レストラン。ランチでは、巻き寿司に味噌汁が付いたセットが$8〜15で食べることができる。お昼どきはビジネスマンで混雑し、並んでいることもしばしば。

Harumi Sushi MAP P.300-B2
住114 W. Adams St., Phoenix
☎(602)258-0131 営月〜土11:00〜21:00（土17:00〜） 休日 カードⒶⓂⓋ

隠れ家レストラン

チーボ

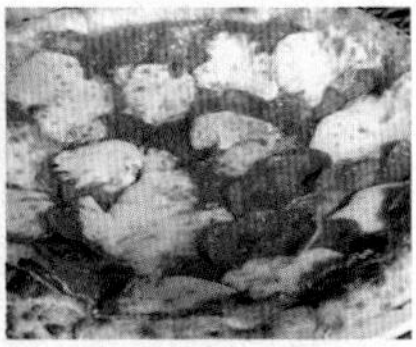
チーズたっぷりのピザ。絶品

本格的なイタリアンが食べられる、地元でも評判のお店。ダウンタウンの外れにあり、外観はレトロでかわいらしい。屋外にも席があり、日が暮れてからは外の席がいっぱいになる。マルゲリータ$12が人気。

Cibo MAP P.300-A1〜2
住603 N. 5th Ave., Phoenix
☎(602)441-2697 URL www.cibophoenix.com
営月〜土11:00〜22:00（月〜21:00、金・土〜23:00）、日17:00〜21:00 カードⒶⓂⓋ

ローカルに愛されるピザ屋さん

ピッツェリアビアンコ

1987年、地元の食料品店の1コーナーからスタートしたピザ専門店。オーナーシェフであるクリス・ブランコ氏は、料理界のアカデミー賞といわれるジェームズ・ビアード賞を受賞。さらに、国内の有名グルメ紙でもたびたび絶賛されている。本格的な釜で焼くピザは$15〜20と手頃な価格。味も申し分ない。バーも隣接しているので、季節のカクテル片手にすてきなディナーを楽しんでみては?

Pizzeria Bianco MAP P.300-B2
住623 E. Adams St., Phoenix
☎(602) 258-8300 URL www.pizzeriabianco.com
営月〜土11:00〜21:00（金・土〜22:00）、日12:00〜19:00 カードⒶⓂⓋ

白亜の建物でさわやかカフェタイム

フトゥロコーヒー

別世界で味わうコーヒーも格別

ダウンタウンの北、Roosevelt / Central駅近くにあるコーヒーショップ。白亜の平屋建ては、一見するとギャラリーのよう。内装も外観と同様、無駄を削ぎ落とした整然とした雰囲気。テイクアウトも可能なので、観光の合間に寄ってみるといいだろう。奥には美容室も併設されている。

Futuro Coffee MAP P.300-B1
住909 N. 1st St., Phoenix ☎(602)615-9494
URL palabraphx.com 営火〜日8:00〜19:00
休月 カードⒶⓂⓋ

フェニックスに来たら一度はここで食事を

キャニオンカフェ

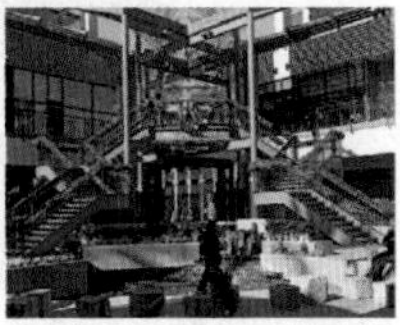
商業施設のアリゾナセンター内にある

平日のランチタイムは周辺で働くビジネスマンで混雑する、人気レストラン。メキシコ料理を南西部風にアレンジした料理はどれも上品な味つけ。メインは$20前後。

Canyon Cafe MAP P.300-B2
住455 N. 3rd St., Phoenix（アリゾナセンター内）
☎(602) 252-3545
URL www.canyoncafe.com
営毎日11:00〜21:00（火〜土〜22:00）
カードⒶⓂⓋ

アメリカ料理に飽きたら

マリーズ・タイ・ビストロ

クラフトビールが五臓六腑にしみわたる

スコッツデールのオールドタウン、ギャラリーが立ち並ぶエリアで営業するタイレストラン。タイレストランにありがちなチープな雰囲気はなく、上品に料理を楽しむことができる。

Malee's Thai Bistro MAP P.294-D2
住7131 E. Main St., Scottsdale
☎(480) 947-6042 URL www.maleesonmain.com
営毎日11:00〜21:00（日16:30〜） カードⒶⓂⓋ
交スコッツデール・ファッション・スクエアから徒歩15分

ホテル

ダウンタウンまで歩いて30分ほどのホステル

HIフェニックス・メトカーフ・ハウス

セントラルステーションからメトロバス#7で7th & Roosevelt Sts.で下車、徒歩3分。周辺にはレストランやコンビニなどもあり便利だ。共用スペースも清潔に保たれている。

ロビーは旅好きであふれている

HI Phoenix The Metcalf House MAP P.300-B1
住 1026 N. 9th St., Phoenix, AZ 85006 ☎(602)254-9803 URL www.hihostels.com 客室数 16ベッド、個室2部屋 料 ドミトリー$30～ カード ⒶⓂⓋ

ダウンタウンの歴史あるホテル

ホテル・サンカルロス

1928年に開業した老舗ホテル。外観は歴史を感じさせるものだが、客室はしっかりと改装されている。ダウンタウン内なら徒歩で移動でき、MLBとNBAのスポーツ会場に近いのもありがたい。

ダウンタウンに建つフェニックスのランドマーク

Hotel San Carlos MAP P.300-B2
住 202 N. Central Ave., Phoenix, AZ 85004
☎(602)253-4121 FREE(1-866)253-4121
FAX(602)253-6668 URL www.hotelsancarlos.com
客室数 128室 料 SDT$189～479 カード ⒶⒹⓂⓋ

空港もメトロレイルの駅も近い

モーテル6フェニックス・エアポート

ダウンタウンとテンピの間にあるので、どちらを観光するにも便利。メトロレイルの駅まで徒歩3分。フェニックス・スカイ・ハーバー国際空港もタクシーで10分と立地抜群。Wi-Fi無料。

必要最低限のものは揃っているチェーン系モーテル

Motel 6 Phoenix Airport MAP P.294-C3
住 214 S. 24th St., Phoenix, AZ 85034
☎(602)244-1155 FAX(602)231-0043
URL www.motel6.com
客室数 61室 料 SDT$54～114 カード ⒶⓂⓋ

フェニックスの滞在を快適に

ウェスティン・フェニックス・ダウンタウン

ビジネスにも観光にも最適な、ダウンタウンの中心に位置するホテル。コンベンションセンターも徒歩圏内だ。ホテルのアメニティも充実している。Wi-Fi使用料$14.95、駐車場は$34。

バレーメトロのセントラルステーションまで1ブロック

Westin Phoenix Downtown MAP P.300-B2
住 333 N. Central Ave., Phoenix, AZ 85004
☎(602)429-3500 FREE(1-866)961-3775
FAX(602)429-3505 URL www.westinphoenixdowntown.com 客室数 242室 料 SDT$189～489、SU$269～669 カード ⒶⒹⒿⓂⓋ

スコッツデールを代表するリゾートホテル

ホテル・バレーホ（スコッツデール）

スコッツデールのオールドタウンに近い場所にある。1956年にオープンし、数々のハリウッドセレブも宿泊してきた。センスのいいミッドセンチュリー仕立ての客室は、ドライヤーやアイロン、室内金庫などアメニティが充実。周囲に高い建物がないので、高層階からの景色も抜群だ。ホテル内にはスパやレストラン、プールなどの施設もある。駐車場$20。

ブティックホテルのおしゃれさ+快適さ

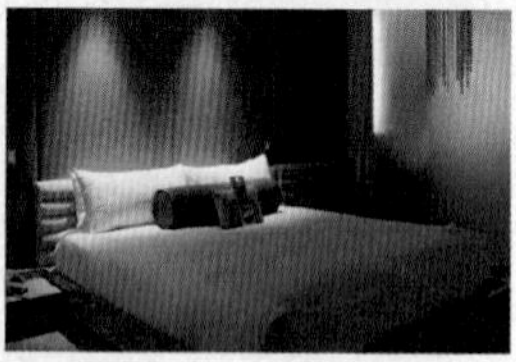

ミッドセンチュリーの家具が並ぶ客室

Hotel Valley Ho MAP P.294-D2
住 6850 E. Main St., Scottsdale, AZ 85251
☎(480)376-2600 URL www.hotelvalleyho.com
客室数 241室 料 SDT$139～562、SU$269～1342
カード ⒶⒹⓂⓋ 交 メトロレイルIndian School/Central Ave.駅からメトロバス41東行きでIndian School Rd. & 68th St. 下車

数々の西部劇が撮影された

ツーソン

MAP▶折込表 A3

人口▶約54万6000人
面積▶約587㎢
標高▶約820m
TAX▶セールスタックス　8.7%
　ホテルタックス　12.05% +$4
時間帯▶山岳部標準時（MST）
※夏時間不採用

ツーソンでは数々の西部劇が撮影されてきた。西部劇の世界にひたれるアトラクションを楽しみたい

ツーソン。その名は、この地に住んでいたアメリカ先住民の言葉で“黒い山の麓”という意味。その名の通り、郊外に行けば黒々とした山が連なり、西部劇さながらの景色を見ることができる。その“黒い山”だが、正体は溶岩に覆われたメサ（テーブル状の台地）だ。

また、近郊にはサワロ国立公園や、この荒涼とした土地を生かして数々の西部劇が撮影されたツームストンなど、個性豊かな見どころが点在している。

アクセス

ツーソンは、南アリゾナの中心都市。ツーソン自身がゲートシティでもあるが、約120マイル（約190㎞）北東の州都**フェニックスPhoenixから、レンタカーで回る人も多い**。フェニックスからはI-10を南東に約2時間のドライブ。フェニックス・スカイ・ハーバー国際空港（→P.296）からツーソンへは**グルームトランスポーテーション Groome Transportation**が1日21便運行しており、アリゾナ大学に到着する。

最寄りの空港は**ツーソン国際空港Tucson International Airport**。ダウンタウンの南約13㎞に位置する。ダウンタウンまではサントラン・バス#25で。**グレイハウンドの駅はダウンタウンの西**にあり、フェニックス、ツーソン間を1日7便運行している。**アムトラックはシカゴとロスアンゼルスを結ぶテキサスイーグル号、ニューオリンズとロスアンゼルスを結ぶサンセットリミテッド号が発着する。**

気分も高揚してくるかわいらしい観光案内所

●フェニックスから
Groome Transportation
住501 N. Park Ave., Tucson（ツーソン停留所/アリゾナ大学）
☎(520)795-6771
URL groometransportation.com
営フェニックス・スカイ・ハーバー国際空港発：毎日4:30～翌0:30の1時間間隔。所要約2時間
料片道$43

飛行機
Tucson International Airport
住7250 S. Tucson Blvd., Tucson
URL www.flytucson.com
● **Yellow Cab（タクシー）**
URL yellowcabaz.com
料ダウンタウンまで約$36

鉄道
Amtrak
住400 N. Toole Ave., Tucson
営毎日6:15～21:00（火13:45～、水8:15～、金・土～13:30）

バス
Greyhound
住801 E. 12th St., Tucson
☎(520)792-3475
営毎日7:00～翌2:00

MEMO **アメリカ最古のメキシコレストラン**　訪れなきゃ損、アメリカ最古のメキシコレストラン、エルチャロカフェ。味も抜群だ。El Charro Café 住311 N. Court Ave., Tucson ☎(520)622-1922 URL www.elcharrocafe.com 営毎日10:00～21:00（金・土～22:00）

ツーソンの歩き方

ツーソンのダウンタウンはビジネス街。見どころの多くは郊外に点在しているため、車がないと不便だ。本格的な観光をしたいならレンタカーの利用をすすめる。レストランやショップはダウンタウンに集中しており、モーテルはダウンタウンの西I-10沿いに多い。

市内の公共交通機関は**サントランSun Tran**が運営するサントラン・バスとサンリンク・ストリートカー。バス路線の多くはダウンタウンの**ロンスタット・トランジット・センター Ronstadt Transit Center**を発着する。

おもな見どころ

古きよき西部を再現したスタジオ　おすすめ度：★★★

オールドツーソン Old Tucson

ダウンタウンの西にある峠Gates Passを超えた所にある、古きよき時代のツーソンを再現したテーマパーク。園内はソノラ砂漠に囲まれた荒涼とした景観で、スタッフもギャングや荒くれ者の格好をしていて、西部劇さながら。映画『OK牧場の決斗』などのロケ地としても知られ、現在でも映画やテレビドラマの撮影に使われている。

園内全体に西部劇の雰囲気があり、ぶらぶら歩くだけでも楽しめるだろう。思い描く西部劇のイメージ（酒場の入口に使われるスイングドアや、砂ぼこりと木材むき出しの家々の風景など）はすべてここにある。スタッフが演じるエンターテインメントショーが人気で、なかでもカウボーイハットとブーツでキメた、昔ながらのカウボーイが繰り広げるガンファイトショーは必見だ。

砂漠の町らしい見どころ　おすすめ度：★★★

アリゾナ・ソノラ砂漠博物館 Arizona-Sonora Desert Museum

動物、植物、鉱物など、ありとあらゆるものが展示されている博物館。98エーカー（39万6591㎡）の敷地に1200種、5万6000以上の植物、242種の動物を有する。年間訪問者数は40万人にのぼり、全米の博物館のなかでも屈指の来場者数を誇る。アリゾナ州内ではグランドキャニオン国立公園に次ぐ人気アトラクションだ。ツーソンの西に位置する。

この博物館のウリは"自然の砂漠と同じ条件のもとで飼育"していること。広い敷地のなかでは野生のサワロサボテンも、すくすくと生長し、10mを越えるものも多く見られる。ボブキャット、マウンテンライオンなど、日本ではなかなか見ることのできない珍しい動物も飼育されているので、見逃さないように。

博物館では砂漠の植物だけでなく生物についても解説してくれる

ℹ 観光案内所

Visitor Center
住811 N. Euclid Ave., Tucson
FREE(1-800)638-8350
URL www.visittucson.org
営月〜金9:00〜17:00

●**Sun Tran**
住215 E. Congress St., Tucson(Ronstadt Transit Center)
☎(520)792-9222
URL www.suntran.com
料$1.75（乗り換えは2時間以内無料）、1日券$4（ストリートカーも共通）

Old Tucson
MAP 折込表A3
住201 S. Kinney Rd., Tucson
☎(520)883-0100
URL www.oldtucson.com
営毎日10:00〜17:00（夏期は週末のみ〜16:00、そのほかの期間はウェブサイトで確認を）
料$21.95、4〜11歳$10.95、3歳以下無料
交車でダウンタウンの北にあるSpeedway Blvd.を西へ。Kinney Rd.を南へ行ってすぐ左手にある。ダウンタウンから約20km、所要約20分

ガンファイトショーは必見

Arizona-Sonora Desert Museum
MAP 折込表A3
住2021 N. Kinney Rd., Tucson
☎(520) 883-2702
URL www.desertmuseum.org
営毎日7:30〜17:00（10〜2月8:30〜、6〜8月の土〜22:00）
料$21.95、シニア（65歳以上）$19.95、3〜12歳$8.95
交車でダウンタウンの北にあるSpeedway Blvd.を西へ。Kinney Rd.を北へ行くと左手に見えてくる。タクシーの場合、ダウンタウンから約$35

MEMO **『OK牧場の決斗』の世界が広がるツームストンTombstone**　西部劇の代表映画といえる『OK牧場の決斗』は、実話に基づいて作られたものだ。西部劇といえば昔からアメリカ映画の大定番。『OK牧場の決斗』のリメイク版、『クイック&デッド』『ワイアット・アープ』などは日本でも公開された。ツームストンは正真正銘、西部劇の地。今もなお1880年 ↗

航空機のすべてを知る　　おすすめ度：★★★

ピマ航空宇宙博物館 Pima Air & Space Museum

屋内外あわせて350機以上の飛行機が巨大な敷地に展示されている、世界最大級の航空機博物館。ボーイング787ドリームライナーのプロトタイプや、ライト兄弟が作ったライトフライヤー号のレプリカなど、飛行機好き垂涎の品々が並ぶ。屋外の展示はトラムツアーで回ることも可能だ（$6）。ほかにも宇宙に関する展示や、歴代パイロットに関するものなど、幅広い展示で来場者を魅了している。

第2次世界大戦時の爆撃機B-24Jも展示

Pima Air & Space Museum
MAP 折込表 A3
住 6000 E. Valencia Rd., Tucson
☎ (520) 574-0462
URL pimaair.org
営 毎日9:00〜17:00
料 $16.50、5〜12歳$10
交 車で、ダウンタウンからI-10を南東に進みExit 267で下りる。Valencia Rd.を左折すると右手に見えてくる。所要約20分。タクシーの場合約$30

砂漠に映える真っ白な教会　　おすすめ度：★★★

サン・ザビエル・デル・バク伝道教会 San Xavier del Bac Mission

ツーソンの南8マイル。"砂漠の白い鳩"の別名をもつ、スペイン教会建築の代表的な建造物。1700年代の初め、当時著名であったキノ神父によって設立。砂漠の中に忽然と現れる白亜の教会は、時の流れを忘れさせてくれるような存在だ。中では毎日ミサが行われる。敷地内には教会のほか、博物館やギフトショップもあり。

外観だけでなく、内部も壮麗な教会だ

San Xavier del Bac Mission
MAP 折込表 A3
住 1950 W. San Xavier Rd., Tucson
☎ (520) 294-2624
URL www.sanxaviermission.org
営 毎日7:00〜17:00
料 寄付制
交 車で、ダウンタウンからI-19を南に進みExit 92で下りる。W. San Xavier Rd.を東に進むと右手に見えてくる。所要約20分

サボテン林が続く国立公園　　おすすめ度：★★★

サワロ国立公園 Saguaro National Park

オールドツーソンやアリゾナ・ソノラ砂漠博物館周辺（Tucson Mountain District／西）と、コロッサルケーブ北周辺（Rincon Mountain District／東）には、ソノラ砂漠にしか生息していないサボテン林がずっと続く。この大サボテンはサワロと呼ばれ、渓谷周辺はサワロ国立公園に指定されている。サボテン林周辺で見られる夕日は、西部劇のいち場面を彷彿させる美しさだ。

至近距離でサボテン観察

サボテンの形はそれぞれ異なり、見ているだけでおもしろい

Saguaro National Park
MAP 折込表 AB3
住 3693 S. Old Spanish Trail, Tucson（東側）
住 2700 N. Kenney Rd., Tucson（西側）
☎ (520) 733-5153（東側）
☎ (520) 733-5158（西側）
URL www.nps.gov/sagu
営 ビジターセンター：毎日9:00〜17:00
料 車$20、1人$10
交 西側へは、オールドツーソン、アリゾナ・ソノラ砂漠博物館を参照（→P.308）。東側へは車で、ダウンタウンからE.22nd St.を東に進む。所要約30分

↘代当時の町並みが残り、ここだけ時が止まっているかのような場所である。Tombstone Visitor Center 住 395 E. Allen St., Tombstone ☎ (520) 457-3929 URL www.tombstonechamber.com 営 毎日9:00〜16:00（金〜日〜17:00） 交 車で、ダウンタウンからI-10を南東に約73km進み、Exit 303で下りる。そこからAZ-80を南に約40km。所要約2時間

地球のパワーを感じる

セドナ

MAP ▶ 折込表A2

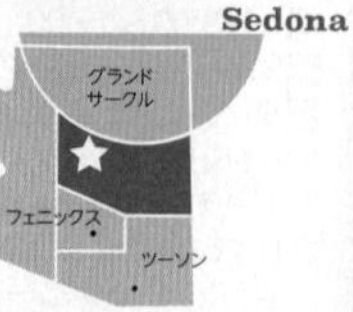

人口▶約1万340人
面積▶約50㎢
標高▶約1371m
TAX▶セールスタックス 6.35～10.40%
ホテルタックス 6.325～13.90%
時間帯▶山岳部標準時(MST)

スピリチュアルだけでなくアウトドアも盛んなセドナ © セドナ観光局

セドナのダウンタウン。周囲の景観がすばらしい

赤い大地と奇岩、紺碧の空が織りなす景観……全米一美しい町と称されるセドナは、一度は訪れてみたい憧れの地。日本では「パワースポットの町」として知名度がアップしたが、もともとアメリカ先住民は「神がすむ土地」と信じていた所。彼らは特別な儀式を除いてセドナに足を踏み入れることはなかった。しかし、1900年代当初、西部開拓とともに聖なる地は一変。現在は景勝地、スピリチュアルな町として知られている。セドナには万人を包み込む宇宙的な懐の深さがある。飛び込んで自分を見つめ直してみれば、新たな自信がみなぎってくる。

アクセス

ゲートシティは3つ。空路ならアリゾナ州都であるフェニックスと高地トレーニングで知られるフラッグスタッフ。両都市の空港からセドナへはシャトルなどでアクセスできる。車があれば、上記2都市のほかにラスベガスからドライブする人も多い。

フェニックスから

● **空港シャトルで**　フェニックスへは多くの航空会社が乗り入れている。空港からセドナへは**グルームトランスポーテーション Groom Transportation**が毎日6:15～翌0:15の1時間30分間隔で運行されている。乗り場はターミナル2のドア8、ターミナル3のドア9、ターミナル4のドア5を出た"Inter-City Shuttle"の青い看板の所。出発の10分前までにいること。所要約2時間45分。

● **車で**　西を走るI-17に乗り約170㎞(約1時間30分)、Exit 298をAZ-89Aへ下り、そのまま約25㎞(約30分)走る。

フラッグスタッフから

● **空港シャトルで**　フラッグスタッフの空港にはフェニックスからアメリカン

ラスベガスから車で

US-93からI-40に乗りフラッグスタッフへ(約4時間)。フラッグスタッフからはAZ-89Aで約45分。約450㎞、約5時間のドライブだ。

●Groome Transportation
FREE (1-800)888-2749
URL groometransportation.com
料 フェニックス片道$55、フラッグスタッフ片道$45(フラッグスタッフからは3～10月の運行)

フェニックス空港からの便は、ビレッジ・オブ・オーククリークではHoliday Inn Express(住 6176 Hwy. 179)、セドナではAndante Inn(住 2545 W. Hwy. 89A)に停車。また、フラッグスタッフからの便はセドナ・アップタウン・センター(住 300 N. Hwy. 89A)に停車する。

航空のコミューターであるSkywest Airlinesが毎日3～4便運航している。約1時間の距離。鉄道のアムトラック駅からセドナへは前記の**グルームトランスポーテーション Groom Transportation**が毎日2便運行されている(8:00、16:00アムトラック駅発)。所要約45分。3～10月のみの運行。

●フラッグスタッフ空港
Flagstaff Airport (FLG)
URL www.flagstaff.az.gov

●フラッグスタッフ・アムトラック駅
住 1 E. Rte. 66, Flagstaff

フラッグスタッフからタクシーで
料 片道$60～65+チップ

セドナの市内交通

●セドナトロリー　Sedona Trolley

AとBの2路線あり、Aがホーリークロス教会、Bが4大ボルテックスのひとつボイントンキャニオンまで行く。アップタウン発で1日3～4本の運行。解説付き。どちらも55分のツアー。

観光にも移動の足にもなる便利なトロリー

●セドナトロリー乗り場
MAP P.313-E1
住 Sedona Trolley Depot, 276 N. Hwy. 89A
☎ (928) 282-4211
URL www.sedonatrolley.com
運行：A－9:00、11:00、14:00
B－10:00、12:30、15:30、17:00
料 $17、2路線$28。12歳以下$12、2路線$20
休 サンクスギビング、12/25

●ベルデリンクス　Verde Lynx

セドナと西隣のコットンウッドCottonwoodの町を往復するバス。1日12本の運行で、ウエストセドナからアップタウンを経由し、ザ・ワイから南へ179号線を3.5km行った所にあるPoco Diablo Resortまで行く。

ツアー

●アメリカ・トラベル・ファクトリー　America Travel Factory

ロスアンゼルスに本社をおく手配専門会社。セドナ支店では、4大ボルテックスをはじめとしてヘルシーでアクティブなセドナも案内する。

●アメリカ・トラベル・ファクトリー　セドナ支店
☎ (928) 282-0840
URL www.america-travel-factory.com
営 月～金9:30～18:00
カード ⒶⒿⓂⓋ

●アトラスアメリカ・インターナショナル　Atlas America Int'l, Inc.

セドナにある日系の旅行会社。ボルテックスからグランドキャニオン、スピリチュアルセッション手配、空港送迎などさまざまなツアーを催行。

●アトラスアメリカ・インターナショナル
☎ (928) 203-4383
URL www.atlas-america.com
営 毎日9:00～17:00
カード ⒶⓂⓋ

セドナの歩き方

セドナでは体いっぱいに地球のパワーを浴びてみたい。ベストな方法は、ボルテックスに限らず、まずはハイキングをして、気に入った場所があればそこに座って心を鎮めてみることだ。

セドナの町は大きく**ウエストセドナ West Sedona**、**アップタウン Uptown**、**ビレッジ・オブ・オーククリーク Village of Oak Creek**の3つのエリアに分かれる。3つのエリアの合流点であり、町の中心が**ザ・ワイ The Y**と呼ばれる州道89A号線と179号線の三差路。観光の中心はザ・ワイ北東のアップタウンで、ショップやレストランが連なっている。ここだけは歩ける範囲だが、ほかは離れているので車での移動が望ましい。しかし、市バスやトロリー、現地発のツアーをうまく利用すればエリア間の移動やいくつかのボルテックスへは行ける。

i 観光案内所
Visitors Information Center (Sedona Chamber of Commerce)
MAP P.313-D1
住 331 Forest Rd., Sedona, AZ 86336
☎ (928) 282-7722
FREE (1-800) 288-7336
URL visitsedona.com (日本語あり)
営 毎日8:30～17:00
休 サンクスギビング、12/25
交 アップタウンの最初の信号のある州道89A号線とフォレストロードの角にある

MEMO **セドナのタクシー**　タクシーは数が非常に少ないのでホテルのフロントに頼むといい。Sedona Taxi ☎ (928) 204-9111　料金の目安はアップタウン～ウエストセドナ約$11～13+チップ、アップタウン～ビレッジ・オブ・オーククリーク約$22+チップ、ウエストセドナ～ビレッジ・オブ・オーククリーク約$27+チップ。

おもな見どころ

Airport Mesa
MAP P.312-B2/P.313-D2
交ウエストセドナの東、89A号線とAirport Rd.の交差点を南に歩いて15分ほどの所にレッドロック・カントリーの駐車場と駐車場のチケット販売機がある。そこから登る

Boynton Canyon
MAP P.312-A1
交セドナトロリーBがボイントキャニオンのトレイルヘッドまで走っている。ドライバーにトレイルヘッドで降ろしてもらおう。車の場合、89A号線を西に走り、Dry Creek Rd.で右折後、T字路をBoynton Pass Rd.へ左折。次のT字路を右折すると駐車場がある

セドナを360度見渡せる絶景もすばらしい　おすすめ度：★★★

エアポートメサ
Airport Mesa

ウエストセドナの南東の小高く広い台地がエアポートメサだ。89A号線から歩いて15分ほどで駐車場とトレイルの入口に着く。そこから頂上を目指して10分ほど登ると、景観のいい所に出る。そこがボルテックスだ。不思議なほどに曲がったジュニパーの木は地球のパワーを表現したよう。ここからはサンダーマウンテンも見渡せる。朝日を見るにも夕日を見るにもいいポイント。ぜひどちらかを体験しよう。

4大ボルテックスでいちばんパワーの強い　おすすめ度：★★★

ボイントンキャニオン
Boynton Canyon

ウエストセドナから北西へ。ネイティブアメリカンに言い伝えられてきたパワースポット。女性性と男性性を併せもち、バランスを整えてくれるという。このボルテックスを象徴する**カチーナウーマンKachina Woman**

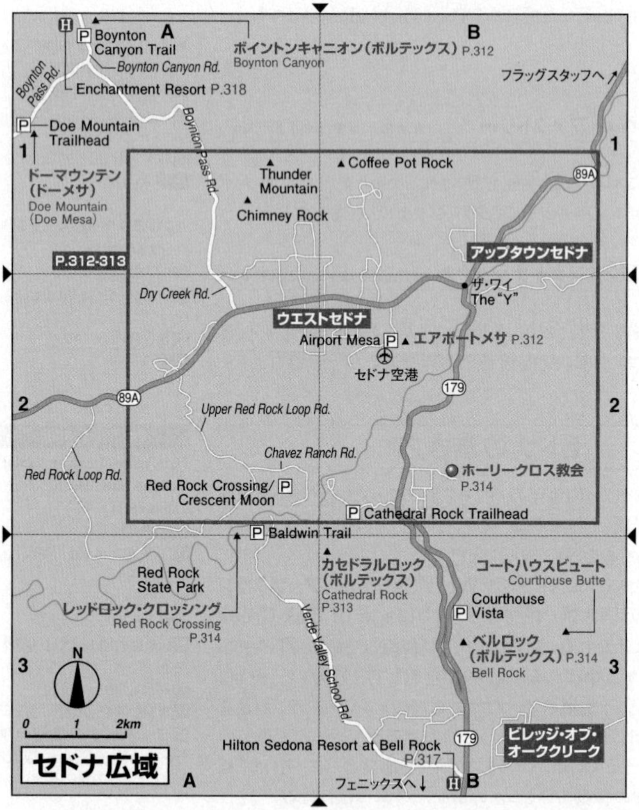

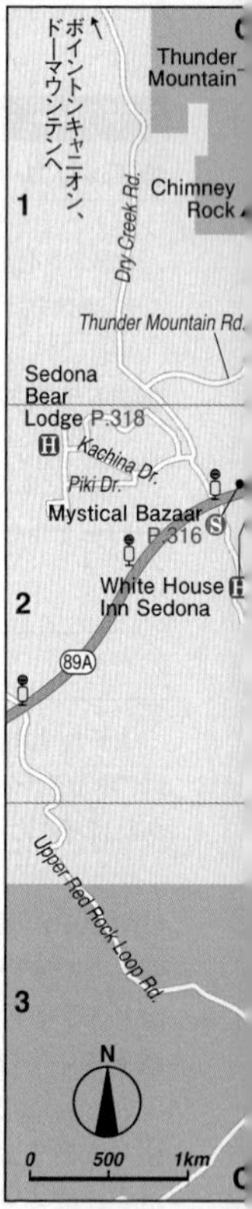

MEMO **車でボルテックスを回るときの共通駐車場パス**　セドナを含めたレッドロック・カントリーではボルテックスなどNational Forestに車で入るときにパス（Red Rock Pass：1日$5、7日間$15、年間パス$20）が必要。駐車場の自動販売機で購入できる。ダッシュボードなど見える所に置くこと。

と呼ばれる岩があり、子宝に恵まれるといわれている。ちなみにカチーナとは精霊のこと。トレイルは約4㎞、往復2時間～2時間30分が目安。初心者でも問題なく歩ける。

ボイントンキャニオンのカチーナウーマン

ハイキングに最適なボルテックス　　おすすめ度：★★★

カセドラルロック

Cathedral Rock

きっと見たことのある人も多いはず。カセドラルロック　© セドナ観光局

ここも強いボルテックスのある場所とされ、特に母性を表す女性性が顕著といわれる。2～3時間の余裕があれば、岩山へ登るハイキングがおすすめ。トレイルは多少急勾配や足元が滑る所はあるものの、片道約1.1㎞なので、1時間程度でボルテックスの頂上に到達できる。春から秋がベストシーズンだが、夏場の日中は暑くなるので、早朝か日没2～3時間前くらいに登り、日没までに帰ってくることをすすめる。何の施設もないただの岩山なので、1リットル以上の水を持っていくこと。

Cathedral Rock
MAP P.312-B3
交タクシーか車のみが足。車でザ・ワイより179号線を南下し、Back O' Beyondで右折、しばらく走ると左にカセドラルロックトレイルのトレイルヘッドがある。または179号線を南下し、ビレッジ・オブ・オーククリークのVerde Valley School Rd.で右折後約8.5㎞走行。左手にある駐車場の向かいからボールドウィントレイル、テンプルトントレイルを経由してカセドラルロックトレイルに出る。また、この駐車場から約500m歩くとレッドロック・クロッシング（→P.314）へ出る
※駐車料金→P.312脚注

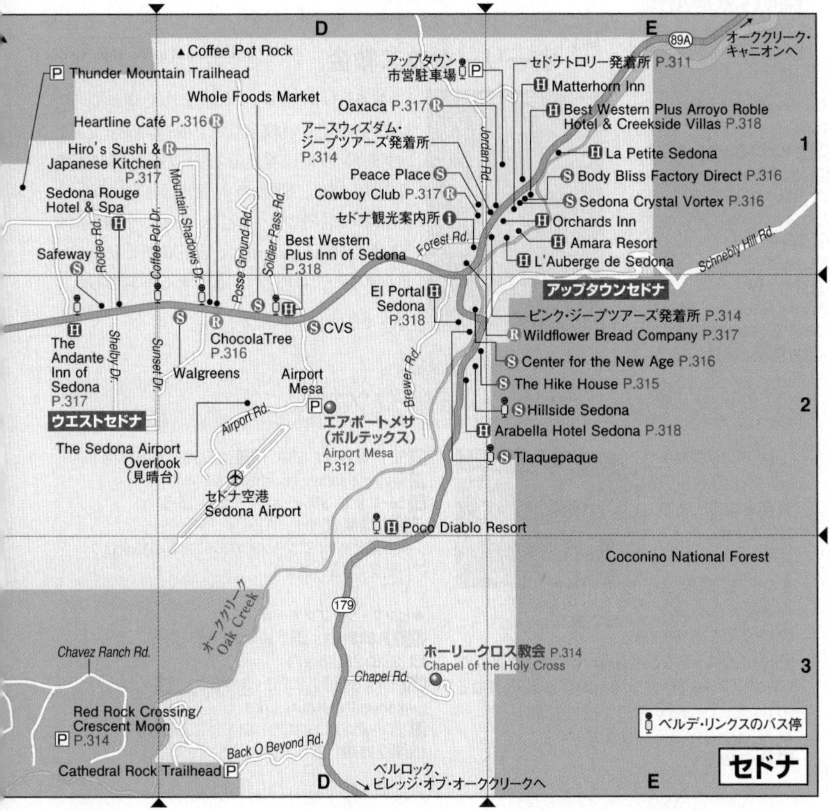

MEMO 気球ツアー　気球に乗り上りゆく朝日に照らされたセドナを眺めるツアー。セドナがいかに神々しいところかを実感できるはず。朝食付きで8:00過ぎにはホテルに帰る。　Northern Light Sedona Balloons
URL northernlightballoons.com　料$225

Bell Rock
MAP P.312-B3
交タクシーか車のみが足。車の場合、ザ・ワイから179号線を南へ約10分。左正面にベルロックが見える。駐車場へは左折して入る
※駐車料金→P.312脚注

179号線沿いに現れる美しいレッドロック　おすすめ度:★★★

ベルロック
Bell Rock

ベルロックは、セドナのアップタウンから179号線を南下した、ビレッジ・オブ・オーククリークの町の北側にあるボルテックス。ベルに似た姿から"ベルロック"と呼ばれ、男性性が強い岩山だ。トレイルに沿ってのハイキングは、約6km往復約2時間30分が目安。トレイルの難易度は初心者レベルだが、頂上へはロッククライミングの技術がなければ無理。登りは楽だが下りが難しい。途中で引き返す勇気を。

Red Rock Crossing
MAP P.312-A2〜3
交タクシーか車のみが足。ジープツアー（→下記コラム）に含まれているものもある。車の場合、89A号線を西に走ってウエストセドナを過ぎ、Red Rock Loop Rd.を左折。Red Rock Crossing/Crescent Moon Ranchの標識に従い、Chavez Ranch Rd.を左折後、Red Rock Crossing Rd.を右折。少し走ると左側に公園の入口がある
※入場（駐車）料金は$10（1台5人まで）。P.312脚注のRed Rock Passは使えない

水の流れが多くの人を引きつける　おすすめ度:★★★

レッドロック・クロッシング
Red Rock Crossing

セドナの象徴的な風景として登場するカセドラルロックを正面から捉えられる写真は、このクリーク沿いで撮られたもの。カセドラルロックから強いボルテックスのエネルギーが流れ込む場所として、瞑想する人もいる。ここは、レッドロック州立公園に隣接する人気のレジャースポットでもあり、カセドラルロックを眺めながらのハイキングや、川で水遊びをするのに最適だ。

The Chapel of the Holy Cross
MAP P.312-B2/P.313-D3
住780 Chapel Rd.
☎(928) 282-7545
URL chapeloftheholycross.com
営毎日9:00〜17:00
休おもな祝日
料寄付
交セドナトロリーAで。車はザ・ワイから179号線を南下、左側のChapel Rd.を入る

神々しいレッドロックに囲まれた神秘的な教会　おすすめ度:★★★

ホーリークロス教会
The Chapel of the Holy Cross

トロリーで行くことができる聖なる教会

神々しいレッドロックに囲まれた聖地ならではの姿が美しい教会で、1956年の建立。アップタウンの東に見える岩山の反対側に当たる山腹にある。教会の南側にはThe Nunsと呼ばれる尼僧のような岩と、キリストを抱えたマドンナの岩Madonna & Childがそびえている。トロリーでは教会で見学する時間もある。

COLUMN

セドナの人気ジープツアー

アースウィズダム・ジープツアーの陽気なドライバー

レッドロックやキャニオンの美しい景色を堪能できるコース、ボルテックスやハイキング付きコース、急な岩場を駆け抜けるスリリングでエキサイティングなコースなどがある。セドナでは数社がジープツアーを行っている。内容が若干異なるので、ウェブサイトや窓口などで確認を。

●アースウィズダム・ジープツアーズ
MAP P.313-E1
住301 N. Hwy. 89A　FREE (1-800) 482-4714
URL www.earthwisdomtours.com
料シーニック・ボルテックス・ツアー $95（所要2時間30分）
乗り場とオフィスはアップタウンにある。集合はツアー出発の15分前まで。

●ピンク・ジープツアーズ
MAP P.313-E1　住204 N. Hwy. 89A
☎(928) 282-5000
FREE (1-800) 873-3662　URL www.pinkadventuretours.com
料ブロークンアローツアー $115、12歳以下 $99（所要2時間）

MEMO セドナの混雑期と服装　3〜5月、9、10月が繁忙期。ホテルがとりにくい。どの季節も日中と朝晩の気温差が大きいので重ね着で対処しよう。

1度は試してみたい　　おすすめ度：★★★

ハイキングとスピリチュアルセッション

日本から来る人の大半が、セドナに癒やしを求めたり、そのパワーを借りて新しい自分に生まれ変わりたいという人ではないだろうか。ボルテックスと呼ばれる磁場の強い場所を訪れるだけでもいいが、せっかくならその道に精通した人に会ってみるのはどうだろう。

セドナにはライセンスをもつ公認ガイド、ヒーリングやリーディングを行うリーダーやヒーラーと呼ばれる人たちがたくさんいる。セドナの自然や山を歩き、ときにはスピリチュアル体験にトライして、これまでの自分やこれからの自分の生き方を考えてみるのもいい。

セドナにはヒーラーが多い。写真は「ハイアー・セルフ・ディスカバリー」のクレッグさん

● おもな公認ガイド、ガイドツアー催行会社一覧

会社名／連絡先（予約）	ハイキングツアー時間／料金（ひとり当たりの料金）	備考
Atlas America International ☎(928) 203-4383 URL www.atlas-america.com 営毎日9:00～17:00(アリゾナ時間)	日本語のハイキングツアー3時間／$100（税、チップ15%別） **•7大ボルテックス**／毎日 **•デビルズブリッジ**／毎日 **•オフィシャル・ボルテックスツアー（ベルロック、エアポートメサ、メリーゴーランドロック）**／毎日 **•ドーマウンテン**／毎日	全ツアー6名限定、最少催行人員2名。1名から受け付けることもある。要相談。カスタム・ハイキングツアーは3時間～、1名から可能。料金は要問い合わせ。
Four Season Guides ☎(928) 525-1552 URL fsguides.com 営月～金9:00～16:00(アリゾナ時間)	英語のハイキングツアー3～4時間/ひとり参加$290・2名参加$155・3名参加$125 **•Cathedral Rock** 5.6㎞／（6～8月は早朝出発） **•Brins Mesa** 7.2㎞ **•Devils Bridge** 6.4㎞	全ツアー初心者向け、通年催行。ホテル送迎あり。 スナック、デイパック、トレッキングポール付き
Hike House MAP **P.313-D2** 住431 Hwy. 179, #B-1 ☎(928) 282-5820 URL thehikehouse.com	英語のプライベートガイドハイキング $125（最少催行人員2名） **•Scenic Sunset Hike** 3.2～4.8㎞／2.5時間 **•Red Rock Epic Hike** 6.4～8㎞／2.5～3時間 **•Oak Creek Canyon Hike** 6.4～8㎞／2.5～3時間	全ツアー初心者向け
My Sedona My Journey ガイド：佐渡 祥子さん ☎(928) 300-1842 URL mysedona.jp	日本語のハイキングツアー基本料金： **•2.5～3時間コース** $300（1～2名）、3名以上の場合は、1名追加ごとに$90 **•3.5～4時間コース** $400（1～2名）、3人以上の場合は、1名追加ごとに$120 **•5.5～6時間コース** $540（1～2名）、3人以上の場合は、1名追加ごとに$180	ハイキングツアーは希望をききながら、最適のツアーを提案。ひとグループ最大6名まで。ツアーにかかる時間は参加者のペースやトレイルの状況により異なるため、目安としてほしい。

● おもなスピリチュアルセッション一覧

会社名／連絡先（予約）	セッション内容／料金	備考
Alchemy Healing Arts Ms. Barbara Matsuura ☎(928) 203-6602 URL barbaramatsuura.com	日本在住歴17年の経験から、霊気、気功、太極拳を取り入れたヒーリングを日本語で実施。レイキヒーリング60分$115、セドナの石を使ったヒーリング75分$150、7ゲートモーニングセレモニーハイキング3時間1名$200、2名参加ひとり$125、3名参加ひとり$100。チップ15%別途	日本語の問い合わせは松浦章雄さんまでE-mail matsuuraakio@me.com セッションの場所などの詳細は予約後に案内がある。
Body Bliss Factory Direct (→P.316) Ms. Chanda U Schmidt	冷静で論理的なリーディングが特徴。カードを使ったジェムストーンリーディングでは、依頼者に最適のパワーストーンを選出、アロマオイルのメッセージを伝えるアロマセラピーリーディングも人気。ジェムストーンリーディング：15分$35、30分$60。アロマセラピーリーディング：15分$45、30分$80	アップタウンのショップ内でリーディングを行う。日本語通訳の手配可。
Higher Self Discovery Mr. Craig Junjulas ☎(928) 282-8981 URL higherselfdiscovery.com E-mail craig@higherselfdiscovery.com	訪日回数も豊かで、日本人の本質を知り尽くしているクレッグさんのセッションは、その人の過去に遡って、時間の経過とともに忘れていた、子供の頃の純粋な感情をよみがえらせていく。そして、過去を学びながら、その人をより高い次元に高めてくれる。1時間30分$200	日本に来日してセッションを行う時期があるので、事前にスケジュールを確認することをすすめる。日本語通訳の手配可。セッションは対面または電話で受けることができる。
Sedona Psychic Wisdom Ms. Kavitaa ☎(928) 203-1194 URL www.sedonapsychicwisdom.com E-mail info@SedonaPsychicWisdom.com	日本在住歴20年のカヴィータさんによる日本語のセッション。カウンセリング、霊気、オーラソーマ、タロットリーディング、経験的占星術、ヒプノセラピー（催眠療法）。1時間$150($175)、1時間30分$200($235)、2時間$250($295)、カップル1時間$215($255)	セッション催行日72時間前までの予約の場合の料金（カッコ内は通常料金）。各セッションは10：00～16：00の間、オフィスまたは電話で受けることができる。
セラピールーム 陽だまりin Sedona Ms. Eri Shimono URL erilovesedona.com E-mail rerishimono@hotmail.com	セラピスト下野絵里さんによる前世療法（過去世ヒーリング）、足指から魂のストーリーを読み解くトウリーディング、精神的・肉体的なストレスを軽減する腸心セラピー。オーラのエネルギーを活用するヒーリングマッサージやヒーリングツアーも実施している。前世療法2時間$200、トウリーディング1時間30分$150、腸心セラピー60分$100	予約はeメールで。 セッションの場所などの詳細は予約後に案内がある。

ショップ&レストラン

カウンセリングもしてくれる

センター・フォー・ザ・ニューエイジ

ザ・ワイに近い所にある

タロット、霊気、オーラソーマ、スピリチュアルカウンセリング、前世リーディング、マッサージなど、さまざまな方法で精神世界を引き出してくれる。オーラ写真もその場でOK。スピリチュアルグッズも豊富。

Center for the New Age MAP P.313-D2
住341 Hwy. 179 ☎(928) 282-2085
FREE(1-888) 881-6651
URL www.sedonanewagestore.com
営毎日8:30～20:00(土～20:30) カード ⒶⒹⓂⓋ
交ザ・ワイから179号線を南へ徒歩8分

セドナ産のスキンケア製品で心身ともにリフレッシュ

ボディブリス・ファクトリー・ディレクト

セドナの土を使ったコスメが人気

リーディングのほか、ボディやフェイシャルのトリートメント(要予約)も行う。セドナ産のマッドやセージを使ったフェイシャルからバス&ボディまでオリジナルコスメが人気で、おみやげにもいい。クリスタルのアイテムも豊富。

Body Bliss Factory Direct MAP P.313-E1
住シグナプラザ内 320 N. Hwy. 89A, Suite Q
☎(928) 282-1599
URL www.bodyblissfactorydirect.com(日本語あり)
営毎日9:30～20:00 カード ⒶⒿⓂⓋ
交ザ・ワイから89A号線を北へ徒歩10分

スピリチュアルグッズの豊富さが人気

セドナ・クリスタル・ボルテックス

クリスタルは見応えあり

クリスタルなどの原石やアクセサリー、ペンジュラム(お守りやヒーリングに使う)、サンキャッチャー、ソルトクリスタルなど品揃えが豊富で、手頃な値段のパワーストーンも販売。各種リーディングやマッサージも行う。

Sedona Crystal Vortex MAP P.313-E1
住300 N. Hwy. 89A ☎(928) 282-3388
URL sedonacrystalvortex.com
営毎日9:00～20:30(金～日～21:00) カード ⒶⒿⓂⓋ 交ザ・ワイから89A号線を北へ徒歩12分

オーラ写真は日本語解説付き

ミスティカルバザール

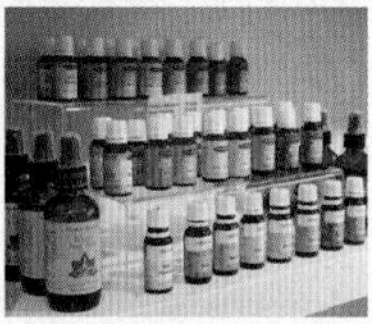
バランスを整えてくれるオイルも販売

ローカルアーティストが一つひとつ手作りしたチャクラジュエリーが人気。1日あれば、オリジナルのブレスレットを作ってくれる。常にリーダーたちが待機し、いつでもセッションOK。

Mystical Bazaar MAP P.312-C2
住3058 W. Hwy. 89A ☎(928) 204-5615
URL www.mysticalbazaar.com(日本語あり)
営毎日9:00～21:00 カード ⒶⒿⓂⓋ
交ザ・ワイから89A号線を西へ約5km、車で6分

セドナの名店で体もクリアに

ハートラインカフェ

名物のニジマス料理をどうぞ

地元の新鮮な素材を生かし、ヘルシーに仕上げている。名物はニジマスTroutで、淡泊なニジマスがソースでおいしくいただける$29。ワインは120種以上。セドナサラダや甘過ぎないデザートもおすすめ。

Heartline Cafe MAP P.313-D2
住1610 W. Hwy. 89A ☎(928)282-3365
URL heartlinecafe.com
営木～月17:00～21:00 休火・水
カード ⒶⒹⒿⓂⓋ 交ウエストセドナの東、ザ・ワイから89A号線を西へ約2.5km、車で5分

大自然の恵みを料理に

ショコラツリー

ヘルシーになりたい人はここへ

100%オーガニックとベジタリアン料理の店。低温で調理し、ビーガン(乳製品など動物性のものを取らない)にも対応するという徹底ぶり。味つけにも工夫がされ、意外に美味。

Chocola Tree MAP P.313-D2
住1595 W. Hwy. 89A ☎(928)282-2997
URL chocolatree.com
営毎日9:00～21:00(水11:00～) カード ⒶⓂⓋ
交ウエストセドナの東、ザ・ワイから89A号線を西へ約2.6km、車で5分

MEMO **持っていくと便利なもの** セドナは星空を楽しんでもらうための条例があり、街灯が少ない。アップタウンは夜でも歩けるが、ちょっと離れた所では懐中電灯があると便利。

レストラン&ホテル

アットホームなカフェスタイルのスシバー

ヒローズスシ&ジャパニーズキッチン

日本人シェフで安心の店

ウエストセドナの中心地にある。ディナーは天ぷら、握り寿司、刺身の盛り合わせ、ウナギ丼、焼きそばなどあらゆる日本食メニューをラインアップ。ランチは丼ものや寿司ランチボックス（$13.50）など。

Hiro's Sushi & Japanese Kitchen MAP P.313-D2
住1730 W. Hwy. 89A, #6 ☎(928)282-8906
URL www.hirosedona.com 営火～土ランチ11:30～13:30（土曜は終日メニュー）、火～日ディナー17:00～20:00 休日のランチタイムと月 カード ⒶⓂⓋ
交ザ・ワイから89A号線を西へ約2.7㎞、車で5分

陽気なメキシコ料理がおいしい

オアハカ

コロナビールが最高に合う料理だ

メインストリートに面し、行き交う人を眺めながらの食事が楽しい。サービスのサルサチップスを食べ過ぎないように。ラップのように食べるファヒータは醤油の味を思わせる。セドナらしく、脂分を抑えたメニューもある。

Oaxaca MAP P.313-E1
住321 N. Hwy. 89A ☎(928)282-4179
URL www.oaxacarestaurant.com
営毎日11:00～21:00 カード ⒶⓂⓋ
交アップタウンのやや北、ザ・ワイから89A号線を北へ約800m、徒歩10分

50年以上続くセドナの老舗

カウボーイクラブ

古きよき西部の雰囲気

バイソン（バッファロー）バーガー$16.95やポークリブ$21.95がこの店の看板メニューだ。サボテンのフライやガラガラヘビの串焼きなど、変わり種の料理にも挑戦したい。ワインは地元アリゾナ産をはじめ、ナパやソノマ産まで35種類以上を取り揃える。

Cowboy Club MAP P.313-D1
住241 N. Hwy. 89A ☎(928)282-4200
URL cowboyclub.com
営毎日11:00～21:00 カード ⒶⓂⓋ
交ザ・ワイから89A号線を北へ約450m、徒歩7分

オーガニックの自家製パンが人気

ワイルドフラワー・ブレッドカンパニー

景色抜群の屋外でいただきたい

ローストビーフとゴルゴンゾーラをサンドしたRoast Beef & Gorgonzolaのほか、グルメサンドがおいしい。いろいろ楽しむならハーフサンド、サラダ、スープのうちのふたつのコンビネーションがおすすめ。

Wildflower Bread Company MAP P.313-D1
住101 N. Hwy. 89A ☎(928)204-2223
URL www.wildflowerbread.com
営月～金6:00～21:00、土7:00～21:00、日7:00～20:00 カード ⒶⓂⓋ
交ザ・ワイから89号線を北へ約260m、徒歩4分

サンダーマウンテンのパワーを浴びる

アンダンテ・イン・オブ・セドナ

清潔で快適。便利なロケーション

フェニックス国際空港からの空港シャトル（→P.310）の停留所がある。客室棟は3階建てで東西に広がり、ロビーと無料の朝食が提供されるスペースは別棟。ほかのホテルよりは比較的リーズナブルだ。

The Andante Inn of Sedona MAP P.313-C2
住2545 W. Hwy. 89A, Sedona, AZ 86336 ☎(928)282-1533 FREE (1-800)858-7245 URL www.andanteinn.com 客室数66室 料SDT$116～226
カード ⒶⓂⓋ 交ザ・ワイから89A号線を西へ約4㎞、車で5分

ゴルフなどのアクティビティも楽しめる

ヒルトン・セドナ・リゾート・アット・ベルロック

レストランも好評

アップタウンから車で15分ほど南にある最高級のリゾートホテル。フルサービスのスパやテニスコート、ゴルフ場までをも併設する。

Hilton Sedona Resort at Bell Rock MAP P.312-B3
住90 Ridge Trail Dr., Sedona, AZ 86351
☎(928)284-4040 FAX(928)284-6940
URL www.hiltonsedonaresort.com 客室数221室
料SDT$219～718、SU$219～908＋リゾート料金$28 カード ⒶⒹⒿⓂⓋ
交ザ・ワイから179号線を南へ約12㎞、車で15分

ホテル

エアポートメサからの太陽が心地よい

アラベラ・ホテル・セドナ

ヒルサイドのギャラリー街を通り過ぎた179号線沿いにあるホテル。ほとんどのバルコニーが西側に面し、エアポートメサを望める。

リラックスに最適な部屋

Arabella Hotel Sedona MAP P.313-D2

住725 Hwy. 179, Sedona, AZ 86336
☎(928) 203-9432 FREE(1-844) 767-8781
URL arabellahotelsedona.com 客室数144室
料SDT$149～379 カードⒶⓂⓋ
交ザ・ワイから179号線を南へ約1.2km、車で3分

エアポートメサへ毎朝直行

ベストウエスタン・プラス・イン・オブ・セドナ

ウエストセドナの東側にあり、ツアーによく使われる。徒歩圏内にエアポートメサ、スーパーマーケットなどがあり、3マイル以内は無料のシャトル（8:00～22:00）を利用できる。

日本人客に慣れている

Best Western Plus Inn of Sedona MAP P.313-D2

住1200 W. Hwy. 89A, Sedona, AZ 86336
☎(928) 282-3072 FAX(928) 282-7218
URL www.innofsedona.com 客室数109室
料SDT$179～289 カードⒶⒹⒿⓂⓋ
交ザ・ワイから89A号線を西へ約2km、車で4分

世界のトップ100ホテルにも選ばれた

エンチャントメント・リゾート

4大ボルテックスのひとつ、ボイントンキャニオンに抱かれるようにたたずむ高級リゾート。有名人もお忍びで訪れるほど人気。

いつかは訪れたい

Enchantment Resort MAP P.312-A1

住525 Boynton Canyon Rd., Sedona, AZ 86336
☎(928) 282-2900
URL www.enchantmentresort.com 客室数218室
料DT$335～665、SU$595～2280＋リゾート料金$39.99 カードⒶⓂⓋ
交ザ・ワイから89Aを西へ。Dry Creek Rd.を右折し、Boynton Canyon Rd.を車で約18分

アップタウンにあってひとり観光も簡単

ベストウエスタン・プラス・アロヨ・ロブレ・ホテル＆クリークサイド・ヴィラ

アップタウンにあり、ショップやレストランはもちろん、トロリーやジープツアー乗り場も徒歩圏内。客室はこぢんまりとしているが清潔で、設備も整い、使いやすい。バフェの朝食付きで、コインランドリーあり。

広くはないが客室からの眺めはすばらしい

Best Western Plus Arroyo Roble Hotel & Creekside Villa MAP P.313-E1

住400 N. Hwy. 89A, Sedona, AZ 86336 ☎(928)282-4001
FAX(928)282-4001 URL www.bestwesternsedona.com
客室数65室 料SDT$179～474、SU$229～479、ヴィラ$549～799 カードⒶⒹⒿⓂⓋ 交ザ・ワイから89A号線を北へ約1km、車で3分

心を落ち着けて過ごしたいなら

エル・ポータル・セドナ

隠れ家的な雰囲気が漂うホテル。1900年から1930年代のアンティーク家具を中心にした趣のあるインテリアが特徴だ。週末は2泊から。

セドナらしさを満喫

El Portal Sedona MAP P.313-D2

住95 Portal Ln., Sedona, AZ 86336
☎(928) 203-9405 FAX(928) 203-9401
URL www.elportalsedona.com 客室数12室
料$259～499＋リゾート料金$20 カードⒶⓂⓋ
交ザ・ワイから南へ約500m、車で2分。179号線を南に500m進み右折、Portal Ln.の40m先

日本人経営のチャーミングなロッジ

セドナ・ベアロッジ

ウエストセドナの閑静な住宅地にあるB&B。オーナー手作りの温かい朝食がサーブされ、客室は大小異なるスペースの部屋が4つある。

日本語で安心

Sedona Bear Lodge MAP P.312-C2

住65 Piki Dr., Sedona, AZ 86336
☎(928) 204-2230 FREE(1-800) 801-2737
URL www.sedonabearlodge.com 客室数4室 料SDT$120～175、$225～235(2ベッドルーム、3人目から$25追加料金が必要) カードⓂⓋ 交ザ・ワイから89A号線を西へ約5km、Dry Creek Rd.を右折、2番目の角を左折しKachina Dr.へ。640m先、斜め左に折れてPiki Rd.。車で約10分

ルート66と街道沿いの見どころ

ジャズのスタンダードナンバーとして親しまれている『ルート66』。これは国道66号線沿いの地名を織り込みながら西海岸への旅に誘う曲だ。

1926年に開通したルート66はシカゴからミズーリ、テキサス、ニューメキシコ、アリゾナなどを通ってロスアンゼルスまで全長約4000㎞の国道で、1938年にはアメリカで初めて全線が舗装された。以来、およそ半世紀にわたって西部の発展に大きな役割を担い、"母なる道Mother Road"と呼ばれている。

ルート66はやがてインターステート・ハイウエイ（高速道路）の普及によって廃線となったが、部分的には今も通行できる箇所があり、街道沿いの見どころとともに人気のデスティネーションとなっている。ノスタルジックなドライブに出かけてみよう。

ルート66をテーマにした名物ショップやモーテルがあるセリグマンの町

フォトジェニックなウィンスローの街角

フラッグスタッフ
Flagstaff

北アリゾナ最大の都市であり、グランドキャニオン（→P. 284）のゲートシティでもある。ダウンタウンの古い町並み、レトロなダイナー、色鮮やかなネオンサインを掲げたモーテル、ルート66をテーマにしたナイトクラブ、ハーレーダビッドソンがずらりと並ぶバイクショップなど、モータリゼーションの時代を彷彿させる町だ。

もしもフラッグスタッフから西へ走るなら、ウィリアムズWilliamsやセリグマンSeligmanにあるルート66をテーマにした名物ショップもお見逃しなく。

ウィノナ
Winona

『ルート66』の歌詞にも出てくるウィノナはフラッグスタッフから東へ約15分、I-40のExit 211にある。ルート66のファンに人気なのは1924年に造られたルート66の橋。AZ-394を北へ2分ほど走ると右に見える。

アリゾナ大隕石孔国定記念物
Meteor Crater National Natural Landmark

隕石の衝突痕をひと目ではっきりと視認できる世界で唯一の場所。約5万年前に直径約50mの隕石が落ちた際、衝撃によって一瞬でできた幅1300m、深さ170mの穴を見に行こう。ウィノナからI-40を東へ20分ほど走り、Exit 233で下りて約10分。

MAP 折込表B2　営夏期の毎日7:00～19:00、サンクスギビング～13:00　休12/25
料1人$18、60歳以上$16、6～17歳$9

ウィンスロー
Winslow

I-40をさらに東へ20分ほど走ってウィンスローを訪れよう。ダウンタウンのW. 2nd St.とN. Kingsley Ave.の交差点にルート66の標識がペイントされている。角に立つ若者の像は、イーグルスの名曲『Take it easy』のなかでI'm a standing on a corner in Winslowと歌われたことにちなんだものだ。

化石の森国立公園
Petrified Forest National Park

ウィンスローからI-70を東へ約1時間。Exit 311を下りるとすぐに入園ゲートがある。入ってしばらくはカラフルな地層が露出した砂丘や奇岩の荒野が続くが、やがて無数の丸太が見渡す限りに転がる丘が目に飛び込んでくる。これらはすべて木の姿をそのままに保って石化した珪化木、つまり木の化石だ。およそ2億2500万年前、洪水で押し流されてきた大量の倒木に火山灰などが染み込んで石化したという。2時間ほどかけて大自然の奇跡を見学してこよう。

MAP 折込表B2　営夏期7:00～19:30、春・秋期～18:00、冬期8:00～17:00の毎日　休12/25
料車1台$20、バイク$15、そのほか1人$10

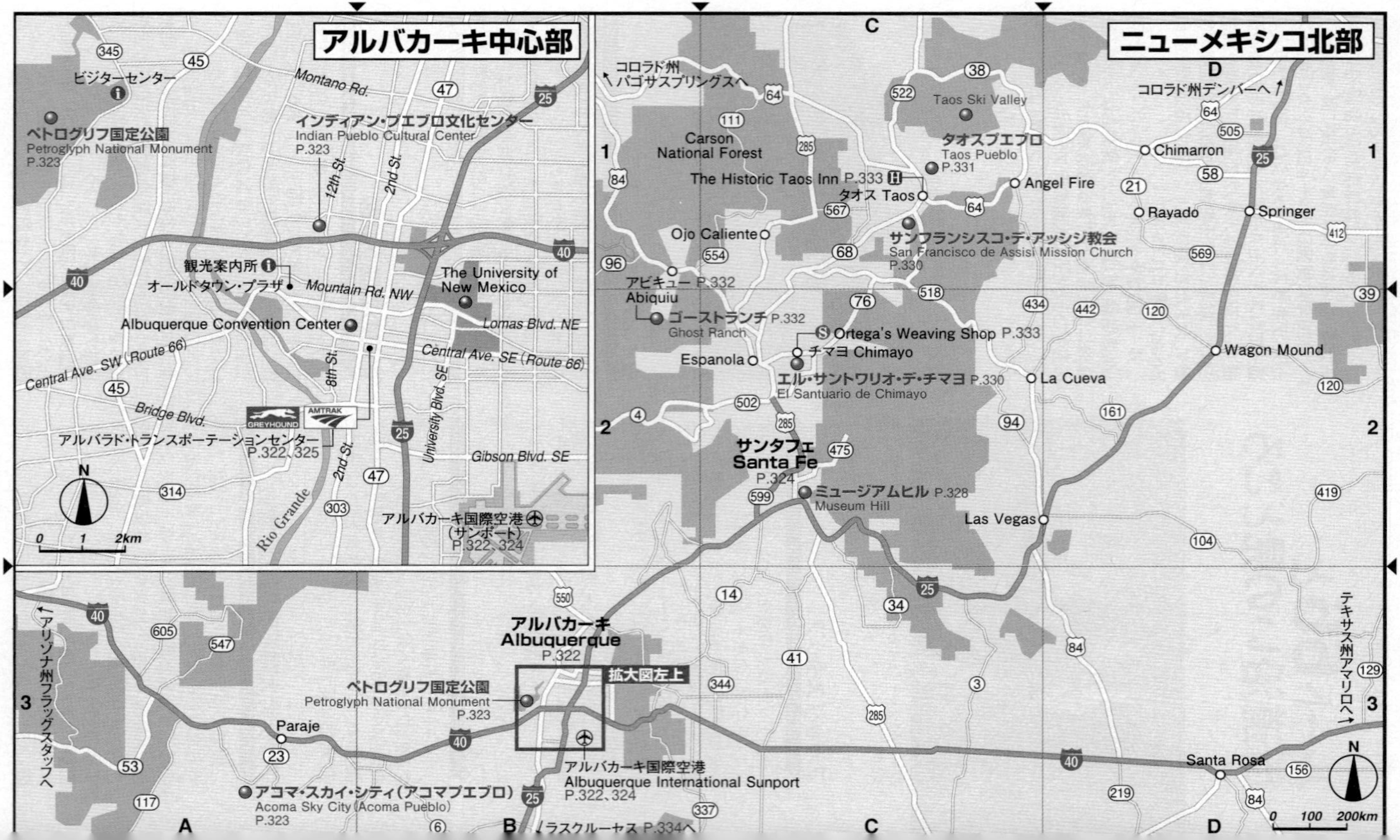
アルバカーキ中心部
ビジターセンター
ペトログリフ国定公園
Petroglyph National Monument
P.323
Montano Rd.
インディアン・プエブロ文化センター
Indian Pueblo Cultural Center
P.323
12th St.
2nd St.
観光案内所
オールドタウン・プラザ
Mountain Rd. NW
The University of
New Mexico
Albuquerque Convention Center
Lomas Blvd. NE
Central Ave. SW (Route 66)
Central Ave. SE (Route 66)
8th St.
University Blvd. SE
Bridge Blvd.
GREYHOUND
AMTRAK
アルバラド・トランスポーテーションセンター
P.322、325
Gibson Blvd. SE
Rio Grande
アルバカーキ国際空港
(サンポート)
P.322、324
0 1 2km
ニューメキシコ北部
コロラド州
パゴサスプリングスへ
Carson
National Forest
Taos Ski Valley
タオスプエブロ
Taos Pueblo
P.331
The Historic Taos Inn P.333
タオス Taos
Angel Fire
コロラド州デンバーへ
Chimarron
Rayado
Springer
Ojo Caliente
サンフランシスコ・デ・アッシジ教会
San Francisco de Assisi Mission Church
P.330
アビキュー P.332
Abiquiu
ゴーストランチ P.332
Ghost Ranch
Ortega's Weaving Shop P.333
チマヨ Chimayo
Espanola
エル・サントワリオ・デ・チマヨ P.330
El Santuario de Chimayo
La Cueva
Wagon Mound
サンタフェ
Santa Fe
P.324
ミュージアムヒル P.328
Museum Hill
Las Vegas
アリゾナ州フラッグスタッフへ
アルバカーキ
Albuquerque
P.322
拡大図左上
ペトログリフ国定公園
Petroglyph National Monument
P.323
Paraje
アルバカーキ国際空港
Albuquerque International Sunport
P.322、324
アコマ・スカイ・シティ(アコマプエブロ)
Acoma Sky City (Acoma Pueblo)
P.323
ラスクルーセス P.334へ
テキサス州アマリロへ
Santa Rosa
0 100 200km

ニューメキシコ州の
オリエンテーション

　州の観光地は北部と南部に二分され、北部のアルバカーキとサンタフェはアリゾナやコロラドからの周遊ルートに含まれることが多く、南部の拠点ラスクルーセスはツーソンやエルパソからのアクセスがポピュラーだ。州全体は雨が少なく乾燥しており、晴天率が高い。南部は砂漠気候で冬でも氷点下にはならない。北部はステップ気候で昼と夜の気温差が激しく、冬は降雪もある。

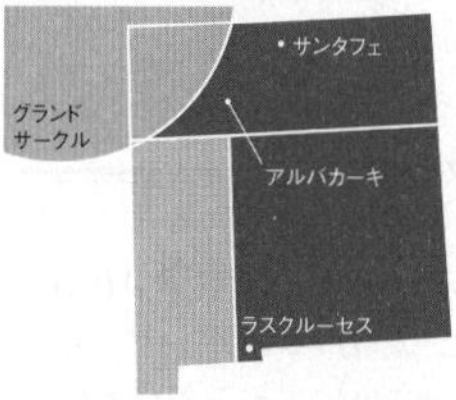

▶P.322～

ニューメキシコ北部
Northern New Mexico

アルバカーキとサンタフェにある建物のほとんどが、プエブロインディアン様式か植民地時代のスペイン風建築。フォトジェニックな町並みに、多くの観光客が訪れる人気のデスティネーションだ。

▶P.334～

ニューメキシコ南部
Southern New Mexico

真っ白な砂漠、無数の洞窟を有する世界遺産、UFO墜落の舞台になった小さな町……。ミステリアスな観光スポットが多く、近年は宇宙旅行のスペースポートまで現れた！ 日本人旅行者も多い。

Local Specialty
名物

New Mexico Chile
ニューメキシコチリ

町のいたるところで見かける軒先のトウガラシの束。インテリアのアクセントにもなっているが、魔よけの意味もあるとか。ニューメキシコの料理には欠かすことのできないアイテムで、赤トウガラシは保存用に、青トウガラシはローストして食べたり、刻んでトッピングにしたりと使い分けている。

Turquoise
ターコイズ

アメリカ南西部はターコイズの産出地。先住民の人々は身を守る目的でターコイズをもち、神聖なものとして大切にされている宝だ。サンタフェには、インディアンジュエリーを扱うショップがたくさんあり、石の色やジュエリーのデザインもさまざま。緑を感じるターコイズに出合えたらラッキーだ！

先住民文化を伝えるアーバンシティ

アルバカーキ

サンフェリペ・デ・ネリ教会。オールドタウンには植民地時代を伝える建物が残っている

MAP ▶ P.320-B3

Albuquerque

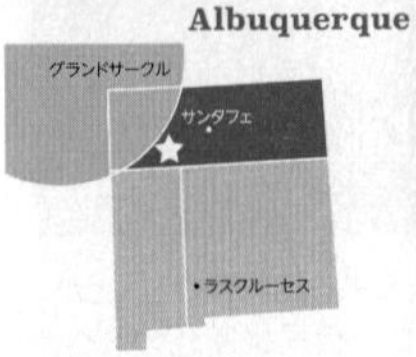

人口▶約56万200人
面積▶約486㎢
標高▶最高約1865m、最低約1508m
TAX▶セールスタックス7.875%
ホテルタックス 13.87%
時間帯▶山岳部標準時(MST)

ニューメキシコ州最大の都市、アルバカーキ。同州のほぼ中央に位置し、交通の要所として発展、中心部には高層ビルが立ち並ぶビジネスタウンでもある。一方で、市内には先住民文化を残すエリアもあり、独自の雰囲気が観光客を引きつけている。また、10月初旬に開催される気球のお祭り「アルバカーキ国際気球フェスティバル」には、色鮮やかな気球が大空を優雅に舞い、壮観のひと言に尽きる。

アクセス

ダウンタウンの南東約8kmに**アルバカーキ国際空港Albuquerque International Sunport**があり、アメリカン航空がダラス／フォートワース、シカゴ（オヘア）、フェニックスなどから、ユナイテッド航空がヒューストン、デンバー、シカゴ（オヘア）から、デルタ航空がソルトレイク・シティなどから定期便を運航させている。

ダウンタウンには鉄道駅やグレイハウンドのバスディーポが隣接する**アルバラド・トランスポーテーションセンター Alvarado Transportation Center**があり、サンタフェへはここから列車でアクセスすることになる（サンタフェの行き方は→ P.324を参照）。

飛行機

Albuquerque International Sunport (ABQ)
MAP P.320-左上
住2200 Sunport Blvd. S.E., Albuquerque
☎(505) 244-7700
ダウンタウンへはABQ Rideのバス250番（平日のみ）と50番（日曜運休）か、タクシー（$17～25。約15分）で。

鉄道と長距離バス

Alvarado Transportation Center
MAP P.320-左上
住320 1st St. SW
●**アムトラック窓口**
開毎日9:45～17:00
●**グレイハウンド窓口**
開毎日21:00～翌18:00（12:30～13:30は休み）
アムトラックはシカゴとロスアンゼルスを結ぶサウスウエストチーフ号が1日1往復しており、グレイハウンドはデンバー、フェニックス、オクラホマシティから乗り入れている

アルバカーキの歩き方

まずは昔の町並みが保存されている**オールドタウンOld Town**を目指そう。ダウンタウンの北西1kmの所にある。プラザを中心にアドービの建物が連なり、美術館や博物館、教会、レストランが並ぶ。プラザにはジュエリーの露店も現れて、お気に入りのターコイズを探すのもいい。中心部からオールドタウンへは66番のバスが便利。アルバカーキには郊外にもすばらしい観光ポイントがあるので、車があれば行動範囲も広がる。

ターコイズのマーケットはサンタフェだけでなくアルバカーキでも行われている

ⓘ 観光案内所

Old Town
MAP P.320-左上
住303 Romero St. in Plaza Don Luis
URL www.visitalbuquerque.org
開毎日10:00～18:00（11～4月～17:00）

MEMO **Chaco Culture National Historical Park** ニューメキシコ州の北西にあるチャコ・カルチャー国定史跡は、ユネスコの世界遺産に登録された古代プエブロ人の遺跡。メサベルデ（→P.258）の断崖住居とは対照的な荒野の住居跡で、西暦850～1250年頃に栄えた大きな町だった。プエブロ、ホピ、ナバホの人々にとっては今も大事な聖地。行き方はア ↗

おもな見どころ

プエブロ・インディアンの歴史がわかる　おすすめ度：★★★

インディアン・プエブロ文化センター　Indian Pueblo Cultural Center

プエブロ・インディアンの歴史を楽しく学べるのがこのセンターだ。プエブロ・インディアンはニューメキシコを中心に20近い部族に分かれているが、その分布図、部族名の由来、人口などを解説している。また、それぞれの部族の特徴ある工芸品なども陳列され、比較するのもおもしろい。美術工芸品としてよく見かけるターコイズ（トルコ石）をあしらったジュエリーは、ズニ族Zuniのもの。併設のレストランPueblo Harvest Cafeでは先住民の料理も食べられる。

Indian Pueblo Cultural Center
MAP P.320-左上
住 2401 12th St. NW
☎ (505) 843-7270
FREE (1-866) 855-7902
URL www.indianpueblo.org
営 毎日9:00～17:00
休 おもな祝日
料 $8.40、62歳以上$6.40、5～17歳$5.40、5歳以下無料
交 トランスポーテーションセンターから8、10、36番のバスで

天空の村　おすすめ度：★★★

アコマ・スカイ・シティ（アコマプエブロ）　Acoma Sky City (Acoma Pueblo)

プエブロ・インディアンのひとつアコマ族。西暦1150年くらいから約112m（367フィート）の高さのメサに住居を造り、今も住み続けている。彼らは電気も上下水道もない昔からの生活を営む、最も長い民族といわれている。当初は約250世帯、4800人ほどが暮らしていたが、現在は10世帯余り。しかし、アコマ族の人々は儀式の際にはここへ戻ってくるそうだ。なぜこのようなところに住居を作ったかというと、防衛上の目的ではないかといわれている。

かつては階段のみが主要路であったが、今は**麓の博物館でツアーに申し込むと小型車で連れて行ってもらえる**。カメラの持ち込みは撮影料がかかるが、天空の村からの景色は一見に値する。博物館では1000年にわたるアコマ族の暮らしや歴史を解説している。

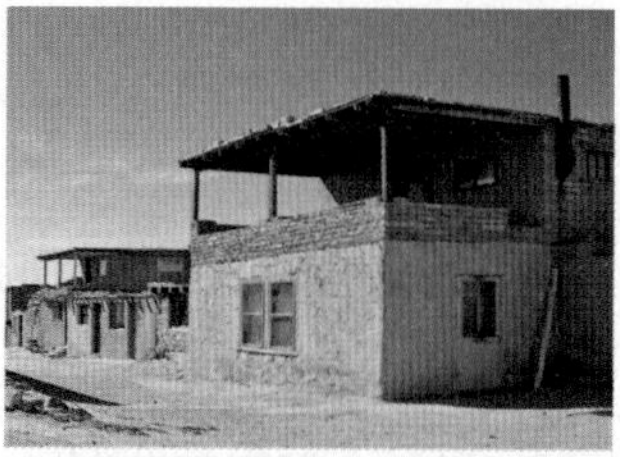

アコマプエブロは、継続して人が住み続けている北米最古の集落のひとつ　©ivanastar,iStock

Acoma Sky City (Acoma Pueblo)
MAP P.320-A3
● Sky City Cultural Center & Haak'u Museum
住 Pueblo of Acoma
FREE (1-800) 747-0181
URL www.acomaskycity.org
営 毎日9:30～15:30(11月～3月中旬は～14:30)の1時間おきにツアーが行われる(儀式やイベント開催時は休み)
料 $25、子供・シニア$17、ファミリー（大人2人、子供2人まで）$66、カメラ持ち込み料$15。ビデオは不可
交 車のみが足。アルバカーキからI-40 WESTを約45分。Exit 108で下り、NM-23 SOUTH方面へ。15分ほど走ると右側に博物館が見えてくる

先住民の岩絵が見られる　おすすめ度：★★★

ペトログリフ国定公園　Petroglyph National Monument

アルバカーキのダウンタウンからリオグランデを渡った西に、約27km（17マイル）に及ぶウエストメサがある。この岩山には、先住民の残した岩絵（1万5000を超える）が刻まれている。1300～1650年頃の間に描かれたもので、鳥やヘビ、いくえにもなった正確な円、人型などが見られる。

岩山にはいくつかのトレイルがあるので、ビジターセンターでどのトレイルがいいか尋ねてみるといい。岩山のてっぺんまで続くトレイルは、曲がりくねっていて意外に疲れる。水を持参するように。

神秘的な岩絵を間近に見ることができる

Petroglyph National Monument
MAP P.320-左上
交 車のみが足。アルバカーキからI-25 NORTHへ。Exit 226でI-40 WESTに入る。Exit 155で下りてCoors Blvd.を北に進み、Western Trailを西に行くと公園の敷地となる。約15分の距離

ℹ ビジターセンター
住 6001 Unser Blvd. NW
☎ (505) 899-0205
URL www.nps.gov/petr
営 毎日8:30～16:30
休 サンクスビギング、12/25、1/1
料 車1台平日$1、週末$2

↘ ルバカーキからUS-550を北上して約2時間、Nageeziという町の手前の地方道Indian Service Rt. 7061 に入り、地方道7950へ右折。トータルで約2時間45分。MAP 折込裏H-4 ☎(505)786-7014 URL nps.gov/chcu 料 車1台$25、バイク$20(7日間) 営 7:00～日没（ビジターセンター）8:00～17:00（11～4月～16:00）休 サンクスギビング、12/25、/1/1

最もアメリカらしくないエキゾチックシティ

サンタフェ

MAP▶P.320-C2

Santa Fe

グランドサークル
アルバカーキ
•ラスクルーセス

人口▶約8万4600人
面積▶119㎢
標高▶約2100m
TAX▶セールスタックス 8.4375%
ホテルタックス 15.44%
時間帯▶山岳部標準時（MST）

旧総督邸前に広がるインディアンジュエリーの露店

ニューメキシコ州北部、ロッキー山脈の南に位置するサンタフェは、スペイン植民地として町が開けたあと、アメリカ先住民や侵攻してきたメキシコ人たちによる文化の融合を繰り返してきた。1957年、古い建築物と調和するようにと法令が施行され、ダウンタウンの建物はすべてプエブロ・インディアン・スタイルか植民地時代のスペイン風建築の様式に統一。そうしてできあがった町はアメリカで最もエキゾチックで、美しいと称されている。ダウンタウンにはアメリカの都市のイメージとはほど遠い、まるで絵画の世界のような、不思議でかわいらしい町並みが広がっている。

アクセス

飛行機

アルバカーキ国際空港（サンポート）

Albuquerque International Sunport(ABQ)

サンタフェへはアルバカーキ国際空港に飛行機で入り、鉄道や空港シャトルなどでアクセスするのが一般的だ。

アルバカーキ国際空港からサンタフェへは、空港シャトルの**サンディア・シャトル・エクスプレスSandia Shuttle Express**で所要約1時間15分。タオス（→P.331）へは**タオス・スキーバレー・エアポート・シャトル Taos Ski Valley Airport Shuttle**で3時間。近距離列車のニューメキシコ・レイルランナー・エクスプレス（→P.325）で行く場合は注意が必要。空港からABQ Rideのバスでダウンタウンの駅まで行き、そこから列車に乗車する（行き方については→脚注）。

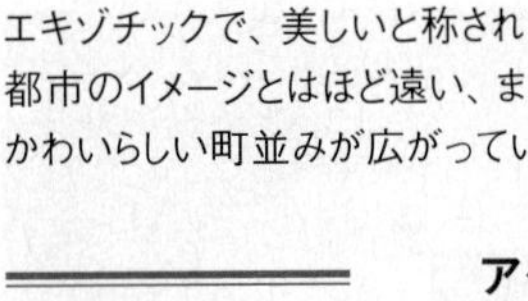

アルバカーキの空港からサンタフェへ鉄道で行くなら市バスに乗り、トランジットセンターで乗り換える必要がある

Albuquerque International Sunport(ABQ)

●サンタフェへ

Sandia Shuttle Express (Groome Transportation)

FREE (1-888) 775-5696
URL sandiashuttle.com
営 アルバカーキ国際空港発：毎日4:45～翌0:30の1時間～1時間30分間隔
料 サンタフェまで片道$36

チェックインカウンターはバゲージクレーム#6の近く。チケットの購入は当日でも可。サンタフェからの便は事前にウェブサイトなどで予約すること。主要ホテルまで送迎してくれる

●タオスへ

Taos Ski Valley Airport Shuttle

FREE (1-800) 776-1111
URL www.skitaos.com
料 タオスまで片道$80、往復$150
営 アルバカーキ国際空港発：毎日12:30、15:30

ウェブサイトから予約。48時間前までの予約をすすめる

MEMO **空港からニューメキシコ・レイルランナー・エクスプレスの駅までは** 駅は空港から離れた場所にあるので、市バスのABQ Ride #50、250でDowntown Albuquerque駅（Alvarado Transportation Center）まで行き、そこから乗車する。#250は日曜は運休しているので注意。 ABQ Ride ☎ (505) 243-7433 URL www. ↗

また、サンタフェ・ダウンタウンの南西約17kmに**サンタフェ空港Santa Fe Regional Airport (SAF)**もあり、毎日アメリカン航空がダラス/フォートワースから3便、フェニックスから1便、ユナイテッド航空がデンバーから3便が飛んでいる。サンタフェにはタクシー会社がなく、中心部へはレンタカーかUberかLyftの配車サービスの利用となる。

長距離バス&鉄道

アルバラド・トランスポーテーションセンター

Alvarado Transportation Center

サンタフェには長距離バスのグレイハウンド、鉄道のアムトラックとも走っておらず、一度アルバカーキで下車してからアクセスすることになる。両社ともアルバカーキのアルバラド・トランスポーテーションセンター（センターと駅は別棟）に発着する。

センターはアルバカーキ〜サンタフェ間を走る近郊列車の**ニューメキシコ・レイルランナー・エクスプレスNew Mexico Rail Runner Express**のAlbuquerque駅もあり、アルバカーキの駅からサンタフェのSanta Fe Depot駅までは1時間20分〜1時間40分の距離。Santa Fe駅はダウンタウンの南西にあり、プラザまで徒歩13分ほど。アルバカーキ国際空港から公共交通機関でサンタフェにアクセスする人も、空港からはバスで上記のトランスポーテーションセンターへ行き、ニューメキシコ・レイルランナー・エクスプレスに乗車することになる。

サンタフェではグレイハウンドとアムトラックは建物を共有している

アルバカーキとサンタフェ間を走るレイルランナー

サンタフェの市内交通

市バス

サンタフェ・トレイルズ

Santa Fe Trails

市内を走る市バス

サンタフェ市内や近郊までを網羅する10の路線と、サンタフェ市内を循環する無料のバス、**サンタフェピックアップSanta Fe Pick Up**を運営する。サンタフェピックアップはダウンタウンを循環するヒストリック・ディストリクト・シャトルHistoric District Shuttleと、ダウンタウンの南西に位置する美術館を循環するミュージアムシャトルMuseum/Canyon Road Shuttleの2ルート。

Santa Fe Regional Airport(SAF)
住121 Aviation Dr., Santa Fe
☎(505) 955-2900
営www.santafenm.gov/airport
交事前予約をすれば次のハイヤー会社が送迎を行ってくれる
● **New Mexico Black Car Service**
URLnewmexicoblackcar.com

Alvarado Transportation Center
MAP **P.320-左上**
住100 1st St. SW, Albuquerque
☎(505) 243-7433
URLwww.cabq.gov/transit
● **New Mexico Rail Runner Express**
運行／月〜金は朝晩の通勤時間帯にそれぞれ4本、土・日 8:30、13:25、18:20、20:23発（日は最終便運休）
料サンタフェまで$9

Santa Fe Depot駅
MAP **P.326-A2**
住410 S. Guadalupe St., Santa Fe
交駅からプラザまで徒歩約13分

GreyhoundとAmtrak駅
住310 1st St. SW, Albuquerque（アルバラド・トランスポーテーションセンターの南隣）
● **Greyhound**
☎(505) 243-4435
URLwww.greyhound.com
営毎日21:00〜翌18:00（12:30〜13:30は休み）
● **Amtrak**
URLwww.amtrak.com
営毎日9:45〜17:00（待合室の時間）

Santa Fe Trails
MAP **P.326-B1**
住Sheridan St. & Palace Ave., Santa Fe（トランジットセンター）
☎(505) 955-2001
URLwww.santafenm.gov
料$1、1日券$2
運行／月〜金5:30〜22:30、土8:00〜20:00、日8:30〜18:00（路線により異なる）

↘ cabq.gov/transit 料 $1（#250は無料）。タクシーの場合は約15分、$25。zTrip ☎(505) 247-8888 URLwww.ztrip.com

Santa Fe Japan Connection
☎(505) 660-0489
URL www.santafejapan.com

ツアー

サンタフェ・ジャパン・コネクション

Santa Fe Japan Connection

サンタフェにある日本人専用のツアー会社。混載ツアーおよびプライベートツアーを催行している。タオスやアビキューなど、サンタフェ郊外にある見どころへの日帰りツアーのほか、プライベートツアーは、自分の都合に合わせて行き先、時間などの旅程を組むことができる。空港送迎も扱うなど、詳細は事前に問い合わせを。ガイドはこの土地と文化について豊富な知識をもち、実に頼りがいがある。

ⓘ 観光案内所

Plaza Visitor Information Center
MAP P.326-B2
住 66 E. San Francisco St., #3, Santa Fe
☎(505) 955-6215
URL santafe.org
営 毎日10:00～18:00

観光案内所はほかにもコンベンションセンター（住 201 W. Marcy St., Santa Fe 営 月～金 8:00～17:00）や鉄道のSanta Fe Depot駅（住 401 S. Guadalupe St., Santa Fe 営 月～土 9:00～17:00）にもある

サンタフェの歩き方

サンタフェのダウンタウンは、約1km四方のエリアと非常に狭いので、容易に歩き回ることができる。ダウンタウンのあとはギャラリーやジュエリーショップが軒を連ねる**キャニオンロード**（→脚注）や、町を少し出た美術館など、くまなく見て回るなら2日は欲しい。また、サンタフェの郊外には世界遺産のタオスプエブロや織物の町チマヨなど、訪れておきたい場所が点在している。サンタフェまで来たのなら、ぜひ、足を延ばしてほしい。

サンタフェはアーティストが多く住み、ギャラリー巡りもおすすめ

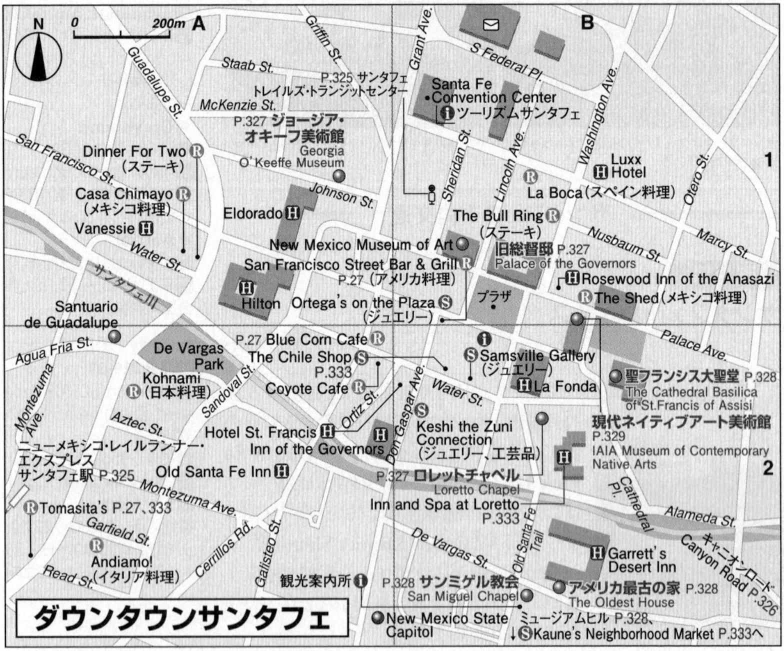

MEMO キャニオンロード　サンタフェのプラザから南東へ徒歩10分。そこには、キャニオンロードという1マイル（約1.6km）の細い道が延びている。この道は、1680年のスペイン人に対する先住民の反乱が起こった頃の、インディアントレイルだ。南のリオグランデ狭谷のプエブロから、北のペコスプエブロをつなぐルートとして使われて↗

おもな見どころ

ダウンタウン Downtown

オキーフの作品数は全米いち！ おすすめ度:★★★

ジョージア・オキーフ美術館 Georgia O'Keeffe Museum

孤高の芸術家でニューメキシコを愛したジョージア・オキーフの作品を集めた美術館。1997年のオープン以来、サンタフェで最もにぎわっている美術館だ。オキーフ作品は800点以上収蔵しており、全米いちの規模を誇る。

建物は日本の森美術館や、ペンシルバニア州ピッツバーグのウォーホル美術館をデザインしたリチャード・グラックマンによるもので、外観は日干しれんが(アドービ)ながら内部は白亜で開放的な仕上がりになっている。アビキューやゴーストランチを訪れる予定の人は、ぜひ見学してから出かけよう。彼女の視点と、その人生に感慨を抱かずにはいられないはずだ。

館内にはギフトショップも併設され、オキーフのポスターや絵はがきなどを販売している。

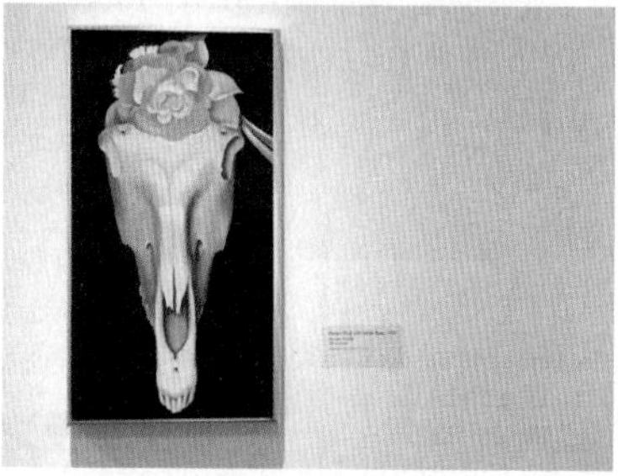
オキーフは花とスカルをモチーフにすることが多かった

Georgia O'Keeffe Museum
MAP P.326-A1
住217 Johnson St., Santa Fe
☎(505) 946-1000
URL www.okeeffemuseum.org
営毎日10:00～17:00(金～19:00)
休おもな祝日
料$13、学生$11

奇跡の階段がある おすすめ度:★★★

ロレットチャペル Loretto Chapel

1878年に完成した、アメリカ西部では珍しいゴシック復古調の教会。一歩中に入ると、光り輝くステンドグラスに目を奪われる。ここで注目したいのはそのステンドグラスではなく、礼拝堂後方にある33段のらせん階段。"**奇跡の階段Miraculous Staircase**"とも呼ばれる階段は、真ん中の支柱がなく、鉄の釘も使われていない。階段は、約85年間一度も壊れずに使われたというから驚きだ。ノコギリ、T定規、ハンマーだけを道具に建てられたという。"ひとりの大工によって造られた"という逸話も残っており、好奇心をかきたてる謎多き建造物だ。

Loretto Chapel
MAP P.326-B2
住207 Old Santa Fe Trail, Santa Fe
☎(505) 982-0092
URL www.lorettochapel.com
営月～土9:00～17:00、日10:30～(季節によって変更あり)
料$5

支柱のない階段が有名なロレットチャペル

サンタフェ統治者の家は町の博物館 おすすめ度:★★★

旧総督邸 Palace of the Governors

旧総督邸前のターコイズは時間をかけて選びたい

スペイン政府によって1610年に建てられた、現存するアメリカ最古の公邸。1909年にニューメキシコの博物館となった。邸宅で使われた生活道具、祈りをささげた人形など、約400年にわたる変遷を伝える品々が時代別に展示され、実に見応えがある。

建物の外側は長いポーチになっていて、そこはネイティブアメリカンたちが手工芸品、アクセサリーを並べ販売する**名物露店**（営毎日8:00頃～16:00頃）だ。安価で質のいいインディアンジュエリーを買いたいならココをすすめる。

Palace of the Governors
MAP P.326-B1
住105 W. Palace Ave., Santa Fe
☎(505) 476-5100
URL www.palaceofthegovernors.org
営毎日10:00～17:00
休11月～4月の月、おもな祝日
料$12、16歳以下無料

↘いたものである。時は流れ1921年、たった5人の画家たちがこの道沿いにギャラリーを造った。そこからアーティストたちが集まり出し、現在ギャラリーやレストラン、ブティックの数は100軒以上。それぞれが別の個性で競い合っている。
Canyon Road MAP P.326-B2 URL visitcanyonroad.com

San Miguel Chapel
MAP P.326-B2
住401 Old Santa Fe Trail, Santa Fe
☎(505) 983-3974
URL sanmiguelchapel.org
営月～土10:00～16:00、日曜のミサが行われる時間外
料$1

サンホセ・ベルが迎えてくれる

アメリカ最古の教会　　おすすめ度:★★★

サンミゲル教会
San Miguel Chapel

スペイン兵士たちの召使いとしてニューメキシコへ連れてこられたトラキシカラインディアンによって、1610～1626年の間に建てられたとされるアメリカ最古の教会。1680年のプエブロインディアンの反乱で壊されたが、1710年に再建され、以後何度か修復された。教会にあるサンホセ・ベルは、1356年にスペインで造られたものだという伝説があるが、1856年にフランシスコ・ルジアンという人によりサンタフェで造られたという説もある。

サンタフェに数多くあるアドービ（日干しれんが）の教会

The Cathedral Basilica of St. Francis of Assisi
MAP P.326-B2
住131 Cathedral Pl., Santa Fe
☎(505) 982-5619
URL www.cbsfa.org
営月～土9:30～16:30、日はミサのあと～13:00
料無料

フランス・ロマネスク様式の教会　　おすすめ度:★★★

聖フランシス大聖堂
The Cathedral Basilica of St. Francis of Assisi

サンタフェ最初の大司教であったフランス人、ジーン・バプティスト・レイミーによって、1869年に建てられたロマネスク様式の教会。スペイン風の町並みのサンタフェでは少し異質な建物だ。石造りの建物の石は、町の郊外にある採石場から切り出したもの。ウィラ・キャザーの小説『Death Comes for the Archbishop』は、この教会と司教をモデルにしたものとして知られている。アメリカで最も古い、ラ・コンキスタドラと呼ばれる聖母像が、教会の北東側に建つれんが造りの礼拝堂にある。

豪華な内装はサンタフェでは珍しい

The Oldest House
MAP P.326-B2
住215 E. De Vargas St., Santa Fe
☎(505) 988-2567
URL www.historicsantafe.org/the-oldest-house
営毎日9:00～18:00（時期により異なる）
料寄付制

12世紀頃に建てられた　　おすすめ度:★★★

アメリカ最古の家
The Oldest House

12世紀初頭、このあたりを支配していたプエブロ・オブ・アナルコによって建てられたもので、もちろんアドービ(日干しれんが)でできている。中に入るとギフトショップのOldest House Shop、当時の生活用品などを見ることができるスペースが広がっている。家自体はわずかふた部屋の穴ぐらのような造り。あまりの簡素さに驚くだろう。場所はサンミゲル教会の裏。

全米各地に最古の家はあるが、時期的にはここが最も古いといわれる

MEMO ミュージアムヒルへ　世界の民族の文化が一堂に会する国際民俗美術博物館 Museum of International Folk Art （URL www.moifa.org）や、アメリカ南西部の先住民文化を紹介するインディアンアート&カルチャー博物館 Museum of Indian Arts & Culture (URL www.miaclab.org) など4 ↗

アメリカ先住民のアートを見るなら　おすすめ度:★★★

現代ネイティブアート美術館　IAIA Museum of Contemporary Native Arts (MoCNA)

アメリカ先住民のアーティスト専門の美術館で、先住民の現代美術のみを扱う美術館としては全米最大。聖フランシス大聖堂の真向かいにある。

コレクションの総数は7500点近くに及び、絵画、彫刻、影像、陶器、織物、ジュエリー、バスケット、グラフィックアートなど、小さい館内ながら、変化に富んだ作品が並んでいる。なかでもアパッチ族の英雄ジェロニモの子孫、アラン・ハウザーの作品を多数収蔵。ハウザーはひとつの素材にこだわらず、さまざまな素材での創作にチャレンジしており、素材の質感を生かしたアート作品は見応えがある。

昔ながらのアメリカ先住民の工芸品と異なり、現代美術と先住民の伝統が交錯する作品に出合える。時間を割いて見る価値あり。

斬新な作品に出合える美術館だ

IAIA Museum of Contemporary Native Arts (MoCNA)
MAP P.326-B2
住108 Cathedral Pl., Santa Fe
☎(505) 983-8900
URL iaia.edu/mocna
営水～月10:00～17:00(日12:00～)
休火
料$10、学生・62歳以上$5、16歳以下無料

COLUMN

サンタフェ周辺のプエブロ

有史以前、狩猟民族たちが初めてこの土地に入った。彼らの大半を占めていたフォルソン族Folsomとクロビス族Clovisが11～14世紀にかけて造り上げたのが、アナサジ文明Anasaziである。

干ばつと内乱によって、彼らはリオグランデ周辺に移り住んでいった。そして、いくつかの部族がコミュニティを造り上げる。彼らはプエブロ(村の意)と呼ばれ、スペイン人の侵攻に遭うまでリオグランデ周辺の開拓を進めていた。その後は侵略にも屈せず、この地を守り、現在も住み続けている。

テスケプエブロ　Tesque Pueblo
プエブロインディアンのなかでは最も小さな部族。I-25沿い、サンタフェの北10マイルの場所にある。彼らが造った最初の建物は、1250年頃に建てられた。☎(505)983-2667

サン・イルデフォンソ・プエブロ　San Ildefonso Pueblo
プエブロインディアンで最も知られた陶工、マリア・マルティネスはこの部族出身。彼女の子孫はマリア・マルティネスの代名詞"ブラック・オン・ブラック"の陶器を現在も作っている。☎(505)455-3549

タオスプエブロ　Taos Pueblo(→P.331)
最も知られたプエブロインディアンで、最北部に住む部族である。彼らの数階建ての"アパート"は現在も使用されており、住居としては北米最古のもの。世界遺産に登録されている。

サン・フェリペ・プエブロ　San Felipe Pueblo
サンタフェとアルバカーキの間、I-25から少し離れた所に住む彼らは、プエブロインディアンのなかでも特に伝統を重んじてきた部族である。ダンス祭りが有名。☎(505)867-3381

現在、ニューメキシコ州には22の種族が生活している。本コラムで紹介しているプエブロはその一部。詳細はURL www.newmexico.org、URL www.sandovalcommunitynm.govで確認を。

↘つの博物館が集まるミュージアムヒル。サンタフェピックアップのミュージアムシャトルでアクセスできる。4つの博物館は徒歩圏内。 Museum Hill MAP P.320-C2 URL museumhill.net

El Santuario de Chimayo
MAP P.320-C2
住 15 Santuario Dr., Chimayo
☎ (505) 351-9961
URL www.elsantuariodechimayo.us
営 毎日9:00～17:00（5～9月～18:00）
料 寄付制
交 サンタフェの北東約50km、所要約45分。US-285を約25km北上し、NM-503に入る。Juan Medina Rd.で左折し、しばらくすると左側に見えてくる

奇跡の砂はみやげとして販売されている

サンタフェ郊外 Outskirts

嘘かまことか。奇跡の砂が湧き出る教会　おすすめ度：★★★

エル・サントワリオ・デ・チマヨ El Santuario de Chimayo

サンタフェの北にある、綿の織物で有名な町**チマヨ Chimayo**。この人口およそ3100人の小さな町の中にエル・サントワリオ・デ・チマヨがある。教会には、"奇跡の砂"と呼ばれる、信仰を集めている砂が湧き出ている。その砂を体の悪いところに塗ると、疾患が治ってしまうというのだ。教会内には、砂のおかげで歩けるようになった人たちが置いていった松葉杖や、元気になった姿の写真が無数に飾られており、奇跡を信じたくなる説得力がある。

まるで絵画のようなかわいらしい教会

もっとも現在は、あまりに砂を持ち帰る人が多く、近くで掘った砂を補充しているそうだ。その効能やいかに!?　砂を持ち帰りたい人は袋を持参していこう。隣接されたギフトショップでも、小瓶などに詰められた砂が販売されている。

San Francisco de Assisi Mission Church
MAP P.320-C1
住 60 St. Francis Plaza, Ranchos de Taos
URL nps.gov/nr/travel/american_latino_heritage/San_Francisco_de_Assisi_Mission_Church.html
営 月～土9:00～16:00（冠婚葬祭にも使用されるため、その日に当たってしまうと入場できないので注意）
料 寄付制
交 サンタフェからUS-84を1時間30分ほど北上（途中でNM-68に切り替わる）し、St. Francis Plazaを右折すると正面に見えてくる

アーティストたちを魅了する建物　おすすめ度：★★★

サンフランシスコ・デ・アッシジ教会 San Francisco de Assisi Mission Church

1772年、スペインの入植者たちによって造られたスペインコロニアル調とアドービが融合した教会。教会正面にあるふたつの鐘楼と、教会の背面から見たゾウのようなフォルムが特徴的だ。1967年の大きな修復工事の際、将来の損害を見据えて硬い石膏を塗り、新しい屋根を加え、現在の形に落ち着いた。

サンタフェからタオスプエブロへ向かう途中ランチョス・デ・タオスという町にあり、そのフォトジェニックな外観は数々のアーティストを虜にしてきた。"Ranchos Church"というタイトルでジョージア・オキーフも作品を残し、ヨセミテ国立公園のモノクロ写真で有名なアンセル・アダムスも、自身のアートブックを作る際、この教会を被写体に選んでいる。

正面、背面、側面とどこから見ても絵になる教会。ぜひカメラを持参し、撮影したい。ただし、教会内部での撮影はできない。冠婚葬祭にも使用されているので、マナーは守るように。

思わずシャッターを切るりたくなるフォルム

世界遺産に登録されたアメリカ先住民の住居　おすすめ度：★★★

タオスプエブロ

Taos Pueblo

アメリカ国内で、アメリカ先住民の最重要観光ポイントといえるのがここ、タオスプエブロである。ニューメキシコ北部に位置する建築物兼コミュニティで、世界遺産にも登録されている。

世界遺産になったゆえんは、幾層にも重なった北米最大、最古のインディアンマンションのためだ。ニューメキシコの風土によく調和した建物は、ひとつの芸術作品のよう。このマンションには、現在もタオスプエブロ族の人々が住んでいる。彼らがこの地に定住したのは、今からおよそ1000年も前。以来、ずっと住み続けているのである。

家族が増えるごとに部屋が増築されていった住居

「タオス」とはティワインディアンの言葉で"Red Willow（赤い柳）"。「プエブロ」とは、プエブロインディアンという意味のほかに"アドービでできたアメリカ先住民の集合住宅"という意味をもっている。

最大のアドービ（日干しれんが）式多世代住宅

見る者、誰しもが興味を引かれる、このインディアンマンションは、紀元1000年頃から建築され始めた。その後、息子夫婦の家、孫の家族の家、ひ孫の家族の家……と、家族が増えるたびに次々と造り足された結果が、現在の姿だ。

アドービの住宅の一部はみやげ物屋になっているので、入ることができる。彼らの手作りの工芸品が売られていて、なかでもアクセサリーが多い。また、手製のパンやクッキーも売っていて、これがなかなかおいしい。しかし注意事項がひとつ。なかにはメキシコのみやげも販売されているので、誤って購入しないように。

タオスプエブロの生活

現在もなお、このインディアンマンションには、150人近くのプエブロインディアンたちが住んでいる。マンションがぐるりと囲む土塀の内側は、電気が引かれることもなく、水道も整備されていない。自然と共存し、地球に負担をかけないプエブロインディアンたちの生活が脈々と続いている。アドービの住宅は夏涼しく、冬暖かい。気温の変化の激しいこの地域に適した、実に効率的な住居なのである。

人が住み続ける世界遺産

タオスプエブロがほかの歴史遺産と大きく違っているのは、ここには少人数ながらも今も人々が生活しているという点だ。つまり、この世界遺産は"現役"であることで、その価値が高まっている。アメリカ先住民の文化の影響がほとんど見られなくなってしまったアメリカ大陸で、その重みがひしひしと伝わってくる。

Taos Pueblo
MAP P.320-C1
住 120 Veterans Hwy., Taos
☎ (575) 758-1028
URL taospueblo.com
営 毎日8:00～16:30（日8:30～）
料 $16、学生$14、10歳以下無料
交 サンタフェの北東約73マイル（約118㎞）。所要約2時間。サンタフェからUS-285を30分ほど北上し、途中でNM-68へ。そのままタオスのダウンタウンを通過。Hwy. to Town of Taosを5分ほど進むと見えてくる。車がない場合でも、アルバカーキ国際空港から出ているタオス・スキーバレー・エアポート・シャトル（→P.324側注）でタオスのダウンタウンまで行き、そこからウーバーなどの配車サービスでプエブロまで行く方法もあるが、車のない人はサンタフェからツアー（→P.326）を利用するのがベスト

敷地にはキリスト教の墓地もある

観光案内所

Taos Visitor Center
住 1139 Paseo Del Pueblo Sur, Taos
☎ (575) 758-3873
URL taos.org
営 毎日9:00～17:00
休 おもな祝日

Abiguiu & Ghoset Ranch
MAP P. 320-B1
● Georgia O'Keeffe Home and Studio Tours (アビキュー)
住21120 U.S. 84, Abiquiu (Abiquiu Inn)
☎(505) 946-1098
URL www.okeeffemuseum.org
営3月上旬～11月下旬の火～土9:15～15:15の間に3～5回
料スタンダードツアー $40、6～18歳$35
● O'Keeffe Landscape Tour(ゴーストランチ)
住280 Private Dr. 1708, Abiquiu
URL www.ghostranch.org
営毎日13:30（日によって10:00、15:30の回もあり）、冬期の毎日13:30（要確認）
料$39、5～17歳$24
交サンタフェからはUS-84を北に約95km。マイルポスト224と225の間を右折し、約1.6km。車がなければツアーに参加しよう(→P.326)

ジョージア・オキーフ、ランドスケープ　おすすめ度：★★★

アビキュー&ゴーストランチ Abiquiu & Ghost Ranch

孤高の芸術家ジョージア・オキーフ。妥協を許さぬ屈強な精神と、なにびとからも解き放たれた自由を勝ち得るために、彼女は荒野を目指した。その結果、サンタフェの北西約80kmの小さな村**アビキューAbiquiu**と、その村の外れにある**ゴーストランチGhost Ranch**が、彼女の芸術活動の拠点となったのである。1935年、オキーフは初めてアビキューを訪れる。そこでアドービ建築の古い空き家にあった、壊れかけの戸口を見た瞬間「この家を何としても手に入れよう！」と決心したという。夏から秋にかけて、オキーフはアビキューからさらに北西へ約20kmにあるゴーストランチの家に住むようになった。そこには、彼女が毎日散策していた道、毎日見ていた自然があり、オキーフ作品そのままの景色が広がる。**アビキューの家は、ツアーに参加すれば見学可能。ゴーストランチでもツアーを行っており、オキーフが描いた場所をガイドとともに回ることができる。**ゴーストランチの家の中は見学できないが、外から見ることは可能。遠くからでもわかるほど大きな窓がある、アドービ様式の家だ。ツアーは少人数制で人気があるため、早めの予約をすすめる。

オキーフが見ていた景色をツアーで回ろう

COLUMN

女流画家ジョージア・オキーフ

「荒野は不毛で危険に満ちている」という認識しかなかった時代に「荒野が美しい！」ことを再発見し、表現し続けたのがオキーフだった。彼女は言っている。「大事なのは、未知のものを既知のものにすることである」と。

オキーフの名を世に広めた“花”を描いた一連の作品は、ニューメキシコへの移住以前、ニューヨークで描かれている。後にさまざまな解釈がなされた花のクローズアップの作品群は「花を小さく描くことへの反発」という意外に単純な理由から始まったようだ。それに対し、彼女の後半生に描かれた作品のほとんどは、乾いた大地や広い空間からインスピレーションを受けている。「本当に自分に必要なものだけ」を追い求める生活から生み出されている作品は、彼女が心から描きたかったテーマであり、また、精神的に奥が深いものといえるのではないだろうか。究極のミニマリストとして、現在はそのライフスタイルにも注目が集まっている。

オキーフは1887年11月15日ウィスコンシン州生まれ。17歳でアート・インスティテュート・オブ・シカゴに入学、その後ニューヨークのアート・スチューデント・リーグに移る。一度美術教師としてテキサス州アマリロに移り住むが、そこで荒涼たるアメリカ西部の平原の美しさを発見する。

当時新しい芸術運動を担っていたニューヨークの写真家スティーグリッツの「291」ギャラリーに、オキーフの作品を友人が持ち込んだことが、才能が認められるきっかけとなった。彼女の許可なしに強行された個展の開催により、女流モダンアーティスト第1号として、その後結婚することになるスティーグリッツとともに、ニューヨークで先鋭的な活動を開始。1946年、ニューヨークからアビキューへ移住。1986年、98歳の生涯を終えるまでの40年間をアビキューで過ごした。

オキーフが実際に使用していた絵の具。ジョージア・オキーフ美術館にて

MEMO タオスにあるおすすめジュエリーショップ　メサズエッジはインディアンジュエリーの品揃えがピカいち。スターリングシルバーとターコイズのアクセサリーはマストバイ。　Mesa's Edge 住107 N. Plaza, Taos ☎(575) 758-3455 営毎日9:30～17:30

ショップ＆レストラン＆ホテル

サンタフェといえばチリ

チリショップ

サンタフェでよく見かける、軒先につり下げられたチリ。これをおみやげにしたいと思う人も多いはず。ここでは瓶詰や粉状のチリのほかに、チリが描かれた陶器やエプロンなどユニークなチリグッズが売られている。

サンタフェではチリが名物

The Chile Shop MAP P.326-B2
住109 E. Water St., Santa Fe
☎(505)983-6080 URL thechileshop.com
営毎日9:30〜18:00 カード ⒶⓂⓋ

チマヨに来たなら寄らずには帰れない

オルテガ・ウィービング・ショップ

日本でも知名度が高いオルテガは、ここで作られており、取り扱い点数はもちろん世界いち。代々織る技術を継承している。オルテガの代名詞であるベストは、一度はそでを通したい。

日本人好みの品揃えだ

Ortega's Weaving Shop MAP P.320-C2
住53 Plaza Del Cerro, Chimayo
☎(505) 351-4215 URL www.ortegasweaving.com
営月〜土9:00〜17:00 休日 カード ⒶⓂⓋ
交エル・サントワリオ・デ・チマヨ（→P.330）から車で3分

日用品に困ったら

カウネズ・ネイバーフッド・マーケット

オーガニック商品が豊富に揃うスーパーマーケット。サンタフェのプラザから徒歩10分。駐車場があるので、車で訪れても安心だ。地元のフレッシュな食材も多い。

アメリカ料理に飽きたらここへ

Kaune's Neighborhood Market MAP P.326-B2外
住511 Old Santa Fe Trail, Santa Fe
☎(505)982-2629 URL www.kaunes.com
営月〜土8:00〜18:50
休日、おもな祝日 カード ⒶⓂⓋ

サンタフェらしい料理を提供

トマシタズ

地元の名産であるチリを使った絶品料理が食べられる、メキシカンレストラン。タコスやトルティーヤのほか、ハンバーガーやステーキなどもある。ディナーの予算は$30〜。

全体的に量は多め。シェアが◎

Tomasita's MAP P.326-A2
住500 S. Guadalupe St., Santa Fe
☎(505)983-5721 URL tomasitas.com
営月〜土11:00〜21:00（金・土〜22:00）
休日 カード ⒶⓂⓋ

サンタフェの象徴

イン・アンド・スパ・アット・ロレット

ロレットチャペルの隣にある。外観はタオスプエブロのようなアドービのマンション風。今やダウンタウンのランドマーク的存在となっている。

サンタフェらしい外観の宿だ

Inn and Spa at Loretto MAP P.326-B2
住211 Old Santa Fe Trail, Santa Fe, NM 87501
☎(505)988-5531 URL www.hotelloretto.com
客室数136室 料SDT$128〜519、SU$394〜669＋リゾート料金$30 カード ⒶⒹⓂⓋ

タオスの人気ホテル

ヒストリック・タオス・イン

タオスのダウンタウンにあり、周囲にはギャラリーやネイティブアメリカンのジュエリー店などが多くある。インテリアはアールデコでまとめられ、かわいらしい内装。

客室は落ち着いた雰囲気

The Historic Taos Inn MAP P.320-C1
住125 Paseo del Pueblo Norte, Taos, NM 87571
☎(575)758-2233
URL www.taosinn.com 客室数45室
料SDT$129〜239、SU$189〜299 カード ⒶⓂⓋ
交タオスプエブロ（→P.331）を参照

宇宙旅行へのゲートシティ

ラスクルーセス

スペースポートはツアーで見学する。興味深い世界が広がる

MAP ▶ 折込表B3/P.149

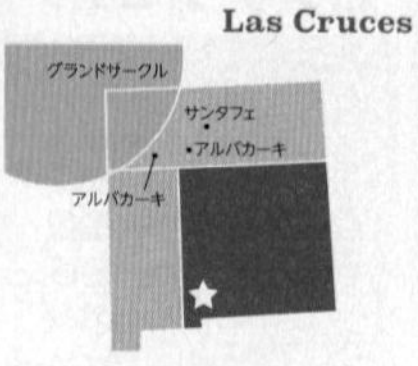

人口▶約10万3000人
面積▶約198㎢
標高▶約1189m
TAX▶セールスタックス　8.3125%
ホテルタックス
13.31%＋$2.50
時間帯▶山岳部標準時(MST)

ニューメキシコ州南部に位置し、アルバカーキに次ぐ第2の都市であるラスクルーセス。テキサス州エルパソからホワイトサンズ国定公園に行く途中にあり、周辺にはアメリカ最大の軍事基地ホワイトサンズ・ミサイル実験場やニューメキシコ州立大学がある。2011年には世界初の商業用宇宙港スペースポートアメリカがダウンタウンの北90㎞に完成した。

飛行機

El Paso International Airport
→P.150

Albuquerque International Sunport
→P.322、324

New Mexico Department of Transportation Park & Ride Gold Line
FREE (1-866) 551-7433
URL dot.state.nm.us/content/nmdot/en/Park_and_Ride.html

アクセス

ラスクルーセスにアクセスしやすい空港は、テキサス州のエルパソ国際空港とニューメキシコ州のアルバカーキ国際空港。距離的には、エルパソ国際空港のほうが近く、I-10を北西に約83㎞、所要1時間。もしくは、アルバカーキ国際空港からI-25を南へ360㎞、所要3時間15分。また、ダウンタウンエルパソからダウンタウンラスクルーセスのメッシラバレー・トランジット・ターミナルまで**ニューメキシコ州パーク&ライド・ゴールドライン New Mexico Department of Transportation Park & Ride Gold Line**が1日6便（所要1時間20分、料 $3）バスを運行している。

ℹ 観光案内所

Las Cruces Convention & Visitors Bureau
住 366 S. Main St., Las Cruces
☎ (575) 541-2444
URL www.lascrucescvb.org
営 月～金8:00～17:00
休 土・日

ラスクルーセスの歩き方

ダウンタウンは、裁判所や観光案内所、博物館、美術館、レストランなどが集まる町いちばんの繁華街。また、ダウンタウンの南西6kmにある**メッシラは歴史的建造物保存地区**に指定されているエリアだ。貴重なアドービの建物が残されていて、観光スポットとしてにぎわっている。

徒歩で歩き回れる規模のダウンタウン

MEMO **ホワイトサンズ・ミサイル実験場の博物館**　ホワイトサンズ・ミサイル実験場内にあり、敷地内にはホワイトサンズで打ち上げられたミサイルやロケットが展示されている。 White Sands Missile Range Museum 住 WSMR Route 1, White Sands Missile Range ☎ (575) 678-3358 URL www.wsmr-history.org

おもな見どころ

ホワイトサンズ国定公園の玄関口　おすすめ度：★★★

ダウンタウンラスクルーセス Downtown Las Cruces

1880年代初頭にサンタフェ鉄道が開通したことから、多くの人が流入してきたラスクルーセス。2300人余りだった人口は、現在10万人を超えるまで増加した。Main St.を中心に広がるダウンタウンには、**科学博物館Las Cruces Museum of Nature & Science**や**美術館Las Cruces Museum of Art**、**鉄道博物館Las Cruces Railroad Museum**のほか、レストランやショップが点在する。なかでも、旧サンタフェ鉄道駅舎にはいる鉄道博物館は、ラスクルーセスの歴史がわかる展示が多く、地元の人にも人気の見どころになっている。

そぞろ歩きが楽しめるエリア　おすすめ度：★★★

メッシラ Mesilla

1860～1880年代、カリフォルニア州サンディエゴとテキサス州サンアントニオを結ぶ街道のなかで、いちばん大きな町だったメッシラ。当時は採掘や畜産が盛んで、無法者が居酒屋に集まっていたという。西部開拓時代、史上最も凶悪な荒くれ者として名高いビリー・ザ・キッドはこの地で絞首刑の宣告を受けた。現在でも、**メッシラプラザMesilla Plaza**周辺には1849～1885年に完成したアドービ（日干しれんが）の建物が数多く残り、レストランやみやげ物屋が入っている。また、メッシラプラザの向かいにある**サンアルビノ教会Basilica of San Albino**は、2008年ローマ法王によりバジリカ聖堂として認定された。

メッシラは米墨戦争後の1854年にアメリカ領になった

ビリー・ザ・キッドの判決が下された裁判所

歴史ある温泉地で疲れを取ろう　おすすめ度：★★★

トゥルース・オア・コンセクエンシズ Truth or Consequences

1年を通して温暖な気候と80年以上続く湯治場として有名なトゥルース・オア・コンセクエンシズは、リタイア層が多く住む保養地。以前は「Hot Springs」が町の名前であったが、1950年代に放映されていたラジオ番組『Truth or Consequences』により、トゥルース・オア・コンセクエンシズに変更された。人口わずか6000人余りの田舎町には、世界初の商業用宇宙港の**スペースポートアメリカSpaceport America**（→P.336）があり、全米から注目を浴びている。また、コロラド州からメキシコ湾へ注ぐリオグランデ川が流れるダウンタウンには、10を超える温泉地やレストラン、宿泊施設が集まっているので、ゆっくりつくつろぐのにいいスポットだ。

● **Las Cruces Museum of Nature & Science**
住411 N. Main St., Las Cruces ☎(575)522-3120
URL www.las-cruces.org
営火～土10:00～16:30（土9:00～）
休月・日、祝日　料無料

● **Las Cruces Museum of Art**
住491 N. Main St., Las Cruces
☎(575) 541-2137
URL www.las-cruces.org
営火～土10:00～16:30（土9:00～）
休月・日、祝日　料無料

● **Las Cruces Railroad Museum**
住351 N. Mesilla St., Las Cruces
☎(575) 528-3444
URL www.las-cruces.org
営火～土10:00～16:30（土9:00～）
休月・日、祝日　料無料

Mesilla
交車でラスクルーセス中心部からMain St.、TX-28を南西に6km行った所。所要14分
URL www.oldmesilla.org
URL www.mesillanm.gov

● **Basilica of San Albino**
住2280 Calle Principal, Mesilla
☎(575) 526-9349
URL www.sanalbino.org
営月～金9:00～16:00。土・日はミサのみオープン
ミサ／火・木・金9:00、土17:30、日9:00、11:00

Truth or Consequences
MAP P.149
交車でラスクルーセスからI-25を北に120km、所要1時間25分

● **Indian Springs**
住218 Austin St., Truth or Consequences
☎(575) 894-2018
URL www.torcnm.org
営毎日8:00～21:00
料30分：$5～

MEMO **ラスクルーセスのホテル情報**　ラスクルーセス周辺を走るI-10とI-25沿いにチェーン系のエコノミーホテルや中級ホテルが集まっている。20軒以上あるので、よっぽどのことがない限り事前予約なしでも宿泊できるだろう。

スペースポートへは車のみが足

Spaceport America
MAP P.149
住301 S. Foch St., Truth or Consequences（ビジターセンター）
☎(575) 267-8888
URL spaceportamerica.com
営ビジターセンター：毎日8:30～16:30
エクスペリエンス・ツアー：土・日9:00、13:00。ビジターセンターを出発。所要3時間30分（ビジターセンターから宇宙港までのバス移動込み）。1日前までに予約のこと
料$49.99、子供（12歳以下）$29.99

近い将来、一般人もここから宇宙へ旅立てる　おすすめ度：★★★

スペースポートアメリカ

Spaceport America

リチャード・ブランソンが会長を務めるヴァージン・グループの協力を得て、2011年に完成した世界初の商業用宇宙港。周囲にホワイトサンズ・ミサイル実験場があり、エリア一帯が民間飛行機の飛行禁止区域に指定されていることから、この地が選ばれた。現在、宇宙旅行ツアーを計画しているヴァージン・ギャラクティックの拠点として機能している。1万8000エーカー（72.8㎢）ある敷地内には、管制塔、滑走路、格納庫、ターミナルビルなどがあり、**スペースポートアメリカ・エクスペリエンス・ツアー Spaceport America Experience Tour**でのみ館内を見学できる。

ギャラリーでは、宇宙飛行士が訓練にも使っているというシミュレーターを体験できる

COLUMN

UFOが墜落したといわれている町、ロズウェル

ラスクルーセスから240km北東に行った所にある**ロズウェル Roswell**。1947年7月ロズウェル周辺に未確認飛行物体（UFO）が墜落した（ロズウェル事件）といわれ、全米でも一躍話題になった町だ。その後、アメリカ空軍がエイリアン（宇宙人）を回収したとされている。そのロズウェル事件をテーマにした博物館の**国際UFO博物館International UFO Museum**がダウンタウンロズウェルにある。館内には、事件当時の新聞記事や写真、ジオラマなどが展示され、世界中から多くのUFOファンが訪れている。毎年6～7月の4日間、全米各地から約1万人が集まるイベント**UFO Festival**も開催され、町中が仮装した人でにぎわう。

宇宙人の町には全米からマニアが集まってくる

エイリアン風の街灯や看板、等身大フィギュアがあふれる町は唐辛子（チリ）も有名で、ダウンタウンにあるニューメキシコ料理店では唐辛子を使ったメニューが豊富だ。なかでもレストランの**ペッパーズ・グリル&バー Peppers Grill & Bar**では、ハンバーガーに赤唐辛子や青唐辛子が入ったFire Roasted Green Chile Burger（$9.50）や青唐辛子ソースであえられたステーキChile Relleno Combination（$15～）が食べられる。

チリ入りのハンバーガーはマスト

Roswell
MAP 折込表BC3/P.149
交ラスクルーセスからUS-70、US-54を北東に290km進む。US-285（Main St.）と2nd St.（US-70）の交差点がダウンタウンの中心部。所要約4時間

Roswell Visitor Center
住426 N. Main St., Roswell, NM 88201
☎(575) 623-3442
URL roswell-nm.gov/749/Visitors-Center
営日・月10:00～15:00、火～土9:00～17:00（土～16:00）

International UFO Museum
住114 N. Main St., Roswell
☎(575) 625-9495
URL www.roswellufomuseum.com
営毎日9:00～17:00　休サンクスギビング、12/25、1/1　料$5、5～15歳$2

UFO Festival
URL www.ufofestivalroswell.com

Peppers Grill & Bar
住500 N. Main St., Roswell
☎(575) 623-1700　URL www.peppers-grill.com
営月～土11:00～22:00　休日　カードⒶⓂⓋ

MEMO **ロズウェルの宿泊情報**　ダウンタウン中心部を南北に走るUS-285沿いに中級クラスのチェーン系ホテルが集まる。料金の目安は1泊$70～200。エコノミーホテルはUS-70沿いに点在し、1泊$50ぐらい。いずれも、ダウンタウンから1kmほど離れていて、駐車料金は無料がほとんどだ。

ショップ&レストラン&ホテル

みやげ探しにもコーヒーブレイクにもいい

スピリットウインズ

ニューメキシコ州立大学に近い所にあり、南西部のターコイズ、シルバー、Tシャツ、ラグ、カード、マグカップ、オーナメントなどさまざまな物が並び、それらのほとんどがオリジナル。地元の人にとっては店内にあるコーヒーショップが人気で、アイスコーヒーやチャイラテ、サンドイッチやトルティーヤチップス、マフィンなどを食べながらネットサーフィンを楽しむ人が見受けられる。

Spirit Winds
住2260 S. Locust St., Las Cruces
☎(505)521-0222
URL www.spiritwindsnm.com
営毎日7:00～19:00　カード ⒶⓂⓋ

スペイン料理とアメリカ料理がミックス

サル！デ・メッシラ

少量ずつさまざまな種類の料理を楽しめるタパスが有名な店。フライドチキンとワッフルがセットになったChicken & Waffle ($10) やグリーンチリが挟んであるケサディーヤFestival Flamed Quesadillas ($6) がおすすめ。

メッシラ中心部から車で3分

Salud! de Mesilla
住1800 Avenida de Mesilla, Las Cruces
☎ (575)323-3548
URL www.saluddemesilla.com
営月・水～金11:00～21:00 (金～22:00)、土・日9:00～22:00 (日～18:00)　休火　カード ⒶⓂⓋ

1939年創業のメキシコ料理店

ラ・ポスタ・デ・メッシラ

本場メキシコの伝統的な料理がお手頃価格で食べられるとあって、常ににぎわっている老舗レストラン。タコスとエンチラーダにサラダが付いたコンビネーション$10.95がお得だ。

ボリュームたっぷりのコンビネーション

La Posta de Mesilla
住2410 Calle De San Albino, Mesilla
☎(575)524-3524　URL www.laposta-de-mesilla.com
営月～木11:00～21:00、金・土～21:30 (土8:00～)、日8:00～21:00
カード ⒶⓂⓋ　予約 予約をすすめる

無料の朝食が付く

デイズイン・ラスクルーセス

ラスクルーセスとメッシラの中間地点にあり、交通の便がいいホテル。徒歩圏内にファストフード店やレストラン、カフェが集まっているので、食に困らないのがいい。

お手頃価格で人気の全国チェーン

Days Inn Las Cruces
住755 Avenida de Mesilla,Las Cruces, NM 88005
☎(575)636-1602　URL www.wyndhamhotels.com
客室数115室　料SDT$59.50～80.50　カード ⒶⒹⒿⓂⓋ

エリアいちの豪華リゾート

ホテル・エンカント・デ・ラスクルーセス

スペイン・コロニアル様式の美しい建物で、町のランドマークとして知られるホテル。暖色系で統一された客室は、落ち着いた雰囲気を醸し出し、旅の疲れを癒やすことができるだろう。早朝から夜遅くまでオープンしているレストランでは、本格的なメキシコ料理が味わえるうえ、マルガリータやモヒートなどカクテル類も充実。

日光がさんさんと降り注ぐロビーエリア

家族連れに好評の屋外プール

Hotel Encanto de Las Cruces
住705 S. Telshor Blvd., Las Cruces, NM 88011
☎(575)522-4300　FREE (1-866)383-0443
FAX(575)521-4707　URL www.hotelencanto.com
客室数 204室　料SDT$99～329、SU$159～299
カード ⒶⒹⓂⓋ

MEMO ラスクルーセスのショッピングモール　Bath & Body Works、Hollister、Victoria's Secretなど約80のショップやレストランが集まる。　Mesilla Valley Mall 住700 S. Telshor Blvd., Las Cruces ☎ (575)522-1001 URL www.mesillavalleymall.com 営月～土10:00～21:00、日12:00～18:00

カールスバッド洞穴群国立公園

Carlsbad Caverns National Park

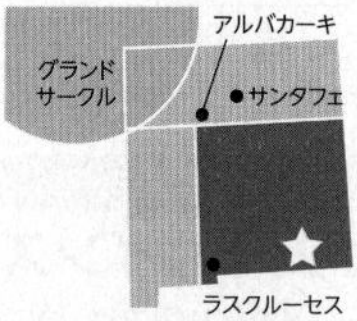

ニューメキシコ州　MAP▶折込表B3/P.149

ユネスコの世界自然遺産にも登録されている貴重な洞穴群で、数、大きさ、種類、美しさのすべてにおいて世界屈指。特に中心となるカールスバッド鍾乳洞にはあらゆるタイプの鍾乳石が延々と連なっていて、ケタ違いのスケールと芸術的な造形に感動必至。アメリカの大自然は地下も見逃せない。

DATA

時間帯 山岳部標準時(MST)
☎ (575) 785-2232　URL nps.gov/cave
営 8:30～15:30の毎日(夏期～17:00)
休 サンクスギビング、12/25、1/1
料 1人$15(3日間有効)

行き方

レンタカー

エルパソ国際空港からUS-62/180を東へ2時間ほど走り、ニューメキシコ州に入ってさらに約15分でWhites City。ここで左折して山道を15分ほど上る。約2時間30分。

ホワイトサンズ国定公園から行く場合は、Alamogordoの北からUS-82を東へ走り、ArtesiaでUS-285を南へ。Carlsbadの町でUS-62/180を西へ入る。4時間弱。

ロズウェルからは約2時間。

ⓘ ビジターセンター

営 8:00～17:00、夏期～19:00の毎日(夏期はメモリアルデイ～レイバーデイ)
休 サンクスギビング、12/25、1/1

●**ナチュラルエントランス**
夏期8:30～18:00の毎日、最終入場15:30
冬期8:30～15:30の毎日、最終入場14:30

エリア紹介

カールスバッド洞穴群はニューメキシコ州南端のチワワ砂漠にある。120の洞穴が見つかっているが、見学ルートが整備されているカールスバッド鍾乳洞はテキサス州エルパソ(→P.150)から車で2時間30分ほどで、日帰りまたは1泊で訪れるのが一般的。エルパソを拠点にしてホワイトサンズ国定公園(→P.340)と合わせて1泊2日(2泊できれば理想的)のスケジュールがおすすめ。さらにあと1日か2日あるなら、途中ラスクルーセス(→P.334)やロズウェル(→P.336)に立ち寄ったり、アルバカーキ(→P.322)を拠点にサンタフェ(→P.324)も含めてニューメキシコ州を回ったりといったドライブプランも考えられる。

カールスバッド洞穴群国立公園の歩き方

カールスバッドの滞在時間によって見学ルートはほぼ決まってしまう。2時間程度しかないなら、エレベーターで地下へ下りて**ビッグルーム Big Room**を1周してこよう。3～4時間なら**メインコリドー Main Corridor**を歩いて下り、ビッグルームを見学したあとエレベーターで戻るといい。それ以上時間がある人は、あらかじめ予約しておいて**キングスパレス・ツアー King's Palace Tour**に参加を。公園の近くで1泊するなら夕暮れどきの**バットフライト Bat Flight**をお見逃しなく。

MEMO **気候とシーズン**　洞穴内の気温は年間を通じて約13℃で、1年中見学できる。冬期は閉園時間が早いので注意。地上の気候は、夏は乾燥して暑く、春は強風の日が多い。冬は雪が降ることもあるがチェーンが必要な状況はめったにない。年間を通じて雨は少ない。最も混雑するのは、やはりコウモリが見られる夏だ。

おもな見どころ

地底のパラダイスまで歩いて下りる　おすすめ度：★★★

メインコリドー

Main Corridor

ビジターセンター内の展示室を抜けて5分ほど歩き、地上にぽっかりと空いた唯一の自然の穴、**ナチュラルエントランスNatural Entrance**を入って地底世界を訪れる。途中、**悪魔の泉Devils's Spring**、**クジラの口Whale's Mouth**などの鍾乳石を見ながら、ビルの83階に相当する高さをぐんぐん下りていく。終点は地下230mのランチルーム（食堂）で、目の前にビッグルームの入口と地上へ戻るエレベーターがある。

フットボール場が6面入る巨大な鍾乳洞　おすすめ度：★★★

ビッグルーム

Big Room

北米最大の地下空洞といわれており、その巨大な空間が天井も床もびっしりと鍾乳石で埋め尽くされている。**太陽寺院Temple of the Sun**、**巨人の間Hall of Giants**、**千歳の岩Rock of Ages**、**トーテムポールTotem Pole**など何万年もの時をかけて成長した見事な石筍や石柱もあれば、**ライオンの尻尾Lion's Tail**、**人形劇場Doll Theater**のようにいくつもの偶然が重なってできた小さな奇跡もたくさんある。

絢爛豪華な地下宮殿　おすすめ度：★★★

シーニックルームズ

Scenic Rooms

パークレンジャーが引率する**キングスパレス・ツアーKing's Palace Tour**に参加しなければ見学できない。カールスバッドでも特に美しいエリアなので、ぜひ事前に予約を取っておこう。

ツアーでは**赤ちゃんの部屋Papoose Room**、**女王の間Queen's Chamber**、**王宮King's Palace**、**グリーンレイク・ルームGreen Lake Room**の4つの部屋をゆっくりと歩いて巡る。天井一面を覆う鍾乳管のシャンデリア、幕状鍾乳石の優雅なカーテンなど絢爛たる宮殿を堪能しよう。

見学順路は舗装されていて、坂と階段が少々あるものの子供でも難なく歩ける（4歳未満参加不可）。途中、照明を消して暗闇を体験する。

コウモリの大群は必見！　おすすめ度：★★★

バットフライト

Bat Flight

夏、カールスバッドにはメキシコなどから40万匹に及ぶブラジルオヒキコウモリがやってくる。夕暮れどきに餌を求めて洞穴から飛び出してくる様子は壮観！　ぜひレンジャーと一緒に観察しよう。ピークを迎える8月頃にはすべてのコウモリが飛び立つまで1時間以上かかることもあり、きっと忘れられない体験になるだろう。

Main Corridor

距離は片道約2㎞。高低差229m。舗装されているが、つづら折りの急坂なので滑りにくい靴が必要。

Big Room

1周約2㎞。舗装されていて車椅子でも見学可。じっくりと見て回ると1周2時間程度だが、中間地点にショートカットできる通路あり。

●King's Palace Tour

FREE (1-877) 444-6777
URL recreation.gov
催行／夏期1日5回。夏期以外は1日1～2回。所要約90分。歩行距離約1.6㎞
料 $8、4～15歳$4

予約は48時間前までに。空きがあれば当日現地で購入も可

キングスパレス・ツアーでは、各所で写真撮影をする時間も用意されている

Bat Flight

5月下旬～10月中旬の日没時にナチュラルエントランス手前の野外集会所で開催。無料。フラッシュ使用の有無にかかわらずカメラ、携帯など一切の撮影＆使用禁止。

ドライブの注意

エルパソとWhites Cityの間にはガスステーションがない。Whites Cityのガスステーションは無人で、支払いはクレジットカードのみ（日本で発行されたカード不可）。エルパソかCarlsbad（Whites Cityから東へ約30分）で満タンにしておこう。

MEMO **宿泊施設**　園内にはないが、ゲートのすぐ外にあるWhites Cityにモーテルが1軒だけある。Whites City Cavern Inn ☎(575) 785-2296 料 $180。また、US-62/180を東へ30分走ったCarlsbadの町にもモーテルが約20軒ある。

ホワイトサンズ国定公園

White Sands National Monument

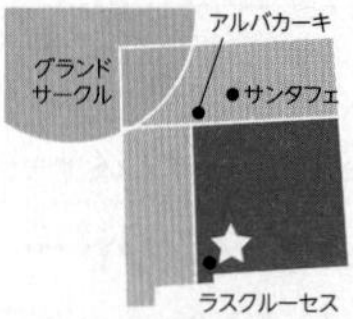

ニューメキシコ州　MAP ▶ 折込表B3/P.149

ニューメキシコ州の南、2000m級の山々に囲まれた谷に、琵琶湖より大きな砂丘がある。宇宙からもはっきりわかるといわれる理由は、その白さ。雪原と見紛うばかりの純白の砂丘が地平線まで広がっている。白い砂の正体は医療用ギプスに使われる石膏の粉。ここは世界最大の石膏砂丘なのだ。

DATA

時間帯 山岳部標準時(MST)
☎ (575)479-6124　URL nps.gov/whsa
営 7:00～日没の毎日(月に数回、3時間程度の閉園あり)　休 12/25
料 車1台$20、バイク$15、そのほか1人$10

行き方

レンタカー

エルパソからI-10を西へ走って約1時間でラスクルーセス。ここでI-25へ移り、Exit 6で下りてUS-70を東へ走る。途中、ホワイトサンズ射撃場の標識があるので混同しないよう注意。50分ほど走って左手に白い砂丘が見えてきたら到着。

カールスバッド洞穴群国立公園からはUS-62/180を東へ走り、Carlsbadの町からUS-285を北上。ArtesiaでUS-82を西へ、AlamogordoでUS-70を西へ入る。約4時間。アルバカーキからも約4時間。

パスポートを忘れずに

ホワイトサンズ周辺には軍事基地が多く、国境に近いこともあって検問所が設けられている。パスポート、航空券(Eチケットのコピー)などを必ず携帯しよう。

ⓘ ビジターセンター

営 9:00～17:00、夏期～18:00の毎日

エリア紹介

ホワイトサンズはニューメキシコ州南部にあり、ラスクルーセス(→P.334)から車で約1時間。公共の交通機関はないので、ラスクルーセスあるいはテキサス州エルパソ(→P.150)で車を借りて日帰りで訪れる人が多い。せっかく車を借りたなら、カールスバッド洞穴群国立公園(→P.338)と合わせて訪れるといい。

なお、ホワイトサンズの砂丘のうち国定公園として保護されているのは南側の約4割。残りは射撃訓練場になっており、月に数回程度、ミサイルテストのために公園上空を戦闘機が飛ぶ。この際、3時間ほど入園禁止となり、US-70も通行止めになる。日程は1ヵ月ほど前から発表されているので、事前に公園ウェブサイトで確認しよう。

ホワイトサンズ国定公園の歩き方

公園に到着すると入口にサンタフェ調の建物のビジターセンターがあり、そこから砂丘の奥へ片道約13㎞のデューンズドライブDunes Driveが延びている。ただ往復するだけなら約1時間だが、途中いくつもある駐車スペースに車を止めて白い砂丘を歩いてみたい。

ホワイトサンズを訪れるのは、できれば早朝か夕方がいい。風紋の影と白い砂とのコントラストが美しい。

MEMO **気候とシーズン**　砂漠気候なので、昼夜の寒暖差が大きい。観光客が多い6～8月は気温が40℃近くまで上がることもあるので、砂丘のトレイルを歩くのは控えたほうがいい。この時期はまた夕立も多い。冬は氷点下まで下がることもあるが、積雪はめったにない。春は強風の日が多い。

おもな見どころ

Interdune Boardwalk
往復650m、所要約20分。

オリエンテーションにぴったり　おすすめ度：★★★

インターデューン・ボードウォーク Interdune Boardwalk

デューンズドライブを入って7分ほど走ると右にある。板敷きのトレイルが砂丘の奥に延びており、車椅子でも入ることができる。ここはまだ砂丘の端に近いため、さまざまな植物が生えていて、それを目当てにウサギ、ネズミ、白いトカゲなどの動物や野鳥も集まってくる。足元をよく見れば、白い砂の中に小さな花が咲いているだろう。

Heart of the Sands
入園ゲートから約13㎞、所要20～30分。簡易トイレあり。水場なし。

ホワイトサンズのハイライト　おすすめ度：★★★

ハート・オブ・ザ・サンズ Heart of the Sands

デューンズドライブを奥へ進むと舗装が終わり、道路自体も硬く締まった砂で真っ白になる。周囲の植物もほとんどなくなり、ところどころにユッカ（乾燥に強いイトランの仲間）がぽつんと砂山にしがみついている姿が印象的。

デューンズドライブの突き当たりはループ状になっており、あちこちに日よけの付いたピクニックテーブルが設置されている。砂丘に登ったり、ソリで滑り降りたり（ビジターセンターにソリのレンタルあり）、思い思いに楽しむといい。

駐車場そのものも真っ白！

Alkali Flat Trail
1周約8㎞。所要2～4時間。出発前と帰着後にトレイルヘッドにあるノートに名前と時間を記入しよう。たっぷりの飲料水を忘れずに。強風などで視界が悪い日、気温30℃を超える日などは入るのをやめよう。

身も心も白い世界にどっぷりと浸るなら　おすすめ度：★★★

アルカリフラット・トレイル Alkali Flat Trail

ハート・オブ・ザ・サンズから始まる砂丘のトレイル。フラットと名づけられているものの小さな砂の山をいくつも越えるのでアップダウンはけっこうあり、砂に足を取られるために思いのほか体力を消耗する。1周3時間前後かかるだろう。

とにかく見渡す限り真っ白なので、道迷いには厳重に注意を。トレイルといっても砂丘のところどころに赤枠の標識があるだけ。常にこの標識を確認しながら進み、次の標識が見つけられないときには元へ戻ろう。もちろん日陰も水場もトイレも何もない。帽子、サングラス、そして1人4ℓの水を持つことを当局が推奨している。

持参した水が半分になったら引き返したほうがいい

MEMO **宿泊施設**　園内や周辺に宿泊施設はない。ホワイトサンズから東へ20分ほど走ったアラモゴードAlamogordoに13軒のモーテルがあり、$50～150程度。たいてい予約なしで泊まることができる。ラスクルーセスのホテルについては→P.337。

Travel Tips

旅の準備と技術

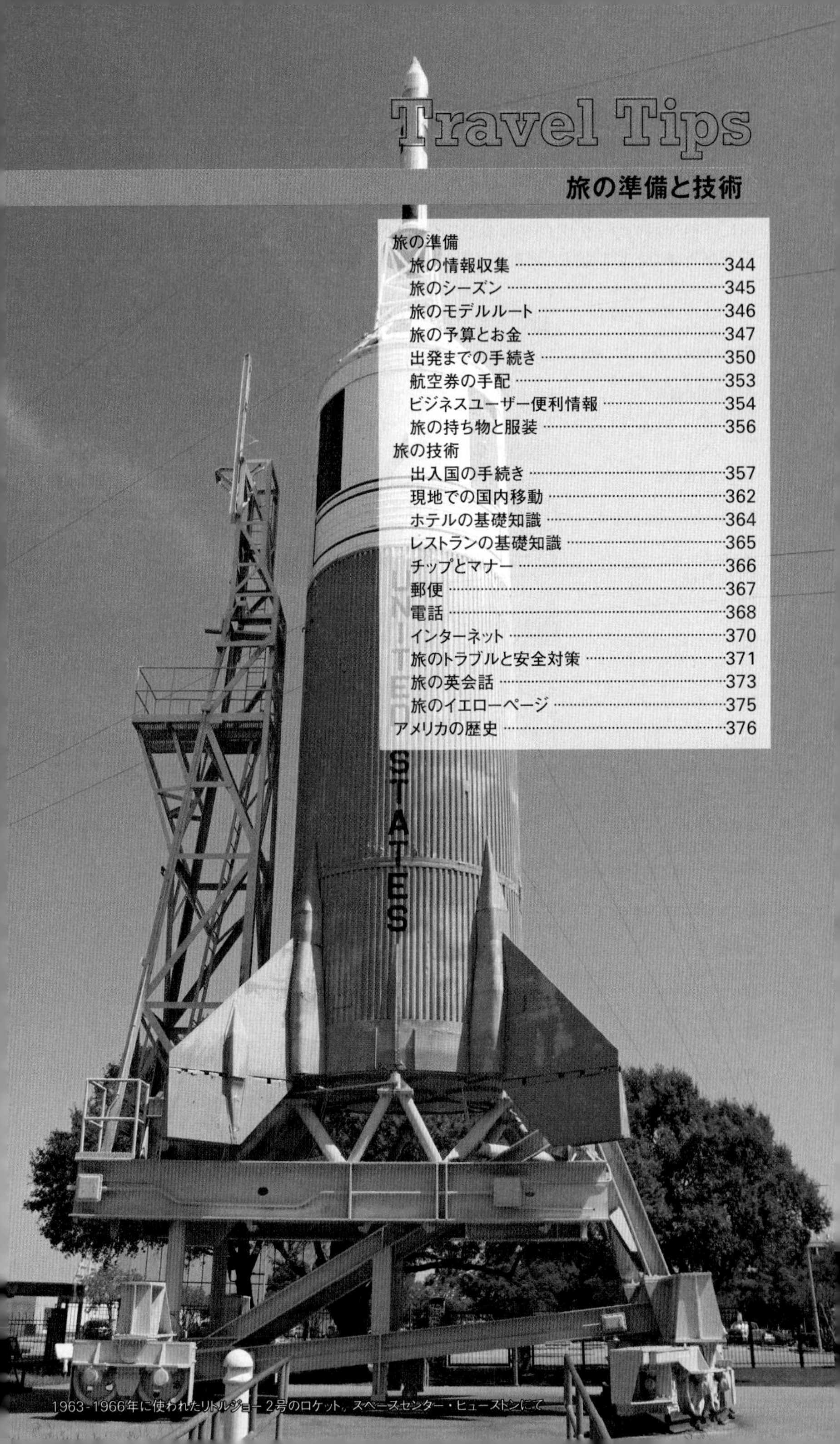

1963-1966年に使われたリトルジョー２号のロケット。スペースセンター・ヒューストンにて

旅の準備

旅の情報収集

インターネットの普及により、日本にいながら現地の生の情報を得ることが容易になった。特に、観光局のウェブサイトでは見どころやイベント、ドライブコースのモデルプランなど、情報が満載でおすすめだ。現地では観光案内所で情報収集しよう。

日本での情報収集と現地での情報収集

アメリカの観光局のなかには日本語のホームページをもっているところもあるので、チェックしてみよう。現地の情報誌のウェブサイトでは、スポーツ、コンサートライブ、美術館やギャラリー、レストランなどの旬の情報が盛りだくさんで、役に立つ。

また、アメリカには都市ごとに観光案内所があり、地図や見どころのパンフレット、交通案内、イベント情報などを入手できる。案内所によっては、スタッフが常駐していたり、観光客向けのパソコンがあり情報収集ができるところもある（一部有料）。

便利なウェブサイト

州、都市の観光局など　※〈日〉：日本語サイト

- **テキサス州観光局** URL www.traveltexas.com
- **コロラド州観光局** URL www.colorado.com
- **アリゾナ州観光局** URL www.visitarizona.com
- **ダラス観光局** URL www.visitdallas.com
- **グレープバイン観光局** URL www.grapevinetexasusa.com
- **アーリントン観光局** URL www.arlington.org
- **プレイノ観光局** URL www.visitplano.com
- **フォートワース観光局** URL www.fortworth.com
- **ヒューストン観光局** URL www.visithoustontexas.com
- **ガルベストン観光局** URL www.galveston.com
- **サンアントニオ観光局** URL www.visitsanantonio.com
- **バンデラ観光局** URL www.banderacowboycapital.com
- **オースチン観光局** URL www.austintexas.org
- **デンバー観光局** URL www.denver.org
- **ボウルダー観光局** URL www.bouldercoloradousa.com
- **フォートコリンズ観光局** URL www.visitftcollins.com
- **コロラドスプリングス観光局** URL www.visitcos.com
- **ベイルバレー観光局** URL www.visitvailvalley.com
- **アスペン商工会議所観光局** URL www.aspenchamber.org
- **スノーマス観光局** URL www.aspensnowmass.com
- **グレンウッドスプリングス観光局** URL visitglenwood.com
- **グランドジャンクション観光局** URL www.visitgrandjunction.com
- **クレステッドビュート観光局** URL visitcrestedbutte.com
- **テルユライド観光局** URL www.visittelluride.com
- **デュランゴ観光局** URL www.durango.org
- **フェニックス観光局** URL www.visitphoenix.com
- **セドナ商工会議所観光局** URL visitsedona.com/japanese〈日〉 URL visitsedona.com
- **アルバカーキ観光局** URL www.visitalbuquerque.org
- **サンタフェ観光局** URL santafe.org
- **ラスクルーセス観光局** URL www.lascrucescvb.org

そのほかの有用ウェブサイト

アメリカ国立公園
URL nps.gov

●渡航関連情報
外務省・海外安全ホームページ
URL www.anzen.mofa.go.jp〈日〉

●旅の総合情報
地球の歩き方
URL www.arukikata.co.jp〈日〉

●プロスポーツ
MLB（野球）
URL www.mlb.com
NBA（バスケットボール）
URL www.nba.com
NFL（アメリカンフットボール）
URL www.nfl.com
URL nfljapan.com〈日〉
NHL（アイスホッケー）
URL www.nhl.com
MLS（サッカー）
URL www.mlssoccer.com

●チケット
チケットマスター
URL www.ticketmaster.com
チケットドットコム
URL www.tickets.com

●気候
世界気象機関
URL worldweather.wmo.int
ナショナル・ハリケーン・センター
URL www.nhc.noaa.gov

●航空会社
アメリカン航空
URL www.americanairlines.jp〈日〉
シンガポール航空
URL www.singaporeair.com〈日〉
全日空
URL www.ana.co.jp〈日〉
デルタ航空
URL ja.delta.com〈日〉
日本航空
URL www.jal.co.jp〈日〉
ユナイテッド航空
URL www.united.com〈日〉

旅の準備　旅のシーズン

広大な国土ゆえ、州や都市によって気候もさまざまだ。訪れるエリアによって観光のベストシーズンや適した服装も違ってくる。事前に目的地の気候をしっかり把握してから出発したい。

アメリカ西部の気候

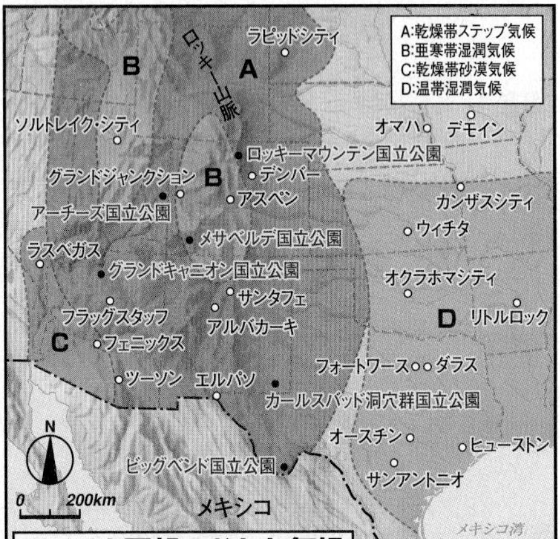

アメリカ西部のおもな気候

テキサス州ダラス、ヒューストン、サンアントニオは温暖湿潤気候に属している。春・秋は温暖で過ごしやすいが、朝晩は寒暖の差がある。夏は連日気温が30℃を超える。冬に氷点下になることは少ない。ただ、テキサスでは、3〜5月を中心にトルネードが、6〜11月にかけてヒューストンなどの南部ではハリケーンが発生することがある。

コロラド州デンバーは乾燥帯ステップ気候に属している。11〜4月には降雪に見舞われるが、年間をとおして晴れの日が300日あるといわれている。春・秋は温暖で過ごしやすいものの、朝晩は冷え込む。夏の日差しは強いが、湿度は低く過ごしやすい。

アリゾナ州フェニックスは、乾燥帯砂漠気候に属している。1年をとおして雨はほとんど降らず、空気が乾燥している。夏は40℃を超える日が続くほか、カリフォルニアからモンスーンが吹き込み、砂嵐や雷雨が発生することもある。冬でも日中は暖かいが、夜は急激に冷え込む。

西部の月別平均気温と降水量▶P.10

日本との時差表▶P.11

華氏⇔摂氏の換算
- 華氏＝摂氏×9÷5＋32
- 摂氏＝（華氏−32）×5÷9

気象の変化に備えて

ハリケーン

テキサス州南部は、6〜11月（特に8〜10月）がハリケーンのシーズン。テレビやウェブサイトなどで天気予報をチェックしておきたい。

トルネード（竜巻）

ロッキー山脈の東、コロラド州やニューメキシコ州では、3〜6月にトルネードが発生しやすい。もしトルネード警報が発令されたら、ホテルの人の指示に従うこと。

ハリケーン情報など
URL www.nhc.noaa.gov
ストーム、トルネード情報など
URL www.spc.noaa.gov
アメリカの気象庁
URL www.weather.gov
連邦緊急事態対処庁
URL www.fema.gov

トルネードの階級

階級	風速
F5	時速419〜512km
F4	時速333〜418km
F3	時速254〜332km
F2	時速181〜253km
F1	時速117〜180km
F0	時速116km以下

※トルネードは数字が大きくなるほど強い勢力をもつ

ハリケーンの階級

階級	風速
カテゴリー5	時速252km以上
カテゴリー4	時速209〜251km
カテゴリー3	時速178〜208km
カテゴリー2	時速154〜177km
カテゴリー1	時速119〜153km
熱帯性暴風雨	時速63〜118km
熱帯性低気圧	時速62km以下

※ハリケーンは階級が大きいほど強い勢力で、カテゴリー3以上のものを大型ハリケーンと呼ぶ

MEMO　トリプルディジット　夏のテキサスでよく耳にする言葉「Triple Digit」とは、文字どおり3ケタの数字、華氏100度以上のことを意味する。摂氏に換算すると37.78度とかなり高い気温になるので、熱中症に注意して水を携帯したり、傘（雨傘でOK）を用意するといい。

旅の準備

旅のモデルルート

テキサスやコロラド、西部ならではのカルチャーや大自然を体験したいなら、レンタカーでの移動が断然おすすめ。ドライブの旅は時間に余裕をもって大まかな計画を立てよう。

Plan 1 テキサス州で大西部を感じる

1～2日目 **ヒューストン**ではスペースセンターだけでなく博物館や美術館、動物園が集まるハーマンパーク地区にも足を運ぼう。

3～5日目 テキサス独立戦争の舞台となったアラモ砦や川沿いの散策が楽しいリバーウオーク、2015年世界遺産に登録されたミッショントレイルなどがある**サンアントニオ**へ。

6～8日目 「カウボーイの中心地」といわれている**バンデラ**で、乗馬や牧場体験を。

9日目 ライブハウスが250以上集まる**オースチン**で、ロックやブルースからジャズまで生演奏を楽しもう。

10日目 **フォートワース**では、カウボーイが町を闊歩するストックヤードと安藤忠雄が改装に携わったフォートワース近代美術館へ。

11～12日目 ケネディ大統領が暗殺された地、**ダラス**へ。

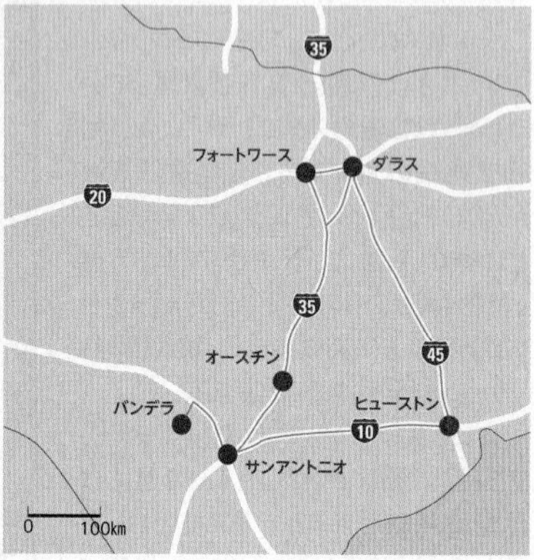

Plan 2 コロラド州で山間のリゾートとアクティビティ

1日目 2日目 **デンバー**の市内を観光。アメリカ先住民のコレクションが豊富に揃うデンバー美術館のほか16番ストリートモール、ラリマースクエアを散策しよう。

3日目 4日目 デンバーから南の**コロラドスプリングス**へ。ツアーでオリンピック・トレーニング・センターを見学。源泉水を試飲できるマニトウスプリングスや不思議な形の岩が点在するガーデン・オブ・ゴッドへ。

5日目 ワイルドフラワーのメッカとして知られる**クレステッドビュート**へ。

6日目 7日目 鉱山で栄えた**テルユライド**と**デュランゴ**へ。シルバートンとデュランゴを結ぶ狭軌鉄道は1882年から運行されている。

8日目 9日目 コロラド州西部で山脈が平地へと変化するエリアの**グランドジャンクション**へ。コロラドワインの産地でもあり、20以上のワイナリーが点在している。

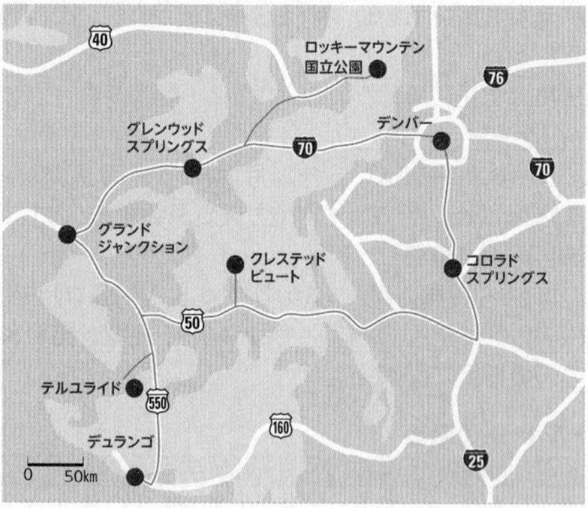

10日目 コロラド州随一のリゾート地、**グレンウッドスプリングス**。世界最大級の温泉プールをもつグレンウッド・ホットスプリングス・リゾートでドライブの疲れを取ろう。

11日目 12日目 全長560㎞のハイキングトレイル、147の湖、3600m以上の峰が約70並ぶ**ロッキーマウンテン国立公園**へ。

旅の準備 旅の予算とお金

計画する旅の目的や内容に応じて支出する費用もさまざまだ。ここでは、基本的な費用を項目別に説明する。おおよその相場を念頭に、限られた予算をバランスよく調整しながら計画を立てよう。現金は少額にしてクレジットカードやデビットカードなども活用したい。

旅の予算

移動にかかる費用

●飛行機

2019年11月現在、日本からアメリカ西部へはアメリカと日系の航空会社が乗り入れている。また、アメリカの国内には、ユナイテッド航空やデルタ航空、アメリカン航空などの大手航空会社のほか、サウスウエスト航空、ジェットブルーなどの格安航空会社が飛んでいる。近年は大手航空会社も国内線預託荷物（機内預けの荷物）や機内食の有料化などに着手する傾向にあり、サービスや運賃などをトータルで比較して選ぶようにしよう。

●長距離バス（グレイハウンドなど）

アメリカを網の目のように走っている長距離バスは、かなり小さな町まで路線が延び、近年バスタングなど中距離路線も台頭している。

●鉄道（アムトラック）

アメリカの旅客鉄道は鉄道黄金期の面影を残し、座席はゆったり、食堂車や寝台車、路線によっては展望車も連なって、移動時間を演出してくれる。

●レンタカー

信号や一時停止のないフリーウエイ（高速道路）は都心部を除いてほとんどのエリアで通行無料だ。おもにかかる費用は車のレンタル代、保険料、ガソリン代。また、都心部のホテルに宿泊するのなら、駐車場代も予算に入れておこう。

●宿泊費

客室料金の高低はホテルの周囲の治安とサービスのよし悪しにほぼ比例する。また、同じホテルでも、大きなコンベンションやイベントなどがあるときは料金が上がり、時期によっては部屋が取りにくくなるので注意が必要だ。宿泊費を抑えたいのなら、ユースホステルやモーテルがおすすめ。

●食費

食事もまた個人の旅のスタイルによって大きく異なる。どこで、どんな料理を食べるか、お店のランクなどで違ってくる。安くあげたいなら、サンドイッチ、ハンバーガーやホットドッグなどで済ませる。予算を切り詰めるばかりでなく、メリハリのある食事を楽しもう。

●観光に要する費用

市内観光ツアーやタクシー、美術館やテーマパークなどの入場料のほか、おしゃれなバーで夜を楽しみたいとか、スポーツ観戦したいなど、何をしたいかによって、かかる費用もさまざまだ。

航空券の手配▶P.353

運賃と移動時間の目安（飛行機）
※2019年10月現在
※運賃はエコノミークラス割引運賃を利用、2019年10～12月までの目安。航空会社、シーズンにより異なる
● 直行便往復（燃油サーチャージおよび諸税、手数料などは別途）
・日本～ダラス：8万3000～28万1500円
・日本～ヒューストン：6万500～30万3900円
・日本～デンバー：7万6300～29万3000円

運賃と移動時間の目安（バス）
●片道※2019年10月現在
・ダラス～ヒューストン：$13～59（所要5時間5分～7時間45分）

運賃と移動時間の目安（鉄道）
●片道※2019年10月現在
・ヒューストン～サンアントニオ間：$29～181（所要5時間10分）

レンタカー料金の目安
諸税金、保険を含む。エコノミー 2/4ドアクラスを借りる場合。1日1万1000円前後。

ガソリンの価格
※2019年10月現在
※レギュラーガソリン。地域により異なる
1ガロン（3.8リットル）$2.75前後

宿泊費の目安
高級ホテルは、最低でも$180～、中級でも、$120～が相場。エコノミーホテルなら、1泊$80前後から。ユースホステルに泊まれば、1泊$35前後。

MEMO **高額の支払いは**　一般に買い物や旅行中の支払いの際、ニセ札の被害を防ぐため、高額商品を扱っていないお店では、$50や$100の高額紙幣を受け取ると、身分証明書などの提示を要求し、慎重にチェックする。場合によっては、受け取りを拒否されることもあるので、高額の支払いにはクレジットカードがベター。

食費の目安
朝食に$5～13、昼食に$10～25、夕食に$20～50で組んでおきたい。

2019年12月8日現在の為替交換レート
$1.00=108.60円
最新の為替レートは「地球の歩き方」ウェブサイトで確認することができる。
URL www.arukikata.co.jp/rate

T/Cの再発行の条件
紛失・盗難の際は発行会社へすぐ電話を→P.375
①T/Cを購入した際のT/C購入者控えがあること
②紛失したT/C番号と金額
③Holder's Signature欄のみに購入者のサインがある
※T/C購入者控えはT/Cとは別に保管しておくこと

署名欄のサインについて
サインは、使用時にパスポートなど身分証明書（ID）の提示を求められることがあるので、パスポートと同じものにすること。

デビットカードの発行銀行
（2019年11月現在）
JCBデビット：みずほ銀行など33行にて発行。
URL www.jcb.jp/products/jcbdebit
VISAデビット：ジャパンネット銀行など29行にて発行。
URL www.visa.co.jp/pay-with-visa/find-a-card/debit-card.html
※発行銀行によっては、利用限度額の設定が可能。

トラベルプリペイドカード
（2019年11月現在）
クレディセゾン発行「NEO MONEYネオ・マネー」、マスターカードプリペイドマネージメントサービシーズジャパン発行「MULTI-CURRENCY CASH PASSPORTマルチカレンシーキャッシュパスポート」、アプラス発行「MoneyT Globalマネーティーグローバル」、マネーパートナーズ発行「Manepa Cardマネパカード」など。

●市内交通費

空港から市内までの交通費がシャトルバンの利用で1回$20～45前後かかる。タクシーはほとんどのエリアでメーター制で、基本料金にプラスして走行マイルに応じた運賃が加算される。

●そのほかの費用

大きい買い物やおみやげなどは、予算を別立てしておきたい。サービスに対して支払うチップ、飲み物やおやつなどの副食費、日用品の雑費なども忘れずに計上しておこう。

外貨の両替

外貨両替は日本国内の大手銀行、国際空港内の銀行、大手旅行会社などで取り扱っている。$1、$5、$10、$20などの小額紙幣は利便性が高いから多めに持ちたい。**日本円からアメリカドルへの両替は、日本国内のほうが概してレートはいい**が、日本を出発する前に準備できなくても、アメリカの国際空港には到着ロビーに必ず両替所があり、到着便がある時間帯は常に開いている。

アメリカの通貨単位はドル（$）とセント（¢）で、$1.00=100¢。

紙幣は$1、$5、$10、$20、$50、$100の6種類、硬貨は1¢、5¢、10¢、25¢、50¢、100¢（＝$1）の6種類。コインと紙幣の写真、為替レートはジェネラルインフォメーションを参照（→P.8）。

トラベラーズチェック（T/C）

トラベラーズチェック（Traveler's Check、以下T/C）は、条件（側注）を満たしていれば紛失や盗難時に再発行できる、安全性が高い小切手。現金と同様に使え、銀行や両替所で現金化もできる（要手数料）。現地ではT/CではなくTraveler's Checkと略さず言おう。なお、2019年11月現在、日本国内でT/Cは販売されていないが、以前に購入していたT/Cのアメリカでの使用は可能だ。

デビットカード

使用方法はクレジットカードと同様だが、代金の支払いは後払いではなく発行銀行の預金口座から原則即時引き落としとなる。口座の残高以上は使えないので、予算管理にも便利。JCBデビットやVISAデビットがあり、それぞれの加盟店で使用でき、ATMで現地通貨も引き出せる。

トラベルプリペイドカード

トラベルプリペイドカードは、外貨両替の手間や不安を解消してくれる便利なカード。多くの通貨で国内での外貨両替よりレートがよく、カード作成時に審査がない（本人確認書類とマイナンバー申告は必要）。出発前にコンビニATMなどで円をチャージし（預金）、その範囲内で渡航先のATMで現地通貨を引き出せる。各種手数料が別途

MEMO **アメリカン・エキスプレスのトラベラーズチェック**　T/Cの日本国内販売は終了しているが、発行済みのT/Cに関しては有効期限がないので、いつでも海外で使用できる。また、日本国内で日本円に換金が可能。無料0120-779-656で確認を。

かかるが、多額の現金を持ち歩く不安がない。2019年11月現在、発行されているおもなカードはP.348左側注のとおり。

クレジットカード

クレジットカードはアメリカ社会において、所有者の経済的信用を保証するものとして欠かせない。日本で加入できる国際カードはアメリカン・エキスプレスAmerican Express、ダイナースクラブDiners Club、ジェーシービーJCB、マスターカードMasterCard、ビザVisaなどがあり、銀行や信販会社でも提携しているところがある。これらのカードのうち、アメリカで最もポピュラーなものがビザとマスターカード。緊急時のことも考えると複数のクレジットカードを持っていることが望ましい。新規にクレジットカードを作る場合、余裕をみて旅行の1ヵ月前には申し込もう。

クレジットカードのメリット

①多額の現金を持ち歩かなくてもよい。
②現金が必要なとき、手続きをしておけばキャッシングサービスを受けられる。
③経済的信用を求められる意味合いで、レンタカー、ホテルの予約、ホテルのチェックイン時に提示を求められる。

クレジットカードの使い方

日本と同様ほとんどの店やレストランで利用できるが、店によっては最低の利用金額を定めているところがある。会計時にカードを渡すと、利用内容が記された伝票が提示されるので、金額などを確認のうえ、署名欄にサインをすればよい。近年急速に増えてきたのがICチップをリーダーに挿入して読み込ませてから暗証番号PINを入力するタイプ。PINが不明なら出発前に必ずカード会社で確認しておこう。利用控え（Customer's Copy）の受領を忘れずに。

チップもクレジットカードで払える

レストランなどでクレジットカードで支払いをする場合、チップも同様にカードで支払うことができる。カードにサインをする際、飲食料金の下にTip、またはGratuityという欄があるので自分でそこに金額を書き込み、チップを加えた合計金額も一緒に書く。

使用時の注意

基本は、伝票の内容をよく確認してからサインまたはPINを入力すること。店によっては、店独自のレート（不利なケースが多い）で日本円に換算して、日本円で請求される場合があるので、不満があればサインをせずにUSドルでの請求に改めてもらおう。また、カードの悪用を避けるため、会計時も絶対にカードから目を離さないこと。なお、クレジットカードの保管はパスポート並みに気をつけたい。

クレジットカードでキャッシングする

空港や町なかのATM（操作方法は右側注を参照）、提携の金融機関の窓口（カードとパスポートが必要）で、いつでも現地通貨で引き出せる。キャッシングには、ATM利用料や利息がかかり、カード代金の支払い口座から引き落とされる。

カードをなくしたら!?

国際カードの場合、現地にカード会社の事務所があるので、警察より先に、そこに連絡して不正使用されないようにしてもらう。カード会社では、緊急時の連絡先（→P.375）を用意しているので、すぐに連絡を。手続きにはカードナンバー、有効期限が必要なので、紛失時の届け出連絡先と一緒にメモしておき、財布とは別に保管しておこう。

ATMの操作手順

※機種により手順は異なる

①クレジットカード、デビットカード、トラベルプリペイドカードの磁気部分をスライドさせて、機械に読み取らせる。機械によっては日本のATMと同様に、カードの表面を上向きに挿入するタイプもある。

↓

②ENTER YOUR PIN＝「暗証番号」を入力して、ENTER キーを押す。

↓

③希望する取引の種類を選択する。WITHDRAWAL、またはGET CASH=「引き出し」を指定する。

↓

④取引の口座を選択する。クレジットカードの場合、CREDIT、もしくはCREDIT CARD=「クレジットカード」を指定。

※デビットカード、トラベルプリペイドカードの場合はSAVINGS（普通預金）を指定。

↓

⑤引き出す金額を入力するか、画面に表示された金額のなかから、希望額に近い金額を指定して、ENTERを押す。

↓

⑥現金とRECEIPT「利用明細」を受け取る。

※初期画面に戻っているかを確認し、利用明細はその場で捨てないように。

※途中で手順がわからなくなったら、CANCEL=「訂正」を選択し、初めからやり直そう。

MEMO **パスポートの保管** ICチップのデータに影響する恐れがあるため、かばんや財布のマグネットなど磁気のある物に近づけないように。また、パスポートのなかで所持人が記載できるのは、「所持人記入欄」のみ。余計なメモや落書きは厳禁。

出発までの手続き

パスポート（旅券）は、あなたが日本国民であることを証明する国際的な身分証明書。これがなければ日本を出国することもできない。そして旅行中は常に携帯すること。

パスポートの取得

一般旅券と呼ばれるパスポートは、有効期間が５年（紺）のものと10年（赤）の２種類。アメリカの場合、パスポートの残存有効期間は入国する日から90日以上あることが望ましい。旅行中に有効期間が切れる人も、新しく作り直しておくこと。

パスポートの申請から受領まで

申請手続きは、住民登録をしている居住地の都道府県のパスポート申請窓口で行う。必要書類を提出し、指定された受領日以降に、申請時に渡された受領証を持って受け取りに行く。必ず本人が出向くこと。申請から受領まで約１週間。都道府県庁所在地以外の支庁などで申請した場合は２～３週間かかることもある。

現在の居住地に住民票がない人の申請方法

1. 住民票がある都道府県庁旅券課で申請（代理可）。受領は本人のみ。
2. 住民票を現在の居住地に移して申請。
3. 居所申請（住民票を移さずに、現住の居住地で申請）をする場合、学生、単身赴任など一定の条件を満たしていれば可能。代理申請は不可。

※居所申請については各都道府県庁の旅券課に確認すること。

パスポート申請に必要な書類

①一般旅券発給申請書（1通）

用紙はパスポート申請窓口にあるので、申請時にその場で記入すればよい。20歳未満の場合は親権者のサインが必要になる。

②戸籍謄本（または抄本）（1通）　※6ヵ月以内に発行されたもの。

③住民票の写し（1通）※住基ネットを利用することにより、原則不要。

④顔写真（1枚）　6ヵ月以内に撮影されたもの。サイズは縦4.5㎝×横3.5㎝（あごから頭頂まで3.4±0.2㎝）、背景無地、無帽、正面向き。スナップ写真不可。白黒でもカラーでも可。また、パスポート紛失時などの予備用に２～３枚持っておきたい。

⑤申請者の身元を確認する書類

運転免許証、個人番号カード（マイナンバーカード）など、官公庁発行の写真付き身分証明書ならひとつ。健康保険証、年金手帳、社員証や学生証（これらの証明書類は写真が貼ってあるもののみ有効）などならふたつ必要。窓口で提示する。

⑥旅券を以前に取得した人はその旅券を返納し、失効手続きをする

外務省パスポート
URL www.mofa.go.jp/mofaj/toko/passport/

パスポート発行手数料
5年用：12歳以上は1万1000円、12歳未満は6000円。10年用：20歳以上は1万6000円。なお、20歳未満は5年用しか申請できない。

機械読取式でない旅券と訂正旅券の取り扱いに注意！
一部の在外公館で交付された一般旅券には、機械読取式でない旅券があるため入国拒否やビザ免除の対象外とされる場合が考えられる。また、2014年3月20日より前に「記載事項の訂正」方式で身分事項の変更を行った旅券（訂正旅券）は、訂正事項が機械読取部分またはICチップに反映されておらず、国際基準外とみなされるおそれがある。出入国時や渡航先で支障が生じる場合もあるため、どちらの旅券も新規に取得し直すほうが無難。

パスポートの切替発給
パスポートの残存有効期間が1年未満となったときから、切替発給が可能。申請には右記の「パスポート申請に必要な書類」のうち①④⑥を提出する（③が必要な場合もある）。
氏名、本籍の都道府県名に変更があった場合は新たなパスポート、または記載事項変更旅券（→脚注）の申請をする。申請には右記の「パスポート申請に必要な書類」のうち①②④⑥を提出する（③が必要な場合もある）。

パスポートの紛失については ▶P.372

MEMO **記載事項変更旅券**　氏名や本籍地などの変更情報をICチップにも記録させたもの。発行手数料は6000円だが、有効期限はもとのパスポートの期限までとなる。

ビザ（査証）の取得

観光、留学、就労など渡航目的に応じてビザも異なるが、日本人のアメリカ合衆国入国にあたっては「ビザ免除プログラム」が利用でき、90日以内の観光、商用が目的の渡航であれば、ほとんどの場合ビザの必要はない。ビザなしで渡米する場合、ESTAによる渡航認証を取得しなければならない（→P.352）。

滞在が90日以内でもビザが必要なケース

日本から第三国へ渡航したあと、アメリカに入国する場合、国によってはビザが必要な場合もある。そのような予定の人は必ず、航空会社、旅行会社、アメリカ大使館・領事館に問い合わせること。ただし、直接アメリカに入国したあとにカナダ、メキシコなどに出国、再びアメリカに戻ってくる場合、アメリカ滞在の総合計日数が90日以内ならビザは不要。また、2015年より「ビザ免除プログラム」を利用してアメリカに入国する渡航者にいくつかの制限が加わった。詳細は右側注参照。

取得しておくと便利な証書類

国外（国際）運転免許証

自分の運転免許証を発行した都道府県の運転免許試験場（即日交付）や警察署（約2週間後交付）で申請する。なお、免許停止処分を受ける人、免停中の人は申請不可。申請に必要なものは、国内の運転免許証、パスポート、顔写真1枚（縦5㎝×横4㎝）、有効期限切れの国外運転免許証、発給手数料の2350円〔都道府県により印鑑（認印）が必要な場合あり〕。

国際学生証（ISICカード）

世界共通の学生身分証明書で、博物館などで入場料が割引になることが多い。取得には申請書、学生証（コピーでも可）か在学証明書、写真1枚（縦3.3㎝×横2.8㎝）、カード代金1800円が必要（オンライン、郵送の場合は簡易書留にて返送。2550円）。

ユースホステル会員証

ユースホステルは、原則として会員制。全国各地にある窓口かオンラインで申し込める。年会費は2500円（19歳以上、継続の年会費は2000円）。必要書類は氏名と住所が確認できるもの。

海外旅行保険の加入

旅行中の病気やけがの医療費、盗難に遭った際の補償、あるいは自分のミスで他人の物を破損した際の補償などをカバーする海外旅行保険。アメリカの医療費は非常に高く、犯罪の発生率も決して低いとはいえないので、必ず加入したい。また、緊急時に保険会社のもつ支援体制が使えることはたいへん心強い。損保ジャパン日本興亜、東京海上日動、AIG損保などの損害保険会社が取り扱っている。

アメリカ大使館
住〒107-8420
東京都港区赤坂1-10-5
☎(03)3224-5000（代表）
URL jp.usembassy.gov/ja

18歳未満のアメリカ入国について
両親に引率されない子供が入国する場合は、両親または同行しない親からの渡航同意書（英文）が要求される可能性がある。詳細はアメリカ大使館に問い合わせを。

ビザ免除プログラムの改定について
2015年ビザ免除プログラムの改定、およびテロリスト渡航防止法の施行により、2011年3月1日以降にイラン、イラク、北朝鮮、スーダン、シリア、リビア、ソマリア、イエメンに渡航、または滞在したことがある場合は、ビザ免除プログラムを利用して渡米することができない。該当する渡航者は、アメリカ大使館で通常のビザ申請をする。詳細はURL jp.usembassy.gov/ja/visas-ja/visa-waiver-program-jaで。

ビザ申請サービス
ビザに関する質問などは、ビザ申請サービスのメール、電話、チャット、Skypeで受け付けている。情報サービスは無料で、通話料のみ利用者負担となる。オペレーター対応の電話問い合わせは☎050-5533-2737（日本）。米国在住者は☎(703)520-2233（アメリカ）
URL cdn.ustraveldocs.com/jp

警察庁
URL www.npa.go.jp

ISICカード
URL www.isicjapan.jp
オンラインでの申請も可。その場合バーチャルカードとなる。

㈶日本ユースホステル協会
☎(03)5738-0546
URL www.jyh.or.jp
オンラインでのデジタルメンバーシップの申請も可。即座に発行される。

MEMO **ESTAの申請代行** 「地球の歩き方×ファーストワイズ　アウレア　ハワイ」では、インターネットにアクセスできない人のために、ESTAの申請代行を有料で行っている。無料0120-881-347

ESTAの有効期間
原則2年間。ただし、認証期間内でも、パスポートの有効期限が切れるとESTAも無効になる。また、氏名やパスポート番号の変更があった場合は再度申請を行うこと。

ESTAの登録料
料$14　※支払いはクレジットカード、デビットカード、ペイパル　カードⒶⒹⒿⓂⓋ
※詳しくはアメリカ大使館・領事館のウェブサイトを参照。
URL jp.usembassy.gov/ja
地球の歩き方のウェブサイトでも、ESTA記入の方法をわかりやすく説明している。URL www.arukikata.co.jp/esta

ESTA（エスタ）の取得

ビザ免除プログラム（→P.351）を利用し、ビザなしで飛行機や船でアメリカへ渡航・通過（経由）する場合、インターネットで（携帯電話は不可）ESTAによる渡航認証を取得する必要がある。事前にESTAの認証を取得していない場合、航空機への搭乗や米国への入国を拒否されることがあるので注意が必要だ。一度ESTAの認証を受けると2年間有効で、米国への渡航は何度でも可能（日程や訪問地を渡航のたびに更新する必要はない）。なお、最終的な入国許可は、初めの入国地において入国審査官が行う。

アメリカへの渡航が決まったら、早めにESTAによる渡航認証を申請・取得しよう（出国の72時間前までの取得を強く推奨）。従来の申請後の即時承認がなくなったため、早く済ませたい。申請は親族、旅行会社（有料）など本人以外の第三者でも可能。

1 **URL esta.cbp.dhs.gov にアクセス**
画面右上の「Change Language」で**日本語**を選択。**「新規の申請」をクリック**し、「個人による申請」または「グループによる申請」を選択。続いて、セキュリティに関する通告を読み、**「確認して続行」をクリックする。**
なお、申請の状況確認を行う場合は、「既存の申請内容を確認」を選択すればいい。

2 免責事項の画面が表示される。内容をよく読み、問題がなければ、「はい」を選択し**「次へ」をクリック。**
2009年旅行促進法に基づき、申請にかかる手数料、支払いに関しての内容が表示。同意なら「はい」を選択し**「次へ」をクリック。**

3 **申請書の入力**
「*」の印がある項目は回答必須。質問事項は日本語で書かれているが、すべて英語（ローマ字）で入力、またはプルダウンメニューから該当項目を選択する。疑問がある場合は「?」のアイコンをクリックする。
- 申請者／パスポート情報、別称の通用、別の市民権・国籍、GEメンバーシップ、両親（存命か否かにかかわらず）、連絡先情報、ソーシャルメディア、勤務先情報を入力。
- 渡航情報では、米国への渡航が乗継目的であるか、米国内の連絡先、米国滞在中の住所、米国内外の緊急連絡先情報を入力。
- 1)～9)の適格性に関する質問事項に「はい」、「いいえ」で回答。
- 「権利の放棄」を読み「申請内容に関する証明」を確認して☑チェックを入れる。
- 本人以外が代行して入力した場合は、「第三者による代理申請の場合に限定」の内容を読み、☑チェックを忘れずに。

入力内容をよく確認して、間違いがなければ**「次へ」をクリック。**

4 3で入力した内容が「申請内容の確認」として表示される。
申請者の情報、渡航情報、適格性に関する質問事項など、すべての回答に間違いないかを再確認しよう。各申請確認の画面で入力に間違いなければ**「確認して続行」をクリック。**もし間違いがある場合は、申請確認の画面の右上にある「申請内容の内容を変更する」オプションを選択し、情報の修正を行うこと。
申請内容をすべて確認したら、検証。パスポート番号、発行国、姓、生年月日を再入力して**「次へ」をクリックする。**

5 発行された申請番号が表示されるので、必ず書き留めること。申請番号は、今後「既存の申請内容を確認」するときに必要だ。「免責事項」の☑チェックを入れ、**「今すぐ支払う」をクリック。**

6 オンライン支払いフォームに進む。支払い方法を選び、クレジットカードなら国名、請求書送付先住所、クレジットカード名義人、クレジットカードのタイプ、有効期限、カード番号、セキュリティコードを正確に入力する。
入力の情報を再度確認したら、☑チェックを入れ、**「続行」をクリックする。**確認画面が表示されるので、間違いがなければ**「送信」をクリック。**

7 従来は支払いが終わると即時承認がされていたが、現在は72時間以内に判明されるようになった。画面では「承認は保留中です」と表示。ここでは申請番号を保管するために印刷をし、そして「終了」。

8 承認されたか確認するために、1のURL esta.cbp.dhs.govに再度アクセス。「既存の申請内容を確認」をクリック。次の画面でパスポート番号、生年月日、申請番号を入力して「申請の検索」をクリック。

申請番号、渡航認証許可の有効期限、申請した内容などが記載された**「認証は許可されました」**が表示されれば、ビザ免除プログラムでの渡航が許可されることになる。**このページを印刷し、渡航時に携帯することをすすめる。**

承認されず**「渡航認証拒否」**となった場合、アメリカ大使館・領事館でビザの申請（→P.351）が必要。

MEMO **ESTA申請時の注意**／インターネットのキーワード検索結果などからESTA申請を行う場合、知らないうちに申請代行会社のサイトを利用していることがあり、別途手数料を請求されることがあるので、くれぐれも注意すること。

旅の準備 航空券の手配

アメリカ西部へは日系とアメリカ系の航空会社が、毎日直行便を運航している。また、サンフランシスコやロスアンゼルスなどの西海岸や、ミネアポリスやシカゴなどの中部の都市で乗り継いで行くことも可能だ。

日本から西部への運航便

2019年11月現在、成田国際空港から西部への直行便が運航している。テキサス州ダラスへは、アメリカン航空（航空会社のコードAA、以下同）と日本航空（JL）が、ヒューストンへはユナイテッド航空（UA）と全日空（NH）が、コロラド州デンバーへはユナイテッド航空が飛んでいる。

そのほか、成田はロスアンゼルスやサンフランシスコ、シアトルなど、羽田はシカゴやミネアポリス、関西国際空港はロスアンゼルスやサンフランシスコ、中部国際空港はデトロイトへ直行便を運航しているので、現地で国内線に乗り換えてもいい（2019年11月現在）。

航空券の種類

●**普通（ノーマル）運賃**

定価（ノーマル）で販売されている航空券で、利用においての制約が最も少ないが、運賃はいちばん高い。種類はファーストクラス、ビジネスクラス、エコノミークラスの3つに分かれる。

●**正規割引運賃（ペックスPEX運賃）**

ペックス運賃とは、日本に乗り入れている各航空会社がそれぞれに定めた正規割引運賃のこと。他社便へ振り替えることができない、予約後72時間以内に購入すること、出発後の予約変更には手数料がかかるなどの制約があるが、混雑期の席の確保が容易といったメリットもある。なお、ペックス商品は各社によって特色や規定が異なる。

航空券を購入するタイミング

ペックス運賃は、4～9月分は2月頃、10～3月分は7月中旬以降に発表されるので、航空会社のホームページなどで確認するといい。

航空会社の日本国内の連絡先

●**アメリカン航空**
☎(03) 4333-7675
●**デルタ航空**
☎0570-077733
●**ユナイテッド航空**
☎(03) 6732-5011
●**日本航空**
☎0570-025-031
●**全日空**
☎0570-029-333
●**シンガポール航空**
☎(03) 3213-3431

カナダ経由でアメリカに入国する人へ

カナダの航空会社を利用して、バンクーバーやカルガリーなどカナダ国内で乗り継いでアメリカへ入国する人は注意が必要。カナダ版ESTAの"eTA（電子渡航認証）"の申請が必要となる。

オンラインで購入する方へ

現在オンライン専用会社から航空券を手配する旅行者が増えている。覚えておいてほしいのが、フライトキャンセルなどが発生した場合は自分で対処しなければならないということ。旅行会社を通せば現地の支店に相談することもできるが、オンライン専用会社は難しい。

西部エリア直行便リスト

2019年10月現在

		日本発				日本着			
都市名	出発地	便名	出発曜日	出発（日本）	到着（アメリカ）	便名	出発曜日	出発（アメリカ）	到着（日本）
ダラス	成田	AA176	毎日	10:50	8:40	AA175	毎日	11:00	*14:05
		JL012	毎日	10:45	8:40	JL011	毎日	12:20	*15:30
		AA060	毎日	17:55	15:50	AA061	毎日	13:45	*16:45
ヒューストン	成田	NH174	毎日	11:10	9:30	UA007	毎日	10:40	*14:00
		UA006	毎日	16:35	14:45	NH173	毎日	11:30	*15:20
デンバー	成田	UA142	毎日	18:00	13:30	UA143	毎日	13:30	*16:20

航空会社の略号　AA：アメリカン航空、JL：日本航空、NH：全日空、UA：ユナイテッド航空
*：翌日着

MEMO **燃油サーチャージ**　石油価格の高騰や変動により、航空運賃のほかに燃料費が加算される。時期や航空会社によって状況が異なるので、航空券購入時に確認を。

ビジネスユーザー便利情報

For business

常備薬

日本で服用している薬は滞在日数分（予備もあるとベター）をもっていくこと。処方箋がないと入手できない薬も多い。また、アメリカの市販薬は日本人には強く、効き過ぎることがあるので注意。

ロストバゲージ

どの航空会社でも、空港で機内預け入れにするとロストバゲージがたまに発生する。翌日に会議などがある場合、機内持ち込み荷物には仕事道具やスーツ、下着一組くらいは入れておいたほうがいい。

Wi-Fi

ホテルのロビーエリアやレストラン、スーパーマーケット、カフェなどでは無料でWi-Fiにアクセスできるところが多い

Wi-Fiルーター

24時間どこででもインターネットにアクセスしたい場合は、日本で海外用Wi-Fiルーターをレンタルして、持参したほうがいい。1日当たり1000円以下の料金を払うだけで、さまざまな不安から解放される。

ビジネスセンター

コンピューターとプリンターが設置されているほか、FAXを送受信できることもある。中級～高級ホテルの場合、有料のことが多い。

ホテルのクリーニングサービス

中級以上のホテルでは、バレーランドリーサービス（同日仕上がりのクリーニング）を行っていて、ワイシャツやスーツなどのクリーニングを頼むことができる。靴磨きを頼めるホテルもある。

コンベンションセンターでは

会場やイベントによって、カフェやフードトラックが出たり、フードコートがオープンすることもある。また、宿泊しているホテルとコンベンションセンターを結ぶシャトルバスの運行がある。

喫煙と飲酒年齢

テキサス州、コロラド州、アリゾナ州では、喫煙は18歳から、飲酒は21歳から可能。また、公園やビーチなどの公共のエリアでの飲酒は禁止されている。

レンタカー

田舎や砂漠地帯を走るときは、オーバーヒートに備えて、トランクに予備の水（1ガロンほど）を入れておこう。また、ガソリンの燃料計が半分以下になったら、ガソリンを満タンになるまで入れるようにしたい。

車上荒らしに注意

カーナビを含め貴重品やビジネスバッグなどは、外から見える場所に置かないこと。駐車するごとに、すべてトランクに移すように。面倒だが、車上荒らしは一瞬のスキをついてくる。

タクシー料金

タクシーで違法な料金を請求されないために、Taxi Fare Finder（URL www.taxifarefinder.com）で、おおよその料金と所要時間を調べておこう。

市内交通の1日券

市バスや地下鉄を頻繁に利用するなら、1日乗り放題パス（Day Pass）を購入するといい。乗車ごとに支払う必要がないので便利だ。

ここではビジネスで渡航する人を中心に、
現地で効率よく安全に過ごせるテクニックを紹介しよう。

クオーターコイン

25¢（クオーター）は、公衆電話や市バス、路上駐車場、コインランドリーの利用時に多用するので、できるだけためておくといい。

羽織るものを

公共の交通機関や建物のなかでは、冷房が効き過ぎていることが多い。薄手のカーディガンなどを持参したい。

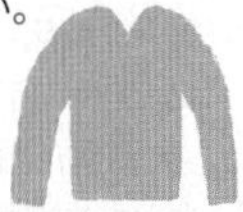

クレジットカード

ホテルの予約やレンタカーの貸し出しには、クレジットカードが必要。最近は使用する際に暗証番号（Pin Number）を入力する機械が多くなってきたので、渡航前に確認しておくこと。

ウーバー&リフト

自動車配車サービスのアプリで、現在地まで迎えに来てくれ、ドア・トゥ・ドアで目的地まで連れて行ってくれる。支払いはアプリ登録時のクレジットカードから引き落とされるので、現金の必要はない。

ひとりでの食事

アメリカで流行中のローカル料理のフードコートやレストランのカウンター、ウエイティングバーでは、ひとりでも気兼ねなく食事を取ることができる。そのほか、スーパーマーケットでのイートインも一般的になった。

ハッピーアワー

日本でもおなじみだが、お酒を取り扱うレストランやバーでは、通常よりも割安価格でお酒やおつまみを提供している。一般的に平日の15:00～18:00頃に開催される。

現地のSIMカードが便利

アメリカの通信会社が販売するSIMカードは、たいていアメリカ国内通話料が無料で、SIMカードの電話番号でテキストメッセージのやりとりができる。契約容量までインターネットがどこでも使えるが、日本への通話ができない。

ブティックホテル

若者に人気のブティックホテル（デザイナーズホテル）は、おしゃれなぶん、ビジネス客向きではないところが多い。客室にバスタブがなかったり、ビジネスセンターやフィットネスセンターがなかったりする。

「たびレジ」

安全な旅行をサポートする外務省の無料メール配信サービス。大使館などから最新の安全情報が届く。緊急時には登録情報をもとに安否確認や必要な支援が行われる。URL www.ezairyu.mofa.go.jp

トイレ

アメリカでは町なかに公衆トイレはほとんどない。カフェやレストラン、ショッピングモール、ホテルなどに立ち寄った際に利用しておくといい。市バスのトランジットセンターなどにもトイレは設置されているが、汚い。

海外旅行保険

けがや病気をして病院で診察を受ける場合、高額な請求をされることがある。出発前に海外旅行保険に入っておきたい。もしくは、クレジットカードに付帯がないか、その保障金額を確認すること。

現地の最新情報

空港や市内にある観光案内所には、見どころやレストランのパンフレットのほか、ダウンタウンの地図などが揃っている。ホテルでは周辺地図をもらうといい。

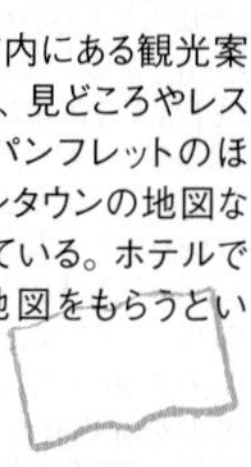

旅の準備

旅の持ち物と服装

旅の荷物は軽いに越したことはない。あれば便利かなと悩むようなものは思いきって持っていかないほうがいい。たいていのものは現地調達でまかなえる。

荷物について

荷物で大きく占める衣類は、着回しが利くアイテムを選び、2〜3組あれば十分。小物類なら浴室で洗濯し、大物類はモーテルや町なかのコインランドリーを利用しよう。スーツやワンピース、Yシャツなどはホテルのクリーニングサービス（有料）に頼むとよい。なお、医薬分業のアメリカでは、風邪薬、頭痛薬などを除いて、医師の処方せんがなければ薬が買えないため、常備薬を携行すること。

機内に預ける荷物について（預託荷物）

アメリカ同時多発テロ以降、出入国者の荷物検査が強化され、アメリカ運輸保安局（TSA）の職員がスーツケースなどを開いて厳重なチェックを行っている。機内に預ける荷物（預託荷物）に施錠をしないよう求められているのはそのためで、検査の際に鍵がかかっているものに関しては、ロックを破壊して調べを進めてもよいとされている。したがって、預託荷物には高価なものや貴重品は入れないこと。

また、預託荷物や機内持ち込み手荷物は利用するクラスによって、無料手荷物許容量（→左側注）が異なる。アメリカの国内線・国際線ともに液体物の持ち込み規制（→左側注）がある。

服装について

服装は、現地の季節（→P.345）に合わせてカジュアルなスタイルで出かけよう。そのほか、男性はネクタイとジャケット、女性はワンピースを一着持っていけば、レストランなどでのドレスコードに対応できる。

持ち物チェックリスト

品目	チェック	品目	チェック	品目	チェック
パスポート（旅券）		身分証明書などの証書類、顔写真		雨具、カッパ	
現金（日本円とUSドル）		辞書や会話集		医薬品類、化粧品類、目薬、日焼け止め、リップスティック	
eチケット控え		ガイドブック		筆記用具、メモ帳	
ESTA渡航認証のコピー、または申請番号		シャツ類		スリッパ、サンダル	
海外旅行保険証		下着・靴下		カメラ、携帯電話、充電器、メモリカード	
クレジットカード		上着（防寒・日焼け防止）		ビニール袋、エコバッグ	
トラベルプリペイドカード		おしゃれ着		タオル類	
国内運転免許証と国外（国際）運転免許証		帽子、サングラス		ティッシュ（ウエットティッシュ）	

TSA公認グッズ
TSA公認の施錠スーツケースやスーツケースベルト、南京錠は、施錠してもTSAの職員が特殊なツールでロックの解除を行うため、かばんに損傷の恐れが少なくなる。

預託荷物について
2019年11月現在、北米線エコノミークラスの場合、無料で預けられる荷物は2個（アメリカン航空、日本航空、ユナイテッド航空、全日空、デルタ航空、シンガポール航空）、1個の荷物につき23kg以内、3辺の和の合計が157〜158cm以内とされている場合が多い。また、アメリカの国内線において、エコノミークラスの場合は2個まで預けられるが、1個目から有料（$30前後）としている。

機内持ち込み手荷物について
身の回り品1個のほか、3辺の和が113cm以内の手荷物（サイズは各航空会社によって異なる）を1個まで機内に持ち込むことができる。貴重品やパソコン、携帯電話、壊れやすいものは機内持ち込みにすること。刃物類は、機内預けの荷物へ。ライターは通常ひとりにつき1個まで身に付けて機内へ持ち込むことができる。バッテリーも要注意だ（→脚注）。

また、国際線航空機内客室への液体物の持ち込みは、出国手続き後の免税店などで購入したものを除き、制限されている。化粧品や歯磨き粉など液体類およびジェル状のもの、ヘアスプレーなどのエアゾール類はそれぞれ100mℓ以下の容器に入れ、容量1ℓ以下の無色透明ジッパー付きの袋に入れること。手荷物とは別に検査を受ければ持ち込み可能。350g以上の粉末類も持ち込めない。

MEMO **電子機器などのバッテリーの持ち込み規制**　パソコンや携帯電話などの製品内部にあるリチウムイオン電池は、160Wh以下なら機内持ち込み手荷物、機内預けの荷物に入れることは可。予備バッテリーに関しては、100Whを超え160Wh以下ならひとり2個まで機内持ち込み手荷物として持ち込める。

旅の技術 出入国の手続き

空港へは出発時刻の3時間前までに着くようにしたい。チェックイン手続きに時間を要するのと、急なフライトスケジュールの変更に対応できるように、早めの到着を心がけよう。

日本を出国する

国際空港へ向かう

成田からアメリカ西部へ運航している直行便（→P.353）か、羽田や関西、名古屋からアメリカ各地へ飛んでいる直行便とアメリカ国内線を利用しアメリカ西部へ向かう。

空港到着から搭乗まで

①搭乗手続き（チェックイン）

空港での搭乗手続きをチェックイン（Check-in）といい、通常は、航空会社のカウンター、または自動チェックイン機で行う。コードシェア便の航空券を持っている人は運航する会社でチェックイン手続きを行う。eチケットを持っている場合は、ほとんどが自動チェックイン機で、各自がチェックイン手続きを行う（日本語あり）。タッチパネルの操作をガイダンスに従って行い、すべての手続きが完了したら搭乗券が発券される。その後、機内預けの荷物（預託荷物）を、航空会社のカウンターに預ければよい。その際、パスポートの提示が求められ、本人確認がある。近年では、ウェブサイトで出発の24～72時間前にチェックイン手続きを行えるようになり、その場で搭乗券が発券されるようになった。これを持っていけば、自動チェックイン機での手続きは不要で、直接荷物カウンターに行けばよい（航空会社により異なる）。

②手荷物検査（セキュリティチェック）

保安検査場では、機内に持ち込む手荷物のX線検査と金属探知機による身体検査を受ける。ノートパソコンなどの大型電子機器は手荷物のかばんから出して、ベルトなどの身に着けている金属類はトレイに入れて、手荷物検査と一緒にX線検査を受けること。液体物の機内持ち込みは透明の袋に入れて別にしておく（→P.356側注）。アメリカでは上着と靴も脱いでX線検査を受ける。

③税関手続き

高価な外国製品を持って出国する場合、「外国製品の持出し届」に記入をして申告する。これを怠ると、帰国時に国外で購入したものとみなされ、課税対象になることもある。使い込まれたものなら心配はない。

④出国審査

顔認証ゲートでの出入国が進んでいる。ゲートでパスポートを読み込ませ、正面の縦長の反射板に顔を向ける。問題なければゲートが開く。

⑤搭乗

自分のフライトが出るゲートへ向かう。搭乗案内は出発時刻の約30分前から始まる。搭乗ゲートでは搭乗券とパスポートを提示する。

成田国際空港
空港の略号コード "NRT"
☎(0476)34-8000
URL www.narita-airport.jp

東京国際空港（羽田）
☎(03)6428-0888
URL www.haneda-airport.jp/inter/

関西国際空港
☎(072)455-2500
URL www.kansai-airport.or.jp

中部国際空港（セントレア）
☎(0569)38-1195
URL www.centrair.jp

ESTAを忘れずに!
ビザなしで渡航する場合は、出発の72時間までにインターネットを通じてESTAによる渡航認証を受けることが必要（→P.352）。必ず事前に認証を取得し、できれば取得番号の表示された画面を印刷して、携行するように。航空会社によっては、この番号を確認するところもある。「地球の歩き方　ホームページ」にも申告の手順が詳しく解説されている。
URL www.arukikata.co.jp/esta

コードシェアとは?
路線提携のこと。ひとつの定期便に2社以上の航空会社の便名がついているが、チェックインの手続きや機内サービスは主導運航する1社の航空会社によって行われる。搭乗券には実運航の航空会社名が記載されるが、空港内の案内表示には複数の便名、または実運航の航空会社のみの便名で表示されるなど、ケース・バイ・ケース。予約時に必ず、実運航の航空会社を確認すること。

MEMO **重い荷物は宅配サービスを利用しよう** 事前の申し込みで自宅まで集荷に来てくれる。帰国時は空港内のカウンターで手続きを。 **ABC空港宅配** 無料0120-919-120、**ヤマト運輸** 無料0120-01-9625

アメリカに入国する

アメリカの場合、アメリカ国内線への乗り継ぎがあっても、必ず最初の到着地で入国審査を行う。日本から直行便でダラスやヒューストン、デンバーに行く場合は、それらの空港で入国審査を受けることになる。ESTAを使って初めてアメリカに入国する人は機内で配布される「税関申告書（→P.359）」を記入しておこう。ESTAを使って2回目以降の人は不要。

入国審査から税関検査まで

①入国審査

飛行機から降りたら、“Immigration”の案内に沿って入国審査場に向かう。審査場の窓口は、アメリカ国籍者（U.S. Citizen）、それ以外の国の国籍者（Visitor）の2種類に分かれている（ESTAで2回目以降の入国は自動入国審査端末で→左側注）。自分の順番が来たら審査官のいる窓口へ進み、パスポートと税関申告書を提出する。なお、US-VISITプログラム実施により、米国に入国するすべての人を対象に、インクを使わないスキャン装置による両手指の指紋採取（一部空港）とデジタルカメラによる入国者の顔写真の撮影が行われている。渡航目的や滞在場所などの質問が終わり、入国が認められれば、パスポートと税関申告書を返してくれる。

審査に必要なパスポート、税関申告書などを一式手渡す

入国審査時に顔写真を撮る

©Department of Homeland Security, US-VISIT

②荷物をピックアップする

入国審査のあと、バゲージクレームBaggage Claimへ。自分のフライトをモニターで確認して、荷物の出てくるターンテーブルCarouselへ行き、ここで預託荷物を受け取る。手荷物引換証（タグ）を照合する空港もあるので、タグはなくさないように。また、預けた荷物が出てこない、スーツケースが破損していたなどのクレームは、その場で航空会社のスタッフに申し出ること（→P.372）。

③税関検査

税関でチェックされるのは、持ち込み数量に制限がある酒、たばこの持ち込みで、制限を超える場合は課税の対象（アメリカ入国時の持ち込み制限→脚注参照）。税関申告書に特記する申告物がない場合は、口頭の質問と申告書の提出で検査は終了する。

18歳未満のアメリカ入国時の注意
→P.351側注

まずはあいさつから

審査官の前に進んだら、“Hello”、“Hi”と、まずはあいさつをしよう。審査終了後も“Thank you”のひと言を。

質問の答え方

- 渡航目的は、観光なら“Sightseeing”、仕事ならば“Business”。
- 滞在日数は、10日間なら“Ten days”。
- 宿泊先は到着日に泊まるホテル名を答えればよい。
- 訪問先を尋ねられる場合がある。旅程表などを提示して、説明するといい。
- 所持金については、長期旅行や周遊する町が多い場合に尋ねられることもある。現金、クレジットカード所有の有無を答えればいい。

英語がわからないときは、通訳Interpreter（インタープリター）を頼もう。

自動入国審査端末で入国審査をスピーディーに！

ダラス／フォートワース国際空港やヒューストンの国際空港、デンバー国際空港などでは、セルフサービスの入国審査端末（以下APC）を導入。①過去に指紋採取と顔写真撮影をして米国入国したことがあり、②有効なESTAを保持している人がAPCを利用できる。APCには日本語案内が設定されており、ガイダンスに従ってパスポートの読み取り、顔写真の撮影、入国に関する質問の回答、指紋採取などの手続きを行う。確認のレシートが発行されたら係官のもとに進んで入国手続きが完了する。レシートに「×」がついたら入国審査官のいる列へ。

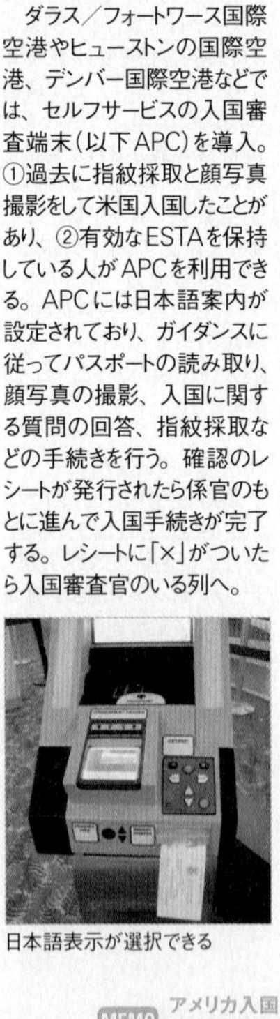

日本語表示が選択できる

MEMO **アメリカ入国時の持ち込み制限**　現金（T/Cを含む）1万ドル以上は要申告。酒類は、21歳以上で個人消費する場合は1ℓ、おみやげは$100相当まで無税。たばこは200本（または、葉巻50本、刻みたばこなら2kg）まで無税。野菜・果物、肉類や肉のエキスを含んだすべての食品は持ち込み禁止。

アメリカ入国に必要な書類

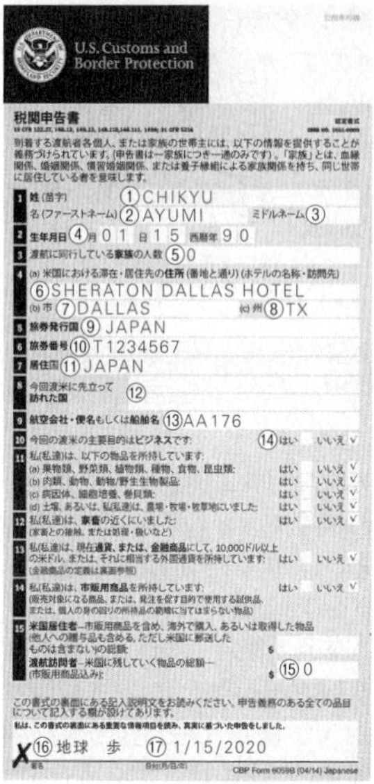

U.S. Customs and Border Protection

税関申告書

別着する渡航者各個人、または家族の世帯主には、以下の情報を提供することが義務づけられています。(申告書は一家族につき一通のみです)。「家族」とは、血縁関係、婚姻関係、慣習婚姻関係、または養子縁組による家族関係を持ち、同じ世帯に居住している者を意味します。

1 姓(苗字) ①CHIKYU
名(ファーストネーム) ②AYUMI ミドルネーム③
2 生年月日④月 0 1 日 1 5 西暦年 9 0
3 渡航に同行している家族の人数⑤0
4 (a) 米国における滞在・居住先の住所(番地と通り)(ホテルの名称・訪問先) ⑥SHERATON DALLAS HOTEL
(b) 市⑦DALLAS (c) 州⑧TX
5 旅券発行国⑨ JAPAN
6 旅券番号⑩T 1234567
7 居住国⑪JAPAN
8 今回渡米に先立って訪れた国 ⑫
9 航空会社・便名もしくは船舶名⑬AA 176
10 今回の渡米の主要目的はビジネスです: ⑭はい いいえ ✓
11 私(私達)は、以下の物品を所持しています:
(a) 果物類、野菜類、植物類、種物、食物、昆虫類: はい いいえ ✓
(b) 肉類、動物、動物/野生生物製品: はい いいえ ✓
(c) 病因体、細胞培養、巻貝類: はい いいえ ✓
(d) 土壌、あるいは、私(私達)は、農場・牧場・牧草地にいました: はい いいえ ✓
12 私(私達)は、家畜の近くにいました: (家畜との接触、または処理・扱いなど) はい いいえ ✓
13 私(私達)は、現在通貨、または、金融商品にして、10,000ドル以上の米ドル、または、それに相当する外国通貨を所持しています: はい いいえ ✓ (金融商品の定義は裏面参照)
14 私(私達)は、市販用商品を所持しています: はい いいえ ✓ (販売対象になる商品、または、発注を促す目的で使用する試供品、または、個人の身の回りの所持品の範疇に当てはまらない物品)
15 米国居住者—市販用商品を含め、海外で購入、あるいは取得した物品(他人への贈与品も含める、ただし米国に郵送したものは含まない)の総額: $
渡航訪問者—米国に残していく物品の総額—(市販用商品込み): $ ⑮ 0

この書式の裏面にある記入説明文をお読みください。申告義務のある全ての品目について記入する欄が設けてあります。

私は、この書式の裏面にある重要な情報項目を読み、真実に基づいた申告をしました。

X ⑯地球 歩 ⑰1/15/2020
署名 日付(月/日/年)

CBP Form 6059B (04/14) Japanese

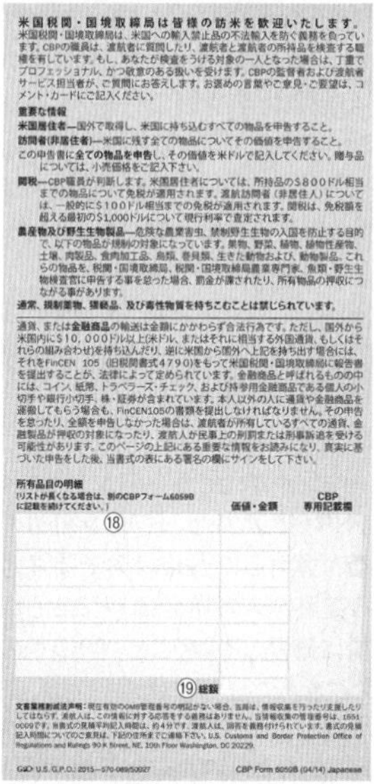

米国税関・国境取締局は皆様の訪米を歓迎いたします。

米国税関・国境取締局は、米国への輸入禁止品の不法輸入を防ぐ義務を負っています。CBPの職員は、渡航者に質問したり、渡航者と渡航者の所持品を検査する職権を有しています。もし、あなたが検査をうける対象の一人となった場合は、丁重でプロフェッショナル、かつ敬意のある扱いを受けます。CBPの監督者および渡航者サービス担当者が、ご質問にお答えします。お褒めの言葉やご意見・ご要望は、コメント・カードにご記入ください。

重要な情報

米国居住者—国外で取得し、米国に持ち込むすべての物品を申告すること。

訪問者(非居住者)—米国に残す全ての物品についてその価値を申告すること。

この申告書に全ての物品を申告し、その価値を米ドルで記入してください。贈与品については、小売価格をご記入下さい。

関税—CBP職員が判断します。米国居住者については、所持品の$800ドル相当までの物品について免税が適用されます。渡航訪問者(非居住人)については、一般的に$100ドル相当までの免税が適用されます。関税は、免税額を超える最初の$1,000ドルについて現行利率で査定されます。

農産物及び野生生物製品—危険な農業害虫、禁制野生生物の入国を防止する目的で、以下の物品が規制の対象になっています。果物、野菜、植物、植物性産物、土壌、肉製品、食肉加工品、鳥類、巻貝類、生きた動物および、動物製品。これらの物品を、税関・国境取締局、税関・国境取締局農業専門家、魚類・野生生物検査官に申告する事を怠った場合、罰金が課されたり、所有物品の押収につながる事があります。

通貨、規制薬物、猥褻品、及び毒性物質を持ちこむことは禁じられています。

通貨、または金融商品の輸送は金額にかかわらず合法行為です。ただし、国外から米国内に$10,000ドル以上(米ドル、またはそれに相当する外国通貨、もしくはそれらの組み合わせ)を持ち込んだり、逆に米国から国外へ上記を持ち出す場合には、それをFinCEN 105(旧税関書式4790)をもって米国税関・国境取締局に報告書を提出することが、法律によって定められています。金融商品と呼ばれるものの中には、コイン、紙幣、トラベラーズ・チェック、および持参用金融商品である個人の小切手や銀行小切手、株・証券が含まれています。本人以外の人に通貨や金融商品を運搬してもらう場合も、FinCEN105の書類を提出しなければなりません。その申告を怠ったり、全額を申告しなかった場合は、渡航者が所有しているすべての通貨、金融製品が押収の対象になったり、渡航人が民事上の刑罰または刑事訴追を受ける可能性があります。このページの上記にある重要な情報をお読みになり、真実に基づいた申告をした後、当書式の表にある署名の欄にサインをして下さい。

所有品目の明細
(リストが長くなる場合は、別のCBPフォーム6059Bに記載を続けてください。)

	価値・金額	CBP専用記載欄
⑱		
⑲総額		

文書業務削減法声明：現在有効のOMB管理番号の明記がない場合、当局は、情報収集を行ったり支援したりしてはならず、渡航人は、この情報に対する応答をする義務はありません。当情報収集の管理番号は、1651-0009です。当書式の見積平均記入時間は、約4分です。渡航人は、回答を義務付けられています。書式の見積記入時間についてのご意見は、下記の住所までご連絡下さい。U.S. Customs and Border Protection Office of Regulations and Rulings 90 K Street, NE, 10th Floor Washington, DC 20229.

GPO U.S. G.P.O.: 2015—570-069/50027 CBP Form 6059B (04/14) Japanese

税関申告書

①姓(名字)
②名
③ミドルネーム
④生年月日(月日年の順に。年は西暦下2桁)
⑤同行している家族の人数
⑥滞在先(ホテル)の名称
⑦滞在先(ホテル)の市
⑧滞在先(ホテル)の州
⑨パスポート発行国
⑩パスポート番号
⑪居住国
⑫アメリカに着く前に訪問した国。ない場合は無記入
⑬アメリカ行きの飛行機の航空会社とフライト番号(航空会社は2文字の略号で)
⑭該当するものがあるときは"はい"に、ない場合は"いいえ"にチェック
⑮アメリカ居住者へのおみやげなどアメリカに残るものの金額(私物は含まれない)
⑯署名(パスポートと同様)
⑰入国日(月日年:西暦4桁)
⑱課税対象がある場合は、品名と金額を書き込む
⑲その合計金額

COLUMN

覚えておくと便利な情報あれこれ

アメリカと日本ではさまざまなものや事柄が異なる。覚えておくと役立つ情報を。

●ドラッグストアがコンビニ代わり

日本でもおなじみの「セブン-イレブン」はテキサス生まれで、本社もダラスにあるが、日本のコンビニをイメージしてはいけない。まず、店舗数が少なく、品揃えも日本に比べるとかなり少ない。おにぎりのようやファストフードはホットドッグがあればいいほうで、ない店のほうが多い。

日本のコンビニに代わるものがドラッグストアだ。WalgreenとCVSがその2大巨頭で、薬はもちろん、日用品、文房具、テレフォンカード、PC用のメモリー、飲み物、雑誌などが揃い、店舗によってはカットフルーツやサンドイッチ、チープなみやげ物が置いてある。24時間営業も多いので、いざというときに役立つ。

●スーパーマーケットのイートインコーナー

アメリカではスーパーの総菜コーナーをのぞいてほしい。温かい総菜は温かく、サラダのような冷たいものは冷たい状態で売られている。種類も豊富で、量り売りだから好きなものを好きなだけ取って、イートインコーナーで食べるのも一般的。もちろんテイクアウトもOKだ。ちなみに、アメリカの軽減税率は日本とは大きく異なり、州によってはスーパーでの食料品は無税、高くても2％程度。衣料品や靴なども$150までは無税といった具合に、生活必需品の税金はとても抑えられている。逆に外食はセールスタックスと同率か、州によっては高めに設定されている。スーパーでのイートインは同じ税率。

●配車サービス

ウーバー UberやリフトLyftという言葉を耳にしたことのある人も多いだろう。アメリカではこれらの配車サービスを利用しての移動が普及し、タクシーの数が激減している。スマートフォンにダウンロードし、クレジットカード情報を入力すれば誰でも簡単に乗ることができ、僻地でなければどこでも呼べるのがありがたい。運賃は現在地と目的地を入力すればすぐに表示されて、実に明快。クレジットカードからの引き落としで、現金もチップも不要だ。ただし、日本のスマートフォンではWi-Fi環境のあるところか、海外接続サービスがないと呼べないこともあるので注意を。また、若い女性のひとりでの夜間乗車、特に飲酒後はレイプ事件も発生しているのですすめられない。

MEMO 国際観光旅客税について　2019年1月以降、日本出国者を対象に、出国1回につき1000円の国際観光旅客税が導入された。原則として、航空券代に上乗せされて支払う方式となっている。

税関検査後、市内や近郊の町へ

空港から市内へは、市バスや空港シャトル、タクシー、レンタカー、配車サービスなどのアクセス方法がある。それらの交通機関は、到着階のバゲージクレームからターミナルを出た所の“Ground Transportation”と示されたエリアから出ている。市内へのアクセスの選択に困ったら、インフォメーションデスクで相談してから行動しよう。

インフォメーションデスクは、一般的に空港到着階のバゲージクレームそばにある

アメリカを出国する

市バスや空港シャトルで空港へ向かうときは、渋滞に巻き込まれる可能性を考慮して、早めの便に乗るようにしたい

①空港へ向かう

ホテルから空港へ向かう交通手段で、ひとり旅に便利なのが空港シャトル（ドア・トゥ・ドア・シャトル）だが、複数のホテルを回って空港到着が遅れることもあるので要注意。決まったルートを定期的に運行する空港バスの場合は、どこから出発するのかと運行スケジュールを事前に確認しておくこと。空港への安い交通手段は、ライトレイルや市バスなどの公共交通機関だが、遅れることもあるので、これらを利用する場合は、時間に余裕をもって行動したい。配車サービスは予約できるものもある。国内線の場合は２時間前に、国際線は３時間前までには空港に着くようにしよう。

肉類、肉加工品に注意

アメリカ（ハワイ、グアム、サイパン含む）、カナダで販売されているビーフジャーキーなどの牛肉加工品は、日本に持ち込むことはできない。免税店などで販売されているもの、検疫済みのシールが添付されているものも、日本への持ち込みは不可。注意してほしい。

●**動物検疫所**

URL www.maff.go.jp/aqs

②利用航空会社のカウンターに向かう

アメリカの大きな国際空港の場合、航空会社によってターミナルが異なる。空港シャトルならドライバーが乗客の利用する航空会社を尋ねて、そのターミナルで降ろしてくれる。空港バスの場合ドライバーがターミナル名と航空会社を言うので、これを聞き逃さないように。

③チェックイン（搭乗手続き）

2019年11月現在、アメリカでは出国審査官がいるゲートで出国スタンプを押してもらうプロセスがない。自動チェックインの手続きが済んだらカウンターで、機内預けの荷物（預託荷物）とパスポートを提示して終了。係員から、機内預けの荷物のタグと搭乗券、パスポートを受け取ったら手荷物検査とＸ線検査を通って搭乗ゲートに向かう。

セルフチェックインで手続きをすると荷物のタグが印刷され、自分で付けるようになってきた

日本に入国する

飛行機が到着し、ゲートを進み検疫カウンターへ。アメリカからの帰国者は基本的に素通りでよいが、体調異常がある場合は検疫官に申し出ること。入国も顔認証ゲートを通るだけ。海外から動植物を持ち込む人は、検疫を受ける必要がある。

バゲージクレーム・エリアのターンテーブルで機内預けの荷物を受け取ったら、税関のカウンターへ進む。海外で購入した物品が免税範囲内なら緑、免税の範囲を超えている場合は赤の検査台へ。なお、機内で配布された「携帯品・別送品申告書」（→P.361）はここで提出。

MEMO **電子たばこについて** 電子たばこはアメリカへの持ち込みは可能で、量は紙巻きたばこ（200本）と同量まで可。機内への持ち込みはできるが、預託荷物（機内預けの荷物）に入れることは不可。

携帯品・別送品申告書について

2019年11月現在、日本に入国（帰国）するすべての人は、「携帯品・別送品申告書」を1通提出することになっている。海外から別送品を送った場合は2通提出し、このうちの1通に税関が確認印を押して返してくれる。なお、この申告書は、別送品を受け取る際の税関手続きで必要になるので、大切に保管しよう。なお、帰国後に別送品の申告はできない。申請用紙は機内で配られるので、別送品がある場合は必ず帰国時に申告すること。もし、別送品の申請をしなかったり、確認印入りの申請書をなくした場合は、一般の貿易貨物と同様の輸入手続きが必要になるので要注意。

携帯品・別送品申告書記入例

（A面）

（B面）

海外から日本への持ち込み規制と免税範囲

日本への持ち込みが規制されている物は下記のとおり。海外で購入する際に問題ないと言われても、税関で規制対象品と判明した時点で所有を放棄する、自己負担で現地に送り返す、輸入許可が下りるまで有料で保管されるなどの処置がなされる。

日本へ持ち込んではいけないもの

- 麻薬、覚せい剤、大麻、MDMAなどの不正薬物
- けん銃などの銃砲、これらの銃砲弾、けん銃部品
- わいせつ雑誌、わいせつDVD、児童ポルノなど
- 偽ブランド品、海賊版などの知的財産を侵害するもの
- ワシントン条約に基づき、規制の対象になっている動植物、それらを加工した製品
- ソーセージ、ビーフジャーキーなどの牛肉加工品。免税店で販売されているもの、検疫済みシールが添付されているものでも不可

※輸出入禁止・規制品についての詳細は税関まで

URL www.customs.go.jp

携帯品・別送品申告書

（A面）

①航空会社（アルファベット2文字の略）と便名　②出発地　③入国日　④氏名　⑤住所と電話番号　⑥職業　⑦生年月日　⑧パスポート番号　⑨同伴の家族がある場合の内訳　⑩質問の回答欄にチェック　⑪別送品がある場合は「はい」にチェック、個数を記入　⑫署名

（B面）

⑬A面の⑩の1.と3.でいずれか「はい」を選択した人は、日本入国時に携帯して持ち込むものを記入。不明な点などは係員に確認を

日本入国時の免税範囲（成年者ひとり当たり）

2019年11月現在

	品名		数量または価格	備考
1	酒類		3本	1本760mlのもの
2	たばこ	葉巻たばこ	100本（ただし、ほかのたばこがない場合）	加熱式たばこは、紙巻きたばことしてみなされる。400本に相当する量。2021年10月から葉巻たばこ50本、紙巻たばこ200本、加熱式たばこ個装等10個、その他のたばこ250gとなる
		紙巻きたばこ	400本（同上）	
		加熱式たばこ	個装等20個（同上）	
		その他のたばこ	500g（同上）	
3	香水		2オンス	1オンスは約28ml
4	品名が上記1～3以外であるもの		20万円（海外市価の合計額）	合計額が20万円を超える場合は、超えた額に課税。ただし、1個で20万円を超える品物は、全額に課税される

※未成年者の酒類、たばこの持ち込みは範囲内でも免税にならない
※6歳未満の子供は、おもちゃなど明らかに子供本人の使用と認められるもの以外は免税にならない

旅の技術 現地での国内移動

アメリカ国内の移動手段は、飛行機、長距離バス、鉄道、レンタカーなどが挙げられる。利用する乗り物によって、料金、時間に差が出てくるのはもちろんのこと、旅の印象も変わってくる。なお、アメリカ国内を旅するにあたっては、どの移動手段においても「時差」が発生する場合があることを念頭に行動すること。

飛行機　Airplane

航空会社は、乗客や貨物の効率的な輸送を図るため、運用の拠点としてハブ(中核)となる空港をもっている。行きたい都市への直行便がなくても、ハブになっている都市を経由すれば目的の都市にたどり着ける。ハブの都市を経由すると遠回りになるなど、多少のデメリットもあるが、ルート作成時の航空会社は、同一航空会社とすることが大切だ。

国内線利用の流れ
空港へは出発時刻の少なくとも2時間前までに到着を。大空港やハブ空港ならもっと早めが望ましい。国内線は「ドメスティックDomestic」の窓口でチェックインの手続きを行う。チェックイン後、手荷物審査を受け、搭乗ゲートに向かう。

長距離バス　Greyhound

グレイハウンド社はアメリカで最大の長距離バス会社。ハワイとアラスカを除く全米48州をカバーし、提携バス会社と合わせると、行けない町はないといっていいほど、その路線網は充実している。

チケットはインターネットで前売り券を購入することもできるし、チケットカウンターで当日券を買うこともできる。バスターミナル、バスディーポへは出発時刻の1時間前までに行くように。大きな荷物を預けたい場合は、カウンターで荷物の数を申告し、行き先の書かれた荷物タグをもらうこと。乗車が始まるのは出発時刻の10分前くらいから。車体下部のトランクに大きな荷物を預ける人は、このときドライバーに頼む。バスの前方に書かれた行き先を確認してバスに乗り込もう。席は早いもの順だが、ほかの町を経由してきたバスには、すでに乗客が座っているので、空いている席に座ることになる。なお、車内とバスディーポ内は禁煙。

走行中はノンストップ便を除いて約3時間おきに20～40分程度の休憩がある。目的地に到着したら、荷物タグの半券を見せて、係員に荷物を出してもらおう。

グレイハウンド
FREE (1-800) 231-2222
URL www.greyhound.com
ウェブサイトトップページの"Book A Trip"の項に出発地と目的地、乗車日を入力していけば、タイムテーブルだけでなく、運賃も知ることができる。

鉄道　Amtrak

広大なアメリカ大陸を迫力満点に疾走する列車の旅は、単なる移動手段としてではなく、それ自体が大きな楽しみといえる。アメリカの中・長距離旅客輸送を受け持っているのが、半官半民のアムトラックだ。

乗車券はインターネットで前売り券を購入することもできるし、チケットカウンターで当日券を買うこともできる。鉄道駅には出発時刻の1時間前までに到着しておきたい。USAレイルパスを持っていて初めて使うときは、パスポートなどの身分証明書を見せて、利用開始日と終了日を記入してもらう。次に希望の列車と目的地を告げて、乗車券を発行

アムトラック
FREE (1-800) 872-7245
URL www.amtrak.com

USAレイルパス
アムトラックでは旅行者向けにUSAレイルパスUSA RailPassという鉄道周遊券を販売している。これはアセラ特急などを除くアムトラックの全路線(主要駅から発着している連絡バスAmtrak Thruway Busの乗車も利用回数にカウントされる)で、適用期間内の利用回数だけ乗車できる。パスの購入は、アムトラックのウェブサイトからも購入ができる。

MEMO **グレイハウンドとアムトラックのWi-Fi**　グレイハウンドのバスターミナルやアムトラックの大きな駅はたいてい無料のWi-Fiが通じている。グレイハウンドのノンストップ便はほとんどがWi-Fiだがローカルは Wi-Fiでないことも。アムトラックも主要路線はWi-Fiだが、短距離はWi-Fiでないこともある。

してもらうように。なお、アムトラックはUSAレイルパスだけでは乗車できない。必ず乗車券を発行してもらわなければならない。

安全のため列車の到着と出発時刻の前後以外、基本的に駅のホームに入ることはできない。長距離列車の場合、列車に乗り込むときに、車掌が座席を指定することがある。列車が動き出してしばらくすると車掌が検札にやってくるので、乗車券を渡す。そのときに提示した乗車券と引き換えにあなたの目的地を書いたバウチャーを頭上の荷物置き場の所に挟んでくれる。席を移動するときには、これを持って移動するように。

レンタカー Rent-A-Car

鉄道やバスが通っていない町にもアクセスできるレンタカーは、夜間に移動できたり、乗り換え時間がないなど、時間を有効に使うことができる。交通ルールが日本とは異なるので、躊躇するかもしれないが、限られた時間で幅広いエリアを動き回れるメリットは多い。

● 走り出す前に

ドライブするためには、日本で国外（国際）運転免許証を取得しておく必要がある。レンタカー会社によっては、日本の免許証の翻訳サービスを行っているところもある。ただし、日本の運転免許証がないと、レンタカーを借りることはできない。

レンタカーの予約には、借り出しと返却の日時、場所と車種が必要だ。日本に支社や代理店のあるレンタカー会社では、日本語で予約できるうえ、特別パッケージを設定しているところもある。

● 車のピックアップ（チェックアウト）

レンタカー会社営業所のカウンターで、予約確認証、国外（国際）運転免許証、日本の運転免許証、クレジットカード、クーポンを提出する。その際、任意保険の加入やガソリン前払いオプションなどを聞かれるが、必要のない場合は「No」と伝えること。最後に契約書にサインする。契約書の条件を守る義務を生じさせるものなので、契約内容を十分に理解して、記入に間違いがないか確認したうえでサインをするように。キーを受け取り車に移動しよう。

● 運転するうえでの注意事項

アメリカの交通事情で日本と異なる大きな点は、右側通行でマイル表示ということ。右左折や駐車場から出るときの対向車、スピードの出し過ぎにはくれぐれも注意したい。また、赤信号時でも右折できるアメリカ特有のルールもある。ただし、“No Turn on Red”の標識がある交差点では、赤信号時には右折できない。そのほか、“Stop”の標識の下に“4 Way”“All Way”などの補助標識がある交差点では、すべての車が停止線で一時停止しなければならない。安全確認したのち、先に停止線に停まった車から発進できる。

● 車の返却（チェックイン）

各レンタカー会社の営業所には“Car Return”のサインが出ているので、これに従って進む。車を停めたらカウンターに向かうか、近くにいる係員に契約書を渡す。レンタカー契約中に何も問題がなければ、領収書を発行してもらい手続きは終了となる。

国外（国際）運転免許証の取得 ▶ P.351

日本に支社、代理店のあるレンタカー会社

● アラモ　Alamo
アラモレンタカー
無料 0120-088-980
URL www.alamo.jp

● エイビス　Avis
エイビスレンタカー日本総代理店
㈱オーバーシーズ・トラベル
無料 0120-31-1911
URL www.avis-japan.com

● バジェット　Budget
バジェットレンタカー日本総代理店
㈱ジェイバ
無料 0120-113-810
URL www.budgetrentacar.jp

● ダラー　Dollar
ダラーレンタカー予約センター
無料 0120-117-801
URL www.dollar.co.jp

● ハーツ　Hertz
ハーツレンタカー予約センター
無料 0120-489-882
URL www.hertz.com

そのほかのレンタカー会社

●エンタープライズ
URL www.enterprise.com
アメリカ
FREE (1-855)266-9565

●ナショナル
URL www.nationalcar.com
アメリカ
FREE (1-844)393-9989

アメリカの運転のハウツーを解説！

詳しいドライブガイドは『地球の歩き方 B25 アメリカ・ドライブ』を、ぜひ参考にしてほしい。

ヒューストン空港のレンタカーセンターは空港の外にあり、センターまではこの循環バスで行く

MEMO **アムトラックの路線網**　全米を走っているアムトラックだが、グレイハウンドのように隅々まで行き渡っているわけではない。計画を立てるときに、目的地にアムトラックが乗り入れているかどうか、確認したほうがいい。

旅の技術

ホテルの基礎知識

ゆったりとくつろいだり、残りの仕事をかたづけたり、しっかりと睡眠を取ったり、運動不足を解消したり、宿泊客のニーズに応えてくれるホテルを選びたい。アメリカと日本のホテルで大きく違う点は料金体系。アメリカでは基本的にひと部屋単位の料金設定なので、ひとりで宿泊しても4人でも同じ料金だ。

たばこ事情

近年アメリカのほとんどのホテルでは、全館禁煙をうたっている。たまに喫煙室のあるホテルもあるが、全客室数の数％なので、すぐにソールドアウトとなることが多い。

禁煙室で喫煙した場合、クリーニング代として$250以上の罰金を科せられる。たいがいホテルの建物外には、喫煙スペースがある。

Wi-Fi状況

ほとんどのホテルには、Wi-Fiの環境が整っている。中級以上のホテルでは、1日$5～15ぐらい。エコノミーホテルやモーテル、ユースホステルなどは無料のことが多い。

困ったことがあればホテルのフロントに相談するといい

●ホテル予約サイト

Expedia
URL www.expedia.co.jp
Booking.com
URL www.booking.com
Hotels.com
URL jp.hotels.com

ホテルのカテゴリー

宿泊施設は最高級ホテルからユースホステルまでさまざまだ。料金は季節や繁忙期、イベントなどによって上下し、観光シーズンは特に混雑する傾向にある。また、大都市の場合、コンベンションが集中する時期は宿泊費が一気に上がり、町の中心地での部屋の確保が難しくなる。そんなときは、ビジネス客の使わないエコノミーホテルや空港周辺のホテル、少し郊外にあるホテルなどが狙い目だ。

部屋のタイプについて

●シングルとダブル Single Room & Double Room

一般的に、ベッドの大きさはダブルのクイーンサイズかキングサイズで、どちらもふたり用。

●ツイン Twin Beded Room

ベッドがふたつある部屋で、多くの場合それぞれが大きなダブルベッドであることが多い。

●スイート Suite

寝室と居間が分かれているタイプの部屋で、中級以上のホテルに多い。

ホテルのタックス（税金）について

アメリカでは通常の物品税（セールスタックス）とは別に、ホテルの場合は各都市で設定されたホテルタックスが付く。都市によってはホテルタックスのほかに地域特有の課税を設定している。

予約の仕方

ホテルの公式ウェブサイトやエクスペディア、Booking.com、Hotels.comなどの大手海外ホテル予約サイトから予約をすることができる。ただし、ホテル予約サイト経由では、たまに予約が入っていないこともあるので注意すること。ホテルの公式ウェブサイトでの予約ならクレジットカード番号を直接ホテルが預かるので、「予約が入っていない」と言われることはほとんどないので安心。いずれにしても、eメールで送られてくるConfirmation Numberなどはプリントアウトして持参したい。

旅の技術 レストランの基礎知識

以前は大味で、ボリュームたっぷりのアメリカ料理だったが、近年は地産地消やオーガニックの食材を使った、健康志向の人にも人気のメニューが急増中。もちろん、こってりとしたソースをからめたBBQサンドイッチやテックスメックスを代表するエンチラーダなど、その土地ならではの一品も味わいたい。

利用の流れ

❶ 予約をする

人気のあるレストランや有名店では、予約が必要な場合がある。電話、またはレストランのウェブサイト、レストランの予約サイトOpen Tableから予約する方法がある。

❷ レストランへ

予約していれば、店の人に名前を告げる。していない場合は名前と人数を告げて、店の人の案内を待つ。

❸ 席へ案内されたら

テーブルに着いたら、テーブル担当者がメニューを持ってきてくれ、今日のおすすめ料理（Today's Special）、日替わりの料理などを簡単に説明してくれる。まず、最初に飲み物を注文し、それらが運ばれてくる間にメインのメニューを選んでおこう。

❹ 食事を楽しむ

テーブルの担当者が食事の様子をうかがいに来る。おいしければ"Good.""Excellent."などと答えよう。逆に何かおかしかったら説明を。メインを食べ終わる頃に"Have you finished?"と聞きにくるが、まだだったら"I'm still working on it."と答えればよい。"料理が残ってしまって、持ち帰りたかったら"I would like to take the food home."と伝えればいい。

❺ 会計をする

支払いはテーブルで行うのが一般的。「会計をお願いします」"Check, please."といえば勘定書きを持ってきてくれる。

●**現金で支払うケース**で、代金とチップの合計金額と過不足ゼロの現金で会計するときは、勘定書きと一緒に現金をテーブルに置いてそのまま店を出てよい。おつりが必要な場合は、ウエーター/ウエートレスを呼び、勘定書きと一緒に現金を渡す。戻ってきたおつりのなかからチップ分の現金をテーブルに残して席を立つ。

●**クレジットカードで支払うケース**は、勘定書きを確認し、カードをその上に置くか、ホルダーに挟む。ウエーター／ウエートレスが一度それを持って下がり、カードとカード用の伝票を持ってくる。飲食代の下にチップを記入する欄があるのでそこに15～20％程度のチップを書き込み、料理の金額と合計した金額を記入、署名欄にサインする。カードの伝票は通常2枚複写なので、お客様控えCustomer-copyをレシートとして受け取り、店側の控えを残して席を立つ。チップのみ現金払いも可（→右側注）。

レストランの予約サイト
Open Table
URL www.opentable.com

ドレスコード
高級レストランでは、たいてい「ドレスコード」といって、ショートパンツ、Tシャツ、ジーンズ、スニーカーなどカジュアルな服装では入店できず、男性ならジャケットにネクタイ、女性ならワンピースなどを着用するという決まりがある。店の雰囲気に合った服装をするように心がけよう。

メニューで使われる英単語
- **Appetizer**：前菜
- **Salad**：サラダ
- **Soup**：スープ
- **Entree**：メインディッシュ
- **Dessert**：デザート
- **USDA Organic:** アメリカ農務省が認めたオーガニック食品
- **Gluten Free:** 小麦や大麦に含まれるたんぱく質の一種（グルテン）が含まれていない料理のこと
- **Vegetarian:** 一般的に肉類を食べない菜食主義者のこと。肉類のほか魚介類、卵、乳製品なども摂取しない純粋菜食者はビーガンVeganと呼ばれている

チップを現金で支払う場合
カード伝票のチップ欄に斜線を引き、合計金額欄に飲食代金額のみ記入する。チップ分の現金を伝票に添える。

旅の技術

チップとマナー

アメリカは異なる慣習をもつ人々が暮らす多民族国家。「郷に入れば郷に従え」、最低限守りたい慣習やマナーを心がけて楽しい旅を！

●チップの目安

ポーターへ

ホテルの玄関からロビーまで荷物を運ぶドアマンと、ロビーから部屋まで荷物を運ぶポーターにそれぞれ渡す。荷物ひとつにつき$2～3が目安。

ホテルメイドへ

ベッドひとつにつき$1～2。

タクシーで

タクシーなどの場合はチップを単体で手渡すのでなく、メーターの表示額に自分でチップを加えて支払うことになる。メーター料金の15%とされるが、気持ちよくドライブできたら多めにチップをはずんだり、細かい端数は切り上げて支払うのが一般的だ。

ルームサービスで

ルームサービスを頼んだ場合、まず伝票を見る。サービス料金が記入されていればチップは不要。サービス料金が加算されていなければ伝票にチップの金額を書き、さらに合計金額を書く。現金でもOK。メッセージや届け物などは$1～2。

ツアーで

ガイドチップはツアー代金の15～20%が目安。

●心がけたいマナー

あいさつ

道を歩いていて人に触れたら"Excuse me"。もし、ひどくぶつかってしまったり、足を踏んでしまったら"I'm sorry"。人混みのなかで先に進みたいときも"Excuse me"だ。無言はたいへん失礼になる。お店に入って、店員に"Hi!"と声をかけられたら、"Hi"または"Hello"などと返事を返そう。また、話をするときは、真っすぐ人の目を見て話すように。

歩行喫煙はNG!!

日本で多く見られる歩行喫煙は絶対にやめてほしい行為だ。

チップについて

アメリカではサービスを受けたらチップを渡す習慣がある。一般的に、どのレストランでも請求書の売上金額の15～20%をチップとしてテーブルに残しておく。グループだと合計金額も高くなるが、人数や時間に関係なく、合計額の15～20%が基本だ。なお、小額の消費をしたときでも$1以上のチップを手渡したい。

レストランでのチップの支払い方

ウエーター、ウエートレスへのチップは支払い後、会計伝票を載せてきたトレイに残す。クレジットカードでの支払いでもチップを含めて決済できる（記入例は下記を参照）。チップは売上合計金額に対しての15～20%程度とし、タックス分は対象にしなくていい。

会計伝票記入例

Services	40	00
Taxes	3	30
Tip/ Gratuity	8	00
Total	51	30

税金（8.25%の場合）→ Taxes
売上料金（飲食代）→ Services
合計売上 → Total
チップ（売上料金に対して20% 端数は切り上げる）→ Tip/Gratuity

チップ換算早見表

料金	15%		18%		20%	
($)	チップ	合計額	チップ	合計額	チップ	合計額
5	0.75	5.75	0.90	5.90	1.00	6.00
10	1.50	11.50	1.80	11.80	2.00	12.00
15	2.25	17.25	2.70	17.70	3.00	18.00
20	3.00	23.00	3.60	23.60	4.00	24.00
25	3.75	28.75	4.50	29.50	5.00	30.00
30	4.50	34.50	5.40	35.40	6.00	36.00
35	5.25	40.25	6.30	41.30	7.00	42.00
40	6.00	46.00	7.20	47.20	8.00	48.00
45	6.75	51.75	8.10	53.10	9.00	54.00
50	7.50	57.50	9.00	59.00	10.00	60.00

※チップの計算法
①料金の端数を切り下げる（または切り上げ）
例）$35.21→$35.00
②チップが20％なら、×0.15　$35.00→$7.00

マナーについて

飲酒と喫煙

州によって細かい法律は異なるが、21歳未満の飲酒と屋外での飲酒、18歳未満の喫煙は法律で禁じられている。リカーストア、ライブハウス、クラブ、野球場などでは、アルコール購入の際、ID（身分証明書）の提示を求められることもある。特に注意してほしいのが、公園やビーチ、公道でのアルコールは厳禁。たばこはレストランは屋内、野外のテラスでも禁煙。ホテルも禁煙ルームのほうが断然多い。

子供連れで注意すること

レストランや公共の場などで子供が騒ぎ出したら、落ち着くまで外に出ていること。車内に子供だけを置き去りにすることは禁止されている。

旅の技術 郵便

旅行中の感動を家族や友人に伝える手段として、手紙はアナログな方法だがあたたかみがある。また、重くなり過ぎた荷物の軽減にも、国際郵便の利用をすすめる。

旅の便り、重い荷物は郵便を活用

アメリカから日本への所要日数は、エアメールでだいたい１週間前後。料金は普通サイズのはがき、封書とも$1.15が基本。

かさばる書籍類やおみやげなどの荷物は、郵便で日本に送ってしまえばあとが楽。送る方法としては航空便Air Mailのみだが、到着の早さによって数種類あり、いちばん安いFirst-Class Mailで４～14日。あて先住所は日本語で書いてかまわないが（ただし都道府県名と国名、例えば“Tokyo, JAPAN”は英語で別記）、差出人住所氏名としては自分のものを英語で書く。印刷物を送る場合はそれを示すPrinted Matters、書籍の場合はBookの表示も書き加える（この場合、手紙の同封不可）。

国際小包の税関申告書の記入の1例〈すべて英語で記入〉

まず、“From”の欄。“差出人”だから自分の名前を記入する。住所は、アメリカ在住者ならばアメリカの住所を、日本から旅行中であれば日本の住所を英語で記入すればいい。“To”は受取人を記入。自分あてなら上の“From”欄と同じことを書けばいい。

右側の欄は、記載のあて先へ配達できない場合、荷物をどうするかを記入する欄。差出人に送り戻すなら“Return to Sender”、別のあて先に送るなら“Redirect to Address Below :”にチェックし、あて先を記入。廃棄は“Treat as Abandoned”にチェックする。

下段は内容物について記入。“QTY”は数量、“VALUE”はその価値（おおよそでよい）をアメリカドルで記入。厳密に書くことはない。

上記のほかにも申告書は数種類あり、記入事項も多少異なる。

郵便局
URL www.usps.com
上記のウェブサイトで店舗を検索できる。

切手の購入
切手は郵便局の窓口かUS Mailのマークのある販売機であれば、額面どおりの額で買えるが、みやげ物屋やホテルなどにある小さな販売機は割高だ。もし、どうしても見当たらなかったらホテルで尋ねてみるのもいい。

別送品の配送サービスを行っている宅配業者
●ヤマト運輸（国際宅急便）
YAMATO TRANSPORT U.S.A., INC
URL www.yamatoamerica.com
●日本通運（ジェットパック・輸入）
URL www.nittsu.co.jp/sky/express

梱包用品はどうする?
ある程度の規模の郵便局なら、各種封筒（クッションが付いたもの）や郵送用の箱、ガムテープなどを販売している。

日本への郵便料金

2019年10月現在

Air Mail（First Class International Mail） 航空便	
封書 Letters	1オンス（28g）$1.15　※0.5オンス～1オンスごとに98～99¢加算
	最大重量3.5オンス（約99g）
はがき　Postcards	$1.15
小包 Parcel	1ポンド（453.6g）まで$51.80 ※2～66ポンドまで1ポンドごとに$3.15～3.70を加算
	最大重量66ポンド（約30kg）
定額封書／定額小包Flat Rate: Envelope／Box:Large	封書：24×31.8㎝の封筒に入るだけ$33.60。最大重量4ポンド（約1.8kg）
	小包：30.5×30.5×14㎝の箱に入るだけ$96.30。 最大重量20ポンド（約9kg）
書籍・楽譜・印刷物(Printed Matter) 航空便エム・バッグ Airmail M-bag	11ポンド（約5kg）まで$88　※1ポンドごとに$8加算
	最大重量66ポンド（約30kg）

※M-bagという郵便方法は、大きな袋に無造作に荷物を入れられ、紛失や破損に対して何の補償もされない方法
※小包、定額封書・定額小包はPriority Mail（配達に6～10日要する）を利用した場合

旅の技術

電話

ここでは、アメリカ国内外への電話のかけ方をケース別に説明している。また、日本で利用している携帯電話を海外でも使いたい場合は、各社多少異なるので、渡航前に利用法などの詳細を確認しておこう。

アルファベットの電話番号

アメリカの電話機には、数字とともにアルファベットが書き込まれている。これによって数字の代わりに単語で電話番号を記憶できる。

ABC→2　DEF→3
GHI→4　JKL→5
MNO→6　PQRS→7
TUV→8　WXYZ→9

トールフリーとは

トールフリーはアメリカ国内通話料無料の電話番号のこと。(1-800)、(1-888)、(1-877)、(1-866)、(1-855)、(1-844)、(1-833)で始まる。なお、日本からかける場合は有料となるから要注意。アメリカ国内で携帯電話から利用する場合も、通話料がかかる。

アメリカで利用できる日本で販売のプリペイドカード

空港などで販売している。

- **KDDI（スーパーワールドカード）**

アメリカ国内公衆電話のかけ方

市内通話 Local Call

同じ市外局番（エリアコード）内の市内通話の場合、最低通話料金は50¢が一般的だ（エリアコード外にかけるときは、50¢以上かかる）。受話器を持ち上げ、コインを入れ番号を押す。投入した金額では不足の場合、オペレーターの声で“50 cents, please.”などと指示があるので、その額のコインを投入する。

市外通話 Long Distance Call

最初に1をダイヤルしてから、市外局番、相手先番号と続ける。オペレーターが“Please deposit one dollar and 80 cents for the first one minute.”などと料金を言うので、それに従いコインを入れる。指定額が入ると回線がつながる。公衆電話からかける長距離通話は高いので、プリペイドカード（→下記）を使うのが一般的。

プリペイドカード

プリペイドカードは電話機にカード固有のアクセス番号を認識させることで通話ができるシステム。まず、カードに記載のアクセス番号（トールフリーの番号）を押し、購入したカードの番号、続いて相手先電話番号を入力するだけ。アメリカ国内、国際電話でも、カード購入金額に達するまで通話できる。日本やアメリカの空港、ドラッグストアで販売している。

●アメリカから日本へ電話をかける場合　[電話番号 (03) 1234-5678] のとき

国際電話識別番号※1		日本の国番号		市外局番※2（最初の0を取る）		相手の電話番号
011	+	81	+	3	+	1234-5678

※1 公衆電話から日本にかける場合は上記のとおり。ホテルの部屋からは，外線につながる番号を頭に付ける。
※2 携帯電話などへかける場合も、「090」「080」「070」などの最初の0を除く。

●日本からアメリカへ電話をかける場合　[電話番号 (214) 987-6543] のとき

国際電話会社番号		国際電話識別番号		アメリカの国番号		市外局番（エリアコード）		相手の電話番号
KDDI※1 001 NTTコミュニケーションズ※1 0033 ソフトバンク※1 0061 au（携帯）※2 005345 NTTドコモ（携帯）※3 009130 ソフトバンク（携帯）※4 0046	+	010	+	1	+	214	+	987-6543

※1 マイライン・マイラインプラスの国際区分に登録している場合は不要。詳細は URL www.myline.org
※2 auは005345をダイヤルしなくてもかけられる。　※3 NTTドコモは009130をダイヤルしなくてもかけられる。
※4 ソフトバンクは0046をダイヤルしなくてもかけられる。
参考：携帯電話の3社とも「0」を長押しして「+」を表示させると、国番号からダイヤルしてもかけられる。

ホテルの部屋から電話をかける

外線発信番号（多くの場合8または9）を最初に押す。あとは通常のかけ方と同じだ。ただし、ホテルの部屋からの通話にはサービスチャージが加算される。トールフリー（無料電話）の番号でも、チャージするところが多い。また、市外通話や国際通話をかける際、たとえ相手が電話に出なくても、一定時間（あるいは回数）以上呼び出し続けていると、それだけで手数料がかかってしまうケースもある。

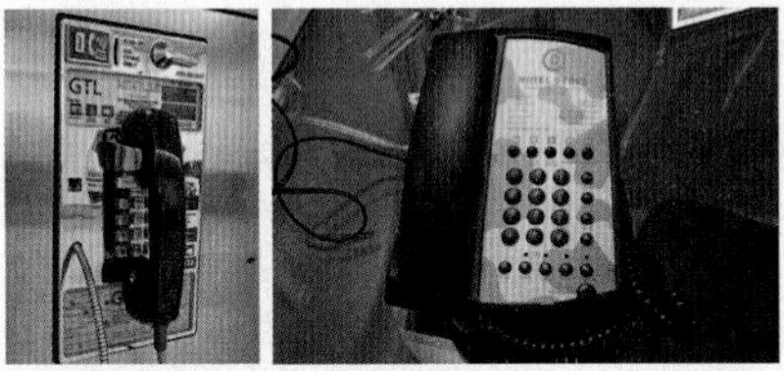

左／アメリカの公衆電話。携帯電話の普及で日本同様少なくなりつつある　右／一般的なホテルの客室の電話。数字の文字盤の上に、国際電話や市内通話のダイヤルの順番が記載されている

アメリカから日本への国際電話のかけ方

ダイヤル直通

自分で料金を払う最も基本的なもの。オペレーターを通さずに直接、日本の相手先の電話番号とつながる。国際通話の場合はプリペイドカード（→P.368）を使うのが一般的。

日本語オペレーターによるサービス（コレクトコール）

オペレーターを介して通話するもので、料金は日本払いのコレクトコールのみ。料金は高いが、日本語対応で安心。

国際クレジットカード通話

右側注上の各社アクセス番号を入力し、日本語アナウンスに従ってクレジットカード番号、暗証番号、日本の電話番号を入力する。支払いは自分のクレジットカードからの引き落としになる。

日本語オペレーターによるサービス（コレクトコールのみ）
サービスアクセス番号
●KDDI
（ジャパンダイレクト）
FREE (1-877) 533-0051

国際クレジットカード通話
アクセス番号
●KDDI
（スーパージャパンダイレクト）
FREE (1-877) 533-0081

日本での国際電話に関する問い合わせ先
●KDDI
無料0057
●NTTコミュニケーションズ
無料0120-506506
●ソフトバンク（国際電話）
無料0120-0088-82
●au
無料157（auの携帯から無料）
無料0077-7-111
●NTTドコモ
無料151（NTTドコモの携帯から無料）
無料0120-800-000
●ソフトバンク（モバイル）
無料157（ソフトバンクの携帯から無料）
無料0800-919-0157（一般電話から無料）

携帯電話を紛失した際のアメリカからの連絡先（利用停止の手続き。全社24時間対応）

au	☎ (011) +81+3+6670-6944※1
NTTドコモ	☎ (011) +81+3+6832-6600※2
ソフトバンク	☎ (011) +81-92-687-0025※3

※1　auの携帯から無料、一般電話からは有料
※2　NTTドコモの携帯から無料、一般電話からは有料
※3　ソフトバンクの携帯から無料、一般電話からは有料

COLUMN

安心&便利なドコモの海外パケット定額サービス

ドコモの「パケットパック海外オプション」は、1時間200円からいつものスマートフォンをそのまま海外で使えるパケット定額サービス。旅先で使いたいときに利用を開始すると、日本で契約しているパケットパックなどのデータ量が消費される。24時間980円のプランや利用日数に応じた割引もある。詳細は「ドコモ　海外」で検索してみよう。

旅の技術

インターネット

アメリカはインターネットの環境が整い、自分のパソコンやスマートフォンさえあれば、移動中のバスや列車、ホテル、カフェなどでの接続が容易だ。ウェブから最新情報が入手できるメリットを生かして、旅先での行動範囲を広げよう。

ホテルのインターネット環境

アメリカのホテルのほとんどがWi-Fiとなっている。セキュリティを気にするビジネスパーソンのため、有線LANケーブルが客室に備え付けられているホテルもある。接続は、市内にあるほとんどのホテルが有料、郊外のモーテルなどは無料が多い。リゾート料金やアメニティ料金などの追加料金に含まれることもある。有料の場合、使用料は24時間当たり$6～25程度。ホテルによってはロビーに宿泊者専用のパソコンを設置しているところもある。

接続方法と支払方法

接続方法は、ブラウザを起動させると、滞在中のホテルの画面が表示される。有料の場合はコースと料金が出るので希望のものを選べばよい。無料の場合はパスワードを入力する必要があるので、パスワードはチェックインの際にフロントでもらっておこう。パスワードなしでインターネットを使えることもあるが、セキュリティが弱いので注意を。現在一度つなげば、パソコン、スマートフォンというように2～3台のデバイスで使えるようになっている。また、大手チェーンホテルであれば、会員（無料）になればインターネットは無料というところが増えている。

インターネットができる場所

アメリカにインターネットカフェは少ない。アメリカ人が町なかでスマートフォンやタブレット端末を使っている光景を見るが、これは日本同様、個人で契約した3Gや4G回線を使っている（5Gも始まりつつある）。町なかでじっくりインターネットを利用したい人は、フェデックスFedExが便利だ。有料でパソコンの時間貸しをしており、日本語でウェブサイトやメールを見ることができる（ただし、日本語のメールは送信不可）。また、多くの空港ターミナル内は無料Wi-Fiが整備されている。

無料のWi-Fiスポット

町なかで無料Wi-Fiに接続できる場所は公共図書館や博物館、美術館。大きなホテルならロビーやレストランといったパブリックエリアで利用できる。このほか、ファストフードやカフェ、スーパーマーケットでも無料でWi-Fiが利用できる。店の出入口などに「Free Wi-Fi」のステッカーが貼ってあるのが目印。なお、日本の空港などで海外用モバイルWi-Fiルーターをレンタルすると（有料）、場所を問わずインターネットに接続できるので便利だ。

パソコンの保管

パソコンは、客室備え付けのセーフティボックス（暗証番号式のキーロック）に必ず保管しよう。ない場合はフロントに預けるか、スーツケースに入れて施錠し、さらにクローゼットに収納するなど、目立たないように工夫をすること。

おすすめのブラウザー

●**表示が英語のみのパソコンで**

URL www.yahoo.com

●**日本語も表示できるパソコンで**

URL www.yahoo.co.jp

URL www.msn.com/ja-jp

スマートフォンのインターネット利用に注意

アメリカで、スマートフォンをインターネットの海外ローミングで利用した場合、高額となるケースがある。通話料が安いIP電話も、インターネット回線を使うので同様の注意が必要だ。日本を出発する前に、どのような設定にするか、必ず確認をしておくこと!!

携帯電話会社問い合わせ先など→P.369

インターネットを使うには

「地球の歩き方」ホームページでは、アメリカでのスマートフォンなどの利用にあたって、各携帯会社の「パケット定額」や海外用モバイルWi-Fiルーターのレンタルなどの情報をまとめた特集ページを公開中。

URL www.arukikata.co.jp/net

FedEx

URL www.fedex.com

無料Wi-Fiスポットの検索

URL wifispc.com

旅の技術 旅のトラブルと安全対策

旅の安全対策とは、あらゆるトラブルを未然に防ぐことだけではなく、事故や盗難に遭うことを前提にして、いかに被害を最小限に食い止められるかの対応力も身に付けておきたい。ここでは、日本人が海外で遭いやすいトラブル事例を挙げながら、対処方法を紹介しよう。

西部の治安

どの都市も日本と比べると犯罪発生率は高く、現地在住の人でも立ち入りたくないエリアは存在する。特に日没後は日本と同じ感覚で行動してはいけない。

町の歩き方

夜間や人通りの少ない道でのひとり歩きは避ける、細い路地には入らない、人前でお金を見せない、妙に親切な人には注意するなど、これらのことは徹底して守ること。治安のよし悪しを判断する目安は、やたらとゴミが落ちている、落書きが多い、ホームレスや目つきの悪い人がうろついているなど。そんな所へは立ち入らないこと。また、きちんとした身なりの女性が少なくなったら引き返したほうがいい。

服装

注意したいのが、ストリートギャング風（ダボッとしたパンツに、パーカーのフードやキャップを目深にかぶるスタイル）のものや、その筋の女性に間違われそうな派手な服装、過度の化粧も禁物だ。

交通

市バス、ライトレイルなどの公共交通機関は、暗くなってからは利用者がぐんと減るので、バス停やひと気のないプラットホームに立って待っているのはおすすめできない。夜間の移動は、タクシーや配車サービスを利用するように。

ドライブ

車を離れるとき、カーナビを含めすべての荷物は後ろのトランクに入れ、窓から見える所に物を置かないようにしよう。車と金品を狙ったカージャックは、駐車場だけでなく、走行中や信号待ちの際にわざと車をぶつけ、車内から人が降りた隙を狙う場合もある。

トラブルに遭ってしまったら（事後対応編）

●盗難に遭ったら

すぐ警察に届ける。所定の事故報告書があるので記入しサインする。暴行をともなわない置き引きやスリの被害では、被害額がよほど高額でない限り捜索はしてくれない。

報告書は、自分がかけている保険の請求に必要な手続きと考えたほうがよい。

旅の安全対策

スリ、置き引きの多い場所とは

駅、空港、ホテルのロビー、観光名所、電車やバス、ショッピングモールや店内、ファストフード店の中などでは、ほかのことに気を取られがち。「ついうっかり」や「全然気づかぬ隙に」被害に遭うことが多い。ツアーバスに乗ったときもバスに貴重品を置いたまま、外に出ないこと。貴重品は必ず身に付けておこう。

こんなふうにお金は盗まれる

犯罪者たちは単独行動ではなく、必ずグループで犯行に及ぶ。例えば、ひとりが写真を撮ってもらうよう頼み、ターゲットがかばんを地面に置いた瞬間に、もうひとりがかばんを奪って逃げていくという具合。ひとりがターゲットになる人の気を引いているのだ。

親しげな人に注意

向こうから、親しげに話しかけてくる人、日本語で話しかけてくる人には注意。たいていはカモになる人を探しているのだ。例えば、「お金を落として困っている」なんて話しかけながら、うまくお金を巻き上げていく人も多い。

荷物のよい持ち方例

●ショルダー式バッグ

かばんは体に密着させ、ファスナー式のものを使うこと。斜めにかけてファスナーや留め具にいつも手を置くようにする。

●デイパック

背負わずに片方の肩だけにかけ、前で抱え込むようにすればなおよい。

●ウエストバッグ

バッグ部をおなかの前に。背中部分の留め具が外されることが心配なので、上に上着を着る。

MEMO **パスポートやカードの番号は貴重品とは別に保管**　パスポート、お金（クレジットカードやデビットカード、トラベルプリペイドカード）などは常に携帯し、備忘録は別途保管しよう。国境近くの町では、ID（身分証明証）の提示を求められることがあるので、パスポートは常に携帯すること。

報告書が作成されると、控えか報告書の処理番号（Complaint Number）をくれる。それを保険請求の際に添えること。

●パスポートをなくしたら

万一、パスポートをなくしたら、すぐ在外公館（総領事館→左側注）へ行き、新規発給の手続きを。申請に必要なものは、**①顔写真（2枚。45×35㎜）、②パスポートの紛失届出証明書（現地の警察に発行してもらうポリスレポート）、③戸籍謄本または抄本、④旅行の日程などが確認できる書類。**

新しいパスポートの発給までには、約1週間かかる。また発給の費用は、10年用は$145、5年用は$100（12歳未満$55）が必要。

なお、帰国便の搭乗地国ないし、その国へ向かう途中でなくした場合は、『帰国のための渡航書』（$23）を発行すれば帰国可能。必要日数は2～3日で写真と申請書が必要。現金で支払う。

●トラベラーズチェック（T/C）をなくしたら

再発行の手続きは、持っていたT/Cを発行している銀行や金融機関のアメリカ各都市の支店に行くのがいちばん早い。必要な書類は、**①紛失届出証明書、②T/C発行証明書、（T/Cを買ったときに銀行がくれた「T/C購入者用控」）、③未使用T/Cのナンバー。**

●クレジットカードをなくしたら

大至急クレジットカード会社の緊急連絡センター（→P.375）に電話し、カードを無効にしてもらう。警察に届けるより前に、この連絡をする。

●お金をすべてなくしたら

盗難、紛失、使い切りなど、万一に備えて、現金の保管は分散することをおすすめする。現金をなくしてしまったときのためにも、キャッシングサービスのあるクレジットカードや日本で預金して外国で引き出せるトラベルプリペイドカードはぜひとも持っていきたい。

●病気やけがに見舞われたら

とにかく休息を。ホテルなどの緊急医や救急病院のほかは、医者は予約制。薬を買うには医者の処方せんが必要だが、一般薬は処方せんなしで買える。こんなとき旅行保険会社の日本語サービスはありがたい。

●空港で荷物が出てこないとき

荷物が出尽くしても自分の荷物が出てこない場合、バゲージクレーム内の航空会社のカウンターで、諸手続きを行うことになる。クレームタグの半券を示しながら、事情説明と書類記入をする。荷物が発見されたあとの荷物の届け先は、必然的に宿泊先のホテルになるが、荷物が出てこないことはまだよくあることなので、1泊分の着替えや簡単な洗面用具、仕事道具は手荷物に入れておきたい。また、PCに入れた仕事のデータは、万一を考えて分散するか、印刷して持っておくなどしたい。

●ドライブ中のトラブル

スピード違反の場合、警官が声をかけたら、日本の運転免許証、国外（国際）運転免許証とレンタル契約書を見せ、質問に答える。罰金はウェブサイトからクレジットカードで支払うのが一般的。払わないと日本まで請求が来ることがある。

事故や故障の場合は、ひとまずレンタカー会社へ連絡をしよう。相手の免許証番号、車のナンバー、保険の契約番号、連絡先を控えておく。また、車を返却するときに必ず申し出て事故報告書を提出すること。

在米公館

●在ヒューストン日本国総領事館
Consulate-General of Japan in Houston
MAP P.100-A2
住 909 Fannin St., Suite 3000, Houston, TX 77010
☎ (713) 652-2977
URL www.houston.us.emb-japan.go.jp
営 窓口受付：月～金9:30～12:30、13:30～16:30
休 土・日、おもな祝日
管轄エリア：テキサス州、オクラホマ州

●在デンバー日本国総領事館
Consulate-General of Japan in Denver
MAP P.173-A1
住 1225 17th St., Suite 3000, Denver, CO 80202
☎ (303) 534-1151
URL www.denver.us.emb-japan.go.jp
営 窓口受付：月～金9:00～12:00、13:30～16:30
休 土・日、おもな祝日
管轄エリア：コロラド州、ニューメキシコ州、ユタ州、ワイオミング州

●在ロスアンゼルス日本国総領事館
Consulate-General of Japan in Los Angeles
住 350 S. Grand Ave., Suite 1700, Los Angeles, CA 90071
☎ (213) 617-6700
URL www.la.us.emb-japan.go.jp/itprtop-ja/index.html
営 窓口受付：月～金9:30～12:00、13:00～16:30
休 土・日、おもな祝日
管轄エリア：アリゾナ州、南カリフォルニア

※日本総領事館への入館には、写真付き身分証明書の提示が求められるため、必ず所持して訪問すること。ない場合はあらかじめ電話をしておくこと。

お金をなくして、なすすべのない人は

なすすべのない人は、日本国総領事館（→上記）に飛び込んで相談に乗ってもらうしかない。

携帯電話をなくしたら ▶P.369

MEMO **外務省海外旅行登録サービス「たびレジ」** 外務省では、旅行や出張などで海外渡航する人向けのメールサービスを提供している。最新の渡航情報や緊急事態発生時には、在外公館からの緊急いっせい連絡メールなどが登録者に発信される。詳細は URL www.ezairyu.mofa.go.jp

MALDIVES

地球の歩き方 C08

2020-2021年版

MALDIVES

モルディブ

地球の歩き方編集室

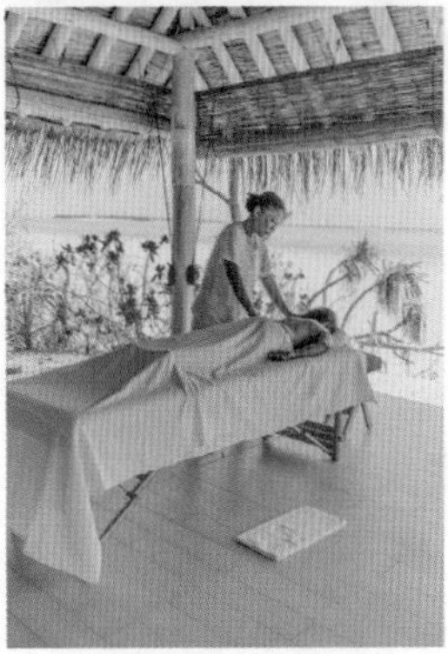

Column

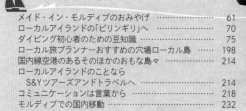

出発前に必ずお読みください！ 旅のトラブルと安全対策…242

略号と記号について 本文中および地図中に出てくる記号は以下のとおりです。

リゾートホテルガイド

リゾート名

美しいサンセットビューが望めるプランジプール付きのラグーンヴィラ

MAP P.15-B1

バラエティに富んだオールインクルーシブが魅力

オーブル・アット・ヘレンゲリ

Oblu at Helengeli

ハウスリーフがきれい

リーズナブルさで幅広い層から人気のリゾート。ヴェラナ国際空港からスピードボートで約50分。マーレ到着日にリゾートに移動することができ、無駄なくリゾートステイを楽しむことができる。さらに、食事や飲み物、アクティビティ(一部を除く)などが代金に含まれるオールインクルーシブなので、滞在中は安心して過ごせる。オールインクルーシブに含まれているアクティビティは、サンセットフィッシングとローカルアイランドツアー(滞在中1回)、カヤックなどノンモーターのマリンアクティビティなどが利用できる。

●日本の予約・問い合わせ先トラベルファクトリージャパン TEL(03) 5784-2522 ●URLwww.oblu-helengeli.com ●客室料金(オールインクルーシブ)ビーチヴィラ:US$518～ デラックスビーチヴィラ:US$608～ プール付きラグーンヴィラ:US$786～ ●CC A M V ●客室数116 ●空港からの所要時間スピードボートで約50分 ●徒歩での島一周25分 ●モルディブ時間との時差なし ●日本人スタッフ×

※記号の説明はP.4～5参照

Pick Up

スパ Spa
エレナ・スパでは本格的なアーユルヴェーダのシロダーラなどが体験できる。

ジャスト・グリル Just Grill
新鮮なシーフードと肉のグリルが味わえる、オン・ザ・ビーチのスペシャリティレストラン。

客室 Room
別荘のような佇まいのプランジプール付きのビーチスイート。191m²の広さを誇る。

ザ・スパイス The Spice
朝、昼、夜のビュッフェに加え、夕食前のスナックフードが16:00から用意されている。

110

住所:住所
TEL:電話番号
(フリーダイヤル):料金無料の電話番号
URL:ホームページアドレス
E-mail:eメールアドレス
CC:クレジットカード
A:アメリカン・エキスプレス
D:ダイナースカード
J:JCBカード
M:マスターカード
V:ビザカード
US$:アメリカドル
Rf:モルディブルフィア
€:ユーロ
Ⓢ:シングル
Ⓓ:ダブル
Ⓣ:トリプル

ローカルアイランドガイド

ショップ

レストラン

ホテル

MAP P.58-C1
STOトレード・センター
STO Trade Center
5階建てのビルで、1階にピープル・チョイスというスーパーマーケットがある。2階にはみやげ物店のアトール・ェアーがあり、こちらも品揃えが豊富だ。そのほかみやげ店が数軒ある。
●住所Orchid Magu, Malé ●TEL334-4333
モルディブ銀行の隣にある

人気の老舗ベーカリー MAP P.58-C2
ベイカーズ・ファンタジー ベーカリー
Bakers Fantasy
いつも地元の人や在住外国人でにぎわっている。惣菜パンやハード系、ケーキ、モルディブ式スイーツ、クッキーなど品数が多く、値段も手頃でどれもおいしい。隣に同系列のスーパーマーケットがある。
●住所Fareedhee Magu, Malé ●TEL334-0905 ●営業時間土～木6:30～22:00、金6:30～10:30、14:30～22:00 ●休み無休 ●CC A M V
対面式のベーカリー

マーレ唯一の高級ホテル MAP P.59-D2
ホテル・ジェン・マーレ・モルディブ
Hotel Jen Malé Maldives
シャングリ・ラ・ホテルズ&リゾーツと同系列のホテル。カフェやジムなどの施設も充実。屋上には海を見下ろす眺めのよい屋外プールとレストランが備わっている。空港からの送迎サービスあり。
●住所H. Maaram, Ameer Ahmed Magu ●TEL330-0888 ●URLwww.shangri-la.com ●客室料金ⓈⒹUS$315～ ●CC A M V ●客室数117
デラックスルーム

住所:住所
TEL:電話番号
客室料金:料金
URL:ホームページアドレス
CC:クレジットカード
Ⓢ:シングルルーム
Ⓓ:ダブルルーム
Ⓣ:トリプルルーム

■ホテルの料金表示について

掲載しているホテルの料金は、特に断りがないかぎりひと部屋(2名)当たりのものです。また、時期によって料金は変更されます。詳しくは問い合わせを。

リゾート内施設

:水上ヴィラ
:日本語スタッフ
:レストラン
:バー
:プール
:スパ
:ジム
:ショップ
:ベビーシッター(キッズルーム)
:医師、クリニック
:インターネット環境

客室内設備

:エアコン
:Wi-Fi環境
:テレビ
:冷蔵庫
:ミニバー
:シャワー
:バスタブ
:ヘアドライヤー
:セーフティボックス
:電話
:プラグ

マリン&ランドアクティビティ

:テニス
:ダイビング
:スノーケリング
:カヌー
:パラセーリング
:ウインドサーフィン
:バナナボート
:ウエイクボード
:遊覧飛行
:ローカルアイランドツアー
:アイランドホッピング

※リゾート内の設備やサービスで、あるものについては色がついています(ないものはグレー)。なお、一部の客室に当てはまるものについては、半分だけ色がついています。
※客室料金には、TAX、サービス料金、グリーンTAX(宿泊税)は含まれていないため別途必要。

地　図

:ホテル
:レストラン
:ショップ
:観光局、観光案内所
:銀行
:郵便局
:電話局
:映画館
:学校
:モスク
:空港

■本書の特徴

パッケージツアーでこの国を訪れ、リゾートに滞在するのが一般的なモルディブの楽しみ方でしたが、ローカルアイランドにも宿泊できるようになって旅のスタイルも多様化し、それぞれの目的に合った旅が楽しめるようになりました。旅行中に携えていたい情報はもちろん、旅行前にぜひ読んでおきたい知識や情報を満載した参考書として、またモルディブという国を理解していただくための入門書として役立てていただければ幸いです。

■掲載情報のご利用に当たって

編集部では、できるだけ最新で正確な情報を掲載するよう努めていますが、現地の規則や手続きなどがしばしば変更されたり、またその解釈に見解の相違が生じることもあります。このような理由に基づく場合、または弊社に重大な過失がない場合は、本書を利用して生じた損失や不都合について、弊社は責任を負いかねますのでご了承ください。また、本書をお使いいただく際は、掲載されている情報やアドバイスがご自身の状況や立場に適しているか、すべてご自身の責任でご判断のうえご利用ください。

■現地取材および調査期間

本書は2019年4月～7月の現地調査を基に編集されています。しかしながら時間の経過とともにデータの変更が生じることがあります。特にホテルやレストランなどの料金は、旅行時点では変更されていることも多くあります。したがって、本書のデータはひとつの目安としてお考えいただき、現地では観光案内所などでできるだけ新しい情報を入手してご旅行ください。

■発行後の情報の更新と訂正、旅のサポート情報について

発行後に変更された掲載情報や訂正箇所は、『地球の歩き方』ホームページ「更新・訂正情報」で可能なかぎり案内しています（ホテル、レストラン料金の変更などは除く）。また、「サポート情報」もご旅行の前にお役立てください。
URL book.arukikata.co.jp/support

■投稿記事について

投稿記事は、多少主観的になっても原文にできるだけ忠実に掲載してありますが、データに関しては編集部で追跡調査を行っています。投稿記事のあとに(東京都　○○　'18)とあるのは、寄稿者と旅行年度を表しています。ただし、ホテルなどの料金を追跡調査で新しいデータに変更している場合は、寄稿者のデータのあとに調査年度を入れ['19]としています。
詳細はP.220をご覧ください。

モルディブの基本情報

▶歴史→ P.216
▶政治と経済 → P.217
▶文化と民族性 → P.218
▶環礁 → P.16
▶旅の言葉 → P.219

国　旗
赤は国民の勇気を示し、最後の一滴まで、その血を国家にささげるという意味をもつ。緑は命の源とされるヤシの木を指し、中央にはイスラム教の象徴である三日月が描かれている。

正式国名
モルディブ共和国
Republic of Maldives

国　歌
Gaumee Salaam

面　積
298km²。淡路島の約半分

人　口
総人口は約40万7000人(2014年)。人口の約3分の1が首都マーレに集中している。

首　都
マーレ　Malé

元　首
イブラヒム・モハメド・ソリ大統領
Ibrahim Mohamed Solih

政　体
共和制

民族構成
モルディブ人約33万8000人、外国人約6万9000人(2014年)

宗　教
イスラム教が国教

言　語
アラビア語の影響を強く受けたディベヒ語 Dhivehi が公用語。使用されている文字はターナ Thaana。英語もかなり通じる。

通貨と為替レート

Rf

通貨単位はモルディブルフィア Rf (Maldives Rufiyaa)とラーリ La(Laari)。
Rf1 = La100 = 約7.03円(2019年8月10日現在)
US$1=108.53円(2019年8月10日現在)

紙幣の種類: Rf 5、10、20、50、100、500、1000
硬貨の種類: La 25、50、Rf 1、2
※US$が広く通用しており、リゾートでの支払いはUS$の場合がほとんど。

100 モルディブルフィア

500 モルディブルフィア

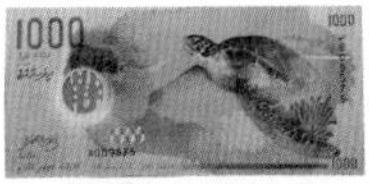
1000 モルディブルフィア

10 モルディブルフィア

20 モルディブルフィア

50 モルディブルフィア

5 モルディブルフィア

2 モルディブルフィア

1 モルディブルフィア

50 ラーリ

25 ラーリ

電話のかけ方

日本からモルディブへの電話のかけ方　例:モルディブの332-1234にかける場合

国際電話会社の番号		国際電話識別番号		モルディブの国番号		相手先の電話番号
001 (KDDI) ※1 **0033** (NTTコミュニケーションズ) ※1 **0061** (ソフトバンク) ※1 **005345** (au携帯) ※2 **009130** (NTTドコモ携帯) ※3 **0046** (ソフトバンク携帯) ※4	+	**010** ※2	+	**960**	+	**332-1234**

※1「マイライン」の国際通話区分に登録している場合は不要(詳細は URL www.myline.org)
※2 auは、005345をダイヤルしなくてもかけられる。
※3 NTTドコモは事前にWORLD WINGに登録が必要。009130をダイヤルしなくてもかけられる。
※4 ソフトバンクは0046をダイヤルしなくてもかけられる。
携帯電話の3キャリアは「0」を長押しして「+」表示し、続けて国番号からダイヤルしてもかけられる。

両　替

モルディブの現地通貨はルフィア（Rf）だが、アメリカドル（US$）も広く通用している。リゾートでの支払いはほとんどUS$で、ルフィアを取り扱っていないリゾートもある。首都マーレでもたいていの店やレストランで使用できるが、つりはルフィアで返ってくることが多い。モルディブでは、円からUS$に両替ができないので、出発前に日本で両替をするとよい。マーレ国際空港にある銀行では、円からルフィアへの両替が可能。

▶お金の持っていき方→ P.226

祝祭日（おもな祝祭日）

カレンダーはイスラム暦に基づいている。キリスト教暦の日曜に当たるのが金曜。また、年によって変わる移動祝祭日（※印）に注意。

1月　1日	元日
2日	国民の休日（ナショナル・デー）
12日（※）	モハメッド降誕祭
5月 26日（※）	ラマダン(断食)開始日
6月　4日（※）	ラマダン(断食)明け大祭
5～6日（※）	ラマダン(断食)明け大祭にともなう休日
7月 26日	独立記念日
27日	独立記念日にともなう休日
8月 11日（※）	Haji　Day
12～14日（※）	犠牲際
9月　1日（※）	イスラム暦新年
11月　3日	ヴィクトリー・デー
11日	共和制記念日

白亜の建物が美しいイスラミック・センター(マーレ)

ラマダン時の日没後、初めて食べるイフタール

ビジネスアワー

銀　行／日～木曜の8：00～13：30にオープン。金・土曜が休日。ただし、空港内の銀行は飛行機が到着したときのみ開く。

政府機関／日～木曜の7：30～14：30。ただし、ラマダン（断食）の間は9:00～13:30となる。休日は、金・土曜。

ショップ／店によっても異なるが、一般的に土～木曜は8：45～23：00、金曜は14：00～23：00の営業。また、モルディブでは昼休みと1日5回のお祈り時間（毎日変わるが、およそ5：00、12：00、15：00、18：00、19：30）前後の15～30分は店を閉めることもある。また、土曜は半日だけ開くという店も多い。

レストラン／一般的に土～木曜は8：45～24：00、金曜は16：00～翌24：00。レストランによっては、ランチとディナーの間に店を閉める。大衆食堂は5：00頃から開く。

モルディブから日本への電話のかけ方　例：東京（03）1234-5678にかける場合

国際電話識別番号		日本の国番号		市外局番と携帯電話の最初の0を除いた番号		相手先の電話番号
00	+	81	+	3	+	1234-5678

日本での国際電話の問い合わせ先

KDDI	Free 0057
NTTコミュニケーションズ	Free 0120-506506
ソフトバンク	Free 0120-03-0061
au	Free 0077-7-111
NTTドコモ	Free 0120-800-000
ソフトバンク	Free 157（ソフトバンクの携帯から無料）

▶国際通話

公衆電話や電話局から日本への国際電話が可能。料金相手先払いの「コレクトコール」や「指名通話（パーソン・トゥ・パーソン・コール）」などを申し込む場合は、181をダイヤルしてオペレーターを呼び出す。ただし、利用できるのは空港、電話局などの専用電話にかぎられる。

▶公衆電話のかけ方

国内・国際電話ともにかけられるが、カード式が主流。テレホンカードは電話局、空港の免税店、町なかの商店などで購入できる。

電気&ビデオ

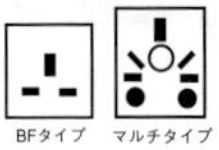

電圧とプラグ
220～240Vで、周波数は50Hz。日本国内用の電化製品はそのままでは使えないので、変圧器が必要となる。プラグはBFタイプが主流。ほとんどのリゾートで、すべてのプラグが使用できるマルチプラグを用意している。USBポートが備わったリゾートも多い。

ビデオ方式
DVDソフトは地域コードRegion Codeが日本と同じ「2」と表示されていれば、DVD内蔵パソコンで再生することができる。ただし、一般的なDVDプレーヤーはPAL対応型でない場合、再生できない。

チップ

リゾート
ほとんどのリゾートで習慣となっている。すでに5～12%のサービス料が加算されている場合もあるが、よいサービスを受けたときには、感謝の気持ちを心づけとして渡そう。レストランのウエーターとダイビングスタッフには、最終日にまとめて渡すのが一般的。目安は前者がひとり1日US$1～2、後者は1ダイブUS$1～2程度。ポーターには、そのつど荷物1個につきUS$1程度を。ベッドメークのボーイはチップがなくても掃除をしてくれるが、1ベッドUS$1～2程度。スパでは、メニュー料金にもよるが、終了時にテラピストにUS$5程度を渡したい。

ローカルアイランド
こちらもすでにサービス料が含まれていることが多いが、気持ちのよいサービスを受けた場合はチップを渡そう。

そのほか
マーレのホテル、レストランなどでは、5～10%のサービス料が加算されている場合がほとんど。こちらもよいサービスを受けた場合はチップを渡すとスマート。

税　金

TAX

商品に税金がかかることはないが、GST (Tourism Goods and Services Tax) が導入され、宿泊、食事、送迎、その他有料のサービスに12%の税率が課されることとなった。ほかに、宿泊税（グリーンTax）1泊ひとりUS$6（リゾート）、US$3（ローカルアイランド）が必要だが、こちらは宿泊料金に含まれていることが多い。

気　候

高温多湿の熱帯気候で、年間をとおして平均気温が26～33℃。季節はふたつのモンスーンに支配されている。北東からモンスーンが吹く12～4月は、空気もさわやかで穏やかな乾季が続き、南西から吹く5～11月は、雨が多く風の強い雨季となり、波も高くなる。もっとも、水温は年間をとおして24～28℃に保たれていて、水中の動植物にとっては楽園そのものだ。

気候は乾季、雨季に大きく分かれているが、乾季にはまったく雨が降らず、雨季には毎日雨が降り続くというわけではない。ときには乾季でも雨が降ったり、強風が吹いて海が荒れることもある。また、雨季にはまれに何日もしとしとと雨が降り続く場合もあるが、ほとんどは1日に1、2回スコールに見舞われる程度で、それ以外は晴れていることが多い。特に最近は、地球温暖化の影響か、乾季と雨季のはっきりとした違いが薄れつつあるようだ。

モルディブと東京の気温と降水量

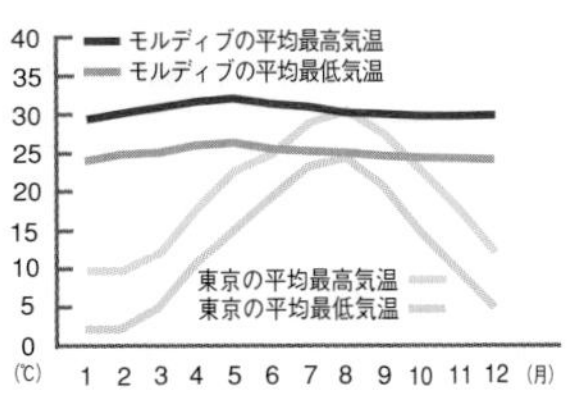

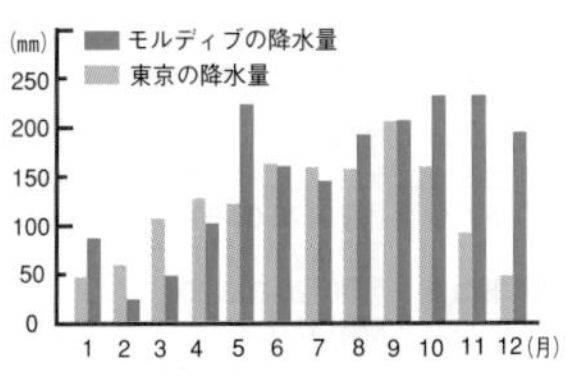

度量衡

日本で使用している度量衡と同じ。ただし、欧米企業が経営するリゾートでは、スノーケリングのレンタルフィン（足ヒレ）のサイズ表示がインチ（1inch = 2.54cm）のこともある。

飲料水

必ずミネラルウオーターを飲用すること。それ以外は雨水を貯めたものか、海水を脱塩したものなので、避けたほうがいい。

入出国

パスポート

機械読み取り式で、出国時に有効期間が 6 ヵ月以上残っているものが必要。

ビザ

観光目的であれば、通常は 30 日以内の滞在についてビザは不要。ただし、復路航空券の所持、ホテルの予約が求められる。30 日を超える場合は、モルディブの出入国管理局で申請する。最大 90 日まで延長可能。

税関

通貨の持ち込みや持ち出し制限はない。また、たばこやみやげ物の制限も特にないが、アルコール、わいせつ物、豚肉（加工品を含む）、麻薬などの持ち込みは禁止されている。ただし、アルコールについては、入国の際に税関に預ければ出国時に返却してくれる。なお、べっこうや黒サンゴ（加工品を除く）、貝殻や砂、フカヒレなどの自然物の持ち出しは厳禁。

検疫

予防接種は不要だが、黄熱病汚染地区に滞在または通過後 6 日以内に入国する場合は、予防接種証明書（イエローカード）が必要になる。

▶出入国の手続き → P.234
▶パスポート（旅券）の取得→ P.228

郵便

マーレにある郵便局の営業時間は日～木曜 9:00 ～ 16:30、土曜 10:00 ～ 15:00で、金曜、祝日は休み。リゾートではみやげ物店で切手を買い、レセプションに持っていけば投函してくれる。

郵便料金

日本までのエアメールの場合、はがきは Rf15、封書 20 g までは Rf23。

安全とトラブル

2019 年 8 月現在、外務省の危険情報は出ていない。治安は良好で、深夜のひとり歩きも特に危険ではないが、持ち物の管理には気をつけよう。たとえリゾート内であっても貴重品はセーフティボックスに入れるなどの気配りを。

◆緊急時の連絡先

警察 TEL 119 救急車 TEL 102
消防 TEL 118

◆在モルディブ日本国大使館

TEL 330-0087
URL www.mv.emb-japan.go.jp

▶海外旅行保険に加入 → P.229
▶旅のトラブルと安全対策→ P.242

日本からのフライト時間

日本から直行便はない（スリランカ航空は 2019 年 10 月 27 日まで成田～マーレ～コロンボ線を運航）ので、アジアまたは中東を経由して行くことになる。スリランカのコロンボで乗り継ぐ場合は、コロンボまで約 8 時間 30 分～ 10 時間。コロンボからマーレまでは約 1 時間 30 分。

▶航空券の手配 → P.230
▶マレーシア航空情報→ P.231

時差とサマータイム

日本の正午がモルディブでは午前 8:00 となる。リゾートによってはモルディブ時間とは 1 ～ 2 時間違うリゾート独自の時間を使用している。

そのほか

マナー

イスラム教の国なので、リゾート以外の島に行く際には肌を露出し過ぎないように。男性は T シャツにショートパンツでもいいが、女性は肩、ひざが隠れる服を着ていこう。

飲酒

モルディブでは、宗教上、飲酒は禁止。しかし、リゾート島と空港のあるフルレ島のホテル、サファリボートは例外で、旅行者は自由にアルコール類を楽しめる。

モルディブ ひとめ 早わかり

リゾート開発が進行中 最北部

マーレ到着日に、国内線を使ってリゾートへの移動が可能。まだリゾート数が少ないため、隠れ家的な雰囲気が楽しめる。

豪華リゾートでゆったり 北部

水上飛行機の普及で、近年になって少しずつリゾート開発が進み始めたエリア。そのため、比較的新しいリゾートが多い。

豪華リゾートが点在する 北マーレ環礁

マーレから近いため、早くからリゾート開発が進んでいるエリア。空港から近いので、その日のうちにリゾートに移動できる。

素朴なリゾートも多い アリ環礁

モルディブらしさあふれるリゾートと豪華リゾートが点在するエリア。ただし、便によってはマーレで1泊しなくてはならないリゾートが多い。

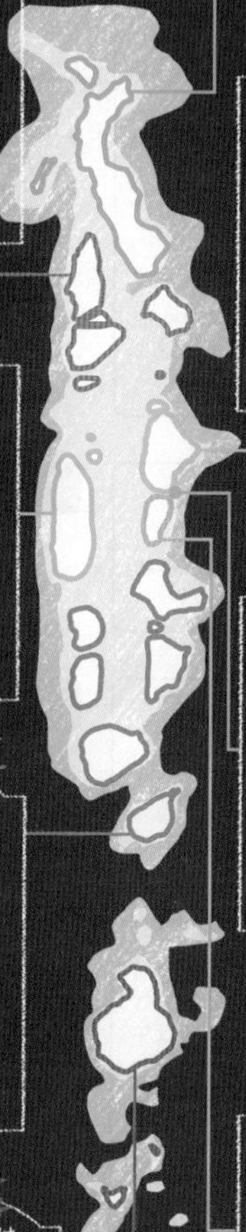

世界一の過密都市 首都マーレ

モルディブで唯一町歩きが楽しめる場所。一周しても1時間ほどの島なので、ショッピングなどを楽しみながら、カフェなどでのんびりしたい。

隠れ家的リゾートがある 南部

ラーム環礁に国内線が飛んでいるが、ほかのエリアへは水上飛行機での移動となる。リゾート数が少なく、船の行き来が少ないのでとても静か。

北マーレに次いでリゾートが充実 南マーレ環礁

日本人が行きやすいリゾートが点在する。特に北エリアには有名なダイビングスポットが集中していて、ダイバーたちの人気を集めている。

アッドゥ環礁はマーレに次ぐ都市 最南部

赤道の南に広がるエリアで、2009年以降は次々に豪華リゾートがオープン。国内線の夜便が飛んでいるのでマーレ到着日にリゾートへ移動が可能。

移動手段

国内線飛行機　水上飛行機　ボート

詳しい地図はこちらから

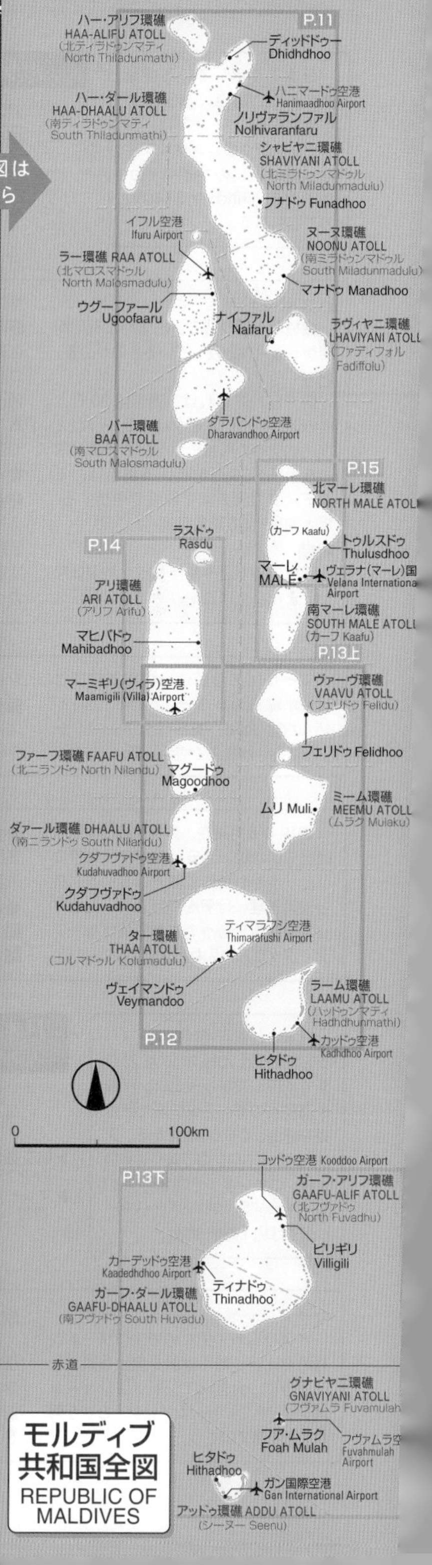

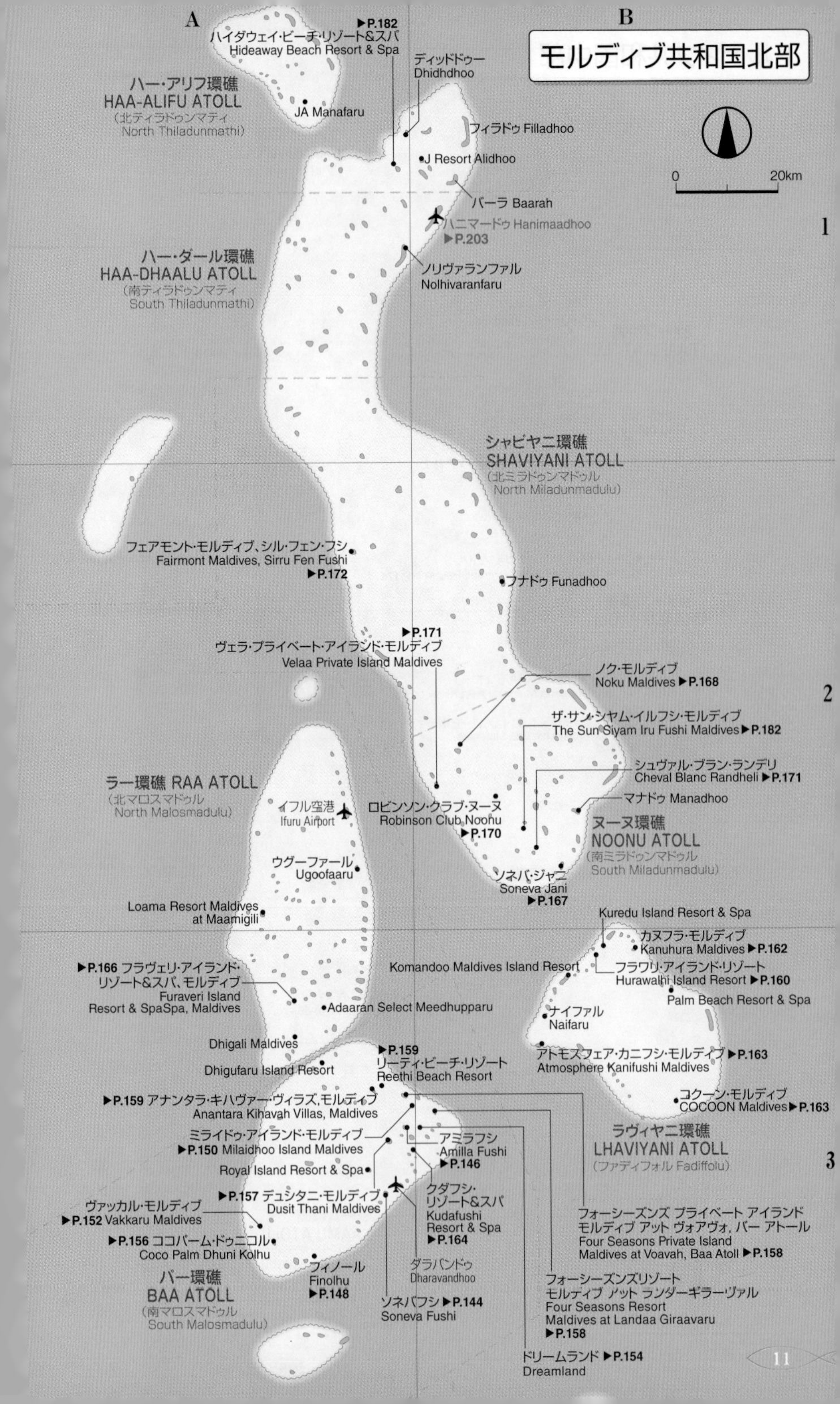
モルディブ共和国北部
A
B
1
2
3
0
20km
▶P.182
ハイダウェイ・ビーチ・リゾート&スパ
Hideaway Beach Resort & Spa
ディッドドゥー
Dhidhdhoo
ハー・アリフ環礁
HAA-ALIFU ATOLL
（北ティラドゥンマティ
North Thiladunmathi）
JA Manafaru
フィラドゥ Filladhoo
J Resort Alidhoo
バーラ Baarah
ハニマードゥ Hanimaadhoo
▶P.203
ハー・ダール環礁
HAA-DHAALU ATOLL
（南ティラドゥンマティ
South Thiladunmathi）
ノリヴァランファル
Nolhivaranfaru
シャビヤニ環礁
SHAVIYANI ATOLL
（北ミラドゥンマドゥル
North Miladunmadulu）
フェアモント・モルディブ、シル・フェン・フシ
Fairmont Maldives, Sirru Fen Fushi
▶P.172
フナドゥ Funadhoo
▶P.171
ヴェラ・プライベート・アイランド・モルディブ
Velaa Private Island Maldives
ノク・モルディブ
Noku Maldives ▶P.168
ザ・サン・シヤム・イルフシ・モルディブ
The Sun Siyam Iru Fushi Maldives ▶P.182
シュヴァル・ブラン・ランデリ
Cheval Blanc Randheli ▶P.171
ラー環礁 RAA ATOLL
（北マロスマドゥル
North Malosmadulu）
イフル空港
Ifuru Airport
ロビンソン・クラブ・ヌーヌ
Robinson Club Noonu
▶P.170
マナドゥ Manadhoo
ヌーヌ環礁
NOONU ATOLL
（南ミラドゥンマドゥル
South Miladunmadulu）
ウグーファール
Ugoofaaru
ソネバ・ジャニ
Soneva Jani
▶P.167
Loama Resort Maldives
at Maamigili
Kuredu Island Resort & Spa
カヌフラ・モルディブ
Kanuhura Maldives ▶P.162
フラワリ・アイランド・リゾート
Hurawalhi Island Resort ▶P.160
Komandoo Maldives Island Resort
▶P.166 フラヴェリ・アイランド・
リゾート&スパ、モルディブ
Furaveri Island
Resort & SpaSpa, Maldives
Adaaran Select Meedhupparu
Palm Beach Resort & Spa
ナイファル
Naifaru
Dhigali Maldives
▶P.159
リーティ・ビーチ・リゾート
Reethi Beach Resort
アトモスフェア・カニフシ・モルディブ ▶P.163
Atmosphere Kanifushi Maldives
Dhigufaru Island Resort
▶P.159 アナンタラ・キハヴァー・ヴィラズ、モルディブ
Anantara Kihavah Villas, Maldives
コクーン・モルディブ
COCOON Maldives ▶P.163
ミライドゥ・アイランド・モルディブ
▶P.150 Milaidhoo Island Maldives
アミラフシ
Amilla Fushi
▶P.146
ラヴィヤニ環礁
LHAVIYANI ATOLL
（ファディフォル Fadiffolu）
Royal Island Resort & Spa
▶P.157 デュシタニ・モルディブ
Dusit Thani Maldives
クダフシ・
リゾート&スパ
Kudafushi
Resort & Spa
▶P.164
ヴァッカル・モルディブ
▶P.152 Vakkaru Maldives
フォーシーズンズ プライベート アイランド
モルディブ アット ヴォアヴォ, バー アトール
Four Seasons Private Island
Maldives at Voavah, Baa Atoll ▶P.158
▶P.156 ココパーム・ドゥニコル
Coco Palm Dhuni Kolhu
フィノール
Finolhu
▶P.148
ダラバンドゥ
Dharavandhoo
バー環礁
BAA ATOLL
（南マロスマドゥル
South Malosmadulu）
ソネバフシ ▶P.144
Soneva Fushi
フォーシーズンズリゾート
モルディブ アット ランダーギラーヴァル
Four Seasons Resort
Maldives at Landaa Giraavaru
▶P.158
ドリームランド ▶P.154
Dreamland

モルディブ共和国中部

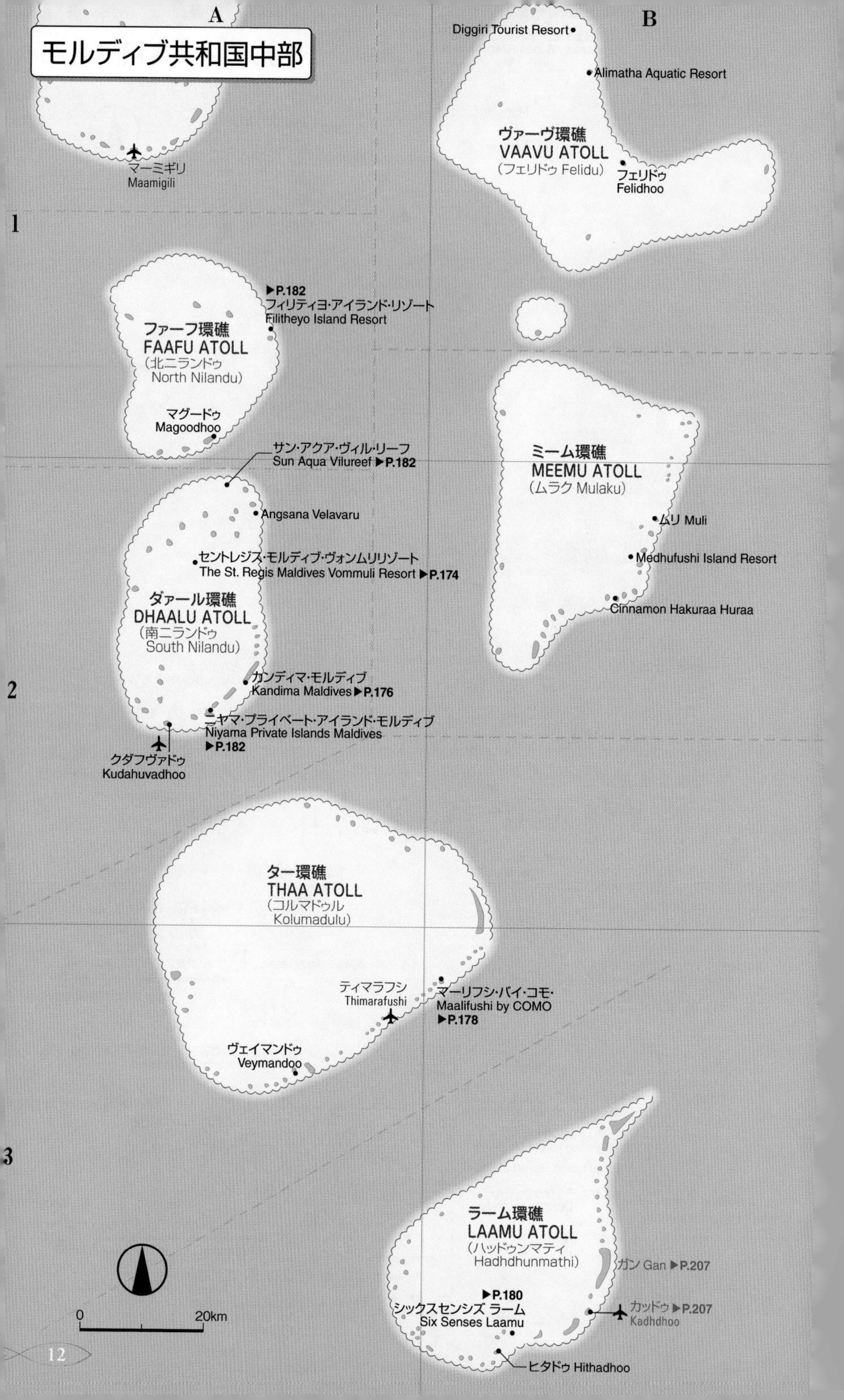

A
B
1
2
3
マーミギリ
Maamigili
Diggiri Tourist Resort
Alimatha Aquatic Resort
ヴァーヴ環礁
VAAVU ATOLL
（フェリドゥ Felidu）
フェリドゥ
Felidhoo
▶P.182
フィリティヨ・アイランド・リゾート
Filitheyo Island Resort
ファーフ環礁
FAAFU ATOLL
（北ニランドゥ
North Nilandu）
マグードゥ
Magoodhoo
サン・アクア・ヴィル・リーフ
Sun Aqua Vilureef ▶P.182
Angsana Velavaru
セントレジス・モルディブ・ヴォンムリリゾート
The St. Regis Maldives Vommuli Resort ▶P.174
ダアール環礁
DHAALU ATOLL
（南ニランドゥ
South Nilandu）
カンディマ・モルディブ
Kandima Maldives ▶P.176
ニヤマ・プライベート・アイランド・モルディブ
Niyama Private Islands Maldives
▶P.182
クダフヴァドゥ
Kudahuvadhoo
ミーム環礁
MEEMU ATOLL
（ムラク Mulaku）
ムリ Muli
Medhufushi Island Resort
Cinnamon Hakuraa Huraa
ター環礁
THAA ATOLL
（コルマドゥル
Kolumadulu）
ティマラフシ
Thimarafushi
マーリフシ・バイ・コモ・
Maalifushi by COMO
▶P.178
ヴェイマンドゥ
Veymandoo
ラーム環礁
LAAMU ATOLL
（ハッドゥンマティ
Hadhdhunmathi）
ガン Gan ▶P.207
▶P.180
シックスセンシズ ラーム
Six Senses Laamu
カッドゥ ▶P.207
Kadhdhoo
ヒタドゥ Hithadhoo
0
20km

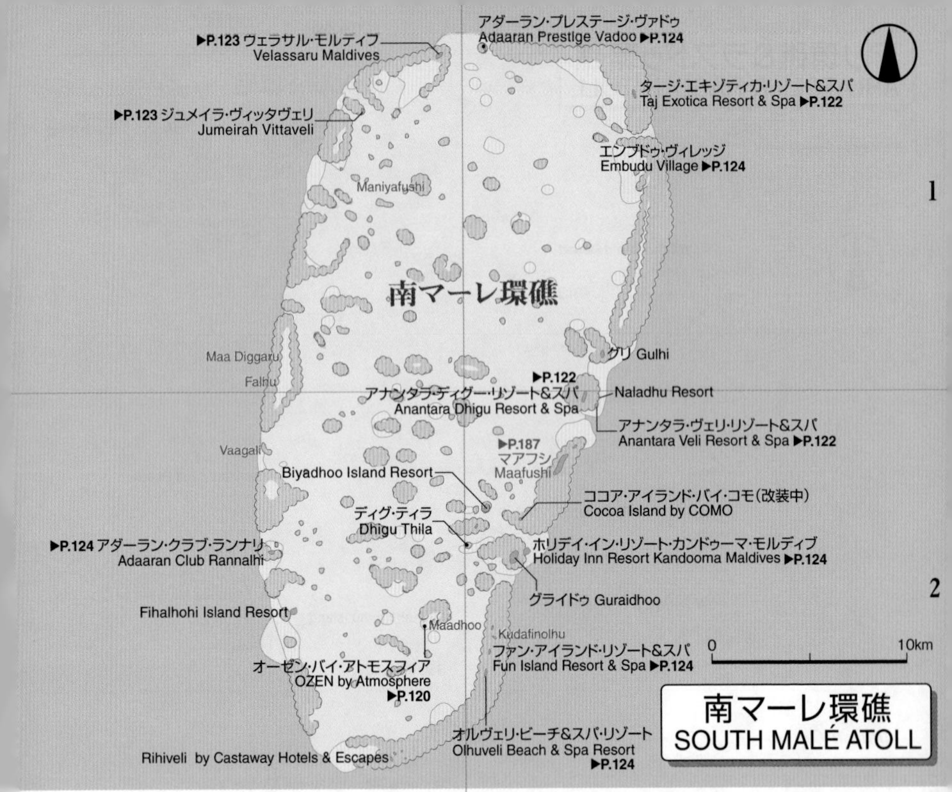

南マーレ環礁
SOUTH MALÉ ATOLL
▶P.123 ヴェラサル・モルディブ
Velassaru Maldives
アダーラン・プレステージ・ヴァドゥ
Adaaran Prestige Vadoo ▶P.124
 タージ・エキゾティカ・リゾート&スパ
Taj Exotica Resort & Spa ▶P.122
▶P.123 ジュメイラ・ヴィッタヴェリ
Jumeirah Vittaveli
エンブドゥ・ヴィレッジ
Embudu Village ▶P.124
Maniyafushi
南マーレ環礁
グリ Gulhi
Maa Diggaru
Falhu
▶P.122
アナンタラ・ディグー・リゾート&スパ
Anantara Dhigu Resort & Spa
Naladhu Resort
アナンタラ・ヴェリ・リゾート&スパ
Anantara Veli Resort & Spa ▶P.122
Vaagali
▶P.187
マアフシ
Maafushi
Biyadhoo Island Resort
ココア・アイランド・バイ・コモ(改装中)
Cocoa Island by COMO
ディグ・ティラ
Dhigu Thila
▶P.124 アダーラン・クラブ・ランナリ
Adaaran Club Rannalhi
ホリデイ・イン・リゾート・カンドゥーマ・モルディブ
Holiday Inn Resort Kandooma Maldives ▶P.124
グライドゥ Guraidhoo
Fihalhohi Island Resort
Maadhoo
Kudafinolhu
ファン・アイランド・リゾート&スパ
Fun Island Resort & Spa ▶P.124
0
10km
オーゼン・バイ・アトモスフィア
OZEN by Atmosphere
▶P.120
オルヴェリ・ビーチ&スパ・リゾート
Olhuveli Beach & Spa Resort
▶P.124
Rihiveli by Castaway Hotels & Escapes
1
2

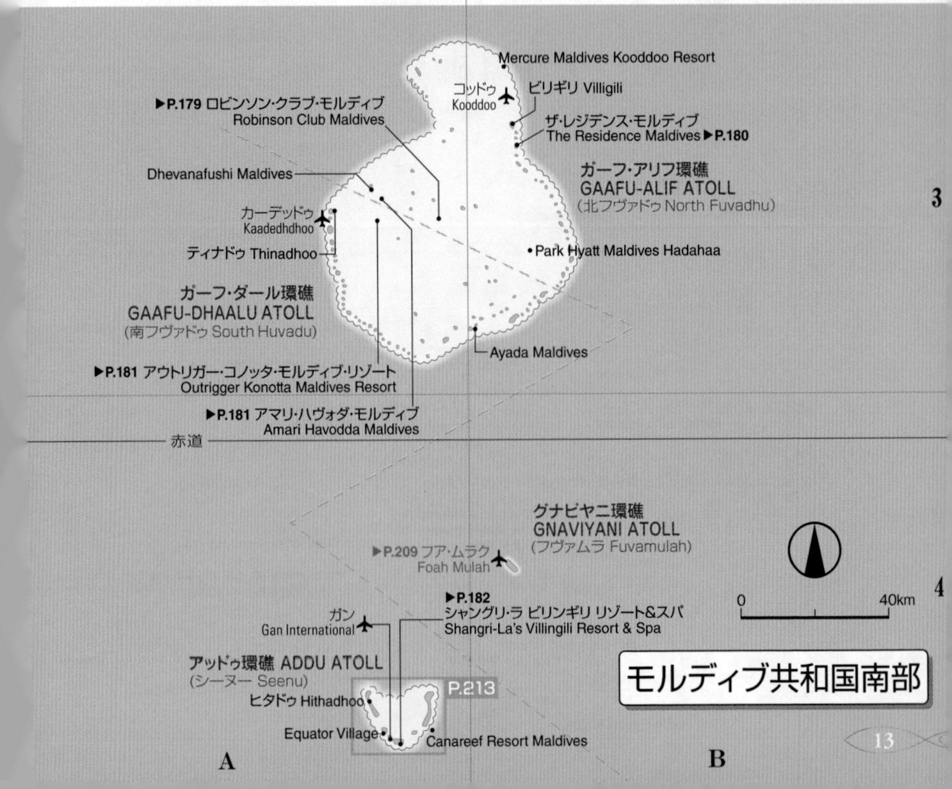

Mercure Maldives Kooddoo Resort
コッドゥ
Kooddoo
ビリギリ Villigili
▶P.179 ロビンソン・クラブ・モルディブ
Robinson Club Maldives
ザ・レジデンス・モルディブ
The Residence Maldives ▶P.180
ガーフ・アリフ環礁
GAAFU-ALIF ATOLL
(北フヴァドゥ North Fuvadhu)
Dhevanafushi Maldives
カーデッドゥ
Kaadedhdhoo
ティナドゥ Thinadhoo
Park Hyatt Maldives Hadahaa
ガーフ・ダール環礁
GAAFU-DHAALU ATOLL
(南フヴァドゥ South Huvadu)
Ayada Maldives
▶P.181 アウトリガー・コノッタ・モルディブ・リゾート
Outrigger Konotta Maldives Resort
▶P.181 アマリ・ハヴォダ・モルディブ
Amari Havodda Maldives
赤道
グナビヤニ環礁
GNAVIYANI ATOLL
(フヴァムラ Fuvamulah)
▶P.209 フア・ムラク
Foah Mulah
▶P.182
シャングリ・ラ ビリンギリ リゾート&スパ
Shangri-La's Villingili Resort & Spa
ガン
Gan International
0
40km
アッドゥ環礁 ADDU ATOLL
(シーヌー Seenu)
P.213
ヒタドゥ Hithadhoo
Equator Village
Canareef Resort Maldives
モルディブ共和国南部
A
B
3
4

アリ環礁&ラスドゥ環礁
ARI ATOLL & RASDU ATOLL

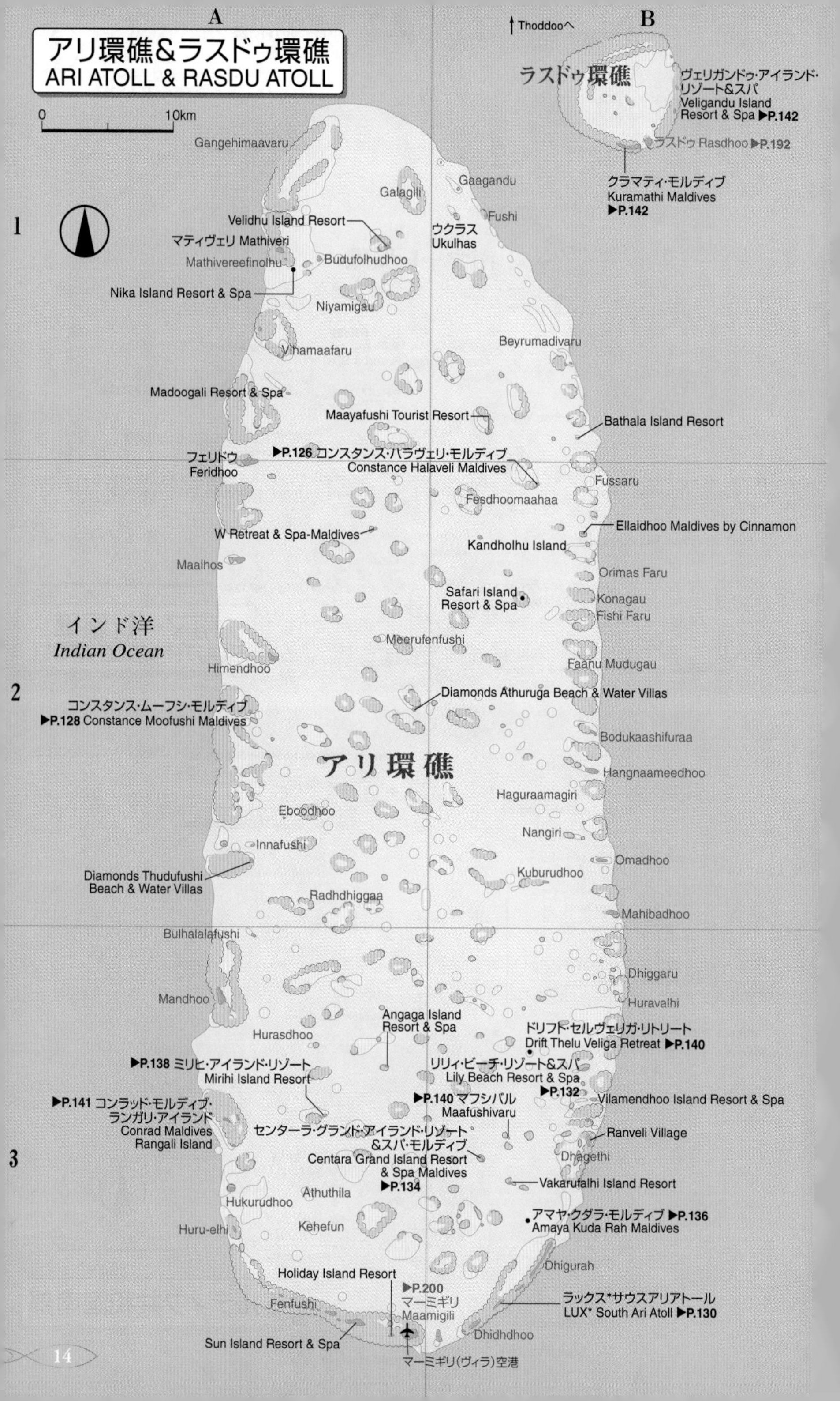
A
B
1
2
3
0
10km
↑Thoddooへ
ラスドゥ環礁
ヴェリガンドゥ・アイランド・リゾート&スパ
Veligandu Island Resort & Spa ▶P.142
ラスドゥ Rasdhoo ▶P.192
クラマティ・モルディブ
Kuramathi Maldives
▶P.142
Gangehimaavaru
Gaagandu
Galagili
Fushi
Velidhu Island Resort
ウクラス
Ukulhas
マティヴェリ Mathiveri
Mathivereefinolhu
Budufolhudhoo
Nika Island Resort & Spa
Niyamigau
Beyrumadivaru
Vihamaafaru
Madoogali Resort & Spa
Maayafushi Tourist Resort
Bathala Island Resort
フェリドゥ
Feridhoo
▶P.126 コンスタンス・ハラヴェリ・モルディブ
Constance Halaveli Maldives
Fussaru
Fesdhoomaahaa
W Retreat & Spa-Maldives
Ellaidhoo Maldives by Cinnamon
Kandholhu Island
Maalhos
Orimas Faru
Safari Island
Resort & Spa
Konagau
Fishi Faru
インド洋
Indian Ocean
Meerufenfushi
Himendhoo
Faanu Mudugau
Diamonds Athuruga Beach & Water Villas
コンスタンス・ムーフシ・モルディブ
▶P.128 Constance Moofushi Maldives
Bodukaashifuraa
アリ環礁
Hangnaameedhoo
Haguraamagiri
Eboodhoo
Nangiri
Innafushi
Omadhoo
Diamonds Thudufushi
Beach & Water Villas
Kuburudhoo
Radhdhiggaa
Mahibadhoo
Bulhalalafushi
Dhiggaru
Mandhoo
Huravalhi
Angaga Island
Resort & Spa
Hurasdhoo
ドリフト・セルヴェリガ・リトリート
Drift Thelu Veliga Retreat ▶P.140
▶P.138 ミリヒ・アイランド・リゾート
Mirihi Island Resort
リリィ・ビーチ・リゾート&スパ
Lily Beach Resort & Spa
▶P.132
▶P.141 コンラッド・モルディブ・ランガリ・アイランド
Conrad Maldives
Rangali Island
▶P.140 マフシバル
Maafushivaru
Vilamendhoo Island Resort & Spa
Ranveli Village
センターラ・グランド・アイランド・リゾート&スパ・モルディブ
Centara Grand Island Resort
& Spa Maldives
▶P.134
Dhagethi
Vakarufalhi Island Resort
Athuthila
Hukurudhoo
アマヤ・クダラ・モルディブ ▶P.136
Amaya Kuda Rah Maldives
Huru-elhi
Kehefun
Dhigurah
Holiday Island Resort
▶P.200
マーミギリ
Maamigili
ラックス*サウスアリアトール
LUX* South Ari Atoll ▶P.130
Fenfushi
Sun Island Resort & Spa
Dhidhdhoo
マーミギリ(ヴィラ)空港

北マーレ環礁
NORTH MALÉ ATOLL
0
10km
A
B
1
2
3
Gaafaru
Olhahalikan'du
Maavarufalhu
Olhuhali
ラックス*ノースマーレアトール
LUX* North Male Atoll
▶P.116
Kagi
Vakkan'du
Bodugaafalhu
Akirifusheekan'du
Akirifushi
オーブル・アット・ヘレンゲリ
Oblu at Helengeli ▶P.110
オーブル・セレクト・アット・サンゲリ
Oblu Select at Sangeli ▶P.104
Helegelee Dhekunu Kan'du
Eriyadu Island Resort
Boduhali
Dhonlafarukan'du
▶P.115
サマー・アイランド・モルディブ
Summer Island Maldives
Maadhunifinolhu
Kudahali
Thubafalhu
Makunudu Island Resort
Baalhuaraagiri
Olhugiri
Thulhaagirikan'du
ワン&オンリー・リーティラ
One & Only Reethi Rah ▶P.113
北マーレ環礁
Falhukolugiri
Madivaru
タージ・コーラル・リーフ・リゾート&スパ、モルディブ
Taj Coral Reef Resort & Spa, Maldives ▶P.117
Meeru Island Resort
▶P.109
ココ・ボドゥヒティ
Coco Bodu Hithi
ディフシ
Dhiffushi
Asdu Sun Island
Coco Prive Kuda Hithi
Rasfari
▶P.119
アダーラン・セレクト・フドゥランフシ
Adaaran Select Hudhuran Fushi
フヴァフェンフシ
Huvafen Fushi ▶P.102
▶P.112 クラブメッド・フィノール ヴィラ
Clubmed Finolhu Villas
トゥルスドゥ
Thulusdhoo ▶P.195
Huraa
クラブメッド・カニフィノール
Club Med Kanifinolhu ▶P.118
▶P.119 トラギリ・アイランド・リゾート
Thulhagiri Island Resort
ヒンマフシ ▶P.197
Himmafushi
フォーシーズンズリゾート
モルディブ アット クダフラ
Four Seasons Resort
Maldives at Kuda Huraa ▶P.111
Banyan Tree Vabbinfaru
Angsana Ihuru
Cinnamon Dhonveli Maldives
▶P.118
バンドス・モルディブ
Bandos Maldives
ギリ・ランカンフシ
Gili Lankanfushi ▶P.108
バロス・モルディブ
Baros Maldives
▶P.114
パラダイス・アイランド・リゾート&スパ
Paradise Island Resort & Spa ▶P.119
Kuda Bandos
Malahini Kuda
Bandos Resort
グランドパーク・コディパル・モルディブ
Grand Park Kodhipparu Maldives
▶P.117
シェラトン・モルディブ・フルムーン・リゾート&スパ
Sheraton Maldives Full Moon Resort & Spa ▶P.119
クルンバ・モルディブ
Kurumba Maldives
▶P.119
フルマーレ
Hulhumalé
P.67
センターラ・ラスフシ・
リゾート&スパ・モルディブ
Centara Ras Fushi
Resort & Spa Maldives
▶P.106
フルレ・アイランド・ホテル
Hulhule Island Hotel ▶P.68
▶P.70 ビリンギリ
Villingili
マーレ
Malé
P.58～59
ヴェラナ（マーレ）国際空港
Velana International Airport
ウドゥヴィラ
Uduvilaa ▶P.69
ヴァドゥ・チャネル VADOO CHANNEL

環礁オリエンテーション

— Orientation about the Atolls in Maldives —

島を形成している環礁(アトール)は大小合わせて26。その環礁に1200もの島々がちらばる群島国家のモルディブ。島から島への移動は近郊であればフェリーやスピードボート、遠方になれば水上飛行機や国内線を利用する。まずは、環礁の位置関係や空港の場所、環礁の特徴などを簡単に説明しよう。

環礁とは？

輪のように円環状に広がる珊瑚礁のこと。チャールズ・ダーウィンの説によると、プレート変動によって火山だけが沈降し、その周囲に形成されていた珊瑚礁のみが海面近くに残ってこのような形になったとされている。

ちなみに島とは、この珊瑚礁が海面に出ている部分のこと。モルディブは、いくつもの島々からなる環礁で形成された群島国家なのだ。

モルディブ北部

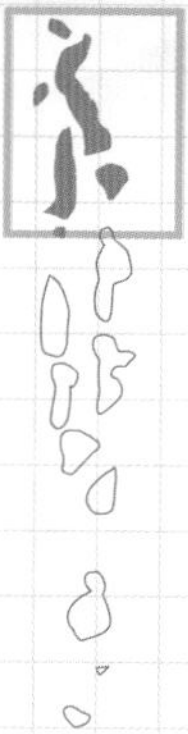

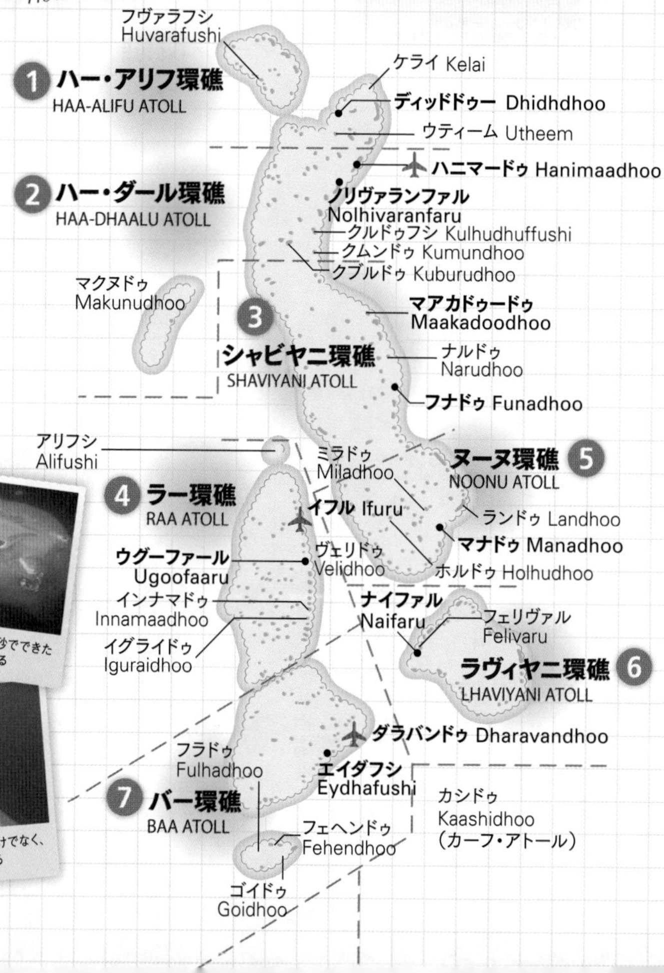

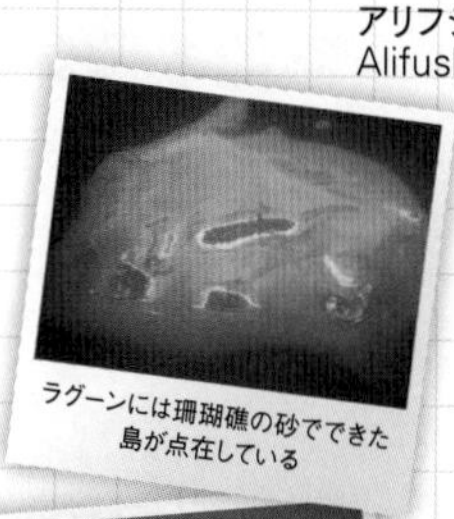

ラグーンには珊瑚礁の砂でできた島が点在している

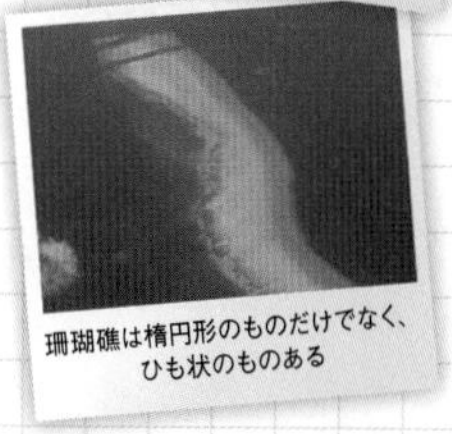

珊瑚礁は楕円形のものだけでなく、ひも状のものある

1 ハー・アリフ環礁
Haa-Alifu Atoll

モルディブ最北端に位置する環礁。主島に次いで大きなフヴァラフシHuvarafushi島には、音楽やダンス、スポーツなどのアクティビティ施設もある。ケライKelai島には、第2次世界大戦中、イギリス軍の基地がおかれていた。また、ウティームUtheem島は、1573年、ポルトガルによる統治から独立を勝ち取った3兄弟が誕生した地で、記念センターがある。ウティーム島をはじめ、いくつかの島には野生の竹が群生しており、これで釣り竿を作っている。おもな産業はヤムイモとコジャンと呼ばれるヤシの葉で作る敷物の生産。

正式名:北ティラドゥンマティ環礁 North Thiladhunmathi Atoll
リゾート数:2　人の住む島:15
無人島:26
主島:ディッドゥー Dhidhdhoo
マーレからの距離:280km

ハー・アリフ環礁にある「ハイダウェイ・ビーチ・リゾート&スパ」

2 ハー・ダール環礁
Haa-Dhaalu Atoll

ティラドゥンマティ環礁の南部と、西側に寄り添う小さなマクヌドゥMakunudhoo環礁からなる。主島ではないが、人口が最も多いのはクルドゥフシKulhudhuffushi島で、学校や病院などが整っている。この島の人々は働き者と評判で、特にロープ作りやサメ釣りなどが有名。またクムンドゥKumundhoo島やクブルドゥKuburudhoo島はハチミツの生産として知られる。

正式名:南ティラドゥンマティ環礁 South Thiladhunmathi Atoll
リゾート数:0
ローカルアイランド:ハニマードゥ
人の住む島:16　無人島:20
主島:ノリヴァランファル Nolhivaranfaru
マーレからの距離:240km

3 シャビヤニ環礁
Shaviyani Atoll

野菜や果物の豊富な島が多く、産地として知られている。マアカドゥードゥMaakadoodhoo島などいくつかの島々は、ヤシから作る黒砂糖の生産で名高い。また、ナルドゥNarudhoo島の中央部には湖があり、モルディブで最も美しい島といわれている。

正式名:北ミラドゥンマドゥル環礁 North Miladunmadulu Atoll
リゾート数:2　人の住む島:15　無人島:34
主島:フナドゥ Funadhoo　マーレからの距離:192km

4 ラー環礁
Raa Atoll

大小ふたつの環礁からなる。北にある小さな環礁のアリフシAlifushi島で造られるドーニと呼ばれるモルディブ伝統のボートは、インド洋で最も優れているといわれている。現在では資材の多くを輸入に頼っているが、それでもアリフシ産のドーニはモルディブ全土に供給されているという。

イグライドゥIguraidhoo島やインナマドゥInnamaadhoo島も優秀な船大工がいることで名高い。また、主島のウグーファールは全島民のなかで漁師の占める割合が全国で最も高い。

正式名:北マロスマドゥル環礁 North Malosmadulu Atoll
リゾート数:9　人の住む島:14
無人島:75
主島:ウグーファール Ugoofaaru
マーレからの距離:145km

5 ヌーヌ環礁
Noonu Atoll

ミラドゥンマドゥル環礁の南部。主島よりもヴェリドゥVelidhoo島やホルドゥHolhudhoo島のほうが人口も多く、発達している。ランドゥLandhoo島やミラドゥMilladhoo島に、仏教遺跡が残されている。

正式名:南ミラドゥンマドゥル環礁 South Miladunmadulu Atoll
リゾート数:7　人の住む島:13　無人島:63
主島:マナドゥ Manadhoo　マーレからの距離:150km

7 バー環礁
Baa Atoll

レスビー・チャネルによって北部と隔たれた南マロスマドゥル環礁と、そのまた南の小さな環礁からなる。この小さいほうの環礁に並ぶフラドゥFulhadhoo島、フェヘンドゥFehendhoo島、ゴイドゥGoidhoo島の3島は、流刑の島として知られている。刑務所となったのは1962年のことで、もともとフラドゥ島は、17世紀初頭にモルディブを訪れた最初のフランス人の船が難破し、漂着した地として有名だ。この環礁は、フェリと呼ばれるモルディブ特有のサロン（腰に巻く布）や漆器の産地として知られている。

正式名:南マロスマドゥル環礁 South Malosmadulu Atoll
リゾート数:16
ローカルアイランド:ダラバンドゥ
人の住む島:13　無人島:61
主島:エイダフシ Eydhafushi
マーレからの距離:105km

6 ラヴィヤニ環礁
Lhaviyani Atoll

ひとつの環礁からなる。無人島が多いこともあり、リゾート開発も進められている。もともとこの環礁は魚の加工で知られ、フェリヴァルFelivaru島にはマグロの缶詰工場があり、輸出用のツナ缶を生産している。

正式名:ファディフォル環礁 Fadiffolu Atoll
リゾート数:8　人の住む島:5
無人島:49
主島:ナイファル Naifaru
マーレからの距離:120km

ラヴィヤニ環礁にある「フラワリ・アイランド・リゾート」の水中レストラン

モルディブ中部

Central of Maldives

アリ環礁にある
人気の水中レストラン「イター」

島近くの浅瀬を泳ぐウミガメ

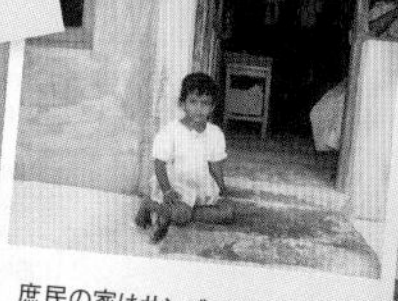
庶民の家はサンゴで造られている

1 アリ&ラスドゥ環礁
Ari & Rasdu Atoll

アリ、ラスドゥのふたつの環礁にトッドゥThoddoo島を含めたエリア。トッドゥ島はスイカの栽培が盛んだが、このスイカ畑から仏教遺跡が発見され注目を集めた。この環礁はマーレ環礁に次いでリゾート開発が進められたエリアだが、もともと人の住む島も比較的多い。彼らはほかの環礁とは少し違った文化や伝統を継承しているといわれ、ドーニや家の屋根の形に、わずかだがその違いが見られる。

正式名:北アリフ環礁、南アリフ環礁
North Arifu Atoll, South Arifu Atoll
リゾート数:29
ローカルアイランド:ラスドゥ、マーミギリ
人の住む島:27　無人島:35
主島:マヒバドゥ Mahibadhoo
マーレからの距離:64km

2 ファーフ環礁
Faafu Atoll

環礁南部にあるダラブードゥDharaboodhoo島は、毎月4～10月にかけてウミガメが産卵に来ることで知られている。

正式名:北ニランドゥ環礁 North Nilandu Atoll
リゾート数:1　人の住む島:5　無人島:16
主島:マグードゥ Magoodhoo　マーレからの距離:120km

3 ダアール環礁
Dhaalu Atoll

ひとつの環礁で形成される。環礁の西端、真ん中あたりに並ぶリブドゥRibudhoo島と、そのすぐ近くにあるフルデリHulhudheli島は、それぞれ金細工、銀細工で知られている。代々受け継がれてきたその技術はかなり優秀であるといわれるが、身の回りの装飾品を作るだけで、産業としては成り立っていない。

正式名:南ニランドゥ環礁 South Nilandu Atoll
リゾート数:6　人の住む島:18　無人島:47
主島:クダフヴァドゥ Kudahuvadhoo
マーレからの距離:150km

4 ター環礁
Thaa Atoll

ディヤミギリDhiyamigili島にあるモハメッド・イマドゥッディンの宮殿跡が有名。彼は18世紀のサルタン(王)で、歴史上重要な人物。マーレをはじめ、いくつかの島に宮殿を建てたが、ディヤミギリ島のものが最もすばらしいといわれている。また、キビドゥKibidhoo島では仏教遺跡が発見されている。

正式名:コルマドゥル環礁 Kolumadulu Atoll
リゾート数:1
ローカルアイランド:ティマラフシ
人の住む島:13　無人島:52
主島:ヴェイマンドゥ Veymandoo　マーレからの距離:192km

5 マーレ環礁
Malé Atoll

正確には北からカシドゥKaashidhoo島を取り囲む小さな環礁、ガーファルGaafaru島のある環礁、北マーレ、南マーレ環礁の4つの環礁からなる。

南マーレ環礁のマアフシMaafushi島には大きな少年院があり、少年たちが矯正トレーニングを受けているという。また、首都マーレのすぐ北にあるドゥーニドゥDhoonidhoo島はディベヒ語で「鳥の島」という意味。1964年まではイギリス総督が住んでいたが、現在は政治犯の留置所として使用されている。マーレ島と空港のあるフルレ島のほぼ中間にある小さな島は、フナドゥFunadhoo島。マーレからもオイルタンクがよく見える。

正式名:カーフ環礁 Kaafu Atoll
リゾート数:45
ローカルアイランド:マーレ、フルマーレ、ビリンギリ、マアフシ、トゥルスドゥ、ヒンマフシ
人の住む島:11　無人島:60
主島:トゥルスドゥ Thulusdhoo
マーレからの距離:25km

6 ヴァーヴ環礁
Vaavu Atoll

モルディブで最も人口の少ない環礁。ハート形のフェリドゥ環礁と、すぐ南にくっついている小さなヴァタルVattaru環礁からなる。ほとんどの人は漁業で生計を立てているが、環礁内のふたつのリゾートからショッピングに訪れる観光客も重要な財源。主島のフェリドウにはTシャツなどを売るみやげ物店が並んでいる。

正式名:フェリドゥ環礁 Felidu Atoll　リゾート数:2
人の住む島:5　無人島:12
主島:フェリドゥ Felidhoo　マーレからの距離:67km

7 ミーム環礁
Meemu Atoll

主島よりムラMulah島のほうが人口が多く、開発が進んでいる。そのほかの島では、ヤムイモの栽培が盛んに行われている。

正式名:ムラク環礁 Mulaku Atoll　リゾート数:2
人の住む島:8　無人島:23
主島:ムリ Muli　マーレからの距離:120km

8 ラーム環礁
Laamu Atoll

モルディブ史上でも重要な遺跡の多い環礁。イスドゥIsdhoo島、ガムGamu島(ガン島)、ムンドゥMundoo島など、環礁東部に連なる島々で、仏教遺跡と思われる古墳が発見されている。

正式名:ハッドゥンマティ環礁 Hadhdhunmathi Atoll
リゾート数:1
ローカルアイランド:カッドウ、ガン、フォナドゥ、マーンドゥ
人の住む島:12　無人島:70
主島:ヒタドゥ Hithadhoo
マーレからの距離:224km

モルディブ南部

South Mordives

公共の水くみ場から真水を運ぶ女性と子供たち

港で魚を売る漁師たち

フア・ムラクのゲストハウス

1 ガーフ・アリフ環礁
Gaafu-Alif Atoll

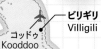

世界で最も大きな環礁といわれるフヴァドゥ環礁の北半分。以前は南北合わせてひとつの行政環礁を構成していたが、島の数も多いため、1970年に分離された。環礁のほぼ中央にあるデヴァドゥDhevvadhoo島は、織物やロープ作りで有名。また、いくつかの島には古墳と思われるものが残されている。1996年にはビリギリVilligili島の北にあるコッドゥKooddoo島に、モルディブ最大の冷凍施設とカツオブシ製造工場ができた。日本人技術者の指導のもと、日本にも輸出している。

正式名：北フヴァドゥ環礁 North Huvadhu Atoll
リゾート数：6
ローカルアイランド：コッドゥ
人の住む島：10　無人島：83
主島：ビリギリ Villigili
マーレからの距離：330km

2 ガーフ・ダール環礁
Gaafu-Dhaalu Atoll

主島のティナドゥ島は、1960年代に中央のマーレに対して起こった"南部反乱"の中心地だったところ。1962年に、その見せしめとしてこの島は破壊し尽くされた。その後4年の間は無人島と化していたが、現在は復興されている。そのせいもあって、人口増加や開発が進んでいるのはガッドゥGadhdhoo島のほう。環礁の中心的存在になっている。

正式名：南フヴァドゥ環礁 South Huvadhu Atoll
リゾート数：2
ローカルアイランド：カーデッドゥ
人の住む島：10　無人島：15
主島：ティナドゥ Thinadhoo
マーレからの距離：360km

モルディブ国内線の路線図

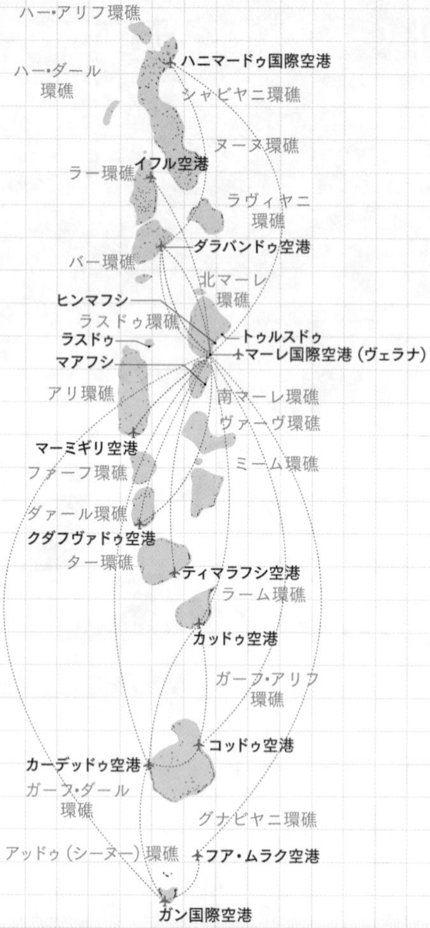

✈ 国内線航空路
- モルディビアン航空
- フライミー
- マンタエア

● マーレ（ヴェラナ）国際空港からの所要時間の目安

環礁	空港	所要時間
アリ	マーミギリ	20分
バー	ダラバンドゥ	25分
ラーム	カッドゥ	35分
ラー	イフル	40分
ダァール	クダフヴァドゥ	45分
ター	ティマラフシ	50分
ガーフ・アリフ	コッドゥ	50分
ガーフ・ダール	カーデッドゥ	55分
ハー・ダール	ハニマードゥ	55分
アッドゥ（シーヌー）	ガン	70分
グナビヤニ	フア・ムラク	80分

3 グナビヤニ環礁
Gnaviyani Atoll

実際には環礁ではなく、ひとつの島でひとつの行政区を構成。ほぼ赤道直下に位置し、ほかの環礁や群島からも離れてポツンと孤立した島だ。長さ約4.5km、幅約1.2kmと比較的大きく、島内には真水をたたえたふたつの湖がある。この水と豊かな土壌に恵まれており、野菜や果物の栽培が盛んに行われている。

島の周りは砂利の海岸になっており、港はない。しかも険しい岩礁に囲まれているうえ、すぐ沖は非常に流れの速い海域で、船の停泊さえもままならない。そのため、人々もほかの島々から孤立しており、独自の文化や伝統を築いている。島内には数千年前の仏教遺跡がある。

正式名：フヴァムラ環礁 Fuvamulah Atoll
リゾート数：0
ローカルアイランド：フア・ムラク
人の住む島：1　無人島：0
主島：フア・ムラク Foah Mulah
マーレからの距離：500km

4 アッドゥ（シーヌー）環礁
Addu (Seenu) Atoll

マーレに次ぐ大都市で、車やバイクなどの陸上交通がある。ここの人々は自らをアッドゥ人と呼び、独自の文化を形成している。話される言葉もマーレなどとはかなり違い、独立心も強い。

ガンGan（Gamuとも呼ばれる）島には1956～1976年の間、イギリス軍の基地がおかれていたことで知られており、飛行場や道路もしっかり整備されている。イギリス人たちが去ったあと、島には失業者があふれ、基地周辺は廃墟になりかけた。しかし、現在はゲストハウスやレストランなどが増加している。このガン島から主島のヒタドゥ島まで4つの島がつながっていて、バイクや自転車でも行き来できる。

正式名：アッドゥ環礁 Addu Atoll
リゾート数：3
ローカルアイランド：ガン、フェイドゥ、マラドゥ、ヒタドゥ
人の住む島：6　無人島：16
主島：ヒタドゥ Hithadhoo
マーレからの距離：478km

モルディブ
最新
旅事情

楽しみ方自由自在

あなたはリゾートアイランド派？ それともローカルアイランド派？

モルディブの旅のスタイルは、1島1リゾートのビーチリゾートで楽しむ贅沢バカンスと、ローカルアイランドで地元の人たちとの触れ合えるリーズナブルトリップの2タイプ。いったいどんな違いがあるのかまずはふたつを比較してみよう。

リゾートアイランドステイ

どんなリゾートがあるの？

昔ながらの素朴なリゾートから世界のセレブが集うラグジュアリーリゾートまで、バラエティ豊か。

アクセスは？

北・南マーレのリゾートはヴェラナ国際空港まで、リゾート専用のボートが迎えに来る。遠方の環礁にあるリゾートは、水上飛行機もしくは国内線での移動に。

リゾートアイランドって？

1島まるごと1軒のリゾートホテルになっている。一周徒歩で10分ほどの小さな島から、徒歩で45分くらいの大きな島までいろいろ。その島の中に、宿泊エリア、レストラン、プール、スパ、ダイビングサービス、クリニックなど必要なものがすべて揃っている。日本人スタッフが勤務しているところもある。

食事は？

大規模なリゾートホテルには、島に数軒のレストランがあり、高級フレンチや日本食、イタリアンなど各国料理が楽しめる。小規模なリゾートホテルでは、メインレストランのみになり、ビュッフェスタイルで提供されることが多い。

アクセスは？

ローカルアイランドの場合、公共交通機関を利用することになる。マーレ近郊の島は公共フェリーを利用。遠方の島は国内線を利用する。空港までの送迎を依頼しておけば迎えに来てくれる。

どんなホテルがあるの？

宿泊施設のほとんどはゲストハウス。全10室程度の小規模なものだが、Wi-Fiやエアコンなど基本的な設備は整っている。旅行者の多い島では、やや規模の大きい中級ホテルや、ブティックホテルもある。

料金は？

ひとり1 泊US$300 前後からUS$2000を超えるものまでさまざま。朝食は基本宿泊代に含まれている。ハーフボード、フルボード、オールインクルーシブなど食事プランはリゾートによってさまざま。

気をつけることは？

リゾートを選ぶうえで、客層について調べることも大切。というのも、どんな客が多いのかで、リゾートの雰囲気もずいぶんと違ってくるからだ。ハネムーナーやカップルが多いのか、それとも家族連れやグループが多いのか。また、どこの国の客が大きな割合を占めているのかも考慮する価値大。

ローカルアイランドステイ

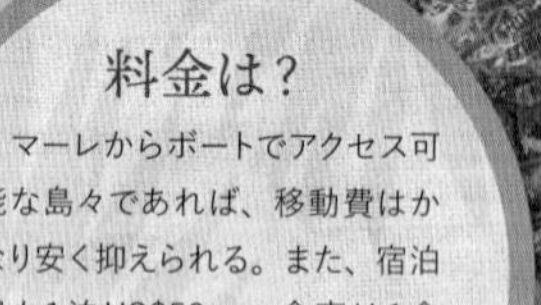

ローカルアイランドって？

かつてモルディブでは現地の人々が暮らす有人島での宿泊施設の営業が禁じられ、旅行者はリゾートアイランドしか選択の余地がなかった。2009年にそれが解禁となり、訪れることができるようになった有人島を、本書ではリゾートアイランドに対してローカルアイランドと呼んでいる。

気をつけることは？

島の人々は敬虔なイスラム教徒。イスラム教に関する注意事項がいくつかある。まず露出をできるだけ避けること。特に女性は肩とひざを出す格好は控えたい。もちろんアルコールは販売されていない。

料金は？

マーレからボートでアクセス可能な島々であれば、移動費はかなり安く抑えられる。また、宿泊費も1泊US$50～、食事は1食US$5程度からで、リゾートアイランドステイとは対照的にかなり費用を抑えることができる。

食事は？

各島には現地の人向けの小さな食堂がある。モルディブ料理や西洋料理など、1食US$5程度で食べられる。また、人気の島にはおしゃれなレストランもオープンしており、味も見た目も洗練されたものを楽しむことができる。

こんな旅は
いかが？

モルディブ旅プラン

リゾートアイランドステイ 3泊5日

1日目

第三国を経由してマーレ（ヴェラナ国際空港）に到着。エアラインにもよるが夜着になることが多く、その後ホテルへ向けて移動となるため、ホテル着は深夜になることも。

リゾート泊

AM成田出発
→PMマーレ着

マーレ到着が日中なら水上飛行機の利用が可能

南北マーレ環礁のリゾート泊ならリゾート専用ボートで

マーレ着が夜の場合、遠方のリゾートへは国内線で

2日目

今日はゆっくり起きてリゾートアイランドを散策&リラックス。無料のアクティビティをチェックしたりビーチでカクテルを楽しんだり。

リゾート泊

リゾートで
終日フリー

AM
朝食後は島を散策しながらリゾートの全景を把握しよう

PM
プールやビーチ、スパなどでのんびり過ごす

Evening
ドーニに揺られながらサンセットクルーズへ。夕食前の定番エクスカーション

3日目

アクティビティに参加。体験ダイビングやスノーケリングトリップ、ローカルアイランドツアーなど海も陸も楽しめるツアーがいっぱい。

リゾート泊

リゾートで
終日フリー

AM
サンドバンクでスノーケリング。海のグラデーションの美しさに感激

PM
リゾートを脱出して近くのローカルアイランドへ。ガイドが同行するので安心

Evening
最後の夜は少し贅沢してスペシャルディナーをリクエスト。最高の思い出に

4日目

AMリゾート出発
→PMマーレ着

PMマーレ
（ヴェラナ）
出発

ヴェラナ国際空港には免税店があり、おみやげの購入も可。ただし品揃えはあまりよくない

AM
成田着

5日目

第三国を経由して成田空港に到着。

スリランカ航空を利用すると中2日まるまる遊べる5日間コースが可能。1日はマリンアクティビティやリゾートライフを満喫し、もう1日はデイトリップなどのエクスカーションにも参加できる最短の旅プラン。

ローカルアイランドステイ 3泊5日

1日目

第三国を経由してマーレ（ヴェラナ国際空港）に到着。夜到着の場合は、マーレもしくはフルマーレに宿を取り、2日目にリゾートへ移動するという手もあり。

ホテル泊

AM成田出発→PMマーレ着

船での移動は首都マーレのフェリー乗り場から

遠方のローカルアイランドへは国内線を利用

ヴェラナ国際空港からマーレへは陸路でも移動可

2日目

まずはホテルでモルディブスタイルの朝食を。その後、島を散策したり、ビキニビーチでスノーケリングを楽しんだり……。

ホテル泊

ローカルアイランドで終日フリー

AM
モルディブの定番ツナやココナッツなどを混ぜたマスフニとロシ（チャパティのようなもの）で朝食

PM
町を散策してローカルの暮らしに触れてみる

Evening
お酒を飲める沖合のフローティングバーへ（島の中ではアルコール禁止）

3日目

スノーケリングツアーや体験ダイビング、近くのリゾートアイランドへデイトリップなどアクティビティ三昧。

ホテル泊

ローカルアイランドで終日フリー

AM&PM
ランチを持ってサンドバンクピクニックへ。スノーケリングも存分に楽しめる

Evening
モルディブの伝統的な楽器、ボドゥベルを使ったパフォーマンスを堪能

4日目

AMローカルアイランド出発→PMマーレ着

PMマーレ（ヴェラナ）出発

時間があれば首都マーレの町を散策しよう

5日目

AM成田着

第三国を経由して成田空港に到着。

モルディブ 1島1リゾート 徹底解剖

「ひとつの島にひとつのリゾートホテル」が
基本のモルディブ。
簡単にほかの島に行くことができないため、
リゾート選びが旅の決め手になる。
1島1リゾートの中には何があるのか、
まずは施設のキホン形をご紹介!

①レセプション
チェックイン、チェックアウト時に利用。チップの少額両替可。リゾートによっては、レセプションがないところもある。

②キッズクラブ
子供専用の多目的施設。専属のスタッフが常勤しているので、安心して預けることができる。年齢制限あり。

③レストラン
ビュッフェ、アラカルトなど、リゾートによってさまざま。水上レストランやバー、ワインセラーなどがあるリゾートも。

④ブティック
ビーチウエアや日焼け止め、帽子などのビーチグッズやおみやげ、リゾートのオリジナルグッズを販売している。

⑤水上ヴィラ
水上に建つ宿泊棟。1棟建てが多く、プライバシーにも配慮。テラスから直接海に下りられるようになっている。

⑥ハウスリーフ
島の周りを囲っているリーフ(砂洲)のことで、穏やかな浅瀬で波が入ってこない場所。スノーケリングに最適。

⑦プール
モルディブはプール付きのリゾートがほとんど。ビーチに面したロケーションのよい場所に造られていることが多い。

⑧ダイビングセンター
たいがいのリゾートにあり、リゾート直営、外部のサービスなど形態はさまざま。レンタル器材が用意されている。

⑨ビーチヴィラ
テラスから直接海に出られるようになっている。ヴィラは木々で囲まれプライバシーにも配慮されている。

⑩メイン桟橋
モルディブでは「ジェティ」と呼ばれている。ボートで到着するとスタッフが出迎えてくれ、ここからリゾートへ。

⑪ウオータースポーツセンター
カヌーやカヤック、スノーケリングセットなど島で楽しめるマリンスポーツの道具の貸し出しを行っている。

⑫テニスコート
ある程度広いリゾートにはテニスコートやフットサルグラウンドなども備わっている。無料で利用できる場合が多い。

⑬バー
プール同様ロケーションのよい場所に造られていることが多い。サンセットバーや水上バー、ツリートップバーなども。

⑭スパ
ほとんどのリゾートにスパ施設があり水上スパも多い。リラックスできるよう静かな場所に建てられている。

※上記はコンスタンス・ハラヴェリ・モルディブ(→P.126)をモデルとした一例です。

リゾート滞在の基本Q&A

これだけは知っておこう。

リゾートへはどうやって行くの？

ヴェラナ国際空港の近隣のリゾートであれば、ヴェラナ国際空港からリゾート専用ボートで送迎してくれる。遠方のリゾートは、水上飛行機もしくは国内線+リゾート専用ボートのどちらかで。

リゾートの規模はどこも同じ？

モルディブには140以上ものリゾートがあり、リゾートの規模は徒歩で一周10分ほどの小さなものから徒歩で45分ほどの大きなものまでさまざま。小さなリゾートは50室以下が目安。

どんな服装がいいの？

気を使う必要はないが、夕食時などに雰囲気を楽しむために、男性なら襟のあるシャツ、女性ならワンピース程度のおしゃれをしたい。ローカルアイランドに行くときは、肌の露出が少ない服装で。

滞在中は何して過ごす？

客室やビーチでのんびり過ごすのもいいし、マリンスポーツを楽しむのもいい。迷ったらアクティビティデスクに相談にいこう。おすすめのアクティビティやエクスカーションを教えてくれる。

お酒は飲めるの？

イスラム教国であるため、外国人であってもアルコール類の持ち込みは一切禁止。ただし、リゾート内のバーやレストランで、ワインやカクテル、ビールなどをひと通り飲むことができる。

宿泊費以外にかかるお金は？

食事プランによって現地での支払いが変わってくる。有料アクティビティやスパなどを利用した場合はリゾートでの支払いが必要。現金（US$）かカードで支払う。

食事はどうなっているの？

3食リゾートで食べるのが基本。多くのリゾートでは、ハーフボード（朝・夕）、フルボード（朝・昼・夕）、朝・昼・夕とドリンクなどが付いたオールインクルーシブ（右記）が用意されチョイス可。

オールインクルーシブって何？

宿泊費に滞在中の食事や飲み物、アクティビティなどリゾートでかかる費用の大半が含まれたプランのこと。現地での支払いがほとんどなく、財布を気にせず過ごせるのが大きな魅力。

リゾートでの過ごし方

島から出られないなら遊びが限られる！と思っていませんか？
実は1島1リゾートだから楽しめるアクティビティやお楽しみがいっぱい！ 1日の流れを見てみましょう。

こんなお楽しみも！

- ビーチでナイト映画鑑賞（無料）
- ローカルアイランドツアー
- サンドバンクピクニック
- ドルフィンウオッチング
- ボドゥベルライブ鑑賞（無料）
- 体験ダイビング
- シャーク&スティングレイ・フィーディング（無料）

and more!!

7:00 無料の早朝ヨガレッスンへ

プールサイドやヨガパビリオンで早朝や夕方に行われる無料ヨガに参加。ストレッチをするだけでもさわやかな気分に！

8:00 オンザビーチで朝食ビュッフェ

6:30～10:30が基本の朝食時間。ビュッフェスタイルが多く、好きなものを好きなだけ食べられます！

9:00 ハウスリーフでスノーケリング

ハウスリーフでスノーケリングを楽しみたい。ハウスリーフがないリゾートは、スノーケリングトリップを開催しているところも。

12:00 ランチタイム

朝食を取った時間が遅かったり、ハーフボードの場合は、軽めのスナックなどで済ませるのも○。

14:00 マリンスポーツ三昧！

カヤックやスタンドアップパドル、水上バイク、パラセ リングなど海を満喫！無料で楽しめるアクティビティも多い。

16:00 スパでリラックスタイム

滞在中一度は体験したい極上タイム。ひとりでもカップルでも利用できる。人気スパは早めの予約を心がけて。

18:00 サンセットクルーズ

サンセットクルーズやサンセットフィッシングなど、夕食前のエクスカーションも充実。

20:00 バー&ディナータイム

18:30～22:00が基本の夕食時間。バーは深夜まで営業。食後にバーで一杯など深夜までリゾートライフを満喫。

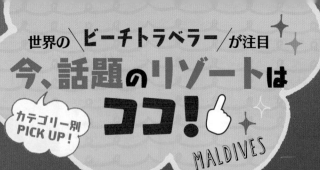

世界の＼ビーチトラベラー／が注目

今、話題のリゾートはココ！

カテゴリー別 PICK UP！

MALDIVES

小さな島でのんびり静かに過ごしたい

毎日スノーケリングしたい

最新リゾートに泊まりたい

140以上ものビーチリゾートが点在しているモルディブ。
定番のモルディブスタイルのナチュラルリゾートから
趣向を凝らしたオリジナリティあふれる個性派リゾートまで、
注目のリゾートを集めました。

日本人が少ないリゾートに行きたい

絶対ジンベエザメに会いたい

1日中裸足で過ごしたい

リゾートではお金を気にせず思いきり遊びたい

子供と一緒にのんびりしたい

個性派リゾート

このリゾートでしかできない
とっておきの体験を紹介！

イチオシはコレ！

ビーチバブルテント
BEACH BUBBLE TENT

1日1組のスペシャルルーム。周りは透明のビニールなので夜は星空、朝はサンライズとビーチが堪能できる。1泊の料金は宿泊代金にプラスUS$700。

ここフィノールでしか体験できない！

マーレから水上飛行機で	30分
島の大きさ	★★★★★
ラグジュアリー度	★★★★★

アメリカンレトロをイメージ

バー環礁

フィノール
FINOLHU (P.148)

カップル　ハネムーナー　ラグジュアリー

インド洋に浮かぶサンドバンクを独り占め

ビーチバブルテントとは泡の形をしたドーム状の透明なテント。モルディブではフィノールの真っ白なサンドバンクにビーチバブルテントが初登場。テント内は宿泊施設になっていてまさしく自然と一体になれる最高のシチュエーション。1日2名1組だけが滞在できるスペシャルルームで、19:00から翌朝9:00の利用、夕食のプライベートビーチバーベキューと翌朝のプライベートビーチブレックファストが含まれている。満天の星を眺め波音を聴きながら一夜を過ごす究極のナチュラルリゾートライフ。

バブルテントの進化系！地上12mに浮かぶスカイバブルテント

2階のテラスに設置されているのでパノラマビューで海が広がる

スカイハウスの1室のみに設置

バー環礁

アミラフシ
AMILLA FUSHI (P.146)

カップル　ハネムーナー　ラグジュアリー

自然と一体感を体験新感覚のナチュラルルーム

アミラフシのバブルテントはヤシの木に囲まれたヴィラの2階に設置されている。直径4mのテント内には、デイベッド、望遠鏡、サウンドシステムが備わり、究極のナチュラル空間を作り出している。

モルディブ初！開放感抜群のビーチバブルテントで一夜を過ごす

サンドバンク（砂洲）に設置されたドーム型の宿泊施設「ビーチバブル」

ジャングルに
囲まれた
特別な空間

マーレから水上飛行機で	30分
島の大きさ	★★★★★
ラグジュアリー度	★★★★★

デイベッドに寝そべりながら星空観賞

イチオシはコレ！

フローティングブレックファスト
FLOATING BREAKFAST

プールの中でリラックスしながら食べるフローティングブレックファスト。非日常の体験ができると、モルディブでひそかなブームになりつつある。

遊び心いっぱいのブレックファスト

個性派リゾート

モルディブならこんな体験もできちゃいます

ラグーンへは2階のテラスからスライダーで一気にジャボン！

イチオシはコレ！

ウオータースライダー付きのヴィラ

1 BEDROOM WATER RETREAT WITH SLIDER

26室ある客室のうち20室がスライダー付き。2階のテラスからラグーンまで一気に滑り下りる。ちょっとしたアトラクションの気分に。

モルディブ一大きな天体望遠鏡

スライダーは大人も子供も楽しめる

ヌーヌ環礁

ソネバジャニ

SONEVA JANI P.167

カップル　ハネムーナー　ファミリー　エコロジスト

地球に優しいラグジュアリーリゾート

遊び心いっぱいで趣向にあふれたユニークなリゾート。ウオータースライダー以外に天体望遠鏡が備わったレストランや、海の上のシネマ、開閉式の部屋の天井などここだけのお楽しみを満喫しよう。

マーレから水上飛行機で	40分
島の大きさ	★★★★★
ラグジュアリー度	★★★★★

サンゴや魚を見ながら受ける極上トリートメント
青の世界に
浸って
リラックス

マーレからスピードボートで35分	
島の大きさ	★★★★★
ラグジュアリー度	★★★★★

世界初！水深6mで癒やしのトリートメント体験

リラクセーション
エリアで青の
世界に浸る
世界でも
ここだけの
スペシャル体験

北マーレ環礁

フヴァフェンフシ

HUVAFEN FUSHI (P.102)

カップル　ハネムーナー　ラグジュアリー

魅力あふれる大人のための楽園リゾート

ハネムーナーやカップルに人気の大人のリゾート。マーレからボートで35分ほどなので、短期旅行者におすすめ。モルディブの美しい自然と最先端のコンテンポラリーデザインの融合が見事。

イチオシはコレ！

水中スパ
UNDERWATER SPA

幻想的な水中に造られた水中スパ。ガラスの向こうを泳ぐ魚を見ているだけで癒やされる。カップルでの利用も可。営業時間は10:00から20:00。要予約。

長いジェティの先がスパパビリオン

個性派リゾート
オリジナリティあふれるリゾートを
セレクトしました
リゾートにマンタと
ジンベエザメ、

水上ヴィラを上から見るとマンタの形に

スパヴィラは
ロブスターが
モチーフ

リゾートにマンタとジンベエザメ、ロブスターが勢揃い！

ジンベエザメの
口の中

ジンベエザメ
がモチーフの
水上バー

イチオシは コレ！

リゾートの建築物
RESORT BUILDING

リゾート内の建物は、海洋生物やモルディブ文化にインスパイアされている。ジンベエザメのバーやロブスターを模したスパなど、アートとしての完成度が高い。

ダアール環礁

セントレジス・モルディブ・ヴォンムリリゾート
THE ST. REGIS MALDIVES VOMMULI RESORT P.174

カップル ハネムーナー ゴージャス

セレブ愛用 ゴージャスホテル

24時間のバトラーサービス付きの最高級リゾートホテル。客室は最低でも150㎡で全室プライベートプール付き。ユニークな施設の建築物はまるでアート作品のよう。

3階からの
眺めが最高

シェルの形をした
ライブラリー

マーレから水上飛行機で	45分
島の大きさ	★★★★★
ラグジュアリー度	★★★★★

ビオトーププールはモルディブでここだけ

水草が生え、生き物が暮らす ビオトーププールを体験

バー環礁

ドリームランド

DREAMLAND (P.154)

カップル ファミリー グループ

ハスの花が咲く ビオトープ

2018年2月にバー環礁にオープンした新リゾート。リゾート内にハスの花が咲く淡水湖があり、どこかアジアな感じも漂っている。

イチオシはコレ!

ビオトープ プール

BIOTOP POOL

生物生息空間といわれるビオトープ（バイオトープとも）のプールが体験できる。

マーレから水上飛行機で	25分
島の大きさ	★★★☆☆
ラグジュアリー度	★★★☆☆

272室を有するリゾートは バスが巡回している ビッグアイランド

イチオシはコレ!

シャトルバス

SHUTTLE BUS

広いリゾート内はシャトルバスがおよそ15分間隔で運行している。レンタル自転車もあり。

リゾート自慢の長いビーチは自転車移動で

ダァール環礁

カンディマ・モルディブ

KANDIMA MALDIVES (P.176)

カップル ファミリー グループ 女子旅

レストラン&バーが充実した モダンリゾート

2017年にオープンした比較的新しいモダンリゾート。全長3kmもの砂浜を持つ大きな島には10軒のレストラン&バー、ふたつのプールなど施設が充実。

マーレから水上飛行機で	45分
島の大きさ	★★★★★
ラグジュアリー度	★★★★★

島全体をハウスリーフが囲んでいて透明度も申し分ない

最高のハウスリーフ

島を囲む美しいハウスリーフでスノーケリング三昧

色の変わり目がドロップオフ

サンゴと魚に囲まれてドロップオフでのスノーケリングは外せない！

アリ環礁

リリィ・ビーチ・リゾート&スパ

LILY BEACH RESORT & SPA P.132

カップル　ハネムーナー　ファミリー　グループ　日本人スタッフ

水上ヴィラの下はトロピカルフィッシュのすみか

アリ環礁にあるオールインクルーシブが人気のリゾート。日本人スタッフが常勤しているので日本人ゲストも多い。人気の理由はいくつかあるが、ハウスリーフと食事が大きな理由だろう。島の周りや水上ヴィラの桟橋の下にはトロピカルフィッシュが多く、ウミガメやサメなどもやってくる。スノーケル初心者は水上ヴィラの桟橋の内側なら流れもなく安心して楽しめる。食事の面ではというと、メインレストランは3食ともビュッフェスタイル。ピザや寿司、グリルからスイーツまで食べきれないほどの種類が並ぶ。

マーレから水上飛行機で	25分
島の大きさ	★★★★★
ラグジュアリー度	★★★★★

イチオシは コレ!

ハウスリーフ
HOUSE REEF

楽しまなきゃ損!

モルディブ随一と評判のハウスリーフ。ドロップオフまでの距離が近く泳ぎやすいのも特徴。スノーケリングに慣れていない人はライフジャケット着用でガイドと一緒に楽しむように。

クマノミにも出会える!

こんなカラフルな魚も!

透明度抜群!

そのほかオススメハウスリーフは ココ!

ラヴィヤニ環礁
フラワリ・アイランド・リゾート
HURAWALHI ISLAND RESORT P.160

カップル　ハネムーナー　グループ　15歳未満NG

無料のスノーケリングレッスン開催中

ラグーンの先には壮大なドロップオフが広がっているので、熱帯魚や回遊魚などさまざまな魚を見ることができる。またダイビングセンターでは、無料のスノーケリングスクールを開催しているので参加してから楽しむといいだろう。

海のグラデーションに感激

バー環礁
デュシタニ・モルディブ
DUSIT THANI MALDIVES P.157

カップル　ハネムーナー　日本人スタッフ　ファミリー

イルカやマンタもやってくる

上質なハウスリーフを有する。オーシャンヴィラやウオーターヴィラの前は絶好のスノーケリングポイントで、テラスから海に下りられるので気軽にスノーケリングを楽しめる。

ウミガメなどもやってくる極上ハウスリーフ

北マーレ環礁
バロス・モルディブ
BAROS MALDIVES P.114

カップル　ハネムーナー

リピーターが多いナチュラルリゾート

魚が多くカラフルなコーラルリーフが広がる極上のハウスリーフ。ダイビングポイントにもなるくらいのポイントが島の周りにたくさんある。

運がよければエイやサメにも出会える

オールインクルーシブリゾート

滞在中に財布を気にせず
存分に遊べるリゾートをピックアップ!

マーレからスピードボートで	50分
島の大きさ	★★★★★
ラグジュアリー度	★★★★

滞在中は食べ放題、飲み放題、遊び放題!

プール付きの水上ヴィラ

ポッポで楽しげな客室

北マーレ環礁

オーブル・セレクト・アット・サンゲリ

OBLU SELECT AT SANGELI P.104

カップル ファミリー グループ 女子旅

カジュアル&ラグジュアリーの両面を併せもつ

2018年7月オープン。オールインクルーシブを採用しているのでカップルはもちろん、ファミリーやグループでの利用も多い。客室数も多く、カップルやハネムーナーは水上ヴィラ、ファミリーはビーチヴィラのチョイスが多く、混み合った印象はない。マーレ空港からスピードボートで約50分なので、同日リゾートにチェックインできるのも魅力のひとつ。もちろんオールインクルーシブの内容も充実している。

含まれるもの

- メインレストランでの朝・昼・夕食
- プールサイドバーでのスナック(夕方)
- 週1回のDJナイト
- 選べるエクスカーション(滞在中1回)
- ジム、レクリエーションセンターの利用
- スノーケリングセットのレンタル
- 3泊以上でシグネチャーレストランでの食事(滞在中1回)
- レストラン、バーでのドリンク(アルコール含む)
- フィッシングツアー(滞在中1回)
- キッズクラブ利用(子供のみ)
- ノンモーターのウオータースポーツ
- 部屋のミニバー(1日1回補充)

オールインクルーシブとは

旅行代金(宿泊代)に滞在中のリゾートでの食事やドリンク、ジムやアクティビティなどが含まれているプランのこと。現地での支払いがほとんどないので財布を気にせずリゾートライフを楽しめる。

イチオシはコレ!

ザ・サングス
THE SANGS

夕食までの間、軽く食べられる

夕食までの少しの時間、小腹がすいたらザ・サングスへ。サンドイッチやカナッペなどのスナックが用意されていてカクテルやワインと一緒に楽しもう。

ぜーんぶ
含まれています!

朝・昼・夜食

毎食豪華なビュッフェに加え、パスタやグリルのライブクッキングステーションや、日によってはテーマナイトビュッフェの場合もある。

食事中のドリンク

メインレストランやバー含め6ヵ所で利用できる。各種スピリッツ、ワインやビール、シグネチャーカクテル(10種類)、ノンアルコールドリンクなど飲み放題。

部屋のミニバー

部屋のミニバーにはビールとジュース、白・赤ワインが入っている。飲んだ分だけ毎日補充される。部屋でゆっくりしたい時に利用したい。

朝のヨガクラス

早朝ヨガは予約いらず。レッスンの時間に集まれば誰でも参加ができ、ヨガマットは用意されている。そのほかふたつのプール、ジムや各種イベントも無料で参加できる。

ノンモーターのウオータースポーツ

カヌーやカヤック、スタンドアップパドル、スノーケリングセットなどが無料。ダイビングや水上バイク、スパなどは有料アクティビティ。

そのほかのおすすめ オールインクルーシブ リゾートは ココ!

アリ環礁

コンスタンス・ハラヴェリ・モルディブ

CONSTANCE HALAVELI MALDIVES P.126

カップル ハネムーナー 日本人スタッフ ラグジュアリー

贅を尽くした充実の内容

朝食時のシャンパンはもちろん、客室にもシャンパンボトルが付いている。エクスカーション(サンセットクルーズやドルフィンウォッチングなど4種類から)は、滞在中2回まで無料で参加可能。

含まれるもの

- 朝・昼・夕食、アフタヌーンティー
- レストラン、バー、カフェでのドリンクなど(アルコール含む)
- 水上レストランでの食事
- プール、サウナ、スチームルーム利用　など

南マーレ環礁

オーゼン・バイ・アトモスフィア

OZEN BY ATMOSPHERE P.120

カップル ハネムーナー 女子旅 日本人スタッフ

水中レストランでの食事も込み

ラグジュアリーオールインクルーシブには、スノーケリングツアー(1日2回/何度でも参加可)、4泊以上の場合は水中レストランでのランチもしくは夕食(滞在中1回)付きという豪華さ。

含まれるもの

- 朝・昼・夕食
- レストラン、バー、カフェでのドリンクなど(アルコール含む)
- ウエルネスヨガ&ストレッチクラス参加
- プール、サウナ、スチームルーム利用　など

アリ環礁

ラックス*サウスアリアトール

LUX* SOUTH ARI ATOLL P.130

カップル ハネムーナー 日本人スタッフ

人気のアリ環礁のラグジュアリーリゾート

日本人に人気のラックスのオールインクルーシブの特徴は、朝食は2つ、昼・夕食は3つのレストランから好きなところを選べること。アジアンやインターナショナルなど毎日違った料理が楽しめる。

含まれるもの

- 朝・昼・夕食、アフタヌーンティー
- レストラン、バー、カフェでのドリンクなど(アルコール含む)
- ウエルネスヨガ&ストレッチクラス参加
- プール、サウナ、スチームルーム利用　など

ファミリーで過ごすリゾート

家族で水上ヴィラに泊まりたい。
そんなファミリー必見!

ファミリー水上ヴィラの子供部屋。明るく開放的

子供喜ぶ子供部屋付き水上ヴィラ

メインの寝室。窓の外はテラスとインド洋が広がっている

アリ環礁

センターラ・グランド・アイランド・リゾート&スパ・モルディブ

CENTARA GRAND ISLAND RESORT & SPA MALDIVES

P.134

カップル ファミリー グループ 女子旅

安全面を考慮して造られた水上ヴィラ

リゾートによっては「12歳以下水上ヴィラお断り」など子供が宿泊できない場合があるが、ここには子供と一緒に泊まれる水上ヴィラがありファミリーに人気。キッズクラブや、子供の好きなメニューがそろったレストランがあり、親子とも大満足。オールインクルーシブなので明朗会計、家族でお金の心配をせずに過ごせるのが何よりの魅力。

マーレから水上飛行機で	25分
島の大きさ	★★☆☆☆
ラグジュアリー度	★★★☆☆

キッズクラブも充実

海への階段が付いた広いテラス付き

デラックスファミリー水上ヴィラ

DELUXE FAMILY WATER VILLA

イチオシはコレ!

小さな子供も泊まれる水上ヴィラ。独立した子供部屋は2段ベッド完備なので大きな子供にも対応。右のように、ファミリーヴィラだけの設備も多い。

テラスの階段にある鍵付きの扉

玄関ドア前にも鍵付きの柵で安全対策

子供部屋はプレイステーション完備

島の周りのハウスリーフにも定評あり

裸足で過ごせる小さなリゾート

50室以下でレストランはひとつというところが多い。

マーレから水上飛行機で	30分
島の大きさ	★★☆☆☆
ラグジュアリー度	★★★★☆

客室はナチュラルテイスト

1日中、裸足で過ごせるサンドビーチアイランド

長い桟橋の先に水上ヴィラが点在

ダイビングをサポートしてくれる

プールはないが、ジムは完備

アリ環礁

ミリヒ・アイランド・リゾート

MIRIHI ISLAND RESORET P.138

カップル　グループ　ダイバー　日本人スタッフ

モルディブらしい茅葺き屋根のヴィラ

徒歩で島一周10分ほどの小さな島に37の宿泊棟を完備。プールやテレビ(客室)はあえて備えず、純粋に自然を満喫してほしいという気持ちが伝わってくる。スタッフも島では裸足で過ごしている。ダイバーに人気が高くリピーターも多い。

イチオシはコレ!

1日中素足で過ごせる

BAREFOOT ISLAND

このリゾートでは、ゲストも滞在中は裸足で過ごす。キメの細かい白砂が心地よい。裸足で過ごせるよう島内は掃除が行き届いている。

スタッフも全員裸足で過ごす

コスパ最強リゾート

お値段以上の満足感が得られるリゾートを紹介！

客室のほとんどが水上ヴィラ
テラスはカタマランネット付き
ドクターも常勤しています

立地、食事、アクティビティ、3拍子揃った優良コスパリゾート

タイ発の本格スパ、スパセンバリー

ロマンティックディナーのリクエスト可

本場タイ料理も食べられる
Noodles

総料理長の冨田賢吾シェフ

北マーレ環礁

センターラ・ラスフシ・リゾート&スパ・モルディブ

CENTARA RAS FUSHI RESORT & SPA MALDIVES P.106

カップル　ハネムーナー　グループ　女子旅

マーレ空港からボートで20分の楽園へ

マーレ空港からスピードボートで20分。短期旅行者にはもってこいのオールインクルーシブリゾート。旅行代金に対してコスパがいいとゲストの満足度が高い。

イチオシはコレ！

絶品グルメ

GOURMET

ここの大きな特徴は食事。3食ビュッフェながら、質の高さと豊富な品揃えが自慢。毎回食べ過ぎてしまって後悔するほどメニューが充実している。

タイ料理も用意されている

マーレからスピードボートで 20分	
島の大きさ	★★☆☆☆
ラグジュアリー度	★★★☆☆

マンタ&ジンベエザメツアー

マンタ&ジンベエツアーが盛んなリゾートはこちら

ぐるぐるマンタを見るならバー環礁へ！

バー環礁

ヴァッカル・モルディブ

VAKKARU MALDIVES (P.152)

カップル　ハネムーナー　グループ

マンタツアーは6〜10月

　ナチュラル感たっぷりの素朴なリゾートで客室数は125。イタリアンやアジア、インターナショナルなどレストランは4つ。

上質な家具が配された客室

美しいサンセットが見られる

マーレから水上飛行機で	25分
島の大きさ	★★★★☆
ラグジュアリー度	★★★★☆

イチオシはコレ！

マンタスノーケリングツアー

MANTA SNORKELING TOUR

リゾート近くに大量のマンタに出合える場所がある。それがハニファルベイ。リゾートからはボートで約20分。

アリ環礁

アマヤ・クダラ・モルディブ

AMAYA KUDA RAH MALDIVES (P.136)

カップル　ハネムーナー　グループ

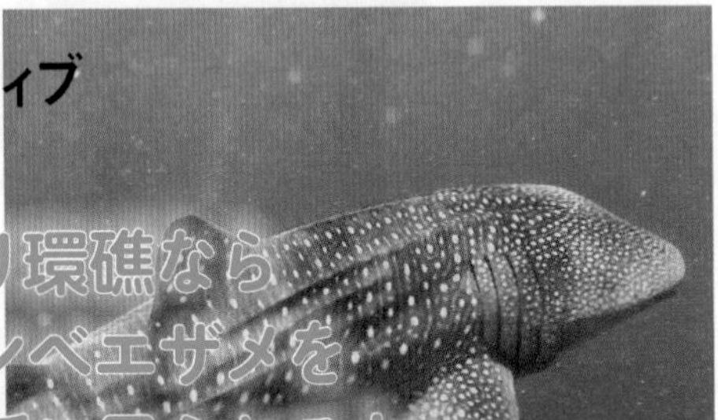

アリ環礁ならジンベエザメを間近に見られる！

年中通して高確率でジンベエに合える

　こぢんまりとしたプチリゾートでのんびりしたい人におすすめ。スタッフがフレンドリーでアットホームな感じ。マリンスポーツから料理教室、ローカルアイランドトリップなどゲストを飽きさせない工夫がされている。

ライトアップされたツリー

マーレから水上飛行機で	30分
島の大きさ	★★☆☆☆
ラグジュアリー度	★★★☆☆

プール付きの水上ヴィラ

イチオシはコレ！

ジンベエザメスノーケリングツアー

WHALE SHARK SNORKELING TOUR

南アリ環礁にはジンベエザメと泳げるポイントがあり、各ホテルがエクスカーションを開催。

マーレから水上飛行機で	45分
島の大きさ	★★★★★
ラグジュアリー度	★★★★★

三日月形の島に一戸建てのコテージが点在

プール付きのオーシャンヴィラ

美しく並んだ水上ヴィラ

ネイチャーリゾート

モルディブの自然を感じられるリゾート紹介

ハー・アリフ環礁

ハイダウェイ・ビーチ・リゾート&スパ

HIDEAWAY BEACH RESORT & SPA P.182

カップル ファミリー グループ ラグジュアリー

客層を選ばないオールマイティなリゾート

ハー・アリフ環礁に最初にオープンしたリゾート。長さ約1400m、幅約500m、周囲約3.2kmの三日月形をした島に一戸建てのコテージが点在。豪華な別荘の休日を楽しむかのような雰囲気が人気の秘密。自然も極力そのままの姿での残しつつ、快適なリゾートライフが楽しめるよう工夫がされている。施設も充実しており、4つのレストラン&バーやスパ、プール、ブティックが備わっている。

イチオシはコレ!

インフィニティプール

INFINITY POOL

21.6×30mのオーシャンビューのプールと、島の南端にある26.4×11mのオーシャンフロントプールのふたつ。ヤシの木に囲まれた自然のなかでのんびりできる。

NEWリゾート

2018-2019年にオープンした
とっておきを紹介

シャヴィヤニ環礁初のリゾート

シャビヤニ環礁

フェアモント・モルディブ・シル・フェンフシ

FAIRMONT MALDIVES SIRRU FEN FUSHI (P.172)

カップル ハネムーナー ファミリー

マーレから水上飛行機で	55分
島の大きさ	★★★★★
ラグジュアリー度	★★★★★

マーレから北へ約230km、シャビヤニ環礁にオープン

現地の言葉で「水の秘島」を意味するシル・フェン・フシに位置するこのリゾートは、名前のとおり水に囲まれた美しいリゾート。14のカテゴリーに分かれた客室のなかには、ジャングルに囲まれたラグジュアリーテントスタイルもある。

イチオシは コレ!

プール
POOL

自慢のプールはモルディブ一長いといわれており200mもの長さを誇る。このプールを挟んで島を二分している。夜はライトアップされてロマンティック。

ヌーヌ環礁にオープンしたモダンシンプルリゾート

ヌーヌ環礁

ノク・モルディブ

NOKU MALDIVES (P.168)

カップル ハネムーナー

50室の隠れ家リゾート

モルディブのリゾートの中でも客室が広いのが大きな特徴。天井も高くゆったりと過ごすのにぴったり。客室のどこにいても海が見える設計になっている。こじんまりとした島だが、ビーチは広い。

マーレから水上飛行機で	45分
島の大きさ	★★★★★
ラグジュアリー度	★★★★★

プール付きの水上ヴィラ

イチオシは コレ!

プール
POOL

プールサイドからの眺めがよくリラックスできる。そばにはバーラウンジがあり、カクテルを飲みながらロマンティックなサンセットタイムが過ごせる。

ビーチにはサラやハンモックがある

Spa

北マーレ環礁　世界初の水中スパで至福の体験を

フヴァフェン・スパ　Huvafen Spa

自然の光に包まれた水中トリートメントルーム。大きなガラスの向こうでは、サンゴの周りで魚が優雅に泳ぐ姿が見られる。海の中でゆらゆらと漂うような幻想的な気分にさせてくれる。

住 フヴァフェンフシ(→P.102)　営10:00～20:00　予必要
メニュー例 アンダーウオータードリーム(ボディマッサージ)：US$275(60分)

ダアール環礁　大人のための粋な空間で忘れられない思い出を

サブ・シックス　Subsix

水深6mにある多目的ホール。ランチ以外はリクエストに応じて、朝食やディナー、ナイトクラブとしても利用が可能。シャンパンやカクテルの種類が豊富で、料理はインターナショナル。

住 ニヤマ(→P.182)　営12:00～14:30(ランチ)、水・土曜21:00～(パーティー)
予 必要　メニュー例 ランチコース▶US$200　ドレスコード スマートカジュアル

Playground

一度は行きたい 水中レストラン&水中スパ

魚が泳ぐ海の中で、食事やスパが楽しめるリゾートホテルがある。といっても120軒を超えるリゾートホテルがあるが、現在、レストランやスパなど全部で6軒という貴重な場所。リゾート選びの選択肢のひとつに加えてみては。

Restaurant

アリ環礁　モルディブ初の水中レストランとして有名

イター・アンダーシー・レストラン　Ithaa Undersea restaurant

天井部180度が透明のアクリルで覆われたドーム型の水中レストラン。ランチやディナー以外に、ウエディングや、アニバーサリーディナーなどもリクエストできる。水深5mに造られた。

住コンラッド・モルディブ・ランガリ・アイランド(→P.141)
営11:00～24:00　休 火　予必要
メニュー例 ランチコース▶US$210～、ディナーコース▶US$325～
ドレスコード スマートカジュアル

バー環礁　水中ワインセラーが備わった人気のレストラン

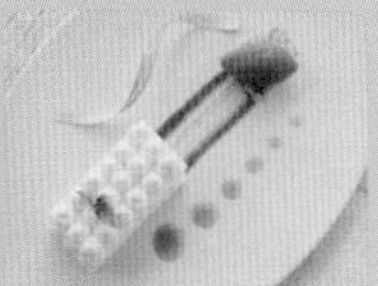

シー　Sea

専属のソムリエが、料理に合わせて水中ワインセラーから選りすぐりの1本を選んでくれる本格ワイン&ダイニング。店名のSeaにちなんで、新鮮な魚が使われたコース料理で提供される。

住 アナンタラ・キハヴァー・ヴィラズ、モルディブ(→P.159)
営12:00～14:00、18:30～22:00、朝食はリクエスト
予 必要　メニュー例 ランチコース▶US$295～、ディナーコース▶US$295～　ドレスコード スマートカジュアル

Restaurant

Restaurant

ラヴィヤニ環礁

5.8アンダーシー・レストラン

5.8 Undersea Restaurant

大きな全面ガラスが特徴の水中レストラン。テーブル数が10、最大20名、モルディブ最大級の広さを誇る。長い桟橋を歩き、そして入口の螺旋階段を下った先にあり、水深5.8mに位置している。ゲスト以外の利用も可能。

住 フラワリ・アイランド・リゾート（→P.160） 営 12:00～、14:00～、18:00～の3回 予 必要
メニュー例 ランチコース▶US$225、ディナーコース▶US$280 ドレスコード スマートカジュアル

❶専属のソムリエが好みの1本を選んでくれる
❷夜はライトに誘われて大型魚が来ることも
❸長い桟橋の先端が水中レストラン

Restaurant

南マーレ環礁

M6m

❶側面に平行してテーブルが並んでいる
❷不思議な空間に迷い込んだような雰囲気
❸左側がレストランの入口。エレベーター完備

オーゼン・バイ・アトモスフィアにある、シーフード料理の水中レストラン。ランチとディナーで利用することができる。料理はコース料理で3種類。また、このリゾートはオールインクルーシブなので、4泊以上の滞在で、ランチもしくはディナーが1回含まれる。

住 オーゼン・バイ・アトモスフィア（→P.120）
営 12:30～15:00、18:30～22:00 予 必要
メニュー例 ランチ、ディナー（※4泊以上のゲストは滞在中1回無料で利用できる） ドレスコード スマートカジュアル

限られた素材をシンプルに調理

モルディブ料理図鑑 Maldivian Food

ローカルアイランドへの渡航が可能になったことで、モルディブの伝統料理に出合う機会も増えた。モルディブ料理は、モルディブフィッシュ（カツオ）を基本的な材料として、ココナッツ、芋類など、限られた素材を最大限に生かしているのが特徴。インドやスリランカの影響も受けている。素材の味を殺さずにシンプルに調理されたモルディブ料理の数々を堪能しよう。

ロシ *Roshi*

食卓に上がらない日はないといってもいいモルディブの主食。インドでいうチャパティ。カレーやリハクル、そのほかあらゆるおかずに合わせて食される。

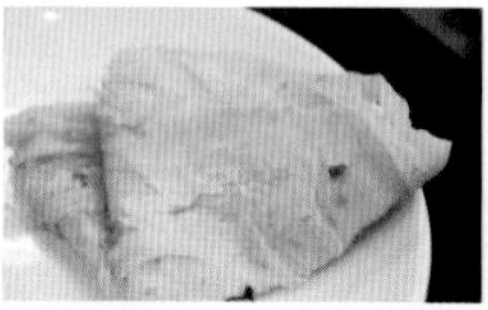

ファラタ *Faraata*

インドでパラタとして食べられているパン。油を練り込んだ生地を薄く伸ばして幾重にも折りたたんでいるため、サクッとした食感になり人気が高い。

フニロシ *Huniroshi*

ロシの生地にココナッツフレークを練り込み、カリッと焼いたもので、ロシより食べ応えがある。ディスクと呼ばれることもある。

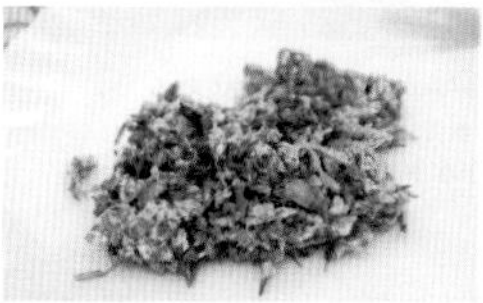

マスフニ *Mashuni*

マスは魚、フニはココナッツフレークを指す。カツオのフレークにタマネギ、菜っ葉、唐辛子を刻んであえ、ライムやレモン汁を搾ったもの。

ヒキ・ミルス・マスフニ *Hiki Mirus Mashuni*

ヒキはドライ、ミルスは唐辛子を指す。ココナッツとカツオのフレークに唐辛子でスパイシーさを加えており、カレーのお供や朝食によく食べられる。

リハクル *Rihaakuru*

カツオのスープ（ガルディア）を弱火で煮込んで作られるかなり塩辛いペースト。唐辛子やタマネギを刻んで入れて、朝食として供されることが多い。

マスリハ *Masriha*

スモークされたカツオの切り身を細かく刻み、カレーリーフ、ターメリックなどと煮込んだカレー。カツオのフレークはスモークされているだけあって風味豊か。

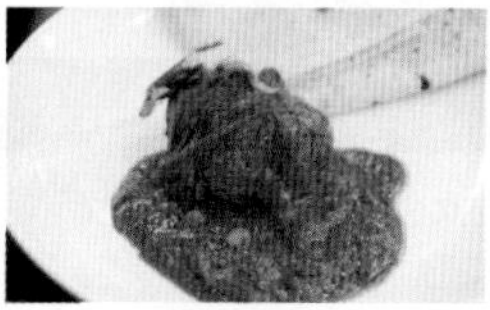

カンドゥククル *Kandu Kukulhu*

カツオのカレー。カンドゥはカツオ、ククルはチキンを指す。ごろっとした大きめのカツオの切り身が入っており、食べ応え十分。

ククルリハ *Kukulhuriha*

直訳すると"チキンカレー"となる。モルディブではカツオが最も食卓に多く登場するが、スーパーなどで売られている輸入物のチキンもよく食べられる。

クリボーキバ *Kulhi Boakibaa*

ココナッツ、唐辛子、タマネギなどを小麦粉で固めた料理。ボーキバはディベヒ語でケーキの意味で、甘いものはフォニボーキバと呼ばれる。

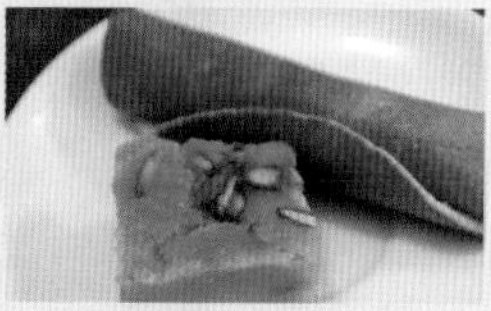

フォニボーキバ＆フォニフォリ *Foni Boakibaa & Foni Folhi*

パンダンで緑に色づけされた、むっちりとしたフォニボーキバは人気のおかしのひとつ。どら焼きの皮をくるっと巻いたようなフォニフォリは素朴な味わい。

ロアスパン *Roas Pan*

食後のデザートや甘いヘディカとして食べられるおかし。フレンチトーストのような味わいで非常に美味。家庭でも手軽に作られる庶民のスイーツ。

気軽に楽しめるモルディブの定番お茶うけ

ヘディカでちょっとひと息

ヘディカはモルディブの代表的なローカル料理のひとつで、具材を包んで油で揚げた手軽なスナックの総称（焼いたものもある）。隣国スリランカでも同様のスナックが食べられている。中身はスパイスなどで味付けしたジャガイモやカツオ、ゆでタマゴなど。ローカル食堂に入ると、おじさんたちが甘いミルクティーを片手に、ヘディカをつまんでいる光景を目にすることができる。

グラ *Gulha*
カツオやココナッツのフレークを小麦粉で包んで丸め、油で揚げた人気のヘディカのひとつ。

カトゥレット *Cutlet*
スリランカでもよく食べられる人気スナック。カツオのフレークやジャガイモを各種スパイスと混ぜてパン粉をつけ揚げたもの。

ビスキーミヤ *Biskeemiyaa*
ゆで卵、タマネギ、唐辛子、カリーリーブスなどを刻んで、春巻きの皮で包んで揚げたモルディブ風春巻き。

バジヤ *Bajiya*
カツオやタマネギ、唐辛子などを刻み、カレーパウダーなどで味付けしたものを包んで揚げたもの。インドでいうサモサ。

パティス *Patties*
隣国スリランカでよく食べられているスナック。カツオやタマネギ、ジャガイモなどをカレーパウダーで味付けした揚げ餃子。

マスロシ *Masroshi*
スモークされたカツオやタマネギを、ココナッツフレークを混ぜたロシの生地で包んで焼いたもの。

ロールズ *Rolls*
スモークされたカツオ、唐辛子、タマネギ、ライム、ジャガイモを混ぜて生地で包んで焼いたもの。

カバーブ *Kavaabu*
カツオ、タマネギ、唐辛子、ココナッツフレーク、ダール（豆）などを小麦粉でつなぎ、油で揚げた、カツオの風味豊かな一品。

伝統料理ガルディア

モルディブに古くから伝わる家庭料理に、ガルディアがある。お客をもてなすときや、祝い事などがあるときに出されるもので、リゾートではモルディビアンナイトのときに出されることがある。ガルディアの主食は米やバナナ、イモ、パンの実をふかしたもの。おかずに当たるものは、刻んだタマネギ、ドライフィッシュのフレーク、ライムの搾り汁など。そしてポイントはカツオの切り身がドサッと入ったスープだ。このカツオのスープをガルディアといい、それがいつのまにか料理全体を表す呼び名になったらしい。一般家庭ではそれぞれの材料が大皿にのってテーブルに並べられ、ビュッフェ形式で食べることが多い。

食べ方は、まず、自分の取り皿に主食をのせ、そこにカツオの切り身をのせ、ほぐしながら混ぜ合わせる。そしてタマネギ、ココナッツなども適量混ぜてライムを搾る。全体にカツオのだしが効いているうえにライムの香りがほどよく、タマネギで味もピリリと締まっている。ガルディアは地元の人々が集まる大衆食堂などで食べることができる。ちなみに、イスラム教では左手は不浄とされているので、作業はすべて右手で行わなければならない。

ゲストハウスで食べるガルディア

ライムを搾ることで何ともいえないさわやかな味わいになる

Malé Island Guide

マーレとその周辺

3つの島を橋で結ぶ

マーレとその周辺

モルディブの首都マーレ付近には、マーレを含んで4つの主要な島が並び、群島国家らしく各島がそれぞれの役割を担っている。2018年9月には、空港があるフルレ島と首都のマーレ、そしてベッドタウンのフルマーレ島の3つの島が橋でつながり、海上と陸、どちらからも移動することが可能になった。

地元の人も訪れる
フルマーレの人工ビーチ

フルマーレを
走る公共バス

発展が期待される埋め立て島フルマーレ

人工島のフルマーレには、70軒以上の宿泊施設やレストラン、カフェなどがあり、新たなトランジットの地としてモルディブ観光の拠点となりつつある。ローカルアイランドへの渡航が可能になってからは、まずはフルマーレに宿をとり、そこから各島へといった具合に、自由な旅のスタイルをもつ旅行者が増えつつある。施設の充実したフルマーレに滞在し、ダイビング三昧の休日を楽しむダイバーの姿も見られるようになった。島は今後さらに埋め立てが進む予定で、これからますますの発展が期待されている。

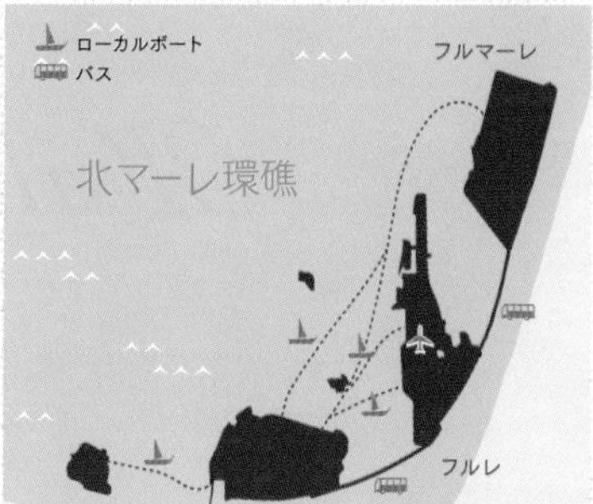

見どころを巡るならマーレ

宿泊の拠点はフルマーレに移りつつあるが、モルディブに来たからには首都のマーレは見ておきたい。わずかながら見どころもあり、おしゃれなレストランも多い。また、マーレのビリンギリ・フェリー・ターミナルやその周辺からは、各島へのボートも出ている。この埠頭からわずか10分で行くことのできる隣の島がビリンギリ。マーレの隣にあるとは思えない、のんびりとした静かな島だ。そして空港があるのはフルレという島で、高級ホテルが1軒営業している。

プランニングのヒント

これらの島々は基本的にモルディブ旅行の中継地としての役割をもち、これまで素通りする人も多かった。しかし、ローカルアイランドへの外国人入島解禁後は観光客が年々増加している。マーレにはローカルアイランドへのボートが出るビリンギリ・フェリー・ターミナルがあり、ここを旅の拠点とする個人旅行者もいる。もちろん、よりバラエティ豊かな宿泊施設が整うフルマーレも人気だ。さらにフルマーレにはビーチがあり、観光インフラも充実しているため、単なるトランジットではなく、デスティネーションとして訪れる観光客もいる。5泊して周辺の美しい海でダイビングやマリンスポーツを楽しむといったフルマーレのみに滞在するツアーパッケージも人気。

フルレ島にあるマーレ行きのフェリー乗り場

空港と橋でつながりより便利に

マーレ (→P.56)

2018年11月、空港島とフルマーレ、マーレが橋でつながり移動が楽になった。観光客はタクシーやバスでも空港からマーレに行くことができ便利に。町並みは建物の間を縫うように狭い道路が碁盤目状に走り、モルディブのほかの島では決して見られない雑然とした都市の姿がある。観光的な見どころは多くないが、都市化のなかでもイスラム教の教えを守りながら暮らす庶民の姿を見ることができる。

フルマーレ (→P.66)

政府の都市計画でマーレのベッドタウンとして人工的に造られた島だが、ビーチ沿いにツーリスト向けの宿泊施設やおしゃれなレストランが続々とオープンし、新たなトランジットの地として発展しつつある。空港とはバスとタクシー、マーレとは船とバス、タクシーで結ばれている。

島の東にあるビーチ

マーレと橋で結ばれ移動が楽になった

ビリンギリ (→コラムP.70)

かつては島まるごとリゾートだったが、マーレの肥大化にともない、開発されベッドタウンとしての役割を担うようになった。ただしフルマーレとは違い、こちらは極めてのんびりとした雰囲気が漂う。

どんなところか、簡単に教えて！

マーレひとめ早わかり

モルディブの首都マーレ。
世界一過密で、最も激しく変化している都市でもある。
だが、一歩路地に踏み入れば、
そこには昔ながらの人々の生活が息づいている。

これだけは、知っておこう！

Q どうやって行くの？

ヴェラナ国際空港のあるフルレ島から、フェリー(ドーニ)やタクシーで約10分(詳しくは→P.56)。リゾートからエクスカーションなどでマーレ観光に参加する場合は、直接マーレへ。

Q どんな都市？

東西約2.5km、南北約1.5kmの小さな島にある。島の北側、桟橋のある港側は、みやげ物店やレストランが点在する、観光客にとってなじみのエリア。南側には住宅地が広がる。

Q 何ができる？

観光的な見どころはそれほど多くはないが、みやげ物店やカフェ、レストランなどが多く建ち並ぶ。目的もなくのんびりと歩いて、人々の生活の様子を観察するのも楽しい。

海から見たマーレは、建物がぎっしり

マーレとフルマーレ、フルレの３島を結ぶ大きな橋

マーレを知るためのキーワード

1 世界一の過密都市

歩いても1周1時間ほどの小さな島に、モルディブ全人口の約3分の1にあたる10万人もの人々が住んでいる。空から見ると明らかだが、建物がところ狭しと並んでいる。

2 島内の移動はバイクか徒歩が基本

住民たちのおもな移動手段はバイク。車も走っているが、道が狭いため小回りが利かないのが難点。観光するのには徒歩で十分だが、高くはないのでタクシーを利用してもいい。

3 金曜の午前中はどこもクローズ

金曜はイスラム教の安息日に当たるため、この時間帯は町なかがひっそりする。また、そのほかの日でもお祈り時間前後の15～30分ほど不規則に閉まる店もある。

マーレに来たら見逃せない!

みやげ物店を巡ってお気に入りを見つける

同じような品を置いている店が多いが、なかにはオリジナルの一点物やその店独自の商品を揃えている店もある。店のスタッフとの会話や値段交渉も楽しみのひとつ。

カフェでのんびりローカル気分を味わう

リゾートではなかなか味わえないローカルの味に触れるチャンス。観光客向けのカフェでゆったりするのもいいが、地元の人たちが集まる場所にもぜひ繰り出したい。

モスクや博物館でイスラム文化に触れる

リゾートにいるとほとんど感じないが、ここはれっきとしたイスラム教国。ときどきコーランが聞こえ、人々が祈りをささげる姿を目にする。博物館でその歴史を学ぶのもいい。

北マーレに位置する
モルディブの首都

マーレ

Malé

北マーレ環礁

MAP P.58-59

カラフルな建物が密集して建っている

アクセス

空港からマーレ

ヴェラナ国際空港にあるフェリー乗り場から、停泊しているボートに乗る。チケットは、乗り場手前のチケット売り場で購入。US$1あるいはRf10（夜間はUS$2）。マーレまでの所要約10分。運行は10分ごと。空港からタクシーやバスを利用する場合は所要約10分。料金はタクシーならUS $5もしくはRf60～70、バスはUS $1もしくはRf10。バスターミナルはマーレの南にあるため、空港から若干離れている。

ヴェラナ国際空港前のタクシー乗り場

イントロダクション

北マーレ環礁の最南端に位置するマーレ。はるか昔から一貫して政府がおかれ、モルディブの首都として着実に発展の道を歩んできた。人口の過密対策の一環として、1997年より埋立地の施工が始まり、2002年に完成したが、現在では人工島のフルマーレも飽和状態で埋立地を広げているのが実情だ。

町中いたるところにあるモスク、真っ白な塀や壁に仕切られ整然とした町並み、グリーンやブルーに塗られた窓枠や木戸が、白壁や白砂に覆われた通りに映えている。以前は、住宅街では3階建て以上の建物は少なかったが、ここ数年は10階建て前後のビルが次々と建てられている。

そして、国教であるイスラムの教えにしっかりと根差した人々の暮らしも少しずつ変わってきた。店やレストランはお祈りの時間になると閉まることは少なくなり、庶民の集う食堂やマーケットでは昼間でも女性を見かけることが珍しくなくなった。しかし、リゾート内であれば飲むことができるアルコール類も、ここマーレでは今でも一切禁止されている。

マーレ行きのフェリー乗り場は茶色の大統領専用桟橋の向こうにある

オリエンテーション

ヴェラナ国際空港から約2km南西に、首都マーレはある。外からマーレにやってくるためには、フェリー（ドーニ）やスピードボートを使うことになる。マーレ自体がひとつの島だからだ。ヴェラナ国際空港とマーレは約10分おきにフェリーで結ばれている。フェリーが着くのは、空港からマーレに向かって左側の港、ナサンドラ桟橋の脇。一方、各リゾートなどからやってくるマーレ観光ツアーのボートは、ジュムフーリー・メイダーンの向かい側、大統領専用桟橋(No.1 Jetty)の脇もしくはNo.6 Jettyに着く。

港沿いに走っている通りが、ボドゥタクルファヌ・マグBoduthakurufaanu Magu。そのほかに、覚えておきたい通りがふたつある。島のほぼ中央を東西に走る直線の舗装道路マジディー・マグMajeedee Maguと、やはり中央付近を南北に走るチャンダニー・マグChandanee Maguだ。これらふたつの通りは島の真ん中で交差しているので、地図上でも見つけやすく、いい目印になる。

マーレには、たくさんの路地が碁盤の目のように走っていて、なかには白サンゴの細かい砂が敷き詰められている路地もある。人々の足として活躍しているのは圧倒的にバイクだが、車も年々増えてきた。

歩き方

まずは、ボドゥタクルファヌ・マグから歩き始めよう。船の着く位置にもよるが、真っ先に目を引くのは立派な屋根の付いた白いジェティだろう。これは大統領専用桟橋President's Jettyまたは、No.1 桟橋No.1 Jettyと呼ばれ、港の目印になっている。桟橋の正面にあるのは、ジュムフーリー・メイダーンJumhooree Maidhaan。マーレに住む人々にとって大切な憩いの公園だ。

この公園を中心に、おもな見どころや官庁関係の建物が集まっている。すぐ南には黄金のモスクがまぶしいイスラミック・センターIslamic Centre、その隣の高い白壁は国防軍の建物だ。イスラミック・センターと国防軍の間の道に入ると、海岸線と並行に走るメドゥジヤライ・マグMedhuziyaarai Maguに突き当たり、この通りに面して国立博物館National Museum、大統領官邸Presidential Palace、ゼヤラス墓地Medhu Ziyaarathなどの見どころがある。一方、公園から海岸線沿いを西へ歩いていくと、マーレで一番活気のあふれるエリアにたどり着く。魚市場Fish Marketや野菜市場Fruit Marketを中心にさまざまな店が並び、にぎわっている。ただ、買い物客の多くは男性で、女性の姿はほとんど見かけない。

イスラミック・センター

マーレのタクシー

タクシーは車の脇に「TAXI」と書くことが義務づけられているのでわかりやすい。料金は距離に関係なく、乗ってから目的地までUS$2～3あるいはRf25～35。24:00からはRf40になる。島を一周しても、100mしか乗らなくても料金は同じ。ただしトランクに荷物を載せると、荷物1個につきUS$1またはRf5の追加を払うことになる。

流しのタクシーもある

マーレの建物

エレベーターに乗るときに注意したいのは、1階が「G」または「0」と表示され、2階が「1」となっていること。これは、イギリスなどと同じで、1階をグランドフロア（地上階）と呼び、2階がファーストフロア（1階）、3階がセカンドフロア(2階)となる。

観光客の強い味方

ヴェラネージ・ビルディングの5階にはモルディブ観光局があり、マーレの地図のほか、リゾートのリストやパンフレットなどが手に入る。エレベーターの表示は「G」から始まっているので、「4」で降りる。

●モルディブ観光局
Maldives Marketing & Public Relations Corporation
MAP P.59-D2
住 4th Floor, Velaanaage, Ameer Ahmed Magu, Malé
TEL 332-3228
URL www.visitmaldives.com
営 日～木　8:00～14:00
休 金・土

オフィスアワーに注意

政府機関のオフィスアワーは、8:00～14:00。銀行は8:30～14:00。イスラム教の暦により、日曜は開いているが金・土曜・祝日は休みなので気をつけよう。

●在モルディブ日本国大使館
Maldives Embassy of Japan
MAP P.59-D2
住 8th Floor, Aage Building, 12 Boduthakurufaanu Magu, Henveiru, Malé
TEL 330-0087
営 日～木　8:15～12:30、13:30～17:00
休 金・土・祝

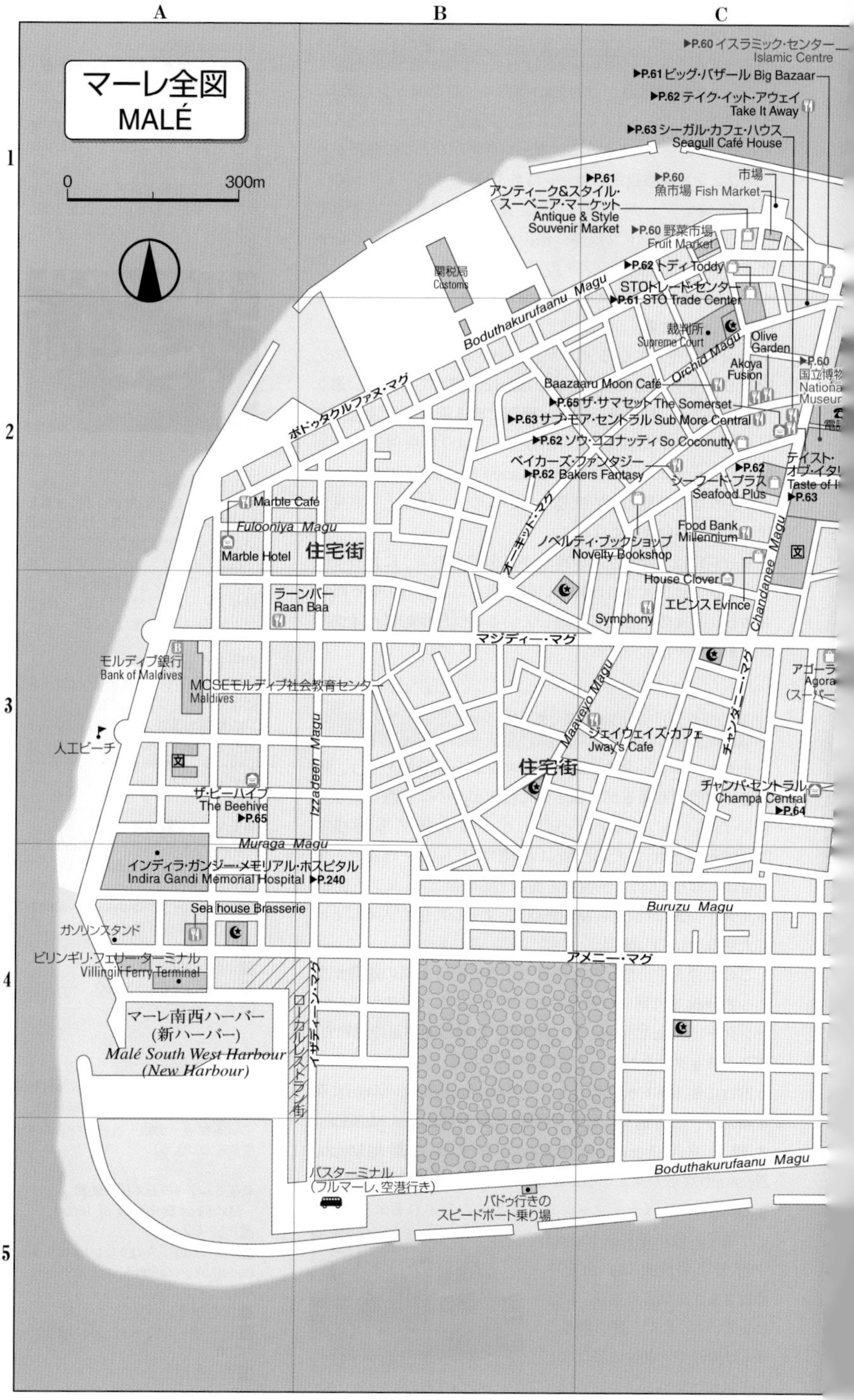
マーレ全図
MALÉ
0 300m
A
B
C
1
2
3
4
5
▶P.60 イスラミック・センター Islamic Centre
▶P.61 ビッグ・バザール Big Bazaar
▶P.62 テイク・イット・アウェイ Take It Away
▶P.63 シーガル・カフェ・ハウス Seagull Café House
▶P.61 アンティーク&スタイル・スーベニア・マーケット Antique & Style Souvenir Market
▶P.60 魚市場 Fish Market
市場
▶P.60 野菜市場 Fruit Market
関税局 Customs
▶P.62 トディ Toddy
STOトレードセンター
▶P.61 STO Trade Center
Boduthakurufaanu Magu
ボドゥタクルファヌ・マグ
裁判所 Supreme Court
Orchid Magu
Olive Garden
Akoya Fusion
▶P.60 国立博物 National Museum
Baazaaru Moon Café
▶P.65 ザ・サマセット The Somerset
▶P.63 サブ・モア・セントラル Sub More Central
▶P.62 ソウ・ココナッティ So Coconutty
ベイカーズ・ファンタジー
▶P.62 Bakers Fantasy
▶P.62
シーフード・プラス Seafood Plus
テイスト・オブ・イタ Taste of I
▶P.63
Marble Café
Fulooniya Magu
Marble Hotel
住宅街
オーキッド・マグ
ノベルティ・ブックショップ Novelty Bookshop
Food Bank Millennium
Chandanee Magu
House Clover
ラーンバー Raan Baa
エビンス Evince
Symphony
マジディー・マグ
モルディブ銀行 Bank of Maldives
MCSEモルディブ社会教育センター Maldives
Maaveyo Magu
アゴーラ Agora (スーパー
人工ビーチ
Izzadeen Magu
ジェイウェイズ・カフェ Jway's Cafe
チャンダーニー・マグ
住宅街
ザ・ビーハイブ The Beehive
▶P.65
チャンパ・セントラル Champa Central
▶P.64
Muraga Magu
インディラ・ガンジー・メモリアル・ホスピタル Indira Gandi Memorial Hospital ▶P.240
Sea house Brasserie
Buruzu Magu
ガソリンスタンド
ビリンギリ・フェリー・ターミナル Villingili Ferry Terminal
アメニー・マグ
ローカルレストラン街
イザディーン・マグ
マーレ南西ハーバー (新ハーバー)
Malé South West Harbour (New Harbour)
バスターミナル (フルマーレ、空港行き)
バドゥ行きの スピードボート乗り場
Boduthakurufaanu Magu

D
E
F
1
2
3
4
5
インド洋
INDIAN OCEAN
▶P.57 観光局(5階)
Maldives Marketing &
Public Relations Corporation
ヴェラネージ・ビルディング
Velaanaage Building
ジュムフーリー・メイダーン
Jumhooree Maidhaan
▶P.60 フクル・ミスキー
Hukuru Miskiiy
Jetty1,2
大統領オフィス
President's Office
Jetty3,4
交番
Police Station
出入国管理局
Emigration
国防軍
City Garden
AZUR
Lime
Jen's Kitchen On-the-Go
モルディブ銀行
Bank of Maldives
タイ・ウォック
Thai Wok ▶P.63
日本大使館
▶P.57
Jetty 5,6,7
Shell Beans
外務省
HSBC
Ahmed Magu
ホテル・ジェン・マーレ・モルディブ
Hotel Jen Malé Maldives ▶P.64
Caféier
▶P.60 ゼヤラス墓地
Medhu Ziyaarath
Medhuziyaarai Magu
国会議事堂 People's Majlis
Kings Corner
国立図書館
National Library
観光芸術・文化省
Ministry of Tourism, Art and Culture
ザ・ゴートフィッシュ・カフェ・アンド・ビストロ
The Goat fish Café & Bistro ▶P.63
大統領官邸
Presidential Palace
▶P.60
Sala Thai
▶P.64 サラ・ブティック・ホテル
Sala Boutique Hotel
Hithaffiniya Magu
アゴーラ
(スーパー) Agora
Sosun Magu
モルディブ銀行
Bank of Maldives
Majeedee Magu
アタマ・パレス
Athama Palace
スタジアム
Stadium
Faseiha Point
住宅街
Kaasinjee Magu
国営テレビ局
Ameenee Magu
▶P.62
ニュー・ポート・ジャジーラ
New Port Jazeera
ナサンドゥラ桟橋
Nasandhura Jetty
タクシー乗り場
Kaani Lodge
スカイ・ロッジ
Skai Lodge ▶P.65
Violet Magu
ADK病院
ADK Hospital
ザ・メルローズ
The Melrose
▶P.64
Hithigas Magu
Janavaree Hingun
Moonlight Hingun
バーガー・キング
コーヒー・クラブ
シーハウス・モルディブ ▶P.63
Sea House Maldives(2階)
フルマーレ、空港行きフェリー、エアポートエクスプレスターミナル(1階)
▶P.64
マーギリ・ホテル
Maagiri Hotel
シトロン・バイ・レモングラス
Citron by Lemongrass
モーカイ・ホテル
Mookai Hotel ▶P.65
カム・ホテル
Kam Hotel ▶P.65
サマン・グランド・ホテル
Samann Grand Hotel ▶P.64
飲食店が並ぶ
モスク
ウニマ・グランド
Unima Grand
▶P.65
サッカー場
Soccer Ground
インド銀行
Bank of India
人工ビーチ
Artificial Beach
サーフ・ポイント
Surf Point
マーレ、フルマーレ、空港島位置図
フルマーレ
空港島
(フルレ島)
マーレ
シナマーレ橋

おもな見どころ

マーレのシンボル　MAP P.58-C2

イスラミック・センター

Islamic Centre

世界中のイスラム教国、イスラム教徒からの基金により1984年に建造されたモルディブ最大のモスクで、館内にはイスラム図書館、学校、会議室などがあり、5000人以上もの人を収容できる広さをもつ。

黄金のドームが美しい

モルディブ最古の建造物　MAP P.59-D2

フクル・ミスキー

Hukuru Miskiiy

フライデー・モスクの名で人々に親しまれている建物で、モルディブ・イスラミックの聖地。1656年の建造で、木と彫刻を施されたサンゴ石でできている。モスク内にはモルディブのイスラム化に関する記述が彫刻となって収められているが、残念ながら旅行者は中に入ることができない。

灯台のような形をしたミナレット

モルディブの文化と歴史を学ぶ　MAP P.58-C2

国立博物館

National Museum

公園に併設する4階建ての建物が、国立博物館。宮殿の一部をイメージして造られたもので、モルディブの歴史や文化にかかわるさまざまな資料が保管・展示されている。1階には土偶や陶器、武器、ゾウの牙など紀元前から10世紀頃までの展示品が並び、2階にはサルタン時代の豪華な品物の数々や、イスラム化される以前に使っていた文字が掲載された資料、最初のコンピューターなど比較的新しい展示品の内容になる。

モルディブ全島を支える台所　MAP P.58-C1

市場

Market

船着場に面して魚市場と野菜市場が並ぶ。魚市場にはカツオやマグロなどの大型魚が並べられ、野菜市場には野菜や果物、ビレと呼ばれるかみたばこの葉などが並んでいる。野菜市場の前の広場では、生きたままの鳥（食用もペット用もある）や、たきつけに使う薪なども売られている。この周辺には香辛料やカツオブシなどを売る商店も軒を並べており、マーレで最も活気のあるエリア。

ミスキーって何？

イスラムの寺院は一般にモスクといわれるが、ここモルディブではミスキー。「モスク」と言っても通じない。

●**ゼヤラス墓地**

MAP P.59-D2

フクル・ミスキーの斜め向かい、メドゥジヤライ・マグに面して真っ白な塀に囲まれた敷地がある。中を見ることはできないが、白い旗がたくさん立てられているのがわかる。これが、モルディブの人々をイスラム教に改宗させたという聖人、アブル・バラカット・ユースワ・アル・バルベリの墓。

ゼヤラス墓地の敷地内には入れない

フクル・ミスキーにある墓地

●**国立博物館**

TEL 332-2254

営 土～木　10:15～16:00（入館は～15:30）

休 金

料金 大人Rf100 子供（16歳未満）Rf20

●**大統領官邸**

MAP P.59-D2

ムーレ・アージェMulee-Aageと呼ばれている屋敷。1913年、サルタン・モハメド・シャムスディーン3世が、息子のために建てたもの。モルディブに最初の共和制が敷かれた1953年から1994年まで大統領官邸として使われていたが、現在は使われていない。中には入れないが、門の格子越しにその優雅な庭園や建物を眺めることができる。

マーレ唯一のショッピングセンター MAP P.58-C1

STOトレード・センター

STO Trade Center

5階建てのビルで、1階にはピープル・チョイスというスーパーマーケットがある。2階にはみやげ物店のアトール・ウェアーがあり、こちらも品揃えが豊富だ。そのほかみやげ物店が数軒ある。

●住所Orchid Magu, Malé
●TEL334-4333 ●営業時間8:30～18:00、20:00～22:00、金8:30～10:30、16:00～18:00、20:00～22:00 ●休み無休 ●CC A M V

モルディブ銀行の隣にある

貝細工などの雑貨も販売している

気さくなお兄さんが経営する MAP P.58-C1

ビッグ・バザール

Big Bazaar

チャンダニー・マグとボドゥタクルファヌ・マグがぶつかる角の2階に位置している。手作りプリントのTシャツやサメの歯、アクセサリーなどが置いてある。値段も比較的良心的。

●住所2F Opera Building, Chandanee Magu, Malé
●TEL300-4080
●携帯777-4700
●営業時間土～木8:30～21:00、金14:00～21:00 ●CC A D J M V

アクセサリーもあり MAP P.58-C1

アンティーク&スタイル・スーベニア・マーケット

Antique and Style Souvenir Market

魚市場のすぐ隣に位置する、マーレで一番大きなみやげ物店。2フロアの店内にはところ狭しとTシャツや民芸品、キーホルダーやマグネットなど、豊富な種類のみやげ物が揃っている。

●住所Hameedhee store No.3, Moosa Ibrahim Didi Goalhi, Malé
●携帯777-2077 ●営業時間9:00～21:00、金14:00～21:00
●CC A M V

手頃な小物も多い

メイド・イン・モルディブのおみやげ

モルディブ産オーガニックブランド「KOKONOWAココノワ」。元青年海外協力隊の日本人と島民によって2015年、現地でスタートしたブランドだ。商品は「ハンドメイドココナッツ石鹸」と「ココナッツリップクリーム」。マーレから船で5時間離れたココナッツの木が生い茂る小さなローカル島で、地元の女性たちによって製造されているココナッツオイルを贅沢に使用。商品もひとつひとつハンドメイドで作られている。そのため大量生産は難しく、またココナッツの収穫量が落ちる時期には在庫数に限りが生じるため、購入希望の際は事前に問い合わせを。

価格はハンドメイドココナッツ石鹸（50g）US$6、ココナッツリップクリーム（8g）US$8。成分はモルディブの太陽の光をたっぷり浴びて育ったバージンココナッツオイル。石鹸は低温でゆっくりと反応させるコールドプロセス製法でじっくり1ヵ月間熟成させた本格派。防腐剤や保存剤を一切使用していない無添加で、ほのかなココナッツの香り。

ココナッツを使ったオーガニック石鹸

購入方法はメールでの事前注文で、デリバリーのみ。マーレに滞在している場合は滞在ホテルへ、リゾートやローカル島に滞在している場合は、到着日もしくは帰国日にヴェラナ国際空港での受け取りとなる。注文はデリバリー希望日の前日18:00まで受け付けている。

また、「モルディブ産ココナッツオイルで作るリップクリーム体験」もマーレで催行中。日本語を話せるスタッフが対応してくれるので言葉の心配がない。詳細はHPで確認を。

■KOKONOWAココノワ
●URLwww.sy-tours-travel.net/kokonowa

Column

メイド・イン・モルディブが揃う MAP P.58-C2

ソウ・ココナッティ

So Coconutty

2018年オープン。モルディブ人経営によるこぢんまりとしたかわいい外観のお店。モルディブ産ココナッツオイルや、国内外のココナッツ製品を販売。同じ敷地内にはココナッツオイルを生産している小さな工場を併設している。

●住所 Farredhee Higun, Malé
●TEL 999-1658
●営業時間 9:30～12:00、14:00～18:00、20:00～22:00
●休み 金　●CC 不可

目をひく外観

店内にはさまざまな缶詰が並ぶ

2019年オープンの小売店 MAP P.58-C2

シーフード・プラス

Seafood Plus

ラーム環礁にある自社工場で製造されているツナ缶をはじめ、モルディブフィッシュ（モルディブ式かつお節）やその他加工品、冷凍・冷蔵魚介類を販売している。観光エリアにあるので立ち寄りにおすすめ。

●住所 Chaandhanee Magu, Malé
●TEL 301-1572
●営業時間 9:30～12:00、13:30～18:00、20:00～22:00
●休み 金
●CC A M V

モルディブ人アーティストのセレクト店 MAP P.58-C1

トディ

Toddy

小さなお店で品数は決して多くはないが、モルディブ伝統柄を取り入れたTシャツ、帽子、パレオなど、おみやげによさそうな小物が集められている。STOトレード・センターの3階にある。

●住所 STO Trade Center 02-04, Malé（STOトレード・センター3階）
●TEL 778-8897　●URL www.weartoddy.com　●営業時間 日～木10:00～18:00、土13:00～18:00
●休み 金　●CC 不可

個性的な雑貨や小物が多い

人気の老舗ベーカリー MAP P.58-C2

ベイカーズ・ファンタジー ベーカリー

Bakers Fantasy

いつも地元の人や在住外国人でにぎわっている。惣菜パンやハード系、ケーキ、モルディブ式スイーツ、クッキーなど品数が多く、値段も手頃でどれもおいしい。隣に同系列のスーパーマーケットがある。

●住所 Fareedhee Magu, Malé
●TEL 334-0905
●営業時間 土～木6:30～22:00、金6:30～10:30、14:30～22:00
●休み 無休　●CC A M V

対面式のベーカリー

ポップでかわいい店内

種類が豊富 MAP P.58-C2

テイク・イット・アウェイ テイクアウト

Take It Away

ドイツ人夫婦が経営しているホームメイドスタイルの持ち帰り専門店。ハンバーガー、サラダ、スイーツなど多彩なメニューが揃う。チキン丸ごとグリルも。STOマーケットから近く立ち寄りに便利。

●住所 Orchid Magu, Malé
●営業時間 土～木10:00～22:00、金13:30～22:00
●休み 無休
●CC 不可

モルディブ料理を堪能 MAP P.59-E2

ニュー・ポート・ジャジーラ モルディブ料理

New Port Jazeera

2019年5月にリニューアルオープン。クーラーの効いた静かでモダンな雰囲気のなか、モルディブ料理を楽しめる。ココナッツの樹液（ルクラ）など珍しい飲み物も。空港フェリー乗り場から徒歩すぐ。

●住所 Boduthakurufaanu Magu, Malé
●TEL 330-0660
●営業時間 土～木7:00～24:00、金7:00～11:00、13:30～24:00
●休み 無休　●CC A M V

モルディブの伝統料理

散策途中の休憩にもぴったり

MAP P.58-C2

サブ・モア・セントラル

インターナショナル料理

Sub More Central

クーラーの効いた静かでおしゃれな雰囲気のなか、食事やお茶の時間が楽しめる。おすすめのサブマリンとスムージーはボリュームたっぷり。夜はインド料理もあり、ランチにもディナーにもおすすめ。

●住所Fareedhee Magu, Malé
●TEL332-9944
●営業時間土～木10:00～24:00、金14:00～24:00
●休み無休　●CC A M V

屋外にもテーブルあり

落ち着いた雰囲気で食事ができる

伝統料理を斬新にアレンジ

MAP P.59-D2

ザ・ゴートフィッシュ・カフェ・アンド・ビストロ

インターナショナル料理

The Goat fish Café & Bistro

外観も店内もおしゃれで落ち着いた雰囲気のカフェ。モルディブ料理を含む朝食ビュッフェも毎朝ある。

●住所Shaheed Kuda Adam ge Kuda Thuthu Higun, Malé
●TEL989-8997
●営業時間土～木8:00～24:00、金8:00～11:00、17:00～24:00
●休み無休　●CC A M V

ピザがおいしいイタリアンレストラン

MAP P.58-C2

テイスト・オブ・イタリー

イタリア料理

Taste of Italy

広々とした明るい店内のイタリア料理レストラン。2階には石窯があり、本格ピザを楽しめる。パスタもメニューが多彩でどれもおいしい。ピザはテイクアウトも可能。料金も比較的リーズナブル。

●住所Keneree Magu, Malé
●TEL330-5959
●営業時間土～木11:00～24:00、金16:00～24:00
●休み無休　●CC A M V

今話題の本格イタリア料理店

観光客にも人気の店

MAP P.58-C2

シーガル・カフェ・ハウス

カフェ

Seagull Café House

1階は大きな木を囲むようにテーブルが並び、2階には見晴らしのよいオープン席がある。アイスクリームは30種類以上揃う。パイナップルやマンゴーなどフルーツをトッピングしたデザートが人気。

●住所Ma. Bageechaage, Fareedhee Magu　●TEL332-3332
●営業時間土～木 8:00～23:45、金16:00～24:00
●休み無休　●CC A M V

パスタなどの軽食も揃っている

2階席は風が気持ちよく眺めがよい

海が見渡せるカフェ

MAP P.59-E2

シー・ハウス・モルディブ

カフェ

Sea House Maldives

ナサンドラ桟橋のすぐ隣にある建物の2階にあるカフェ。1階にはフルマーレ行きの船が出るフェリーターミナルがある。2階なので眺めがよく、目の前の海を見渡せる。

●住所1st Floor, Hulhumale Ferry Terminal, Boduthakurufaanu Mag
●TEL333-2957
●営業時間24時間
●休み金11:00～13:00
●CC A M V

地元で人気のタイ料理店

MAP P.59-D2

タイ・ウォック

タイ料理

Thai Wok

本格的なタイ料理レストランで、観光客のみならず地元の人にも人気がある。メニューはそれぞれ小と大があり、小は2～3人前、大は4～5人前の量。何人かでシェアするとちょうどよい量だ。タイカレーとライスなら1人前程度。

●住所Hithah Finivaa Magu
●TEL331-0007
●営業時間日～木 12:00～15:30、19:00～24:00、金・土19:00～24:00　●休み無休　●CC M V

人気はトムヤムクン

マーレ随一の高級ホテル　MAP P.59-D2

ホテル・ジェン・マーレ・モルディブ

Hotel Jen Malé Maldives

シャングリ・ラ・ホテルズ&リゾーツと同系列のホテル。カフェやジムなどの施設も充実。屋上には海を見下ろす眺めのよい屋外プールとレストランが備わっている。空港からの送迎サービスあり。

●住所H. Maaram, Ameer Ahmed Magu　●TEL330-0888　●URLwww.shangri-la.com　●客室料金ⓈⒹUS$315～　●CCAMV　●客室数117

デラックスルーム

窓が大きく明るい客室

ミドルクラスのホテル　MAP P.59-E2

マーギリ・ホテル

Maagiri Hotel

2018年にオープンしたホテル。空港フェリー発着ターミナルが目の前の便利な立地。最上階のレストランは海を一望できる絶景。新しく機能的な客室でビジネス滞在に人気。館内にジム、ミーティングルーム併設。

●住所Boduthakurufaanu Magu, Malé　●TEL331-8484　●URLwww.maagirihotel.com　●客室料金ⓈⒹUS$220～　●CCAMV　●客室数52

中級ホテル　MAP P.59-E2

サマン・グランド・ホテル

Samann Grand Hotel

2018年にオープンしたホテル。木のぬくもりを感じる落ち着いた色調の客室が特徴。掃除が行き届いており清潔感がある。海が見えるバルコニー付きの部屋もあり。スタッフの対応、サービスがいい。

●住所Roashanee Magu, Malé　●TEL330-6633　●URLwww.samanngrand.com　●客室料金ⓈⒹUS$160～　●CCAMV　●客室数26

客室は6タイプ

清潔できれい　MAP P.59-E3

ザ・メルローズ

The Melrose

人工ビーチやショッピング、レストランなどすべて徒歩圏内にある便利なホテル。客室にはエアコン、ホットシャワー、セーフティボックスなどひと通り揃っている。スタッフはフレンドリーでサービスも悪くない。

●住所Dheyliyaa Hingun　●TEL330-0484　●URLwww.melrosehotel.com.mv　●客室料金スタンダードⓈⒹUS$130～　●CCAMV　●客室数30

客室は3タイプ

天蓋付きのベッドがおしゃれ

しゃれた雰囲気　MAP P.59-D2

サラ・ブティック・ホテル

Sala Boutique Hotel

木のぬくもりを感じるインテリアや調度品など、どれもセンスがよく落ち着いてゆっくり過ごせる。客室内の設備も充実していて居心地がいい。まるで自分の家にいるような気分にさせてくれる。

●住所Buruneege　●TEL334-5959　●URLwww.salafamilymaldives.com　●客室料金ⓈⒹUS$150～180　●CCAMV　●客室数6

マーレの中心に位置する　MAP P.58-C3

チャンパ・セントラル

Champa Central

リーズナブルながら設備が整ったコスパのよい4つ星ホテル。屋上のレストランでは毎日テーマ別のディナービュッフェを開催。空港からの送迎サービス、無料Wi-Fi完備の客室など設備面も充実。ビジネス利用も多い。

●住所Rahdhebai Magu　●TEL331-7766　●URLwww.champacentralhotel.com　●客室料金ⓈUS$80～、ⒹUS$100～　●CCAMV　●客室数74

清潔に保たれている室内

アクティブ派におすすめ MAP P.59-E2

ウニマ・グランド

Unima Grand

空港発着のフェリーやJettyから徒歩5分以内。人工ビーチからもそう遠くない。客室はスーペリア、デラックス、スイートの3タイプ。屋上にあるレストランからの眺めが最高でマーレの海を見渡すことができる。

●住所 Roashanee Magu
●TEL 400-5005
●URL www.unimagrand.com
●客室料金ⓈⒹ US$100～
●CC A M V ●客室数 32

シティビューの部屋がある

ゆったりとした広さのダブルルーム

小さくて快適なホテル MAP P.59-E2

カム・ホテル

Kam Hotel

全27室のカジュアルホテル。客室にはエアコン、ヘアドライヤー、シャワー、ミニ冷蔵庫、テレビ、電話、無線LANなど必要最低限のものが揃っている。4階のレストランは眺めがよく中国料理もメニューにある。

●住所 H. Ronuge, Meheli Goalhi
●TEL 332-0611
●客室料金Ⓢ US$100～ Ⓓ US$110～Ⓣ US$130～
●CC A M V ●客室数 27

空港への移動に便利 MAP P.59-E2

モーカイ・ホテル

Mookai Hotel

最上階にマーレが一望できるプールとジャクージ、サウナがあり、8階にはマシンジムがある。39室ある客室には、エアコン、ヘアドライヤー、テレビ、ホットシャワーを完備。キッチン付きの客室もある。空港送迎あり。

●住所 Maagala No.2 Meheli Goalhi
●TEL 333-8811
●客室料金Ⓢ US$120～ Ⓓ US$140～Ⓣ US$180～
●CC A M V ●客室数 39

客室は日当たりもよく快適

10階建てのシティホテル MAP P.58-C2

ザ・サマセット

The Somerset

マーレの町なかにあるスタイリッシュなホテル。スーペリアとデラックスがそれぞれ15室あり、デラックスには小さいながらもリビングルームが付いている。バルコニー付きの客室もあり。空港からの無料送迎あり。

●住所 M. Melaa, Keneree Magu
●TEL 300-9090
●URL www.thesomerset.com.mv
●客室料金ⓈⒹ US$145～235
●CC A M V ●客室数 30

客室設備が充実している

家族で利用できるファミリールーム

リーズナブルさが魅力 MAP P.59-E2

スカイ・ロッジ

Skai Lodge

空港からフェリーの桟橋までタクシーで3～4分とアクセスがいいバジェットホテル。客室はシングルからトリプル、ファミリールームまであり、さまざまな客層に対応している。豪華さはないが、トランジットホテルとしては十分な造り。

●住所 H. Manduedurugc, Violet Magu
●TEL 332-8112
●客室料金スタンダードⓈ US$80～Ⓓ US$100～
●CC M V ●客室数 13

モダンな4つ星ホテル MAP P.58-A3

ザ・ビーハイブ

The Beehive

全室にエアコン、バスルーム、バルコニーが付いたシティホテル。客室は18m²のスーペリアから一番大きな26m²のビジネスデラックスまでの4タイプ。ホテルからフェリー桟橋までは無料送迎あり。各種エクスカーションなどの手配も可。

●住所 Shaheed Ali Hingun, Maafannu ●TEL 334-6633
●URL www.beehivehotels.com
●客室料金スーペリアⓈⒹ US$150～
●CC A M V ●客室数 32

ミドルクラスの4つ星ホテル

バナナボートやスタンドアップパドルなどマリンスポーツが充実

国際空港とつながった
タウン&ビーチの人工島

フルマーレ
Hulhumale

北マーレ環礁

MAP P.52

アクセス

空港から

●**空港エクスプレスバス**
Airport Express

ヴェラナ空港の国内線ターミナル近くのバス停から出発。毎00分と30分の30分ごとに24時間運行。金曜は12:30、13:00は運休。US$2あるいはRf20、所要10～15分。

空港エクスプレスバス

●**タクシー**

空港からフルマーレまでUS$5あるいはRf60～70、所要約10分。フルマーレで宿泊する場合は、ほとんどのホテルで送迎サービスを行っている。部屋のグレードや宿泊数などによって無料になるのは往復か片道だけといった条件もあるが、有料でもタクシーと同額かそれ以下。とりわけ夜の航空機到着のピーク時には台数が足りなくなることもあるので、ホテル予約時にあらかじめ申し込んでおいたほうが得策。

イントロダクション

世界一の人口密度ともいわれる首都マーレの飽和状態の対策として、都市計画に基づいて造られた人工島がフルマーレだ。1997年に埋め立てが始まり、2019年現在も拡張工事が行われているが、町はきれいに整備され、大規模な団地が建ち並び、島の西側のビーチ沿い周辺にいずれも小規模ながら70軒以上の宿泊施設が並ぶ。基本はマーレのベッドタウン島ではあるが、空港から陸路で手軽に行けるローカルリゾートとして、トランジット客を中心にツーリストの姿も多く見かけるようになった。人工ながら1km以上も続く白砂のビーチは圧巻であり、南国ムードは十分味わえる（ただし、ローカル島のため露出の多い水着はNG）。

歩き方

フルマーレは南北に約1.5km、東西に1kmほどと意外に大きいが、ツーリストのための施設は島の東北部のビーチ沿いにかぎられている。開発途上ゆえ島全体としてはまだ空き地や緑地も多いものの、このエリアだけは間口の狭い数階建ての小さなビルがひしめき、その多くが小さなホテルやゲストハウスとなっている。

マーレから

●フェリー(プレミアムリンク)

マーレのフェリーターミナルから5:30～24:30の間15～30分ごとに運航。所要約20分で料金はUS$1もしくは、Rf10。金曜は12:00発と13:30発の間の時間は運休。朝やピークシーズンは10分ごとに増便する場合も。ただし、早朝深夜は運転間隔が延びる。

マーレ行きのフェリー

島内交通

●タクシー 島内一律Rf20。

●レンタサイクル

島内随所のホテルで貸し出しており、軒先などに自転車を並べサインボードが出ているのですぐわかる。しかし、1時間US$2.50～が目安とフルマーレにしては安くないため、移動手段ではなくアクティビティのひとつと考えたほうがよい。

ふたり乗りの三輪タイプもある

白砂がきれいなフルマーレのビーチ

フルレ(空港島)唯一のホテル

MAP P.15-B3

フルレ・アイランド・ホテル

Hulhule Island Hotel

ヴェラナ国際空港があるフルレ島の一角に位置する。小さいながらビーチがあり、プールやジム、スパもありリゾートさながらの滞在ができる。特筆すべきはマーレとフルマーレ、このフルレの3島で唯一アルコールが飲めるレストランやバーがある。ゲスト以外も利用可。

●住所Hulhule Is. ●TEL333-0888 ●URL www.hih.com.mv ●客室料金スーペリアUS$330〜 デラックスUS$370〜 ●CCⒶⒿⓂⓋ ●客室数136

多くの観光客が利用している

サニー・スイーツ・イン
Sunny Suites Inn MAP P.67-2

●住所Dhigga Magu, Hulhumale ●TEL740-8105
●客室料金ⓈⒹUS$50〜 ●客室数13

シムリー・ビーチサイド・モルディブ
Simary Beachside Maldives MAP P.67-1

●住所Dhigga Magu, Hulhumale ●TEL335-0557
●客室料金ⓈⒹUS$98〜 ●客室数14

ココナッツ・ツリー・フルヴィラ
Coconut Tree Hulhuvilla MAP P.67-1

●住所Coconut Tree Hulhuvilla, Hulhumale
●TEL335-0929 ●客室料金ⓈⒹUS$100〜 ●客室数12

ハウス・クローバー・ハナ
House Clover Hana MAP P.67-3

●住所Unigas Magu, Hulhumale ●TEL335-5857
●客室料金ⓈⒹUS$58〜 ●客室数11

コーラル・グランド・ビーチ・アンド・スパ
Coral Grand Beach & Spa MAP P.67-3

●住所Unigas Magu, Hulhumale ●TEL335-7770
●客室料金ⓈⒹUS$106〜 ●客室数28

ハタ・ビーチ・モルディブ
Hathaa Beach Maldives MAP P.67-3

●住所Beach Road, Hulhumale ●TEL335-2007
●客室料金ⓈⒹUS$70〜 ●客室数7

オスミウム
OSMIUM MAP P.67-3

●住所Unigas Magu, Hulhumale ●TEL335-6688
●客室料金ⓈⒹUS$120〜 ●客室数12

ビーチ南部のプチリゾート

MAP P.67-3

h78モルディブ

h78 Maldives

フルマーレのゲストハウスのなかでは空港寄りでありつつも、古くからの繁華街ではなく静かな場所に建つスタイリッシュなホテル。リピーターが多く日本人に人気。ほとんどの客室から目の前のビーチを見渡すことができる。

●住所No.11049 Nirolhu Magu Hulhumale ●TEL335-7878
●URLwww.hotel78maldives.com
●客室料金デラックスダブル(ツイン)ⓈⒹUS$120〜160 ●客室数15

シックな色あいの落ち着いた客室

ビーチがすぐ目の前

景色のよい場所に建つ

MAP P.67-3

フヴァン・ビーチ

Huvan Beach

海側の部屋からの景色のよさが抜群。特に広々とした屋上のテラスからのオーシャンビューは気持ちいいのひとことに尽きる。インテリアもモダンで設備は整っているのにもかかわらず、料金は手頃でコストパフォーマンスがいい。

●住所No.10710, Kaani Magu, Hulhumale
●TEL335-5899
●客室料金ⓈⒹUS$60〜
●客室数21

部屋がかわいい

MAP P.67-1

プランクトンズ・ビーチ

Planktons Beach

比較的新しいホテル。ビーチエリアの中心に位置しレストランを併設している。目の前には海が広がりロケーションもいい。海中をイメージした白と青が基調の部屋もかわいい。カップルや若者に人気の宿。

●住所No.10094, Dhigga Magu, Hulhumale ●TEL775-0344
●URLwww.facebook.com/planktonsbeach ●客室料金ⓈⒹUS$70〜 ●客室数8

涼しげなイメージの客室

大人っぽい雰囲気の宿 MAP P.67-1

ル・ビュー・ニース・イン

Le Vieux Nice Inn

ビーチから徒歩すぐのところに建つフルマーレで人気の宿。部屋ごとにインテリアやテーマが異なるブティックスタイルでなおかつ、落ち着いた雰囲気がある。客室数が少ないので早めの予約がベター。

●住所No.10056, 06 Nirolhu Magu, Hulhumale ●TEL335-7788
●URLlevieuxniceinn.com
●客室料金スタンダードⓈⒹUS$78～ ●客室数10

室内はなかなか凝った造り

ラグジュアリーな雰囲気を味わえる

モダンな造りのゲストハウス MAP P.67-3

オーシャン・グランド

Ocean Grand

客室は4タイプ。ビーチが見渡せるオーシャンビュースイートの人気が高い。レストランでは、イタリアンをはじめ、アジア料理、ベジタリアン料理まで幅広いメニューが用意されている。

●住所Crystal View No. 10717, Kaani Magu ●TEL335-5077
●URLwww.oceangrandmaldives.com ●客室料金ⓈⒹ128～
●CC A V ●客室数18

夜景が美しいレストラン MAP P.15-B3

ウドゥヴィラ

Uduvilaa インターナショナル料理

フルレ・アイランド・ホテルの最上階にある。料理はタイ、ギリシャ、トルコ、イタリアなど多彩で、ワインの種類も豊富。前菜はUS $14～、メインはUS $25～。少し高めだが、唯一アルコールが飲めるレストランとして訪れる観光客が多い。

●住所c/o Hulhule Island Hotel
●TEL333-0888 ●URLwww.hih.com.mv ●営業時間7:00～10:00、12:00～14:00、18:00～22:00
●休み無休 ●CC A M V

夜になるとロマンティックな雰囲気に

フルマーレで日本食 MAP P.67-1

おいしい

Oishii 日本料理

2018年にオープンしたモルディブ人経営の日本食レストラン。キハダマグロなど新鮮な近海物を楽しめる。おすすめは刺身の盛り合わせ、寿司。現地の人にはラーメン、カレーなどが人気。

●住所Nirolhu Magu, Hulhumale
●TEL795-6650
●営業時間土、月～木12:00～23:00、金15:00～23：00
●休み日
●CC A M V

マグロはモルディブ産

ドリンクメニューが豊富

24:00まで営業 MAP P.67-2

ドーム

Dome カフェ

2018年にビーチ沿いに誕生した、ひと際おしゃれな建物が目をひくカフェ。スタッフのおすすめはフルーツシェイク。グリルサーモン、サンドイッチなどフードメニューも充実。屋外、屋内の席でくつろげる。

●住所Hulhumale
●TEL302-7690
●営業時間土～木8:00～24:00、金8:00～10:30、13:30～24:00
●休み無休
●CC A J M

人気のスパサロン MAP P.67-2

シェリ・サロン・アンド・スパ

Sheri Salon & Spa

タイやネパール人セラピストたちによるマッサージ、トリートメントが受けられる。観光客の人気はオリエンタルマッサージとバリニーズマッサージで料金は共に60分 Rf650。ブライダルメイクも予約可。

●住所Halaveli Magu, Hulhumale
●TEL335-5733
●営業時間土～木9:30～23:00、金14:00～23:00（受付22:00まで）
●休み無休 ●CC A M V

店内は癒やしの空間

ローカルアイランドの「ビリンギリ」へ

ローカルが暮らすカラフルな住宅

人も車も窮屈そうにしているマーレからフェリーで10分。ビリンギリは対照的に、車の走っていないのんびりとした静かな島だ。かつては一島まるごとリゾートだったが、マーレの人口増加にともない、すぐそばにあるこの島が住宅地として整備された経緯をもつ。町には色鮮やかなパステルカラーの住宅街や、孤児院、水産加工工場などがあるだけで、平日に行くと何とも静か。ただし、週末になるとスノーケリングが楽しめる美しいビーチで羽を伸ばそうと、マーレから人々がやってくる。島の北西部にはウオータースポーツを楽しめるビーチがあるが、地元の人々は肌の露出を避け、着衣のままで波に打たれている。東側には遠くマーレを望む素朴な雰囲気のビーチがある。マーレからはビリンギリ・フェリー・ターミナル（MAP P.58-A4）から24時間、10分おきにMTCのフェリーが運航。所要10分、料金はRf3.25。

ウオータースポーツが楽しめる

ホテル＆レストラン

■ザ・ヴィノルヴァ・モルディブ
The Vinorva Maldives
●電話339-9933
●URLwww.vinorvamaldives.com
●客室料金ⓈⒹUS$55～
●CC[A][M][V]　●客室数29

■シエシエ・レストラン
Xie Xie Restaurant
●電話3339-6788
●営業時間8:30～24:00（金8:00～11:00、14:00～24:00）
●休み無休　●CC[A][M][V]

マーレの喧騒から逃れるならこの島へ

Column

Activity Guide
アクティビティガイド

ORIENTATION

モルディブを
遊び尽くす!

アクティビティの数々。さて、何をして遊ぼうか?

モルディブでは、すべてのリゾートにダイビングサービスとマリンスポーツセンターがあり、
さまざまなアクティビティが揃っている。
珊瑚礁に守られた穏やかなラグーンとその外側に広がる紺碧の大海原、
ここはマリンスポーツに最高のステージだ。

Q アクティビティはどんなものがあるの?

マリンスポーツなら何でも、と言いたいところだが、ハワイやグアムのようにはいかない。ダイビングとスノーケリングのほかに、エンジンを使わないカヌーやウインドサーフィン程度というリゾートが多いが、豪華リゾートになると、カタマラン、パラセーリング、水上スキーなども用意している。ただし、環境保護のため、そして静かに過ごしたい人のためにジェットスキーなどの音のするスポーツは用意していないという例もある。どんなアクティビティができるのか、各リゾート紹介ページで詳しく紹介しているので、そちらを参考に。

Q エクスカーションはどんなものがあるの?

ほとんどのリゾートが日替わりでエクスカーション(オプショナルツアー)を催行している。人気なのは、アイランドホッピングやサンセットクルーズ、フィッシングなど。いずれも毎日あるわけではないので、早めにスケジュールを確認して申し込んでおこう。

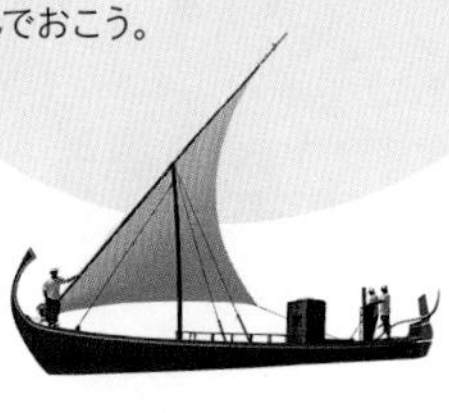

Q ランドアクティビティも楽しめる?

陸上のスポーツとして人気なのがテニス。大きめの島であれば、たいがい夜間照明付きのコートがある。晴れた日中は酷暑なので、ほとんどの人がプレイするのは午前中早い時間か夕方〜夜。このほか卓球やビーチバレーボールはほとんどのリゾートにあるし、豪華リゾートにはエアコンの効いたマシンジムやスカッシュコートなどもあったりする。

Q チップはどのくらい必要？

アクティビティ料金にすでにサービス料金が含まれている場合がほとんどだが、ダイビングやマリンスポーツでお世話になったスタッフには、最終日にまとめて渡すのが一般的。目安は1ダイブUS$1～2程度。そのほか、プライベートでドーニやスピードボートをチャーターした場合も、内容や時間にもよるが、キャプテンにUS$5～10程度を渡したい。

Q 料金はどこで支払うの？

ほとんどの場合、サインでチャージしておき、最終日にすべてまとめて支払うというシステムになっている。食事代などと一緒にフロントで精算できる場合がほとんどだが、リゾートによっては直接アクティビティデスクで支払う場合もある。

Q どこで申し込むの？

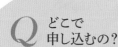

アクティビティデスクへ電話するか、直接行って申し込む。その場で申し込めるものと、あらかじめ予約が必要なものとがあり、基本的に水上バイクなどモーターを使うスポーツは予約が必要。テニスや卓球などのランドアクティビティは空きさえあれば、その場で申し込める。スクーバダイビングやフィッシングなどボートを利用するものは、予約が必要となる場合がほとんど。日替わりで催行されているエクスカーションについても人数制限があるので、早めの予約を。

Diving
ダイビング

モルディブの海は世界中のダイバーたちの憧れ。
生きいきとした珊瑚礁の美しさ、驚くほどの魚影の濃さは
もちろんのこと、穏やかなコーラルガーデンから
ダイナミックなドロップオフまで、バラエティに富んだ
地形のおもしろさも天下一品。

ダイビング基本情報

ベストシーズン：雨季を避けた11～4月。が、雨季はマーレ環礁でマンタなどの大物遭遇率が高くなるため、1年中がベストシーズンともいえる。
水温：平均27℃
エントリー：ボートダイビングが基本。ハウスリーフがあるリゾートでは、ビーチエントリーもできる。

ダイビング条例

モルディブ政府が2003年に制定した条例のおもな内容は以下のとおり。ログブックとCカード提示の義務。経験30ダイブ以下、または3ヵ月以上のブランクがあるダイバーのチェックダイビングの義務、最大水深30mの厳守（オープンウオーターダイバーは20mまで）、無減圧潜水厳守、水深5mで3分間の安全停止義務、単独潜水の禁止、緊急用ダイブフロートとホイッスルの携帯義務、ナイトダイビング時のマーカーライトの携帯義務など。

『地球の潜り方』をチェック！

ダイビングについてより詳しく知りたい人は、『リゾートスタイル世界のダイビング完全ガイド』（ダイヤモンド・ビッグ社発行）を参考に。

日本人スタッフが乗船するサファリボート

経験50ダイブ以上（50歳以上は200本以上）のダイバーが乗船できるダイブサファリボート「ソレイユ」には日本人スタッフが乗船している。トイレ、シャワー付きのキャビンが8室で定員14人。
●**ブルーKサファリ**
Blue K Safari
URL blueksafari.com

さまざまなダイビングスタイル

滞在するリゾートによって、ダイビングのスタイルから潜れるスポットまで大きく変わるモルディブ。ボートダイビングが基本だが、目の前にすばらしいリーフをもっているリゾートも多くあるので、ハウスリーフを楽しみたいという人は事前にチェックを。また、最近注目を浴びているのが、船上で寝泊まりして移動しながらダイビングを楽しむというダイビングサファリ。リゾート滞在より安く、広範囲にわたるいくつものスポットを満喫できるので、ダイビング三昧したいというダイバーにはおすすめだ。

ボートダイビング

リゾートのロケーションにもよるが、ドーニで5～30分くらい、遠くても1時間以内のスポットへ行くことがほとんど。ファンダイビング（Cカード保持者がレジャーとしてダイビングを行うこと）は午前と午後の1日2回、ナイトダイビングはリクエストと人数に応じてというのが一般的だ。また、週に1回程度、ランチ持参で1日かけて遠くのスポットへ出かけるリゾートも多い。

ハウスリーフダイビング

目の前のビーチから、好きなときに自由に潜れるのがハウスリーフのよさ。ハウスリーフを好きなだけセルフダイビングするための無制限パックという料金システムをもつリゾートもあるので、毎日潜りたい人はチェックを。当然バディは必要だし、アドバンス以上のCカードを持っていることや100本以上の経験があることなどの条件がある。ガイドなしで自由に潜れるが、残圧を自分で管理するなど、安全面には気をつけよう。

ダイビングサファリ

朝起きると、すでにポイントに到着していて、1ダイブ。休憩中に次のスポットに移動してくれるという効率のよさが売りだ。たいがいは、キャビンのあるメインボートとダイビング時に使用するドーニがペアで移動する。居住性はリゾー

トほどではないが、各客室に温水・真水のシャワーが付いていたり、サンデッキにジャクージやプールが付いていたりするボートも増えてきた。夜間は波の穏やかな島陰に停泊し、完全にエンジンを止めてしまうので、心地よい眠りにつくことができる。

初心者でも、十分に楽しめる！

これまで一度もダイビングの経験がないという人でも、大丈夫。せっかくモルディブを訪れるのだから、ぜひこの機会に海の中の美しさを体感してみよう。ダイバーに人気のリゾートには、日本人インストラクターが常駐しているので、言葉の問題も心配ない。もしいなくても、日本人ゲストが多いリゾートでは、片言の日本語を交え、身振り手振りで説明してくれる。

体験ダイビング

まったく経験がない人のために「体験ダイビング」というコースがある。簡単な講習と器材の説明を受け、インストラクターとともに潜ってみるというものだ。通常ファンダイビングの合間をぬい、計1時間程度（潜る時間は20～30分程度）で行われる。潜るのはリゾートの周りのリーフだが、それでもスノーケリングでは味わえない美しい海を見ることができる。

ライセンス取得

美しい海を教室にライセンス取得に挑戦するのもいい。正確には民間のダイビング指導団体が発行する認定証Certification Card（通称Cカード）というもので、取得に要する日数は4、5日。日本で学科とプール実習を済ませておけば2、3日で済み、すぐにファンダイビングが楽しめる。短い日程で効率よくライセンスを取得したいなら、日本を出発する前に予約しておいたほうが安心だ。

料金について

リゾートによって多少違いはあるが、1ボートダイブ（器材フルレンタル、タンク、ガイド料のセット）でUS$100前後が目安。

餌づけは禁止

かつてはシャークショーや餌づけショーのスポットがたくさんあったが、現在は自然保護の立場から全面禁止となっている。沈船ダイビングのときに沈没船に触ることも禁止なので注意しよう。

器材は持っていく？

モルディブのリゾートには比較的しっかりとしたレンタル器材が整っているので、しっかり点検をしてから利用すれば、大方不安はない。レギュレータとBCなど重い器材だけ借りるという手もある。ただし、ウエットスーツに関しては、年間を通じて水温が高いためか半袖半ズボンタイプのものしか用意していない場合もある。レンタルの目安は、重器材とウエットスーツで1日US$50前後。

グローブは禁止

モルディブでは、ダイビング中のグローブ（手袋）着用が禁止されている。これはサンゴの保護を目的としたもの。潮の流れが速いときや、サンゴにぶつかりそうになったときには、サンゴを避け、ワンフィンガー（指1本）程度で体を支えよう。

ダイビング初心者のための豆知識

モルディブでは経験本数が少ないダイバーはボートダイビングの前に必ずチェックダイブを行う。これは一人ひとりの技量を査定し、それぞれに見合った安全なダイビングを行うことを目的とするものだ。緊張する必要はないが、体のコンディションは整えておこう。

ダイビング中は自分の技量を過信せず、常にガイドやバディの位置を確認し、はぐれないように注意することが大切。また、毒をもっている生物も多いので、絶対に触ってはいけない。潜っている最中にはまめに残圧計をチェックするのも忘れずに。

楽しく安全にダイビングを

Column

ダイビングスポット・ガイド 1

北マーレ環礁

North Malé Atoll

フヴァフェンフシのダイビングスタッフ

北マーレ環礁のダイビング事情は、北部と、首都マーレに近い南部では若干異なる。南部は首都と空港に近いだけあって古くからリゾート開発が進み、それにともなってスポット開発も行われてきたため、各リゾートから近い場所にたくさんおもしろいスポットがある。リゾートが多いだけに、シーズンのマンタ・ポイントなど、人気のスポットでは複数のリゾートからの船が集中してしまうことも。北部は環礁の面積が広いわりにはリゾートの数が少ないので、各リゾートはシークレットスポットをもっていたりする。空港からのアクセスはやや不便とはいえ、ほかのリゾートのダイバーとかち合うことが少ないのは北部ならでは。

代表的なスポット

1 バナナ・リーフ
Banana Reef

その名のとおりバナナの形をした細長い根が、南北に続くスポット。モルディブで最初にダイビングスポットとして潜られるようになった根でもある。水深3～30m以上。根のサイズがとても大きいので、北、南、西と分けて潜るのが一般的。北では水深30mあたりでハタタテダイの大群を、中層ではイソマグロなどの回遊魚を見ることができる。また、西側にはホワイトチップが多い。南西側にはヨスジフエダイの大群がいる。

2 オコベ・ティラ
Okobe Thila

別名バラクーダ・ティラ。水深10～25mの間に3つの根があるスポットだ。根にはマダラタルミ、ツバメウオなどの群れ、中層にはバラクーダやイソマグロなどの大物が見られる。魚影の濃さもさることながら、ハイライトは1m以上もある大きなナポレオン。ダイバーに慣れているので近くに寄れることも。

3 マンタ・ポイント
Manta Point

モルディブでマンタが見られるスポットのなかでも一番人気がここ。7～8月のマンタ最盛期には、何と20匹以上の群れが目撃されることもある。モルディブからマンタが姿を消す乾季でも、ここなら運がよければマンタが見られる。水深は4～15mとそれほど深くはないが、ケーブなどもあってなかなか楽しめる。潮の流れは速い。

4 ヴィクトリー
Victory

空港のあるフルレ島に近い沈船スポット。1981年に沈んだ70m級の大型貨物船に潜る。非常に流れが速いので、エントリーのときには十分に注意したい。錨を下ろさないのでアンカーロープを伝って行けないからだ。ツバメウオやサザナミト

色鮮やかな海の世界が広がる

今日のスケジュールはボードでチェック（サマー・アイランド）

サカハギなどが群れている。なかなかすばらしい漁礁なのだが、最深で40mくらいあるので、ガイドの指示に従い、深く潜り過ぎないように。

5 オールド・シャーク・ポイント
Old Shark Point

かつてバンドスにいたインストラクターが、口移しでサメに餌づけをしていたことで知られるスポット。現在は当時よりはサメの数は減ったが、水深6mくらいから垂直に落ちるドロップオフをドリフトダイビングする豪快なポイントとして人気がある。壁にはホールやオーバーハングがいくつもあっておもしろい。また、中層で回遊魚の群れを見られるので反対側にも注意を払おう。

6 H.P.リーフ
H.P.Reef

水深15mのリーフの頂上から、一気に10m以上も落ち込むキャニオン（峡谷）を見上げながら、ドリフトダイビングで潜るダイナミックなポイント。キャニオンにはおびただしい数の色鮮やかなソフトコーラルが付着しており、眺めがすばらしい。コーラルフィッシュのみならず、大物回遊魚も見られ、楽しみがバラエティに富んでいる。すぐ近くに警察の島がある都合上、金曜にしか潜れない。

7 パラダイス
Paradise

別名ナシモティラ。ソフトコーラル、ハードコーラルが群生し、コーラルフィッシュが群れ泳ぐスポットで、水中写真派には大人気だ。しかし、流れは速いので注意が必要。中層ではイソマグロやバラクーダなどの回遊魚も見られる。

8 パラダイス・プレイス
Paradise Place

⑦とは別のポイント。海底にサンゴが群生し、コーラルフィッシュが群れ泳いでいるところは似ているが、こちらはかなり北部にあり、大物遭遇率が高いことで人気。ホワイトチップシャークや大型のハタ類、ウミガメのほか、潮の流れが速いときには2m級のマンタも現れる。透明度が高く、水中写真派のダイバーに人気がある。

9 マンタ・ティラ
Manta Thila

透明度はあまり高くないが、シーズンの、潮の流れが比較的緩やかなときに2～3m級のマンタが突然現れる。海底にサンゴが群生した棚があり、その縁でマンタを待つ。この棚のサンゴ畑も美しく、チョウチョウウオの仲間やヤッコの仲間のカラフルな姿を楽しめる。

10 ラスファリ・シャーク・ポイント
Rasfari Shark Point

ラスファリはフヴァフェンフシの北にある無人島で、この島の脇のチャネル（水路）にあるポイント。水路だけに流れは速く、大物が多い。海中はアウトリーフに面したなだらかなドロップオフで、バラクーダ、イソマグロ、トビエイなどが見られる。運がよければマンタ、イルカなども現れる。

気温や潮位のデータ。ダイビング前にチェックしておこう

ドーニに乗ってファンダイビングへ

ダイビングスポット・ガイド 2

南マーレ環礁

South Malé Atoll

南マーレ環礁でも、特に北部のヴァドゥ・チャネル沿いには、豪快でおもしろいスポットがたくさんある。しかも、このチャネルに面したヴァドゥやヴェラサルなどのリゾートでは、南マーレ環礁内だけではなく、チャネルを渡って北マーレ環礁の有名スポットまで出かけることも多く、バラエティに富んだダイビングを楽しめるのが特徴。一方、南マーレ環礁南部では、東側にスポットが集中している。島のリーフが長いため、チャネルで潜るポイントは多くないが、それでもグライドゥ・コーナーなど、モルディブ屈指のポイントがある。

代表的なスポット

1 グライドゥ・コーナー

Guraidhu Corner

南マーレ環礁を代表する大人気スポット。流れはかなり速く、中級者以上向け。ダイバーに慣れたナポレオンフィッシュがすり寄ってくることも。チャネルを抜けると外洋に面したコーナーに出る。ここが大物待ちの場所だ。とにかく大物三昧のスポットで、イソマグロ、ギンガメアジ、ホワイトチップシャーク、カメ、マダラトビエイなどのほか、ときにはマンタやハンマーヘッドシャークも見られる。

沈船は格好の魚礁になっている

2 アクアリウム

Aquarium

広がる白い砂地に根があるファンタスティックなスポット。砂地ではたくさんのガーデンイールが顔をのぞかせ、根には色鮮やかなコーラルフィッシュが群れ泳いでいる。まさに水族館といった感じだ。流れはほとんどなく穏やかなので、初心者でも安心して潜ることができる。

3 ココア・コーナー

Cocoa Corner

ココア・アイランドとカンドゥーマを隔てるチャネルにあるドロップオフの壁に沿ってドリフトダイビングをする。途中にココア・ケーブと呼ばれる小さなトンネルがあり、それをくぐり抜けると一面ハードコーラルの海。チャネル中央にはカンドゥーマ・ティラとココア・ティラがある。流れが速い。

魚影が濃くダイナミックなポイントが多い

ラグーンのすぐ外の珊瑚礁(アナンタラ・ディグー)

カラフルなトロピカルフィッシュと珊瑚礁

4 キャニオン
Canyon

ヴァドゥ・チャネルにあるスポットで、垂直に切り立ったダイナミックなドロップオフが続くことからこの名がついた。イソマグロ、カメ、サメ、バラクーダ、トビエイなど実に多種多様な魚が見られる。ドロップオフの壁に根づいたソフトコーラルも見事だ。流れはかなり速いので注意。

5 コーラル・ガーデン
Coral Garden

アダーラン・ヴァドゥのハウスリーフのひとつで、水深7～15mの白砂の脇にあるなだらかなスロープに沿って潜る。スロープにはいろいろな種類のサンゴが折り重なるように広がっており、コーラルガーデンの名にふさわしい。ただし、流れは速い。同名のスポットは南マーレ環礁の南端など、モルディブにいくつかあるが、いずれもサンゴの美しい場所だ。

6 ミヤル・ファル
Miyaru Faru

ディグフィノール島(アナンタラ)の北にある漁民の島、グリ島の外洋にあるスポット。当然ながら流れは速い。ミヤルとはディベヒ語でサメのことだが、その名のとおり2m以上もあるサメを何匹も見られるシャークポイントとして知られている。このほか、イソマグロやマダラトビエイなどの大物もたくさん見られる。

7 ヴァドゥ・ケーブ
Vadoo Caves

ヴァドゥ・チャネルに面しているスポットで、ドロップオフの水深7～25mの間にいくつものケーブがあり、水深30mにはかなりの長さのオーバーハングがある。イソマグロやロウニンアジ、マダラトビエイなどがよく見られ、サメも多い。

8 クダギリ
Kudagili

ディグフィノール島(アナンタラ)の西にある沈船スポット。小さな根の水深20～35mにかけて、全長35mの金属製の船が沈んでいる。沈船の中に入ることも可能だが、水深が深いので注意が必要だ。根の浅瀬にはケーブやトンネルがある。環礁の内側なので、流れは穏やか。

9 ディグ・ティラ(マンタ・ポイント)
Dhigu Thila

ディグフィノール島があるリーフと、漁民の島グリの間のチャネル中央にある直径5mほどの丸い根。水深は20mくらいで、6～9月頃の、外洋に向かって潮が流れている朝にかなり高い確率でマンタを狙うことができる。

複雑な造形美が特徴的な地形ポイント

大きなウミウチワが群生している

ダイビングスポット・ガイド 3

アリ環礁北部とラスドゥ環礁

North Ari Atoll & Rasdu Atoll

アリ環礁の海は、南・北マーレ環礁に比べてリゾートが少ないので、魚のサイズが大きいし、魚影も濃く、サンゴもすばらしい。とりわけ、環礁北部はマーレ国際空港から近いこともあり、早くからリゾート開発が進んだエリア。ダイバーにはおなじみのダイビングスポットの数も多い。アリ環礁随一の誉れ高いスポットのフィッシュ・ヘッドも北部にある。

ラスドゥ環礁は小さな環礁だが、そのぶん外洋が近く、大物を狙えるスポットが多い。アリ環礁の北東部にあるリゾートからデイトリップで行くこともある。

代表的なスポット

1 フィッシュ・ヘッド
Fish Head

ここで魚を釣り上げても、船に揚げるまでにサメに食われてしまい、頭しか残らないという地元の言い伝えがあり、それが名前の由来という説もある。実際、かなりの数の大型のサメを見ることができるドロップオフのスポットだ。サメだけではなく、イソマグロ、ナポレオン、カスミアジなど、その魚影の濃さはモルディブ随一。魚のなかを泳いでいるといった錯覚に陥ることもあるほど。それだけに人気は高く、アリ環礁北部のダイビングはここを潜らずして語れないとまでいわれている。

2 ハラヴェリ・レック
Halaveli Wreck

アリ環礁北部にあるリゾート、ハラヴェリのハウスリーフにある沈船スポット。水深18～27mの白砂の海底に横たわる船体の周囲にはエイがいて、間近に見ることができる。また、船内には大ウツボがすんでいて、ときおり顔を出してはダイバーを楽しませてくれるなど見どころが多い。イタリアのダイビング雑誌で世界一のダイビングスポットにランクされたことがあるとか。

3 ボドゥ・ティラ
Bodu Thila

環礁北東部の外洋に近い場所にある。3つある根のうちの、一番大きな根がスポットだ。エントリーすると、まず、無数のウメイロモドキに囲まれる。根は長さ約250mの楕円形。南側には無数のオーバーハングやケーブがあってさまざまな生き物がいるし、西側の砂地の斜面にはシュリンプゴビーがコロニーを造っている。また東側にはドロップオフがあり、ギンガメアジの群れがやってきたりする。

4 ウクラス・ティラ(マンタ・ポイント)
Ukulas Thila

アリ環礁最北端の、水深30mほどの海底に長さ300mの細長いリーフが広がっているスポット。リーフトップの水深13mほどの場所に3つの大きな岩があり、マンタのクリーニングステーションとなっている。毎年12～4月頃になるとマンタの遭遇率は90%以上となり、環礁北部のリゾートでは週に1回はスケジュールに入れているほどだ。

5 ラスドゥ・マディバル
Rasdu Madivaru

ラスドゥ環礁の南東にあるチャネルで潜るスポット。水深15mあたりの棚で、大型回遊魚が眺められる。カスミアジ、ギンガメアジの群れ、ナポレオン、カツオなどのほか、サメ、運がよければマンタやハンマーヘッドシャークなど大物の群れも見られることがある。過去には、カジキまで目撃されているほどのビッグスポットだ。さらに、環礁の内側の砂地にはガーデンイールのコロニーもある。

マンタ・ポイント(クラマティ・アイランド・リゾート)

ダイビングスポット・ガイド 4

アリ環礁南部

South Ari Atoll

環礁北部よりも、やや遅れてリゾート開発が進められたエリア。北部に勝るとも劣らぬ好スポットも多数発見され、注目のエリアでもある。特に人気なのは、ジンベエザメの遭遇率が高いマーミギリ・ベルやマンタ・ポイントとして知られるマディバルなど。ほかにも外洋に面したダイナミックなスポットも多い。

代表的なスポット

1 ブロークン・ロック

Broken Rock

環礁南東部のベストスポット。その名のとおり大きな岩がふたつあり、中央が真っぷたつに割れている。岩の外側には色とりどりのソフトコーラルが着いていて美しい。キンギョハナダイやハナゴイの数も相当なものだ。そのうえ、外洋に面しているので、潮の流れによってはギンガメアジやバラクーダなどの回遊魚の大群にお目にかかれることもある。岩ばかりではなく、ときには外洋側にも目を向けながら潜るといい。

2 マディバル(マンタ・ポイント)

Madivaru

環礁南西部にある水深3～25mの細長い根の先端でマンタを待つ。12～4月頃がマンタシーズンだが、特に1～2月頃にはマンタとの遭遇率はほぼ100％となり、環礁南部の人気スポットとなる。根の周囲にうじゃうじゃとマンタがやってくるのだ。このスポットのマンタはフレンドリーで、触ってしまいそうなくらいダイバーに近づいてきて遊んでくれる。が、決して触ったり追いかけたり、エアの泡を当てたりしないように気をつけよう。

3 マーミギリ・ベル～アリ・ビーチ・ベル

Maamigili Beru ~ Ari Beach Beru

アリ環礁最南端、ホリディ・アイランドの南側のリーフ。ホリディからはボートでたったの5分の場所にある。外洋に面したサンゴのスロープで、ジンベエザメがかなりの確率で狙えるとあって人気だ。特に12～4月の大潮前後には確率が高くなる。ときどき水面近くを見上げよう。ヨスジフエダイの群れが見事なほか、イソマグロやサメ、バラクーダ、カメなどが見られることも多い。

4 クダ・ラ・ティラ

Kuda Rah Thila

クダラ島から南へボートで15分ほどのスポット。水深25mに落ち込むドロップオフの壁沿いをドリフトダイビングする。オーバーハングやケーブも多く、ムチヤギやウミトサカなどのソフトコーラルが色鮮やかだ。リーフにはハナダイやベニマツカサ、ムスジコショウダイが、リーフの下の砂地にはアカエイなどが見られる。キンメモドキの大群に出会うことも。

魚影が濃い（センターラ・グランド・アイランド）

5 アンガガ・ティラ

Angaga Thila

アンガガとミリヒの間の水深30mの砂地にある、直径60mの丸い根。15分ほどで1周できる根はオーバーハングがあったりしておもしろい。根の周りにはチョウチョウウオやスズメダイが舞い、中層にはクマザサハナムロやウメイロモドキの群れが、そして、ときおりバラクーダ、メジロザメなどが見られる。

年間を通してジンベエザメの装具率が高いマーミギリ・ベル
© Marc Hillesheim

ダイビングスポット・ガイド 5

バー環礁とヴァーヴ環礁

Baa Atoll & Vaavu Atoll

モルディブにある19の環礁のうち、リゾートがある、または建築が進められているものは18環礁にも上る。未知の海中がどんどんダイビングスポットとして開発されているのだ。少し足を延ばして遠くの環礁へ行けば、ほとんどダイバーが潜ったことのないビッグスポットに潜ることができる。2019年6月現在16軒のリゾートがあるバー環礁、2軒があるヴァーヴ環礁は比較的アクセスがいいエリアだ。

ネリヴァル・ティラ(ソネバフシ)

バー環礁の代表的なスポット

1 ディガリ・ハー

Dhigali Haa

環礁の内側のやや東寄りのロイヤル・アイランドに近く、どのリゾートからも行きやすい場所にあるスポット。テーブルサンゴや色とりどりのソフトコーラルが見どころだ。バラクーダの群れ、イソマグロ、トビエイ、カメなどが見られ、潮によってはウメイロモドキやクマザサハナムロの大群に遭遇することもある。6～11月のマンタシーズンにはリーフトップのクリーニングステーションにマンタがやってくる。

2 ネリヴァル・ティラ

Nelivaru Thila

ソネバフシからボートでたったの5分という場所にあるスポット。環礁の内側のリーフで、6～11月の間のマンタ遭遇率が高い、バー環礁のマンタ・ポイントだ。根の北西側の水深15mのオーバーハングのあたりに集まってくる。ときには7～8匹のマンタに囲まれることも。魚影も濃く、巨大なハタや大型のアジの群れなども見られる。

3 ダラバンドゥ・ティラ

Dharavandhoo Thila

ソネバフシから北東へボートで約25分の環礁の東の外洋に近い場所にある、ダラバンドゥ島の隣にある細長いリーフ。北東側の砂地には無数のチンアナゴが見られ、そこに点在する小さなサンゴの根にさまざまな魚の幼魚が隠れていたりするのでマクロ派ダイバーにおすすめだ。また、南側のドロップオフには大きなオーバーハングがあり、マダラトビエイが休んでいることも。中層には、ときおりイソマグロやマダラトビエイ、カメ、バラクーダ、ギンガメアジの群れなどがやってくる。

ヴァーヴ環礁の代表的なスポット

フォッテヨ

Fotteyo

環礁の東の外れの、外洋に突き出したような場所にあるスポット。外洋に面しているリーフエッジ付近にはケーブや穴、アーチがたくさんあり、色とりどりのソフトコーラルが見事に着いている。アーチの付近にはギンガメアジの群れがいることも。潮の流れが速いことが多く、ロウニンアジやイソマグロ、大型のアジの群れ、ムスジコショウダイの群れなどが見られる。

ディギリ・カンドゥ

Dhiggiri Kandu

ディギリ・リゾートの東、外洋側にあるチャネル。水深が深く、リーフの棚の上は水深5mほどだが、外洋に面しているドロップオフでは水深45mに落ち込んでいる。チャネル内の壁、外洋側の壁の見どころとなっているのがケーブやオーバーハング。外洋側の壁に沿ってドリフトダイビングをしていると、回遊魚やマンタに出くわすこともある。

モルディブ魚図鑑

Maldives Fish Guide

モルディブでは、滞在中に一度はスノーケリングやダイビングを楽しむ人がほとんど。ラグーンに囲まれている水上ヴィラに宿泊していたらなおのこと。ハウスリーフでも驚くほどの魚たちが見られるし、ダイビングならジンベエザメやマンタなどの大物にも出会える。色とりどりの水中の楽園へようこそ！

オニイトマキエイ
Manta Ray/En madi
一般的にはマンタと呼ばれる大型のエイ。翼のようなひれの長さは2〜3mにも達する。

メジロザメの仲間
Gray Reef Shark/Miyaru
潮の流れが速く、回遊魚のよく集まるような場所で見られる。興奮させると危険なのでガイドの指示に従うこと。

モンガラカワハギ
Clown Triggerfish/Bis Rondu
名前も変わっているが、その体型と模様も一度見たら忘れられないユニークな魚。オレンジ色の口紅がかわいい。

メガネモチノウオ
Napoleonfish/Maa hulhumbu Landaa
英名はナポレオンフィッシュ。大型の魚で全長1.5mにもなる。スポットによってはダイバーに慣れたものもいる。

オオカマス
Great Barracuda/Farutholhi
大型のカマスの仲間はバラクーダという名前で総称される。モルディブでは普通に見られ、大群をつくっている。

ギンガメアジ
Bigeye Trevally/ Haluvi Mas
潮の流れの速い場所を好み、大きな群れをつくるアジの仲間。モルディブではハウスリーフの外縁でも見られる。

イソマグロ
Dogtooth Tuna/Kaaneri
珊瑚礁の礁斜面で見られ、潮の流れの速い場所に多い。大型種で全長は最大で2mを超えるものもいる。

ベニマツカサ
White-tipped Soldierfish/Dhan Bodu
珊瑚礁のドロップオフや岩穴の中でよく見られる。大きな洞窟などではまとまった群れをつくることも。

ムスジコショウダイ
Oriental Sweetips/Kanduguruwa
モルディブのムスジコショウダイは日本のものより大きく、全長60㎝にもなる。礁斜面で普通に見られる。

ヨスジフエダイ
Bluelined Snapper/Reedhoo Mas
珊瑚礁の礁斜面で見られるフエダイの仲間。大きな群れをつくることがあり、ダイバーにもよく慣れる。

トガリエビス
Long-jawed Squirrelfish/Raiverimas
モルディブの珊瑚礁の礁斜面では普通に見られる。昼間は暗い場所を好み、崖や岩穴の中にいることが多い。

モルディブアネモネフィッシュ
Maldive Anemonefish/Maagandu
インド洋固有種のクマノミの仲間。センジュイソギンチャクと共生していることが多い。礁斜面で見られる。

エバンスアンティアス
Evans's Anthjas/Dhon Bureki
インド洋固有種のハナダイの仲間。リーフ外縁の棚上や礁斜面の流れの速い場所を好み、群れで生活している。

アカネハナゴイ
Peach Fairy Basslett/Kashikeyo Mas
リーフ外縁の礁斜面で見かける。雄と雌で体型と色彩が異なり、雄は腹びれが長く背びれを広げると美しい赤色。

ホウセキキントキ
Bigaye/Hugu Mas
珊瑚礁の礁斜面で普通に見られる。体の色は赤色が多いが、白色や縞模様にも変化させることができる魚だ。

トライアングルバタフライフィッシュ
Triangle Butterflyfish/Thineskan Bibee
インド洋固有種のチョウチョウウオ。太平洋のミカドチョウチョウウオに似ているが、尾びれの斑紋が異なる。

マダガスカルバタフライフィッシュ
Madagascar Butterflyfish/Madagaskara Bibee
インド洋固有種のやや小型のチョウチョウウオ。リーフ外縁の礁斜面で見られ、ペアで泳いでいることが多い。

スポットネイプバタフライフィッシュ
Spot-nape Butterflyfish/Dhon Bibi
ニセフライチョウチョウウオによく似ているが、頭部の模様が異なる。リーフ外縁のドロップオフにいる。

ミスジチョウチョウウオ
Redfin Butterflyfish/Bibee
このチョウチョウウオは日本の沖縄でも見られるが、モルディブのものは尾柄部色が異なり、カラフルな感じ。

オニハタタテダイ
Masked Bannerfish/Thun Bibi
ハタタテダイの仲間としては大型で全長25㎝になる。モルディブの珊瑚礁のドロップオフで普通に見られる。

イエローヘッドバタフライフィッシュ
Yellow-head Butterflyfish/Dhon Bibi
インド洋固有種のチョウチョウウオ。サンゴのよく発達した場所で普通に見られる。単独またはペアでいる。

ブラックピラミッドバタフライフィッシュ
Black-pyramid Butterflyfish/Huras Galhi Kandu Kaalhu
インド洋固有種のチョウチョウウオ。リーフ外縁の流れの速い場所を好み、まとまりのない群れをつくる。

アデヤッコ
Blue-face Angelfish/Kukuraa Kokaa
英名はブルーフェイス。その名のとおり顔の部分が青い。リーフ外縁のドロップオフのやや深い場所で見られる。

ユカタハタ
Coral Grouper/Raiy Faana
珊瑚礁で見られるハタの仲間では代表的な種類で、モルディブにも多い。赤い地色に青い水玉模様が美しい。

タテジマキンチャクダイ
Emperor Angelfish/Kukuraa Kokaa
太平洋からインド洋にかけて見られる。太平洋のものは背びれの後縁が伸びるが、インド洋のものは丸い。

クマドリ
Orangestriped Triggerfish/Daiyfuku Rondu
珊瑚礁の礁斜面や外リーフの棚上で見られるカワハギの仲間。緑の地色にオレンジ色の縞模様が特徴だ。

ニシキヤッコ
Regal Angelfish/Kula Kokaa
ハウスリーフ外縁の棚上や礁斜面で普通に見られる。縞模様と色彩が美しいのでダイバーにも人気がある。

シテンヤッコ
Flagfin Angelfish/Dhon Kokaa
珊瑚礁の礁斜面で普通に見られるキンチャクダイの仲間。鮮やかな黄色の地色にブルーの口紅が特徴的だ。

ヒレナガハギ
Sailfin Tang/Dhunfaiy Mas
太平洋からインド洋まで分布する魚。太平洋のものはインド洋のものに比べると、色彩や斑紋が派手な感じだ。

ツバメウオ
Longfin Batfish/Baiypolhi Mas
リーフ外縁の潮の流れが速い場所で見られる。小さな群れでいるのが普通だが、大きな群れをつくることもある。

オヤビッチャ
Sergeant-major/Burandha
ハウスリーフの外縁で群れている。潮の流れているときは、水面近くまで上がってきて餌を食べている。

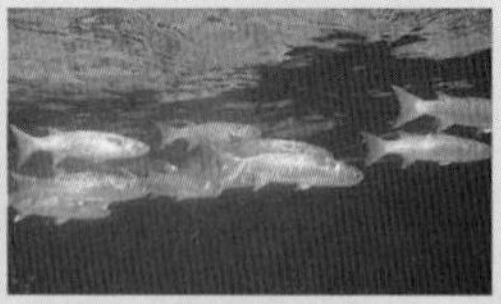

フウライボラ
Fringelip Mullet/Mekunu
水面の近くを群れをつくって移動している。ハウスリーフの内側から外側までの広い範囲でよく見かける。

ミスジリュウキュウスズメダイ
Humbug Dascyllus/Muraka Mas
内リーフにあるエダサンゴの群落をすみかにしているスズメダイ。危険を感じるとエダサンゴの奥へ逃げ込む。

カスミアジ
Bluefin Trevally/Fami Handhi
大型のものは外リーフに多く、小型のものはハウスリーフの岸近くでもよく見かける。小さな群れをつくる。

コバンアジ
Small Spotted Pomano/ Goru Vaali
ハウスリーフの岸近くの浅瀬で見られる。あまりまとまりのよくない群れで水面近くを泳ぐ美しいアジ。

シマハギ
Convict Tang /Raabulhaa
内リーフの浅瀬で普通に見られる。ときには大きな群れで海底の餌をつつきながら移動していることも。

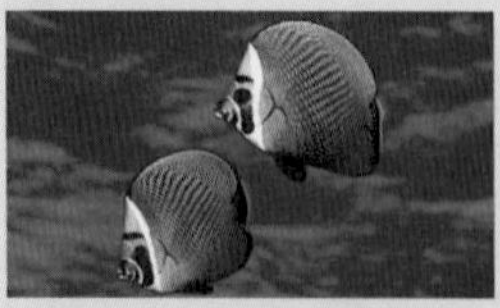

コラーレバタフライフィッシュ
Collare Butterflyfish/Dhon Bibi
ハウスリーフの外縁で普通に見られるインド洋固有種のチョウチョウウオ。水面近くを泳いでいることもある。

イッテンチョウチョウウオ(インド洋型)
Teardrop Butterflyfish/Dhon Bibee
日本で見られるイッテンチョウチョウウオとは色彩が異なる。ソフトコーラルの近くで見かけることが多い。

オオフエヤッコダイ
Big Long-nosed Butterflyfish/Thun Bibi
よく似たフエヤッコダイより吻が長いのが特徴。モルディブではこのオオフエヤッコのほうがよく見られる。

ウミズキチョウチョウウオ
Bennett's Butterflyfish/Dhon Bibi
サンゴのよく発達したリーフで普通に見られるチョウチョウウオ。体側の白い２本線と白い縁取りの黒斑が特徴。

スポッテッドバタフライフィッシュ
Spotted Butterflyfish/Lahjei Bibee
日本では見られないインド洋固有種。チョウチョウウオとしては小型で、珊瑚礁の斜面でよく見られる。

サドルバッグバタフライフィッシュ
Saddle-bag Butterflyfish/Dhon Bibi
インド洋固有種のチョウチョウウオ。珊瑚礁のリーフの上や斜面の浅い場所でペアでよく見られる。

パウダーブルーサージョンフィッシュ
Powderblue Surgeonfish /Noo Libaas
インド洋固有種のニザダイの仲間。ハウスリーフの外縁の浅瀬で見ることが多い。ときには大群で移動することもある。

アカヒメジ
Yellowfin Goatfish/Karuoo
ハウスリーフ内やリーフ外縁付近で群れで泳いでいることが多い。ヒメジの仲間には２本のひげがある。

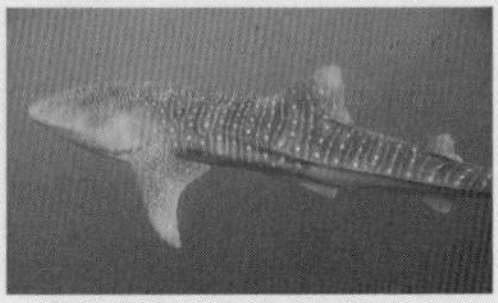

ジンベエザメ
Whale Shark
アリ環礁南部が特に高確率でジンベエザメに出会える。「マーミギリ・アウト」、「ランガリ・アウト」などが人気。

Snorkeling
スノーケリング

モルディブの海は眺めているだけでも楽しい。
でもその奥にはサンゴや魚たちが織りなす幻想的な楽園が
広がっている。一度はチャレンジしたいアクティビティのひとつ。

モルディブの島はスノーケリング天国

モルディブの島のハウスリーフは、島が小さいこともあってビーチからリーフエッジ（珊瑚礁の端）までの距離が短いことが多い。そのため、ハウスリーフで本格的な海中世界を気軽に楽しむことができる。珊瑚礁はビーチから離れるほど発達し、リーフエッジの外側は回遊魚が群れる外海となっているのだ。このハウスリーフを楽しむには、何もスクーバである必要はない。3点セットを着けただけで、色鮮やかな小魚から、ダイバーに人気の大物まで見ることができるのだ。

スノーケリングセットはリゾートで

モルディブの多くのリゾートでは、3点セット（マスク、スノーケル、フィン）が用意してあり、わざわざ日本から持っていかなくても問題ない。滞在中は無料で貸し出してくれるリゾートが多い。心配であれば、出発前に宿泊ホテルに確認するといいだろう。

スノーケリングの基本

スノーケリングがまったくの初めてという人は、足の着く浅瀬でしっかりと練習をしてから出かけよう。また、いざというときのためにも、なるべくふたり以上で楽しむようにしたほうがいい。リゾートによっては、ライフジャケットの着用を義務づけているところもある。

ガイド付きのスノーケリングトリップ

リゾートでは、島の周りのハウスリーフを楽しむガイド付きのツアーや、ドーニなどに乗り無人島に行ってスノーケリングを楽しんだり、スノーケリングでイルカを見るエクスカーションなど多数ツアーが用意されている。無料で体験できるものも多いので、チェックイン時にツアーのスケジュールをチェックしよう。スノーケリングが初めての人は、まずはガイド付きのツアーに参加するとよいだろう。

ハスウリーフを満喫

ハウスリーフとは？

島を囲む珊瑚礁のこと。このハウスリーフが発達している島では、遠くに出かけなくても、目の前の海でスノーケリングやダイビングが楽しめる。

水上ヴィラに滞在すればテラスから直接海に入ることができる

一歩上いくテクニック

浮上するとき、水面が近づいたら顔を真上に向けるようにし、少しずつ息を吐き出す。この方法で水面に上がると、スノーケルにまったく水が入っていないか、もしくは入っていても少し吐き出すだけで済む。力いっぱい息を吐く必要がなくなるので、体力を消耗しない。これが完璧にできるようになればスノーケリングのプロフェッショナルだ。十分に通常のスノーケリングに慣れてからトライしてみよう。

耳抜き

マスクの鼻の部分をつまみ、口からも息が出ないようにしたまま、勢いよく鼻に向かって息を吹きかけるようにしよう。鼻から耳の内側に空気が送られて、水圧で押された鼓膜がもとに戻って痛みがやわらぐ。

水中滞在時間を長くするには

潜降するとき、一度だけ大きく息を吸い込むのではなく、何度か小さな速い呼吸をしてから大きく息を吸い込むと、長く息を止めていられるようになる。酸素が体にたくさん補給されるためだ。これをハイパーベンチレーションという。ただし、これをやり過ぎると呼吸をコントロールする機能が働かなくなり、水中で気を失ってしまうブラックアウトという状態になる。小さな速い呼吸はなるべくしないようにし、水面での休息を多くとるようにしよう。

Surfing
サーフィン

南アジアのサーフスポットとして脚光を浴びているのが
モルディブ。サーフィンシーズンは3～10月。
基本的にオフショアで、波のサイズは平均2～8フィート。

サーフトリップに強い旅行会社
●サーフ・トリップ・ワールド
TEL (03)6415-8633
URL www.surf-trip.com

サーフィンができるおもなリゾート
●フォーシーズンズ・リゾート・モルディブ・アット・クダフラ(→P.111)
●アナンタラ・モルディブ(→P.122)
●ホリディ・イン・リゾート・カンドゥーマ・モルディブ(→P.124)
●シックスセンシズ ラーム(→P.180)
●ソネバフシ(→P.144)
●ソネバジャニ(→P.167)

リゾートステイかボートトリップか

モルディブはサーフポイントが多く、ヴェラナ（マーレ）国際空港から近い北マーレ環礁のドンヴェリやフドゥランフシ、南マーレではカンドゥーマ・リゾートのハウスリーフ、ガーフ・ダール環礁のカデッドウなどバラエティにとんでいる。また最近では、リゾートの目の前がサーフポイントであったり、近くにサーフポイントがあるところもある。そのほか、3名ほどの少人数でボートをチャーターしたボートトリップに出かけるサーファーも多い。日本のサーフトリップを専門に扱っている旅行会社があるので、相談するといいだろう。

キッズのサーフレッスン(🏨アナンタラ・ディグー)

Windsurfing
ウインドサーフィン

モルディブでは、比較的簡単にウインドサーフィンが
楽しめる。ボードのレンタルはもちろん、インストラクターも
常駐しているので、初心者でも気軽に挑戦したい。

風に注意！

ウインドサーフィンの原動力は風。まったくの無風状態では動かない。反対に、強風になればなるほど速度が増す。セイルを引き上げる練習は、風が強過ぎるとバランスを崩しやすい。また、急に沖に流され、帰ってくることができなくなる場合もある。初心者は強風の日を避けたほうが無難だろう。

🏨クレドゥ・リゾート＆スパのレッスン風景

ほとんどのリゾートでレンタルボードが用意されている。上級者向けのウインドサーフィンレンタルは無料のことが多いが、初心者にはまず、インストラクター付きの有料レッスンに参加することをすすめるところが多い。レッスンはプライベートであればUS$100(60分)前後が目安。カイトサーフィンのレンタルがあるリゾートもある。カイトサーフィンのレンタル自体も有料のところが多く、プライベートレッスン(60分)であれば道具込みでこちらもUS$100前後が目安。

カイトサーフィンも体験できる(🏨アナンタラ・ディグー)

Other Activities

そのほかのアクティビティ

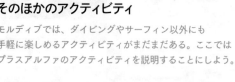

モルディブでは、ダイビングやサーフィン以外にも
手軽に楽しめるアクティビティがまだまだある。ここでは
プラスアルファのアクティビティを説明することにしよう。

フォトウエディング　Photo Wedding

挙式は必要ないけど、何か記念に残ることをしたい。そんなカップルに人気のサービスがビーチや水上ヴィラなどリゾートのお気に入りの場所でプロカメラマンが撮影してくれるフォトウエディング。リゾートによってはプロカメラマン撮影、レンタル衣装、ヘアメイクなどがパッケージされたフォトプランが用意されていることも。ウエディング以外にも各種アニバーサリー、ファミリーでの撮影などさまざまなニーズに応えてくれる。

水中ウエディングが人気！

パラセーリング　Parasailing

モルディブの美しいラグーンのグラデーションを堪能するにはパラセーリングがおすすめ。青のグラデーションとリゾート特有の長い桟橋などが眼下に見え、モルディブでしか味わえない思い出に残る景色に出会えるだろう。

カヌー＆シーカヤック　Canoe & Sea kayak

穏やかな小さな島の周りをカヌーやシーカヤックで巡る。途中、サンドバンクでひと休みしたり、浅瀬のラグーンでは、ウミガメやエイに出会うことも。のんびりできるマリンアクティビティのひとつ。

水上バイク　Water Scooter

モルディブでは免許がいらないので、水上バイクを楽しむ人が多い。初心者でもリゾートスタッフがしっかりサポートしてくれるので安心だ。運がよければイルカやマンタ、ウミガメに出会えるかも。

■日本人スタッフがいるマーレのウエディング会社

●ケリーアン
KELLY AN
日本での問い合わせ先
ケリーアン
TEL (03)5784-2655
URL kellyan.co.jp

●フォーエバーアフター
日本での問い合わせ先
クチュールナオコウエディング
0120-144-705
URL www.couture-naoco.com/resort/maldives/

ビーチやサンドバンクでの撮影も人気

■そのほかのアクティビティ

●バナナボート
バナナの形をしたボートにまたがり、モーターボートに引っ張ってもらう。誰でも気軽に楽しめ、水上スキーに近いスピード感が味わえる。

●チューブライド
別名ファンチューブ。大きなタイヤに座り、モーターボートで引っ張ってもらう。

●ウエイクボード
サーフボードの小型版といった板に乗り、モーターボートで引っ張ってもらう。

●ニーボード
板に座って、ボートで引っ張ってもらう。

●ペタンク
直径約8cmの金属ボールを投げ、目印に一番近づけたら勝ち、というゲーム。

●クラブレース
砂の上に直径1mくらいの円を描き、中央にヤドカリを置いて、一番早く円の外に出たら勝ち、というもの。ヤドカリさえつかまえればいつでも遊ぶことができる。

●フィッシング
釣り竿を使わないモルディブ伝統のフライフィッシング。夕方ドーニで沖に出るサンセットフィッシングが多い。

Maldives luxury Spa

日常からのエスケープ モルディブでしか体験できない極上スパタイム

1島1リゾートのアイランドステイなら、ほとんどのリゾートホテルにスパがあるので、のんびりとリラックスタイムを満喫できる。モルディブならではのスパをはじめ、タイやインドなど世界各国の本格トリートメントが受けられる。

①長い桟橋の先にある水上のスパヴィラ　②体によいとされるフルーツやハーブティーが用意されている　③窓の外はリアルな海の中　④満天の星に見守られながらのナイトトリートメント

モルディブのスパ、その魅力とは？

モルディブならではの環境

水上や水中、さらには緑に囲まれたオープンエアのスパなど、自然を生かした個性豊かな施設がめじろ押し。

テラピストの質の高さ

代表的なリゾート地だけに、テラピストたちの腕も確か。特に豪華リゾートには、研修を積み重ねた優秀な人が多い。

豊富なメニュー

タイ、インドネシアなどを中心に、世界各国のトリートメントが集結。インドやスリランカに近いことから、アーユルヴェーダの種類も豊富に揃う。

レトロスパ

緑に囲まれたトリートメントルーム

ザ・コーヴ・クラブ
The Cove Club

1960～1970年代を彷彿させるレトロスパ。当時活躍した米国女性シンガーの名前が付けられたトリートメントルームでリラックス。

ザ・コーヴ・クラブ

住 フィノール（→P.148）　TEL 660-8800
営 10:00～20:00　休 無休

アイランド・スパ

ドーニに乗ってスパ専用アイランドへ

ザ・アイランド・スパ
The Island Spa

小島がまるごとスパの、その名もザ・アイランド・スパ。カップルなら神秘的な夜に行われるナイトスパを体験してほしい。

ザ・アイランド・スパ

住 フォーシーズンズリゾート モルディブ アット クダフラ（→P.111）
TEL 664-4888　営 9:00～22:00　休 無休

スパ初心者講座

Q：予約は必要？

A：遅くとも前日までに予約を入れること。客室にあるメニューから選んで電話をするか、直接スパのレセプションに出向いてもいい。

Q：どんな格好でトリートメントを受けるの？

A：何も着けないか、オイルまみれになってもいいショーツで。スパによっては、使い捨てのショーツが用意されている。

Q：何を着ていけばいい？

A：特にきまりはない。ただし、オイルマッサージを受ける場合は、トリートメント後にオイルが付いても構わないものを。施設を利用する場合は、水着の持参を忘れずに。

Q：チップは必要？

A：すでにサービス料が含まれているのでチップは不要だが、よいサービスを受けたときには施術後に、そっと担当テラピストに手渡すといいだろう。

おもなスパメニュー

● ホットストーンマッサージ
温めたストーン（石）を使ったマッサージ。アロマオイルとの相乗効果で血流や筋肉の緊張を緩和し、深いリラクセーションが得られる。

● アロマオイルマッサージ
アロマオイルを使ったボディマッサージ。体の隅々までを優しいタッチで包むスウェーディッシュや、強めの圧力が心地いいバリニーズ、指圧などを組み合わせたものが多い。

● フットマッサージ
スクラブやオイルを使い、全身の器官の反射区が集まっているといわれる足裏のツボを刺激して、老廃物を排除、体調を整える。足のむくみもすっきり。

● スクラブ
ミネラルや海藻、南国フルーツ、スパイスなどをオイルと混ぜ合わせたスクラブで、全身をマッサージ。肌をすべすべにし、新陳代謝を促進する。引き締め効果も期待できる。

● タイマッサージ
ヨガやストレッチ、指圧を取り入れた、タイ伝統のマッサージ。筋肉の緊張を解きほぐし、血流を促進、心身の疲れを癒やす。

● ルルール
ウコンなどの天然素材を使ったボディスクラブ。ジャワ王国伝統の方法で、古い角質を取り除き、すべすべの肌にする効果があるという。

● ボディラップ
海藻や植物、ミネラルなどの天然素材をペースト状にしたものを塗布し、ボディをトリートメント。肌をつるつるにしたり、引き締めたりする。

● インディアンヘッドマッサージ
薬草などをブレンドした伝統的なトリートメントで頭皮をマッサージ。つやのある美しい髪にするだけでなく、ストレス解消やリラックス効果も高い。脳の疲れを緩和するともいわれている。

● フラワーバス
フラワーやアロマオイルなどの香りに包まれて、心身をリラックス。トリートメントの前後に組み合わせて沐浴する場合が多い。

おもなスパ用語

◆ アーユルヴェーダ　Ayurveda
5000年の歴史をもつインドの伝承医療。アビヤンガやシロダーラが人気。

◆ アロマテラピーマッサージ　Aromatherapy massage
アロマオイルを使用したリラックス効果の高いマッサージ。

◆ スウェーディッシュマッサージ　Swedish massage
スウェーデンで生まれた少量のオイルを用いて行うマッサージ。

◆ スパキュイジーヌ　Spa cuisine
スパ施設内のレストランで提供されるヘルシーで体に優しい料理。

◆ タイ古式マッサージ　Thai massage
指圧とストレッチを組み合わせたタイの伝統的なマッサージ。

◆ デスティネーションスパ　Destination spa
特定の目的をもって滞在するスパのこと。

◆ ハイドロテラピーバス　Hydrotherapy Bath
ジャクージ機能が付いたバス。水圧と気泡を合わせたマッサージ。

◆ バリニーズマッサージ　Balinese Massage
バリ島伝統のオイルマッサージ。指や手のひらを使ってじっくり体をほぐしていく。

◆ リラクセーションルーム　Relaxation Room
施述の前後にリラックスできる部屋。モルディブの場合オーシャンビューの部屋が多い。

◆ ロミロミマッサージ　LomiLomi Massage
ハワイ伝統のヒーリングマッサージ。「ロミ」とはハワイ語で「もむ」「押す」「マッサージする」といった意味をもつ。

本格アーユルヴェーダ

アーユルヴェーダ専用の水上トリートメントルーム

ジヴァ・グランデ・スパ
Jiva Grande Spa

アーユルヴェーダに精通した専任の医師がいる本格スパ。医師がその日の気分や体調にあったスパメニューを選んでくれる。

ジヴァ・グランデ・スパ
住 タージ・エキゾティカ・リゾート＆スパ（→P.122）　TEL 664-2200
営 9:00～21:00　休 無休

ワールドスパアワード受賞

ガラス張りの床を配したリラクセーションエリア

イリディウム・スパ
Iridium Spa

モルディブ最大級の海水ハイドロセラピープールが備わった最新のスパ施設で優雅に過ごしながら最高の施術が受けられる。

イリディウム・スパ
住 セントレジス・モルディブ・ヴォンムリリゾート　TEL 676-6381
営 9:00～22:00　休 無休

デスティネーションスパ

ヘルシーな料理を提供するスパにあるレストラン

スパリトリート＆オーバーウオータースパ
Spa Retreat & Over Water Spa

ガラスの床が備わった水上スパとひっそりと島の先端に佇むスパリトリートがある。

スパリトリート＆オーバーウオータースパ
住 コンラッド・モルディブ・ランガリ・アイランド（→P.141）　TEL 668-0629
営 9:00～21:00　休 無休

Excursion
エクスカーション

1島1リゾートのモルディブでは、好きなときに歩いて
外に出かけるということはできない。
そこで、各リゾートでは日替わりのさまざまな
エクスカーションを用意している。
リゾートに着いたらまずはチェックしよう。

サンセットクルーズ　Sunset Cruise

最もロマンティックなエクスカーション。日が傾き始めた頃に出航し、夕日が美しく見える場所で停泊し、ソフトドリンクやシャンパンを飲みながら日が沈むのを待つ。空全体が真っ赤に染まるゴージャスなサンセットを堪能したら、再び船を走らせてリゾートへ。所要時間は2時間というのが一般的。クルーズやヨット、モルディブ伝統のドーニなど、リゾートによって使用する船は異なる。ハネムーナーやカップルに人気のプライベートクルーズなどのリクエストも可。

ドーニでゆっくりと波に揺られながらのロマンティックサンセットクルーズ

無人島＆サンドバンク　Sandbank

非常に人気が高いエクスカーションのひとつ。文字どおり、島巡りだ。滞在するリゾートによって訪れる島はさまざまだが、たいていはモルディブの人々が暮らす島を観光してから、リゾート島のひとつに行き、レストランでランチを取り、ビーチでスノーケリングなどを楽しむ。無人島でバーベキューランチをしたり、砂州でスノーケリングをするリゾートもある。滞在先以外のリゾートを見ることができたり、漁民の島で子供たちと触れ合ったりみやげ物を買ったり、リゾート以外のモルディブのことを知りたい人にもおすすめ。

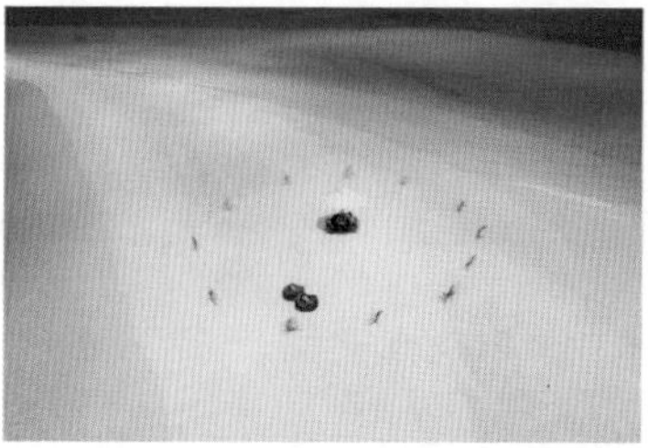

サンドバンクでのピクニックツアーも人気

**サンセットクルーズで
ふたりきりの時間を**

サンセットだけを見にいくクルーズやサンセットと魚の手釣りがセットになったサンセットフィッシング、イルカが見られるドルフィンサンセットクルーズなどさまざま用意されている。ハネムーナーやカップル向けには、専用シェフが同行する、豪華ディナーがセットになったサンセットディナークルーズなどがあり人気。記念写真を撮ってくれるサービスが付いたリゾートホテルもある。

人気はロマンティックディナークルーズ

サンドバンクでウエディグ

リゾートホテルによっては、サンドバンクでウエディングセレモニーができるところがある。360度海に囲まれた小さな砂州サンドバンク。誰もいないサンドバンクにふたりのためだけにセレモニー用のアーチなどをセットアップ。モルディブでもサンドバンクじゃなきゃ体験できない究極のウエディングプラン。カップル用のフォトプランなどもある。詳しくは現地ウエディング会社に聞いてみよう。

サンドバンクウエディングはシックスセンシズ ラームが人気

ドルフィンエクスカーション Dolphin Excursion

夕方からのツアーが多い

モルディブではクジラはあまり見られないが、イルカは比較的よく見られる。ほとんどのリゾートでは、ドルフィンエクスカーションとして、船の上からイルカが見られるツアーを催している。このツアーはイルカが現れやすい夕方に行われることが多く、モルディブ伝統のドーニに乗って、ゆっくりゆっくりイルカを探すのだ。ガイドがイルカを見つけてくれるので高確率でイルカを見ることができる。環礁によっては、ジンベエザメを船の上から見るジンベエエクスカーションを催行しているリゾートもある。

シーニックフライト Sea Plane Excursion

モルディブならではの贅沢エクスカーション

日本とモルディブを結ぶ飛行機が発着するのは夜間が多いため、上空からモルディブの海を眺めることはできない。そこでおすすめなのが、水上飛行機による遊覧飛行。真っ青な海原にぽかりぽかりと浮かぶ小島やそれを取り巻く珊瑚礁、環礁が造り出す色鮮やかなグラデーションなど、空の上から見るモルディブはまさに大自然が造った芸術作品だ。快晴だったら迷わずトライ！

ジンベエザメ＆スノーケリングツアー

アリ環礁南部にあるリゾートホテルではジンベエザメと一緒に泳げるエクスカーションを開催しているところがある。スノーケリングやドーニの上から見ることができるのでファミリーでの参加もOK。もちろん見られないこともあるが、出会えるまでのドキドキワクワク感がたまらない。

アリ南部に滞在するならぜひ参加を！

マンタ＆スノーケリングツアー

バー環礁「ハニファルベイ」ではスノーケリングでマンタが見られるツアーが人気。6～11月がシーズンで多い時には数十枚のマンタに出会えることも。バー環礁のリゾートホテル、ダイビングサービスで予約が可能。

遊覧飛行は北・南マーレで行われている

遊覧飛行はおもに北・南マーレにあるリゾートホテルで行われている。リゾートでの手配が可能だが、モルディブの飛行機会社でも手配が可能。空からジンベエザメを探すコースや、プライベート飛行などさまざま用意されている。フライト時間は基本20分で最大人員7名。

●**モルディビアン**
Maldivean
TEL 333-5544
URL maldivian.aero

●**フライミー**
Flyme
TEL 301-3000
URL www.flyme.mv

海のグラデーションに感激

マーレの町をぶらり散歩

マーレは小さな町なので、個人で町歩きをしても迷うことはない。暑いのでのんびり休憩をしながらまわるといいだろう。おもな見どころや市場を巡り、みやげ物店が並ぶチャンダニー・マグ通りでショッピング、シービューカフェで、お茶をしながら休憩。こんな感じの散策で所要3〜4時間。

服装には注意して町歩きを楽しもう（イスラミック・センター）

モルディブのスナック「ヘディカ」

モルディブのおみやげ選び

モルディブはおみやげ屋がもともと少ないうえに、リゾートホテルに滞在していると島から出られないので買いそびれる人がたくさんいる。帰国の際、ヴェラナ（マーレ）国際空港で買うのもいいが、半日くらいマーレにいて見どころ巡りやショッピングを楽しむのもいい。

観光客向けにデモンストレーションを行ってくれることも

素朴であたたかみのある伝統工芸品

マーレ観光&ショッピングツアー

首都マーレでの観光ツアー。マーレに近い北マーレのリゾートなどでツアーが組まれていることが多い。モルディブ最大のモスク「イスラミック・センター」やモルディブイスラミックの聖地「フクル・ミスキー」などの観光名所をいくつか回り、みやげ物店なども見て歩く散策ツアー。マーレのみやげ物店は、リゾートのショップよりも品揃えが豊富で、リゾートよりも安価で買うことができる。みやげ物が不要というのであれば、店に行かないで島の住宅街へと足を延ばし、庶民の暮らしを垣間見るのも楽しい。

モルディブ最古の建築物「フクル・ミスキー」

ローカルビレッジ(地元の人が暮らす島)ツアー

1島1リゾートのモルディブでは、リゾートステイの場合、地元の人たちと触れ合ったり、モルディブの文化を知る機会がない。そんなときは、リゾートの近くにあるローカルビレッジを訪問してみよう。カラフルな地元の人たちが暮らす家や、町の風景、子供たちの笑い声など、素朴なモルディブの暮らしを垣間見ることができる。リゾートでのツアーはガイドが同行するので何かと安心だ。ただし、注意点がひとつ。リゾートにいると忘れがちだが、モルディブはれっきとしたイスラム国家。服装には十分注意しよう。肩とひざが隠れる服装がベター。

人なつっこくて親切なモルディブの人

Resort Hotel Guide
リゾートホテルガイド

リゾートでの過ごし方 基本タイムテーブル

憧れの南の島。だからこそ、思う存分ゆったりと楽しみたい。ここでは、空港到着から、リゾートを満喫し、再び空港に戻ってくるまでの簡単な段取りをおさらいしておこう。各場面で役立つ、チェックポイントやサービス活用術も見逃さずに。

1 空 港

各リゾートのスタッフが空港に出迎え。スピードボートかドーニ、または水上飛行機でリゾートへ。

桟橋に着くと、スタッフが冷たいおしぼりとウエルカムドリンクで出迎えてくれる

2 リゾート着

桟橋でスタッフが出迎えてくれるので、その案内で、レセプション(フロント)へ。

3 チェックイン

日本を出発する前にホテルバウチャー（予約確認の証明書）をもらっている場合は提出する。

■チェックポイント

● **予約どおりの客室タイプかを要確認**

リクエストした客室が取れていなかった場合は、しっかりと主張すること。たいがいは何かサービスを付けてくれたり、アップグレードしてくれる。それでも思いどおりにならないときには、実際に受けたサービスを証明する領収書や明細書をチェックアウトの際にもらっておき、帰国後、申し込んだ旅行会社へ相談しよう。逆に、予定していたよりグレードの高い部屋になった場合は、特に差額を要求されることはないので、素直に喜べばよい。

4 客室へ

スタッフの案内で客室へ。部屋に着いたら室内設備について説明をしてくれる。荷物が届くのはそのあとだ。

■チェックポイント

● **電気、シャワーなどひととおり確認**

万一不備な点があれば、すぐにスタッフに指摘しよう。リゾートによっては、なかなか直してくれない場合もあるので、辛抱強く何度も言うことが大切だ。

5 フリータイム

客室でのんびり過ごしてもよし、スクーバダイビングなどアクティブに楽しんでもよし。自由自在にバカンスを満喫しよう！詳しくは各リゾート情報のページを参照。

6 滞在最終日

出発前日に、レターなどで通達がある。しっかりと翌日のスケジュールを確認しよう。

■チェックポイント

● **伝票ストップ後は、そのつど現金で**

翌日午前出発の場合は、前日に精算を済ませておくと便利。

● **翌日のチェックアウト、出発時刻を確認**

案内の紙が客室に届けられていない場合は、レセプション周辺の掲示板で確認。これらの時間は、ゲストが乗る予定の飛行機に合わせて組まれているが、念のため、自分が乗る予定の飛行機の時間を見ておこう。

7 チェックアウト

レセプションに伝票や明細、請求書などが用意されているので精算する。

■チェックポイント

● **請求書の内容が正しいかチェック**

各料金には5～10%のサービス料が加算されていることが多い。疑問があったら、必ずその場で確認を。

8 リゾート発

スピードボートかドーニ、または水上飛行機で空港へ。

■チェックポイント

● **自分の荷物があるか確認**

ポーターに預けておいた荷物がちゃんと載っているか自分で確かめよう。

9 空 港

長い桟橋に並ぶ水上コテージは、まさにモルディブならではの光景！

■サービス活用術

● **手荷物だけ持ってレセプションへ**

大きな荷物は、そのままボートに置いておいて大丈夫。あとでポーターが運んでくれる。

■サービス活用術

● **ウエルカムドリンクでゆったりと**

1隻のボートで何人かの客が到着することが多いので、多少時間がかかる。ウエルカムドリンクとおしぼりのサービスで、ゆったりと順番を待とう。

● **アクティビティ情報を収集**

アクティビティのサービスについては、こちらから尋ねないかぎりは教えてくれないことが多い。遠慮せずに、どんどん聞くようにしよう。

● **島内のマップをもらっておくと便利**

各客室にマップが置いてあるとはかぎらない。効率よく楽しむためにもマップを活用しよう。

● **USドルの小額紙幣を多めに用意**

リゾート着後、何かと必要なチップ。持ち合わせがない場合は、早めにレセプションで両替をしておこう。

プールでのんびり過ごすのもいい

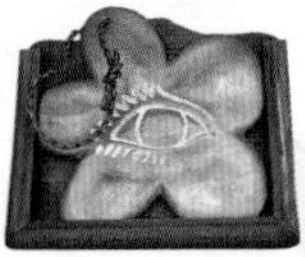

誰にもじゃまされず、客室でゆったり過ごしたいときにはドアのマークで意思表示すればいい

■サービス活用術

● **手荷物だけで身軽にレセプションへ**

荷物はチェックアウトの前の決められた時間にポーターが客室に取りに来る。時間が迫っているのに来ない場合は、とりあえずレセプションへ。そこで、ポーターを頼めばよい。

出発まで時間があれば、スタッフに伝えてビーチやバーで待機。冷房完備の部屋もある

リゾートでの楽しみ方

● アクティビティ

ほとんどのリゾートで、スクーバダイビングをはじめ、スノーケリングやフィッシングなどのマリンアクティビティのほか、テニスやビーチバレーボールなどが楽しめる。リゾートとは別の会社によって運営されていることが多いので、レセプションとは別のアクティビティデスクへ行って申し込もう。詳しくはP.71からの「アクティビティガイド」の項を参考に。

● 娯楽

なかには、ピアノバーやディスコルームなどがあったり、毎晩ショーが催されるリゾートもあるが、夜はバーで静かにグラスを傾け、星空を眺めて過ごすというのがモルディブのスタイル。チェスやダーツ、卓球などのゲームであれば、ほとんどのリゾートに用意されている。本や雑誌、DVDの貸し出しを行っているところもある。

● 食事

メインレストランのほかに、カフェやレストラン、バーなどが併設されているリゾートも多い。また、客室でゆっくりくつろぎながら飲みたいときには、各客室にあるミニバーが活躍。ルームサービスを行っているリゾートもあるので、その日の気分やスタイルに合わせて活用したい。

● スパ

モルディブには、海に囲まれた小さな砂の島という環境を生かした個性的なスパが揃っている。アーユルヴェーダをはじめ、タイ、スウェーデン式マッサージなど各種用意されているので、滞在中にはぜひ試したい。詳しくはP.90からの「極上スパタイム」の項を参考に。

● 客室

青い海を眺めながら、何もしないで、ただくつろぐ。ときにはこんなのんびりとした時間もいい。海が見渡せるバスタブや専用プールなど、さまざまな設備を備えているリゾートも多いので、各リゾートホテル情報を参考に選ぶといい。

※イメージ写真およびタイムテーブル内容は、コンスタンス・ハラヴェリ・モルディブ(→P.126)を参考にして掲載。

リゾート早見表

北マーレ環礁　南マーレ環礁
アリ&ラスドゥ環礁　バー&そのほかの環礁
※掲載は50音順

※料金はおおよその目安です。なお、客室タイプは全室に当てはまるものではありません。詳細については、各リゾートのページをご覧ください。　※日本人スタッフの有無において、△は日本語を話す日本人以外のスタッフあり　※島のタイプについては、各リゾートにより見解の相違が生じることもありますのでご了承ください。一般的にハウスリーフがある島はスノーケリングやダイビング、ラグーンがある島は海水浴やマリンスポーツに適しています。また、ドロップオフ（急に海底が深くなっている箇所）では多くの魚が見られます。　※食事において、ア=アラカルト、ビ=ビュッフェ　※キッズクラブの○にはベビーシッター（常勤）も含みます。

リゾート名	ページ	環礁	料金目安	部屋数	日本人スタッフ	客室タイプ								当日リゾート着	島のタイプ			食事	スパ	キッズクラブ	移動手段
						水上コテージ	海が見える床	海に下りる階段	海が見えるバスタブ	オープンエアバスタブ	プライベートプール	バルコニー	海の上のネット		ハウスリーフ	ラグーン	ドロップオフ				
アウトリガー・コノッタ・モルディブ・リゾート	181		$$$$$	52	×	○	×	○	×	○	○	○	○	×	○	○	×	ア	○	○	飛行機＋ヨット
アダーラン・クラブ・ランナリ	124		$$$	130	×	○	○	×	×	×	×	○	×	○	○	×	×	ビ	○	×	ボート
アダーラン・セレクト・フドゥランフシ	119		$$$	194	○	○	×	○	×	○	×	○	×	○	○	○	×	ビ	○	×	ボート
アダーラン・プレステージ・ヴァドゥ	124		$$$$	50	○	○	○	○	○	○	○	○	×	○	○	×	○	ア	○	×	ボート
アトモスフェア・カニフシ・モルディブ	163		$$$$$	132	×	×	×	×	×	×	○	○	×	×	×	○	×	ア/ビ	水上	○	水上飛行機
アナンタラ・キハヴァー・ヴィラズ、モルディブ	159		$$$$$	79	×	○	×	○	×	○	○	○	○	×	○	○	○	ア/ビ	水上	○	水上飛行機
アナンタラ・モルディブ	122		$$$$$	177	○	○	○	○	○	○	○	○	×	○	○	○	×	ア/ビ	水上	○	ボート
アマリ・ハヴォダ・モルディブ	181		$$$$	120	○	○	○	×	×	○	×	×	○	×	○	○	○	ビ	○	○	飛行機＋ボート
アマヤ・クダラ・モルディブ	136		$$$	51	×	○	×	○	○	×	×	○	×	×	○	○	×	ア/ビ	○	○	水上飛行機＋ボート
アミラフシ	146		$$$$$	59	○	○	×	○	○	×	○	○	×	×	○	○	○	ア/ビ	○	○	水上飛行機/飛行機＋ボート
ヴァッカル・モルディブ	152		$$$$$	125	×	○	○	○	○	○	○	○	○	○	○	○	○	ア/ビ	○	○	水上飛行機
ヴェラサル・モルディブ	123		$$$$	129	×	×	○	○	○	×	○	○	×	○	○	○	×	ア/ビ	水上	×	ボート
ヴェラ・プライベート・アイランド・モルディブ	171		$$$$	43	×	○	×	○	×	×	○	○	×	×	×	○	×	ア/ビ	○	○	水上飛行機
ヴェリガンドゥ・アイランド・リゾート&スパ	142		$$$$	91	×	○	×	○	○	×	×	○	×	×	○	○	○	ア/ビ	水上	○	水上飛行機
エンブドゥ・ヴィレッジ	124		$$$	118	×	○	○	×	×	×	×	○	○	○	○	○	×	ビ	水上	×	ボート
オーゼン・バイ・アトモスフィア	120		$$$$	90	×	○	×	○	○	×	○	×	×	○	○	○	×	ア/ビ	水上	×	ボート
オーブル・アット・ヘレンゲリ	110		$$$	116	×	○	×	○	×	○	○	○	×	○	○	○	×	ビ	○	×	ボート
オーブル・セレクト・アット・サンゲリ	104		$$$$$	114	×	○	○	○	○	×	○	○	○	○	○	○	○	ア/ビ	○	○	ボート
オルベリ・ビーチ&スパ・リゾート	124		$$$$	164	○	○	×	○	○	○	○	○	×	○	○	○	○	ビ	○	○	ボート
カヌフラ・モルディブ	162		$$$$	80	×	○	×	×	×	○	○	○	×	×	○	○	×	ア	○	×	水上飛行機
カンディマ・モルディブ	176		$$$$	272	×	○	×	○	○	○	○	○	×	×	○	○	×	ア	○	○	飛行機＋ボート
ギリ・ランカンフシ	108		$$$$$	45	○	○	○	○	○	×	○	○	○	○	×	○	×	ア/ビ	水上	○	ボート
クダフシ・リゾート&スパ	164		$$$	105	×	○	×	×	×	×	○	○	×	×	○	○	×	ビ	○	○	水上飛行機/飛行機＋ボート
クラブメッド・カニフィノール	118		$$$$	257	○	○	×	○	○	×	×	○	×	○	×	○	×	ビ	○	○	ボート
クラブメッド・フィノールヴィラ	112		$$$$$	52	○	○	○	○	○	○	○	○	×	○	○	○	○	ア	水上	○	ボート
クラマティ・モルディブ	142		$$$	290	×	○	×	○	×	○	○	○	×	×	○	○	×	ビ	水上	○	水上飛行機
グランドパーク・コディパル・モルディブ	117		$$$	120	×	○	×	○	×	○	○	○	×	○	○	○	×	ア	○	○	ボート
クルンバ・モルディブ	119		$$$$	180	×	×	×	×	×	×	○	○	×	○	○	○	×	ビ	○	○	ボート
コクーン・モルディブ	163		$$$	150	×	○	×	×	×	×	○	×	×	×	×	×	×	ビ/ア	○	○	水上飛行機

リゾート名	ページ	環礁	料金目安	部屋数	日本人スタッフ	客室タイプ								当日リゾート着	島のタイプ			食事	スパ	キッズクラブ	移動手段
						水上コテージ	海が見える床	海に下りる階段	海が見えるバスタブ	オープンエアバスタブ	プライベートプール	バルコニー	海の上のネット		ハウスリーフ	ラグーン	ドロップオフ				
ココパーム・ドゥニコル	156		$$$$	98	×	○	×	○	○	○	○	○	×	○	○	○	×	ア/ビ	○	○	水上飛行機
ココ・ボドゥヒティ	109		$$$$$	100	○	○	×	○	○	×	○	○	×	○	○	○	×	ア/ビ	水上	○	ボート
コンスタンス・ハラヴェリ・モルディブ	126		$$$$$	86	○	○	×	○	○	×	○	○	×	×	×	○	○	ビ	水上	○	水上飛行機
コンスタンス・ムーフシ・モルディブ	128		$$$$	110	○	○	×	○	○	○	×	○	×	×	○	○	○	ア/ビ	水上	○	水上飛行機
コンラッド・モルディブ・ランガリ・アイランド	141		$$$$$	150	○	○	○	○	○	○	○	○	×	○	○	○	×	ア/ビ	水上	○	水上飛行機/飛行機+ボート
ザ・サン・シヤム・イルフシ・モルディブ	182		$$$$	221	×	○	○	○	○	○	○	○	×	×	○	○	×	ビ	○	○	水上飛行機
サマー・アイランド・モルディブ	115		$$$	156	×	○	×	○	○	×	×	○	×	○	○	○	×	ビ	水上	×	ボート
ザ・レジデンス・モルディブ	180		$$$$$	94	×	○	×	○	○	×	○	○	○	○	○	×	×	ア	○	○	飛行機+ボート
サン・アクア・ヴィル・リーフ	182		$$$	103	○	○	×	○	×	○	○	○	×	×	○	○	○	ビ	○	○	水上飛行機
シェラトン・モルディブ・フルムーン・リゾート＆スパ	119		$$$$	176	×	○	×	○	○	×	○	○	○	○	×	○	○	ビ	○	○	ボート
シックスセンシズ ラーム	180		$$$$$	97	○	○	○	○	○	○	○	○	○	○	○	○	×	ア/ビ	○	○	飛行機+ボート
シャングリ・ラ ビリンギリ リゾート＆スパ	182		$$$$$	132	○	○	×	○	○	×	○	○	○	○	○	○	×	ア/ビ	○	○	飛行機+ボート
シュヴァル・ブラン・ランデリ	171		$$$$$	45	×	○	○	○	○	○	○	○	○	×	○	○	×	ア/ビ	○	○	水上飛行機
ジュメイラ・ヴィッタヴェリ	123		$$$$$	90	○	○	○	○	○	○	○	○	×	○	○	×	×	ア/ビ	水上	○	ボート
センターラ・グランド・アイランド・リゾート＆スパ・モルディブ	134		$$$$	112	○	×	×	○	○	○	○	○	×	○	○	○	○	ア/ビ	○	○	水上飛行機/飛行機+ボート
センターラ・ラスフシ・リゾート＆スパ・モルディブ	106		$$$$	140	×	○	○	○	○	○	×	○	○	○	×	○	○	ビ	○	×	ボート
セントレジス・モルディブ・ヴォンムリリゾート	174		$$$$$	77	○	○	○	○	○	×	○	○	×	×	○	○	×	ア	水上	○	水上飛行機
ソネバジャニ	167		$$$$$	25	×	○	×	○	×	×	○	○	×	×	○	○	×	ア	○	○	水上飛行機
ソネバフシ	144		$$$$$	57	×	×	×	×	×	○	○	○	×	○	○	×	○	ア/ビ	○	○	水上飛行機
タージ・エキゾティカ・リゾート＆スパ	122		$$$$$	64	○	○	×	○	○	×	○	○	○	○	×	○	×	ア	水上	○	ボート
タージ・コーラル・リーフ・リゾート＆スパ、モルディブ	117		$$$	62	○	○	×	○	○	×	×	○	×	○	○	○	×	ア/ビ	○	○	ボート
デュシタニ・モルディブ	157		$$$$$	94	○	○	×	○	○	○	○	○	○	○	○	×	×	ア/ビ	○	○	水上飛行機
トラギリ・アイランド・リゾート	119		$$$	86	○	○	×	○	×	×	×	○	×	○	○	○	○	ビ	水上	×	ボート
ドリームランド	154		$$$	90	×	○	○	○	○	×	○	○	○	×	○	○	○	ア/ビ	○	○	水上飛行機
ドリフト・セルヴェリガ・リトリート	140		$$$	30	×	○	×	○	×	×	×	○	×	×	○	○	○	ビ/ア	水上	×	水上飛行機
ニヤマ・プライベート・アイランド・モルディブ	182		$$$$$	86	×	○	×	○	○	○	○	○	×	×	○	○	×	ア/ビ	水上	○	水上飛行機
ノク・モルディブ	168		$$$$$	50	×	○	○	○	○	×	○	○	○	×	○	○	○	ア/ビ	○	○	水上飛行機
ハイダウェイ・ビーチ・リゾート＆スパ	182		$$$$	103	○	○	○	○	○	○	○	○	○	○	○	○	×	ア/ビ	○	○	水上飛行機
パラダイス・アイランド・リゾート＆スパ	119		$$$	282	○	○	×	○	○	○	○	○	×	○	○	○	○	ビ	○	×	ボート
バロス・モルディブ	114		$$$$	75	○	○	×	○	×	○	○	○	×	○	○	○	×	ア	○	×	ボート
バンドス・モルディブ	118		$$$	215	×	○	×	○	○	○	○	○	×	○	○	×	×	ビ	○	○	ボート
ファン・アイランド・リゾート＆スパ	124		$$	50	×	×	×	×	×	○	×	○	×	○	○	○	×	ビ	○	×	ボート
フィノール	148		$$$$	125	○	○	×	○	○	×	×	○	×	×	○	○	×	ビ	○	○	水上飛行機

リゾート名	ページ	環礁	料金目安	部屋数	日本人スタッフ	客室タイプ								当日リゾート着	島のタイプ			食事	スパ	キッズクラブ	移動手段
						水上コテージ	海が見える床	海に下りる階段	海が見えるバスタブ	オープンエアバスタブ	プライベートプール	バルコニー	海の上のネット		ハウスリーフ	ラグーン	ドロップオフ				
フィリティヨ・アイランド・リゾート	182		＄＄＄	125	×	○	×	○	×	○	×	○	×	×	○	×	○	ビ	○	×	水上飛行機
フヴァフェンフシ	102		＄＄＄＄＄	44	×	○	○	○	○	×	○	○	×	○	×	○	×	ア/ビ	水上/水中	○	ボート
フェアモント・モルディブ シル・フェン・フシ	172		＄＄＄＄＄	120	×	○	○	○	○	×	○	○	○	×	○	○	○	ア/ビ	○	○	水上飛行機
フォーシーズンズ プライベート アイランド モルディブ アット ヴォアヴォ, バー アトール	158		＄＄＄＄＄	7	×	○	×	○	○	×	○	○	×	×	○	○	×	ア	水上	○	水上飛行機
フォーシーズンズリゾート モルディブ アット クダフラ	111		＄＄＄＄＄	96	○	○	×	○	○	×	○	○	○	○	×	○	×	ア/ビ	○	○	ボート
フォーシーズンズリゾート モルディブ アット ランダーギラーヴァル	158		＄＄＄＄＄	103	○	○	○	○	○	○	○	○	×	×	○	○	×	ア	水上	○	水上飛行機
フラヴェリ・アイランド・リゾート＆スパ、モルディブ	166		＄＄＄＄	105	×	○	×	○	×	×	○	×	×	×	○	○	×	ビ	○	○	水上飛行機
フラワリ・アイランド・リゾート	160		＄＄＄＄	90	×	○	×	○	×	×	○	○	×	×	○	○	○	ビ/ア	○	○	水上飛行機+ボート
ホリデイ・イン・リゾート・カンドゥーマ・モルディブ	124		＄＄＄	160	×	○	×	○	○	○	×	○	○	○	×	×	○	ア/ビ	○	○	ボート
マーリフシ・バイ・コモ	178		＄＄＄＄＄	65	○	○	○	○	○	○	○	○	×	×	○	○	×	ア	水上	○	水上飛行機
マフシバル	140		＄＄＄＄	48	×	○	×	○	○	×	○	○	×	×	○	○	×	ア/ビ	水上	○	水上飛行機
ミライドゥ・アイランド・モルディブ	150		＄＄＄＄＄	50	×	○	○	×	×	×	○	○	×	×	×	○	○	ア	水上	×	水上飛行機
ミリヒ・アイランド・リゾート	138		＄＄＄	37	○	○	×	○	×	×	×	○	×	○	○	○	○	ア/ビ	○	×	水上飛行機
ラックス*サウスアリアトール	130		＄＄＄＄＄	193	○	○	○	○	○	○	○	○	×	○	×	○	○	ア/ビ	水上	○	水上飛行機/飛行機+ボート
ラックス*ノースマーレアトール	116		＄＄＄＄	67	×	○	×	○	×	×	○	○	×	○	○	×	×	ア/ビ	○	×	ボート
リーティ・ビーチ・リゾート	159		＄＄＄＄	120	○	○	×	○	×	×	×	○	×	○	○	○	×	ア/ビ	○	×	水上飛行機/飛行機+ボート
リリィ・ビーチ・リゾート＆スパ	132		＄＄＄＄＄	119	○	○	○	○	○	○	○	○	×	○	○	○	○	ビ	水上	○	水上飛行機
ロビンソン・クラブ・ヌーヌ	170		＄＄＄	150	×	○	×	○	×	×	○	×	×	×	○	×	×	ア/ビ	○	○	水上飛行機
ロビンソン・クラブ・モルディブ	179		＄＄＄	121	×	○	○	○	×	×	×	○	×	○	○	○	×	ア/ビ	○	×	飛行機+ボート
ワン＆オンリー・リーティラ	113		＄＄＄＄＄	128	○	○	×	○	○	×	○	○	○	○	○	○	×	ア/ビ	水上	○	ボート

北マーレ＆南マーレ環礁のリゾート

North Malé Atoll
South Malé Atoll

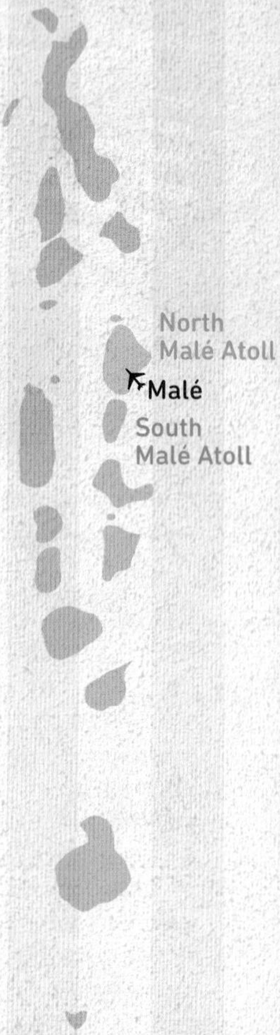

From Malé To Resort Hotel

マーレ（ヴェラナ国際空港）着

到着ゲートを出て右へ。各リゾートホテルの専用スピードボートがずらっと並んでいる。現地旅行会社のスタッフもしくはホテルスタッフがボートまで案内してくれるので心配いらない。冷たい水やおしぼり、無料Wi-Fi完備のボートも多い。

↓

スピードボート

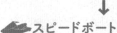

南北マーレのリゾートホテルへは、空港からリゾート専用のスピードボートで移動。所要は近いリゾートで15分、遠いリゾートで60分ほど。

↓

リゾート着

リゾートのジェティ（桟橋）に到着。早朝でも深夜でもホテルスタッフが出迎えてくれ、その後チェックイン。荷物はポーターが運んでくれる（チップを忘れずに）。

大人の上質な休日を提案

MAP P.15-A2

フヴァフェンフシ

Huvafen Fushi

究極の快適さと高級感がさらに充実

2017年から1年の時をかけて大規模な改修を行い、今まで以上にラグジュアリー感を増した大人のリゾート。フヴァフェンフシはディベヒ語で「夢の島」という意味だが、マーレ到着後、リゾート専用ボートに乗り込んだ瞬間から別世界へと誘ってくれる。世界初の水中スパは健在で、フヴァフェン・スパ-パールとして生まれ変わり、より豊かで極上のヒーリング体験が堪能できる。また、1泊およそ190万円というモルディブ最高級のペントハウス「プレイペン」が完成し、世界最高峰の大人の遊び場がモルディブに誕生した。

バンガローのインテリアも一新

全室プール付きの44棟のバンガローのインテリアはもちろん、改装されたバスルームにはボッテガヴェネタの高級アメニティが揃い、ますます上品で上質な空間に生まれ変わった。寝室にはBang & OlufsenのBluetoothエンターテイメントシステムが備わっていて、プライベートプールやバスルームでお気に入りの音楽を聴くことができる。ナチュラルな外観からは想像できない、すべてのバンガローが最先端の調度品やシステムでまとめられている。

斬新で趣向を凝らしたグルメの数々

アミラフシ(→P.146)のシグニチャーレストラン「フィーリング・コイ」がフヴァフェンフシにも誕生。世界初のモルディブ人日本酒認定ソムリエが常勤し、モダンなイザカヤスタイルの日本料理に合う日本酒を選んでくれる。水上レストランなので雰囲気も最高。

そのほか、地下8mのワインセラー「ヴィナム」も健在で、常時5000～6000本もの選りすぐりのワインが用意されている。またフヴァフェン・スパには新たに美と健康に特化したフードのRAWカフェがオープン。

1 3つの広いテラスが備わったオーシャンバンガロー。目の前にはインド洋がパノラマで広がっている
2 海に突き出たプライベートダイニングエリア。2名限定の特別席で専用シェフが腕を振るう
3 ラテンの遊び心を加えたイザカヤスタイルの日本料理を堪能できる「フィーリング・コイ」
4 大きなガラス床が特徴的なオーシャンバンガロー。170㎡の広さを誇る

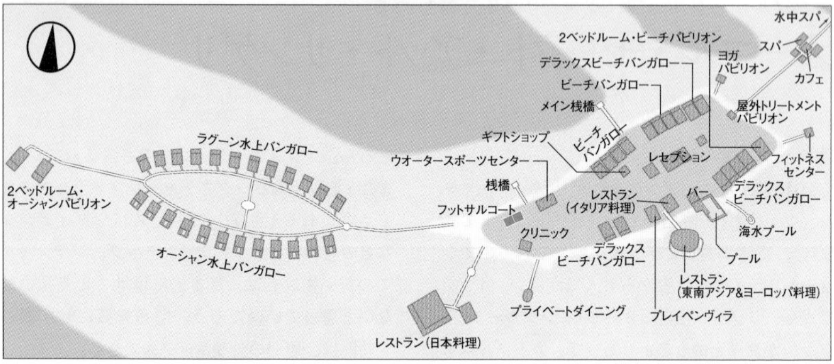

PickUp

フヴァフェン・スパ
Huvafen Spa
水深6mで受ける極上トリートメント。海の青と魚たちが別世界へ誘う。

ワインセラー
Wine Cellar
5000〜6000本ものワインが常時用意されている。ビンテージワインやシャンパンも揃う。

●住所North Malé Atoll ●TEL664-4222 ●日本の予約・問い合わせ先トラベルファクトリージャパン TEL(03)5784-2522 ●URLwww.huvafenfushi.com ●客室料金（朝食付き）ビーチバンガロー：US$1265〜 ラグーン水上バンガロー：US$1520〜 デラックスビーチバンガロー：US$1585〜 オーシャン水上バンガロー：US$1800〜 ●CC A M V ●客室数44（水上26） ●空港からの所要時間スピードボートで約35分 ●徒歩での島一周15分 ●モルディブ時間との時差＋1時間 ●日本人スタッフ×

無料

※記号の説明はP.4〜5参照

カップルからグループ、ファミリーまで楽しめる

MAP P.15-A1

オーブル・セレクト・アット・サンゲリ

OBLU SELECT at Sangeli

北マーレ環礁の新リゾート

2018年7月オープンの4つ星リゾート。マーレ（ヴェラナ）国際空港からスピードボートで約50分、空港到着日にチェックインできるのでショートステイの旅行者からも人気が高い。4つ星ながら、リゾート独自のオール･インクルーシブ･プランが豪華ということもあって、カップルはもちろん、グループやファミリー、女子旅などさまざまな客層が訪れている。スパがある小さな島は11歳以上が利用できる大人だけの場所。カップルが静かにくつろげるようになっている。

リゾート独自のオール・インクルーシブ・プラン

ここでのオールインクルーシブに含まれるものはメインレストランでの朝・昼・夕食ビュッフェとライブクッキング、プールバーでのスナック、レストラン、バーでのアルコールを含むドリンク、ライブ演奏＆DJナイト（週1～2回）、サンセットフィッシング、部屋のミニバーなど飲食はもちろん、エクスカーションまでも含まれている。また3泊以上ならシグネチャーレストランでの食事も含まれる（滞在中1回）。スパやダイビングなどの有料アクティビティ、チップ、ブティックでの買い物以外は、基本的に現地での支払いはないと思っていいだろう。財布を気にせず過ごす時間は、思いの外リラックスできる。

広々した客室は5タイプ

白を基調とした水上ヴィラにはガラス床を配し、バスルームからも海が見える広々設計。サンセット側はプール付きの水上ヴィラになり、テラスから美しい夕日を眺めることができる。ハネムーナーやカップルのみ宿泊できる102㎡の水上スイートもあり、こちらは6室限定になっている。半屋外のバスルームが付いたビーチヴィラもすべて1棟建てで、プライバシーに配慮された造りになっている。客室部分はビーチヴィラと同じで、プールが付いたビーチヴィラもある。

1 カラフルでポップな印象のプール付きハネムーン水上スイート
2 1戸建てのトリートメントルームは6室
3 水上ヴィラは定番のガラスの床付き
4 毎日種類が変わるメインレストランのビュッフェ
5 カップル専用のハネムーン水上スイート

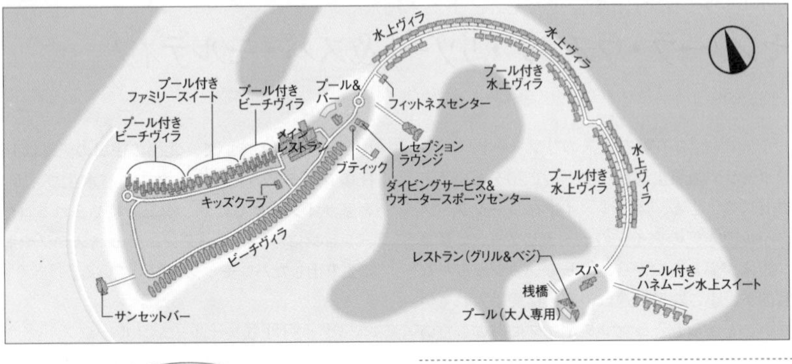

PickUp

ドリンク
Drink
オールインクルーシブながらアルコールの種類が豊富。オリジナルカクテルもあり。

ビーチ
Beach
島には子供専用のウオータースライダーやビーチバレーコート、大人専用プールがある。

●住所Akirifushi Island, North Malé Atoll ●TEL400-4501 ●FAX400-4505 ●URLwww.oblu-sangeli.com ●日本の予約・問い合わせトラベルファクトリージャパン TEL(03)5784-2522 ●客室料金(オールインクルーシブ) ビーチヴィラ:US$730〜 水上ヴィラUS$730〜 プール付きビーチヴィラ:US$912〜 プール付き水上ヴィラUS$912〜 ハネムーン水上スイート:US$1294〜 ●CC A J M V ●客室数114 ●空港からの所要時間 スピードボートで約50分 ●徒歩での島一周20分 ●モルディブ時間との時差なし ●日本人スタッフ×

※記号の説明はP.4〜5参照

MAP
P.15-A3

マーレ(ヴェラナ)国際空港からボートで20分

センターラ・ラスフシ・リゾート&スパ・モルディブ

Centara Ras Fushi Resort & Spa Maldives

12歳未満宿泊不可の大人のリゾート

ヴェラナ国際空港からボートで20分というアクセスのよさと、オール・インクルーシブ・スタイルで人気のタイ発のビーチリゾート。豪華な設備が備わりながら気取らないカジュアルな雰囲気。小さな子供連れの家族は受け入れていないことからも、ロマンティックに過ごしたいカップルに人気がある。徒歩10分ほどの小さな島で、周囲にはマリンスポーツに最適な遠浅のラグーンとスノーケリングが楽しめるハウスリーフが広がっているのもポイントが高い。島の近くには有名ダイビングスポットが点在しているのでアクティブに過ごしたい人にもぴったり。

プライバシーに配慮された1棟建ての水上ヴィラ

ゲストハウスは大きく分けてビーチヴィラと水上ヴィラの2タイプ。1棟2室からなるビーチヴィラはプライベートジャクージ付きを含め全30室。水上ヴィラは島の南と北西に延びる桟橋にずらりと並んでいて、北西の桟橋の先端は14棟のプレミアム・デラックススパ水上ヴィラ。客室サイズは同じだが、夕日を眺められるロケーションにあり、オープンエアのバスタブや海に張り出したハンモックが付いている。

本格タイ料理もオールインクルーシブ

リゾートには4つのレストランがあり、本格的なタイ料理も楽しめる。メインレストラン以外の料理もオール・インクルーシブ・プランに含まれているので(メニューによる)日替わりでいろいろな料理が楽しめる。

また、シーフードやアジア、地中海料理など、毎日テーマが変わるビュッフェなのでビュッフェだけでも十分満足できる。そのほか、タイ伝統のマッサージが受けられるスパをはじめ、ハウスリーフでのスノーケリング、マーレ日帰りトリップなどアクティビティも充実している。

1 天井が高く開放的な水上ヴィラ。テラスからは直接海に降りられる
2 海に張り出したネットがユニークなオーシャンバー
3 リゾート直営のスパでリラックス
4 おいしいと評判の料理はバリエーション豊か
5 静かな海に面したプール

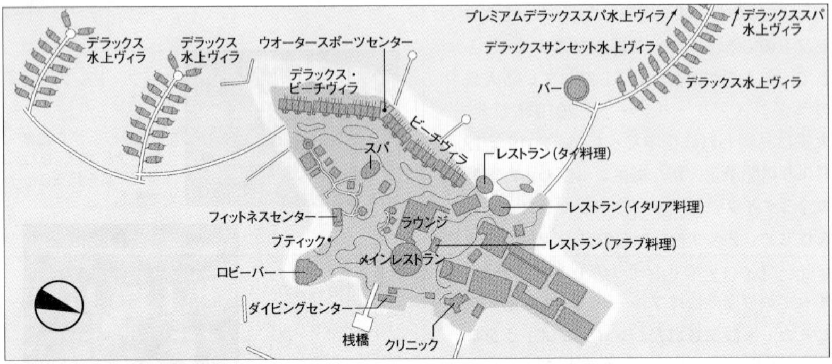

PickUp

グルメ
Gourmet
オールインクルーシブとは思えないほどの味と多彩なメニュー。総料理長は日本人シェフ。

ビュー・バー
Viu Bar
海が一望できるバーで、ここからのサンセットは格別。24:00までアルコールが飲める。

●住所North Male' Atoll ●TEL664-3880 ●FAX664-3881 ●URL www.centarahotelsresorts.com ●客室料金（オールインクルーシブ）オーシャンフロントビーチヴィラ：US$545～ デラックス水上ヴィラ：US$675～ デラックスサンセット水上ヴィラ：US$710～ デラックススパ水上ヴィラ：US$735～ プレミアムデラックススパ水上ヴィラ：US$785～ ●CC A M V ●客室数140（水上110） ●空港からの所要時間スピードボートで約20分 ●徒歩での島一周15分 ●モルディブ時間との時差なし ●日本人スタッフ×

※記号の説明はP.4～5参照

オープンエアのリビングを中心に、左右にベッドルームとバスルームがある

高い天井が特徴的

MAP P.15-B3

全室水上ヴィラ、究極のロマンティックリゾート

ギリ・ランカンフシ

Gili Lankanfushi

「人工的なものは一切使わない」というコンセプトのもと、ナチュラル志向のリゾートとして、多くのゲストを魅了し続けている人気のラグジュアリーリゾート。2019年新年、火災に見舞われ修復中だったが、2019年12月より再開予定。新たに生まれ変わった客室は全5タイプ。プール付きのヴィラスイートをはじめ、2ベッドルームのプール付きファミリーヴィラまでインテリアもすべて一新、すべてのヴィラにはブルートゥース対応のスピーカーも設置された。メインレストランなども新しいスタイルに生まれ変わる。

●住所Lankanfushi Is., North Malé Atoll
●TEL664-0304
●URLwww.gili-lankanfushi.com
●日本の予約・問い合わせ先サンヨー インターナショナル　TEL(03)3461-8585
●客室料金(朝食付き)要問い合わせ　●CC A M V
●客室数水上45
●空港からの所要時間スピードボートで約20分
●徒歩での島一周20分　●モルディブ時間との時差＋1時間　●日本人スタッフ○

※記号の説明はP.4～5参照

Pick Up

ルーフ・トップ・テラス
Roof Top Terrace
2階のテラスからは美しいインド洋や、夜には満天の星を見ることができる。

バスルーム
Bath Room
大きな窓が特徴のバスエリア。木を使ったギリランカンフシらしいバスルームはゲストのお気に入り。

ベッドルーム
Bed Room
ワンランク上のタイプのレジデンス。ベッドルームはふたりでは十分すぎる広さを有する。

リビング
Living
レジデンスのリビングエリア。落ち着いた色のファブリックでまとめられたナチュラル感が大きな特徴。

桟橋に沿うように並んだココレジデンス

全室プライベートプール付きの贅沢なリゾート

MAP P.15-A2

ココ・ボドゥヒティ

Coco Bodu Hithi

広いサンデッキ

モルディブらしさを大切にしたリゾートで、サンドカーペットのレセプションからして南の島らしさにあふれている。56室が水上にあり、3タイプ。なかでも専用桟橋に造られたココレジデンスは、プライベート感たっぷりでハネムーナーに人気。広さ184m²の客室のサンデッキにはインド洋を望む東屋も付いている。食事面では、メインレストラン「エアー」のほかに、水上のシーフードレストラン「アクア」とオンザビーチの「ブリーズ」、ココレジデンスの滞在ゲスト優先の「スター」がある。

●住所North Malé Atoll ●TEL664-1122
●日本の予約・問い合わせ先ココ・コレクション・東京オフィス TEL (03) 3567-8573 ●URLcococollection.com/en/bodu_hithi ●客室料金（朝食込み）アイランドヴィラ：US$910～ 水上ヴィラ：US$1037～ エスケープ水上ヴィラ：US$1378～ ココレジデンス：US$1484～ ●CC A M V ●客室数100（水上56）
●空港からの所要時間スピードボートで約40分
●徒歩での島一周20分 ●モルディブ時間との時差＋1時間 ●日本人スタッフ○

※記号の説明はP.4～5参照

PickUp

グルメ
Gourmet

ロケーションのよい場所にレストランやバーがある。6軒もあるので毎日違う味が楽しめる。

ココ・スパ
Coco Spa

完全独立型の水上トリートメントルーム。優しい風に癒やされながら施術が受けられる。

ダイビング
Diving

マンタポイントまでリゾートから数分というダイバーおすすめのリゾートホテルでもある。

ロマンティック・シネマ
Romantic Cinema

ここでしか体験できないオンザビーチの映画館。ふたりだけの世界へ。

美しいサンセットビューが望めるプランジプール付きのラグーンヴィラ

バラエティに富んだオールインクルーシブが魅力

MAP P.15-B1

オーブル・アット・ヘレンゲリ

Oblu at Helengeli

ハウスリーフがきれい

リーズナブルさで幅広い層から人気のリゾート。ヴェラナ国際空港からスピードボートで約50分。マーレ到着日にリゾートに移動することができ、無駄なくリゾートステイを楽しむことができる。さらに、食事や飲み物、アクティビティ（一部を除く）などが代金に含まれるオールインクルーシブなので、滞在中は安心して過ごせる。オールインクルーシブに含まれているアクティビティは、サンセットフィッシングとローカルアイランドツアー（滞在中1回）、カヤックなどノンモーターのマリンアクティビティなどが利用できる。

●住所Helengeli Is,. North Malé Atoll ●TEL959-6006 ●日本の予約・問い合わせ先トラベルファクトリージャパン TEL (03) 5784-2522 ●URLwww.oblu-helengeli.com ●客室料金（オールインクルーシブ）ビーチヴィラ：US$518～ デラックスビーチヴィラ：US$608～ プール付きラグーンヴィラ：US$786～ ●CC A M V ●客室数116 ●空港からの所要時間スピードボートで約50分 ●徒歩での島一周25分 ●モルディブ時間との時差なし ●日本人スタッフ×

※記号の説明はP.4～5参照

Pick Up

スパ
Spa

エレナ・スパでは本格的なアーユルヴェーダのシロダーラなどが体験できる。

ジャスト・グリル
Just Grill

新鮮なシーフードと肉のグリルが味わえる、オン・ザ・ビーチのスペシャリティレストラン。

客室
Room

別荘のような佇まいのプランジプール付きのビーチスイート。191m²の広さを誇る。

ザ・スパイス
The Spice

朝、昼、夜のビュッフェに加え、夕食前のスナックフードが16:00から用意されている。

海と一体化したセレニティプールからのサンセットは思い出に残る風景

人気のドルフィンクルーズ

海に溶けてしまいそうなプールとスパが人気

MAP P.15-B3

フォーシーズンズリゾート モルディブ アット クダフラ

Four Seasons Resort Maldives at Kuda Huraa

南北に細長い島に、モルディブらしい茅葺き屋根のバンガローがプライバシーに配慮しながら点在している。客室はすべてプール付きで、どのタイプもゆったりとしたスペースとセンスのいいインテリアでさすがフォーシーズンズといった趣だ。

レストランはバー含め6ヵ所。高級インド料理からモダンイタリアン、アジアンエスニックまでゲストを飽きさせないようバラエティ豊か。また、ゲストに人気のスパは、メイン島の沖に浮かぶ小島が1島スパアイランドになっているその名も「アイランドスパ」。

●住所North Malé Atoll ●TEL664-4888 ●日本の予約・問い合わせ先フォーシーズンズ ホテルズ アンド リゾーツ 0120-024-754
●URLwww.fourseasons.com/jp/maldiveskh/
●客室料金（朝食込み）プール付きビーチパビリオン：US$900～ プール付きウオーターヴィラ（水上）：US$1875～ ●CC A J M V ●客室数96（水上38） ●空港からの所要時間スピードボート25分 ●徒歩での島一周35分 ●モルディブ時間との時差＋1時間 ●日本人スタッフ○

※記号の説明はP.4～5参照

PickUp

プール付きウオーターヴィラ
Water Bungalow
大きなプール付きのテラスからはインド洋の美しい海が見渡せる

アイランドスパ
Island Spa
小さなドーニに乗ってスパ専用の小島へ。モルディブ産のハーブなどを使ったトリートメントでリフレッシュ。

バラーバル
Baraabaru
シェフ自慢の洗練された高級インド料理が楽しめる。人気は土鍋で提供されるインド風の炊き込みご飯。

サーフィン
Surfing
リゾート周辺はサーフィン天国。ボートで数分の所にいくつもポイントが。初心者向けのプログラムも充実。

サンライズかサンセットが選べるプランジプール付きの水上ヴィラ

室内より広いテラス

大人のためのラグジュアリーリゾート

MAP P.15-B2

クラブメッド・フィノール ヴィラ

Clubmed Finolhu Villas

クラブメッド・カニフィノールはカジュアルリゾートといった趣だが、こちらは、クラブメッドのなかでも最高峰ランクに位置する大人のためのハイグレードリゾート。52室の客室は、すべてプライベートプール付きで、一番小さな客室でも151㎡という広さを誇る。そのうち屋外スペースが84.5㎡というから驚きだ。朝食をこの広いテラスで食べたり、プールでのんびりしたり、カップルには最高のシチュエーション。もちろんクラブメッドの代名詞でもあるオールインクルーシブなので、安心して滞在できる。

●住所North Malé Atoll
●TEL664-0229
●日本の予約・問い合わせ先クラブメッド・バカンスダイヤル　0120-790-863
●URLwww.clubmed.co.jp
●客室料金要問い合わせ
●CC A M V　●客室数52(水上30)
●空港からの所要時間スピードボートで約40分
●徒歩での島一周20分
●モルディブ時間との時差なし
●日本人スタッフ○

※記号の説明はP.4～5参照

PickUp

インフィニティプール
Infinity Pool
真っ青な海がどこまでも続く最高の場所にある。デイベッドでのんびりして過ごすのも◎。

水上レストラン
Restaurant
料理はオールインクルーシブながら、アラカルトメニューから選ぶ。ヨーロピアンからアジアンまで多彩。

スパ
Spa
桟橋の先端にあるスパヴィラ。トリートメントルームからの絶景に感動(要追加料金)。ガラスの床もGOOD。

バー
Bar
ビールやカクテル、ワインやシャンパンなど、すべてのアルコールも、もちろんオールインクルーシブ。

ヴィラとヴィラの間隔が広くプライバシーに配慮されたプール付き水上ヴィラ

MAP P.15-A2

最上級のおもてなしで迎えてくれる

ワン&オンリー・リーティラ

One & Only Reethi Rah

人気の水上ハンモック

各国からセレブが集うモルディブ随一の豪華リゾートのひとつ。長さ1800m、幅300～500mというモルディブ最大級の島にあるため、客室はプライバシーがしっかり保たれた造りになっている。一戸独立型の客室は、大きく分けてビーチヴィラと水上ヴィラ、グランドサンセットレジデンスの3つ。最高級リゾートらしく全室に専属のヴィラホスト(バトラー)が付いている。世界中から集められた50人以上の一流シェフが腕をふるうレストランは6つ。自国から素材を空輸し、本国と同じ味を提供してくれる。

●住所North Malé Atoll ●TEL664-8800 ●URLwww.oneandonlyresorts.com ●客室料金(朝食込み)ビーチヴィラ：US$1700～ 水上ヴィラ：US$2130～ プール付きビーチヴィラ：US$2340～ プール付き水上ヴィラ：US$2980～ プール付きグランド水上ヴィラ：US$6180～ プール付きグランドビーチヴィラ2ベッドルーム：US$8240～ ●CC A D J M V
●客室数122(水上32) ●空港からの所要時間ラグジュアリーヨットで約45分 ●徒歩での島一周100分
●モルディブ時間との時差+1時間 ●日本人スタッフ○

※記号の説明はP.4～5参照

PickUp

プライベートダイニング
Private Dining

隔離されたビーチでふたりだけのロマンティックディナー。最高の料理とワインで乾杯。

スパ
Spa

緑豊かなガーデンに囲まれた静かな場所にたたずむスパヴィラ。地元の素材を使ったプロダクトがおすすめ。

ビーチ
Beach

リーティラといえばビーチ。長さ6kmも続く入り組んだ海岸線には、12の美しいビーチが点在している。

キッズクラブ
Kids Club

4～11歳、12～17歳の子供向けの無料ワークショップが充実。専任スタッフのきめ細かい対応が高評価。

シックななかにも洗練されたインテリアが光る水上プールヴィラの客室

デイベッドでのんびり

ナチュラルさとモダンさが融合した

バロス・モルディブ

Baros Maldives

MAP P.15-A3

小さいながらも充実した設備、ナチュラルな雰囲気、そして極上のハウスリーフなど、モルディブのよさが詰まったリゾート。半円形の小さな島で、ビーチの近くまで緑がうっそうと生い茂っている。どの客室もゆとりのある広さで、水上ヴィラのテラスには、ソファベッドやデッキチェアも配されている。島には、5軒のレストラン＆バーとスパなどがあり、グラスボトム・ボート・ツアーやドルフィンクルーズなどが日替わりで催行されているほか、ロマンティック・ディナー・クルーズなど、リクエストに応じてアレンジも可能。

●住所North Malé Atoll　●TEL664-2672　●URL www.baros.com/　●日本の予約・問い合わせ先スモール・ラクシャリー・ホテルズ・オブ・ザ・ワールド 006-633-813074　●客室料金（朝食込み）デラックスヴィラ：US$673～　バロスヴィラ：US$903～　水上ヴィラ：US$1108～　水上プールヴィラ：US$1486～　●CC A M V　●客室数75（水上30）　●空港からの所要時間スピードボートで約25分　●徒歩での島一周15分　●モルディブ時間との時差＋1時間　●日本人スタッフ×

無料　マルチ

※記号の説明はP.4～5参照

Pick Up

ザ・スパ・バロス
The Spa Baros

4室あるトリートメントルームはすべてカップルルーム。スウェーディッシュやタイなどのマッサージのほか、アーユルヴェーダやフェイシャルなど各種メニューが豊富に揃う。トロピカルフルーツや海藻などの天然素材を使ったスクラブやボディラップも人気。

憧れポイント

極上のハウスリーフで魚と戯れる

島の周りには驚くほどのコーラルリーフが広がり、絶好のダイビング＆スノーケリングポイント。

記憶に残る景色に出合える

水上ヴィラのテラスなら時間の経過とともに変わるモルディブらしい景色に出合える。

インド洋とつながって見えるリゾート自慢のインフィニティプール

水上ヴィラのテラス

カップルからファミリー、グループまで楽しめる

MAP P.15-A2

サマー・アイランド・モルディブ

Summer Island Maldives

リピーターが多い老舗のカジュアルリゾート。食事のプランはハーフボード、フルボード、オールインクルーシブの3タイプ。自分にあったプランを選ぶことができる。

宿泊施設は7タイプ。料金やスタイルによって好みの客室を選ぶことができる。リニューアルで新しく2階建ての「サマーハウス」が加わった。また、1周徒歩で20分ほどの島には、4つのレストラン＆バーラウンジ、そして5つのトリートメントルームがあるフィルマ・バイ・セレナ・スパ、インフィニティプールなど充実の設備が整う。

●住所Ziyaaraifushi Island, North Malé Atoll ●TEL 664-1949 ●URLwww.summerislandmaldives.com ●日本の予約・問い合わせ先トラベルファクトリージャパン TEL (03) 5784-2522 ●客室料金（フルボード）スーペリアビーチ：US$426～ プレミアビーチヴィラ：US$551～ 水上ヴィラ：US$624～ サマーハウス：US$2084～ ●CC A M V ●客室数156（水上20） ●空港からの所要時間スピードボートで約45分 ●徒歩での島一周20分 ●モルディブ時間との時差なし ●日本人スタッフ×

※記号の説明はP.4～5参照

Pick Up

ヒヤア
HIYA
プレミアビーチヴィラと水上ヴィラのゲストのみが利用できる水上レストラン。ロケーションは抜群。

サンセット
Sunset
水上ヴィラのテラスからは、夕日に染まる美しいインド洋を眺めることができる。カップルにおすすめ。

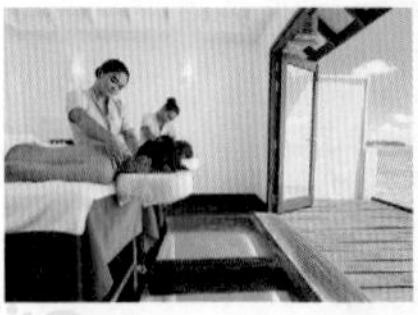

フィルマ・バイ・セレナ・スパ
Firumaa by Serena SPA
カップルルームがありふたりでの利用が可。各種マッサージなどメニューが豊富。

プレミアビーチヴィラ
Premium Beach Villa
リラックスできるジャクージ付きのアウトドアバス。プライバシーも確保されている。

白を基調とした現代風の水上ヴィラ

シックな水上ヴィラの客室

2019年2月、最上級のLUX* 誕生

MAP P.15-A1

ラックス＊ノースマーレアトール

LUX North Male Atoll*

マーレ（ヴェラナ）国際空港からスピードボートで約60分、全室2階建てヴィラにプライベートプールが付いたラグジュアリーリゾートが誕生した。ヴィラはペントハウスと呼ばれ、外観は斬新でユニーク。ルーフトップ（2階テラス）にスカイラウンジが備わったモルディブでは初めてのスタイルだ。客室は7タイプあり、一番小さなビーチヴィラと水上ヴィラの室内は110㎡、2階のルーフトップなどを合わせると351㎡という驚きの広さを誇る。レストラン＆バーは全部で6つ。LUX*で人気のICIアイスクリームショップもある。

●住所Olhahali, North Malé Atoll
●TEL668-2600　●FAX668-2606
●URLwww.luxresorts.com　●日本の予約・問い合わせ先ラックス*リゾーツ日本オフィス　TEL(03)6402-2580　●客室料金（朝食込み）水上ヴィラ：US$1787〜　プレステージ水上ヴィラ：US$1941〜　ビーチヴィラ：US$1972〜　2ベッドルーム・ビーチレジデンス：US$4032〜　●CC A M V
●客室数67（水上47）　●空港からの所要時間スピードボートで約60分　●徒歩での島一周20分
●モルディブ時間との時差なし　●日本人スタッフ×

※記号の説明はP.4〜5参照

PickUp

トップデッキ
Topdeck
モルディブ初、ヴィラの2階に造られたトップデッキ。インド洋の絶景を堪能できる。

スパ
Spa
5つの水上トリートメントルームをもつ。ルーフトップはヨガパビリオンに。

カフェラックス＊
Café LUX*
リゾート独自のブレンド豆で味わうコーヒーは格別。ケーキも絶品。

ダイニング
Dining
プライベートダイニング。水槽を見ていると水中で食事をしているような気分に。

キッズクラブが充実

MAP P.15-A3

グランドパーク・コディパル・モルディブ

Grand Park Kodhipparu Maldives

世界8ヵ国11都市で展開するパークホテルブランドがモルディブに誕生。北マーレでも有数のハウスリーフに囲まれたこの美しいリゾートは、カップルはもちろん、ファミリーやダイバーなど、どんな客層も楽しめるよう工夫がされている。客室は、ガーデンと水上に造られ、水上はロケーションとプールの有無によってカテゴリー分けがされている。

●住所North Malé Atoll ●TEL665-1111 ●URLwww.parkhotelgroup.com ●日本の予約・問い合わせ先東京オフィス TEL (0475) 36-5650 ●客室料金（朝食込み）オーシャン水上ヴィラ：US$455～ ●CCⒶⒿⓂⓋ ●客室数120（水上102） ●空港からの所要時間スピードボートで約20分 ●徒歩での島一周10分 ●モルディブ時間との時差なし ●日本人スタッフ○

※記号の説明はP.4～5参照

現代的ななかにもモダンテイストが合わさった客室

PickUp

ハウスリーフ
House Reef

水上ヴィラの前のハウスリーフは特に美しくスノーケリングに最適。トロピカルフィッシュも多い。

憧れポイント

数々の賞に輝いたスパで至福の時間を
オーシャンを望むトリートメントルームで身も心もリフレッシュ。

ナチュラル＆スタイリッシュ

MAP P.15-A2

タージ・コーラル・リーフ・リゾート＆スパ、モルディブ

Taj Coral Reef Resort & Spa, Maldives

62室のコテージに加え、質の高い技術で知られるタージ・ホテル直営のジヴァ・スパをはじめ、フィットネスクラブや図書館、プールなどの施設が充実。アットホームな雰囲気のなか、タージホテルならではの行き届いたサービスを満喫することができる。客室は、スーペリアビーチヴィラからデラックス水上ヴィラまで4タイプ。32室が水上にある。

●住所North Malé Atol ●TEL664-1948 ●URLwww.tajhotels.com ●客室料金スーペリアビーチヴィラ：US$425～
●CCⒶⒿⓂⓋ ●客室数62（水上32）
●空港からの所要時間スピードボートで約50分
●徒歩での島一周15分
●モルディブ時間との時差なし ●日本人スタッフ○

※記号の説明はP.4～5参照

やわらかいウッド調の客室（スーペリアビーチヴィラ）

PickUp

オープン・ザ・グリル
Open The Grill

本格的な窯で焼くピザは絶品。そのほかモルディブでは珍しい、ペルーやメキシコなど、中南米の料理が楽しめる。

エイの餌づけ
Feed a Stingray

リゾートにある桟橋のそばのビーチでは、エイの餌づけが行われている。ゲストは一緒に参加してエイに触れることも。

オールインクルーシブの先駆け

MAP P.15-B3

クラブメッド・カニフィノール

Club Med Kanifinolhu

カップルでもファミリーでも楽しめる充実のメニューが魅力のクラブメッド。宿泊代金に滞在中の全食事、ほとんどのアクティビティ料金(ダイビング、スパなどは有料)が含まれるオールインクルーシブが特徴で、チップの支払いも必要ない。さらに、リゾート内にはG.Oと呼ばれる世界各国から集まったスタッフがいて、ゲストを楽しませてくれる。

●住所North Malé Atoll ●TEL664-3152
●URLwww.clubmed.co.jp
●日本の予約先クラブメッド・バカンスダイヤル 0120-790-863 ●客室料金要問い合わせ
●CC A J M V ●客室数272 (水上75) ●空港からの所要時間スピードボートで約30分 ●徒歩での島一周40分 ●モルディブ時間との時差なし ●日本人スタッフ○

※記号の説明はP.4～5参照

水上コテージのゲスト専用のマンタ・ラウンジ

PickUp

マンダラ・スパ
Mandara Spa
アジアを中心に世界に約40もの店舗を展開するマンダラ・スパ。各トリートメントルームが独立の東屋になっていて、すだれの隙間から心地よい風が抜けていく。アロマテラピーやオイルマッサージなど、各種多彩なメニューが揃っている(要追加料金)。

ダイバーに人気の老舗リゾート

MAP P.15-A3

バンドス・モルディブ

Bandos Maldives

ハウスリーフやダイビングサービスの評判もよく、周辺には好スポットが多いことから、ダイバーに人気のリゾート。周囲には沈船ポイントもある。また、スポーツセンターやプール、テニスコート、レストランなど、施設が充実。ダイバー、ハネムーナー、家族連れ、グループなど、あらゆる層が滞在していて、国際色豊かなリゾートだ。

●住所North Malé Atoll ●TEL664-0088
●URLwww.bandosmaldives.com ●客室料金スタンダードルーム:US$272～ ビーチヴィラ:US$462～ ●CC A J M V ●客室数215(水上2)
●空港からの所要時間スピードボートで約15分
●徒歩での島一周30分 ●モルディブ時間との時差なし ●日本人スタッフ×

※記号の説明はP.4～5参照

モルディブで2番目にオープンした老舗中の老舗リゾート

PickUp

ジャクージ・ビーチヴィラ
Jacuzzi Beach Villas
おすすめの客室は、一戸独立型のジャクージ・ビーチヴィラ。ヤシの葉で葺いたとんがり屋根がかわいい2階建て。

憧れポイント

ハウスリーフでスノーケリング&ダイビング
島の周りのハウスリーフでは24時間無制限ダイブが可能。

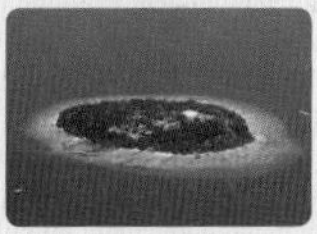

MAP P.15-B3

空港からスピードボートでたったの10分

クルンバ・モルディブ

Kurumba Maldives

1972年、モルディブで最初にできた老舗リゾートなので、マーレから近く、さらに島の周囲を美しいハウスリーフに囲まれているという、一番いい場所を確保することができた。アクセスとロケーションのよさに加え、豪華リゾート施設も兼ね備えた極上のリゾート。客室はプール付きのヴィラをはじめ、どれも居心地抜群の造り。バーも含むレストランは12軒、ほかにスパもある。

●住所Vihamanafushi, North Malé Atoll ●TEL664-2324 ●URLwww.kurumba.com ●客室料金（朝食込み）スーペリアルーム：ⓈⒹUS$360～ デラックスバンガロー：ⓈⒹUS$490～ ●CC A J M V ●客室数180 ●空港からの所要時間スピードボートで約10分 ●徒歩での島一周25分 ●モルディブ時間との時差なし ●日本人スタッフ×

無料 マルチ

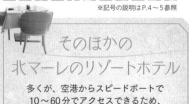

※記号の説明はP.4～5参照

ハウスリーフはモルディブでもトップクラス

Pick Up

デラックスプールヴィラ
Deluxe Pool Villa
独立型のデラックスプールヴィラ。室内は驚くほど広く、シックな装い。屋外にもシャワースペースがある。

憧れポイント

波の音を聞きながらトリートメントタイム
水上ガゼボではマッサージを受けることができる。ふたりでもOK。

そのほかの北マーレのリゾートホテル

多くが、空港からスピードボートで10～60分でアクセスできるため、到着日のうちにチェックインが可能。

サーファーに人気のリゾート MAP P.15-B2

アダーラン・セレクト・フドゥランフシ

Adaaran Select Hudhuran Fushi

長期滞在しながらゆったりとした休日を過ごす欧米人に加え、世界各国のハネムーナーたちからも人気の老舗リゾート。

●住所North Malé Atoll ●TEL664-1930 ●URLwww.adaaran.com ●客室料金ⓈⒹUS$447～ ●客室数194 ●空港からの所要時間スピードボートで約25分

モルディブ有数の美しいビーチが自慢 MAP P.15-B3

シェラトン・モルディブ・フルムーン・リゾート&スパ

Sheraton Maldives Full Moon Resort & Spa

パイプのような形状の細長い島で、美しいラグーンと弓なりに弧を描く広々としたビーチを有するラグジュアリーホテル。

●住所North Malé Atoll ●TEL664-2010 ●URLwww.sheraton.maldives.com ●客室料金ⓈⒹUS$604～ ●客室数176 ●空港からの所要時間スピードボートで約20分

モルディブらしい素朴なリゾート MAP P.15-A3

トラギリ・アイランド・リゾート

Thulhagiri Island Resort

リゾートの建物は、すべてヤシの葉葺きのとんがり屋根で、モルディブ本来の素朴さを生かした造りで統一されている。

●住所North Malé Atoll ●TEL664-0014 ●URLwww.thulhagiri.com.mv ●客室料金ⓈⒹUS$206～ ●客室数86 ●空港からの所要時間スピードボートで約25分

極上のビーチと充実の施設 MAP P.15-B3

パラダイス・アイランド・リゾート&スパ

Paradise Island Resort & Spa

ゲストは日本人をはじめ国際色豊か。島の東側には、全室水上コテージの同系列リゾート「ヘイヴン」がある。

●住所North Malé Atoll ●TEL664-0011 ●URLwww.villahotels.com ●客室料金ⓈⒹUS$310～ ●客室数282 ●空港からの所要時間スピードボートで約20分

※料金は特に記載がない場合は朝食込み

アクティビティやスパまで付いたオールインクルーシブが人気

MAP P.13-A2

オーゼン・バイ・アトモスフィア

OZEN by Atmosphere

美しい自然と調和したナチュラルリゾート

空港からスピードボートで約45分。マーレに夜到着しても、リゾートには同日に入ることができる5つ星リゾート。3つの島が桟橋でつながっていて、メイン島には、レセプションとプール、プールバー、アースヴィラとアーススイートと呼ばれるビーチヴィラが点在、メイン島と桟橋でつながった小さな島には、メインレストランとスパヴィラ、この島から桟橋が延び、ウインドヴィラと呼ばれる水上ヴィラと、水中レストランもこちら側にある。もうひとつの小さな島は、スタッフ島になっている。

5つ星リゾートのオールインクルーシブ

ここではラグジュアリー・オール・インクルーシブ・プランと呼ばれているスペシャルプランが人気。内容は、メインダイニングでの3食の食事はもちろん、夕食はシグネチャーレストラン(インド料理か中国料理レストランのいずれか)で取ることも可能。食事中のドリンク(シャンパンも含む)、エクスカーション(滞在中1回)、ノンモーターのマリンスポーツ、スノーケリングツアー(滞在中何回でも可)、ミニバー内のドリンクなど、ほとんどのものが含まれているのだ。4泊以上の場合、人気の水中レストラン「M6m」でのランチかディナーを1回と60分のスパか1ダイブが無料(Cカード保有者のみ)になる。

話題の水中レストラン「M6m」

モルディブで5つ目となる水中レストランが誕生。それが「M6m」。ウインドヴィラ(水上ヴィラ)の桟橋の先端に造られた空間で水深6mの位置にあるのでその名が付けられた。

ランチとディナー時のみオープンで、地元産のシーフードを使った料理が食べられる。ランチタイムは、太陽の日が差し込み、夜は店内のライトにひかれて大型魚が来ることも。どの時間も幻想的でロマンティック。

1 メインジェティのそばにあるプール。ふたりでもたっぷりサイズのデイベッドでのんびりしたい
2 プール付きのウインドヴィラ（水上ヴィラ）にはガラスの床が備わっている
3 斬新で曲線がユニークなアライバルパビリオン
4 モルディブに5軒しかない水中レストランの1軒がここM6m

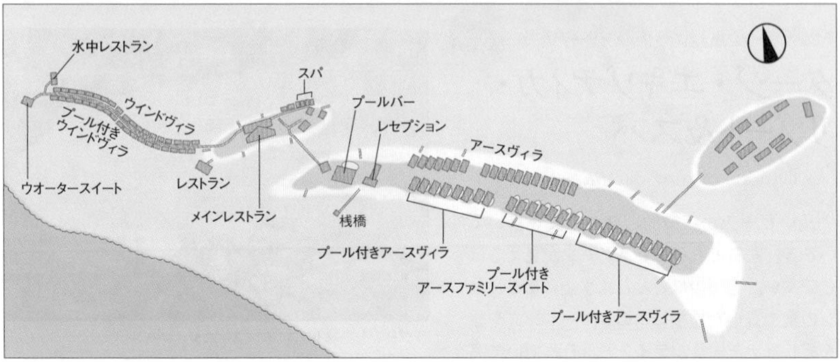

PickUp

バスルーム
Bath Room
ハネムーナーに大人気のシービューバスタブ。フラワーバスならさらにロマンティック。

スパ
Spa
小島の静かな場所にたたずむ。波の音がBGMに。最高に贅沢な時間が体感できる。

● 住 所South Malé　● TEL400-2222　● URLozen-maadhoo.com　●日本の予約・問い合わせ先トラベルファクトリージャパン　TEL(03)5784-2522
●客室料金（オールインクルーシブ）アースヴィラ：US$1140～　ウインドヴィラ(水上ヴィラ)：US$1140～　プール付きアースヴィラ：US$1477～　プール付きウインドヴィラ(水上ヴィラ)：US$1477～　●CCⒶⓂⓋ
●客室数90(水上48)　●空港からの所要時間スピードボートで約45分　●徒歩での島一周20分
●モルディブ時間との時差なし　●日本人スタッフ×

※記号の説明はP.4～5参照

タイ発ラグジュアリーリゾート

MAP P.13-B2

アナンタラ・モルディブ

Anantara Maldives

南マーレの美しいラグーンにアナンタラ・ディグー・リゾート＆スパと、アナンタラ・ヴェリ・リゾート＆スパのふたつがあり、ドーニで行き来ができる。ゲストはどちらの施設も利用可。細長い島のディグーは、各種アクティビティ、プールが充実。歩いて1周10分ほどのヴェリは、客室のほとんどが水上にある。

●住所Dhigufinolhu & Veligandu Huraa, South Malé Atoll ●TEL664-4100 ●URLmaldives.anantara.com ●客室料金（朝食込み）［ディグー］水上プールスイート：US$1479～ ［ヴェリ］水上バンガロー：US$646～ ●CC A M V ●客室数ディグー110（水上40）、ヴェリ67（水上50） ●空港からの所要時間スピードボートで約35分 ●徒歩での島一周30分（ディグー）／10分（ヴェリ） ●モルディブ時間との時差なし ●日本人スタッフ×

※記号の説明はP.4～5参照

トラディショナルとモダンが融合したおしゃれなデラックス水上バンガロー（ヴェリ）

PickUp

コーラルリーフ
Coral Reef
島近郊にはダイビングスポットが多い。島の周りは絶好のスノーケリングポイント。

スパ（ディグー）
Spa
絶景が広がるタイマッサージ専用ルーム。波の音と穏やかな風が至福時間を運んでくれる。

美しいラグーンに恵まれたラグジュアリーリゾート

MAP P.13-B1

タージ・エキゾティカ・リゾート＆スパ

Taj Exotica Resort & Spa

長いビーチが特徴的。島の中央を歩いていると、左右どちらにもラグーンが見えるほど細長い。客室のほとんどは水上にあり、ヤシの葉で葺いた屋根に木のフローリングや壁を配したナチュラルテイスト。それでいて高級感が漂う品のよい造りだ。弧を描くように並んでいるのがデラックス・ラグーン・ヴィラ。全室プライベートプール付き。

●住所South Malé Atoll ●TEL400-6000 ●URL www.tajhotels.com ●客室料金（朝食込み）水上ヴィラ：US$850～ プール付きラグーンヴィラ：US$1050～ ●CC A J M V ●客室数64（水上53） ●空港からの所要時間スピードボートで約15分 ●徒歩での島一周15分 ●モルディブ時間との時差15分 ●日本人スタッフ○

※記号の説明はP.4～5参照

ラグーンと一体化したインフィニティプール

PickUp

プライベートダイニング
Private Dining
こんなすてきなシャンパンブレックファストだってリクエストが可能。

ロマンティックディナー
Romantic Dinner
オーシャン・パビリオンでロマンティックディナー。

美しいハウスリーフに恵まれた豪華リゾート

MAP P.13-A1

ジュメイラ・ヴィッタヴェリ

Jumeirah Vittaveli

ドバイのジュメイラ・ホテル&リゾーツのモルディブ2軒目のリゾート。5ベッドルームのロイヤルレジデンスを含め、客室は8カテゴリーと多く、滞在スタイルによって自分に合った客室を選ぶことができる。2ベッドルームビーチヴィラは、少し小さめのベッド、シャワールームなどが別にあり、ファミリーでの利用におすすめ。

島の周りはモルディブでも有数のハウスリーフが広がっている

●住所Bolifushi Is., South Malé Atoll ●TEL664-2020 ●URLwww.jumeirah.com ●客室料金（朝食込み）プール付きビーチヴィラ・サンライズ：US$1225 ●CC A M V ●客室数90（水上46） ●空港からの所要時間スピードボートで約20分 ●徒歩での島一周20分 ●モルディブ時間との時差なし ●日本人スタッフ○

※記号の説明はP.4〜5参照

PickUp

タリーズ・スパ
Talise Spa
まるでスパ施設自体が隠れ家リゾートのような趣。水上にもトリートメントルームがあり、サンデッキも完備。

オーシャンスイート
Ocean Suite with Pool
ボートでのみ行き来ができるオーシャンスイート。広さは256m²と贅沢すぎるほど。究極のプライベートルーム。

客室のタイプが豊富なオールマイティリゾート

MAP P.13-A1

ヴェラサル・モルディブ

Velassaru Maldives

南マーレ環礁北西部の外洋に面した場所にあるラグジュアリーリゾート。審査が厳しいことでも知られるホテルグループ「スモール・ラクシャリー・ホテルズ・オブ・ザ・ワールド」のメンバーでもある。客室のタイプは8タイプ。好みや予算に合った客室が選べるため、ハネムーナーからファミリーまで幅広い層に親しまれている。

バー、ガラス張りのシアタールーム、広いバスルームなど最高峰のウオータースイート

●住所South Malé Atoll ●TEL665-6100 ●URLwww.velassaru.com ●日本の予約・問い合わせ先スモール・ラクシャリー・ホテルズ・オブ・ザ・ワールド ☎006-633-813074 ●客室料金（朝食込み）デラックスバンガロー：US$520〜 ●CC A J M V ●客室数129（水上45） ●空港からの所要時間スピードボートで約25分 ●徒歩での島一周15分 ●モルディブ時間との時差なし ●日本人スタッフ×

※記号の説明はP.4〜5参照

PickUp

チリ・バー
Chill Bar
アクアマリンの海に浮かぶサンデッキバー。オリジナルのカクテル片手に日光浴を楽しんだり、波の音を聞きながらロマンティックにサンセットを眺めたり、1日中過ごせるゲストのお気に入り空間。シェフ自慢のタパスやフレッシュジュースなどメニューも豊富。

photos : © Small Luxury Hotels of the World

家族連れが滞在しやすいカジュアルなリゾート

MAP P.13-B2

ホリデイ・イン・リゾート・カンドゥーマ・モルディブ

Holiday Inn Resort Kandooma Maldives

シービュー水上ヴィラのベランダの一部はネットになっている

リゾート内はあたたかみがあるナチュラルテイスト。客室は四角く、外装も内装も白を基調とした明るい雰囲気。家具や調度品などは個性的でスタイリッシュなデザインだ。客室は、水上コテージはもちろん、モルディブでは珍しい2階建てのシービュー・ビーチハウスというユニークなヴィラもある。

●住所Kandooma Fushi, South Malé Atoll ●TEL664-0511 ●URLwww.maldives.holidayinnresorts.com ●日本の予約・問い合わせ先IHG・ANA・ホテルズグループジャパン予約センター 0120-455-655 ●客室料金要問い合わせ ●CC Ⓐ Ⓜ Ⓥ ●客室数160(水上20) ●空港からの所要時間スピードボートで約40分 ●徒歩での島一周20分 ●モルディブ時間との時差なし ●日本人スタッフ×

※記号の説明はP.4～5参照

PickUp

レストラン&バー
Restaurant & Bar

広々としたプールの周囲にいくつかのレストランが点在している。カジュアルに楽しみたいならプールサイドで。テイクアウトもできる。ザ・キッチンの2階のザ・デッキは、その名のとおりデッキの上のクッションに座るスタイルのバー。ここから眺める夕日は絶景だ。

そのほかの南マーレのリゾートホテル

多くが、空港からスピードボートで10～60分でアクセスできるため、到着日のうちにチェックインが可能。

ハウスリーフとビーチが自慢 MAP P.13-B1

エンブドゥ・ヴィレッジ
Embudu Village

ハウスリーフとビーチの両方が楽しめるよくばりなリゾート。ハウスリーフは、驚くほど魚影が濃くダイバー向き。

●住所South Malé Atoll ●TEL664-4776 ●URLwww.embudu.com ●客室料金ⓈⒹUS$468～ ●客室数118 ●空港からの所要時間スピードボートで約20分

南マーレ環礁の最北端にある MAP P.13-B1

アダーラン・プレステージ・ヴァドゥ
Adaaran Prestige Vadoo

一周歩いて10分ほどしかない小さな島。数々の有名なダイブスポットを擁するヴァドゥ・チャネルに面している。

●住所South Malé Atoll ●TEL664-0375 ●URLwww.adaaran.com ●客室料金ⓈⒹUS$600～ ●客室数50 ●空港からの所要時間スピードボートで約15分

陽気なイタリアンリゾート MAP P.13-A2

アダーラン・クラブ・ランナリ
Adaaran Club Rannalhi

ゲストにはイタリア人が多い、クラブ形式のにぎやかなリゾート。島内には劇場もあり、毎晩イベントやショーが催される。

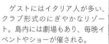

●住所South Malé Atoll ●TEL664-2688 ●URLwww.adaaran.com ●客室料金ⓈⒹUS$370～ ●客室数130 ●空港からの所要時間スピードボートで約45分

砂州はモルディブ有数の美しさ MAP P.13-B2

オルベリ・ビーチ&スパ・リゾート
Olhuveli Beach & Spa Resort

インフィニティプールや水上レストランなど、あちらこちらに木材などの自然素材を多用し、高級感のある造りになっている。

●住所South Malé Atoll ●TEL664-2788 ●URLwww.olhuvelimaldives.com ●客室料金ⓈⒹUS$392～ ●客室数164 ●空港からの所要時間スピードボートで約45分

昔ながらの素朴なスタイル MAP P.13-B2

ファン・アイランド・リゾート&スパ
Fun Island Resort & Spa

昔ながらのモルディブスタイルを保っているアットホームなリゾート。島にはダイビングサービスがある。

●住所South Malé Atoll ●TEL664-0033 ●URLwww.villahotels.com ●客室料金ⓈⒹUS$170～ ●客室数60 ●空港からの所要時間スピードボートで約45分

※料金は特に記載がない場合は朝食込み

アリ＆ラスドゥ環礁のリゾート

Ari & Rasdu Atoll

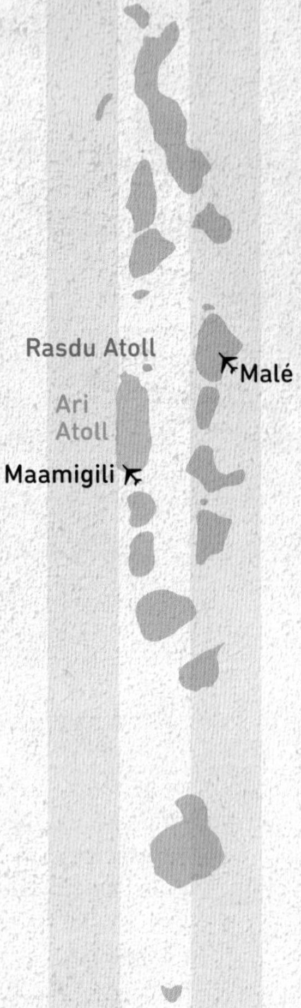

From Malé To Resort Hotel

マーレ（ヴェラナ国際空港）着

↓

ヴェラナ国際空港着が夜の場合

↓

水上飛行機

水上飛行機のチェックインカウンターは国際線と同じ建物にある。チェックインを済ませ水上飛行機会社のバスで水上飛行機のターミナルへ。ターミナルには、リゾートの専用ラウンジ、航空会社のラウンジなどがあり搭乗時間までそこで過ごす。

↓

リゾートによってはリゾート専用ボートに乗りかえ

↓

リゾート着

↓

国内線（ヴェラナ国際空港）

国内線ターミナルは国際線ターミナルを出て（海を前に）右へ徒歩10分ほど。現地ツアー会社のスタッフもしくはホテルスタッフが国内線まで同行してくれる。ターミナル2階にラウンジがあり、簡単なドリンクや軽食サービスがある。

↓

リゾート専用ボート

↓

リゾート着

モーリシャスの香り漂うエレガントなリゾート

MAP
P.14-B2

コンスタンス・ハラヴェリ・モルディブ

Constance Halaveli Maldives

850mにも及ぶ長い桟橋が印象的

ホワイトサンドビーチとどこまでも続くターコイズブルーの海に囲まれた絵になるリゾート。それがコンスタンス・ハラヴェリ・モルディブ。リゾートのコンセプトであるナチュラルエレガンスが島の自然とうまく融合している。

半円形の島の西側には、水上ヴィラが弧を描いて連なり、その850mにも及ぶ長い桟橋の途中には、水上スパやブティック、レストランやバーなどがある。アクティビティは、島を囲むホワイトサンドビーチで楽しむことができ、スノーケリングも思いのまま。

客室は全室プライベートプール付き

客室数は86室。そのうちの57棟が、プライベートプール付きの水上ヴィラだ。専有面積は100㎡と広く、曲線をうまく使った優美なデザインになっている。通常の水上ヴィラ（大人3、または大人2+子供1）は37室、ダブルサイズのエキストラベッドになるソファーを入れたファミリー水上ヴィラ（大人2+子供2）が20室。子供ふたり連れの家族でもひと部屋での滞在が可能。ファミリーも滞在しやすいリゾートだ。

豪華なオールインクルーシブがおすすめ

ハラヴェリでのオールインクルーシブは、メインレストランでの3食ビュッフェ（ドリンク含む）に加え、シグニチャーレストランでのアラカルトも含まれる（3コース限定）。朝食時のシャンパン、客室でのウエルカムハーフシャンパン1本、そして滞在中のアクティビティ（2回）も含まれるという十分すぎるほどの充実ぶり。

また、水上にあるスパ「U スパ・バイ・コンスタンス」にはヨガ専用ルームとタイ式マッサージルームを含む10室のトリートメントルームがあり、サウナやジャクージ、リラクセーションエリアなども完備。

1 島と水上ヴィラを結ぶ850mにも及ぶ桟橋。海の透明度の高さにびっくり
2 ガーデンに囲まれたプライベート感たっぷりのダブルストーリー・ビーチヴィラ
3 ビーチの浅瀬で揺れるディベッドは最高のくつろぎスペース
4 テラス、バスルーム、リビングエリア、どれをとってもゆったりとした造り

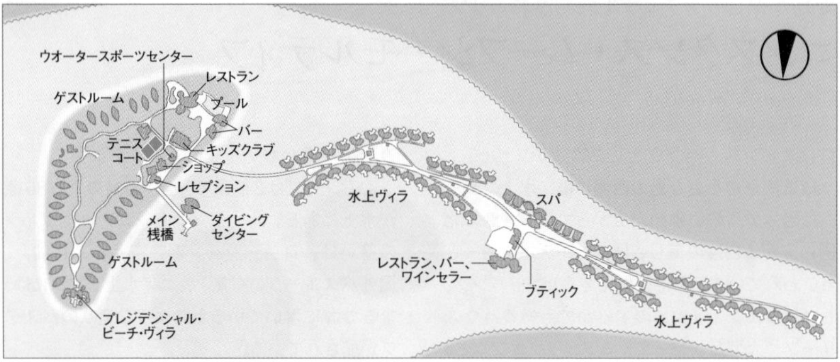

PickUp

スパ
Spa
タイ式マッサージルーム、サウナ＆スチーム、冷温プール、デッキなど、施設面が充実。

ワインセラー
Wine Cellar
ハラヴェリ自慢のワインセラー。プロのソムリエによるワインテイスティングもある。

●住所North Ari Atoll ●TEL666-7000 ●FAX666-7001 ●日本の予約・問い合わせ先コンスタンス・ホテルズ＆リゾーツ 日本オフィス TEL(045)367-4567 ●URLwww.halaveli.com ●客室料金（オールインクルーシブ）水上ヴィラ：US$1850～ ビーチヴィラ：US$1900～ ファミリービーチヴィラ：US$2150～ 2階建てビーチヴィラ：US$3100～ ●CC A M V ●客室数86（水上57） ●空港からの所要時間水上飛行機で約25分 ●徒歩での島一周15分 ●モルディブ時間との時差＋1時間 ●日本人スタッフ○

※記号の説明はP.4～5参照

素足が似合うナチュラル感あふれるリゾート

MAP P.14-A2

コンスタンス・ムーフシ・モルディブ

Constance Moofushi Maldives

コンスタンス・ハラヴェリの姉妹リゾート

ほぼ円形の小さな島の西側には、水上コテージに沿って長細い砂州が広がっている。島の北側に広がる白砂の美しさは、モルディブ随一ともいわれている。干潮時に見えるサンドバンク、トロピカルフィッシュのすみかでもあるハウスリーフ、大型魚がやってくるドロップオフなど、さまざまな海の魅力を味わえる。

オールインクルーシブが人気の秘密

オール・インクルーシブ・スタイルなので、出費を気にすることなく、リゾートライフを楽しむことができるのも大きな魅力のひとつ。宿泊料金のなかに滞在中の食事とバーやレストラン、ミニバーのドリンク代、アクティビティ料金（スパやダイビングなど一部を除く）が含まれている。さらには、スノーケリングやドーニでのエクスカーション、バーでの軽食やワインセラーのワイン（一部を除く）なども含まれている。

カラフルでかわいらしいユニークな客室

客室タイプは3種類で、全110棟のうち86棟が水上にある。水上ヴィラとシニア水上ヴィラの違いは、ロケーションと客室サイズに加え、屋外バスルームの有無。シニア水上ヴィラには、まるで海に浮いているかのような造りのバスタブが配されている。

レストランは、ビュッフェスタイルのメインレストラン、「マンタ」に加え、グリル料理が自慢のアリゼがあり、アラカルトまたはセットメニューが楽しめる。バーは、メインレストラン横の「マンタ」とプール横の「トーテム」のふたつ。マンタには豊富な種類を誇るワインセラーもあり、ワインテイスティングなども行われている。

スパ「U スパ・バイ・コンスタンス」は、テラピストの技術も質が高く定評がある。水上に8室の個室があり、そのうち2室はカップル用。ヨガパビリオンもあり、45分の無料体験レッスンが週2回行われている。

1 真っ白なビーチとラグーンのブルーはため息がでるほど美しい
2 ビーチの浅瀬に設けられたモルディブらしいフォトスポット
3 海に浮かんだユニークなバスタブ（シニア水上ヴィラ）
4 長い桟橋の先は水上ヴィラのみ

PickUp

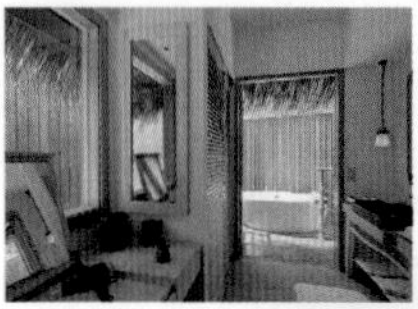

シニア水上ヴィラ
Senior Water Villa
バスタイムはぜひ昼間に。海に浮いているような開放感が楽しめる。

マンタ
Manta
素足が気持ちいい白砂が敷き詰められたレストラン。ビュッフェの種類も豊富。

憧れポイント

マンタと会えるハウスリーフ
まずはビーチでスノーケリング。モーターなしのアクティビティもすべて無料なのでこちらもチャレンジ。乾季にはハウスリーフにマンタが現れることも。

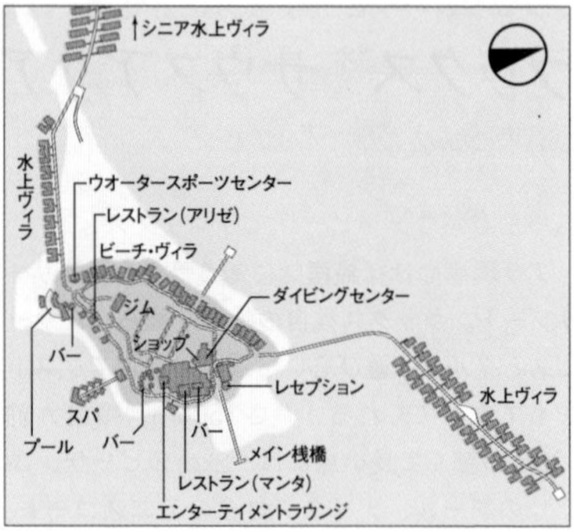

●住所South Ari Atoll ●TEL668-1010 ●FAX668-0509 ●日本の予約・問い合わせ先コンスタンス・ホテルズ＆リゾーツ日本オフィス TEL (045) 367-4567 ●URLwww.constancehotels.com ●客室料金（オールインクルーシブ）ビーチヴィラ：US$1350～ 水上ヴィラ：US$1450～ シニア水上ヴィラ：US$1625～ ●CC A M V ●客室数110（水上86） ●空港からの所要時間水上飛行機で約25分 ●徒歩での島一周20分
●モルディブ時間との時差＋1時間
●日本人スタッフ○

※記号の説明はP.4～5参照

ワクワク＆ハッピーな気分にさせてくれる

ラックス＊サウスアリアトール

Lux South Ari Atoll*

MAP P.14-B3

真っ白なパウダービーチでリラックス

アリ環礁のほぼ最南端にあるラグジュアリーリゾート。ラックス独自の趣向を凝らしたサービスとグルメ、遊び心いっぱいの施設でゲストをもてなしてくれる。長さ1500m、幅最大約120mの細くて長い島には、2kmのビーチ、ふたつのプール、ナイター付きのテニスコート、ジム、スパ、日本食を含めた8つのレストランと5つのバーがある。島で自家焙煎されたコーヒーが楽しめるカフェ・ラックス*はゲストのお気に入りの場所のひとつ。

ハネムーナーにおすすめのヴィラ

ハネムーナーやカップルにぜひ泊まってほしいのがロマンティックプール付き水上ヴィラ。110㎡の広さを誇り、専用プールと48型のホームシアター付きの贅沢なヴィラ。ホームシアターはテンプテーションプール付き水上ヴィラと、このロマンティックプール付き水上ヴィラにしか備わっていない。また、ラグーンが見えるバスタブ付きなら水上ヴィラを。専用プールはないが、こちらもハネムーナーに人気のカテゴリー。

ラックス*らしいサプライズを楽しむ

ゲストをハッピーな気分にさせるユニークな仕掛けやサプライズが用意されている。例えば、ホームメイドのアイスクリームスタンドが島に突然現れたり、ビーチやガーデンに特典が書かれたメッセージ入りボトルが隠されていたり、願いが叶うといわれている「トゥリー・オブ・ウィッシュ」の木があったり、国際電話がかけられる無料の電話ボックスが用意されていたり……。ラックス*ならではの趣向を凝らした工夫がいっぱいだ。そのほか、スノーケリングツアーのジンベエ・エクスカーションや1日2回のドーニで行くハウスリーフ・スノーケリング・トリップ、マリンバイオロジストが同行するエクスカーションなどアクティビティも充実。

1 白が基調の客室が印象的なプール付きテンプテーション水中ヴィラは、カップルに特化したロマンティックな趣
2 赤で統一された「ビーチルージュ」では陽気に飲んで食べて楽しくなれる趣向がいっぱい
3 自社ブランドのスパでは、好みに合わせカスタマイズされたメニューで受けることも可能
4 メインプールの隣にあるのが「ヴェリバー」。サンセットタイムはここで過ごしたい

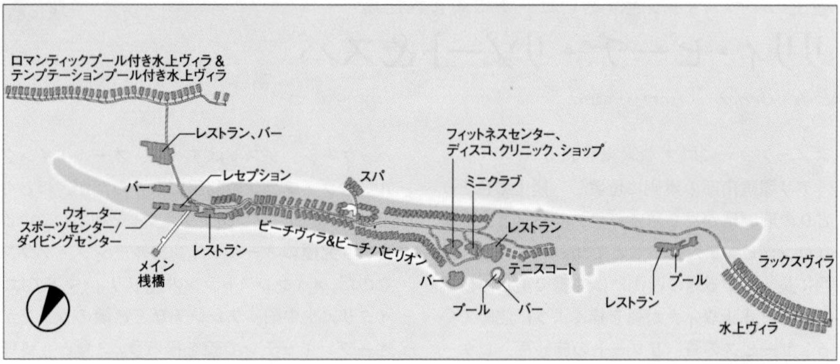

PickUp

カフェ・ラックス
Café LUX
リゾートで自家焙煎のオリジナルブランドのコーヒーは絶品！アイスクリームも◎。

ジンベエ・エクスカーション
Whale Shark Excursion
ジンベエザメの通り道のアリ南部の環礁に建つため、年間を通して高確率でジンベエザメに会える。

●住所 Dhidhoofinolhu Is., South Ari Atoll ●TEL 668-0901 ●日本の予約・問い合わせ先 ラックス*リゾーツ 日本オフィス TEL (03) 6402-2580 ●URL www.luxresorts.com ●客室料金（朝食込み）ビーチヴィラ：US$542～ 水上ヴィラ：US$662～ プール付きビーチヴィラ：US$753～ ロマンティックプール付き水上ヴィラ：US$998～ ●CC A M V ●客室数 193（水上88） ●空港からの所要時間 水上飛行機で約25分／国内線飛行機＋スピードボートで約30分 ●徒歩での島一周 40分 ●モルディブ時間との時差＋1時間 ●日本人スタッフ○

※記号の説明はP.4～5参照

極上のハウスリーフと美しいビーチに恵まれた島

MAP P.14-B3

リリィ・ビーチ・リゾート&スパ

Lily Beach Resort & Spa

スノーケラーに絶大な人気を誇る

アリ環礁南部の東側に位置し、極上の色とりどりの珊瑚礁が見られるハウスリーフと、上質なロングビーチがあることで知られている。東西に長く広がる島の西側には曲線の美しい桟橋が延び、水上ヴィラが弧を描くように並んでいる。サービスの質、リゾートの施設面、ロケーションなど、高評価ながら比較的リーズナブルな価格設定ということもあり、ハネムーナー、カップル、ファミリーなど、すべての層から人気でリピーターも多い。

充実したオール・インクルーシブ・プラン

5つ星リゾートながら、オール・インクルーシブ・スタイルをいち早く取り入れたリゾートとして有名。人気の「プラチナプラン」は、シャンパンやフレッシュジュース、バーやミニバーのドリンクすべて、一部のオプショナルツアーも追加料金なしで利用できるというスペシャルパッケージ。ゲストはすべて、オール・インクルーシブ・プランの利用になるのだが、ほとんどのゲストが「プラチナプラン」を利用しているという究極のオール・インクルーシブ・プランなのだ。メインレストランの🍴リリィ・マアでは、イタリアや中国、フレンチなど熟練のシェフがオープンキッチンで腕を振るう。3食とも料理の種類が多く贅沢なビュッフェといえる。

さまざまな客層に対応した客室

客室は全125室。ハネムーナーに人気のデラックス水上ヴィラとサンセット水上スイート、ファミリーに人気のビーチヴィラとファミリービーチヴィラ、半水上のラグーンヴィラの5つのタイプがある。水上ヴィラにはお約束のガラス張りの床が備わっている。2019年7月現在、ビーチヴィラは随時リノベーションが行われ、2019年中にすべての改装を終える予定（通常営業をしながらの改装工事）。

1 美しいサンセットが目の前に広がる（サンセット水上スイート）
2 天井が高く広い空間を確保したバスエリア（デラックス水上ヴィラ）
3 プールを併設した「ヴァイブス・バー」。広々としていてリラックスできる空間
4 新しく生まれ変わったビーチヴィラ。木を使ったモルディブらしいヴィラに

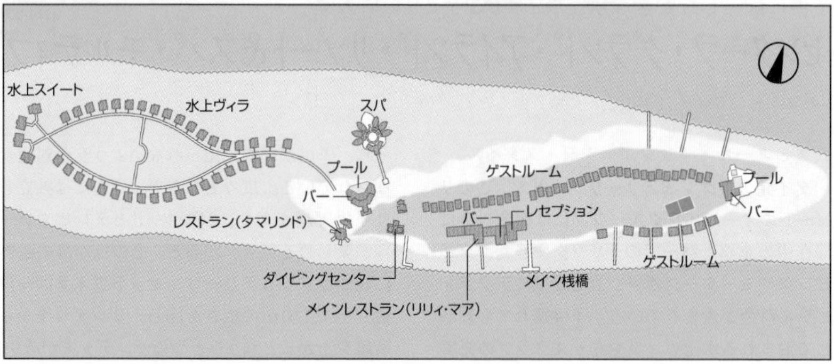

PickUp

ハウスリーフ
House Reef
デラックス水上ヴィラ前のハウスリーフは、モルディブで五本の指に入るといわれている。

スパ
Spa
独立型の絶景水上トリートメントルームで最高のリラックスタイムが過ごせる。

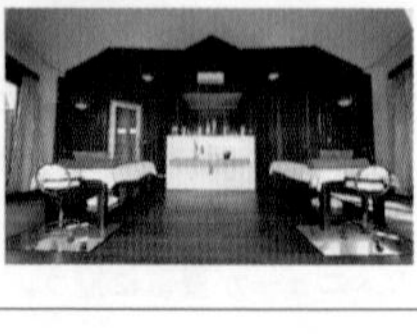

●住所 South Ari Atoll　●電話 668-0013
●URL www.lilybeachmaldives.com
●客室料金（オールインクルーシブ）
ビーチヴィラ：US$900～　ラグーンヴィラ：US$1125～
デラックス水上ヴィラ：US$1600～
サンセット水上スイート：US$2600～
●CC Ⓜ Ⓥ　●客室数 125（水上56）
●空港からの所要時間 水上飛行機で約25分
●徒歩での島一周 30分
●モルディブ時間との時差なし　●日本人スタッフ○

※記号の説明はP.4～5参照

子供に配慮した安全な水上ヴィラがファミリーに人気

MAP P.14-B3

センターラ・グランド・アイランド・リゾート&スパ・モルディブ

Centara Grand Island Resort & Spa Maldives

人気のオール・インクルーシブ・スタイル

タイ発のラグジュアリーリゾートで、このリゾートのオールインクルーシブには宿泊料金に滞在中の食事とバーでのドリンクや軽食、ダイビングやモータースポーツなどを除くアクティビティ料金が含まれている。子供連れでも安心して泊まれる水上ヴィラやキッズクラブの充実など、ファミリー層にうれしいリゾートであることもセンターラ・グランドの大きな特徴だ。一方、ハネムーナーやプライバシーを確保したい人には、アイランドクラブがおすすめ。島の一角にアイランドクラブのゲストのみ利用できるプールやラウンジが設置されている。

特徴ある水上ヴィラ

客室は7タイプあり全112棟のうち62棟が水上にある。なかでも子供連れの家族に人気なのがデラックスファミリー水上ヴィラ。ヴィラの入口やサンデッキには施錠可能な柵が取り付けられ、子供が簡単に出られないよう安全対策がなされている。広々としたヴィラ内には独立した子供部屋があり、2段ベッドとテレビやゲームが楽しめるデスクがある。そのほか島の西側に建つラグジュアリーサンセットヴィラは一戸独立型で110㎡の広さを誇る。サンデッキから階段を上がるともうひとつのサンデッキがあり、インド洋の美しい景色を眺めながらくつろげるスペースになっている。

レストラン&スパ

レストランはビュッフェスタイルのメインレストラン「リーフ」に加え、本格的なタイ料理が楽しめる「スアン・ブア」、イタリア料理の「アズーリ・マーレ」の3つ。 バーは水上バーの「アクア」、メインレストラン隣の「コーラル」のふたつ。スパはタイの伝統的なマッサージを中心に、アーユルヴェーダやホットストーンマッサージなどのメニューが豊富に揃う。

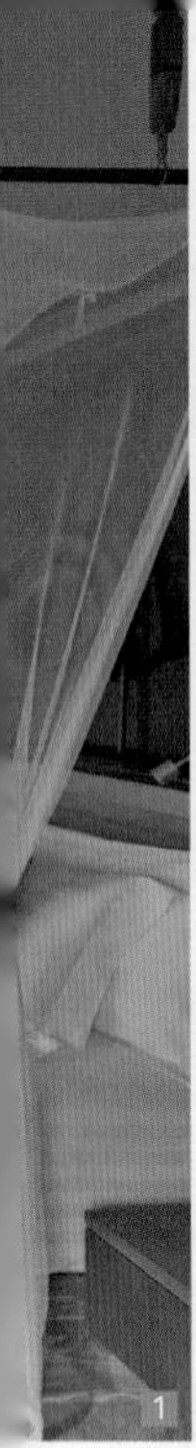

1 サンセットオーシャンプールヴィラの客室
2 品数豊富なメインレストランのリーフ。キッズメニューも多い
3 デラックスファミリー水上ヴィラには独立した子供部屋がある
4 テラスには転落防止の安全柵が備わっている（デラックスファミリー水上ヴィラ）

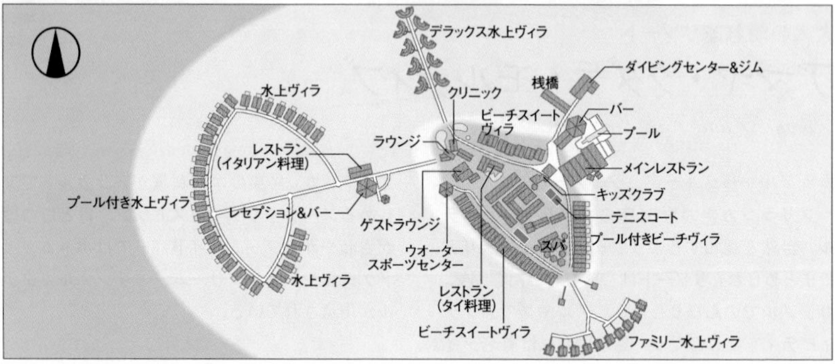

PickUp

ハウスリーフ
House Reef
島を囲むハウスリーフは魚影が濃く透明度も高い絶好のスノーケリングポイント。

サンセットクルーズ
Sunset Cruise
フィッシングもできるサンセットクルーズ。滞在中1回は無料。

●住所South Ari Atoll ●TEL668-8000 ●FAX668-8888 ●URLwww.centarahotelsresorts.com ●客室料金（オールインクルーシブ）ビーチスイート：US$850～ デラックスファミリー水上ヴィラ：US$1115～ オーシャン水上ヴィラ：US$1220～ 1ベッドルームラグジュアリービーチフロントプールヴィラ：US$1325～ サンセットオーシャンプールヴィラ（クラブ）：US$1595～ ●CC A J M V ●客室数112（水上62） ●空港からの所要時間水上飛行機で約25分、または国内線＋スピードボートで約40分 ●徒歩での島一周15分 ●モルディブ時間との時差なし ●日本人スタッフ×

※記号の説明はP.4～5参照

大人の隠れ家リゾート

MAP
P.14-B3

アマヤ・クダラ・モルディブ

Amaya Kuda Rah Maldives

カップルからグループ、ダイバーまで

スリランカ発の全51室のプチリゾートホテル。自然と調和するようウッド調のインテリアでまとめられたリゾートは、落ち着いた雰囲気。カップルでのんびりしたり、グループでアクティビティを楽しんだり、島の周りには有名ダイビングスポットが多くダイバーにもおすすめ。客層を選ばないリゾートとしてリピーターも多い。客室は、5タイプ。どのタイプも大きな窓と高い天井が印象的。広々とした造りでゆったりと滞在できるだろう。

選べる食事プラン

朝食付き、ハーフボード、フルボード、食事とドリンク、部屋のミニバーなど込みのオールインクルーシブから食事プランを選ぶことができる。メインレストランはビュッフェスタイルで品数豊富。メニューはインターナショナルでバラエティにとんでいる。また、タイ、インド、スリランカ、中東の本格料理がアラカルトで楽しめるスペシャリティレストラン、青と白の壁がさわやかなプールサイドバーではホームメイドケーキやアイスクリーム、オリジナルカクテルが用意されている。

アクティビティ&スパ

小さな島ながら、アクティビティは充実。ダイビングをはじめ、水上バイク、スタンドアップパドル、カヤック、バナナボートなどノンモーター系からモータースポーツまで何でも揃う。そのほかジンベエザメスノーケリングツアー、バーベキューランチ付きのアイランドホッピング、サンセットフィッシングなどエクスカーションも充実している。スパはマンダラスパのオリジナルマッサージやトリートメントが受けられる。マンダラマッサージ80分US$159、バリニーズマッサージ80分US$119、ストーンマッサージは50分US$119。

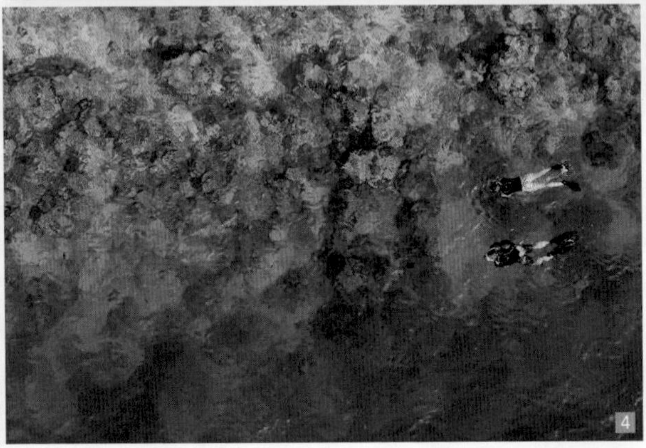

1 小さな島に沿うように独立した14棟の水上ヴィラが並ぶ
2 木を使ったヴィラはあたたかみがありモルディブらしい造り
3 近海で取れたシーフードは是非食べたいひと皿
4 水上ヴィラのすぐそばでスノーケリングが楽しめる

PickUp

シアター
Movie Theatre
ナイトライフのお楽しみのひとつが屋外シアター。カクテルを飲みながら鑑賞しよう。

スパ
Spa
オリジナルのオイルやスクラブが人気のマンダラスパ。カップルルームもあり。

アメニティ
Amenities
高級リゾートらしくアメニティグッズはブルガリ製品。女性にはうれしい特典。

キッズクラブ
Kids Club
アイランドツアーやココナッツペイントなど子供を飽きさせないワークショップが豊富。

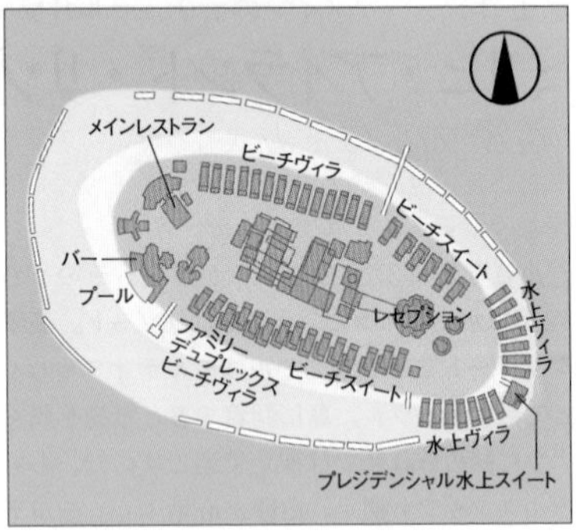

●住所South Ari Atoll ●TEL668-0000 ●FAX 668-1000 ●URLwww.amayaresorts.com/amayakudarah/ ●日本の予約・問い合わせ先トラベルファクトリージャパン TEL (03) 5784-2522 ●客室料金(オールインクルーシブ) プール付きビーチヴィラ：US$680～、プール付きビーチスイート：US$780～、プール付き水上ヴィラ：US$880～ ●CC M V ●客室数51（水上14） ●空港からの所要時間水上飛行機で約25分＋ボートで約10分 ●徒歩での島一周15分 ●モルディブ時間との時差なし ●日本人スタッフ×

※記号の説明はP.4～5参照

水上コテージがメインのナチュラルリゾート

ミリヒ・アイランド・リゾート

Mirihi Island Resort

MAP
P.14-A3

裸足で過ごすナチュラルリゾート

小さな島に37室のヴィラが点在、そのうち32室は水上ヴィラという豪華なリゾート。豪華なリゾートながらスタイルはモルディブらしくとてもナチュラル。島に到着すると履物を脱ぐように勧められ島では裸足で過ごすのだ。もちろんスタッフも裸足。白砂が心地よく、モルディブに来たのだなと改めて実感させられる。レセプションやレストラン、バー、ジムなど、ほとんどの建物にヤシの葉葺きの屋根や木材をあしらい、島の施設も自然の魅力であふれている。

客室はモルディブらしい造り

水上ヴィラの室内は天井、壁、床、すべて木で造られており、広々としていて心地よい。オレンジをアクセントにしたファブリックや調度品が木のあたたかさをさりげなく引き立て、とてもモダンな趣。海に張り出したサンデッキからは美しいラグーンを眺めることができ、海へ直接下りられる階段もある。バスタブはないが、リノベーションされたシャワーブースは快適そのもので、シャワージェルやシャンプーなどアメニティも用意されている。室内設備面では、ミニバー、エスプレッソマシン、CDステレオ、セーフティボックス、Wi-Fiなどが揃う。モルディブらしく過ごしてほしいという思いから客室にテレビはない。

レストラン&エクスカーション

白砂が敷き詰められたメインレストランはビュッフェスタイルだが、アジア料理やモルディブ料理など毎日テーマが変わる。水上にあるシグニチャーレストランはアラカルトでの提供、ワインセラーを兼ね備えた「ルーガンドゥ」には常時300本以上のワインが用意されている。エクスカーションは、ゲストの大半がダイバーというだけあって、島の周りのハウスリーフはすばらしく絶好のスノーケリングスポット。

1 美しいハウスリーフに囲まれた水上ヴィラ
2 ふたつのカップル用トリートメントルームがあるドゥニエ・スパ
3 水上ヴィラのサンデッキ
4 六角形の木造の水上ヴィラ

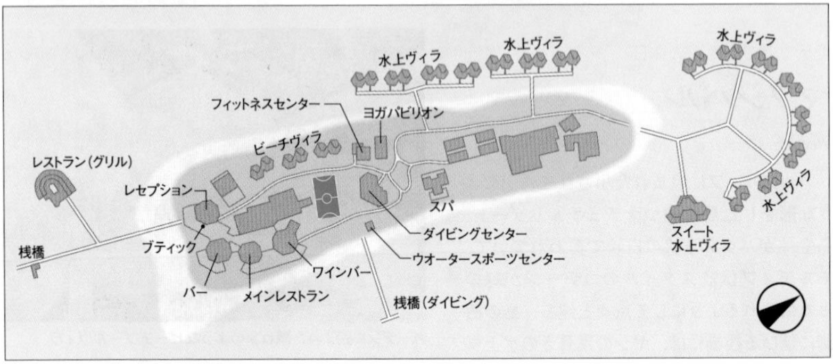

PickUp

スタッフ
Staff
ほとんどのスタッフが勤続10年以上。胸の丸いバッジは勤続年数を表している。

裸足のリゾート
Barefoot
スタッフもゲストも島ではみんな裸足で過ごす。ナチュラル＆エコリゾートならでは。

●住所South Ari Atoll
●TEL668-0500
●FAX668-0501　●URLwww.mirihi.com　●客室料金（フルボード）ビーチヴィラ：US$880～、水上ヴィラ：US$880～　●CC A M V　●客室数37室（水上32）
●空港からの所要時間水上飛行機で約30分
●徒歩での島一周15分
●モルディブ時間との時差+1時間
●日本人スタッフ○

※記号の説明はP.4～5参照

南アリ環礁に小さなリゾートが誕生

MAP P.14-B3

ドリフト・セルヴェリガ・リトリート

Drift Thelu Veliga Retreat

大きな特徴は、ナチュラル&エコに徹しているということ。施設もヴィラもモルディブの茅葺き屋根と自然の木を使用した見た目にもやさしい造りで王道のモルディブスタイルだ。ビーチに置かれたゴミ箱は、木と麻の天然素材で作られたエコなゴミ入れ。水上ヴィラの桟橋には、ワインの瓶などの空き瓶で作られたライトが控えめに置かれている。

●住所Ari Atoll ●電話668-0668 ●日本の予約・問い合わせ先トラベルファクトリージャパン TEL (03) 5784-2522 ●URLwww.driftretreat.com ●客室料金(朝食込み)水上ヴィラ：US$417～ ●CC A M V ●客室数30 (水上20) ●空港からの所要時間水上飛行機で約35分 ●徒歩での島一周10分 ●モルディブ時間との時差+1時間 ●日本人スタッフ×

※記号の説明はP.4～5参照

上から見るとこんもりとしていてかわいく、日常の世界とは思えない

PickUp

小さなリゾート
Small Island Resort
のんびりするのが目的ならこれくらい小さな島がおすすめ。ナチュラリストにも◎。

ビーチヴィラ
Beach Villa
10棟しかないビーチヴィラ。1棟ずつが木々で囲まれているのでプライベート感たっぷり。

素足で過ごす極上の休日

MAP P.14-B3

マフシバル

Maafushivaru

ハウスリーフに恵まれた小さな三角形のような形をした島に建つナチュラルリゾート。島全体がパウダー状の白砂で覆われていて、モルディブ伝統スタイルのコテージが緑の木々に隠れるようにして点々と建ち、島の西側に延びる桟橋には、ヤシの葉葺きの水上ヴィラが並ぶ。充実の施設を誇りながらも、自然と調和したその景観が大きな魅力のひとつ。

●住所Maafushivaru, South Ari Atoll
●TEL668-0596
●URLwww.maafushivaru.com ●客室料金(フルボード)ビーチヴィラ：US$938～ 水上ヴィラ：US$1108～ ●CC A M V ●客室数48(水上22)
●空港からの所要時間水上飛行機で約25分
●徒歩での島一周10分
●モルディブ時間との時差なし
●日本人スタッフ×

※記号の説明はP.4～5参照

ガーデンに囲まれた隠れ家のようなビーチプールヴィラ

PickUp

プライベートアイランド
Private Island
島の目の前に、リゾートが所有する無人島がある。午前と午後に1回ずつ無料のボートが出ているので、ビーチでのんびりしたり、スノーケリングを楽しんだりできる。ピクニックランチやふたりだけのロマンティックディナーなどもアレンジしてもらえる。

大きなガラスの床が特徴的なサンセット水上ヴィラ

世界初の水中スイートルームが誕生

コンラッド・モルディブ・ランガリ・アイランド

Conrad Maldives Rangali Island

MAP P.14-A3

食材にこだわった絶品料理

メイン島とビーチヴィラ、スパがあるランガリフィノール島、水上ヴィラがあるランガリ島、そして、アイランドホッピングなどで利用されるふたつの無人島の4島からなる。メイン島はカジュアルな雰囲気でファミリーやグループに、小さなランガリ島は、ハネムーナーにおすすめ。

2018年11月には、世界初の水中スイートルーム「ムラカ」がオープン。全面アクリル張りの水中スイートに加え、水上にも部屋がある2階建構造。周りは海に囲まれ専用の桟橋のみで島とつながる完全な独立コテージ。1泊US$5万（最大9名）という超贅沢な空間だ。

●住所South Ari Atoll ●TEL668-0629 ●日本の予約・問い合わせ先ヒルトン・リザベーションズ&カスタマー・ケア TEL (03) 6864-1633 ☎0120-489-852（東京23区以外） ●URLwww.conradmaldives.com ●客室料金（朝食込み）ビーチヴィラ：US$550～ 水上ヴィラ：US$900～ デラックスビーチヴィラ：US$1050～ ●CC A J M V ●客室数150（水上71） ●空港からの所要時間水上飛行機で約30分。または国内線飛行機＋スピードボートで約50分 ●徒歩での島一周20分 ●モルディブ時間との時差＋1時間 ●日本人スタッフ○

※記号の説明はP.4～5参照

PickUp

イター・アンダーシー・レストラン
Ithaa Undersea Restaurant
魚が舞う180度のパノラマビューが楽しめる水中レストラン。

水中ベッドルーム
Underwater Bed Room
ベッドルームのほか、リビングエリア、バスルームを完備。

憧れポイント

週に1度のモルディビアン・ナイトに参加
モルディブ料理とモルディブ伝統音楽「ボドゥベル」が楽しめる。リゾートに滞在しているとなかなかモルディブの料理や文化に触れる機会がないので絶好のチャンス！

白砂のビーチが広がる静かなリゾート

MAP P.14-B1

ヴェリガンドゥ・アイランド・リゾート＆スパ

Veligandu Island Resort & Spa

「ヴェリガンドゥ」とは、ディベヒ語で「砂丘」という意味。その名のとおり島の大半は真っ白な砂地に覆われ、その周囲には遠浅の海が広がる、まぶしくて小さな島だ。

客室カテゴリーは3種類。全91室のうち64室が水上にあり、そのほとんどにジャクージが付いている。ビーチヴィラは、全室ジャクージ付き。目の前には白砂ビーチが広がる。

●住所Rasdu Atoll ●TEL666-0519 ●FAX666-0648 ●URLwww.veligandu.com ●客室料金（3食込み）ビーチヴィラ：US$498～ 水上ヴィラ：US$613～ ジャクージ付き水上ヴィラ：US$651～ ●CC A J M V ●客室数91（水上64） ●空港からの所要時間水上飛行機で約20分 ●徒歩での島一周15分 ●モルディブ時間との時差＋1時間 ●日本人スタッフ×

※記号の説明はP.4～5参照

島の南に美しいビーチが延びている

Pick Up

水上ヴィラ
Water Villas

プライバシーに配慮された水上ヴィラには、南国調のインテリアが配されモルディブらしい趣。心地よいサンデッキが置かれた広いテラスには、直接ラグーンにアクセスできるラダーが備えられ、スノーケリングが自由に楽しめる。ジャクージが備わったタイプが人気。

ダイバーズ天国ラスドゥの桃源郷

MAP P.14-B1

クラマティ・モルディブ

Kuramathi Maldives

モルディブ最大級のリゾートで、その大きさは長さ約1.5km、幅約500m。島内をマイクロバスが巡回しているほどで、レストランやバーはもちろん、スパ、プール、アクティビティセンター、クリニックなど充実の施設が揃っている。さらに、イベントめじろ押しのキッズクラブも完備されているので、子供連れでも安心して滞在することが可能だ。

●住所Rasdu Atoll ●TEL666-0527 ●FAX666-0556 ●URLwww.kuramathi.com ●客室料金（フルボード）ビーチヴィラ：US$470～ 水上ヴィラ：US$1022～ ●CC A M V ●客室数360（水上70） ●空港からの所要時間水上飛行機で約20分 ●徒歩での島一周60分 ●モルディブ時間との時差なし ●日本人スタッフ×

※記号の説明はP.4～5参照

ジャクージ付きのデラックスビーチヴィラ

Pick Up

キッズクラブ
Kids Club

キッズクラブが備わっている。ベビーシッターサービスもあるので夫婦でツアーに参加することも可能。

憧れポイント

オープンエアのトリートメントルームを体験

真っ青な海に浮かぶトリートメントルームで至福の時間を過ごす。

バー＆そのほかの環礁のリゾート

Baa & Other Atoll

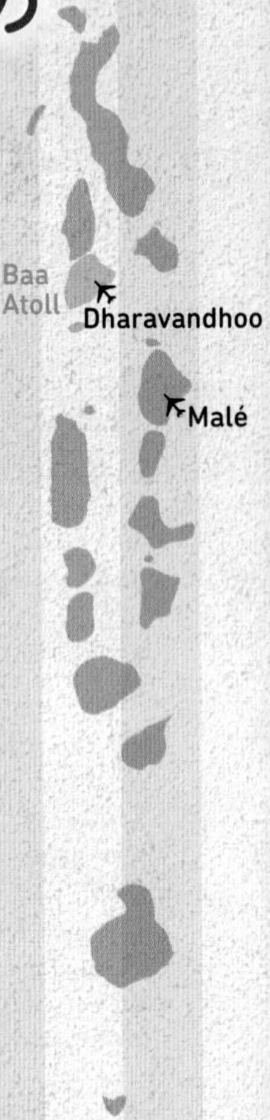

From Malé To Resort Hotel

マーレ（ヴェラナ国際空港）着

水上飛行機	国内線
↓	↓
ヴェラナ国際空港着が夜の場合	**国内線（ヴェラナ国際空港）**
↓	国内線ターミナルは国際線ターミナルを出て（海を前に）右へ徒歩10分ほど。現地ツアー会社のスタッフもしくはホテルスタッフが国内線まで同行してくれる。ターミナル2階にラウンジがあり、簡単なドリンクや軽食サービスがある。
水上飛行機	↓
水上飛行機のチェックインカウンターは国際線と同じ建物にある。チェックインを済ませ水上飛行機会社のバスで水上飛行機のターミナルへ。ターミナルには、リゾートの専用ラウンジ、航空会社のラウンジなどがあり搭乗時間までそこで過ごす。	**リゾート専用ボート**
↓	↓
リゾートによってはリゾート専用ボートに乗りかえ	**リゾート着**
↓	
リゾート着	

【水上飛行機利用環礁】	【国内線＋専用ボート利用環礁】
バー環礁、ラヴィヤニ環礁、シャビヤニ環礁、ラー環礁、ヌーヌ環礁、ダァール環礁、ター環礁、ミーム環礁、ファーフ環礁、ヴァーヴ環礁	ガーフ・アリフ環礁、ラーム環礁、ガーフ・ダール環礁、アッドゥ環礁、ハー・アリフ環礁、ハー・ダァール環礁、ター環礁、バー環礁、ラー環礁、シャビヤニ環礁、ダァール環礁

…水上飛行機、国内線（＋ボート）どちらも利用できる環礁

モルディブのラグジュアリーリゾートのパイオニア

ソネバフシ

Soneva Fushi

MAP
P.11-A3

バー環礁の楽園リゾート

イギリス人富豪のソヌ氏が妻のエヴァさんのために造ったリゾートということから、ふたりの名前を合わせて「ソネバ」と名づけられたリゾート。その豪華さと徹底した自然との融合に、著名人のファンも多い。比較的大きな島で、白砂の美しいビーチと手つかずのハウスリーフに囲まれている。プライバシーを守るため、各客室の間隔が十分に保たれているうえ、スパやダイビングサービスはヴィラとは離れたエリアにある。

ナチュラルインテリアがほっこりさせる

客室は一戸独立型で、隣とは緑で隔てられた空間に建っている。しかも目の前はビーチというロケーション。どのヴィラも個性的な間取りでオリジナリティあふれる造りなのもソネバフシの特徴のひとつ。いずれも広々と優雅な造りとなっている。室内にあるハンガーが木の枝だったり、引き出しの取っ手がヤシの繊維だったりと、細部にわたって人工的な物を一切使用していないのが特徴。椅子の背もたれが魚の形をしていたり、コテージ入口にハリネズミの形をした足の砂落としがあったり、心あたたまる備品も配されている。

美食家もうならせるグルメの数々

メインレストランの「ミヒリ・ミータ」では、朝食と昼食がビュッフェスタイルで楽しめる。毎週火曜日に行われるアジア各国料理の屋台が並ぶディナーも圧巻。食事のクオリティの高さは目を見張るもので、島内のフルーツ畑やハーブ＆野菜畑の存在や、8000本を超えるワインセラーのコレクションからもうかがえる。

また、地元で取れたココナッツから作ったココナッツオイルを使ったマッサージが人気のシックスセンシズ・スパ、最新鋭の設備が整ったジム、ヨガパビリオンなど、リラクセーション施設が充実している。

1 自然と寄り添うように建てられた究極のネイチャーリゾート
2 人工的なものは一切使っていないクルーソーヴィラのベッドルーム
3 自家製のオーガニック野菜やハーブを使ったランチビュッフェ
4 水上レストランはなんと海に下りるスライダー付き。絶景が望めるネットも完備

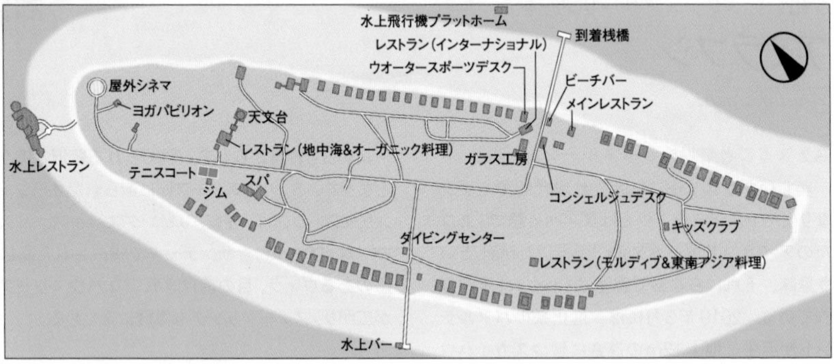

Pick Up

水上レストラン
Overwater Restaurant
モルディブ最大級の水上レストランでは和食から、ホームメイドのアイスクリームまで。

天文台
The Observatory
高性能の望遠鏡が備わった展望台。ドラマティックな満天の星を存分に楽しめる。

●住所Kunfunadhoo Is., Baa Atoll ●TEL660-0304 ●日本の予約・問い合わせ先ソネバ日本オフィスTEL (03) 6804-3143 ●URLwww.soneva.com ●客室料金（朝食込み）ソネバフシヴィラ：US$1655～ プール付きクルーソーヴィラ：US$1861～ プール付きヴィラスイート：US$1861～ プール付きファミリーヴィラ：US$2587～ ●CC A M V ●客室数63 ●空港からの所要時間水上飛行機で約30分。または国内線で約30分 ●徒歩での島一周60分 ●モルディブ時間との時差＋1時間 ●日本人スタッフ○

※記号の説明はP.4～5参照

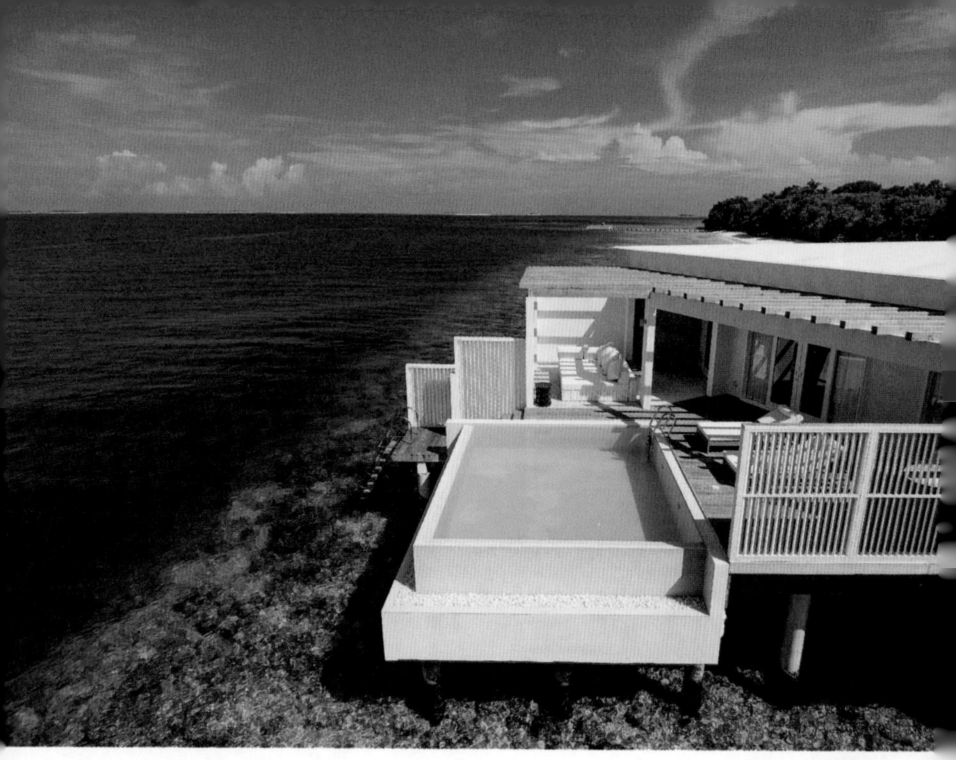

進化したラグジュアリーリゾート

MAP
P.11-A3

アミラフシ

Amilla Fushi

島をまるごと楽しめるバブルテントが誕生

美しいハウスリーフに囲まれ現代的でモダンなリゾート。アミラフシとはディベヒ語で「あなたのアイランドホームYour Island Home」という意味。それにちなんで客室は「ハウス」と呼ばれている。2019年3月には、進化系のバブルテントが誕生。地上12mの高さに建つスカイハウスのテラスに回転式デイベッドや望遠鏡、最高の音響システムなどが備わった究極の空間だ。インド洋の絶景、夜には満点の星が独り占めできる。バブルテントはスカイハウス5棟のうち1棟に設置。1日1組限定のスペシャル体験。

カップルは水上のハウスがおすすめ

客室は4種類あるが、人気の客室は水上にあるラグーンハウスとオーシャンリーフハウス。サンセットビューのラグーンハウスは200m²、客室の目の前に水平線が広がり、寝室からバスルームへ続く大きな窓は壁いっぱいに造られており、バスルームからも寝室からも海が眺められる贅沢な造りとなっている。ハウスリーフ側に造られたオーシャンリーフハウスは、寝室、リビングスペース、バスルーム、プール付きサンデッキで構成された高級感のあるヴィラ。目の前はきれいなハウスリーフが広がり、スノーケリングも気軽に楽しめる。

水上レストランで優雅なひとときを

レストランは「バザール」と称したエリアに6つのレストランが並んでいる。そのほか、ゲストが必ず1度は訪れるという「フィーリング・コイ」。水上に浮かぶこのシグニチャーレストランでは、最上級の素材を使い、数種類の料理をシェアするイザカヤスタイルで上質かつモダンな和食が楽しめる。日本語のメニューがあるので安心。ワインの種類も豊富で、ビンテージものも多数揃っている。また、アクティビティについては、ランド、マリンともに充実。ダイビングは、日本人スタッフが在籍している。

1 250㎡の広さを誇るオーシャンリーフハウス。海に直接アクセスできるのでスノーケリング派におすすめ
2 話題のフローティングブレックファスト。モルディブならではの特別な朝食を
3 スカイハウスのテラスに設置されたバブルテント。自然と一体になれる最高のシチュエーション
4 サンセットビューならラグーンハウス。プール付きなので部屋でのんびりしたいカップルにおすすめ

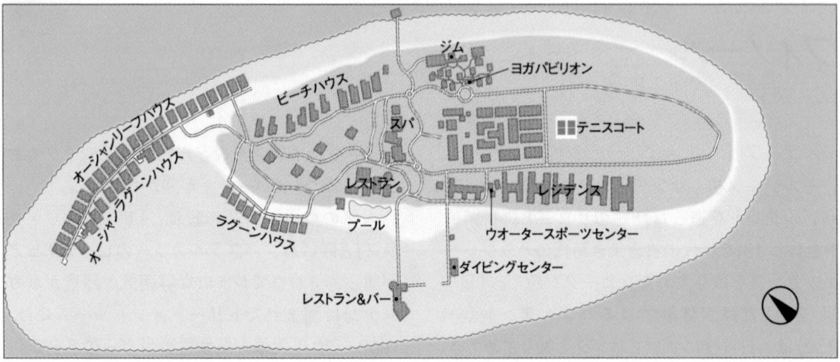

PickUp

グルメ
Gourmet
水上にあるフィーリング・コイは日本のイザカヤスタイルを取り入れたユニークなスタイル。

フォトスタジオ
Photo Studio
プロカメラマンがリゾートに在籍しているので、記念写真の撮影を頼むことができる。

●住所Baa Atoll　●TEL660-6444　●日本の予約・問い合わせ先トラベルファクトリージャパン　TEL (03) 5784-2522　●URLwww.amilla.mv/jp　●客室料金（朝食込み）オーシャンリーフハウス（水上）：US$1160～ ビーチハウス：US$1310～　2ベッドルーム・ツリーハウス：US$1660～ オーシャンラグーンハウス（水上）：US$1700～　●CC A M V　●客室数59（水上34）●空港からの所要時間水上飛行機で約30分。または国内線で約15分＋スピードボートで約10分　●徒歩での島一周45分　●モルディブ時間との時差＋2時間　●日本人スタッフ○

日本語　SHOP　BABY　DOCTOR　無料
Wi-Fi　TV　S　マルチ

※記号の説明はP.4～5参照

ラグジュアリー×レトロのユニークなリゾート

MAP P.11-A3

フィノール

Finolhu

モルディブ初、オンザビーチのバブルテント

モルディブ初、サンドバンクの先端にビーチバブルテントを造った話題のリゾート。リゾート全体は1960年代の古きよき時代のハリウッドエッセンスを取り入れたユニークな趣だ。1日1組（2名）だけが体験できるバブルテント（→P.30）は、日没後にサンドバンクを独り占めできる究極のプライベート空間を有し、客室同様の快適さを誇る。プライベートディナー＆ブレックファスト付きでUS$700（客室料金にプラス）。

随所にちりばめられた遊び心

水上やビーチなどに建てられた125棟のヴィラの室内は、ハリウッド映画を思い出させるような仕掛けがいっぱいでとても個性的な造りになっている。アメニティにもこだわりがあり、100％天然素材を使用したロンドン発のニールズヤード・レメディーズのオーガニックアメニティが採用されている。また、ビーチでは、DJナイトやライブ演奏などが行われ、シックでおしゃれなビーチパーティが開かれている。

人気のウエルネス施設は、「ザ・コーヴ・クラブ」と呼ばれ、パステルカラーのビーチチェアが並ぶ、メロウでレトロな雰囲気。緑豊かなガーデンに囲まれたトリートメントルームには、1960〜70年代の人気女性シンガーの名前が付けられている。施術中の音楽は、ソウルやポップなど、ほかでは体験できない音楽をセレクトできるという、フィノールならではの遊び心。

フィノール自慢の1.8kmのサンドバンク

美しいサンドバンクはフィノールの代名詞でもあるが、1.8km先には無人島があり、 ゲストは歩いて上陸できる。なんとそこには、🍴フィッシュ＆クラブ・シャックがある。新鮮なカニやエビ、地元産のシーフードなど絶品の一皿を提供してくれる。ドーニで行くことも可能。人気のレストランなので予約を忘れず。

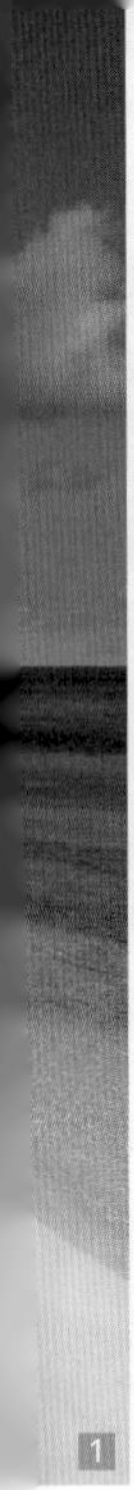

1 モルディブ有数のサンドバンクは1.8km。歩いて渡った先端には、ビーチバブルテントとシーフードレストランがある
2 ファブリックやラグ、壁紙にまでこだわりがつまったプール付きオーシャンヴィラ
3 ここでしか体験できないビーチバブルテント。究極のプライベートアイランド
4 ほとんどのゲストが来店するシーフードレストラン「フィッシュ＆クラブ・シャック」

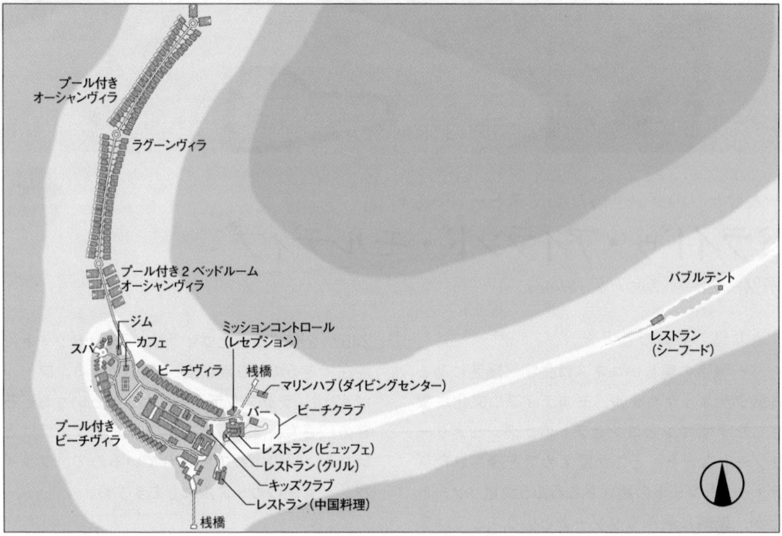

PickUp

シーフード料理
Fish & Crab Shack
一度はここでシーフード料理を！バケツいっぱいに盛られたエビやカニを手づかみで！

ダイビング
Diving
フィノールには日本人ガイドが常勤している。体験ダイビングなども安心して参加できる。

●住所Baa Atoll ●電話660-8800
●URLwww.finolhu.com ●日本の予約・問い合わせ先トラベルファクトリージャパン TEL(03)5784-2522
●客室料金（朝食込み）ラグーンヴィラ：US$1060～ プール付きオーシャン水上ヴィラ：US$1560～ ビーチヴィラ：US$1110～ プール付きビーチヴィラ：US$1290～
●CC A M V ●客室数125（水上66） ●空港からの所要時間水上飛行機で約30分。または国内線で約20分＋スピードボートで約10分 ●徒歩での島一周60分
●モルディブ時間との時差+1時間 ●日本人スタッフ○

無料
マルチ

※記号の説明はP.4～5参照

一人ひとりのゲストのためにストーリーを作る

MAP P.11-A3

ミライドゥ・アイランド・モルディブ

Milaidhoo Island Maldives

小さな島で最高の贅沢を

バー環礁の美しいユネスコ生物保護区にある高級ブティックホテル。モルディブの文化に根ざしたデザインとコンセプトのラグジュアリーリゾートながら、どこか控えめで洗練されたブティックリゾートの趣。もちろん5つ星リゾートだが、単純に豪華なリゾートということではなく、訪れるゲストの一人ひとりに対してスタッフ全員が「ストーリーライター」になり、滞在がよりすてきなものになるようにカスタマイズしていく。超贅沢なフレンドリーでアットホームなプチリゾートなのだ。基本的にカップル向けの造りだが、9歳から宿泊可。

長さ300m、幅180mの小さな島

この小さな島に50のヴィラがあり、全ヴィラにプールと広々としたテラスが付いている。客室は4タイプ。ピンクを基調とした水上ヴィラと、ブルーが基調のビーチヴィラが大半を占める。245㎡を有する水上ヴィラは、子供(リゾートに滞在できるのは9歳以上)も宿泊できる。プールは42㎡、テラス&デッキは129㎡というおどろきの広さだ。また、290㎡のビーチヴィラはというと、緑の木々で囲まれているので、プライバシー重視のカップルにもおすすめ。

食事の充実度はモルディブ随一

島には3つのレストランとふたつのバーがある。メインレストランの🍴オーシャンでは、国際色豊かなインターナショナル料理が提供され、🍴ショアライン・グリルでは、肉やシーフードのグリル料理。そして、ゲストに一番人気のシグネチャーレストラン🍴バッテリーはモルディブの伝統的な船、ドーニの形をした船がレストランになっている。料理はアラカルトのモルディブ料理で、定番の料理から、現代風にアレンジされたモダンなものまで絶品のひと皿が並ぶ。スタッフのサーブもいうことなし。

1 桟橋の先端はオーシャンレジデンスでミライドゥの最高グレード
2 部屋から一歩も出たくなくなるような気分にさせる
3 波の音だけが聞こえる静かな場所に立つビーチヴィラ
4 ミライドゥのシグネチャーレストラン🍴バッテリー。本格的なモルディブ料理が楽しめる

PickUp

ビーチヴィラ
Beach Villa
日本では水上ヴィラが人気だが、ここではビーチヴィラもおすすめ。ふたりの時間を満喫。

レストラン&バー
Restaurant & Bar
定番のモルディブ料理が楽しめ、ドーニ型のレストランでロケーションも最高。

ヨガ
Yoga
水上ヨガパビリオンでは毎朝ヨガや瞑想のセッションが無料で開催されている。

スノーケリング&ダイビング
Snorkelling & Diving
ハウスリーフは、スノーケリングにもってこい。ダイビングガイドは日本人が常勤。

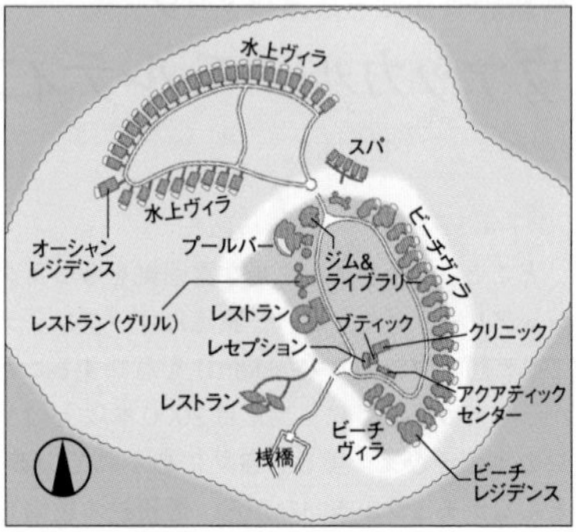

●住所Baa Atoll ●電話660-7788
●日本の予約・問い合わせ先トラベルファクトリージャパン TEL(03)5784-2522
●URLwww.milaidhoo.com
●客室料金（朝食込み）水上ヴィラ：US$1838～ ビーチヴィラ：US$2132～ ビーチレジデンス：US$4410～ オーシャンレジデンス：US$5460～
●CCⒶⓂⓋ ●客室数50（水上30） ●空港からの所要時間水上飛行機で約35分 ●徒歩での島一周10分
●モルディブ時間との時差なし ●日本人スタッフ×

無料
マルチ

※記号の説明はP.4～5参照

最新設備が整った進化系リゾート

MAP P.11-A3

ヴァッカル・モルディブ

Vakkaru Maldives

2017年12月、バー環礁に誕生

どことなくオリエンタルな雰囲気をもつラグジュアリーリゾートがバー環礁にオープン。ディベヒ語でヤシの木（Vakkaru）を意味することからもわかるように、島には2000本以上のヤシの木がそびえ、美しい自然にあふれている。そんなナチュラル志向ながら、最新鋭の設備を備えたハイテクリゾートなのだ。

モルディブ有数のハイテクリゾート

125の客室は、大きく分けてビーチと水上のふたつ。ハイテクといわれるゆえんは客室の設備。エアコンの設定やライトのオンオフはもちろん、カーテンの開閉、テレビの設定、なんとドアの開閉などすべてひとつのタブレットで行うのだ。タブレットはわかりやすくイラスト表示になっているので英語が苦手なゲストでも簡単に使いこなせる仕組みだ。また水上ヴィラには、定番のガラス床はもちろん、海にせり出した大きなネットのハンモックも備わっている。アメニティは、男女別々に必要なものがリゾートオリジナルの麻ポーチの中に入っていて、ポーチは持ち帰ることもできる。すべてのゲストに無料で自転車が用意されているので、島での移動も楽に行える。

レストラン&スパ

レストランはバーを含め6軒あり、アジアからイタリア料理、インターナショナルまで多彩だ。新鮮な有機野菜を使用した料理はどれも斬新で、味はもちろん目でも楽しませてくれる。ロマンティックディナーやサンドバンクピクニックなど、ゲストのリクエストに応えるさまざまなプランも用意。スパはカップルルームを含め12室、ネイルサロンに屋外リラクセーションエリア、ブティック、ヨガパビリオンなどを備えたヴィラは水上に設置。非日常の体験と至福の時間を与えてくれる。

1 ヤシの木に囲まれたネイチャーアイランドと白砂が美しいビーチ、そしてハウスリーフと3拍子揃ったゴージャスアイランド
2 オーシャンビューのバスルーム(水上ヴィラ)
3 島でのんびりできるようにブランコやソファが置かれている
4 大きなガラスの床と開放的な窓が印象的なトリートメントルーム

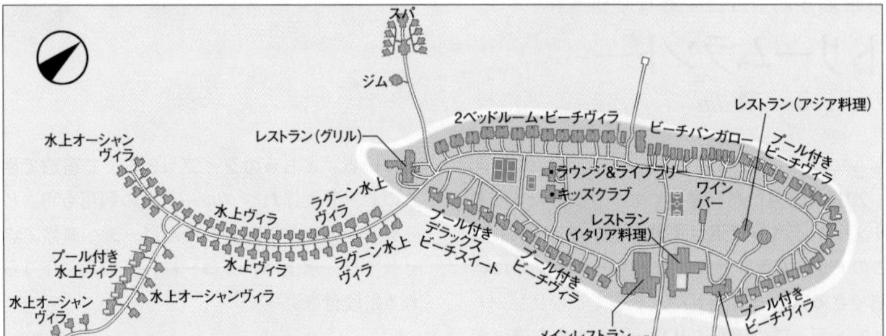

PickUp

タブレット
Tablet
これ1台で客室の設備を管理。ベッドにいながら、ドアやカーテンの開閉まで思いのまま。

バトラー
Butler
ゲストのリクエストに応えてくれるバトラーサービス付き。

●住　所 Baa Atoll　●TEL660-7000　●URL www.vakkarumaldives.com　●客室料金(朝食付き) 水上ヴィラ：US$765～、オーシャンヴィラ：US$864～、ラグーンヴィラ：US$993～、プール付きビーチヴィラ：US$1107～※フルボードはひとり1泊につきUS$278プラス　●CC M V　●客室数125　●空港からの所要時間 水上飛行機で約25分　●徒歩での島一周20分　●モルディブ時間との時差+1時間　●日本人スタッフ×

※記号の説明はP.4～5参照

淡水湖があるユニークなリゾート

MAP P.11-B3

ドリームランド

Dreamland Maldives

珍しい淡水湖プール

2018年2月にバー環礁にオープンした4つ星リゾート。バー環礁は高級リゾートが多いが、このドリームランドは比較的リーズナブルに宿泊できる穴場リゾートだ。そしてこのリゾートはモルディブのほかのリゾートと大きな違いがある。何かというと島に淡水湖があることだ。それはビオトープ（バイオトープ）プールと呼ばれ、ハスの花や小さな淡水魚が泳ぐ生物空間がプールになっている。20mもあるヤシの木とマングローブ林に囲まれたプールはモルディブではここでしか体験できないユニークなものだ。

シンプルなカジュアルリゾート

客室はビーチバンガローと水上バンガローの2タイプ。どちらも78㎡とかなり広い。贅沢なアメニティは用意されていないが、サンデッキやバスタブ、ミニ冷蔵庫、テレビやシャンプーなどのアメニティなど、必要なものはすべて揃っている。どちらのタイプも3名まで宿泊できるので、子供連れやグループでの利用も可。ビーチバンガローは、もちろんビーチへ直接アクセスでき、水上バンガローは、直接海に下りられる階段付き。

レストラン&アクティビティ

シービューとレイクビューのレストランがふたつ。シービューレストランは、ビュッフェスタイル。そのほかビオトーププールに面したレイクビューバー、ビーチに面したバーがあり、ともにお得なハッピーアワーがあり、すべてのドリンクが20%オフに。そのほかの施設として、本格的なタイマッサージやアロママッサージが受けられるスパ、フィットネスセンター、ブティック、テニスコート、ウオータースポーツセンター、ダイビングセンターなどがある。また、マンタでおなじみのハニファルベイまでは、リゾートからボートで約15分。

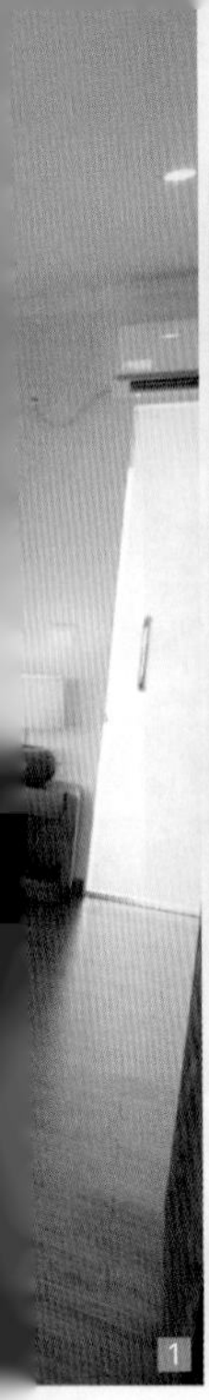

1 3名で利用しても十分過ぎる広さの客室
2 奥の明るい緑色のエリアが水泳可能なプール
3 シービューレストランのビュッフェはインターナショナル
4 ハウスリーフに囲まれたリゾート

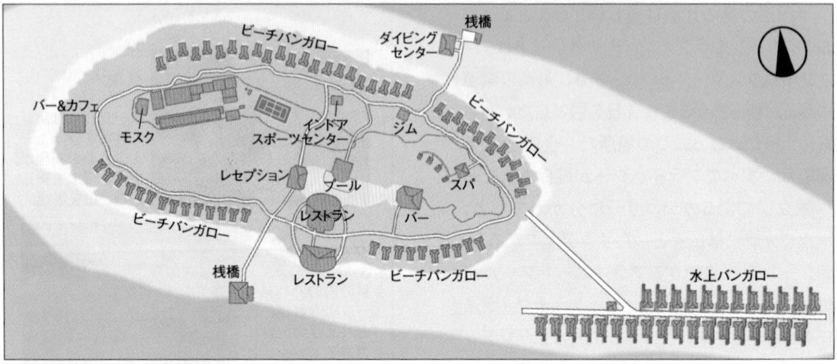

PickUp

ビオトーププール
Biotop Pool
ここでしか体験できないユニークなプール。きれいな緑色に癒やされる。

スパ
Spa
熟練のテラピストが施すマッサージでリラックス。タイマッサージがおすすめ。

●住所Hirundhoo Island, Baa Atoll
●TEL660-0101　●FAX660-0202
●URLdreamland.com.mv
●客室料金（朝食付き）ビーチヴィラ：US $510～、水上ヴィラ：US $570～　●CC A M V
●客室数90(水上30)
●空港からの所要時間水上飛行機で約25分。または国内線で25分+スピードボートで10分
●モルディブ時間との時差なし　●日本人スタッフ×

※記号の説明はP.4～5参照

木々の緑とラグーンのライトブルーが美しい

トリートメントルームは森の中にいるみたい

長く延びたビーチと極上のハウスリーフ

ココパーム・ドゥニコル

Coco Palm Dhuni Kolhu

MAP P.11-A3

半円形の島の片側は美しいビーチとエメラルドグリーンのラグーン、円の外側はドロップオフのハウスリーフという、まさに最高の環境にある。ゆったりとした休日を過ごしたいハネムーナーにはぴったりの場所だ。全98室ある客室は、すべてプライバシーが確保された一戸独立型で計5カテゴリーに分かれている。水上ヴィラには広々としたサンデッキがあり、ラグーンを一望できるプライベートプールが付いている。2棟あるサンセット水上ヴィラは154㎡もの広さを誇り、さらに大きなサンデッキとプライベートプール付きという豪華さ。

●住所 Duni Kolhu ls., Baa Atoll ●TEL660-0011 ●日本の予約・問い合わせ先ココ・コレクション・東京オフィス TEL (03) 3567-8573 ●URLcococollection.com/en/palm_dk ●客室料金（朝食込み）ビーチヴィラ：US$436～ サンセットビーチヴィラ：US$502～ デラックスヴィラ：US$502～ ラグーンヴィラ：US$861～ サンセットラグーンヴィラ：要問い合わせ ●CC AMV ●客室数98（水上14） ●空港からの所要時間水上飛行機で約35分 ●徒歩での島一周20分 ●モルディブ時間との時差＋1時間 ●日本人スタッフ×

無料

マルチ

※記号の説明はP.4～5参照

Pick Up

グルメ
Gourmet
テーブルには新鮮な食材を使ったシェフ自慢の料理が並ぶ。目にも美しいひと皿を堪能。

ダイビング
Diving
目の前のハウスリーフに潜れば、色とりどりのトロピカルフィッシュとサンゴがお出迎え。

ココ・スパ
Coco Spa
プロダクトはココナッツなどから抽出した自然派由来の成分で肌にも優しい。

ウオーキング
Walking
のんびりと島を散歩するのもおすすめ。夕方にはこんなきれいな景色に出合えることも。

豊かな自然と美しいハウスリーフに囲まれたラグジュアリーリゾート

ヴィラのプライベートでモルディブならではの朝食を「フローティング・ブレックファスト」

良質のハウスリーフに囲まれた豪華リゾート

MAP P.11-A3

デュシタニ・モルディブ

Dusit Thani Maldives

すばらしいハウスリーフに囲まれた楕円形の島で、バー環礁のなかでも緑が多いことで知られている。島の周辺海域は、マンタやジンベエザメなどの生息地としてユネスコ生物圏保護区にも指定されているエリア。一度に200匹ものマンタが見られることで有名なハニファル・ベイへは、スピードボートで約10分の距離にあり、沖ではイルカの群れを観賞することも。客室のカテゴリーは8種類。51棟が水上にある。すべて一戸独立型で、プライバシーを十分に配慮した造り。122㎡のビーチヴィラ以外は、プライベートプール付き。

●住所Mudhdhoo Is., Baa Atoll ●電話660-8888 ●日本の予約・問い合わせ先デュシットインターナショナル日本事務所 TEL (03) 5645-8531 ●URLwww.dusit.com ●客室料金（朝食込み）ビーチヴィラ：US$458～ プール付きビーチヴィラ：US$570～ プール付き水上ヴィラ：US$608～ プール付きオーシャン水上ヴィラ：US$795～ ●CCⒶⒿⓂⓋ ●客室数94（水上51） ●空港からの所要時間水上飛行機で約35分 ●徒歩での島一周40分 ●モルディブ時間との時差＋1時間 ●日本人スタッフ○

※記号の説明はP.4～5参照

PickUp

プライベートプール
Private Pool
ぜひ、サンベッドで1日のんびりくつろげるプール付きのヴィラに宿泊したい。

グルメ
Gourmet
本格的なタイ料理、シーフードグリル、インターナショナル料理など3つのレストランがある。

憧れポイント

究極のロマンティックディナー
キャンドルの優しい光に包まれたビーチでふたりだけのプライベートディナー。移りゆく空の色や満天の星を眺めながらの食事はモルディブだからできること。一生の思い出になるだろう。

ひと組限定のプライベートアイランド

MAP P.11-A3

フォーシーズンズ プライベート アイランド モルディブ アット ヴォアヴォ, バー アトール

Four Seasons Private Island Maldives at Voavah, Baa Atoll

広さ2ヘクタールを有するヴォアヴォ島にある、ひと組限定（最大22名）のプライベートアイランド。島には、メゾネットタイプのビーチハウス、ビーチと水上に7つの豪華なベッドルーム、そしてスパとダイビングセンターが備わり、豪華クルーザーも用意されている。食事はいつでもどこでもリクエストに応じてアレンジしてくれる。

●住所Baa Atoll ●電話660-0888 ●URLwww.fourseasons.com/maldivesvoavah/ ●日本の予約・問い合わせ先フォーシーズンズ ホテルズ アンド リゾーツ 0120-024-754 ●客室料金要問い合わせ ●CC A M V ●客室数7 ●空港からの所要時間水上飛行機で約40分 ●徒歩での島一周15分 ●モルディブ時間との時差なし ●日本人スタッフ×

※記号の説明はP.4～5参照

水上ヴィラのインフィニティープール

PickUp

ベッドルーム
Bed Room
島の北側にある3ベッドルームを有するビーチヴィラのマスターベッドルーム。

トリートメントルーム
Treatment Room
ガラス張りのトリートメントルーム。好きな時間に思う存分リラックス。

大自然に恵まれたラグジュアリーリゾート

MAP P.11-B3

フォーシーズンズリゾート モルディブ アット ランダーギラーヴァル

Four Seasons Resort Maldives at Landaa Giraavaru

パラダイス・ハイダウェイをコンセプトにした極上リゾート。最大の特徴は、建物の外壁に昔ながらの建築資材であるサンゴを使っていること。民家で使われていたものを再利用したものだ。客室はビーチと水上を合わせて103室。800㎡の広さを有する別荘のようなビーチヴィラまで用意されている。

●住所Baa Atoll ●TEL660-0888 ●URLwww.fourseasons.com/jp/maldiveslg/ ●日本の予約・問い合わせ先フォーシーズンズ ホテルズ アンド リゾーツ 0120-024-754 ●客室料金（朝食込み）プール付きオーシャンフロントバンガロー：US$1350～ ●CC A J M V ●客室数103（水上42） ●空港からの所要時間水上飛行機で約30分 ●徒歩での島一周60分 ●モルディブ時間との時差＋1時間 ●日本人スタッフ○

※記号の説明はP.4～5参照

広々としたテラスと大きなプールが付いたウオーターヴィラ（水上）

PickUp

ネイチャー
Nature
島には多くの自然が残っていて散歩をするだけでリフレッシュできる。

アーユルヴェーダ
Ayurveda
人気のメニューは温めたハーブオイルを額にゆっくりとたらす120分コースのシロダーラ。

自然とモダンな設備が融合した極上リゾート

MAP P.11-A3

アナンタラ・キハヴァァー・ヴィラズ、モルディブ

Anantara Kihavah Villas, Maldives

バー環礁の中でも、ハニファル湾に近く特に立地がよいラグジュアリーリゾート。客室は、おもにビーチヴィラと水上ヴィラ。いずれも広々したバスルームや開放的な屋外スペースが特徴的で、現代的でスタイリッシュなデザインでまとめられている。レストランは、シー・ソムリエが常勤している「ソルト」、水中ワインセラーがある「シー」などユニーク。

●住所Baa Atoll ●TEL660-1020 ●URLwww.anantara.com/ja/kihavah-maldives ●客室料金（フルボード）プール付きビーチヴィラ：US$1480～ プール付き水上ヴィラ：US$1851～ ●CCⒶⓂⓋ ●客室数79（水上42） ●空港からの所要時間水上飛行機で約35分。または国内線で約30分 ●徒歩での島一周30分 ●モルディブ時間との時差なし ●日本人スタッフ×

※記号の説明はP.4～5参照

バスタブとプールと海が一体になった水上ヴィラ

PickUp

アナンタラ・スパ
Anantara Spa
ここでしか体験できないシグネチャートリートメントなどもあるので試してみたい。

ローカルアイランドツアー
Local Island Tour
リゾートでは味わえないモルディブの魅力を存分に体験できる。

美しいビーチという名のリゾート

MAP P.11-A3

リーティ・ビーチ・リゾート

Reethi Beach Resort

長さ600m、幅200mという細長い島には、モルディブ屈指のロングビーチがある。素朴であたたかみのあるリゾートには、モルディブ料理をはじめ、各国の料理が楽しめるレストランが5軒、客室は、全120室のうち、30室が人気の水上ヴィラだ。陸上にはリーティヴィラとデラックスヴィラのふたつのカテゴリーがある。

●住所Fonimagoodhoo Is., Baa Atoll ●TEL660-2626 ●URLwww.reethibeach.com ●客室料金（朝食込み）リーティヴィラUS$235～ ●CCⒶⓂⓋ ●客室数120（水上30） ●空港からの所要時間水上飛行機で約35分。または国内線＋スピードボートで約35分 ●徒歩での島一周20分 ●モルディブ時間との時差＋1時間 ●日本人スタッフ×

※記号の説明はP.4～5参照

周囲にはダイビングの好スポットが多い

PickUp

ホワイトサンドビーチ
White Sand Beach
リゾート自慢のロングビーチではのんびり読書を楽しんだり日光浴を楽しんだり思いのまま。早朝の散歩もおすすめ。

憧れポイント

イルカと一緒に大海原を散歩する
バー環礁なら高確率でイルカに会える。ボートの上からも見える。

水中レストランが備わった大人のためのラグジュアリーリゾート

MAP
P.11-B3

フラワリ・アイランド・リゾート

Hurawalhi Island Resort

15歳未満宿泊不可の5つ星リゾート

空港から水上飛行機で約40分、手つかずのコーラルリーフに囲まれたナチュラルアイランドに建つ大人のリゾート。モルディブで一番大きな水中レストランを有するリゾートとしてオープン前からも話題になっていた。15歳未満の宿泊は不可、大人がゆったりと贅沢な時間が過ごせるようリゾートは落ち着いた空気に包まれている。デザインはニューヨークを拠点に活躍中の日本人建築家ユウジ・ヤマザキ氏によるもの。斬新かつ、優しさとあたたかさをあわせもった居心地のよいリゾートに仕上がっている。

贅沢なオールインクルーシブで快適に

宿泊料金は朝食付きやハーフボードなど、いろいろなタイプが用意されているが、やはり一番人気はオール・インクルーシブ・スタイル。滞在中の食事と食事時のドリンク（アルコール含む)、24時間利用できるココバーでのスナック、ミニバーのドリンクやスナック、スノーケリングセットやヨガレッスン、サンセットクルーズ（滞在中1回のみ)など、盛りだくさんな内容になっている。水中レストラン「5.8 Undersea Restaurant」での食事のみ、別途支払いが必要。Kashibo Restaurantでの昼・夕食（鉄板焼きメニューを除く)は、オールインクルーシブに含まれる。

5タイプのエレガントなヴィラが揃う

客室は、大人が利用することが前提のため、どの部屋もゆったりとした造りでインテリアも上品。美しいサンセットが客室から望めるプール付きのオーシャンプールヴィラをはじめ、緑の木々に囲まれた隠れ家のようなビーチヴィラなど5つのタイプが用意されている。

また、スパやテニスコート、ジム、ウオータースポーツセンター、マリン・バイオロジー・センター、ゲームルームなど施設面は十分過ぎるほど充実している。

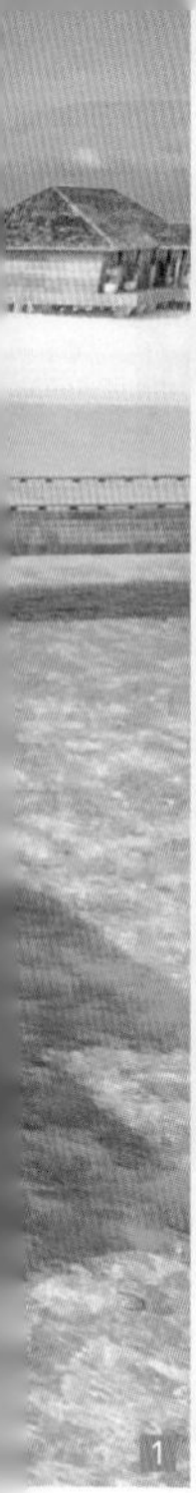

1 ハネムーナーに人気のロマンティックオーシャン水上ヴィラ
2 静かに過ごしたいヨーロピアンに人気のビーチヴィラ
3 波の音と潮風に包まれながらの贅沢な時間
4 ハウスリーフとドロップオフでのスノーケリングは満足度◎

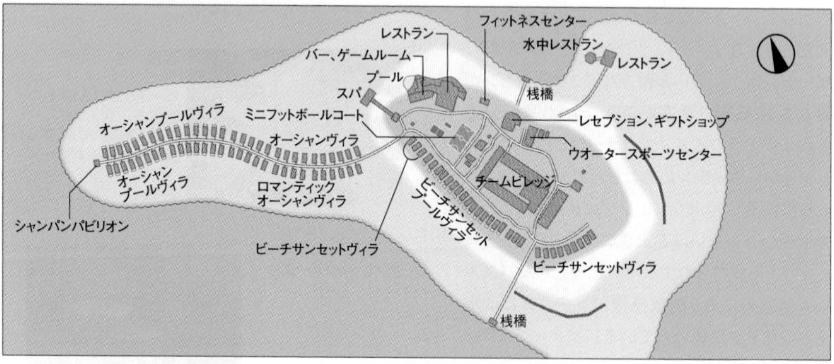

PickUp

水中レストラン
5.8 Undersea Restaurant
入口と床以外はガラス張りの水深5.8mに造られた10席20名の水中レストラン。

スノーケリング
Snorkeling
おすすめはハウスリーフでのスノーケリング。ガイドに同行してもらうのがベスト(有料)。

●住所 Lhaviyani Atoll ●電話 662-2000
●URL www.hurawalhi.com
●日本の予約・問い合わせ先 ティフレックス マルコン TEL(03)3663-1023
●客室料金(オールインクルーシブ)ビーチヴィラ:US$1143～ オーシャンヴィラ:US$1243～
●CC Ⓐ Ⓜ Ⓥ ●客室数 90(水上60)
●空港からの所要時間 水上飛行機で約40分 ●徒歩での島一周 30分 ●モルディブ時間との時差＋1時間
●日本人スタッフ○

※記号の説明はP.4～5参照

白と白木とピンクカラーで統一された水上ヴィラ。ハネムーナーに人気

屋外にあるバスルーム。水上ハンモックが備わっている。

MAP P.11-B3

白砂ビーチに囲まれた小さな楽園

カヌフラ・モルディブ

Kanuhura Maldives

エレガントさのなかにかわいらしさを兼ね備えたモダンなリゾート。サンセット、サンライズ、ビーチ、水上、プール付きなどロケーションが異なる10種類の客室があり、全80室。20ある水上ヴィラのイメージカラーはピンクで、クッションやカーテンにあしらわれていておしゃれな雰囲気。贅沢なリビングエリアにはふたりでは使いきれないほど大きなウオークインクローゼットも設けられている。広々としたバスルームは屋外にあり開放感抜群。テラスには水上ハンモックが備わっている。イメージカラーがブルーのビーチヴィラはさわやかな印象。

●住所Lhaviyani Atoll ●電話662-0044 ●URLwww.kanuhura.com ●日本の予約・問い合わせ先トラベルファクトリージャパン TEL(03)5784-2522
●客室料金（朝食込み）ビーチバンガロー：US$599～ ビーチヴィラ：US$699～ 水上ヴィラ：US$1049～ プール付きリトリートビーチヴィラ：US$1625～
●CC A M V ●客室数80（水上20）
●空港からの所要時間水上飛行機で約40分
●徒歩での島一周30分 ●モルディブ時間との時差+1時間 ●日本人スタッフ×

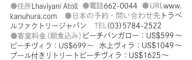

※記号の説明はP.4～5参照

Pick Up

客室
Room
ビーチ、水上いずれの客室も、居心地◎。1日中、部屋でのんびり過ごすのもおすすめ。

サンセットクルーズ
Sunset Cruise
ドーニでのサンセットクルーズが行われる。スタッフによるボドゥベル演奏もあり。

レストラン
Restaurant
8つのレストラン＆バーでは、本格的なモルディブ料理からイタリア、インドなど各国料理が楽しめる。

スパ
Spa
アーユルヴェーダからタイやバリ式のマッサージまで幅広いメニューが揃う。ウエディングのヘアメイク可。

MAP P.11-B3

モルディブ×イタリアが融合

コクーン・モルディブ

COCOON Maldives

緑豊かなナチュラルななかにイタリアの家具ブランドが配されたスタイリッシュで粋な造り。白とブラウンが基調の客室は、落ち着いた雰囲気で居心地がいい。ビュッフェスタイルのメインレストランをはじめ、アラカルト料理の水上レストランとグリルレストラン、プールのそばにはメインバーがある。

アイランドツアーなどのエクスカーションに加え、ライブやディスコなどナイトライフも充実。

●住所 Lhaviyani Atoll ●電話 662-6888 ●URL www.cocoonmaldives.com ●客室料金（朝食込み）ビーチヴィラ：US$471～ ビーチスイート：US$668～ 水上ヴィラ：US$996～ ●CC A D J M V ●客室数 150（水上60） ●空港からの所要時間 水上飛行機で約30分 ●徒歩での島一周 60分 ●モルディブ時間との時差 +1時間 ●日本人スタッフ ×

※記号の説明はP.4～5参照

モルディブらしさを生かしたラグーンヴィラ

PickUp

インテリア
Interior
家具はすべてイタリアの「LAGO」で統一。デザインも「LAGO」が手がけている。

水上レストラン
Over Water Restaurant
シェフ自慢の絶品料理が味わえるマンタ・レストラン。夜は雰囲気がよくロマンティック。

MAP P.11-B3

ターコイズブルーと白砂のビーチが続く

アトモスフェア・カニフシ・モルディブ

Atmosphere Kanifushi Maldives

高級リゾートながら、オールインクルーシブで、その内容が特に充実している。滞在中の食事に加え、ミニバーの利用、レストラン、バーでのドリンク代、スノーケリングツアーなどのエクスカーションまですべて含まれているのだ。豪華な施設とサービスを満喫したいという人にぴったり。出費を気にせず、贅沢で快適な休日を過ごすことができる。

●住所 Lhaviyani Atoll ●TEL 662-0066 ●URL www.atmosphere-kanifushi.com ●客室料金（オールインクルーシブ）サンセット・ビーチヴィラ：US$1000～ サンセット・ジュニアスイート：US$1260～ ●CC A J M V ●客室数 132 ●空港からの所要時間 水上飛行機で約35分 ●徒歩での島一周 30分 ●モルディブ時間との時差なし ●日本人スタッフ ×

※記号の説明はP.4～5参照

ベッドから美しいサンセットが見えるプール付きのヴィラ

PickUp

グルメ
Gourmet
インターナショナルなビュッフェをはじめ、鉄板焼き、アラビア料理、ベジタリアンまで幅広い。

憧れポイント

透明度抜群の海で
マリンスポーツ三昧
2kmにも及ぶビーチでスノーケリングやカヌー、カヤック、水上バイクなどが楽しめる。

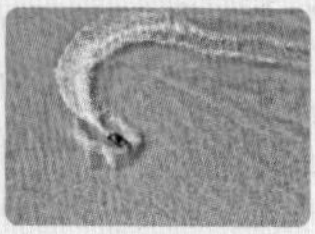

600mも続くサンドビーチと充実のハウスリーフ

MAP P.11-A3

クダフシ・リゾート&スパ

Kudafushi Resort & Spa

ラー環礁に誕生したカジュアルリゾート

ヤシの実の形をした長さ600m、幅300mほどの島に建つオール・インクルーシブ・スタイルのカジュアルリゾート。アルコールが含まれるものと含まれないものの2つのオールインクルーシブ・メニューがある。

空港から水上飛行機で約40分、徒歩で一周20分の島には、105室の客室をはじめ、スイミングプール、スパ、3つのレストラン、ふたつのバー、ダイビングセンター、ブティック、キッズクラブ、フィットネスセンターなどが揃う。

ウッドを生かしたナチュラルテイストの客室

客室は、ビーチ、水上、いずれもプール付きかプールなしかの4タイプ。それに1棟のみのプレジデンシャルスイートが加わる。一番小さな水上ヴィラで75㎡だが、ふたりで利用するには十分な空間は確保されている。プール付きのビーチヴィラが102㎡と一番大きく、ビーチに面したテラスが広々としていてゆったりくつろげる。どの客室も、贅沢な豪華さはないが、客室料金を考えると、かなりコストパフォーマンスのよい優秀なリゾートに入るだろう。

各国料理が味わえるビュッフェが人気の秘密

ここでは、ソフトドリンクのみ含まれるソフト・オール・インクルーシブを採用。追加料金でアルコール付きにアレンジすることも可能。部屋のミニバーのドリンク、カヤックやカタマランヨットなどのモーターなしのマリンスポーツなども料金に含まれている。食事は3食とも、ビュッフェスタイルだが、オープンキッチンでは、目の前で料理を作って市の場で提供してくれる、また、週に1回、ボドゥベル演奏が行われるボドゥベル・モルディビアン・イブニングや、カクテルやシャンパンがふるまわれるサンセットパーティ、プールバーで行われるDJナイトなど、夜のイベントも充実している。

1 ウッドとあたたかみのあるファブリックを使ったインテリアで統一されたヴィラ
2 夕暮れ時のこの時間はロマンティック
3 インド洋が見渡せるインフィニティプール
4 32の水上ヴィラがあり、そのうち10のヴィラがプール付き

PickUp

レストラン
Restaurant

ビュッフェは種類が豊富でボリューム満点。昼も夜も食べきれないほどの種類が並ぶ。

スパ
Spa

6つのトリートメントルームを有するスパ。海藻や天然ハーブを使ったマッサージが人気。

ダイビング
Diving

リゾートの近くにもダイビングポイントが多い。ウミガメやマンタポイントが数ヵ所ある。

プール付き水上ヴィラ
Water Villa with Pool

最上級カテゴリーのヴィラ。広いリビングエリア、独立したベッドルーム、プールを完備。

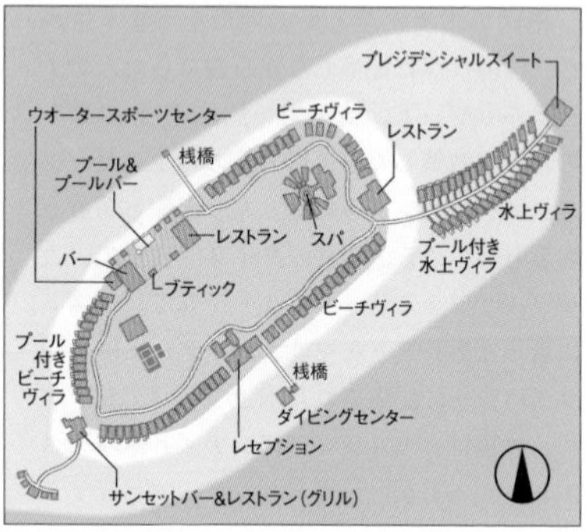

●住所Raa Atoll ●電話658-0080 ●日本の予約・問い合わせ先トラベルファクトリー・ジャパン TEL(03)5784-2522 ●URLkudafushiresort.com
●客室料金(オールインクルーシブ)
ビーチヴィラ：US$320～ プール付きビーチヴィラ：US$431～ 水上ヴィラ：US$508～
●CCⒶⓂⓋ ●客室数105(水上32)
●空港からの所要時間水上飛行機で約40分。または国内線+スピードボートで約55分 ●徒歩での島一周20分
●モルディブ時間との時差なし ●日本人スタッフ×

※記号の説明はP.4～5参照

静かな場所に配された水上ヴィラ。98㎡の広さを誇る

手つかずのコーラルリーフに囲まれた自然派リゾート

MAP P.11-A3

フラヴェリ・アイランド・リゾート&スパ、モルディブ

Furaveri Island Resort & Spa, Maldives

自然に囲まれたネイチャースパ

南国の木々が茂る島の地形をうまく生かし、環境保護に配慮しながら建てられたナチュラルリゾート。徒歩で一周約45分の島をのんびり散策したり、目の前のハウスリーフでスノーケリングを体験したりと陸も海もどちらも楽しめる。客室のタイプは豊富で、カップルやファミリー、グループなど、ゲストに合ったセレクトが可能。カップルには、プライバシーに配慮された水上ヴィラがおすすめ。食事は、モルディビアンナイトやバーベキューナイトなど日替わりのテーマビュッフェがメイン。スパやキッズクラブなどもある。

●住所Raa Atoll ●TEL685-2718 ●FAX658-2717
●日本の予約・問い合わせ先ティフレックス・マルコン TEL(03)3663-1023 ●URLwww.furaveri.com
●客室料金（フルボード）ビーチヴィラ：US$505～ 水上ヴィラ：US$565～ ビーチプールヴィラ：US$675～ ドーニプールヴィラ：US$775～
●CC A M V ●客室数107(水上13)
●空港からの所要時間水上飛行機で約45分
●徒歩での島一周45分
●モルディブ時間との時差なし ●日本人スタッフ×

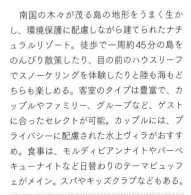

無料 マルチ

※記号の説明はP.4～5参照

PickUp

プール付きビーチヴィラ
Beach Pool Villa
周りを木や花で囲まれたヴィラ。客室並みに広いテラスには、チェアとサラ(東屋)が置かれている。

グルメ
Gourmet
メインレストランではゲストの目の前でシェフが作るライブキッチンが人気。味はもちろん目でも耳でも楽しめる。

憧れポイント

未開のダイビングポイントで新発見
手つかずのコーラルリーフや、未開の地など大物への期待もできる。

島の周りをエクスカーション！
透明度のよい海にカヤックを浮かべて大海原に漕ぎだそう。運がよければウミガメに出合えるかも。

遊び心あふれる水上ヴィラ

バスルーム

非日常の世界へ誘ってくれる

ソネバジャニ

Soneva Jani

MAP P.11-B2

ソネバブランドの最新リゾートとしてヌーヌ環礁に誕生した。全26室のうち20室が水上にあり1棟独立タイプ。18棟が1ベッドルームタイプになり、そのうち15室にはウオータースライダーが付いている。全室プール付き、ベッドルームの天井は開閉式になっていて、ベッドにいながら満天の星を眺められる最高のシチュエーション。26の客室に対して、レストランは5つ。メニューのレパートリーも広く、ゲストはその日の気分に合わせてレストランを選ぶことができる。もちろんインヴィラダイニングも可能。

●住所Noonu Atoll　●電話656-6666
●URLwww.soneva.com
●日本の予約・問い合わせ先ソネバ日本オフィス TEL(03)6804-3143
●客室料金1ベッドルーム・ウオーターリトリート：US$2571～　1ベッドルーム・ウオーターリトリート(スライダー付き)：US$3294～
●CC A M V　●客室数26(水上24)
●空港からの所要時間水上飛行機で約40分　●モルディブ時間との時差＋1時間　●日本人スタッフ×

※記号の説明はP.4～5参照

Pick Up

客室
Room
大きなガラス張りの壁で開放感たっぷり。ベッドルームの天井部は開閉するルーフタイプ。

映画
Cinema
オン・ザ・ビーチに設置されたスクリーン。ウオーターネットに寝そべって見る幸せ。

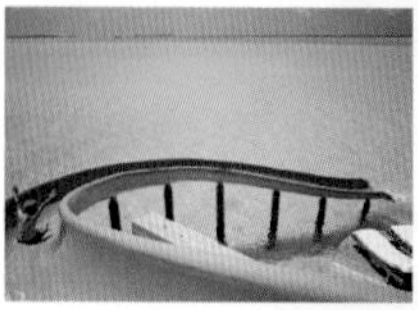

ウオータースライダー
Water Slider
海に向かって滑り落ちるウオータースライダーが付いたユニークな造り。大人も大興奮。

ミニバー
Mini Bar
水上にいることさえ忘れさせるウオークインのミニバー。充実したパントリーを完備。

プライバシー重視のゴージャスリゾート

MAP P.11-B2

ノク・モルディブ

Noku Maldives

安らぎと快適さを与えてくれる

客室数50室のこぢんまりとしたラグジュアリーリゾート。ノクは、大阪、京都、プーケットにもリゾートを構えており、モルディブが4軒目となる。客室は5タイプ。1棟のスイートを除いて室内は同じ造りで、ビーチか水上、プライベートプールがあるかないかの4タイプ。そのヴィラも入口を入ると左右にベッドルームとバスルームがあり、客室内のどこにいても海を望むことができる造りになっている。

レストラン&アクティビティ

レストランはふたつ。オープンエアのメインレストラン「パームス」はビュッフェとアラカルトメニューがあり、モルディブ料理からインターナショナルまで幅広いメニューがある。プールサイドにある「タリ・レストラン」はタイや日本、シンガポール料理の要素を取り入れたシグニチャーレストラン。そのほかふたつのバーがある。また、ビーチダイニングやサンドバンクブレックファストなどオプションでリクエストが可能。レストラン以外に、ジムやヨガパビリオン、インフィニティプール、ブティック、スパ、ダイビングセンターなどがある。夕方行われるフィッシュフィーデングは無料で見学でき、開始前にはハイティーが用意される。

スパ

ノク・スパは一戸独立型のトリートメントルームが8室あり、プールやジャクージが付いた豪華なルームもある。おすすめのマッサージは、カシ・ノク・シグネチャーマッサージで、モルディブのココナッツを使ったスクラブと、ココナッツオイルを使ったボディマッサージ、ヘアラップがセットになった自慢のメニュー。120分／US$299（ふたりぶん）。そのほかアラビカ産のコーヒー豆を使ったコーヒースクラブや、アロマママッサージなど多彩なメニューが揃う。

1 楕円状に水上ヴィラが並ぶ。島自体は徒歩で一周10分ほど
2 ダイビングやスノーケリング、カヌーやカヤックなど充実のアクティビティ
3 白とダークブラウンでシックでモダンな室内
4 サンセットがきれいに見えるのはプールから

Pick Up

スノーケリング
Snorkeling

サンセット水上ヴィラの前はドロップオフになっているので最高のスノーケリングポイント。

メインレストラン
Main Restaurant

オンザビーチのメインレストラン。ビュッフェとアラカルトでの提供あり。

スパ
Spa

ココナッツ、コーヒー、ペパーミントなどモルディブらしいスパ製品が揃う。

ビーチ
Beach

ビーチにはハンモックやプライベートサラが。カップルに人気。

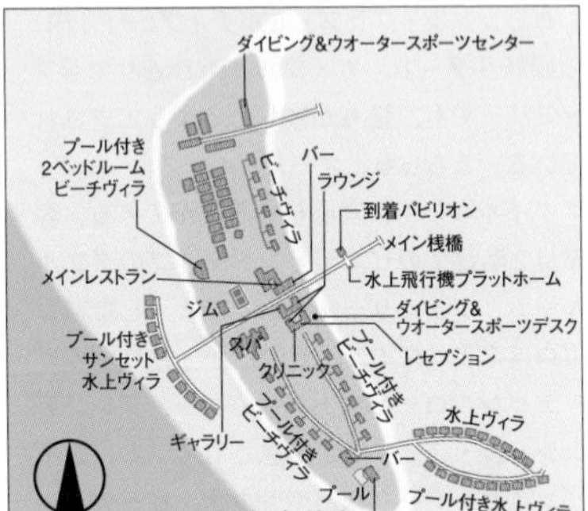

●住所Noonu Atoll ●TEL656-1010 ●FAX656-2020 ●URLwww.nokuhotels.com/maldives/ ●日本の予約・問い合わせ先トラベルファクトリージャパン TEL (03) 5784-2522 ●客室料金(朝食付き)ビーチヴィラ：US$844～、水上ヴィラ：US$928～、プール付きビーチヴィラ：US$971～、プール付き水上ヴィラ：US$1056～ ●CC A M V ●客室数50(水上30) ●空港からの所要時間水上飛行機で約45分 ●徒歩での島一周15分 ●モルディブ時間との時差なし ●日本人スタッフ×

※記号の説明はP.4～5参照

センスのよいインテリアでまとめられたバンガローの客室

ヌーヌ環礁の新リゾート

ロビンソン・クラブ・ヌーヌ

Robinson Club Noonu

MAP P.11-B2

透き通るような海の色に感動

ロビンソン・クラブ・モルディブ(→P.179)の姉妹リゾート。カップルでもひとりでもファミリーでも、誰もが楽しめるよう工夫されている。こちらも、オール・インクルーシブ・スタイルなので、安心して滞在ができる。客室は2階建てのビルディングタイプのダブルルーム、ファミリールーム、広々としたバンガローなど4タイプ。そのほか、独立型のビーチバンガローと水上バンガロー、プレジデンシャル・スイートが用意されている。ダイビングセンター、スパやサウナ、ビーチバレーコートなど、施設面も充実している。

●住所Noonu Atoll ●電話400-4444 ●日本の予約・問い合わせ先トラヴァンス TEL(03)3567-8570
●URLwww.robinson.com
●客室料金(オールインクルーシブ)ダブルルームシービュー：€291～ ダブルルームシービュースーペリア：€327～ ガーデンプールバンガロー：€470～ 水上バンガロー：€524～ ●CC A M V
●客室数150(水上60) ●空港からの所要時間水上飛行機で約45分 ●徒歩での島一周15分
●モルディブ時間との時差なし ●日本人スタッフ×

※記号の説明はP.4～5参照

Pick Up

スノーケリング
Snorkeling

目の前のハウスリーフでスノーケリング三昧。穏やかな日は底まで見える最高の透明度。魚も多い。

客室
Room

全室開放的な屋外のバスルーム付き。広々とした空間には、ゆったりサイズのバスタブが備わっている。

キッズクラブ
Kids Club

家族連れに人気のわけはキッズクラブが充実しているから。年齢別にプログラムが用意されている。

サンセット
Sunset

美しいサンセットが見えることでも有名。カクテル片手にビーチに座って移りゆく時間の経過を楽しみたい。

1棟1棟が高級別荘のような趣

MAP P.11-B2

ヴェラ・プライベート・アイランド・モルディブ

Velaa Private Island Maldives

モルディブで贅の限りを尽くしたリゾートホテルとの噂もある超高級ホテル。250億円以上もの総工費をかけたということからもわかるように、プライベート別荘といった趣。細部にまでこだわった客室のインテリアや共有エリア、スタッフのホスピタリティ、料理やワイン、アメニティなど、すべてにおいて最高のものを提供してくれる。

●住所Noonu Atoll ●TEL656-5000 ●日本の予約・問い合わせ先ティフレックス・マルコン TEL (03) 3663-1023 ●URLwww.velaaprivateisland.com ●客室料金(朝食込み)水上ヴィラ：US$2950～ ●CC A M V ●客室数47 (水上18) ●空港からの所要時間水上飛行機で約40分 ●徒歩での島一周20分 ●モルディブ時間との時差なし ●日本人スタッフ×

※記号の説明はP.4～5参照

プール付きのビーチヴィラのテラスには、居心地のいいガゼボが配されている

PickUp

インドア・スポーツ
Indoor Sports
ウオール・クライミング、スカッシュ、ヨガやジムなど雨の日でも楽しめる施設が揃っている。

憧れポイント
モルディブで最大級規模のワインセラー
希少価値の高いワインなど常時500本以上のワインが用意されている。

ルイ・ヴィトンのリゾートが誕生

MAP P.11-B2

シュヴァル・ブラン・ランデリ

Cheval Blanc Randheli

世界的ファッションブランドのルイ・ヴィトン・モエ・ヘネシーのLVMHが運営。新ブランドの「シュヴァル・ブラン」としては、フランスのスキーリゾート「クールシュヴェCourchevel」に次ぐ2リゾート目となる。建築デザインは、建築家ジャン・ミッシェル・ギャシーJean Michel Gathyとのコラボレーションによるもので、ナチュラル素材を生かしたコンテンポラリーなデザインが印象的。

●住所Randheli Is., Noonu Atoll ●TEL656-1515 ●URLwww.chevalblanc.com ●客室料金(朝食込み)水上ヴィラ：US$1800～ アイランドヴィラ：US$2475～ ガーデンウオーターヴィラ：US$3645～ ●CC A M V ●客室数45 (水上30) ●空港からの所要時間水上飛行機で約45分 ●徒歩での島一周20分 ●モルディブ時間との時差なし ●日本人スタッフ×

※記号の説明はP.4～5参照

細部にまでこだわった水上ヴィラ

PickUp

シュヴァル・ブラン・スパ
Cheval Blanc Spa
小さなドーニに乗ってスパ専用の島へ。もちろん水上ヴィラタイプのトリートメントルーム。至福の時間を体験したい。

憧れポイント
3つ星シェフが作る究極のひと皿を
絶品フレンチからモルディブ料理まで最高の食材を使った絶品料理が並ぶ。

2018年、シャビヤニ環礁に誕生

MAP P.11-A2

フェアモント・モルディブ・シル・フェン・フシ

Fairmont Maldives Sirru Fen Fushi

島を横断する200mものプール

全120室の大型ラグジュアリーリゾート。細長い島を横断する200mのプールが印象的で島部分は16haを有する。マーレからは水上飛行機で約55分、国内線ならマーレからハニマードゥ空港へ、そしてスピードボートでリゾートへ。水上飛行機からは美しい環礁を眼下に見ることができ、遊覧飛行気分が味わえる。

タイプが豊富な客室

14タイプもの客室があり全室プライベートプール付き。サンセットかサンライズの眺望の違いや、1ベッドルームはもちろん、7ベッドルームまで用意されている。また、木々に囲まれたまさしくジャングルの中にいるような佇まいのテント付きジャングルヴィラなどユニークなものまで揃う。どの部屋も広く水上ヴィラは185㎡、ビーチヴィラは355㎡。豪華で品のあるインテリアはさすが世界のフェアモントといった感じで、全室バトラーサービス付き、すみずみまで行き届いた気配りはさすがのひとこと。

ダイニング＆ アクティビティ

リゾートには4つのレストランがあり、メインレストランではインターナショナル料理をビュッフェで、新鮮なシーフードが食べられる「アジュール」は夕食のみの営業、日本料理を中心にアジア料理が食べられる「カタ」は屋上ラウンジからの眺めが美しくサンセットバーとしての利用も。また人工の素材を一切使わず竹のみで造りあげたオープンバーもある。

ウエルネスエリアには、多彩なメニューが揃うフェアモントの高級スパブランド「ウィロー・ストリーム・スパ」があり、屋内と屋外にトリートメントルームを完備。そのほか、ジャングルシネマやキッズクラブ、クッキングクラス、エクスカーションでは各種ウオータースポーツ、アイランドツアーなどが揃う。

1 島に生える木々に囲まれた200mものプールが印象的
2 洗練されたインテリアでまとめられたテラス
3 ココナッツペインティングなどが楽しめるアートスタジオがある
4 銅製でまとめられたシックなバスルーム

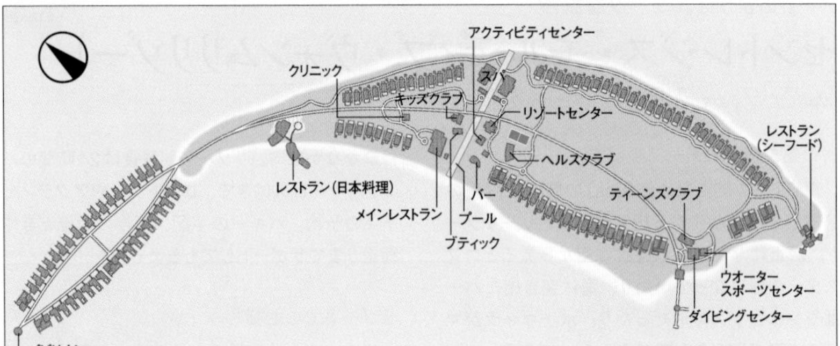

PickUp

スパ
Spa

ヨガパビリオン、25mのセレニティプールなど2000㎡のウエルネスエリアでリラックス。

ビーチヴィラ
Beach Villa

広さを優先するならビーチヴィラがおすすめ。窓が大きく開放的でビーチも目の前。

●住所 Shaviyani Atoll　●TEL654-8888
●URL www.fairmont-maldives.com
●日本の予約・問い合わせ先アコーホテルズ予約センター TEL (03) 4455-6404　●客室料金（朝食付き）ビーチヴィラ:US $900～、ラグジュアリーテントヴィラ:US $905～、水上ヴィラ：US$1100　デラックスビーチヴィラ：US$1250～　●CC A J M V　●客室数120　●空港からの所要時間水上飛行機で約55分　●徒歩での島一周30分　●モルディブ時間との時差+1時間
●日本人スタッフ×

※記号の説明はP.4～5参照

アートのようなユニークな施設

MAP P.12-A2

セントレジス・モルディブ・ヴォンムリリゾート

The St. Regis Maldives Vommuli Resort

海の生き物がモチーフの建物

東京ドーム約ふたつ分(9ha)の島に全77室の豪華ヴィラが点在する超ラグジュアリーリゾート。水上に浮かぶスパ施設は空から見るとロブスターの形になっていたり、海に突き出たバーはジンベエザメの形だったり、水上ヴィラがマンタの形だったりと遊び心もたっぷり感じられる。モルディブ最大といわれるレクリエーションセンター「ヴォンムリハウス」は、インドで聖樹とされているベンガル菩提樹がモチーフ。

最高峰ホテルのおもてなしを

セントレジスでの休日は、マーレ(ヴェラナ)国際空港に到着したときから始まっている。まずはリゾートスタッフが出迎えてくれ、水上飛行機のセントレジス専用ラウンジまで専用車で快適に移動。そこでリゾートでの担当バトラーからのメッセージを見せてくれる。事前にバトラーの顔がわかり安心だ。ここまでのサービスはなかなかない。リゾート到着後は24時間のバトラーサービス付きで、レストランやアクティビティの予約、バギーの手配、荷物の荷ほどきや荷造りまでサポートしてもらえる。

リゾートでのお楽しみ

客室の広さは最低でも150㎡。全室プール付きなので部屋でのんびりくつろぐカップルも多い。そんななかでも人気なのが、ジンベエザメの形を模した水上バー、きれいなサンセットが望めると夕方からジンベエザメの口の中にゲストが集まってくる。ハイドロテラピープールを備えたスパも人気。またランチのみ営業のビーチレストランCrustのピザが絶品とゲストに大好評。モルディブ産のマグロや野菜をトッピングした、屋外の本格ピザオーブンで焼く薄焼きピザが人気。そのほか、アジアや中東、イタリア料理、ワインセラーラウンジなど4つのレストラン&バーがある。

1 上質なインテリアでまとめられた水上ヴィラの客室
2 ジンベエザメの口の中からサンセットを望む（ザ・ホエールバー）
3 テラスは、プール、海に張り出す4つのハンモック、デイベッドなど客室並みの広さ
4 ユニークなロブスターの形をした水上スパ（イリディウム・スパ）

PickUp

エレメント・ダイニング
Elements Dining

ハーブガーデン横に設置されたガーデンテーブル。

ヴォンムリハウス
VommuliHouse

ジムやヨガスタジオ、キッズクラブ、ライブラリーなどが集まった多目的ホール

空港ラウンジ
Airport Lounge

マーレ で水上飛行機を待つ間ゲストのみが利用できる専用ラウンジ。

クラスト
Crust

最高の素材を使った最高のピザが食べられる。ランチタイムのみで16:00まで。

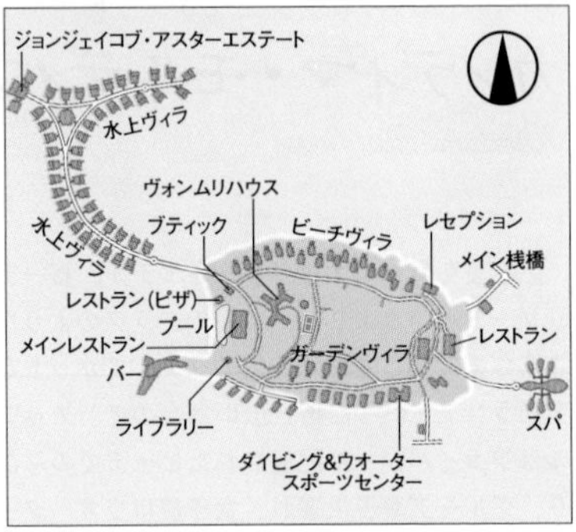

●住所 Vommuli Island, Dhaalu Atoll ●TEL676-6333
●FAX676-3636 ●URLwww.marriott.com
●客室料金（朝食付き）ガーデンヴィラ：US$2738～ 水上ヴィラ：US$3004～ ビーチヴィラ：US$3115～
●CC A M V
●客室数77（水上44）
●空港からの所要時間水上飛行機で約45分
●徒歩での島一周30分
●モルディブ時間との時差なし
●日本人スタッフ○

※記号の説明はP.4～5参照

クールでスタイリッシュなリゾート

MAP
P.12-A2

カンディマ・モルディブ

Kandima Maldives

ビーチクラブ風のポップリゾート

272室を有する大型リゾートホテル。ビーチリゾートというよりは、ビーチクラブのようなさまざまな楽しさが味わえるクールでホットなアイランドといった趣。広い島なので、カップルはプライバシーに配慮されたビーチでのんびり、グループや子供連れ、女子旅はウオータースポーツやスノーケリングを楽しむなど、あらゆる世代・客層にフレキシブルに対応可能だ。広いリゾート内での移動は、15分おきに島内を走るシャトルバスか、レンタル自転車。シャトルバスは深夜24:00まで走っている。

レストラン＆バーは8軒ラインアップ

多彩なビュッフェメニューとライブキッチンがあるメインレストランをはじめ、グリルやアジア地中海料理、カフェや24時間営業のデリなどが揃う。デリではワインやスナックなどの販売もある。夜にはDJナイトやライブがバーで行われ、深夜までナイトライフが楽しめる。そのほか、好きな場所で食べられるテイクアウト用のオベントウや、ビーチバーベキューなどのリクエストも可。メインレストランのビュッフェでは寿司や刺身も用意されている。

客室＆アクティビティ

白を基調としたスタイリッシュな客室はスタジオとヴィラの計10タイプ。スタジオタイプはすべて1階がビーチスタジオ、2階がスカイスタジオで造りは同じ。水上ヴィラはアクアヴィラと呼ばれ、ジャクージ付きとなしがあるが部屋の広さは同じ。半水上のオーシャンプールヴィラはプール付きでハネムーナーに人気。そのほか施設面では、プロカメラマンが常勤しているフォトスタジオやスパ、池に面したアートスタジオ、ダイビング専用プールが備わったアクアセンター、ラグーンに設置されたスノーケリングのプラットホームなど充実度がすごい。

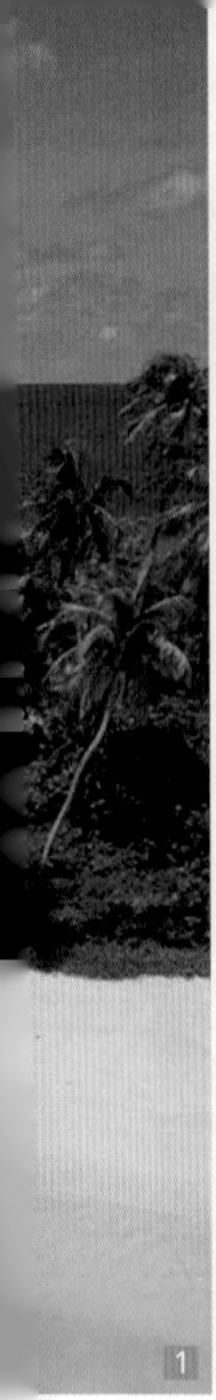

1 スタイリッシュなこの建物はスタジオタイプの客室
2 リゾートに到着するとまずはこのレセプションでウエルカムドリンクを
3 白とブルー系でまとめられたスタイリッシュな客室
4 プールサイドでは、DJナイトや各種パーティーが行われることも

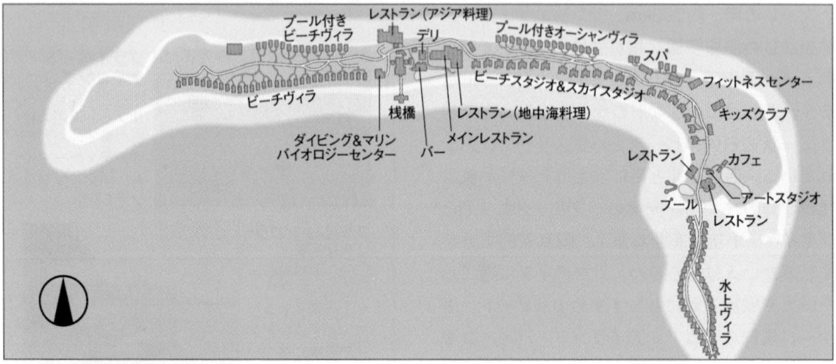

Pick Up

バー
Bar
白砂が敷き詰められたバーが、夜はDJ & ダンスホールに。深夜まで営業している。

キッズクラブ
Kids Club
屋内、屋外に広いキッズエリアがあり、子供たちがのびのび遊べるスペースに。

●住所Kandima, Dhaalu atoll ●TEL676-0077 ●URLwww.kandima.com ●日本の予約・問い合わせ先 トラベルファクトリージャパン TEL(03)5784-2522 ●客室料金（フルボード）スカイスタジオ：US$450～、ビーチスタジオ：US$475～、アクアヴィラ（水上）：US$723～、ジャクージ付きアクアヴィラ（水上）：US$796～ ●CC A J M V ●客室数274（水上62） ●空港からの所要時間水上飛行機で約45分。または国内線＋スピードボートで約50分 ●徒歩での島一周60分 ●モルディブ時間との時差なし ●日本人スタッフ×

※記号の説明はP.4～5参照

大きな窓からインド洋が見渡せる最高のロケーション

ロマンティックなベッドルーム

MAP
P.12-B3

ター環礁最初のリゾート

マーリフシ・バイ・コモ

Maalifushi by COMO

　マーレの南、約200km、ジンベエザメやマンタをはじめ多種多様な魚が生息することで知られるター環礁唯一のラグジュアリーリゾートホテル。そら豆のような形のかわいらしい島でパウダー状の白砂のビーチとハウスリーフに恵まれている。西側の北と南に水上コテージが並ぶ桟橋が延びている。充実のパブリックエリアとプライベート空間を兼ね添え、隠れ家的気分を楽しみたい人はもちろん、アクティブに過ごしたい人や家族連れにもおすすめのリゾート。南マーレ環礁のココア・アイランド・バイ・コモ(2019年7月現在改装中)とは、姉妹リゾート。

●住所Thaa Atoll　●TEL678-0008
●URLwww.comohotels.com/maalifushi
●客室料金（朝食込み）ビーチスイート：US$1000～　水上スイート：US$1300～　ビーチヴィラ：US$1400～　水上ヴィラ：US$1500～　マアリフシビーチヴィラ：US$3800～　マアリフシ水上ヴィラ：US$5000～
●CC Ⓐ Ⓜ Ⓥ　●客室数65(水上33)
●空港からの所要時間水上飛行機で約50分
●徒歩での島一周30分
●モルディブ時間との時差なし　●日本人スタッフ○

※記号の説明はP.6～7参照

Pick Up

プライベート・ダイニング
Private Dining

リゾート周辺の秘密の島でふたりだけのディナータイム。ピクニックランチもOK。

コモ・シャンバラ・リトリート
COMO Shambhala Retreat

タイやインドネシア、インドなどアジア伝統に基づいたウエルネススパ。

タイ
Tai

「鯛」という名前の日本食レストラン。地元の新鮮な魚を使った料理を提供してくれる。寿司や刺身もおすすめ。

水上ヴィラ
Water Villas

大理石のバスタブと天蓋付きのベッドなどロマンティックな造り。ハネムーナーにおすすめの客室。

緑豊かな自然と美しいハウスリーフに囲まれたナチュラルリゾート

透明度の高さはモルディブ随一

みんなでワイワイ、陽気なクラブリゾート

MAP P.13-A3

ロビンソン・クラブ・モルディブ

Robinson Club Maldives

14ヵ国24軒のクラブリゾートをもつドイツ系のクラブリゾート。クラブリゾートならではの明るい雰囲気と5つ星の快適さを兼ね備えたオール・インクルーシブ・スタイルのリゾート。食事、食事時のドリンク（アルコール含む）、グループアクティビティなどが料金に含まれている。客室タイプは6種類、いずれの客室も木の感触が心地よいナチュラルテイスト。プールサイドやビーチなど、毎日さまざまな場所でライブ演奏やグルメフェスティバルなどのエンターテインメントを開催している。

●住所Gaaf-Alifu Atoll　●電話682-2000　●日本の予約・問い合わせ先トラヴァンス　TEL (03) 3567-8570　●URLwww.robinson.com
●客室料金（オールインクルーシブ）ガーデンヴィラ：US$409～　ビーチヴィラ：US$433～　ビーチバンガロー：US$604～　ラグーンヴィラ：US$658～
●CCＡＭＶ　●客室数121（水上45）
●空港からの所要時間国内線で約55分＋スピードボートで約25分　●徒歩での島一周10分
●モルディブ時間との時差なし　●日本人スタッフ×

※記号の説明はP.4～5参照

Pick Up

水上バンガロー
Water Bungalow

広々としたテラスが大きな特徴の水上バンガロー。食事をすることも可能。

スパ
Spa

各種マッサージやトリートメント、アーユルヴェーダが受けられるスパ(料金別途)。

フィットネス
Fitness

ヨガやピラティスなどゲストに人気のフィットネスを開催。グループフィットネスもあり。

ウオータースポーツ
Water Sports

サーフィンやセーリング、カイトサーフィンなど何でも楽しめる(料金別途)。

美しいハウスリーフに囲まれた極上リゾート

MAP P.13-B3

ザ・レジデンス・モルディブ

The Residence Maldives

色彩豊かな珊瑚礁に囲まれた、長さ1km幅120mの南北に細長い島で、島の北東と南西に延びる桟橋に、曲線を描いたように水上コテージが並ぶ。2019年9月には、隣の島に同系列のリゾート(ディグラ)がオープン。ふたつのリゾートは全長1kmの橋でつながっている。

●住所Falhumaafushi, Gaafu Alifu Atoll ●TEL682-0088 ●日本の予約・問い合わせ日本オフィス TEL(03)6912-1243 ●URLwww.theresidence.com ●客室料金(朝食込み)ビーチヴィラ:US$726～ 水上ヴィラ:US$887～ ●CC A J M V ●客室数94(水上75) ●空港からの所要時間国内線で約55分+スピードボートで約7分 ●徒歩での島一周45分 ●モルディブ時間との時差なし ●日本人スタッフ×

無料 マルチ

※記号の説明はP.4～5参照

島の南西端に延びる桟橋の先には水上ヴィラが並ぶ

PickUp

ゲストルーム
Guestroom

客室は7種類。ビーチと水上にそれぞれ2棟と4棟ある2ベッドルームを除き、屋内エリアはほぼ同じ造り。

ザ・ファルマー
The Falhumaa

ロマンティックなディナーを楽しみたいときに最適。ワインとともにグリル料理や西洋料理が味わえる。

ハウスリーフに囲まれたナチュラル感いっぱいのリゾート

MAP P.12-B3

シックスセンシズ ラーム

Six Senses Laamu

ラーム環礁初のリゾートホテル。豪華ながら自然そのままの姿を大切にしたナチュラル感あふれるたたずまいが印象的。全面ガラス張りのバスタブや海に浮いているかのような気分が味わえるサンデッキなど、リゾートライフがより楽しくなる仕掛けがいっぱい。

レストランはバーを含めて6つ。人気のリゾート直営「シックスセンシズ スパ」もある。

●住所Laamu Atoll ●TEL680-0800 ●日本の予約・問い合わせ先シックスセンシズリゾート&スパ ☎0120-921-324 ●URLjp.sixsenses.com ●客室料金(朝食込み)ラグーン水上ヴィラ:US$867～ オーシャン水上ヴィラ:US$983～ ●CC A M V ●客室数97(水上70) ●空港からの所要時間国内線で約35分+スピードボートで15分 ●徒歩での島一周30分 ●モルディブ時間との時差なし ●日本人スタッフ○

無料 マルチ

※記号の説明はP.4～5参照

ラームウオーターヴィラの客室

PickUp

キッズクラブ
Kids Club

子供向けのアクティビティが豊富。子供たちだけで作る料理教室のピザが人気。ベビーシッターサービス(有料)もあり。

憧れポイント

独自のメニューで身も心も癒やされる

熟練のテラピストによる施術は毎日受けたくなるほどの気持ちよさ。

手つかずの美しい島で過ごす隠れ家リゾート

MAP P.13-A3

アウトリガー・コノッタ・モルディブ・リゾート

Outrigger Konotta Maldives Resort

島の周りには手付かずのコーラルリーフが広がり、スノーケリングポイントが多く、モルディブの海が堪能できる。客室は、すべて独立した1棟建てで、全室プライベートプール付き。一番小さなヴィラでも160㎡の広さがある。レストランとバーは3つ。アジアやヨーロピアン、鉄板焼きまでと種類は幅広い。

●住所Gaafu Dhaalu Atoll ●TEL684-7770 ●日本の予約・問い合わせ先アウトリガー・リゾーツ予約センター TEL (03) 4588-6441 ●URLwww.outriggermaldives.com ●客室料金（朝食込み）ビーチヴィラ：US$709～ ●CC Ⓐ Ⓜ Ⓥ ●客室数53（水上21）●空港からの所要時間国内線で約55分＋プライベートヨットで約30分 ●徒歩での島一周30分 ●モルディブ時間との時差＋1時間 ●日本人スタッフ×

無料 マルチ

※記号の説明はP.4～5参照

抜群のハウスリーフとラグーンに囲まれた水上ヴィラ

Pick Up

グルメ
Gourmet
レストランはふたつ。日本風の鉄板焼きと寿司が食べられる「ナラ・ラー」も人気。

スノーケリング
Snorkeling
一歩海に出ると、カラフルな魚やサンゴがお出迎え。このあたりはほとんど流れがなく穏やか。

ターコイズブルーのラグーンに魅了される

MAP P.13-A3

アマリ・ハヴォダ・モルディブ

Amari Havodda Maldives

1周歩いて20分ほどの小さな島にあるナチュラルリゾート。ヤシの木や南国の花々など自然の景観をそこなうことなく、うまくリゾートが建てられている。島の周りは行き交う船もなく、とても静かな環境だ。自社運営のブリーズ・スパではUS$200で180分（1日60分×3日間）のマッサージやスクラブがセットになったお得なスパジャーニーが人気。

●住所Gaafu Dhaalu Atoll ●TEL684-4888 ●日本の予約・問い合わせ先トラヴァンス TEL(03)3567-8570 ●URLjp.amari.com/havodda-maldives/ ●客室料金（朝食込み）ビーチヴィラ：US$544～ ●CC Ⓐ Ⓓ Ⓜ Ⓥ ●客室数120（水上60） ●空港からの所要時間国内線で約55分＋ボートで約10分 ●徒歩での島一周20分 ●モルディブ時間との時差なし ●日本人スタッフ○

無料 マルチ

※記号の説明はP.4～5参照

視界を遮らない大きな窓が特徴的（プール付き水上ヴィラ）

Pick Up

グルメ
Gourmet
島には3軒のレストランと2軒のバーがある。本格的なピザ窯で焼いた絶品ピザや、日本からヒントを得たロバタヤキ、インターナショナルなビュッフェ料理など滞在中に食べきれないほどの充実ぶり。またプールサイドのバーはサンセットタイムがおすすめ。

緑あふれる豪華リゾート

MAP P.13-A4

シャングリ・ラ ビリンギリ リゾート&スパ

Shangri-La's Villingili Resort & Spa

モルディブ初のゴルフ場が備わったラグジュアリーリゾート。ビギナーでも楽しめる9ホールのリゾートコースで、何といってもすばらしいのはそのロケーション。真っ青な海にグリーンの芝が映える。リゾートがあるビリンギリ島は、1万7000本ものヤシの木が立ち並ぶ、まさに海と緑に囲まれた楽園。

●住所Addu Atoll ●TEL689-7888 ●日本の予約・問い合わせ先シャングリ・ラ ホテルズ&リゾーツ 0120-944-162 ●URLwww.shangri-la.com/jp ●客室料金(朝食込み)プールヴィラ：US$620～ 水上ヴィラ：US$730～ ●CC A J M V ●客室数132(水上60) ●空港からの所要時間国内線+スピードボートで約75分 ●徒歩での島一周90分 ●モルディブ時間との時差なし ●日本人スタッフ×

※記号の説明はP.4～5参照

プライベートな時間を満喫できる水上ヴィラ

Pick Up

ゴルフコース
Golf Course

パー3、パー4、平均112mの9ホール。ターコイズブルーの海、南国の木々や花々に囲まれながらモルディブらしいゴルフを。

憧れポイント

豪華ヨットでシャンパンサンセットクルージング

ふたりだけでプライベートチャーター。一生の思い出になる貴重な体験。

そのほかの環礁のリゾートホテル

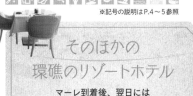

マーレ到着後、翌日には
リゾートホテルにステイできるので
移動の便はほかの環礁とほぼ変わらない。

自然と融合した独創的な空間 MAP P.12-A2

ニヤマ・プライベート・アイランド・モルディブ

Niyama Private Islands Maldives

世界初の水中多目的ホールや、キャンプファイアーを思わせるアフリカ料理の屋外レストランなど、ユニークな施設が多い。

●住所Dhaalu Atoll ●TEL676-2828 ●URLwww.niyama.com ●客室料金(朝食込み)ビーチヴィラ：US$886～ ●CC A M V ●客室数137

地元のザ・サン・シヤム・リゾートが運営 MAP P.11-B2

ザ・サン・シヤム・イルフシ・モルディブ

The Sun Siyam Iru Fushi Maldives

島は広く、東側と北側のラグーンに延びる桟橋には水上ヴィラがずらりと並んでいる。島の内陸部にスパがある。

●住所Noonu Atoll ●TEL656-0591 ●URLwww.irufushi.com ●客室料金(朝食込み)ビーチヴィラ：US$535～ ●CC A M V ●客室数221(水上80)

ファーフ環礁の東側にあるリゾート MAP P.12-A1

フィリティヨ・アイランド・リゾート

Filitheyo Island Resort

メイン棟も客室も、すべて建物はヤシの茅葺き屋根で、木のあたたかみが感じられるナチュラルリゾート。

●住所Faafu Atoll ●TEL674-0026 ●URLwww.aaaresorts.com.mv/resort/filitheyo ●客室料金(朝食込み)ⓈⒹUS$270～ ●CC A J M V ●客室数125(水上16)

客層を選ばないオールマイティなリゾート MAP P.11-A1

ハイダウェイ・ビーチ・リゾート&スパ

Hideaway Beach Resort & Spa

長さ約1400m、幅約500m、周囲約3.2kmの三日月形をした島に、一戸建ての別荘風コテージが点在。

●住所Haa Alifu Atoll ●TEL650-1515 ●URLwww.hideawaybeachmaldives.com ●客室料金(朝食込み)ⓈⒹUS$716～ ●CC A M V ●客室数103(水上50)

美しいラグーンに41棟の水上ヴィラ MAP P.12-A2

サン・アクア・ヴィル・リーフ

Sun Aqua Vilu Reef

「ヴィル」は、ディベヒ語で「貝」という意味。ノーチラス・バーのヤシの茅葺き屋根は、その名のとおりまさに貝の形をしている。

●住所Dhaalu Atoll ●TEL676-0011 ●URLvilureefmaldives.com ●客室料金(オールインクルーシブ)ビーチヴィラ：US$800～ ●CC A J M V ●客室数103(水上41)

Local Island Guide
ローカルアイランドガイド

ローカルアイランドでの過ごし方

リーズナブルに滞在！

1島1リゾートのリゾートアイラインドとは異なり、ローカルの人たちが暮らしている島のゲストハウスやプチホテルに滞在する旅のスタイル。リゾートアイラインドに比べかなりリーズナブルに滞在できると人気上昇中だ。そんなローカルアイランドの魅力を紹介しよう。

交　通

国内線

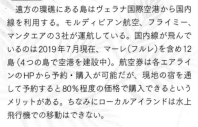

遠方の環礁にある島はヴェラナ国際空港から国内線を利用する。モルディビアン航空、フライミー、マンタエアの3社が運航している。国内線が飛んでいるのは2019年7月現在、マーレ(フルレ)を含め12島(4つの島で空港を建設中)。航空券は各エアラインのHPから予約・購入が可能だが、現地の宿を通して予約すると80%程度の価格で購入できるというメリットがある。ちなみにローカルアイランドは水上飛行機での移動はできない。

● 国内線ターミナル

ヴェラナ国際空港の国際線の隣にある。到着口を出て右側方向へ。所要徒歩約7～8分。

モルディビアン航空	URL maldivian.aero/
フライミー	URL www.flyme.mv/
マンタエア	URL mantaair.mv/

船

有人島をMTCC(Maldives Transport and Contracting Company)の公共フェリーが結んでいる。旅行者に最も使われる路線はマーレを拠点とした路線だろう。マーレ近海の島ではスピードボートの運航もある。料金は公共フェリーの10倍程度に跳ね上がるが、時間は3分の1程度に短縮される。チケットは、MTCCの便は予約ができないため、MTCCのサイトでスケジュールを確認し、マーレの南西にあるビリンギリ・フェリー・ターミナルに行ってチケットを購入する。一方スピードボートは宿を通して予約する。モルディブの交通機関の予約サイトAtoll Transferもあるが、2019年7月現在、しっかりと機能していないのであまり便利とは言えない。また、シーズンによってスケジュールが変動するので、事前に宿泊施設や現地旅行会社に確認するようにしたい。

● ビリンギリ・フェリー・ターミナル (マーレ)

ヴェラナ国際空港からフェリー、タクシー、バスでマーレへ。所要約10分。

MTCC	URL www.mtcc.com.mv
Atoll Transfer	URL www.atolltransfer.com

旅のプラン

ショートトリップであればひとつの島でのんびり過ごすのがおすすめ。6日程度あれば2つの島をアイランドホッピングするのもいい。

モデルルート　旅の出費を抑えたいならマーレ近郊の島へ。

1日目	マーレからフルマーレへ	フルマーレ泊
2日目	マーレからマアフシへ	マアフシ泊
3日目	終日マアフシ滞在	マアフシ泊
4日目	マアフシからマーレへ	機内泊
5日目	日本へ	

お金の持ち方と予算

ローカルアイランドで使用可能な通貨はルフィアとUSドル。ただし、小さな店はルフィアで値付けしているので、ドルで支払うとやや損することが多い。銀行、ATMがない島もあるので、あらかじめ日本でUSドルに両替しておこう。クレジットカードはほとんどのホテル、観光客向けのレストランで使用可能。キャッシングは手数料がかかるがルフィアでのキャッシングが可能。ちなみに旅行者はUSドルでのキャッシングはできない。

● 物価の目安

ミネラルウオーター	US$1	ジュース（小）	US$1
ローカル食堂（1食）	US$7	レストラン（1食）	US$15

マアフシ4泊5日(フェリー利用)の現地予算の目安

●現地移動費	US$5
●宿泊費	US$210
●食費	US$50
●アクティビティ費	US$150

合計**4万4820円**

※US$1 = 108円で計算

ローカルアイランドでの楽しみ方と注意点

安全に旅できる？

● 治安

　モルディブの治安は概してよい。ローカルアイランドともなれば身の危険を感じるようなことはほとんどないといっていいだろう。まだまだ外国人旅行者が少ないため、まれに怪訝な目で見られることもあるが、ほとんどの人々は穏やかで親切だ。

過度の露出ははばかられる！

● 服装

　モルディブは敬虔なイスラム教の国。ローカルアイランドを旅する際には、服装に気をつけたい。現地の男性はTシャツか長袖シャツに長ズボンというスタイルが多く、女性は顔以外すべてを隠している。旅行者は、男性なら半袖に短パンで問題ないが、女性は肩とひざを出さないように気をつけたい。そして重要なポイントとして、有人島ではビキニは禁止。ただし、観光を促進している多くの島では、ビキニ・ビーチと称して、ビキニ着用OKの区画が定められている。ただし、フルマーレはビキニ禁止。

酒好きにはちょっとつらい？

● アルコール

　リゾートではもちろんアルコールが飲めるのだが、ローカルアイランドではご法度（空港島にあるフルレ・アイランド・ホテルのレストランとバーでは飲める）。ローカルアイランドでアルコールを楽しむには、近くのリゾートをデイトリップで訪れるか、サファリボートの海上バーを訪れるかの2択。陸地での飲酒はイスラム法に反するため、海上に船を浮かべてそこで飲酒するというわけだ。例えばマアフシにはボートで5分程度の沖に海上レストランがあり、そこでアルコールが楽しめる。

注意することは？

● 女性の旅

　イスラム教国は概して女性が旅をしづらいといわれるが、モルディブではそこまで構える必要はないだろう。服装に関しては前述のとおり、過度の露出は控えたい。水着も指定のビーチ以外では禁止だ。セクハラを受けたという話はあまり聞かないが、現地の男性を刺激するような格好はやめておこう。そのほか、ローカル食堂は男性ばかりで入りにくいが、入ってはだめということはないので、様子を見て挑戦してみよう。

快適なゲストハウスが多い

● ホテル

　ホテルは大きくゲストハウスと中級ホテルに分けられる。中級ホテルはマーレ、マアフシ、ダラバンドゥといった観光がある程度発達した島に見られ、おしゃれなブティックホテル風の宿も増えてきている。ゲストハウスは、ほとんどが10室程度の小規模なもので、客室にはテレビ、エアコン、シャワーなどの基本的な設備が揃い、場合によっては金庫やコーヒーセット、備え付けの水などがある宿も。モルディブならではといえる特徴が、ドミトリーが少ないこと、そして清潔なこと。食事も用意してくれ、アクティビティはほとんどすべての宿で手配可能だ。

モルディブの魅力のひとつ

● 食事

　ローカルアイランドでの楽しみのひとつがモルディブ料理。食材が乏しいためそれほどバリエーションはないが、限りある素材の味を最大限に引き出し、ていねいに調理された料理は美味のひと言。食堂や各ホテルで食べることができる。ちなみにローカル向けのレストランでは外国料理のほうが多い。ラマダンの時期にはレストランで断食明けの食事の特別メニューが企画されることもあるので試してみるといいだろう。水はミネラルウオーターが雑貨店などでUS$1程度で売られている。

イスラム教の断食月

● ラマダン

　ラマダン中は旅行ができるのか心配になる人もいるはず。旅行自体はおおむね問題ないといっていいだろう。特にマアフシやラスドゥのようなゲストハウスの多い島には観光客向けのレストランがあり、現地の人が断食している日中でも食事は可能。ただし、現地の人々は必死に我慢しているので、公共の場での飲食や喫煙は控えよう。そのようなレストランがない島では、宿に頼めば食事を作ってくれるが、調理に時間を要するので早めに伝えること。ラマダン中はフェリーの運航時間が変わることもあるが、それほど問題はない。

きれいな海を遊び尽くそう！

● アクティビティ

　ローカルアイランドでのアクティビティはどの島もほとんど同じ。仏教遺跡などの見どころがある島では島内ツアーといったものもあるが、基本的には同じようなマリンアクティビティが揃う。どこの宿でも各種アクティビティが手配可能。

首都マーレからボートでアクセスできる

マーレ近海の島々

2009年にローカルアイランドでの宿泊施設の営業が許可され、最も速いスピードで観光業が発展しているのが、マーレから船でアクセス可能な島々。モルディブの海を格安で楽しむことのできるデスティネーションとして世界中の旅行者からの注目が集まっている。

ローカルアイランドの一番人気はマアフシ

ウオーターアクティビティ会社のスタッフ

ローカルアイランドで最も人気のある島々

マーレ近海に浮かぶ島々の魅力といえば、これまでリゾート宿泊者しか楽しむことができなかったモルディブの美しい海を、どのエリアよりも格安に楽しめること。例えば、ラスドゥまではフェリーで片道約3時間45分、500円程度。スピードボートの運航もあり、それでも片道5000円程度だ。それに加えゲストハウスなら1泊5000円程度から泊まることができる。まさに革命ともいえるこの間口の広がりにより、モルディブは新たな観光の時代に突入したといえる。

ゲストハウス観光発祥の地

ローカルアイランドでの観光をけん引しているのが、南マーレ環礁に浮かぶ島マアフシ。解禁後すぐにゲストハウスがオープンし、2019年現在、ゲストハウスの数は50を超え、建設中のものも数多くある。地方の島々はマアフシに追いつけ追い越せと、この島を目標に観光開発を行っている。ゲストハウス観光発祥の地としてこれからさらに開発が進むことはまず間違いないだろう。また、ラスドゥは美しい珊瑚礁の広がるラスドゥ環礁に位置し、人気No.2のローカルアイランドだ。

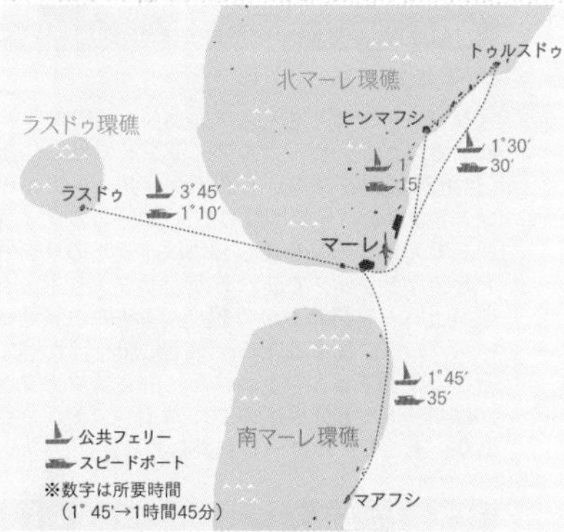

※略図のため、マーレーラスドゥ間の距離は正確ではありません

プランニングのヒント

マーレ近海の島々へは毎日それぞれ2便程度、公共フェリーの運航がある。いずれも日中のみの運航だが、安く済ませたければこれを利用しよう。ヴェラナ国際空港に昼頃までに到着の便であれば乗り継いでその日のうちに渡ることも可能だ。昼以降の到着便の場合、マーレやフルマーレに1泊するか、もしくは各ホテルに頼んでスピードボートをチャーターしてもらおう。人数が揃えばそれほど高くはならない。スピードボートを使えば、いずれの島も所要最大1時間程度しかかからない。

マーレを拠点にいくつもの島を組み合わせることも可能。例えば、トゥルスドゥでサーフィンを楽しんだあと、静かなラスドゥで時間を忘れてのんびりと過ごすなど。国内線で行ける島（→P.199）との組み合わせもおもしろい。

マアフシへ向かう民営の直航ボート

マアフシ

Maafushi

南マーレ環礁

MAP P.186

観光客が水着で泳げる「ビキニビーチエリア」

イントロダクション

近海にあるリゾートからの日帰りツアーのデスティネーションとして、早くからみやげ物店などの観光業が定着したマアフシ。2009年にローカルアイランドでの宿泊施設の営業がモルディブで解禁されて以来、ハイペースで開発が進められ、ゲストハウスツーリズム発祥の地として多くの外国人観光客を受け入れている。宿泊施設の数は50を超えるが、それでもハイシーズンの12～4月はホテルの予約が取れないこともしばしば。マーレからのアクセスのよさも人気の理由のひとつだろう。

マアフシはほかのローカルアイランドより少し華やかな雰囲気をもっている。港沿いの通りにおしゃれな中級ホテルやウオーター・スポーツ・センターが建ち並び、その前をラフな服装のヨーロピアンや中国人が闊歩する。ここでは現地のモルディブ人でさえ少し都会的に見えてしまう。それでも一歩路地に入れば、ほかの島と変わらない、のんびりとしたモルディブの風景が見られるのはうれしいことだ。

小さな島だがモスクは3つある

アクセス

公共フェリー

マーレ→マアフシ

金曜・祝日を除く毎日15:00発と、さらに火、木、日の週3便10:00発がある。

マアフシ→マーレ

マアフシの港から金曜を除く毎日7:30発と、さらに月、水、土の週3便13:00発がある。

所要約2時間（グリ Gulhi経由）US$2あるいはRf20。

民営フェリー

マーレ→マアフシ

金曜を除く毎日15:00発。

マアフシ→マーレ

金曜を除く毎日7:30発。どちらもビリンギリ・フェリー・ターミナル発着。

所要約1時間30分（直行）US$3あるいはRf30。

宿泊先シェアボート（空港経由）

毎日ゲストの事前リクエスト次第で時間指定なし。

民営スピードボート（マーレ経由）

空港→マーレ→マアフシ

マアフシ→マーレ→空港

往復ともおもに2社が運航しており、1日あたり8～10便が運行。ボートスケジュールは変動する可能性

P.188欄外に続く

があるので事前に要確認。所要30～40分。

両替

モルディブ銀行の支店があり、店内に小型ATMがある。VISA、Masterカードのみ受け付けている。ATMならば24時間使用可能。ちなみにほとんどのホテル、レストランではクレジットカードが使える。

左／夕方はのんびりとリラックスタイム　右上／子供たちの笑い声が響くマアフシの学校　右下／モルディブ銀行。US$への両替はできない

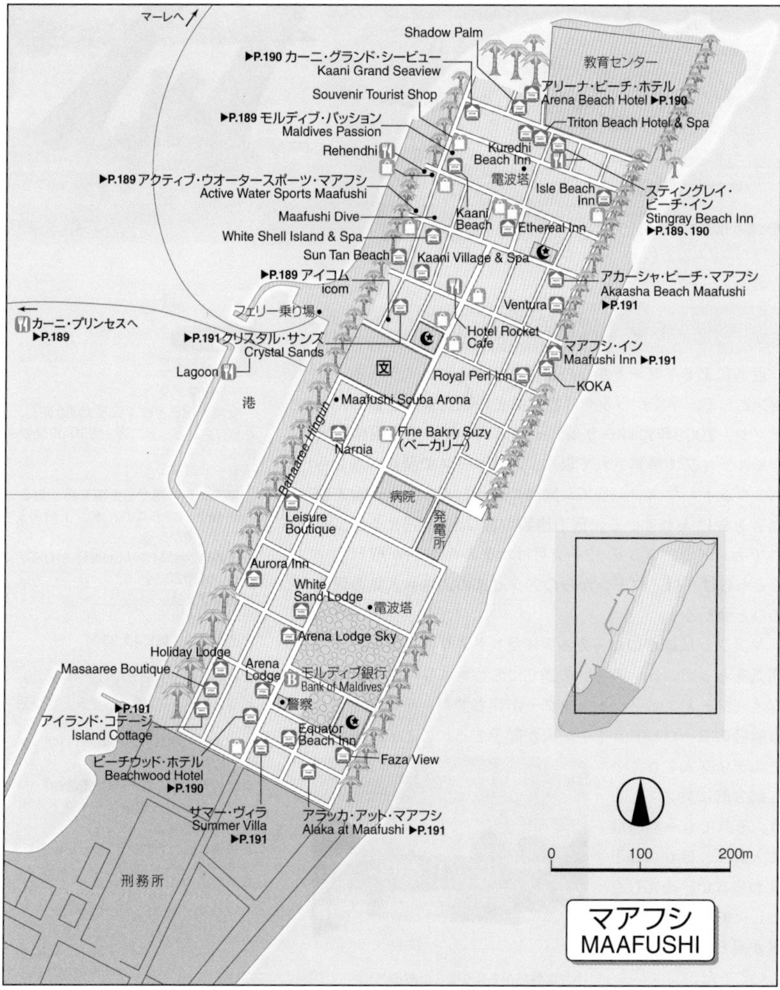

島の1/4が刑務所になっている

歩き方

マアフシは縦1.3km、横260mの細長い島。しかも南西4分の1は巨大な刑務所で、歩ける範囲は思いのほか狭い。観光の中心は、刑務所とは反対の島の北東部。突端に大きな教育センターがあり、それを挟むようにふたつの公共ビーチが広がっている。人気のある西側のビーチは、ビキニ着用が可能ということもあり、日光浴をする旅行者の姿をよく目にする。遠浅の浜が広がっており、150mあたりでドロップオフとなっているのだが、その付近にはサンゴがまだ少し残っており、スノーケリングを楽しむこともできる。このビーチからボートの発着する埠頭までが最も華やかなエリアといえるだろう。ほかのローカルアイランドでは見られない規模の大きなビーチホテルが建ち、ツーリスト向けのみやげ物店も多い。このエリアに宿泊すれば何をするにも便利といえる。ゲストハウスは島中に点在しているが、南側の比較的静かなエリアでホテルを探すのもいいかもしれない。

アクティビティ

マアフシには通常リゾートで楽しめるようなウオーターアクティビティがおおむね揃っている。なかでも人気なのはスノーケリングトリップ。周囲にウミガメ、イルカ、マンタなどを見ることのできるさまざまなスポットが点在し、それらを組み合わせて1日パッケージにすることも可能。ホテルもしくはアクティビティ催行会社で申し込みができる。

また、ダイブショップが島に6軒あり、日本人スタッフ常駐の店舗はないが、日本語のテキストを用意しているところはある。

限られたビーチのみ水着で泳ぐことができる

リゾートへデイトリップ!

マアフシでの人気ツアーのひとつが、日帰りでのリゾート訪問。周辺にはアナンタラやオルヴェリなどの高級リゾートがあり、比較的リーズナブルなデイトリップで訪れる旅行者が多い。

[デイトリップが可能なリゾート]
アナンタラ・ディグー(→P.122)
オルベリ(→P.124)

オルベリ・ビーチ&スパリゾート

アクティビティ催行会社

●アクティブ・ウオータースポーツ・マアフシ
Active Water Sports Maafushi
MAP P.188-1
TEL 916-4291
営 8:30～18:00 休 無休
C A M V

●アイコム
icom
MAP P.188-1
TEL 790-2069
営 7:30～22:00 休 無休
C A M V

おもなダイブショップ

●モルディブ・パッション
Maldives Passion
MAP P.188-1
住 Aabaadhee Hingun Rd.
TEL 777-6877
URL maldives-passions.com
営 8:00～21:00 休 無休
料金 1ダイブ US$50(TAX別)
オープンウオーター US$470
C M V (手数料5%)

レストラン

カーニ・プリンセス
Kaani Princess
埠頭から小型ボートで10分ほどの場所に浮かぶ。アルコールが欲しい人は、リゾートをデイトリップで訪れるか、このレストランを訪れるしかない。予約は各ホテルにて。
MAP P.188-1外
TEL 993-3626
営 14:00～翌1:00
休 無休 C 不可

スティングレイ・ビーチ・イン
Stingray Beach Inn(→P.190)
島内きっての人気宿はレストランも秀逸。モルディビアンカレーやシーフードなど何を食べてもおいしい。

マアフシで一番大きなホテル

MAP P.188-1

カーニ・グランド・シービュー

Kaani Grand Seaview

2018年オープン。空港からのボートが発着する港から徒歩2分、ツーリストビーチが目の前にあり、ロケーションは抜群。マアフシで一番大きなホテルで、ほとんどの部屋はオーシャンフロントビューでバルコニー付き。島の西側に位置するため、部屋からすばらしいサンセットを眺めることができる。

館内にはスパ、ジム、ミーティングルーム、レストラン、ツアーデスクが併設されている。客室のタイプが豊富で4人で滞在できるファミリールームや広々としたハネムーンスイートルームもある。レストランの食事メニューも豊富でおいしい。

●住所 Beach Front,08090, Maafushi
●TEL953-3626
●URLwww.kaanigrand.com
●客室料金ⓈⒹUS$130～
●CC🄰🄼🅅　●客室数56

落ち着いた雰囲気の客室

PickUp

フローティングバー
Floating Bar
ホテルからボートで2分の沖合に停泊(フローティング)しているクルーズ船「Kaani Princess」。中はレストランとプライベートバーになっていて、サンセットを眺めたり、屋外デッキや船内のバーラウンジでカクテルやビールを楽しむことができる。

ハネムーンスイートがある

MAP P.188-2

ビーチウッド・ホテル

Beachwood Hotel

マアフシでは最もおしゃれなホテルのひとつ。広々とスペースを取ったハネムーンスイートもあり、静かに過ごしたいカップルにおすすめ。レストラン、スパ、プールなど、リゾート並みの設備が揃う。

●住所Maafushi　●TEL913-3336
●URLthebeachwoodhotels.com
●客室料金ⓈⒹUS$119～153　スイートUS$130～153　●CC🄼🅅
●客室数20

コスパに優れたホテル

ハイシーズンの予約は早めに

こぢんまりとした人気宿

MAP P.188-1

スティングレイ・ビーチ・イン

Stingray Beach Inn

客室は小さいながらも、インテリアがかわいく居心地がいい小さなゲストハウス。併設のレストランはおいしいと観光客に人気だ。ビーチには面していないがスタッフがフレンドリーで快適な宿。

●住所Ziyaaraiy Magu　●TEL778-1068　●URLstingraybeachinn.com
●客室料金ⓈUS$67～134　ⒹUS$79～146　●CC🄼🅅
●客室数10

ビーチフロントの好立地に建つ

MAP P.188-1

アリーナ・ビーチ・ホテル

Arena Beach Hotel

宿の目の前に遠浅のビーチが広がる最高のロケーション。客室はシティビューとシービューの2タイプ。中級のおしゃれホテルとしてカップルにもおすすめできる。

●住所Hiyfaseyha Magu
●TEL793-3231
●URLwww.arenabeachmaldives.com
●客室料金ⓈⒹUS$135～344
●CC🄼🅅　●客室数19

客室からの景色も◎

バックパッカーにおすすめ　MAP P.188-1

マアフシ・イン

Maafushi Inn

リーズナブルな宿のなかでおすすめの一軒。港とは反対の海側にありとても静か。そばでは地元の子供たちが遊び回っている。各種アクティビティの手配も可能で、レストランもある。外観もかわいらしい。

●住所Maafushi　●TEL991-1881
●URLwww.facebook.com/MaafushiInn　●客室料金ⓈUS$35～70 ⒹUS$45～90　●CC J M V
●客室数7

1階には小さなカフェもある

シンプルだが清潔な客室

アクティビティ多数　MAP P.188-2

アラッカ・アット・マアフシ

Alaka at Maafushi

フレンドリーなスタッフ、アットホームな雰囲気が特徴のゲストハウス。滞在中のスノーケルセットレンタル、セルフサービスのコーヒー・紅茶は無料。マリンスポーツ各種ツアー催行あり。

●住所Alaka at Maafushi, Maafushi
●TEL992-5252
●URLwww.alakamaldives.com
●客室料金ⓈUS$48～ ⒹUS$56
●CC A M V　●客室数11

展望レストランがある　MAP P.188-2

サマー・ヴィラ

Summer Villa

4階建て、16室と比較的規模が大きい。島の南側の静かな場所に位置しており、落ち着いて過ごすことができる。屋上は展望レストランになっており、食事もなかなかおいしい。釣り竿も置いている。スノーケルギアは無料で貸し出し。

●住所Maafushi
●TEL784-4225
●客室料金ⓈUS$35～55 ⒹUS$48～65　●CC A D J M V
●客室数16

屋上にあるシーフードレストラン

日本語スタッフが常勤　MAP P.188-1

アカーシャ・ビーチ・マアフシ

Akaasha Beach Maafushi

2018年6月オープンの清潔なホテル。日本語対応可能なスタッフが常駐。敷地内にプール、レストランがあり、ウオータースポーツや各種ツアーも充実。バスタブのある広々としたシービュールームもある。

●住所Maathila,Misky Magu, Maafushi　●TEL971-5311 / 750-5311
●URLwww.akashabeach.com
●客室料金ⓈⒹUS$86～
●CC A M V　●客室数25

バルコニー付きの客室もある

簡素な内装の客室

西洋人に人気　MAP P.188-2

アイランド・コテージ

Island Cottage

かやぶき屋根の雰囲気のある外観に心ひかれる。オープンエアのレストランがあり、ゲストがのんびりと食事を楽しんでいる。キッチンがあるので自炊も可能。宿泊料金には朝食が含まれる。

●住所Maafushi　●TEL919-8960
●URLislandcottagemaldives.com
●客室料金ⓈUS$48～97 ⒹUS$79～146
●CC M V　●客室数10

港前で一番目立つ　MAP P.188-1

クリスタル・サンズ

Crystal Sands

港の目の前にあるのでわかりやすく、マアフシに着いた際、最初に見るホテル。縦長の島のほぼ真ん中に位置し、北にも南にも行きやすい。ホテル前にはラグーンLagoon Restaurantがあり、ディナーを食べることができる。

●住所Maafushi
●TEL779-0660
●URLwww.crystalsands.mv
●客室料金ⓈⒹUS$75～
●CC A M V　●客室数18

モダンなデザインの外観

病院の庭にある大きな木

アクセス

● **フェリー**

マーレ→ラスドゥ

月、木の週2便で9:00発、ビリンギリ・フェリー・ターミナル発着。

ラスドゥ→マーレ

日、水の週2便11:00発。ラスドゥの港に発着する。

所要約4時間。US$5あるいはRf50。

● **スピードボート**

マーレ→ラスドゥ

10:30、16:00（金9:30、16:00）発でジェティ5、6、7発着。

ラスドゥ→マーレ

7:30、13:30（金14:30）発で、ラスドゥの港に発着。

所要約1時間。US$40あるいはRf400。

※宿を予約するときにスピードボートも手配する。時間帯や料金は人数によって変動する。

両替

モルディブ銀行が1軒あり、ATMも設置されている。

● **モルディブ銀行**

Bank of Maldives

MAP P.193

営 8:30～14:00

休 金・土

イントロダクション

北部アリ環礁の行政の中心地ラスドゥ。人口わずか1500人ほどのとても小さくかわいらしい島だ。マーレから気軽にフェリーでアクセスでき、周囲には世界的に有名なダイビングスポットが点在しているため、人気のローカルアイランドのひとつとして知られている。それでもモルディブらしさが少しも失われていないのは、適度な島の大きさと、マーレから近過ぎず遠過ぎずという立地のせいかもしれない。1日5回の礼拝の時間には島中の男たちがモスクに集まり、女性は顔以外をしっかりと隠し、まめまめしく子供の世話をしている。人々の暮らしと観光開発のバランスが適度に取れた魅力的な島として、今後さらに人気を博すことは間違いないだろう。

近代的なデザインのモスク

島の近くにあるピクニックアイランド

歩き方

ラスドゥは30分もあれば島を1周できるようなかわいらしい島。小さな家族経営のゲストハウスが点在し、観光客向けのレストランやみやげ物店も増えてきている。それらが特に多く見られるのが、島の北西部、港からすぐのエリアだ。のどかな島の雰囲気に似つかわしくないモダンなモスクをはじめ、学校、役所、レストランなどが集まり、ラスドゥの繁華街といったところ。逆に、それ以外のエリアはゲストハウスと雑貨店が点在する静かな住宅街が広がっている。

ラスドゥに来たからにはやはり美しい海を堪能したい。島の南端に観光客用の美しいビキニ・ビーチがある。島内でビキニの着用が許されるのはここだけ。町を歩く際は肩からひざの隠れる服装を心がけよう。

アクティビティ

スノーケリングは、ボートで10分程度のあたりにいくつかポイントがあり、手つかずの美しい水中世界を堪能することができる。もちろん､島の南端にあるビキニ･ビーチでも可能。スノーケルギアはほとんどの宿で借りることができる。

ダイビングポイントはラスドゥ環礁内に20ポイント程度あり、季節によるが、マンタやハンマーヘッドシャークなども見ることができる。ダイブショップは島内に3軒。欧米人経営のショップなどもあり、ライセンスを取得することも可能。

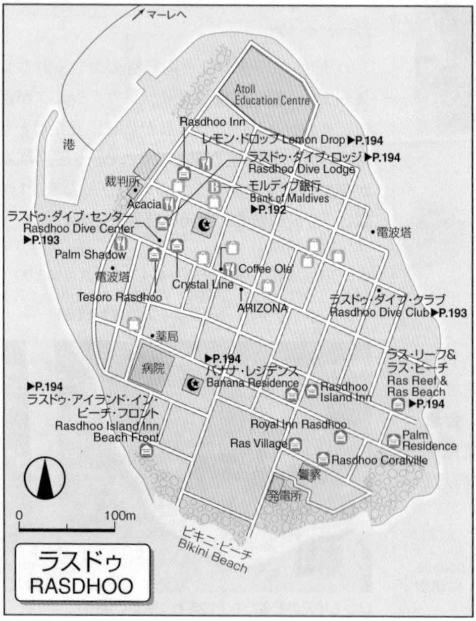

ラスドゥでの食事

ラスドゥには観光客向けのレストランが数軒営業している。1食US$10～とやや高めの料金設定だが、いずれの店もおいしく、盛りつけなどもおしゃれ。一方、地元の男性が集まるローカルのレストランも2、3軒あり、1食US$4～。また、ほとんどのホテルが食事を提供している。

ショッピング

周囲のリゾートからの日帰りツアーのデスティネーションとして、比較的早くから観光客を迎えていたラスドゥには、ほかのローカルアイランドに比べみやげ物店が多い。ただ、どこも南の島ならどこでも手に入るような品揃えで、モルディブならではのみやげ物を見つけるのは難しい。

色鮮やかなパレオを販売する店

おもなアクティビティと料金例

スノーケルサファリ　1時間 US$50
3時間 US$100
サンドバンクトリップ　US$35／人
カタマランセイリング　1時間 US$35
ビッグゲームフィッシング
1時間 US$100／人
ボドゥベル・ダンス・ショー
US$250～／回
トッドゥ訪問ツアー　US$85／人

ダイブショップ

※ダイブ料はすべて器材込みの料金

ラスドゥ・ダイブ・センター
Rasdhoo Dive Center

南アフリカ出身のダニエルさんが経営するダイブショップ。ラスドゥ・ダイブ・ロッジ（→P.194）と同経営。西洋人に人気。

MAP P.193
TEL 911-9159
URL rasdhoodivecentre.com
料金 1ダイブ US$75
2ダイブ US$120
C A D J M V

ラスドゥ・ダイブ・クラブ
Rasdhoo Dive Club

MAP P.193
TEL 912-3623
URL www.rasdhoodiveclub.com
料金 1ダイブ US$60
2ダイブ US$90
オープンウオーター US$490
C A M V

島で唯一のビーチフロント　MAP P.193

ラスドゥ・アイランド・イン・ビーチ・フロント

Rasdhoo Island Inn Beach Front

内陸部に別棟をもつが、ビーチフロントに立つこちらがおすすめ。島内では唯一プライベートビーチをもっている。2015年にデラックスルーム棟を新築し、客室は2タイプから選択可能。スタッフも親切。

●住所Rasdhoo
●TEL986-2014
●URLrasdhooislandinn.com
●客室料金ⓈⒹUS$100～
●CC A J M V　●客室数12

目の前はプライベートビーチ

ラスドゥでは最も モダンな内装

ダイバーにおすすめ　MAP P.193

ラスドゥ・ダイブ・ロッジ

Rasdhoo Dive Lodge

南アフリカ出身の男性がマネジャーを務めるダイバー向けのロッジ。ダイブショップとレストランを併設している。全食事、2ダイビング(器材込み)、宿代を含めたお得なパッケージは1日ひとりUS$200～。

●住所Rasdhoo
●TEL957-7111
●URLrasdhoodivelodge.com
●客室料金ⓈUS$75～ ⒹUS$90～
●CC A M V　●客室数6

5軒のゲストハウスを経営　MAP P.193

ラス・リーフ&ラス・ビーチ

Ras Reef & Ras Beach

5軒のゲストハウス、ダイブショップを一家で経営している。このうち、この2軒の宿は隣り合っており、客室やガーデンなど比較的こぎれいに保たれているのは好感がもてる。ラス・ビーチのほうがややモダンな印象。

●住所Rasdhoo
●TEL988-3399(ラス・ビーチ)
●E-mailinfo@rasbeachinn.com
●客室料金ⓈUS$54～ ⒹUS$67～
●CC A M V　●客室数13

ラス・リーフの外観

南国ムードの中庭

家族経営の快適なゲストハウス　MAP P.193

バナナ・レジデンス

Banana Residence

トロピカルツリーの生えるかわいらしいガーデンを囲むように客室棟が2棟、全6室あり、それぞれエアコン、テレビ、冷蔵庫、金庫、Wi-Fiを備えている。食事の用意も可能だが、同経営のレストラン(右記)は洗練された料理を出してくれるので、おすすめだ。

●住所Rasdhoo　●TEL956-6889　●URLwww.bananaresidence.com　●客室料金ⓈⒹUS$65～80　※朝食込み　●CC A D J M V　●客室数6

スリランカ人シェフが腕を振るう　MAP P.193

レモン・ドロップ

インターナショナル料理

Lemon Drop

バナナ・レジデンスと同経営のおしゃれなレストラン。経験豊富なスリランカ人シェフが西洋、モルディブ、アジアなど、味、見た目ともに洗練された料理で迎えてくれる。2階席は風が気持ちよく、食事をするのにぴったり。1階席はラウンジ風で、地元の若者でにぎわう。

●住所Rasdhoo　●TEL965-1414　●営業時間8:00～24:00　●休み無休　●CC M V　●メニュー例ライス&カリー、スパゲティ、チキンライス(メインUS$11～)

いつも地元の若者たちでにぎわう明るい店内

サーファーの集まる島

トゥルスドゥ

Thulusdhoo

北マーレ環礁

MAP P.186

イントロダクション

マーレからフェリーに乗って1時間30分。北マーレ環礁の州都トゥルスドゥは南北500m、東西800m、人口1800人程度の小さな島だ。島の東側には一年を通して良質な波が打ち寄せるコーク・ビーチと呼ばれるスポットがあることから、近年サーフィンを楽しむ人々に注目され始めた。島にはコーク・ビーチの由来であるコカ・コーラ社の工場があり、モルディブ中に流通するコカ・コーラはすべてここで生産されている。

歩き方

マーレなどからのフェリーは、北西の港に到着する。そこから島の中心部にある学校、病院、モスクなどを抜けた先には住宅街が広がっており、海岸沿いに数軒のゲストハウスが営業している。この海岸はコーク・ビーチと呼ばれ、ラグーンに囲まれたなかなか美しいビーチ。沖にはコーク・ブレイクと呼ばれるサーフポイントがあり、サーファーたちがゲストハウスを拠点に、のんびりと休日を過ごしている。一方、島の西側にはコカ・コーラ工場や森、埋め立て地が広がっている。

アクティビティ

サーフィン以外にも、各ゲストハウスがスノーケリングやダイビング、フィッシングツアーなどを手配している。近海の海には、イルカやナポレオンフィッシュ、ウツボなど、さまざまな海洋生物が生息しているので、いろいろと挑戦してみよう。

アクセス

●公共フェリー

マーレ→トゥルスドゥ

マーレのビリンギリ・フェリー・ターミナル (MAP P.58-A4) から、直行のフェリーが火曜を除く毎日 (15:30発、金は22:30発) 出ており、所要時間1時間30分〜、US$3あるいはRf30。

また、ヒンマフシなどを経由するフェリーも出ている。運航は金曜を除く毎日14:30発。所要約2時間30分、US$2。

トゥルスドゥ→マーレ

直行便は月・水・木・土・日の7:30発、金曜は14:30発。経由便は金曜を除く毎日7:00発。

●チャーターボート

宿によるスピードボートの手配が可能で、所要約30分、1台US$250程度、相乗りすればひとり当たりUS$30程度(片道)。

●定期船スピードボート

所要約30分、ひとり当たりUS$30。1日3〜4便運行(金は2便)。

トゥルスドゥからディフシへ

マーレ発フェリーの経由便はトゥルスドゥに停まった後、ディフシへ向かう。トゥルスドゥからディフシ行きは月・金を除く毎日16:55発、ディフシからトゥルスドゥへは金曜日を除く毎日6:30発。

両替

2019年6月現在、島に銀行、ATMはない。またクレジットカードが使えないホテルもあるので、あらかじめルフィアかUSドルを用意したほうがよい。

レストラン

アール・エス・アール・カフェ RSR Cafe

MAP P.195 住 Thulusdhoo

TEL 743-3436

営 6:30〜翌1:00(金 8:00〜翌1:00)

休 無休 C 不可

MAP P.195

島内一の洗練された客室をもつ

キャノプス・リトリート

Canopus Retreat

オーナーのムハンマドさんは博識で、島の自然や文化についてさまざまなことを教えてくれる。客室は全室エアコン、冷蔵庫、TV、Wi-Fi完備。2016年には全室オーシャンビューの新しい宿泊棟（全7室）も完成した。各種アクティビティの手配も可能。

●住所Athiri Magu, Thulusdhoo　●TEL987-8833　●URL www.canopusretreats.com　●客室料金ⓈⒹUS$70～
●CC ADJMV　●客室数12

客室は機能的でおしゃれ

田舎の島とは思えないおしゃれな内装

MAP P.195

ビーチに面した好ロケーション

サムラ・モルディブ

Samura Maldives

トゥルスドゥに魅せられたイタリア人オーナーが、2015年7月にオープンさせた新しいゲストハウス。木材を多用して建てられた"デザイナーズ・ゲストハウス"ともいえる内装で、旅行者に人気が高い。全室エアコン、シャワー、トイレ、ファン、TV、Wi-Fiを完備している。

●住所Bodu Magu, Thulusdhoo　●TEL973-2922
●URLwww.samuramaldives.com
●客室料金ⓈⒹUS$150～　●CC不可　●客室数3

MAP P.195

スタイリッシュなデザイン

バトゥータ・モルディブ・サーフビュー・ゲストハウス

Batuta Maldives Surfview Guesthouse

アットホームな雰囲気でスタッフはとてもフレンドリー。宿泊後も連絡をとるほど彼らと仲よくなる人が多い。ほかのゲストハウスとも隣り合わせの立地で、オン・ザ・ビーチ。夕食はビーチでBBQなど、なにかと豪快な部分が多い。

●住所Thulusdhoo　●TEL982-6705　●URLwww.batutamaldives.com　●客室料金ⓈⒹUS$$85～
●CC AMV　●客室数5

壁の絵が目印

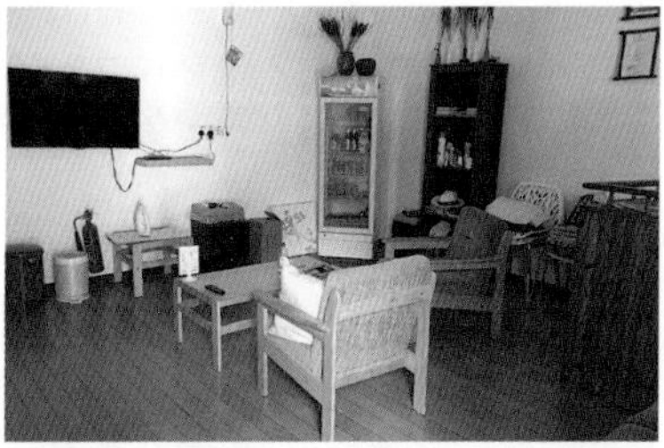

こぢんまりとしたラウンジ

MAP P.195

サーファーが長期滞在する

オーシャン・コテージ

Ocean Cottage

世界中から訪れるサーファーが長期滞在する小さなゲストハウス。海に面してはいないが、コーク・ビーチから歩いて1分のロケーションにあるのは便利だ。エアコン、シャワー、テレビ、Wi-Fiを完備。各種アクティビティも手配可能。部屋数が少ないので早めの予約がベター。

●住所Bodu Magu, Thulusdhoo　●TEL785-2258
●客室料金（3食込み）ⓈⒹUS$75～　●CC不可
●客室数5

ジェイル・ブレイクは初心者から楽しめる

アクセスの容易な
サーファーの島

ヒンマフシ

Himmafushi

北マーレ環礁

MAP P.186

イントロダクション

ヒンマフシは東西1km、南北500mというほんの小さな島。ほとんど観光客も訪れず、1000人ほどの島民がのんびり暮らしている。おもな産業は水産加工や造船など。島の3分の1は薬物依存者の更正施設が占めている。一方、近海には人気のサーフスポットがあり、サーファーもよく訪れる。

歩き方

島の東部を占める薬物依存者更正施設の南海岸沿いを東へ歩いてゆくと、島の東端に行くことができ、その沖がジェイル・ブレイクJail Breakと呼ばれるサーフポイントとなっている。さらにその北側には、ホンキースHonkeys、スルタンSultans、パスタ・ポイントPasta Pointと呼ばれるサーフポイントがあり、ゲストハウスのチャーター船で行くことができる。

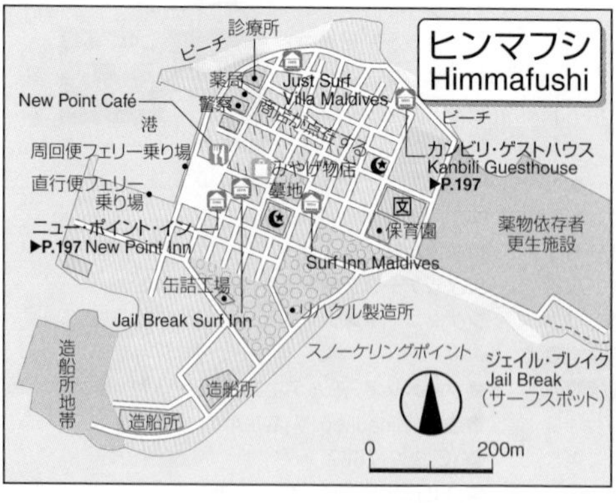

アクセス

●公共フェリー

マーレのローカルマーケット付近から直行便が毎日(15:00発。金曜は22:30)運行。所要約1時間、Rf30。ヒンマフシからは、金曜を除く毎日(7:30)発。

●公共スピードボート

マーレのJety1から出発。所要約20分、ひとりUS$10～15。マーレ発4便(金曜は3便)、ヒンマフシ発も同様。

ホテル

ニュー・ポイント・イン
New Point Inn

オーナーは日本のゴルフ場で使われていたバギーカーを移動手段にしており、狭い島内をそれで送迎してくれる。

MAP P.197
住 Janavaree Magu, Himmafushi
TEL 791-2587/332-7390
料金 ⓈⒹUS$50～
C 不可
室数 7

簡素な造りのレセプション

カンビリ・ゲストハウス
Kanbili Guesthouse

北側のビーチに面したロケーションで、テラスからはオーシャンビューが広がる。

MAP P.197
住 Himmafushi
TEL 796-0900
料金 ⓈⒹUS$130～
C ADJMV
室数 8

ローカル旅プランナーおすすめの穴場ローカル島

1 小さくてかわいいティナドゥ島　2 素朴な島の町並み　3 オン・ザ・ビーチのレストラン　4 サンセットフィッシングではこんな大物も

モルディブを訪れる旅行者は依然ハネムーナーが大多数を占めるが、ローカルアイランドツーリズムが解禁されてからのここ10年、一人旅や家族旅行が増加してきた。ローカルアイランドの宿泊施設もここ最近は、民宿風のアットホームな小規模ゲストハウスから、館内にスパやジムを併設しているラグジュアリー型ホテルと幅広く、滞在イメージに合わせて選ぶことができる。島の雰囲気やビーチも、リゾートアイランド同様、それぞれに特徴がある。イメージどおりの滞在ができるよう、島と宿泊施設選びが重要だ。

ヴァーヴ環礁 ティナドゥ島

ヴェラナ国際空港から南へスピードボートで約75分。少し遠く感じる距離だがリゾートが少ない環礁のため、スピードボートや水上飛行機の往来が少なく、静かな海と星空がひと際美しいのが特徴だ。一周歩いて30分弱ほどの小さく丸い島にはココナッツの生い茂る小さなジャングルがあり、そこを抜けるとパウダーサンドの真っ白な極上ビーチと見渡す限り青い海と空が広がる。ほぼ貸し切り状態のビーチにある備え付けのパラソルの下は1日ずっと自分のための特等席。インド洋に沈む真っ赤なサンセットもこのビーチからバッチリ眺めることができる。

ティナドゥ島のホテル

ティナドゥ島の一角にあるラグジュアリーホテル。ティナドゥ島出身のモルディブ人オーナーが、ローカルアイランドでも快適に滞在してほしいと2015年にオープン。敷地内にはスパ、ジム、スイミングプール、ダイビングサービス、ウオータースポーツサービスが併設されており、まったり派からアクティブ派まで思う存分に楽しめる。ボートスノーケルツアーやサンドバンクツアーなど、ティナドゥ島発着エクスカーションも充実。ファミリーにおすすめなのはランチ付きの無人島ツアーとサンセットフィッシングツアーだ。

快適なゲストルーム

文：
ローカル旅プランナー
S&Yツアーズアンドトラベル
シゲタニ　ヤスナ

■プルメリア・モルディブ Plumeria Maldives
●住所 Thinadhoo. Vaavu Atoll
●TEL 352-2822
●URL plumeriamaldives.com
●料金ⓈⒹUS$100～　●CC M V　●客室64

Column

国内線で辺境の地へ

そのほかの島々

ここで紹介するのは、マーレから国内線で訪れることのできる島々。国内線を利用するためやや費用はかさむが、好奇心を刺激する興味深い島々が散らばっており、ぜひ訪れてみたい。僻地ともいえるこれらの島で、まだまだ開発の進んでいない素朴なモルディブを発見しよう。

ハニマードゥに降り立ったモルディビアン航空機

女性の写真を撮りたいときは許可をとろう

モルディブの秘境へ

マーレ近海の島々（→P.186）では、マーレから船で訪れることのできる島を紹介しているが、ここでは国内線を使ってアクセス可能な島々を紹介する。マーレ近海の島々とは違い、まだまだ移動費が高いため訪れる人は多くはないが、今後、航空会社の競争により国内線の料金が下がれば、間違いなく多くの人が訪れる魅力的な島々だ。そこにはリゾートと変わらない美しい海がある。そして独自の文化を育んできた島など、それぞれに個性があり興味は尽きない。

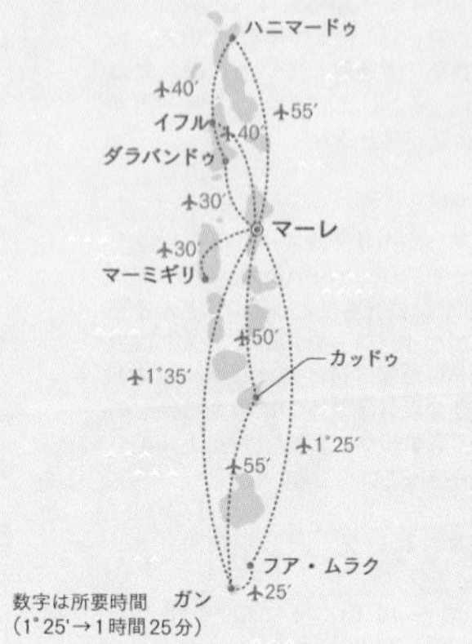

個性的な島々

モルディブの島々は、一見どこも同じように見えてしまう。碁盤目状の町を素朴で美しい海が取り囲み、人々は親切で奥ゆかしく……。しかし、好奇心をもってよく見てみるとさまざまな違いが見えてくる。南半球に位置するガン島に代表されるアッドゥ環礁は、かつて別の独立国だった島々。文化や言葉もほかとは少し異なる。そのすぐ北東に浮かぶフア・ムラクは、非常に豊かな生態系をもつことで知られ、歩いてみると、ほかの島とは明らかに違う独特の雰囲気に気づく。まだ見ぬ未知の世界を求めてモルディブを南へ北へ旅しよう。

プランニングのヒント

島により国内線が1日に1～5本飛んでいる。特定の島を単純往復するのもいいが、いくつかの島を周遊するのも楽しい。国内線は、基本的にマーレを拠点に各島を結んでいるが、マーレ→フア・ムラク→ガン（アッドゥ環礁）→マーレなど、経由便を利用して2島を周遊することも可能。所要時間は最も遠隔地にあるガンでも1時間30分ほどしかかからない。

国内線の予約をする際に覚えておきたいのが、予約は宿を介してするということ。モルディビアンなどの航空会社はホームページでも予約可能だが、宿泊するホテル経由で予約すると正規料金の80％程度でチケットを購入できる（2019年8月現在。）。

ジンベエザメに会える
ローカルアイランド

マーミギリ

Maamigili

アリ環礁

MAP
P.199

ジンベエザメの絵が描かれた壁の前に立つ地元の人々

アクセス

●公共フェリー
片道US$4で所要約8時間。マーレからマーミギリは、土、水の10:00発の1便のみ。マーミギリからマーレは、日、火、木の7:00発1便のみ。

●民営フェリー
片道US$25または35で所要約6時間。マーレからマーミギリは、月曜日と木曜日の23:00発の1便のみ。マーミギリからマーレは、土曜日と水曜日の22:00発の1便のみ。

●スピードボート
片道US$50で所要時間約3時間。金曜日を除いた毎日運航で、マーレからマーミギリ15:00発、マーミギリからマーレ7:30発。

●フライミー国内線
片道US$130～で所要約30分。毎日最低7便運航している。宿泊先に依頼するとUS$105程度(空港や港からの送迎料金込み)。

両替

マーミギリで両替はできない。マーミギリの銀行SBI(State of bank of India)は観光客にとってはほとんど意味がなく、ローカルのマエストロカードしか受け付けていない。ゲストハウス以外は基本的に現金払いなので、必ずルフィアまたはUSドルを必要分持っていくこと。

ショッピング

ショップ
9:00～11:00、14:00～18:00、20:00～23:00
スーパーマーケット
6:00～23:00(祈りの時間は閉店)
レストラン
6:00～24:00
祈りの時間
4:45、12:50、15:15、18:15、19:25

イントロダクション

マーレから少し南西へ向かったアリ環礁南部にあるマーミギリは、人口およそ2200人の島だが、ほかの島々と比べると比較的大きい。スノーケリングでジンベエザメを見ることができることで有名。航路で訪れる幾多のローカルアイランドと違い、マーレからは空路で訪れるのが最も一般的。まだまだ観光地としては未開拓で「これぞローカル！」という雰囲気があふれ出ているのも魅力のひとつ。今まではマーミギリに到着し、そこからリゾートに向かう人ばかりだったが、今後は人気のローカル島のひとつとしてここにステイする人々も増えてくるだろう。リゾートでもなければ、マーレのように密集した都市でもない、真のモルディブのローカルな顔を見ることができる。

歩き方

小さな空港から反対側のゲスト・ビーチまで(北から南まで)は直線で歩けば20分ほどなので、町なかまでは徒歩でも5分とかからないが、なにせどこもかしこも砂道で、日中は日差しがとても強く、日陰も少ないので日射病に注意。日中は地元の人々もあまり出歩かない。島の北側にはゲスト・ビーチが広がり、島の北東には古くからのモスクがある。

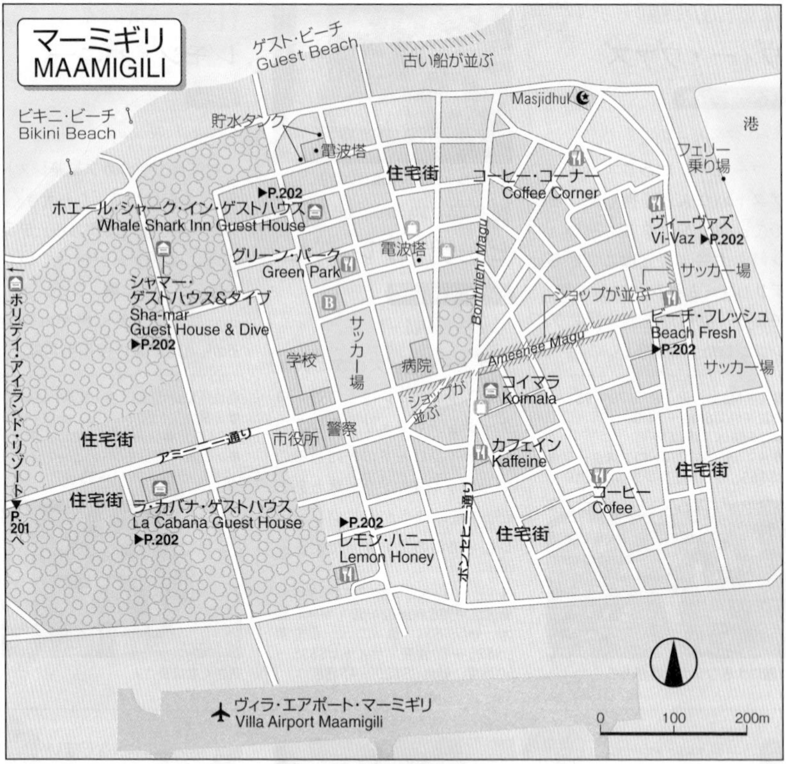

大通りは東西に延びるアミーニー通りAmeenee Maguと北南に延びるボンセヒー通りBonthijehi Maguのふたつ。最も多くショップが立ち並ぶのはメインロードのアミーニー通りだ。飲食店はビーチ沿いに多い。基本的には碁盤の目のようになっているので、ふたつの電波塔がどこにあるか、自分の宿がどこにあるか、空港がどちらの方向にあるかを覚えてしまえば、わりと自由に歩ける。ショッピングでの注意点としてムスリムには毎日5回、約15分の祈りの時間があり、その時はショップ、またはゲストハウスのスタッフもお祈りに行くので、閉店になっている場合が多い。ほかにもみやげ物店などは気分次第でオープンしたり、クローズしたりする。基本的な営業時間例はP.200欄外を参考に。

ヴィラ空港に止まるフライミーの機体

おもなアクティビティ料金の目安

おもなアクティビティと料金例（2名以上ひとり当たりの料金）

ジンベエスノーケル	3時間US$65
タートルスノーケル	2時間US$45
イルカウオッチング	2時間US$60
マンタウオッチング	2時間US$90
ナイトフィッシング	2時間US$55

ビジターが入島できるおもなリゾートアイランド

●**ホリデイ・アイランド・リゾート**

片道US$25程度。リゾートでの滞在可能時間は9:00～11:00。プールなどの施設利用料金などは別途。

●**ココナッツ・アイランド**

マーミギリのゲストハウスに依頼する。入島税US$5＋片道US$12（お弁当代別途）。リゾートでの滞在可能時間は9:00～18:00。

※上記2リゾートともに前日予約が必要。

30年以上続く老舗レストラン MAP P.201

ヴィー・ヴァズ

モルディブ料理

Vi-Vaz

マーミギリにあるすべてのゲストハウスと提携しているので、朝食やエクスカーション時のお弁当などはここからデリバリーされる。メニューは、モルディブ料理を西洋風にアレンジしたものが多い。

●住所Maamigili ●TEL799-9533
●営業時間6:00～24:00
●休み無休 ●CC不可
●メニュー例グリル・ロブスター定食US$65、グリルチキン定食US$10

2階に大きなテラス席がある

誰でもウェルカムな優しい店主

観光客にも地元の人にも人気 MAP P.201

ビーチ・フレッシュ

インターナショナル料理

Beach Fresh

ヴィー・ヴァズの次に人気のレストランというとここ。ロケーションもフェリー乗り場の前、メインロードの先にあるのでわかりやすい。2階席もあるが、1階のほうが涼しいし、テレビもあるのでおすすめだ。

●住所Maamigili ●TEL745-3994
●営業時間6:00～24:00 ●休み無休 ●CC不可 ●メニュー例前菜US$25～70程度、サイドUS$35～50程度、朝食US$20～45程度

空港から出てすぐ MAP P.201

レモン・ハニー

カフェ

Lemon Honey

空港目の前のカフェ兼レストラン。お店は想像よりも大きく、テラス席と屋内席がある。テラス席にはファンが付いているので、そこまで暑くない。メニューはルフィアで書かれているが、USドルの使用も可能。

●住所Maamigili ●TEL796-6474
●営業時間6:00～24:00 金は14:00～24:00 ●休み無休 ●CC不可
●メニュー例レモン・ハニー・ティーUS$3、ラバッツァUS$3～

気さくな店員さん

マーミギリで一番の老舗ゲストハウス MAP P.201

ホエール・シャーク・イン・ゲストハウス

Whale Shark Inn Guest House

島内で一番の老舗かつおすすめのゲストハウス。客室は清潔で、値段も良心的。4部屋のみなので、スタッフもゲストもすぐに打ちとけられるアットホームな雰囲気。人気の宿なので早めの予約を。

●住所Maamigili
●TEL779-6188/986-8899
●URLwww.whalesharkinn.com
●客室料金ⓈⒹUS$45～65
●CC[A][M][V] ●客室数4

「気軽にシンプルに」がコンセプト

海まですぐそばの立地

島内、唯一のダイブショップを備える MAP P.201

シャマー・ゲストハウス&ダイブ

Sha-mar Guest House & Dive

ダイブショップ兼ゲストハウス。オーシャンビューの部屋やファミリールームもあり、周りは緑豊かな自然に囲まれている。夜、聴こえるのは波の音と虫の鳴き声のみになる。スタッフはフレンドリー。

●住所Maamigili
●TEL793-3404
●URLwww.sha-mar.com
●客室料金ⓈⒹU$65～90
●CC[A][M][V] ●客室数6

ホテルのような佇まい MAP P.201

ラ・カバナ・ゲストハウス

La Cabana Guest House

以前はホエール・シャーク・マーミギリという名前だったゲストハウスを改装し、新たに2017年に再オープン。何もかもが新しく、ゲストハウスというよりはホテルに近い清潔さが保たれている。

●住所Maamigili
●TEL995-6228
●URLwww.lacabanamaldives.com
●客室料金ⓈⒹUS$75～90
●CC[A][M][V] ●客室数7

日当たりもよい室内

近海に個性的な島々がある

ハニマードゥ

Hanimaadhoo

ハー・ダール環礁

MAP P.199

島一番の大通りアミーニー・マグ

イントロダクション

ハニマードゥは気象観測所がある人口1800人程度の小さな島。2013年の空港開港と同時にトリヴァンドラム（インド）からの国際線が就航し、北部の拠点となる空港として国内線の利用者は少なくない。島の北側にはいちばんの高級ホテル、ベアフット・エコ・ホテルがあり、ホテルの周辺には島内で最も美しく、のびやかなビーチが広がっている。ちなみにダイビングはこのホテルしか扱っていないので、ゲストハウスに泊まっている場合はこちらに問い合わせよう。

歩き方

空港から続くランウェイ・マグRunway Maguを進むと左にヘルス・センター（病院）や警察などの公共施設、そして右には農業センターが見えてくる。農業センターの向かいには官庁オフィスがあり、この間を通る町のメインストリートがアミーニー・マグAmeenee Maguだ。メインストリートといっても、雑貨店や釣り具店などの数軒のショップに、ゲストハウスが1軒営業しているだけのなんとも静かな通りだ。これを西に突き当たりまで進むとハニマードゥの港に出る。この港からは近海の有人島を結ぶ船が出ている。

美しいプライベートビーチ

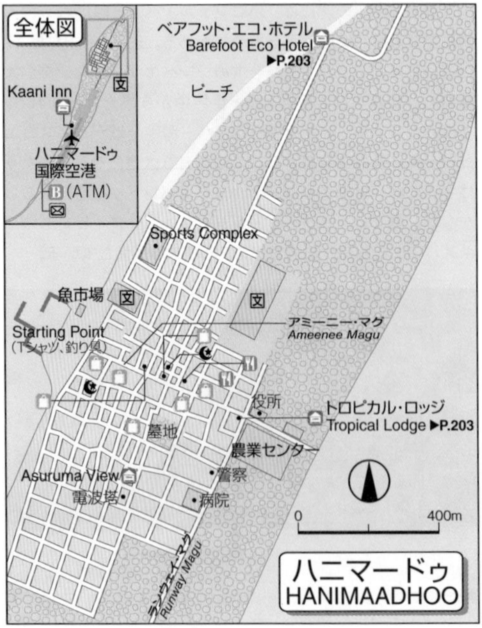

アクセス

●飛行機

モルディビアン航空がマーレから毎日5～6便（経由便を含む）運航している。所要約1時間、Rf3009～。ダラバンドゥからの便も毎日1便ある。

空港から町へ

公共の交通機関はないので、ホテル予約の際には送迎を頼んでおこう。送迎を頼んでない場合、島にタクシーが4台あり、ひとりRf50で町まで乗せてくれる。

両替

2019年5月現在、島に銀行はない。空港ターミナルそばにATMがある。

ハニマードゥのホテル

ベアフット・エコ・ホテル
The Barefoot Eco Hotel

客室数は52室、オーシャンビューやファミリールームなどタイプが多い。スイス資本のホテルでデザイン、サービスともに洗練されている。

MAP P.203 TEL 652-9000
料金 ⓈUS$130～ ⒹUS$199～
C A M V

ハニマードゥの安宿

トロピカル・ロッジ
Tropical Lodge

モルディブ人の夫婦が経営しており、まるで民宿のような雰囲気。ボートを所有しており、フィッシングの手配を行ってくれる。

MAP P.203
TEL 778-4469
料金 ⓈUS$50～ ⒹUS$72～
C 不可

ハニファル・ベイを優雅に泳ぐマンタ（オニイトマキエイ）

イントロダクション

ダラバンドゥの北には、ハニファル・ベイと呼ばれる世界的に見ても珍しい生態系をもつ海がある。5月から10月、湾に迷い込んだプランクトンを求めジンベエザメやマンタが大集合し、これをひと目見ようと世界中から観光客が訪れる。このハニファル・ベイを中心に、バー環礁全域がユネスコエコパークに登録されている。この稀有な大自然を目の当たりにするには、近海のリゾートか、ダラバンドゥに滞在するしかない。島では、スノーケリングトリップやダイビングのエキスパートたちが、快適なゲストハウスも運営している。

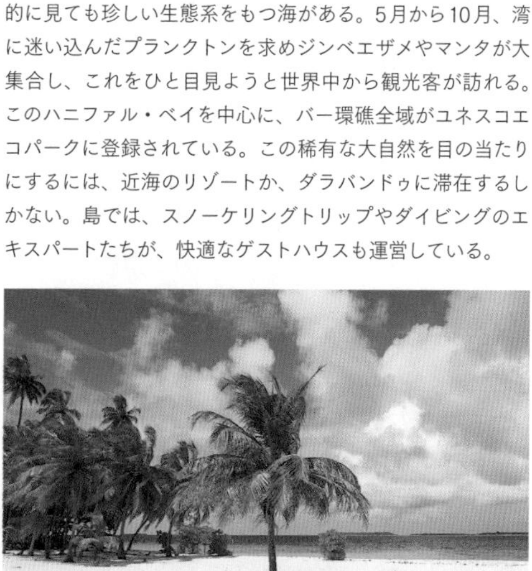
島の北西部にあるビキニ・ビーチ。ビキニを着用できるのは、ここかホテルのプライベートビーチのみ

アクセス

●飛行機
モルディビアン航空がマーレから毎日5便運航（経由便を含む）。所要約30分、Rf2404～。ハニマードゥからの便もある。フライミーも毎日6便運航。

空港から町へ
ゲストハウスに滞在する場合、ほとんどの場合徒歩でアクセス可能。島の西にあるホテルに滞在する場合、やや距離があるので迎え（移動は徒歩）を頼んでおこう。

両替
空港敷地内にATMあり。ほとんどのホテルやレストランではクレジットカードが利用可能。

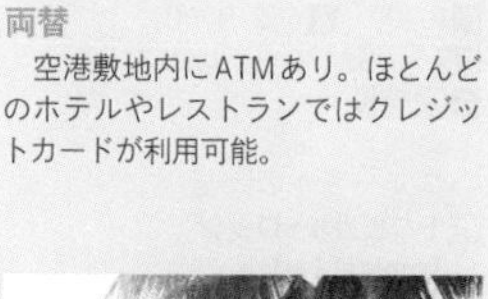
家の前のジョリ（ベンチ）に座って談笑する現地の人々

歩き方

ダラバンドゥは端から端まで約1.2kmという本当に小さな島。1時間もかからずに1周できてしまう。空の玄関口は2012年10月にオープンしたきれいな空港。町歩きの拠点と呼べるのは、ソネバフシやデュシタニなどのリゾートへのスピードボートが発着する港。ハニファル・ベイなどへのスノーケリングトリップのボートもここから出る。港に面した通りにはみやげ物店が数軒あるのみ。あとは、ヤシの木の生えた広場や軒先で男たちが居眠りをしたり、談笑していたりする光景が見られるばかりだ。

港の通りを西に突き当たりまで歩き、左に曲がると村で最も大きなモスクが現れる。モスクの隣は学校。校庭には巨大なバニヤンツリーがそびえ立っている。子供はまだまだ外国人に慣れていないが、こちらが笑いかければ恥ずかしがりながらも笑みを返してくれる。モスクの手前を西に曲がると、ホテルが数軒ある。さらに進むと、通称ビキニ・ビーチBikini Beachと呼ばれる、ダラバンドゥで最も美しいビーチにたどり着く。

アクティビティ

なんといってもハニファル・ベイでのスノーケリングが目玉（ダイビングは禁止されている）。埠頭からはスピードボートで20分程度。湾内にボートを浮かべて、マンタやジンベエザメの群れを追う。島内すべてのホテルで手配可能だ。

そのほかに、ダイビング、サンドバンクピクニック、フィッシング、リゾート訪問、ボドゥベル（伝統ダンスショー）など。ウオータースポーツはジェットスキー、ウインドサーフィン、ウエイクボード、バナナボートなどがある。

ハニファル・ベイのマンタ

外国人に慣れていないせいか子供はとてもシャイ

ショップ

島内には小さなスーパーや雑貨店が点在している。大まかな営業時間は土〜木8:00〜23:00、金14:00〜23:00。

ラマダン中の旅

ラマダン（断食月）中は地元向けのレストランはもちろん閉鎖されるので、宿で食事を用意してもらうしかない。外では現地の人々に敬意を払い、日が沈むまでたばこ、飲食は控えよう。日が沈むと、皆いっせいに食事を取り始める。運がよければ、ご相伴にあずかることができる。メニューはスイカやマンゴーのフレッシュジュースに、ロシ（ロティ）、マスフニ（ココナッツ、カツオ、野菜をみじん切りにしたもの）、各種カレーなど。

おもなアクティビティ料金の目安

スノーケルサファリ　1時間 US$35
3時間 US$47
サンドバンクトリップ　US$50／人
カタマランセーリング　半日 US$60
ビッグゲームフィッシング
2時間 US$100／人
ボドゥベル・ダンス・ショー
US$250〜／回
ローカルアイランド訪問ツアー
US$85／人

好立地のゲストハウス MAP P.205

ファミリー・ヒヤー

Family Hiyaa

空港発着フェリーから徒歩5分の好立地。2016年にオープンしたプチゲストハウス。空港から徒歩5分ほどで空港間無料送迎サービスあり。広々とした部屋が多く3人1室の利用も可能。GTやグルーパーを狙うゲームフィッシングも楽しめる。

●住所Dharavandhoo
●TEL779-2206
●客室料金ⓈⒹUS$85～
●CCAMV
●客室数7

客室では無料Wi-Fiに接続可能

リゾート気分を味わうことができる

2015年オープン MAP P.205

アヴェイラ・マンタ・ビレッジ

Aveyla Manta Village

緑豊かな吹き抜けのガーデンやおしゃれな客室など、ダラバンドゥでは最先端のブティックホテル。客室はビーチビューとビレッジビューに分かれるが、ビーチビューでも2階のほうが景色もよくおすすめ。

●住所Dharavandhoo
●TEL777-3998/779-8877
●URLwww.aveyla.com
●客室料金ⓈUS$161～ ⒹUS$175～
●CCAMV　●客室数16

静かな立地 MAP P.205

キハ・ビーチ

Kiha Beach

2017年オープンの砂浜ビーチに面するホテル。ホテルの目の前にプライベートビーチが広がり、敷地内にはプール、半屋外のレストランがある。客室のほとんどはバルコニー付きの広々としたシービュールーム。

●住所Kiha Beach, Dharavandhoo
●TEL779-5533
●URLwww.kihabeach.com
●客室料金ⓈⒹUS$150～
●CCAMV　●客室数24

明るい客室

アットホームな雰囲気 MAP P.205

ハニファル・トランジット・イン

Hanifaru Transit Inn

2014年にオープン。空港から徒歩5分ほどだが、無料送迎もあり。手頃な料金で泊まることができる宿のひとつ。客室にはエアコンやTVを完備。屋上テラスからは海を眺めることもできる。食事もおいしいとゲストから高評価。

●住所Dharavandhoo
●TEL777-8238
●URLwww.hanifarutransitinn.com
●客室料金ⓈⒹUS$95～
●CCAMV　●客室数7

清潔な客室

エアコン付きの客室

空港そばの宿 MAP P.205

バイオスフェアー・イン

Biosphere Inn

空港から徒歩5分。こぢんまりとしたアットホームな宿。共同の冷蔵庫、セルフサービスのコーヒー・紅茶の無料サービス、客室でのWi-Fiなどサービス面が充実。ダラバンドゥ出身のオーナーがフレンドリーに応対してくれる。

●住所Dharavandhoo
●TEL779-2206
●URLwww.biosphereinn.com
●客室料金ⓈUS$70～ ⒹUS$90～
●CCAMV　●客室数4

地元の男性のたまり場 MAP P.205

ハニー・バニー

インターナショナル料理

Honey Bunny

2015年にオープン。緑の多いガーデンにオープンエアのテーブルが並ぶという、モルディブのローカルビレッジでよく見られる造りのレストランだ。メニューは西洋料理とモルディブ料理。1食Rf50程度。

●住所Dharavandhoo　●TEL744-8983　●営業時間5:00～24:00　●休み無休　●CCAMV　●メニュー例アジア風フライドヌードルRf40、ライムジュースRf15

地元の人々の憩いの場所

はっとするほど美しくのびやかなビーチ

4つの島がコーズウエイでつながる

カッドゥとその周辺

Kadhdhoo and Around

ラーム環礁

MAP P.199

イントロダクション

コーズウエイでつながる4つの島々

空港のある**カッドゥ Kadhdhoo**、水産加工工場のある**マーンドゥ Maandhoo**、モルディブで最も長い島**ガン Gan**、唯一銀行のある**フォナドゥ Fonadhoo**の4つの島がコーズウエイCausewayでつながっている。端から端までは約15km、車であれば20分程度。ガンだけなら自転車でも回ることができる。

列島の中心はガン

人口約2500人。南北全長7.8kmあり、ガンはモルディブで最も長い島として知られる。北からトゥンディ Thundi、マティマラドゥ Mathimaradhoo、ムクリマグ Mukurimaguの3つの町があり、町から町へはそれぞれ自転車で10分程度。

美しいビーチをもつ中級ホテルが1軒あり、ダイビングやスノーケリングを楽しむことができる。町の南部には、2004年の津波の際に各国が提供した住宅が集まるツナミエリアと呼ばれる地区があり、日本が建築した役所も見られる。

マティマラドゥは病院、電話会社、国立大学、警察署など重要な施設が集まる、ガンの中心地といったところだ。だが、まだまだインフラの整備が進んでおらず、道路状況もあまりよくないのが現状。

ムクリマグは、3つの町のなかでも最も小さな町で、格子状に区切られたわかりやすい通りに小さなショップが点在し、町外れのビーチ沿いに宿が1軒ある。見どころとしては、同じく町外れに**ガム・ハイテリ Gamu Haiytheli**と呼ばれる仏教遺跡がある。地元の人の話では、かつての仏教寺院の跡ではないかといわれているが、現在はただの小山といった風情だ。また、ムクリマグの町からやや離れるが、**ボドゥ・フェンガンドゥ Bodu Fengandhu**と呼ばれる淡水の池もある。

ムクリマグからトゥンディまではモルディブで最も長いと

アクセス

●**飛行機**
モルディビアン航空がマーレから毎日5～7便運航。所要約50分、Rf3009～。コッドゥ、カーデッドゥからの便もある。

空港からの移動
空港とフォナドウ間に公共バスがある。ただし、時刻表がなく1～2時間に1本程度なので空港からの移動は宿泊ホテルに依頼するのが無難。

両替
フォナドゥにモルディブ銀行があり、ATMも設置されている。
●**モルディブ銀行 Bank of Maldives**
MAP P.208
営 8:00～15:00 休 金

交通
4島を歩いて回るのは難しいが、自転車ならやや時間はかかるが可能。各ホテルでレンタルできる。1日US$10程度。バイクだと1日US$35程度。

食事
空港とガン、フォナドゥにカフェやレストランが数軒あるのみ。各ホテルからはそれぞれけっこう距離があるので食事はホテルで取ることが多くなる。小さな宿では準備に時間を要するので、食事が必要な際は早めに知らせておこう。

ショップ
島内には小さなスーパーマーケットや雑貨店が点在しており、営業時間は土～木8:00～22:00、金14:00～22:00。

そのほかの島々
●**マーンドゥ Maandhoo**
カッドゥからガンに向かうとすぐ、左側に水産加工工場が見える。モルディブの主要輸出品であるカツオを加工し、イギリスやドイツに輸出している民営企業だ。ラーム環礁やモルディブ各地で水揚げされたカツオを総勢500人のスタッフが手際よくさばく様子を見学できる（要予約）。

●フォナドゥ Fonadhoo
町で唯一銀行があるのがフォナドゥ。ビーチはあまりきれいではなく、ゲストハウスも1軒だけでやや観光しづらいかもしれない。ただし、町の中心にフライデー・モスク Friday Mosqueと呼ばれる築350年のモスクがあり、こちらはなかなか興味深い。メッカの方角を向いていないことから、もともと仏教寺院として建てられたものを改築したのではないかといわれている。

宿泊

ナザキ・レジデンス Nazaki Residences
ムクリマグの静かなビーチ沿いにあるゲストハウス。スタンダードルームが4室とデラックスルームが12室。部屋は清潔でエアコン、ミニ冷蔵庫、机、TV、Wi-Fiなどを完備している。ヤシの木が生えるガーデンの向こうにはプライベートビーチが広がる。
MAP P.208
住 Sinaaee Magu, Gan
TEL 966-0011/783-3201
URL nazakibeachhotel.com
料金 ⓈⒹUS$57～
C A M V 室数 16

レヴェリーズ・ダイビング・ビレッジ Reveries Diving Village
ダイビング、ウオータースポーツセンターを併設し、マリンアクティビティを楽しみたい人におすすめ。もちろん美しいプライベートビーチもある。客室はリゾート並みのアメニティを備え、スタッフも親切だ。
MAP P.208
住 Thundi, Gan
TEL 680-8866/680-8877
URL www.reveriesmaldives.com
料金 ⓈUS$84～ ⒹUS$124～
C A M V 室数 23

アムラ・パレス Amra Palace
マティマラドゥにあるエコフレンドリーな宿。ペットボトルなどのごみは出さない、食事はすべて地元産のものを使用するなど、環境保全にも気を配ったこまやかなサービスが特徴。敷地内にレストランがある。Wi-Fiはロビーのみ。
MAP P.208
住 Sinaaee Magu, Gan
TEL 911-2672/778-8313
URL www.amrapalacehotel.com
料金 ⓈUS$95～ ⒹUS$105～
C A D M V 室数 20

いわれる、のびやかで美しいビーチが続いている。島にある4軒のホテルはいずれもプライベートビーチをもっているし、各ウオータースポーツも手配可能なので、どこに泊まってもビーチライフを楽しむことができるだろう。

ナザキ・レジデンスの本館。2階はレストランになっている

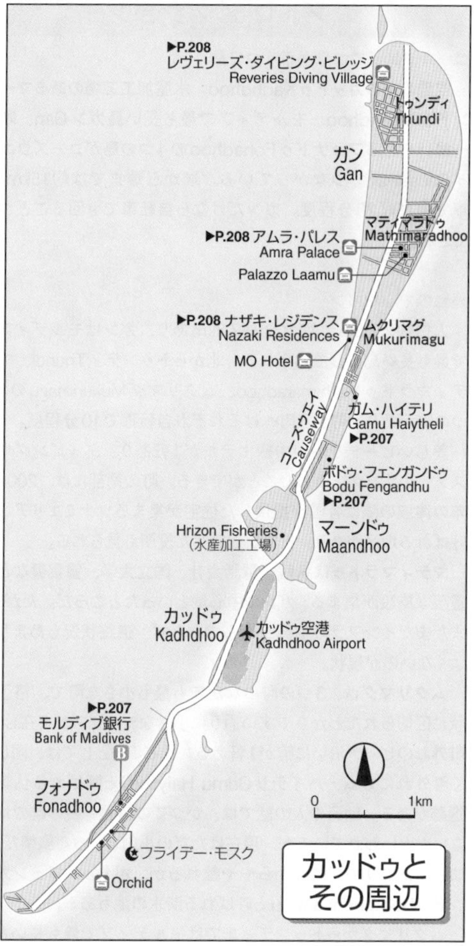

モルディブで
2番目に大きな島

フア・ムラク

Foah Mulah

グナビヤニ環礁

MAP P.199

モルディブでは珍しい淡水の大きな湖バンダーラ・キリ

イントロダクション

マーレから南に約500km、赤道を越えた南半球にあるのがフア・ムラク。モルディブで2番目に面積が大きい島として知られる。縦4.5km、幅1.2kmの細長い形をした広い土地には、ほかの島では見られない肥沃な土壌や淡水の湖がある。そのため多様な動植物が息づいており、マンゴーやバナナなどの果樹や野菜も豊富に栽培されている。また、造船に適した材木であるフナという木がよく生育するため、かつては造船業も盛んだった。

モルディブでは一般的に、いくつもの島が連なり環礁となっている場合が多いが、この島は環礁をもたない独立したひとつの島であり、周りの環礁からもやや離れている。海岸は常に高い波が打ち寄せ、周囲の島との往来は乏しかったという。このような経緯から、この島は独自の文化を発達させてきたといわれている。

独特の自然や文化、歴史遺産などの見どころが多くある一方で、いまだにほとんど観光客が訪れることがない。現在は約1万5000人が住んでおり、素朴な現地の生活文化が残っている。フア・ムラクを訪れる際はぜひ数日は滞在して、多様な文化や自然をのんびりと楽しみたいところだ。

トゥーンド・ビーチの砂

アクセス

●飛行機

マーレからモルディビアン航空が毎日1～2便運航。所要約1時間20分、Rf3614～。ガン（アッドゥ環礁）からは毎日1～2便の運航がある。所要約30分。

国内線の発着するフア・ムラク空港

両替

モルディブ銀行が島の中心部にある。US$の両替も可能。ATMは24時間開いている。なお、島内のレストランやホテル、商店ではクレジットカードが使えないことが多いので、現金を用意したほうがいい。

●モルディブ銀行

Bank of Maldives

MAP P.210
住 Medhu Dhaairaa, Fuvahmulah Medhu Dhaairaa, Foah Mulah
TEL 686-2057
営 8:30～14:00 休 金・土

交通

フア・ムラクは歩いて回るには大き過ぎるが、観光地として交通手段が整備されておらず、バスやタクシーなどの公共交通機関もない。島内の移動は宿泊先のガイドの移動手段に頼るか、自転車やバイクをレンタルして回るのがよいだろう

●**魚市場** MAP P.210

港に面した建物では毎朝8:00～9:30頃に魚市場が開かれる。近海で取れた魚が地元住民に売られ、さばかれる様子を見ることができる。

‼港の空港側の東屋で開かれる。

取れたての魚をさばく男性たち

歩き方

住宅街は島の北から南まで点在しているが、島の中心を横断するガジ・マグGhazee Maguと、島の北部を縦断するフィニバア・マグFinivaa Maguが交差するあたりに、商店や公共施設などが比較的多く集まっている。島を囲む海岸は、場所によってその特徴がまったく異なり、ビーチもその色合いが異なる。最も人気なのは島の北端にあるトゥーンド・ビーチ。ただし、フア・ムラクの海岸は波が高いため、単独の海水浴を避けるなどといった注意が必要だ。そのほかには、遺跡や湖といったこの島ならではの名所がいくつかある。

また、島の北部には造船所跡地がある。まだ船が木造だった時代、モルディブの船の90%はフア・ムラクで造られていたといわれる。その理由は、広い面積と豊かな土壌ゆえに、造船に適したフナという木が多く育ったからだ。造船所跡地には、20年前に製造中止になって、時が止まったかのようにたたずんでいる巨大な貿易船の姿を見ることができる。なお、現代的な造船所は港の北側にあり、こちらも建造中の船を見ることができる。

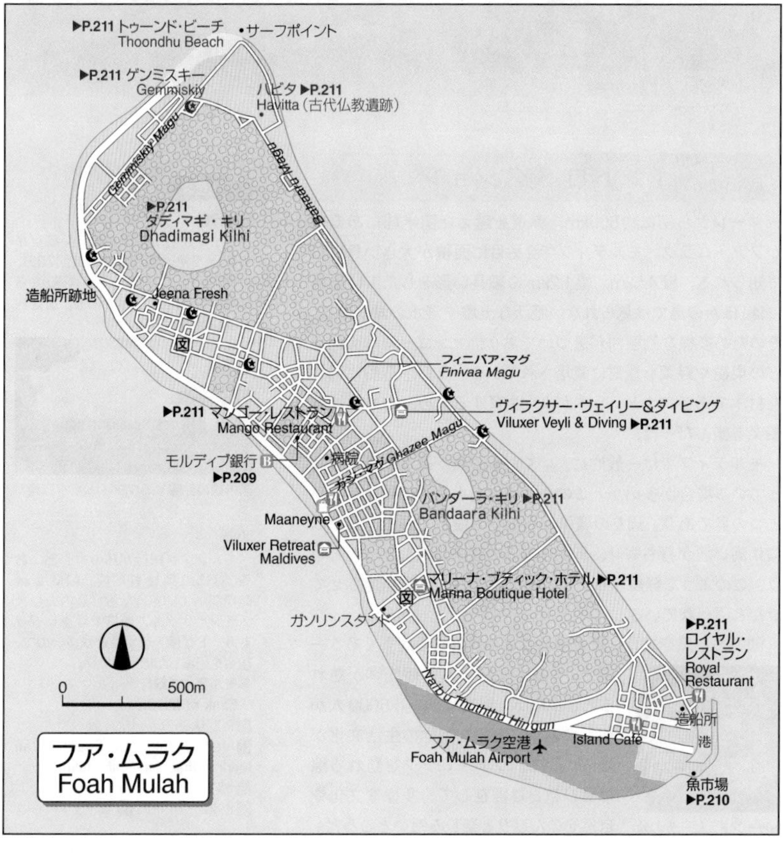

見どころ

かつて仏教が信仰されていたことを示す古代遺跡 MAP P.210

ハビタ
Havitta

ハビタと呼ばれる古代仏教寺院の遺跡で、舎利塔の跡が小高い丘として残っている。1922年にイギリス人考古学者によって報告されたときは、12mほどの高さがあったが、その後の発掘や盗掘によって幾分小さくなっている。遺跡を示す標識などもないので、土が盛られたただの丘のようで見落としやすいが、草の合間から石段が顔をのぞかせている。ひっそりとたたずむ仏舎利塔の名残は、この地でかつて仏教が信仰されていたことを教えてくれる。

フア・ムラクの特徴的な地形を示す MAP P.210

バンダーラ・キリとダディマギ・キリ
Bandaara Kilhi & Dhadimagi Kilhi

フア・ムラクにはふたつの大きな淡水の湖がある。その昔、島には海とつながる巨大な入江があったが、サンゴによって入江が閉じ、後に湖の塩が抜けて淡水の湖になったという。島の南東にあるバンダーラ・キリの深さは3.6m、島の北西にあるのがダディマギ・キリで深さは1.2m。ともに東京ドーム5個分くらいの広さがある湿地に囲まれている。熱帯雨林の森に囲まれて、周囲にはバナナ、タロイモ、ココナッツ、マンゴーなどの豊かな植生が広がっており、モルディブにおいては珍しい景色を見ることができる。

歴史ある礼拝所 MAP P.210

ゲンミスキー
Gemmiskiy

フア・ムラクで最も古いモスクのひとつ。その起源は定かではないが、もとは仏教寺院として用いられていたものが、イスラム化してモスクになったという。この島で取れたサンゴ、砂、石膏、木材などで建築されており、長い歴史を感じることができる。現在でも礼拝所として使用されており、ムスリム以外の観光客も見学することができる（ただし服装には注意）。礼拝所の周囲には聖者廟や仏教寺院時代に掘られたため池がある。

真っ白で大粒な砂浜が印象的 MAP P.210

トゥーンド・ビーチ
Thoondhu Beach

島の最北端にあるビーチ。ここの砂は真っ白で粒子が大きく、肌にまとわりつかず、また晴れていても熱くないという特徴があり、マーレなどフア・ムラク以外でもよく知られている有名な砂浜だ。波の加減によって砂のある位置が少しずつ変わっているともいわれる不思議なビーチである。なお、波が高い日が多いので、ホテルのツアーなどに参加してマリンスポーツを楽しむのがおすすめ。

宿泊ホテル

マリーナ・ブティック・ホテル
Marina Boutique Hotel

おしゃれな客室には、エアコン、シャワー、冷蔵庫、金庫、TVなどの充実の設備が揃い、もちろんWi-Fiも接続可能。スタッフも親切で、空港までの送迎を無料で行ってくれる。島内半日観光ツアー（US$60～）、スノーケリングツアー（半日US$80）、釣りツアー（US$150～）、サーフィンラーニングツアー（1日US$50）、など、各種アクティビティも手配可。レンタサイクル（US$3/日）やレンタバイク（US$20/日）のサービスもある。

MAP P.210 住 F. Marina Lodge, Kandvali Magu, Gn Foah Mulah
TEL 686-6060
URL www.marinaboutiquehotel.com
料金 ⓈⒹUS$160～
C ADJMV 室数 6

ヴィラクサー・ヴェイリー＆ダイビング
Viluxer Veyli & Diving

イギリス人のニックさんがオープンしたホテル。モルディブに詳しい彼女がフア・ムラクを選んだのは、この島独特の自然や文化に魅せられたから。同系列のViluxer Retreat Maldivesもある。

MAP P.210 住 Kurendhumaage, Marismagy, Maadhady, 18009, Fuvahmulah
TEL 777-5226
URL www.viluxerveyli.com
料金 US$100～
C ADJMV 室数 10

レストラン

ロイヤル・レストラン
Royal Restaurant

南にはフア・ムラクの港を、北には島の北端に続く海岸線を見渡せる絶好のロケーションで、島中の人が訪れる人気のカフェ。メニューはコーヒー（Rf10～）、フレッシュジュース（Rf23～）、カツオのグリル（Rf57）、リーフフィッシュカリー（Rf28）など。

MAP P.210 住 Bhoodigam, Rashikede Magu TEL 799-5858 営 土～木9:00～24:00、金14:00～24:00
休 無休 C 不可

マンゴー・レストラン
Mango Restaurant

町の中心部にあり、アクセスしやすい。フルーツジュースや地元の魚を使った料理が人気。デリバリーサービスも行っているので、ホテルまで配達も可能だ。地元の人たちの憩いの場になっている。

MAP P.210 住 Veyli, Maadhadu
TEL 686-8686 営 7:45～24:00（金14:00～） 休 無休
C ADJMV ●メニュー例 カツオの焼きそばRf57、チリチキンRf58

アクセス

●国内線

モルディビアン航空がマーレ空港とガン空港間を1日6便で結んでいる。このうちダイレクト便は4便、残りの2便は曜日によってカーデッドゥ、フヴァムラなどを経由する。マーレからの料金はRf3700～となっているが、ホテルを通して予約すると安くなる。

マーレからの機内では赤道上空で通過を知らせるアナウンスが入り、旅行者に乗務員から赤道通過証明書が手渡されるといった粋なサービスがあり、よい記念になると評判が高い。

●島内交通

バスが1日7～8本運行。

レンタサイクルはホテルで滞在中は無料で借りられる。島は平坦で道路も舗装されているので快適。ただし、日焼けと突然の雨への対策は忘れずに。

タクシー会社は数社あって台数も多く、ホテルで呼んでもらえるほか、空港や島の中心部では客待ちもあり、また流しをつかまえられるチャンスも少なくはない。各島内のみの移動でRf25、空港から最北のヒタドゥまででRf150。

屋根には表示灯がありわかりやすい

ガン島のホテル

イクウェイター・ヴィレッジ
Equator Village

ガンの北西部に位置する素朴なリゾートで、空港からは車で5分。客室はコロニアル風の平屋テラスハウス。

MAP P.213
住 Gan, Addu Atoll
TEL 689-9000
URL equatorvillage.com
料金 (オールインクルーシブ)
ⓈUS $144 ⒹUS$241

プールは広々している

独特の歴史と民俗をもつ
モルディブ最南端の島々

ガン島とアッドゥ環礁

Gan Island & Addu Atoll

MAP P.199

素朴でモルディブらしいマラドゥ

イントロダクション

アッドゥは赤道を越えた所にあるモルディブ最南の有人の島々。全人口は1万8026人を数え、マーレに次ぐ規模があるためアッドゥ・シティとも呼ばれている（現地ではシーヌー環礁Seenu Atollとも呼ぶ）。島々のうち空港のあるガンGanと、フェイドゥFeydhoo、マラドゥMaradhoo、ヒタドゥHithadhooは、全長14kmものコーズウェイによって結ばれ、モルディブでは数少ない陸上交通が発達している環礁だ。

最南端という響きだけでも何かロマンを感じるものだが、モルディブ人にとってもここは憧れの地となっている。それはかつて環礁が独自の王国だったこと、人々がディビヒ語とは異なるアッドゥ語を話すなど、他の地域とは一線を画していることにもよる。ここだけに生息する海鳥でアッドゥのシンボルでもあるアジサシの一種など、生態系にも独特なものがあるという。第2次世界大戦中にはイギリス軍の拠点がおかれ、地元の多くの男性たちが雇用されていたため、英語がよく通じるのも特徴だ。

シティの愛称が付くだけあって確かに家屋の数は多いものの、実にのんびりとした雰囲気がある。メインロードはすべて舗装され、空港ターミナルやコンベンションセンターなどの現代的な建築がある一方で、観光的にはほとんど未開発に近く、ホテルの数も少ない。そのぶん、素朴なローカルの暮

らしに触れられる島々でもある。現在、大型機の発着も可能なようにガン空港の拡張が急ピッチで行われており、完成後は観光化が進められる計画もあるため、そんな体験をできるのは今のうちかもしれない。

島と島は陸橋（コーズウェイ）で結ばれている

空港近くにある戦争記念碑

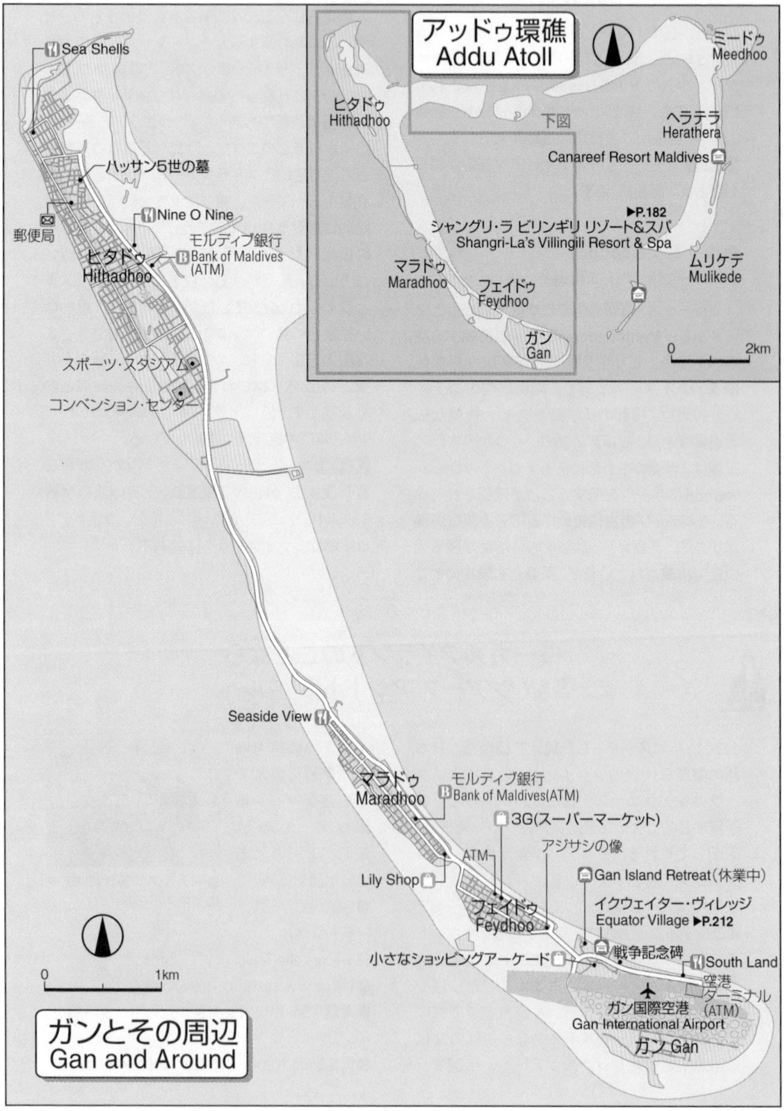

国内線空港のあるそのほかのおもな島々

●ティマラフシ Thimarafushi
（ター環礁）

2013年に空港が完成したティマラフシ（人口約4200人）。特に見どころはないが、同環礁内のふたつの島に重要な史跡が残る。ディヤミギリ Dhiyamigili（人口約750人）には、モルディブ史上最も長い治世を誇ったムハンマド・イマドゥディーン2世 Mohammed Imaadud-deen II（在位1704～1720）の宮殿跡が、グライドゥ Guraidhoo（人口約1800人）には、スルタン、ウスマン1世 Usman I の墓が残されている。また、キビドゥ Kibidhoo には、全長2.5mの古墳型の古代仏教遺跡がある。

アクセス マーレからモルディビアン航空が毎日1便運航。所要約50分。

●コッドゥ Kooddoo
（ガーフ・アリフ環礁）

コッドゥは、環礁の中心ビリギリ Viligili とマーメンドゥ Maamendhoo との間に位置する空港のある島。ビリギリ島には WHO（世界保健機構）のオフィスがある。同環礁内のコデイ Kodey には、複数の仏塔跡を含む大規模な仏教遺跡があり、モルディブのいくつかの古代の王族は、環礁の中心部にあるデヴァドゥ Dhev-vadhoo にルーツを発することが確認されている、モルディブの古代史的にとても重要な環礁エリアだ。デヴァドゥは数々の仏塔跡が残る低い丘で構成されているが、両島とも現在のところ本格的には調査の手が入っていない。

アクセス マーレからモルディビアン航空が毎日直行便2便、経由便4便を運航。所要は直行便約1時間5分、経由便約1時間45分。

●カーデッドゥ Kaadedhdhoo
（ガーフ・ダール環礁）

環礁内に全部で9つある有人島のうちのひとつ。この島の属するガーフ・ダール環礁の中心はティナドゥ Thinadhoo で、ここはかつてモルディブに存在した国家、スヴァディヴァ連合共和国の首都でもあった。このエリアの島々は、古くからほかのエリアとは異なる独自の方言をもち、自治的にスリランカや南インドと独自の交易を行ってきた。第2次世界大戦時には、戦略的に重要な拠点であるとして、イギリスからの積極的な介入を受け、英国軍基地が建設されている。冷戦時代も、現地島民はイギリス軍とうまく付き合っていたが、これを快く思わない独裁色の強いマーレ中央政府からはさまざまな圧力を加えられ、ついに1959年に独立を宣言。1962年にはこれを認めない中央政府と内戦状態にまで陥ったが、イギリスの仲介により、1963年に中央政府に復帰している。

アクセス マーレからモルディビアン航空が毎日直行便4便、経由便2便運航。所要は直行便約1時間10分、経由便約1時間40分。カーデッドゥ空港からティナドゥへは公共ボートで。

Column

ローカルアイランドのことなら S&Yツアーズアンドトラベルへ

2015年にスタートした現地旅行会社。日本語に堪能な代表のシャインさんと日本人スタッフのシゲタニヤスナさんが、一人ひとりの予算や目的に合った最適な滞在プランを提案、手配してくれる。モルディブ全土のローカルアイランド滞在手配、首都マーレ発着オプショナルツアーを得意としており、「リゾートアイランド＋ローカルアイランド滞在」やボートチャーターなど細かなリクエストに対応。ハネムーンやダイバーはもちろん、ひとり旅や家族旅行、グループ旅行、業務渡航まで幅広くアレンジ可能。モルディブならではの文化に触れられるオリジナルツアーや、帰国フライトまでの待ち時間に気軽に参加できる首都マーレ散策ツアーもある。電話、メールともに日本語対応可。

ローカルアイランドツアーのエキスパート

■S&Yツアーズアンドトラベル
S&Y Tours and Travel
●URL www.sy-tours-travel.net/
●電話 756-8826（シゲタニ）/778-1384（シャイン）
●営業時間 10:00～18:00 ●休み 無休

Column

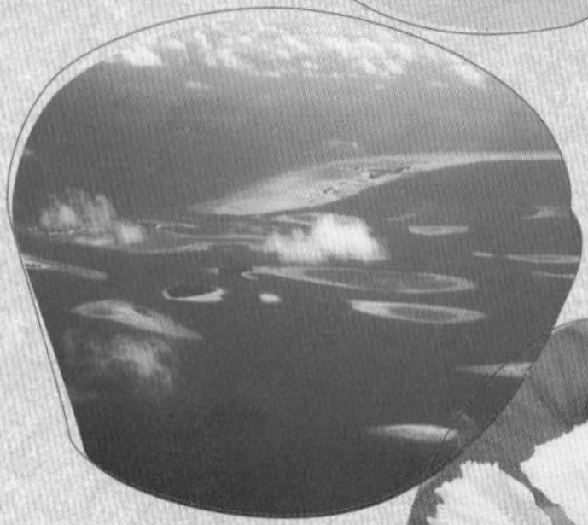

Maldives Navi
モルディブナビ

歴史

インド洋に点在する群島国家、モルディブ。その小さな島々に人々が漂着し、やがてひとつの国家へと成長。仏教からイスラム教への改宗、各国の保護からの独立、君主制から共和制への移行など、その歴史は決して平穏なものではなかった。だが、2008年末、新憲法の下で初めて行われた選挙により、新大統領が誕生し、国家のさらなる発展を目指している。

紀元150年に古文書に登場

「島々の花輪」という意味のサンスクリット語である「マロドヘープ」に由来するモルディブが、初めて古文書のなかに登場したのは紀元150年のこと。その記述のなかで、モルディブは「セイロン島の西の島々」と紹介された。長い歴史の過程で数多くの旅行家がこの未知の島を訪れたが、とりわけ『キリスト教地誌学』の著者で、“インド洋の航海者”として知られるアレクサンドリアの商人コスマ・インディコプレーストは、モルディブ諸島について「真水とヤシに恵まれた群島」という記述を残している。

イスラム教への改宗にまつわる伝説

モルディブでは、アリ環礁を中心に今でもたくさんの仏教遺跡を見ることができる。というのも1153年にイスラム教に改宗する以前、住民は仏教徒であったからだ。

この改宗については、こんな伝説が残されている。当時、モルディブの人々は、海からやってくる“ジニ”と呼ばれる魔物に処女をいけにえとしてささげていた。それを知ったモロッコ出身のアラブ人バルベリは自らがいけにえの娘の身代わりとなり、終夜コーランを唱え続けることによって魔物を追い払ったという。これをきっかけにモルディブの人々は“まことの信仰”に目覚め、バルベリは聖人としてあがめられるようになった。マーレのゼヤラス公園にある彼の墓には、今でも巡礼者が絶えることなく訪れている。

門の奥にバルベリが眠る

モルディブの起源

モルディブの古い歴史は、ほとんど知られていない。伝説によれば、コイマラという名のアーリア人の王子が偶然この島々を訪れ、原住民によって王に選ばれたとなっている。

しかし、それはあくまでも伝説上の話。実際は紀元前5〜4世紀頃、南インドあるいはスリランカ方面から漂着した漁民や水夫たちが住み着いたのが始まりではないかという説が有力だ。モルディブはその後、主として東アフリカおよびアラブ諸国からやってくる船の格好の寄港地として栄えてきた。モルディブ人の多くが近隣の南インド、あるいはスリランカの人々よりも、アフリカやアラビアの人々に似ているのはそのためらしい。

列強国との戦いと独立

もともと仏教を信仰していたが、1153年にアラブ人により伝えられたイスラム教へと改宗。以来、93人のスルタン(皇帝)がモルディブを治めてきたが、その歴史は決して平穏なものではなかった。

ヒラリ王朝最後のスルタン＝アリ5世は1558年、当時圧倒的な兵力を誇っていたポルトガル軍との戦いに敗れ、マーレは瞬く間に制圧されてしまった。ポルトガル人は島民に対してキリスト教への改宗を迫ったが、彼らの強い抵抗を受けることになる。そのなかで、北ティランドゥンマティ環礁のウティーム島ではモハメッド、アリ、ハッサンの3兄弟が先頭に立って抵抗運動を繰り広げ、15年の長きにわたる戦いの末、独立を回復した。しかし、平和な時代は長くは続かず、1752年にはマラバール海岸の海賊がマーレを襲い、スルタンは亡命を余儀なくされた。

たび重なる外敵の侵入に悩まされた末、モルディブは逆に他国の保護下に入ることによって生きながらえる道を選択する。選ばれたのは、外敵の侵入を防ぐに足る兵力を備え、なおかつモルディブの独立性を脅かすほどではない隣国、セイロン(現スリランカ)だった。1887年にはイギリスの保護領となり、1965年7月26日、ついに独立を勝ち取る。そして1968年11月11日には共和国となり、現在では国家の長たる大統領のもと、民主化政策が進められている。

政治と経済

長年、独裁政治が続いたモルディブに、変化の時が訪れようとしている。民主国家として2008年には新大統領が誕生するも、2012年には反大統領側のクーデターによって辞任を余儀なくされるというニュースもあった。若者から高齢者までを含む多くの国民の間で、政治への関心が急速に高まりつつある。

新大統領の下、民主化改革が進む

モルディブは1965年7月、約80年間続いた英国の保護領という地位から独立を果たしたが、当時はサルタン(皇帝)による君主制国家であった。その後、サルタンの死去により1968年に共和制へ移行。イブラヒム・ナシル初代大統領の下、国家の近代化が進められるが、政治的には独裁体制で、この体制は1978年就任のマウムーン・アブドゥル・ガユーム前大統領の下でも続いた。

観光立国として成長する一方で、その独裁政治に対する批判は高まり、2008年8月に民主的な新憲法が制定された。そしてついに同年10月に行われた大統領選挙で、モルディブの政権に疑問を唱え、長年民主化改革に取り組んでいた元ジャーナリストでモルディブ民主党会長のモハメド・ナシード氏が当選。これまでの独裁体制に終止符が打たれることとなった。ナシード大統領は着任後、さまざまな民主化改革を実施するが、2012年2月、クーデターによって辞任を余儀なくされた。後継者として、当時副大統領だったモハメド・ワヒード・ハッサン氏が大統領に就任。任期満了にともない、2013年11月に大統領選挙が実施され、モルディブ進歩党(PPM)議長団長のアブドッラ・ヤーミン・アブドゥル・ガユーム大統領が選出。任期満了後の2018年11月、イブラヒム・モハメド・ソリ氏がモルディブ共和国第7代大統領に就任した。

漁業と観光業を主体に成長

2016年のモルディブの国内総生産(GDP)は約US$42億で、ひとり当たりUS$9875。GDPの年成長率は6.2%。もともと漁業や海運業がおもであったが、1972年に最初のリゾートがヴィハマナフシ島(現クルンバ・モルディブ)に開業して以来、観光によるサービス収入が飛躍的に伸びている。2016年に訪れた観光客の数は128万6135人。観光業が国内総生産の約30%を占めている。2016年の国家の輸入総額はUS$20億9500万で、輸出額の約5倍。これは船のエンジンなどの機械類、米や野菜などの食料品や日用品をはじめ、ガソリンなどの燃料のほとんどを輸入に頼っているためだ。おもな輸入先は中国やアラブ首長国連邦など。輸出品の大半を占めるのは冷凍カツオやマグロの缶詰などで、輸出先はタイがトップ。

モルディブへの渡航者数

ヨーロッパからの渡航者が多くの割合を占めていたモルディブだが、2009年頃から中国からの旅行者が激増。リゾートによっては、中国人マーケットが50％以上を占めているところも出てきた。なお、2016年に訪れた国別の渡航者数は下記のとおり。

1位	中国	32万4326人
2位	ドイツ	10万6381人
3位	イギリス	10万1843人
4位	インド	6万6955人
5位	イタリア	6万5616人
6位	ロシア	4万4323人
7位	フランス	4万2024人
8位	日本	3万9894人
9位	アメリカ	3万2589人
10位	スイス	3万1678人

※出典：モルディブ観光局

日本との貿易関係

2017年における日本からモルディブへの輸出品は、船舶用エンジンや乗用車などで総額約21.3億円。一方、輸入額は約5.3億円で、そのほとんどをマグロやカツオなどの魚介類が占める。

パック詰めされた冷凍カツオ

マーレの市場に並ぶマグロ

文化と民族性

モルディブ人のルーツは近接しているスリランカや南インドとされている。モルディブの人々は穏やかで非攻撃的だ。怒りを表に出すことはほとんどない。また、外国人に対して追従的な態度を取るようなこともない。これは、一度も植民地支配されたことがないというモルディブの歴史に由来するといえよう。

モルディブの女性

マーレでモルディブ人女性を見かけることは多くない。リゾートで働く女性を見かけるようになったのもここ数年のことだ。というのも、イスラム教国のモルディブでは女性が出歩くのは恥ずかしいとされてきたからだ。地元の人々が行くレストランの照明が薄暗かったりするのは、万一人と会ってもせめて顔だけは見られないようにという配慮から。そんな女性たちだが、家の外に出るときはおしゃれをする。通りを歩いている女性や子供たちの服装はフリルや色が華やかだ。

頭を覆うヒジャブもカラフル

親族意識が高い島の住民たち

モルディブ人同士、特に家族の結束は固く、モルディブ社会の基本となっている。彼らの共通の要素はディベヒ語とイスラム教だ。ひとつの島の住民が別の島の住民と結婚することはほとんどなく、住民同士は密接な親族集団という意識が強い。現在は生まれ故郷の島を離れて暮らす若者たちも増えてきてはいるが、同郷の人々に対する思いは強いようだ。

イスラム教による結婚観

イスラム法により、モルディブ人は容易に結婚、離婚することができる。男性は4人までの女性との結婚が認められているが、現在はふたりの女性と結婚している人が若干見られる程度。これは経済的な事情にもよるが、女性の意識が高くなったことも大きな理由のひとつであろう。女性の法律上の結婚年齢は17歳以上とされているが、実際には15歳くらいで結婚する場合も多く、初婚年齢は平均17.5歳。男性は21歳前後が多く、平均23歳前後となっている。

コミュニケーションは言葉から

日本人がよく訪れるリゾートホテルには、日本語を話せるスタッフがいるところが多いが、決して全員が日本語ＯＫというわけではない。心から楽しい滞在をするには、まずはリゾートホテルの雰囲気になじむことだろう。スタッフやほかのゲストとの節度ある心地よい触れ合い、それをつくるのはなんといってもコミュニケーションだ。海外へ遊びに行くのであれば、最低限の英語か、その国のあいさつ言葉ぐらいは知っていると、旅はより豊かで楽しいものとなるだろう。

モルディブでは1960年代頃から授業で英語が取り入れられている。幼稚園(4歳ぐらい)から高校まで、一貫してイギリス英語がたたき込まれる。つまりある程度の教育を受けた人は、みんな英語が話せるというわけだ。この国の公用語は、アラビア語の影響を受けたディベヒ語なのだが、学校教育では英語が優先されている。

さて、このディベヒ語と日本語の『モルディブ旅行ポケット通訳』なる小冊子を作ったモルディブ人がいる。モハメド・ナシードさんという人だ。彼は中学、高校と普通の学校に行きながら、週2日の日本語学校に6年間通って日本語をマスターした。モルディブ語と日本語の文法は似ているらしく、モルディブ人にとって日本語はそれほど難しい言語ではないとのことだが、漢字となると複雑でそうはいかないらしい。この小冊子は、みやげ物店でも売られている。

Column

旅の言葉

モルディブの国語はディベヒ語で、インド・イラン語系に属している。お隣スリランカのシンハラ語と似た単語が多く、以前は文字もシンハラ語とよく似たものが使用されていた。イスラム教に改宗してからはアラビア語の影響を強く受け、現在はアラビア文字を簡略化した「ターナ」と呼ばれる文字が使われている。

リゾートでは英語が通じる

たいていのリゾートでは英語が通じるため、ディベヒ語に触れる機会はあまりないかもしれない。しかしリゾートのスタッフと、少しでもディベヒ語で言葉を交わすことができたら、親密度は増すし、旅はもっと楽しいものになるはず。数字を覚えておけば、ショッピングのときも役に立つだろう。

ディベヒ語で話そう

はい	アー
いいえ	ノーン
こんにちは(目上の人)	ア・サラーム・アレイクム
元気？	キヒネッ？
元気です	ランガル
最高！	バラーバル！
おはようございます	ラガル・ヘドゥネ
こんばんは	ラガル・ハウィレ
ありがとう	シュークリア
ごめんなさい	マーフ・クレイ
いくら？	キハー・ヴァレ？
どこへ行くの？	カレイ・ダニ・コン・タカー？
気をつけて	ヒッワルクレ
待って！	マドゥ・クレイ
さようなら	ヴァキヴェラニー
私の名前は太郎です	マゲイ・ナマキ・タロウ
あなたの名前は？	カレイゲ・ナマキ・コバ？
それは何ですか？	エ・イー・コン・エッチェ？
あの島は何ですか？	エ・オティー・コン・ラシー？

ディベヒ語の数字

1	エケ
2	デイ
3	ティネ
4	ハタレ
5	ファヘ
6	ハエ
7	ハテ
8	アシェ
9	ヌヴァエ
10	ディハエ
11	エガーラ
12	バーラ
13	テイラ
14	サーダ
15	ファナラ
16	ソーラ
17	サタラ
18	アシャーラ
19	ナヴァーラ
20	ヴィヒ
50	ファンサース
100	サテカ
150	サテカ・アァンサース
200	ドゥイ・サッタ
300	ティン・サテカ
400	アタル・サテカ
500	ファス・サテカ
1000	エ・ハース
2000	デ・ハース
10000	ディハ・ハース

覚えておきたい単語

私	アハレン	食べる	カニー	岩／石	ヒラ／ガー
あなた	カレー(ミーナ)	飲む	ボニー	砂	ヴェリ
大きい	ボドゥ	行く	ダニ	船	ドーニ
小さい	クダ	男	フィリヘン	魚	マス
重い	バル	女	アンヘン	島	ラ
軽い	ルイ	太陽	イル	昨日	イーエッ
寒い	フィニ	海	カンドゥ	今日	ミアドゥ
暑い	フーヌ	空	ウドゥ	明日	マーダン
美しい	リーティ	月	ハンドゥ	朝	ヘンドゥヌ
醜い	フトゥル	星	タリ	夜	レイガンドゥ

地球の歩き方　投稿　検索

あなたの旅の体験談をお送りください

『地球の歩き方』は、たくさんの旅行者からご協力をいただいて、改訂版や新刊を制作しています。
あなたの旅の体験や貴重な情報を、これから旅に出る人たちに分けてあげてください。
なお、お送りいただいたご投稿がガイドブックに掲載された場合は、初回掲載本を１冊プレゼントします！

ご投稿は次の３つから！

インターネット

URL www.arukikata.co.jp/guidebook/toukou.html
画像も送れるカンタン「投稿フォーム」
※「地球の歩き方　投稿」で検索してもすぐに見つかります

郵便

〒160-0023　東京都新宿区西新宿 6-15-1
セントラルパークタワー・ラ・トゥール新宿 705
株式会社地球の歩き方メディアパートナーズ
「地球の歩き方」サービスデスク「○○○○編」投稿係

ファクス

(03)6258-0421

郵便とファクスの場合
次の情報をお忘れなくお書き添えください！　①ご住所　②氏名　③年齢　④ご職業　⑤お電話番号　⑥ E-mail アドレス　⑦対象となるガイドブックのタイトルと年度　⑧ご投稿掲載時のペンネーム　⑨今回のご旅行時期　⑩「地球の歩き方メールマガジン」配信希望の有無　⑪地球の歩き方グループ各社からの DM 送付希望の有無

ご投稿にあたってのお願い

★ご投稿は、次のような《テーマ》に分けてお書きください。
《新発見》ガイドブック未掲載のレストラン、ホテル、ショップなどの情報
《旅の提案》未掲載の町や見どころ、新しいルートや楽しみ方などの情報
《アドバイス》旅先で工夫したこと、注意したいこと、トラブル体験など
《訂正・反論》掲載されている記事・データの追加修正や更新、異論・反論など
※記入例：「○○編 201X 年度版△△ページ掲載の□□ホテルが移転していました……」

★データはできるだけ正確に。
ホテルやレストランなどの情報は、名称、住所、電話番号、アクセスなどを正確にお書きください。
ウェブサイトの URL や地図などは画像でご投稿いただくのもおすすめです。

★ご自身の体験をお寄せください。
雑誌やインターネット上の情報などの丸写しはせず、実際の体験に基づいた具体的な情報をお待ちしています。

ご確認ください

※採用されたご投稿は、必ずしも該当タイトルに掲載されるわけではありません。関連他タイトルへの掲載もありえます。
※例えば「新しい市内交通パスが発売されている」など、すでに編集部で取材・調査を終えているものと同内容のご投稿をいただいた場合は、ご投稿を採用したとはみなされず掲載本をプレゼントできないケースがあります。
※当社は個人情報を第三者に提供いたしません。また、ご記入いただきましたご自身の情報については、ご投稿内容の確認や掲載本の送付などの用途以外には使用いたしません。
※ご投稿の採用の可否についてのお問い合わせはご遠慮ください。
※原稿は原文を尊重しますが、スペースなどの関係で編集部でリライトする場合があります。
※従来の、巻末に綴じ込んだ「現地最新情報・ご投稿用紙」は廃止させていただきました。

Preparation & Technic

旅の準備と技術

旅の情報収集

有意義な旅にしたいなら、出発前に情報を集めることが肝心だ。モルディブとはどんな国なのか、旅行事情はどうか、ダイビングについての状況はどうか。初めてモルディブを訪れるのならなおさら、お国事情などについてはしっかり頭に入れておきたいものだ。おおまかなことは本書でも述べているが、さらに詳しく知りたい人は、欄外の関係機関なども活用しよう。

日本での情報収集は、旅行会社が一番おすすめ

モルディブに関する情報は、はっきりいって日本ではなかなか入手しにくい。お国柄という理由もあるし、まだそれほどメジャーになっていないせいか、関係資料自体も非常に少ないのだ。残念ながら、2019年5月現在、モルディブ観光省の正式な日本事務所はないが、在日モルディブ共和国大使館がある。日本語のホームページもあるので、一度チェックしておくといいだろう。

ダイバーも含めて、旅行者が必要とする情報を最も多く、そして詳しく知っているのは旅行会社の人たち。特にモルディブのツアーアレンジに強いといわれる旅行会社のモルディブ担当者たちは、何度もモルディブに足を運んでいる事情ツウ。自らもダイバーだったり、リゾート好きであることが多く、さまざまな相談に乗ってくれる。それらの旅行会社をおおいに利用しよう。

モルディブに強い旅行会社

グルービー・ツアー
〒104-0061　東京都中央区銀座2-6-7 明治屋銀座ビル6階
TEL (03)3564-0150　FAX (03)3564-0243
URL www.groovymaldives.jp
営 10:00～18:30　休 日・祝

ワールドツアープランナーズ
〒105-0013　東京都港区浜松町2-10-10 第2小林ビル
フリーダイヤル 0120-53-7355
東京・神奈川・千葉・埼玉からは TEL (03)5425-7711
FAX (03)5425-7713　URL www.maldives.cx
営 10:00～18:30　※土曜は～15:00　休 日・祝

オーシャンメイト"ココナッツクラブ"
〒166-0003　東京都杉並区高円寺南4-26-5 Y.Sビル2F
TEL (03)3318-9005　FAX (03)3318-5299
URL www.oceanmate.co.jp
営 10:00～18:00　※土曜は11:00～15:00
休 第2・4・5土曜、日・祝

交通手段は船が主力

モルディブには当然ながらバス、鉄道といった陸上交通は存在しない。わずかながらマーレやフルマーレ、最南端のガンなど、比較的大きな島にタクシーがあるのみ（フルマーレは循環バスが運行している）。

島々を結ぶ庶民の交通手段の主力は、ドーニと呼ばれるモルディブ独自の船だ。船足は遅いが、喫水が浅く珊瑚礁の浅瀬の航行に適している。ダイビング時に使用されるのもたいがいはドーニだ。リゾートの送迎に関してはリゾート専用のスピードボートが主流。マーレからローカルアイランドへ行く場合も、スピードボートを利用することが可能で、移動時間のロスが減っている。また、南・北マーレ環礁の主力はスピードボート、そのほかの環礁へ行く場合は水上飛行機が使用されることが多い。

モルディブ伝統の船、ドーニ

現地にもオフィスを構える旅行会社

オプショナルツアーはもちろんホテルや送迎などさまざまな現地手配を行う旅行会社。マーレに支店があり日本人スタッフが常勤。

●**トラベルファクトリージャパン**
URL www.tf-jpn.com
✉ sales@tf-jpn.com
営 月～金　9:30～18:00
休 土・日・祝
[マーレオフィス]
住 H. Hahifaa 5th, Roshaneemagu, Male
TEL 333-4967
休 無休

トーホー・トラベル
〒103-0025　東京都中央区日本橋茅場町3-8-5
松村ビル2階
TEL (03)5643-8031　FAX (03)5643-8854
URL www.tohotravel.com
営 10:00～19:00 ※土曜は10:30～　休 日・祝

エス・ティー・ワールド 渋谷駅前店
〒150-0043　東京都渋谷区道玄坂2-6-17
渋東シネタワー14階
TEL (03)6415-8614　FAX (03)6415-8620
URL stworld.jp　営 10:30～19:30　休 第1・3木曜

インターネットを活用する

旅行会社などに行ってゆっくり話を聞いたり相談したりする時間がない人は、インターネットを利用しよう。モルディブでは、ほとんどの宿泊施設がウェブサイトを開設している。5つ星クラスのリゾートホテルでは、日本語でのサイトがあったり、リゾート内の定点カメラから、モルディブの様子が24時間見られるライブカメラ映像がアップされていたり、いたれり尽くせりだ。そのほか、モルディブ観光局のサイトもあり、モルディブの歴史や天気や気候、モルディブでのアクティビティ、宿泊施設まで、観光客には必要な情報が盛りだくさん。出発前には必ずチェックしたいサイトのひとつ。こんな便利なインターネットだが、注意したい点もいくつかある。それは、数ヵ月から数年に1度しか更新していないサイトがあるということだ。必ずしもすべての情報が新しいわけではないので、注意して活用しよう。

ダイバー向けの情報も多数ある

便利なウェブサイト

出発前には、日本の外務省の海外安全ホームページや、海外ではやっている感染症などの情報提供を行っている厚生労働省検疫所のホームページなど、海外での旅全般の総合情報サイトは確認しておくといい。そのほか、モルディブ関連サイトもチェックしよう。英語のみだが、モルディブの文化や歴史、ゲストハウスやリゾートホテルなど最新情報が満載のモルディブ観光局のサイトや、モルディブの天気予報や各航空会社のサイトなど、事前に閲覧しておくと便利なサイトがいくつかある。パッケージツアーではなく、個人旅行で旅する人には、各島を結ぶフェリーのスケジュールが掲載されたサイトMTCCも役立つサイトだ。

2、3島の移動なら日本でも手配可能

2、3島移動してリゾート滞在したい場合、モルディブに強い旅行会社なら日本からでも手配できる。ただし、移動はリゾートからリゾートへ直接は渡れず、いったん空港に戻って乗り換えるケースがほとんど。本書掲載の旅行会社などに問い合わせてみるといいだろう。

■お役立ち情報

●外務省海外安全ホームページ
URL www.anzen.mofa.go.jp
●外務省ホームページ
URL www.mofa.go.jp/mofaj
●厚生労働省検疫所
URL www.forth.go.jp
●モルディブ観光局(日本語／英語)
URL www.visitmaldives.com
●在日モルディブ共和国大使館
住 〒106-0041 東京都港区麻布台1-9-10 飯倉ITビル8階
TEL (03)6234-4315
URL www.maldivesembassy.jp
営 9:00～17:00
休 土・日・祝
●モルディブの天気予報(英語)
URL www.meteorology.gov.mv
●MTCC(モルディブの交通情報)
URL www.mtcc.com.mv
●在モルディブ日本国大使館
Embassy of Japan in Maldives
住 8th Floor, Aagé Building, 12 Boduthakurufaanu Magu, Henveiru, Malé, 20094
TEL 330-0087
FAX 330-0065
営 10:00～12:00、14:00～16:00(領事窓口時間)
休 金・土曜、モルディブの祝日

モルディブの島々を結ぶモルディビアン

ガーフ・ダール環礁にあるカーデッドゥ空港

旅のシーズン

年間を通して旅を楽しむことができるが、特に12～4月は、空気がさわやかで穏やかな乾季に当たり、ベストシーズンとされている。5～11月は反対に、雨が多く風の強い雨季となり、波も高くなる。ただし最近では、世界的な異常気象の影響で、モルディブも例外ではなく、乾季でも雨が降ったり、雨季でも晴天が続いたりすることもしばしば。

モルディブと日本の気温と降水量
→P.8

ローカルビレッジでは服装に注意

モルディブでリゾートステイのみであれば、それほど服装に注意をする必要はないが、モルディブはれっきとしたイスラム教が国教の国。ローカルビレッジや、マーレ、フルマーレなどでは注意が必要。こういった場所ではタンクトップや短パンなど、露出度の高い服装はNG。旅先でのトラブルを避けるためにもマナーを守って楽しい旅にしたい。

顔以外を隠すのが通常の服装

モルディブでの気候と服装

年間を通して平均気温が26～33℃。季節は大きく分けて乾季と雨季に分けられる。乾季でも雨季でも大きな気温の変化はないため、服装は日本の夏と同じ軽装でよいだろう。雨の日は肌寒く感じたり、国内線の機内や、リゾートによってはレストランなど、エアコンが利き過ぎていることもあるので、何か羽織るものを持参するようにしたい。また、5つ星ホテルでは、カクテルパーティなどを催したり、ドレスコードがあるレストランもある。そんなときは少しおしゃれをして参加するようにしたい。男性なら襟付きのシャツにカジュアルパンツ、女性ならワンピースで十分だ。そのほか、モルディブはイスラム教の国なので、ローカルアイランドや、マーレで市内観光などを楽しむときは、露出度の高い服装は避けるようにするのがマナー。

パーティはおしゃれをして参加したい

■モルディブシーズンカレンダー

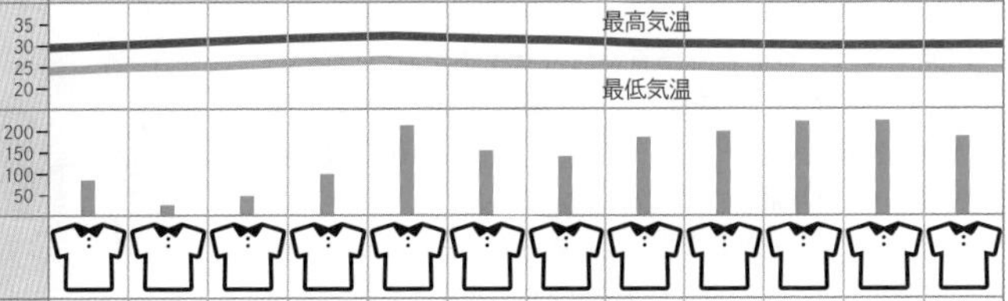

月	1	2	3	4	5	6	7	8	9	10	11	12
月平均気温(℃)												
降水量(mm)												
服装												
ダイビング	水温28～30℃／3mm・5mmのフルスーツでOK											
サーフィン				水温28～30℃／トランクスでOK								
ツアー代金	¥¥¥	¥¥¥	¥¥¥	¥¥¥	¥¥¥	¥¥	¥¥	¥¥¥	¥¥	¥¥	¥¥	¥¥¥

旅の予算とお金

リゾートステイの場合、ほとんどの人は日本からパッケージツアーを利用する。通常、これらのツアーにはモルディブへの往復航空運賃、空港～リゾート間の移動費、宿泊費などが含まれている。それ以外に必要なのは、現地での飲食やおみやげ代、チップくらい。飲食代がすべて含まれているリゾートもあり、持っていくお金は旅行中の過ごし方によって変わる。

旅にかかる費用

●航空券

モルディブへは、直行便がないため（→P.230）、各地での経由便を利用して行くことになる。スリランカのコロンボやシンガポール、ソウルや香港などでの経由便の利用が可能。各エアラインの料金を見比べて決めてもいい。相場としては、安いもので成田～マーレ間往復でひとり11万円(エコノミー)。

●宿泊費

モルディブはゲストハウスから5つ星のラグジュアリーリゾートまで多くの宿泊施設がある。そうなると宿泊費も当然幅広くなる。時期によっても変動するが、宿泊費の目安としては、ゲストハウス1泊US$60～、エコノミーホテルUS$200～ミドルホテルUS$400～、ハイエンドホテルUS$800～、ラグジュアリーホテルUS$1000～。

●食費

ホテルによっては3食とアルコールを含むすべてのドリンクなど、滞在中の飲食のすべてが室料に含まれた「オールインクルーシブ」や、朝食と夕食が付いた「ハーフボード」、朝食と昼食、夕食が付いた「フルボード」など、多様化している。食事が別の場合、あくまで目安だが、3食とドリンク、アルコールを少し飲んだ場合、ホテルのグレードによっても異なるが、飲食費は1日ひとりUS$150ほど。

●ショッピング＆アクティビティ

モルディブはほかのビーチリゾートと異なり、ショッピングを楽しむ場所はあまりない。特にリゾートステイの場合、リゾート内にあるショップを利用することになる。マーレに行く機会があるとおみやげ選びの幅も広がるが、正直あまり買うものはないかもしれない。アクティビティは、ダイビングをはじめ、ドルフィンウオッチングやサンドバンクツアーなど多数用意されている。体験ダイビングの料金はひとりUS$200前後、スノーケリングトリップならひとりUS$100、サンセットクルーズならひとりUS$200くらいが目安。

ココナッツ製のみやげ物

物価の目安

宿泊施設のグレードによって多少違うが、あくまで参考程度に。高級リゾートになるほど料金は高くなる。

●リゾートの場合(1名分の料金)

缶ビール(350mℓ)	US$8
ソフトドリンク	US$3
ランチ	US$40程度
1ダイブ(器材込み)	US$100
ローカルアイランドツアー	US$60

●ローカルアイランドの場合(1名分の料金)

ミネラルウオーター	Rf3
ジュース(小)	Rf12
レストラン(ローカル)	Rf50
レストラン(観光客向け)	Rf150

ローカルアイランドではアルコールはNG

現地での出費を抑えたいなら

リゾートによっては、滞在中の食事に加え、レストランやバーでのドリンク代、客室のミニバー、エクスカーションの参加費までが宿泊料金に含まれた「オールインクルーシブ」というプランを設けているところもある。滞在中、そのつど出費を気にせず、気兼ねなく過ごせるのがうれしい。オールインクルーシブなら、別途必要なのは、おみやげ代とチップくらい。詳細は、各リゾート紹介ページを参照。

オールインクルーシブで人気の🏨コンスタンス・ムーフシ・モルディブ

モルディブの玄関口ヴェラナ国際空港

ホテルバウチャー

パッケージツアーの場合、出発前に旅行会社から「ホテルバウチャー」を渡される。これはホテル予約の予約証明書（支払い証明書）となる重要な書類。チェックインをスムーズに済ませるためにも、絶対に忘れないようにしよう。

一般的なツアー例
モルディブ６日間の旅

❶午後：日本発
夜：マーレ着
ボートでリゾートへ（または国内線でリゾートへ）
深夜：リゾート着
（リゾート泊）

❷終日自由行動
↓
❹　（リゾート泊）

❺出発まで自由行動
午前：リゾート発空港へ移動
午後：マーレ発
（機中泊）

❻午前：日本着

※１日目：水上飛行機利用の場合は、マーレ泊

モルディブトラベルファクトリーの日本人スタッフ

●マーレ（ヴェラナ国際空港）から各リゾートへの移動

マーレからは、国内線や水上飛行機、スピードボート、ドーニを利用して各リゾートに向かう（水上飛行機で移動の場合、マーレ着が夜になると、マーレもしくはフルマーレ泊になる）。直接ホテルのサイトから予約をしたり、インターネットの予約サイトを利用した場合は、マーレ～リゾート間の移動費が別途必要になることがほとんどなので事前に確認するといいだろう。パッケージツアーに申し込んでいる場合は、マーレ～リゾート間の移動はすべてツアー代金に含まれているので心配いらない。

パッケージツアーの代金の目安

日本からマーレへの往復航空券、マーレ（ヴェラナ）国際空港～リゾート間の移動費（スピードボートや水上飛行機など）、宿泊費、食費（リゾートにより異なる）、そして現地係員の出迎えとサポート費がセットになっている。たいがい、日本語が話せる現地スタッフが出迎えてくれるので、英語が苦手な人も安心だ。また、最近のパッケージツアーでは、ハネムーン向けの特典が付いたものや、アクティビティの無料券が付いたものなど、お得で魅力的なツアーも多い。ひとり当たりの旅行代金は、エコノミーホテル利用で20万円、ミドルクラスで30万円、ハイエンドクラスで40万円、ラグジュアリークラスで50万円が目安。

お金の持っていき方

●ルフィア(Rf)とUSドル(US$)

モルディブの現地通貨はルフィア(Rf)だが、USドル(US$)も広く通用している。リゾートでの支払いはほとんどUSドルで、首都マーレでもたいていの店やレストランで使うことができる。そうなるとUSドルを持っているのがモルディブではベストな選択。日本の空港にある銀行や両替所で事前に両替をしておこう。重要なことは、モルディブでは円からUSドルに両替ができないこと。必ず日本で両替をしておこう。円からルフィアへは、マーレ（ヴェラナ）国際空港にあるモルディブ銀行で両替が可能。リゾートステイの場合はルフィアは必要ない。ローカルアイランドでは、ルフィアのほうがいい場合もあるが、両替をする場合は、少額に止めておこう。

また、マーレやフルマーレ、ローカルアイランドの食堂などでは、おつりはルフィアでくれることが多い。

リゾートでの支払いはUSドルで

●クレジットカード

海外で重宝するのがクレジットカード。何よりも現金を持ち歩かないで済むという安全性がありがたい。それに旅行中「もしもお金が底をついてしまったら」という不安からも解放されるし、ときには身分証明書としても活躍する。

カードの使い方はとっても簡単。日本と同じようにサインをするだけで、後日口座から利用額が引き落とされる。ただし、サインをする前に必ず伝票の金額をチェックするのを忘れずに。ホテルのチェックアウトの際などにも、あとで面倒が起きないように、その場でチェックをしよう。新規のクレジットカード発行には3週間から1ヵ月ほどかかる。

モルディブでは、リゾート島をはじめ、マーレやフルマーレのレストランやホテルでもたいていクレジットカードが使える。リゾート内でレストランやショップ、スパなどを利用した場合は、その場でサインのみしておき、最後にまとめて精算するスタイルがほとんど。

●カードの暗証番号を覚えておこう

海外でICカード（ICチップ付きのクレジットカード）で支払うときは、暗証番号（英語ではPINあるいはPIN Codeという）の入力を求められる場合がある。暗証番号を覚えていないと支払いに手間取ったり、ときには支払いができないこともあるので、出発前にいま一度、暗証番号の確認をしておこう。

モルディブでの両替は円からはルフィアのみ

おもなクレジットカード発行会社
- アメリカン・エキスプレス（AMEX）　0120-020-222
- ダイナースカード　0120-041-962
- DCカード（MASTER、VISA）
  TEL（03）3770-1177（東京）　（06）6533-6633（大阪）
- 三井住友VISAカード　0120-816-437
- JCBカード（JCB）　0120-015-870

●トラベルプリペイドカード

トラベルプリペイドカードは、外貨両替の手間や不安を解消してくれる便利なカードのひとつ。多くの通貨で国内での外貨両替よりレートがよく、カード作成時に審査がない。出発前にコンビニのATMなどで円をチャージし（入金）、その範囲内で渡航先のATMで、現地通貨の引き出しができる。各種手数料がかかるが、使い過ぎや多額の現金を持ち歩く不安もない。

おもな海外専用プリペイドカードの種類
- クレディセゾン発行　「NEO MONEY ネオ・マネー」
  URL www.neomoney.jp
- アプラス発行「MoneyT Global マネーティーグローバル」
  URL www.aplus.co.jp/prepaidcard/moneytg/

ATMから現金を引き出す

マスター、ビザ、アメリカン・エキスプレスなどのクレジットカードを持っていて、キャッシングができるようになっていれば、「VISA」「Master Card」「PLUS」などのステッカーが貼ってあるATMでルフィアの現金が引き出せる。また、トラベルプリペイドカードを持っている人も同様。多くのATMは毎日24時間使用できる。画面案内表示は日本語はないが英語の表示があるので、必要な単語さえ知っておけば簡単に利用できる。どのATMもUSドルの現金の引き出しはできないので注意。

英語でATM操作

1. **Enter PIN (Personal Identification Number)**
   暗証番号を入力する
   Enter　入力
   Cancel　取り消し
   Clear　リセット
2. **Select Transaction**
   取引内容を選ぶ
   Withdrawal　引き出し
   Transfer　振り込み
   Balance Inquiry　残高照会
3. **Select Source Account**
   口座を選ぶ
   Checking　当座預金
   Savings　預金
   Credit　クレジットカード
4. **Select Dispense Amount**
   金額を選ぶ
   Other　その他

マーレ国際空港にあるATM

出発までの手続き

海外に渡航するにはパスポート(旅券)が必要だ。海外を旅行する者が日本国民であることを証明し、渡航先に対して所持者の安全な通過や保護を要請した公文書で、れっきとした日本政府発行の身分証明書。また、世界のほとんどの国が、入国・滞在を許可する条件のひとつとして、パスポートの携帯、および提示を求めているので、旅行中は忘れずに携帯しておこう。

■外務省ホームページ・パスポート担当窓口一覧表

各都道府県に複数箇所ある。以下に住所、電話番号の一覧があるので確認しよう。

URL www.mofa.go.jp/mofaj/toko/passport

パスポートの有効期限の確認を

モルディブを訪れる際は、残存有効期間が出国時点で6ヵ月以上ある機械読み取り式のパスポートが必要(乗り継ぎ地の必要有効期間はP.231～232参照)。有効期間が残り1年を切ったら切り替え申請(新規発給申請)ができるので、必要に応じて手続きを行うこと。

パスポートのサイン

パスポートの申請書の所持人自署の欄に記入したサインがそのままパスポートに転写される。日本語、ローマ字どちらでもかまわない。

G.W.や夏休み前は余裕をもって申請しよう

G.W.や夏休み、冬休みなどは、通常よりも多くの人が申請に訪れる。申請や受け取りにも多少時間はかかる。旅行日程が決まったら、早めに申請するとよい。

観光の旅ならノービザでOK

モルディブへ観光目的で渡航する場合は、事前にビザの申請をする必要はない。モルディブ到着の際に下記の条件を満たしていれば最大30日間有効の無料の観光ビザが発給される。

- 有効なパスポートを所持していること。
- モルディブから次の目的地への有効な航空チケットを所持していること。
- モルディブ滞在中に必要十分な所持金があること。

必ず出発前に最新情報の確認を

本書掲載のパスポートおよびビザ関連の情報は、2019年7月時点のものです。発行後に情報が変更されることもあるため、必ず出発前にご自身で大使館のウェブサイト等を確認し、最新情報を入手してください。

パスポートの取得

●パスポートはひとり1冊

一般旅券と呼ばれるパスポートの種類は2種類。赤い表紙の10年間有効のもの(20歳以上のみ)と、紺色の表紙の5年間有効の旅券がある。たとえ0歳の子供でも、ひとり1冊パスポートが必要なので気をつけよう。

有効期限が10年のパスポート

●パスポートの申請から受領まで

パスポートの申請・受領の手続きは、各都道府県の旅券課またはパスポートセンターで行う。忙しい人は家族や旅行会社による代理申請が可能。必要書類を提出し、指定された受領日以降に、必ず本人が申請時に渡された引換書を持って受け取りに行く。申請から受領まで7～10日。

●パスポートの申請に必要な書類

①一般旅券発給申請書(1通)

用紙は各都道府県の旅券課あるいはパスポートセンターなどでもらえる。20歳未満は、申請書に親権者のサインが必要。

②戸籍謄(抄)本(1通)

6ヵ月以内に発行されたもの。

③住民票(1通)

住民基本台帳ネットシステムを運用している都道府県の申請窓口では原則不要。

④申請者の身元確認のための書類(コピーは不可)

有効期間中または失効後6ヵ月以内のパスポート、運転免許証、個人番号カード(マイナンバーカード)など、公的機関発行の写真付きのものは1点、健康保険証、年金手帳、学生証、社員証などなら2点。

⑤顔写真(1点)

縦4.5cm×3.5cm。正面向き、無帽、背景無地で6ヵ月以内に撮影されたもの。白黒、カラー、どちらでもよいが、顔の位置の指定がある。スナップ写真不可。

⑥有効な旅券

有効期間中のパスポートがあれば必ず持参する。

⑦印鑑

記載事項の訂正で必要な場合があるので認印を持っていると安心。

海外旅行保険に加入

海外旅行保険は、旅行中に被るけがや病気、予期せぬ危険に遭った際にかかった費用などを補償する保険だ。海外で事故やけが、病気にかかった場合、治療費や入院費は高いし、言葉や精神面において非常に心細いもの。そんなとき、保険に加入していれば、金銭面での安心はもちろんのこと、日本語によるサービスを受けることができて心強い。

加入タイプは、旅行中に発生すると予想される事故に対しての補償が組み合わせてある「セット型」保険と、旅行者のニーズと予算に合わせて補償内容を選択できる「オーダーメイド型」保険に大別される。「セット型」は旅行者が必要とする保険がほぼカバーされているので簡単だが、高価な持ち物がない人が100万円分の携行品損害の保険に入っても意味がない。一方、「オーダーメイド」型は予算にこだわり過ぎると「保険が利かなかった」と後悔するはめにもなりかねない。十分考慮してから選びたい。

また、海外旅行保険が付帯されているクレジットカードは多いが、カードの種類によって補償内容や条件が違うので注意したい。例えば、旅行代金をカードで決済していないと対象にならない、補償金額不足で多額の自己負担金がかかるなどだ。万全を期するのであれば、さらに海外旅行保険に加入しておくと安心だ。

ダイビングをする予定の人は、ダイバー専用の保険にも加入しておきたい。通常の海外旅行保険ではカバーされていない、ダイビングに特化した事故やけが、病気などに対して補償してくれる。

万一の時は各保険会社の日本語対応ホットラインへ連絡を

■おもな保険会社

●損保ジャパン日本興亜

0120-666-756

●東京海上日動

0120-868-100

●AIU損保

0120-016-693

ウインドサーフィンやダイビングなどスポーツにも対応している保険もある

ネットで簡単に申し込める海外旅行保険

体調をくずしたりカメラを盗まれたり、さまざまなアクシデントの可能性がある海外旅行。こうしたとき頼りになるのが海外旅行保険だ。「地球の歩き方」ホームページからも申し込める。

URL www.arukikata.co.jp/hoken/

リゾートホテルの常勤ドクター

モルディブでは、リゾート内にクリニックがあり、医師が常勤しているというケースも多い。軽度のけがや体調がすぐれない場合などは、こちらで迅速に対応してくれる。

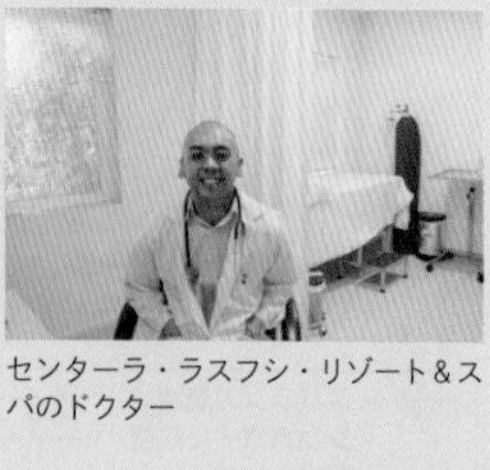

センターラ・ラスフシ・リゾート＆スパのドクター

航空券の手配

2019年7月現在、日本からモルディブへの直行便はないため（下記参照）、第三国を経由して行くことになる。スリランカ、シンガポール、バンコク、香港、ソウルなどアジア諸国経由がおもだが、ほかのデスティネーションとの組み合わせとして、中東経由なども人気が出てきている。モルディブにプラスして、行きや帰りにほかの国に立ち寄ってみるのもいいだろう。

■航空会社
●スリランカ航空
URL www.srilankan.co.jp
●シンガポール航空
URL www.singaporeair.com
●日本航空
URL www.jal.co.jp
●大韓航空
URL www.koreanair.com
●キャセイパシフィック航空
URL www.cathaypacific.com
●エアアジア
URL www.airasia.com
●エミレーツ航空
URL www.emirates.com/jp
●カタール航空
URL www.qatarairways.com/jp
●エティハド航空
URL www.ethihad.com
●中国南方航空
URL global.csair.com/JP/JP/Home
●中国東方航空
URL jp.ceair.com

おもな行き方

乗り継ぎ条件のよい便としては、スリランカ航空（UL）が成田から火・木・土・日曜発の週4便、スリランカのコロンボ行きを運航しており、これを利用してマーレに行くことができる。このスリランカ航空を利用すると、約12時間でモルディブのマーレに到着する。ほかに、シンガポールで乗り換えるシンガポール航空(SQ)、マレーシアのクアラルンプールで乗り換えるエアアジアX（D7)、ソウル乗り換えの大韓航空(KE)、香港乗り換えのキャセイパシフィック航空（CX）も利便性が高い。また、少し遠回りになるが、ドバイ経由のエミレーツ航空（EK)、ドーハ経由のカタール航空（QR)、アブダビ経由のエティハド航空（EY）など、中東経由の路線も人気が出てきている。また、秋田や新潟、岡山、札幌などの地方からは、乗り継ぎがあまリスムーズではないが、ソウル経由の大韓航空が便利。東京以外の主要都市からは、シンガポール航空やキャセイパシフィック航空が便利。
※スリランカ航空は、2019年10月27日まで成田発～マーレ経由～コロンボ行きになり、期間限定の直行便になる。

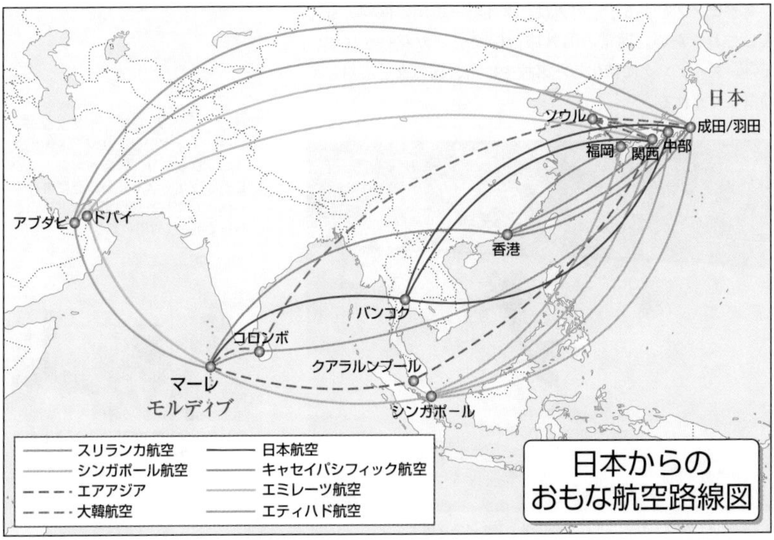

※大韓航空の日本～ソウル間はおもな路線のみ記載
※日本航空のバンコク～モルディブ間は、バンコクエアウェイズとのコードシェア便

乗り継ぎガイド

●スリランカ(コロンボ国際空港)

コロンボ国際空港(バンダーラナーヤカ国際空港)は2階が乗り継ぎターミナルになっていて、免税店やみやげ物店、レストランなどが並んでいる。コンパクトな造りなので移動にはそれほど時間を要しないが、乗り継ぎ時間が短いので、早めにゲートへ移動するようにしよう。ゲートを出て動く歩道のある廊下を通った先にトランジットカウンター(乗り継ぎカウンター)がある。マーレまでの搭乗券を日本でもらっている場合は、搭乗ゲートをモニターで確認し、そのままゲートへ向かう。搭乗待合室の入口で手荷物検査を受けたら、あとは搭乗のアナウンスを待って、搭乗となる。

●シンガポール(シンガポール国際空港)

シンガポール国際空港(チャンギ国際空港)には、空港ターミナルは3つあるが、シンガポール航空利用の場合は第2ターミナル(T2)、または第3ターミナル(T3)に到着する。乗り継ぎでマーレへ向かう場合はT2へ。復路、マーレからの乗り継ぎで日本へ向かう場合はT3へ移動する。シンガポール航空の場合、行きは日本でマーレまでの搭乗券(2枚)がもらえるので(帰りは、マーレでシンガポール行き用とシンガポールから日本までの2枚)、乗り継ぎカウンターでチェックインをする必要はない。モニターテレビで自分の乗る飛行機の搭乗ゲート、時間をチェックしたら、あとはショッピングを楽しんだり、各施設でリラックスしたりしよう。

●マレーシア(クアラルンプール国際空港KLIA2)

日本からクアラルンプールまでのエアアジアXは、LCC専用のKLIA2(第2ターミナル)に到着する。マーレまでは同じグループの別会社エアアジア(AK)便となるが、ターミナルは同じ。乗り継ぎゲートで保安検査を受け、搭乗口へと向かう。ただし、マレーシアに入国せずに乗り継ぎができるのは、航空券の購入時点でマーレまで通しで予約し、予約番号がひとつになっている場合のみ(フライスルーFly-Thruと呼ばれるサービス)。それ以外は入国審査を受け、いったん荷物を受け取って、再度チェックインする必要がある。

●香港　(香港国際空港)

日本からの便は5Fの到着ターミナルに着くので、「トランスファーTransfer」の案内に沿って、最寄りのトランスファーポイントTransfer Pointへ。荷物検査を受け、そこから6Fの出発ホールに移動する。出発ホールの入口で手荷物検査を受けたら、近くのモニターで出発ゲートを確認する。

搭乗時間が近づいたら、ゲートへ。香港国際空港はそれなりに広いので、余裕をもって移動するように。少なくとも30分前にはゲートにいるようにしよう。

■スリランカ航空
URL www.srilankan.co.jp

成田発マーレ〜コロンボ(日・火・木・土)となり、実質成田発マーレ直行便になる(2019年10月27日まで)。往路のみ。

日本との時差

日本より3時間30分遅れ。つまり、日本が正午のときスリランカは8:30になる。ちなみにモルディブとは30分の時差がある。モルディブより30分早く、モルディブが正午のときスリランカは12:30。

パスポートの残存有効期間(スリランカ)

入国時6ヵ月以上必要※観光ETAビザの申請が必要(2020年1月31日まで申請料無料)。

■シンガポール航空
URL www.singaporeair.com

日本との時差

日本より1時間遅れ。つまり、日本が正午のときシンガポールは11:00となる。ちなみにモルディブとは3時間の時差があり、シンガポールが正午のときモルディブは9:00。

パスポートの残存有効期間(シンガポール)

入国時6ヵ月以上必要。

■エアアジア
URL www.airasia.com

日本との時差

日本より1時間遅れ。モルディブより3時間早い。

パスポートの残存有効期間(マレーシア)

入国時6ヵ月以上必要。旅券の未使用査証欄が連続2ページ以上必要。

■キャセイパシフィック航空
URL www.cathaypacific.com

日本との時差

日本より1時間遅れ。モルディブより3時間早い。

パスポートの残存有効期間(香港)

1ヵ月以内の滞在の場合、入国時1ヵ月+滞在日数以上必要。1ヵ月以上の滞在の場合、入国時3ヵ月以上必要。(深せんに行く場合は6ヵ月+滞在日数以上)

■大韓航空
URL www.koreanair.com

日本との時差
韓国と日本の時差はない。

パスポートの残存有効期間（大韓民国）
入国時３ヵ月以上必要。

■エミレーツ航空
URL www.emirates.com

日本との時差
日本より５時間遅れ。モルディブより１時間遅い。

■エティハド航空
URL www.etihad.com

アブダビからドバイへ
エティハド航空利用者は、アブダビ国際空港からドバイまで無料バスを利用できる。エティハド航空のスタッフにチケットを見せればバス乗り場まで案内してくれる。

パスポートの残存有効期間（アラブ首長国連邦）
入国時６ヵ月以上必要。旅券の未使用査証欄が見開き２ページ以上必要。

●韓国・ソウル（仁川国際空港）

大韓航空を利用した場合、旅客ターミナル内での乗り継ぎとなるので、シャトルトレインでの移動もなくとても簡単だ。

まず、旅客ターミナル２階に到着したら、「Transfer」の看板に従って進み、セキュリティチェックを受けて搭乗フロアの３階へと移動する。モニターの案内に従って、搭乗ゲートへと向かう。あとは搭乗のアナウンスを待って、搭乗となる。

●アラブ首長国連邦（ドバイ国際空港）（アブダビ国際空港）

ドバイ国際空港は、３つの巨大なターミナルで構成されている。ターミナル内は予想以上に広いので、搭乗ゲートにはできるだけ早めに向かうように心がけよう。エミレーツ航空を利用して日本から直行便でドバイ国際空港へ来た場合は、エミレーツ航空専用のターミナル３に到着する。「Transfer」の看板に従って進んでいき、X線検査へ。その後モニターを確認し、自分の搭乗ゲートへと向かう。

アブダビ国際空港は、ターミナルが３つからなるコンパクトな空港。ターミナル３がエティハド航空専用となっている。日本からエティハド航空を利用した場合、ターミナル３に到着するので、「Transfer」の看板に従って２階の到着フロアから１階の出発フロアへ移動する。荷物検査を通過し、モニターで搭乗ゲートを確認して、指定のゲートへ向かう。あとは搭乗のアナウンスを待って、搭乗となる。

モルディブでの国内移動

リゾートホテルに滞在する場合、パッケージツアーで予約をしている人は、ツアー代金に国内移動代金が組み込まれており、環礁やリゾートホテルによるが、リゾート専用のスピードボート、水上飛行機、国内線とスピードボートのいずれかでの移動となる。水上飛行機のスケジュールは、日によって変わることが多く、前日にならないとはっきりしたことがわからない。宿泊しているリゾートホテルがチェックアウト前日の夜に、レターで知らせてくれるので心配する必要はない。また、直接ホテルの公式サイトやホテル予約サイトで予約をした人は、ホテルに国内線の予約を依頼するか、自分で手配をするかのどちらかになる。

ローカルアイランドに滞在する場合、マーレに近い島であれば、公共フェリー（MTCC）を利用する。地元の人の足でもあるので、料金は安い。ただし、１日１〜２便の島がほとんど。料金は公共フェリーより10倍ほど高くなるが、移動時間が３分の１程度のスピードボートの運行もある。公共フェリーは予約ができないので当日、港でチケットを購入、スピードボートは、宿泊先を通して予約をしてもらうのが一般的（→P.184）。環礁によっては国内線を利用する場合もある。2019年８月現在、国内線が運航している空港は全部で12。モルディビアン航空とフライミー、マンタエアの３つの航空会社が運航している。いずれも公式サイトから予約ができるが、スピードボート同様、宿泊先を通して予約をしてもらう。そのほうが、直接購入するより安く購入できる。

イフル空港からマーレに向かう国内線

Column

旅の持ち物

海外旅行の荷物は、あれもこれもあったほうがいいかな……と、ついついすごい量になってしまう。悩んだものはまずいらないと思ったほうがいい。特に衣服や下着などはホテルでも洗濯ができるし、ランドリーサービスもある。また、おみやげを購入する予定の人は、スーツケースやバッグにおみやげ用のスペースを確保しておこう。

まずはかばんの選択から

モルディブ旅行の場合は、荷物を持って歩き回るということはほとんどないので、スーツケースが一般的。みやげ物をたくさん買う予定の人は、ちょっと余裕をみて大きめのバッグにしておくといい。

持ち物は厳選して

年間を通して暖かいモルディブでは、Tシャツに短パンといった軽装で十分。夜には涼しくなることもあるが、長袖を1枚持っていれば大丈夫だ。リゾートでおしゃれをする必要はほとんどないが、ディナー用に襟付きシャツかワンピースを1枚。リゾートによってはドレスコードを設けているところもあるので、事前にチェックしておくといいだろう。そして、下着は部屋でマメに洗濯すればいいから、3組もあれば足りるはず。朝干せば昼頃には乾いてしまう。ほとんどのリゾートにランドリーサービスがあるので、自分で洗うのが面倒な人は利用するといいだろう。衣類にかぎらず、荷物はできるだけ少なくして身軽に旅行したい。

■空港宅配サービス
荷物を送ってしまえば、空港まで手ぶらで往復できる。
●JALエービーシー
URL www.jalabc.com
●グリーンポート・エージェンシー（GPA）
URL www.gpa-net.co.jp

冬に旅行をするなら
もし日本が寒い時期にモルディブへ行くなら、空港にコート類を預けておくと便利。成田空港の出発・到着ロビーには「手荷物一時預かり」のカウンターがいくつかあり、どこもだいたい同じような料金で預かってくれる。

リゾートによってはブティックで日用品を販売していることも

旅の荷作りチェックリスト

	品　名	必要度	ある・なし	品　名	必要度	ある・なし
貴重品	パスポート	◎		携帯電話	◎	
貴重品	現金（外貨、日本円）	◎		パスポート／クレジットカードのコピー	◎	
貴重品	航空券（eチケットの控え）	◎		クレジットカード	○	
貴重品	海外旅行保険証	◎		ダイビングライセンス（Cカード）	○	
洗面道具	石鹸	△		化粧用具	○	
洗面道具	タオル	○		ドライヤー	△	
洗面道具	歯ブラシ、歯ミガキ粉	◎		ティッシュペーパー／ウエットティッシュ	○	
洗面道具	ヒゲソリ	○		洗剤	○	
衣類	シャツ	○		ビーチサンダル	○	
衣類	Tシャツ	◎		帽子	○	
衣類	短パン	◎		下着	◎	
衣類	水着	◎		くつ下	○	
衣類	ズボン／スカート	○		トレーナー	○	
薬品・雑貨	薬品類	◎		カメラ	○	
薬品・雑貨	ボールペン	◎		メモリー、バッテリーチャージャー（電池）	○	
薬品・雑貨	メモ帳	◎		蚊取り線香	○	
薬品・雑貨	日焼け止めクリーム	◎		虫よけスプレー	○	
薬品・雑貨	ビニール袋／エコバッグ	◎		ダイビング器材	○	
薬品・雑貨	サングラス	○		スノーケル３点セット	○	
薬品・雑貨	懐中電灯	△		ガイドブック類	○	

◎：必需品　○：あると便利な物、特定の人に必要な物　△：持っていってもいかなくてもどちらでもいい物

出入国の手続き

憧れのモルディブでの第一歩は、ヴェラナ国際空港Velana International Airport。この空港は首都マーレのすぐ隣に浮かぶフルレ島にあり、以前はフルレ空港と呼ばれていた。ジェット機の離発着には島の大きさが足りないため、埋め立てによって拡張している。滑走路の両端が海に突き出している世界でも珍しい空港だ。

入国

入国審査→税関の順

到着後、「Arrival」の案内に従って到着ロビーへ。入口を入るとすぐに入国審査Immigrationがある。機内で配布された入出国カードに記入し、パスポートと一緒にカウンターで係員に提示すれば、査証免除条件（→P.228欄外）を満たしているかぎり、何の質問もなく入国のスタンプがパスポートに押されて返ってくる。その先のターンテーブルで、預けた荷物を受け取ったら税関へ。税関Customsではすべての荷物を開けられて調べられることもあるが、持ち込み禁止のもの（→欄外）が入っていなければ何の心配もいらない。

建物を出た所に旅行会社の人たちがツアー名やリゾートの看板を持って迎えに来ている。迎えの人が見つからなかった場合は、建物を出て右へ行った所にリゾートごとの小さなカウンターが並んでいるので、そこで自分のリゾート名が書かれているカウンターを探し、日本で受け取っているバウチャーを見せて手続きしてもらう。あとは同じリゾートの滞在客が集まったら、出発だ。

アルコール類は空港で預ける

イスラム教国のモルディブにはアルコール類が一切持ち込めない。もし、アルコールを持っていた場合は税関に預け、出国の際に返してもらう。このとき預かり証を発行してくれるので、必ず受け取っておくこと。

持ち込みが禁止されているもの

アルコール類のほか、モルディブには豚肉と豚肉の加工品、ポルノ雑誌、麻薬などの持ち込みが禁止されている。ちなみに、男性週刊誌などヌード写真が載っているものは没収されるので注意を。

ヴェラナ国際空港のターンテーブル

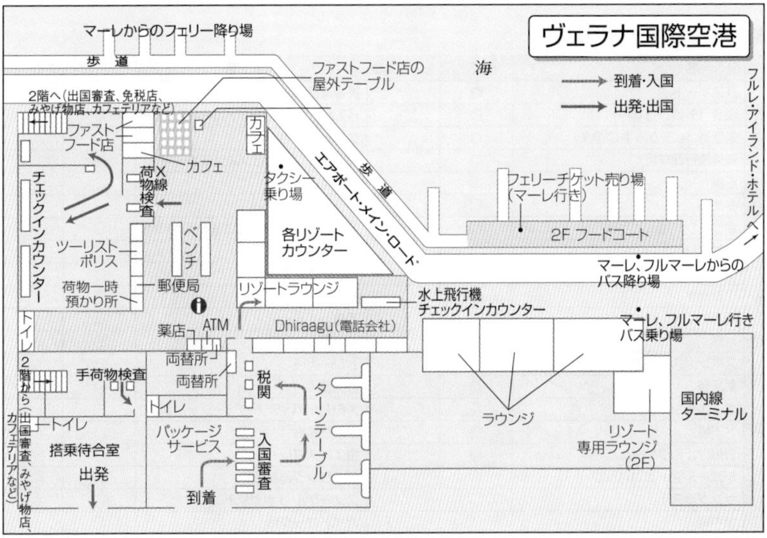

出国

マーレでの出国手続きは簡単

空港に到着すると、まずは手荷物のX線検査を受ける（パッケージツアーに参加していたら、現地係員が待っていてくれる）。預ける荷物も、機内持ち込みの荷物もすべて同時に検査機へ。これを終えたらいよいよ搭乗手続きだ。自分の乗る航空会社のカウンターで航空券とパスポートを出す。荷物は、ここで日本まで通しで手続きできる。

次は出国審査。搭乗券とパスポートを出すと、出国のスタンプを押して返してくれる。続いて再び手荷物のX線検査を受け、搭乗待合室へ。あとは、みやげ物店をのぞくのもいいし、カフェテリアで軽食や飲み物を取るのもいいだろう。

空から見たヴェラナ国際空港

マーレ国際空港が名称変更に

2017年1月より、マーレ国際空港からヴェラナ国際空港Velana International Airportに名称変更になった。

入出国カードの記入例

①姓名
②国籍
③生年月日
④性別
⑤パスポート番号
⑥出生国
⑦パスポートの有効期限
⑧モルディブでの滞在日数
⑨モルディブ到着便名（飛行機）
⑩モルディブでの滞在先
⑪モルディブ到着便名（船）
⑫滞在目的
⑬署名（サイン）
⑭過去14日間に訪問した国
⑮黄熱病の予防接種日
⑯ワクチンのロット番号
⑰姓名
⑱パスポート番号
⑲国籍
⑳手荷物の数
㉑受託手荷物の数
㉒署名

WELCOME TO MALDIVES
MALDIVES IMMIGRATION
ARRIVAL CARD
Full Name as it appears in Passport/Travel document　Please write clearly in CAPITALS
①AYUMU
CHIKYU
Nationality　Date of Birth　④Sex
②JAPAN　③230778　男性　女性
Passport No.　Country of Birth
⑤AB1234567　⑥JAPAN
Date of Expiry　Length of stay (days)?　Flight No.
⑦20072022　⑧14　⑨UL103
Address in Maldives (Hotel/ Guest House/ Liveaboard)　Ship's name
⑩Maldives Resort Hotel　⑪
⑫Purpose of visit
Holiday　Business　Official　Visit Freinds / Relatives
Transit　Conference　Employment　Others
⑬Signature of the passport holder　For resident permit holders only
Category & Last permit No.
地球　歩
Permit Expiry Date

HEALTH INFORMATION
Countries visited in the last 14 Days.
⑭
Yellow Fever Vaccination Date:　Lot No.
⑮　⑯

MALDIVES CUSTOMS SERVICE
Name　Passport No.
⑰AYUMU CHIKYU　⑱AB1234567
Nationality　No. of hand Baggage(s)　No. of checked Baggage(s)　Signature
⑲JAPAN　⑳1　㉑1　㉒地球　歩
㉓Do you have/or in your luggage:　Yes　No
1. Goods obtained overseas with a total value exceeding MRF 6000/-* (Approximately USD 466.96), in addition to personal effects such as clothes, reasonable amount of jewelry, wrist watches, pens, camera, personal radio, laptop and toiletries.
2. Samples for business and/or goods in commercial quantity.
3. Are you carrying cash equivalent or exceeding USD 30,000.00. If "YES" please fill up the CASH DECLARATION FORM.
SEVERE PUNISHMENT FOR DRUG OFFENDERS UNDER MALDIVIAN LAW

㉓あなたは以下の物を持っている / 持っていない
1 総額がRf6000（約US$466.96）超える海外で購入した商品（貴金属やカメラ、コンピューターなど）
2 業務用および商品用のサンプル
3 US$30,000.00.相当額もしくは、現金を持っていますか？持っている場合は現金申告書に記入してください。

ホテルの基礎知識

モルディブのホテルは大きく分けてふたつある。ひとつは多くの観光客が訪れるリゾート島にあるリゾートホテル。もうひとつは、地元の人が暮らすローカルアイランドにあるホテルやゲストハウス。こちらは、料金が手頃なことからバックパッカーに人気だ。リゾートホテルはエコノミーからラグジュアリーまで、およそ130ものホテルがある。

スタッフエリアは立ち入り禁止

1島1リゾートのリゾートホテルには、当然ホテルで働くスタッフも暮らしている。そんな彼らのエリアは、どのリゾートもゲストから見えないように工夫され建てられている。「Private Area」と書かれていたら立ち入らないようにしよう。

日替わりのお楽しみ

リゾートによっては、ゲストが飽きないよう趣向を凝らした企画が用意されている。無料のアクティビティやクッキング教室などどれも参加したいものばかり。

早朝はヨガの体験レッスンが人気

クオリティの高さの訳とは？

モルディブでゲストハウスの営業が許可されたのは2009年。それにもかかわらずゲストハウスはクオリティが高いと感じることが多い。ひとつには、リゾートでホスピタリティを学んだ経営者やスタッフが多いためだろう。スタッフのなかには、リゾートで働いた経験のある人が多く、それがいい意味で宿づくりに反映されているケースがよく見られる。また、国教であるイスラム教の影響も忘れてはならない。きれい好き、控えめ、旅人をもてなす心など、モルディブではイスラム教のよい面を目にする機会が多い。敬虔なイスラム教徒である彼らは、概してまじめで、優しく、慎み深い。それが宿でのホスピタリティとして現れるのである。

リゾート島は1島1リゾート

モルディブは約1200もの島々で構成される国。しかもそのほとんどが一周歩いて数分、比較的大きな島でもせいぜい40分程度という小さな島ばかりだ。リゾート島はおよそ130あり、モルディブ最大の特徴である1島1リゾートという構造になっている。どのリゾートも設備面はほぼ同じ。ホテルのグレードによって異なるが、水上バンガローやビーチヴィラ、ガーデンヴィラなどの宿泊施設、レストランやバー、プールやジム、スパ、ダイビングサービス、アクティビティセンター、スーベニアショップなど、なに不自由なくリゾートライフが楽しめるように工夫されている。

リゾートホテルの種類はスタンダードホテルから超豪華リゾートまで予算に合わせて選ぶことができる。ドーニやポンツーン（エンジン付の小舟）でしか行くことのできない水上バンガローはハネムーナーに人気。

ローカルアイランドのホテル事情

ゲストハウスツーリズムの幕開けにより、ローカルの人々が住む有人島にも宿泊施設が増えつつある。宿のタイプは大きく分けてふたつ。10室未満の小規模なゲストハウスと、20室程度のやや規模の大きな中級宿だ。

観光業の経験が浅いにもかかわらず、設備やサービスが充実しているのがモルディブの宿の特徴。ゲストハウスの多くには、TV、エアコン、Wi-Fiなどの基本的なものはもちろん、冷蔵庫やセーフティボックスを備え付けているところもある。中級ホテルになると、さらに設備は充実し、ちょっとしたリゾート気分を味わえることも。また、ほとんどの宿で空港や港までの送迎をアレンジ可能だ。

これらの宿はホテルの予約サイトから予約するのが便利。本書で紹介しているローカルアイランドであれば、予約サイトで十分予約可能だ。ちなみに国内線を予約する際には、現地の宿を通すと割引価格で予約できる。詳しくは→P.184

簡素だが清潔なゲストハウスの客室

チップとマナー

もともとモルディブは日本同様、チップの習慣はないが、世界各国から観光客が訪れるリゾートホテルにおいては、チップが習慣化してきている。日本人は特にチップの習慣がないため、わずらわしく感じる人もいるが。気持ちのよいサービスを受けたときやお世話になったな……と感じたときは、ありがとうの気持ちと一緒にチップを渡してみては。

チップの相場

モルディブのリゾートホテルでは、すでに5～12%のサービス料が加算されていることが多いが、よいサービスを受けたときには、感謝の気持ちを心づけとして渡そう。

レストランのウエーターやダイビングスタッフ、バトラーには最終日にまとめて渡すのが一般的。目安はホテルのグレードによって異なるが、ウエーターは1日US$1～、後者は1日US$2～3程度。ポーターは、そのつどバッグ1個につきUS$1程度を。ベッドメイクのボーイはUS$1～2程度。そのほかスパのテラピストには、終了時にUS$5程度渡したい。上記の目安は、エコノミーやデラックスホテルの場合で、豪華なラグジュアリーホテルなどはこの限りではない。

USドルの小額紙幣を事前に用意しておくといいが、ホテルによってはUS20ドル紙幣やUS50ドル紙幣、US100ドル紙幣などであればUS1ドル紙幣、US5ドル紙幣などの小額紙幣に両替してもらえる。ルフィア（Rf）よりUSドルで渡すほうが喜ばれる。ローカルアイランドにあるホテルやゲストハウスもリゾート同様で、よいサービスを受けたときはチップを渡したい。

モルディブはイスラム教が国教

リゾートホテルに滞在していると忘れがちだが、モルディブはれっきとしたイスラム教国なのだ。敬虔なイスラム教徒が多く、5回のお祈りを欠かさないホテルスタッフも多い。もちろんリゾートホテル内では、服装などは気にせず存分にリゾートライフが楽しめるし、アルコールもOK。

●服装

リゾートホテル以外の島では、過度な肌の露出は厳禁。マーレ観光やローカルアイランドツアーでは、注意が必要。ノースリーブや短パンはNG。肩やひざは隠れる服装で。モスクは服装によっては入れないこともあるので注意が必要。

●アルコール

モルディブは、宗教上、飲酒は禁じられている（リゾート島にあるホテル、マーレ国際空港があるフルレ島の🏨フルレ・アイランド・ホテルは例外）。日本からアルコールを持ち込むことも厳禁。

チップは紙幣で

チップを渡すときは、紙幣で渡すのが一般的なマナー。小銭で渡すのは逆に失礼に当たるのでその場合は渡さないほうがいい。また、ハウスキーパーのチップとして、枕の下にチップを置く人がいるが、ベッドサイドのテーブルなどわかりやすい場所に置くようにしよう。

イルカを探してくれるエクスカーションスタッフ

ローカルアイランドでのラマダン

ラマダン（断食月）時のイスラム教徒は、日が沈むまでは食事はおろか、喫煙や唾を飲み込むことさえ禁じられている。当然ローカルの人々が集うようなレストランは日没まで閉店。観光客向けのレストランでさえクローズしてしまうところもある。そのため、食事はホテルでとる必要がある。小規模な宿では食事の準備に時間がかかるので、早めに伝えておきたい。商店はおおむね通常どおり営業しているが、営業時間を短縮するところもある。ホテルは通常どおり営業し、アクティビティも催行してくれるので、基本的に観光するのに問題はないが、スタッフは日没まで断食しているので、目の前での喫煙などは控えよう。

日没の合図のアザーンが流れると、イスラム教徒はいっせいに自宅や友人の家に集まり、ブレックファスト（断食明けの食事）を取る。メニューはスイカやマンゴーのフレッシュジュースに、モルディビアンカレー、ロシ（ロティ）、マスフニ（ココナッツや菜っ葉を刻んだもの）など。喫煙者の男性は早々に食事を終わらせると、外に出て一服する。また、ラマダン時はローカルフェリーのスケジュールも変わるので注意が必要。リゾートアイランドでは、ラマダンの影響はまずない。

電話と郵便

旅先から日本の家族や友人に、手紙を出したり電話をかけるのは旅行者にとっても、便りを受けるほうにも楽しみのひとつではないだろうか。モルディブの美しい海に夢中になって手紙を出す暇もないかもしれないが、便りを待っている人がいるならばどんどん出そう。また、電話一本あるかないかで、待っている人の安心度も大きく左右されるに違いない。

郵便について

郵便局はマーレ国際空港やマーレ、フルマーレなどにある。マーレにはポストがあるので投函することも可能。リゾートホテルでは、フロントで絵はがきなどは受け付けてくれ、代わりに投函してくれる。切手やはがきはリゾートにあるスーベニアショップで販売している。また、ローカルアイランドには、郵便局がない島もあるが、そのような場合は、商店などが代行している。

■郵便局の営業時間

日〜木　9:00〜16:30
土　10:00〜15:00
金・祝は休み

電話について

主流はもっぱら携帯電話になっている。ヴェラナ国際空港には公衆電話があるが、SIMフリーの携帯電話があれば、ヴェラナ国際空港にある通信キャリアのショップでSIMカードを購入するといい。「ディラーグDhiraagu」と「オーレデューOoredoo」のふたつの通信キャリアショップが並んでいるが、数日使用するくらいなら料金はほぼ同じなので、あまり気にしなくていい。どちらもツーリスト用のSIMカードが用意されている。また、国際電話はホテルの客室の電話からかけられるが、通話料のほかにサービス料が加算されるので、料金は割高。ローカルアイランドのゲストハウスでは、基本的に、客室には電話がないので、ゲストハウスで借りることになる。

INFORMATION

モルディブでスマホ、ネットを使うには

まずは、ホテルなどのネットサービス（有料または無料）、Wi-Fiスポット（インターネットアクセスポイント。無料）を活用する方法がある。モルディブでは、主要ホテルや町なかにWi-Fiスポットがあるので、宿泊ホテルでの利用可否やどこにWi-Fiスポットがあるかなどの情報を事前にネットなどで調べておくとよいだろう。ただしWi-Fiスポットでは、通信速度が不安定だったり、繋がらない場合があったり、利用できる場所が限定されたりするというデメリットもある。ストレスなくスマホやネットを使おうとするなら、以下のような方法も検討したい。

☆各携帯電話会社の「パケット定額」

1日当たりの料金が定額となるもので、NTTドコモなど各社がサービスを提供している。

いつも利用しているスマホを利用できる。また、海外旅行期間を通してではなく、任意の1日だけ決められたデータ通信量を利用することのできるサービスもあるので、ほかの通信手段がない場合の緊急用としても利用できる。なお、「パケット定額」の対象外となる国や地域があり、そうした場所でのデータ通信は、費用が高額となる場合があるので、注意が必要だ。

☆海外用モバイルWi-Fi ルーターをレンタル

モルディブで利用できる「Wi-Fiルーター」をレンタルする方法がある。定額料金で利用できるもので、「グローバルWiFi（【URL】https://townwifi.com/）」など各社が提供している。Wi-Fiルーターとは、現地でもスマホやタブレット、PCなどでネットを利用するための機器のことをいい、事前に予約しておいて、空港などで受け取る。利用料金が安く、ルーター1台で複数の機器と接続できる（同行者とシェアできる）ほか、いつでもどこでも、移動しながらでも快適にネットを利用できるとして、利用者が増えている。

ルーターは空港などで受け取る

ほかにも、いろいろな方法があるので、詳しい情報は「地球の歩き方」ホームページで確認してほしい。
【URL】http://www.arukikata.co.jp/net/

インターネット

モルディブも先進国同様、今やごく普通にインターネットが普及している。日本に比べ速度は遅いが、リゾートホテル、ローカルアイランドのゲストハウスともにWi-Fi通信が可能なホテルがほとんど。スマートフォンなどを持っていれば、リゾートにいながら気軽にインターネット通信が楽しめる。ローカルアイランドも同様、インターネットが普及している。

モルディブはWi-Fi無料が基本

ほとんどのリゾートホテルにはWi-Fiが完備され、無料のところがほとんど。1島1リゾートだからか、パスワードを設定していないところも多く、簡単につなぐことができる。共有エリアのみで利用できるホテルもなかにはあるが、ほとんどのホテルが客室などでも利用できる。ホテルによっては、ビジネスセンターなどが設けられ、コンピューターやファクシミリなど自由に使うことができる。ただし、日本語のキーボードはない。また、客室にコンピューターを完備しているリゾートホテルもあり、リゾートステイであれば、快適なインターネットライフが楽しめる。

ローカルアイランドでもインターネットが楽しめる

ローカルアイランドでもほとんどのホテルやゲストハウスがWi-Fiを整備しており、たいていの場合無料で接続することができる。ただし、速度はやや遅め。レセプションでパスワードがもらえるので、チェックイン時にもらっておこう。そのほか、観光客向けのレストランではWi-Fi接続が可能な店もある。

観光客が利用する施設はWi-Fi完備のところが多い

ヴェラナ国際空港の国際線と国内線の両ターミナルにあるラウンジや、水上飛行機の乗り場にある各リゾートのラウンジなどでもインターネットの利用が可能。もちろん無料だ。

国内線のラウンジもWi-Fi無料

インターネットを使うには
モルディブでのスマートフォンなどの利用方法をまとめた特集ページを公開中。
URL http://www.arukikata.co.jp/net/

Wi-Fi完備のリゾート専用ボートも多い

マーレ空港には専用ラウンジをもつリゾートも多く当然Wi-Fiフリー

高級ホテルはBluetoothスピーカー完備
モルディブのラグジュアリーホテルではBluetooth スピーカーが備わっているところが増えている。携帯電話やタブレットとワイヤレス接続することで手軽に音楽が聴ける。携帯スピーカーであればバスルームやテラスで聴くこともできる。

フヴァフェンフシのBluetooth スピーカー

旅の健康管理

せっかくの旅を満喫するためにも、体調には十分に気をつけたい。各リゾートには医師常駐のクリニックを併設しているところもあるが、いざというときのためにも、風邪薬や胃薬などは持っていきたい。また、日常の生活を離れ、つい浮かれてしまいがちだが、食べ過ぎや飲み過ぎ、睡眠不足などにも気をつけるように。

保険金が支払われる費用

海外旅行保険に加入していた場合、保険金が支払われるのは入院費だけではない。保険会社や契約内容によって詳細は異なるが、一般的に次のような費用が支払われる。レシートは忘れずにもらっておくこと。

- 治療費、入院費
- 処方箋による医薬品代
- 治療のために必要な通訳に支払った費用
- 病院までの交通費
- 入院などのために必要な電話代
- ツアー途中で入院した場合などの帰国費用
- 7日以上入院した場合、家族が現地に行く交通費、ホテル代、通信費など

ラスドゥにある病院

おもな医療機関

- **インディラ・ガンジー・メモリアル・ホスピタル**
  Indira Gandhi Memorial Hospital
  MAP P.58-A4
  TEL 333-5335
  URL www.igmh.gov.mv

ダイバーのための医療機関

北マーレ環礁にある、バンドス・モルディブ（→P.118）は、減圧チャンバー（減圧症ダイバーの治療設備）を完備している。

- **バンドス・メディカル・クリニック＆潜水病治療センター**
  Bandos Medical Clinic and Hyperbaric Treatment Center
  （バンドス・モルディブ内）
  TEL 664-0088
  URL www.bandosmaldives.com

水はミネラルウオーターを

市販のミネラルウオーターか、リゾートホテルで飲料水として配布されているものを飲用すること。リゾートに滞在しているなら、無料のミネラルウオーターを毎日補充してくれるので問題ない。ローカルアイランドのゲストハウスにもミネラルウオーターの無料サービスがあるところも多い。ない場合は、商店で購入を。

リゾートでは無料の水が用意されている

日焼け対策はしっかりと

いきなりビーチで何時間も焼いたりすると、水ぶくれになって大変な思いをすることにもなる。また、やけど状態になると脱水症状を起こし、命にかかわることもある。日焼けしたい人でも必ず日焼け止めを塗り、太陽が高い時間にはなるべく体を焼かないこと。熱中症対策のためにも、日中のアルコール飲用はできるだけ控え、こまめに水分を補給することも忘れずに。

病気になったら

風邪っぽいなという程度であれば、リゾート内のクリニックを訪れてみよう。ただし、リゾート島での治療はかぎられている。いざというときのためにも、普段飲みなれている予備薬を持参しよう。首都マーレには国立と私立の病院があるが、技術的にもそれほど高度なものは期待できない。処方箋なしでも薬局で薬剤を購入することはできるが、それほど種類が豊富でないことを念頭に。なお、日本人スタッフが常駐していないリゾートでは、次ページの「病気のときに役立つ簡単な英会話・用語」を参考にして、リゾートスタッフや医師に症状を伝えよう。

救急患者に対応できる救急バギー